KB139665

패턴 인식과 머신 러닝

PATTERN RECOGNITION AND MACHINE LEARNING

Translation from the English language edition:
Pattern Recognition and Machine Learning
By Christopher Bishop

Copyright © Springer-Verlag, New York 2006
This Springer imprint is published by Springer Nature
The registered company is Springer Science+Business Media, LLC
All Rights Reserved
Korean Translation Copyright © 2018 by J-Pub, Seoul, Korea

패턴 인식과 머신 러닝

1쇄 발행 2018년 9월 10일
6쇄 발행 2023년 9월 11일

지은이 크리스토퍼 비숍
옮긴이 김형진
펴낸이 장성두
펴낸곳 주식회사 제이펍

출판신고 2009년 11월 10일 제406-2009-000087호
주소 경기도 파주시 회동길 159 3층 / **전화** 070-8201-9010 / **팩스** 02-6280-0405
홈페이지 www.jpub.kr / **투고** submit@jpub.kr / **독자문의** help@jpub.kr / **교재문의** textbook@jpub.kr

소통기획부 김정준, 이상복, 김은미, 송영화, 권유라, 송찬수, 박재인, 배인혜, 나준섭
소통지원부 민지환, 이승환, 김정미, 서세원 / **디자인부** 이민숙, 최병찬

진행 및 교정·교열 이주원 / **내지편집** 디자인콤마
용지 타라유통 / **인쇄** 한길프린테크 / **제본** 일진제책사

ISBN 979-11-88621-25-5 (93000)
값 46,000원

제이펍은 독자 여러분의 아이디어와 원고를 기다리고 있습니다. 책으로 펴내고자 하는 아이디어나 원고가 있는
분께서는 책의 간단한 개요와 차례, 구성과 저(역)자 약력 등을 메일(submit@jpub.kr)로 보내 주세요.

패턴 인식과 머신 러닝

PATTERN RECOGNITION AND MACHINE LEARNING

크리스토퍼 비숍 지음 / **김형진** 옮김

차 례

CHAPTER **4** 선형 분류 모델   201

이 책을 나의 가족
제나, 마크, 휴에게 바친다.

2006년 3월 29일 터키 안탈리아의 개기 일식을 보며

옮긴이 머리말

인공지능 기술은 우리 곁에 갑작스럽게 다가온 것만 같습니다. 특히, 인공지능으로 절대로 깨지지 않을 거라고 생각했던 바둑 분야에서 알파고가 이세돌 9단을 상대로 승리한 사건은 모두에게 큰 충격을 안겨주었습니다. 이를 기점으로 비전과 음성 인식, 자연어 처리, 자율주행 차량과 같은 다양한 기술들이 우리 곁에 속속 나타나고 있는 것처럼 보입니다. 소위 말하는 기술적 특이점(Singularity: 인공지능이 크게 발전하여 인류의 지성을 모두 합친 것보다 더 뛰어난 초인공지능이 출현하는 시점)이 갑작스럽게 와 버린 것만 같습니다.

하지만 머신 러닝/딥 러닝을 필두로 하는 인공지능은 갑작스럽게 하루아침에 생겨난 기술이 아닙니다. 사실 이미 우리 곁에는 상당한 시간 동안 해당 기술들이 함께 하고 있었습니다. 독자 여러분들이 사용하는 모바일 앱, 웹, 소셜 네트워크, e-커머스 등등의 다양한 분야에서 여러 종류의 머신 러닝 테크닉이 이미 깊이 사용되고 있습니다.

인공지능은 아직 '지능'이라기보다는 데이터를 바탕으로 잘 짜인 최적화 알고리즘에 더 가깝다고 생각합니다. 통계학과 확률론을 기반으로 한 패턴 인식과 머신 러닝 분야는 많은 연구자와 실무자들에 의해서 수십 년간 발전해 온 분야입니다. 그 발전의 궤적을 살펴보고 싶은 분들, 인공지능 기술의 이론적 배경을 깊이 공부하고 싶은 분들에게 이 책을 강력히 추천하고 싶습니다.

인공지능은 이제 피할 수 없는 시대의 흐름이 되었습니다. 새로운 시대를 맞이하는 데는 다양한 방법이 있을 것입니다. 나와는 상관이 없다고 생각하고 원래의 삶을 살아갈 수도 있을 것이고, 어떤 식으로든 흐름에 동참하고자 할 수도 있을 것입니다. 아니면 그 흐름을 직접 이끌어

가고자 할 수도 있겠습니다. 본 서적은 인공지능 시대의 흐름을 직접 이끌어 가고자 결심하신 분들, 또는 그 흐름에 함께 하겠다고 다짐하신 분들께 큰 도움이 될 수 있을 것입니다.

어려운 서적인 만큼 번역과 편집에 큰 노력이 들어갔습니다. 예상보다 길어진 작업을 기다려 주시고 각고의 노력을 기울여 주신 제이펍 편집부에 감사의 말씀을 드립니다. 그리고 부족한 번역에 대해 좋은 피드백을 주신 베타리더분들께도 감사의 말씀을 드립니다.

훌륭한 책을 번역할 기회를 가질 수 있어 기뻤습니다.

미국 샌프란시스코에서

김형진 드림

서문

머신 러닝은 컴퓨터 과학의 일부로서 발전해 온 반면, 패턴 인식은 공학에 그 기원을 두고 있다. 이 둘은 한 분야의 두 가지 다른 측면이라고 볼 수 있다. 패턴 인식과 머신 러닝은 지난 십여 년간 상당한 발전을 이루어 냈다. 베이지안 방법론은 전문가들만이 사용하던 특별한 도구였으나 이제는 주류의 방법론이 되었으며, 그래프 모델들은 확률적 모델을 묘사하고 적용하는 일반적 방법론으로 부상했다. 또한, 베이지안 방법론의 실제적인 적용은 변분적 베이즈, EP(expectation propagation, 기대 전파)와 같은 근사적 추론 알고리즘의 발전을 통해 매우 확장되었으며, 커널을 바탕으로 한 새로운 모델들이 알고리즘과 실제 적용의 양 측면에서 중대한 영향을 미치고 있다.

이 새 교과서에서는 패턴 인식과 머신 러닝 분야에 대한 기본적인 내용을 포괄적으로 소개하고, 또한 위에서 언급된 최근의 발전 양상에 대해서도 다룰 것이다. 이 책은 고급 학부과정, 1년 차 박사과정 학생, 연구원, 관련 업계 종사자들을 염두에 두고 집필했다. 책의 내용을 공부하는 데 있어서 패턴 인식이나 머신 러닝 개념에 대한 사전 지식은 필요하지 않지만, 다변량 미적분과 기본적인 선형 대수학에 대한 사전 이해는 필요하다. 아울러 확률론에 대한 지식도 미리 알고 있다면 도움이 되겠지만 반드시 필요하지는 않다. 어차피 이 책에서 기본적인 확률론을 소개할 것이기 때문이다.

이 책은 넓은 범위의 내용을 다루고 있어서 출처 전체를 정확히 명시하는 게 불가능했다. 각각의 아이디어에 대해서 실제 원출처보다는 이 책이 다루고 있는 것 이상의 자세한 내용을 다루는 문헌(최신 교과서나 리뷰)을 참조로 달아 두었다. 이러한 참조들을 통해서 독자들이 더 광범위한 해당 분야 문헌을 찾아보기를 의도한 것이다.

또한, 이 책은 강의 슬라이드와 책에서 사용된 수치 등 다양한 추가 자료를 통해 보완되고 있다. 더 많은 내용을 원하는 독자들은 다음 웹 사이트에서 관련 자료의 최신 내용을 확인할 수 있다.

https://www.microsoft.com/en-us/research/people/cmbishop/

연습문제

각 장의 마지막에는 이 책의 중요 구성 요소인 연습문제가 있다. 연습문제들은 책에서 설명한 개념에 대한 이해를 심화하거나 해당 개념을 더 발전시키고 일반화하기 위한 문제들로 선택되었다. 각각의 문제는 난이도에 따라 ★~★★★으로 표시되어 있다. ★로 표시된 경우 푸는 데 몇 분 정도만 걸릴 간단한 문제라는 의미이고, ★★★로 표시된 경우 상당히 복잡한 문제라는 의미다.

이 연습문제들의 해답이 어느 정도까지 공개되어야 하는지 결정하는 것은 상당히 어려웠다. 책을 통해 스스로 공부하는 사람들의 경우에는 해답을 공개하는 것이 상당히 중요할 일이겠지만, 이 책을 강의 교재로 사용하는 강사들이라면 출판사를 통해서만 해답이 공개되기를 원할 것이다. 이 상충하는 요구 조건을 만족시키기 위해서 다음과 같은 방법을 취했다. 책의 중요 개념을 더 자세히 진술하는 연습문제는 교재의 웹 페이지에서 해답을 찾을 수 있다. 이에 해당하는 연습문제에는 ' www ' 표시가 있다. 나머지 연습문제들의 해답은 출판사를 통해서 구할 수 있다(교재 웹 페이지에 연락처를 기재해 두었다). 다른 사람의 도움 없이 스스로 연습문제를 풀어볼 것을 강력히 권장한다.

이 책은 주로 개념과 원칙에 초점을 맞췄다. 하지만 실제 강의에서는 적절한 데이터 집합을 활용해서 중요 알고리즘들에 대해 직접 실험해 볼 것을 권장한다. 이 책에서 논의하고 있는 다양한 알고리즘들을 구현한 Matlab 소프트웨어와 예시 데이터 집합들을 교재 웹 사이트에서 찾아볼 수 있을 것이다. 최적화 문제를 풀기 위한 실제적인 알고리즘들에 대해 설명하고 있는 자매 튜토리얼 책자(Bishop and Nabney, 2008)도 해당 웹 사이트에서 볼 수 있다.

수학적 표기법

현대 패턴 인식과 머신 러닝을 공부하기 위해서는 미적분학, 선형 대수학, 확률론 등에 대한 지식이 반드시 필요하다. 하지만 이 책을 서술하는 데 있어서 수학적인 내용은 본 분야의 이해를 위해서 꼭 필요한 만큼만으로 줄이고자 노력하였다. 본 책에서는 자세한 수학적인 내용보다는 실제 패턴 인식과 머신 러닝의 개념을 이해하는 데 초점을 맞출 것이다.

아울러 책 전체에 걸쳐서 일관된 수학적 표기법을 사용하고자 노력하였다. 그 결과, 해당 연구 문헌들에서 사용하는 것과는 다른 표기법을 사용하게 되는 경우가 발생하였음을 알린다. 벡터들은 $\mathbf{x}$와 같은 소문자 로마자를 사용하여 표기하였다. 그리고 모든 벡터들은 달리 언급하지 않는 한 열 벡터다. 위 첨자 T는 행렬이나 벡터의 전치를 의미한다. 즉, $\mathbf{x}^T$는 행 벡터가 된다. $\mathbf{M}$과 같은 대문자 로마자는 행렬을 의미한다. $(w_1, \ldots, w_M)$과 같은 표기는 M개의 요소를 가진 행 벡터를 의미한다. 그리고 해당 열 벡터는 $w = (w_1, \ldots, w_M)^T$와 같은 식으로 표기했다.

$[a, b]$와 같은 표기법은 a부터 b까지의 닫힌 구간을 표현하는 데 사용하였다. 즉, 이 경우에는 값 a와 b가 구간에 포함된다. (a, b)는 열린 구간을 의미한다. 이 경우에는 a와 b 값은 구간에 포함되지 않는다. 이와 비슷하게 $[a, b)$는 a는 포함하고 b는 포함되지 않는 구간을 의미한다. 하지만 이 책 전반에서 구간의 끝 포인트가 포함되는지, 아닌지까지 자세히 신경 써야 할 일은 별로 없을 것이다.

$M \times M$의 항등 행렬(유닛 행렬)은 $\mathbf{I}_M$으로 표기했다. 그리고 차원 수가 애매모호하지 않은 경우에는 $\mathbf{I}$로 표기했다. 항등 행렬의 요소 I_{ij}는 $i = j$인 경우에는 1을, $i \neq j$인 경우에는 0 값을 가진다.

범함수는 $f[y]$로 표기했다. 이때 $y(x)$는 어떤 함수를 의미한다. 범함수에 대해서는 부록 D에서 다루었다.

$g(x) = O(f(x))$와 같은 표기는 $|f(x)/g(x)|$가 $x \to \infty$가 됨에 따라 유한한 영역을 가지게 된다. 예를 들어 $g(x) = 3x^2 + 2$면, $g(x) = O(x^2)$이다.

확률 변수 x에 대한 함수 $f(x, y)$의 기댓값은 $\mathbb{E}_x[f(x, y)]$로 적었다. 그리고 어떤 변수에 대해 평균을 내는지에 대한 모호함이 없는 경우에는 아래 첨자를 생략하였다. 예를 들면, $\mathbb{E}[x]$처럼 말이다. 만약 x에 대한 분포가 다른 변수 z에 대해 조건부면, 해당 조건부 기댓값은 $\mathbb{E}_x[f(x)|z]$와 같이 적었다. 이와 비슷하게 분산은 $\text{var}[f(x)]$로 적었고, 벡터 변수들 경우의 공분산은 $\text{cov}[\mathbf{x}, \mathbf{y}]$와 같이 표기했다. 또한, $\text{cov}[\mathbf{x}, \mathbf{x}]$를 줄여서 $\text{cov}[\mathbf{x}]$처럼 적을 것이다. 기댓값과 공분산은 1.2.2절에 소개되어 있다.

만약 D차원 벡터 $\mathbf{x} = (x_1, \ldots, x_D)^T$가 $\mathbf{x}_1, \ldots, \mathbf{x}_N$로 N개가 존재하면 이 관측값들을 묶어서 데이터 행렬 $\mathbf{X}$로 만들 수 있다. 이때 $\mathbf{X}$의 n번째 행은 행 벡터 $\mathbf{x}_n^T$에 해당한다. 따라서 $\mathbf{X}$의 n과 i 요소는 n번째 관측값 $\mathbf{x}_n$의 i번째 요소에 해당한다. 일차원 변수의 경우에는 이러한 행렬을 $\mathbf{x}$로 표기할 것이다. 이 경우 $\mathbf{x}$는 열 벡터로서 그 n번째 요소는 x_n이다. (차원 수 N을 가지는) $\mathbf{x}$에는 (차원 수 D를 가지는) x로부터 구별하기 위해 다른 활자를 사용하였다.

감사

우선, Markus Svensen에게 진심 어린 감사를 전하고 싶다. 그는 이 책에서 사용된 그림들을 준비하는 것과 이 책의 LaTex 식자를 진행하는 데 매우 귀중하고 엄청난 도움을 주었다.

또한, 매우 활기찬 연구 환경을 제공해 줄 뿐만 아니라 나에게 이 책을 쓸 자유를 준 마이크로소프트 리서치(Microsoft Research)에게 감사를 표한다(하지만 이 책에 표현된 관점과 의견들은 나의 것이며, 따라서 마이크로소프트와 그 관련자들의 의견과는 다를 수도 있다).

Springer는 이 책의 마지막 준비 단계까지의 과정에서 훌륭한 지원을 베풀어 주었다. 나의 담당 편집자였던 John Kimmel의 지원과 전문성에 대해 감사하고 싶다. 책의 표지와 서체에 도움을 준 Joseph Piliero과 제작 단계에서의 셀 수 없이 많은 공헌을 해준 MaryAnn Brickner에게 감사를 표한다. 또한, 이 책의 표지 디자인에 대해 영감을 준 Antonio Criminisi에게도 감사한다.

예전의 교과서 패턴 인식을 위한 뉴럴 네트워크(Neural Networks for Pattern Recognition)(Bishop, 1995a)를 바탕으로 이 책을 다시 쓰는 것을 허가해 준 Oxford Univeristy Press에게 감사드린다. Mark 1 퍼셉트론과 Frank Rosenblatt의 이미지는 Arvin Calspan Advanced Technology Center의 허가하에 다시 복사해서 쓴 것이다. 또한, 그림 13.1의 분광 사진을 그려 준 Asela Gunawardana와 커널 PCA 코드를 사용하여 그림 12.17을 그리도록 허락해 준 Bernhard Scholkopfd에게도 감사를 표한다.

또한 Shivani Agarwal, Cédric Archambeau, Arik Azran, Andrew Blake, Hakan Cevikalp, Michael Fourman, Brendan Frey, Zoubin Ghahra-mani, Thore Graepel, Katherine Heller, Ralf Herbrich, Geoffrey Hinton, Adam Jo- hansen, Matthew Johnson, Michael Jordan, Eva Kalyvianaki, Anitha Kannan, Julia Lasserre, David Liu, Tom Minka, Ian Nabney, Tonatiuh Pena, Yuan Qi, Sam Roweis, Balaji Sanjiya, Toby Sharp, Ana Costa e Silva, David Spiegelhalter, Jay Stokes, Tara Symeonides, Martin Szummer, Marshall Tappen, Ilkay Ulusoy, Chris Williams, John Winn, Andrew Zisserman 등의 많은 사람이 이 책의 초안을 교정하고, 코멘트를 남기고, 제안을 주는 등의 도움을 주었다.

마지막으로, 이 책을 집필하는 수년간의 시간 동안 물심양면으로 지원해 준 아내 제나에게 감사를 표한다.

케임브리지에서

지은이 **크리스토퍼 M. 비숍**

베타리더 후기

🦅 김준호(티맥스클라우드)

패턴 인식 분야의 바이블이 드디어 한글 번역이 되었습니다. 책을 읽다 보면 대학에서 강의를 듣는 것과 같은 기분을 느낄 수 있습니다. 패턴 인식과 머신 러닝의 이론이 주 내용을 이루므로 공학 수학 이상의 지식을 갖추신 분이라면 깊게 이해할 수 있는 좋은 서적입니다! 각각의 패턴 인식 이론에 대하여 자세히 알고 싶은 분에게 추천합니다.

🦅 박수혁(엔씨소프트)

머신 러닝 영역에서 너무나 유명하고도 어려운 책이라 품평하기보다는 제 부족한 지식으로 독자의 입장에서 조금이나마 도움이 되고자 하는 마음으로 시작했습니다. 머신 러닝의 기본 이해에 필요한 미적분, 선형대수, 확률론과 더불어 베이지안 관점에서 여러 알고리즘을 풀어가고 있어 이러한 지식도 미리 안다면 큰 도움이 될 것입니다. 선형 회귀부터 신경망에 이르기까지 단계별 그래프와 표를 통해 깊은 혜안을 줄 수 있는 책이라 생각합니다.

🦅 변성윤

워낙 유명한 책이라 원서로 읽었습니다만, 영어이다 보니 심화된 내용을 이해하기 어려웠습니다. 번역된 책을 보니 당연하지만 원서 대비 이해가 쉽습니다! 많은 분들이 기다리신 만큼 반드시 읽어 보시면 좋을 것 같습니다! 앞으로 이 책으로 공부하는 모임이 많이 생길 것 같습니다! 번역서가 출간되어 개인적으로도 굉장히 기쁩니다!

🦋 양현림(대구경북과학기술원)

비전공자가 딥 러닝을 공부하게 되면, 처음엔 텐서플로나 파이토치 같은 프레임워크로 보통 입문하게 됩니다. 하지만, 공부하면서 수학적인 이론이나 수식에 이해 못하는 경우가 많아 결국 수학을 다시 공부하게 됩니다. 그러나 좋은 조언을 해줄 수 있는 교재는 찾기 힘듭니다. 그런 측면에서 이 책은 딥 러닝/머신 러닝의 좋은 교재이고 친구이자 스승이라고 말할 수 있을 것 같습니다.

🦋 염성욱(삼성SDS)

머신 러닝에 필요한 이론이 자세히 기술되어 있습니다. 당연하게도 이론에는 수식이 필요하지만, 코드 없이 수식 위주의 책이라서 개발자인 본인으로서는 이해가 어려웠습니다. 텐서플로 등 머신 러닝 라이브러리를 사용할 때 왜 이렇게 구성되어 있는지 궁금할 때 찾아보면 좋을 것 같습니다.

🦋 이의령(Reinforcement Learning KR 운영진)

딥 러닝 이전에 머신 러닝 분야의 교과서로 지칭되던 책 중의 한 권을 번역본으로 접하게 되어서 좋았습니다. 베이지안 관점의 머신 러닝을 다룬 책인 만큼 확률/통계를 기반으로 한 개념들을 설명하고 있습니다. 학부 수준의 확률 통계와 선형대수 지식이 있어야 책을 읽는 데 어려움이 없을 것 같습니다. 딥 러닝으로 머신 러닝을 시작했지만 확률/통계 기반의 머신 러닝을 공부하고자 하는 연구자 또는 엔지니어, 학생분들께 적극 추천합니다.

🦋 이일구(모두의연구소)

'쉽게 이해하는 ~~'와 같은 부류의 책은 많지만 정말로 머신 러닝에 대해서 제대로 알고 싶다면 이 책을 반드시 읽어 봐야 합니다. 그리고 이제 우리도 이젠 한국어로 된 책을 만날 수 있게 되었네요! 많은 사람들이 볼 《패턴 인식과 머신 러닝》 번역본에 베타리더로 참여해 더 나은 번역에 기여할 수 있어서 뿌듯합니다.

🦋 이준호(뉴로핏)

머신 러닝계의 바이블로 불리는 책이 드디어 번역되어 나왔습니다. 많은 분들이 기대하는 서적답게 번역에 많은 신경을 쓰신 것이 보이고, 주요 키워드들은 옆에 영어로도 남겨 준 센스도 좋았습니다. 다른 서적에 비해 난이도가 높은 편이긴 하지만, 실습 및 코드보다는 이론 위주로 특히 신경망을 좀 더 심도 있게 이해하고 싶으신 분이라면 꼭 읽어야 하는 필독서라고 생각합니다. 이 책만 다 이해해도 머신 러닝에 대한 전반적인 사항들을 숙지하시게 될 겁니다. 책을 읽으면서 어떤 분이 하셨을까 궁금할 정도로 매우 자연스러운 번역이었다고 생각합니다. 저는 해외에서 근 10년을 살다 왔지만, 이만큼 해낼 수 있을까 싶을 정도였네요.

제이펍은 책에 대한 애정과 기술에 대한 열정이 뜨거운 베타리더의 도움으로
출간되는 모든 IT 전문서에 사전 검증을 시행하고 있습니다.

CHAPTER

1

소개

주어진 데이터에서 어떤 특정한 패턴을 찾아내는 것은 때때로 아주 중요한 문제다. 이 문제에 대해서 인류는 오랜 시간 동안 답을 찾아왔으며, 성공적으로 패턴을 찾아내곤 했다. 예를 들어, 요하네스 케플러(Johannes Kepler)는 티코 브라헤(Tycho Brahe)가 16세기에 관찰하여 축적해 놓은 대량의 천문학 데이터에서 패턴을 찾아내어 케플러의 행성 운동 법칙을 발견했다. 이 법칙은 고전 역학의 밑거름이 되었다. 또 다른 예로, 원자 스펙트럼에서 규칙성을 발견해 낸 것은 20세기 초의 양자 물리학의 발전과 확인에 중요한 역할을 해냈다. 이처럼 패턴 인식은 컴퓨터 알고리즘을 활용하여 데이터의 규칙성을 자동적으로 찾아내고, 이 규칙성을 이용하여 데이터를 각각의 카테고리로 분류하는 등의 일을 하는 분야다.

손글씨로 쓰인 숫자를 인식하는 예시를 살펴보도록 하자. 그림 1.1에 이 예시에 대해 그려져 있다. 각 숫자는 28 × 28픽셀 이미지이며, 따라서 784개의 실수로 구성된 벡터로 표현할 수 있다. 여기에서의 목표는 이런 벡터 $\mathbf{x}$를 입력값으로 받았을 때 숫자 0~9 중 하나의 값을 올바르게 출력하는 기계를 만드는 것이다. 손글씨는 쓰는 사람에 따라서 여러 다양한 형태를 지니므로 이는 그리 만만한 문제가 아니다.

필체의 모양을 바탕으로 직접 작성한 규칙이나 휴리스틱 알고리즘을 통해 생성된 규칙을 사용해 이 문제를 해결하려 시도할 수도 있을 것이다. 하지만 실제로 이러한 방법을 적용하려고 하면 수많은 규칙이 필요해진다. 게다가 각각의 규칙에 대해서 예외 사항을 적용해야 하며, 그리

그림 1.1 　미국 우편번호에서 가져온 손으로 쓴 숫자의 예

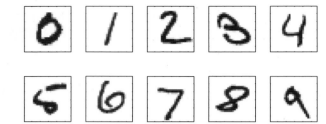

고 또 그 예외 사항들에 대한 예외 사항을 만드는 등 끊임없이 수많은 룰을 만들어 내야만 한 다. 이러한 방식은 예외 없이 별로 성능이 좋지 못한 결과를 도출하게 된다.

머신 러닝을 적용하면 훨씬 더 나은 결과를 얻을 수 있다. 이는 N개의 숫자들 $\{\mathbf{x}_1, \ldots, \mathbf{x}_N\}$을 **훈련 집합**(*training set*)으로 활용해서 변경 가능한 모델의 매개변수들을 조절하는 방법이다. 훈련 집합에 있는 숫자들의 카테고리(정답)는 미리 주어진다. 보통, 각각을 직접 검사한 후 사람이 수 동으로 카테고리를 부여한다. 각 숫자의 카테고리를 **표적 벡터**(*target vector*) $\mathbf{t}$로 표현할 수 있다. 이 벡터 $\mathbf{t}$는 해당 숫자의 정체가 실제로 무엇인지를 나타낸다. 각각의 카테고리를 벡터로 표현 하기 위한 적절한 테크닉에 대해서는 추후에 설명할 것이다. 각각의 숫자 이미지 $\mathbf{x}$에 대한 표 적 벡터 $\mathbf{t}$는 하나다.

머신 러닝 알고리즘의 결과물은 함수 $\mathbf{y}(\mathbf{x})$로 표현할 수 있다. $\mathbf{y}(\mathbf{x})$는 새로운 숫자의 이미지 $\mathbf{x}$를 입력값으로 받았을 때 대상 벡터와 같은 방식으로 부호화된 벡터 $\mathbf{y}$를 출력하는 함수다. 함수 $\mathbf{y}(\mathbf{x})$의 정확한 형태는 **훈련 단계**(*training phase*)에서 훈련 집합을 바탕으로 결정된다. 훈련 단계는 **학습 단계**(*learning phase*)라고 불리기도 한다. 일단, 한 번 훈련되고 난 모델은 **시험 집합** (*test set*)이라고 불리는 새로운 숫자 이미지들의 정체를 찾아내는 데 활용할 수 있다. 훈련 단계 에서 사용되지 않았던 새로운 예시들을 올바르게 분류하는 능력을 **일반화**(*generalization*) 성능 이라고 한다. 실제 적용에서는 입력 벡터의 가변성이 상당히 크므로 훈련 데이터는 가능한 모 든 입력 벡터의 극히 일부분밖에 커버하지 못한다. 따라서 패턴 인식에서 보통 가장 중요한 목 표는 바로 일반화다.

대다수 실용 애플리케이션에서 여러분은 원래 입력 변수들을 **전처리**(*preprocessed*)하여 새로 운 변수 공간으로 전환할 수 있는데, 이렇게 함으로써 패턴 인식 문제를 더 쉽게 해결할 수 있 다. 예를 들어, 우리의 손글씨 숫자 인식 문제에서는 일반적으로 숫자 이미지들을 각각의 숫자 가 고정된 크기의 박스에 들어가도록 변환, 축소, 확대한다. 이는 각 숫자 클래스 내에서의 가 변성을 상당히 줄이게 된다. 왜냐하면 각 숫자들의 위치와 척도가 같기 때문이다. 따라서 패 턴 인식 알고리즘이 각각의 클래스를 구별해 내기가 더 쉬워지게 된다. 이러한 전처리 과정은

특징 추출(*feature extraction*) 과정이라고 불리기도 한다. 훈련 집합에서 사용한 것과 같은 전처리 과정을 새로운 시험 데이터에도 동일하게 적용하는 것을 잊지 말아야 한다.

계산 과정의 속도를 높이기 위해서 전처리 과정을 활용하는 경우도 있다. 예를 들어, 높은 해상도의 비디오 스트림에서 실시간으로 얼굴을 인식해야 하는 경우를 생각해 보자. 컴퓨터는 초마다 상당히 많은 수의 픽셀을 다뤄야 하며, 이 픽셀 데이터를 복잡한 패턴 인식 알고리즘에 바로 적용하는 것은 계산적으로 실행 불가능할 일일 수도 있다. 그러나 모든 데이터를 다 사용하는 대신, 얼굴과 얼굴이 아닌 것들을 구별하는 차별적인 정보를 가지고 있으면서 동시에 빠르게 계산하는 것이 가능한 유용한 특징들을 찾아내어 사용할 수도 있을 것이다. 이 특징들을 패턴 인식 알고리즘의 입력값으로 활용하면 효과적으로 얼굴 인식 문제를 해결할 수 있다. 예를 들어, 주어진 이미지에서 사각형 모양 소구역의 평균 영상 강도를 계산하는 것은 아주 효율적으로 시행이 가능하다(Viola and Jones, 2004). 그리고 이 특징들은 얼굴 인식 문제에 있어서도 매우 효율적임이 증명되었다. 이러한 특징들의 수는 이미지의 전체 픽셀의 수보다 적다. 따라서 이런 종류의 전처리를 **차원 감소**(*dimensionality reduction*)라고 하기도 한다. 전처리 과정에서는 주의를 기울여야 한다. 왜냐하면 많은 전처리 과정에서 정보들을 버리게 되는데, 만약 버려진 정보가 문제의 해결에 중요한 것이었을 경우는 시스템의 전반적인 정확도가 악화될 수도 있기 때문이다.

주어진 훈련 데이터가 입력 벡터와 그에 해당하는 표적 벡터로 이루어지는 문제들을 **지도 학습**(*supervised learning*) 문제라고 한다. 위에서 살펴본 숫자 인식 예시에서처럼 각각의 입력 벡터를 제한된 숫자의 분리된 카테고리 중 하나에 할당하는 종류의 지도 학습 문제는 **분류**(*classification*) 문제라고 한다. 그리고 기대되는 출력값이 하나 또는 그 이상의 연속된 값일 경우에는 **회귀**(*regression*) 문제라고 부른다. 반응 물질의 농도, 온도, 압력이 주어졌을 경우 화학 반응을 통해 결과물이 얼마나 산출될 것인지를 예측하는 것이 이러한 회귀 문제의 예시다.

훈련 데이터가 해당 표적 벡터 없이 오직 입력 벡터 x로만 주어지는 경우의 패턴 인식 문제는 **비지도 학습**(*unsupervised learning*) 문제라고 일컫는다. 데이터 내에서 비슷한 예시들의 집단을 찾는 **집단화**(*clustering*) 문제, 입력 공간에서의 데이터의 분포를 찾는 **밀도 추정**(*density estimation*) 문제, 높은 차원의 데이터를 이차원 또는 삼차원에 투영하여 이해하기 쉽게 만들어 보여 주는 **시각화**(*visualization*) 등이 비지도 학습 문제의 예시다.

마지막으로, **강화 학습**(*reinforcement learning*)이라는 테크닉이 있다(Sutton and Barto, 1998). 강화 학습은 주어진 상황에서 보상을 최대화하기 위한 행동을 찾는 문제를 푸는 방법이다. 강화 학습은 지도 학습의 경우와 달리 학습 알고리즘에 입력값과 최적의 출력값을 예시로 주지 않는다. 강화 학습 과정에서는 시행착오를 통해서 이들을 직접 찾아내게 되는데, 보통의 경우 알고리즘이 주변 환경과 상호 작용할 때 일어나는 일들을 표현한 일련의 연속된 상태와 행동들이 문제의 일부로 주어지게 된다. 많은 경우 현재의 행동은 바로 직후의 보상뿐 아니라 다음 시간 단계들 전부의 보상에 영향을 미친다. 예를 들어, 뉴럴 네트워크에 적절한 강화 학습 테크닉을 사용하면 백개먼(backgammon)(서구권에서 주로 하는 윷놀이와 흡사한 주사위 놀이) 게임을 높은 수준으로 잘해내는 알고리즘을 훈련시킬 수 있다(Tesauro, 1994). 여기서 네트워크는 현재 보드의 상태와 주사위의 결과를 입력값으로 받았을 때 강해진(이길 수 있는) 다음 플레이를 출력값으로 내놓을 수 있도록 학습되어야 한다. 이러한 학습은 해당 네크워크 알고리즘이 자신의 복사본과 아주 많은 수(아마도 백만 번 이상)의 게임을 수행하게 함으로써 가능해진다. 여기서 어려운 점은 백개먼 게임에서 플레이어는 십수 가지의 선택을 할 수 있지만, 보상은 오직 게임이 끝났을 때 승리라는 형태로만 주어진다는 것이다. 보상은 최종 승리까지 이끄는 모든 선택지에 대해서 잘 분배되어야 한다. 어떤 것은 좋은 선택지, 어떤 것은 그에 비해서는 덜 좋은 선택지일지라도 말이다. 이것은 **신뢰 할당**(credit assignment) 문제의 예다. 일반적으로 강화 학습에는 **탐사**(exploration)와 **이용**(exploitation) 간에 트레이드 오프가 있다. 탐사 과정에서는 시스템이 새로운 종류의 행동을 시도하여 각각이 얼마나 효과적인지 확인하게 되며, 이용 과정에서는 시스템이 높은 보상을 주는 것으로 알려진 행동들을 시행하게 된다. 탐사와 이용 중 어느 하나에 너무 집중한 알고리즘은 그리 좋지 않은 결과를 내놓게 된다. 강화 학습은 그간 계속해서 머신 러닝의 주요 연구 분야였다. 하지만 이에 대한 자세한 내용은 이 책의 범위를 벗어나게 되니 생략할 것이다.

지금까지 소개한 각각의 알고리즘을 해결하는 데는 서로 다른 방법과 기술이 필요하다. 그 핵심에 속하는 중요 아이디어들은 서로 겹친다. 이 장의 주요 목표들 중 하나는 예시를 통해서 이 중요 아이디어들에 대해 비교적 간단하게 설명해 보는 것이다. 이 책의 뒷부분에서 현실 세계에 적용 가능한 더 복잡한 패턴 인식 모델을 설명할 때 같은 아이디어들을 다시 설명할 것이다. 또한, 이 장에서는 앞으로의 내용에서 필요한 세 가지의 중요한 도구인 확률론, 의사 결정이론, 정보 이론에 대해 설명할 것이다. 제목만 보면 어렵게 느껴질 수도 있지만, 사실 무척 간단한 이론들이다. 이 이론들에 대한 올바른 이해는 머신 러닝 테크닉을 실제 응용 사례에서 제대로 활용하기 위해 필수적이다.

1.1 예시: 다항식 곡선 피팅

간단한 회귀 문제를 예시로 들어 보겠다. 1장의 나머지 부분에서는 이 예시를 활용하여 다양하고 중요한 콘셉트들에 대해 설명할 것이다. 실숫값의 입력 변수인 x를 관찰한 후 이 값을 바탕으로 실숫값의 타깃 변수인 t를 예측하려 한다고 해보자. 추후에 학습된 모델의 결과물을 확인하기 위해 여기서는 인공적으로 데이터를 만들어 활용할 것이다. 이 예시에서는 $\sin(2\pi x)$ 함수를 활용하여 데이터를 만들었으며, 타깃 변수에는 약간의 랜덤한 노이즈를 포함시켰다. 이 예시의 데이터 생성에 대한 자세한 정보는 부록 A에서 찾아볼 수 있다.

이제 N개의 관찰값 x로 이루어진 훈련 집합 $\mathbf{x} \equiv (x_1, \ldots, x_N)^{\mathrm{T}}$와 그에 해당하는 표적값 $\mathbf{t} \equiv (t_1, \ldots, t_N)^{\mathrm{T}}$가 주어졌다고 해보자. 그림 1.2는 $N = 10$일 경우에 대한 도식이다. 그림 1.2의 입력 데이터 집합 $\mathbf{x}$는 서로 간에 같은 거리를 가지도록 균등하게 x_n 값들을 선택해서 만들었고(이때 $n = 1, \ldots, N$), 표적 데이터 집합 $\mathbf{t}$의 값 t_n들은 함수 $\sin(2\pi x)$의 출력값에 가우시안 분포를 가지는 약간의 노이즈를 더해서 만들었다. 가우시안 분포에 대해서는 1.2.4절에서 논의할 것이다. 앞의 데이터 제작 방식을 통해서 실제 데이터의 특성들을 가지고 있는 인공 데이터를 만들어 낼 수 있다. 실제 데이터 집합은 (우리가 패턴 인식 알고리즘을 통해 알아내고 싶은) 어떤 특정한 규칙성을 가지지만, 각각의 관찰값들은 보통 랜덤한 노이즈에 의해 변질되곤 한다. 이러한 노이즈는 본질적으로 확률적인(랜덤한) 과정을 통해 발생할 수 있는데, 방사성 붕괴가 그 예시 중 하나다. 하지만 노이즈들은 더 많은 경우에 관찰되지 않은 변수의 가변성에서 기인한다.

우리의 목표는 훈련 집합들을 사용해서 어떤 새로운 입력값 $\hat{x}$가 주어졌을 때 타깃 변수 $\hat{t}$를 예측하는 것이다. 우리가 앞으로 살펴볼 것처럼 기저에 있는 함수 $\sin(2\pi x)$를 찾아내는 것이 예측 과정에 암시적으로 포함된다. 이는 한정된 데이터 집합으로부터 일반화를 시행하는 과정

그림 1.2 $N = 10$인 훈련 데이터 집합의 도식. 각각의 훈련 집합 데이터는 입력 변수 x와 해당 타깃 변수 t로 이루어졌으며, 파란 원으로 그려져 있다. 녹색 커브는 이 데이터를 만드는 데 사용한 함수 $\sin(2\pi x)$를 그린 것이다. 우리의 목표는 녹색 커브에 대한 지식이 없는 상태에서 새로운 값 x가 주어졌을 때 그에 해당하는 출력값 t를 예측하는 것이다.

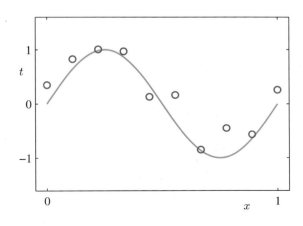

이 필요하기 때문에 본질적으로 어려운 문제다. 게다가 관측된 값들은 노이즈로 인해 변질되어 있어서 각각의 주어진 $\hat{x}$에 대해서 어떤 값이 적합한 $\hat{t}$인지가 불확실하다. 1.2절에서 살펴보게 될 확률론은 이러한 불확실성을 정확하고 정량적으로 표현하는 데 도움을 줄 것이며, 1.5절에서 살펴보게 될 의사 결정 이론은 특정 기준에 따라 최적의 예측을 하는 데 있어서 확률적인 표현을 활용할 수 있도록 해준다.

하지만 이러한 이론을 살펴보기에 앞서, 일단은 약식으로 진행해 보자. 해당 곡선을 피팅하는 데 있어 다음과 같은 형태의 다항식을 활용할 것이다.

$$y(x, \mathbf{w}) = w_0 + w_1 x + w_2 x^2 + \ldots + w_M x^M = \sum_{j=0}^{M} w_j x^j \qquad \text{(식 1.1)}$$

M은 이 다항식의 **차수**(*order*)이며, x^j는 x의 j제곱을 일컫는다. 다항식의 계수 $w_0, \ldots, w_M$을 함께 모아서 벡터 $\mathbf{w}$로 표현할 수 있다. 다항 함수 $y(x, \mathbf{w})$는 x에 대해서는 비선형이지만, 계수 $\mathbf{w}$에 대해서는 선형이다. 다항 함수와 같이 알려지지 않은 변수에 대해 선형인 함수들은 중요한 성질을 지녔으며, 선형 모델이라 불린다. 이에 대해서는 3장과 4장에서 자세히 설명할 것이다.

다항식을 훈련 집합 데이터에 피팅해서 계수의 값들을 정할 수 있다. 훈련 집합의 표적값들의 값과 함숫값 $y(x, \mathbf{w})$와의 오차를 측정하는 **오차 함수**(*error function*)를 정의하고 이 함수의 값을 최소화하는 방식으로 피팅할 수 있다. 가장 널리 쓰이는 간단한 오차 함수 중 하나는 다음의 식 1.2와 같이 주어진다. 각각의 데이터 포인트 x_n에 대해서 예측치 $y(x_n, \mathbf{w})$와 해당 표적값 t_n의 사이의 오차를 제곱하여 합산하는 것이다.

$$E(\mathbf{w}) = \frac{1}{2} \sum_{n=1}^{N} \{y(x_n, \mathbf{w}) - t_n\}^2 \qquad \text{(식 1.2)}$$

나중의 편의를 위해서 앞에 1/2이 추가되었다. 이 오차 함수를 선택한 이유에 대해서는 이 장의 후반부에서 다시 설명할 것이다. 현재로서 이 함수의 결괏값은 양수이며, 오직 함수 $y(x, \mathbf{w})$가 정확히 데이터 포인트들을 지날 때만 값이 0이 된다는 사실을 명심해 두면 된다. 그림 1.3에 제곱합 함수가 어떻게 기하학적으로 해석되는지 그려져 있다.

$E(\mathbf{w})$를 최소화하는 $\mathbf{w}$ 값을 선택함으로써 이 곡선 피팅 문제를 해결할 수 있다. 오차 함수가 이차 다항식의 형태를 지니고 있기 때문에 이 함수를 계수에 대해 미분하면 $\mathbf{w}$에 대해 선형인 식이 나올 것이다. 따라서 이 오차 함수를 최소화하는 $\mathbf{w}$는 유일한 값인 $\mathbf{w}^\star$를 찾아낼 수 있다. 결과에 해당하는 다항식은 함수 $y(x, \mathbf{w}^\star)$의 형태를 띠게 될 것이다.

연습문제 1.1

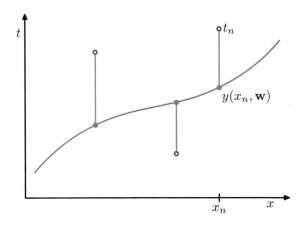

그림 1.3 식 1.2의 오차 함수는 이 그림에서 각각의 데이터 포인트와 $y(x, \mathbf{w})$ 간의 오차 (녹색 선)의 제곱들 합(의 절반)이다.

다항식의 차수 M을 결정하는 문제가 여전히 남아 있다. 이 문제가 바로 **모델 비교**(*model comparison*) 혹은 **모델 결정**(*model selection*)이라 불리는 중요한 콘셉트의 예시에 해당한다. 그림 1.4에서는 M = 0, 1, 3, 9인 네 가지 경우에 대해 그림 1.2의 데이터를 바탕으로 다항식을 피팅하는 예시를 보여 주고 있다.

그림 1.4에서 확인할 수 있듯이, 상수(M = 0)와 일차(M = 1) 다항식을 사용할 경우에는 피팅이 잘 되지 않고 함수 $\sin(2\pi x)$를 잘 표현하지 못함을 확인할 수 있다. 그림 1.4의 네 가지 예시 중에서는 삼차(M = 3) 다항식의 경우가 $\sin(2\pi x)$를 가장 잘 표현하는 것으로 보인다. 차수를 많이 더 높일 경우(M = 9)에는 훈련 집합에 대해 완벽한 피팅이 가능하다. 이 경우 결과 다항식은 모든 데이터 포인트를 지나가며 $E(\mathbf{w}^\star) = 0$이다. 하지만 피팅된 곡선은 심하게 진동하며, 함수 $\sin(2\pi x)$를 표현하는 데는 실패하였다. 이것이 바로 **과적합**(*over-fitting*)의 예다.

앞에서 살펴보았듯 이 피팅의 목표는 새로운 데이터에 대해 정확한 결괏값을 예측할 수 있는 좋은 일반화를 달성하는 것이다. 앞과 같은 과정을 사용하되, 랜덤한 노이즈값만 다르게 적용해서 100개의 새 데이터 포인트로 이루어진 시험 집합을 만들어 보자. 이 시험 집합에서의 성능을 확인해 보면 M의 값에 따라 일반화의 성능이 어떻게 변화는지 정량적으로 살펴볼 수 있다. 훈련 집합과 시험 집합 각각에 대해서 식 1.2의 $E(\mathbf{w}^\star)$의 잔차를 계산해 보자. 각각의 차수 M에 대해서 잔차가 어떻게 변화하는지 확인할 것이다. **평균 제곱근 오차**(*root mean square error, RMS error*)를 사용하는 것이 더 편리한 경우가 많다.

평균 제곱근 오차는 다음과 같이 정의된다.

$$E_{\text{RMS}} = \sqrt{2E(\mathbf{w}^\star)/N} \qquad \text{(식 1.3)}$$

N으로 나눔으로써 데이터 사이즈가 다른 경우에도 비교할 수 있도록 했고, 제곱근을 취함으로

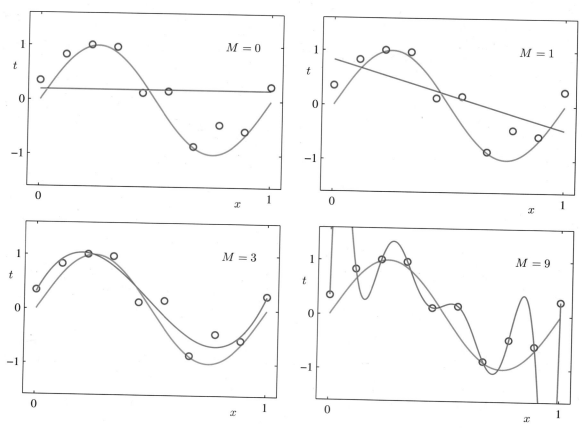

그림 1.4   다양한 차수 M에 따른 주어지는 곡선 피팅. 그림 1.2에서 주어진 데이터를 사용하였으며, 피팅된 다항식들은 빨간색 선으로 그려져 있다.

써 E_{RMS}가 표적값 t와 같은 크기를 가지도록 했다. 각각의 M 값에 대한 훈련 집합과 시험 집합의 평균 제곱근 오차를 그림 1.5에서 확인할 수 있다. 시험 집합의 오차를 통해서 새로운 관찰값 x에 대해 표적값 t를 얼마나 잘 예측할 수 있을지 측정 가능하다. M 값이 작을 경우에는 시험 집합의 오차가 상대적으로 큰 것을 볼 수 있다. 낮은 차수의 다항식은 비교적 융통성이 없으며, 그에 따라 피팅된 다항식이 함수 $\sin(2\pi x)$의 진동을 다 반영하지 못한다는 것을 확인할 수 있다. M 값이 $3 \leqslant M \leqslant 8$의 범위에 있는 경우에는 시험 집합의 오차가 작고 피팅된 해당 다항식이 $\sin(2\pi x)$를 적절히 잘 표현한다. 그림 1.4에서의 $M = 3$이 그 예시 중 하나다.

$M = 9$일 경우에는 훈련 집합의 오차가 0이다. 이는 어찌 보면 당연한 결과다. 왜냐하면 해당 다항식은 $w_0, \ldots, w_9$의 열 개의 계수를 통해 10차의 자유도를 가지고 있으며, 우리가 피팅에 사용한 데이터 포인트의 숫자도 열 개이기 때문이다. 하지만 이 경우 시험 집합의 오차가 굉장히 크다. 그림 1.4에서 볼 수 있듯 해당 함수 $y(x, \mathbf{w}^\star)$가 심하게 진동하기 때문이다.

그림 1.5 식 1.3에 정의된 평균 제곱근 오차의 그래프. 각각의 M 값에 대한 훈련 집합(파란색 선)과 시험 집합(빨간색 선)의 오차를 나타내었다.

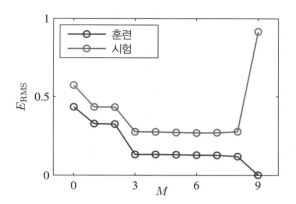

더 낮은 차수의 다항식 집합은 더 높은 차수의 다항식 집합의 부분 집합이기 때문에, 앞의 결과는 상당히 역설적으로 들릴 수도 있다. $M = 9$인 다항식 집합은 $M = 3$인 다항식 집합이 만들어 낼 수 있는 결괏값을 전부 만들어 내는 것이 가능하기 때문이다. 또한, 새 데이터에 대한 가장 정확한 예측 함수는 훈련 집합 데이터를 만드는 데 사용했던 $\sin(2\pi x)$라고 생각할 수 있다(이것이 사실인지는 나중에 확인할 것이다). 그런데 $\sin(2\pi x)$를 멱급수 전개한 결과식은 모든 차수의 항들을 다 가지고 있으며, 그렇기 때문에 피팅의 성능은 M이 증가함에 따라 단조 증가해야 한다고 결론을 내릴 수도 있다.

차수 M에 따른 피팅 함수의 계수 $\mathbf{w}^\star$의 값들을 적은 표 1.1을 직접 살펴보면 이 문제를 해결하는 데 도움이 될 것이다. M이 커짐에 따라 계숫값의 단위 역시 커지는 것을 확인할 수 있다. 특히, $M = 9$ 다항식의 경우는 상당히 큰 양숫값의 계수와 음숫값의 계수가 번갈아 나타나는 것을 볼 수 있다. 각각의 데이터 포인트에 정확하게 맞도록 피팅한 결과로 이렇게 된 것이다. 하지만 그림 1.4에서 볼 수 있듯이 훈련 집합 데이터 포인트 사이(특히 각 범위의 끝부분)에서는 결괏값이 크게 진동한다. 더 큰 M 값을 가진 유연한 다항식이 표적값들에 포함된 랜덤한 노이즈들에 정확하게 피팅되어서 이런 결과가 나타난 것이다.

표 1.1 다양한 차수의 다항식에 대한 계수 $\mathbf{w}^\star$의 값. 각 계수들의 절댓값이 차수가 증가함에 따라 매우 크게 증가하는 것을 확인할 수 있다.

	$M = 0$	$M = 1$	$M = 3$	$M = 9$
$w_0^\star$	0.19	0.82	0.31	0.35
$w_1^\star$		-1.27	7.99	232.37
$w_2^\star$			-25.43	-5321.83
$w_3^\star$			17.37	48568.31
$w_4^\star$				-231639.30
$w_5^\star$				640042.26
$w_6^\star$				-1061800.52
$w_7^\star$				1042400.18
$w_8^\star$				-557682.99
$w_9^\star$				125201.43

사용되는 데이터 집합의 크기가 달라지는 경우에는 어떤 일이 일어나는지 확인해 보자. 이에 대해서는 그림 1.6에 그려져 있다. 모델의 복잡도를 일정하게 유지시킬 때는 사용하는 데이터 집합의 수가 늘어날수록 과적합 문제가 완화되는 것을 확인할 수 있다. 이를 다르게 표현하면 데이터 집합의 수가 클수록 더 복잡한(더 유연한) 모델을 활용하여 피팅할 수 있다 의미도 된다. 좋은 모델 훈련을 위해 모델의 변경 가능한 매개변수의 숫자에 일정 숫자(5나 10 등)를 곱한 것 이상의 데이터 포인트가 있는 것이 필요하다고 경험적으로 말하기도 한다. 하지만 3장에서 살펴볼 내용과 같이, 모델의 복잡도를 측정하는 데는 매개변수의 숫자만을 사용하는 것이 아닌 더 적합한 방법이 존재할 수도 있다.

사용 가능한 훈련 집합의 데이터의 수에 따라서 모델에서 사용하는 매개변수의 숫자에 제약을 두는 것은 뭔가 좀 불만족스럽다고 느낄 수 있을 것이다. 그보다는 풀고자 하는 문제의 복잡도에 따라서 모델의 복잡도를 결정하는 것이 더 말이 된다고 여길 수도 있다. 지금의 예시에서 사용했던 최소 제곱법은 1.2.5절에서 살펴볼 **최대 가능도**(*maximum likelihood*) 방법의 특별한 사례다. 그리고 과적합 문제는 최대 가능도 방법의 성질 중 하나로써 이해가 가능하다. 사실 **베이지안**(*Bayesian*) 방법론을 채택하면 과적합 문제를 피할 수가 있다. 베이지안 관점에서는 데이터 포인트의 숫자보다 매개변수의 숫자가 훨씬 더 많은 모델을 사용해도 문제가 없다는 것을 앞으로 살펴보게 될 것이다. 베이지안 모델에서는 데이터 집합의 크기에 따라서 적합한 매개변수의 수가 자동으로 정해진다.

최대 가능도와 베이지안 등 다양한 방법론에 대해 배우게 되겠지만, 이 장에서는 지금까지 사용했던 방법론을 바탕으로 논의를 지속해 보도록 하자. 비교적 복잡하고 유연한 모델을 제한

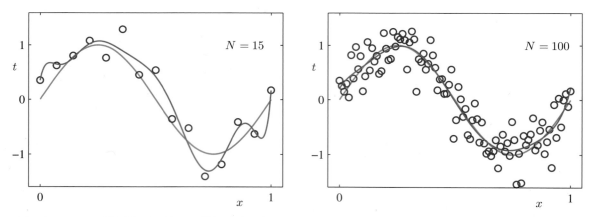

그림 1.6 $M = 9$ 다항식을 제곱합 오류 함수를 최소화하는 방식으로 피팅하였을 경우의 그래프. 왼쪽은 데이터 포인트가 15개일 경우, 오른쪽은 데이터 포인트가 100개일 경우다. 데이터 집합을 늘리는 것이 과적합 문제를 해결하는 데 도움이 된다는 것을 알 수 있다.

적인 숫자의 데이터 집합을 활용하여 피팅하려면 어떻게 해야 할까?

과적합 문제를 해결하기 위해 자주 사용되는 기법 중 하나는 바로 **정규화**(*regularization*)다. 식 1.2의 오차 함수에 계수의 크기가 커지는 것을 막기 위한 페널티항을 추가하는 것이다. 이러한 페널티항 중 가장 단순한 형태는 각각의 계수들을 제곱하여 합하는 것이다. 다음의 식 1.4에서 이러한 페널티항을 활용한 오차 함수를 확인할 수 있다.

$$\widetilde{E}(\mathbf{w}) = \frac{1}{2} \sum_{n=1}^{N} \{y(x_n, \mathbf{w}) - t_n\}^2 + \frac{\lambda}{2} \|\mathbf{w}\|^2 \tag{식 1.4}$$

여기서 $\|\mathbf{w}\|^2 \equiv \mathbf{w}^{\mathrm{T}}\mathbf{w} = w_0^2 + w_1^2 + \ldots + w_M^2$이며, 계수 λ가 정규화항의 제곱합 오류항에 대한 상대적인 중요도를 결정짓는다. 종종 계수 w_0는 정규화항에서 제외한다. 왜냐하면 w_0을 포함시키면 타깃 변수의 원점을 무엇으로 선택하느냐에 대해 결과가 종속되기 때문이다(Hastie *et al.*, 2001). w_0만 따로 빼내어 별도의 정규화 계수와 함께 다른 항을 만들어 포함시키기도 한다. 이 방법에 대해서는 5.5.1절에서 논의할 것이다. 식 1.4의 오차 함수의 최솟값을 찾는 문제 역시 닫힌 형식이기 때문에 앞에서처럼 미분을 통해서 유일해를 찾아낼 수 있다. 통계학 문헌들에서는 이 방법을 **수축법**(*shrinkage method*)이라고 한다. 방법 자체가 계수의 크기를 수축시키는 방식을 이용하기 때문이다. 이차 형식(quadratic) 정규화는 **리지 회귀**(*ridge regression*)(Hoerl and Kennard, 1970)라고 부른다. 뉴럴 네트워크의 맥락에서는 이를 **가중치 감쇠**(*weight decay*)라 한다.

연습문제 1.2

그림 1.7은 식 1.4의 정규화된 오류 함수를 활용하여 $M = 9$ 다항식을 피팅한 결과를 보여 주고 있다. $\ln \lambda = -18$의 경우 과적합이 많이 줄어들었으며, 그 결과 다항식이 $\sin(2\pi x)$에 훨씬 더 가까워진 것을 확인할 수 있다. 하지만 너무 큰 λ 값을 사용하면 좋지 않은 피팅 결과를 얻게 된다. 이를 그림 1.7의 $\ln \lambda = 0$ 사례에서 볼 수 있다. 해당 피팅 다항식의 계숫값들을 표 1.2에 적어 두었다. 정규화를 활용하면 원래의 의도대로 계숫값의 크기가 많이 줄어들었음을 확인할 수 있다.

훈련 집합과 시험 집합 각각에 대해서 1.3절의 평균 제곱근 오차를 서로 다른 $\ln \lambda$ 값에 대해 그려 보면 정규화항이 일반화 오류에 어떤 영향을 미치는지 알 수 있다. 이에 대해 그림 1.8에 그려져 있다. λ가 모델의 복잡도를 조절해서 과적합 정도를 통제하는 것을 확인할 수 있다.

1.3절에서 모델의 복잡도와 이에 관련된 내용들에 대해 자세히 알아볼 것이다. 여기서는 오차 함수를 줄이는 방식으로 문제를 해결할 경우에는 적합한 정도의 모델 복잡도를 선택하는 방법을 잘 활용해야 한다는 정도로 이해하면 되겠다. 지금까지의 결과를 바탕으로 모델 복잡도를

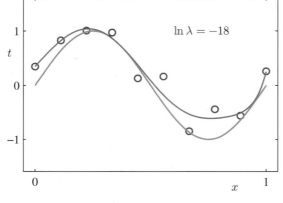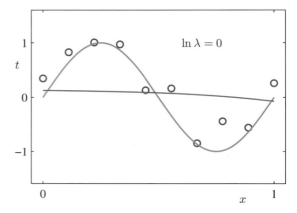

그림 1.7 $M = 9$ 다항식을 그림 1.2의 데이터 집합에 피팅한 그래프. 식 1.4의 정규화된 오차 함수를 사용했다. 왼쪽은 $\ln \lambda = 18$일 경우고, 오른쪽은 $\ln \lambda = 0$일 경우다. 정규화를 전혀 하지 않았을 경우($\lambda = 0$, $\ln \lambda = -\infty$)의 그래프는 그림 1.4의 오른쪽 아래에서 확인할 수 있다.

잘 선택하는 단순한 방법 하나를 생각해 볼 수 있다. 그것은 바로 데이터 집합을 **훈련 집합**(*training set*)과 **검증 집합**(*validation set, hold-out set*)으로 나누는 것이다. 훈련 집합은 계수 $\mathbf{w}$를 결정하는 데 활용하고 검증 집합은 모델 복잡도(M나 λ)를 최적화하는 데 활용하는 방식이다. 하지만 많은 경우에 이 방식은 소중한 훈련 집합 데이터를 낭비하게 된다. 따라서 더 좋은 방법을 고려해야

1.3절

한다.

지금까지 다항식 곡선 피팅에 대한 논의를 통해서 일반적인 패턴 인식/머신 러닝 문제에서 고려되어야 할 사항들에 대해 직관적으로 살펴보았다. 다음 절에서는 이 책의 나머지 부분들의 중요한 토대가 될 확률론에 대해 살펴보도록 하자. 확률론을 기반으로 하면 패턴 인식 문제를 더 원칙적으로 이해할 수 있다. 또한, 확률론은 우리가 다항식 곡선 피팅 문제에서 간단히만 살펴보았던 콘셉트들을 더 깊게 이해하는 데 도움을 줄 것이다.

표 1.2 다양한 정규화 매개변수 λ에 따른 $M = 9$ 다항식의 계수 $\mathbf{w}^\star$. $\ln \lambda = -\infty$는 정규화를 하지 않는 것과 동일하다. 그림 1.4의 오른쪽 아래 그래프). λ가 커짐에 따라 계숫값들의 단위가 많이 줄어드는 것을 확인할 수 있다.

	$\ln \lambda = -\infty$	$\ln \lambda = -18$	$\ln \lambda = 0$
$w_0^\star$	0.35	0.35	0.13
$w_1^\star$	232.37	4.74	-0.05
$w_2^\star$	-5321.83	-0.77	-0.06
$w_3^\star$	48568.31	-31.97	-0.05
$w_4^\star$	-231639.30	-3.89	-0.03
$w_5^\star$	640042.26	55.28	-0.02
$w_6^\star$	-1061800.52	41.32	-0.01
$w_7^\star$	1042400.18	-45.95	-0.00
$w_8^\star$	-557682.99	-91.53	0.00
$w_9^\star$	125201.43	72.68	0.01

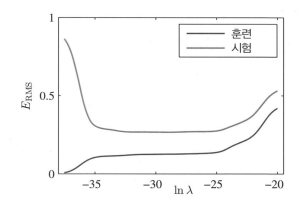

그림 1.8 $M = 9$ 다항식에 대한 $\ln \lambda$ 값에 따른 잔차 제곱 평균값의 그래프

1.2 확률론

패턴 인식 분야에서 중요한 콘셉트 중 하나는 바로 '불확실성'이다. 불확실성은 측정할 때의 노이즈를 통해서도 발생하고 데이터 집합 수가 제한되어 있다는 한계점 때문에도 발생한다. 확률론은 불확실성을 계량화하고 조작하기 위한 이론적인 토대를 마련해 주며, 패턴 인식 분야의 중요한 기반이기도 하다. 1.5절에서 논의할 의사 결정 이론과 이번 절의 확률론을 함께 활용하면, 주어진 정보가 불확실하거나 완전하지 않은 제약 조건하에서 최적의 예측을 시행할 수 있게 된다.

확률론의 기본적인 콘셉트에 대해 이해하기 위해 다음 예시를 살펴보자. 한 개의 빨간색 상자와 한 개의 파란색 상자가 앞에 놓여 있고 빨간색 상자 안에는 두 개의 사과와 여섯 개의 오렌지, 그리고 파란색 상자 안에는 세 개의 사과와 한 개의 오렌지가 들어 있다고 상상해 보자(그림 1.9). 랜덤하게 상자 하나를 골라 임의로 과일 하나를 꺼내고, 어떤 과일인지 확인한 후 꺼냈던 상자에다 도로 집어 넣는다고 해보자. 이를 여러 번 반복할 것이다. 이 과정에서 빨간색 상자를 고를 확률이 40%, 파란색 상자를 고를 확률이 60%이며, 상자 안에서 각각의 과일을 고를 확률은 동일하다고 가정하자.

그림 1.9   빨간색 상자와 파란색 상자가 있고 각각의 상자에는 사과(녹색)와 오렌지(주황색)가 들어 있다. 이 간단한 예시를 활용하여 확률론의 기본적인 아이디어들에 대해 살펴볼 것이다.

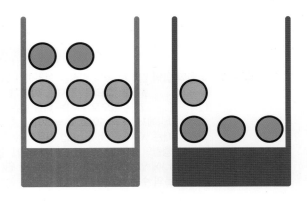

이 예시에서 상자의 정체는 바로 확률 변수다. 앞으로의 전개에서 상자를 확률 변수 B라고 지칭할 것이다. 이 확률 변수 B는 r(빨간색 상자)과 b(파란색 상자) 두 개의 값을 가질 수 있다. 비슷하게 과일의 정체 역시 확률 변수이며, 여기서는 F로 지칭할 것이다. 확률 변수 F는 a(사과) 또는 o(오렌지)를 값으로 가질 수 있다.

어떤 사건의 확률을 무한 번 시도한다고 가정했을 때 어떤 특정 사건이 일어나는 횟수를 전체 시도의 횟수로 나눈 것으로 정의해 보자. 따라서 빨간색 상자를 고를 확률은 4/10이며, 파란색 상자를 고를 확률은 6/10이다. 이 각각의 확률들을 확률 $p(B = r) = 4/10$이나 확률 $p(B = b) = 6/10$이라고 적는다. 정의에 따라서 확률값은 $[0, 1]$ 구간 안에 있어야 한다. 또한 각각의 사건들은 상호 배타적이며, 만약 각각의 사건들이 모든 가능한 결괏값을 다 포함할 경우에는 확률들의 합이 1이다(예를 들어, 이 예시의 경우 상자는 반드시 빨간색 아니면 파란색이다).

이제 우리는 다음과 같은 질문들을 던져 볼 수 있다. '선택 과정에서 사과를 고를 전반적인 확률은 무엇인가?', '오렌지를 선택하였을 때, 우리가 선택한 상자가 파란색이었을 확률은 무엇인가?' 등의 질문이다. 확률의 두 가지 기본 법칙을 배우고 나면 이 질문들에 답할 수 있을 뿐 아니라 패턴 인식과 연관된 더 복잡한 질문들에 대해서도 대답할 수 있다. 확률의 두 가지 기본 법칙은 바로 **합의 법칙**(*sum rule*)과 **곱의 법칙**(*product rule*)이다. 먼저 이 법칙들에 대해 살펴본 후에 다시 과일 상자 문제로 돌아오자.

확률의 법칙들을 도출해 내기 위해서 그림 1.10의 좀 더 복잡한 예시를 고려해 보자. 이 예시에서는 X와 Y라는 두 가지 확률 변수가 있다(앞의 과일 상자 문제의 상자와 과일에 해당된다고 볼 수도 있다). X는 $x_i (i = 1, \ldots, M)$ 중 아무 값이나 취할 수 있고, Y는 $y_j (j = 1, \ldots, L)$ 중 아무 값이나 취할 수 있다고 하자. 또한, X와 Y 각각에서 표본을 추출하는 시도를 N 번 한다고 하자. 그리고 $X = x_i$, $Y = y_j$인 시도의 개수를 n_{ij}로 표현하자. 그리고 Y의 값과는 상관없이 $X = x_i$인 시도의 숫자를 c_i로, X의 값과는 상관없이 $Y = y_j$인 시도의 숫자를 r_j로 표현할 것이다.

그림 1.10 확률의 합의 법칙과 곱의 법칙을 설명하기 위한 그림. $\{x_i\}$ $(i = 1, \ldots, M)$를 값으로 가지는 확률 변수 X와 $\{y_j\}$ $(j = 1, \ldots, L)$을 값으로 가지는 확률 변수 Y를 고려해 보자. 이 그림에서 $M = 5$이고 $L = 3$이다. 총 N개의 변수를 고려할 때는 $X = x_i$, $Y = y_j$인 경우의 수를 n_{ij}로 표현할 것이다. 행렬의 해당 칸 포인트 숫자가 n_{ij}에 해당한다. 각 행 $i (X = x_i)$에 있는 포인트의 수는 c_i로, 각 열 $(Y = y_j)$에 있는 포인트의 수는 r_j로 표현된다.

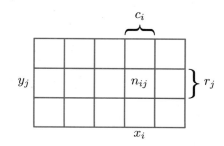

X가 x_i, Y가 y_j일 확률을 $p(X = x_i, Y = y_j)$로 적고 이를 $X = x_i$, $Y = y_j$일 **결합 확률**(*joint probability*)이라 칭한다. 이는 i, j 칸에 있는 포인트의 숫자를 전체 포인트들의 숫자로 나눠서 구할 수 있다. 따라서 다음의 식 1.5와 같이 표현된다.

$$p(X = x_i, Y = y_j) = \frac{n_{ij}}{N} \qquad \text{(식 1.5)}$$

여기서 $\lim N \to \infty$를 가정하였다. 비슷하게 Y 값과 무관하게 X가 x_i 값을 가질 확률을 $p(X = x_i)$로 적을 수 있다. 이는 i열에 있는 포인트들의 숫자를 전체 포인트들의 숫자로 나눔으로써 구할 수 있다.

$$p(X = x_i) = \frac{c_i}{N} \qquad \text{(식 1.6)}$$

그림 1.10에서 i열에 있는 사례의 숫자는 해당 열의 각 칸에 있는 사례의 숫자 합이다. 이는 $c_i = \sum_j n_{ij}$로 표현 가능하다. 따라서 식 1.5와 식 1.6을 바탕으로 다음을 도출해 낼 수 있다.

$$p(X = x_i) = \sum_{j=1}^{L} p(X = x_i, Y = y_j) \qquad \text{(식 1.7)}$$

이것이 바로 확률의 **합의 법칙**(*sum rule*)이다. 때때로 $p(X = x_i)$는 **주변 확률**(*marginal probability*)이라고 불린다.

$X = x_i$인 사례들만 고려해 보자. 그들 중에서 $Y = y_j$인 사례들의 비율을 생각해 볼 수 있고, 이를 확률 $p(Y = y_j | X = x_i)$로 적을 수 있다. 이를 **조건부 확률**(*conditional probability*)이라고 부른다. 이 경우엔 $X = x_i$가 주어졌을 경우 $Y = y_j$일 조건부 확률이다. 이 확률은 i 행에 있는 전체 포인트 수와 i, j 칸에 있는 포인트 수의 비율을 통해서 계산할 수 있다.

$$p(Y = y_j | X = x_i) = \frac{n_{ij}}{c_i} \qquad \text{(식 1.8)}$$

식 1.5, 식 1.6, 식 1.8에서 다음의 관계를 도출해 낼 수 있다.

$$\begin{aligned} p(X = x_i, Y = y_j) &= \frac{n_{ij}}{N} = \frac{n_{ij}}{c_i} \cdot \frac{c_i}{N} \\ &= p(Y = y_j | X = x_i) p(X = x_i) \end{aligned} \qquad \text{(식 1.9)}$$

이것이 바로 확률의 **곱의 법칙**(*product rule*)이다.

지금까지 우리는 확률 변수(과일 상자 예시에서의 상자 B)와 확률 변수가 가질 수 있는 값(상자가 빨간색일 경우 r)을 조심스럽게 구별하였다. 따라서 B가 r 값을 취할 경우의 확률은 $p(B = r)$

로 적을 수 있다. 이러한 표현법은 불확실성을 줄인다는 측면에서는 좋지만, 실제로 사용하기에는 번거로울 수 있다. 사실 대부분의 경우는 이렇게까지 복잡하게 적을 필요가 없다. 앞으로 해석이 문맥상 명확하다고 여겨질 때는 다음과 같이 간단하게 적을 것이다. 확률 변수 B에서의 분포를 표현할 때는 $p(B)$로 적고, 그리고 특정 값 r에서의 분포를 표현할 때는 $p(r)$로 적기로 하자.

이러한 더 간단한 표현법을 사용해서 확률의 두 가지 기본 법칙을 다음과 같이 적을 수 있다.

> **확률의 법칙**
>
> **합의 법칙** $\qquad p(X) = \sum_Y p(X, Y) \qquad\qquad$ (식 1.10)
>
> **곱의 법칙** $\qquad p(X, Y) = p(Y|X)p(X) \qquad\qquad$ (식 1.11)

여기서 $p(X, Y)$는 결합 확률인데 'X와 Y의 확률'이라고 읽으면 된다. 조건부 확률 $p(Y|X)$는 'X가 주어졌을 경우 Y의 확률'이라고 읽을 수 있다. $p(X)$는 주변 확률이며, 'X의 확률'이라고 읽으면 된다. 이 두 법칙은 이 책 전반에서 사용할 확률과 관련된 내용의 기본 토대가 된다.

곱의 법칙과 대칭성 $p(X, Y) = p(Y, X)$로부터 조건부 확률 간의 관계인 다음 식을 도출해 낼 수 있다.

$$p(Y|X) = \frac{p(X|Y)p(Y)}{p(X)} \qquad\qquad (식\ 1.12)$$

이 식 1.12가 머신 러닝과 패턴 인식 전반에 걸쳐서 아주 중요한 역할을 차지하고 있는 **베이즈 정리**(*Bayes' theorem*)다. 합의 법칙을 사용해서 베이지안 정리의 분모를 분자에 있는 항들로 표현할 수 있다.

$$p(X) = \sum_Y p(X|Y)p(Y) \qquad\qquad (식\ 1.13)$$

베이지안 정리의 분모는 정규화 상수로 볼 수 있다. 식 1.12의 왼쪽 항을 모든 Y 값에 대하여 합했을 때 1이 되도록 하는 역할인 것이다.

주변 확률과 조건부 확률의 개념을 이해하기 쉽도록 도식화한 것이 그림 1.11이다. 그림 1.11에서는 두 변수의 결합 분포를 예로 들었다. 여기서 표본의 수는 $N = 60$이며 표본들은 왼쪽 위 그림에서 보여지는 것처럼 결합 분포에서 랜덤으로 선발되었다. 오른쪽 위의 그림은 데이터 포인트들이 가지는 Y 값(1 또는 2)의 비율을 그려 놓은 막대 그래프다. 확률의 정의에 따라서 N이

무한대로 증가함에 따라 이 비율은 $p(Y)$에 해당한다. 분포에서 제한된 수의 데이터 포인트만을 뽑았을 때는 이 막대그래프와 같은 방식으로 확률을 모델할 수 있다. 데이터로부터 원 분포를 모델링하는 것은 통계적 패턴 인식의 핵심 중 하나다. 이에 대해서는 책의 나머지 부분에서 자세히 다룰 것이다. 그림 1.11의 나머지 두 그래프는 각각 $p(X)$와 $p(X|Y = 1)$에 대한 막대그래프를 보이고 있다.

이제 원래 논의했던 과일 상자 예시로 돌아가보자. 이 예시를 설명하기 위해서 확률 변수와 그 값을 따로 적는 표현법을 다시 사용할 것이다. 빨간색 상자를 선택하거나 파란색 상자를 선택하는 확률은 다음과 같이 주어진다.

$$p(B = r) \quad = \quad 4/10 \tag{식 1.14}$$
$$p(B = b) \quad = \quad 6/10 \tag{식 1.15}$$

위의 식 1.14와 식 1.15가 $p(B = r) + p(B = b) = 1$을 만족시킨다는 것을 확인하기 바란다.

어떤 한 상자를 선택했는데 그것이 파란색 상자였다고 해보자. 그러면 그 상황하에서 사과를 고를 확률은 3/4이고 따라서 $p(F = a|B = b) = 3/4$이다. 이와 같은 방법으로 상자가 주어졌을 때 사과 또는 오렌지를 선택할 확률 네 가지를 다음과 같이 적을 수 있다.

$$p(F = a|B = r) \quad = \quad 1/4 \tag{식 1.16}$$
$$p(F = o|B = r) \quad = \quad 3/4 \tag{식 1.17}$$
$$p(F = a|B = b) \quad = \quad 3/4 \tag{식 1.18}$$
$$p(F = o|B = b) \quad = \quad 1/4 \tag{식 1.19}$$

마찬가지로, 이 확률들은 정규화되어 있기 때문에 다음 식 1.20과 식 1.21을 만족시킨다.

$$p(F = a|B = r) + p(F = o|B = r) = 1 \tag{식 1.20}$$
$$p(F = a|B = b) + p(F = o|B = b) = 1 \tag{식 1.21}$$

이제 확률의 합의 법칙과 곱의 법칙을 적용하여 사과를 고를 전체 확률을 계산할 수 있다.

$$
\begin{aligned}
p(F = a) \quad &= \quad p(F = a|B = r)p(B = r) + p(F = a|B = b)p(B = b) \\
&= \quad \frac{1}{4} \times \frac{4}{10} + \frac{3}{4} \times \frac{6}{10} = \frac{11}{20}
\end{aligned}
\tag{식 1.22}
$$

여기에 다시 합의 법칙을 적용하면 $p(F = o) = 1 - 11/20 = 9/20$이다.

어떤 한 종류의 과일을 선택했는데 그것이 오렌지고, 이 오렌지가 어떤 상자에서 나왔는지를 알고 싶다고 가정해 보자. 이를 위해서는 과일이 주어졌을 때 고른 상자가 어떤 것이었는지에

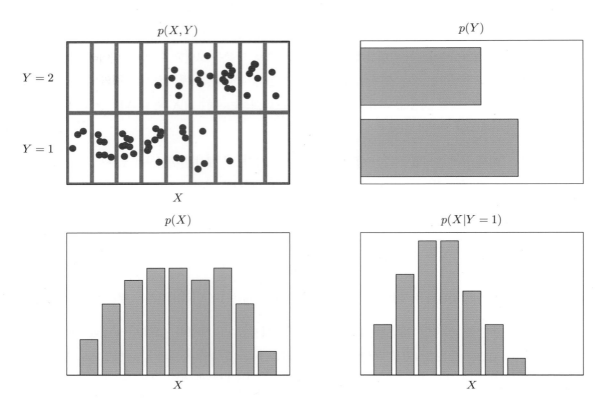

그림 1.11 아홉 가지 가능한 값을 취할 수 있는 확률 변수 X와 두 가지 가능한 값을 취할 수 있는 확률 변수 Y의 결합 분포. 왼쪽 위의 도식은 이 결합 분포로부터 선택된 60개의 표본을 그린 것이다. 나머지 그림들은 주변 확률 $p(X)$와 $p(Y)$, 그리고 조건부 확률 $p(X|Y = 1)$(왼쪽 위 그림의 아래줄에 해당)을 그린 것이다.

대한 조건부 확률을 계산해야 한다. 하지만 식 1.16~식 1.19는 상자가 주어졌을 때 과일에 대한 대한 조건부 확률만을 알려 준다. 베이지안 정리를 적용하여 조건부 확률을 뒤집으면 이 문제를 해결할 수가 있다.

$$p(B = r|F = o) = \frac{p(F = o|B = r)p(B = r)}{p(F = o)} = \frac{3}{4} \times \frac{4}{10} \times \frac{20}{9} = \frac{2}{3} \qquad \text{(식 1.23)}$$

합의 법칙에 따라 $p(B = b|F = o) = 1 - 2/3 = 1/3$이 된다.

베이지안 정리를 다음과 같이 해석할 수 있다(다음에 나올 해석은 매우 중요하므로 잘 숙지하기 바란다). 만약 어떤 과일이 선택되었는지를 알기 전에 어떤 박스를 선택했냐고 묻는다면 그 확률은 $p(B)$일 것이다. 이를 **사전 확률**(*prior probability*)이라고 부른다. 왜냐하면 어떤 과일이 선택되었는지 관찰하기 '전'의 확률이기 때문이다. 선택된 과일이 오렌지라는 것을 알게 된다면 베이지안 정리를 활용하여 $p(B|F)$를 구할수 있다. 이는 **사후 확률**(*posterior probability*)이라고 부를 수

있는데, 그 이유는 사건 F를 관측한 '후'의 확률이라 그렇다. 이 예시에서 빨간색 상자를 고를 사전 확률은 4/10이므로 파란색 상자를 고를 확률이 더 높다. 하지만 선택된 과일이 오렌지라는 것을 확인하고 난 후엔 빨간색 상자를 고를 사후 확률이 2/3이다. 따라서 이제는 우리가 고른 상자가 빨간색이었을 확률이 더 높게 된다. 빨간색 상자 안의 오렌지의 비율이 파란색 상자 안의 오렌지의 비율보다 더욱 높다. 그렇기 때문에 고른 과일이 오렌지였다는 관측 결과가 고른 상자가 빨간색일 가능성을 높여 주는 것은 우리의 직관과도 일치한다. 오렌지를 골랐다는 증거가 충분히 강력하기 때문에 사전 지식을 뒤엎고 빨간색 상자를 골랐을 확률을 파란색 상자를 골랐을 확률보다 더 높게 만들어 주는 것이다.

$p(X, Y) = p(X)p(Y)$인 경우를 고려해 보자. 이처럼 각각의 주변 확률을 곱한 것이 결합 확률과 같을 경우 두 확률 변수를 **독립적**(*independent*)이라고 한다. 곱의 법칙에 따라 $p(Y|X)$ = $p(Y)$임을 알 수 있고 따라서 X가 주어졌을 때 Y의 조건부 확률은 실제로 X의 값과 독립적임을 확인할 수 있다. 이를 우리의 과일 상자 예시에 적용해 보자. 만약에 각각의 상자가 같은 수의 사과와 오렌지를 가지고 있다면 $p(F|B) = P(F)$가 된다. 즉, 사과(또는 오렌지)를 고를 확률은 어떤 상자를 골랐는지와는 독립적이 된다는 것이다.

1.2.1 확률 밀도

지금까지는 이산적인 사건들을 바탕으로 확률에 대해 살펴보았다. 이번에는 연속적인 변수에서의 확률에 대해 알아보도록 하자. 만약 실수 변수 x가 $(x, x + \delta x)$ 구간 안의 값을 가지고 그 변수의 확률이 $p(x)\delta x(\delta x \rightarrow 0$일 경우)로 주어진다면, $p(x)$를 x의 **확률 밀도**(*probability density*)라고 부른다(그림 1.12). 이때 x가 (a, b) 구간 사이의 값을 가질 확률은 다음과 같이 주어진다.

그림 1.12 다음과 같이 이산 변수에 대한 확률 개념을 연속 변수에 대해 확장할 수 있다. 변수 x가 $(x, x + \delta x)$ 구간 사이의 값을 가질 확률은 $p(x)\delta x(\delta x \rightarrow 0$일 경우)다. 확률 밀도는 누적 분포 함수 $P(x)$의 미분으로 표현할 수 있다.

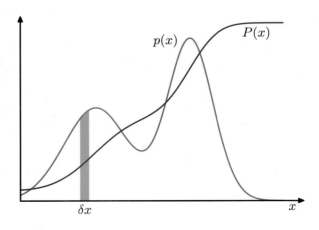

$$p(x \in (a, b)) = \int_a^b p(x)\,\mathrm{d}x \qquad \text{(식 1.24)}$$

확률은 양의 값을 가지고 x의 값은 실수축상에 존재해야 한다. 따라서 확률 밀도 함수 $p(x)$는 다음의 두 조건을 만족시켜야 한다.

$$p(x) \;\geqslant\; 0 \qquad \text{(식 1.25)}$$

$$\int_{-\infty}^{\infty} p(x)\,\mathrm{d}x \;=\; 1 \qquad \text{(식 1.26)}$$

확률 분포 함수는 야코비안 인자로 인해서 비선형 변수 변환 시에 일반적인 단순 함수와는 다른 방식으로 변화하게 된다. 예를 들어, $x = g(y)$의 변수 변환을 고려해 보자. 그러면 함수 $f(x)$는 $\widetilde{f}(y) = f(g(y))$가 된다. x의 확률 밀도 함수 $p_x(x)$와 새로운 변수 y의 확률 밀도 함수 $p_y(y)$를 살펴보면 둘이 다른 확률 밀도를 가진다는 것이 자명하다. $(x, x + \delta x)$ 범위에 속하는 관찰값(아주 작은 δx에 대해)은 범위 $(y, y + \delta y)$로 변환될 것이다. 이때 $p_x(x)\delta x \simeq p_y(y)\delta y$다. 따라서 다음과 같다.

$$\begin{aligned} p_y(y) &= p_x(x)\left|\dfrac{\mathrm{d}x}{\mathrm{d}y}\right| \\ &= p_x(g(y))\,|g'(y)| \end{aligned} \qquad \text{(식 1.27)}$$

연습문제 1.4   이로부터, 확률 밀도의 최댓값은 어떤 변수를 선택하는지에 따라 달라짐을 알 수 있다.

x가 $(-\infty, z)$ 범위에 속할 확률은 **누적 분포 함수**(*cumulative distribution function*)로 표현된다.

$$P(z) = \int_{-\infty}^{z} p(x)\,\mathrm{d}x \qquad \text{(식 1.28)}$$

그림 1.12에서 보여진 것처럼 $P'(x) = p(x)$다.

만약 여러 개의 연속적인 변수 $x_1, \ldots, x_D$가 주어지고 이 변수들이 벡터 $\mathbf{x}$로 표현될 경우에 결합 확률 밀도 $p(\mathbf{x}) = p(x_1, \ldots, x_D)$를 정의할 수 있다. 이 확률 밀도에서 $\mathbf{x}$가 포인트 $\mathbf{x}$를 포함한 극솟값 $\delta\mathbf{x}$에 포함될 확률은 $p(\mathbf{x})\delta\mathbf{x}$로 주어진다. 이 다변량 확률 밀도는 다음의 조건을 만족해야 한다.

$$p(\mathbf{x}) \;\geqslant\; 0 \qquad \text{(식 1.29)}$$

$$\int p(\mathbf{x})\,\mathrm{d}\mathbf{x} \;=\; 1 \qquad \text{(식 1.30)}$$

위의 식에서 적분은 전체 x 공간에 대해 시행했다. 이산 변수와 연속 변수가 조합된 경우에 대해서도 결합 확률 분포를 고려하는 것이 가능하다.

만약 x가 이산 변수일 경우 $p(x)$를 때때로 **확률 질량 함수**(*probability mass function*)라고 부르기도 한다. 각 x 값에 대해서 몇몇 확률 질량들이 모여 있는 것으로 볼 수 있기 때문이다.

연속 변수의 확률 밀도와 이산 변수/연속 변수가 조합된 경우의 확률 밀도에도 합의 법칙, 곱의 법칙, 베이지안 정리를 적용할 수 있다. 예를 들어 만약 x와 y가 각각 실수와 변수일 경우, 합과 곱의 법칙은 다음의 형태를 띤다.

$$p(x) = \int p(x, y) \, \mathrm{d}y \qquad \text{(식 1.31)}$$

$$p(x, y) = p(y|x)p(x) \qquad \text{(식 1.32)}$$

연속 변수의 합과 곱의 법칙에 대해서 정식으로 정의(Fellar, 1966)를 내리기 위해서는 수학의 한 분야인 **측도 이론**(*measure theory*)에 대해 살펴봐야 한다. 이는 이 책의 범위를 벗어나는 내용이므로 자세한 내용은 생략하고 다음과 같이 간략하게만 살펴보겠다. 측도 이론에서는 각각의 실수 변수를 폭 Δ인 범위들로 쪼개고 각각의 범위를 이산 확률 분포로 간주한다. 여기서 $\lim \Delta \to 0$을 취하고 합을 적분으로 바꾸면 우리가 원하는 결과를 얻게 된다.

1.2.2 기댓값과 공분산

확률과 관련된 가장 중요한 계산 중 하나는 함숫값들의 가중 평균을 구하는 것이다. 확률 밀도 $p(x)$하에서 어떤 함수 $f(x)$의 평균값은 $f(x)$의 **기댓값**(*expectation*)이라 하며, $\mathbb{E}[f]$라 적는다. 이산 분포의 경우 기댓값은 다음과 같이 주어진다.

$$\mathbb{E}[f] = \sum_x p(x)f(x) \qquad \text{(식 1.33)}$$

각 x 값에 대해 해당 확률을 가중치로 사용한 가중 평균을 구하는 것이다. 연속 변수의 경우에는 해당 확률 밀도에 대해 적분을 시행해서 기댓값을 구할 수 있다.

$$\mathbb{E}[f] = \int p(x)f(x) \, \mathrm{d}x \qquad \text{(식 1.34)}$$

만약 유한한 N개의 포인트를 확률 분포 또는 확률 밀도에서 추출했다면, 이산/연속 모든 경우에 각 포인트들의 유한한 합산으로 기댓값을 근사할 수 있다.

$$\mathbb{E}[f] \simeq \frac{1}{N} \sum_{n=1}^{N} f(x_n) \qquad \text{(식 1.35)}$$

11장에서 표본 추출 방법론에 대해 배울 때 이 결과를 많이 활용할 것이다. 식 1.35의 근삿값은 $\lim N \to \infty$를 취했을 경우 정확한 값이 된다.

다변수 함수의 기댓값을 구할 경우에는 어떤 변수에 대해 평균을 내는지를 지정하여 계산할 수 있다. 예를 들면, 다음과 같다.

$$\mathbb{E}_x[f(x,y)] \qquad \text{(식 1.36)}$$

위의 식 1.36은 함수 $f(x,y)$의 평균값을 x의 분포에 대해 구하라는 의미다. 식 1.36은 결과적으로 y에 대한 함수가 될 것이다.

또한, 조건부 분포에 해당하는 **조건부 기댓값**(*conditional expectation*)도 생각해 볼 수 있다.

$$\mathbb{E}_x[f|y] = \sum_x p(x|y)f(x) \qquad \text{(식 1.37)}$$

연속 변수에 대해서도 마찬가지로 정의를 내릴 수 있다.

$f(x)$의 **분산**(*variance*)은 다음과 같이 정의된다.

$$\text{var}[f] = \mathbb{E}\left[(f(x) - \mathbb{E}[f(x)])^2\right] \qquad \text{(식 1.38)}$$

분산은 $f(x)$가 평균값 $\mathbb{E}[f(x)]$로부터 전반적으로 얼마나 멀리 분포되어 있는지를 나타내는 값이다. 위 식을 전개하면 다음과 같이 분산을 $f(x)$와 $f(x)^2$의 기댓값으로 표현할 수도 있다.

$$\text{var}[f] = \mathbb{E}[f(x)^2] - \mathbb{E}[f(x)]^2 \qquad \text{(식 1.39)}$$

변수 x그 자체의 분산도 고려해 볼 수 있다. 이는 다음과 같다.

$$\text{var}[x] = \mathbb{E}[x^2] - \mathbb{E}[x]^2 \qquad \text{(식 1.40)}$$

두 개의 확률 변수 x와 y에 대해서 **공분산**(*covariance*)은 다음과 같이 정의된다.

$$\begin{aligned} \text{cov}[x,y] &= \mathbb{E}_{x,y}\left[\{x - \mathbb{E}[x]\}\{y - \mathbb{E}[y]\}\right] \\ &= \mathbb{E}_{x,y}[xy] - \mathbb{E}[x]\mathbb{E}[y] \end{aligned} \qquad \text{(식 1.41)}$$

공분산은 x 값과 y 값이 얼마나 함께 같이 변동하는가에 대한 지표다. 만약 x와 y가 서로 독립적일 경우 공분산값은 0으로 간다.

연습문제 1.5

연습문제 1.6

두 확률 변수 x와 y가 벡터일 경우에 공분산은 행렬이 된다.

$$
\begin{aligned}
\text{cov}[\mathbf{x}, \mathbf{y}] &= \mathbb{E}_{\mathbf{x}, \mathbf{y}}\left[\{\mathbf{x} - \mathbb{E}[\mathbf{x}]\}\{\mathbf{y}^{\mathrm{T}} - \mathbb{E}[\mathbf{y}^{\mathrm{T}}]\}\right] \\
&= \mathbb{E}_{\mathbf{x}, \mathbf{y}}[\mathbf{x}\mathbf{y}^{\mathrm{T}}] - \mathbb{E}[\mathbf{x}]\mathbb{E}[\mathbf{y}^{\mathrm{T}}]
\end{aligned}
\tag{식 1.42}
$$

벡터 $\mathbf{x}$의 구성 원소들 서로 간의 공분산을 고려할 경우에는 $\text{cov}[\mathbf{x}] \equiv \text{cov}[\mathbf{x}, \mathbf{x}]$와 같이 좀 더 간단하게 표현한다.

1.2.3 베이지안 확률

지금까지 이번 장에서 우리는 확률을 '반복 가능한 임의의 사건의 빈도수'라는 측면에서 살펴 보았다. 이러한 해석을 **고전적**(classical) 또는 **빈도적**(frequentist) 관점이라 일컫는다. 이보다 더 포 괄적인 **베이지안**(Bayesian) 관점에 대해서 살펴보도록 하자. 베이지안 관점을 이용하면 확률을 이용해서 불확실성을 정량화하는 것이 가능하다.

어떤 불확실한 사건에 대해서 고려해 보자. 예를 들어, '달이 한때는 태양의 궤도에 속해 있었 다'는 사건이나 '북극의 빙하가 이번 세기말까지 다 녹아 없어진다'는 사건들을 생각해 보자. 이 러한 사건들은 여러 번 반복할 수가 없다. 따라서 앞에서 살펴본 과일 상자 예시에서와 같은 방식으로 확률을 정의하는 것이 불가능하다. 물론, 우리는 이러한 사건들에 대해 어떤 견해를 가지고 있게 마련이다. 예를 들자면 '북극의 얼음이 이러저러한 속도로 녹는다' 같은 의견 말이 다. 만약 우리가 새로운 증거(인공위성이 분석 가능한 유의미한 정보를 관측했다던가)를 추가할 수 있 다면 얼음이 녹는 속도에 대한 우리의 의견을 수정할 수 있을 것이다. 이런 증거에 대한 우리 의 판단에 따라 우리가 취할 행동이 바뀔 수도 있다. 예를 들면, 얼음이 녹는 속도가 빠르다는 증거를 관측한 후에 지구 온난화 가스의 배출량을 줄이고자 노력할 수도 있다. 이런 상황들에 서 우리는 주어진 불확실성을 정량화할 수 있다. 그리고 새 증거가 주어질 때마다 불확실성을 수정하고 그 결과에 따라 최적의 선택을 내리고 싶을 것이다. 이 모든 것을 가능하게 해주는 일반적인 방법론이 바로 확률의 베이지안 해석이다.

불확실성을 나타내는 도구로써의 확률은 임의적으로 선택된 것이 아니다. 상식을 바탕으로 이 성적으로 추론한다면 확률을 사용하는 것이 피할 수 없는 선택이라는 것을 알 수 있다. 콕스 (Cox, 1946)는 만약 믿음의 정도를 수치적으로 표현한다면 이러한 믿음들에 대한 상식을 표현한 공리들이 특정 법칙들의 집합을 이루게 되는데, 그때 믿음의 정도를 다루기 위한 법칙들이 확 률의 합과 곱의 법칙과 동일하다는 것을 증명하였다. 이 증명은 불확실성이 포함된 상황에 대 해서 확률론이 **부울**(boolean) 논리의 확장으로 여겨질 수 있다는 것에 대한 첫 번째 엄격한 증명 이었다(Jaynes, 2003). 수많은 다른 저자들이 이러한 불확실성에 대한 측도가 가져야 할 성질과 공리들에 대해 제안하였다(Ramsey, 1931; Good, 1950; Savage, 1961; deFinetti, 1970; Lindley, 1982). 각각의 경우 사용된 수치적 값은 정확하게 확률의 법칙을 따랐다. 따라서 이러한 수치적 값을 (베이지안) 확률 값으로 여기는 것은 당연한 결과다.

확률에 대한 개념을 더 일반적으로 확장하는 것은 패턴 인식 분야에서도 큰 도움이 된다. 1.1절의 다항식 곡선 피팅 예시를 다시 생각해 보자. 관찰값 t_n에 대해서는 확률의 빈도적 관점을 적용하는 것이 적합해 보일 수 있다. 하지만 적합한 모델 매개변수 $\mathbf{w}$를 정하는 데 있어서의 불확실성을 수치화하고 표현하려면 어떻게 해야 할까? 이때 베이지안 관점을 사용하면 확률론의 다양한 장치들을 활용하여 $\mathbf{w}$와 같은 모델 매개변수의 불확실성을 설명할 수 있다. 더 나아가, 베이지안 관점은 모델 그 자체를 선택하는 데 있어서도 유용하다.

이제 베이지안 정리가 왜 중요한지 알게 되었을 것이다. 앞의 과일 상자 예시에서 어떤 과일이 선택되었는지에 대한 관측 결과가 선택된 상자가 어떤 것이었을지에 대한 확률을 바꾸었던 것을 기억해 보자. 해당 예시에서 베이지안 정리는 관측값들을 이용하여 사전 확률을 사후 확률로 바꾸는 역할을 했다. 다항식 곡선 피팅 예시의 매개변수 $\mathbf{w}$와 같은 값들을 추론해 내는 데 있어서도 비슷한 방식을 사용할 수가 있다. 일단, 첫 번째로 데이터를 관측하기 전의 $\mathbf{w}$에 대한 우리의 가정을 사전 확률 분포 $p(\mathbf{w})$로 표현할 수 있다. 관측된 데이터 $\mathcal{D} = \{t_1, \ldots, t_N\}$은 조건부 확률 $p(\mathcal{D}|\mathbf{w})$로써 작용하게 된다(1.2.5절에서 더 자세히 살펴볼 것이다). 이 경우 베이지안 정리는 다음의 형태를 띤다.

$$p(\mathbf{w}|\mathcal{D}) = \frac{p(\mathcal{D}|\mathbf{w})p(\mathbf{w})}{p(\mathcal{D})} \qquad \text{(식 1.43)}$$

$\mathcal{D}$를 관측한 후의 $\mathbf{w}$에 대한 불확실성을 사후 확률 $p(\mathbf{w}|\mathcal{D})$로 표현한 것이다.

토마스 베이즈 *Thomas Bayes*
1701-1761

토마스 베이즈는 영국의 턴브리지 웰즈에서 태어났으며, 성직자인 동시에 아마추어 과학자이자 수학자였다. 그는 에딘버러 대학에서 신학과 논리학을 공부하였고 1742년에 왕립 협회의 펠로우로 선발되었다. 18세기에 확률론은 도박/보험과 밀접하게 연관되어 있었다. 그로 인해 '역확률'이라고 불리는 문제가 상당히 중요하게 여겨졌는데, 이에 대한 해결책을 자신의 논문에서 제시하였다. 그가 죽고 3년 뒤인 1764년에 'Philosophical Transactions of the Royal Society'에 개제된 'Essay towards solving a problem in the doctrine of chances'가 바로 그 논문이다. 베이즈는 이 이론을 단일 사전 확률에 대해 공식화했으며, 추후 피에르 시몬 라플라스가 독립적으로 해당 이론을 더 일반적인 형태로 재발견하고 이론의 포괄적인 실용성에 대해 공식화했다.

베이지안 정리의 오른쪽에 있는 값 $p(\mathcal{D}|\mathbf{w})$는 관측 데이터 집합 $\mathcal{D}$를 바탕으로 계산된다. 이 값은 매개변수 벡터 $\mathbf{w}$의 함수로 볼 수 있으며, **가능도 함수**(*likelihood function*)라고 불린다. 가능도 함수는 각각의 다른 매개변수 벡터 $\mathbf{w}$에 대해 관측된 데이터 집합이 얼마나 '그렇게 나타날 가능성이 있었는지'를 표현한다. 가능도 함수는 $\mathbf{w}$에 대한 확률 분포가 아니며, 따라서 $\mathbf{w}$에 대해 가능도 함수를 적분하여도 1이 될 필요가 없다.

가능도 함수에 대한 정의를 바탕으로 베이지안 정리를 다음처럼 적을 수가 있다.

$$\text{사후 확률} \propto \text{가능도} \times \text{사전 확률} \qquad\qquad (\text{식 } 1.44)$$

식 1.44의 각 값은 전부 $\mathbf{w}$에 대한 함수다. 식 1.43 오른쪽 변의 분모는 식 왼쪽 변의 사후 분포가 적법한 확률 분포가 되고 적분값이 1이 되도록 하기 위한 정규화 상수다. 식 1.43의 양쪽 변을 $\mathbf{w}$에 대해 적분하면 베이지안 정리의 분모를 사전 확률과 가능도 함수로 표현할 수 있다.

$$p(\mathcal{D}) = \int p(\mathcal{D}|\mathbf{w})p(\mathbf{w})\,\mathrm{d}\mathbf{w} \qquad\qquad (\text{식 } 1.45)$$

가능도 함수 $p(\mathcal{D}|\mathbf{w})$는 베이지안 확률 관점과 빈도적 확률 관점 양측에서 굉장히 중요한 역할을 차지한다. 하지만 가능도 함수가 사용되는 방식은 양 접근법에서 근본적으로 다르다. 빈도적 확률 관점에서는 $\mathbf{w}$가 고정된 매개변수로 여겨지며, 그 값은 어떤 형태의 '추정값'을 통해서 결정된다. 그리고 추정에서의 오류는 가능한 데이터 집합들 $\mathcal{D}$의 분포를 고려함으로써 구할 수 있다. 이와는 대조적으로 베이지안 확률 관점에서는 오직 하나의 (실제로 관측된) 데이터 집합 $\mathcal{D}$만이 존재하고 매개변수의 불확실성은 $\mathbf{w}$의 확률 분포를 통해 표현된다.

빈도적 확률 관점에서 널리 사용되는 추정값 중 하나는 바로 **최대 가능도**(*maximum likelihood*)다. 최대 가능도를 사용할 경우에 $\mathbf{w}$는 가능도 함수 $p(\mathcal{D}|\mathbf{w})$를 최대화하는 값으로 선택된다. 머신 러닝 문헌에서는 종종 음의 로그 가능도 함숫값을 **오차 함수**(*error function*)라고 일컫는다. 음의 로그 함수는 단조 감소하는 함수이기 때문에 가능도의 최댓값을 찾는 것이 오차를 최소화하는 것과 동일하다.

빈도적 확률론자들이 오차를 측정하는 방법 중에 하나가 바로 **부트스트랩**(*bootstrap*) 방법이다 (Efron, 1979; Hastie *et al.*, 2001). 부트스트랩 방법에서는 다음과 같은 방식으로 여러 데이터 집합을 만든다. 원 데이터 집합이 N개의 데이터 포인트 $\mathbf{X} = \{\mathbf{x}_1, \ldots, \mathbf{x}_N\}$라고 가정해 보자. $\mathbf{X}$에서 N개의 데이터 포인트를 임의로 추출하여 데이터 집합 $\mathbf{X}_B$를 만드는데, 이때 한 번 추출된 값도 다시 추출 대상으로 고려될 수 있도록 하는 방식을 사용할 것이다. 즉, $\mathbf{X}$의 어떤 값들은 $\mathbf{X}_B$에 중복될 수 있는 반면, 어떤 값들은 $\mathbf{X}_B$에 포함되지 않을 수도 있다는 것이다. 이 과정을 L번 반복하면 원래 데이터 집합의 표본에 해당하는 크기 N의 데이터 집합을 L개 만들 수 있다 각각의 부트스트랩 데이터 집합에서의 예측치와 실제 매개변수 값과의 차이를 바탕으로 매개변수 추정값의 통계적 정확도를 판단할 수가 있다.

베이지안 관점의 장점 중 하나는 사전 지식을 추론 과정에 자연스럽게 포함시킬 수가 있다는 것이다. 예를 들어 멀쩡하게 생긴 동전 하나를 세 번 던졌는데, 세 번 다 앞면이 나왔다고 해보자. 고전적인 최대 가능도 추정을 통해 추론한다면 앞으로는 앞면이 나올 확률이 1일 것이다. 미래의 모든 동전 던지기에서 앞면만 나올 것이라고 예측한다는 말이다. 대조적으로 베이지안 적으로 접근할 경우 적당히 합리적인 사전 확률을 사용한다면 이렇게까지 과도한 결론이 나오지는 않을 것이다.

2.1절

빈도적 확률 관점과 베이지안 확률 관점 중 어떤 것이 더 상대적으로 우수한지에 대해서는 끊임없는 논쟁이 있었다. 물론, 어떠한 확률론자도 하나의 관점을 전적으로 받아들이지는 않는다. 베이지안 접근법에 대해 널리 알려진 비판 중 하나는 사전 분포가 실제 사전의 믿음을 반영하기보다는 수학적인 편리성을 위해서 선택된다는 것이다. 베이지안 관점에서는 사전 확률의 선택에 따라 결론이 나기 때문에 추론 과정에 주관이 포함될 수밖에 없다. 이 때문에 적절한 사전 확률을 선택하는 것이 어려운 경우도 있다. 사전 분포에 대해 의존도를 낮추기 위해 **무정보적**(noninformative) 사전 분포를 사용하는 경우도 있다. 하지만 이는 서로 다른 모델들을 비교하는 것을 어렵게 만든다. 그리고 실제로 좋지 않은 사전 분포를 바탕으로 한 베이지안 방법은 부족한 결과물을 높은 확신으로 내놓기도 한다. 빈도적 확률론자들의 평가 방법이 때때로 이런 문제들에 대한 해결책이 된다. **교차 검증법**(cross validation)과 같은 테크닉은 모델 비교 등의 분야에서 유용하게 쓰이고 있다.

2.4.3절

1.3절

베이지안 방법론은 지난 수년간 실용적인 측면에서 그 중요도를 키워왔다. 이 책은 베이지안 관점에 매우 큰 가중치를 두고 있지만, 필요할 경우에는 유용한 빈도적 확률론의 콘셉트에 대해서도 논의할 것이다.

베이지안 방법론의 토대는 18세기에 만들어졌다. 하지만 실제적으로 베이지안 방법론을 활용하는 데 있어서는 오랫동안 많은 제약이 있었다. 그 제약 중 하나는 바로 베이지안 절차를 완전히 활용하기 위해서는 전체 매개변수 공간에 대한 주변화(합산 또는 적분)를 하는 과정이 필요하다는 것이다. 예측치를 계산하거나 서로 다른 모델들을 비교하는 데 있어서 이 과정이 필요하기 때문이다. 마르코프 연쇄나 몬테 카를로(11장) 등의 표본 추출 방법이 개발되고, 컴퓨터의 연산 속도와 메모리 용량이 크게 개선됨에 따라 다양한 분야에서 베이지안 테크닉을 실제로 사용할 수 있게 되었다. 몬테 카를로 방법론은 아주 유연하며, 다양한 범위의 모델에 적용할 수 있다. 하지만 이 몬테 카를로 방법을 활용하기 위해서는 고도의 계산이 많이 필요하다. 그래서 이 방법은 주로 작은 규모의 문제들에 대해서만 사용되어 왔다.

더 최근에는 변분적 베이지안, 기대 전파법(10장) 등의 효율적인 결정론적 근사 방법들이 개발되었다. 이를 바탕으로 더 큰 규모의 문제들에 베이지안 테크닉을 사용할 수 있게 되었다(Blei *et al.*, 2003).

1.2.4 가우시안 분포

2장에서는 다양한 확률 분포와 각각의 성질에 대해 살펴볼 것이다. 이에 앞서 여기서 가장 중요한 연속 확률 분포 하나를 살펴보고자 한다. 바로 **정규 분포**(*normal distribution*)라고도 불리는 **가우시안 분포**(*Gaussian distribution*)다. 이 책 전체에서 가우시안 분포를 반복적으로 광범위하게 사용할 것이다.

단일 실수 변수 x에 대해서 가우시안 분포는 다음과 같이 정의된다.

$$\mathcal{N}\left(x|\mu, \sigma^2\right) = \frac{1}{(2\pi\sigma^2)^{1/2}} \exp\left\{-\frac{1}{2\sigma^2}(x-\mu)^2\right\} \qquad \text{(식 1.46)}$$

식 1.46은 두 개의 매개변수 μ와 σ^2에 의해 통제된다. μ는 **평균**(*mean*), σ^2은 **분산**(*variance*)이다. 분산의 제곱근 값 σ는 **표준 편차**(*standard deviation*)라 불린다. 또한, 분산의 역수에 해당하는 $\beta = 1/\sigma^2$은 **정밀도**(*precision*)라고 한다. 이 매개변수들이 왜 이런 이름을 가지는지에 대해 곧 살펴볼 것이다. 그림 1.13에서 가우시안 분포의 도식을 확인할 수 있다.

식 1.46으로부터 가우시안 분포가 다음의 성질을 만족함을 확인할 수 있다.

피에르 시몬 라플라스 *Pierre-Simon Laplace*
1749 – 1827

라플라스는 겸손함과는 거리가 먼 사람으로 스스로를 당대 프랑스 최고의 수학자라고 칭했다고 알려져 있다. 하지만 그의 주장은 사실이라고 봐야 할 것이다. 라플라스는 수학에서는 물론, 천문학에서도 성운(성운이 모이고 식어서 공 모양이 된 것이 지구라는 설이 있다) 가설을 세우는 등 많은 공헌을 했다. 1812년에 그는 《*Théorie Analytique des Probabilités*》의 초판을 펴냈다. 이 책에서 그는 "확률은 다름이 아니라, 보통의 상식을 계산 가능한 형태로 만든 것"이라고 주장하였다. 그의 업적은 역확률 계산(훗날 푸앵카레에 의해 베이지안 정리라 이름 붙여지게 된다)에 대한 논의를 포함한다. 이 방법을 통해 라플라스는 기대 수명, 법학, 행성 질량, 삼각 측량, 오차 추정 등에서의 문제를 풀어낸다.

그림 1.13 단변량 가우시안 분포의 그래프. 평균 μ와
표준 편차 σ를 보이고 있다.

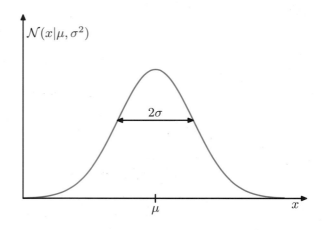

$$\mathcal{N}(x|\mu, \sigma^2) > 0 \qquad \text{(식 1.47)}$$

연습문제 1.7 가우시안 분포가 정규화되어 있다는 것 또한 쉽게 확인할 수 있다.

$$\int_{-\infty}^{\infty} \mathcal{N}\left(x|\mu, \sigma^2\right) \, \mathrm{d}x = 1 \qquad \text{(식 1.48)}$$

따라서 식 1.46은 올바른 확률 밀도의 두 가지 조건을 만족시킨다.

가우시안 분포를 따르는 임의의 x에 대한 함수의 기댓값을 구할 수 있다. 특히, x의 평균값은
연습문제 1.8 다음과 같다.

$$\mathbb{E}[x] = \int_{-\infty}^{\infty} \mathcal{N}\left(x|\mu, \sigma^2\right) x \, \mathrm{d}x = \mu \qquad \text{(식 1.49)}$$

평균값 매개변수 μ가 x의 기댓값과 동일함을 확인할 수 있다. 이와 비슷하게 x에 대한 이차 모
멘트를 계산해 보자.

$$\mathbb{E}[x^2] = \int_{-\infty}^{\infty} \mathcal{N}\left(x|\mu, \sigma^2\right) x^2 \, \mathrm{d}x = \mu^2 + \sigma^2 \qquad \text{(식 1.50)}$$

식 1.49와 식 1.50으로부터 x의 분산을 다음과 같이 계산할 수 있다.

$$\mathrm{var}[x] = \mathbb{E}[x^2] - \mathbb{E}[x]^2 = \sigma^2 \qquad \text{(식 1.51)}$$

σ^2가 분산임을 확인할 수 있다. 분포의 최댓값을 **최빈값**(*mode*)이라 하는데, 가우시안 분포의
연습문제 1.9 경우에는 최빈값과 평균값이 동일하다.

다음으로는 연속 변수로 이루어진 D차원 벡터 $\mathbf{x}$에 대한 가우시안 분포를 살펴보도록 하자.

$$\mathcal{N}(\mathbf{x}|\boldsymbol{\mu}, \boldsymbol{\Sigma}) = \frac{1}{(2\pi)^{D/2}} \frac{1}{|\boldsymbol{\Sigma}|^{1/2}} \exp\left\{-\frac{1}{2}(\mathbf{x} - \boldsymbol{\mu})^{\mathrm{T}} \boldsymbol{\Sigma}^{-1}(\mathbf{x} - \boldsymbol{\mu})\right\} \qquad \text{(식 1.52)}$$

D차원 벡터 $\boldsymbol{\mu}$는 평균값, $D \times D$ 행렬 $\boldsymbol{\Sigma}$는 공분산이라 한다. 그리고 $|\boldsymbol{\Sigma}|$는 $\boldsymbol{\Sigma}$의 행렬식이다. 여기서는 다변량 가우시안 분포에 대해서는 간단히만 살펴볼 것이다. 다변량 가우시안 분포에 대한 자세한 논의는 2.3절을 참조하기 바란다.

관측된 데이터 $\mathbf{x} = (x_1, \ldots, x_N)^{\mathrm{T}}$을 살펴보자. 이는 관측된 N개의 스칼라 변수 x를 지칭한다. 여기서는 벡터값을 가지는 변수의 한 관측값 $(x_1, \ldots, x_D)^{\mathrm{T}}$과 구별하기 위해서 $\mathbf{x}$를 사용하였다. 평균값 μ와 분산 σ^2를 가지는 가우시안 분포에서 관측값들을 독립적으로 추출한다고 가정할 것이다. 데이터 집합으로부터 이 매개변수들을 결정하는 것이 우리의 현재 목표다. 같은 분포에서 독립적으로 추출된 데이터 포인트들을 **독립적이고 동일하게 분포**(independent and identically distributed, i.i.d)되었다고 한다. 앞에서 두 독립 사건의 결합 확률은 각 사건의 주변 확률의 곱이라는 것을 살펴보았다. 우리의 데이터 집합 $\mathbf{x}$는 i.i.d이기 때문에 μ와 σ^2가 주어졌을 때의 조건부 확률을 다음과 같이 적을 수 있다.

$$p(\mathbf{x}|\mu, \sigma^2) = \prod_{n=1}^{N} \mathcal{N}\left(x_n|\mu, \sigma^2\right) \qquad \text{(식 1.53)}$$

μ와 σ^2의 함수로 보면 이 식은 가우시안 분포의 가능도 함수에 해당한다. 이에 대해서는 그림 1.14에 그려져 있다.

관측된 데이터 집합을 바탕으로 확률 분포의 매개변수를 결정하는 표준적인 방법 중 하나는 가능도 함수를 최대화하는 매개변수를 찾는 것이다. 이 방법은 지금까지의 확률론에 대한 논의에 따른다면, 주어진 데이터를 바탕으로 매개변수의 확률을 최대화하는 것이 주어진 매개변

그림 1.14   가우시안 분포의 가능도 함수를 빨간색 곡선으로 그렸다. 여기서 검은색 포인트는 $\{x_n\}$을 값으로 가지는 데이터 집합을 지칭하며, 식 1.53으로 주어진 가능도 함수는 파란색 포인트의 값들의 곱에 해당한다. 평균값과 분산을 조정하여 해당 곱을 최대화함으로써 가능도를 최대화할 수 있다.

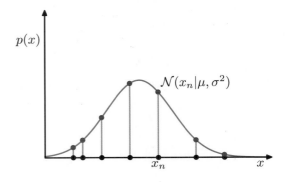

수를 바탕으로 데이터의 확률을 최대화하는 것보다 더 자연스럽게 느껴지므로 조금 이상하게 보일 수도 있다. 사실, 이 두 방법은 깊이 연관되어 있는데, 1.2.5절에서 곡선 피팅 예시를 바탕으로 이에 대해 논의해 볼 것이다.

1.2.5절

일단은 식 1.53의 가능도 함수를 최대화하는 방식으로 알려지지 않은 가우시안 분포의 매개변수 μ와 σ^2를 찾는 것을 계속 진행해 보자. 로그 함수는 변수에 대해 단조 증가하는 함수이므로 로그를 취한 후 최댓값을 찾는 것은 원래 함수의 최댓값을 찾는 것과 동일하다. 로그를 취함으로써 추후의 수학적 분석이 간단해질 뿐 아니라 컴퓨터 계산의 수치적인 측면에서도 도움이 된다. 로그를 취해서 각각의 합을 계산하면 작은 확률들을 여러 번 곱했을 때 발생할지도 모르는 언더플로우를 방지할 수 있기 때문이다. 식 1.46과 식 1.53에 따라 로그 가능도 함수를 다음과 같이 적을 수 있다.

$$\ln p\left(\mathbf{x}|\mu, \sigma^2\right) = -\frac{1}{2\sigma^2}\sum_{n=1}^{N}(x_n - \mu)^2 - \frac{N}{2}\ln\sigma^2 - \frac{N}{2}\ln(2\pi) \qquad \text{(식 1.54)}$$

연습문제 1.11

μ에 대해 식 1.54의 최댓값을 찾으면 다음의 최대 가능도 해(μ_{ML})를 찾을 수 있다 .

$$\mu_{\text{ML}} = \frac{1}{N}\sum_{n=1}^{N}x_n \qquad \text{(식 1.55)}$$

이는 바로 관찰된 값 $\{x_n\}$들의 평균인 **표본 평균**(*sample mean*)이다. 이와 비슷한 방식으로 식 1.54의 최댓값을 σ^2에 대해 찾으면 분산에 대한 최대 가능도 해를 다음과 같이 찾을 수 있다.

$$\sigma_{\text{ML}}^2 = \frac{1}{N}\sum_{n=1}^{N}(x_n - \mu_{\text{ML}})^2 \qquad \text{(식 1.56)}$$

이는 표본 평균에 대해 계산된 **표본 분산**(*sample variance*)이다. 지금 우리는 식 1.54의 μ와 σ^2에 대해 결합 극대화를 하려 하고 있다. 그러나 가우시안 분포의 경우에는 μ에 대한 해가 σ^2에 대한 해와 연관되어 있지 않다. 따라서 식 1.55를 먼저 계산하고 식 1.56을 계산해도 문제가 없다.

이 장의 뒷부분과 책의 나머지 부분에서 최대 가능도 방법의 한계점에 관해 더 자세히 이야기할 것이다. 여기서는 우리가 현재 다루고 있는 단변량 가우시안 분포를 기준으로 하여 최대 가능도 방법을 통해 계산한 매개변수값이 어떤 문제를 가지고 있는지 간단히 살펴보자. 최대 가능도 방법이 구조적으로 분포의 분산을 과소평가하게 되는 것을 확인할 수 있다. 이는 **편향**(*bias*)이라 불리는 현상의 예시로써, 다항식 곡선 피팅에서 살펴본 과적합 문제와 연관되어 있다. 최대 가능도 해인 μ_{ML}과 σ^2_{ML}은 데이터 집합의 $x_1, \ldots, x_N$의 함수다. (μ와 σ^2 가우시안 분포에서 추출된) 각 데이터 집합의 값에 대해 이들의 기댓값을 고려해 보자. 다음의 식을 쉽게 유도할 수 있다.

$$\mathbb{E}[\mu_{\mathrm{ML}}] \;=\; \mu \tag{식 1.57}$$

$$\mathbb{E}[\sigma^2_{\mathrm{ML}}] \;=\; \left(\frac{N-1}{N}\right)\sigma^2 \tag{식 1.58}$$

따라서 평균적으로 최대 가능도 추정은 평균은 올바르게 구할 수 있지만, 분산은 $(N-1)/N$ 만큼 과소평가하게 된다. 이 결과에 대한 직관적인 설명을 그림 1.15에서 확인할 수 있다.

식 1.58로부터 다음의 식 1.59에서 보여지는 분산 추정치는 비편향임을 알 수 있다.

$$\widetilde{\sigma}^2 = \frac{N}{N-1}\sigma^2_{\mathrm{ML}} = \frac{1}{N-1}\sum_{n=1}^{N}(x_n - \mu_{\mathrm{ML}})^2 \tag{식 1.59}$$

데이터 포인트의 개수인 N이 커질수록 최대 가능도 해에서의 편향치는 점점 줄어든다. $\lim N \to \infty$의 경우에는 최대 가능도 해의 분산과 데이터가 추출된 원 분포의 분산이 같아짐을 알 수 있다. 실제 적용 사례에서는 N이 아주 작은 경우가 아니면 이 편향은 그렇게까지 큰 문제가 되지는 않는다. 하지만 이 책 전반에 걸쳐서 우리는 많은 매개변수를 포함한 복잡한 모델에 대해 살펴볼 것인데, 이 경우 최대 가능도 방법과 연관된 편향 문제는 더욱 심각해진다. 최대 가능도 방법의 편향 문제는 우리가 앞에서 살펴본 다항식 곡선 피팅에서의 과적합 문제의 근본적인 원인에 해당한다.

그림 1.15 　최대 가능도 방법을 이용하여 가우시안 분포의 분산을 구하고자 할 때 어떻게 편향이 생기는지를 보여 주는 그림. 녹색 곡선은 데이터가 만들어진 실제 가우시안 분포를 나타내며, 세 개의 빨간색 곡선은 세 개의 데이터 집합에 대해 식 1.55와 식 1.56의 최대 가능도 방법을 이용하여 피팅한 가우시안 분포를 나타낸다. 각각의 데이터 집합은 두 개의 데이터 포인트를 포함하고 있으며, 파란색으로 그려져 있다. 세 개의 데이터 집합에 대해 평균을 내면 평균값은 올바르게 계산되지만, 분산값은 실제 평균값이 아닌 표본 평균값을 기준으로 분산을 계산하기에 구조적으로 과소평가될 수밖에 없다.

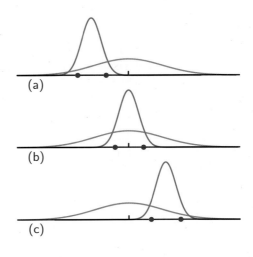

1.2.5 곡선 피팅

1.1절

앞에서는 다항식 곡선 피팅 문제를 오차 최소화의 측면에서 살펴보았다. 여기서는 같은 곡선 피팅 문제를 확률적 측면에서 살펴봄으로써 오차 함수와 정규화에 대한 통찰을 얻을 수 있다. 또한, 이는 완전한 베이지안 해결법을 도출하는 데 도움이 될 것이다.

곡선 피팅 문제의 목표는 N개의 입력값 $\mathbf{x} = (x_1, \ldots, x_N)^{\mathrm{T}}$과 해당 표적값 $\mathbf{t} = (t_1, \ldots, t_N)^{\mathrm{T}}$가 주어진 상황에서 새로운 입력 변수 x가 주어졌을 때 그에 대한 타깃 변수 t를 예측해 내는 것이다. 확률 분포를 이용해서 타깃 변수의 값에 대한 불확실성을 표현할 수 있다. 이를 위해서 주어진 x 값에 대한 t 값이 $y(x, \mathbf{w})$를 평균으로 가지는 가우시안 분포를 가진다고 가정할 것이다. 여기서 $y(x, \mathbf{w})$는 앞의 식 1.1에서 주어졌던 다항식 곡선이다. 이를 바탕으로 다음의 조건부 분포를 적을 수 있다.

$$p(t|x, \mathbf{w}, \beta) = \mathcal{N}\left(t|y(x, \mathbf{w}), \beta^{-1}\right) \qquad \text{(식 1.60)}$$

여기서 사용한 β는 정밀도 매개변수로써 분포의 표본의 역수에 해당한다(책의 나머지 부분과 표현법을 일치시키기 위해 이렇게 적었다). 이 식을 도식화해 놓은 것이 그림 1.16이다.

이제 훈련 집합 $\{\mathbf{x}, \mathbf{t}\}$를 바탕으로 최대 가능도 방법을 이용해서 알려지지 않은 매개변수 $\mathbf{w}$와 β를 구해보도록 하자. 만약 데이터가 식 1.60의 분포에서 독립적으로 추출되었다고 가정하면, 가능도 함수는 다음과 같이 주어진다.

$$p(\mathbf{t}|\mathbf{x}, \mathbf{w}, \beta) = \prod_{n=1}^{N} \mathcal{N}\left(t_n|y(x_n, \mathbf{w}), \beta^{-1}\right) \qquad \text{(식 1.61)}$$

그림 1.16 x가 주어졌을 때의 t의 가우시안 조건부 분포식 1.60에 해당하는 도식. 분포의 평균은 다항 함수 $y(x, \mathbf{w})$로 주어지며, 정밀도는 매개변수 β로 주어진다. $\beta^{-1} = \sigma^2$이다.

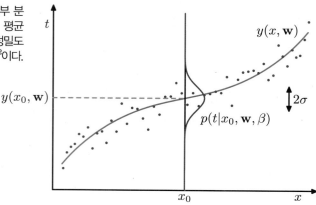

앞에서 단순한 가우시안 분포에 대해 적용했던 것과 마찬가지로 가능도 함수의 로그를 취해 그 최댓값을 구하는 것이 편리하다. 식 1.46의 가우시안 분포를 대입해 넣으면 다음과 같은 형태의 로그 가능도 함수를 얻게 된다.

$$\ln p(\mathbf{t}|\mathbf{x}, \mathbf{w}, \beta) = -\frac{\beta}{2} \sum_{n=1}^{N} \{y(x_n, \mathbf{w}) - t_n\}^2 + \frac{N}{2} \ln \beta - \frac{N}{2} \ln(2\pi) \qquad \text{(식 1.62)}$$

첫 번째로 다항식 계수의 최대 가능도 해를 구해 보도록 하자($\mathbf{w}_{\text{ML}}$). $\mathbf{w}$에 대해 식 1.62를 최대로 만드는 값을 구하면 된다. 이 과정에서 이 둘은 $\mathbf{w}$와 관련이 없기 때문에 식 1.62 오른쪽 변의 마지막 두 항을 제외할 수 있다. 또한, 로그 가능도에 양의 상수를 곱해도 $\mathbf{w}$에 대한 최댓값의 위치는 변하지 않으므로 맨 앞의 계수 $\beta/2$를 1/2로 바꿀 수가 있다. 마지막으로 로그 가능도를 최대화하는 대신에 로그 가능도의 음의 값을 취한 후, 이를 최소화할 수도 있다. 결과적으로 $\mathbf{w}$를 구하는 경우에 가능도 함수를 최대화하는 것은 식 1.2의 제곱합 오차 함수를 최소화하는 것과 같다는 것을 알 수 있다. 노이즈가 가우시안 분포를 가진다는 가정하에 가능도 함수를 최대화하려는 시도의 결과로 **제곱합 오차 함수**를 유도할 수 있는 것이다.

마찬가지로 가우시안 조건부 분포의 정밀도 매개변수 β를 결정하는 데도 최대 가능도 방법을 사용할 수 있다. 식 1.62를 β에 대해 최대화하면 다음의 식이 도출된다.

$$\frac{1}{\beta_{\text{ML}}} = \frac{1}{N} \sum_{n=1}^{N} \{y(x_n, \mathbf{w}_{\text{ML}}) - t_n\}^2 \qquad \text{(식 1.63)}$$

단순 가우시안 분포의 경우와 마찬가지로 평균값에 해당하는 매개변수 벡터 $\mathbf{w}_{\text{ML}}$을 먼저 구한 후에 이를 사용하여 정밀도 β_{ML}을 구할 수가 있다.

매개변수 $\mathbf{w}$와 β를 구했으니 이제 이를 바탕으로 새로운 변수 x에 대해 예측값을 구할 수 있다. 이제 우리는 확률 모델을 사용하고 있으므로 예측값은 전과 같은 하나의 점 추정값이 아닌 t에 대한 **예측 분포**(*predictive distribution*)로 표현될 것이다. 최대 가능도 매개변수들을 식 1.60에 대입하면 다음을 얻을 수 있다.

$$p(t|x, \mathbf{w}_{\text{ML}}, \beta_{\text{ML}}) = \mathcal{N}\left(t|y(x, \mathbf{w}_{\text{ML}}), \beta_{\text{ML}}^{-1}\right) \qquad \text{(식 1.64)}$$

베이지안 방식을 향해 한 걸음 더 나아가 보자. 이를 위해 다항 계수 $\mathbf{w}$에 대한 사전 분포를 도입할 것이다. 문제의 단순화를 위해서 다음 형태를 지닌 가우시안 분포를 사용할 것이다.

$$p(\mathbf{w}|\alpha) = \mathcal{N}(\mathbf{w}|\mathbf{0}, \alpha^{-1}\mathbf{I}) = \left(\frac{\alpha}{2\pi}\right)^{(M+1)/2} \exp\left\{-\frac{\alpha}{2}\mathbf{w}^{\mathrm{T}}\mathbf{w}\right\} \qquad \text{(식 1.65)}$$

여기서 α는 분포의 정밀도이며, $M + 1$은 M차수 다항식 벡터 $\mathbf{w}$의 원소의 개수다. α와 같이 모델 매개변수의 분포를 제어하는 변수들을 **초매개변수**(*hyperparameter*)라 한다. 베이지안 정리에 따라서 $\mathbf{w}$의 사후 분포는 사전 분포와 가능도 함수의 곱에 비례할 것이다.

$$p(\mathbf{w}|\mathbf{x}, \mathbf{t}, \alpha, \beta) \propto p(\mathbf{t}|\mathbf{x}, \mathbf{w}, \beta)p(\mathbf{w}|\alpha) \tag{식 1.66}$$

이제 주어진 데이터에 대해 가장 가능성 높은 $\mathbf{w}$를 찾는 방식으로 $\mathbf{w}$를 결정할 수 있다. 바꿔 말하면 사후 분포를 최대화하는 방식으로 $\mathbf{w}$를 결정할 수 있다는 것이다. 이 테크닉을 **최대 사후 분포**(*maximum posterior, MAP*)라 한다. 식 1.66에 대해 음의 로그를 취한 식 1.62, 식 1.65와 결합하면 사후 확률의 최댓값을 찾는 것이 다음 식 값의 최솟값을 찾는 것과 동일함을 알 수 있다.

$$\frac{\beta}{2}\sum_{n=1}^{N}\{y(x_n, \mathbf{w}) - t_n\}^2 + \frac{\alpha}{2}\mathbf{w}^{\mathsf{T}}\mathbf{w} \tag{식 1.67}$$

따라서 사후 분포를 최대화하는 것이 정규화 매개변수가 $\lambda = \alpha/\beta$로 주어진 식 1.4의 정규화된 제곱합 오차 함수를 최소화하는 것과 동일함을 확인할 수 있다.

1.2.6 베이지안 곡선 피팅

비록 사전 분포 $p(\mathbf{w}|\alpha)$를 포함시키긴 했지만, 여전히 $\mathbf{w}$에 대해서 점 추정을 하고 있기 때문에 아직은 완벽한 베이지안 방법론을 구사한다고 말할 수 없다. 완전한 베이지안적 접근을 위해서는 확률의 합의 법칙과 곱의 법칙을 일관적으로 적용해야 한다. 이를 위해서는 모든 $\mathbf{w}$ 값에 대해서 적분을 시행해야 한다. 이러한 '주변화'가 패턴 인식에서의 베이지안 방법론의 핵심이다.

곡선 피팅 문제의 목표는 훈련 집합 데이터 $\mathbf{x}$와 $\mathbf{t}$가 주어진 상황에서 새로운 변수 x에 대한 표적값 t를 예측하는 것이다. 이 목표를 위해서 예측 분포 $p(t|x, \mathbf{x}, \mathbf{t})$를 구해 보자. 여기서는 매개변수 α와 β는 고정되어 있으며, 미리 알려졌다고 가정한다(이후 장에서 이러한 매개변수들을 베이지안적으로 데이터에서 유추하는 방법에 대해 논의할 것이다).

단순히 말하자면 베이지안 방법은 단지 확률의 합과 곱의 법칙을 계속적으로 적용하는 것이다. 이를 통해 예측 분포를 다음과 같은 형태로 적을 수 있다.

$$p(t|x, \mathbf{x}, \mathbf{t}) = \int p(t|x, \mathbf{w})p(\mathbf{w}|\mathbf{x}, \mathbf{t})\,\mathrm{d}\mathbf{w} \tag{식 1.68}$$

여기서 $p(t|x, \mathbf{w})$는 식 1.60에서 주어진 것이다. 간략한 표기를 위해 α와 β에 대한 종속성을

생략하고 적지 않았다. $p(\mathbf{w}|\mathbf{x},\mathbf{t})$는 매개변수들에 대한 사후 분포이며, 식 1.66의 오른쪽 변을 정규화함으로써 구할 수 있다. 3.3절에서는 곡선 피팅 예시와 같은 문제의 경우 사후 분포가 가우시안이며, 해석적으로 계산할 수 있다는 것에 대해 살펴볼 것이다. 이와 비슷하게 식 1.68의 적분을 시행하면 예측 분포가 다음의 식 1.69와 같이 가우시안 분포로 주어진다는 것을 알 수 있다.

$$p(t|x,\mathbf{x},\mathbf{t}) = \mathcal{N}\left(t|m(x), s^2(x)\right) \tag{식 1.69}$$

여기서 평균과 분산은 다음과 같다.

$$m(x) = \beta\boldsymbol{\phi}(x)^{\mathrm{T}}\mathbf{S}\sum_{n=1}^{N}\boldsymbol{\phi}(x_n)t_n \tag{식 1.70}$$

$$s^2(x) = \beta^{-1} + \boldsymbol{\phi}(x)^{\mathrm{T}}\mathbf{S}\boldsymbol{\phi}(x) \tag{식 1.71}$$

행렬 $\mathbf{S}$는 다음처럼 주어진다.

$$\mathbf{S}^{-1} = \alpha\mathbf{I} + \beta\sum_{n=1}^{N}\boldsymbol{\phi}(x_n)\boldsymbol{\phi}(x_n)^{\mathrm{T}} \tag{식 1.72}$$

$\mathbf{I}$는 단위 행렬이며 $\boldsymbol{\phi}(x)$는 각각의 원소가 $i = 0, \ldots, M$에 대해 $\phi_i(x) = x^i$인 벡터다.

식 1.69의 예측 분포의 평균과 분산이 x에 종속되어 있음을 알 수 있다. 타깃 변수의 노이즈로 인한 예측값 t의 불확실성이 식 1.71의 첫 번째 항에 표현되어 있다. 이 불확실성은 식 1.64의 최대 가능도 예측 분포에서 β_{ML}^{-1}로 이미 표현되었다. 하지만 식 1.71의 두 번째 항은 $\mathbf{w}$의 불확실성으로부터 기인한 것이며, 베이지안 접근법을 통해 구해진 것이다. 합성 사인 함수 회귀 문제에 대한 예측 분포가 그림 1.17에 표현되어 있다.

그림 1.17   베이지안적 방법을 통해 구한 $M = 9$ 다항식 곡선 피팅 문제의 예측 분포. (알려진 노이즈의 분산에 따라) $\alpha = 5 \times 10^{-3}$과 $\beta = 11.1$을 사용하였다. 빨간색 선은 예측 분포의 평균값을, 그리고 빨간색 영역은 평균값으로부터 ±1 표준 편찻값을 가지는 부분을 표현한 것이다.

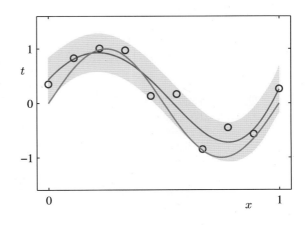

1.3 모델 선택

최소 제곱법을 이용한 다항식 곡선 피팅의 예시에서 가장 좋은 일반화값을 주는 최적의 다항식 차수가 있다는 것을 확인할 수 있었다. 다항식의 차수에 따라서 모델의 자유 매개변수의 수가 결정되며, 이에 의해서 모델의 복잡도가 결정된다. 또한, 정규화된 최소 제곱법의 경우에는 정규화 계수 λ도 모델의 실제적인 복잡도에 영향을 미쳤다. 혼합 분포나 뉴럴 네트워크 등의 더 복잡한 모델의 경우에는 복잡도를 통제하는 매개변수가 더 많을지도 모른다. 실제 응용 사례에서는 이러한 매개변수들의 값을 결정해야 하며, 이때의 목표는 보통 새로운 데이터에 대한 예측 성능을 최적화하는 것이다. 주어진 한 모델의 매개변수의 값을 결정하는 것뿐만이 아니라 다양한 여러 모델들을 고려하여 해당 응용 사례에 가장 적합한 모델을 선택해야 할 경우도 있다.

최대 가능도 접근법에서 이미 확인한 것과 같이 훈련 집합에서의 좋은 성능이 반드시 좋은 예측 성능을 보장해 주지는 못한다. 이는 과적합 문제 때문이다. 이를 해결할 한 가지 방법은 데이터가 충분할 경우 일부의 데이터만 사용하여 다양한 모델과 모델의 매개변수들을 훈련시키고 독립적인 데이터 집합인 **검증 집합**(*validation set*)에서 이 모델들과 매개변수들을 비교/선택하는 것이다. 만약 한정된 크기의 데이터 집합을 바탕으로 반복적으로 모델 디자인을 시행하면, 검증 집합에 대해서도 과적합 문제가 발생할 수 있다. 이런 경우에는 세 번째의 **시험 집합**(*test set*)을 따로 분리해 두고 이 집합을 통해서 선택된 모델의 최종 성능을 판단하는 것이 좋을 수도 있다.

하지만 대부분의 실제 경우에는 훈련과 시험을 위한 데이터의 공급이 제한적이다. 이런 상황하에서 좋은 모델을 만들기 위해서는 가능한 한 많은 데이터를 활용하여 모델을 훈련시키는 것이 좋다. 하지만 검증 집합의 크기가 작을 경우는 예측 성능에 대한 추정값이 정확하지 않을 수도 있다. 이런 딜레마를 해결할 수 있는 한 가지 방법은 바로 **교차 검증법**(*cross validation*)이다 (그림 1.18). 교차 검증법을 활용하면 전체 데이터(S) 중 데이터의 $(S-1)/S$ 비율만큼 훈련에 사용하고, 모든 데이터를 다 활용하여 성능을 추정할 수 있다. 특히 데이터가 부족할 경우에는 $S = N$의 교차 검증법을 고려할 수도 있다. 여기서 N은 전체 데이터 포인트의 숫자다. 따라서

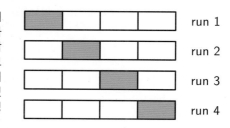

그림 1.18 S-접힘 교차 검증법 테크닉. 여기서는 $S = 4$인 경우에 대해 그려져 있다. 전체 가용 데이터를 S개의 집합으로 나누고(가장 단순한 경우에는 각 그룹의 크기가 같다) $S - 1$개의 집합을 이용하여 모델을 훈련시킨 후, 남은 집합을 이용해서 모델을 평가한다. 이 절차는 남겨 두는 집합 S개 각각에 대해서 반복된다. 남겨 두는 집합이 빨간색 블록으로 표시되어 있다. 각 S번의 실행에서의 성능 점수들을 평균 내어서 최종 성능 점수를 도출한다.

$S = N$ 교차 검증법은 데이터 포인트 **하나만 남겨 두고**(*leave-one-out*) 모델을 훈련시키는 테크닉이다.

교차 검증법의 주요 단점 하나는 S의 수가 늘어남에 따라서 모델 훈련의 시행 횟수가 함께 늘어난다는 것이다. 이는 훈련 자체가 계산적으로 복잡할 경우에 문제가 될 수 있다. 분리된 데이터를 활용하여 성능을 측정하는 교차 검증법과 같은 방식의 또 다른 문제점은, 한 가지 모델에 여러 가지의 복잡도 매개변수가 있을 경우(예를 들면 여러 종류의 정규화 매개변수)에 발생한다. 여러 매개변수들의 조합들을 확인해 보기 위해서는 최악의 경우 매개변수 숫자에 대해 기하급수적인 수의 훈련 실행이 필요할지도 모른다. 덕분에 확실히 이보다 더 나은 방식이 필요하다는 것을 알 수 있다. 이상적인 방식에서는 훈련 집합만을 활용해서 여러 종류의 초매개변수와 각 모델 종류에 대한 비교를 한 번의 훈련 과정동안 시행할 수 있어야 한다. 이를 위해서는 오직 훈련 집합만을 활용하는 성능 척도가 필요하다. 또한, 이 척도는 과적합으로 인한 편향으로부터 자유로워야 한다.

역사적으로 다양한 '정보 기준(information criteria)'들이 최대 가능도 방법의 편향 문제에 대한 대안으로 제시되어 왔다. 이는 더 복잡한 모델에서 과적합이 일어나지 않도록 하는 페널티항을 추가하는 방식이었다. 예를 들어서 **아카이케의 정보량 기준**(*akaike information criterition, AIC*) (Akaike, 1974)은 다음의 식 1.73의 값이 가장 큰 모델을 선택하는 방식이다.

$$\ln p(\mathcal{D}|\mathbf{w}_{\mathrm{ML}}) - M \qquad \text{(식 1.73)}$$

여기서 $p(\mathcal{D}|\mathbf{w}_{\mathrm{ML}})$은 가장 잘 피팅된 로그 가능도이며, M은 모델의 수정 가능한 매개변수의 숫자다. **베이지안 정보 기준**(*Bayesian information criterion, BIC*)은 AIC의 약간 변형된 버전인데 이에 대해서는 4.4.1절에서 논의할 것이다. 이러한 기준들은 모델 매개변수들의 불확실성을 고려하지 않으며, 또한 실제 적용에서 과하게 간단한 모델을 선택하는 경향이 있다. 3.4절에서는 완전한 베이지안 접근법을 바탕으로 해서 복잡하게 불이익을 주는 방식을 자연스럽고 원칙에 맞게 유도해 볼 것이다.

1.4 차원의 저주

앞에서 살펴본 다항식 곡선 피팅에서는 입력 변수가 오직 x 하나였다. 하지만 패턴 인식의 실제 사례에서는 이와는 다르게 많은 종류의 입력 변수로 구성된 고차원 공간을 다뤄야만 한다. 고차원 공간의 입력 변수를 다뤄야 한다는 사실은 패턴 인식 문제를 푸는 데 있어서 심각히 고려되어야 할 중요한 원소다.

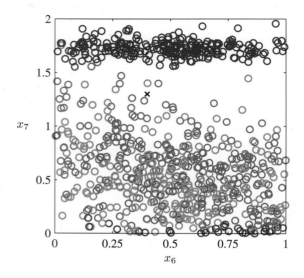

그림 1.19 오일 흐름 데이터의 산포도. 입력 변수 x_6와 x_7을 표시하였다. 빨간색 점은 '균질' 클래스를, 녹색 점은 '환형' 클래스를, 파란색 점은 '층상' 클래스를 표현한 것이다. 그래프상에 '×'로 표시되어 있는 새로운 시험 포인트의 클래스를 찾아내는 것이 우리의 목표다.

이 문제에 대해 좀 더 살펴보기 위해서 인위적으로 만들어진 다음의 데이터를 예시로써 사용해 보겠다. 이 데이터는 오일, 물, 가스가 혼합되어 운반되는 송유관에서 측정된 데이터다 (Bishop and James, 1993). 이 세 가지 원료는 서로 다른 '균질', '환형', '층상'이라는 세 가지 방식으로 송유관 안에 혼합되어 있을 수 있다. 그리고 각각의 방식 내에서 세 가지 성분의 배합 비율 역시 다를 수 있다. 각 데이터 포인트의 입력값은 12차원의 입력 벡터로 표현되며, 이는 감마선 농도계를 이용하여 측정한 것이다. 여기서 사용하는 데이터 집합에 대한 자세한 내용은 부록 A에서 확인할 수 있다. 그림 1.19는 데이터 집합에서 선별된 100개의 포인트에 대해서 입력 변수 x_6와 x_7을 표현한 산포도다(나머지 입력 변수들은 이 산포도에서 생략되었다). 각 데이터 포인트에는 세 가지 혼합 방식 중 어떤 것인지에 따라 라벨을 붙였다. 우리의 목표는 이 데이터를 훈련 집합으로 사용해서 새로운 관측값 (x_6, x_7)을 분류하는 것이다. 그림 1.19의 'x'가 새로운 관측값의 예시다. 그림을 보면 '×'는 많은 수의 빨간색 포인트들에 둘러싸여 있으며, 이에 따라 '×'도 빨간색 클래스에 속한다고 생각할 수 있다. 하지만 그 주변에 녹색 포인트들도 꽤 많으므로 녹색 클래스에 속한다고 생각하는 것도 가능하다. 그러나 파란색 클래스에 속한다고 보기는 어려울 것이다. 직관적으로 보면 ×의 클래스는 ×로부터 멀리 떨어져 있는 포인트들보다는 더 가까이 있는 포인트들을 바탕으로 결정되어야 할 것 같다.

이 직관을 어떻게 학습 알고리즘으로 바꿀 수 있을까? 가장 단순한 접근법은 그림 1.20에서와 같이 입력 공간을 같은 크기의 여러 칸들로 나누는 것이다. 클래스를 예측하고 싶은 어떤 시험 포인트가 주어졌을 경우에는 일단 해당 포인트가 속한 칸을 찾아내고, 그 칸에 속한 훈련 포인트들을 모두 찾는다. 그리고 해당 칸에 속한 훈련 포인트들의 클래스들을 살펴보고 그중 대

그림 1.20   입력 공간을 여러 칸으로 나눈 뒤 새로운 시
           험 포인트가 있는 칸에 속한 훈련 포인트들의
           클래스들 중 대다수인 것을 시험 포인트의 클
           래스라고 예측하는 단순한 접근법을 표현한
           그림. 이 단순한 접근법에는 심각한 단점이 있
           다. 이에 대해서는 곧 살펴볼 것이다.

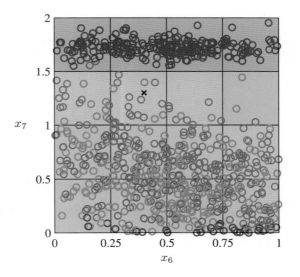

다수인 것을 시험 포인트의 클래스로 지정한다(만약 두 클래스의 숫자가 같을 경우엔 임의로 지정
한다).

이 단순한 접근법에는 여러 가지 문제가 있다. 그중 가장 심각한 것은 입력 변수가 더 많은(입
력 공간의 차원이 높은) 경우를 고려할 때 나타나게 된다. 이 문제가 어떻게 발생하는지에 대해
그림 1.21에서 확인할 수 있다. 공간을 단위 크기의 칸으로 나눌 때, 공간의 차원이 높아짐에
따라서 필요한 칸의 숫자가 기하급수적으로 늘어나는 것이다. 기하급수적으로 많은 칸이 있다
면 각 칸이 비어 있지 않도록 하기 위해서 그만큼 많은 수의 훈련 데이터가 필요하다. 입력 변
수가 일정 개수를 넘어갈 경우에는 위에서 살펴본 단순 접근법을 적용하기 어렵다는 사실은
명확하며, 따라서 더 나은 접근법이 필요하다는 것을 알 수 있다.

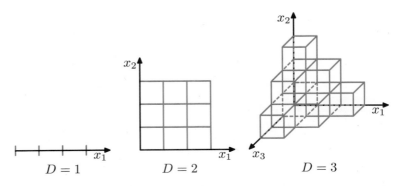

그림 1.21   차원의 저주에 대한 그림. 입력 변수의 차원 D가 커짐에 따라서 단위 칸의 숫자가 기하급수적으로 늘어나는 것을
           보여 주고 있다. 더 명확한 표현을 위해서 $D = 3$의 경우에는 전체 칸 중에 일부만 그림에 나타냈다.

1.1절

고차원 공간에서의 문제점에 대해 더 통찰을 얻기 위해 앞에서 살펴본 다항식 곡선 피팅 문제를 다변수 입력 공간에 적용해 보자. D개의 입력 변수가 있을 경우 3차 계수까지의 다항식의 일반 형태는 다음과 같다.

$$y(\mathbf{x}, \mathbf{w}) = w_0 + \sum_{i=1}^{D} w_i x_i + \sum_{i=1}^{D} \sum_{j=1}^{D} w_{ij} x_i x_j + \sum_{i=1}^{D} \sum_{j=1}^{D} \sum_{k=1}^{D} w_{ijk} x_i x_j x_k \quad \text{(식 1.74)}$$

D가 증가함에 따라서 독립적인 계수(x 변수들 간의 교환 대칭성 때문에 모든 계수가 독립적인 것은 아니다)의 숫자는 D^3에 비례하여 증가한다. 실제 적용에서는 데이터의 복잡한 종속 관계를 다 표현하기 위해서는 더 높은 차수의 다항식이 필요할 수도 있다. M차 다항식의 경우 계수의 숫자는 D^M에 비례하여 증가한다. 이제 이것은 기하급수적인 증가가 아니라 거듭제곱 형태의 증가이긴 하나, 여전히 이 방법을 실제로 사용하기에는 증가 속도가 너무 빠르다.

연습문제 1.16

우리가 삼차원의 세계에서 살면서 얻게 된 기하학적인 직관은 고차원에서는 매우 다르게 작용할 수가 있다. 간단한 예로 D차원의 반지름 $r = 1$인 구체를 고려해 보자. 만약 반지름 $r = 1 - \epsilon$에서 $r = 1$ 사이에 존재하는 부피의 비율을 계산한다면 어떻게 될까? D차원에서 반지름 r을 가진 구체의 부피는 r^D에 비례하여 증가한다. 따라서 다음과 같이 적을 수 있다.

$$V_D(r) = K_D r^D \quad \text{(식 1.75)}$$

연습문제 1.18

여기서 상수 K_D는 D에만 종속되어 있다. 따라서 위에서 언급한 비율은 다음과 같이 계산된다.

$$\frac{V_D(1) - V_D(1 - \epsilon)}{V_D(1)} = 1 - (1 - \epsilon)^D \quad \text{(식 1.76)}$$

그림 1.22에서는 다양한 D 값에 대해서 ϵ의 함수로서의 식 1.76의 그래프를 그려 보았다. 큰 D 값의 경우에는 작은 ϵ 값에 대해서도 비율이 1에 가깝다는 것을 알 수가 있다. 고차원의 공간에서는 구체 부피의 대부분이 표면 근처의 얇은 껍질에 집중되어 있다는 것이다.

연습문제 1.20

패턴 인식과 직접적으로 연관되어 있는 추가적인 예시로 고차원 공간에서의 가우시안 분포에 대해 살펴보도록 하자. 데카르트 좌표에서 극좌표로 변환한 뒤에 방향성 변수들을 적분시켜 없애면 원점에서부터의 반지름 r에 대한 함수 $p(r)$로 표현되는 밀도 함수를 구할 수 있다. 따라서 $p(r)\delta r$은 반지름 r상에 δr의 두께에 해당하는 확률 질량을 나타내게 된다. 이 분포의 그래프를 다양한 D 값에 대해 그려 놓은 것이 그림 1.23이다. 큰 D 값에 대해서는 가우시안 확률 질량이 얇은 겉껍질에 집중되는 것을 확인할 수 있다.

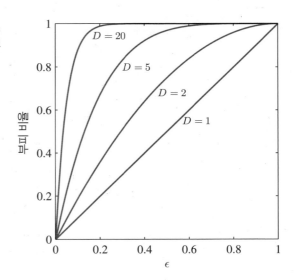

그림 1.22 다양한 차원값 D에 대해 $r = 1-\epsilon$에서 $r = 1$ 사이에 존재하는 부피의 비율을 그린 그래프

고차원에서 발생할 수 있는 심각한 문제를 **차원의 저주**(*curse of dimensionality*)(Bellman, 1961)라고 지칭하기도 한다. 시각적으로 쉽게 표현하기 위한 목적으로 이 책에서는 주로 일차원 또는 이 차원의 입력 공간을 예시로 사용할 것이다. 하지만 독자는 저차원 공간에서 발전시킨 아이디 어들이 고차원에서 반드시 적용되지는 않는다는 사실을 꼭 염두에 두기 바란다.

차원의 저주는 패턴 인식을 고차원 입력값에 적용하는 데 있어서의 중요한 문제점을 시사한 다. 하지만 그렇다고 해서 고차원 입력값에 대해 사용할 수 있는 효과적인 패턴 인식 테크닉을 찾아내는 것이 불가능한 일은 아니다. 그 이유는 두 가지가 있는데, 첫째로는 실제 세계의 고 차원 데이터들의 경우에 유의미한 차원의 수는 제한적이다. 특히, 타깃 변수에 변화를 일으키 는 유의미한 차원의 수는 매우 제한적인 경우가 많다. 둘째로, 실제 세계의 데이터는 보통 (최 소한 지역적으로는) '매끈한' 특성을 가지고 있다. 따라서 대부분의 경우 입력값에서 작은 변화가 일어나면 표적값에서도 작은 변화만이 일어나게 되고, 지역 보간법 등의 테크닉을 적용하여 새

그림 1.23 다양한 차원값 D에 대해서, 반지름 r의 확률 분 포에 대한 가우시안 분포의 그래프. 높은 차원 에서는 대부분의 확률 질량이 구의 표면 근처의 얇은 껍질에 집중되어 있음을 확인할 수 있다.

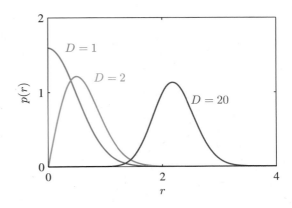

입력 변수에 대한 타깃 변수를 예측하는 것이 가능해진다. 성공적인 패턴 인식 테크닉은 이 특성들을 활용하여 만들어지는 경우가 많다. 제조업에서의 응용 사례를 예로 들어 보자. 컨베이어 벨트 위의 물체들의 이미지를 캡쳐하여, 해당 물체의 모양을 판단하는 문제를 풀고자 한다면 어떻게 해야 좋을까? 각각의 이미지는 고차원 공간의 포인트에 해당하며, 공간의 차원수는 픽셀의 개수에 의해 결정된다. 각각의 물체는 이미지 안에 다른 위치와 다른 모양으로 나타날 수 있으므로 이미지들 사이에는 세 단계의 자유도가 존재한다. 그러므로 이미지 집합은 고차원 공간 내부에 포함된 삼차원의 **매니폴드**(*manifold*)상에 존재하게 될 것이다. 물체의 위치, 모양, 픽셀의 강도 등은 서로 간에 복잡한 관계를 가지고 있으므로 이 매니폴드는 강한 비선형성을 가지게 된다. 만약에 문제의 목표가 이미지를 입력값으로 받아서 물체의 위치와는 상관없이 모양만을 출력하는 것이라면, 매니폴드상에서 중요한 자유도는 하나가 될 것이다.

1.5 결정 이론

1.2절에서 우리는 불확실성을 정량화하고 조작하는 수학적인 토대로서의 확률론에 대해 살펴보았다. 이 장에서는 **결정 이론**(*decision theory*)에 대해서 살펴볼 것이다. 패턴 인식 문제를 풀 때는 불확실성이 존재하는 상황에서 의사 결정을 내려야 하는 경우가 많다. 이런 상황에서 결정 이론과 확률론을 함께 사용하면 최적의 의사 결정을 내릴 수 있다.

입력 벡터 $\mathbf{x}$와 타깃 변수 벡터 $\mathbf{t}$가 존재하는 상황에서 새로운 입력 벡터 $\mathbf{x}$가 주어졌을 때 해당 타깃 변수 벡터 $\mathbf{t}$를 예측하는 문제에 대해서 생각해 보자. 회귀 문제의 경우에는 $\mathbf{t}$가 연속 변수일 것이며, 분류 문제의 경우에는 $\mathbf{t}$가 클래스의 라벨에 해당할 것이다. 결합 확률 분포 $p(\mathbf{x}, \mathbf{t})$는 이 변수들의 전체 불확실성을 요약해서 나타내 줄 것이다. 주어진 훈련 집합 데이터에서 $p(\mathbf{x}, \mathbf{t})$를 찾아내는 것은 **추론**(*inference*) 문제의 대표적인 예시다. 이는 매우 어려운 문제로, 이 문제에 대한 해결책이 이 책의 많은 부분을 차지하고 있기도 하다. 실제 응용 사례에서는 대부분의 경우 $\mathbf{t}$에 대해서 예측을 하는 것이 더 중요한 문제다. $\mathbf{t}$가 어떤 값을 가질 것 같은지를 바탕으로 특정 행동을 취해야 할 수도 있다. 이를 위한 이론적 토대가 바로 결정 이론이다.

예를 들어 환자의 엑스레이 이미지를 바탕으로 그 환자가 암에 걸렸는지 아닌지 판단하는 의학적 진단 문제를 고려해 보자. 이 경우 입력 벡터 $\mathbf{x}$는 이미지의 픽셀 강도 집합에 해당할 것이며, t는 환자가 암에 걸렸는지 아닌지를 나타내는 출력 변수일 것이다. 여기서는 환자에게 암이 있다고 판단할 경우에는 클래스 $\mathcal{C}_1$으로, 그렇지 않을 경우에는 $\mathcal{C}_2$로 표현하도록 하자. 예를 들자면 $\mathcal{C}_1$을 나타내기 위해 $t = 0$으로, $\mathcal{C}_2$를 나타내기 위해 $t = 1$로 표현할 수도 있을 것이다.

이런 식의 이진 표현 방식은 확률 모델을 활용하는 데 있어서 아주 편리하다. 일반적인 추론 문제는 결합 확률 분포 $p(\mathbf{x}, \mathcal{C}_k)$ 또는 이와 동일하게 $p(\mathbf{x}, t)$를 결정하는 과정을 포함하고 있다. 해당 상황에 대해서 가장 완전하고 확률적인 설명을 알려줄 수 있는 것이 바로 결합 확률 분포다. 결합 확률 분포는 매우 유용한 값이긴 하지만 최종적으로 우리가 하고 싶은 것은 환자를 치료할지 말아야 할지를 결정하는 것이다. 또한, 해당 결정이 최적이기를 바라는데(Duda and Hart, 1973), 이것이 바로 **결정**(*decision*) 단계다. 결정 이론이 하려는 것은 적절한 확률들이 주어진 상태에서 어떻게 하면 최적의 결정을 내릴 수 있는가를 설명하는 것이다. 사실, 결정 단계는 추론 문제를 풀기만 하면 상당히 간단하다.

여기서는 이 책의 나머지 부분을 이해하는 데 있어서 필요한 결정 이론의 중요 아이디어에 대해 간단히 소개하고자 한다. 결정 이론에 대한 더 자세한 내용은 Beiger(1985)와 Bather(2000)를 참고하기 바란다.

더 자세한 분석을 하기 전에 앞서, 의사 결정에 있어서 확률이 어떤 역할을 하는지 간략하게 살펴보자. 우리의 목표는 새 환자의 엑스레이 이미지 $\mathbf{x}$를 구한 후에 두 클래스 중 어떤 것으로 이미지를 분류할지 알아내는 것이다. 우리는 이미지가 주어졌을 때 각각의 클래스의 조건부 확률을 알아내고 싶으며 이는 $p(\mathcal{C}_k|\mathbf{x})$로 표현된다. 베이지안 정리를 사용하면 이 확률들을 다음과 같은 형태로 표현할 수 있다.

$$p(\mathcal{C}_k|\mathbf{x}) = \frac{p(\mathbf{x}|\mathcal{C}_k)p(\mathcal{C}_k)}{p(\mathbf{x})} \tag{식 1.77}$$

위의 베이지안 정리에서 사용된 모든 값들은 결합 확률 분포 $p(\mathbf{x}, \mathcal{C}_k)$를 활용(주변화 또는 특정 변수에 대한 조건화)하여 구할 수 있다. $p(\mathcal{C}_k)$는 클래스 $\mathcal{C}_k$에 포함될 사전 확률, $p(\mathcal{C}_k|\mathbf{x})$는 사후 확률에 해당한다. 따라서 $p(\mathcal{C}_1)$은 엑스레이 이미지를 확인하기 전에 알 수 있는 환자가 암에 걸렸을 확률을, $p(\mathcal{C}_1|\mathbf{x})$는 엑스레이에 포함된 정보를 베이지안 정리를 이용하여 포함시킨 후에 알 수 있는 환자가 암에 걸렸을 확률을 의미한다. 만약 우리의 목표가 $\mathbf{x}$를 잘못된 클래스에 포함시킬 가능성을 최소화하는 것이라면, 직관적으로 우리는 더 높은 사후 확률을 가진 클래스를 고르게 될 것이다. 이 장의 나머지 부분에서는 이 직관이 맞았음을 설명할 것이며, 더 일반적인 의사 결정의 기준에 대해서도 살펴볼 것이다.

1.5.1 오분류 비율의 최소화

우리의 목표가 단순히 잘못된 분류 결과의 숫자를 가능한 한 줄이는 것이라고 해보자. 이를 위해서는 각각의 $\mathbf{x}$를 가능한 클래스들 중 하나에 포함시키는 규칙이 필요하다. 이 규칙은 입력 공간을 **결정 구역**(*decision region*)이라고 불리는 구역 $\mathcal{R}_k$들로 나누게 될 것이다. $\mathcal{R}_k$는 클래스의 수만큼 존재할 것이고 $\mathcal{R}_k$에 존재하는 모든 포인트들은 클래스 $\mathcal{C}_k$에 포함될 것이다. 결정 구역들 사이의 경계를 **결정 경계**(*decision boundary*) 혹은 **결정 표면**(*decision surface*)이라고 부른다. 각각의 결정 구역들은 반드시 인접해 있을 필요는 없다. 그리고 몇몇 분리된 구역을 포함하고 있을 수도 있다. 결정 경계와 결정 표면의 예시는 뒤에서 살펴보게 될 것이다. 최적의 결정 규칙을 찾아내기 위해서 앞의 암 진단 예시에서와 같이 두 개의 클래스를 가진 경우들에 대해서 살펴보도록 하자. $\mathcal{C}_1$에 속한 변수 x가 $\mathcal{C}_2$에 포함되는 경우나 그 반대의 경우에 '실수'가 발생한다. 실수가 발생할 확률은 다음의 식으로 주어진다.

$$
\begin{aligned}
p(\text{실수}) &= p(\mathbf{x} \in \mathcal{R}_1, \mathcal{C}_2) + p(\mathbf{x} \in \mathcal{R}_2, \mathcal{C}_1) \\
&= \int_{\mathcal{R}_1} p(\mathbf{x}, \mathcal{C}_2)\,\mathrm{d}\mathbf{x} + \int_{\mathcal{R}_2} p(\mathbf{x}, \mathcal{C}_1)\,\mathrm{d}\mathbf{x}
\end{aligned}
\qquad \text{(식 1.78)}
$$

각각의 포인트들을 두 클래스 중 어디에 포함시킬지의 결정 규칙은 우리가 자유롭게 정할 수 있다. $p(\text{실수})$를 최소화하기 위해서는 각각의 $\mathbf{x}$를 식 1.78의 피적분 함수들 중 더 작은 값을 가진 클래스에 포함시켜야 한다는 것을 알 수 있다. 따라서 $p(\mathbf{x}, \mathcal{C}_1) > p(\mathbf{x}, \mathcal{C}_2)$인 경우에는 $\mathbf{x}$를 $\mathcal{C}_1$에 포함시켜야 한다. 확률의 곱 법칙에 따라서 $p(\mathbf{x}, \mathcal{C}_k) = p(\mathcal{C}_k|\mathbf{x})p(\mathbf{x})$다. $p(\mathbf{x})$는 양쪽의 항에서 동일하다. 따라서 $p(\text{실수})$를 최소화하기 위해서는 각각의 $\mathbf{x}$를 사후 확률 $p(\mathcal{C}_k|\mathbf{x})$가 최대가 되는 클래스에 포함시키면 된다는 결론을 낼 수 있다. 그림 1.24에서 하나의 입력 변수 x와 두 클래스의 경우에 대한 해당 도식을 살펴볼 수 있다.

더 일반적으로 K개의 클래스를 가진 경우에는 올바르게 분류된 경우의 확률을 극대화하는 편이 조금 더 쉽다.

$$
\begin{aligned}
p(\text{올바름}) &= \sum_{k=1}^{K} p(\mathbf{x} \in \mathcal{R}_k, \mathcal{C}_k) \\
&= \sum_{k=1}^{K} \int_{\mathcal{R}_k} p(\mathbf{x}, \mathcal{C}_k)\,\mathrm{d}\mathbf{x}
\end{aligned}
\qquad \text{(식 1.79)}
$$

각각의 $\mathbf{x}$가 $p(\mathbf{x}, \mathcal{C}_k)$가 최대인 클래스로 분류되도록 $\mathcal{R}_k$를 선택할 경우에 식 1.79의 값이 최대화된다. 앞에서와 같이 확률의 곱 법칙을 적용하면 $p(\mathbf{x}, \mathcal{C}_k) = p(\mathcal{C}_k|\mathbf{x})p(\mathbf{x})$이며, $p(\mathbf{x})$는 모든 항에 대해 동일하다. 따라서 각각의 $\mathbf{x}$는 가장 큰 사후 확률 $p(\mathcal{C}_k|\mathbf{x})$를 가지는 클래스로 분류되어야 함을 확인할 수 있다.

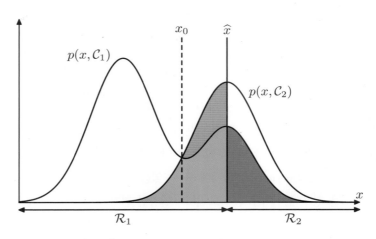

그림 1.24 두 클래스 각각의 결합 확률 $p(x, C_k)$을 x에 대해 그린 그림. 결정 경계 $x = \hat{x}$도 그려져 있다. $x \geqslant \hat{x}$의 경우에 x는 C_2로 분류되며, 따라서 결정 구역 R_2에 속한다. $x < \hat{x}$의 경우에는 C_1으로 분류되고 결정 구역 R_1에 속하게 된다. 파란색, 녹색, 빨간색으로 오류 구역이 표시되어 있다. $x < \hat{x}$는 클래스 C_2에 속한 포인트들이 클래스 C_1으로 잘못 분류된 경우다. 빨간색 구역과 녹색 구역을 합한 부분이 이에 해당한다. 반대로 $x \geqslant \hat{x}$는 클래스 C_1에 속한 포인트들이 C_2로 분류된 경우인데 파란색 구역이 이에 해당한다. 결정 경계 $\hat{x}$의 위치를 바꿈에 따라서 파란색과 녹색 구역을 합한 오류 구역은 그대로 남아 있지만, 빨간색 구역의 크기는 변하게 된다. 최적의 결정 경계 $\hat{x}$는 $p(x, C_1)$과 $p(x, C_2)$의 그래프가 만나는 지점인 x_0에 해당한다. 왜냐하면 이 결정 경계에서는 빨간 구역이 완전히 사라지기 때문이다. 이는 오분류 비율 최소화 결정 규칙과 동일한데, 오분류 비율 최소화 결정 규칙에서는 x를 더 높은 사후 확률 $p(C_k|x)$를 가진 클래스로 분류하기 때문이다.

1.5.2 기대 손실의 최소화

많은 적용 사례에서의 목표는 단순히 오분류의 숫자를 줄이는 것보다 훨씬 더 복잡할 수 있다. 의학적 진단 문제를 다시 고려해 보자. 만약 암에 걸리지 않은 환자를 걸렸다고 판단하였을 경우에는 그 결과가 그리 심각하지는 않다. 환자가 스트레스를 받겠지만 확인을 위해 추가 검사를 진행하면 될 일이다. 그러나 잘못된 진단으로 암에 걸린 환자를 건강하다고 판단했을 경우는 매우 심각한데, 환자가 제대로 된 치료를 받지 못하여 죽음에 이를 수도 있기 때문이다. 두 잘못된 판단의 결과가 이처럼 다르게 나타날 수 있다. 이 경우에는 첫 번째 종류의 실수를 더 많이 하게 된다 하더라도 두 번째 종류와 같은 실수를 줄이는 것이 중요하다는 것을 알 수 있다.

비용 함수(*cost function*)라고도 부르는 **손실 함수**(*loss function*)를 도입함으로써 이러한 문제들을 더 공식화할 수 있다. 손실 함수는 어떤 결정이나 행동이 일어났을 때의 손실을 전체적으로 측정하는 함수다. 이를 활용하면 우리의 목표를 발생하는 전체 손실을 최소화하는 것으로 변경할 수가 있다. 어떤 저자들은 **효용 함수**(*utility function*)를 사용하기도 하는데, 이 경우에는 그 값을 최대화하는 것이 목표가 된다. 손실의 음의 값을 취한 것이 효용이라고 생각하면 이 둘은 동일한 개념이다. 이 책의 나머지 부분에서는 손실 함수를 사용할 것이다. 실제 클래스가 C_k인 새

그림 1.25 암 치료 예시 문제에서 나타날 수 있는 손실 행렬의 예시. 각각의 가로 행은 실제 클래스를, 세로 열은 우리의 결정 경계에 따른 클래스의 분류를 나타낸다.

$$\begin{array}{c} \\ \text{암} \\ \text{정상} \end{array} \begin{array}{cc} \text{암} & \text{정상} \\ \begin{pmatrix} 0 & 1000 \\ 1 & 0 \end{pmatrix} \end{array}$$

입력값 $\mathbf{x}$를 클래스 $\mathcal{C}_j$(j는 k와 같을 수도, 아닐 수도 있다)로 분류했다고 가정해 보자. 이 과정에서 우리는 L_{kj}로 표현할 수 있는 손실을 발생시키게 된다. L_{kj}는 손실 행렬의 k, j번째 원소로 볼 수 있다. 예를 들어, 우리의 암 환자 분류 예시에 대해서 그림 1.25에서 보여지는 것과 같은 **손실 행렬**(*loss matrix*)을 가정해 볼 수 있을 것이다. 그림 1.25의 손실 행렬은 올바른 결정이 내려졌을 경우에는 아무 손실도 없고, 건강한 환자가 암에 걸린 것으로 진단되었을 때는 1의 손실이 있으며, 암을 걸린 환자가 건강한 것으로 진단되었을 경우에는 1,000의 손실이 있는 것으로 표현되어 있다.

손실 함수를 최소화하는 해가 최적의 해다. 하지만 손실 함숫값은 알려져 있지 않는 실제 클래스값을 알아야만 계산이 가능하다. 주어진 입력 벡터 $\mathbf{x}$에 대해서 실제 클래스값에 대한 불확실성은 결합 확률 분포 $p(\mathbf{x}, \mathcal{C}_k)$로 표현된다. 그렇기 때문에 우리는 이 분포에 대해 계산한 평균 손실을 최소화하는 것을 목표로 삼을 수 있다.

$$\mathbb{E}[L] = \sum_k \sum_j \int_{\mathcal{R}_j} L_{kj} p(\mathbf{x}, \mathcal{C}_k) \, \mathrm{d}\mathbf{x} \tag{식 1.80}$$

각각의 $\mathbf{x}$ 값은 결정 구역 $\mathcal{R}_j$들 중 하나에 독립적으로 포함된다. 우리의 목표는 구역 $\mathcal{R}_j$들을 적절히 선택해서 식 1.80의 기대 손실값을 최소화하는 것이다. 이는 각각의 $\mathbf{x}$에 대해서 $\sum_k L_{kj} p(\mathbf{x}, \mathcal{C}_k)$를 최소화해야 한다는 것을 의미한다. 앞에서와 같이 확률의 곱의 법칙을 활용하면 $p(\mathbf{x}, \mathcal{C}_k) = p(\mathcal{C}_k|\mathbf{x})p(\mathbf{x})$임을 알 수 있고 공통 인자 $p(\mathbf{x})$를 제거할 수 있다. 따라서 기대 손실을 최소화하는 결정 법칙은 각각의 $\mathbf{x}$를 다음의 식 1.81을 최소화하는 클래스 j에 할당하는 것이다.

$$\sum_k L_{kj} p(\mathcal{C}_k|\mathbf{x}) \tag{식 1.81}$$

각각의 클래스에 대한 사후 확률 $p(\mathcal{C}_k|\mathbf{x})$를 알고 나면 이 방법을 쉽게 실행할 수 있다.

1.5.3 거부 옵션

입력 공간 중 어떤 구역에서는 사후 확률 $p(\mathcal{C}_k|\mathbf{x})$ 중 가장 큰 것이 1보다 매우 작다. 즉, 결합 확률 $p(\mathbf{x}, \mathcal{C}_k)$들이 비슷한 값을 가지고 있다는 것이다. 이러한 구역들로 인해서 분류 오차가 생겨나기도 한다. 이 구역들에 대해서는 해당 구역이 어떤 클래스에 속할지에 대한 우리의 확신

정도가 비교적 적은 것이다. 몇몇 적용 사례에서는 오류 비율을 최소화하기 위해 이처럼 결정을 내리기 힘든 지역에 대해서는 결정을 피하는 것이 적절할 수도 있다. 이것이 바로 **거부 옵션**(*reject option*)이다. 예를 들면 우리의 가상 의학 진단 예시에서 어떤 클래스에 속하는지가 비교적 확실한 엑스레이 이미지들은 자동화 시스템이 분류하고, 다소 불확실한 이미지들은 사람이 직접 확인하도록 하는 것이 적절할 수도 있다. 임계값 θ를 설정해서 사후 확률 $p(\mathcal{C}_k|\mathbf{x})$들 중에서 가장 큰 값이 θ보다 작거나 같을 경우에 해당 입력값 $\mathbf{x}$를 거부하는 방식으로 이를 실행할 수 있다. 하나의 연속 입력 변수 x와 두 개의 클래스의 경우에 대한 예시가 그림 1.26에 그려져 있다. $\theta = 1$로 설정하면 모든 예시가 거부되며 K클래스의 경우에는 $\theta < 1/K$로 설정하면 아무 예시도 거부되지 않을 것이다. 따라서 θ 값을 통해서 거부되는 예시의 비율을 조절할 수 있다.

손실 행렬이 주어진 경우에는 기대 손실값을 최소화하도록 거부 옵션을 확장할 수 있다. 이 경우에는 거부 결정이 내려졌을 때 발생하는 손실값을 고려 사항에 포함해야 할 것이다.

연습문제 1.24

1.5.4 추론과 결정

지금까지 분류 문제를 두 개의 단계로 나누어 보았다. 첫 번째는 **추론 단계**(*inference stage*)로 훈련 집단을 활용하여 $p(\mathcal{C}_k|\mathbf{x})$에 대한 모델을 학습시키는 단계다. 두 번째는 **결정 단계**(*decision stage*)로 학습된 사후 확률들을 이용해서 최적의 클래스 할당을 시행하는 것이다. 두 가지 문제를 한 번에 풀어내는 방식도 생각해 볼 수 있다. $\mathbf{x}$가 주어졌을 때 결정값을 돌려주는 함수를 직접 학습시키는 것이다. 이러한 함수를 **판별 함수**(*discriminant function*)라고 한다.

사실 결정 문제를 푸는 데는 세 가지 다른 접근법이 있다. 이 세 가지 접근법은 모두 실제로 활용되고 있다. 다음 페이지에 각각의 세 가지 접근법에 대해 적어 두었다(더 복잡한 접근법부터 가장 덜 복잡한 접근법순으로 나열되어 있다).

그림 1.26   거부 옵션을 시각화한 그림. 입력값 x에 대해서 두 사후 확률들 중 더 큰 것이 임계값 θ보다 작을 경우 해당 x 값을 거부한다.

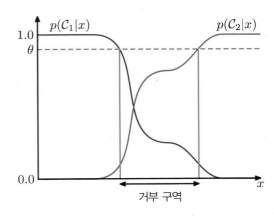

(a) 우선 각각의 클래스 $\mathcal{C}_k$에 대해서 조건부 확률 밀도 $p(\mathbf{x}|\mathcal{C}_k)$를 알아내는 추론 문제를 풀어낸다. 클래스별 사전 확률 $p(\mathcal{C}_k)$도 따로 구한다. 그 후에 다음의 식 1.82와 같이 베이지안 정리를 적용해서 각 클래스별 사후 확률 $p(\mathcal{C}_k|\mathbf{x})$를 구한다.

$$p(\mathcal{C}_k|\mathbf{x}) = \frac{p(\mathbf{x}|\mathcal{C}_k)p(\mathcal{C}_k)}{p(\mathbf{x})} \qquad \text{(식 1.82)}$$

항상 그렇듯 베이지안 정리의 분모는 분자에 나타난 항들을 이용해서 구할 수 있다.

$$p(\mathbf{x}) = \sum_k p(\mathbf{x}|\mathcal{C}_k)p(\mathcal{C}_k) \qquad \text{(식 1.83)}$$

이와 동일하게 결합 분포 $p(\mathbf{x}, \mathcal{C}_k)$를 직접적으로 모델링한 후 정규화해서 사후 확률들을 구할 수도 있다. 사후 확률을 구한 후에는 결정 이론을 적용하여 각각의 새 입력 변수 $\mathbf{x}$에 대한 클래스를 구한다. 직간접적으로 입력값과 출력값의 분포를 모델링하는 이러한 방식을 **생성 모델**(*generative model*)이라고 한다. 왜냐하면 이렇게 만들어진 분포로부터 표본을 추출함으로써 입력 공간에 합성 데이터 포인트들을 생성해 넣는 것이 가능하기 때문이다.

(b) 우선 사후 확률 $p(\mathcal{C}_k|\mathbf{x})$를 계산하는 추론 문제를 풀어낸 후에 결정 이론을 적용하여 각각의 입력 변수 $\mathbf{x}$에 대한 클래스를 구한다. 사후 확률을 직접 모델링하는 이러한 방식을 **판별 모델**(*discriminative model*)이라고 한다.

(c) 각각의 입력값 $\mathbf{x}$를 클래스에 사상하는 판별 함수 $f(\mathbf{x})$를 찾는다. 예를 들어, 두 개의 클래스를 가진 문제의 경우에 $f(\cdot)$은 이진값을 출력으로 가지는 함수로써, $f = 0$일 경우 클래스 $\mathcal{C}_1$을, $f = 1$일 경우 클래스 $\mathcal{C}_2$를 표현할 수 있다. 이 방식에서는 확률론이 사용되지 않는다.

세 가지 방식의 장단점에 대해서 논의해 보자. **(a)**는 가장 손이 많이 가는 방식이다. 왜냐하면 $\mathbf{x}$와 $\mathcal{C}_k$에 대해서 결합 분포를 찾아야 하기 때문이다. 많은 응용 사례에서 $\mathbf{x}$는 고차원이며, 따라서 각각의 클래스에 대해 일정 수준 이상의 조건부 밀도를 구하기 위해서는 상당히 큰 훈련 집합이 필요할 수 있다. 많은 경우에 클래스별 사전 확률 $p(\mathcal{C}_k)$는 훈련 집합의 클래스별 비율을 계산하는 것으로 간단히 계산할 수 있다. **(a)**의 장점은 이 방식을 사용하면 식 1.83을 이용해서 데이터 $p(\mathbf{x})$의 주변 밀도도 구할 수 있다는 것이다. 이를 바탕으로 주어진 모델 하에서 발생 확률이 낮은 새 데이터 포인트를 미리 발견해 낼 수 있다. 이러한 데이터 포인트들에 대해서는 예측 모델이 낮은 정확도를 보이게 될 것이다. 이런 검출 방식을 **이상점 검출**(*outlier detection*) 혹은 **새것 검출**(*novelty detection*)이라고 한다(Bishop, 1994; Tarassnko, 1995).

하지만 분류 알고리즘을 통해서 결정을 내리는 것만이 목표일 경우에 결합 분포 $p(\mathbf{x}, \mathcal{C}_k)$를 전부 계산하는 것은 컴퓨팅 자원의 낭비다. 또한, 데이터에 대한 요구량도 너무 크다. 이런 경우엔 사후 확률 $p(\mathcal{C}_k|\mathbf{x})$를 직접 계산하는 **(b)** 방식이 훨씬 더 효율적일 것이다. 그림 1.27에서 볼 수 있는 것처럼 클래스별 조건부 분포에는 사후 확률에 영향을 미치지 않는 추가적인 정보가 많이 포함되어 있을 수 있다. 머신 러닝에서 생성 모델과 판별 모델 각각을 사용하는 것의 장단점에 대한 논의가 많이 있었으며, 두 모델링 방식을 합치는 것에 대해서도 여러 시도가 있었다(Jebara, 2004; Lasserre *et al.*, 2006).

(c)는 더 간단하다. 훈련 집합을 사용하여 각각의 변수 $\mathbf{x}$를 해당 클래스에 사상하는 판별 함수 $f(\mathbf{x})$를 직접 찾아내는 방식이다. 추론 단계와 결정 단계를 하나의 학습 문제로 합친 것이다. 그림 1.27의 예시에서 녹색 수직 선에 해당하는 x 값을 찾아내는 것이 **(c)** 방식에 해당한다. 이 녹색 선이 오분류 확률을 최소화하는 결정 경계이기 때문이다.

하지만 **(c)** 방식을 사용할 경우 사후 확률 $p(\mathcal{C}_k|\mathbf{x})$들을 알지 못하게 된다는 단점이 있다. 사후 확률을 구하는 것이 유의미한 것은 다음과 같은 여러 가지 이유 때문이다.

위험의 최소화 손실 행렬의 값들이 때때로 변하는 문제를 고려해 보자(예를 들자면 금융 관련 적용 사례에서 이런 일이 발생할 수 있을 것이다). 만약 사후 확률을 알고 있다면, 식 1.81을 수정함으

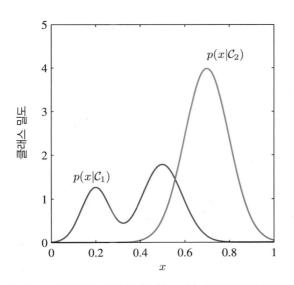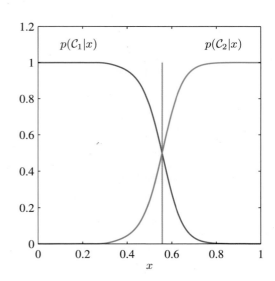

그림 1.27 　왼쪽은 두 개의 클래스를 가지는 일차원의 입력 변수 x에 대해서 클래스별 조건부 밀도를 그린 그래프고, 오른쪽은 해당 사후 확률을 그린 그래프다. 왼쪽에서 파란색으로 그려져 있는 클래스 조건부 밀도 $p(\mathbf{x}|\mathcal{C}_1)$가 사후 확률에 영향을 주지 않는 것을 확인할 수 있다. 오른쪽 그래프에 수직으로 그려진 녹색 선은 사전 클래스 확률 $p(\mathcal{C}_1)$과 $p(\mathcal{C}_2)$가 동일하다고 가정했을 때 오분류 비율을 최소화하는 결정 경계를 나타내는 것이다.

로써 쉽게 최소 위험 결정 기준을 구할 수가 있다. 반면에 판별 함수만 알고 있을 경우에는 손실 행렬의 값이 변할 때마다 훈련 집합을 활용하여 분류 문제를 새로 풀어야 할 것이다.

거부 옵션 사후 확률을 알고 있으면 주어진 거부 데이터 포인트 비율에 대해 오분류 비율(기대 손실값)을 최소화하는 거부 기준을 쉽게 구할 수가 있다.

클래스 사전 확률에 대한 보상 우리의 엑스레이 예시에서 일반인 집단으로부터 많은 수의 엑스레이 이미지를 모아 이를 훈련 집합으로 활용하여 자동 판별 시스템을 만들었다고 가정해 보자. 일반인 집단 가운데서 암이 있을 확률은 상당히 낮다. 따라서 예를 들자면 1,000개의 예시 이미지 중 단 한 개만이 암 환자의 이미지라고 해보자. 이러한 데이터 집합을 이용하여 적응 모델을 훈련시킨다면 암 환자 클래스의 수가 적으므로 상당한 문제점에 봉착하게 될 것이다. 예를 들어, 모든 포인트를 정상 클래스로 분류하는 알고리즘은 이미 99.9%의 정확도를 가지게 될 것이고 이에 따라 이러한 단순한 해를 최종 해로 결정 내리기가 쉽다. 또한, 데이터 집합에 아주 적은 숫자의 암 환자 엑스레이 이미지만이 포함되어 있으므로 학습 알고리즘이 충분한 수의 암 환자 엑스레이 이미지에 노출되지 못하게 된다. 이렇게 만들어진 알고리즘은 일반화되기 어려울 수 있다. 각각의 클래스에서 같은 숫자의 예시를 선택한 균형 잡힌 데이터 집합을 활용하면 더 정확한 모델을 찾아낼 수 있을지도 모른다. 하지만 그렇게 할 경우에는 우리가 훈련 집합을 변경한 것에 대한 보상을 적용해야 한다. 이러한 수정된 데이터 집합을 사용하여 사후 확률에 대한 모델을 찾아냈다고 가정해 보자. 사후 확률은 식 1.82의 베이지안 정리로부터 사전 확률에 비례함을 알 수 있다. 이 예시의 경우 경우 사전 확률로는 각 클래스의 비율을 사용할 수 있다. 따라서 인공의 균형 잡힌 데이터 집합에서 구한 사후 확률을 인공 데이터 집합의 클래스 비율로 나누고, 여기에 우리가 실제로 모델을 적용할 모수 집합의 클래스의 비율을 곱함으로써 수정된 사후 확률을 구할 수가 있다. 최종적으로는 새 사후 확률의 합이 1이 되도록 정규화해야 한다. 사후 확률을 구하는 방식을 사용하는 대신 직접 판별 함수를 구하는 방식으로 학습을 시킨 경우에는 이러한 수정이 불가능하다.

모델들의 결합 복잡한 응용 사례의 경우에는 하나의 큰 문제를 여러 개의 작은 문제로 나누어서 각각을 분리된 모듈로써 해결하는 것이 바람직한 경우가 있다. 예를 들어, 우리의 가상 의학 진단 문제에서 엑스레이 이미지뿐만 아니라 혈액 검사 결과 정보도 사용 가능하다고 해보자. 여러 다른 종류의 정보들을 하나의 입력 공간으로 합치는 것보다 엑스레이 이미지를 해석하는 시스템과 혈액 검사 결과 시스템을 따로 만드는 것이 더 효율적일 수 있다. 두 모델이 각 클래스에 대한 사후 확률을 제공하기만 한다면 확률의 법칙을 적용하여 시스템적으로 서로 다른 출력값을 합하는 것이 가능하다. 이를 위한 한 가지 쉬운 방법은 각 클래스에 대해서 엑스레이 이미지의 분포 $\mathbf{x}_I$와 혈액 데이터의 분포 $\mathbf{x}_B$가 독립적이라고 가정하는 것이다.

$$p(\mathbf{x}_I, \mathbf{x}_B | \mathcal{C}_k) = p(\mathbf{x}_I | \mathcal{C}_k)p(\mathbf{x}_B | \mathcal{C}_k) \tag{식 1.84}$$

8.2절

이는 **조건부 독립**(*conditional independence*) 성질의 예시다. 분포들이 클래스 $\mathcal{C}_k$에 포함된다는 조건하에 독립적이기 때문이다. 이를 바탕으로 엑스레이 이미지와 혈액 데이터가 주어졌을 때의 사후 확률을 다음과 같이 구할 수 있다.

$$
\begin{aligned}
p(\mathcal{C}_k | \mathbf{x}_I, \mathbf{x}_B) \quad &\propto \quad p(\mathbf{x}_I, \mathbf{x}_B | \mathcal{C}_k)p(\mathcal{C}_k) \\
&\propto \quad p(\mathbf{x}_I | \mathcal{C}_k)p(\mathbf{x}_B | \mathcal{C}_k)p(\mathcal{C}_k) \\
&\propto \quad \frac{p(\mathcal{C}_k | \mathbf{x}_I)p(\mathcal{C}_k | \mathbf{x}_B)}{p(\mathcal{C}_k)}
\end{aligned}
\tag{식 1.85}
$$

8.2.2절

클래스 사전 확률 $p(\mathcal{C}_k)$가 필요한데, 이는 데이터 포인트들의 각 클래스별 비율에서부터 쉽게 유추하는 것이 가능하다. 그리고 최종적으로 사후 확률을 정규화하여 합이 1이 되도록 하는 과정이 필요하다. 식 1.84에서 보인 특정 조건부 독립 가정은 **나이브 베이즈 모델**(*naive Bayes model*)의 예시다. 결합 확률 분포 $p(\mathbf{x}_I, \mathbf{x}_B)$는 보통 나이브 베이즈 모델하에서는 인수분해가 되지 않는다. 이후의 장들에서 식 1.84의 조건부 독립의 가정 없이도 데이터들을 결합시키는 방법에 대해 살펴볼 것이다.

1.5.5 회귀에서의 손실 함수

1.1절

지금까지 분류 문제를 바탕으로 결정 이론에 대해 살펴보았다. 이제부터는 회귀 문제의 경우에 대해 살펴보도록 하자. 앞에서 살펴본 곡선 피팅 문제가 회귀 문제에 해당한다. 회귀 문제의 결정 단계에서는 각각의 $\mathbf{x}$에 대해서 t의 추정값 $y(\mathbf{x})$를 선택해야 한다. 이 과정에서 손실 $L(t, y(\mathbf{x}))$가 발생한다고 가정해 보자. 그러면 평균(기대) 손실은 다음과 같이 주어진다.

$$\mathbb{E}[L] = \iint L(t, y(\mathbf{x}))p(\mathbf{x}, t)\,\mathrm{d}\mathbf{x}\,\mathrm{d}t \tag{식 1.86}$$

회귀 문제에서 일반적으로 손실 함수로서 사용하는 것은 $L(t, y(\mathbf{x})) = \{y(\mathbf{x}) - t\}^2$으로 주어지는 제곱 손실이다. 이 경우 기대 손실은 다음과 같다.

$$\mathbb{E}[L] = \iint \{y(\mathbf{x}) - t\}^2 p(\mathbf{x}, t)\,\mathrm{d}\mathbf{x}\,\mathrm{d}t \tag{식 1.87}$$

부록 D

우리의 목표는 $\mathbb{E}[L]$을 최소화하는 $y(\mathbf{x})$를 선택하는 것이다. 만약 완벽하게 유연하게 함수 $y(\mathbf{x})$를 결정할 수 있다고 가정한다면, 변분법을 적용해서 다음과 같이 적을 수 있다.

$$\frac{\delta \mathbb{E}[L]}{\delta y(\mathbf{x})} = 2 \int \{y(\mathbf{x}) - t\} p(\mathbf{x}, t) \, \mathrm{d}t = 0 \qquad \text{(식 1.88)}$$

$y(\mathbf{x})$에 대해서 해를 구하고 확률의 합과 곱의 법칙을 적용하면 다음을 얻게 된다.

$$y(\mathbf{x}) = \frac{\int t p(\mathbf{x}, t) \, \mathrm{d}t}{p(\mathbf{x})} = \int t p(t|\mathbf{x}) \, \mathrm{d}t = \mathbb{E}_t[t|\mathbf{x}] \qquad \text{(식 1.89)}$$

식 1.89는 $\mathbf{x}$가 주어졌을 때의 t의 조건부 평균으로써 **회귀 함수**(regression function)라고 한다. 이 결과는 그림 1.28에 시각화되어 있다. 타깃 변수가 벡터 $\mathbf{t}$로 표현되는 다차원 변수일 경우에 대

연습문제 1.25

해서도 이 결과를 쉽게 확장할 수 있다. 이 경우 최적의 해는 조건부 평균 $\mathbf{y}(\mathbf{x}) = \mathbb{E}_t[\mathbf{t}|\mathbf{x}]$다.

이 결과는 약간 다른 방식을 통해서도 도출할 수 있다. 이 다른 도출 방법을 통해 회귀 문제의 본질에 대해 더 자세히 살펴볼 수 있을 것이다. 최적의 해가 조건부 기댓값이라는 지식을 바탕으로 제곱항을 다음과 같이 전개할 수 있다.

$$\begin{aligned} \{y(\mathbf{x}) - t\}^2 &= \{y(\mathbf{x}) - \mathbb{E}[t|\mathbf{x}] + \mathbb{E}[t|\mathbf{x}] - t\}^2 \\ &= \{y(\mathbf{x}) - \mathbb{E}[t|\mathbf{x}]\}^2 + 2\{y(\mathbf{x}) - \mathbb{E}[t|\mathbf{x}]\}\{\mathbb{E}[t|\mathbf{x}] - t\} + \{\mathbb{E}[t|\mathbf{x}] - t\}^2 \end{aligned}$$

깔끔한 표기를 위하여 $\mathbb{E}_t[t|\mathbf{x}]$를 표현하는 데 $\mathbb{E}[t|\mathbf{x}]$를 사용하였다. 이 전개 결과를 손실 함수에 대입하고 t에 대해 적분하면 교차항들이 사라지게 된다. 그 결과로 다음 형태의 손실 함수를 얻을 수 있다.

$$\mathbb{E}[L] = \int \{y(\mathbf{x}) - \mathbb{E}[t|\mathbf{x}]\}^2 \, p(\mathbf{x}) \, \mathrm{d}\mathbf{x} + \int \mathrm{var}\,[t|\mathbf{x}] \, p(\mathbf{x}) \, \mathrm{d}\mathbf{x} \qquad \text{(식 1.90)}$$

그림 1.28 기대 제곱 손실을 최소화하는 회귀 함수 $y(x)$는 조건부 분포 $p(t|x)$의 평균으로 주어진다.

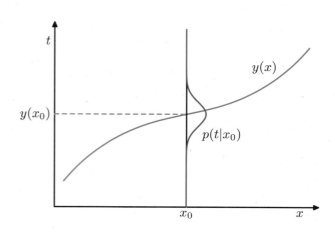

우리가 찾고자 하는 함수 $y(\mathbf{x})$는 첫 번째 항에만 있는데, $y(\mathbf{x})$가 $\mathbb{E}[t|\mathbf{x}]$일 때 이 항은 최소화되어 항 자체가 사라지게 된다. 이는 우리가 앞서서 도출한 결과와 동일하다. 즉, 최적의 최소 제곱 예측은 조건부 평균으로 주어진다는 것을 보여 준다. 두 번째 항은 t에 대한 분포의 분산을 계산하고, 이를 $\mathbf{x}$에 대해 평균을 낸 것이다. 이 항은 표적 데이터가 가지고 있는 내재적인 변동성을 표현하는 것으로, 노이즈라고 해석할 수 있다. 이 항은 $y(\mathbf{x})$에 대해 독립적이며, 따라서 절대로 더 이상 줄일 수 없는 손실 함수의 최솟값에 해당한다.

분류 문제와 마찬가지로 회귀 문제에서도 적절한 확률값들을 먼저 구한 후 최적의 결정을 내릴 수도 있고, 결정을 직접 내리는 모델을 만들 수도 있다. 회귀 문제를 풀기 위한 세 가지 서로 다른 방식은 다음과 같다(더 복잡한 것부터 덜 복잡한 순이다).

(a) 우선 결합 밀도 $p(\mathbf{x}, t)$를 구하는 추론 문제를 풀어낸다. 다음에 이를 정규화하여 조건부 밀도 $p(t|\mathbf{x})$를 구하고 최종적으로 식 1.89로 주어지는 조건부 평균을 구한다.

(b) 우선 조건부 밀도 $p(t|\mathbf{x})$를 구하는 추론 문제를 풀고 식 1.89로 주어지는 조건부 평균을 구한다.

(c) 훈련 데이터로부터 회귀 함수 $y(\mathbf{x})$를 직접 구한다.

각각의 방식의 장단점은 분류 문제에서의 세 가지 방식의 장단점과 일맥상통한다.

회귀 문제의 손실 함수로 제곱 손실 이외의 다른 것을 사용하는 것도 가능하다. 실제로 제곱 손실이 상당히 좋지 않은 결과를 가져오기 때문에 더 복잡한 접근법을 사용해야 하는 경우가 종종 있다. 조건부 분포 $p(t|\mathbf{x})$가 다봉 분포인 상황이 이 중 하나다. 역 문제의 해를 구할 때 이런 상황이 종종 발생한다. 제곱 손실을 일반화한 예시인 **민코프스키 손실**(*Minkowski loss*)에 대해 간략히 살펴보자. 민코프스키 손실의 기댓값은 다음과 같이 주어진다.

5.6절

$$\mathbb{E}[L_q] = \iint |y(\mathbf{x}) - t|^q p(\mathbf{x}, t)\, \mathrm{d}\mathbf{x}\, \mathrm{d}t \qquad \text{(식 1.91)}$$

$q = 2$일 경우 이는 제곱 손실에 해당하게 된다. 그림 1.29에서 다양한 q 값에 대하여 함수 $|y - t|^q$와 $y - t$ 값의 그래프를 확인할 수 있다. $\mathbb{E}[L_q]$의 최솟값은 $q = 2$일 경우에는 조건부 평균으로, $q = 1$일 경우에는 조건부 중간값으로, $q \to 0$일 경우에는 조건부 최빈값으로 주어지게 된다.

연습문제 1.27

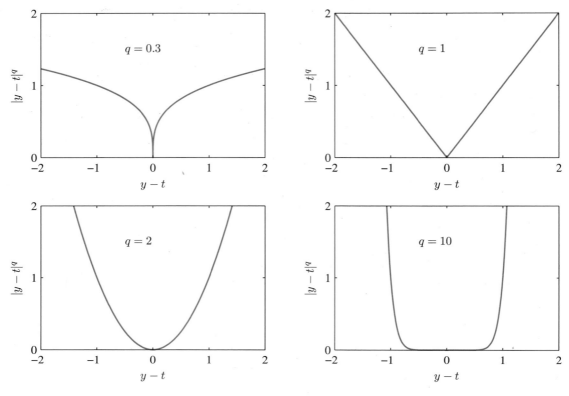

그림 1.29   다양한 q 값에 대해 그린 $L_q = |y - t|^q$의 그래프

1.6 정보 이론

지금까지 이 책의 나머지 부분의 토대가 될 확률론과 결정 이론의 다양한 부분에 대해 살펴 보았다. 이번 장에서는 패턴 인식과 머신 러닝 테크닉을 이해하는 데 있어서 중요한 역할을 하게 될 또 하나의 이론인 정보 이론에 대해 살펴보고자 한다. 지금까지와 마찬가지로 중요한 개념 위주로 살펴볼 것이다. 더 자세한 내용을 원하는 독자는 다음을 참고하기 바란다(Viterbi and Omura, 1979; Cover and Thomas, 1991; MacKay, 2003).

이산 확률 변수 x를 고려해 보자. 이 변수가 특정 값을 가지고 있는 것을 확인했을 때 전해지는 정보량은 얼마만큼일까? x의 값을 학습하는 데 있어서 정보의 양은 '놀라움의 정도'라고 생각할 수 있을 것이다. 매우 일어날 가능성이 높은 사건이 일어났다는 사실을 전해 들었을 때보다 일어나기 매우 힘든 사건이 발생했다는 사실을 전해 들었을 때 더 많은 정보를 전달받게 되는 것이다. 따라서 우리가 사용하게 될 정보량의 측정 단위는 확률 분포 $p(x)$에 종속적이게 된다. 지금부터 $p(x)$에 대해 단조 함수인 정보량을 표현하는 함수 $h(x)$에 대해 살펴보도록 하자.

서로 연관되어 있지 않은 두 사건 x와 y를 고려해 보자. 이 경우 x와 y가 함께 일어났을 때 얻는 정보량은 각자의 사건이 따로 일어났을 때 얻는 정보량의 합이 될 것이다. 따라서 $h(x, y) = h(x) + h(y)$가 된다. 두 개의 연관되어 있지 않은 사건들은 통계적으로 독립적이며, 따라서 $p(x, y) = p(x)p(y)$다. 이 관계로부터 $h(x)$는 $p(x)$의 로그에 해당한다는 것을 보일 수 있다. 이에 따라 다음 식을 얻게 된다.

연습문제 1.28

$$h(x) = -\log_2 p(x) \qquad \text{(식 1.92)}$$

음의 부호는 정보량이 음의 값을 가지지 않도록 하기 위해 붙여졌다. 사건 x의 확률이 낮을수록 그로부터 얻을 수 있는 정보량은 크다는 것을 확인할 수 있을 것이다. 로그의 밑은 임의로 정할 수 있다. 여기서 사용된 밑 2는 정보 이론 학계의 관습을 따른 것이다. 밑으로 2를 사용할 경우 $h(x)$의 단위는 비트가 된다('이진 비트').

송신자가 어떤 확률 변수의 값을 수신자에게 전송하고자 하는 상황을 가정해 보자. 전송에 필요한 정보량의 평균치는 $p(x)$에 대해 식 1.92의 기댓값을 구함으로써 알아낼 수 있다.

$$\mathrm{H}[x] = -\sum_x p(x) \log_2 p(x) \qquad \text{(식 1.93)}$$

이 값이 바로 확률 변수 x의 **엔트로피**(*entropy*)다. $\lim_{p \to 0} p \log_2 p(x) = 0$이기 때문에 $p(x) = 0$인 x 값에 대해서는 $p(x) \log_2 p(x) = 0$을 취할 것이다.

지금까지 식 1.92의 정보와 식 1.93의 엔트로피의 정의를 다소 약식으로 구해 보았다. 이 정의들은 실제로 상당히 유용한 성질들을 가지고 있다. 확률 변수 x를 고려해 보자. 이 확률 변수는 서로 다른 여덟 개의 값을 같은 확률로 가질 수 있다. 이 변수의 값 x에 대해서 수신자에게 전달하기 위해서는 3비트 길이의 메시지를 전송해야 할 것이다. 이 변수의 엔트로피는 다음과 같이 주어진다.

$$\mathrm{H}[x] = -8 \times \frac{1}{8} \log_2 \frac{1}{8} = 3 \text{ bits}$$

조금 다른 변수에 대해 고려해 보자(Cover and Thomas, 1991). 똑같이 여덟 개의 값 $\{a, b, c, d, e, f, g, h\}$를 가질 수 있는 변수인데, 이번에는 각각의 확률이 다음처럼 다양하게 주어진다 $(\frac{1}{2}, \frac{1}{4}, \frac{1}{8}, \frac{1}{16}, \frac{1}{64}, \frac{1}{64}, \frac{1}{64}, \frac{1}{64})$. 이 경우 엔트로피는 다음과 같다.

$$\mathrm{H}[x] = -\frac{1}{2} \log_2 \frac{1}{2} - \frac{1}{4} \log_2 \frac{1}{4} - \frac{1}{8} \log_2 \frac{1}{8} - \frac{1}{16} \log_2 \frac{1}{16} - \frac{4}{64} \log_2 \frac{1}{64} = 2 \text{ bits}$$

비균일 분포의 엔트로피가 균일 분포의 엔트로피보다 낮은 것을 확인할 수 있다. 이는 엔트로피를 무질서의 척도로서 해석하는 것과 연관되어 있다. 일단, 지금은 수신자에게 이 변수의 상태를 전달하는 것에 초점을 맞추도록 하자. 전과 같이 3비트의 숫자를 사용하여 전달이 가능하다. 하지만 비균일 분포라는 점을 활용하여 더 짧은 숫자를 사용하는 것도 가능하다. 더 확률이 높은 사건에 대해서는 짧은 코드를, 더 확률이 낮은 사건에 대해서는 긴 코드를 사용하는 방식을 적용함으로써 평균적으로는 코드 길이가 짧아질 것을 기대할 수 있다. 예를 들자면 상태 $\{a, b, c, d, e, f, g, h\}$ 각각에 대해 코드로 (0, 10, 110, 1110, 111100, 111101, 111110, 111111)을 사용할 수 있다. 이 경우 전송되는 코드의 평균 길이는 다음과 같다.

$$\text{평균 코드 길이} = \frac{1}{2} \times 1 + \frac{1}{4} \times 2 + \frac{1}{8} \times 3 + \frac{1}{16} \times 4 + 4 \times \frac{1}{64} \times 6 = 2 \text{ bits}$$

앞에서와 마찬가지로 이는 해당 확률 변수의 엔트로피와 같다. 위의 코드들보다 더 짧은 코드를 사용하면 혼돈이 생긴다. 긴 코드 하나가 짧은 코드 두 개가 붙여진 것과 같은 형태가 되면 해석이 불분명해지기 때문이다. 앞서 나온 코드들은 각각의 긴 코드 하나가 더 짧은 코드 둘 또는 그 이상이 붙은 것과 같은 경우가 생기지 않도록 결정되었다. 예를 들자면 11001110은 c, a, d로만 해석이 가능하다.

엔트로피와 가장 짧은 코드 길이 사이의 관계는 일반적인 것이다. **노이즈 없는 코딩 이론**(noiseless coding theorem)(Shannon, 1948)에 따르면 엔트로피는 확률 변수의 상태를 전송하기 위해 필요한 비트 숫자의 하한선이다.

여기서부터는 엔트로피를 정의하는 데 있어서 자연 로그를 사용하도록 하겠다. 왜냐하면 그렇게 하는 것이 이 책의 나머지 부분과의 연결을 위해서 용이하기 때문이다. 이 경우 엔트로피는 비트가 아닌 '내트(nats)'로 측정된다. 내트와 비트는 $\ln 2$ 인자만큼 차이가 난다.

이 장에서는 엔트로피를 확률 변수의 상태를 결정짓는 데 필요한 정보량의 평균으로 정의하였다. 사실, 엔트로피는 물리학에 기원을 두고 있는 매우 오래된 개념이다. 처음에는 평형 열역학의 맥락에서 사용되었으며, 나중에는 통계 역학에서 무질서를 측정하는 단위로서 이해되었다. 이 다른 관점의 엔트로피는 다음과 같이 이해할 수 있다. N개의 동일한 물체가 몇 개의 통 안에 담겨 있다고 가정해 보자. 이때 i번째 통 안에 n_i개의 물체가 담기도록 할 것이다. 물체를 통 안에 담는 방법의 가짓수에 대해 고려해 보자. 첫 번째 물체를 선택하는 데는 N가지의 방법이, 두 번째 물체를 선택하는 데는 $(N - 1)$가지의 방법이 있을 것이다. 이런 식으로 끝까지 하면 N개의 물체를 통에 나누어 담는 데는 총 $N!$개의 방법이 있다는 것을 알 수 있다. $N!$은 N 팩토리얼이라고 읽으며, $N \times (N - 1) \times \cdots \times 2 \times 1$을 나타낸다. 하지만 한 통 안에서 물체들이 어떤 순서로 놓여 있는지는 중요하지 않다. i번째 통에는 물체를 정렬하기 위한 $n_i!$가지 방법이 있을 것이고, 이에 따라 N개의 물체를 통에 넣는 가짓수는 다음과 같이 될 것이다.

$$W = \frac{N!}{\prod_i n_i!} \tag{식 1.94}$$

식 1.94를 **다중도**(*multiplicity*)라 한다. 엔트로피는 다중도의 로그를 취해서 적절한 상수로 나눈 것이다.

$$\mathrm{H} = \frac{1}{N}\ln W = \frac{1}{N}\ln N! - \frac{1}{N}\sum_i \ln n_i! \tag{식 1.95}$$

비율 n_i/N을 그대로 유지시킨 상태에서 $N \to \infty$을 취하여 보자. 그리고 다음 식 1.96의 **스털링 근사식**(*Stirling's approximation*)을 적용해 보자.

$$\ln N! \simeq N\ln N - N \tag{식 1.96}$$

그러면 다음을 얻게 된다.

$$\mathrm{H} = -\lim_{N\to\infty}\sum_i \left(\frac{n_i}{N}\right)\ln\left(\frac{n_i}{N}\right) = -\sum_i p_i \ln p_i \tag{식 1.97}$$

$\sum_i n_i = N$임을 이용하였다. 여기서 $p_i = \lim_{N\to\infty}(n_i/N)$는 물체가 i번째 통에 속하게 될 확률이다. 물리학 용어로 통 안의 물체들의 순서를 **미시 상태**(*microstate*)라 하며, n_i/N으로 표현되는 통 각각이 가지고 있는 물체의 숫자 비율을 일컬어 **거시 상태**(*macrostate*)라 한다. 다중도 W를 거시 상태의 **가중치**(*weight*)라 일컫기도 한다.

각각의 통을 확률 변수 X의 상태 x_i라고 해석할 수 있다. 여기서 $p(X = x_i) = p_i$다. 이 경우 확률 변수 X의 엔트로피는 다음과 같다.

$$\mathrm{H}[p] = -\sum_i p(x_i)\ln p(x_i) \tag{식 1.98}$$

그림 1.30에서 볼 수 있는 것처럼 분포 $p(x_i)$가 몇몇 값에 뾰족하게 집중되어 있는 경우에는 상대적으로 낮은 엔트로피를 가지는 반면, 더 많은 값들 사이에 퍼져 있을 때는 높은 엔트로피를 가지게 된다. $0 \leq p_i \leq 1$이기 때문에 엔트로피는 0이거나 양수다. 엔트로피가 0인 경우는 p_i 중 하나가 1이고 나머지 $p_{j\neq i} = 0$일 때다. 엔트로피가 최대가 되는 경우는 라그랑주 승수법을 활용하여 H의 최댓값을 찾아냄으로써 알아낼 수 있다. H에 확률의 정규화 제약 조건을 포함시키면 다음 식이 된다.

부록 E

$$\widetilde{\mathrm{H}} = -\sum_i p(x_i)\ln p(x_i) + \lambda\left(\sum_i p(x_i) - 1\right) \tag{식 1.99}$$

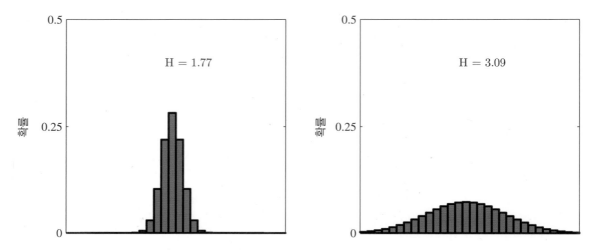

그림 1.30 30개의 계급 구간에 대한 두 확률 분포의 히스토그램. 넓게 퍼진 분포의 엔트로피가 더 큰 것을 확인할 수 있다. 엔트로피가 가장 큰 경우는 균일 분포로서 H $= -\ln(1/30) = 3.40$이다.

식 1.99이 최대화되는 경우는 모든 $p(x_i)$ 값이 같은 경우라는 것을 알 수 있다. x_i의 상태의 가짓수가 M이라면 이 경우 $p(x_i) = 1/M$이 된다. 따라서 해당 엔트로피 값은 H $= \ln M$이다. 이 결과는 곧 살펴볼 옌센의 부등식(Jensen's inequality)으로부터도 유도가 가능하다. 엔트로피의 이차 미분을 통해 이 임계점이 실제로도 최대치라는 것을 확인할 수 있다.

연습문제 1.29

$$\frac{\partial^2 \widetilde{H}}{\partial p(x_i) \partial p(x_j)} = -I_{ij} \frac{1}{p_i} \tag{식 1.100}$$

여기서 I_{ij}는 항등 행렬의 원소다.

다음으로는 엔트로피의 정의에 연속 변수 x에 대한 분포 $p(x)$를 포함시키는 과정을 살펴보도록 하자. 일단, 첫 번째로 x를 너비 Δ의 여러 구간들로 나누자. $p(x)$가 연속적이라고 가정할 경우, **평균값의 정리**(mean value theorem)(Weisstein, 1999)에 따라 각각의 구간에는 다음을 만족시키는 x_i 값이 존재해야 한다.

$$\int_{i\Delta}^{(i+1)\Delta} p(x)\,\mathrm{d}x = p(x_i)\Delta \tag{식 1.101}$$

이제 모든 x 값에 대해서 해당 값이 i번째 칸에 속할 경우에 값 x_i를 할당해 보자. 이 과정을 통해서 연속적인 변수 x를 정량화할 수 있다. 이 경우 x_i를 관측하게 될 확률은 $p(x_i)\Delta$가 된다. 이를 종합해서 이산 분포를 만들 수 있다. 이 경우 해당 엔트로피는 다음 형태를 띤다.

$$H_\Delta = -\sum_i p(x_i)\Delta \ln\left(p(x_i)\Delta\right) = -\sum_i p(x_i)\Delta \ln p(x_i) - \ln \Delta \tag{식 1.102}$$

식 1.101에 따라 $\sum_i p(x_i)\Delta = 1$이라는 사실을 사용하였다. 이제 식 1.102의 오른쪽 변 두 번째 항인 $-\ln\Delta$를 제외하고 $\Delta \to 0$을 고려해 보자. 이 경우 오른쪽 변의 첫 번째 항은 $p(x)$ $\ln p(x)$의 적분값에 가까워질 것이다.

$$\lim_{\Delta \to 0}\left\{-\sum_i p(x_i)\Delta \ln p(x_i)\right\} = -\int p(x)\ln p(x)\,\mathrm{d}x \qquad \text{(식 1.103)}$$

식 1.103의 오른쪽 변을 **미분 엔트로피**(*differential entropy*)라 한다. 이산 엔트로피와 미분 엔트로피는 $\ln\Delta$만큼 차이가 난다는 것을 볼 수 있다. $\Delta \to 0$을 취할 경우 $\ln\Delta$ 값은 발산하게 된다. 이에 따라 연속 변수의 엔트로피를 정확하게 지정하기 위해서는 아주 많은 수의 비트가 필요함을 알 수 있다. 여러 연속 변수들에 대해 정의된 밀도의 경우(함께 모아서 벡터 $\mathbf{x}$로 표현하였다) 미분 엔트로피는 다음과 같이 주어진다.

$$\mathrm{H}[\mathbf{x}] = -\int p(\mathbf{x})\ln p(\mathbf{x})\,\mathrm{d}\mathbf{x} \qquad \text{(식 1.104)}$$

이산 분포의 경우에는 확률 분포가 변수의 가능한 상태에 대해 고르게 분포되어 있을 때 엔트로피 값이 최대가 된다는 것을 확인하였다. 연속 변수의 경우에는 어떤지 알아보자. 최댓값을 잘 정의하기 위해서 $p(x)$의 1차, 2차 모멘트와 정규화 상수에 제약 조건을 두는 것이 필요하다.

루드위그 볼츠만 *Ludwig Boltzmann*
1844-1906

루드위그 에두아르드 볼츠만은 통계 역학 분야를 창시한 오스트리아의 물리학자다. 볼츠만 이전에도 엔트로피의 개념이 고전 평형 열역학에서 사용되고 있었다. 시스템으로부터 에너지를 가지고 올 때 모든 에너지가 유용한 일을 하는 데 사용될 수는 없다는 사실을 정량화하는 일에 엔트로피가 사용되었던 것이다. 볼츠만은 거시적 측면에서의 평형 열역학 엔트로피 S가 미시적 측면의 통계적 특성과 연관될 수 있다는 것을 보였다. 이는 유명한 공식 $S = k\ln W$를 통해 표현되었는데, 여기서 W는 거시 상태 안에 존재 가능한 미시 상태의 숫자를 나타낸다. 또한 $k \simeq 1.38 \times 10^{-23}$(단위는 켈빈당 줄)로서, 볼츠만 상수라고 불린다. 그의 아이디어는 당시의 과학자들 사이에 논쟁을 불러일으켰다. 당시의 과학자들이 가장 받아들이기 힘들어했던 것은 닫힌 계의 엔트로피는 시간이 지남에 따라 증가하기만 한다는 평형 열역학 제2법칙이었다. 고전 뉴턴 역학의 방정식들은 미시적인 관점에서 역행이 가능하므로 이러한 가역적인 뉴턴 방정식들이 어떻게 비가역인 평형 열역학 제2법칙을 설명할 수 있는지에 대해서 이해하기 힘들어했던 것이다. 엔트로피가 시간이 지남에 따라 감소하지 않을 뿐만 아니라 보통은 아주 높은 확률로 증가할 것이라는 볼츠만의 주장을 당시 과학자들은 달가워하지 않았다. 당시 독일 물리학 저널의 편집자는 원자와 분자가 이론적인 것이 아닌 실재하는 것이라는 그의 주장을 거부했기에 볼츠만은 이와 싸워야만 했다. 자신의 업적에 대해 지속적인 비판이 가해지자 그는 우울증에 시달렸고, 결국에는 스스로 목숨을 끊었다. 볼츠만이 죽은지 얼마 되지 않아 페린의 현탁 콜로이드 실험에 의해 그의 이론이 검증되었다. 그리고 볼츠만 상수의 값도 확인되었다. 볼츠만의 묘비에는 방정식 $S = k\ln W$가 새겨져 있다.

따라서 우리는 다음의 세 제약 조건하에 엔트로피의 최댓값을 구할 것이다.

$$\int_{-\infty}^{\infty} p(x)\,\mathrm{d}x = 1 \tag{식 1.105}$$

$$\int_{-\infty}^{\infty} x p(x)\,\mathrm{d}x = \mu \tag{식 1.106}$$

$$\int_{-\infty}^{\infty} (x-\mu)^2 p(x)\,\mathrm{d}x = \sigma^2 \tag{식 1.107}$$

부록 E

라그랑주 승수법을 활용하여 제약 조건하에서의 최댓값을 구할 수 있다. 다음 범함수의 최댓값을 $p(x)$에 대해서 구해야 한다.

$$-\int_{-\infty}^{\infty} p(x)\ln p(x)\,\mathrm{d}x + \lambda_1 \left(\int_{-\infty}^{\infty} p(x)\,\mathrm{d}x - 1 \right)$$
$$+\lambda_2 \left(\int_{-\infty}^{\infty} x p(x)\,\mathrm{d}x - \mu \right) + \lambda_3 \left(\int_{-\infty}^{\infty} (x-\mu)^2 p(x)\,\mathrm{d}x - \sigma^2 \right)$$

부록 D

변분법을 사용하여 범함수를 미분하고, 그 값이 0과 같다고 하면 다음을 구할 수 있다.

$$p(x) = \exp\left\{ -1 + \lambda_1 + \lambda_2 x + \lambda_3 (x-\mu)^2 \right\} \tag{식 1.108}$$

연습문제 1.34

라그랑주 승수는 이 결과를 세 개의 제약 조건식에 다시 대입함으로써 구할 수 있다. 이에 따라 최종 결과는 다음과 같다.

$$p(x) = \frac{1}{(2\pi\sigma^2)^{1/2}} \exp\left\{ -\frac{(x-\mu)^2}{2\sigma^2} \right\} \tag{식 1.109}$$

결과적으로 미분 엔트로피의 값을 최대화하는 분포는 가우시안 분포라는 것을 볼 수 있다. 엔트로피의 최댓값을 구할 때 분포가 음숫값이 아니어야 한다는 제약 조건을 두지 않았었다. 하지만 결국 결과로 얻게 된 분포가 실제로 음숫값이 아니므로 그런 제약 조건은 필요치 않았다는 것을 확인할 수 있다.

연습문제 1.35

가우시안 분포에 대해 엔트로피를 구하면 다음과 같다.

$$\mathrm{H}[x] = \frac{1}{2}\left\{ 1 + \ln(2\pi\sigma^2) \right\} \tag{식 1.110}$$

분포가 더 넓게 퍼져 있을수록(σ^2가 클수록) 엔트로피가 증가한다는 것을 다시 한 번 확인할 수 있다. 또한, 이 결과는 미분 엔트로피는 이산 엔트로피와는 달리 음의 값도 가질 수 있다는 점을 시사한다. 그 이유는 식 1.110에서 $\sigma^2 < 1/(2\pi e)$이면, $\mathrm{H}(x) < 0$이기 때문이다.

$\mathbf{x}$ 값과 $\mathbf{y}$ 값을 함께 뽑는 결합 분포 $p(\mathbf{x}, \mathbf{y})$에 대해 고려해 보자. 만약 $\mathbf{x}$의 값이 이미 알려져 있다면, 그에 해당하는 $\mathbf{y}$ 값을 알기 위해 필요한 정보는 $-\ln p(\mathbf{y}|\mathbf{x})$로 주어진다. 따라서 $\mathbf{y}$를 특정하기 위해 추가로 필요한 정보의 평균값은 다음과 같다.

$$\mathrm{H}[\mathbf{y}|\mathbf{x}] = -\iint p(\mathbf{y}, \mathbf{x}) \ln p(\mathbf{y}|\mathbf{x}) \, \mathrm{d}\mathbf{y} \, \mathrm{d}\mathbf{x} \qquad \text{(식 1.111)}$$

이를 $\mathbf{x}$에 대한 $\mathbf{y}$의 **조건부 엔트로피**(*conditional entropy*)라 한다. 확률의 곱 법칙을 적용하면 다음을 쉽게 도출해 낼 수 있다.

연습문제 1.37

$$\mathrm{H}[\mathbf{x}, \mathbf{y}] = \mathrm{H}[\mathbf{y}|\mathbf{x}] + \mathrm{H}[\mathbf{x}] \qquad \text{(식 1.112)}$$

여기서 $\mathrm{H}[\mathbf{x}, \mathbf{y}]$는 $p(\mathbf{x}, \mathbf{y})$에 대한 미분 엔트로피이며, $\mathrm{H}[\mathbf{x}]$는 주변 분포 $p(x)$에 대한 미분 엔트로피다. 따라서 $\mathbf{x}$와 $\mathbf{y}$를 특정짓기 위해 필요한 정보의 양은 $\mathbf{x}$만 따로 특정짓기 위해 필요한 정보의 양과, $\mathbf{x}$가 주어졌을 때 $\mathbf{y}$를 특정짓기 위해 필요한 정보의 양을 합한 것과 같다.

1.6.1 상대적 엔트로피와 상호 정보량

지금까지 이 절에서는 엔트로피를 포함한 정보 이론의 중요한 개념들에 대해 살펴보았다. 이제 이 개념들을 패턴 인식에 어떻게 적용시킬 수 있는지 살펴보자. 알려지지 않은 분포 $p(\mathbf{x})$를 고려해 보자. 이를 피팅하기 위해서 모델을 만들었으며, 그 결과로 분포 $q(\mathbf{x})$를 구할 수 있었다고 해보자. 만약 $q(\mathbf{x})$를 이용하여 $\mathbf{x}$의 값을 수신자에게 전달하기 위해 코드를 만든다고 하면 $p(\mathbf{x})$가 아닌 $q(\mathbf{x})$를 사용했으므로 추가 정보가 필요하다. 이때 추가로 필요한 정보의 양은 (우리가 가장 효율적인 방법을 취했다고 가정했을 때) 다음과 같이 주어진다.

$$\begin{aligned} \mathrm{KL}(p\|q) &= -\int p(\mathbf{x}) \ln q(\mathbf{x}) \, \mathrm{d}\mathbf{x} - \left(-\int p(\mathbf{x}) \ln p(\mathbf{x}) \, \mathrm{d}\mathbf{x} \right) \\ &= -\int p(\mathbf{x}) \ln \left\{ \frac{q(\mathbf{x})}{p(\mathbf{x})} \right\} \mathrm{d}\mathbf{x} \end{aligned} \qquad \text{(식 1.113)}$$

이때 정보량의 단위는 내트다. 식 1.113을 $p(\mathbf{x})$와 $q(\mathbf{x})$ 간의 **상대 엔트로피**(*relative entropy*) 또는 **쿨백 라이블러 발산**(*Kullback-Leibler divergence, KL divergence*)이라고 부른다(Kullback and Leibler, 1951). 이 식은 대칭적이지 않으며, 따라서 $\mathrm{KL}(p\|q) \neq \mathrm{KL}(q\|p)$다.

이제부터 $\mathrm{KL}(p\|q) \geqslant 0$에서 $\mathrm{KL}(p\|q) = 0$일 때가 $p(\mathbf{x}) = q(\mathbf{x})$인 것과 동치라는 사실을 증명하도록 하자. 이를 위해 우선 **볼록 함수**(*convex function*)의 개념에 대해 살펴보자. 그림 1.31에서 보여지는 것처럼 모든 현이 함수상에 혹은 그보다 위에 존재할 경우, 함수 $f(x)$가 볼록하다고 말한다. $x = a$에서 $x = b$ 사이 구간의 x 값은 $0 \leqslant \lambda \leqslant 1$인 경우에 $\lambda a + (1 - \lambda)b$라고

그림 1.31 볼록 함수 $f(x)$는 모든 현(파란색 선)이 함숫값(빨간색 선)상, 혹은 그보다 위에 존재하는 함수다.

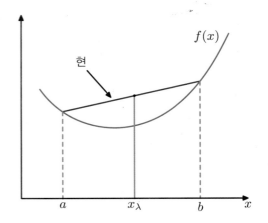

적을 수 있다. 이 구간에 해당하는 현은 $\lambda f(a) + (1-\lambda)f(b)$가 되며, 해당 구간의 함숫값은 $f(\lambda a + (1-\lambda)b)$다. 이 경우 함수의 볼록성은 다음 식으로 설명할 수 있다.

$$f(\lambda a + (1-\lambda)b) \leqslant \lambda f(a) + (1-\lambda)f(b) \qquad \text{(식 1.114)}$$

연습문제 1.36

이는 함수의 이차 미분값이 모든 구간에서 양의 값을 가진다는 것과 동일하다. $x \ln x (x > 0$인 경우)와 x^2이 볼록 함수의 예시다. $\lambda = 0$과 $\lambda = 1$에 대해서만 앞 식을 만족할 경우에는 함수를 **순볼록**(strictly convex)이라고 한다. 함수가 정반대의 성질을 가지고 있을 경우, 즉 현이 함숫값상, 혹은 그보다 아래에 존재할 경우에는 함수를 **오목**(concave)하다고 한다. 마찬가지로 **순오목**(strictly concave) 함수도 정의할 수 있다. 만약 함수 $f(x)$가 볼록 함수이면, $-f(x)$는 오목 함수다.

연습문제 1.38

수학적 귀납법을 사용하면 식 1.114로부터 볼록 함수 $f(x)$가 다음을 만족함을 증명할 수 있다.

$$f\left(\sum_{i=1}^{M} \lambda_i x_i\right) \leqslant \sum_{i=1}^{M} \lambda_i f(x_i) \qquad \text{(식 1.115)}$$

클로드 섀넌 *Claude Shannon*
1916-2001

섀넌은 미시간대학교와 MIT를 졸업한 후 AT&T의 벨 전화 연구소에 입사하였다. 1948년도에 '벨 시스템 기술 저널'에서 출판된 그의 논문 '통신의 수학적 이론'은 현대 정보 이론의 기초가 되었다. 섀넌은 논문에서 '비트'의 개념을 도입하였다. 정보가 1과 0의 흐름으로 발신될 수 있다는 그의 개념은 통신 혁명의 토대가 되었다. 폰 노이만이 섀넌에게 '물론 엔트로피가 물리학의 엔트로피와 비슷한 개념이기도 하다. 하지만 그보다도 아무도 그 용어가 어떤 의미인지 모르니 모든 논의에서 유리할 수 있을 것이다'라고 말하며 엔트로피라는 용어를 사용하라고 권했다는 일화가 있다.

여기서 모든 포인트들의 집합 $\{x_i\}$에 대해서 $\lambda_i \geqslant 0$이며, $\sum_i \lambda_i = 1$이다. 식 1.115가 바로 **옌센의 부등식**(*Jensen's inequality*)이다. λ_i를 $\{x_i\}$를 값으로 가지는 이산 변수 x상의 확률 분포라고 해석하면 식 1.115를 다음과 같이 다시 적을 수 있다.

$$f\left(\mathbb{E}[x]\right) \leqslant \mathbb{E}[f(x)] \tag{식 1.116}$$

여기서 $\mathbb{E}[\cdot]$는 기댓값을 의미한다. 연속 변수에 대해서 옌센의 부등식은 다음 형태를 취한다.

$$f\left(\int \mathbf{x}p(\mathbf{x})\,\mathrm{d}\mathbf{x}\right) \leqslant \int f(\dot{\mathbf{x}})p(\mathbf{x})\,\mathrm{d}\mathbf{x} \tag{식 1.117}$$

식 1.117 형태의 옌센의 부등식을 식 1.113의 쿨백 라이블러 발산에 적용하면 다음을 얻게 된다.

$$\mathrm{KL}(p\|q) = -\int p(\mathbf{x})\ln\left\{\frac{q(\mathbf{x})}{p(\mathbf{x})}\right\}\,\mathrm{d}\mathbf{x} \geqslant -\ln\int q(\mathbf{x})\,\mathrm{d}\mathbf{x} = 0 \tag{식 1.118}$$

여기서 $-\ln x$가 볼록 함수라는 사실과 $\int q(\mathbf{x})\,\mathrm{d}\mathbf{x} = 1$이라는 사실을 사용하였다. $-\ln x$가 순볼록 함수고 등식이 성립하는 것은 모든 x에 대하여 $q(\mathbf{x}) = p(\mathbf{x})$인 것의 필요 충분 조건이 된다. 따라서 두 분포 $p(\mathbf{x})$와 $q(\mathbf{x})$가 얼마나 다른지의 척도로서 쿨백 라이블러 발산을 사용할 수 있다.

밀도를 추정하는 것(예를 들어 알지 못하는 확률 분포를 모델링하는 문제)과 전송하는 데이터를 압축하는 데는 밀접한 연관이 있음을 알 수 있다. 왜냐하면 실제 분포에 대해서 알고 있을 때 가장 효율적인 압축이 가능하기 때문이다. 실제 분포와 다른 분포를 바탕으로 모델링이 이루어졌을 경우에는 압축 자체가 덜 효율적이다. 평균적으로 (최소한) 두 분포 사이의 쿨백 라이블러 발산만큼의 정보가 추가적으로 전송되어야 하는 것이다.

우리가 모델링하고자 하는 알려지지 않은 분포 $p(\mathbf{x})$로부터 데이터가 만들어지는 상황을 가정해 보자. 변경 가능한 매개변수 $\boldsymbol{\theta}$에 대해 종속적인 매개변수 분포 $q(\mathbf{x}|\boldsymbol{\theta})$(예를 들자면 다변량 가우시안 분포 등)를 이용해서 이 분포 $p(\mathbf{x})$를 추정하고자 시도할 수 있다. $\boldsymbol{\theta}$를 구하는 한 가지 방법은 $p(\mathbf{x})$와 $q(\mathbf{x}|\boldsymbol{\theta})$ 사이의 쿨백 라이블러 발산을 최소화하도록 하는 $\boldsymbol{\theta}$를 찾는 것이다. $p(\mathbf{x})$에 대해 정확히 알고 있지 못하므로 직접적으로 계산하는 것은 불가능하다. 하지만 예를 들어 $p(\mathbf{x})$에서 유한한 숫자의 훈련 집합 포인트 $\mathbf{x}_n (n = 1, \ldots, N)$을 추출했다고 가정해 보자. 이 경우 식 1.35에 따라 이 포인트들의 유한한 합으로 $p(\mathbf{x})$에 대한 기댓값을 근사할 수 있다.

$$\mathrm{KL}(p\|q) \simeq \frac{1}{N}\sum_{n=1}^{N}\{-\ln q(\mathbf{x}_n|\boldsymbol{\theta}) + \ln p(\mathbf{x}_n)\} \tag{식 1.119}$$

식 1.119의 오른쪽 변의 두 번째 항은 θ로부터 독립적이다. 그리고 첫 번째 항은 분포 $q(\mathbf{x}|\theta)$ 하에서의 θ의 음의 로그 가능도 함수를 훈련 집합을 이용해서 계산한 것에 해당한다. 따라서 쿨백 라이블러 발산을 최소화하는 것은 가능도 함수를 최대화하는 것과 동일하다는 것을 알 수 있다.

이제 두 변수 $\mathbf{x}$와 $\mathbf{y}$의 결합 분포 $p(\mathbf{x}, \mathbf{y})$에 대해서 살펴보자. 두 변수 집합이 서로 독립적이 라면 결합 분포는 두 변수의 결합 확률 $p(\mathbf{x}, \mathbf{y}) = p(\mathbf{x})p(\mathbf{y})$와 연관되어 있을 것이다. 변수 들이 독립적이지 않다면 결합 분포와 주변 분포 간 곱 사이의 쿨백 라이블러 발산을 이용하여 변수들이 '얼마나' 독립적인지에 대해 알아볼 수 있다.

$$
\begin{aligned}
I[\mathbf{x}, \mathbf{y}] &\equiv \text{KL}(p(\mathbf{x}, \mathbf{y}) \| p(\mathbf{x})p(\mathbf{y})) \\
&= -\iint p(\mathbf{x}, \mathbf{y}) \ln\left(\frac{p(\mathbf{x})p(\mathbf{y})}{p(\mathbf{x}, \mathbf{y})}\right) d\mathbf{x}\, d\mathbf{y}
\end{aligned}
\tag{식 1.120}
$$

식 1.120을 변수 $\mathbf{x}$와 $\mathbf{y}$ 사이의 **상호 정보량**(*mutual information*)이라고 한다. 쿨백 라이블러 발산 의 성질에 따라서 $I[\mathbf{x}, \mathbf{y}] \geqslant 0$이며, $\mathbf{x}$와 $\mathbf{y}$가 서로 독립적일 때만 $I[\mathbf{x}, \mathbf{y}] = 0$이라는 것을 알 수 있다. 확률의 합과 곱의 법칙을 적용하면 상호 정보량은 조건부 엔트로피와 다음의 관계를 가진다.

연습문제 1.41

$$
I[\mathbf{x}, \mathbf{y}] = H[\mathbf{x}] - H[\mathbf{x}|\mathbf{y}] = H[\mathbf{y}] - H[\mathbf{y}|\mathbf{x}]
\tag{식 1.121}
$$

$\mathbf{y}$에 대해 알고 있을 때 $\mathbf{x}$ 값에 대한 불확실성(또는 $\mathbf{x}$에 대해 알고 있을 때 $\mathbf{y}$ 값에 대한 불확실성) 을 표현한 것이 상호 정보량이라고 생각할 수 있다. 베이지안 관점에서는 $p(\mathbf{x})$를 $\mathbf{x}$에 대한 사 전 분포로, $p(\mathbf{x}|\mathbf{y})$를 새로운 데이터 $\mathbf{y}$를 관찰한 후의 사후 분포로 볼 수 있다. 따라서 베이지 안 관점에서 상호 정보량은 새 관찰값 $\mathbf{y}$의 결과로 줄어드는 $\mathbf{x}$에 대한 불확실성을 표현한 것이 된다.

연습문제

1.1 ★ `www` 식 1.2에서 주어진 제곱합 오류 함수를 고려해 보자. 함수 $y(x, \mathbf{w})$로는 식 1.1의 다항식을 사용하자. 다음 선형 방정식을 풀어서 오룻값을 최소화하는 계수 $\mathbf{w} = \{w_i\}$를 구할 수 있음을 증명하라.

$$\sum_{j=0}^{M} A_{ij} w_j = T_i \tag{식 1.122}$$

여기서 다음과 같다.

$$A_{ij} = \sum_{n=1}^{N} (x_n)^{i+j}, \qquad\qquad T_i = \sum_{n=1}^{N} (x_n)^i t_n \tag{식 1.123}$$

여기서 아래 첨자인 i나 j는 성분의 인덱스에 해당하며, $(x)^i$는 x의 i제곱을 의미한다.

1.2 ★ 식 1.4의 정규화된 제곱합 오류 함수를 최소화하는 계수 w_i들을 고려해 보자. 위의 식 1.122에 해당하는 선형 방정식을 새로운 계수 w_i에 대해 적어 보아라.

1.3 ★★ 세 개의 색칠된 상자 r(빨간색), b(파란색), g(녹색)를 고려해 보자. 상자 r에는 사과 세 개, 오렌지 네 개, 라임 세 개가, 상자 b에는 사과 한 개, 오렌지 한 개, 상자 g에는 사과 세 개, 오렌지 세 개, 라임 네 개가 들어 있다. 상자가 선택될 확률은 $p(r) = 0.2$, $p(b) = 0.2$, $p(g) = 0.6$이다. 각 상자 안에서 어떤 아이템을 선택할지의 확률은 같다고 했을 때, 전체 상자들에서 하나의 과일을 선택했을 경우 그 과일이 사과일 확률은 얼마인가? 만약 선택된 과일이 오렌지라는 것을 확인했다면, 이 오렌지가 녹색 상자(g)로부터 왔을 확률은 무엇인가?

1.4 ★★ `www` 연속 변수 x에 대해 정의된 확률 밀도 $p_x(x)$를 고려해 보자. 비선형 변수 변환 $x = g(y)$를 적용해서 밀도 함수가 식 1.27에 해당하도록 변경되었다고 하자. 식 1.27을 미분해서 y에 대한 밀도의 최대치를 주는 $\hat{y}$는 x에 대한 밀도의 최대치를 주는 $\hat{x}$와 일반적으로 야코비안 인자로부터 결정되는 $\hat{x} = g(\hat{y})$의 관계로 연관되어 있지 않음을 보여라. 이는 확률 밀도가 변수의 선택에 종속되어 있음을 나타낸다. 선형 변환의 경우에는 최댓값의 위치가 변수의 변환과 같은 방식으로 변경되는 것을 증명하라.

1.5 ★ 식 1.38의 정의를 이용해서 $\mathrm{var}[f(x)]$가 식 1.39를 만족함을 증명하라.

1.6 ★ 두 변수 x와 y가 서로 독립적일 때 x와 y의 공분산이 0임을 증명하라.

1.7 ★★ `www` 이 연습문제에서는 단변량 가우시안 분포의 정규화 조건식 1.48을 증명할 것이다. 이를 위해서 다음의 적분을 고려해 보자.

$$I = \int_{-\infty}^{\infty} \exp\left(-\frac{1}{2\sigma^2}x^2\right) \mathrm{d}x \tag{식 1.124}$$

이 식에 대해 제곱을 취하면 다음과 같다.

$$I^2 = \int_{-\infty}^{\infty} \int_{-\infty}^{\infty} \exp\left(-\frac{1}{2\sigma^2}x^2 - \frac{1}{2\sigma^2}y^2\right) \mathrm{d}x\,\mathrm{d}y \tag{식 1.125}$$

직교 좌표계 (x, y)에서 극좌표계 (r, θ)로 변환한 뒤 $u = r^2$을 대입하라. θ와 u에 대해 적분하고 양변의 제곱근을 취하면 다음을 구할 수 있음을 증명하라.

$$I = \left(2\pi\sigma^2\right)^{1/2} \tag{식 1.126}$$

마지막으로 이 결과를 이용해서 가우시안 분포 $\mathcal{N}(x|\mu, \sigma^2)$가 정규화되어 있음을 증명하라.

1.8 ★★ www 변수 변환을 이용하여 식 1.46으로 주어진 단변량 가우시안 분포가 식 1.49를 만족함을 증명하라. 그 후 다음 정규화 조건식 1.127의 양쪽 변을 σ^2에 대해 미분해서 가우시안 분포가 식 1.50을 만족함을 증명하라.

$$\int_{-\infty}^{\infty} \mathcal{N}\left(x|\mu, \sigma^2\right) \mathrm{d}x = 1 \tag{식 1.127}$$

마지막으로 식 1.51이 만족된다는 것을 증명하라.

1.9 ★ www 가우시안 분포식 1.46의 최빈값(최댓값)이 μ로 주어짐을 증명하라. 비슷한 방식으로 다변량 가우시안 분포 1.52의 최빈값이 $\boldsymbol{\mu}$임을 증명하라.

1.10 ★ www 통계적으로 독립적인 두 변수 x와 z에 대해 두 변수 합의 평균과 분산이 다음을 만족함을 증명하라.

$$\mathbb{E}[x + z] = \mathbb{E}[x] + \mathbb{E}[z] \tag{식 1.128}$$

$$\mathrm{var}[x + z] = \mathrm{var}[x] + \mathrm{var}[z] \tag{식 1.129}$$

1.11 ★ 식 1.54의 로그 가능도 함수를 μ와 σ^2에 대해 미분한 것을 0으로 설정해서 식 1.55와 식 1.56의 결과를 증명하라.

1.12 ★★ www 식 1.49와 식 1.50을 이용해서 다음을 증명하라.

$$\mathbb{E}[x_n x_m] = \mu^2 + I_{nm}\sigma^2 \tag{식 1.130}$$

여기서 x_n과 x_m은 평균 μ와 분산 σ^2인 가우시안 분포에서 추출된 데이터 포인트들이며, $n = m$일 경우 $I_{nm} = 1$, 아닐 경우 $I_{nm} = 0$이다. 이를 바탕으로 식 1.57과 식 1.58을 증명하라.

1.13 ★ 어떤 가우시안 분포의 분산을 식 1.56을 바탕으로 추정했는데, 이때 최대 가능도 추정값 μ_{ML}이 실제 평균값 μ로 대체되었다고 가정하자. 이 추정값의 기댓값이 실제 분산 σ^2으로 주어진다는 것을 증명하라.

1.14 ★★ 원소 w_{ij}들을 가지고 있는 임의의 정사각 행렬을 고려해 보자. 이를 다음의 형태 $w_{ij} = w_{ij}^{\mathrm{S}} + w_{ij}^{\mathrm{A}}$와 같이 적을 수 있음을 증명하라. 이때 w_{ij}^{S}는 대칭 행렬로써 모든 i와 j에 대해 $w_{ij}^{\mathrm{S}} = w_{ji}^{\mathrm{S}}$이고, w_{ij}^{A}는 비대칭 행렬로써 모든 i와 j에 대해 $w_{ij}^{\mathrm{A}} = -w_{ji}^{\mathrm{A}}$다. 이제 D차원의 고차 다항식에서 다음처럼 주어지는 이차항들을 고려해 보자.

$$\sum_{i=1}^{D} \sum_{j=1}^{D} w_{ij} x_i x_j \qquad \text{(식 1.131)}$$

이 경우 다음을 증명하라.

$$\sum_{i=1}^{D} \sum_{j=1}^{D} w_{ij} x_i x_j = \sum_{i=1}^{D} \sum_{j=1}^{D} w_{ij}^{\mathrm{S}} x_i x_j \qquad \text{(식 1.132)}$$

즉 비대칭 행렬로부터의 영향이 없어진다는 것을 증명하라. 이를 바탕으로 일반성을 유지한 채 계수 w_{ij}의 행렬을 대칭으로 선택할 수 있다는 것을 알 수 있다. 또한, 이 행렬의 전체 D^2 원소들이 독립적으로 선택될 수 있는 것은 아니라는 것도 알 수 있다. 행렬 w_{ij}^{S}의 독립적인 매개변수의 숫자가 $D(D+1)/2$임을 증명하라.

1.15 ★★★ www 이 연습문제와 다음 연습문제에서는 입력 변수의 차원이 D로 주어졌을 때 다항식의 차수 M이 증가함에 따라서 다항식의 독립적인 매개변수의 숫자가 어떻게 증가하는지 살펴볼 것이다. 일단, D차원 다항식의 M차 항을 다음과 같이 적는 데서 시작해 보자.

$$\sum_{i_1=1}^{D} \sum_{i_2=1}^{D} \cdots \sum_{i_M=1}^{D} w_{i_1 i_2 \dots i_M} x_{i_1} x_{i_2} \cdots x_{i_M} \qquad \text{(식 1.133)}$$

여기서 계수 $w_{i_1 i_2 \dots i_M}$들은 D^M개의 원소로 이루어진다. 하지만 $x_{i_1} x_{i_2} \cdots x_{i_M}$ 사이의 교환 가능한 대칭성 때문에 실제 독립적인 매개변수의 수는 훨씬 적다. M차 항을 다음의 형태로 다시 적음으로써 계수들 간의 중복을 없앨 수 있음을 증명하라.

$$\sum_{i_1=1}^{D} \sum_{i_2=1}^{i_1} \cdots \sum_{i_M=1}^{i_{M-1}} \widetilde{w}_{i_1 i_2 \dots i_M} x_{i_1} x_{i_2} \cdots x_{i_M} \qquad \text{(식 1.134)}$$

$\widetilde{w}$ 계수들과 w 계수들 사이의 관계를 정확하게 명시할 필요는 없다. 이 결과를 바탕으로 M차에서 나타나는 독립적인 매개변수의 개수 $n(D, M)$이 다음의 재귀적 관계를 만족시킨다는 것을 증명하라.

$$n(D, M) = \sum_{i=1}^{D} n(i, M - 1) \tag{식 1.135}$$

다음에는 수학적 귀납법을 활용하여 다음의 결과를 증명하라.

$$\sum_{i=1}^{D} \frac{(i + M - 2)!}{(i - 1)! (M - 1)!} = \frac{(D + M - 1)!}{(D - 1)! M!} \tag{식 1.136}$$

처음에는 임의의 M에 대해 $D = 1$일 경우에 대해 증명하고(0! = 1이라는 것을 활용), 그 다음에는 D차원에 대해서 올바르다고 가정했을 때 $D + 1$차원에 대해서도 올바르다는 것을 보이면 된다. 마지막으로, 앞의 두 결과를 바탕으로 수학적 귀납법을 이용해서 다음을 증명하라.

$$n(D, M) = \frac{(D + M - 1)!}{(D - 1)! M!} \tag{식 1.137}$$

우선 연습문제 1.14의 결과와 비교해서 $M = 2$이고 1보다 크거나 같은 모든 D 값에 대해서 위 결과가 옳다는 것을 증명하는 것으로 시작하라. 그 후에 식 1.135와 식 1.136을 함께 사용해서 $M - 1$차에서 결괏값이 올바르다면 M차에서도 올바르다는 식으로 증명하면 된다.

1.16 ★★★ 연습문제 1.15에서는 식 1.135를 D차원 다항식의 M차 항에 대해서 증명하였다. 이번 연습문제에서는 M차 항까지의 모든 항에 대해서 독립적인 매개변수의 전체 수에 해당하는 $N(D, M)$을 구해 보도록 하자. 첫 번째로 $N(D, M)$이 다음을 만족함을 증명하라.

$$N(D, M) = \sum_{m=0}^{M} n(D, m) \tag{식 1.138}$$

여기서 $n(D, m)$은 m차 항에 대한 독립적인 매개변수의 숫자다. 이제 식 1.137과 수학적 귀납법을 이용해서 다음을 증명하라.

$$N(D, M) = \frac{(D + M)!}{D! M!} \tag{식 1.139}$$

우선 $M = 0$과 임의의 $D \geqslant 1$에 대해 증명한 후 M차에서 결괏값이 올바를 경우 $M + 1$차에서도 올바르다는 식으로 증명하면 된다. 마지막으로, 식 1.140의 형태를 가진 큰 n 값에 대한 스털링 근사를 활용하여, $D \gg M$일 경우 $N(D, M)$은 D^M에 따라 증가하며, $M \gg D$일 경우 M^D에 따라 증가함을 증명하라.

$$n! \simeq n^n e^{-n} \qquad \text{(식 1.140)}$$

D차원에서의 삼차($M = 3$) 다항식을 고려하자. 보통의 작은 스케일과 중간 스케일 머신 러닝 응용 사례에 해당하는 (i) $D = 10$과 (ii) $D = 100$에 대해서 독립적인 매개변수의 숫자를 구하라.

1.17 ★★ www 감마 함수는 다음과 같이 정의된다.

$$\Gamma(x) \equiv \int_0^\infty u^{x-1} e^{-u} \, \mathrm{d}u \qquad \text{(식 1.141)}$$

부분 적분을 이용해서 $\Gamma(x + 1) = x\Gamma(x)$임을 증명하라. 또한 $\Gamma(1) = 1$이며, 그에 따라 음이 아닌 정수 x에 대해서 $\Gamma(x + 1) = x!$임을 증명하라.

1.18 ★★ www 식 1.126을 활용하면 D차원의 단위 반지름을 가진 구의 표면적 S_D와 부피 V_D를 표현하는 식을 구할 수 있다. 우선, 직교 좌표계에서 극좌표계로의 변환을 통해 얻은 다음 식을 확인해 보자.

$$\prod_{i=1}^{D} \int_{-\infty}^{\infty} e^{-x_i^2} \, \mathrm{d}x_i = S_D \int_0^\infty e^{-r^2} r^{D-1} \, \mathrm{d}r \qquad \text{(식 1.142)}$$

식 1.126과 식 1.141의 감마 함수에 대한 정의를 이용해서 식 1.142의 양변을 계산하고 다음을 증명하라.

$$S_D = \frac{2\pi^{D/2}}{\Gamma(D/2)} \qquad \text{(식 1.143)}$$

다음으로 반지름 0에서 1까지에 대해 적분을 하여 D차원에서의 단위 반지름 구의 부피가 다음과 같음을 증명하라.

$$V_D = \frac{S_D}{D} \qquad \text{(식 1.144)}$$

마지막으로 $\Gamma(1) = 1$이고 $\Gamma(3/2) = \sqrt{\pi}/2$라는 사실을 이용해서 식 1.143과 식 1.144가 $D = 2$와 $D = 3$의 경우에 우리가 알고 있는 구의 표면적/부피와 일치함을 확인하라.

1.19 ★★ D차원의 반지름 a인 구를 고려해 보자. 그리고 이 구와 중심이 일치하는 변의 길이가 $2a$인 초입방체도 고려해 보자. 초입방체 각 면의 중심에 구가 닿도록 배치되어 있는 것이다. 연습 문제 1.18의 결과를 이용하여 구의 부피와 입방체의 부피의 비율 간에 다음과 같은 관계가 있음을 증명해 보자.

$$\frac{\text{구의 부피}}{\text{입방체의 부피}} = \frac{\pi^{D/2}}{D2^{D-1}\Gamma(D/2)} \tag{식 1.145}$$

다음으로, $x \gg 1$인 경우에 유효한 다음의 스털링의 공식인 식 1.146을 이용하여 $D \to \infty$일 경우 식 1.145의 비율이 0에 가까워진다는 것을 증명해 보자.

$$\Gamma(x+1) \simeq (2\pi)^{1/2}e^{-x}x^{x+1/2} \tag{식 1.146}$$

초입방체의 중심으로부터 꼭짓점까지의 거리를 모서리까지의 수직 거리로 나눈 것이 $\sqrt{D}$이며, 따라서 $D \to \infty$가 되면 이 역시 ∞가 된다는 것도 증명해 보자. 이 결과들로부터 고차원 공간에서는 입방체의 대부분의 부피가 꼭짓점들 주변에 모여 있으며, 이 꼭짓점들이 아주 길고 뾰족한 형태를 지니게 된다는 것을 알 수 있다!

1.20 ★★ www 이 연습문제에서는 고차원 공간에서의 가우시안 분포의 성질에 대해 살펴보도록 하자. 다음과 같이 주어지는 D차원에서의 가우시안 분포에 대해 고려해 보자.

$$p(\mathbf{x}) = \frac{1}{(2\pi\sigma^2)^{D/2}} \exp\left(-\frac{\|\mathbf{x}\|^2}{2\sigma^2}\right) \tag{식 1.147}$$

방향성 변수가 적분되어 없어진 상황에서 극좌표에서의 반지름에 대한 밀도를 구하여 보자. 이를 위해 반지름 r, 두께 $\epsilon(\epsilon \ll 1)$의 얇은 껍데기를 고려해 보자. 그리고 이 껍데기 부분의 확률 밀도 적분값이 $p(r)\epsilon$임을 증명하도록 하라. 여기서 $p(r)$은 다음과 같다.

$$p(r) = \frac{S_D r^{D-1}}{(2\pi\sigma^2)^{D/2}} \exp\left(-\frac{r^2}{2\sigma^2}\right) \tag{식 1.148}$$

S_D는 D차원의 단위 구의 표면적에 해당한다. 함수 $p(r)$은 큰 D 값에 대해서 하나의 임계점을 $\hat{r} \simeq \sqrt{D}\sigma$ 위치에 가지고 있다. $\epsilon \ll \hat{r}$인 $p(\hat{r}+\epsilon)$를 고려해 보자. 이때 큰 D 값에 대해서 다음이 성립한다는 것을 증명하라.

$$p(\hat{r}+\epsilon) = p(\hat{r})\exp\left(-\frac{\epsilon^2}{\sigma^2}\right) \tag{식 1.149}$$

$\hat{r}$은 반지름 확률 밀도의 최댓값이며, $p(r)$은 $\hat{r}$에서의 최댓값으로부터 길이 단위 σ에 따라 기하급수적으로 감소한다는 것을 식 1.149로부터 알 수 있다. 큰 D 값의 경우 $\sigma \ll \hat{r}$이며, 따라서 대부분의 질량이 큰 반지름의 껍데기 부분에 대부분 집중되어 있음에 대해서는 이미 살펴보았다. 마지막으로, 확률 밀도 $p(\mathbf{x})$가 반지름 $\hat{r}$에서보다 중점에서 $\exp(D/2)$ 인자만큼 더 크다는 것을 증명하라. 이에 따라 고차원 가우시안 분포에서의 확률 질량은 대부분이 확률 밀

도가 높은 구간과는 다른 반지름 구간상에 있음을 확인할 수 있다. 고차원 공간 분포의 이러한 성질들은 이후 장들에서 모델 매개변수의 베이지안 추론을 고려할 때 중요한 결과를 내놓게 될 것이다.

1.21 ★★ 두 개의 음수가 아닌 수 a와 b에 대해서, 만약 $a \leq b$면 $a \leq (ab)^{1/2}$임을 증명하라. 이 결과를 이용하여 만약 두 개의 클래스에 대한 분류 문제의 결정 구역이 오분류 확률을 최소화하기 위해 결정된다면, 다음 성질을 만족할 것임을 증명하라.

$$p(\text{실수}) \leq \int \{p(\mathbf{x}, \mathcal{C}_1)p(\mathbf{x}, \mathcal{C}_2)\}^{1/2} \, d\mathbf{x} \qquad \text{(식 1.150)}$$

1.22 ★ ⟨www⟩ L_{kj}를 원소로 가진 손실 행렬이 주어졌을 때 각각의 $\mathbf{x}$를 식 1.81의 값을 최소화하는 클래스에 포함시키면 기대 위험값이 최소화된다. 손실 행렬이 $L_{kj} = 1 - I_{kj}(I_{kj}$는 항등 행렬의 원소)로 주어지면 가장 사후 확률이 높은 클래스를 선택하게 된다는 것을 증명하라. 이러한 형태의 손실 행렬은 어떻게 해석할 수 있는가?

1.23 ★ 일반적인 손실 행렬과 클래스에 대한 일반적인 사전 확률이 주어졌을 때, 기대 손실값을 최소화하기 위한 판정 기준을 유도해 보라.

1.24 ★★ ⟨www⟩ 클래스 $\mathcal{C}_k$에 속한 입력 벡터를 $\mathcal{C}_j$에 속한다고 잘못 분류했을 때의 손실값이 손실 행렬의 L_{kj} 값으로 주어지며, 거부 옵션을 행사했을 때의 손실값은 λ로 주어지는 분류 문제를 고려해 보자. 최소 기대 손실값을 주는 결정 기준을 구하라. 손실 행렬이 $L_{kj} = 1 - I_{kj}$로 주어지는 경우 앞에서 구한 결정 기준이 1.5.3절에서 논의한 거부 기준과 동일해진다는 것을 확인하라. λ와 거부 임계값 θ는 어떤 관계를 가지게 되는가?

1.25 ★ ⟨www⟩ 타깃 변수 t가 하나인 경우의 제곱 손실 함수(식 1.87)를 여러 개의 다중 변수 벡터 $\mathbf{t}$의 경우에 대해서 일반화하면 다음을 얻게 된다.

$$\mathbb{E}[L(\mathbf{t}, \mathbf{y}(\mathbf{x}))] = \iint \|\mathbf{y}(\mathbf{x}) - \mathbf{t}\|^2 p(\mathbf{x}, \mathbf{t}) \, d\mathbf{x} \, d\mathbf{t} \qquad \text{(식 1.151)}$$

변분법을 사용해서 $\mathbf{y}(\mathbf{x}) = \mathbb{E}_{\mathbf{t}}[\mathbf{t}|\mathbf{x}]$일 때 기대 손실값이 최소화된다는 것을 증명하라. 이 결괏값이 단일 타깃 변수 t의 경우에는 식 1.89와 일치하게 된다는 것도 증명하라.

1.26 ★ 식 1.151의 제곱항을 전개해서 식 1.90에 해당하는 결과를 구해 보라. 이 결과에 따라 표적 변숫값들의 벡터 $\mathbf{t}$에 대해서도 기대 제곱 손실값을 최소화하는 함수 $\mathbf{y}(\mathbf{x})$는 $\mathbf{t}$의 조건부 기댓값으로 주어진다는 것을 확인할 수 있을 것이다.

1.27   ★★ ㉠www   식 1.91로 주어진 L_q 손실 함수를 바탕으로 한 회귀 문제의 기대 손실에 대해 고려해 보자. $\mathbb{E}[L_q]$를 최소화하기 위해서 $y(\mathbf{x})$가 충족해야 하는 조건을 적어 보자. $q = 1$인 경우에 대해서 이 해는 조건부 중간값($t < y(\mathbf{x})$의 확률 질량이 $t \geq y(\mathbf{x})$인 경우의 확률 질량과 같은 함수 $y(\mathbf{x})$)임을 증명하라. 또한, $q \rightarrow 0$인 경우에 대해서의 최소 기대 L_q 손실은 조건부 최빈값(각각의 $\mathbf{x}$에 대해서 $p(t|\mathbf{x})$를 최대화하는 t와 일치하는 함수 $y(\mathbf{x})$)으로 주어짐을 증명하라.

1.28   ★ 1.6절에서 $p(x)$ 분포하에서 확률 변수 x의 값을 관측했을 때 얻게 된 정보의 양으로써 엔트로피 $h(x)$를 소개하였다. $p(x, y) = p(x)p(y)$인 독립 변수들 x와 y에 대해서 엔트로피 함수들은 가산이 가능하다. 즉, $h(x, y) = h(x) + h(y)$다. 이 연습문제에서는 h와 p 사이의 관계를 함수 $h(p)$의 형태로 구해 보도록 하자. 우선 첫 번째로 $h(p^2) = 2h(p)$이며, 따라서 귀납법에 따라 n이 양의 정수인 경우에 $h(p^n) = nh(p)$임을 증명하라. 이에 따라 m도 양의 정수인 경우에 $h(p^{n/m}) = (n/m)h(p)$임을 증명하라. 이 결과에 따라 양의 유리수 x에 대해 $h(p^x) = xh(p)$임을 증명할 수 있다. 마지막으로, 이 결과들에 따라서 $h(p)$가 $h(p) \propto \ln p$의 형태를 띠어야 함을 증명하라.

1.29   ★ ㉠www M개의 상태를 가진 이산 확률 변수 x를 고려해 보자. 식 1.115의 옌센 부등식을 이용해서 분포 $p(x)$의 엔트로피는 $\mathrm{H}[x] \leqslant \ln M$을 만족함을 증명하라.

1.30   ★★ 두 가우시안 $p(x) = \mathcal{N}(x|\mu, \sigma^2)$와 $q(x) = \mathcal{N}(x|m, s^2)$ 간의 쿨백 라이블러 발산 식인 1.113을 계산하라.

1.31   ★★ ㉠www   결합 분포 $p(\mathbf{x}, \mathbf{y})$를 가지는 두 개의 변수 $\mathbf{x}$와 $\mathbf{y}$에 대해서 미분 엔트로피는 다음의 형태를 가짐을 증명하라.

$$\mathrm{H}[\mathbf{x}, \mathbf{y}] \leqslant \mathrm{H}[\mathbf{x}] + \mathrm{H}[\mathbf{y}] \qquad\qquad \text{(식 1.152)}$$

$\mathbf{x}$와 $\mathbf{y}$가 통계적으로 독립적인 것이 식 1.152가 등식을 만족시키는 것의 필요 충분 조건이라는 것도 증명하라.

1.32   ★ 분포 $p(\mathbf{x})$를 가지는 연속 변수의 벡터 $\mathbf{x}$와 이에 해당하는 엔트로피 $\mathrm{H}[\mathbf{x}]$를 고려해 보자. $\mathbf{x}$에 정칙 선형 변형을 적용해서 새 변수 $\mathbf{y} = \mathbf{A}\mathbf{x}$를 얻었다고 가정한다. 이 경우 해당 새 변수의 엔트로피는 $\mathrm{H}[\mathbf{y}] = \mathrm{H}[\mathbf{x}] + \ln|\det(\mathbf{A})|$가 됨을 증명하라. 여기서 $|\det(\mathbf{A})|$는 $\mathbf{A}$의 행렬식이다.

1.33   ★★ 두 이산 변수 x와 y 사이의 조건부 엔트로피 $\mathrm{H}[y|x]$가 0이라고 가정해 보자. $p(x) > 0$인 모든 x 값에 대해서 변수 y는 x의 함수여야만 한다는 것을 증명하라. 다시 말해, 각각의 x에 대해 $p(y|x) \neq 0$인 y 값은 하나뿐임을 증명하라.

1.34 ★★ ⬤www 변분법을 이용하여 범함수 식 1.108의 임계점은 식 1.108의 형태임을 증명하라. 그 후에 제약 조건식인 식 1.105, 식 1.106, 식 1.107을 사용하여 라그랑주 승수를 제거하라. 그 결과 최대 엔트로피 해가 식 1.109의 가우시안으로 주어짐을 증명하라.

1.35 ★ ⬤www 식 1.106과 식 1.107의 결과를 이용하여 단변량 가우시안 식 1.109의 엔트로피가 식 1.110임을 증명하라.

1.36 ★ 모든 현이 함숫값보다 위에 존재할 경우, 해당 함수를 순볼록 함수라 한다. 이 조건이 함수의 이차 미분값이 양의 값을 가지는 것과 동일한 조건임을 증명하라.

1.37 ★ 식 1.111의 정의와 확률의 곱 법칙을 이용해서 식 1.112를 증명하라.

1.38 ★★ ⬤www 수학적 귀납법을 사용해서 볼록 함수에 대한 부등식인 식 1.114가 식 1.115의 결과를 암시한다는 것을 증명하라.

1.39 ★★★ 표 1.3에 주어진 것과 같은 결합 분포를 가진 두 개의 이산 확률 변수 x와 y를 고려해 보자. 이에 대해 다음의 값들을 계산하라.

(a) $H[x]$ **(c)** $H[y|x]$ **(e)** $H[x, y]$
(b) $H[y]$ **(d)** $H[x|y]$ **(f)** $I[x, y]$

이 값들 사이의 관계를 보여 주는 도표를 그려라.

1.40 ★ $f(x) = \ln x$인 경우에 대해 식 1.115의 옌센 부등식을 적용해서 실수들의 산술 평균은 기하 평균보다 언제나 크거나 같다는 것을 증명하라.

1.41 ★ ⬤www 확률의 합과 곱의 법칙을 적용하여 상호 정보량 $I(\mathbf{x}, \mathbf{y})$가 식 1.121의 관계를 만족시킴을 증명하라.

표 1.3 연습문제 1.39에서 사용되는 두 개의 이산 확률 변수 x와 y에 대한 결합 분포 $p(x, y)$

		y	
		0	1
x	0	1/3	1/3
	1	0	1/3

CHAPTER

2

확률 분포

1장에서는 패턴 인식 문제를 해결하는 데 있어서 확률론이 얼마나 중심적인 위치를 차지하고 있는지에 대해 강조했다. 이 장에서는 몇몇 확률 분포의 예시와 그 성질에 대해서 살펴보고자 한다. 확률 분포들은 그 자체로써도 흥미로울 뿐만 아니라, 더 복잡한 모델을 만드는 데 있어 서도 중요한 역할을 차지한다. 이 장에서 배우는 확률 분포들은 이 책의 나머지 부분에서도 반복하여 사용될 예정이다. 또한, 확률 분포를 바탕으로 베이지안 추론 등의 중요한 통계적인 개념들을 간략히 살펴볼 것이다.

이 장에서 논의할 분포의 역할들 중 하나는 한정된 수의 관찰 집합 $\mathbf{x}_1, \ldots, \mathbf{x}_N$이 주어졌을 때 확률 변수 $\mathbf{x}$의 확률 분포 $p(\mathbf{x})$를 모델링하는 것이다. 이를 **밀도 추정**(density estimation) 문제 라고 한다. 이 장의 목표를 위해서 데이터 포인트들은 독립적이며, 동일하게 분포되어 있다고 가정할 것이다. 사실 밀도 추정 문제는 근본적으로 타당치 않다. 제한된 수의 관찰된 데이터 집합으로부터 가능한 모 확률 분포의 가짓수는 무한대이기 때문이다. 각각의 데이터 포인트 $\mathbf{x}_1, \ldots, \mathbf{x}_N$에 대해서 0이 아닌 값을 가지는 어떤 분포 $p(\mathbf{x})$도 모 분포의 후보가 될 수 있다. 이들 중에서 적절한 분포를 선택하는 것은 1장의 다항식 곡선 근사 문제에서 맞닥뜨렸던 모델 선택의 문제와 연관되어 있다. 이는 패턴 인식 문제의 중요 쟁점 사항 중 하나다.

우리는 이 장에서 우선 이산 확률 변수의 이항 분포와 다항 분포에 대해 살펴보고, 그 다음

75

으로는 연속 확률 변수의 가우시안 분포에 대해서 논의할 것이다. 이 분포들은 **매개변수적**(*parametric*) 분포의 예다. 매개변수적 분포라고 불리는 이유는 이 분포들이 작은 수의 조절 가능한 매개변수에 의해 결정되기 때문이다. 이런 매개변수의 예시로 가우시안 분포의 평균과 분산이 있다. 이러한 모델을 밀도 추정 문제에 적용하기 위해서는 관찰된 데이터 집합을 바탕으로 적절한 매개변숫값을 구하는 과정이 필요하다. 빈도적 관점에서는 어떤 특정 기준을 최적화하는 방식으로 매개변수를 찾게 된다. 최적화 기준의 예로 가능도 함수가 있다. 이와는 대조적으로 베이지안 관점에서는 매개변수에 대한 사전 분포를 바탕으로 관측된 데이터 집합이 주어졌을 때의 해당 사후 분포를 계산한다. 이 과정에서 베이지안 정리를 사용하게 된다.

켤레(*conjugate*) 사전 확률이 중요한 역할을 한다는 것도 곧 살펴보게 될 것이다. 켤레 사전 확률은 사후 확률이 사전 확률과 같은 함수적 형태를 띠도록 만들어 준다. 그 결과, 베이지안 분석이 매우 단순해진다. 예를 들어, 다항 분포 매개변수의 켤레 사전 확률은 **디리클레 분포**(*Dirichlet distribution*)이며, 가우시안 분포 평균값의 켤레 사전 확률은 또 다른 가우시안 분포다. 이 분포들은 모두 **지수족**(*exponential family*)에 속한다. 지수족 분포들은 몇몇 중요한 성질들을 가지고 있는데, 이에 대해서도 자세히 논의할 것이다.

매개변수적인 접근법의 한계점 한 가지는 분포가 특정한 함수의 형태를 띠고 있다고 가정한다는 것이다. 몇몇 적용 사례의 경우에는 이 가정이 적절하지 않다 이런 경우에는 **비매개변수적**(*nonparametric*) 밀도 추정 방식이 대안으로 활용될 수 있다. 비매개변수적 밀도 추정 방식에서는 분포의 형태가 데이터 집합의 크기에 대해 종속적이다. 이러한 모델들은 여전히 매개변수를 가지고 있지만, 이 매개변수들은 분포 형태를 결정짓는 것이 아니라 모델의 복잡도에 영향을 미친다. 또한, 이 장 마지막에서는 히스토그램, 최근접 이웃, 커널을 바탕으로 한 비매개변수적 방법에 대해서 살펴볼 것이다.

2.1 이산 확률 변수

하나의 이진 확률 변수 $x \in \{0, 1\}$을 고려해 보자. 예를 들어, x는 동전 던지기의 결괏값을 설명하는 확률 변수일 수 있다. $x = 1$은 던지기의 결과가 '앞면'이었을 경우를, $x = 0$은 던지기의 결과가 '뒷면'이었을 경우를 나타낼 수 있다. 동전이 망가져서 앞면이 나올 확률과 뒷면이 나올 확률이 동일하지 않다고 가정해 보자. 이때, $x = 1$일 확률은 매개변수 μ를 통해 다음과 같이 표현할 수 있다.

$$p(x = 1|\mu) = \mu \qquad \text{(식 2.1)}$$

여기서 $0 \leqslant \mu \leqslant 1$이다. 그리고 $p(x = 0|\mu) = 1 - \mu$가 된다. 따라서 x에 대한 확률 분포를

다음의 형태로 적을 수 있다.

$$\text{Bern}(x|\mu) = \mu^x(1-\mu)^{1-x} \qquad \text{(식 2.2)}$$

연습문제 2.1 이것을 **베르누이 분포**(Bernoulli distribution)라고 한다. 베르누이 분포는 정규화되어 있으며, 그 평균과 분산이 다음과 같이 주어진다는 것을 쉽게 증명할 수 있다.

$$\mathbb{E}[x] = \mu \qquad \text{(식 2.3)}$$
$$\text{var}[x] = \mu(1-\mu) \qquad \text{(식 2.4)}$$

x의 관측값 데이터 집합 $\mathcal{D} = \{x_1, \ldots, x_N\}$이 주어졌다고 하자. 관측값들이 $p(x|\mu)$에서 독립적으로 추출되었다는 가정하에 μ의 함수로써 가능도 함수를 구성할 수 있다.

$$p(\mathcal{D}|\mu) = \prod_{n=1}^{N} p(x_n|\mu) = \prod_{n=1}^{N} \mu^{x_n}(1-\mu)^{1-x_n} \qquad \text{(식 2.5)}$$

빈도적 관점에서는 가능도 함수를 최대화하는(또는 이와 동일하게 로그 가능도 함수를 최대화하는) μ를 찾아서 μ의 값을 추정할 수 있다. 베르누이 분포의 경우 로그 가능도 함수는 다음으로 주어진다.

$$\ln p(\mathcal{D}|\mu) = \sum_{n=1}^{N} \ln p(x_n|\mu) = \sum_{n=1}^{N} \{x_n \ln \mu + (1-x_n)\ln(1-\mu)\} \qquad \text{(식 2.6)}$$

로그 가능도 함수는 오직 관측값들의 합인 $\sum_n x_n$을 통해서만 N개의 관측값 x_n과 연관된다는 점에 주목할 필요가 있다. 이 합은 **충분 통계량**(sufficient statistic)의 예시 중 하나다. 충분 통계량의 중요성에 대해서 곧 자세히 살펴볼 것이다. $\ln p(\mathcal{D}|\mu)$을 μ에 대해 미분하고 이를 0과

야코프 베르누이 Jacob Bernoulli
1654-1705

자크 베르누이, 제임스 베르누이라고도 알려져 있는 야코프 베르누이는 스위스의 수학자다. 그의 집안에는 과학과 수학 쪽에 업적을 남긴 사람이 많은데, 야코프 베르누이도 그 중 하나다. 어렸을 적 야코프는 자신의 의지와는 반대로 부모에 의해 철학과 신학을 공부하도록 강요당했다. 하지만 졸업 후 그는 널리 여행을 다니며 영국의 보일과 후크 등 당대의 과학자들을 만났다. 스위스로 돌아온 후 역학을 가르쳤고 그 후 1687년에 바젤 대학교의 수학과 교수가 되었다. 동생 요한과는 초반에 생산적인 협력 관계였으나 불행히도 나중에는 사이가 나빠져서 공공연히 언쟁을 하기에 이른다. 수학에서 야코프의 가장 중요한 공헌은 그가 죽은지 8년 후인 1713년에 출간된 《추측술》(Art of Conjecture)에서 찾아볼 수 있다. 이 책은 나중에 훗날 베르누이 분포라고 불리게 된 확률 분포를 비롯한 몇몇 확률론에 대해 다루고 있다.

연습문제 2.4 같다고 놓으면 다음과 같은 최대 가능도 추정값을 구할 수 있다.

$$\mu_{\text{ML}} = \frac{1}{N} \sum_{n=1}^{N} x_n \tag{식 2.7}$$

식 2.7은 **표본 평균**(*sample mean*)이라고도 불린다. 데이터에서 $x = 1$인 관찰값의 수를 m이라고 하면 식 2.7을 다음의 형태로 다시 적을 수 있다.

$$\mu_{\text{ML}} = \frac{m}{N} \tag{식 2.8}$$

즉, 최대 가능도 체계하에서 동전의 앞면이 나올 확률은 데이터 집합에서 앞면이 나온 비율로 주어지게 되는 것이다.

동전을 세 번 던졌는데 세 번 다 앞면이 나왔다고 해보자. 그러면 $N = m = 3$이고 따라서 $\mu_{\text{ML}} = 1$이 된다. 이 경우 최대 가능도에 따라 예측한다면 모든 미래의 관측에서 앞면이 나올 것이라는 결과가 나온다. 이는 상식적으로 말이 안되게 느껴진다. 실제로 이것은 최대 가능도를 사용했을 경우에 발생할 수 있는 과적합의 극단적인 사례다. 잠시 후에 μ에 대한 사전 분포를 바탕으로 더 나은 결과를 도출하는 방법을 살펴보도록 하자.

크기 N의 데이터가 주어졌을 때 $x = 1$인 관측값의 수 m에 대해서도 분포를 생각해 볼 수 있다. 이를 **이항 분포**(*binomial distribution*)라 한다. 식 2.5로부터 이항 분포는 $\mu^m (1 - \mu)^{N-m}$에 비례한다는 것을 알 수 있다. 정규화 계수를 구하기 위해서는 동전 던지기를 N번 했을 때 앞면이 m번 나올 수 있는 가능한 모든 가짓수를 구해야 한다. 따라서 이항 분포를 다음과 같이 적을 수 있다.

$$\text{Bin}(m|N, \mu) = \binom{N}{m} \mu^m (1 - \mu)^{N-m} \tag{식 2.9}$$

여기서, 다음과 같다.

$$\binom{N}{m} \equiv \frac{N!}{(N-m)!m!} \tag{식 2.10}$$

연습문제 2.3 식 2.10은 N개의 물체들 중 m개의 물체를 선별하는 가짓수를 구한 것이다. 그림 2.1에 $N = 10$이고 $\mu = 0.25$일 때의 이항 분포의 히스토그램이 그려져 있다.

이항 분포의 평균과 분산은 연습문제 1.10의 결과를 이용하여 구할 수 있다. 연습문제 1.10에서는 사건들이 서로 독립적일 경우에 사건들의 합의 평균값은 평균값들의 합과 같으며, 사건들의 합의 분산은 분산들의 합과 같다는 것을 증명했다. $m = x_1 + \ldots + x_N$이기 때문에 각각

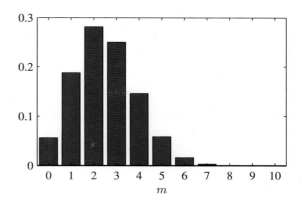

그림 2.1 이항 분포의 히스토그램. m의 함수로 표현 되었으며, $N = 10$과 $\mu = 0.25$의 경우에 대한 히스토그램이다.

의 관측값에 대해서 평균과 분산은 식 2.3과 식 2.4를 통해 다음과 같이 주어진다.

$$\mathbb{E}[m] \equiv \sum_{m=0}^{N} m\,\mathrm{Bin}(m|N, \mu) = N\mu$$

$$\mathrm{var}[m] \equiv \sum_{m=0}^{N} (m - \mathbb{E}[m])^2 \,\mathrm{Bin}(m|N, \mu) = N\mu(1 - \mu)$$

(식 2.12)

연습문제 2.4 이 결괏값들은 직접 미적분을 적용해서도 확인할 수 있다.

2.1.1 베타 분포

식 2.8에서 최대 가능도 방법하에서의 베르누이 분포의 매개변수 μ에 대해 살펴보았다. 또한, 이항 분포에서는 μ의 최대 가능도 추정값이 데이터에 있는 $x = 1$인 관측값의 비율로써 계산 된다는 것도 확인하였다. 이미 살펴본 것과 같이 이런 방식을 사용하면 데이터의 수가 적을 때 심각한 과적합이 일어나기 쉽다. 이 문제에 대해 베이지안적으로 접근하기 위해서는 매개변수 μ에 대한 사전 분포 $p(\mu)$를 도입하는 것이 필요하다. 여기서는 해석하기 쉽고 분석 측면에서 도 유용한 형태의 사전 분포를 도입하고자 한다. 가능도 함수가 $\mu^x(1 - \mu)^{1-x}$의 형태를 가지 는 인자들의 곱의 형태를 띠고 있다는 것에 주목하여 보자. 만약 μ와 $(1 - \mu)$의 거듭제곱에 비례하는 형태를 사전 분포로 선택한다면, 사전 확률과 가능도 함수의 곱에 비례하는 사후 분 포 역시 사전 분포와 같은 함수적 형태를 가지게 될 것이다. 이러한 성질을 **켤레성**(*conjugacy*)이 라고 한다. 지금까지의 논의를 바탕삼아 사전 분포로 **베타 분포**(*beta distribution*)를 사용할 것이 다. 베타 분포는 다음의 형태를 가진다.

$$\mathrm{Beta}(\mu|a, b) = \frac{\Gamma(a + b)}{\Gamma(a)\Gamma(b)} \mu^{a-1}(1 - \mu)^{b-1}$$

(식 2.13)

연습문제 2.5 $\Gamma(x)$는 식 1.141에서 정의된 감마 함수다. 식 2.13의 계수들은 베타 분포가 정규화되도록 한다.

$$\int_0^1 \mathrm{Beta}(\mu|a,b)\,\mathrm{d}\mu = 1 \qquad \text{(식 2.14)}$$

연습문제 2.6 베타 분포의 평균과 분산은 다음과 같이 주어진다.

$$\mathbb{E}[\mu] = \frac{a}{a+b} \qquad \text{(식 2.15)}$$

$$\mathrm{var}[\mu] = \frac{ab}{(a+b)^2(a+b+1)} \qquad \text{(식 2.16)}$$

매개변수 a와 b는 이들이 매개변수 μ의 분포를 조절하기 때문에 **초매개변수**(*hyperparameter*)라고 불린다. 그림 2.2에서 다양한 초매개변숫값에 따른 베타 분포의 도표를 확인할 수 있다.

이제 식 2.13의 베타 사전 분포와 식 2.9의 이항 가능도 함수를 곱한 후 정규화를 시행함으로써 μ의 사후 분포를 구할 수 있다. μ와 관련되어 있는 인자들만 남기면 사후 분포가 다음의

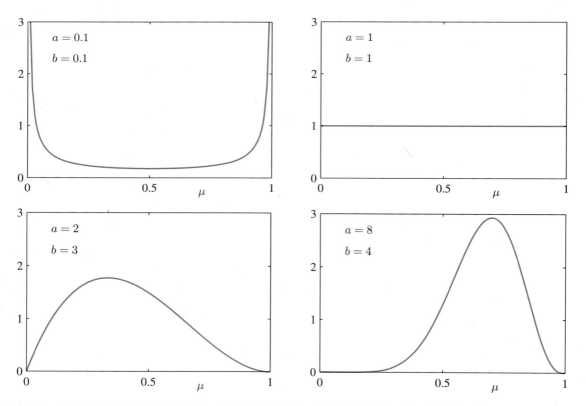

그림 2.2 식 2.13의 μ에 대한 베타 분포 $\mathrm{Beta}(\mu|a,b)$의 그래프. 다양한 초매개변수 a와 b에 대해 그렸다.

형태를 가지게 되는 것을 확인할 수 있다.

$$p(\mu|m,l,a,b) \propto \mu^{m+a-1}(1-\mu)^{l+b-1}$$

(식 2.17)

여기서는 $l = N - m$이며 동전 던지기 예시에서 '뒷면'의 개수에 해당한다. 사후 분포인 식 2.17은 사전 분포와 μ에 대해서 같은 함수적 종속성을 가지고 있다는 것을 확인할 수 있다. 이 사실이 가능도 함수에 대해서 사전 분포가 컬레적인 성질을 가지고 있다는 것을 반영한다. 실제로 사후 분포는 단순히 또 다른 베타 분포일 뿐이다. 이 새로운 베타 분포의 정규화 계수는 식 2.13과의 비교를 통해 구할 수 있다. 그 결과 다음을 얻게 된다.

$$p(\mu|m,l,a,b) = \frac{\Gamma(m+a+l+b)}{\Gamma(m+a)\Gamma(l+b)}\mu^{m+a-1}(1-\mu)^{l+b-1}$$

(식 2.18)

$x = 1$인 값이 m개 있고 $x = 0$인 값 l개가 있는 데이터 집합을 관찰한 결과, 사전 분포와 비교했을 때 사후 분포에서는 a의 값이 m만큼, b의 값이 l만큼 증가한 것을 확인할 수 있다. 이 사실로부터 사전 분포의 초매개변수 a와 b를 각각 $x = 1$, $x = 0$인 경우에 대한 **유효 관찰수** (*effective number of observations*)로 해석할 수 있다. a와 b는 반드시 정수가 아니어도 된다. 만약 우리가 추가적으로 관측 데이터를 더 얻게 되면 지금의 사후 분포가 새로운 사전 분포가 될 수도 있다. 이를 확인하기 위해 관측값을 한 번에 하나씩 받아들이고 현재의 사후 분포를 매번 업데이트하는 방식을 생각해 보자. 매번 업데이트 단계에서 새로운 관측값에 해당하는 가능도 함수를 곱하고 그 다음에 정규화를 시행해서 새로운 수정된 사후 분포를 얻는 것이다. 각 단계에서 사후 분포는 $x = 1$과 $x = 0$에 해당하는 관측값들의 전체 숫자가 새로운 a와 b 값으로 주어지는 베타 분포에 해당한다. $x = 1$인 새로운 관측값이 주어졌을 때는 단순히 a 값을 1 증가시키고 $x = 0$인 관측값이 새로 주어졌을 때는 b 값을 1 증가시키면 된다. 이 과정의 한 단계를 그림 2.3에 그려 두었다.

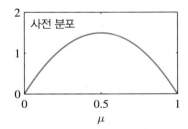 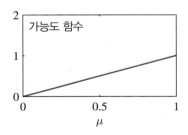 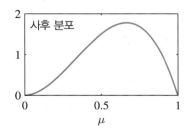

그림 2.3   순차적인 베이지안 추론의 한 단계를 시각화한 그림. 사전 분포는 $a = 2$, $b = 2$인 베타 분포로 주어졌다. 또한, 식 2.9를 바탕으로 주어진 가능도 함수는 $N = m = 1$, 즉 $x = 1$이라는 하나의 관측값에 해당한다. 이를 바탕으로 한 새로운 사후 분포는 $a = 3$, $b = 2$인 베타 분포가 된다.

베이지안적 관점을 받아들이게 되면 학습에 있어서 이러한 **순차적**(*sequential*)인 접근이 자연스럽게 여겨지게 된다. 이는 사전 분포나 가능도 함수의 선택과는 상관없이 오직 데이터가 독립적이고 동일하게 분포되었다는 것에만 의존적이다. 순차적인 방법론은 관측값을 한 번에 하나씩, 혹은 한 번에 적은 수만큼 사용한다. 그리고 사용한 관측값들을 다음 관측값을 사용하기 전에 버린다. 데이터가 지속적으로 스트림되어 입력이 이루어지므로 전체 데이터를 다 확인하기 전에 예측을 시행해야 하는 실시간 학습의 경우에 이러한 순차적인 방법론을 적용할 수 있다. 순차적인 방법론에서는 전체 데이터 집합이 메모리에 로드되거나 저장될 필요가 없어 큰 데이터 집합을 처리하는 데도 적합하다. 최대 가능도 방법론 역시 순차적 방법론하에서 사용 가능하다.

2.3.5절

만약 우리의 목표가 다음 시도의 결괏값을 가장 잘 예측하는 것이라면, 관측 데이터 집합 $\mathcal{D}$가 주어진 상황하에서 x의 예측 분포를 계산해야 한다. 확률의 합과 곱의 법칙에 따라서 이는 다음의 형태를 띤다.

$$p(x = 1|\mathcal{D}) = \int_0^1 p(x = 1|\mu)p(\mu|\mathcal{D})\,\mathrm{d}\mu = \int_0^1 \mu p(\mu|\mathcal{D})\,\mathrm{d}\mu = \mathbb{E}[\mu|\mathcal{D}] \qquad \text{(식 2.19)}$$

사후 분포 $p(\mu|\mathcal{D})$에 대한 결과인 식 2.18과 베타 분포의 평균에 해당하는 식 2.15를 이용해서 다음을 구할 수 있다.

$$p(x = 1|\mathcal{D}) = \frac{m + a}{m + a + l + b} \qquad \text{(식 2.20)}$$

식 2.20은 단순히 전체 관측값(실체 관측값과 허구의 사전 관측값 둘 다) 중에서 $x = 1$인 관측값의 비율로 해석될 수 있다. 데이터 집합이 무한히 커서 $m, l \to \infty$가 된다면 식 2.20은 식 2.8의 최대 가능도의 결괏값과 같아진다. 베이지안의 결괏값과 최대 가능도의 결괏값이 무한하게 큰 데이터 집합하에서 동일한 것은 매우 일반적인 성향이다. 제한된 크기의 데이터 집합에서 μ의 사후 평균값은 사전 평균값과 식 2.7에서 주어진 사건의 상대적인 빈도수를 바탕으로 한 최대 가능도 추정치 사이에 있게 된다.

그림 2.2에서 관측값의 수가 늘어날수록 사후 분포가 더 날카롭고 뾰족해지는 것을 확인할 수 있다. 이는 베타 분포의 분산에 대한 식 2.16의 결과에서도 확인할 수 있다. $a \to \infty$, 또는 $b \to \infty$가 됨에 따라서 분산이 0에 가까워지는 것이다. 더 많은 데이터를 관측할수록 사후 분포의 불확실성의 정도가 꾸준히 감소하는 것은 베이지안 학습의 일반적인 성질일까?

이를 확인하기 위해 베이지안 학습을 빈도적 관점에서 살펴보도록 하자. 그러면 평균적으로 위의 성질이 실제로 사실임을 알 수 있다. 관측된 데이터 집합 $\mathcal{D}$에 대해서 매개변수 $\boldsymbol{\theta}$를 추정하

연습문제 2.8

는 일반적인 베이지안 추론 문제를 고려해 보자. 이 문제는 결합 분포 $p(\boldsymbol{\theta}, \mathcal{D})$로 표현 가능하다. 매개변수 $\boldsymbol{\theta}$에 대한 기댓값은 다음과 같다.

$$\mathbb{E}_{\boldsymbol{\theta}}[\boldsymbol{\theta}] = \mathbb{E}_{\mathcal{D}}\left[\mathbb{E}_{\boldsymbol{\theta}}[\boldsymbol{\theta}|\mathcal{D}]\right] \tag{식 2.21}$$

$$\mathbb{E}_{\boldsymbol{\theta}}[\boldsymbol{\theta}] \equiv \int p(\boldsymbol{\theta})\boldsymbol{\theta}\,\mathrm{d}\boldsymbol{\theta} \tag{식 2.22}$$

$$\mathbb{E}_{\mathcal{D}}[\mathbb{E}_{\boldsymbol{\theta}}[\boldsymbol{\theta}|\mathcal{D}]] \equiv \int \left\{\int \boldsymbol{\theta}p(\boldsymbol{\theta}|\mathcal{D})\,\mathrm{d}\boldsymbol{\theta}\right\} p(\mathcal{D})\,\mathrm{d}\mathcal{D} \tag{식 2.23}$$

이로부터 데이터가 생성된 원 분포에 대해 평균을 낸 $\boldsymbol{\theta}$의 사후 평균값은 $\boldsymbol{\theta}$의 사전 평균과 같다는 것을 알 수 있다. 이와 유사하게 다음도 증명할 수 있다.

$$\mathrm{var}_{\boldsymbol{\theta}}[\boldsymbol{\theta}] = \mathbb{E}_{\mathcal{D}}\left[\mathrm{var}_{\boldsymbol{\theta}}[\boldsymbol{\theta}|\mathcal{D}]\right] + \mathrm{var}_{\mathcal{D}}\left[\mathbb{E}_{\boldsymbol{\theta}}[\boldsymbol{\theta}|\mathcal{D}]\right] \tag{식 2.24}$$

식 2.24의 왼쪽 변은 $\boldsymbol{\theta}$의 사전 분산에 해당한다. 오른쪽 변의 첫 번째 항은 $\boldsymbol{\theta}$의 사후 분산의 평균이며, 두 번째 항은 $\boldsymbol{\theta}$의 사후 평균의 분산에 해당한다. 이 분산은 양의 값을 가진다. 따라서 이 결과에 따르면 평균적으로 $\boldsymbol{\theta}$의 사후 분산은 사전 분산보다 작다는 것을 알 수 있다. 이 분산값의 감소치는 사후 평균의 분산값이 클수록 더 크게 된다. 이러한 추세는 평균적으로만 옳으며, 특정 관찰 집합에 대해서는 사후 분산이 사전 분산보다 클수도 있다.

2.2 다항 변수

이산 확률 변수는 두 가지 가능한 값들 중 하나를 취하는 수량을 설명하는 데 사용될 수 있다. 하지만 많은 경우에 서로 다른 K개의 값들 중 하나를 취할 수 있는 이산 변수를 활용해야 한다. 이런 변수를 표현하는 데는 여러 가지 방법이 있지만, 곧 살펴보게 될 것처럼 **원 핫 인코딩** (one hot encoding)을 사용하는 것이 각종 적용에 있어 가장 편리하다. 원 핫 인코딩에서는 각각의 변수가 K차원의 벡터 $\mathbf{x}$로 나타내지며, x_k 값들 중 하나는 1, 나머지 값들은 0으로 설정된다. 예를 들어 여섯 개의 상태를 가질 수 있는 변수가 $x_3 = 1$이라는 상태를 가졌다면 해당 변수 $\mathbf{x}$를 다음과 같이 표현할 수 있다.

$$\mathbf{x} = (0, 0, 1, 0, 0, 0)^{\mathrm{T}} \tag{식 2.25}$$

이러한 벡터들은 $\sum_{k=1}^{K} x_k = 1$이라는 성질을 만족한다. 만약 우리가 $x_k = 1$이 될 확률을 μ_k라고 한다면, $\mathbf{x}$의 분포는 다음과 같이 주어진다.

$$p(\mathbf{x}|\boldsymbol{\mu}) = \prod_{k=1}^{K} \mu_k^{x_k} \tag{식 2.26}$$

여기서 $\boldsymbol{\mu} = (\mu_1, \ldots, \mu_K)^{\mathrm{T}}$이며, 매개변수 μ_k는 $\mu_k \geqslant 0$과 $\sum_k \mu_k = 1$이라는 성질을 만족시켜야 한다. 왜냐하면 μ_k가 확률을 표현하고 있기 때문이다. 식 2.26의 분포는 베르누이 분포를 결괏값이 두 가지 이상인 경우로 일반화한 것이라고 볼 수 있다. 이 분포에 대해서 다음의 두 가지를 쉽게 증명할 수 있다.

$$\sum_{\mathbf{x}} p(\mathbf{x}|\boldsymbol{\mu}) = \sum_{k=1}^{K} \mu_k = 1 \qquad \text{(식 2.27)}$$

$$\mathbb{E}[\mathbf{x}|\boldsymbol{\mu}] = \sum_{\mathbf{x}} p(\mathbf{x}|\boldsymbol{\mu})\mathbf{x} = (\mu_1, \ldots, \mu_K)^{\mathrm{T}} = \boldsymbol{\mu} \qquad \text{(식 2.28)}$$

N개의 독립적인 관측값 $\mathbf{x}_1, \ldots, \mathbf{x}_N$을 가진 데이터 집합 $\mathcal{D}$를 고려해 보자. 해당 가능도 함수는 다음의 형태를 가진다.

$$p(\mathcal{D}|\boldsymbol{\mu}) = \prod_{n=1}^{N} \prod_{k=1}^{K} \mu_k^{x_{nk}} = \prod_{k=1}^{K} \mu_k^{\left(\sum_n x_{nk}\right)} = \prod_{k=1}^{K} \mu_k^{m_k} \qquad \text{(식 2.29)}$$

가능도 함숫값이 K 값을 통해서만 N개의 데이터 포인트와 연관되어 있음을 확인할 수 있다.

$$m_k = \sum_n x_{nk} \qquad \text{(식 2.30)}$$

식 2.30은 $x_k = 1$인 관측값의 숫자에 해당한다. 식 2.30을 이 분포의 **충분 통계량**(*sufficient statistic*)이라 한다.

2.4장

$\boldsymbol{\mu}$ 값의 최대 가능도 해를 찾기 위해서는 μ_k의 합이 1이어야 한다는 제약 조건하에서 $\ln p(\mathcal{D}|\boldsymbol{\mu})$의 최댓값을 찾아야 한다. 이를 위해서는 라그랑주 승수 λ를 사용해서 다음 식의 최댓값을 구하면 된다.

부록E

$$\sum_{k=1}^{K} m_k \ln \mu_k + \lambda \left(\sum_{k=1}^{K} \mu_k - 1 \right) \qquad \text{(식 2.31)}$$

식 2.31을 μ_k에 대해 미분한 뒤 이를 0으로 설정하면 다음을 구할 수 있다.

$$\mu_k = -m_k/\lambda \qquad \text{(식 2.32)}$$

식 2.32를 제약 조건 $\sum_k \mu_k = 1$에 대입하면 라그랑주 승수 $\lambda = -N$임을 알 수 있다. 따라서 최대 가능도의 해는 다음 형태를 띠게 된다.

$$\mu_k^{\mathrm{ML}} = \frac{m_k}{N} \qquad \text{(식 2.33)}$$

이는 N개의 관측값 중 $x_k = 1$인 경우의 비율이다.

매개변수 $\boldsymbol{\mu}$와 관측값의 숫자 N에 의해 결정되는 수량 $m_1, \ldots, m_K$의 결합 분포를 고려해 보도록 하자. 식 2.29에 따라 이는 다음의 형태를 띠게 된다.

$$\text{Mult}(m_1, m_2, \ldots, m_K | \boldsymbol{\mu}, N) = \binom{N}{m_1 m_2 \ldots m_K} \prod_{k=1}^{K} \mu_k^{m_k} \qquad \text{(식 2.34)}$$

식 2.34를 **다항 분포**(*multinomial distribution*)라고 한다. 정규화 계수는 N개의 물체를 각각 $m_1, \ldots, m_K$의 수량을 가지는 K개의 집단으로 나누는 가짓수에 해당하며 다음과 같다.

$$\binom{N}{m_1 m_2 \ldots m_K} = \frac{N!}{m_1! m_2! \ldots m_K!} \qquad \text{(식 2.35)}$$

변수 m_K는 다음의 제약 조건을 가진다.

$$\sum_{k=1}^{K} m_k = N \qquad \text{(식 2.36)}$$

2.2.1 디리클레 분포

식 2.34의 다항 분포의 매개변수 $\{\mu_k\}$들의 사전 분포에 대해 살펴보자. 다항 분포의 형태를 살펴보면 켤레 사전 분포가 다음 형태를 띤다는 것을 확인할 수 있다.

$$p(\boldsymbol{\mu} | \boldsymbol{\alpha}) \propto \prod_{k=1}^{K} \mu_k^{\alpha_k - 1} \qquad \text{(식 2.37)}$$

여기서 $0 \leqslant \mu_k \leqslant 1$이며, $\sum_k \mu_k = 1$이다. $\alpha_1, \ldots, \alpha_K$들은 분포의 매개변수이며, $\boldsymbol{\alpha}$는 $(\alpha_1, \ldots, \alpha_K)^{\text{T}}$를 지칭한다. 합산 제약 조건 때문에 $\{\mu_k\}$ 공간에서의 이 분포는 $K - 1$차원의 단체(simplex)로 제약된다. $K = 3$인 경우에 대해서는 그림 2.4에 그려져 있다.

그림 2.4　세 개의 변수 μ_1, μ_2, μ_3에 대한 디리클레 분포는 보이는 것과 같은 단체(경계가 주어진 선형 매니폴드)의 형태로 제약된다. 이는 제약 조건 $0 \leqslant \mu_k \leqslant 1$과 $\sum_k \mu_k = 1$ 때문에 발생한 결과다.

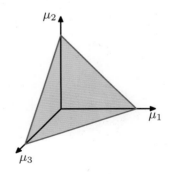

연습문제 2.9 이 분포의 정규화된 형태는 다음과 같다.

$$\text{Dir}(\boldsymbol{\mu}|\boldsymbol{\alpha}) = \frac{\Gamma(\alpha_0)}{\Gamma(\alpha_1)\cdots\Gamma(\alpha_K)}\prod_{k=1}^{K}\mu_k^{\alpha_k-1} \qquad \text{(식 2.38)}$$

식 2.38을 **디리클레 분포**(*Dirichlet distribution*)라 한다. 여기서 $\Gamma(x)$는 식 1.141에서 정의된 감마 함수다. 이 경우에는 다음과 같다.

$$\alpha_0 = \sum_{k=1}^{K}\alpha_k \qquad \text{(식 2.39)}$$

다양한 매개변수 α_k에 따른 단체상의 디리클레 분포 그래프가 그림 2.5에 그려져 있다.

식 2.38의 사전 분포에 식 2.34의 가능도 함수를 곱하면 $\{\mu_k\}$의 사후 분포를 다음 형태로 구할 수 있다.

$$p(\boldsymbol{\mu}|\mathcal{D},\boldsymbol{\alpha}) \propto p(\mathcal{D}|\boldsymbol{\mu})p(\boldsymbol{\mu}|\boldsymbol{\alpha}) \propto \prod_{k=1}^{K}\mu_k^{\alpha_k+m_k-1} \qquad \text{(식 2.40)}$$

사후 분포가 다시금 디리클레 분포의 형태를 띠는 것을 확인할 수 있다. 이를 통해 디리클레 분포가 다항 분포의 켤레 사전 분포임을 확인할 수 있다. 식 2.38과의 비교를 통해서 정규화 계수를 구할 수 있다. 그 결과 다음을 얻게 된다.

$$\begin{aligned}
p(\boldsymbol{\mu}|\mathcal{D},\boldsymbol{\alpha}) &= \text{Dir}(\boldsymbol{\mu}|\boldsymbol{\alpha}+\mathbf{m}) \\
&= \frac{\Gamma(\alpha_0+N)}{\Gamma(\alpha_1+m_1)\cdots\Gamma(\alpha_K+m_K)}\prod_{k=1}^{K}\mu_k^{\alpha_k+m_k-1} \qquad \text{(식 2.41)}
\end{aligned}$$

르쥔 디리클레 *Lejeune Dirichlet*
1805-1859

요한 페터 구스타프 르쥔 디리클레는 겸손하고 내성적인 수학자로써 수론, 역학, 천문학 등에 기여하였으며, 최초로 푸리에 급수의 수렴성을 증명했다. 그의 가족은 벨기에의 리슐레트 출신으로, 이름인 르쥔 디리클레는 프랑스어로 리슐레트 출신의 소년이라는 뜻의 'Le jeune de Richelette'에서 비롯되었다. 디리클레는 1825년에 출간된 첫 번째 논문을 통해 일약 주목받게 된다. 이 논문은 $n > 2$인 경우에 $x^n + y^n = z^n$을 만족하는 정수 해는 없다는 페르마의 정리에 대한 것이었다. 그는 $n = 5$인 경우에 대해 일부 증명하였고, 이를 리뷰한 르장드르(Legendre)가 증명을 완성하였다. 나중에 디리클레는 $n = 14$인 경우에 대해서도 페르마의 정리를 증명했다. 모든 $n > 2$ 값에 대한 페르마의 정리의 완벽한 증명은 20세기에 앤드류 와일즈가 마무리지었다.

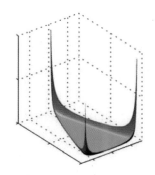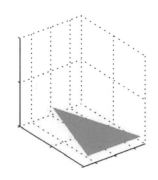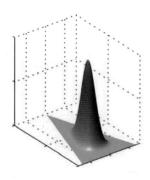

그림 2.5 세 개의 변수에 대한 디리클레 분포의 도표. 두 개의 수평 축은 단체의 평면 좌푯값을, 그리고 수직 축은 밀돗값을 나타낸다. 가장 왼쪽의 도표는 $\{\alpha_k\} = 0.1$인 경우를, 가운데의 도표는 $\{\alpha_k\} = 1$인 경우를, 오른쪽의 도표는 $\{\alpha_k\} = 10$인 경우를 그린 것이다.

여기서 $\mathbf{m} = (m_1, \ldots, m_K)^T$이다. 베타 분포를 사전 분포로 가지는 이항 분포의 경우와 마찬가지로 디리클레 사전 분포의 매개변수 α_k를 $x_k = 1$인 관측값의 유효 숫자로 해석할 수 있다.

두 가지 상태를 가지는 수량값은 이산 확률 변수로 표현하여 식 2.9의 이항 분포를 사용하여 모델할 수도 있고, 아니면 1-중-2 변수로 표현하여 식 2.34의 다항 분포를 $K = 2$로 놓고 사용하여 모델할 수도 있다.

2.3 가우시안 분포

정규 분포라고도 알려져 있는 가우시안 분포는 연속 변수를 모델하는 분포로 매우 널리 활용되고 있다. 단일 변수 x에 대한 가우시안 분포는 다음 형태로 나타낼 수 있다.

$$\mathcal{N}(x|\mu, \sigma^2) = \frac{1}{(2\pi\sigma^2)^{1/2}} \exp\left\{ -\frac{1}{2\sigma^2}(x - \mu)^2 \right\} \tag{식 2.42}$$

여기서 μ는 평균을, σ^2는 분산을 나타낸다. D차원 벡터 $\mathbf{x}$에 대한 다변량 가우시안 분포는 다음의 형태를 띤다.

$$\mathcal{N}(\mathbf{x}|\boldsymbol{\mu}, \boldsymbol{\Sigma}) = \frac{1}{(2\pi)^{D/2}} \frac{1}{|\boldsymbol{\Sigma}|^{1/2}} \exp\left\{ -\frac{1}{2}(\mathbf{x} - \boldsymbol{\mu})^T \boldsymbol{\Sigma}^{-1}(\mathbf{x} - \boldsymbol{\mu}) \right\} \tag{식 2.43}$$

여기서 $\boldsymbol{\mu}$는 D차원 평균 벡터를, $\boldsymbol{\Sigma}$는 $D \times D$ 공분산 행렬을, $|\boldsymbol{\Sigma}|$는 $\boldsymbol{\Sigma}$의 행렬식을 의미한다.

가우시안 분포는 여러 다양한 상황에서 여러 가지 다른 용도로 활용될 수 있다. 예를 들면, 이전 장에서 우리는 단일 실변수에 대해서 엔트로피를 극대화하는 분포가 가우시안 분포라는 사실을 이미 살펴보았다. 이 성질은 다변량 가우시안 분포의 경우에도 동일하게 적용된다.

1.6장
연습문제 2.14

가우시안 분포가 사용되는 또 다른 상황은 바로 여러 확률 변수의 합에 대해 고려하는 경우다. 라플라스의 **중심 극한 정리**(central limit theorem)에 따르면, 여러 개의 확률 변수들의 합에 해당하는 확률 변수는 몇몇 조건하에서 합해지는 확률 변수의 숫자가 증가함에 따라서 점점 가우시안 분포가 되어간다(Walker, 1969). 각각이 $[0, 1]$ 구간 사이의 균일 분포를 취하는 N개의 변수 $x_1, \ldots, x_N$을 고려해 보자. 그리고 이 변수들의 평균 $(x_1 + \cdots + x_N)/N$의 분포를 살펴보자. 그림 2.6에서 볼 수 있는 것처럼 큰 N 값에 대해 이 분포는 가우시안 분포의 모습을 띠게 된다. 실제 사례에서 N이 증가함에 따라 가우시안 분포로 수렴하는 속도는 상당히 빠를 수 있다. 이에 따라 다음의 또 한 가지 결과를 도출해 낼 수 있다. N개의 이진 확률 변수 x의 관찰값의 합인 m에 대한 분포인 식 2.9의 이항 분포 역시 $N \to \infty$이 됨에 따라서 가우시안의 형태를 띤다는 것이다(그림 2.1에서 $N = 10$인 경우에 대해 확인 가능하다).

가우시안 분포는 중요한 해석적 성질을 많이 가졌는데, 이들 중 몇몇에 대해 곧 자세히 살펴볼 것이다. 이 절의 내용들은 앞 절들에 비해서 기술적으로 좀 더 자세한 내용들을 다루게 될 것이다. 이를 잘 이해하기 위해서는 다양한 행렬의 성질에 대해 알아야 한다. 가우시안 분포를 잘 다루는 것은 이후 장에서 보게 될 더 복잡한 모델들을 이해하는 데 있어서 매우 중요하므로 이번 절의 내용을 잘 숙지하기를 권장한다.

부록 C

우선 첫 번째로 가우시안 분포의 기하학적 형태를 살펴보자. $\mathbf{x}$에 대한 가우시안 분포의 함수적 종속성은 지수상에서 나타난다. 이는 다음의 이차식의 형태를 띤다.

$$\Delta^2 = (\mathbf{x} - \boldsymbol{\mu})^{\mathrm{T}} \boldsymbol{\Sigma}^{-1} (\mathbf{x} - \boldsymbol{\mu}) \tag{식 2.44}$$

여기서의 Δ 값은 $\boldsymbol{\mu}$로부터 $\mathbf{x}$까지의 **마할라노비스 거리**(Mahalanobis distsnce)라고 한다. 이 마할라노비스 거리는 $\boldsymbol{\Sigma}$가 항등 행렬일 경우 유클리디안 거리가 된다. 이 이차식이 상수가 되는 $\mathbf{x}$ 공간의 표면에서는 가우시안 분포 역시 상수가 된다.

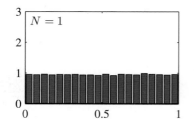 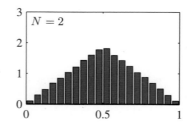 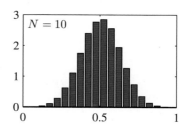

그림 2.6 균일하게 분포된 N개의 값의 평균에 대한 히스토그램을 다양한 N 값에 대해 그려 보았다. 여기서 확인할 수 있는 것과 같이 N 값이 증가함에 따라서 분포는 가우시안 분포의 형태를 띠게 된다.

연습문제 2.17 행렬의 비대칭 원소들이 지수로부터 사라질 것이기 때문에 일반성을 잃지 않으면서 $\boldsymbol{\Sigma}$ 행렬이 대칭성을 띤다고 말할 수 있다.

$$\boldsymbol{\Sigma}\mathbf{u}_i = \lambda_i \mathbf{u}_i \tag{식 2.45}$$

연습문제 2.18 여기서 $i = 1, \ldots, D$다. $\boldsymbol{\Sigma}$가 실수 대칭 행렬이므로 고윳값 역시 실수일 것이다. 정규직교 집합을 이루도록 고유 벡터들을 선택한다고 하자.

$$\mathbf{u}_i^{\mathrm{T}}\mathbf{u}_j = I_{ij} \tag{식 2.46}$$

여기서 I_{ij}는 항등 행렬의 i와 j번째 원소를 의미하며, 다음을 만족한다.

$$I_{ij} = \begin{cases} 1, & \text{if } i = j \\ 0, & \text{나머지 경우} \end{cases} \tag{식 2.47}$$

연습문제 2.19 이때 고유 벡터를 이용해서 공분산 행렬 $\boldsymbol{\Sigma}$를 전개할 수 있으며, 이는 다음의 형태를 띠게 된다.

$$\boldsymbol{\Sigma} = \sum_{i=1}^{D} \lambda_i \mathbf{u}_i \mathbf{u}_i^{\mathrm{T}} \tag{식 2.48}$$

이와 비슷하게 공분산 행렬의 역행렬 $\boldsymbol{\Sigma}^{-1}$을 다음과 같이 표현할 수 있다.

$$\boldsymbol{\Sigma}^{-1} = \sum_{i=1}^{D} \frac{1}{\lambda_i} \mathbf{u}_i \mathbf{u}_i^{\mathrm{T}} \tag{식 2.49}$$

카를 프리드리히 가우스 *Carl Friedrich Gauss*
1777-1855

가우스에 대해서는 다음의 일화가 전해진다. 그가 초등학교에 들어갔을 때, 선생님이 학생들을 얌전히 만들고자 하는 의도로 1부터 100까지를 더해 보라는 문제를 냈다고 한다. 어린 가우스는 1부터 100까지의 합을 1 + 100, 2 + 99와 같이 합해서 101이 되는 짝 50개로 분류할 수 있다는 성질을 이용해서 순식간에 5,050이라는 답에 도달했다고 한다. 최근에 다시 알려진 바로는 실제로 비슷한 형태의 문제를 선생님이 냈던 것은 맞지만, 더 큰 수에서부터 시작하고 증가량도 더 큰 조금 더 어려운 문제였다고 한다. 가우스는 독일의 수학자이자 과학자로, 완벽주의자였으며 대단히 열심히 일하는 학자라는 평판 나 있다. 그의 여러 업적 중 하나는 최소 제곱법을 발견한 것이다. 그는 정규 분포 오차 가정하에서 최소 제곱법을 증명할 수 있었다. 또한, 비유클리드 기하학(자기 모순이 없으며, 유클리드 기하학의 공리를 위반하는 기하학)의 기반을 다졌다. 하지만 그는 자신의 평판에 누가 될까 염려하여 이 업적에 대해 공개적으로 알리는 것을 꺼렸다. 가우스는 하노버 주의 측지선을 측량하기도 했는데, 이를 바탕으로 가우시안 분포라고도 알려져 있는 정규 분포를 만들어 냈다. 그가 죽은 후 일기장에서 다양한 수학적 결과가 발견되었다. 다른 이들이 수년, 혹은 수십 년이 지난 후에야 공표할 수 있었던 내용들에 대한 업적을 이미 가우스가 이루었다는 것이 나중에서야 밝혀진 것이다.

식 2.49를 식 2.44에 대입하면 이차식이 다음의 형태를 띤다.

$$\Delta^2 = \sum_{i=1}^{D} \frac{y_i^2}{\lambda_i} \qquad \text{(식 2.50)}$$

여기서 y_i는 다음처럼 정의된다.

$$y_i = \mathbf{u}_i^{\mathrm{T}}(\mathbf{x} - \boldsymbol{\mu}) \qquad \text{(식 2.51)}$$

$\{y_i\}$를 정규직교 벡터 $\mathbf{u}_i$들로 정의되는 새로운 좌표계라고 해석할 수 있다. 원래의 x_i 좌표계로부터 이동되고 회전된 것이다. 벡터 $\mathbf{y} = (y_1, \ldots, y_D)^{\mathrm{T}}$이라 하면 다음 식을 얻게 된다.

$$\mathbf{y} = \mathbf{U}(\mathbf{x} - \boldsymbol{\mu}) \qquad \text{(식 2.52)}$$

여기서 $\mathbf{U}$는 각각의 행이 $\mathbf{u}_i^{\mathrm{T}}$로 주어지는 행렬이다. 식 2.46으로부터 $\mathbf{U}$가 **직교**(*orthogonal*)하는 행렬임을 알 수 있다. 다시 말해서 $\mathbf{I}$가 항등 행렬이라 할 경우에 $\mathbf{UU}^{\mathrm{T}} = \mathbf{I}$와 $\mathbf{U}^{\mathrm{T}}\mathbf{U} = \mathbf{I}$를 만족한다는 것이다.

이차식, 즉 가우시안 밀도 함수는 식 2.50이 상수인 표면에 대해서 상수일 것이다. 만약 모든 고윳값 λ_i들이 양의 값을 가진다면, 이 표면은 타원형을 띤다. 여기서 타원형의 중심은 $\boldsymbol{\mu}$에 위치하며, 이 타원형의 축은 $\mathbf{u}_i$상에 자리하게 된다. 그리고 각각의 축 방향에 대한 척도 인자는 $\lambda_i^{1/2}$로 주어진다. 이에 대해서는 그림 2.7에 나타나 있다.

가우시안 분포를 더 잘 정의하기 위해서는 공분산 행렬의 모든 고윳값 λ_i들이 순양숫값을 가질 필요가 있다. 그렇지 않을 경우에는 분포를 적절하게 정규화할 수 없기 때문이다. 고윳값들

그림 2.7 빨간색 선은 이차원 공간 $\mathbf{x} = (x_1, x_2)$ 상에서의 상수 가우시안 확률 분포의 타원형 표면을 나타낸다. 여기서 밀도는 $\mathbf{x} = \boldsymbol{\mu}$일 경우의 값의 $\exp(-1/2)$에 해당한다. 타원의 축들은 공분산 행렬의 고유 벡터들 $\mathbf{u}_i$에 의해 정의되며, 각각의 축은 각각의 고윳값 λ_i에 대응된다.

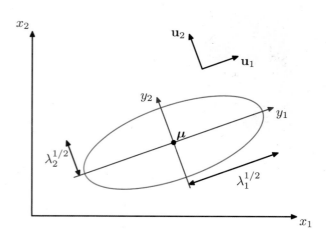

이 순양수의 값을 가지는 행렬을 **양의 정부호**(*positive definite*) 행렬이라 한다. 12장에서는 하나 또는 그 이상의 고윳값이 0인 가우시안 분포에 대해 살펴볼 것이다. 이 경우의 가우시안은 특이 분포가 되며, 낮은 차원의 부분 공간에 제한된다. 만약 모든 고윳값이 0 또는 0보다 큰 값을 가질 경우에는 공분산 행렬을 **양의 준정부호**(*positive semidefinite*)의 성질을 가졌다고 한다.

이제 y_i로 정의되는 새로운 좌표 체계상에서의 가우시안 분포의 형태에 대해서 살펴보도록 하자. $\mathbf{x}$ 좌표계에서 $\mathbf{y}$ 좌표계로 변환되는 과정에서 야코비안 행렬 $\mathbf{J}$를 가지게 되었다. $\mathbf{J}$ 각의 원소는 다음과 같이 주어진다.

$$J_{ij} = \frac{\partial x_i}{\partial y_j} = U_{ji} \tag{식 2.53}$$

여기서 U_{ji}는 행렬 $\mathbf{U}^{\mathrm{T}}$의 원소에 해당한다. 행렬 $\mathbf{U}$의 정규직교성을 바탕으로 야코비안 행렬의 행렬식 제곱이 다음과 같음을 확인할 수 있다.

$$|\mathbf{J}|^2 = \left|\mathbf{U}^{\mathrm{T}}\right|^2 = \left|\mathbf{U}^{\mathrm{T}}\right||\mathbf{U}| = \left|\mathbf{U}^{\mathrm{T}}\mathbf{U}\right| = |\mathbf{I}| = 1 \tag{식 2.54}$$

따라서 $|\mathbf{J}| = 1$이다. 또한, 공분산 행렬의 행렬식 $|\mathbf{\Sigma}|$는 고윳값의 곱으로 표현할 수 있다. 따라서 다음과 같다.

$$|\mathbf{\Sigma}|^{1/2} = \prod_{j=1}^{D} \lambda_j^{1/2} \tag{식 2.55}$$

따라서 y_j 좌표계에서 가우시안 분포는 다음의 형태를 가지게 된다.

$$p(\mathbf{y}) = p(\mathbf{x})|\mathbf{J}| = \prod_{j=1}^{D} \frac{1}{(2\pi\lambda_j)^{1/2}} \exp\left\{-\frac{y_j^2}{2\lambda_j}\right\} \tag{식 2.56}$$

이는 D개의 독립적인 단변량 가우시안 분포들의 곱에 해당한다. 따라서 고유 벡터들은 이동되고 회전된 새로운 좌표축들을 표현한다. 이때 결합 확률 분포는 이 좌표축에 따라 독립 분포들의 곱으로 인수분해된다. $\mathbf{y}$ 좌표계상에서 분포의 적분은 다음과 같다.

$$\int p(\mathbf{y})\, \mathrm{d}\mathbf{y} = \prod_{j=1}^{D} \int_{-\infty}^{\infty} \frac{1}{(2\pi\lambda_j)^{1/2}} \exp\left\{-\frac{y_j^2}{2\lambda_j}\right\}\, \mathrm{d}y_j = 1 \tag{식 2.57}$$

여기서 식 1.48의 단변량 가우시안의 정규화 결과를 사용하였다. 식 2.57은 식 2.43의 다변량 가우시안 분포가 정규화되었다는 것을 증명해 준다.

가우시안 분포의 모멘트값들을 살펴봄으로써 매개변수 $\boldsymbol{\mu}$와 $\boldsymbol{\Sigma}$를 어떻게 해석할 수 있는지 알아보도록 하자. 가우시안 분포에서의 $\mathbf{x}$의 기댓값은 다음으로 주어진다.

$$
\begin{aligned}
\mathbb{E}[\mathbf{x}] &= \frac{1}{(2\pi)^{D/2}} \frac{1}{|\boldsymbol{\Sigma}|^{1/2}} \int \exp\left\{ -\frac{1}{2}(\mathbf{x}-\boldsymbol{\mu})^{\mathrm{T}}\boldsymbol{\Sigma}^{-1}(\mathbf{x}-\boldsymbol{\mu}) \right\} \mathbf{x}\,\mathrm{d}\mathbf{x} \\
&= \frac{1}{(2\pi)^{D/2}} \frac{1}{|\boldsymbol{\Sigma}|^{1/2}} \int \exp\left\{ -\frac{1}{2}\mathbf{z}^{\mathrm{T}}\boldsymbol{\Sigma}^{-1}\mathbf{z} \right\} (\mathbf{z}+\boldsymbol{\mu})\,\mathrm{d}\mathbf{z}
\end{aligned}
$$

(식 2.58)

여기서 $\mathbf{z} = \mathbf{x} - \boldsymbol{\mu}$를 통해 변수의 변환을 시행했다. 이 식에서 지수 부분은 $\mathbf{z}$에 대해 **짝함수**(*even function*)임을 알 수 있다. 그리고 $(-\infty, \infty)$ 범위에 대해서 적분을 취하면 인자 $(\mathbf{z}+\boldsymbol{\mu})$에 포함되어 있는 $\mathbf{z}$항이 대칭성에 의해 사라지게 된다. 따라서 다음과 같이 정리할 수 있다.

$$
\mathbb{E}[\mathbf{x}] = \boldsymbol{\mu}
$$

(식 2.59)

이에 따라 $\boldsymbol{\mu}$ 값이 가우시안 분포의 평균값에 해당함을 다시 한 번 확인할 수 있다.

이제는 가우시안 분포의 이차 모멘트값을 살펴보도록 하자. 단변량 분포의 경우에는 이차 모멘트값이 $\mathbb{E}[x^2]$로 주어진다. 다변량 가우시안 분포의 경우에는 $\mathbb{E}[x_i x_j]$로 주어지는 이차 모멘트가 D^2개만큼 존재하게 된다. 이들을 함께 묶어서 행렬 $\mathbb{E}[\mathbf{x}\mathbf{x}^{\mathrm{T}}]$으로 만들 수 있다. 이 행렬은 다음과 같이 적는다.

$$
\begin{aligned}
\mathbb{E}[\mathbf{x}\mathbf{x}^{\mathrm{T}}] &= \frac{1}{(2\pi)^{D/2}} \frac{1}{|\boldsymbol{\Sigma}|^{1/2}} \int \exp\left\{ -\frac{1}{2}(\mathbf{x}-\boldsymbol{\mu})^{\mathrm{T}}\boldsymbol{\Sigma}^{-1}(\mathbf{x}-\boldsymbol{\mu}) \right\} \mathbf{x}\mathbf{x}^{\mathrm{T}}\,\mathrm{d}\mathbf{x} \\
&= \frac{1}{(2\pi)^{D/2}} \frac{1}{|\boldsymbol{\Sigma}|^{1/2}} \int \exp\left\{ -\frac{1}{2}\mathbf{z}^{\mathrm{T}}\boldsymbol{\Sigma}^{-1}\mathbf{z} \right\} (\mathbf{z}+\boldsymbol{\mu})(\mathbf{z}+\boldsymbol{\mu})^{\mathrm{T}}\,\mathrm{d}\mathbf{z}
\end{aligned}
$$

다시 한 번 여기서도 $\mathbf{z} = \mathbf{x} - \boldsymbol{\mu}$를 적용하여 변수를 변환하였다. $\boldsymbol{\mu}\mathbf{z}^{\mathrm{T}}$과 $\mathbf{z}\boldsymbol{\mu}^{\mathrm{T}}$ 등의 교차항들은 대칭성에 의해 사라지게 될 것이다. 항 $\boldsymbol{\mu}\boldsymbol{\mu}^{\mathrm{T}}$은 상수이며, 적분식 밖으로 빼낼 수 있다. 가우시안 분포가 정규화되어 있으므로 이 항 자체의 값은 1이다. $\mathbf{z}\mathbf{z}^{\mathrm{T}}$을 포함한 항을 살펴보자. 식 2.45에 따라서 고유 벡터를 이용하여 공분산 행렬을 전개하고 여기에 고유 벡터들의 완전성을 사용하면 다음을 유도할 수 있다.

$$
\mathbf{z} = \sum_{j=1}^{D} y_j \mathbf{u}_j
$$

(식 2.60)

여기서 $y_j = \mathbf{u}_j^{\mathrm{T}}\mathbf{z}$에 해당한다. 이를 바탕으로 다음을 유도할 수 있다.

$$\frac{1}{(2\pi)^{D/2}} \frac{1}{|\boldsymbol{\Sigma}|^{1/2}} \int \exp\left\{-\frac{1}{2}\mathbf{z}^{\mathrm{T}}\boldsymbol{\Sigma}^{-1}\mathbf{z}\right\} \mathbf{z}\mathbf{z}^{\mathrm{T}} \,\mathrm{d}\mathbf{z}$$

$$= \frac{1}{(2\pi)^{D/2}} \frac{1}{|\boldsymbol{\Sigma}|^{1/2}} \sum_{i=1}^{D} \sum_{j=1}^{D} \mathbf{u}_i \mathbf{u}_j^{\mathrm{T}} \int \exp\left\{-\sum_{k=1}^{D} \frac{y_k^2}{2\lambda_k}\right\} y_i y_j \,\mathrm{d}\mathbf{y} \qquad \text{(식 2.61)}$$

$$= \sum_{i=1}^{D} \mathbf{u}_i \mathbf{u}_i^{\mathrm{T}} \lambda_i = \boldsymbol{\Sigma}$$

유도 과정에서 식 2.45의 고유 벡터식을 활용했다. 또한, 위 식의 가운데 줄 오른쪽 변의 피적분 함수가 $i = j$일 경우를 제외하고는 대칭성에 의해 사라진다는 사실도 사용하였다. 그리고 마지막 줄에서는 식 1.50, 식 2.55, 식 2.48의 결과를 활용했다. 따라서 결과적으로 다음과 같이 된다.

$$\mathbb{E}[\mathbf{x}\mathbf{x}^{\mathrm{T}}] = \boldsymbol{\mu}\boldsymbol{\mu}^{\mathrm{T}} + \boldsymbol{\Sigma} \qquad \text{(식 2.62)}$$

단일 확률 변수의 경우에는 분산을 정의하기 위해서 이차 모멘트를 구할 때 평균값을 먼저 **뺀** 후 계산한다. 이와 비슷하게 다변량의 경우에도 평균값을 빼면 편리하다. 이를 바탕으로 하면 확률 벡터 $\mathbf{x}$의 **공분산**(*covariance*)을 다음과 같이 정의할 수 있다.

$$\mathrm{cov}[\mathbf{x}] = \mathbb{E}\left[(\mathbf{x} - \mathbb{E}[\mathbf{x}])(\mathbf{x} - \mathbb{E}[\mathbf{x}])^{\mathrm{T}}\right] \qquad \text{(식 2.63)}$$

가우시안 분포의 경우에는 $\mathbb{E}[\mathbf{x}] = \boldsymbol{\mu}$라는 사실과 식 2.62의 결과를 함께 활용하여 다음을 구할 수 있다.

$$\mathrm{cov}[\mathbf{x}] = \boldsymbol{\Sigma} \qquad \text{(식 2.64)}$$

매개변수 행렬인 $\boldsymbol{\Sigma}$에 의해서 가우시안 분산에서의 $\mathbf{x}$의 공분산이 결정된다. 그렇기 때문에 $\boldsymbol{\Sigma}$를 공분산 행렬이라고 부르는 것이다.

식 2.43의 가우시안 분포는 밀도 모델로써 널리 활용되지만, 한 가지 치명적인 한계점을 가졌다. 이 분포의 자유 매개변수의 개수를 고려해 보자. 일반적인 대칭의 공분산 행렬 $\boldsymbol{\Sigma}$는 $D(D + 1)$ /2개의 독립적인 매개변수를 가질 것이다. 그리고 또 다른 D개의 독립적인 매개변수가 $\boldsymbol{\mu}$에 포

연습문제 2.21

함되어 있다. 따라서 총 $D(D + 3)/2$개 만큼의 매개변수를 가지게 된다. 따라서 매개변수 의 총 개수는 D에 대해 이차로 증가하게 된다. 그 결과 큰 D 값에 대해서는 행렬을 다루고 그 역행렬을 계산하는 것이 매우 느려질 수 있다. 이 문제를 해결하기 위한 한 가지 방법은 제한 된 형태의 공분산 행렬을 사용하는 것이다. 만약 **대각 행렬**(*diagonal matrix*)의 형태를 지닌 공분 산 행렬만을 사용한다면($\boldsymbol{\Sigma} = \mathrm{diag}(\sigma_i^2)$), 밀도 모델에서 총 $2D$개의 독립 매개변수만을 고려하 면 된다. 이에 대응하는 상수 밀도의 경로는 좌표축상에 따라 정렬된 타원의 형태를 띤다. 공

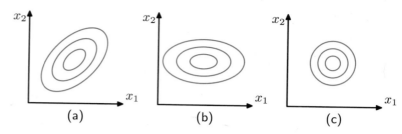

그림 2.8 이차원 가우시안 분포에서의 상수 확률 밀도의 경로. (a)는 공분산 행렬의 형태가 일반적일 경우다. (b)는 공분산 행렬이 대각 행렬인 형태다. 그에 따라 경로가 좌표축에 따라 정렬된 타원형의 형태를 띤다. (c)는 공분산 행렬이 항등 행렬의 상수배일 경우다. 이 경우에는 경로가 동심원의 형태를 띤다.

분산 행렬의 형태에 제약을 더 가하여 보자. 공분산 행렬이 항등 행렬에 상수배만큼 비례하는 형태를 띨 경우($\Sigma = \sigma^2\mathbf{I}$), 이를 **등방성**(isotropic) 공분산이라고 한다. 이 경우에는 모델에 $D + 1$개의 독립적인 매개변수가 있으며, 상수 밀도의 경로가 구의 형태를 띤다. 일반적인 공분산 행렬, 대각 형태의 공분산 행렬, 등방성 공분산 행렬의 세 가지 예시 형태를 그림 2.8에서 확인할 수 있다. 이러한 방법을 통해 자유도를 줄임으로써 역행렬 계산을 훨씬 더 빠르게 할 수 있다. 하지만 반면에 이러한 방법들은 확률 밀도의 형태를 상당히 제약시키며, 그에 따라 모델에 데이터상의 흥미로운 상관관계를 표현하는 것을 방해할 수도 있다.

가우시안 분포의 또 다른 한계점은 가우시안 분포가 본질적으로 **단봉**(unimodal) 분포(최댓값이 하나인 분포)이기 때문에 **다봉**(multimodal) 분포에 대해 적절한 근사치를 제공할 수가 없다는 것이다. 따라서 가우시안 분포는 너무 많은 매개변수를 가질 수 있다는 측면에서는 지나치게 유연할 수도 있고, 적절하게 표현할 수 있는 분포들의 종류가 제한되어 있다는 측면에서는 지나치게 제한적이기도 하다. 추후에 소개할 **잠재 변수**(latent variable)를 이용하면 이러한 문제들을 해결할 수가 있다. 잠재 변수는 **숨은 변수**(hidden variable)나 **비관측 변수**(unobserved variable)라고 불리기도 한다. 예를 들어, 2.3.9절에서는 이산 잠재 변수를 통해서 가우시안 혼합 모델을 사용하는 것에 대해 살펴볼 것이다. 이런 방식을 이용하면 다양한 다봉 분포들을 표현할 수 있다. 또 다른 예로 12장에서는 연속 잠재 변수를 사용해서 자유 매개변수의 숫자는 데이터 공간의 D와 독립되게 조절할 수 있으면서도 데이터의 지배적인 상관관계는 표현할 수 있는 모델을 만드는 것에 대해 살펴볼 것이다. 사실, 이 두 가지 사례를 하나로 결합하면 여러 응용 사례에서 널리 활용될 수 있는 아주 강력한 계층적 모델 집합을 구성할 수 있다. 이미지의 확률 모델로써 널리 사용되고 있는 가우시안 버전의 **마르코프 무작위장**(Markov random field)이 그 사례 중 하나다. 이 모델은 이미지에 대한 확률적 모델로 널리 사용된다. 이 경우 이 모델은 이미지 픽셀 강도들의 결합 공간에 대한 가우시안 분포다. 이는 원래는 다루기 힘들 만큼 복잡할 수도 있었지만, 픽셀들의 공간적인 구성을 반영하는 구조를 많이 도입함으로써 다룰 수 있는 복잡

8.7절

도의 모델이 되었다. 관측 기록 등의 응용 사례에서 시계열 데이터를 모델하기 위해 사용하는 **선형 동적 시스템**(*linear dynamical system*)의 경우 역시 많은 숫자의 관측 변수와 잠재 변수들에 대한 가우시안 분포다. 하지만 앞에서의 사례와 마찬가지로 분포에 대한 구조를 구조를 모델에 도입함으로써 다룰 수 있는 복잡도가 되었다. 이러한 복잡한 분포들의 형태와 성질을 표현하기 위한 강력한 토대가 바로 **확률적 그래프 모델**(*probabilistic graphical model*)이다. 8장에서 확률적 그래프 모델에 대해 살펴볼 것이다.

13.3절

2.3.1 조건부 가우시안 분포

만약 두 변수 집합이 결합적으로 가우시안 분포를 보인다면 하나의 변수 집합에 대한 다른 변수 집합의 조건부 분포 역시 가우시안 분포를 보인다는 성질이 있다. 또한, 각 변수 집합의 주변 분포 역시 가우시안 분포를 보인다.

조건부 분포의 경우를 먼저 살펴보도록 하자. D차원의 벡터 $\mathbf{x}$가 $\mathcal{N}(\mathbf{x}|\boldsymbol{\mu}, \boldsymbol{\Sigma})$의 가우시안 분포를 보인다고 가정하고 $\mathbf{x}$를 두 개의 분리된 부분 집합 $\mathbf{x}_a$와 $\mathbf{x}_b$로 나누어 보자. 일반성을 해치지 않으면서 $\mathbf{x}_a$가 $\mathbf{x}$의 첫 M 원소에, $\mathbf{x}_b$가 나머지 $D - M$개의 원소에 해당한다고 가정할 수 있다. 그러면 다음과 같이 표현할 수 있다.

$$\mathbf{x} = \begin{pmatrix} \mathbf{x}_a \\ \mathbf{x}_b \end{pmatrix} \tag{식 2.65}$$

이에 해당하는 각각 부분 집합의 평균값 벡터 $\boldsymbol{\mu}$를 다음과 같이 정의할 수 있다.

$$\boldsymbol{\mu} = \begin{pmatrix} \boldsymbol{\mu}_a \\ \boldsymbol{\mu}_b \end{pmatrix} \tag{식 2.66}$$

또한 공분산 행렬 $\boldsymbol{\Sigma}$는 다음처럼 주어진다.

$$\boldsymbol{\Sigma} = \begin{pmatrix} \boldsymbol{\Sigma}_{aa} & \boldsymbol{\Sigma}_{ab} \\ \boldsymbol{\Sigma}_{ba} & \boldsymbol{\Sigma}_{bb} \end{pmatrix} \tag{식 2.67}$$

공분산 행렬의 대칭성 $\boldsymbol{\Sigma}^{\mathrm{T}} = \boldsymbol{\Sigma}$는 $\boldsymbol{\Sigma}_{aa}$와 $\boldsymbol{\Sigma}_{bb}$가 대칭 행렬이라는 것을 암시한다. 이 경우 $\boldsymbol{\Sigma}_{ba} = \boldsymbol{\Sigma}_{ab}^{\mathrm{T}}$다.

많은 경우 공분산 행렬의 역행렬을 다음처럼 정의해서 사용하는 것이 편리할 수 있다.

$$\boldsymbol{\Lambda} \equiv \boldsymbol{\Sigma}^{-1} \tag{식 2.68}$$

이 행렬을 **정밀도 행렬**(*precision matrix*)이라 일컫는다. 가우시안 분포의 몇몇 성질은 공분산으로 자연스럽게 표현할 수 있지만, 몇몇 다른 성질들은 정밀도를 이용했을 때 더 쉽게 표현할 수 있다. 다음 식은 분할된 형태의 정밀 행렬을 표현한 것이다.

$$\mathbf{\Lambda} = \begin{pmatrix} \mathbf{\Lambda}_{aa} & \mathbf{\Lambda}_{ab} \\ \mathbf{\Lambda}_{ba} & \mathbf{\Lambda}_{bb} \end{pmatrix} \tag{식 2.69}$$

이는 식 2.65에서 벡터 $\mathbf{x}$를 나눈 것에 해당되도록 분할한 것이다. 대칭 행렬의 역행렬 역시 대칭이기 때문에 $\mathbf{\Lambda}_{aa}$와 $\mathbf{\Lambda}_{bb}$는 대칭 행렬이며, $\mathbf{\Lambda}_{ab}^{\mathrm{T}} = \mathbf{\Lambda}_{ba}$다. $\mathbf{\Lambda}_{aa}$가 $\mathbf{\Sigma}_{aa}$의 역행렬이 아님에 주의할 필요가 있다. 분할 행렬의 역행렬과 분할된 부분 행렬들과 같은 각각의 역행렬들이 어떤 관계를 가지는지에 대해서는 잠시 후에 살펴볼 것이다.

연습문제 2.22

조건부 분포 $p(\mathbf{x}_a|\mathbf{x}_b)$의 표현식을 찾는 데서부터 시작해 보자. 확률의 곱 법칙에 따라서 이 조건부 분포를 결합 분포 $p(\mathbf{x}) = p(\mathbf{x}_a, \mathbf{x}_b)$로부터 계산할 수 있다. $\mathbf{x}_b$를 관측된 값으로 고정하고 그 결과에 해당하는 표현식을 정규화해서 $\mathbf{x}_a$에 해당하는 올바른 확률 분포를 구할 수 있다. 직접적으로 정규화하는 대신 식 2.44으로 주어진 가우시안 분포의 지수상의 이차식을 고려하고, 계산이 끝난 후 다시 정규화 계수를 구하는 식으로 진행하면 효율적으로 계산할 수 있다. 식 2.65, 식 2.66, 식 2.69의 분할을 적용하면 다음을 구할 수 있다.

$$-\frac{1}{2}(\mathbf{x} - \boldsymbol{\mu})^{\mathrm{T}}\mathbf{\Sigma}^{-1}(\mathbf{x} - \boldsymbol{\mu}) =$$
$$-\frac{1}{2}(\mathbf{x}_a - \boldsymbol{\mu}_a)^{\mathrm{T}}\mathbf{\Lambda}_{aa}(\mathbf{x}_a - \boldsymbol{\mu}_a) - \frac{1}{2}(\mathbf{x}_a - \boldsymbol{\mu}_a)^{\mathrm{T}}\mathbf{\Lambda}_{ab}(\mathbf{x}_b - \boldsymbol{\mu}_b)$$
$$-\frac{1}{2}(\mathbf{x}_b - \boldsymbol{\mu}_b)^{\mathrm{T}}\mathbf{\Lambda}_{ba}(\mathbf{x}_a - \boldsymbol{\mu}_a) - \frac{1}{2}(\mathbf{x}_b - \boldsymbol{\mu}_b)^{\mathrm{T}}\mathbf{\Lambda}_{bb}(\mathbf{x}_b - \boldsymbol{\mu}_b) \tag{식 2.70}$$

$\mathbf{x}_a$에 대해서 이 결괏값은 다시금 이차식의 형태를 띤다는 것을 확인할 수 있다. 따라서 이에 해당하는 조건부 분포 $p(\mathbf{x}_a|\mathbf{x}_b)$는 가우시안 분포다. 가우시안 분포는 평균과 공분산에 의해서 결정된다. 따라서 지금부터 우리의 목표는 식 2.70을 이용하여 $p(\mathbf{x}_a|\mathbf{x}_b)$의 평균과 공분산을 찾아내는 것이다.

가우시안 분포의 지수상의 이차식이 주어졌을 때 이로부터 평균과 공분산을 찾아내는 작업은 가우시안 분포를 다룰 때 종종 반복해서 수행하게 된다. 이 과정을 '**제곱식의 완성**(completing the square)'이라고 일컫기도 한다. 이 문제는 일반적인 가우시안 분포 $\mathcal{N}(\mathbf{x}|\boldsymbol{\mu}, \mathbf{\Sigma})$의 지수식 부분을 다음 식인 2.71처럼 나타낼 수 있다는 성질을 활용하면, 제곱식의 완성 문제를 직접 풀어낼 수 있다.

$$-\frac{1}{2}(\mathbf{x} - \boldsymbol{\mu})^{\mathrm{T}}\mathbf{\Sigma}^{-1}(\mathbf{x} - \boldsymbol{\mu}) = -\frac{1}{2}\mathbf{x}^{\mathrm{T}}\mathbf{\Sigma}^{-1}\mathbf{x} + \mathbf{x}^{\mathrm{T}}\mathbf{\Sigma}^{-1}\boldsymbol{\mu} + \mathrm{const} \tag{식 2.71}$$

여기서 'const'는 $\mathbf{x}$에 대해 독립적인 항들을 의미한다. 또한, 여기에서 $\boldsymbol{\Sigma}$가 대칭이라는 것을 이용했다. 우리가 풀고자 하는 일반 형태의 이차식을 식 2.71의 오른쪽 변의 형태로 표현하면, $\mathbf{x}$의 이차항에 해당하는 계수들의 행렬과 공분산 행렬의 역행렬 $\boldsymbol{\Sigma}^{-1}$이 같고, $\mathbf{x}$의 일차항의 계수들과 $\boldsymbol{\Sigma}^{-1}\boldsymbol{\mu}$가 같다는 것을 알 수 있다. 이를 바탕으로 $\boldsymbol{\mu}$를 계산할 수 있다.

이 과정을 조건부 가우시안 분포 $p(\mathbf{x}_a|\mathbf{x}_b)$의 이차식 식 2.70에 적용해 보자. 이 분포의 평균은 $\boldsymbol{\mu}_{a|b}$, 공분산은 $\boldsymbol{\Sigma}_{a|b}$라 할 것이다. $\mathbf{x}_b$가 상수로 여겨지는 식 2.70의 $\mathbf{x}_a$에 대한 함수적 종속성을 살펴보자. $\mathbf{x}_a$의 이차식에 해당하는 항만 골라내면 다음과 같다.

$$-\frac{1}{2}\mathbf{x}_a^{\mathrm{T}}\boldsymbol{\Lambda}_{aa}\mathbf{x}_a \tag{식 2.72}$$

이를 바탕으로 $p(\mathbf{x}_a|\mathbf{x}_b)$의 공분산(역 정밀도)이 다음과 같음을 바로 계산할 수 있다.

$$\boldsymbol{\Sigma}_{a|b} = \boldsymbol{\Lambda}_{aa}^{-1} \tag{식 2.73}$$

이번에는 식 2.70에서 $\mathbf{x}_a$의 일차식에 해당하는 항만 추려내 보자.

$$\mathbf{x}_a^{\mathrm{T}}\left\{\boldsymbol{\Lambda}_{aa}\boldsymbol{\mu}_a - \boldsymbol{\Lambda}_{ab}(\mathbf{x}_b - \boldsymbol{\mu}_b)\right\} \tag{식 2.74}$$

$\boldsymbol{\Lambda}_{ba}^{\mathrm{T}} = \boldsymbol{\Lambda}_{ab}$를 사용하였다. 식 2.71에서의 우리의 논의에 따라 이 표현식에서의 $\mathbf{x}_a$의 계수는 $\boldsymbol{\Sigma}_{a|b}^{-1}\boldsymbol{\mu}_{a|b}$와 동일해야 한다. 따라서 다음을 구할 수 있다.

$$\begin{aligned}
\boldsymbol{\mu}_{a|b} &= \boldsymbol{\Sigma}_{a|b}\left\{\boldsymbol{\Lambda}_{aa}\boldsymbol{\mu}_a - \boldsymbol{\Lambda}_{ab}(\mathbf{x}_b - \boldsymbol{\mu}_b)\right\} \\
&= \boldsymbol{\mu}_a - \boldsymbol{\Lambda}_{aa}^{-1}\boldsymbol{\Lambda}_{ab}(\mathbf{x}_b - \boldsymbol{\mu}_b)
\end{aligned} \tag{식 2.75}$$

유도 과정에서 식 2.73을 활용하였다.

식 2.73과 식 2.75는 조건부 분포 $p(\mathbf{x}_a, \mathbf{x}_b)$의 분할 정밀 행렬에 대한 식으로 표현되었다. 해당 결괏값은 분할 공분산 행렬의 식으로도 표현 가능하다. 이를 위해서는 분할 행렬의 역행렬에 대한 다음의 성질을 활용해야 한다.

연습문제 2.24

$$\begin{pmatrix} \mathbf{A} & \mathbf{B} \\ \mathbf{C} & \mathbf{D} \end{pmatrix}^{-1} = \begin{pmatrix} \mathbf{M} & -\mathbf{M}\mathbf{B}\mathbf{D}^{-1} \\ -\mathbf{D}^{-1}\mathbf{C}\mathbf{M} & \mathbf{D}^{-1} + \mathbf{D}^{-1}\mathbf{C}\mathbf{M}\mathbf{B}\mathbf{D}^{-1} \end{pmatrix} \tag{식 2.76}$$

여기서 $\mathbf{M}$은 다음과 같이 정의되었다.

$$\mathbf{M} = (\mathbf{A} - \mathbf{B}\mathbf{D}^{-1}\mathbf{C})^{-1} \tag{식 2.77}$$

$\mathbf{M}^{-1}$은 식 2.76의 왼쪽 변 행렬의 부분 행렬 $\mathbf{D}$에 대한 **슈어 보수행렬**(*Schur complement*)이라고 알려져 있다. 정의에 따라서 다음과 같다.

$$\begin{pmatrix} \mathbf{\Sigma}_{aa} & \mathbf{\Sigma}_{ab} \\ \mathbf{\Sigma}_{ba} & \mathbf{\Sigma}_{bb} \end{pmatrix}^{-1} = \begin{pmatrix} \mathbf{\Lambda}_{aa} & \mathbf{\Lambda}_{ab} \\ \mathbf{\Lambda}_{ba} & \mathbf{\Lambda}_{bb} \end{pmatrix} \tag{식 2.78}$$

여기에 식 2.76을 적용하면 다음을 구할 수 있다.

$$\mathbf{\Lambda}_{aa} = (\mathbf{\Sigma}_{aa} - \mathbf{\Sigma}_{ab}\mathbf{\Sigma}_{bb}^{-1}\mathbf{\Sigma}_{ba})^{-1} \tag{식 2.79}$$

$$\mathbf{\Lambda}_{ab} = -(\mathbf{\Sigma}_{aa} - \mathbf{\Sigma}_{ab}\mathbf{\Sigma}_{bb}^{-1}\mathbf{\Sigma}_{ba})^{-1}\mathbf{\Sigma}_{ab}\mathbf{\Sigma}_{bb}^{-1} \tag{식 2.80}$$

이 식들을 바탕으로 조건부 분포 $p(\mathbf{x}_a|\mathbf{x}_b)$의 평균과 공분산에 대한 다음의 표현식을 구할 수 있다.

$$\boldsymbol{\mu}_{a|b} = \boldsymbol{\mu}_a + \mathbf{\Sigma}_{ab}\mathbf{\Sigma}_{bb}^{-1}(\mathbf{x}_b - \boldsymbol{\mu}_b) \tag{식 2.81}$$

$$\mathbf{\Sigma}_{a|b} = \mathbf{\Sigma}_{aa} - \mathbf{\Sigma}_{ab}\mathbf{\Sigma}_{bb}^{-1}\mathbf{\Sigma}_{ba} \tag{식 2.82}$$

식 2.73과 식 2.82를 비교해 보면 조건부 분포 $p(\mathbf{x}_a|\mathbf{x}_b)$를 표현하는 데 있어서 분할 정밀 행렬을 사용하는 것이 분할 공분산 행렬을 사용할 때보다 더 단순한 형태를 띤다는 것을 알 수 있다. 식 2.81로 주어진 조건부 분포 $p(\mathbf{x}_a|\mathbf{x}_b)$의 평균은 $\mathbf{x}_b$에 대한 일차식이며, 식 2.82로 주어진 공분산은 $\mathbf{x}_b$에 대해 독립적임을 확인할 수 있다. 이것이 바로 **선형 가우시안**(*linear Gaussian*) 모델의 예시다.

8.1.4절

2.3.2 주변 가우시안 분포

결합 분포 $p(\mathbf{x}_a, \mathbf{x}_b)$가 가우시안 분포이면 조건부 분포 $p(\mathbf{x}_a|\mathbf{x}_b)$도 가우시안 분포임을 확인하였다. 이제는 다음의 식으로 주어지는 주변 분포에 대해서 살펴보도록 하자.

$$p(\mathbf{x}_a) = \int p(\mathbf{x}_a, \mathbf{x}_b) \, \mathrm{d}\mathbf{x}_b \tag{식 2.83}$$

식 2.83의 주변 분포 역시 가우시안 분포다. 앞에서와 같이 결합 분포 지수상의 이차식에 초점을 맞춰서 주변 분포 $p(\mathbf{x}_a)$의 평균과 공분산을 구하는 전략을 사용할 것이다.

결합 분포의 이차식은 분할 정밀 행렬을 사용하여 식 2.70의 형태로 표현할 수 있다. $\mathbf{x}_b$를 적분시켜서 없애는 것이 여기서 우리의 목표다. 이를 위해서는 $\mathbf{x}_b$에 연관된 항들을 일단 먼저 고려하여 제곱식의 완성 과정을 적용해야 한다. $\mathbf{x}_b$에 연관된 항들을 따로 뽑아내면 다음과 같다.

$$-\frac{1}{2}\mathbf{x}_b^{\mathrm{T}}\mathbf{\Lambda}_{bb}\mathbf{x}_b+\mathbf{x}_b^{T}\mathbf{m} = -\frac{1}{2}(\mathbf{x}_b-\mathbf{\Lambda}_{bb}^{-1}\mathbf{m})^{\mathrm{T}}\mathbf{\Lambda}_{bb}(\mathbf{x}_b-\mathbf{\Lambda}_{bb}^{-1}\mathbf{m})+\frac{1}{2}\mathbf{m}^{\mathrm{T}}\mathbf{\Lambda}_{bb}^{-1}\mathbf{m} \quad \text{(식 2.84)}$$

여기서 다음을 정의하였다.

$$\mathbf{m} = \mathbf{\Lambda}_{bb}\boldsymbol{\mu}_b - \mathbf{\Lambda}_{ba}(\mathbf{x}_a - \boldsymbol{\mu}_a) \quad \text{(식 2.85)}$$

$\mathbf{x}_b$에 종속적인 항들을 가우시안 분포의 표준 이차식 형태로 만든 것이 식 2.84 오른쪽 변의 첫 번째 항이다. 그리고 나머지 $\mathbf{x}_b$에 종속되지 않은 항들(하지만 $\mathbf{x}_a$에는 종속적인)이 다른 항에 포함되어 있다. 따라서 이 이차식에 대해 지수 함수를 취하면 식 2.83에서 필요한 $\mathbf{x}_b$에 대한 적분이 다음의 형태를 취하게 된다는 것을 확인할 수 있다.

$$\int \exp\left\{-\frac{1}{2}(\mathbf{x}_b-\mathbf{\Lambda}_{bb}^{-1}\mathbf{m})^{\mathrm{T}}\mathbf{\Lambda}_{bb}(\mathbf{x}_b-\mathbf{\Lambda}_{bb}^{-1}\mathbf{m})\right\}\,\mathrm{d}\mathbf{x}_b \quad \text{(식 2.86)}$$

이는 정규화되지 않은 가우시안 분포에 대한 적분이다. 따라서 결괏값은 정규화 계수의 역수에 해당할 것이다. 이 사실을 바탕으로 쉽게 적분을 시행할 수 있다. 식 2.43에서의 정규화된 가우시안의 형태를 바탕으로 정규화 계수는 평균으로부터 독립적이며, 공분산 행렬의 행렬식에 대해서만 종속적이라는 것을 알 수 있다. 따라서 $\mathbf{x}_b$에 대해서 제곱식의 완성을 적용하면 $\mathbf{x}_b$를 적분시켜서 없앨 수 있다. 이 과정 후에 식 2.84의 왼쪽 변으로부터 남게 되는 것은 $\mathbf{x}_a$에 종속적인 식 2.84 오른쪽 변의 마지막 항뿐이다. 이때 $\mathbf{m}$은 식 2.85에 주어져 있다. 이 항을 $\mathbf{x}_a$에 종속적인 식 2.70에서의 나머지 항들과 합치면 다음을 구할 수 있다.

$$
\begin{aligned}
&\frac{1}{2}\left[\mathbf{\Lambda}_{bb}\boldsymbol{\mu}_b - \mathbf{\Lambda}_{ba}(\mathbf{x}_a-\boldsymbol{\mu}_a)\right]^{\mathrm{T}}\mathbf{\Lambda}_{bb}^{-1}\left[\mathbf{\Lambda}_{bb}\boldsymbol{\mu}_b - \mathbf{\Lambda}_{ba}(\mathbf{x}_a-\boldsymbol{\mu}_a)\right] \\
&\quad -\frac{1}{2}\mathbf{x}_a^{\mathrm{T}}\mathbf{\Lambda}_{aa}\mathbf{x}_a + \mathbf{x}_a^{\mathrm{T}}(\mathbf{\Lambda}_{aa}\boldsymbol{\mu}_a + \mathbf{\Lambda}_{ab}\boldsymbol{\mu}_b) + \text{const} \\
&= -\frac{1}{2}\mathbf{x}_a^{\mathrm{T}}(\mathbf{\Lambda}_{aa} - \mathbf{\Lambda}_{ab}\mathbf{\Lambda}_{bb}^{-1}\mathbf{\Lambda}_{ba})\mathbf{x}_a \\
&\quad +\mathbf{x}_a^{\mathrm{T}}(\mathbf{\Lambda}_{aa} - \mathbf{\Lambda}_{ab}\mathbf{\Lambda}_{bb}^{-1}\mathbf{\Lambda}_{ba})\boldsymbol{\mu}_a + \text{const} \quad \text{(식 2.87)}
\end{aligned}
$$

여기서 'const'는 $\mathbf{x}_a$에 대해 독립적인 값들을 함께 묶어 지칭한 것이다. 식 2.71과의 비교를 통해 주변 분포 $p(\mathbf{x}_a)$의 공분산이 다음과 같이 주어진다는 것을 알 수 있다.

$$\mathbf{\Sigma}_a = (\mathbf{\Lambda}_{aa} - \mathbf{\Lambda}_{ab}\mathbf{\Lambda}_{bb}^{-1}\mathbf{\Lambda}_{ba})^{-1} \quad \text{(식 2.88)}$$

이와 비슷하게 평균은 다음처럼 주어진다.

$$\mathbf{\Sigma}_a(\mathbf{\Lambda}_{aa} - \mathbf{\Lambda}_{ab}\mathbf{\Lambda}_{bb}^{-1}\mathbf{\Lambda}_{ba})\boldsymbol{\mu}_a = \boldsymbol{\mu}_a \quad \text{(식 2.89)}$$

유도 과정에서 식 2.88을 활용하였다. 식 2.88의 공분산은 식 2.69에서 주어진 분할 정밀 행렬을 바탕으로 표현되었다. 조건부 분포에서 시행했던 것과 마찬가지로 식 2.88을 식 2.67에서 주어진 분할 공분산 행렬의 식으로 다시 적을 수 있다. 분할된 행렬들은 다음의 식에 따라 서로 연관되어 있다.

$$\begin{pmatrix} \mathbf{\Lambda}_{aa} & \mathbf{\Lambda}_{ab} \\ \mathbf{\Lambda}_{ba} & \mathbf{\Lambda}_{bb} \end{pmatrix}^{-1} = \begin{pmatrix} \mathbf{\Sigma}_{aa} & \mathbf{\Sigma}_{ab} \\ \mathbf{\Sigma}_{ba} & \mathbf{\Sigma}_{bb} \end{pmatrix} \tag{식 2.90}$$

식 2.76을 이용해서 다음을 구할 수 있다.

$$\left(\mathbf{\Lambda}_{aa} - \mathbf{\Lambda}_{ab}\mathbf{\Lambda}_{bb}^{-1}\mathbf{\Lambda}_{ba} \right)^{-1} = \mathbf{\Sigma}_{aa} \tag{식 2.91}$$

따라서 주변 분포 $p(\mathbf{x}_a)$의 평균값과 공분산은 다음과 같다.

$$\mathbb{E}[\mathbf{x}_a] = \boldsymbol{\mu}_a \tag{식 2.92}$$

$$\mathrm{cov}[\mathbf{x}_a] = \mathbf{\Sigma}_{aa} \tag{식 2.93}$$

이 결과는 우리의 직관과도 일치한다. 조건부 분포에 대해서는 분할 정밀 행렬을 사용할 때 평균과 공분산이 단순하게 표현되었던 반면, 주변 분포의 경우에는 분할 공분산 행렬을 활용할 때 평균과 공분산이 가장 단순하게 표현되는 것을 확인할 수 있다.

분할 가우시안 분포의 조건부 분포와 주변 분포에 대한 결과를 다음에 요약해 두었다.

분할 가우시안

결합 가우시안 분포 $\mathcal{N}(\mathbf{x}|\boldsymbol{\mu}, \mathbf{\Sigma})$가 주어졌으며, $\mathbf{\Lambda} \equiv \mathbf{\Sigma}^{-1}$이고 다음에 해당할 경우

$$\mathbf{x} = \begin{pmatrix} \mathbf{x}_a \\ \mathbf{x}_b \end{pmatrix}, \quad \boldsymbol{\mu} = \begin{pmatrix} \boldsymbol{\mu}_a \\ \boldsymbol{\mu}_b \end{pmatrix} \tag{식 2.94}$$

$$\mathbf{\Sigma} = \begin{pmatrix} \mathbf{\Sigma}_{aa} & \mathbf{\Sigma}_{ab} \\ \mathbf{\Sigma}_{ba} & \mathbf{\Sigma}_{bb} \end{pmatrix}, \quad \mathbf{\Lambda} = \begin{pmatrix} \mathbf{\Lambda}_{aa} & \mathbf{\Lambda}_{ab} \\ \mathbf{\Lambda}_{ba} & \mathbf{\Lambda}_{bb} \end{pmatrix} \tag{식 2.95}$$

조건부 분포가 된다.

$$p(\mathbf{x}_a|\mathbf{x}_b) = \mathcal{N}(\mathbf{x}_a|\boldsymbol{\mu}_{a|b}, \mathbf{\Lambda}_{aa}^{-1}) \tag{식 2.96}$$

$$\boldsymbol{\mu}_{a|b} = \boldsymbol{\mu}_a - \mathbf{\Lambda}_{aa}^{-1}\mathbf{\Lambda}_{ab}(\mathbf{x}_b - \boldsymbol{\mu}_b) \tag{식 2.97}$$

다음의 경우는 주변 분포다.

$$p(\mathbf{x}_a) = \mathcal{N}(\mathbf{x}_a|\boldsymbol{\mu}_a, \mathbf{\Sigma}_{aa}) \tag{식 2.98}$$

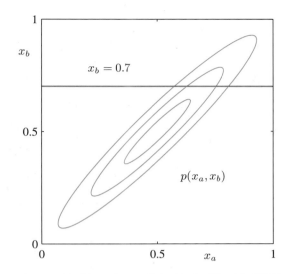 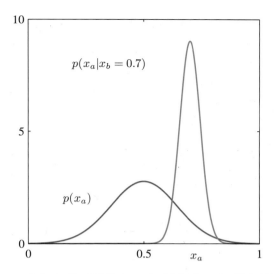

그림 2.9 왼쪽의 도표는 두 개의 변수에 대한 가우시안 분포 $p(x_a, x_b)$의 경로를, 오른쪽의 도표는 주변 분포 $p(x_a)$(파란색 선 커브)와 $x_b = 0.7$일 때의 조건부 분포 $p(x_a|x_b)$(빨간색 선 커브)를 그린 것이다.

두 개의 변수에 대한 다변량 가우시안 분포의 조건부 분포와 주변 분포의 예시가 그림 2.9에 그려져 있다.

2.3.3 가우시안 변수에 대한 베이지안 정리

2.3.1절과 2.3.2절에서는 가우시안 분포 $p(\mathbf{x})$에 대해 벡터 $\mathbf{x}$를 두 부분의 벡터 집합 $\mathbf{x} = (\mathbf{x}_a, \mathbf{x}_b)$로 나눈 후, 조건부 분포 $p(\mathbf{x}_a|\mathbf{x}_b)$와 주변 분포 $p(\mathbf{x}_a)$에 대한 표현식을 찾아냈다. 이때 조건부 분포 $p(\mathbf{x}_a|\mathbf{x}_b)$의 평균이 $\mathbf{x}_b$에 대해서 선형임을 확인하였다. 가우시안 주변 분포 $p(\mathbf{x})$와 가우시안 조건부 분포 $p(\mathbf{y}|\mathbf{x})$가 있을 때 $p(\mathbf{y}|\mathbf{x})$의 평균이 $\mathbf{x}$에 대한 선형 함수이며, 공분산은 $\mathbf{x}$에 대해 독립적이라고 하자. 이것이 바로 **선형 가우시안 모델**(*linear Gaussian model*)(Roweis, Ghahramani, 1999)의 예시다. 이에 대해서는 8.1.4절에서 더 자세히 살펴볼 것이다. 이 가정하에서 주변 분포 $p(\mathbf{y})$와 조건부 분포 $p(\mathbf{x}|\mathbf{y})$를 구하고 싶다면 어떻게 해야 할까? 이 문제는 추후의 장들에서 종종 해결해야 할 경우가 생긴다. 그 일반적인 형태에 대해 여기서 살펴보도록 하자.

주변 분포와 조건부 분포를 다음과 같이 정의하자.

$$p(\mathbf{x}) \;=\; \mathcal{N}\left(\mathbf{x}|\boldsymbol{\mu}, \boldsymbol{\Lambda}^{-1}\right) \tag{식 2.99}$$

$$p(\mathbf{y}|\mathbf{x}) \;=\; \mathcal{N}\left(\mathbf{y}|\mathbf{A}\mathbf{x} + \mathbf{b}, \mathbf{L}^{-1}\right) \tag{식 2.100}$$

여기서 $\boldsymbol{\mu}$, $\mathbf{A}$, $\mathbf{b}$는 평균을 조절하는 매개변수이며 $\boldsymbol{\Lambda}$, $\mathbf{L}$은 정밀도 행렬이다. 만약 $\mathbf{x}$가 M차원이며 $\mathbf{y}$가 D차원이라면 행렬 $\mathbf{A}$의 크기는 $D \times M$이 될 것이다.

우선 $\mathbf{x}$와 $\mathbf{y}$의 결합 분포에 대한 표현식을 찾아보도록 하자. 이를 위해 다음을 정의하자.

$$\mathbf{z} = \begin{pmatrix} \mathbf{x} \\ \mathbf{y} \end{pmatrix} \tag{식 2.101}$$

그리고 결합 분포의 로그값을 고려해 보자.

$$\begin{aligned} \ln p(\mathbf{z}) &= \ln p(\mathbf{x}) + \ln p(\mathbf{y}|\mathbf{x}) \\ &= -\frac{1}{2}(\mathbf{x} - \boldsymbol{\mu})^{\mathrm{T}}\boldsymbol{\Lambda}(\mathbf{x} - \boldsymbol{\mu}) \\ &\quad -\frac{1}{2}(\mathbf{y} - \mathbf{A}\mathbf{x} - \mathbf{b})^{\mathrm{T}}\mathbf{L}(\mathbf{y} - \mathbf{A}\mathbf{x} - \mathbf{b}) + \mathrm{const} \end{aligned} \tag{식 2.102}$$

여기서 'const'는 $\mathbf{x}$와 $\mathbf{y}$에 대해 독립적인 항들을 지칭하는 것이다. 앞에서와 같이 이 결과물은 $\mathbf{z}$의 성분에 대해 이차식의 형태를 띤다. 따라서 $p(\mathbf{z})$는 가우시안 분포다. 이 분포의 정밀도를 찾기 위해서는 식 2.102의 이차항을 고려해야 한다. 이는 다음과 같이 적을 수 있다.

$$\begin{aligned} &-\frac{1}{2}\mathbf{x}^{\mathrm{T}}(\boldsymbol{\Lambda} + \mathbf{A}^{\mathrm{T}}\mathbf{L}\mathbf{A})\mathbf{x} - \frac{1}{2}\mathbf{y}^{\mathrm{T}}\mathbf{L}\mathbf{y} + \frac{1}{2}\mathbf{y}^{\mathrm{T}}\mathbf{L}\mathbf{A}\mathbf{x} + \frac{1}{2}\mathbf{x}^{\mathrm{T}}\mathbf{A}^{\mathrm{T}}\mathbf{L}\mathbf{y} \\ &= -\frac{1}{2}\begin{pmatrix} \mathbf{x} \\ \mathbf{y} \end{pmatrix}^{\mathrm{T}} \begin{pmatrix} \boldsymbol{\Lambda} + \mathbf{A}^{\mathrm{T}}\mathbf{L}\mathbf{A} & -\mathbf{A}^{\mathrm{T}}\mathbf{L} \\ -\mathbf{L}\mathbf{A} & \mathbf{L} \end{pmatrix} \begin{pmatrix} \mathbf{x} \\ \mathbf{y} \end{pmatrix} = -\frac{1}{2}\mathbf{z}^{\mathrm{T}}\mathbf{R}\mathbf{z} \end{aligned} \tag{식 2.103}$$

따라서 $\mathbf{z}$에 대한 가우시안 분포는 다음과 같은 형태의 정밀 행렬을 가지게 된다.

$$\mathbf{R} = \begin{pmatrix} \boldsymbol{\Lambda} + \mathbf{A}^{\mathrm{T}}\mathbf{L}\mathbf{A} & -\mathbf{A}^{\mathrm{T}}\mathbf{L} \\ -\mathbf{L}\mathbf{A} & \mathbf{L} \end{pmatrix} \tag{식 2.104}$$

공분산 행렬은 정밀 행렬의 역행렬에 해당한다. 따라서 식 2.76의 역행렬 공식을 적용해서 공분산 행렬을 구할 수 있다.

연습문제 2.29

$$\mathrm{cov}[\mathbf{z}] = \mathbf{R}^{-1} = \begin{pmatrix} \boldsymbol{\Lambda}^{-1} & \boldsymbol{\Lambda}^{-1}\mathbf{A}^{\mathrm{T}} \\ \mathbf{A}\boldsymbol{\Lambda}^{-1} & \mathbf{L}^{-1} + \mathbf{A}\boldsymbol{\Lambda}^{-1}\mathbf{A}^{\mathrm{T}} \end{pmatrix} \tag{식 2.105}$$

$\mathbf{z}$에 대한 가우시안 분포의 평균을 찾기 위해서 식 2.102의 일차항들만 고려해 보자.

$$\mathbf{x}^{\mathrm{T}}\boldsymbol{\Lambda}\boldsymbol{\mu} - \mathbf{x}^{\mathrm{T}}\mathbf{A}^{\mathrm{T}}\mathbf{L}\mathbf{b} + \mathbf{y}^{\mathrm{T}}\mathbf{L}\mathbf{b} = \begin{pmatrix} \mathbf{x} \\ \mathbf{y} \end{pmatrix}^{\mathrm{T}} \begin{pmatrix} \boldsymbol{\Lambda}\boldsymbol{\mu} - \mathbf{A}^{\mathrm{T}}\mathbf{L}\mathbf{b} \\ \mathbf{L}\mathbf{b} \end{pmatrix} \tag{식 2.106}$$

다변량 가우시안의 이차식에 대해 제곱식의 완성 과정을 적용하여 구한 앞의 식 2.71을 이용하면, $\mathbf{z}$의 평균을 다음과 같이 구할 수 있다.

$$\mathbb{E}[\mathbf{z}] = \mathbf{R}^{-1} \begin{pmatrix} \boldsymbol{\Lambda}\boldsymbol{\mu} - \mathbf{A}^{\mathrm{T}}\mathbf{L}\mathbf{b} \\ \mathbf{L}\mathbf{b} \end{pmatrix} \tag{식 2.107}$$

연습문제 2.30 여기에 식 2.105를 적용하면 다음을 얻게 된다.

$$\mathbb{E}[\mathbf{z}] = \begin{pmatrix} \boldsymbol{\mu} \\ \mathbf{A}\boldsymbol{\mu} + \mathbf{b} \end{pmatrix} \tag{식 2.108}$$

다음으로는 $\mathbf{x}$에 대해 주변화하여 구할 수 있는 주변 분포 $p(\mathbf{y})$에 대한 표현식을 찾을 차례다. 앞에서 살펴본 것처럼 가우시안 랜덤 벡터의 성분들의 부분 집합의 주변 분포는 분할 공분산 **2.3절** 행렬을 이용하여 표현할 때 더 단순한 형태를 띤다. 이 경우의 평균은 식 2.92에, 공분산은 식 2.93에 표현되어 있다. 식 2.105와 식 2.108을 이용하면 주변 분포 $p(\mathbf{y})$의 평균과 공분산이 다음과 같음을 구할 수 있다.

$$\mathbb{E}[\mathbf{y}] = \mathbf{A}\boldsymbol{\mu} + \mathbf{b} \tag{식 2.109}$$

$$\mathrm{cov}[\mathbf{y}] = \mathbf{L}^{-1} + \mathbf{A}\boldsymbol{\Lambda}^{-1}\mathbf{A}^{\mathrm{T}} \tag{식 2.110}$$

특별히 $\mathbf{A} = \mathbf{I}$인 경우 이 결괏값은 두 가우시안 분포의 **콘볼루션**(*convolution*)에 해당한다. 이때 콘볼루션의 평균은 두 가우시안의 평균의 합에 해당하며, 콘볼루션의 공분산은 두 가우시안의 공분산의 합에 해당한다.

마지막으로, 조건부 분포 $p(\mathbf{x}|\mathbf{y})$에 대한 표현식을 구해 보자. 조건부 분포의 결괏값은 분할 정밀 행렬을 사용할 때 더 단순하게 표현할 수 있으며, 식 2.73과 식 2.75에서 그 결괏값을 찾아 **2.3절** 볼 수 있다. 식 2.105와 식 2.108을 적용하면 조건부 분포 $p(\mathbf{x}|\mathbf{y})$의 평균과 공분산을 다음과 같이 구할 수 있다.

$$\mathbb{E}[\mathbf{x}|\mathbf{y}] = (\boldsymbol{\Lambda} + \mathbf{A}^{\mathrm{T}}\mathbf{L}\mathbf{A})^{-1} \left\{ \mathbf{A}^{\mathrm{T}}\mathbf{L}(\mathbf{y} - \mathbf{b}) + \boldsymbol{\Lambda}\boldsymbol{\mu} \right\} \tag{식 2.111}$$

$$\mathrm{cov}[\mathbf{x}|\mathbf{y}] = (\boldsymbol{\Lambda} + \mathbf{A}^{\mathrm{T}}\mathbf{L}\mathbf{A})^{-1} \tag{식 2.112}$$

조건부 분포에 대한 이 결괏값을 구하는 과정은 베이지안 정리의 예시에 해당한다. $p(\mathbf{x})$를 $\mathbf{x}$에 대한 사전 분포라고 해석할 수 있다. 변수 $\mathbf{y}$가 관측되었을 때의 조건부 분포 $p(\mathbf{x}|\mathbf{y})$는 $\mathbf{x}$에 대한 해당 사후 분포를 나타낸다. 주변 분포와 조건부 분포를 찾아낸 상황하에서 결합 분포를 $p(\mathbf{z}) = p(\mathbf{x})p(\mathbf{y}|\mathbf{x})$를 $p(\mathbf{x}|\mathbf{y})p(\mathbf{y})$의 형태로서 성공적으로 표현할 수 있었다. 이 결과에 대해 다음에 요약되어 있다.

주변 가우시안 분포와 조건부 가우시안 분포

$\mathbf{x}$에 대한 주변 가우시안 분포와 $\mathbf{x}$가 주어졌을 때의 $\mathbf{y}$의 조건부 분포가 주어졌다고 하자. 그리고 두 분포가 다음의 형태를 띤다고 가정해 보자.

$$p(\mathbf{x}) \quad = \quad \mathcal{N}(\mathbf{x}|\boldsymbol{\mu}, \boldsymbol{\Lambda}^{-1}) \qquad\qquad \text{(식 2.113)}$$

$$p(\mathbf{y}|\mathbf{x}) \quad = \quad \mathcal{N}(\mathbf{y}|\mathbf{A}\mathbf{x} + \mathbf{b}, \mathbf{L}^{-1}) \qquad\qquad \text{(식 2.114)}$$

이때, $\mathbf{y}$에 대한 주변 분포와 $\mathbf{y}$가 주어졌을 때의 $\mathbf{x}$의 조건부 분포는 다음의 형태를 띠게 된다.

$$p(\mathbf{y}) \quad = \quad \mathcal{N}(\mathbf{y}|\mathbf{A}\boldsymbol{\mu} + \mathbf{b}, \mathbf{L}^{-1} + \mathbf{A}\boldsymbol{\Lambda}^{-1}\mathbf{A}^{\mathrm{T}}) \qquad\qquad \text{(식 2.115)}$$

$$p(\mathbf{x}|\mathbf{y}) \quad = \quad \mathcal{N}(\mathbf{x}|\boldsymbol{\Sigma}\{\mathbf{A}^{\mathrm{T}}\mathbf{L}(\mathbf{y} - \mathbf{b}) + \boldsymbol{\Lambda}\boldsymbol{\mu}\}, \boldsymbol{\Sigma}) \qquad\qquad \text{(식 2.116)}$$

여기서 $\boldsymbol{\Sigma}$는 다음과 같이 정의된다.

$$\boldsymbol{\Sigma} = (\boldsymbol{\Lambda} + \mathbf{A}^{\mathrm{T}}\mathbf{L}\mathbf{A})^{-1} \qquad\qquad \text{(식 2.117)}$$

2.3.4 가우시안 분포의 최대 가능도

데이터 집합 $\mathbf{X} = (\mathbf{x}_1, \ldots, \mathbf{x}_N)^{\mathrm{T}}$이 주어졌으며, 관측값 $\{\mathbf{x}_n\}$들이 다변량 가우시안 분포로부터 독립적으로 추출되었다고 가정해 보자. 이때 원 분산의 매개변수들을 최대 가능도 방법을 이용하여 추정할 수 있다. 로그 가능도 함수는 다음과 같다.

$$\ln p(\mathbf{X}|\boldsymbol{\mu}, \boldsymbol{\Sigma}) = -\frac{ND}{2}\ln(2\pi) - \frac{N}{2}\ln|\boldsymbol{\Sigma}| - \frac{1}{2}\sum_{n=1}^{N}(\mathbf{x}_n - \boldsymbol{\mu})^{\mathrm{T}}\boldsymbol{\Sigma}^{-1}(\mathbf{x}_n - \boldsymbol{\mu}) \qquad \text{(식 2.118)}$$

위 식을 재배열해 보면 가능도 함수는 다음의 두 값을 통해서만 데이터 집합에 종속되어 있음을 알 수 있다.

$$\sum_{n=1}^{N}\mathbf{x}_n, \qquad\qquad \sum_{n=1}^{N}\mathbf{x}_n\mathbf{x}_n^{\mathrm{T}} \qquad\qquad \text{(식 2.119)}$$

부록 C

위의 두 값을 가우시안 분포의 **충분 통계량**(*sufficient distribution*)이라 한다. 식 C.19를 사용하면 로그 가능도의 $\boldsymbol{\mu}$에 대한 미분값을 다음과 같이 구할 수 있다.

$$\frac{\partial}{\partial\boldsymbol{\mu}}\ln p(\mathbf{X}|\boldsymbol{\mu}, \boldsymbol{\Sigma}) = \sum_{n=1}^{N}\boldsymbol{\Sigma}^{-1}(\mathbf{x}_n - \boldsymbol{\mu}) \qquad\qquad \text{(식 2.120)}$$

이 미분값을 0으로 놓으면 평균에 대한 최대 가능도 추정값의 해를 다음과 같이 구할 수 있다.

$$\boldsymbol{\mu}_{\mathrm{ML}} = \frac{1}{N} \sum_{n=1}^{N} \mathbf{x}_n \qquad \text{(식 2.121)}$$

식 2.121은 관측된 데이터 포인트들의 평균값에 해당한다. 식 2.118을 $\boldsymbol{\Sigma}$에 대해 최대화하는 것은 다소 더 복잡하다. 가장 단순한 접근법은 대칭 제약 조건을 무시한 다음에 결과로 얻은 해가 요구되었던 것처럼 대칭성을 띤다는 것을 증명하는 것이다. 대칭 제약 조건과 양의 값의 제약 조건을 명시적으로 이용하는 다른 도출 방법에 대해서는 Magnus and Neudecker(1999)를 참조하기 바란다. 결괏값은 기대한 것과 같이 다음 형태를 띤다.

연습문제 2.34

$$\boldsymbol{\Sigma}_{\mathrm{ML}} = \frac{1}{N} \sum_{n=1}^{N} (\mathbf{x}_n - \boldsymbol{\mu}_{\mathrm{ML}})(\mathbf{x}_n - \boldsymbol{\mu}_{\mathrm{ML}})^{\mathrm{T}} \qquad \text{(식 2.122)}$$

결괏값에 $\boldsymbol{\mu}_{\mathrm{ML}}$이 포함되어 있다. 그 이유는 μ와 $\boldsymbol{\Sigma}$에 대한 결합 최댓값을 구했기 때문이다. 식 2.121의 $\boldsymbol{\mu}_{\mathrm{ML}}$에 대한 해는 $\boldsymbol{\Sigma}_{\mathrm{ML}}$에 대해 종속적이지 않다. 따라서 우리는 $\boldsymbol{\mu}_{\mathrm{ML}}$을 먼저 계산한 후에 그 값을 이용하여 $\boldsymbol{\Sigma}_{\mathrm{ML}}$을 계산할 수 있다.

연습문제 2.35
만약 최대 가능도 해의 기댓값을 실제 분포하에서 계산하면 다음의 결과를 얻게 된다.

$$\mathbb{E}[\boldsymbol{\mu}_{\mathrm{ML}}] \quad = \quad \boldsymbol{\mu} \qquad \text{(식 2.123)}$$

$$\mathbb{E}[\boldsymbol{\Sigma}_{\mathrm{ML}}] \quad = \quad \frac{N-1}{N} \boldsymbol{\Sigma} \qquad \text{(식 2.124)}$$

평균의 최대 가능도 추정치의 기댓값이 실제 평균과 동일함을 확인할 수 있다. 하지만 공분산의 최대 가능도 추정치의 기댓값은 실제 공분산값보다 작게 편향되어 있다. 이 편향성을 다음과 같이 주어지는 또 다른 추정값 $\widetilde{\boldsymbol{\Sigma}}$을 정의함으로써 수정할 수 있다.

$$\widetilde{\boldsymbol{\Sigma}} = \frac{1}{N-1} \sum_{n=1}^{N} (\mathbf{x}_n - \boldsymbol{\mu}_{\mathrm{ML}})(\mathbf{x}_n - \boldsymbol{\mu}_{\mathrm{ML}})^{\mathrm{T}} \qquad \text{(식 2.125)}$$

식 2.122와 식 2.124로부터 $\widetilde{\boldsymbol{\Sigma}}$의 기댓값은 $\boldsymbol{\Sigma}$와 동일함을 알 수 있다.

2.3.5 순차 추정

가우시안 분포의 최대 가능도 해를 구하는 것에 대한 논의를 바탕으로 최대 가능도의 순차 추정에 대해서 살펴보도록 하자. 순차적인 방법론은 데이터 포인트들을 하나씩 처리하고 바로 버릴 수 있도록 해준다. 따라서 순차적인 방법론은 온라인 적용 사례에서 매우 중요하다. 또한, 관여되어 있는 데이터 집합의 크기가 매우 커서 전체 데이터 포인트들에 대한 일괄 처리가 불가능할 경우에도 유용하게 사용할 수 있다.

평균에 대한 최대 가능도 추정값 $\boldsymbol{\mu}_{\mathrm{ML}}$을 계산한 식 2.121을 다시 살펴보자. N개의 관측값을 바탕으로 한 추정값을 $\boldsymbol{\mu}_{\mathrm{ML}}^{(N)}$로 표현할 것이다. $\boldsymbol{\mu}_{\mathrm{ML}}^{(N)}$에서 마지막 데이터 포인트 $\mathbf{x}_N$가 기여한 정도를 따로 빼내어서 계산하면 다음과 같다.

$$
\begin{aligned}
\boldsymbol{\mu}_{\mathrm{ML}}^{(N)} &= \frac{1}{N}\sum_{n=1}^{N}\mathbf{x}_n \\
&= \frac{1}{N}\mathbf{x}_N + \frac{1}{N}\sum_{n=1}^{N-1}\mathbf{x}_n \\
&= \frac{1}{N}\mathbf{x}_N + \frac{N-1}{N}\boldsymbol{\mu}_{\mathrm{ML}}^{(N-1)} \\
&= \boldsymbol{\mu}_{\mathrm{ML}}^{(N-1)} + \frac{1}{N}(\mathbf{x}_N - \boldsymbol{\mu}_{\mathrm{ML}}^{(N-1)})
\end{aligned}
\tag{식 2.126}
$$

이 결괏값은 다음과 같이 해석할 수 있다. $N-1$개의 데이터 포인트를 관찰한 후에 $\boldsymbol{\mu}$에 대해서 $\boldsymbol{\mu}_{\mathrm{ML}}^{(N-1)}$라고 추정하였다. 데이터 포인트 $\mathbf{x}_N$을 관측한 후에는 예전 관측값을 $1/N$에 비례하는 만큼 '오류 신호'의 방향$(\mathbf{x}_N - \boldsymbol{\mu}_{\mathrm{ML}}^{(N-1)})$으로 이동시켰다. 이러한 방식으로 수정하여 새 추정값 $\boldsymbol{\mu}_{\mathrm{ML}}^{(N)}$을 구했다. N이 증가함에 따라서 연이은 데이터 포인트의 기여도가 점점 작아지는 것을 알 수 있다.

식 2.126의 결괏값은 일괄 처리를 통해서 얻은 식 2.121의 결괏값과 같은 답을 줄 것이다. 왜냐하면 두 공식이 결과적으로는 동일하기 때문이다. 하지만 모든 경우에 이러한 방식으로 순차적인 알고리즘을 구할 수는 없다. 따라서 순차적인 학습에 대한 더 일반적인 공식화가 필요하다. 이를 위해 필요한 것이 바로 **로빈스 몬로**(*Robbins-Monro*) 알고리즘이다. 결합 분포 $p(z, \theta)$에 의해 결정되는 두 개의 확률 변수 z와 θ를 고려해 보자. θ가 주어졌을 때의 z의 조건부 기댓값으로 결정 함수 $f(\theta)$를 정의할 수 있다. 이는 다음과 같이 주어진다.

$$
f(\theta) \equiv \mathbb{E}[z|\theta] = \int z p(z|\theta)\, \mathrm{d}z
\tag{식 2.127}
$$

이를 그림 2.10에 도식화해 두었다. 이런 방식으로 정의되는 함수를 **회귀 함수**(*regression function*)라고 한다.

그림 2.10   서로 상관되어 있는 두 개의 확률 변수 z와 θ, 그리고 조건부 기댓값 $\mathbb{E}[z|\theta]$로 주어지는 회귀 함수 $f(\theta)$에 대한 도식. 로빈스 몬로 알고리즘은 이러한 함수의 근 $\theta^\star$을 구하는 일반적인 순차 방법론을 제공해 준다.

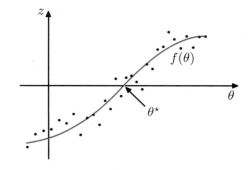

우리의 목표는 $f(\theta^\star) = 0$을 만족하는 근 $\theta^\star$을 구하는 것이다. 만약 z와 θ에 대한 관측 데이터값이 많다면 회귀 함수를 직접 모델하고 이로부터 근을 추정할 수 있다. 하지만 만약 z 값을 한 번에 하나씩 관측할 수 있고 그에 대한 θ의 순차 추정값을 매번 구하려 한다면 어떻게 해야 할까? Robbins and Monro(1951)에서 이러한 문제를 풀기 위한 일반적인 방법론을 고안하였다. z의 조건부 분산은 유한하다고 가정해 보자. 그러면 다음을 만족하게 된다.

$$\mathbb{E}\left[(z - f)^2 \mid \theta\right] < \infty \qquad \text{(식 2.128)}$$

또한 일반성을 잃지 않으면서 그림 2.10과 같이 $\theta > \theta^\star$인 경우, $f(\theta) > 0$이고 $\theta < \theta^\star$인 경우 $f(\theta) < 0$이라고 가정할 수 있다. 이런 가정하에서 로빈스 몬로 방법론에 따르면, 근 $\theta^\star$의 추정을 다음과 같이 순차적으로 구할 수 있다.

$$\theta^{(N)} = \theta^{(N-1)} - a_{N-1} z(\theta^{(N-1)}) \qquad \text{(식 2.129)}$$

여기서 $z(\theta^{(N)})$은 θ가 $\theta^{(N)}$ 값을 취했을 때 z의 관측값에 해당한다. 계수 $\{a_N\}$은 다음의 조건들을 만족하는 양의 숫자들의 수열을 표현한 것이다.

$$\lim_{N \to \infty} a_N = 0 \qquad \text{(식 2.130)}$$

$$\sum_{N=1}^{\infty} a_N = \infty \qquad \text{(식 2.131)}$$

$$\sum_{N=1}^{\infty} a_N^2 < \infty \qquad \text{(식 2.132)}$$

식 2.129로 주어진 추정값들의 수열이 1의 확률로 근에 수렴한다는 것을 증명할 수가 있다 (Robbins and Monro, 1951; Fukunaga, 1990). 첫 번째 조건식 2.130이 순차적인 수정값의 크기가 점점 줄어드는 것을 보장하므로 최종적인 결괏값은 제한된 값으로 수렴할 것이다. 두 번째 조건식 2.131에 따라서 누적된 오차가 제한된 분산을 가지게 되며, 따라서 수렴하는 과정이 방해받지 않는다.

이제 로빈스 몬로 알고리즘을 사용하여 일반적인 최대 가능도 문제를 어떻게 순차적으로 풀 수 있는지 살펴보도록 하자. 정의에 따라 최대 가능도 해 θ_{ML}은 음의 로그 가능도 함수의 임계점에 해당하며, 따라서 다음을 만족한다.

$$\frac{\partial}{\partial \theta} \left\{ -\frac{1}{N} \sum_{n=1}^{N} \ln p(x_n \mid \theta) \right\} \Bigg|_{\theta_{\text{ML}}} = 0 \qquad \text{(식 2.133)}$$

미분과 합산을 교환하고, $N \rightarrow \infty$를 취하면 다음을 얻게 된다.

$$- \lim_{N \to \infty} \frac{1}{N} \sum_{n=1}^{N} \frac{\partial}{\partial \theta} \ln p(x_n | \theta) = \mathbb{E}_x \left[-\frac{\partial}{\partial \theta} \ln p(x | \theta) \right] \qquad \text{(식 2.134)}$$

결과적으로 최대 가능도 해를 찾는 것은 회귀 함수의 근을 찾는 것에 해당한다는 것을 확인할 수 있다. 여기에 로빈스 몬로 방법론을 적용하면 다음의 형태를 띤다.

$$\theta^{(N)} = \theta^{(N-1)} - a_{N-1} \frac{\partial}{\partial \theta^{(N-1)}} \left[-\ln p(x_N | \theta^{(N-1)}) \right] \qquad \text{(식 2.135)}$$

가우시안 분산의 평균을 순차적으로 추정하는 예시를 다시 살펴보자. 이 예시에서 매개변수 $\theta^{(N)}$는 가우시안 평균의 추정치 $\mu_{\mathrm{ML}}^{(N)}$에 해당하며, 확률 변수 z는 다음과 같이 주어진다.

$$z = \frac{\partial}{\partial \mu_{\mathrm{ML}}} \ln p(x | \mu_{\mathrm{ML}}, \sigma^2) = -\frac{1}{\sigma^2}(x - \mu_{\mathrm{ML}}) \qquad \text{(식 2.136)}$$

따라서 z의 분포는 그림 2.11에 나타난 것과 같이 $-(\mu - \mu_{\mathrm{ML}})/\sigma^2$를 평균으로 가지는 가우시안 분포가 된다. 식 2.136을 식 2.135에 대입해 넣고 계수 $a_N = \sigma^2/N$이라고 정하게 되면 식 2.126의 단변량 형태를 얻게 된다. 지금까지 단일 변수의 경우에 대해서만 주목했지만, 식 2.130 ~ 식 2.132의 제약 조건을 계수 a_N에 적용한다는 가정하에 다변량의 경우에 대해서도 동일한 테크닉을 적용하는 것이 가능하다(Blum, 1965).

2.3.6 가우시안 분포에서의 베이지안 추론

최대 가능도 방법론을 토대로 하여 매개변수 $\boldsymbol{\mu}$와 $\boldsymbol{\Sigma}$에 대한 점 추정값을 구할 수 있었다. 이제

그림 2.11 가우시안 분포에 대해 θ가 평균 μ_{ML}에 해당하는 경우에 그림 2.10의 회귀 함수는 직선의 형태를 띠게 된다(빨간색 선). 이 경우 확률 변수 z는 음의 로그 가능도 함수의 미분값에 해당하며 $-(x - \mu_{\mathrm{ML}})/\sigma^2$으로 주어진다. 회귀 함수를 결정하는 z의 기댓값은 $-(\mu - \mu_{\mathrm{ML}})/\sigma^2$에 해당하는 직선이다. 회귀 함수의 근은 실제 평균 μ에 해당한다.

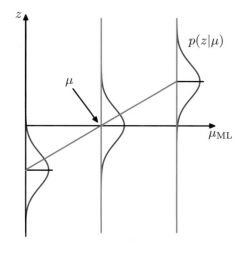

이 매개변수들에 대한 사전 분포를 정의해서 베이지안 방법론을 이끌어내 보도록 하겠다. 하나의 가우시안 확률 변수 x만을 고려하는 간단한 예시에서부터 시작해 보자. 분산 σ^2을 알고 있는 상황하에서 N개의 관찰값 $\mathbf{x} = \{x_1, \ldots, x_N\}$이 주어졌을 때 평균 μ를 추정하는 문제를 풀어 볼 것이다. μ가 주어졌을 때의 N개의 관찰값의 확률에 해당하는 μ의 함수인 가능도 함수는 다음과 같다.

$$p(\mathbf{x}|\mu) = \prod_{n=1}^{N} p(x_n|\mu) = \frac{1}{(2\pi\sigma^2)^{N/2}} \exp\left\{ -\frac{1}{2\sigma^2} \sum_{n=1}^{N} (x_n - \mu)^2 \right\} \quad \text{(식 2.137)}$$

여기서 다시 강조하자면 가능도 함수 $p(\mathbf{x}|\mu)$는 μ에 대한 확률 분포가 아니며, 정규화되어 있지 않다.

식 2.137에서 볼 수 있는 것처럼 가능도 함수는 μ에 대한 이차식의 지수 형태를 띤다. 따라서 우리가 사전 분포 $p(\mu)$로 가우시안 분포를 선택하면, 이 사전 분포는 식 2.137 가능도 함수의 켤레 분포가 될 것이다. 왜냐하면 해당 사후 분포는 두 μ에 대한 이차식의 지수의 곱이 되며, 따라서 가우시안의 형태를 띠게 될 것이기 때문이다. 사전 분포를 다음과 같이 선택할 수 있다.

$$p(\mu) = \mathcal{N}\left(\mu|\mu_0, \sigma_0^2\right) \quad \text{(식 2.138)}$$

그리고 사후 분포는 다음과 같이 주어진다.

$$p(\mu|\mathbf{x}) \propto p(\mathbf{x}|\mu)p(\mu) \quad \text{(식 2.139)}$$

지수상의 제곱식의 완성을 비롯한 단순한 조작을 거치면 사후 분포가 다음과 같음을 알 수 있다.

연습문제 2.38

$$p(\mu|\mathbf{x}) = \mathcal{N}\left(\mu|\mu_N, \sigma_N^2\right) \quad \text{(식 2.140)}$$

여기서,

$$\mu_N = \frac{\sigma^2}{N\sigma_0^2 + \sigma^2}\mu_0 + \frac{N\sigma_0^2}{N\sigma_0^2 + \sigma^2}\mu_{\text{ML}} \quad \text{(식 2.141)}$$

$$\frac{1}{\sigma_N^2} = \frac{1}{\sigma_0^2} + \frac{N}{\sigma^2} \quad \text{(식 2.142)}$$

이다. μ_{ML}은 μ의 최대 가능도 해이자 표본의 평균으로 주어진다.

$$\mu_{\text{ML}} = \frac{1}{N} \sum_{n=1}^{N} x_n \quad \text{(식 2.143)}$$

사후 평균과 분산의 형태에 대해 잠시 살펴보도록 하자. 우선, 식 2.141로 주어진 사후 분포의 평균이 사전 평균 μ_0와 최대 가능도 해 μ_{ML}의 절충값에 해당한다는 것을 알 수 있다. 만약 관측된 데이터 포인트의 숫자 $N = 0$이면 식 2.141은 사전 평균값에 해당하게 되며, $N \rightarrow \infty$일 경우에는 사후 평균이 최대 가능도 해와 같아진다. 이와 비슷하게 분산의 사후 분포식 2.142도 살펴보도록 하자. 분산의 역인 정밀도로 나타내는 것이 표현상 더 자연스럽다는 것을 볼 수 있다. 정밀도들은 가산적이다. 따라서 사후 분산의 정밀도는 사전 분산의 정밀도에 관측된 데이터 하나당 하나씩의 관측 데이터 정밀도를 합한 것과 같다. 관측되는 데이터 포인트의 숫자를 늘려나감에 따라서 정밀도는 꾸준히 증가한다. 이는 사후 분포의 분산이 꾸준히 감소한다는 것을 의미한다. 관측된 데이터 포인트가 하나도 없을 경우에는 사후 분산이 사전 분산과 같으며, 관측된 데이터 포인트의 수가 $N \rightarrow \infty$일 경우에는 분산 σ_N^2은 0이 되고 사후 분포는 최대 가능도 해의 근처에 무한대의 뾰족한 정점을 찍은 형태를 보인다. 따라서 식 2.143의 μ에 대한 점 추정값은 관측값이 무한대라는 가정하에 정확하게 베이지안 방법론으로부터 유추될 수 있다는 것을 알 수 있다. N이 유한한 경우 $\sigma_0^2 \rightarrow \infty$를 취하면 사후 평균식 2.141은 최대 가능도 결괏값과 동일해지며, 식 2.142의 사후 분산은 $\sigma_N^2 = \sigma^2/N$의 형태를 띠게 된다는 것에도 주목하라.

가우시안 분포 평균값의 베이지안 추론에 대한 분석을 그림 2.12에 그려 두었다. 이 결과를 공분산은 알고 평균은 모르는 D차원 가우시안 확률 변수 $\mathbf{x}$에 대해서 확장하는 것은 그리 어렵지 않다.

연습문제 2.40

가우시안 분포 평균값의 최대 가능도 표현식을 순차적으로 어떻게 업데이트하는지에 대해서는 이미 살펴보았다. N개의 데이터 포인트를 관측하였을 때의 평균값을 $N - 1$개의 데이터 포인트를 관측하였을 때의 평균값과 데이터 포인트 x_N의 기여도로 표현하는 것이다. 사실 베이지안 패러다임하에서는 추론 문제를 자연스럽게 순차적으로 바라보게 된다. 가우시안 평균 추론 문제의 맥락에서 이에 대해 살펴보도록 하자. 데이터 포인트 x_N의 기여도를 따로 빼낸 식으로 사

2.3.5절

그림 2.12 분산을 알고 있다는 가정하에 가우시안 분포의 평균 μ에 대한 베이지안 추론을 도식화한 그림. $N = 0$이라고 라벨이 붙여진 곡선은 μ의 사전 분포에 해당하며, 이 역시 가우시안 분포다. 또한, 식 2.140에서의 사후 분포들이 각각의 증가하는 N 값에 대해서 그려져 있다. 데이터 포인트들은 평균 0.8, 분산 0.1인 가우시안 분포로부터 만들어졌으며, 사전 분포는 평균 0 값을 가지도록 선택되었다. 사전 분포와 가능도 함수 두 경우 모두에 대해 분산은 실제 참값을 가지도록 설정했다.

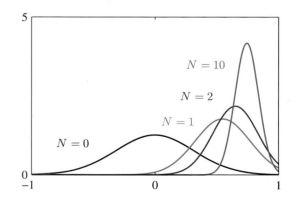

후 분포를 다시 적으면 다음과 같다.

$$p(\boldsymbol{\mu}|\mathbf{x}) \propto \left[p(\boldsymbol{\mu}) \prod_{n=1}^{N-1} p(x_n|\boldsymbol{\mu}) \right] p(x_N|\boldsymbol{\mu}) \tag{식 2.144}$$

대괄호 안에 있는 항은 $N-1$개의 데이터 포인트들을 관측했을 때의 사후 분포에 해당한다(정규화 계수만큼 차이가 날 수 있다). 이를 사전 분포로 생각하고 데이터 포인트 x_N에 해당하는 가능도 함수를 베이지안 정리를 바탕으로 적용하면 N개의 데이터 포인트를 관측한 후의 분포를 사후 분포로써 구할 수 있다. 이처럼 베이지안 추론을 순차적인 방법론으로써 사용하는 것은 매우 일반적이며, 관측된 데이터값이 독립적이고 동일하게 분포되었다는 가정하에서 어떤 문제에든 적용할 수 있다.

지금까지 가우시안 분포의 분산을 알고 있는 상황에서 평균을 추정하는 문제를 살펴보았다. 이번에는 반대로 평균을 아는 상황에서 분산을 추정하는 문제를 살펴보도록 하자. 이번에도 마찬가지로 사전 분포를 켤레 형태로 선택하면 계산이 훨씬 간단해질 것이다. 또한, 분산 대신 정밀도 $\lambda \equiv 1/\sigma^2$을 바탕으로 계산하는 것이 훨씬 편리하다. λ의 가능도 함수는 다음의 형태를 띤다.

$$p(\mathbf{X}|\lambda) = \prod_{n=1}^{N} \mathcal{N}(x_n|\mu, \lambda^{-1}) \propto \lambda^{N/2} \exp\left\{ -\frac{\lambda}{2} \sum_{n=1}^{N} (x_n - \mu)^2 \right\} \tag{식 2.145}$$

따라서 해당 켤레 사전 분포는 λ의 거듭제곱과 λ의 선형 함수의 지수 함수를 곱한 것에 비례하는 형태를 띠어야 한다. 이는 **감마 분포**(*gamma distribution*)에 해당하며 다음과 같이 정의된다.

$$\text{Gam}(\lambda|a, b) = \frac{1}{\Gamma(a)} b^a \lambda^{a-1} \exp(-b\lambda) \tag{식 2.146}$$

여기서 $\Gamma(a)$는 식 1.141에 따라 정의된 감마 함수이며, 식 2.146이 올바르게 정규화되는 것을 보장해 준다. 감마 분산은 $a > 0$일 경우 유한의 적분값을 가지며, $a \geqslant 1$일 경우에는 분포 그 자체가 유한하다. 그림 2.13에 다양한 a 값과 b 값에 대한 감마 분포를 그려 두었다. 감마 분포의 평균과 분산은 다음과 같다.

연습문제 2.41

연습문제 2.42

$$\mathbb{E}[\lambda] = \frac{a}{b} \tag{식 2.147}$$

$$\text{var}[\lambda] = \frac{a}{b^2} \tag{식 2.148}$$

사전 분포 $\text{Gam}(\lambda|a_0, b_0)$를 고려해 보자. 여기에 가능도 함수 식 2.145를 곱하면 다음의 사후

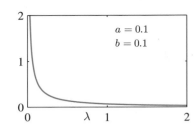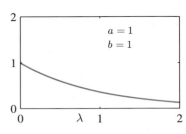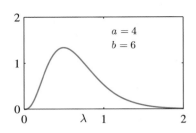

그림 2.13 식 2.146에서 정의된 감마 분포 $\text{Gam}(\lambda|a,b)$를 다양한 매개변수에 대해 그렸다.

분포를 얻게 된다.

$$p(\lambda|\mathbf{X}) \propto \lambda^{a_0-1}\lambda^{N/2}\exp\left\{-b_0\lambda - \frac{\lambda}{2}\sum_{n=1}^{N}(x_n-\mu)^2\right\} \qquad \text{(식 2.149)}$$

식 2.149는 $\text{Gam}(\lambda|a_N, b_N)$의 형태를 띠는 감마 분포에 해당한다. 이때는 다음과 같다.

$$a_N = a_0 + \frac{N}{2} \qquad \text{(식 2.150)}$$

$$b_N = b_0 + \frac{1}{2}\sum_{n=1}^{N}(x_n-\mu)^2 = b_0 + \frac{N}{2}\sigma_{\text{ML}}^2 \qquad \text{(식 2.151)}$$

여기서 σ_{ML}^2은 분산의 최대 가능도 추정값에 해당한다. 식 2.149에서 사전 분포와 가능도 함수의 정규화 계수에 대해 계속 알고 있을 필요가 없다. 그 이유는 만약 필요할 경우 마지막에 식 2.146의 정규화된 감마 분포 형태를 이용하여 올바른 정규화 계수를 구할 수 있기 때문이다.

식 2.150으로부터 N개의 데이터 포인트를 관측했을 때의 효과는 계수 a의 값을 $N/2$만큼 증가시키는 것임을 알 수가 있다. 따라서 사전 분포의 매개변수 a_0는 $2a_0$개의 '유효' 사전 관측값들에 해당한다고 해석할 수 있다. 이와 흡사하게 식 2.151로부터 N개의 데이터 포인트들이 매개변수 b에 $N\sigma_{\text{ML}}^2/2$만큼 기여함을 볼 수 있고(σ_{ML}^2은 분산) 따라서 사전 분포의 매개변수 b_0를 $2b_0/(2a_0) = b_0/a_0$의 분산을 가지는 $2a_0$개의 '유효' 사전 관측값들에 해당한다고 해석할 수 있다. 디리클레 사전 분포에 대해서도 이와 비슷한 해석을 했었다. 이러한 분포들은 지수족 분포의 예시들이다. 켤레 사전 분포의 매개변수들을 가상의 데이터 포인트들로 해석하는 이러한 방식은 지수족 분포들을 해석할 때 일반적으로 많이 사용한다.

정밀도 대신에 분산을 이용할 경우의 켤레 사전 분포는 **역감마 분포**(*inverse gamma distribution*)라고 한다. 정밀도를 사용하는 것이 더 간편하므로 여기서는 역감마 분포에 대한 논의는 더 진행하지 않을 것이다.

이번에는 평균과 정밀도를 둘 다 모르는 경우에 대해 생각해 보자. 켤레 사전 분포를 찾기 위해 가능도 함수의 μ와 λ에 대한 의존도를 살펴보자.

$$p(\mathbf{X}|\mu, \lambda) = \prod_{n=1}^{N} \left(\frac{\lambda}{2\pi} \right)^{1/2} \exp \left\{ -\frac{\lambda}{2}(x_n - \mu)^2 \right\}$$

$$\propto \left[\lambda^{1/2} \exp \left(-\frac{\lambda\mu^2}{2} \right) \right]^N \exp \left\{ \lambda\mu \sum_{n=1}^{N} x_n - \frac{\lambda}{2} \sum_{n=1}^{N} x_n^2 \right\} \qquad \text{(식 2.152)}$$

가능도 함수와 같은 μ와 λ에 대한 함수적 의존도를 가진 사전 분포 $p(\mu, \lambda)$를 찾아보자. 이는 다음과 같은 형태를 띠게 될 것이다.

$$p(\mu, \lambda) \propto \left[\lambda^{1/2} \exp \left(-\frac{\lambda\mu^2}{2} \right) \right]^\beta \exp \left\{ c\lambda\mu - d\lambda \right\}$$

$$= \exp \left\{ -\frac{\beta\lambda}{2}(\mu - c/\beta)^2 \right\} \lambda^{\beta/2} \exp \left\{ - \left(d - \frac{c^2}{2\beta} \right) \lambda \right\} \qquad \text{(식 2.153)}$$

여기서 c, d, β는 상수에 해당한다. $p(\mu, \lambda) = p(\mu|\lambda)p(\lambda)$로 적을 수 있기 때문에 조사를 통해 $p(\mu|\lambda)$와 $p(\lambda)$를 찾아낼 수 있다. $p(\mu|\lambda)$는 λ의 선형 함수에 해당하는 정밀도를 가지는 가우시안 분포이며, $p(\lambda)$는 감마 분포라는 것을 알 수 있다. 따라서 정규화된 사전 분포는 다음의 형태를 가진다.

$$p(\mu, \lambda) = \mathcal{N}(\mu|\mu_0, (\beta\lambda)^{-1}) \text{Gam}(\lambda|a, b) \qquad \text{(식 2.154)}$$

여기서 새로운 상수들은 $\mu_0 = c/\beta$, $a = (1 + \beta)/2$, $b = d - c^2/2\beta$와 같이 정의된다. 식 2.154의 분포를 **정규 감마**(*normal gamma*), 혹은 **가우시안 감마**(*Gaussian gamma*) 분포라고 한다. 이 분포의 도식이 그림 2.14에 그려져 있다. 이 분포는 단순히 μ에 대한 가우시안 사전 분포와 λ에 대한 감마 사전 분포의 곱이 아니다. 왜냐하면 μ의 정밀도가 λ의 선형 함수이기 때문이다. μ와 λ가 독립적이 되도록 사전 분포를 선택하더라도 사후 분포에서 μ의 정밀도와 λ 사이의 연결성이 발견된 것이다.

D차원 변수 $\mathbf{x}$에 대한 다변량 가우시안 분포 $\mathcal{N}(\mathbf{x}|\boldsymbol{\mu}, \boldsymbol{\Lambda}^{-1})$의 경우 정밀도가 알려져 있다는 가정하에 평균 $\boldsymbol{\mu}$에 대한 켤레 사전 분포는 또 다시 가우시안 분포다. 평균이 알려져 있고 정밀도 행렬 $\boldsymbol{\Lambda}$가 알려져 있지 않을 경우에는 켤레 사전 분포는 **위샤트 분포**(*Wishart distribution*)에 해당하며 다음과 같다.

연습문제 2.45

$$\mathcal{W}(\boldsymbol{\Lambda}|\mathbf{W}, \nu) = B|\boldsymbol{\Lambda}|^{(\nu-D-1)/2} \exp \left(-\frac{1}{2}\text{Tr}(\mathbf{W}^{-1}\boldsymbol{\Lambda}) \right) \qquad \text{(식 2.155)}$$

그림 2.14 식 2.154의 정규 감마 분포의 경로를 그렸다. 여기서 사용한 매개변수는 $\mu_0 = 0$, $\beta = 2$, $a = 5$, $b = 6$이다.

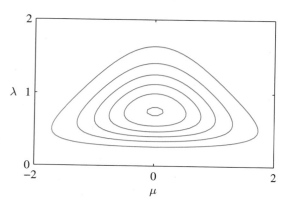

여기서 ν는 분포의 **자유도**(*degree of freedom*)라 불리며, $\mathbf{W}$는 $D \times D$ 척도 행렬, $\text{Tr}(\cdot)$은 행렬의 대각합이다. 정규화 상수 B는 다음처럼 주어진다.

$$B(\mathbf{W}, \nu) = |\mathbf{W}|^{-\nu/2} \left(2^{\nu D/2} \pi^{D(D-1)/4} \prod_{i=1}^{D} \Gamma \left(\frac{\nu + 1 - i}{2} \right) \right)^{-1} \quad \text{(식 2.156)}$$

정밀도 행렬 대신 공분산 행렬을 이용하여 정의할 경우에는 켤레 사전 분포가 **역 위샤트 분포**(*inverse Wishart distribution*)가 된다. 역시 이에 대해서도 여기서 더 다루지 않을 것이다. 평균과 정밀도가 둘 다 알려지지 않은 경우에는 단변량의 경우와 흡사한 추론 과정을 거쳐서 다음의 사전 분포를 구할 수 있다.

$$p(\boldsymbol{\mu}, \boldsymbol{\Lambda} | \boldsymbol{\mu}_0, \beta, \mathbf{W}, \nu) = \mathcal{N}(\boldsymbol{\mu} | \boldsymbol{\mu}_0, (\beta\boldsymbol{\Lambda})^{-1}) \, \mathcal{W}(\boldsymbol{\Lambda} | \mathbf{W}, \nu) \quad \text{(식 2.157)}$$

이는 **정규 위샤트**(*normal Wishart*), 혹은 **가우시안 위샤트**(*Gaussian Wishart*) 분포라고 불린다.

2.3.7 스튜던트 t 분포

2.3.6절

연습문제 2.46

가우시안 분포의 켤레 사전 분포는 감마 분포에 해당한다는 것을 확인하였다. 단변량 가우시안 분포 $\mathcal{N}(x|\mu, \tau^{-1})$과 감마 사전 분포 $\text{Gam}(\tau|a, b)$가 주어졌을 때 정밀도를 적분해서 없애면 다음의 형태를 가진 x에 대한 주변 분포를 구할 수 있다.

$$
\begin{aligned}
p(x|\mu, a, b) &= \int_0^\infty \mathcal{N}(x|\mu, \tau^{-1}) \text{Gam}(\tau|a, b) \, \mathrm{d}\tau \\
&= \int_0^\infty \frac{b^a e^{(-b\tau)} \tau^{a-1}}{\Gamma(a)} \left(\frac{\tau}{2\pi} \right)^{1/2} \exp\left\{ -\frac{\tau}{2}(x-\mu)^2 \right\} \, \mathrm{d}\tau \\
&= \frac{b^a}{\Gamma(a)} \left(\frac{1}{2\pi} \right)^{1/2} \left[b + \frac{(x-\mu)^2}{2} \right]^{-a-1/2} \Gamma(a + 1/2) \quad \text{(식 2.158)}
\end{aligned}
$$

여기서 변수의 변환 $z = \tau[b + (x - \mu)^2/2]$를 적용하였다. 관례에 따라서 새로운 매개변수들을 $\nu = 2a$나 $\lambda = a/b$와 같이 정의하게 되면 이에 해당하는 분포 $p(x|\mu, a, b)$는 다음의 형태를 띠게 된다.

$$\text{St}(x|\mu, \lambda, \nu) = \frac{\Gamma(\nu/2 + 1/2)}{\Gamma(\nu/2)} \left(\frac{\lambda}{\pi\nu}\right)^{1/2} \left[1 + \frac{\lambda(x - \mu)^2}{\nu}\right]^{-\nu/2 - 1/2} \qquad \text{(식 2.159)}$$

이 분포를 **스튜던트 t 분포**(*student's t-distribution*)라 한다. 매개변수 λ는 분산의 역이 아님에도 불구하고 때때로 t 분포의 정밀도라고 불린다. 매개변수 ν는 **자유도**(*degree of freedom*)라고 불리며, 이 매개변수의 영향에 대해 그림 2.15에 그려져 있다. $\nu = 1$인 경우 t 분포는 **코시 분포**(*cauchy distribution*)가 되며, $\nu \to \infty$의 경우 t 분포 $\text{St}(x|\mu, \lambda, \nu)$는 평균 μ와 정밀도 λ를 가지는 가우시안 분포 $\mathcal{N}(x|\mu, \lambda^{-1})$이 된다.

연습문제 2.47

식 2.158로부터 스튜던트 t 분포는 같은 평균과 다른 정밀도를 가진 무한히 많은 가우시안 분포들을 합산함으로써 구할 수 있다는 것을 알 수 있다. 이는 무한한 숫자의 가우시안 분포가 혼합된 것으로 해석 가능하다(가우시안 혼합 분포에 대해서는 2.3.9절에서 다룰 것이다). 이 결과 스튜던트 t 분포는 그림 2.15에서 볼 수 있는 것처럼 일반적으로 가우시안보다 더 긴 '꼬리'를 가진 분포가 된다. 이에 따라 t 분포는 **강건성**(*robustness*)이라는 중요한 성질을 가지게 되는데, 이는 t 분포가 가우시안 분포보다 **이상값**(*outlier*)에 해당하는 데이터 포인트들의 존재에 대해 덜 예민하다는 것을 의미한다. t 분포의 강건성에 대해서는 그림 2.16에 표현되어 있다. t 분포의 최대

연습문제 12.24

가능도 해는 **EM**(*expectation maximization*, 기댓값 최대화) 알고리즘을 통해 찾을 수 있다. 여기서 적은 수의 이상값들의 효과가 가우시안 분포보다 t 분포에서 훨씬 미미함을 확인할 수 있다. 이상값들은 실제 적용 사례들에서 원래의 분포가 두꺼운 꼬리를 가졌기 때문에 발생할 수도 있고 단순히 데이터가 잘못 라벨링되었기 때문에 생길 수도 있다. 분포의 강건성은 회귀 문제를 푸는 데 있어서도 중요하다. 최소 제곱법을 이용하여 회귀 문제를 푸는 방법론은 강건하지 않다. 왜

그림 2.15 식 2.15의 스튜던트 t 분포의 도식. $\mu = 0$과 $\lambda = 1$인 상황에서 다양한 ν 값에 대해서 그려져 있다. $\nu \to \infty$의 경우 이 분포는 평균 μ와 정밀도 λ를 가진 가우시안 분포에 해당한다.

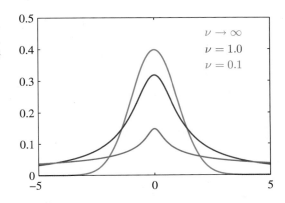

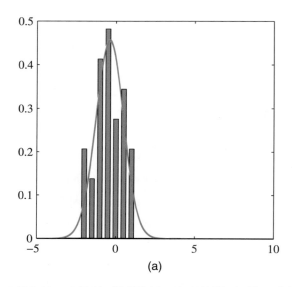
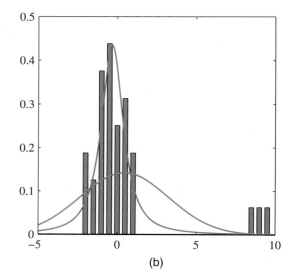

그림 2.16 t 분포와 가우시안 분포의 강건성을 비교한 도식. (a) 가우시안 분포로부터 추출한 30개의 데이터 포인트들의 히스토그램, 최대 가능도를 이용하여 근사한 t 분포(빨간색 커브), 최대 가능도를 이용하여 근사한 가우시안 분포(녹색 커브. 빨간색 커브에 가려 거의 보이지 않는다). 가우시안 분포는 t 분포의 특별 케이스 중 하나로 포함되어 있기 때문에 이 경우 t 분포와 가우시안 분포는 거의 동일한 해를 보인다. (b) 같은 데이터 집합에 세 개의 이상값을 추가했다. 이 경우 가우시안 분포(녹색 커브)는 이상값의 영향을 받아서 왜곡되었지만, t 분포(빨간색 커브)는 상대적으로 이상값에 영향을 덜 받은 것을 확인할 수 있다.

냐하면 최소 제곱법은 (조건부) 가우시안 분포하에서의 최대 가능도와 연관되어 있기 때문이다. t 분포와 같은 두꺼운 꼬리를 가진 분포를 바탕으로 회귀 모델을 수립하면 더 강건한 모델을 얻을 수 있다.

식 2.158로 돌아가서 매개변수들을 $\nu = 2a$, $\lambda = a/b$, $\eta = \tau b/a$와 같이 정의해서 대입해 보자. 그러면 t 분포를 다음과 같은 형태로 적을 수 있다.

$$\mathrm{St}(x|\mu, \lambda, \nu) = \int_0^\infty \mathcal{N}\left(x|\mu, (\eta\lambda)^{-1}\right) \mathrm{Gam}(\eta|\nu/2, \nu/2)\, \mathrm{d}\eta \qquad \text{(식 2.160)}$$

이를 다변량 가우시안 분포 $\mathcal{N}(\mathbf{x}|\boldsymbol{\mu}, \boldsymbol{\Lambda})$에 대해 일반화하면 그에 해당하는 다변량 스튜던트 t 분포를 다음과 같은 형태로 얻을 수 있다.

$$\mathrm{St}(\mathbf{x}|\boldsymbol{\mu}, \boldsymbol{\Lambda}, \nu) = \int_0^\infty \mathcal{N}(\mathbf{x}|\boldsymbol{\mu}, (\eta\boldsymbol{\Lambda})^{-1})\mathrm{Gam}(\eta|\nu/2, \nu/2)\, \mathrm{d}\eta \qquad \text{(식 2.161)}$$

연습문제 2.48 단변량의 경우와 마찬가지 테크닉을 적용하여 이 적분식을 계산하면 다음을 얻게 된다.

$$\mathrm{St}(\mathbf{x}|\boldsymbol{\mu}, \boldsymbol{\Lambda}, \nu) = \frac{\Gamma(D/2 + \nu/2)}{\Gamma(\nu/2)} \frac{|\boldsymbol{\Lambda}|^{1/2}}{(\pi\nu)^{D/2}} \left[1 + \frac{\Delta^2}{\nu}\right]^{-D/2 - \nu/2} \qquad \text{(식 2.162)}$$

여기서 D는 $\mathbf{x}$의 차원수이고, Δ^2은 마할라노비스 거리의 제곱으로써 다음과 같이 정의된다.

$$\Delta^2 = (\mathbf{x} - \boldsymbol{\mu})^{\mathrm{T}} \boldsymbol{\Lambda} (\mathbf{x} - \boldsymbol{\mu}) \tag{식 2.163}$$

연습문제 2.49

이는 스튜던트 t 분포의 다변량 형태이며, 다음의 성질들을 만족한다.

$$
\begin{aligned}
\mathbb{E}[\mathbf{x}] &= \boldsymbol{\mu}, & \text{if} \quad \nu > 1 & \tag{식 2.164} \\
\mathrm{cov}[\mathbf{x}] &= \frac{\nu}{(\nu - 2)} \boldsymbol{\Lambda}^{-1}, & \text{if} \quad \nu > 2 & \tag{식 2.165} \\
\mathrm{mode}[\mathbf{x}] &= \boldsymbol{\mu} & & \tag{식 2.166}
\end{aligned}
$$

이 성질들은 단변량 형태의 경우에도 마찬가지로 만족된다.

2.3.8 주기적 변수

가우시안 분포는 실제적으로 매우 중요한 활용도를 가지고 있다. 하지만 직접 사용하는 측면에서 든, 더 복잡한 확률적 모델의 구성 원소가 되는 측면에서든 가우시안 분포를 연속 변수의 밀도 모델로 사용하는 것이 적합하지 않은 경우가 종종 발생한다. 실제 활용에서 자주 등장하는 이러한 케이스 중 하나는 바로 **주기적**(*periodic*) 변수의 경우다.

주기적 변수의 사례 중 하나로 특정 지리적 위치에서의 풍향 데이터가 있다. 예를 들어, 풍향의 값을 며칠동안 측정한 후에 이 데이터를 매개변수적 분포로 요약하는 경우를 생각해 볼 수 있다. 또 다른 사례는 바로 달력의 시간이다. 24시간 또는 1년 단위로 주기적으로 발생하는 수치들을 모델해야 할 수 있다. 이러한 수치들은 극좌표 $0 \leqslant \theta < 2\pi$를 이용하여 손쉽게 표현할 수 있다.

어떤 방향 하나를 원점으로 삼고 가우시안 분포와 같은 종래의 분포를 적용하여 주기적 변수를 다룬다면 어떻게 될까? 이러한 방법은 어떤 값을 원점으로 삼는지에 대해 매우 종속적인 결과를 내놓게 될 것이다. 예를 들어, $\theta_1 = 1°$와 $\theta_2 = 359°$라는 두 값을 관측하였고 이를 표준 단변량 가우시안 분포를 이용하여 모델해 본다고 가정하자. 만약 $0°$를 원점으로 삼게 되면 이 데이터 집합의 표본 평균은 $180°$가 되고 표준 편차는 $179°$가 될 것이다. 하지만 $180°$를 원점으로 삼게 되면 평균은 $0°$, 표준 편차는 $1°$가 된다. 주기적 변수에 대해서는 특별한 방법론을 적용해야 한다는 것을 명확하게 볼 수 있다.

주기적 변수의 집합 $\mathcal{D} = \{\theta_1, \ldots, \theta_N\}$의 평균을 구하는 문제를 고려해 보도록 하자. 지금부터 θ는 **라디안**(*radian*)으로 측정되었다고 가정할 것이다. 단순히 $(\theta_1 + \cdots + \theta_N)/N$과 같이 평균을 계산하는 방법은 어떤 좌표축을 사용하느냐에 대해 매우 종속적임을 이미 살펴보았다.

좌표축의 선택에 따라 변하지 않도록 평균값을 측정하기 위해서 각각의 관측값을 단위 원상의 포인트로 이해할 수 있다는 점에 주목해 보자. 이렇게 이해하면 각각의 관측값들은 그림 2.17에 나타난 것과 같이 $\|\mathbf{x}_n\| = 1$인 이차원 단위 벡터 $\mathbf{x}_1, \ldots, \mathbf{x}_N$들로 표현될 수 있다($n = 1, \ldots, N$). 이 벡터들 $\{\mathbf{x}_n\}$의 평균을 내면 다음과 같다.

$$\overline{\mathbf{x}} = \frac{1}{N} \sum_{n=1}^{N} \mathbf{x}_n \tag{식 2.167}$$

그리고 이 평균값에 해당하는 각도 $\overline{\theta}$를 구하면 된다. 이 방식을 사용하면 어떤 원점을 사용하는지에 따라 평균값이 독립적이게 된다. $\overline{\mathbf{x}}$는 보통 단위 원의 내부에 위치하게 된다. 관측값의 데카르트 좌푯값은 $\mathbf{x}_n = (\cos\theta_n, \sin\theta_n)$으로 주어지며, 데카르트 좌표상에서의 표본 평균은 $\overline{\mathbf{x}} = (\overline{r}\cos\overline{\theta}, \overline{r}\sin\overline{\theta})$의 형태로 적을 수 있다. 식 2.167에 이를 대입하고 x_1과 x_2 성분이 같다고 놓고 풀면 다음을 얻게 된다.

$$\overline{x}_1 = \overline{r}\cos\overline{\theta} = \frac{1}{N}\sum_{n=1}^{N}\cos\theta_n, \qquad \overline{x}_2 = \overline{r}\sin\overline{\theta} = \frac{1}{N}\sum_{n=1}^{N}\sin\theta_n \tag{식 2.168}$$

둘을 나눈 뒤 $\tan\theta = \sin\theta/\cos\theta$라는 성질을 적용하면 $\overline{\theta}$를 다음과 같이 구할 수 있다.

$$\overline{\theta} = \tan^{-1}\left\{\frac{\sum_n \sin\theta_n}{\sum_n \cos\theta_n}\right\} \tag{식 2.169}$$

잠시 후에 주기적 변수에 대해 적절하게 정의된 분포를 바탕으로 구한 최대 가능도 추정값이 자연스럽게 위의 결괏값을 보이게 된다는 것을 살펴볼 것이다.

그림 2.17 주기적 변수 θ_n의 값들을 단위 원상의 이차원 벡터 $\mathbf{x}_n$으로 표현한 그림. 이러한 벡터들의 평균값인 $\overline{\mathbf{x}}$도 그려져 있다.

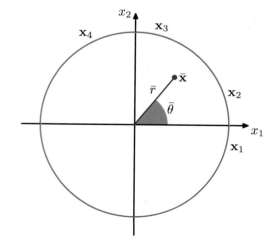

가우시안 분포를 주기적 변수에 적용할 수 있도록 일반화한 **폰 미제스 분포**(*von Mises distribution*)에 대해 살펴보도록 하자. 임의의 차원에 대한 초공간에 대해서도 주기적 분포를 찾는 것이 가능하다. 하지만 여기서는 단변량 분포에 대해서만 살펴볼 것이다. 주기적 분포에 대해 더 자세히 살펴보고 싶다면 Mardia and Jupp(2000)를 참고하기 바란다.

관습에 따라서 2π를 주기로 가지는 분포 $p(\theta)$에 대해 살펴볼 것이다. θ에 대해 정의된 확률 분포 $p(\theta)$는 0보다 크거나 같아야 하고, 적분값이 1이 되어야 하며, 주기적이어야 한다. 즉, $p(\theta)$는 다음의 세 조건을 만족시켜야 한다.

$$p(\theta) \geqslant 0 \tag{식 2.170}$$
$$\int_0^{2\pi} p(\theta)\,\mathrm{d}\theta = 1 \tag{식 2.171}$$
$$p(\theta + 2\pi) = p(\theta) \tag{식 2.172}$$

식 2.172로부터 모든 정수 M에 대해 $p(\theta + M2\pi) = p(\theta)$가 만족된다는 것을 유도할 수 있다.

다음 과정을 거쳐서 이 세 가지 성질을 만족하는 가우시안스러운 분포를 구할 수 있다. 두 개의 변수 $\mathbf{x} = (x_1, x_2)$에 대한 가우시안 분포를 고려해 보자. 이 가우시안 분포는 평균 $\boldsymbol{\mu} = (\mu_1, \mu_2)$을 가지며, 공분산 행렬 $\boldsymbol{\Sigma} = \sigma^2 \mathbf{I}$를 가진다($\mathbf{I}$는 2×2 항등 행렬). 이 분포를 다음과 같이 적을 수 있다.

$$p(x_1, x_2) = \frac{1}{2\pi\sigma^2} \exp\left\{ -\frac{(x_1 - \mu_1)^2 + (x_2 - \mu_2)^2}{2\sigma^2} \right\} \tag{식 2.173}$$

그림 2.18에 그려진 것과 같이 $p(\mathbf{x})$가 상수일 때의 윤곽선은 고정된 반지름의 원주상에 존재하는 이 분포의 값들에 대해 고려해 보자. 그 분포는 정규화되어 있지는 않겠지만 주기적일 것이다. 데카르트 좌표 (x_1, x_2)를 극좌표 (r, θ)로 변환함으로써 이 분포의 형태를 결정할 수 있다.

$$x_1 = r\cos\theta, \qquad x_2 = r\sin\theta \tag{식 2.174}$$

그림 2.18 폰 미제스 분포는 식 2.173의 형태를 가진 이차원 가우시안 분포로부터 파생된다. 이 분포의 밀도 경로가 파란색으로 그려져 있다. 또한, 이 분포는 빨간색 곡선으로 그려진 단위 원에 대해 조건부다.

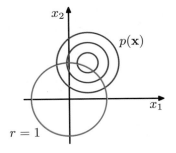

평균 $\boldsymbol{\mu}$ 값도 다음과 같이 극좌표로 변환할 수 있다.

$$\mu_1 = r_0 \cos \theta_0, \qquad \mu_2 = r_0 \sin \theta_0 \tag{식 2.175}$$

이 변환값들을 이차원 가우시안 분포식 2.173에 대입하고 여기에 $r = 1$이라는 단위 원 조건을 추가해 보자. 여기서 우리는 θ에 대한 종속성에만 관심이 있다. 가우시안 분포의 지수부만 살펴보면 다음을 얻게 된다.

$$
\begin{aligned}
-\frac{1}{2\sigma^2} &\left\{ (r \cos \theta - r_0 \cos \theta_0)^2 + (r \sin \theta - r_0 \sin \theta_0)^2 \right\} \\
&= -\frac{1}{2\sigma^2} \left\{ 1 + r_0^2 - 2r_0 \cos \theta \cos \theta_0 - 2r_0 \sin \theta \sin \theta_0 \right\} \\
&= \frac{r_0}{\sigma^2} \cos(\theta - \theta_0) + \text{const}
\end{aligned}
\tag{식 2.176}
$$

여기서 'const'는 θ로부터 독립적인 항들의 집합이다. 그리고 위에서 다음의 삼각 함수 공식을 사용하였다.

연습문제 2.51

$$
\begin{aligned}
\cos^2 A + \sin^2 A &= 1 \tag{식 2.177} \\
\cos A \cos B + \sin A \sin B &= \cos(A - B) \tag{식 2.178}
\end{aligned}
$$

매개변수 $m = r_0/\sigma^2$을 정의하면 $r = 1$ 단위 원상의 $p(\theta)$에 대한 최종 형태를 다음과 같이 구할 수 있다.

$$p(\theta|\theta_0, m) = \frac{1}{2\pi I_0(m)} \exp \left\{ m \cos(\theta - \theta_0) \right\} \tag{식 2.179}$$

식 2.179를 **폰 미제스 분포**(*von Mises distribution*), 혹은 **원형 정규 분포**(*circular normal*)라고 부른다. 여기서 θ_0는 분포의 평균에 해당하며, **집중 매개변수**(*concentration parameter*)라고 알려져 있기도 한 m은 가우시안 분포의 분산의 역(정밀도)에 해당한다. 식 2.179의 정규화 계수는 $I_0(m)$에 대해서 표현되었다. $I_0(m)$은 0차 1종 **베젤 함수**(*Bessel function*)이며(Abramowitz and Stegun, 1965), 다음과 같이 정의된다.

$$I_0(m) = \frac{1}{2\pi} \int_0^{2\pi} \exp \left\{ m \cos \theta \right\} \, \mathrm{d}\theta \tag{식 2.180}$$

연습문제 2.52

m 값이 큰 경우 이 분포는 대략적으로 가우시안 분포가 된다. 그림 2.19에 폰 미제스 분포가 그려져 있으며, 그림 2.20에는 $I_0(m)$이 그려져 있다.

이제 폰 미제스 분포의 매개변수 θ_0와 m의 최대 가능도 추정값을 구해 보자. 로그 가능도 함수는 다음과 같다.

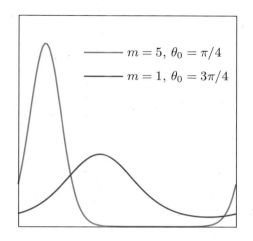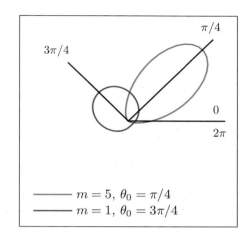

그림 2.19 두 다른 매개변숫값에 대해 그려 놓은 폰 미제스 분포. 왼쪽의 도표는 데카르트 좌표계, 오른쪽의 도표는 극좌표계에 그린 것이다.

$$\ln p(\mathcal{D}|\theta_0, m) = -N\ln(2\pi) - N\ln I_0(m) + m\sum_{n=1}^{N}\cos(\theta_n - \theta_0). \qquad \text{(식 2.181)}$$

θ_0에 대해 미분한 값을 0으로 놓으면 다음과 같다.

$$\sum_{n=1}^{N}\sin(\theta_n - \theta_0) = 0 \qquad \text{(식 2.182)}$$

이를 θ_0에 대해 풀기 위해서는 다음 삼각 함수 공식을 사용해야 한다.

$$\sin(A - B) = \cos B \sin A - \cos A \sin B \qquad \text{(식 2.183)}$$

연습문제 2.53 이로부터 다음을 구할 수 있다.

$$\theta_0^{\text{ML}} = \tan^{-1}\left\{\frac{\sum_n \sin\theta_n}{\sum_n \cos\theta_n}\right\} \qquad \text{(식 2.184)}$$

이 결과는 식 2.169의 이차원 데카르트 평면에서의 관찰값들의 평균과 같은 값이다.

이와 비슷하게 m의 최대 가능도 추정값을 구해 보자. 식 2.181을 미분하고 $I_0'(m) = I_1(m)$ (Abramowitz and Stegun, 1965)을 사용하면 다음을 구할 수 있다.

$$A(m_{\text{ML}}) = \frac{1}{N}\sum_{n=1}^{N}\cos(\theta_n - \theta_0^{\text{ML}}) \qquad \text{(식 2.185)}$$

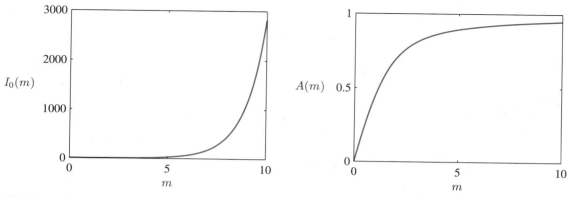

그림 2.20 식 2.180에서 정의한 베젤 함수 $I_0(m)$과 식 2.186에서 정의한 $A(m)$의 도표

여기서 θ_0을 그 최대 가능도 추정값 θ_0^{ML}로 치환하였다(현재 θ와 m 둘에 대해 결합 최적화를 진행하고 있기 때문이다). 그리고 $A(m)$은 다음과 같이 정의했다.

$$A(m) = \frac{I_1(m)}{I_0(m)} \qquad \text{(식 2.186)}$$

$A(m)$은 그림 2.20에 그려져 있다. 식 2.178의 삼각 함수 공식을 사용해서 식 2.185를 다음의 형태로 다시 적을 수 있다.

$$A(m_{\mathrm{ML}}) = \left(\frac{1}{N}\sum_{n=1}^{N}\cos\theta_n\right)\cos\theta_0^{\mathrm{ML}} + \left(\frac{1}{N}\sum_{n=1}^{N}\sin\theta_n\right)\sin\theta_0^{\mathrm{ML}} \quad \text{(식 2.187)}$$

식 2.187의 오른쪽 변은 쉽게 계산할 수 있다. 그리고 $A(m)$의 역을 구하는 것은 수치적으로 가능하다.

주기적 분포를 만들기 위한 다른 테크닉들에 대해 간단히 설명하고 넘어가도록 하겠다. 가장 단순한 방법은 극좌표의 값들을 고정된 구간들에 나누어 넣는 방식으로 히스토그램을 만드는 것이다. 이 방법은 단순하고 유연하다는 데에 그 장점이 있지만, 심각한 한계점도 가지고 있다. 이 한계점에 대해서는 2.5절에서 자세히 살펴볼 것이다. 또 다른 방식은 폰 미제스 분포를 만들 때와 같이 유클리디안 공간에서의 가우시안 분포로부터 시작한다. 폰 미제스 분포와 다른 점은 단위 원에 대한 조건부 분포를 구하는 대신에 단위 원상에서의 주변 분포를 구한다는 점이다(Mardia and Jupp, 2000). 이 방법은 더 복잡한 형태의 분포를 생성한다. 여기서는 이에 대해 더 논의하지 않을 것이다. 마지막으로 실수 축에 대한 분포들의 폭 2π만큼의 연속적인 간격들을 주기 변수 $(0, 2\pi)$에 대입하는 방식이 있다. 이 방법은 단위 원 주변에 실수축을 둘러싸는 방식에 해당한다. 이를 통해 그 어떤 실수축에 대한 분포(가우시안 분포 포함)든 주기적 분포로 바꿀 수가 있다. 이를 이용한 결괏값 역시 폰 미제스 분포보다 더 다루기 힘들다.

폰 미제스 분포의 한 가지 한계점은 바로 이 분포가 단봉 분포라는 점이다. 폰 미제스 분포들을 **혼합**(*mixture*)함으로써 주기적 변수들의 다봉성을 다룰 수 있는 유연한 방법론을 도출할 수 있다. 폰 미제스 분포를 머신 러닝에 응용한 사례로는 Lawrence *et al*(2002)가 있다. 회귀 문제를 풀기 위한 조건부 밀도 모델링에 폰 미제스 분포를 활용한 사례로는 Bishop and Nabney(1996)를 참고하라.

2.3.9 가우시안 분포의 혼합

가우시안 분포는 데이터를 분석하는 데 있어서 중요한 여러 성질을 가지고 있지만, 실제 데이터 집합을 모델링하는 데 있어서는 심각한 한계점을 가지고 있다. 그림 2.21의 사례를 살펴보도록 하자. '오래된 믿음'이라고 알려진 이 데이터 집합은 미국 옐로스톤 국립 공원의 오래된 믿음 간헐 온천의 분화에 대한 272번의 측정치로 이루어져 있다. 가로축은 분화가 지속된 시간을, 세로축은 다음 분화까지의 시간을 각각 분으로 나타낸 것이다. 그림 2.21에서 볼 수 있듯이 데이터들은 두 개의 주된 무리로 나누어져 있으며, 하나의 가우시안 분포로는 이 구조를 잡아낼 수가 없다. 하지만 두 가우시안 분포를 선형 중첩해놓으면 이 데이터 집합을 더 잘 표현할 수 있다.

가우시안 분포 등의 기본적인 분포들을 선형 결합하여 만들어지는 이런 확률 모델들을 **혼합 분포**(*mixture distribution*)(McLachlan and Basford, 1988; McLachlan and Peel, 2000)라 한다. 가우시안 분포들의 선형 결합이 아주 복잡한 밀도를 표현할 수 있다는 것을 그림 2.22에서 확인할 수 있

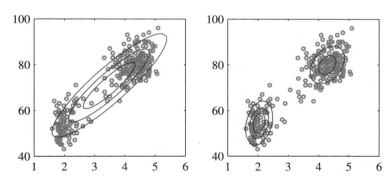

그림 2.21 '오래된 믿음' 데이터의 도표. 확률 밀도의 상수 경로가 파란색 곡선으로 그려져 있다. 왼쪽은 단일 가우시안 분포를 최대 가능도 방법으로 데이터에 근사한 것이다. 이 분포는 데이터의 두 큰 무리를 잡아내는 데 실패하였으며, 대부분의 확률 질량이 두 무리 사이의 상대적으로 비어 있는 공간에 집중되어 있다. 오른쪽 도표는 두 가우시안 분포의 선형 결합을 이용하여 데이터에 최대 가능도 방법으로 근사한 결과다(이 방법에 대해서는 9장에서 살펴볼 것이다). 이 방법이 데이터 집합을 더 잘 표현하고 있음을 그림에서 확인할 수 있다.

그림 2.22 일차원에서의 가우시안 혼합 분포의 예시. 파란색으로 그려진 것은 세 개의 가우시안 분포(상수배만큼 척도화한)이고 빨간색으로 그려진 것은 그 합이다.

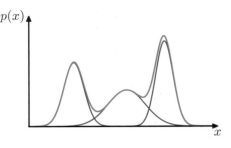

다. 충분히 많은 숫자의 가우시안 분포를 사용하고 각 분포들의 평균과 공분산, 선형 결합의 계수들을 조절하면 거의 모든 연속 밀도를 임의의 정확도로 근사하는 것이 가능하다.

다음의 식은 K개의 가우시안 밀도의 중첩에 해당한다.

$$p(\mathbf{x}) = \sum_{k=1}^{K} \pi_k \mathcal{N}(\mathbf{x}|\boldsymbol{\mu}_k, \boldsymbol{\Sigma}_k) \tag{식 2.188}$$

이를 **가우시안 혼합 분포**(*mixture of Gaussians*)라고 부른다. 각각의 가우시안 밀도 $\mathcal{N}(\mathbf{x}|\boldsymbol{\mu}_k, \boldsymbol{\Sigma}_k)$는 혼합의 **성분**(*component*)이며, 각 성분은 평균 $\boldsymbol{\mu}_k$와 공분산 $\boldsymbol{\Sigma}_k$를 가지고 있다. 세 개의 성분을 가진 가우시안 분포의 혼합에 대한 경로와 표면의 도표가 그림 2.23에 그려져 있다.

이 절에서는 가우시안 성분을 바탕으로 혼합 모델에 대해 설명할 것이다. 사실 더 일반적으로는 가우시안 외의 다른 분포들의 선형 결합도 혼합 모델이 될 수 있다. 예를 들어, 9.3.3절에서는 이산 변수에 대한 혼합 모델의 예로 베르누이 혼합 분포에 대해 살펴볼 것이다.

9.3.3절

식 2.188의 매개변수 π_k는 **혼합 계수**(*mixing coefficient*)다. 식 2.188의 양변을 $\mathbf{x}$에 대해 적분하고 $p(\mathbf{x})$와 개별 가우시안 성분들이 정규화되어 있다는 점을 고려하면 다음을 구할 수 있다.

$$\sum_{k=1}^{K} \pi_k = 1 \tag{식 2.189}$$

또한, $\mathcal{N}(\mathbf{x}|\boldsymbol{\mu}_k, \boldsymbol{\Sigma}_k) \geqslant 0$이라는 전제 조건하에 모든 k에 대해 $\pi_k \geqslant 0$라는 것이 $p(\mathbf{x}) \geqslant 0$이라는 조건을 만족시키기 위한 충분 조건임을 알 수 있다. 이들을 식 2.189의 조건과 결합하면 다음을 구할 수 있다.

$$0 \leqslant \pi_k \leqslant 1 \tag{식 2.190}$$

이로부터 혼합 계수들이 확률의 조건을 만족시킨다는 것을 알 수 있다.

확률의 합과 곱의 법칙으로부터 주변 밀도가 다음과 같음을 알 수 있다.

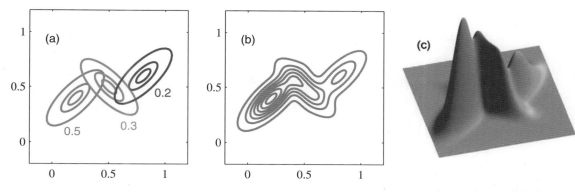

그림 2.23 이차원 공간상에서의 세 가우시안 분포의 혼합에 대한 그림. (a) 각 혼합 성분들의 상수 밀도의 경로. 각각의 성분들은 빨강, 파랑, 녹색으로 표현되어 있으며, 혼합 계수들은 각 성분 아래에 적혀 있다. (b) 혼합 분포의 주변 확률 밀도 $p(\mathbf{x})$의 경로 (c) 분포 $p(\mathbf{x})$의 표면

$$p(\mathbf{x}) = \sum_{k=1}^{K} p(k)p(\mathbf{x}|k) \qquad \text{(식 2.191)}$$

식 2.188에서 $\pi_k = p(k)$는 k번째 성분을 뽑을 사전 확률로 볼 수 있고 밀도 $\mathcal{N}(\mathbf{x}|\boldsymbol{\mu}_k, \boldsymbol{\Sigma}_k)$ $= p(\mathbf{x}|k)$는 k가 주어졌을 때의 $\mathbf{x}$의 확률로 볼 수 있다. 결과적으로 식 2.191은 식 2.188과 동일하다. 여기서 사후 확률 $p(k|\mathbf{x})$를 **책임값**(*responsibilities*)이라고 한다. 이 값은 이 책 후반부의 몇몇 장에서 상당히 중요한 역할을 하게 된다. 베이지안 정리에 따라서 이 사후 확률은 다음과 같이 주어진다.

$$
\begin{aligned}
\gamma_k(\mathbf{x}) &\equiv p(k|\mathbf{x}) \\
&= \frac{p(k)p(\mathbf{x}|k)}{\sum_l p(l)p(\mathbf{x}|l)} \\
&= \frac{\pi_k \mathcal{N}(\mathbf{x}|\boldsymbol{\mu}_k, \boldsymbol{\Sigma}_k)}{\sum_l \pi_l \mathcal{N}(\mathbf{x}|\boldsymbol{\mu}_l, \boldsymbol{\Sigma}_l)}
\end{aligned}
\qquad \text{(식 2.192)}
$$

혼합 분포의 확률적인 해석에 대해서는 9장에서 자세히 살펴보게 될 것이다.

가우시안 혼합 분포의 형태는 매개변수 $\boldsymbol{\pi}$, $\boldsymbol{\mu}$, $\boldsymbol{\Sigma}$로 결정된다. 여기서 $\boldsymbol{\pi} \equiv \{\pi_1, \ldots, \pi_K\}$, $\boldsymbol{\mu} \equiv \{\boldsymbol{\mu}_1, \ldots, \boldsymbol{\mu}_K\}$, $\boldsymbol{\Sigma} \equiv \{\boldsymbol{\Sigma}_1, \ldots \boldsymbol{\Sigma}_K\}$라는 표현법을 사용하였다. 이 매개변수들의 값을 찾는 방법 중 하나는 최대 가능도 방법이다. 식 2.188로부터 로그 가능도 함수는 다음과 같이 주어지게 된다.

$$\ln p(\mathbf{X}|\boldsymbol{\pi}, \boldsymbol{\mu}, \boldsymbol{\Sigma}) = \sum_{n=1}^{N} \ln \left\{ \sum_{k=1}^{K} \pi_k \mathcal{N}(\mathbf{x}_n|\boldsymbol{\mu}_k, \boldsymbol{\Sigma}_k) \right\} \qquad \text{(식 2.193)}$$

여기서 $\mathbf{X} = \{\mathbf{x}_1, \ldots, \mathbf{x}_N\}$이다. 로그 안에 k에 대한 합산이 포함되어 있으므로 단일 가우시안의 경우에 비해 상황이 다소 더 복잡하다. 그 결과 매개변수들에 대해 최대 가능도 방법의 해는 더 이상 결정된 형태가 아니게 된다. 가능도 함수의 최댓값을 구하는 한 가지 방법은 바로 반복적인 수치적 최적화 테크닉을 적용하는 것이다(Fletcher, 1987; Nocedal and Wright, 1999; Bishop and Nabney, 2008). 또 다른 방법으로는 **기댓값 최대화**(*expectation maximization*)라는 강력한 알고리즘이 있다. 이에 대해서는 9장에서 자세히 살펴보도록 하자.

2.4 지수족

지금까지 이 장에서 살펴본 확률 분포들은(가우시안 혼합 분포를 제외하고) **지수족**(*exponential family*)(Duda and Hart, 1973; Bernardo and Smith, 1994)이라 불리는 더 넓은 분포 부류의 특정 예시들에 해당한다. 지수족에 포함되는 분포들은 공통적으로 여러 중요한 성질들을 가지고 있다. 이 성질들에 대해서 자세히 살펴보도록 하자.

$\mathbf{x}$에 대한 지수족의 분포들은 매개변수 $\boldsymbol{\eta}$가 주어졌을 때 다음의 형태로 정의된다.

$$p(\mathbf{x}|\boldsymbol{\eta}) = h(\mathbf{x})g(\boldsymbol{\eta}) \exp\left\{\boldsymbol{\eta}^{\mathrm{T}}\mathbf{u}(\mathbf{x})\right\} \qquad \text{(식 2.194)}$$

여기서 $\mathbf{x}$는 스칼라이거나 벡터일 수 있고, 또는 이산 변수이거나 연속 변수일 수도 있다. 여기서 $\boldsymbol{\eta}$는 분포의 **자연 매개변수**(*natural parameter*)라고 불린다. 그리고 $\mathbf{u}(\mathbf{x})$는 $\mathbf{x}$에 대한 어떤 함수다. $g(\boldsymbol{\eta})$는 분포가 정규화되어 있도록 해주는 계수로 해석될 수 있으며, 따라서 다음을 만족한다.

$$g(\boldsymbol{\eta}) \int h(\mathbf{x}) \exp\left\{\boldsymbol{\eta}^{\mathrm{T}}\mathbf{u}(\mathbf{x})\right\} \,\mathrm{d}\mathbf{x} = 1 \qquad \text{(식 2.195)}$$

$\mathbf{x}$가 이산 변수일 경우에는 적분이 합산으로 대체된다.

이 장의 앞에서 살펴보았던 몇몇 분포들이 실제로 지수족인지 확인해 보도록 하자. 일단, 베르누이 분포를 고려해 보자.

$$p(x|\mu) = \text{Bern}(x|\mu) = \mu^x (1 - \mu)^{1-x} \qquad \text{(식 2.196)}$$

오른쪽 변을 로그의 지수로 표현하면 다음을 얻게 된다.

$$\begin{aligned} p(x|\mu) &= \exp\left\{x \ln\mu + (1 - x)\ln(1 - \mu)\right\} \\ &= (1 - \mu)\exp\left\{\ln\left(\frac{\mu}{1 - \mu}\right)x\right\} \end{aligned} \qquad \text{(식 2.197)}$$

이를 식 2.194와 비교하면 다음을 확인할 수 있다.

$$\eta = \ln \left(\frac{\mu}{1 - \mu} \right) \tag{식 2.198}$$

이를 μ에 대해 풀면 $\mu = \sigma(\eta)$를 얻게 된다. 여기서 $\sigma(\eta)$은 다음과 같다.

$$\sigma(\eta) = \frac{1}{1 + \exp(-\eta)} \tag{식 2.199}$$

이 함수를 **로지스틱 시그모이드**(*logistic sigmoid*) 함수라 부른다. 따라서 베르누이 분포를 식 2.194의 지수족 표준 표현법의 형태로 표현하면 다음이 된다.

$$p(x|\eta) = \sigma(-\eta) \exp(\eta x) \tag{식 2.200}$$

여기서 $1 - \sigma(\eta) = \sigma(-\eta)$를 사용하였다. 이는 식 2.199로부터 쉽게 증명할 수 있다. 식 2.194와 비교해 보면 다음을 구할 수 있다.

$$u(x) = x \tag{식 2.201}$$
$$h(x) = 1 \tag{식 2.202}$$
$$g(\eta) = \sigma(-\eta) \tag{식 2.203}$$

다음은 다항 분포에 대해 살펴보자. 다항 분포는 단일 관측 변수 $\mathbf{x}$에 대해서 다음 형태를 띤다.

$$p(\mathbf{x}|\boldsymbol{\mu}) = \prod_{k=1}^{M} \mu_k^{x_k} = \exp \left\{ \sum_{k=1}^{M} x_k \ln \mu_k \right\} \tag{식 2.204}$$

여기서 $\mathbf{x} = (x_1, \ldots, x_M)^{\mathrm{T}}$다. 식 2.194의 표준 형태로 이를 표현하면 다음과 같다.

$$p(\mathbf{x}|\boldsymbol{\eta}) = \exp(\boldsymbol{\eta}^{\mathrm{T}} \mathbf{x}) \tag{식 2.205}$$

여기서 $\eta_k = \ln \mu_k$이며, $\boldsymbol{\eta} = (\eta_1, \ldots, \eta_M)^{\mathrm{T}}$라 정의하였다. 식 2.194와 비교하면 다음을 얻게 된다.

$$\mathbf{u}(\mathbf{x}) = \mathbf{x} \tag{식 2.206}$$
$$h(\mathbf{x}) = 1 \tag{식 2.207}$$
$$g(\boldsymbol{\eta}) = 1 \tag{식 2.208}$$

매개변수 η_k들은 독립적이지 않다. 왜냐하면 매개변수 μ_k가 다음의 제약 조건을 가지고 있기 때문이다.

$$\sum_{k=1}^{M} \mu_k = 1 \tag{식 2.209}$$

이 제약 조건에 따라서, $M - 1$개의 매개변수 μ_k가 정해지면 나머지 한 매개변숫값은 고정적이게 된다. 몇몇 상황에서는 이 분포를 $M - 1$개의 매개변수로 표현해서 이 제약 조건을 제거하는 것이 편리할 수 있다. 식 2.209의 관계를 이용하여 μ_M을 $\{\mu_k\}$(여기서 $k = 1, \ldots, M - 1$)로 표현하고, 이를 바탕으로 $M - 1$개의 매개변수만 남기면 된다. 이 나머지 매개변수들은 여전히 다음의 제약 조건을 가진다.

$$0 \leqslant \mu_k \leqslant 1, \qquad \sum_{k=1}^{M-1} \mu_k \leqslant 1 \tag{식 2.210}$$

식 2.209의 제약 조건을 이용하면 다항 분포를 다음과 같이 표현할 수 있다.

$$
\begin{aligned}
& \exp\left\{ \sum_{k=1}^{M} x_k \ln \mu_k \right\} \\
={}& \exp\left\{ \sum_{k=1}^{M-1} x_k \ln \mu_k + \left(1 - \sum_{k=1}^{M-1} x_k \right) \ln \left(1 - \sum_{k=1}^{M-1} \mu_k \right) \right\} \\
={}& \exp\left\{ \sum_{k=1}^{M-1} x_k \ln \left(\frac{\mu_k}{1 - \sum_{j=1}^{M-1} \mu_j} \right) + \ln \left(1 - \sum_{k=1}^{M-1} \mu_k \right) \right\}
\end{aligned}
\tag{식 2.211}
$$

여기서부터 다음을 확인할 수 있다.

$$\ln \left(\frac{\mu_k}{1 - \sum_j \mu_j} \right) = \eta_k \tag{식 2.212}$$

양변을 k에 대해 합산하고 재배열한 후 역으로 대입해 넣으면 μ_k에 대해 풀 수 있다.

$$\mu_k = \frac{\exp(\eta_k)}{1 + \sum_j \exp(\eta_j)} \tag{식 2.213}$$

이를 **소프트맥스**(*softmax*) 함수, 혹은 **정규화된 지수 함수**(*normalized exponential function*)라 부른다. 이 표현법을 이용하면 다항 분포는 다음의 형태를 가진다.

$$p(\mathbf{x}|\boldsymbol{\eta}) = \left(1 + \sum_{k=1}^{M-1} \exp(\eta_k) \right)^{-1} \exp(\boldsymbol{\eta}^{\mathrm{T}}\mathbf{x}) \tag{식 2.214}$$

이는 지수족의 표준 형태에 해당한다. 여기서 매개변수 벡터 $\boldsymbol{\eta} = (\eta_1, \ldots, \eta_{M-1})^{\mathrm{T}}$다. 이에 따라 다음을 얻을 수 있다.

$$\mathbf{u}(\mathbf{x}) = \mathbf{x} \tag{식 2.215}$$

$$h(\mathbf{x}) = 1 \tag{식 2.216}$$

$$g(\boldsymbol{\eta}) = \left(1 + \sum_{k=1}^{M-1} \exp(\eta_k)\right)^{-1} \tag{식 2.217}$$

마지막으로 가우시안 분포를 살펴보자. 단변량 가우시안의 경우에는 다음과 같다.

$$p(x|\mu, \sigma^2) = \frac{1}{(2\pi\sigma^2)^{1/2}} \exp\left\{-\frac{1}{2\sigma^2}(x-\mu)^2\right\} \tag{식 2.218}$$

$$= \frac{1}{(2\pi\sigma^2)^{1/2}} \exp\left\{-\frac{1}{2\sigma^2}x^2 + \frac{\mu}{\sigma^2}x - \frac{1}{2\sigma^2}\mu^2\right\} \tag{식 2.219}$$

연습문제 2.57 약간의 재배열을 거치면 이를 식 2.194의 표준 지수족의 형태로 바꿀 수 있다. 여기서는 다음과 같다.

$$\boldsymbol{\eta} = \begin{pmatrix} \mu/\sigma^2 \\ -1/2\sigma^2 \end{pmatrix} \tag{식 2.220}$$

$$\mathbf{u}(x) = \begin{pmatrix} x \\ x^2 \end{pmatrix} \tag{식 2.221}$$

$$h(x) = (2\pi)^{-1/2} \tag{식 2.222}$$

$$g(\boldsymbol{\eta}) = (-2\eta_2)^{1/2} \exp\left(\frac{\eta_1^2}{4\eta_2}\right) \tag{식 2.223}$$

2.4.1 최대 가능도와 충분 통계량

최대 가능도 방법을 이용하여 식 2.194의 일반적인 지수족 분포에서 매개변수 벡터 $\boldsymbol{\eta}$를 추정하는 문제에 대해서 생각해 보자. 식 2.195의 양변에서 $\boldsymbol{\eta}$에 대해 기울기를 취하면 다음을 얻을 수 있다.

$$\nabla g(\boldsymbol{\eta}) \int h(\mathbf{x}) \exp\left\{\boldsymbol{\eta}^{\mathrm{T}}\mathbf{u}(\mathbf{x})\right\} \mathrm{d}\mathbf{x}$$
$$+ \; g(\boldsymbol{\eta}) \int h(\mathbf{x}) \exp\left\{\boldsymbol{\eta}^{\mathrm{T}}\mathbf{u}(\mathbf{x})\right\} \mathbf{u}(\mathbf{x}) \, \mathrm{d}\mathbf{x} = 0 \tag{식 2.224}$$

이를 재배열하고 식 2.195를 다시 활용하면 다음을 구할 수 있다.

$$-\frac{1}{g(\boldsymbol{\eta})} \nabla g(\boldsymbol{\eta}) = g(\boldsymbol{\eta}) \int h(\mathbf{x}) \exp\left\{\boldsymbol{\eta}^{\mathrm{T}}\mathbf{u}(\mathbf{x})\right\} \mathbf{u}(\mathbf{x}) \, \mathrm{d}\mathbf{x} = \mathbb{E}[\mathbf{u}(\mathbf{x})] \tag{식 2.225}$$

따라서 다음의 결과를 얻게 된다.

$$-\nabla \ln g(\boldsymbol{\eta}) = \mathbb{E}[\mathbf{u}(\mathbf{x})] \tag{식 2.226}$$

연습문제 2.58

$\mathbf{u}(\mathbf{x})$의 공분산은 $g(\boldsymbol{\eta})$의 이차 미분값으로 표현할 수 있으며, 더 높은 차수의 모멘트에서도 이와 비슷한 표현이 가능하다. 따라서 지수족의 분포를 정규화할 수 있다는 가정하에 단순한 미분을 통해서 그 모멘트를 구하는 것이 언제나 가능하다.

이제 독립적이고 동일하게 분포된 데이터 집합 $\mathbf{X} = \{\mathbf{x}_1, \dots, \mathbf{x}_N\}$을 고려해 보자. 이 데이터 집합에 대해서 가능도 함수는 다음과 같다.

$$p(\mathbf{X}|\boldsymbol{\eta}) = \left(\prod_{n=1}^{N} h(\mathbf{x}_n)\right) g(\boldsymbol{\eta})^N \exp\left\{\boldsymbol{\eta}^{\mathrm{T}} \sum_{n=1}^{N} \mathbf{u}(\mathbf{x}_n)\right\} \tag{식 2.227}$$

$\ln p(\mathbf{X}|\boldsymbol{\eta})$의 $\boldsymbol{\eta}$에 대한 기울기를 0으로 놓으면 최대 가능도 추정값 $\boldsymbol{\eta}_{\mathrm{ML}}$에 대해서 다음의 조건이 만족됨을 알 수 있다.

$$-\nabla \ln g(\boldsymbol{\eta}_{\mathrm{ML}}) = \frac{1}{N} \sum_{n=1}^{N} \mathbf{u}(\mathbf{x}_n) \tag{식 2.228}$$

원칙적으로는 식 2.228을 풀어서 $\boldsymbol{\eta}_{\mathrm{ML}}$를 구할 수 있다. 최대 가능도 추정값에 대한 해는 $\sum_n \mathbf{u}(\mathbf{x}_n)$을 통해서만 데이터와 연관되어 있다. 따라서 이를 분포식 2.194의 **충분 통계량** (*sufficient statistic*)이라고 한다. 전체 데이터 집합을 저장하는 대신에 충분 통계량의 값만 저장해 두면 된다. 예를 들어, 베르누이 분포의 경우 $\mathbf{u}(x)$는 $\mathbf{x}$만 있으면 주어지며, 따라서 데이터 포인트 $\{x_n\}$의 합만 가지고 있으면 된다. 가우시안 분포의 경우 $\mathbf{u}(x) = (x, x^2)^{\mathrm{T}}$이므로, $\{x_n\}$의 합과 $\{x_n^2\}$의 합을 가지고 있어야 한다.

$N \to \infty$의 경우 식 2.228의 오른쪽 변은 $\mathbb{E}[\mathbf{u}(\mathbf{x})]$가 된다. 이를 식 2.226과 비교하면 이 극한의 경우에 $\boldsymbol{\eta}_{\mathrm{ML}}$의 값은 실제 $\boldsymbol{\eta}$ 값과 동일하게 됨을 알 수 있다.

이러한 충분 성질은 베이지안 추론의 경우에도 적용할 수 있다. 하지만 이에 대한 논의는 8장에서 그래프 모델에 대해 배운 이후로 미루겠다.

2.4.2 켤레 사전 분포

켤레 사전 분포에 대해서는 앞에서 몇 차례 살펴보았다. 베르누이 분포의 경우에는 베타 분포가 켤레 사전 분포였다. 그리고 가우시안 분포의 경우에는 평균에 대한 켤레 사전 분포는 다시금 가우시안 분포였으며, 정밀도에 대한 사전 분포는 위샤트 분포였다. 일반적으로 확률 분포 $p(\mathbf{x}|\boldsymbol{\eta})$에 대해서 가능도 함수에 대해 켤레인 사전 분포 $p(\boldsymbol{\eta})$를 찾는 것이 가능하다. 그 결과 사후 분포 역시 사전 분포와 같은 함수적 형태를 가지게 될 것이다. 식 2.194의 형태를 가지는 모든 지수족 분포에 대해서 다음의 형태로 적을 수 있는 켤레 사전 분포가 존재한다.

$$p(\boldsymbol{\eta}|\boldsymbol{\chi}, \nu) = f(\boldsymbol{\chi}, \nu)g(\boldsymbol{\eta})^\nu \exp\left\{\nu\boldsymbol{\eta}^{\mathrm{T}}\boldsymbol{\chi}\right\} \qquad \text{(식 2.229)}$$

여기서 $f(\boldsymbol{\chi}, \nu)$는 정규화 계수이며, $g(\boldsymbol{\eta})$은 식 2.194에서 보여진 것과 같은 함수다. 이 형태가 실제로 켤레라는 것을 보이기 위해 식 2.229의 사전 분포를 식 2.227의 가능도 함수에 곱해서 사후 분포를 구해 보도록 하자. 다음의 형태가 된다.

$$p(\boldsymbol{\eta}|\mathbf{X}, \boldsymbol{\chi}, \nu) \propto g(\boldsymbol{\eta})^{\nu+N} \exp\left\{\boldsymbol{\eta}^{\mathrm{T}}\left(\sum_{n=1}^{N}\mathbf{u}(\mathbf{x}_n) + \nu\boldsymbol{\chi}\right)\right\} \qquad \text{(식 2.230)}$$

식 2.230이 사전 분포식 2.229와 같은 함수적 형태를 가진다는 것을 볼 수 있다. 이를 통해서 켤레 성질이 증명되었다. 여기서의 매개변수 ν는 사전 분포에서의 가상의 관측값 개수라고 해석할 수 있다. 이 가상의 관측값들 각각은 충분 통계량 $\mathbf{u}(\mathbf{x})$에 해당하는 값으로 $\boldsymbol{\chi}$를 가지게 된다.

2.4.3 무정보적 사전 분포

확률적 추론의 몇몇 응용 사례에서는 사전 분포의 형태로 쉽게 표현할 수 있는 사전 정보를 가지고 시작하게 된다. 예를 들어 사전 정보가 어떤 변숫값에 0의 확률을 할당한다고 하면, 어떠한 관측 데이터가 주어지든 상관없이 사후 분포 또한 그 변숫값에 0의 확률을 할당하게 될 것이다. 하지만 다른 많은 경우에는 사전 정보가 어떤 형태의 분포로 표현되어야 하는가 알기 힘들 수도 있다. 이런 경우에 사용되는 것이 **무정보적 사전 분포**(*noninformative prior*)다. 무정보적 사전 분포를 사용하면 사후 분포에 대한 사전 분포의 영향력을 최소화할 수 있다(Jeffreys, 1946; Box and Tiao, 1973; Bernardo and Smith, 1994). 이러한 방식은 '데이터가 스스로에 대해 직접 말하게 하라(letting the data speak for themselves)'는 식으로 언급되기도 한다.

매개변수 λ에 의해 조절되는 분포 $p(x|\lambda)$가 주어졌을 경우 $p(\lambda) = \text{const}$를 사전 분포로 사용하는 것이 올바르게 느껴질 수도 있다. λ가 K개의 가능한 상태를 가지는 이산 변수라면 각 상태의 사전 확률을 $1/K$로 설정하는 식의 방법이다. 하지만 연속 변수의 경우에는 이런 방법을 사용하면 두 가지 발생 가능한 문제점이 발생한다. 첫 번째 문제점은 사전 분포를 올바르게 정규화할 수가 없다는 것이다. 왜냐하면 λ의 정의역이 무한하므로 λ에 대해 적분할 경우 그 값이 발산하기 때문이다. 이러한 사전 분포를 **부적합**(*improper*) 분포라 한다. 이러한 부적합 사전 분포는 해당 사후 분포가 **적합**(*proper*) 분포(올바르게 정규화될 수 있는 분포)라는 조건하에 종종 사용이 가능하다. 예를 들어, 가우시안 분포의 평균에 대한 사전 분포로 균일 분포를 사용한다고 해보자. 이 경우 최소 하나의 데이터 포인트가 주어진 후부터는 사후 분포가 적합 분포가 된다.

두 번째 문제점은 비선형 변수 변환을 시행할 때 확률 분포에 일어나는 일과 관계가 있다(식 1.27). 만약 함수 $h(\lambda)$가 상수고 $\lambda = \eta^2$의 변수 변환을 한다면, $\widehat{h}(\eta) = h(\eta^2)$ 역시도 상수일 것이다. 하지만 밀도 $p_\lambda(\lambda)$가 상수가 되도록 선택한다면 식 1.27에 따라서 η의 밀도는 다음과 같이 주어지게 된다.

$$p_\eta(\eta) = p_\lambda(\lambda) \left| \frac{\mathrm{d}\lambda}{\mathrm{d}\eta} \right| = p_\lambda(\eta^2)2\eta \propto \eta \qquad \text{(식 2.231)}$$

따라서 η에 대한 밀도는 상수가 아니게 된다. 최대 가능도 방법을 이용할 때는 이 문제가 발생하지 않는다. 왜냐하면 가능도 함수 $p(x|\lambda)$는 λ에 대한 단순한 함수이며, 그렇기 때문에 편리한 매개변수화를 자유롭게 사용할 수 있기 때문이다. 하지만 만약 사전 분포로 상수를 선택할 경우에는 매개변수를 적절히 표현하도록 주의를 기울여야 한다.

무정보적 사전 분포에 대한 두 가지 간단한 예를 살펴보도록 하자(Berger, 1985). 첫 번째로는 밀도가 다음의 형태를 가지는 경우를 고려해 보자.

$$p(x|\mu) = f(x - \mu) \qquad \text{(식 2.232)}$$

이 경우 매개변수 μ를 **위치 매개변수**(*location parameter*)라 한다. 이러한 형태를 지닌 밀도족들은 **이동 불변성**(*translation invariance*)을 보인다. 왜냐하면 x를 $\widehat{x} = x + c$와 같이 상수만큼 이동시키면 다음과 같이 되기 때문이다.

$$p(\widehat{x}|\widehat{\mu}) = f(\widehat{x} - \widehat{\mu}) \qquad \text{(식 2.233)}$$

여기서 $\widehat{\mu} = \mu + c$라 정의하였다. 밀도가 새로운 변수하에서도 원래의 밀도와 같은 형태를 띠게 되며, 따라서 밀도는 어떤 원점을 선택하느냐에 대해 독립적이다. 이런 경우 이동 불변성을 표현할 수 있는 분포를 사전 분포로 선택해야 한다. 이를 위해서는 $A \leqslant \mu \leqslant B$ 구간과 이동된 구간 $A - c \leqslant \mu \leqslant B - c$ 구간에 대해서 같은 확률 질량을 할당하는 사전 분포를 사용해야 한다. 이것이 의미하는 바는 다음과 같다.

$$\int_A^B p(\mu)\,\mathrm{d}\mu = \int_{A-c}^{B-c} p(\mu)\,\mathrm{d}\mu = \int_A^B p(\mu - c)\,\mathrm{d}\mu \qquad \text{(식 2.234)}$$

이 성질은 모든 A와 B에 대해서 만족되어야 한다. 그에 따라 다음을 얻게 된다.

$$p(\mu - c) = p(\mu) \qquad \text{(식 2.235)}$$

이것이 의미하는 바는 $p(\mu)$가 상수라는 것이다. 위치 매개변수의 예시 중 하나로 가우시안 분포의 평균 μ가 있다. 이미 살펴본 것처럼 μ의 켤레 사전 분포는 가우시안 분포 $p(\mu|\mu_0, \sigma_0^2)$

$= \mathcal{N}(\mu|\mu_0, \sigma_0^2)$이다. 여기서 $\sigma_0^2 \to \infty$를 취하면 무정보성 사전 분포를 얻게 된다. 실제로 이 경우를 식 2.141과 식 2.142에 적용해서 확인해 보면 사전 분포로부터의 기여도가 사라진 μ에 대한 사후 분포를 얻게 된다는 것을 확인할 수 있다.

두 번째 예로는 다음의 형태를 가진 밀도를 고려해 보자.

$$p(x|\sigma) = \frac{1}{\sigma} f\left(\frac{x}{\sigma}\right) \tag{식 2.236}$$

연습문제 2.59 여기서 $\sigma > 0$이다. $f(x)$가 올바르게 정규화되었다는 가정하에 위의 식은 정규화된 밀도다. 여기서 σ는 **척도 매개변수**(*scale parameter*)라 불린다. 이 밀도는 **크기 불변성**(*scale invariance*)을 가지고 있다. 왜냐하면 x를 $\widehat{x} = cx$와 같이 상수배하면 다음과 같기 때문이다.

$$p(\widehat{x}|\widehat{\sigma}) = \frac{1}{\widehat{\sigma}} f\left(\frac{\widehat{x}}{\widehat{\sigma}}\right) \tag{식 2.237}$$

여기서 $\widehat{\sigma} = c\sigma$라 정의하였다. 이 변환은 크기 변환에 해당한다. 예를 들어, x가 거리일 경우 미터를 킬로미터로 변환하는 것이 이에 해당한다. 이런 경우 크기 불변성을 가진 사전 분포를 선택해야 한다. $A \leqslant \sigma \leqslant B$ 구간과 척도화된 $A/c \leqslant \sigma \leqslant B/c$ 구간을 고려했을 때 선택된 사전 분포는 두 구간에 대해 같은 확률 질량을 할당해야 한다. 따라서 다음과 같다.

$$\int_A^B p(\sigma)\,\mathrm{d}\sigma = \int_{A/c}^{B/c} p(\sigma)\,\mathrm{d}\sigma = \int_A^B p\left(\frac{1}{c}\sigma\right)\frac{1}{c}\,\mathrm{d}\sigma \tag{식 2.238}$$

모든 A와 B에 대해서 위 성질이 만족되어야 하므로 다음과 같이 된다.

$$p(\sigma) = p\left(\frac{1}{c}\sigma\right)\frac{1}{c} \tag{식 2.239}$$

따라서 $p(\sigma) \propto 1/\sigma$여야 한다. 또한, $0 \leqslant \sigma \leqslant \infty$이기 때문에 이 분포는 부적합 분포가 된다. 때로는 척도 매개변수의 사전 분포를 매개변수의 로그값을 기준으로 고려하는 것이 편리할 수 있다. 식 1.27의 변환 법칙을 적용하면 $p(\ln \sigma) = \mathrm{const}$라는 것을 확인할 수 있다. 따라서 이 사전 분포의 경우 $1 \leqslant \sigma \leqslant 10$의 구간에 대한 확률 질량은 $10 \leqslant \sigma \leqslant 100$ 또는 $100 \leqslant \sigma \leqslant 1000$ 구간에 대한 확률 질량과 같다.

척도 매개변수의 예시로는 위치 매개변수 μ를 고려한 후의 가우시안 분포의 표준 편차 σ가 있다.

$$\mathcal{N}(x|\mu, \sigma^2) \propto \sigma^{-1} \exp\left\{-(\widetilde{x}/\sigma)^2\right\} \tag{식 2.240}$$

여기서 $\tilde{x} = x - \mu$다. 앞에서 논의한 것처럼 직접 σ를 이용하는 것보다 정밀도 $\lambda = 1/\sigma^2$을 사용하는 것이 종종 더 편리하다. 밀도의 변환 법칙을 적용하면 분포 $p(\sigma) \propto 1/\sigma$가 λ에 대한 분포 $p(\lambda) \propto 1/\lambda$에 해당한다는 것을 알 수 있다. λ의 켤레 사전 분포는 식 2.146으로 주어지는 감마 분포 $\mathrm{Gam}(\lambda|a_0, b_0)$라는 것을 앞에서 살펴보았다. 이는 $a_0 = b_0 = 0$인 경우에 무정보 사전 분포가 된다. λ의 사후 분포에 대한 식 2.150과 식 2.151의 결괏값을 살펴보면 $a_0 = b_0 = 0$인 경우 사후 분포는 사전 분포와는 관계가 없으며, 오직 새로 발생한 데이터들에 해당하는 항에 대해서만 종속적이라는 것을 확인할 수 있다.

2.5 비매개변수적 방법

이 장에서는 특정 함수의 형태를 가진 확률 분포들에 대해 살펴보았다. 그리고 이 분포들은 데이터 집합에 의해 결정되는 적은 수의 매개변수에 의해 조절되었다. 이러한 방법을 밀도 모델링의 **매개변수적**(*parametric*) 방법이라고 한다. 이 방법론의 중요한 한계점은 선택된 밀도 함수가 관측된 데이터를 만들어낸 분포를 표현하기에 적절하지 않은 모델이었을 수도 있다는 점이다. 이 경우 모델의 예측 성능이 매우 떨어지게 된다. 예를 들어, 데이터를 만들어낸 원 분포가 다봉 분포였을 경우 단봉 분포인 가우시안 분포를 사용해서는 이 다봉성의 성질을 절대로 잡아낼 수가 없다.

이 절에서는 분포의 형태에 대해서 적은 수의 가정만을 하는 **비매개변수적**(*nonparametric*)인 밀도 추정 방법에 대해서 살펴볼 것이다. 여기서는 주로 단순한 빈도학파의 방법론에 대해 집중한다. 하지만 비매개변수적인 베이지안 방법론이 최근 관심을 끌고 있다는 점도 염두에 두기 바란다(Walker et al., 1999; Neal, 2000; Müller and Quintana, 2004; Teh et al., 2006).

우선 첫 번째로 밀도 추정에 있어서 히스토그램을 사용하는 방법에 대해 논의해 보자. 이에 대해서는 그림 1.11에서 주변 분포와 조건부 분포에 대해 논의할 때와 그림 2.6에서 중심 극한 정리에 대해 이야기할 때 이미 접한 바 있을 것이다. 여기서는 단일 연속 변수 x에 초점을 맞춰서 히스토그램 밀도 모델의 성질에 대해 더 자세히 살펴보도록 하자. 표준 히스토그램 방법은 x를 너비 Δ_i를 가진 계급 구간들로 나누고 구간 i에 속한 x의 숫자 n_i를 세는 것이다. 이를 각 구간별로 정규화된 확률로 바꾸기 위해서는 다음과 같이 각 계급 구간의 빈도수를 전체 관측값의 수 N과 각 계급 구간의 너비 Δ_i로 나누면 된다.

$$p_i = \frac{n_i}{N\Delta_i}$$

(식 2.241)

여기서 $\int p(x)\,\mathrm{d}x = 1$이라는 것을 쉽게 증명할 수 있다. 이를 통해서 각 계급 구간의 너비에 대해서 상수인 밀도 $p(x)$가 주어진다. 보통 각각의 계급 구간들은 같은 너비 $\Delta_i = \Delta$를 가지도록 한다.

그림 2.24에 히스토그램 밀도 추정의 예시를 그려 두었다. 여기서 데이터는 녹색 선으로 표현된 분포로부터 추출하였다. 이 분포는 두 가우시안 분포가 혼합된 것이다. 또한, 그림 2.24에는 서로 다른 계급 구간의 너비 Δ에 대해 시행한 밀도 추정 결과들이 그려져 있다. 맨 위의 그림에서 볼 수 있는 것처럼 Δ가 아주 작을 경우에는 밀도 모델이 매우 뾰족뾰족하며, 원 분포에는 포함되어 있지 않은 구조가 포함되어 있음을 알 수 있다. 이와 반대로 맨 아래의 그림처럼 Δ가 매우 클 경우에는 밀도 모델이 상당히 매끈하며, 그에 따라 녹색 곡선의 양봉 형태를 표현하는 데 실패한 것을 볼 수 있다. 가장 좋은 결과물은 가운데의 그림처럼 중간 크기의 Δ 값을 사용했을 때 얻어졌다. 원칙적으로는 계급 구간들의 가장자리 위치 또한 히스토그램 밀도 모델에 영향을 미친다. 하지만 그 영향은 Δ 값에 의한 영향에 비해서는 미미하다.

히스토그램 밀도 추정은 한 번 히스토그램을 계산하면 원 데이터 집합을 저장할 필요가 없다는 성질을 가졌다. 이는 데이터 집합의 크기가 클 경우에는 장점이 된다. 또한, 데이터 포인트들이 순차적으로 입력될 경우에도 히스토그램 방법론을 쉽게 적용할 수 있다.

히스토그램 방법론은 일/이차원의 데이터들을 빠르게 도식화하여 확인해 보는 데 유용하다. 하지만 대부분의 경우에 히스토그램 방법론을 이용하여 밀도 추정을 하는 것은 그리 바람직하지 않다. 히스토그램을 이용한 밀도 추정의 한 가지 명확한 문제점은 계급 구간의 가장자리로 인해서 원 분포와는 상관없는 불연속면이 생긴다는 점이다. 또 다른 중요한 한계점은 고차원 데이터를 다룰 때 생겨난다. D차원 공간상의 각각의 변수들을 M개의 계급 구간으로 나눌 경우 총 계급 구간의 숫자는 M^D개가 된다. 이렇게 총 계급 구간의 숫자가 D에 대한 지수 함수

그림 2.24   히스토그램 밀도 추정의 예시. 녹색 곡선으로 표현된 원 분포에서 50개의 데이터 포인트를 추출하였다. 다양한 계급 구간 너비 Δ에 대해 시행한 식 2.241에 따른 히스토그램 밀도 추정의 결과가 그려져 있다.

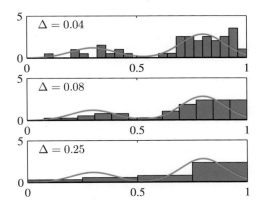

로 나타나는 문제는 차원 저주의 한 예시다. 고차원 공간상에서 국소 확률 밀도를 유의미하게 추정해 내기 위해 필요한 데이터의 양은 실로 어마어마하다.

이러한 단점에도 불구하고, 히스토그램을 이용한 방법론에는 두 가지 중요한 시사점이 있다. 첫 번째 시사점은 특정 위치상의 확률 밀도를 추정하기 위해서는 그 위치의 지역적 이웃 구간들에 존재하는 데이터 포인트들을 고려해야 한다는 것이다. '지역성'이라는 콘셉트를 사용하기 위해서는 거리를 측정하는 척도가 필요하다. 지금까지의 논의에서는 이 척도로서 유클리디안 거리를 사용하였다. 히스토그램 방법론의 경우 지역적인 이웃의 개념은 계급 구간으로써 정의되었다. 또한 여기서는 계급 구간의 너비라는 매개변수를 사용했는데, 이는 각 지역적 구간의 공간적 크기를 결정짓는 데 활용되는 '평활' 매개변수에 해당한다. 두 번째 시사점은 좋은 결과를 얻기 위해서는 평활 매개변숫값이 너무 커서도, 너무 작아서도 안 된다는 것이다. 이는 1장에서 다항식 곡선 피팅 문제에 대해 논의할 때 언급되었던 모델의 복잡도에 대한 이야기와 연관된다. 다항식 곡선 피팅 문제에서는 다항식의 차수 M, 또는 이를 대체하여 사용할 수 있는 정규화 매개변수 α가 너무 크지도 작지도 않은 적당한 중간값으로 정해졌을 때 좋은 결괏값을 도출했다. 이러한 통찰을 바탕으로 널리 사용되고 있는 비매개변수적 밀도 추정법 두 가지를 살펴보도록 하자. 단순 히스토그램 모델에 비해 높은 차수에서도 적용 가능한 이 방법들은 바로 커널 추정 방법과 최근접 이웃 방법이다.

2.5.1 커널 밀도 추정

유클리디안 D차원 공간의 알려지지 않은 확률 밀도 $p(\mathbf{x})$로부터 관측값들을 추출했고 이 관측값들을 바탕으로 $p(\mathbf{x})$의 값을 추정하려 한다고 해보자. 지역성에 대한 앞에서의 논의를 바탕으로, $\mathbf{x}$를 포함하고 있는 작은 구역 R에 대해 고려해 보자. 이 구역에 해당하는 확률 질량은 다음과 같다.

$$P = \int_{\mathcal{R}} p(\mathbf{x})\,\mathrm{d}\mathbf{x} \tag{식 2.242}$$

$p(\mathbf{x})$로부터 추출한 N개의 관측 데이터 포인트들을 고려해 보자. 각각의 데이터 포인트는 구역 R에 포함될 확률 P를 가지고 있다. 따라서 N개의 포인트들 중 총 K개의 포인트들이 구역 R

안에 존재할 확률을 다음의 이항 분포로 표현할 수 있다.

$$\mathrm{Bin}(K|N, P) = \frac{N!}{K!(N-K)!}P^K(1-P)^{N-K} \tag{식 2.243}$$

식 2.11을 이용하면 포인트들의 일부가 구역 R에 존재할 확률의 기댓값이 $\mathbb{E}[K/N] = P$임을 알수 있다. 마찬가지로 식 2.12를 적용하면 이 평균값에 대한 분산은 $\mathrm{var}[K/N] = P(1-P)/N$

이 된다는 것을 알 수 있다. 이 분포는 큰 N 값에 대해서 평균을 중심으로 날카롭고 뾰족한 모양을 그릴 것이다. 따라서 다음과 같이 된다.

$$K \simeq NP \tag{식 2.244}$$

구역 R이 충분히 작아서, 확률 밀도 $p(\mathbf{x})$가 한 구역 내에서는 대략 상수라고 가정해 보자. 그러면 다음을 얻게 된다.

$$P \simeq p(\mathbf{x})V \tag{식 2.245}$$

여기서 V는 R의 부피다. 식 2.244와 식 2.245를 합치면 다음 형태의 밀도 추정식을 얻을 수 있다.

$$p(\mathbf{x}) = \frac{K}{NV} \tag{식 2.246}$$

식 2.246의 유효성은 구역 R의 크기에 대한 두 가지의 서로 모순되는 가정에 기반하고 있다. 구역 내에서 밀도가 대략 상수일 정도로 구역 R의 크기가 충분히 작다는 가정과, 구역 내에 포함되는 포인트의 개수 K가 날카롭고 뾰족한 이항 분포를 이루기에 충분할 만큼 구역 R의 크기가(밀돗값과 비교할 때) 크다는 가정이다.

식 2.246의 결괏값은 두 가지 방법으로 이용 가능하다. K를 고정시키고 V의 값을 데이터로부터 구하는 것이 그중 하나다. 이를 바탕으로 **K 최근접 이웃**(*K nearest neighbour*) 방법을 도출해 낼 수 있다. 이에 대해서는 잠시 후에 살펴볼 것이다. 또 다른 한 가지는 V의 값을 고정시키고 데이터로부터 K를 구하는 것이다. 이를 바탕으로 한 방법이 바로 **커널**(*kernel*) 기반의 방법이다. N이 증가함에 따라서 V가 적당히 감소하고 K는 증가한다는 가정을 바탕으로, K 최근접 이웃과 커널 밀도 추정(kernel density estimator) 모두가 $N \to \infty$의 경우에 실제 확률 밀도로 수렴한다는 것을 증명할 수가 있다(Duda and Hart, 1973).

먼저 커널 방법론에 대해서 더 자세히 살펴보도록 하자. R 구역이 우리가 확률 밀도를 구하고 싶은 포인트 $\mathbf{x}$ 주변의 작은 초입방체라고 가정하는 데서 시작해 보자. 이 구역에 포함되는 포인트의 수 K를 세기 위해서는 다음과 같은 함수들을 정의하는 것이 편리하다.

$$k(\mathbf{u}) = \begin{cases} 1, & |u_i| \leqslant 1/2, \quad i = 1, \ldots, D, \\ 0, & \text{아닌 경우} \end{cases} \tag{식 2.247}$$

위 식은 원점 주변의 단위 입방체를 표현한 것이다. 함수 $k(\mathbf{u})$는 **커널 함수**(*kernel function*)의 예시다. 현재의 맥락에서는 **파젠 윈도우**(*Parzen window*)라고 부르기도 한다. 식 2.247로부터 $\mathbf{x}$를 중심으로 한 변의 길이가 h인 입방체 안에 데이터 포인트 $\mathbf{x}_n$이 존재할 경우에는 $k((\mathbf{x} - \mathbf{x}_n)/h)$의 값이 1이고, 아닐 경우에는 0이라는 것을 알 수 있다. 따라서 이 입방체 안에 존재하는 총 데이터 포인트의 숫자는 다음과 같다.

$$K = \sum_{n=1}^{N} k\left(\frac{\mathbf{x} - \mathbf{x}_n}{h}\right)$$ (식 2.248)

이 식을 식 2.246에 대입하면 다음과 같이 $\mathbf{x}$에서의 밀도식을 구할 수가 있다.

$$p(\mathbf{x}) = \frac{1}{N} \sum_{n=1}^{N} \frac{1}{h^D} k\left(\frac{\mathbf{x} - \mathbf{x}_n}{h}\right)$$ (식 2.249)

여기서 한 변의 길이가 h인 D차원상의 초입방체의 부피는 $V = h^D$라는 것을 이용하였다. 함수 $k(\mathbf{u})$의 대칭성을 이용하면, $\mathbf{x}$를 중심으로 한 하나의 입방체에 대해서가 아니라 N개의 데이터 포인트 $\mathbf{x}_n$들을 중심으로 한 N개의 입방체에 대한 합으로 이 식을 다시 해석할 수 있다.

식 2.249의 커널 밀도 추정은 히스토그램 방법과 비슷한 문제점을 겪게 된다. 바로 인공적인 불연속면이 생기게 된다는 점이다. 커널 추정 방법에서는 입방체의 경계면이 이 불연속면에 해당한다. 더 매끄러운 커널 함수를 이용하면 매끄러운 밀도 모델을 구할 수가 있다. 일반적으로 사용되는 매끄러운 커널 함수는 가우시안 함수다. 이를 이용할 경우 다음의 커널 밀도 모델을 얻게 된다.

$$p(\mathbf{x}) = \frac{1}{N} \sum_{n=1}^{N} \frac{1}{(2\pi h^2)^{D/2}} \exp\left\{-\frac{\|\mathbf{x} - \mathbf{x}_n\|^2}{2h^2}\right\}$$ (식 2.250)

여기서 h는 가우시안 성분의 표준 편차를 나타낸다. 따라서 우리의 밀도 모델은 각각의 데이터 포인트에 가우시안을 위치시키고 각자의 기여 정도를 전체 데이터 집합에 대해 합한 후 N으로 나누어 정규화한 것이다. 그림 2.25에서는 앞에서 히스토그램 방법론을 적용하였던 데이터 집합에 식 2.250의 모델을 적용한 결과를 확인할 수 있다. 예상했던 대로 매개변수 h가 평활 매개변수로 작동하는 것을 확인할 수 있다. h 값이 작은 경우에는 노이즈에 대해 지나치게 민감하고 h 값이 큰 경우에는 지나치게 평활화가 되는 것을 볼 수 있다. h를 최적화하는 것은 모델 복잡도를 결정하는 문제에 해당한다. 이와 유사한 문제로는 이미 앞에서 살펴본 히스토그램 밀도 추정 문제에서 계급 구간의 너비를 결정하는 문제나 곡선 피팅 문제에서 다항식의 차수를 결정하는 문제가 있다.

다음의 조건들을 만족하기만 한다면 어떤 함수든 식 2.249의 커널 함수 $k(\mathbf{u})$로 사용 가능하다.

$$k(\mathbf{u}) \geq 0,$$ (식 2.251)

$$\int k(\mathbf{u}) \, d\mathbf{u} = 1$$ (식 2.252)

그림 2.25　식 2.250의 커널 밀도 모델을 그림 2.24의 히스토그 램 모델에서 사용했던 데이터 집합에 적용한 결과. h가 평활 매개변수로써 작동한다는 것을 알 수 있다. h 값이 너무 작은 경우에는 맨 위의 그림처럼 노이즈 가 심한 모델을 얻게 되고 h 값이 너무 큰 경우에는 맨 아래의 그림처럼 원 분포(녹색선)의 특성(양봉 형 태)을 표현하는 데 실패한 모델을 얻게 된다. 중간에 해당하는 h를 사용했을 경우에는 가운데 그림처럼 적절한 모델을 얻을 수 있다.

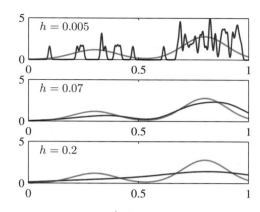

이 조건들은 결과로 구해지는 확률 분포가 0 또는 0보다 큰 값을 가지며, 적분하였을 경우 1이 된다는 성질을 보장해 준다. 식 2.249의 형태를 따르는 밀도 모델들을 커널 밀도 추정, 혹은 **파젠**(*Parzen*) 추정이라고 부른다. 커널 밀도 추정은 '훈련' 단계에서 계산이 필요하지 않다. 따라 서 단순히 훈련 집합들을 저장하기만 하면 된다는 장점이 있다. 하지만 이는 커널 밀도 추정의 약점이 되기도 한다. 왜냐하면 밀도를 평가하기 위한 계산 비용이 데이터 집합의 크기가 커짐 에 따라 선형적으로 증가하기 때문이다.

2.5.2 최근접 이웃 방법론

커널 추정 방법을 통한 밀도 추정의 한 가지 문제점은 커널을 규정하는 매개변수 h가 모든 커 널에 대해서 동일하다는 것이다. 데이터의 밀도가 높은 영역에서는 높은 h 값을 사용할 경우 지나치게 평활화되어서 원래 구조를 잡아내지 못하는 추정 모델을 얻게 될 수 있다. 하지만 h 값을 줄이면 데이터의 밀도가 낮은 영역에 대해서 노이즈가 심한 결괏값을 보여 주는 추정 모 델을 얻게 될 것이다. 이러한 이유로 최적의 h 값은 데이터 공간상에서의 위치에 대해 종속적 일 수 있다. 이 문제점을 해결하는 것이 최근접 이웃 밀도 추정 방법론이다.

식 2.246의 지역 밀도 추정에 대한 식을 다시 살펴보도록 하자. 여기서는 V를 정해진 값으로 고정하고 데이터로부터 K를 결정하는 대신, 고정된 K 값을 사용하고 데이터로부터 V 값을 찾 아내 보도록 하자. 이를 위해서는 포인트 $\mathbf{x}$ 주변의 작은 구를 고려해 보도록 하자. 이 구에서 의 밀도 $p(\mathbf{x})$를 추정하는 것이 우리의 목표다. 이 구의 반지름은 정해져 있지 않고 구가 정확 하게 K개의 데이터 포인트를 포함할 때까지 반지름을 늘릴 것이다. 식 2.246의 V를 이 결과에 해당하는 구의 부피로 설정하면 밀도 $p(\mathbf{x})$에 대한 추정값을 구할 수 있다. 이 테크닉을 K **최근 접 이웃**(*K nearest neighbour*) 방법이라고 한다. 그림 2.24와 그림 2.25에서 사용하였던 데이터를 바 탕으로 다양한 매개변수 K에 대해서 최근접 이웃 방법론을 적용한 결과를 그림 2.26에 그려 두었다. K의 값이 평활화의 정도를 결정하며, 너무 크지도 작지도 않은 최적의 K 값이 있음을 알 수 있다. K 최근접 이웃을 이용하여 구한 모델은 실은 밀도 모델이라 할 수 없다. 왜냐하면

연습문제 2.61

모든 공간에 대해 적분을 취할 경우 발산하기 때문이다.

밀도 추정을 위한 K 최근접 이웃 방법이 분류 문제에도 사용될 수 있음을 살펴본 후 이 장을 마치도록 하자. 이를 위해서는 각각의 클래스에 따로 K 최근접 이웃 밀도 추정법을 적용한 후 베이지안 정리를 사용해야 한다. 각각의 클래스 C_k에 대해 N_k개의 포인트를 가지는 데이터 집합을 가정해 보자. 이때 전체 포인트의 수는 N이다($\sum_k N_k = N$). 이 상황에서 새로운 포인트 $\mathbf{x}$를 분류하고 싶을 경우에 대하여 생각해 보자. 일단, 첫 번째로 클래스에 상관없이 정확히 K개의 데이터 포인트들을 포함하는 $\mathbf{x}$를 중심으로 한 구를 그리자. 그 결과 이 구는 부피 V를 가지게 되었으며, 각 클래스 C_k로부터 각각 K_k만큼의 포인트를 포함하게 되었다고 하자. 그러면 식 2.246을 통해 각 클래스에 대한 밀도 추정을 할 수 있다.

$$p(\mathbf{x}|\mathcal{C}_k) = \frac{K_k}{N_k V} \tag{식 2.253}$$

이와 비슷하게 무조건 밀도는 다음처럼 주어진다.

$$p(\mathbf{x}) = \frac{K}{NV} \tag{식 2.254}$$

각 클래스의 사전 밀도는 다음처럼 주어지게 된다.

$$p(\mathcal{C}_k) = \frac{N_k}{N} \tag{식 2.255}$$

베이지안 정리를 이용해서 식 2.253, 식 2.254, 식 2.255를 합치면 어떤 클래스에 속하는지에 대한 사후 확률을 구할 수가 있다.

그림 2.26 그림 2.25와 그림 2.24에서 사용하였던 데이터 집합에 K 최근접 이웃 밀도 추정을 적용한 결과를 그렸다. 매개변수 K가 평활화의 정도를 결정하는 것을 확인할 수 있다. K 값이 작을 경우에는 위의 그림과 같이 매우 노이즈가 심한 모델을 얻게 되고, K 값이 클 경우에는 아래의 그림과 같이 원래 분포의 특성 (양봉 형태)가 심한 평활화로 인해 사라져 버린 모델을 얻게 된다.

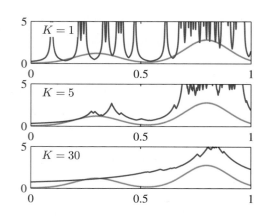

$$p(\mathcal{C}_k|\mathbf{x}) = \frac{p(\mathbf{x}|\mathcal{C}_k)p(\mathcal{C}_k)}{p(\mathbf{x})} = \frac{K_k}{K} \qquad \text{(식 2.256)}$$

오분류의 확률을 최소화하고 싶다면 시험 포인트 $\mathbf{x}$를 가장 큰 사후 확률값 K_k/K를 가진 클래스에 포함시키면 된다. 따라서 새 포인트를 분류할 때는 우선 훈련 집합에서 새 포인트로부터 가장 가까운 K개의 포인트를 찾아낸 후, K개의 포인트들 중에서 가장 많은 포인트가 속해 있는 클래스에 새 포인트를 할당한다. 만약 두 클래스가 비길 경우는 랜덤하게 한 클래스에 포함시키면 된다. $K = 1$인 경우 이 방법은 **최근접 이웃**(*nearest neighbour*) 방법이 된다. 왜냐하면 시험 포인트가 훈련 집합에 있는 포인트들 중 가장 가까운 포인트 하나와 같은 클래스에 할당될 것이기 때문이다. 이 콘셉트가 그림 2.27에 그려져 있다.

K 최근접 이웃 알고리즘을 1장에서 소개하였던 오일 흐름 데이터에 적용한 결과가 그림 2.28이다. K가 평활화 정도를 조절하며, 작은 K 값을 사용할 경우에는 각 클래스에 해당하는 많은 수의 구역들이 생기고, 큰 K 값을 사용할 경우에는 더 적은 수의 큰 구역들이 생기는 것을 확인할 수 있다. 최근접 이웃 분류기($K = 1$)의 특징 중 하나는 $N \to \infty$의 경우에 오차율이 최적 분류기(실제 클래스 분포를 사용하는 분류기)를 통해서 얻을 수 있는 최소 가능 오차의 두 배를 넘지 않는다는 것이다(Cover and Hart, 1967).

K 최근접 이웃과 커널 밀도 추정 모두 전체 데이터 집합을 저장해야 하므로 데이터 집합이 클 경우 많은 계산을 요한다. 추가적인 일회성 계산을 시행해야 한다는 비용을 치룸으로써 이러한 단점을 상쇄할 수가 있다. 트리 바탕의 검색 구조를 만들어서 가까운 이웃들(근삿값)을 효과적으로 찾을 수 있도록 하는 것이다. 그럼에도 불구하고 이러한 비매개변수적 방법들은 상당

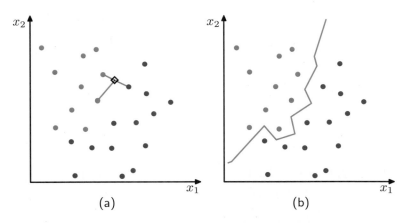

그림 2.27 (a) K 최근접 이웃 분류기에서 검은색 다이아몬드로 표시된 새 포인트는 K개의 가장 근접한 이웃 포인트들 중 가장 다수가 속한 클래스에 할당된다. 이 경우 $K = 3$이다. (b) 최근접 이웃($K = 1$) 접근법을 활용한 분류 문제에서의 선택 경계는 서로 다른 클래스에 포함된 포인트 쌍들을 수직으로 이등분하는 초평면들로 이루어진다.

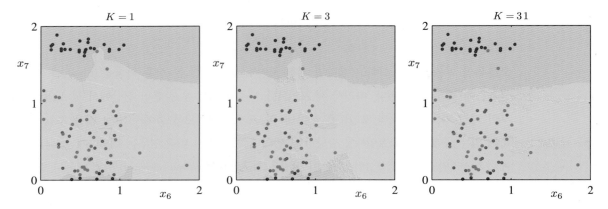

그림 2.28 석유 흐름 데이터의 산포도. 데이터 포인트 200개에 대해서 입력 변수 x_6와 x_7을 표시하였다. 빨간색 점은 '층상(laminar)' 클래스를, 녹색 점은 '환형(annular)' 클래스를, 파란색 점은 '균질(homogeneous)' 클래스를 표현한 것이다. 또한, 다양한 K 값에 대해서 K 최근접 이웃 알고리즘을 적용하였을 경우의 입력 공간의 분류 결과를 그려 두었다.

히 제한적일 수밖에 없다. 반면에 단순한 매개변수적 모델들은 표현 가능한 분포의 종류가 제한되어 있다는 것을 앞에서 살펴보았다. 결과적으로, 충분히 유연하면서도 모델의 복잡도가 훈련 집합의 크기와는 독립적으로 조절될 수 있는 모델이 필요하다는 것을 알 수 있다. 나중의 장들에서 어떻게 이를 달성할 수 있는지에 대해 살펴보도록 하자.

연습문제

2.1 ★ `www` 식 2.2의 베르누이 분포가 다음 성질을 만족함을 증명하라.

$$\sum_{x=0}^{1} p(x|\mu) = 1 \qquad\qquad (식\ 2.257)$$

$$\mathbb{E}[x] = \mu \qquad\qquad (식\ 2.258)$$

$$\mathrm{var}[x] = \mu(1-\mu) \qquad\qquad (식\ 2.258)$$

베르누이 분포를 가진 이진 확률 변수 x의 엔트로피 $\mathrm{H}[x]$가 다음과 같이 표현될 수 있음을 증명하라.

$$\mathrm{H}[x] = -\mu \ln \mu - (1-\mu)\ln(1-\mu) \qquad\qquad (식\ 2.260)$$

2.2 ★★ 식 2.2의 베르누이 분포는 x의 두 값에 대해 대칭적이지 않다. 몇몇 상황에서는 $x \in \{-1, 1\}$을 바탕으로 한 공식을 사용하는 것이 편리할 수도 있다. 이 경우 분포를 다음과 같이 적을 수 있다.

$$p(x|\mu) = \left(\frac{1-\mu}{2}\right)^{(1-x)/2} \left(\frac{1+\mu}{2}\right)^{(1+x)/2} \qquad\qquad (식\ 2.261)$$

여기서 $\mu \in [-1, 1]$이다. 식 2.261이 정규화되어 있다는 것을 증명하고, 평균, 분산, 엔트로피를 구하라.

2.3 ★★ www 이 연습문제에서는 식 2.9의 이항 분포가 정규화되어 있다는 것을 증명할 것이다. 먼저 N개의 물체들에서 m개의 물체를 선택하는 조합에 대한 식 2.10을 바탕으로 다음을 증명하도록 하자.

$$\binom{N}{m} + \binom{N}{m-1} = \binom{N+1}{m} \tag{식 2.262}$$

이 결과를 바탕으로 귀납적 증명법을 적용하면 다음 결과를 얻을 수 있다.

$$(1+x)^N = \sum_{m=0}^{N} \binom{N}{m} x^m \tag{식 2.263}$$

이를 **이항 정리**(binomial theorem)라 한다. 이는 모든 실수 x에 대해 성립한다. 마지막으로, 이항 분포가 정규화되어 있다는 것을 증명하자. 즉, 다음을 증명하는 것이다.

$$\sum_{m=0}^{N} \binom{N}{m} \mu^m (1-\mu)^{N-m} = 1 \tag{식 2.264}$$

먼저 합산에서 인자 $(1-\mu)^N$을 빼내고 이항 정리를 적용함으로써 증명할 수 있다.

2.4 ★★ 이항 분포의 평균이 식 2.11로 주어진다는 것을 증명하라. 이를 위해서는 식 2.264의 정규화 조건의 양변을 μ에 대해 미분하고 식을 재배치해서 n의 평균에 대한 식을 얻어야 한다. 이와 비슷하게 식 2.264를 μ에 대해 두 번 미분하고 이항 분포의 평균에 대한 결과인 식 2.11을 이용해서 식 2.12가 이항 분포의 분산이라는 것을 증명하라.

2.5 ★★ www 이 연습문제에서는 식 2.13의 베타 분포가 올바르게 정규화되어 있다는 것을 증명할 것이다. 즉, 식 2.14가 성립한다는 것을 증명하는 것이다. 이는 다음을 증명하는 것과 동일하다.

$$\int_0^1 \mu^{a-1}(1-\mu)^{b-1}\,\mathrm{d}\mu = \frac{\Gamma(a)\Gamma(b)}{\Gamma(a+b)} \tag{식 2.265}$$

감마 함수의 정의인 식 1.141로부터 다음을 얻을 수 있다.

$$\Gamma(a)\Gamma(b) = \int_0^\infty \exp(-x)x^{a-1}\,\mathrm{d}x \int_0^\infty \exp(-y)y^{b-1}\,\mathrm{d}y \tag{식 2.266}$$

이 식을 이용해서 식 2.265를 다음과 같이 증명하라. 먼저 y에 대한 적분을 x에 대한 적분의 피적분 함수 안으로 가져오고, 그 다음으로 x를 고정시킨 상태에서 변수 변환 $t = y + x$를 시행하라. 그 다음에는 x와 t 적분의 순서를 바꾸고, 마지막으로 t를 고정한 채로 변수 변환 $x = t\mu$를 시행하라.

2.6 ★ 식 2.265의 결과를 이용해서 식 2.13의 베타 분포의 평균, 분산, 최빈값이 다음과 같이 주어진다는 것을 증명하라.

$$\mathbb{E}[\mu] = \frac{a}{a+b} \tag{식 2.267}$$

$$\mathrm{var}[\mu] = \frac{ab}{(a+b)^2(a+b+1)} \tag{식 2.268}$$

$$\mathrm{mode}[\mu] = \frac{a-1}{a+b-2} \tag{식 2.269}$$

2.7 ★★ 식 2.9로 주어지는 x에 대한 이항 확률 변수를 고려해 보자. 이때 μ에 대한 사전 분포는 식 2.13의 베타 분포로 주어지며, $x = 1$을 m개 관찰하였고 $x = 0$을 l개 관찰했다고 해보자. μ의 사후 평균값이 사전 평균값과 μ에 대한 최대 가능도 추정값 사이에 있음을 증명하라. 이를 위해서는 사전 확률에 λ를 곱한 값에 최대 가능도 추정치에 $(1 - \lambda)$를 곱한 값을 더한 것으로 사후 확률을 표현할 수 있음을 증명하면 된다. 이때 $0 \leqslant \lambda \leqslant 1$이다. 이는 사후 분포가 사전 분포와 최대 가능도 해 사이의 절충값이라는 개념을 보여 주는 예시에 해당한다.

2.8 ★ 결합 분포가 $p(x, y)$인 두 개의 변수 x와 y를 고려해 보자. 이 경우 다음의 두 결과를 증명하라.

$$\mathbb{E}[x] = \mathbb{E}_y\left[\mathbb{E}_x[x|y]\right] \tag{식 2.270}$$

$$\mathrm{var}[x] = \mathbb{E}_y\left[\mathrm{var}_x[x|y]\right] + \mathrm{var}_y\left[\mathbb{E}_x[x|y]\right] \tag{식 2.271}$$

여기서 $\mathbb{E}_x[x|y]$는 조건부 분포 $p(x|y)$하에서의 x의 기댓값을 표현한 것이다. 조건부 분산에 대해서도 비슷한 표현법을 사용했다.

2.9 ★★★ www 이 연습문제에서는 귀납법을 이용해서 식 2.38의 디리클레 분포가 정규화되어 있음을 증명해 보도록 하자. 연습문제 2.5에서 $M = 2$인 경우의 디리클레 분포의 특수 형태에 해당하는 베타 분포가 정규화되어 있음을 이미 증명했다. 디리클레 분포가 $M - 1$개의 변수에 대해 정규화되어 있다면 M개의 변수에 대해서도 정규화되어 있다는 것을 증명해 보자. 이를 위해서 M개의 변수에 대한 디리클레 분포를 고려해 보자. 이때 μ_M을 제거함으로써 제약 조건 $\sum_{k=1}^{M} \mu_k = 1$을 고려해 포함시키도록 하자. 즉, 디리클레 분포를 다음과 같이 적을 수 있다.

$$p_M(\mu_1, \ldots, \mu_{M-1}) = C_M \prod_{k=1}^{M-1} \mu_k^{\alpha_k-1} \left(1 - \sum_{j=1}^{M-1} \mu_j\right)^{\alpha_M-1} \qquad \text{(식 2.272)}$$

여기서 우리의 목표는 C_M에 대한 표현식을 찾는 것이다. 이를 위해서는 μ_{M-1}에 대해 적분을 시행하고, 적분의 범위를 넘어가는 부분을 처리한 후, 변수 변환을 시행해서 적분이 0과 1의 한계를 가지도록 해야 한다. C_{M-1}이 올바른 결과를 가지고 있다고 가정했을 때 식 2.265를 적용해서 C_M에 대한 식을 유도하라.

2.10 ★★ 감마 함수의 성질 $\Gamma(x+1) = x\Gamma(x)$를 이용해서 식 2.38의 디리클레 분포의 평균, 분산, 공분산을 유도하라.

$$\mathbb{E}[\mu_j] = \frac{\alpha_j}{\alpha_0} \qquad \text{(식 2.273)}$$

$$\text{var}[\mu_j] = \frac{\alpha_j(\alpha_0 - \alpha_j)}{\alpha_0^2(\alpha_0 + 1)} \qquad \text{(식 2.274)}$$

$$\text{cov}[\mu_j \mu_l] = -\frac{\alpha_j \alpha_l}{\alpha_0^2(\alpha_0 + 1)}, \qquad j \neq l \qquad \text{(식 2.275)}$$

여기서 α_0는 식 2.39에 정의되어 있다.

2.11 ★ www 식 2.38의 디리클레 분포하에서 $\ln \mu_j$의 기댓값을 α_j에 대한 미분으로 표현해서 다음을 증명하라.

$$\mathbb{E}[\ln \mu_j] = \psi(\alpha_j) - \psi(\alpha_0) \qquad \text{(식 2.276)}$$

여기서 α_0는 식 2.39에 정의되어 있다.

$$\psi(a) \equiv \frac{d}{da} \ln \Gamma(a) \qquad \text{(식 2.277)}$$

식 2.277의 함수는 디감마 함수다.

2.12 ★ 연속 변수 x에 대한 균등 분포는 다음과 같이 정의된다.

$$\mathrm{U}(x|a, b) = \frac{1}{b-a}, \qquad a \leqslant x \leqslant b \qquad \text{(식 2.278)}$$

이 분포가 정규화되어 있음을 증명하고 평균과 분산에 대한 식을 유도하라.

2.13 ★★ 두 개의 가우시안 분포 $p(\mathbf{x}) = \mathcal{N}(\mathbf{x}|\boldsymbol{\mu}, \boldsymbol{\Sigma})$와 $q(\mathbf{x}) = \mathcal{N}(\mathbf{x}|\mathbf{m}, \mathbf{L})$ 간의 쿨백 라이블러 발산(식 1.113)을 계산하라.

2.14 ★★ `www` 이 연습문제에서는 주어진 공분산에 대해 최대 엔트로피를 가지는 다변량 분포가 가우시안 분포라는 것을 증명하도록 하자. 분포 $p(\mathbf{x})$의 엔트로피는 다음과 같이 표현할 수 있다.

$$\mathrm{H}[\mathbf{x}] = -\int p(\mathbf{x}) \ln p(\mathbf{x}) \, \mathrm{d}\mathbf{x} \tag{식 2.279}$$

모든 분포 $p(\mathbf{x})$에 대해서 $\mathrm{H}[\mathbf{x}]$를 최대화하고자 한다. 이때 $p(\mathbf{x})$는 정규화되어 있어야 하며, 특정 평균과 공분산을 가진다는 제약 조건을 만족해야 한다. 이는 다음과 같다.

$$\int p(\mathbf{x}) \, \mathrm{d}\mathbf{x} = 1 \tag{식 2.280}$$

$$\int p(\mathbf{x}) \mathbf{x} \, \mathrm{d}\mathbf{x} = \boldsymbol{\mu} \tag{식 2.281}$$

$$\int p(\mathbf{x})(\mathbf{x} - \boldsymbol{\mu})(\mathbf{x} - \boldsymbol{\mu})^{\mathrm{T}} \, \mathrm{d}\mathbf{x} = \boldsymbol{\Sigma} \tag{식 2.282}$$

식 2.279에 대해 변분적 최대화를 시행해 보자. 이 과정에서 라그랑주 승수를 이용해서 식 2.280, 식 2.281, 식 2.282의 제약 조건들을 강제하도록 하자. 그 결과 최대 가능도 분포가 식 2.43의 가우시안 분포로 주어지게 된다는 것을 증명하라.

2.15 ★★ 다변량 가우시안 분포 $\mathcal{N}(\mathbf{x}|\boldsymbol{\mu}, \boldsymbol{\Sigma})$의 엔트로피가 다음과 같음을 증명하라.

$$\mathrm{H}[\mathbf{x}] = \frac{1}{2} \ln |\boldsymbol{\Sigma}| + \frac{D}{2} \left(1 + \ln(2\pi)\right) \tag{식 2.283}$$

여기서 D는 $\mathbf{x}$의 차원수다.

2.16 ★★★ `www` 가우시안 분포를 가지는 확률 변수 x_1과 x_2를 고려해 보자. 이들은 각각 평균으로 μ_1, μ_2 정밀도로 τ_1, τ_2를 가진다. 변수 $x = x_1 + x_2$에 대한 미분 엔트로피를 유도하라. 이를 위해서 먼저 다음의 관계를 이용해 x의 분포를 구해라.

$$p(x) = \int_{-\infty}^{\infty} p(x|x_2)p(x_2) \, \mathrm{d}x_2 \tag{식 2.284}$$

그리고 지수부에 대해 제곱식의 완성을 적용하라. 이 결과가 두 가우시안 분포의 콘볼루션(convolution)에 해당하는 또 다른 가우시안 분포임을 확인할 수 있을 것이다. 마지막으로, 단변량 가우시안 분포에 대한 식 1.110의 결과를 적용하라.

2.17 ★ www 식 2.43의 다변량 가우시안 분포를 고려해 보자. 여기서 정밀도(공분산의 역) 행렬 $\boldsymbol{\Sigma}^{-1}$을 대칭 행렬과 비대칭 행렬의 합으로 고려하자. 이 경우 비대칭 행렬에 해당하는 항은 가우시안 분포의 지수부에 나타나지 않게 되며, 따라서 일반적으로 정밀도 행렬을 대칭 행렬로 고려할 수 있다는 것을 증명하라. 대칭 행렬의 역은 대칭 행렬이기 때문에(연습문제 2.2) 일반성을 잃지 않은 채로 공분산 행렬도 대칭 행렬로 선택할 수 있다.

2.18 ★★★ 실수 대칭 행렬 $\boldsymbol{\Sigma}$를 고려해 보자. 이 행렬의 고윳값식은 식 2.45에 따라 주어진다. 이 공식의 복소 켤레를 취하고 원공식을 뺀 후, 그 결괏값에 대해 고유 벡터 $\mathbf{u}_i$와의 내적을 시행하라. 그리고 이를 통해서 고윳값 λ_i가 실수임을 증명하라. 또한, 이와 비슷하게 $\boldsymbol{\Sigma}$의 대칭성을 이용해서 두 개의 고유 벡터 $\mathbf{u}_i$와 $\mathbf{u}_j$는 $\lambda_j \neq \lambda_i$라는 가정하에 서로 직교함을 증명하라. 마지막으로, 일반성을 잃지 않은 채로 고유 벡터들을 정규직교하도록 선택할 수 있음을 증명하라. 즉, 고유 벡터들이 식 2.46을 만족해야 하며, 심지어 몇몇 고윳값들이 0 값을 가져도 이것이 성립해야 한다.

2.19 ★★ 식 2.45의 고유 벡터식을 가지는 실수 대칭 행렬 $\boldsymbol{\Sigma}$가 식 2.48과 같이 고유 벡터들의 전개식으로 표현될 수 있음을 증명하라. 이때 계수는 고윳값으로 주어진다. 이와 비슷하게 역행렬 $\boldsymbol{\Sigma}^{-1}$은 식 2.49의 형태로 표현될 수 있음을 증명하라.

2.20 ★★ www 양의 정부호 행렬 $\boldsymbol{\Sigma}$는 다음의 제곱식 형태가 모든 실수 벡터 $\mathbf{a}$에 대해 양의 값을 가진다는 것으로 정의할 수 있다.

$$\mathbf{a}^{\mathrm{T}}\boldsymbol{\Sigma}\mathbf{a} \tag{식 2.285}$$

$\boldsymbol{\Sigma}$가 양의 정부호 행렬이기 위한 필요 충분 조건은 식 2.45에 의해 정의되는 $\boldsymbol{\Sigma}$의 모든 고윳값 λ_i가 양의 값을 가지는 것임을 보여라.

2.21 ★ $D \times D$ 실수 대칭 행렬은 $D(D+1)/2$개의 독립 매개변수들을 가짐을 증명하라.

2.22 ★ www 대칭 행렬의 역행렬은 대칭 행렬임을 증명하라.

2.23 ★★ 식 2.48의 고유 벡터 전개식을 이용해서 좌표계를 대각화했을 때 상수 마할라노비스 거리 Δ에 해당하는 초 타원체의 부피가 다음과 같다는 것을 증명하라.

$$V_D |\boldsymbol{\Sigma}|^{1/2} \Delta^D \tag{식 2.286}$$

여기서 V_D는 D차원에서의 단위 구의 부피다. 그리고 마할라노비스 거리는 식 2.44에 정의되어 있다.

2.24 ★★ www 식 2.76을 증명하라.

$$\begin{pmatrix} \mathbf{A} & \mathbf{B} \\ \mathbf{C} & \mathbf{D} \end{pmatrix} \qquad\qquad \text{(식 2.287)}$$

식 2.76의 양변에 식 2.287을 곱하고 식 2.77의 정의를 이용해서 증명을 시행할 수 있다.

2.25 ★★ 2.3.1절과 2.3.2절에서는 다변량 가우시안의 조건부 분포와 주변 분포에 대해 살펴보았다. $\mathbf{x}$의 성분을 세 개의 그룹 $\mathbf{x}_a$, $\mathbf{x}_b$, $\mathbf{x}_c$로 나눈다고 하자. 이때 μ와 공분산 행렬 $\mathbf{\Sigma}$는 다음과 같이 나눠지게 될 것이다.

$$\boldsymbol{\mu} = \begin{pmatrix} \boldsymbol{\mu}_a \\ \boldsymbol{\mu}_b \\ \boldsymbol{\mu}_c \end{pmatrix}, \qquad \mathbf{\Sigma} = \begin{pmatrix} \mathbf{\Sigma}_{aa} & \mathbf{\Sigma}_{ab} & \mathbf{\Sigma}_{ac} \\ \mathbf{\Sigma}_{ba} & \mathbf{\Sigma}_{bb} & \mathbf{\Sigma}_{bc} \\ \mathbf{\Sigma}_{ca} & \mathbf{\Sigma}_{cb} & \mathbf{\Sigma}_{cc} \end{pmatrix} \qquad \text{(식 2.288)}$$

2.3절의 결과를 이용해서 조건부 분포 $p(\mathbf{x}_a|\mathbf{x}_b)$의 식을 구해보라. 이때 $\mathbf{x}_c$는 주변화해서 없애야 한다.

2.26 ★★ 선형 대수에서의 매우 유용한 공식 중 하나로 **우드베리**(*Woodbury*) 역행렬 공식이 있다.

$$(\mathbf{A} + \mathbf{BCD})^{-1} = \mathbf{A}^{-1} - \mathbf{A}^{-1}\mathbf{B}(\mathbf{C}^{-1} + \mathbf{DA}^{-1}\mathbf{B})^{-1}\mathbf{DA}^{-1} \qquad \text{(식 2.289)}$$

이 식의 양변에 $(\mathbf{A} + \mathbf{BCD})$를 곱해서 이 공식이 올바르다는 것을 증명하라.

2.27 ★ $\mathbf{x}$와 $\mathbf{z}$가 서로 독립적인 확률 변수라고 하자. 즉, $p(\mathbf{x}, \mathbf{z}) = p(\mathbf{x})p(\mathbf{z})$이다. 이들의 합 $\mathbf{y} = \mathbf{x} + \mathbf{z}$의 평균은 각 변수들의 평균의 합으로 주어진다는 것을 증명하라. 이와 비슷하게 $\mathbf{y}$의 공분산 행렬은 $\mathbf{x}$와 $\mathbf{z}$의 공분산 행렬의 합이라는 것도 증명하라. 또한, 이 결과가 연습문제 1.10의 결과와 일치한다는 것을 확인하라.

2.28 ★★★ www 다음의 변수에 대한 결합 분포를 고려해 보자.

$$\mathbf{z} = \begin{pmatrix} \mathbf{x} \\ \mathbf{y} \end{pmatrix} \qquad\qquad \text{(식 2.290)}$$

이 결합 분포의 평균과 공분산은 각각 식 2.108과 식 2.105에 의해 주어진다. 식 2.92와 식 2.93을 이용해서 주변 분포 $p(\mathbf{x})$가 식 2.99와 같이 주어진다는 것을 증명하라. 또한, 이와 비슷하게 식 2.81과 식 2.82의 결과를 이용해서 조건부 분포 $p(\mathbf{y}|\mathbf{x})$가 식 2.100으로 주어진다는 것을 증명하라.

2.29 ★★ 식 2.76의 분할 역행렬 공식을 이용해서 식 2.104의 정밀도 행렬의 역이 식 2.105의 공분산 행렬임을 증명하라.

2.30 ★ 식 2.107에 식 2.105의 결과를 적용해서 식 2.108의 결과를 증명하라.

2.31 ★★ 두 개의 다차원 확률 변수 $\mathbf{x}$와 $\mathbf{z}$를 고려해 보자. 이 변수들은 각각 가우시안 분포 $p(\mathbf{x})$ $= \mathcal{N}(\mathbf{x}|\boldsymbol{\mu}_{\mathbf{x}}, \boldsymbol{\Sigma}_{\mathbf{x}})$와 $p(\mathbf{z}) = \mathcal{N}(\mathbf{z}|\boldsymbol{\mu}_{\mathbf{z}}, \boldsymbol{\Sigma}_{\mathbf{z}})$를 가진다. 그리고 이 두 변수의 합은 $\mathbf{y} = \mathbf{x} + \mathbf{z}$ 다. 식 2.109와 식 2.110의 결과를 이용해서 주변 분포 $p(\mathbf{y})$의 식을 구하라. 이 과정에서 주변 분포 $p(\mathbf{x})$와 조건부 분포 $p(\mathbf{y}|\mathbf{x})$의 곱으로 이루어진 선형 가우시안 모델을 고려하라.

2.32 ★★★ (www) 이 연습문제와 다음 연습문제는 선형 가우시안 모델에서 발생하는 이차 형태를 다루는 연습이 될 뿐만 아니라 본문에서 유도했던 결과에 대해 독립적으로 확인해 보는 내용 이 될 것이다. 결합 분포 $p(\mathbf{x}, \mathbf{y})$를 고려해 보자. 이 결합 분포는 식 2.99와 식 2.100의 주변 분 포와 조건부 분포에 의해 정의된다. 결합 분포의 지수부의 제곱식 형태를 조사하고 여기에 2.3 절에서 살펴봤던 제곱식의 완성 테크닉을 적용해서 주변 분포 $p(\mathbf{y})$의 평균과 분산의 식을 구 하라. 이때 변수 $\mathbf{x}$는 적분시켜 없애야 할 것이다. 이를 위해서는 식 2.289의 우드베리 역행렬 공식 을 사용해야 할 것이다. 이 결과가 2장에서 구했던 식 2.109, 식 2.110과 일치한다는 것을 확인 하라.

2.33 ★★★ 연습문제 2.32의 결합 분포를 다시 고려해 보자. 이번에는 제곱식의 완성 테크닉을 이용 해서 조건부 분포 $p(\mathbf{x}|\mathbf{y})$의 평균과 공분산을 구하라. 이 결과가 해당 공식 식 2.111, 식 2.112 와 일치한다는 것을 확인하라.

2.34 ★★ (www) 다변량 가우시안 분포의 공분산 행렬의 최대 가능도 해를 찾기 위해서는 식 2.118 의 로그 가능도 함수를 $\boldsymbol{\Sigma}$에 대해 최대화해야 한다. 이 과정에서 공분산 행렬은 대칭이며, 양 의 정부호여야 한다는 제약 조건을 이용했었다. 여기서는 이 제약 조건을 무시한 상태로 최대 화를 직접 시행해 보도록 하자. 부록 C의 식 C.21, 식 C.26, 식 C.28을 이용해서 식 2.118의 로 그 가능도 함수를 최대화하는 공분산 행렬 $\boldsymbol{\Sigma}$는 식 2.122의 표본 공분산으로 주어지게 된다는 것을 증명하라. 최종 결과가 (표본 공분산이 정칙 행렬이라는 가정하에) 대칭이고 양의 정부호라는 사실을 알 수 있을 것이다.

2.35 ★★ 식 2.59를 이용해서 식 2.62를 증명하라. 그 후 식 2.59와 식 2.62의 결과를 이용해서 다 음을 증명하라.

$$\mathbb{E}[\mathbf{x}_n \mathbf{x}_m^{\mathrm{T}}] = \boldsymbol{\mu}\boldsymbol{\mu}^{\mathrm{T}} + I_{nm}\boldsymbol{\Sigma} \qquad \text{(식 2.291)}$$

여기서 $\mathbf{x}_n$은 평균 μ와 공분산 $\boldsymbol{\Sigma}$를 가지는 가우시안 분포에서 표본 추출한 데이터 포인트이며, I_{nm}은 항등 행렬의 (n, m) 원소다. 이를 바탕으로 식 2.124를 증명하라.

2.36 ★★ www 식 2.126을 유도했던 방식과 비슷한 방식을 사용해서 단변량 가우시안 분포의 분산을 순차적으로 추정하기 위한 식을 유도하라. 최대 가능도 표현식에서부터 시작하면 된다.

$$\sigma_{\text{ML}}^2 = \frac{1}{N} \sum_{n=1}^{N} (x_n - \mu)^2 \qquad \text{(식 2.292)}$$

가우시안 분포에 대한 표현식을 식 2.135의 로빈스 몬로 순차 추정 공식에 넣으면 같은 형태의 결과를 얻게 된다는 것을 증명하고 이를 통해서 계수 a_N에 대한 식을 구하라.

2.37 ★★ 식 2.126을 유도했던 방식과 비슷한 방식을 사용해서 다변량 가우시안 분포의 공분산을 순차 추정하기 위한 식을 유도하라. 식 2.122의 최대 가능도 식에서 시작하면 된다. 가우시안 분포에 대한 표현식을 식 2.135의 로빈스 몬로 순차 추정 공식에 넣으면 같은 형태의 결과를 얻게 된다는 것을 증명하고, 이를 통해서 계수 a_N에 대한 식을 구하라.

2.38 ★ 제곱식의 완성 테크닉을 이용해서 식 2.141과 식 2.142의 결과를 유도하라.

2.39 ★★ 가우시안 확률 변수의 평균의 사후 분포에 대한 식 2.141과 식 2.142로부터 첫 번째 $N - 1$개의 데이터 포인트들로부터의 공헌도를 따로 빼내라. 이를 바탕으로 μ_N과 σ_N^2에 대한 순차 업데이트 식을 구해라. 이제 사후 분포 $p(\mu|x_1, \ldots, x_{N-1}) = \mathcal{N}(\mu|\mu_{N-1}, \sigma_{N-1}^2)$로부터 시작해서 같은 결과를 도출해 보라. 가능도 함수 $p(x_N|\mu) = \mathcal{N}(x_N|\mu, \sigma^2)$을 곱하고 제곱식의 완성 과정을 거친 후 정규화를 시행해서 N개의 관측값에 대한 사후 분포를 구하면 된다.

2.40 ★★ www D차원 가우시안 확률 변수 $\mathbf{x}$를 고려해 보자. 이 변수는 분포 $\mathcal{N}(\mathbf{x}|\boldsymbol{\mu}, \boldsymbol{\Sigma})$를 가지고 있는데, 이때 공분산 $\boldsymbol{\Sigma}$는 알려져 있고 평균 $\boldsymbol{\mu}$는 관측값의 집합 $\mathbf{X} = \{\mathbf{x}_1, \ldots, \mathbf{x}_N\}$으로부터 추론해 내고 싶다고 하자. 사전 분포 $p(\boldsymbol{\mu}) = \mathcal{N}(\boldsymbol{\mu}|\boldsymbol{\mu}_0, \boldsymbol{\Sigma}_0)$가 주어졌다고 할 때 해당 사후 분포 $p(\boldsymbol{\mu}|\mathbf{X})$를 구해 보라.

2.41 ★ 식 1.141의 감마 함수의 정의를 이용해서 식 2.146의 감마 분포가 정규화되어 있다는 것을 증명하라.

2.42 ★★ 식 2.146의 감마 분포의 평균, 분산, 최빈값을 계산하라.

2.43 ★ 다음 분포는 단변량 가우시안 분포를 일반화한 분포다.

$$p(x|\sigma^2, q) = \frac{q}{2(2\sigma^2)^{1/q}\Gamma(1/q)} \exp\left(-\frac{|x|^q}{2\sigma^2}\right) \qquad \text{(식 2.293)}$$

이 분포가 정규화되어 있음을 증명하라. 즉, 다음을 증명해야 한다.

$$\int_{-\infty}^{\infty} p(x|\sigma^2, q)\,\mathrm{d}x = 1 \tag{식 2.294}$$

그리고 $q = 2$의 경우에 이 분포가 가우시안 분포가 됨을 증명하라. 그 다음으로는 타깃 변수가 $t = y(\mathbf{x}, \mathbf{w}) + \epsilon$로 주어지는 회귀 모델을 고려해 보자. 이때 ϵ은 랜덤한 노이즈로서 식 2.293의 분포로부터 추출한 것이다. 관측 데이터 집합이 입력 벡터 $\mathbf{X} = \{\mathbf{x}_1, \ldots, \mathbf{x}_N\}$와 해당 타깃 변수 $\mathbf{t} = (t_1, \ldots, t_N)^\mathrm{T}$로 주어졌을 때, $\mathbf{w}$와 σ^2의 로그 가능도 함수가 다음과 같음을 증명하라.

$$\ln p(\mathbf{t}|\mathbf{X}, \mathbf{w}, \sigma^2) = -\frac{1}{2\sigma^2} \sum_{n=1}^{N} |y(\mathbf{x}_n, \mathbf{w}) - t_n|^q - \frac{N}{q} \ln(2\sigma^2) + \mathrm{const} \tag{식 2.295}$$

여기서 'const'는 $\mathbf{w}$와 σ^2에 독립적인 항의 집합이다. $\mathbf{w}$의 함수로서의 이 식이 1.5.5절에서 고려한 L_q 에러 함수라는 것을 알 수 있다.

2.44 ★★ 식 2.154의 가우시안 감마 분포를 켤레 사전 분포로 가지는 가우시안 분포 $\mathcal{N}(x|\mu, \tau^{-1})$를 고려해 보자. 그리고 독립적이고 동일하게 분포된 관측 데이터 집합 $\mathbf{x} = \{x_1, \ldots, x_N\}$를 고려해 보자. 사후 분포 역시 가우시안 감마 분포로써 사전 분포와 동일한 함수적 형태를 지닌다는 것을 증명하라. 그리고 이 사후 분포의 매개변수들에 대한 식을 적어 보아라.

2.45 ★ 식 2.155의 위샤트 분포가 다변량 가우시안 분포의 정밀도 행렬의 켤레 사전 분포라는 것을 증명하라.

2.46 ★ ⬤www⬤ 식 2.159의 결과를 이끌어낸 식 2.158의 적분 계산을 확인해 보라.

2.47 ★ ⬤www⬤ $\nu \to \infty$를 취한 경우 식 2.159의 t 분포가 가우시안 분포가 되는 것을 증명하라(힌트: 정규화 계수를 무시하고 단순히 x에 대한 종속성만 확인해 보라).

2.48 ★ 식 2.159의 스튜던트 t 분포를 유도하는 데 사용했던 과정과 비슷한 단계를 이용해서 스튜던트 t 분포의 다변량 형태에 대한 결과 식 2.162를 증명하라. 이 과정에서 식 2.161의 변수 η에 대한 주변화를 시행해야 할 것이다. 식 2.161의 정의를 바탕으로 적분 변수의 교환을 통해서 다변량 t 분포가 올바르게 정규화되었다는 것을 증명하라.

2.49 ★★ 가우시안 분포와 감마 분포의 콘볼루션으로 스튜던트 t 분포를 표현한 식 2.161의 정의를 바탕으로 식 2.162의 다변량 t 분포에 대한 성질인 식 2.164, 식 2.165, 식 2.166을 증명하라.

2.50 ★ $\nu \to \infty$를 취하면 식 2.162의 스튜던트 t 분포가 평균 $\boldsymbol{\mu}$, 정밀도 $\boldsymbol{\Lambda}$의 가우시안 분포가 됨을 증명하라.

2.51 ★ www 이 장에서 주기적 변수에 대해 논의할 때 다양한 삼각 함수 공식을 사용했었다. 이 삼각 함수 공식들은 다음의 관계식을 바탕으로 쉽게 증명할 수 있다.

$$\exp(iA) = \cos A + i \sin A \tag{식 2.296}$$

이때 i는 −1의 제곱근이다. 다음 식 2.297을 바탕으로 식 2.177을 증명하라.

$$\exp(iA)\exp(-iA) = 1 \tag{식 2.297}$$

이와 비슷하게 다음의 식 2.298의 성질을 바탕으로 식 2.178을 증명하라.

$$\cos(A - B) = \Re \exp\{i(A - B)\} \tag{식 2.298}$$

여기서 $\Re$은 실수부를 지칭하는 것이다. 마지막으로, $\sin(A - B) = \Im \exp\{i(A - B)\}$라는 것을 이용해서 식 2.183을 증명하라. 여기서 $\Im$는 허수부를 지칭하는 것이다.

2.52 ★★ m 값이 큰 경우 식 2.179의 폰 미제스 분포는 최빈값 θ_0 근처에서 날카롭게 뾰족한 형태를 띤다. $\xi = m^{1/2}(\theta - \theta_0)$로 정의하고 다음으로 주어지는 코사인 함수의 테일러 전개식을 고려해 보자.

$$\cos \alpha = 1 - \frac{\alpha^2}{2} + O(\alpha^4) \tag{식 2.299}$$

이들을 바탕으로 $m \to \infty$인 경우 폰 미제스 분포는 가우시안 분포가 되는 경향을 띤다는 것을 증명하라.

2.53 ★ 식 2.183의 삼각 함수 공식을 이용해서 식 2.182의 θ_0에 대한 해가 식 2.184로 주어진다는 것을 증명하라.

2.54 ★ 식 2.179의 폰 미제스 분포의 일차와 이차 미분을 계산하라. 그리고 $m > 0$일 경우 $I_0(m) > 0$이라는 것을 이용해서 $\theta = \theta_0$일 때 분포가 최댓값을, $\theta = \theta_0 + \pi \,(\text{mod}\, 2\pi)$일 때 분포가 최솟값을 가진다는 것을 증명하라.

2.55 ★ 식 2.168과 식 2.184을 함께 이용하고 여기에 식 2.178의 삼각 함수 공식을 적용해서 폰 미제스 분포의 집중 매개변수에 대한 최대 가능도 해 m_{ML}이 $A(m_{\text{ML}}) = \bar{r}$을 만족함을 증명하라. 이때 $\bar{r}$은 관측값들의 평균의 반지름을 이차원 유클리드 평면의 단위 벡터로 본 것이다. 이에 대해서는 그림 2.17에 그려져 있다.

2.56 ★★ www 식 2.13의 베타 분포, 식 2.146의 감마 분포, 식 2.179의 폰 미제스 분포를 식 2.194의 지수족 분포로 표현하라. 그리고 각 분포들의 자연 매개변수를 확인해 보라.

2.57 ★ 다변량 가우시안 분포를 식 2.194의 지수족 형태로 표현할 수 있음을 증명하고, 식 2.220 ~ 식 2.223에 대응하는 $\boldsymbol{\eta}$, $\mathbf{u}(\mathbf{x})$, $h(\mathbf{x})$, $g(\boldsymbol{\eta})$에 대한 식을 유도하라.

2.58 ★ 식 2.226의 결과는 지수족 분포에서의 $\ln g(\boldsymbol{\eta})$의 기울기의 음의 값이 $\mathbf{u}(\mathbf{x})$의 기댓값으로 주어진다는 것을 나타낸다. 식 2.195의 이차 미분을 통해서 다음을 증명하라.

$$-\nabla\nabla \ln g(\boldsymbol{\eta}) = \mathbb{E}[\mathbf{u}(\mathbf{x})\mathbf{u}(\mathbf{x})^{\mathrm{T}}] - \mathbb{E}[\mathbf{u}(\mathbf{x})]\mathbb{E}[\mathbf{u}(\mathbf{x})^{\mathrm{T}}] = \mathrm{cov}[\mathbf{u}(\mathbf{x})] \qquad \text{(식 2.300)}$$

2.59 ★ $y = x/\sigma$를 통해 변수 변환을 시행해서 $f(x)$가 올바르게 정규화되었다는 가정하에 식 2. 236의 밀도가 올바르게 정규화되었다는 것을 증명하라.

2.60 ★ www 공간 $\mathbf{x}$를 여러 개의 고정된 영역으로 나누는 히스토그램과 같은 밀도 모델을 고려해 보자. 이때 각 i번째 영역에서 밀도 $p(\mathbf{x})$는 상숫값 h_i를 가지게 된다. 그리고 i번째 영역의 부피는 Δ_i다. $\mathbf{x}$에 대한 N개의 관측을 시행했다고 하자. 이때 관측값 n_i는 i번째 영역에 속한다. $\{h_i\}$의 최대 가능도 추정값의 식을 유도하라. 이때 라그랑주 승수를 이용해서 밀도의 정규화 제약 조건을 강제하라.

2.61 ★ K 최근접 이웃 밀도 모델이 부적합 분포임을 증명하라. 즉, 모든 공간에 대해 이 분포를 적분하면 발산한다는 것이다.

3

선형 회귀 모델

지금까지의 이 책의 초점은 밀도 추정과 데이터 집단화 등의 비지도 학습에 맞춰져 있었다. 이제는 지도 학습에 대해 살펴보도록 하자. 그 첫 번째로 회귀 모델에 대해 논의할 것이다. 회귀 모델의 목표는 D차원의 벡터 $\mathbf{x}$들이 **입력**(*input*) 변수로 주어졌을 때, 그에 해당하는 연속 **타깃**(*target*) 변수 t 값을 예측하는 것이다. 1장에서 다뤘던 다항식 곡선 피팅 문제가 이러한 회귀 문제의 예시다. 다항식 모델은 이 장의 주제이기도 한 선형 회귀 모델의 일종이다. 선형 회귀 모델은 조절 가능한 매개변수를 바탕으로 한 선형 함수를 사용하는 모델이다. 가장 단순한 형태의 선형 회귀 모델은 입력 변수들에 대한 선형 함수다. 하지만 입력 변수들에 대한 비선형 함수들의 집합을 선형적으로 결합하면 더 유용한 함수를 얻을 수 있다. 이러한 함수들을 **기저 함수**(*basis function*)라 한다. 이러한 모델들은 입력 변수들에 대해서는 비선형적이지만 매개변수에 대해서는 선형 함수이기 때문에 쉽게 분석할 수 있다는 성질을 가지고 있다.

N개의 관측값 $\{\mathbf{x}_n\}$과 이에 해당하는 표적값 $\{t_n\}$이 훈련 집합($n = 1, \ldots, N$)으로 주어졌을 때 회귀 모델의 목표는 새 변수 $\mathbf{x}$의 표적값 t를 예측하는 것이다. 이를 위한 가장 단순한 접근법은 새 입력값 $\mathbf{x}$에 대해 해당 표적값 t를 출력하도록 하는 적절한 함수 $y(\mathbf{x})$를 직접 만들어 내는 것이다. 확률적인 측면에서 말하자면 예측 분포 $p(t|\mathbf{x})$를 모델하는 것이 우리의 목표가 된다. 예측 분포를 통해서 각각의 입력값 $\mathbf{x}$에 대한 표적값 t의 불확실성을 표현할 수 있기 때문이다. 이 조건부 분포를 이용하면 어떤 새 $\mathbf{x}$ 값에 대해서든 손실 함수의 기댓값을 최소화하

는 표적값 t를 예측해 낼 수 있다. 1.5.5절에서 논의된 바와 같이 실숫값을 가지는 변수들에 대해 흔히 쓰이는 손실 함수는 제곱 손실 함수다. 제곱 손실 함수를 사용할 경우 t에 대한 조건부 기댓값이 최적의 해가 된다.

선형 모델들은 몇몇 패턴 인식 응용 사례의 경우에 심각한 한계점을 가지고 있다. 특히, 입력 공간이 고차원인 경우에 그렇다. 하지만 그럼에도 불구하고 선형 모델은 훌륭한 해석적인 성질을 가지고 있으며, 나중 장들에서 논의할 더 복잡한 모델들의 토대가 된다.

3.1 선형 기저 함수 모델

가장 단순한 형태의 선형 회귀 모델은 입력 변수들의 선형 결합을 바탕으로 한 모델이다.

$$y(\mathbf{x}, \mathbf{w}) = w_0 + w_1 x_1 + \ldots + w_D x_D \tag{식 3.1}$$

여기서 $\mathbf{x} = (x_1, \ldots, x_D)^\mathrm{T}$다. 이 모델은 종종 **선형 회귀**(*linear regression*) 모델이라고 불린다. 선형 회귀 모델의 가장 중요한 성질은 바로 이 모델이 매개변수 $w_0, \ldots, w_D$의 선형 함수라는 것이다. 또한, 이 모델은 입력 변수 x_i의 선형 함수이기도 한데, 바로 이 성질 때문에 선형 회귀 모델에는 심각한 한계점이 존재한다. 이 한계점을 극복하기 위해서 다음처럼 입력 변수에 대한 고정 비선형 함수들의 선형 결합을 사용할 수 있다.

$$y(\mathbf{x}, \mathbf{w}) = w_0 + \sum_{j=1}^{M-1} w_j \phi_j(\mathbf{x}) \tag{식 3.2}$$

여기서 $\phi_j(\mathbf{x})$가 **기저 함수**(*basis function*)다. 인덱스 j의 최댓값이 $M-1$이므로 이 모델의 매개변수의 총 숫자는 M이 된다.

매개변수 w_0는 데이터에 있는 고정된 오프셋을 표현할 수 있게 해준다. w_0을 **편향**(*bias*) 매개변수라고 부르기도 한다(여기서 편향의 의미는 통계적 의미에서의 편향과는 다르다). 편의를 위해서 추가적인 의사 '기저 함수' $\phi_0(\mathbf{x}) = 1$을 정의하도록 하자. 그러면 다음과 같이 표현할 수 있다.

$$y(\mathbf{x}, \mathbf{w}) = \sum_{j=0}^{M-1} w_j \phi_j(\mathbf{x}) = \mathbf{w}^\mathrm{T} \boldsymbol{\phi}(\mathbf{x}) \tag{식 3.3}$$

여기서 $\mathbf{w} = (w_0, \ldots, w_{M-1})^\mathrm{T}$고 $\boldsymbol{\phi} = (\phi_0, \ldots, \phi_{M-1})^\mathrm{T}$다. 많은 패턴 인식의 응용 사례에서는 원 데이터 변수에 전처리나 특징 추출 과정을 적용하게 된다. 만약 원래의 변수가 벡터 $\mathbf{x}$라 한다면, 특징들은 기저 함수 $\{\phi_j(\mathbf{x})\}$를 바탕으로 표현할 수 있다.

비선형 기저 함수들을 사용하여 함수 $y(\mathbf{x}, \mathbf{w})$가 입력 벡터 $\mathbf{x}$에 대한 비선형 함수가 되도록 할 수 있다. 그럼에도 불구하고 식 3.2의 형태를 가진 함수들이 선형 모델이라고 불리는 이유는 이 함수들이 $\mathbf{w}$에 대해서 선형 함수이기 때문이다. 매개변수에 대한 선형 관계는 해당 종류의 모델들을 분석하기 매우 쉽게 만들어 준다. 하지만 이 선형 관계로 인해 이런 종류의 모델에는 심각한 한계점이 존재하는데, 이 한계점에 대해서는 3.6절에서 논의할 것이다.

1장에서 살펴보았던 다항 회귀 문제는 이 모델의 예시 중 하나다. 이 경우 입력 변수는 단일 변수 x고 기저 함수는 x의 거듭제곱 $\phi_j(x) = x^j$이다. 다항 기저 함수의 한 가지 한계점은 이 함수가 입력 변수에 대한 전역적인 함수이기 때문에 입력 공간의 한 영역에서 발생한 변화가 다른 영역들에까지 영향을 미친다는 것이다. 입력 공간을 여러 영역들로 나누고 각 영역에 대해서 서로 다른 다항식을 피팅함으로써 문제를 해결할 수 있다. 이 아이디어를 바탕으로 한 것이 **스플라인 함수**(*spline function*)(Hastie *et al.*, 2001)다.

다양한 다른 함수들이 기저 함수로 사용될 수 있다. 예를 들어, 다음이 그중 하나다.

$$\phi_j(x) = \exp\left\{ -\frac{(x - \mu_j)^2}{2s^2} \right\} \qquad \text{(식 3.4)}$$

여기서 μ_j는 입력 공간에서의 기저 함수의 위치를 결정하며, 매개변수 s는 공간적 크기를 결정한다. 식 3.4는 보통 '가우시안' 기저 함수라고 불린다. 이 기저 함수는 가우시안이라고 불리긴 하지만, 반드시 확률적으로 해석될 필요가 있는 것은 아니다. 특히, 적응 매개변수 w_j가 곱해질 것이므로 정규화 계수가 중요하지 않다.

또 다른 기저 함수의 예는 다음의 형태를 가진 시그모이드 기저 함수다.

$$\phi_j(x) = \sigma\left(\frac{x - \mu_j}{s}\right) \qquad \text{(식 3.5)}$$

여기서 $\sigma(a)$는 다음처럼 정의되는 로지스틱 시그모이드 함수다.

$$\sigma(a) = \frac{1}{1 + \exp(-a)} \qquad \text{(식 3.6)}$$

'tanh' 함수와 로지스틱 시그모이드 함수는 $\tanh(a) = 2\sigma(2a) - 1$이라는 관계를 가졌다. 그렇기 때문에 로지스틱 시그모이드 함수의 선형 결합은 결국 'tanh' 함수의 선형 결합으로 표현 가능하다. 다양한 기저 함수들에 대해서는 그림 3.1에 그려져 있다.

또 다른 기저 함수로 푸리에 기저 함수를 고려할 수 있다. 이 경우 각각의 기저 함수들은 특정

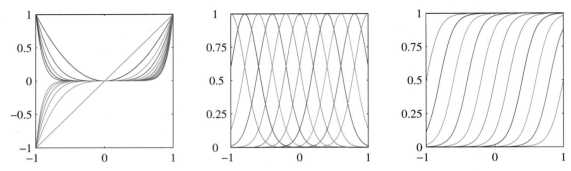

그림 3.1 기저 함수의 예시들. 왼쪽은 다항 기저 함수, 가운데는 식 3.4의 가우시안 기저 함수, 오른쪽은 식 3.5의 시그모이드 기저 함수다.

도수를 표현하며, 무한대의 공간적 범위를 가지게 된다. 이와는 대조적으로 입력 공간의 유한한 영역들에 국소화된 기저 함수들은 서로 다른 여러 공간 진동수들의 스펙트럼으로 구성된다. 많은 신호 처리 적용 사례에서는 공간적으로도 국소화되어 있고 진동수 차원에서도 국소화되어 있는 기저 함수를 찾는 것이 필요하다. 이런 특성을 가진 함수들은 **소파동**(*wavelets*)이라 알려져 있다. 소파동들은 편의를 위해서 상호 직교적으로 정의되는 경우가 많다. 소파동은 입력 변수가 규칙적인 격자상에 존재할 때 가장 유용하다. 시계열 데이터의 연속적인 시간 포인트들이나 이미지상의 픽셀들이 이러한 입력 변수에 해당한다. 소파동에 대해 더 자세히 알고싶다면 Ogden(1997), Mallat(1999), Vidakovic(1999) 등을 참고하기 바란다.

사실 이 장에서의 논의 대부분은 어떤 기저 함수를 사용하는지와는 무관하다. 따라서 이 장에서는 수치적으로 보여줄 필요가 있는 경우를 제외하고는 어떤 기저 함수를 특정하지 않을 것이다. 여기서의 논의의 대부분은 기저 함수 $\phi(\mathbf{x})$가 단순히 항등 함수 $\phi(\mathbf{x}) = \mathbf{x}$일 경우에도 적용할 수 있다. 또한, 표현을 간단하게 하기 위해서 단일 타깃 변수 t의 경우만 고려할 것이다. 하지만 3.1.5절에서 다중 타깃 변수의 경우를 다루기 위해서 필요한 수정 사항들에 대해서 간략히 살펴보기는 할 것이다.

3.1.1 최대 가능도와 최소 제곱

1장에서는 제곱합 오류 함수를 최소화하는 방식으로 데이터 집합에 다항 함수를 근사했다. 가우시안 노이즈 모델을 가정하였을 경우에 이 오류 함수를 최소화하는 것이 최대 가능도 해를 구하는 것에 해당한다는 것도 증명했다. 이번에는 해당 논의로 돌아가서 최소 제곱법과 최대 가능도 방법의 관계에 대해서 더 자세히 살펴보도록 하자.

이전과 같이 타깃 변수 t는 결정 함수 $y(\mathbf{x}, \mathbf{w})$와 가우시안 노이즈의 합으로 주어진다고 가정할 것이다.

$$t = y(\mathbf{x}, \mathbf{w}) + \epsilon \tag{식 3.7}$$

여기서 ϵ은 0을 평균으로, β를 정밀도(분산의 역)로 가지는 가우시안 확률 변수다. 따라서 다음과 같이 적을 수 있다.

$$p(t|\mathbf{x}, \mathbf{w}, \beta) = \mathcal{N}(t|y(\mathbf{x}, \mathbf{w}), \beta^{-1}) \tag{식 3.8}$$

1.5.5절

제곱 오류 함수를 가정할 경우 새 변수 $\mathbf{x}$에 대한 최적의 예측값은 타깃 변수의 조건부 평균으로 주어질 것이다. 식 3.8의 형태의 가우시안 조건부 분포의 경우에 조건부 평균은 다음과 같다.

$$\mathbb{E}[t|\mathbf{x}] = \int t p(t|\mathbf{x}) \, \mathrm{d}t = y(\mathbf{x}, \mathbf{w}) \tag{식 3.9}$$

노이즈의 분포가 가우시안이라는 가정은 $\mathbf{x}$가 주어졌을 때의 t의 조건부 분포가 단봉 형태임을 내포하고 있다. 몇몇 응용 사례에서는 이것이 적절하지 않을 수도 있다. 다봉 형태를 가지는 조건부 분포를 표현하기 위해서 사용 가능한 방법 중 하나는 조건부 가우시안 분포들을 혼합하는 것이다. 이에 대해서는 14.5.1절에서 논의할 것이다.

입력 데이터 집합 $\mathbf{X} = \{\mathbf{x}_1, \ldots, \mathbf{x}_N\}$과 그에 해당하는 타깃 변수 $t_1, \ldots, t_N$을 고려해 보자. 타깃 변수들 $\{t_n\}$을 $\mathbf{t}$로 지칭한 열 벡터로 무리지을 수 있다. 다른 활자체를 이용하여 $\mathbf{t}$를 표현한 이유는, $\mathbf{t}$로 표현되는 다변량 표적의 단일 관측값과 구분하기 위해서다. 이 데이터 포인트들이 식 3.8의 분포로부터 독립적으로 추출되었다는 가정하에 다음 형태를 가지는 가능도 함수를 얻을 수 있다. 이 가능도 함수는 조절 가능한 매개변수 $\mathbf{w}$와 β의 함수다.

$$p(\mathbf{t}|\mathbf{X}, \mathbf{w}, \beta) = \prod_{n=1}^{N} \mathcal{N}(t_n|\mathbf{w}^{\mathrm{T}}\boldsymbol{\phi}(\mathbf{x}_n), \beta^{-1}) \tag{식 3.10}$$

여기서 식 3.3을 사용했다. 회귀나 분류 같은 지도 학습 문제의 경우에 우리는 입력 변수의 분포를 모델하려 하지 않는다. 따라서 $\mathbf{x}$는 언제나 조건부 변수의 집합에 포함되어 있을 것이다. 그러므로 이제부터는 표현식에서 $\mathbf{x}$를 빼고 $p(\mathbf{t}|\mathbf{w}, \beta)$와 같이 적을 것이다. 가능도 함수에 대해 로그를 취하고 단변량 가우시안의 표준 형태 식 1.46을 이용하면 다음을 얻을 수 있다.

$$
\begin{aligned}
\ln p(\mathbf{t}|\mathbf{w}, \beta) &= \sum_{n=1}^{N} \ln \mathcal{N}(t_n|\mathbf{w}^{\mathrm{T}}\boldsymbol{\phi}(\mathbf{x}_n), \beta^{-1}) \\
&= \frac{N}{2}\ln\beta - \frac{N}{2}\ln(2\pi) - \beta E_D(\mathbf{w})
\end{aligned} \tag{식 3.11}
$$

여기서 제곱합 오류 함수는 다음과 같이 정의된다.

$$E_D(\mathbf{w}) = \frac{1}{2} \sum_{n=1}^{N} \{t_n - \mathbf{w}^\mathrm{T} \phi(\mathbf{x}_n)\}^2 \qquad \text{(식 3.12)}$$

가능도 함수를 적었으니 이제 여기에 최대 가능도 방법을 적용하여 $\mathbf{w}$와 β를 구할 수 있다. 첫 번째로 $\mathbf{w}$에 대해 극대화하는 경우를 고려해 보자. 이미 1.2.5절에서 살펴본 것처럼 가우시안 노이즈 분포하에서 선형 모델에 대해 가능도 함수를 최대화하는 것은 제곱합 오류 함수 $E_D(\mathbf{w})$를 최소화하는 것과 동일하다. 식 3.11의 로그 가능도 함수의 기울기는 다음과 같다.

$$\nabla \ln p(\mathbf{t}|\mathbf{w}, \beta) = \beta \sum_{n=1}^{N} \left\{t_n - \mathbf{w}^\mathrm{T} \phi(\mathbf{x}_n)\right\} \phi(\mathbf{x}_n)^\mathrm{T} \qquad \text{(식 3.13)}$$

기울기를 0으로 놓으면 다음을 얻게 된다.

$$0 = \sum_{n=1}^{N} t_n \phi(\mathbf{x}_n)^\mathrm{T} - \mathbf{w}^\mathrm{T} \left(\sum_{n=1}^{N} \phi(\mathbf{x}_n) \phi(\mathbf{x}_n)^\mathrm{T} \right) \qquad \text{(식 3.14)}$$

이를 $\mathbf{w}$에 대해 풀면 다음을 얻을 수 있다.

$$\mathbf{w}_{\mathrm{ML}} = \left(\mathbf{\Phi}^\mathrm{T} \mathbf{\Phi}\right)^{-1} \mathbf{\Phi}^\mathrm{T} \mathbf{t} \qquad \text{(식 3.15)}$$

식 3.15를 최소 제곱 문제의 **정규 방정식**(*normal equation*)이라고 부른다. 여기서 $\mathbf{\Phi}$는 $N \times M$ 행렬로, **설계 행렬**(*design matrix*)이라 불린다. 설계 행렬의 각 원소는 $\Phi_{nj} = \phi_j(\mathbf{x}_n)$으로 주어진다.

$$\mathbf{\Phi} = \begin{pmatrix} \phi_0(\mathbf{x}_1) & \phi_1(\mathbf{x}_1) & \cdots & \phi_{M-1}(\mathbf{x}_1) \\ \phi_0(\mathbf{x}_2) & \phi_1(\mathbf{x}_2) & \cdots & \phi_{M-1}(\mathbf{x}_2) \\ \vdots & \vdots & \ddots & \vdots \\ \phi_0(\mathbf{x}_N) & \phi_1(\mathbf{x}_N) & \cdots & \phi_{M-1}(\mathbf{x}_N) \end{pmatrix} \qquad \text{(식 3.16)}$$

$$\mathbf{\Phi}^\dagger \equiv \left(\mathbf{\Phi}^\mathrm{T} \mathbf{\Phi}\right)^{-1} \mathbf{\Phi}^\mathrm{T} \qquad \text{(식 3.17)}$$

식 3.17을 행렬 $\mathbf{\Phi}$의 **무어-펜로즈 유사-역**(*Moor-Penrose pseudo-inverse*)이라고 한다(Rao and Mitra, 1971; Golub and Van Loan, 1996). 역행렬의 개념을 정사각이 아닌 행렬들에 대해서 일반화한 것이라고 보면 된다. 행렬 $\mathbf{\Phi}$가 정사각이고 가역 행렬이면 $(\mathbf{AB})^{-1} = \mathbf{B}^{-1}\mathbf{A}^{-1}$이라는 성질을 바탕으로 $\mathbf{\Phi}^\dagger \equiv \mathbf{\Phi}^{-1}$임을 확인할 수 있다.

편향 매개변수 w_0의 역할에 대해 살펴보자. 편향 매개변수를 명시화하면 식 3.12의 오류 함수를 다음과 같이 적을 수 있다.

$$E_D(\mathbf{w}) = \frac{1}{2} \sum_{n=1}^{N} \{t_n - w_0 - \sum_{j=1}^{M-1} w_j \phi_j(\mathbf{x}_n)\}^2 \qquad \text{(식 3.18)}$$

w_0에 대한 미분값을 0으로 놓고 w_0에 대해 풀면 다음을 구할 수 있다.

$$w_0 = \bar{t} - \sum_{j=1}^{M-1} w_j \overline{\phi_j} \qquad \text{(식 3.19)}$$

여기서 다음을 정의하였다.

$$\bar{t} = \frac{1}{N} \sum_{n=1}^{N} t_n, \qquad\qquad \overline{\phi_j} = \frac{1}{N} \sum_{n=1}^{N} \phi_j(\mathbf{x}_n) \qquad \text{(식 3.20)}$$

편향 w_0가 훈련 집합의 타깃 변수들의 평균과 기저 함숫값 평균들의 가중 합 사이의 차이를 보상한다는 것을 알 수 있다.

식 3.11의 로그 가능도 함수를 노이즈 정밀도 매개변수 β에 대해 최대화하면 다음을 얻게 된다.

$$\frac{1}{\beta_{\mathrm{ML}}} = \frac{1}{N} \sum_{n=1}^{N} \{t_n - \mathbf{w}_{\mathrm{ML}}^{\mathrm{T}} \boldsymbol{\phi}(\mathbf{x}_n)\}^2 \qquad \text{(식 3.21)}$$

노이즈 정밀도의 역이 회귀 함수 근처 타깃 변수들의 잔차 분산으로 주어진다는 것을 알 수 있다.

3.1.2 최소 제곱의 기하학적 의미

최소 제곱 해의 기하학적 의미에 대해 살펴보고 넘어가도록 하자. 이를 위해서 N차원의 공간을 가정해 보겠다. 이 공간의 축들은 t_n으로 주어지며, 따라서 $\mathbf{t} = (t_1, \ldots, t_N)^{\mathrm{T}}$는 이 공간상의 벡터에 해당한다. 각각의 기저 함수 $\phi_j(\mathbf{x}_n)$들을 N개의 데이터 포인트들에 대해 계산한 값 역시 같은 공간상의 벡터로 표현 가능하다. 이 벡터를 $\boldsymbol{\varphi}_j$라 표현할 것이다. 이에 대해서는 그림 3.2에 그려져 있다. $\boldsymbol{\varphi}_j$는 $\boldsymbol{\Phi}$의 j번째 열에 해당하며, $\boldsymbol{\phi}(\mathbf{x}_n)$은 $\boldsymbol{\Phi}$의 n번째 행에 해당한

그림 3.2 $t_1, \ldots, t_N$을 축으로 가지는 N차원 공간상에서의 최소 제곱 해의 기하학적 의미. 최소 제곱 회귀 함수는 부분 공간 S상에 데이터 벡터 $\mathbf{t}$를 직교 투영해서 얻을 수 있다. 이때 부분 공간 S는 기저 함수 $\phi_j(\mathbf{x})$들에 의해 펼쳐지는 공간이고, 이 경우 각각의 기저 함수는 $\phi_j(\mathbf{x}_n)$을 원소로 가지는 길이 N의 벡터 $\boldsymbol{\varphi}_j$에 해당한다.

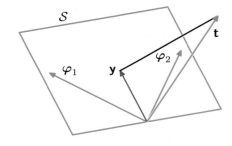

다. 기저 함수의 수 M이 데이터 포인트의 수 N보다 작을 경우 M개의 벡터 φ_j은 M차원의 선형 부분 공간 $\mathcal{S}$상에 펼쳐지게 될 것이다. $\mathbf{y}$를 n번째 원소가 $y(\mathbf{x}_n, \mathbf{w})$로 주어지는 N차원의 벡터라고 정의해 보자(여기서 $n = 1, \ldots, N$이다). $\mathbf{y}$는 φ_j들의 임의의 선형 결합이기 때문에 M차원 부분 공간상에서 어디든 존재할 수 있다. 이 경우 식 3.12의 제곱합 오류는 (1/2 인자만큼의 차이를 제외하고) $\mathbf{y}$와 $\mathbf{t}$ 간의 제곱 유클리드 거리에 해당하게 된다. 따라서 $\mathbf{w}$에 대한 최소 제곱 해는 부분 공간 $\mathcal{S}$상의 $\mathbf{y}$와 이에 가장 가까운 $\mathbf{t}$에 의해 결정된다. 그림 3.2를 바탕으로 직관적으로 생각하여 보면 이 해는 $\mathbf{t}$를 부분 공간 $\mathcal{S}$에 직교적으로 투영한 것에 해당한다고 생각할 수 있을 것이다. $\mathbf{y}$에 대한 해가 $\mathbf{\Phi w}_{\mathrm{ML}}$로 주어진다는 것을 바탕으로 이를 쉽게 증명할 수 있다.

연습문제 3.2

실제 사례에서는 $\mathbf{\Phi}^{\mathrm{T}}\mathbf{\Phi}$가 비정칙 행렬에 가까울 경우에는 정규 방정식의 해를 직접 구하는 것이 수치적으로 어려울 수가 있다. 특히, 둘 이상의 기저 벡터 φ_j가 서로 간에 (거의) 선형 관계를 가질 경우 매개변수가 매우 큰 값을 가질 수 있다. 이러한 수치적인 어려움은 **특잇값 분해**(*singular value decomposition, SVD*)(Press *et al.*, 1992; Bishop and Nabney, 2008)를 이용해서 해결할 수 있다. 정규화항을 추가함으로써 저하가 존재할 경우에도 행렬이 정칙 행렬이 되도록 할 수 있다는 것에 주목하라.

3.1.3 순차적 학습

식 3.1.5의 최대 가능도 해와 같은 일괄 처리 테크닉을 활용하기 위해서는 전체 훈련 집합을 한 번에 처리해야 한다. 큰 데이터 집합에 대해서는 이러한 방식이 계산적으로 실행하기에 너무 복잡할 수도 있다. 1장에서 살펴본 것처럼 데이터 집합이 충분히 클 경우에는 **순차적**(*sequential*) 알고리즘을 활용하는 것이 유용할 수도 있다. 이를 **온라인**(*on-line*) 알고리즘이라고도 한다. 순차적 알고리즘에서는 한 번에 하나의 데이터 포인트를 고려하며 모델의 매개변수들은 그때마다 업데이트된다.

순차적 학습은 데이터들이 연속적인 스트림으로 관측되고 전체 데이터 포인트를 다 관측하기 전에 예측값을 내놓아야 하는 실시간 응용 사례에도 적합하다. **확률적 경사 하강법**(*stochastic gradient descent*)/**순차적 경사 하강법**(*sequential gradient descent*)을 적용하여 순차적 학습 알고리즘을 구현할 수 있다. 만약 여러 데이터 포인트들에 대한 오류 함수의 값이 데이터 포인트 각각의 오류 함수의 값을 합한 것과 같다면($E = \sum_n E_n$), 확률적 경사 하강법을 이용해서 패턴 n이 등장한 후의 매개변수 벡터 $\mathbf{w}$를 다음과 같이 업데이트할 수 있다.

$$\mathbf{w}^{(\tau+1)} = \mathbf{w}^{(\tau)} - \eta \nabla E_n \qquad \text{(식 3.22)}$$

여기서 τ는 반복수를 의미하며 η는 학습률을 의미한다. 시작 시에는 $\mathbf{w}$의 값을 어떤 시작 벡터 $\mathbf{w}^{(0)}$로 초기화한다. 식 3.12의 제곱합 오류 함수의 경우에 위의 식 3.22는 다음과 같다.

$$\mathbf{w}^{(\tau+1)} = \mathbf{w}^{(\tau)} + \eta(t_n - \mathbf{w}^{(\tau)\mathrm{T}}\phi_n)\phi_n \qquad \text{(식 3.23)}$$

여기서 $\phi_n = \phi(\mathbf{x}_n)$이다. 이를 **최소 제곱 평균**(*least mean square, LMS*) 알고리즘이라 한다. 학습률값 η는 알고리즘이 수렴하도록 적절한 값으로 선택해야 한다(Bishop and Nabney, 2008).

3.1.4 정규화된 최소 제곱법

1.1절에서는 과적합 문제를 막기 위해서 오류 함수에 정규화항을 추가하는 아이디어에 대해 소개했었다. 이를 포함한 오류 함수는 다음의 형태를 띠게 된다.

$$E_D(\mathbf{w}) + \lambda E_W(\mathbf{w}) \qquad \text{(식 3.24)}$$

여기서 λ는 데이터에 종속적인 에러 $E_D(\mathbf{w})$와 정규화항 $E_W(\mathbf{w})$의 상대적인 중요도를 조절하기 위한 정규화 상수다. 가장 단순한 형태의 정규화항은 가중치 벡터 원소들의 제곱합이다.

$$E_W(\mathbf{w}) = \frac{1}{2}\mathbf{w}^{\mathrm{T}}\mathbf{w} \qquad \text{(식 3.25)}$$

다음의 형태로 주어지는 제곱합 오류 함수를 고려해 보자.

$$E_D(\mathbf{w}) = \frac{1}{2}\sum_{n=1}^{N}\{t_n - \mathbf{w}^{\mathrm{T}}\phi(\mathbf{x}_n)\}^2 \qquad \text{(식 3.26)}$$

식 3.26의 제곱합 오류 함수와 식 3.25의 정규화항을 함께 고려하면 전체 오류 함수는 다음과 같이 된다.

$$\frac{1}{2}\sum_{n=1}^{N}\{t_n - \mathbf{w}^{\mathrm{T}}\phi(\mathbf{x}_n)\}^2 + \frac{\lambda}{2}\mathbf{w}^{\mathrm{T}}\mathbf{w} \qquad \text{(식 3.27)}$$

해당 형태의 정규화항은 머신 러닝 문헌들에서 **가중치 감쇠**(*weight decay*)라고 불린다. 순차 학습 알고리즘에서 해당 정규화항을 사용할 경우 데이터에 의해 지지되지 않는 한 가중치의 값이 0을 향해 감소하기 때문에 이렇게 부르는 것이다. 통계학에서 이는 **매개변수 축소**(*parameter shrinkage*) 방법의 한 예시다. 매개변숫값이 0을 향해 축소되기 때문이다. 이 정규화항을 쓰는 것의 한 가지 이점은 오류 함수가 $\mathbf{w}$의 이차 함수의 형태로 유지되며, 따라서 오류 함수를 최소화하는 값을 닫힌 형태로 찾아낼 수가 있다는 것이다. 식 3.27의 $\mathbf{w}$에 대한 기울기를 0으로 놓고 $\mathbf{w}$에 대해 풀어내면 다음을 구할 수 있다.

$$\mathbf{w} = \left(\lambda\mathbf{I} + \mathbf{\Phi}^{\mathrm{T}}\mathbf{\Phi}\right)^{-1}\mathbf{\Phi}^{\mathrm{T}}\mathbf{t} \qquad \text{(식 3.28)}$$

이는 식 3.15의 최소 제곱 해를 간단히 확장한 형태다.

좀 더 일반적인 형태의 정규화항을 사용하기도 한다. 이 경우 정규화 오류 함수는 다음 형태를 띤다.

$$\frac{1}{2}\sum_{n=1}^{N}\{t_n - \mathbf{w}^{\mathrm{T}}\phi(\mathbf{x}_n)\}^2 + \frac{\lambda}{2}\sum_{j=1}^{M}|w_j|^q \qquad \text{(식 3.29)}$$

$q = 2$인 경우 이는 식 3.27의 이차 정규화항에 해당하게 된다. 그림 3.3에서 각각의 다른 q 값에 따른 정규화 함수의 윤곽선을 확인할 수 있다.

통계학 문헌들에서는 $q = 1$일 경우를 일컬어 **라쏘**(*lasso*)라 한다(Tibshirani, 1996). 라쏘 정규화를 시행할 경우 λ의 값을 충분히 크게 설정하면 몇몇 계수 w_j가 0이 된다. 이런 모델을 **희박한** (*sparse*) 모델이라고 한다. 이때 계수가 0이 된 해당 항의 기저 함수는 더 이상 사용되지 않는다. 이를 확인하기 위해서 식 3.29를 최소화하는 것은 다음의 식 3.30의 제약 조건하에서 식 3.12(정규화되지 않은 제곱합 오차)를 최소화하는 것과 같다는 것을 살펴보자.

연습문제 3.5

$$\sum_{j=1}^{M}|w_j|^q \leqslant \eta \qquad \text{(식 3.30)}$$

부록 E

두 방법은 적절한 매개변수 η하에서 라그랑주 승수법을 통해 연관시킬 수 있다. 식 3.30의 제약 조건하에서 오류 함수의 최솟값을 보인 그림 3.4에서 희박성의 근원에 대해 확인할 수 있다. λ가 증가함에 따라서 더 많은 수의 매개변숫값이 0이 된다.

정규화는 유효한 모델의 복잡도를 제한함으로써 복잡한 모델들이 제한된 수의 데이터 집합을 이용해서도 심각한 과적합 없이 피팅될 수 있도록 한다. 하지만 이 경우에는 최적의 모델 복잡

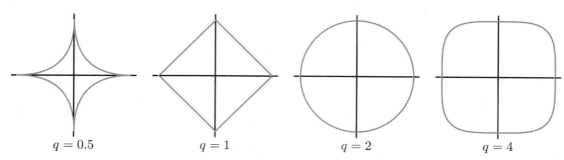

$q = 0.5 \qquad\qquad q = 1 \qquad\qquad q = 2 \qquad\qquad q = 4$

그림 3.3 다양한 매개변수 q 값에 따른 식 3.29의 정규화항의 윤곽선

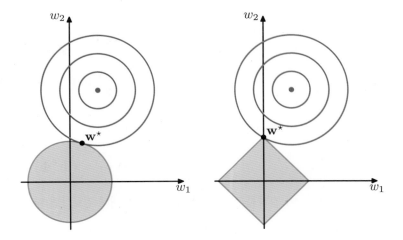

그림 3.4 2차 정칙자(quadratic regularizer). $q = 2$의 제약 지역과 함께 정규화되지 않은 오류 함수의 외곽선은 왼쪽에, lasso 정칙자는 오른쪽에 그려져 있다. 각각의 경우의 매개변수 벡터 $\mathbf{w}$의 최적값이 $\mathbf{w}^\star$로 표시되어 있다. 라쏘 방법을 사용한 오른쪽 그림의 경우 $w_1^\star = 0$인 희박한 해를 가지게 된다.

도를 찾는 문제가 적절한 기저 함수의 수를 정하는 문제에서 적절한 정규화 계수 λ를 찾는 문제로 변경된다. 모델 복잡도에 대해서는 이 장의 뒷부분에서 다시 살펴보겠다.

실제적인 중요성과 분석의 용이성 양쪽 측면을 위해 이 장의 나머지 부분에서는 식 3.27의 이차 정규화항 위주로 논의를 진행할 것이다.

3.1.5 다중 출력값

지금까지 단일 타깃 변수 t에 대해서만 고려했다. 몇몇 응용 사례의 경우에는 $K > 1$개의 타깃 변수들(표적 벡터 $\mathbf{t}$로 표현할 것이다)에 대해서 예측하는 것이 필요할 수도 있다. $\mathbf{t}$의 각 성분들에 대해서 다른 기저 함수 집합을 사용함으로써 이를 달성할 수 있다. 이렇게 할 경우 여러 독립적인 회귀 문제를 푸는 것과 같아진다. 하지만 이보다 더 흥미롭고 널리 사용되는 방법은 같은 종류의 기저 함수를 표적 벡터의 각 성분들에 동일하게 사용하여 모델하는 것이다.

$$\mathbf{y}(\mathbf{x}, \mathbf{w}) = \mathbf{W}^{\mathrm{T}} \boldsymbol{\phi}(\mathbf{x}) \qquad \text{(식 3.31)}$$

여기서 $\mathbf{y}$는 K차원의 열 벡터이며, $\mathbf{W}$는 $M \times K$차의 매개변수 행렬, $\boldsymbol{\phi}(\mathbf{x})$는 앞에서와 같이 $\phi_j(\mathbf{x})$를 원소($\phi_0(\mathbf{x}) = 1$)로 가지는 M차원의 열 벡터다. 표적 벡터의 조건부 분포를 다음 형태의 등방 가우시안 분포로 표현한다고 해보자.

$$p(\mathbf{t}|\mathbf{x}, \mathbf{W}, \beta) = \mathcal{N}(\mathbf{t}|\mathbf{W}^{\mathrm{T}}\boldsymbol{\phi}(\mathbf{x}), \beta^{-1}\mathbf{I}) \qquad \text{(식 3.32)}$$

$\mathbf{t}_1, \ldots, \mathbf{t}_N$의 관측값이 주어질 경우 이들을 $N \times K$차의 행렬로 합칠 수 있다. 이때 n번째 행은 $\mathbf{t}_n^{\mathrm{T}}$로 주어진다. 이와 비슷하게 입력 벡터들 $\mathbf{x}_1, \ldots, \mathbf{x}_N$을 행렬 $\mathbf{X}$로 합칠 수 있다. 이 경우 로그 가능도 함수는 다음과 같다.

$$\ln p(\mathbf{T}|\mathbf{X}, \mathbf{W}, \beta) = \sum_{n=1}^{N} \ln \mathcal{N}(\mathbf{t}_n|\mathbf{W}^{\mathrm{T}}\boldsymbol{\phi}(\mathbf{x}_n), \beta^{-1}\mathbf{I})$$

$$= \frac{NK}{2}\ln\left(\frac{\beta}{2\pi}\right) - \frac{\beta}{2}\sum_{n=1}^{N}\left\|\mathbf{t}_n - \mathbf{W}^{\mathrm{T}}\boldsymbol{\phi}(\mathbf{x}_n)\right\|^2 \quad \text{(식 3.33)}$$

앞에서와 같이 $\mathbf{W}$에 대해서 최대화를 할 수 있다.

$$\mathbf{W}_{\mathrm{ML}} = \left(\boldsymbol{\Phi}^{\mathrm{T}}\boldsymbol{\Phi}\right)^{-1}\boldsymbol{\Phi}^{\mathrm{T}}\mathbf{T} \quad\quad\quad \text{(식 3.34)}$$

이 결과를 각각의 타깃 변수 t_k에 대해 검토하면 다음을 얻게 된다.

$$\mathbf{w}_k = \left(\boldsymbol{\Phi}^{\mathrm{T}}\boldsymbol{\Phi}\right)^{-1}\boldsymbol{\Phi}^{\mathrm{T}}\mathbf{t}_k = \boldsymbol{\Phi}^{\dagger}\mathbf{t}_k \quad\quad\quad \text{(식 3.35)}$$

여기서 $\mathbf{t}_k$는 N차원의 열 벡터로써 각각의 원소는 $t_{nk}(n = 1, \dots, N)$에 해당한다. 따라서 각각의 타깃 변수들에 대한 회귀 문제들의 해는 서로 분리되어 있으며, 모든 벡터 $\mathbf{w}_k$들에 대해 공유되는 유사 역행렬 $\boldsymbol{\Phi}^{\dagger}$ 하나만 계산해 내면 된다.

연습문제 3.6

임의의 공분산 행렬을 가진 일반적인 가우시안 노이즈 분포에 대해 확장하는 것은 그리 어렵지 않다. 이 경우 역시 각각의 문제들이 K개의 서로 독립적인 회귀 문제로 분리된다. 이 결과가 그리 놀랍지는 않다. 왜냐하면 매개변수 $\mathbf{W}$는 가우시안 노이즈 분포의 평균값을 정의할 뿐이며, 2.3.4절에서 살펴본 것과 같이 다변량 가우시안 분포의 평균값의 최대 가능도 해는 공분산과 독립적이기 때문이다. 이 장의 나머지 부분에서는 논의의 편리함을 위해 단일 타깃 변수 t에 대해서만 고려하도록 하겠다.

3.2 편향 분산 분해

지금까지의 회귀 선형 모델에 대한 논의에서는 기저 함수들의 형태와 종류가 둘 다 고정되어 있다고 가정하였다. 1장에서 살펴본 것처럼 제한된 숫자의 데이터 집합을 이용하여 복잡한 모델을 근사할 경우에 최대 가능도 방법(최소 제곱법)을 사용하면 심각한 과적합 문제가 발생할 수 있다. 반면, 과적합 문제를 피하기 위해서 기저 함수의 수를 제한하게 되면 데이터의 중요하고 흥미로운 트렌드를 잡아내기 위해 필요한 모델의 유연성에 제약을 가하게 된다는 부작용이 생길 수 있다. 정규화항을 사용하면 많은 수의 매개변수를 가진 모델들의 과적합 문제를 어느 정도 조절하는 것이 가능하다. 하지만 이 경우 정규화 계수 λ의 값을 적절히 정해야 한다는 또 다른 문제를 해결해야만 한다. 가중치 벡터 $\mathbf{w}$와 정규화 계수 λ 둘 모두에 대해서 정규화된 오류 함수를 최소화하는 해를 찾는 것은 적절한 접근법이 아니다. 왜냐하면 이 경우 정규화되지 않은 해와 $\lambda = 0$이라는 값이 결과가 될 것이기 때문이다.

앞의 장들에서 살펴본 것처럼 과적합 문제는 최대 가능도 방법을 사용할 경우에 발생하는 안타까운 성질이며, 베이지안 방법론을 바탕으로 각각의 매개변수들을 주변화할 경우에는 발생하지 않는다. 이 장에서는 베이지안 관점에서의 모델 복잡도에 대해서 더 깊이 살펴보도록 하겠다. 하지만 그 이전에 빈도주의 관점의 모델 복잡도에 대해 살펴보는 것이 도움이 될 것이다. 이를 일컬어 **편향 분산 트레이드 오프**(*bias variance trade off*)라 한다. 간단한 예시를 통해 살펴보는 것이 더 손쉽기 때문에 여기서는 선형 기저 함수 모델을 바탕으로 살펴볼 것이다. 하지만 편향 분산 트레이드 오프의 콘셉트는 더 일반적인 경우에도 적용할 수 있다.

1.5.5절에서 회귀 문제의 결정 이론에 대해 논의할 때 조건부 분포 $p(t|\mathbf{x})$가 주어졌을 경우 해당 최적 예측값에 도달하도록 하는 다양한 오류 함수들에 대해 살펴보았다. 가장 많이 사용되는 오류 함수는 제곱 오류 함수이며, 이 경우 최적의 예측치 $h(\mathbf{x})$는 조건부 기댓값으로 주어지게 된다.

$$h(\mathbf{x}) = \mathbb{E}[t|\mathbf{x}] = \int t p(t|\mathbf{x})\,\mathrm{d}t \qquad \text{(식 3.36)}$$

결정 이론에서 사용했던 제곱 오류 함수와 모델 매개변수의 최대 가능도 추정치에 해당하는 제곱합 오류 함수는 다르다는 것을 명심하라. 조건부 분포 $p(t|\mathbf{x})$를 구하는 데 있어서 최소 제곱법보다 더 복잡한 정규화된 최소 제곱법이나 완전 베이지안 방법 등을 사용할 수도 있다. 조건부 분포를 구할 때는 이런 서로 다른 방법 중 하나를 이용하고, 추후 예측을 시행하는 목적으로는 제곱 오류 함수를 사용하는 것도 가능하다.

1.5.5절에서 기대 제곱 오류를 다음의 형태로 적을 수 있음을 증명했다.

$$\mathbb{E}[L] = \int \{y(\mathbf{x}) - h(\mathbf{x})\}^2 p(\mathbf{x})\,\mathrm{d}\mathbf{x} + \iint \{h(\mathbf{x}) - t\}^2 p(\mathbf{x}, t)\,\mathrm{d}\mathbf{x}\,\mathrm{d}t \qquad \text{(식 3.37)}$$

$y(\mathbf{x})$와는 독립적인 두 번째 항은 데이터의 내재적인 노이즈로부터 생겨난 것이며, 기대 오룻값이 도달할 수 있는 가장 최소의 값에 해당한다. 첫 번째 항의 값은 함수 $y(\mathbf{x})$로 어떤 것을 선택하느냐에 따라 결정된다. 우리의 목표는 첫 번째 항의 값을 최소화하는 $y(\mathbf{x})$를 찾아내는 것이다. 이 항은 음수가 될 수 없기 때문에 달성 가능한 최솟값은 0이다. 만약 무한한 수의 데이터와 제한 없이 많은 계산 자원이 있다면 원칙적으로는 회귀 함수 $h(\mathbf{x})$를 어떠한 정확도로든지 찾아낼 수 있을 것이며, 이것이 최적의 $y(\mathbf{x})$ 선택지가 될 것이다. 하지만 실제로 데이터 집

합 $\mathcal{D}$는 유한한 숫자 N개의 데이터 포인트들만을 가지고 있으며, 따라서 회귀 함수 $h(\mathbf{x})$를 정확하게 알 수 없다.

만약 매개변수 $\mathbf{w}$에 의해 결정되는 매개변수적 함수 $y(\mathbf{x}, \mathbf{w})$를 이용하여 $h(\mathbf{x})$를 모델링한다면 베이지안 관점에서 이 모델의 불확실성은 $\mathbf{w}$에 대한 사후 분포를 통해 표현될 것이다. 하지만 빈도주의적 관점에서는 데이터 집합 $\mathcal{D}$를 바탕으로 $\mathbf{w}$에 대한 점 추정을 할 것이다. 이 경우 이 추정치의 불확실성을 다음의 사고 실험을 통해서 해석해 볼 수 있다. 분포 $p(t, \mathbf{x})$로부터 독립적으로 추출한 데이터 집합들이 있고, 각 집합의 크기가 N이라고 하자. 주어진 어떤 데이터 집합 $\mathcal{D}$에 대해서든 우리는 학습 알고리즘을 실행해서 예측 함수 $y(\mathbf{x}; \mathcal{D})$를 구할 수 있다. 서로 다른 데이터 집합은 서로 다른 함수를 결괏값으로 내놓을 것이고, 그에 따라 서로 다른 제곱 오룻값을 가지게 될 것이다. 어떤 특정 학습 알고리즘의 성능은 각 데이터 집합에서의 결과를 평균을 내어 구할 수 있다.

식 3.37의 첫 번째 항의 피적분 함수를 살펴보자. 특정 데이터 집합 $\mathcal{D}$에 대해서 이는 다음의 형태를 띠게 된다.

$$\{y(\mathbf{x}; \mathcal{D}) - h(\mathbf{x})\}^2. \tag{식 3.38}$$

이 값은 특정 데이터 집합 $\mathcal{D}$의 선택에 대해 종속적이다. 따라서 각 데이터 집합으로부터 구한 값들을 평균을 내어 사용할 수 있다. 괄호 안에 $\mathbb{E}_{\mathcal{D}}[y(\mathbf{x}; \mathcal{D})]$ 값을 더하고 뺀 후 전개하면 다음을 얻을 수 있다.

$$\{y(\mathbf{x}; \mathcal{D}) - \mathbb{E}_{\mathcal{D}}[y(\mathbf{x}; \mathcal{D})] + \mathbb{E}_{\mathcal{D}}[y(\mathbf{x}; \mathcal{D})] - h(\mathbf{x})\}^2$$
$$= \{y(\mathbf{x}; \mathcal{D}) - \mathbb{E}_{\mathcal{D}}[y(\mathbf{x}; \mathcal{D})]\}^2 + \{\mathbb{E}_{\mathcal{D}}[y(\mathbf{x}; \mathcal{D})] - h(\mathbf{x})\}^2$$
$$+ 2\{y(\mathbf{x}; \mathcal{D}) - \mathbb{E}_{\mathcal{D}}[y(\mathbf{x}; \mathcal{D})]\}\{\mathbb{E}_{\mathcal{D}}[y(\mathbf{x}; \mathcal{D})] - h(\mathbf{x})\} \tag{식 3.39}$$

$\mathcal{D}$에 대해 이 식의 기댓값을 구하고 마지막 항을 정리하면 다음과 같이 된다.

$$\mathbb{E}_{\mathcal{D}}\left[\{y(\mathbf{x}; \mathcal{D}) - h(\mathbf{x})\}^2\right]$$
$$= \underbrace{\{\mathbb{E}_{\mathcal{D}}[y(\mathbf{x}; \mathcal{D})] - h(\mathbf{x})\}^2}_{\text{(편향)}^2} + \underbrace{\mathbb{E}_{\mathcal{D}}\left[\{y(\mathbf{x}; \mathcal{D}) - \mathbb{E}_{\mathcal{D}}[y(\mathbf{x}; \mathcal{D})]\}^2\right]}_{\text{분산}} \tag{식 3.40}$$

$y(\mathbf{x}; \mathcal{D})$와 회귀 함수 $h(\mathbf{x})$ 간의 기대 제곱 차가 두 항의 합으로 표현되는 것을 볼 수 있다. 첫 번째 항은 제곱 **편향**(*bias*)에 해당한다. 편향은 전체 데이터 집합들에 대한 평균 예측이 회귀 함수와 얼마나 차이가 나는지를 표현한 것이다. 두 번째 항은 **분산**(*variance*)이다. 분산은 각각의 데이터 집합에서의 해가 전체 평균에서 얼마나 차이가 나는지를 표현한 것이며, 어떤 특정 데이터 집합을 선택하는지에 대한 함수 $y(\mathbf{x}; \mathcal{D})$의 민감도를 나타내는 것이기도 하다. 잠시 후

에 간단한 예시를 바탕으로 이 정의들에 대한 이해를 도울 수 있는 직관들에 대해 살펴볼 것이다.

지금까지 단일 입력 변수 $\mathbf{x}$에 대해서만 고려했다. 이 전개식을 식 3.37에 다시 대입하면 기대 제곱 오류가 다음과 같이 분해될 수 있다는 것을 확인할 수 있다.

$$\text{기대 오류} = (\text{편향})^2 + \text{분산} + \text{노이즈} \tag{식 3.41}$$

여기서 각각의 항은 다음과 같다.

$$(\text{편향})^2 = \int \{\mathbb{E}_{\mathcal{D}}[y(\mathbf{x};\mathcal{D})] - h(\mathbf{x})\}^2 p(\mathbf{x}) \, d\mathbf{x} \tag{식 3.42}$$

$$\text{분산} = \int \mathbb{E}_{\mathcal{D}}\left[\{y(\mathbf{x};\mathcal{D}) - \mathbb{E}_{\mathcal{D}}[y(\mathbf{x};\mathcal{D})]\}^2\right] p(\mathbf{x}) \, d\mathbf{x} \tag{식 3.43}$$

$$\text{노이즈} = \iint \{h(\mathbf{x}) - t\}^2 p(\mathbf{x}, t) \, d\mathbf{x} \, dt \tag{식 3.44}$$

편향과 분산항이 이제는 적분된 값을 지칭한다.

우리의 목표는 기대 오류를 최소화하는 것이다. 그리고 기대 오류가 (제곱) 편향, 분산, 노이즈로 분해되는 것을 확인하였다. 편향과 분산 사이에는 트레이드 오프 관계가 존재한다. 아주 유연한 모델은 낮은 편향값과 높은 분산값을 가지며, 상대적으로 엄격한 모델은 높은 편향값과 낮은 분산값을 가진다. 편향과 분산 사이에 가장 좋은 밸런스를 가지는 모델이 최적의 예측치

부록 A

를 내는 모델이다. 1장에서 사용하였던 사인 곡선 데이터 집합을 이용해서 이를 표현해 두었다. 사인 곡선 $h(x) = \sin(2\pi x)$로부터 100개의 데이터 집합을 만들었으며, 각 집합은 $N = 25$개의 데이터 포인트를 가지고 있다. 데이터 집합들은 $l = 1, \ldots, L$로 인덱스했고 여기서 $L = 100$이다. 24개의 가우시안 기저 함수를 바탕으로 한 모델을 이용해서 식 3.27의 정규화 오류 함수를 최소화하는 방식으로 각각의 데이터 집합 $\mathcal{D}^{(l)}$들을 피팅했다. 그 결과로 구하여진 예측 함수 $y^{(l)}(x)$들을 그림 3.5에서 확인할 수 있다. 맨 위의 행은 큰 정규화 계수 λ를 사용했을 때 낮은 분산(왼쪽 그래프의 빨간색 커브들이 서로 비슷한 파형을 보인다)과 높은 편향(오른쪽 그래프의 두 커브가 크게 차이 난다)을 가지는 경우를 보여 주고 있다. 반대로 아래쪽 행은 λ가 작은 경우를 보여 주고 있으며, 큰 분산(왼쪽 그래프의 커브들 간의 파형이 크게 차이 난다)과 낮은 편향(평균 모델 근사와 원래의 사인 함수 간의 차이가 적다)을 보인다. $M = 25$인 복잡한 모델의 여러 결괏값들을 평균 내는 것이 회귀 함수에 대해 좋은 근사를 보인다는 것을 확인 가능하다. 이로부터 여러 모델들의 평균을 내는 것이 이득을 주는 과정임을 예상할 수 있다. 실제로 여러 해들의 가중 평균을 내는 것은 베이지안 방법의 핵심에 해당한다(베이지안 방법에서의 가중 평균은

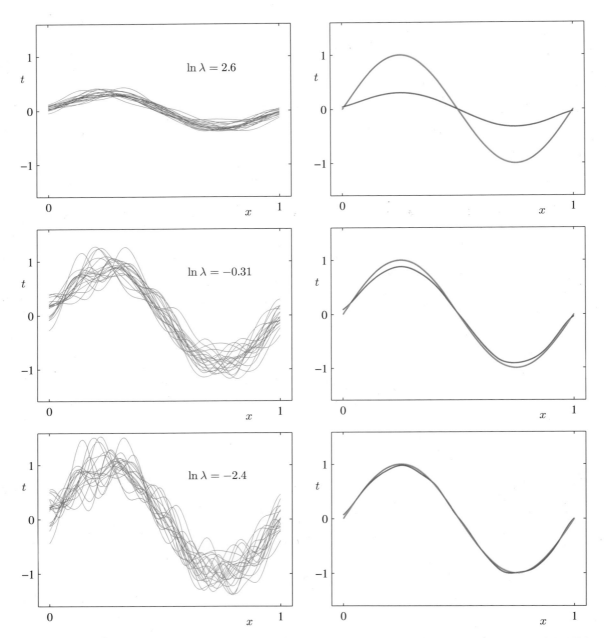

그림 3.5 정규화 매개변수 λ에 의해 결정되는 모델의 복잡도가 편향과 분산에 미치는 영향을 1장의 사인 곡선 데이터 집합을 이용해서 도식화하였다. $L = 100$개의 데이터 집합들이 있으며, 각각의 집합은 $N = 25$개의 데이터 포인트들을 가지고 있다. 모델은 24개의 가우시안 기저 함수를 바탕으로 구성되어 있다. 따라서 편향 매개변수까지 포함하면 모델의 총 매개변수 숫자는 $M = 25$다. 왼쪽 열에는 다양한 값의 $\ln \lambda$에 대해서 데이터 집합들을 근사한 결과치가 그려져 있다(명확한 도식화를 위해서 총 100개 중 20개의 근사만을 그렸다). 오른쪽 열에는 100개의 해당 근사치들 평균(빨간색)과 최초에 데이터 집합이 추출된 원래의 사인 함수(녹색)를 그렸다.

여러 데이터 집합들에 대한 평균이 아니라 각 매개변수들의 사후 집합에 대한 것이다).

이 예시에 대해서 편향 분산 트레이드 오프를 수량적으로 확인해 볼 수 있다. 평균 예측치는 다음으로부터 추산된다.

$$\overline{y}(x) = \frac{1}{L} \sum_{l=1}^{L} y^{(l)}(x)$$

(식 3.45)

그리고 적분된 제곱 편향값과 적분된 분산값은 다음처럼 주어진다.

$$(편향)^2 = \frac{1}{N} \sum_{n=1}^{N} \{\overline{y}(x_n) - h(x_n)\}^2$$

(식 3.46)

$$분산 = \frac{1}{N} \sum_{n=1}^{N} \frac{1}{L} \sum_{l=1}^{L} \{y^{(l)}(x_n) - \overline{y}(x_n)\}^2$$

(식 3.47)

여기서 분포 $p(x)$를 이용해 가중한 후 x에 대해 적분하는 것을 해당 분포로부터 추출한 데이터 포인트들에 대한 유한 합산을 이용해서 근사하였다. 해당 값들과 해당 값의 합들이 $\ln \lambda$에 대한 함수로 그림 3.6에 그려져 있다. 작은 λ를 사용하면 모델이 각각의 개별 데이터 집합의 노이즈들에 따라 세밀하게 조절되어서 분산이 커지는 것을 볼 수 있다. 이와는 대조적으로 큰 λ를 사용할 경우 가중 매개변수가 0에 가까워지며, 이로 인해 편향이 커진다는 것을 확인할 수 있다.

편향 분산 분해를 통해 모델 복잡도의 문제에 대해서 빈도주의 관점의 흥미로운 통찰을 얻을 수 있다. 하지만 이러한 관점의 실제적인 가치는 제한적이다. 왜냐하면 편향 분산 분해는 여러 데이터 집합들의 모임에 대한 평균을 바탕으로 한 것이기 때문이다. 실제 사례에서는 단 하나의 데이터 관측 집합만이 주어지는 일이 보통이다. 만약 특정 크기의 훈련 집합이 여러 개가 있다

그림 3.6   그림 3.5에서 보여진 결괏값을 바탕으로 편향, 분산, 편향과 분산의 합을 그렸다. 또한, 1,000개의 포인트로 이루어진 시험 데이터 집합에서의 평균 오차도 그렸다. $\ln \lambda = -0.31$인 지점 근처에서 $(편향)^2 + (분산)$ 값이 최소가 되는데, 이는 시험 데이터에 대해 최소의 오차를 내는 지점과 비슷하다.

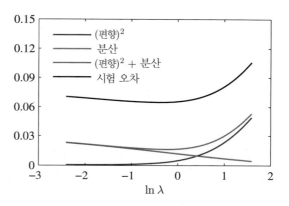

면 이들을 하나의 큰 훈련 집합으로 합쳐서 사용하는 것이 더 효율적일 것이다. 물론, 이렇게 하는 것이 주어진 모델 복잡도하에서 과적합의 정도를 줄이는 데도 도움이 된다.

이러한 한계점을 바탕으로 다음 절에서는 선형 기저 함수 모델에 대한 베이지안 방법론을 살펴보도록 하자. 베이지안 방법론은 과적합 문제에 대한 강력한 통찰과 함께 모델 복잡도에 대한 질문을 해결하기 위한 실제적인 테크닉을 제공해 준다.

3.3 베이지안 선형 회귀

선형 회귀 모델의 매개변수를 정하기 위한 최대 가능도 방법에 대한 앞선 논의 과정에서 기저 함수의 숫자로 결정되는 모델의 복잡도는 데이터 집합의 크기에 따라 조절되어야 한다는 것을 확인했다. 로그 가능도 함수에 정규화항을 추가하는 것은 정규화항의 계숫값에 따라 모델의 복잡도를 조절할 수 있다는 의미다. 물론 기저 함수의 종류와 형태는 전체 모델의 작용 방식을 결정짓는 데 있어서 여전히 중요하다.

이렇게 되면 특정 문제에 대해 적당한 모델 복잡도를 결정하는 것이 새로운 문제로 떠오른다. 단지 가능도 함수를 최대화하는 방식으로 문제를 풀면 언제나 과적합에 해당하는 아주 복잡한 모델을 선택하게 되기 때문이다. 1.3절에서 살펴본 방식처럼 훈련 데이터와는 독립적인 검증 데이터 집합을 이용하여 모델의 복잡도를 결정할 수도 있다. 하지만 이는 계산적으로 복잡할뿐더러 소중한 데이터를 낭비하는 방식이기도 하다. 베이지안 방법론을 바탕으로 선형 회귀를 시행하면 최대 가능도 방법에서 발생하는 과적합 문제를 피할 수 있으며, 훈련 데이터만 가지고 모델의 복잡도를 자동적으로 결정할 수 있다. 여기서는 논의를 쉽게 하기 위해 단일 타깃 변수 t의 경우에 대해서만 살펴볼 것이다. 3.1.5절에서처럼 다중 타깃 변수들에 대해 논의를 확장하는 것은 그리 어렵지 않다.

3.3.1 매개변수 분포

모델 매개변수 $\mathbf{w}$에 대한 사전 확률 분포를 도입함으로써 베이지안 선형 회귀에 대한 논의를 시작해 보자. 일단은 노이즈 정밀도 매개변수 β가 알려져 있는 상수라고 가정하자. 식 3.10에 정의된 가능도 함수 $p(\mathbf{t}|\mathbf{w})$는 $\mathbf{w}$의 이차 함수의 지수 함수로 정의된다. 따라서 이에 해당하는 켤레 사전 분포는 다음 형태의 가우시안 분포로 주어지게 된다.

$$p(\mathbf{w}) = \mathcal{N}(\mathbf{w}|\mathbf{m}_0, \mathbf{S}_0)$$

(식 3.48)

여기서 $\mathbf{m}_0$는 평균, $\mathbf{S}_0$는 공분산이다.

그 다음 단계는 사후 분포를 계산하는 것이다. 사후 분포는 사전 분포와 가능도 함수의 곱에 비례한다. 가우시안 사전 켤레 분포를 선택하였기 때문에 사후 분포 역시 가우시안 분포일 것이다. 지수부에 대해 제곱식의 완성 테크닉을 적용하고, 정규화된 가우시안 분포의 표준 형태를 바탕으로 정규화 계수를 찾음으로써 사후 분포를 구할 수 있다. 이미 식 2.116을 구하는 과정에서 해당 계산을 다 시행했으므로 바로 사후 확률을 다음과 같은 형태로 적을 수 있다.

연습문제 3.7

$$p(\mathbf{w}|\mathbf{t}) = \mathcal{N}(\mathbf{w}|\mathbf{m}_N, \mathbf{S}_N) \tag{식 3.49}$$

여기서는 다음과 같다.

$$\mathbf{m}_N = \mathbf{S}_N \left(\mathbf{S}_0^{-1}\mathbf{m}_0 + \beta\mathbf{\Phi}^{\mathrm{T}}\mathbf{t} \right) \tag{식 3.50}$$

$$\mathbf{S}_N^{-1} = \mathbf{S}_0^{-1} + \beta\mathbf{\Phi}^{\mathrm{T}}\mathbf{\Phi} \tag{식 3.51}$$

사후 분포가 가우시안 분포이기 때문에 최빈값과 평균값이 일치한다. 따라서 최대 사후 가중 벡터는 단순히 $\mathbf{w}_{\mathrm{MAP}} = \mathbf{m}_N$으로 주어지게 된다. $\mathbf{S}_0 = \alpha^{-1}\mathbf{I}$ ($\alpha \rightarrow 0$)인 무한대로 넓은 사전 분포를 고려해 보자. 이때 사후 분포의 평균 $\mathbf{m}_N$은 식 3.15에서 주어졌던 최대 가능도 $\mathbf{w}_{\mathrm{ML}}$이 된다. 이와 흡사하게 $N = 0$인 경우에는 사후 분포가 사전 분포와 같아진다. 또한, 데이터 포인트들이 순차적으로 입력될 경우에는 각 단계에서의 사후 분포가 다음 단계의 사전 분포에 해당하게 될 것이다. 이 각각의 경우 새 사후 분포는 다시금 식 3.49처럼 주어지게 된다.

연습문제 3.8

이 장의 나머지 부분에서는 처리 과정을 단순화하기 위해서 특정 형태의 가우시안 사전 분포를 사용할 것이다. 바로 0을 평균으로 가지고 단일 정밀도 매개변수 α에 의해 결정되는 등방 가우시안 분포다. 즉, 다음과 같다..

$$p(\mathbf{w}|\alpha) = \mathcal{N}(\mathbf{w}|\mathbf{0}, \alpha^{-1}\mathbf{I}) \tag{식 3.52}$$

이에 해당하는 $\mathbf{w}$에 대한 사후 분포는 식 3.49를 바탕으로 다음처럼 주어진다.

$$\mathbf{m}_N = \beta\mathbf{S}_N\mathbf{\Phi}^{\mathrm{T}}\mathbf{t} \tag{식 3.53}$$

$$\mathbf{S}_N^{-1} = \alpha\mathbf{I} + \beta\mathbf{\Phi}^{\mathrm{T}}\mathbf{\Phi} \tag{식 3.54}$$

로그 사후 분포는 로그 가능도와 로그 사전 분포의 합으로 나타낼 수 있다. 이를 $\mathbf{w}$에 대한 함수로 적으면 다음과 같다.

$$\ln p(\mathbf{w}|\mathbf{t}) = -\frac{\beta}{2}\sum_{n=1}^{N}\{t_n - \mathbf{w}^{\mathrm{T}}\phi(\mathbf{x}_n)\}^2 - \frac{\alpha}{2}\mathbf{w}^{\mathrm{T}}\mathbf{w} + \mathrm{const} \tag{식 3.55}$$

이 사후 분포를 $\mathbf{w}$에 대해 최대화하는 것은 제곱 정규화항을 포함한 제곱합 오류 함수를 극소화하는 것과 같다. $\lambda = \alpha/\beta$인 조건하에서 이는 식 3.27과 동일하다.

단순한 직선 피팅 예시를 바탕으로 선형 기저 함수 모델의 베이지안 학습과 사후 분포의 순차적 업데이트 방식에 대해 살펴보도록 하자. 단일 입력 변수 x와 단일 타깃 변수 t를 고려해 보자. 그리고 $y(x, \mathbf{w}) = w_0 + w_1 x$의 형태를 가지는 이 변수들에 대한 선형 모델을 고려해 보자. 이 모델은 적응 매개변수를 두 개만 가지고 있기 때문에 사전/사후 분포를 매개변수 공간상에 직접 그려 보일 수가 있다. $f(x, \mathbf{a}) = a_0 + a_1 x$로부터 인공적으로 데이터를 만들어 냈다. 이때 $a_0 = -0.3$, $a_1 = 0.5$로 정하였다. 그리고 x_n의 값들을 균일 분포 $\mathrm{U}(x|-1, 1)$에서 선택하였으며, 이들을 $f(x_n, \mathbf{a})$에 넣고 계산한 뒤 표준 편차 0.2의 가우시안 노이즈를 추가하여 타깃 변수 t_n을 구했다. 우리의 목표는 이 데이터들로부터 a_0와 a_1 값을 구하는 것이다. 데이터의 크기에 대해서 이 결괏값에 어떤 종속성이 있는지도 살펴볼 것이다. 우선, 노이즈의 분산을 알고 있다고 가정하자. 즉 정밀도 매개변수가 주어지며, 그 값은 $\beta = (1/0.2)^2 = 25$다. 이와 비슷하게 매개변수 α의 값은 2.0으로 고정하자. 훈련 집합으로부터 α와 β 값을 결정해내는 방식에 대해서는 잠시 후에 살펴볼 것이다. 그림 3.7은 이 모델상에서 데이터 집합의 크기가 커짐에 따른 베이지안 학습의 결과를 보여 주고 있다. 또한, 현재의 사후 분포가 새로운 데이터 포인트가 관측된 후에 새로운 사전 분포가 되는 베이지안 학습의 순차적인 속성도 보여 준다. 이 그림은 베이지안 추정의 중요한 면면들을 보이고 있으므로 시간을 들여서 이해하고 넘어가면 좋을 것이다. 이 그림의 첫 번째 행은 데이터 포인트를 하나도 관측하지 못한 상황을 보이고 있다. 사전 분포가 $\mathbf{w}$ 공간에 그려져 있으며, 이 사전 분포로부터 추출된 $\mathbf{w}$를 바탕으로 한 여섯 개의 샘플 함수 $y(x, \mathbf{w})$도 그려져 있다. 두 번째 행은 첫 번째 데이터 포인트 하나를 관측한 후의 상황이다. 데이터 포인트의 위치 (x, t)가 오른쪽 열에 파란색 원으로 표시되어 있다. 왼쪽 열은 이 데이터 포인트에 대한 가능도 함수 $p(t|x, \mathbf{w})$를 $\mathbf{w}$의 함수로 그린 것이다. 가능도 함수는 직선이 데이터 포인트를 가깝게 지나쳐야 한다는 유연한 제약 조건으로서 작용한다. 어느 정도로 가깝게 지나가야 하는지는 오류 정밀도 매개변수 β를 바탕으로 결정된다. 비교를 위해서 데이터 집합을 만들기 위해 사용한 실제 매개변수 $a_0 = -0.3$과 $a_1 = 0.5$가 왼쪽 열에 흰색 십자가로 표시되어 있다. 이 가능도 함수를 맨 윗행의 사전 분포에 곱한 후 정규화하면 두 번째 행의 가운데에서 볼 수 있는 사후 분포를 구할 수 있다. 이 사후 분포로부터 추출한 $\mathbf{w}$ 값들을 바탕으로 한 샘플 회귀 함수 $y(x, \mathbf{w})$들이 오른쪽에 그려져 있다. 이 샘플 직선들은 전부 해당 데이터 포인트를 가깝게 지나간다. 이 그림의 세 번째 행은 두 번째 데이터 포인트를 관측한 후의 결과를 나타내고 있다. 마찬가지로 데이터 포인트는 오른쪽 열에 파란색 원으로 표시되어 있다. 이 두 번째 데이터 포인트에 대한 가능도 함수는 왼쪽에 그려져 있다. 이 가능도 함수를 두 번째 행의 사전 분포에 곱하면 세 번째 행의 가운데에 그려져 있는 사후

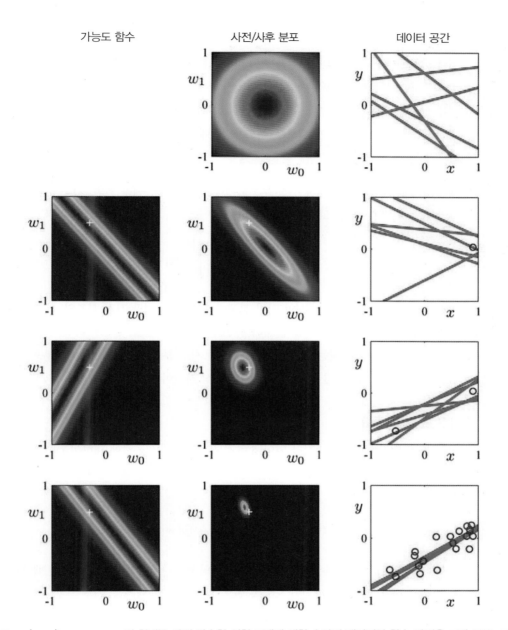

| 가능도 함수 | 사전/사후 분포 | 데이터 공간 |

그림 3.7 $y(x, \mathbf{w}) = w_0 + w_1x$의 형태를 가진 단순한 선형 모델에 대한 순차적 베이지안 학습 과정을 그린 도표. 그림에 대한 자세한 설명은 본문에 적혀 있다.

분포를 얻게 된다. 이 사후 분포는 원(元) 사전 분포를 두 개의 데이터 포인트들에 대한 가능도 함수를 합친 결과와 정확히 일치한다. 직선을 정의하는 데는 두 개의 데이터 포인트면 충분하기 때문에 해당 사후 분포는 이미 상당히 좁은 지점을 가리키고 있다. 이 사후 분포로부터 추출한 샘플들을 바탕으로 한 함수들이 세 번째 열에 빨간색 직선으로 그려져 있으며, 이 함수들이 두 데이터 포인트들을 가깝게 지나가는 것을 확인할 수 있다. 네 번째 행은 총 20개의 데이터 포인트를 관측한 후의 결과다. 왼쪽의 도표는 20번째 데이터 포인트의 가능도 함수를, 그리고 가운데 도표는 20개의 관측값을 확인한 후의 사후 분포를 그린 것이다. 사후 분포가 세 번째 행보다 더 뾰족하게 좁은 지점을 가리키고 있는 것을 볼 수 있다. 무한히 많은 수의 데이터 포인트들을 관측한 후에는 사후 분포가 실 매개변숫값들(흰색 십자가)을 중심으로 한 델타 함수가 될 것이다.

매개변수에 대한 다른 형태의 사전 분포도 고려할 수 있다. 예를 들면, 가우시안 사전 분포를 일반화한 다음의 형태를 고려해 볼 수 있다.

$$p(\mathbf{w}|\alpha) = \left[\frac{q}{2} \left(\frac{\alpha}{2} \right)^{1/q} \frac{1}{\Gamma(1/q)} \right]^M \exp\left(-\frac{\alpha}{2} \sum_{j=0}^{M-1} |w_j|^q \right) \qquad \text{(식 3.56)}$$

여기서 $q = 2$의 경우가 가우시안 사전 분포이며, 이 경우에만 사전 분포와 식 3.10의 가능도 함수가 켤레 관계다. 이 경우 $\mathbf{w}$에 대해 사후 분포의 최댓값을 찾는 것은 식 3.29의 정규화된 오류 함수의 최솟값을 찾는 것과 같다. 가우시안 사전 분포의 경우에는 사후 분포의 최빈값이 평균값과 같지만, $q \neq 2$인 경우에는 이는 더 이상 사실이 아니게 된다.

3.3.2 예측 분포

실제 응용 사례에서는 $\mathbf{w}$의 값을 알아내는 것보다는 새로운 $\mathbf{x}$ 값에 대하여 t의 값을 예측하는 것이 더 중요할 수 있다. 이를 위해서는 다음과 같이 정의되는 **예측 분포**(predictive distribution)를 고려할 필요가 있다.

$$p(t|\mathbf{t}, \alpha, \beta) = \int p(t|\mathbf{w}, \beta) p(\mathbf{w}|\mathbf{t}, \alpha, \beta) \, d\mathbf{w} \qquad \text{(식 3.57)}$$

여기서 $\mathbf{t}$는 훈련 집합으로부터 주어진 표적값들의 벡터다. 이에 해당하는 입력 벡터들은 표기를 간단히 하기 위해서 조건절의 오른쪽 변으로부터 생략하였다. 조건부 분포 $p(t|\mathbf{x}, \mathbf{w}, \beta)$는 식 3.8과 같이 주어지며, 사후 가중 분포는 식 3.49로 주어진다. 식 3.57은 두 가우시안 분포의 콘볼루션을 포함하고 있다. 따라서 식 2.115를 이용하면 예측 분포가 다음의 형태를 지닌다는 것을 구할 수 있다.

연습문제 3.10

$$p(t|\mathbf{x}, \mathbf{t}, \alpha, \beta) = \mathcal{N}(t|\mathbf{m}_N^{\mathrm{T}} \boldsymbol{\phi}(\mathbf{x}), \sigma_N^2(\mathbf{x})) \qquad \text{(식 3.58)}$$

여기서 예측 분포의 분산 $\sigma_N^2(\mathbf{x})$는 다음과 같이 주어진다.

$$\sigma_N^2(\mathbf{x}) = \frac{1}{\beta} + \boldsymbol{\phi}(\mathbf{x})^{\mathrm{T}} \mathbf{S}_N \boldsymbol{\phi}(\mathbf{x}) \qquad \text{(식 3.59)}$$

식 3.59의 첫 번째 항은 데이터의 노이즈를 표현하고 있으며, 두 번째 항은 매개변수 $\mathbf{w}$에 대한 불확실성을 표현하고 있다. 노이즈를 처리하는 것과 $\mathbf{w}$에 대한 분포를 처리하는 것은 독립적인 가우시안 분포들이므로 분산들을 합산할 수 있다. 만약 추가적인 데이터 포인트들이 관측된다면, 사후 분포는 더 좁아질 것이다. 그 결과로 $\sigma_{N+1}^2(\mathbf{x}) \leqslant \sigma_N^2(\mathbf{x})$라는 것을 보일 수 있다 (Qazaz *et al.*, 1997). $\lim N \to \infty$를 취할 경우에는 식 3.59의 두 번째 항이 0이 되며, 이 경우 예측 분포의 분산은 매개변수 β에 의해 결정되는 데이터의 노이즈만을 포함하게 될 것이다.

연습문제 3.11

베이지안 선형 회귀 모델에서의 예측 분포를 보이기 위해서 1.1절의 합성 사인 곡선 데이터 집합을 다시 살펴보도록 하자.

그림 3.8에서는 가우시안 기저 함수들의 선형 결합으로 이루어진 모델을 다양한 크기의 데이터 집합들에 근사한 후에 해당 사후 분포들을 그려 두었다. 여기서 녹색 곡선들은 (가우시안 노이즈를 추가하여) 데이터 포인트가 만들어진 원 함수 $\sin(2\pi x)$다. 데이터 집합의 크기가 $N = 1$,

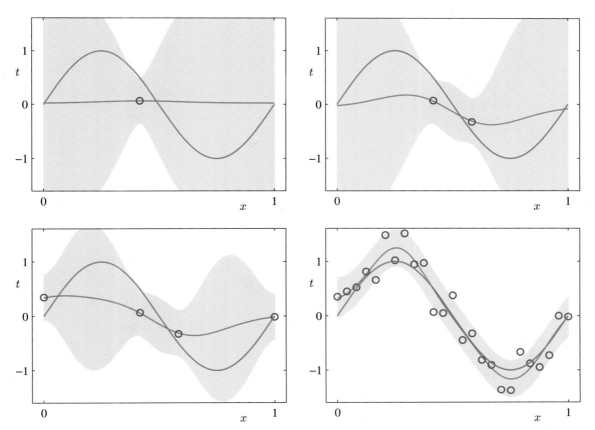

그림 3.8 식 3.58의 예측 분포의 예시. 식 3.4의 가우시안 기저 함수 아홉 개를 바탕으로 한 모델을 사용하였고 1.1절의 합성 사인 곡선 데이터를 이용하였다. 자세한 논의는 본문을 참조하기 바란다.

$N = 2$, $N = 4$, $N = 25$인 각각의 경우가 네 개의 도식에 파란 원들로 그려져 있다. 각각의 도식에서 빨간색 곡선은 해당 가우시안 예측 분포들의 평균을 나타낸다. 그리고 빨간색 음영 구간은 평균치로부터 양쪽 방향으로 1 표준 편차만큼을 표현한 것이다. 예측값의 불확실성은 x에 종속적이며, 데이터 포인트들의 주변에서 그 불확실성이 가장 작다. 또한, 불확실성의 정도는 관측된 데이터 포인트들의 수가 늘어남에 따라 감소한다.

그림 3.8의 도식들은 점에 대한 예측 분산만을 x에 대한 함수로 보여 주고 있다. 서로 다른 x의 예측값들에 대한 공분산을 살펴보기 위해서는 $\mathbf{w}$에 대한 사전 분포로부터 샘플들을 추출한 후 그에 대한 함수들 $y(x, \mathbf{w})$를 그려보면 좋을 것이다. 해당 도식이 그림 3.9에 그려져 있다.

가우시안과 같은 지역적인 기저 함수를 사용한다면, 기저 함수의 중심으로부터 떨어진 구간에서는 식 3.59의 예측 분산 두 번째 항의 기여도가 0이 될 것이다. 그리고 그에 따라서 노이즈의

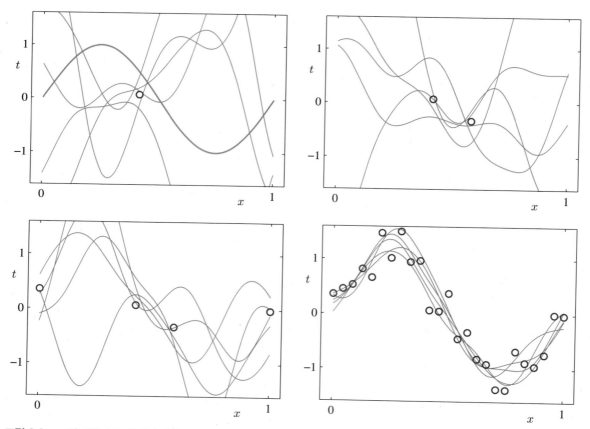

그림 3.9 $\mathbf{w}$의 사후 분포들에서 추출한 샘플들을 사용한 함수 $y(x, \mathbf{w})$들의 도식. 그림 3.8의 해당 도식들을 바탕으로 그린 것이다.

기여도 β^{-1}만이 남게 된다. 이를 그대로 해석한다면 기저 함수에 의해 포함되는 지역의 바깥에 대해서 예측할 경우에는 모델의 신뢰도가 높아진다는 결과가 나오게 된다. 이는 별로 바람직하지 않은 결과다. 가우시안 과정(Gaussian process)이라고 알려져 있는 또 다른 베이지안 방법을 활용함으로써 이 문제를 피할 수 있다.

6.4절

$\mathbf{w}$와 β가 둘 다 알려져 있지 않을 경우에는 사전 켤레 분포 $p(\mathbf{w}, \beta)$를 사용할 수 있다. 이는 2.3.6절의 논의에 따라서 가우시안 감마 분포로 주어지게 된다(Denison *et al.*, 2002). 이 경우 예측 분포는 스튜던트 t 분포가 된다.

연습문제 3.12
연습문제 3.13

3.3.3 등가 커널

6장

식 3.53의 선형 기저 함수 모델에서의 평균에 대한 사후 해를 흥미로운 방식으로 해석할 수 있다. 이 해석은 가우시안 과정을 포함한 커널 방법론에 대해 살펴보는 첫 단계가 될 것이다. 식 3.53을 식 3.3에 대입하면 예측 평균을 다음 형태로 적을 수 있다.

$$y(\mathbf{x}, \mathbf{m}_N) = \mathbf{m}_N^{\mathrm{T}} \boldsymbol{\phi}(\mathbf{x}) = \beta \boldsymbol{\phi}(\mathbf{x})^{\mathrm{T}} \mathbf{S}_N \boldsymbol{\Phi}^{\mathrm{T}} \mathbf{t} = \sum_{n=1}^{N} \beta \boldsymbol{\phi}(\mathbf{x})^{\mathrm{T}} \mathbf{S}_N \boldsymbol{\phi}(\mathbf{x}_n) t_n \quad \text{(식 3.60)}$$

여기서 $\mathbf{S}_N$은 식 3.51의 정의를 따른다. 포인트 $\mathbf{x}$에서의 예측 분포들의 평균은 훈련 집합 타깃 변수 t_n들의 선형 결합으로 주어진다. 즉, 다음과 같이 적을 수 있다.

$$y(\mathbf{x}, \mathbf{m}_N) = \sum_{n=1}^{N} k(\mathbf{x}, \mathbf{x}_n) t_n \quad \text{(식 3.61)}$$

여기서 함수 $k(\mathbf{x}, \mathbf{x}')$는 다음처럼 정의된다.

$$k(\mathbf{x}, \mathbf{x}') = \beta \boldsymbol{\phi}(\mathbf{x})^{\mathrm{T}} \mathbf{S}_N \boldsymbol{\phi}(\mathbf{x}') \quad \text{(식 3.62)}$$

식 3.62는 **평활 행렬**(*smoother matrix*), 또는 **등가 커널**(*equivalent kernel*)이라고 알려져 있다. 훈련 집합 표적값들의 선형 결합을 입력받아서 예측값을 내는 이러한 회귀 함수는 **선형 평활기**(*linear smoother*)라고 부른다. 등가 커널은 입력값 $\mathbf{x}_n$에 종속적이다. 왜냐하면 $\mathbf{S}_N$의 정의에 $\mathbf{x}_n$이 포함되어 있기 때문이다. 기저 함수가 가우시안인 경우의 등가 커널에 대해 그림 3.10에 그려져 있다. 커널 함수 $k(x, x')$를 세 개의 서로 다른 x 값들에 대해서 x'의 함수로 그렸다. 각각은 x 주변에서 지역화되어 있다. $y(x, \mathbf{m}_N)$으로 주어지는 x에서의 예측 분포는 표적값들의 가중 조합을 통해 구해지게 되는데, 이때 x 값에 근접할수록 더 높은 가중치를, x 값으로부터 더 멀리 떨어질수록 낮은 가중치를 가지게 된다. 직관적으로 봤을 때 지역적으로 가까이 있는 증거

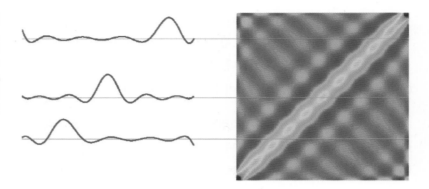

그림 3.10 그림 3.1의 가우시안 기저 함수에 대한 등가 커널 $k(x, x')$. x에 대한 x'의 도식으로 그렸다. 또한, 서로 다른 세 x 값에 대한 세 부분을 따로 그렸다. 이 커널은 $(-1, 1)$ 구간에서 동등하게 거리를 두고 만들어진 200개의 x 값을 바탕으로 만들어졌다.

를 더 멀리 떨어져 있는 증거보다 더 높게 가중하는 것은 타당해 보인다. 이러한 지역화 성질은 지역화된 가우시안 기저 함수뿐 아니라 비지역적인 다항 기저 함수와 시그모이드 기저 함수의 경우에도 적용된다. 이에 대해서는 그림 3.11에 그려져 있다.

$y(\mathbf{x})$와 $y(\mathbf{x}')$ 간의 공분산에 대해 고려해 보면 등가 커널의 역할에 대한 더 깊은 통찰을 얻을 수 있다.

$$
\begin{aligned}
\mathrm{cov}[y(\mathbf{x}), y(\mathbf{x}')] &= \mathrm{cov}[\boldsymbol{\phi}(\mathbf{x})^{\mathrm{T}}\mathbf{w}, \mathbf{w}^{\mathrm{T}}\boldsymbol{\phi}(\mathbf{x}')] \\
&= \boldsymbol{\phi}(\mathbf{x})^{\mathrm{T}}\mathbf{S}_N\boldsymbol{\phi}(\mathbf{x}') = \beta^{-1}k(\mathbf{x}, \mathbf{x}')
\end{aligned} \qquad \text{(식 3.63)}
$$

전개 과정에서 식 3.49와 식 3.62를 이용하였다. 등가 커널의 형태로부터 서로 근처에 있는 포인트들의 예측 평균들은 상관성이 크며, 서로 멀리 떨어져 있는 포인트들의 예측 평균들은 상관성이 작다는 것을 볼 수 있다.

그림 3.8에서 보여진 예측 분포들은 식 3.59에 의해 결정되는 예측값의 점 불확실성을 시각화할 수 있도록 해준다. 하지만 $\mathbf{w}$에 대한 사후 분포로부터 샘플을 추출하여 그에 해당하는 모델 함수 $y(\mathbf{x}, \mathbf{w})$들을 그림 3.9와 같이 그리게 되면 등가 커널에 의해 결정되는 사후 분포상의 서로 다른 두 개(혹은 그 이상)의 x 값들 상에서 y의 사후 분포들의 동시 불확실성을 볼 수가 있다.

선형 회귀를 커널 함수로 표현하는 것을 바탕으로 다음과 같이 대체적인 회귀 방법론을 생각

그림 3.11 등가 커널 $k(x, x')$의 예시. $x = 0$인 경우에 대해 x'의 함수로 그려져 있다. 왼쪽은 다항 기저 함수의 경우, 오른쪽은 그림 3.1에서 살펴봤던 시그모이드 기저 함수의 경우다. 이 함수들은 지역화된 x'의 함수이며, 이는 기저 함수가 비지역적일 때도 성립한다.

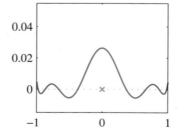
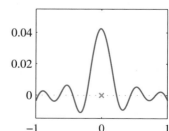

해 볼 수 있다. 기저 함수를 직접 도입하여 사용하는 방식은 함축적으로 등가 커널을 사용하게 된다. 이 대신에 지역화된 커널을 직접 정의하고 이를 바탕으로 새 입력 벡터 $\mathbf{x}$에 대한 예측값을 주어진 관측된 훈련 집합으로부터 구할 수가 있다. 이를 바탕으로 유도되는 방법론이 바로 회귀와 분류에 실제적으로 사용될 수 있는 **가우시안 과정**(*Gaussian process*)이다. 이에 대해서는 6.4절에서 자세히 살펴볼 것이다.

등가 커널이 가중치들을 결정하며, 이 가중치들을 바탕으로 훈련 집합의 타깃 변수들이 합쳐져서 새로운 $\mathbf{x}$ 값에 대한 예측을 한다는 것을 살펴보았다. 이 가중치들을 모든 $\mathbf{x}$ 값들에 대해 합산하면 1이 된다는 것을 나타낼 수 있다.

$$\sum_{n=1}^{N} k(\mathbf{x}, \mathbf{x}_n) = 1 \tag{식 3.64}$$

연습문제 3.14

직관적으로 당연하게 느껴지는 이 결과는 모든 n에 대해서 $t_n = 1$인 표적 데이터들의 예측 평균 $\hat{y}(\mathbf{x})$을 고려하는 것과 해당 합산 과정이 동일하다는 것을 바탕으로 약식으로 증명할 수 있다. 기저 함수의 수보다 데이터 포인트들의 수가 더 많아서 기저 함수들이 선형 독립적이라고 하자. 그리고 기저 함수들 중 하나는 편향 매개변수에 해당하는 상수항이라고 하자. 이때 훈련 데이터를 정확하게 근사하는 것이 가능하며, 따라서 예측 평균은 단순히 $\hat{y}(\mathbf{x}) = 1$일 것이다. 이로부터 식 3.64를 구할 수 있다. 커널 함수는 양의 값을 가질 수도, 음의 값을 가질 수도 있다. 그렇기 때문에 해당 예측값들은 합산 제약 조건을 만족하기는 하지만, 반드시 훈련 집합 타깃 변수들의 볼록 조합일 필요는 없다.

마지막으로 식 3.62의 등가 커널이 커널 함수들 사이에 일반적으로 공유되는 다음의 중요한 성질을 만족시킨다는 것을 확인하도록 하자. 이 성질은 바로 커널 함수가 비선형 함수들의 벡터 $\boldsymbol{\psi}(\mathbf{x})$의 내적으로 표현 가능하다는 것이다.

6장

$$k(\mathbf{x}, \mathbf{z}) = \boldsymbol{\psi}(\mathbf{x})^{\mathrm{T}} \boldsymbol{\psi}(\mathbf{z}) \tag{식 3.65}$$

여기서 $\boldsymbol{\psi}(\mathbf{x}) = \beta^{1/2} \mathbf{S}_N^{1/2} \boldsymbol{\phi}(\mathbf{x})$이다.

3.4 베이지안 모델 비교

1장에서 과적합 문제에 대해 논의했었다. 또한, 정규화 매개변수를 결정하거나 여러 모델 중 하나를 선택하는 테크닉으로써 교차 검증법도 소개했었다. 여기서는 베이지안 측면에서 모델 선택 문제에 대해 논의한다. 이 절에서의 우리의 논의는 매우 일반적일 것이다. 그리고 3.5절에서 이 아이디어들을 바탕으로 선형 회귀에서 정규화 매개변수를 결정하는 것에 대해 설명할 것이다.

모델의 매개변숫값에 대한 점 추정을 시행하는 대신에 해당 매개변수를 바탕으로 주변화(합산 혹은 적분)를 시행함으로써 최대 가능도 방법과 연관된 과적합 문제를 피할 수 있다. 이 경우 훈련 집합을 바탕으로 모델들을 직접 비교할 수 있어 검증 집합이 필요하지 않게 된다. 모든 사용 가능한 데이터들을 훈련에 쓸 수 있으며, 교차 검증법을 시행하기 위해 필요한 각 모델에 대한 여러 번의 훈련을 피할 수 있다. 또한, 여러 복잡도 매개변수들을 한 번의 훈련 과정에서 동시에 결정할 수 있다. 예를 들어, 7장에서는 **상관 벡터 머신**(*relevance vector machine*)에 대해 살펴보게 될 것인데, 이는 각각의 훈련 데이터 포인트 하나마다 하나씩의 복잡도 매개변수를 가지는 베이지안 모델이다.

베이지안 관점에서의 모델 비교는 단순히 모델 선택에 있어서의 불확실성을 확률로 나타내고, 여기에 확률의 합과 곱의 법칙을 일관되게 적용하는 것을 바탕으로 한다. L개의 모델 $\{\mathcal{M}_i\}$ ($i = 1, \ldots, L$)들을 비교한다고 해보자. 여기서 모델은 관측된 데이터 집합 $\mathcal{D}$에 대한 확률 분포를 의미한다. 다항식 곡선 피팅 문제의 경우에 이 분포는 입력값 $\mathbf{X}$들이 알려졌다고 간주했을 때 표적값 $\mathbf{t}$들에 대해 정의된다. $\mathbf{X}$와 $\mathbf{t}$의 결합 분포로 모델을 정의하는 것도 가능하다. 데이터들이 이 모델들 중 하나로부터 만들어졌다고 가정하겠지만, 어떤 모델로부터 만들어졌는지는 불확실한 상황이다. 이 불확실성은 사전 분포 $p(\mathcal{M}_i)$로서 표현된다. 훈련 집합 $\mathcal{D}$가 주어졌을 때 우리는 다음의 사후 분포를 구하고 싶다.

1.5.4절

$$p(\mathcal{M}_i|\mathcal{D}) \propto p(\mathcal{M}_i)p(\mathcal{D}|\mathcal{M}_i) \qquad \text{(식 3.66)}$$

사전 분포는 각각의 다른 모델들에 대한 우리의 선호도를 표현할 수 있도록 해준다. 모든 모델들이 같은 사전 확률을 가진다고 단순하게 가정해 보자. **모델 증거**(*model evidence*) $p(\mathcal{D}|\mathcal{M}_i)$는 각각의 서로 다른 모델들에 대한 데이터로서 보여지는 선호도를 나타내는 용어다. 모델 증거는 때로 **주변 가능도**(*marginal likelihood*)라고 불리기도 한다. 왜냐하면 모델 증거는 매개변수들이 주변화되어 사라진 상황에서 각 모델 공간에서의 가능도 함수에 해당하기 때문이다. 두 모델 증거의 비율 $p(\mathcal{D}|\mathcal{M}_i)/p(\mathcal{D}|\mathcal{M}_j)$은 **베이즈 요인**(*Bayes factor*)이라고 불린다(Kass and Raftery, 1995).

일단 모델들의 사후 분포를 알게 되면, 확률의 합과 곱의 법칙을 이용해서 다음과 같이 예측 분포를 구할 수 있다.

$$p(t|\mathbf{x}, \mathcal{D}) = \sum_{i=1}^{L} p(t|\mathbf{x}, \mathcal{M}_i, \mathcal{D})p(\mathcal{M}_i|\mathcal{D}) \qquad \text{(식 3.67)}$$

이는 **혼합 분포**(*mixture distribution*)의 예시다. 각각의 개별 모델의 예측 분포 $p(t|\mathbf{x}, \mathcal{M}_i, \mathcal{D})$들을

모델들의 사후 확률 $p(\mathcal{M}_i|\mathcal{D})$로 가중 평균을 내서 종합적인 예측 분포를 구하는 것이다. 예를 들어, 사후적으로 볼 때 같은 확률을 가진 두 개의 모델이 있다고 하자. 하나의 모델은 $t = a$ 주변의 좁은 분포를 예측값으로 내며, 다른 하나의 모델은 $t = b$ 주변의 좁은 분포를 예측값으로 낸다고 하자. 이때 종합적인 예측 분포는 $t = (a + b)/2$의 형태를 가지는 단일 모델이 아니라 $t = a$와 $t = b$ 주변에서 최빈값을 가지는 쌍봉 형태의 분포가 될 것이다.

모델 평균에 대한 간단한 근사는 바로 가장 확률이 높은 하나의 모델을 사용해서 이 모델만을 이용해 예측을 하는 것이다. 이를 **모델 선택**(*model selection*) 과정이라고 한다.

매개변수 집합 $\mathbf{w}$에 의해 결정되는 모델을 고려해 보자. 이 경우 모델 증거는 확률의 합과 곱의 법칙에 따라 다음과 같이 주어지게 된다.

$$p(\mathcal{D}|\mathcal{M}_i) = \int p(\mathcal{D}|\mathbf{w}, \mathcal{M}_i)p(\mathbf{w}|\mathcal{M}_i)\,d\mathbf{w} \qquad \text{(식 3.68)}$$

11장

표본 추출의 측면에서 주변 가능도는 사전 분포로부터 랜덤하게 표본 추출한 매개변수를 바탕으로 한 모델로부터 데이터 집합 $\mathcal{D}$를 생성하게 될 확률로 정의할 수 있다. 매개변수들에 대한 사후 분포를 계산할 때의 베이지안 정리의 분모에 해당하는 정규화항이 정확히 모델 증거에 해당한다.

$$p(\mathbf{w}|\mathcal{D}, \mathcal{M}_i) = \frac{p(\mathcal{D}|\mathbf{w}, \mathcal{M}_i)p(\mathbf{w}|\mathcal{M}_i)}{p(\mathcal{D}|\mathcal{M}_i)} \qquad \text{(식 3.69)}$$

매개변수들에 대한 적분을 다음과 같이 단순하게 근사함으로써 모델 증거에 대한 통찰을 얻을 수 있다. 첫 번째로 단일 매개변수 w를 가지는 모델에 대해 고려해 보자. 매개변수에 대한 사후 분포는 $p(\mathcal{D}|w)p(w)$에 비례한다. 여기서 표기를 간단히 하기 위해서 모델 $\mathcal{M}_i$에 대한 종속성을 생략하였다. 사후 분포가 가장 가능성이 높은 값 w_{MAP} 주변에서 뾰족하게 솟아 있으며, 그 폭이 $\Delta w_{\text{posterior}}$라고 가정한다면 피적분 함수의 최댓값과 정점의 폭을 곱해서 적분값의 근사치를 구할 수 있다. 만약 사전 분포가 Δw_{prior}를 폭으로 가지며, 평평한 형태를 가지고 있어서 $p(w) = 1/\Delta w_{\text{prior}}$라고 한 단계 더 가정하면 다음을 구할 수 있다.

$$p(\mathcal{D}) = \int p(\mathcal{D}|w)p(w)\,dw \simeq p(\mathcal{D}|w_{\text{MAP}})\frac{\Delta w_{\text{posterior}}}{\Delta w_{\text{prior}}} \qquad \text{(식 3.70)}$$

여기에 로그를 취하면 다음을 얻게 된다.

$$\ln p(\mathcal{D}) \simeq \ln p(\mathcal{D}|w_{\text{MAP}}) + \ln\left(\frac{\Delta w_{\text{posterior}}}{\Delta w_{\text{prior}}}\right) \qquad \text{(식 3.71)}$$

이 근사치에 대해서 그림 3.12에 그려져 있다. 첫 번째 항은 가장 가능성이 높은 매개변수를 바탕으로 데이터에 근사한 것에 해당한다. 평평한 사전 분포의 경우 이것은 로그 가능도에 해당할 것이다. 두 번째 항은 모델의 복잡도에 대해서 벌칙을 주는 것이다. 왜냐하면 $\Delta w_{\text{posterior}}$ < Δw_{prior}인 경우 이 항은 음의 값을 가지게 되며, $\Delta w_{\text{posterior}}/\Delta w_{\text{prior}}$가 작아질수록 이 항의 절댓값이 커지기 때문이다. 따라서 매개변수들이 사후 분포의 데이터들에 대해 세밀하게 조절되면 벌칙항이 더 커질 것이다.

M개의 매개변수를 가진 모델에 대해서는 비슷한 근사를 각각의 매개변수들에 대해 순서대로 시행할 수 있다. 모든 매개변수들이 같은 $\Delta w_{\text{posterior}}/\Delta w_{\text{prior}}$ 비율을 가졌다고 가정하면 다음을 구할 수 있다.

$$\ln p(\mathcal{D}) \simeq \ln p(\mathcal{D}|\mathbf{w}_{\text{MAP}}) + M \ln \left(\frac{\Delta w_{\text{posterior}}}{\Delta w_{\text{prior}}} \right) \qquad \text{(식 3.72)}$$

이 매우 단순한 근사치를 바탕으로 할 경우에 복잡도 벌칙항의 크기는 모델의 적응 매개변수 M의 숫자에 따라 선형적으로 증가하게 된다. 대부분의 경우 더 복잡한 모델이 데이터에 더 잘 근사될 수 있기 때문에 모델의 복잡도를 증가시킴에 따라서 첫 번째 항의 크기는 보통 증가하게 될 것이다. 하지만 M에 대한 종속성 때문에 두 번째 항은 모델의 복잡도가 증가함에 따라 감소할 것이다. 최대 근거에 따라 결정되는 최적의 모델 복잡도는 서로 경쟁하는 이 두 항의 트레이드 오프에 따라서 주어지게 된다. 여기서 어림 짐작으로만 살펴본 이 과정의 더 개선된 버전을 추후에 사후 분포의 가우시안 근사를 바탕으로 해서 도출해 볼 것이다.

4.4.1절

그림 3.13을 바탕으로 베이지안 모델 비교에 대해 더 깊은 통찰을 얻고 주변 가능도가 어떻게 중간 정도의 적당한 복잡도의 모델을 선택하도록 돕는지에 대해 이해할 수 있을 것이다. 여기서 가로축은 가능한 데이터 집합들의 공간에 대한 일차원 표현이다. 즉, 가로축에서의 각각의 점은 특정 데이터 집합에 해당한다. 여기에 순서대로 복잡도가 증가하는 세 개의 모델 $\mathcal{M}_1$, $\mathcal{M}_2$, $\mathcal{M}_3$를 고려해 보자. 이 모델들을 생성적으로 실행하여 예시 데이터 집합을 만들고 그

그림 3.12 매개변수에 대한 사후 분포가 최빈값 w_{MAP} 주변에서 **뾰족하게** 솟아 있다고 가정하면 모델 증거에 대한 대략의 근사치를 구할 수 있다.

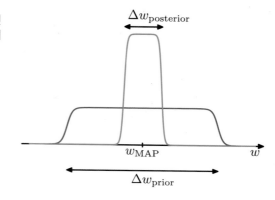

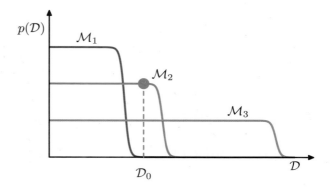

그림 3.13 서로 다른 복잡도를 가지는 세 모델에서의 데이터 집합의 분포. $\mathcal{M}_1$이 가장 간단한 모델이고 $\mathcal{M}_3$가 가장 복잡한 모델이다. 분포들은 정규화되어 있다. 이 예시에서 관측된 특정 데이터 집합 $\mathcal{D}_0$의 경우 모델 $\mathcal{M}_2$가 중간 정도의 복잡도를 가지고 있으며, 또한 가장 큰 증것값을 가진다.

분포를 살펴본다고 상상해 보자. 어떤 주어진 모델이든 다양한 서로 다른 데이터 집합을 생성해 낼 수 있다. 왜냐하면 매개변수들은 사전 확률 분포에 의해 결정되며, 어떤 매개변수를 선택하든 타깃 변수에 대해서 임의의 노이즈가 있기 때문이다. 특정 모델로부터 특정 데이터 집합을 만들어 내기 위해서는 첫 번째로 사전 분포 $p(\mathbf{w})$로부터 매개변숫값을 선택해야 하고, 두 번째로 이 매개변수를 바탕으로 한 $p(\mathcal{D}|\mathbf{w})$로부터 데이터를 추출해야 한다. (예를 들어 일차 다항식과 같은) 단순한 모델은 변동성이 적으므로 그로부터 생성된 데이터 집합 간의 차이가 비교적 덜할 것이다. 따라서 그 분포 $p(\mathcal{D})$는 가로축에서 상대적으로 적은 영역 안에 제한된다. 이와는 대조적으로 (예를 들어 9차 다항식과 같은) 복잡한 모델의 경우에는 다양한 종류의 서로 다른 데이터 집합을 생성해 낼 수 있으며, 따라서 그 분포 $p(\mathcal{D})$는 데이터 집합의 공간상에서 넓은 영역에 퍼져 있게 될 것이다. $p(\mathcal{D}|\mathcal{M}_i)$는 정규화되어 있기 때문에 특정한 데이터 집합 $\mathcal{D}_0$는 중간 정도의 복잡도를 가진 모델에 대해서 가장 큰 증것값을 가지게 됨을 볼 수 있다. 근본적으로 단순한 모델은 데이터에 잘 근사하지 못하는 반면, 복잡한 모델은 예측 확률을 너무 넓은 데이터 집합들에 대해 퍼뜨리기 때문에 각각의 데이터 집합들에 대해 작은 확률만을 할당하게 된다.

베이지안 모델 비교 방법에서 암시적으로 내포하고 있는 가정은 데이터가 생성된 원래의 분포가 현재 고려하고 있는 모델 집합에 포함되어 있다는 것이다. 이것이 사실이라고 가정할 때 베이지안 모델 비교법이 평균적으로 올바른 모델을 선택한다는 것을 증명할 수 있다. 이를 위해서 두 개의 모델 $\mathcal{M}_1$과 $\mathcal{M}_2$를 고려해 보자. 그리고 여기서 실제 원 모델은 $\mathcal{M}_1$이라 하자. 주어진 제한된 크기의 데이터 집합에 대해서는 틀린 모델에 대한 베이즈 요인이 더 클 수도 있다. 하지만 베이즈 요인을 데이터 집합의 분포에 대해서 평균을 내면 그 기댓값을 다음의 형태로 구할 수 있다.

$$\int p(\mathcal{D}|\mathcal{M}_1) \ln \frac{p(\mathcal{D}|\mathcal{M}_1)}{p(\mathcal{D}|\mathcal{M}_2)} \, d\mathcal{D} \qquad \text{(식 3.73)}$$

1.6.1절

여기서 평균값은 데이터의 실제 분포에 대해 계산되었다. 이 수치는 **쿨백 라이블러 발산**(*Kullback-Leibler divergence*)의 한 예시이며, 두 분포가 일치해서 0 값을 가질 때를 제외하면 항상 양의 값을 가진다. 따라서 평균적으로 베이즈 요인은 올바른 모델을 선택하게 된다.

지금까지 베이지안 방법론을 사용하면 훈련 집합만을 이용해서 과적합 문제를 피하고 모델들을 비교할 수 있다는 것을 살펴보았다. 하지만 패턴 인식의 다른 방법론들과 마찬가지로 베이지안 방법론 역시 모델의 형태에 대한 가정을 해야 한다. 그리고 만약 그 가정이 틀렸다면 결괏값 역시 매우 틀릴 수 있다. 그림 3.12에서 모델 증거는 사전 분포의 많은 측면들에 대해 민감하다는 것을 확인하였다. 분포의 꼬리 부분에서의 작용이 그 한 예시다. 실제로 사전 분포가 부적합 분포일 경우 증것값은 정의되지 않는다. 이는 부적합 사전 분포가 임의의 크기 변환 인자를 가지는 것에서도 볼 수 있다. 다시 말하자면, 분포가 정규화될 수 없기 때문에 정규화 계수가 정의되지 않는다는 것이다. 적합한 사전 분포를 고려하고 여기에 적절한 리미트를 취하여 부적합 사전 분포를 구하면(예를 들면 가우시안 사전 분포에서 무한대의 분산을 취하는 것 등), 식 3.70과 그림 3.12에서 볼 수 있는 것처럼 증것값은 0이 될 것이다. 하지만 두 모델 간의 증것값의 비율을 먼저 고려한 후에 리미트를 취함으로써 더 유의미한 답을 얻는 것이 가능할 수도 있다.

따라서 실제 응용 사례에서는 독립적인 시험 집합을 따로 빼놓고 최종적으로 전체 시스템의 성능을 확인하는 것이 좋을 것이다.

3.5 증거 근사

완전 베이지안 관점을 바탕으로 한 선형 기저 함수 모델에 대해 논의해 보자. 여기서는 초매개변수 α와 β에 대한 사전 분포를 도입하고 초매개변수들과 $\mathbf{w}$에 대해 주변화를 통해서 예측을 시행할 것이다. $\mathbf{w}$에 대해서 적분하거나 초매개변수들에 대해서 적분하는 것은 가능하지만, 이러한 변수들 모두에 대해서 완벽한 주변화를 하는 것은 해석적으로 불가능에 가까운 일이다. 여기서는 매개변수의 **주변 가능도 함수**(*marginal likelihood function*)를 극대화함으로써 결정되는 값으로 초매개변수를 설정하는 근사법에 대해 논의할 것이다. 이때 매개변수의 주변 가능도 함수는 매개변수 $\mathbf{w}$에 대한 적분을 통해 구할 수 있다. 이 방법론은 통계 문헌들에서 **경험적 베이즈**(*empirical Bayes*)(Bernardo and Smith, 1994; Gelman *et al.*, 2004), **2형 최대 가능도 방법**(*type 2 maximum likelihood*)(Berger, 1985), **일반화 최대 가능도 방법**(*generalized maximum likelihood*)(Wahba, 1975) 등으로 알려져 있다. 머신 러닝 문헌들에서는 **증거 근사**(*evidence approximation*)(Gull,

1989; MacKay, 1992a)라고 부르기도 한다.

α와 β에 대한 초사전 분포를 도입하면 $\mathbf{w}$, α, β에 대한 주변화를 통해 예측 분포를 구할 수 있다.

$$p(t|\mathbf{t}) = \iiint p(t|\mathbf{w}, \beta)p(\mathbf{w}|\mathbf{t}, \alpha, \beta)p(\alpha, \beta|\mathbf{t})\,\mathrm{d}\mathbf{w}\,\mathrm{d}\alpha\,\mathrm{d}\beta \qquad \text{(식 3.74)}$$

여기서 $p(t|\mathbf{w}, \beta)$는 식 3.8로부터, 그리고 $p(\mathbf{w}|\mathbf{t}, \alpha, \beta)$는 식 3.49로부터 주어진다. 또한 $\mathbf{m}_N$은 식 3.53에서, 그리고 $\mathbf{S}_N$은 식 3.54에 정의되어 있다. 표기를 단순화하기 위해 입력 변수 $\mathbf{x}$에 대한 종속성을 생략하였다. 만약 사후 분포 $p(\alpha, \beta|\mathbf{t})$가 $\widehat{\alpha}$와 $\widehat{\beta}$ 근처에서 날카롭게 솟아 있다면 α와 β 값을 $\widehat{\alpha}$와 $\widehat{\beta}$로 고정하고 $\mathbf{w}$에 대해 주변화함으로써 예측 분포를 구할 수 있다.

$$p(t|\mathbf{t}) \simeq p(t|\mathbf{t}, \widehat{\alpha}, \widehat{\beta}) = \int p(t|\mathbf{w}, \widehat{\beta})p(\mathbf{w}|\mathbf{t}, \widehat{\alpha}, \widehat{\beta})\,\mathrm{d}\mathbf{w} \qquad \text{(식 3.75)}$$

베이지안 정리에 따라서 α와 β에 대한 사후 분포는 다음과 같이 주어지게 된다.

$$p(\alpha, \beta|\mathbf{t}) \propto p(\mathbf{t}|\alpha, \beta)p(\alpha, \beta) \qquad \text{(식 3.76)}$$

만약 사전 분포가 상대적으로 평평하다면, 증거 방법론에서 $\widehat{\alpha}$와 $\widehat{\beta}$의 값은 주변 가능도 함수 $p(\mathbf{t}|\alpha, \beta)$를 최대화함으로써 구할 수 있다. 여기서는 선형 기저 함수 모델의 주변 가능도 함수를 구하고 그 최댓값을 찾는 방식으로 진행할 것이다. 이렇게 하면 교차 검증법을 사용할 필요 없이 훈련 집합 데이터만으로 초매개변수들의 값을 결정할 수 있다. 비율 α/β가 정규화 매개 변수에 해당한다는 것을 상기하라.

이와는 별개로 α, β에 대한 (감마) 켤레 사전 분포를 정의하고 이들을 식 3.74와 같이 주변화하면 이는 $\mathbf{w}$에 대한 스튜던트 t 분포가 된다(2.3.7절). 이 결과로 얻게 된 $\mathbf{w}$에 대한 적분은 해석적으로 불가능하다. 그러나 이 적분을 사후 분포의 최빈값을 중심으로 한 지역적 가우시안 근사를 바탕으로 하는 라플라스 근사법 등의 방식을 이용하여 근사하게 되면 증거 방법론에 대한 실용적인 대안책이 될 수 있다(Buntine and Weigend, 1991). 하지만 $\mathbf{w}$의 함수로서의 피적분항은 보통 굉장히 치우친 최빈값을 가지고 있다. 그렇기 때문에 라플라스 근사법은 상당한 양의 확률 질량을 놓칠 수 있으며, 증거 최대화를 통해 얻은 것보다 좋지 않은 결괏값을 내놓을 가능성이 크다(MacKay, 1999).

증거 방법론으로 돌아가보자. 로그 증것값을 극대화하는 데는 두 가지 방법이 있다. 첫 번째 방법은 증거 함수를 해석적으로 계산하고 그 미분값을 0으로 설정하여 α, β에 대한 재추정 공식을 구하는 것이다. 3.5.2절에서 이 방식을 적용해 볼 것이다. 또 다른 방법은 EM 알고리즘

4.4절

을 적용하는 것이다. 9.3.4절에서는 EM 알고리즘에 대해 살펴보고 두 가지 다른 방식이 결국 같은 해로 수렴한다는 것도 증명할 것이다.

3.5.1 증거 함수 계산

가중 매개변수 $\mathbf{w}$에 대해서 적분해서 주변 가능도 함수 $p(\mathbf{t}|\alpha, \beta)$를 구할 수 있다.

$$p(\mathbf{t}|\alpha, \beta) = \int p(\mathbf{t}|\mathbf{w}, \beta)p(\mathbf{w}|\alpha)\, \mathrm{d}\mathbf{w} \qquad (식\ 3.77)$$

이 적분을 계산하는 한 가지 방법은 식 2.115의 선형 가우시안 모델에서의 조건부 분포에 대한 결과를 다시 사용하는 것이다. 여기서는 그 대신 지수부에 제곱식의 완성 테크닉을 적용하고, 표준 형태의 가우시안을 바탕으로 정규화 계수를 구하는 방식으로 적분을 계산할 것이다.

연습문제 3.16

연습문제 3.17

식 3.11, 식 3.12, 식 3.52를 바탕으로 증거 함수를 다음의 형태로 적을 수 있다.

$$p(\mathbf{t}|\alpha, \beta) = \left(\frac{\beta}{2\pi}\right)^{N/2} \left(\frac{\alpha}{2\pi}\right)^{M/2} \int \exp\left\{-E(\mathbf{w})\right\}\, \mathrm{d}\mathbf{w} \qquad (식\ 3.78)$$

여기서 M은 $\mathbf{w}$의 차원수다. 그리고 다음을 정의하였다.

$$\begin{aligned} E(\mathbf{w}) &= \beta E_D(\mathbf{w}) + \alpha E_W(\mathbf{w}) \\ &= \frac{\beta}{2} \|\mathbf{t} - \boldsymbol{\Phi}\mathbf{w}\|^2 + \frac{\alpha}{2}\mathbf{w}^{\mathrm{T}}\mathbf{w} \end{aligned} \qquad (식\ 3.79)$$

식 3.79가 식 3.27의 정규화된 제곱합 오류 함수와 상수배 만큼의 비율로 동일하다는 것을 확인할 수 있다. 이제 $\mathbf{w}$에 대해 제곱식의 완성 방식을 적용하면 다음을 얻게 된다.

연습문제 3.18

$$E(\mathbf{w}) = E(\mathbf{m}_N) + \frac{1}{2}(\mathbf{w} - \mathbf{m}_N)^{\mathrm{T}}\mathbf{A}(\mathbf{w} - \mathbf{m}_N) \qquad (식\ 3.80)$$

여기서 다음을 사용하였다.

$$\mathbf{A} = \alpha\mathbf{I} + \beta\boldsymbol{\Phi}^{\mathrm{T}}\boldsymbol{\Phi} \qquad (식\ 3.81)$$

$$E(\mathbf{m}_N) = \frac{\beta}{2} \|\mathbf{t} - \boldsymbol{\Phi}\mathbf{m}_N\|^2 + \frac{\alpha}{2}\mathbf{m}_N^{\mathrm{T}}\mathbf{m}_N \qquad (식\ 3.82)$$

$\mathbf{A}$는 오류 함수의 이차 미분값에 해당한다.

$$\mathbf{A} = \nabla\nabla E(\mathbf{w}) \qquad (식\ 3.83)$$

$\mathbf{A}$를 **헤시안 행렬**(*Hessian matrix*)이라고 한다. 여기서 또한 $\mathbf{m}_N$을 다음과 같이 정의하였다.

$$\mathbf{m}_N = \beta \mathbf{A}^{-1} \mathbf{\Phi}^{\mathrm{T}} \mathbf{t} \qquad \text{(식 3.84)}$$

식 3.54를 이용하면 $\mathbf{A} = \mathbf{S}_N^{-1}$라는 것을 알 수 있다. 따라서 식 3.84는 식 3.53의 정의와 동일하다. 사후 분포의 평균을 나타내는 것이다.

이제 다변량 가우시안의 정규화 계수에 대한 표준 결과를 바탕으로 $\mathbf{w}$에 대한 적분을 시행할 수 있다.

연습문제 3.19

$$\int \exp\{-E(\mathbf{w})\}\, d\mathbf{w}$$
$$= \exp\{-E(\mathbf{m}_N)\} \int \exp\left\{-\frac{1}{2}(\mathbf{w} - \mathbf{m}_N)^{\mathrm{T}} \mathbf{A}(\mathbf{w} - \mathbf{m}_N)\right\} d\mathbf{w}$$
$$= \exp\{-E(\mathbf{m}_N)\}(2\pi)^{M/2}|\mathbf{A}|^{-1/2} \qquad \text{(식 3.85)}$$

식 3.78을 이용하면 주변 가능도에 로그를 취한 식을 다음의 형태로 적을 수 있다.

$$\ln p(\mathbf{t}|\alpha, \beta) = \frac{M}{2}\ln\alpha + \frac{N}{2}\ln\beta - E(\mathbf{m}_N) - \frac{1}{2}\ln|\mathbf{A}| - \frac{N}{2}\ln(2\pi) \quad \text{(식 3.86)}$$

식 3.86은 증거 함수에 필요한 표현식이다.

피팅 결과 문제로 돌아가서 다항식의 차수에 대한 모델 증거를 그림 3.14와 같이 그려보도록 하자. 여기서 사전 분포는 식 1.65의 형태를 가졌으며, 매개변수 $\alpha = 5 \times 10^{-3}$로 고정되어 있다고 가정하였다. 이 도식의 형태는 시사하는 바가 많다. 그림 1.4의 내용을 함께 떠올려 보자. $M = 0$인 다항식은 데이터에 대해 잘 피팅되지 않았으며, 따라서 상대적으로 낮은 증것값을 가진다. $M = 1$ 다항식의 경우 데이터 근사가 매우 개선되며, 따라서 증것값 역시 상당히 더 크다. 하지만 $M = 2$의 경우에는 데이터 근사가 아주 조금 개선될 뿐이다. 왜냐하면 데이터를 생성한 기저의 사인 곡선 함수가 홀함수이며, 따라서 다항 전개를 했을 때 짝수 항이 없기 때문

그림 3.14   다항 회귀 모델의 차수 M과 그에 따른 로그 증것값의 도식. $M = 3$인 모델이 다른 모델에 비해 더 좋은 결과를 내는 것을 확인할 수 있다.

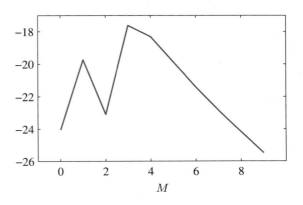

이다. 실제로 그림 1.5에서는 $M = 1$에서 $M = 2$로 증가했을 때 잔차 오류가 아주 조금 감소할 뿐임을 확인할 수 있다. $M = 3$이 되면 그림 1.4에서 볼 수 있는 것처럼 데이터 피팅이 상당히 많이 향상되고, 따라서 증것값도 다시 증가한다. 결과적으로 $M = 3$인 경우가 전체 다항식 차수 중 가장 좋은 증것값을 가지게 된다. M의 값을 더 증가시키게 되면 데이터 근사의 측면에서는 아주 조금의 개선이 일어나지만, 모델의 복잡도가 증가함에 따른 벌칙값을 받게 된다. 따라서 전체 증것값은 감소한다. 그림 1.5를 다시 살펴보면 일반화 오류가 $M = 3$과 $M = 8$ 사이에는 대략 변함이 없는 것을 볼 수 있다. 그렇기 때문에 그림 1.5의 도식만을 바탕으로 해서는 그중에 어떤 모델을 선택할지 결정하기가 힘들 것이다. 반면에 증것값들에 따르면 $M = 3$인 모델이 다른 모델들에 비해 확연히 더 낫다는 것을 알 수 있다. 왜냐하면 $M = 3$인 모델이 관측 데이터들에 대해 좋은 설명을 할 수 있는 모델들 중 가장 간단한 모델이기 때문이다.

3.5.2 증거 함수 극대화

$p(\mathbf{t}|\alpha, \beta)$를 α에 대해 극대화하는 것을 고려해 보자. 이를 위해서는 일단 다음의 고유 벡터 방정식을 정의해야 한다.

$$\left(\beta\mathbf{\Phi}^\mathrm{T}\mathbf{\Phi}\right)\mathbf{u}_i = \lambda_i\mathbf{u}_i \tag{식 3.87}$$

식 3.81로부터 $\mathbf{A}$가 고윳값 $\alpha + \lambda_i$를 가짐을 알 수 있다. 이제 식 3.86의 $\ln|\mathbf{A}|$ 항을 α에 대해 미분하는 것을 고려해 보자.

$$\frac{d}{d\alpha}\ln|\mathbf{A}| = \frac{d}{d\alpha}\ln\prod_i(\lambda_i + \alpha) = \frac{d}{d\alpha}\sum_i\ln(\lambda_i + \alpha) = \sum_i\frac{1}{\lambda_i + \alpha} \tag{식 3.88}$$

따라서 식 3.86의 α에 대한 정룻값들은 다음을 만족하게 된다.

$$0 = \frac{M}{2\alpha} - \frac{1}{2}\mathbf{m}_N^\mathrm{T}\mathbf{m}_N - \frac{1}{2}\sum_i\frac{1}{\lambda_i + \alpha} \tag{식 3.89}$$

2α를 곱하고 정리하면 다음을 얻을 수 있다.

$$\alpha\mathbf{m}_N^\mathrm{T}\mathbf{m}_N = M - \alpha\sum_i\frac{1}{\lambda_i + \alpha} = \gamma \tag{식 3.90}$$

i에 대한 합산에 M개의 항이 있기 때문에 γ를 다음과 같이 다시 적을 수 있다.

$$\gamma = \sum_i\frac{\lambda_i}{\alpha + \lambda_i} \tag{식 3.91}$$

γ 값이 의미하는 바에 대해서는 잠시 후에 살펴보도록 하자. 식 3.90으로부터 주변 가능도 함수를 극대화하는 α 값이 다음과 같음을 알 수 있다.

$$\alpha = \frac{\gamma}{\mathbf{m}_N^{\mathrm{T}}\mathbf{m}_N} \qquad (\text{식 } 3.92)$$

γ 값은 α에 종속적이며 사후 분포의 최빈값 $\mathbf{m}_N$ 또한 α의 선택에 따라 종속적이다. 따라서 이는 암시적인 해이며, 반복적 과정을 적용해야 한다. 일단, 초기 α 값을 결정한 후 식 3.53을 통해서 $\mathbf{m}_N$을 구하고 식 3.91을 통해서 γ 값을 한다. 이를 통해 얻어진 값들은 식 3.92를 통해서 α 값을 다시 추정하는 데 사용된다. 이러한 과정을 α 값이 수렴할 때까지 반복한다. 행렬 $\mathbf{\Phi}^{\mathrm{T}}\mathbf{\Phi}$는 고정되어 있기 때문에 시작할 때 이 행렬의 고윳값을 한 번 계산한 후 여기에 β를 곱하여 쉽게 λ_i 값을 구할 수 있다.

오직 훈련 데이터만을 사용하여 α 값을 구할 수 있었다. 최대 가능도 방법과는 달리 모델의 복잡도를 최적화하는 데 있어서 추가의 독립적인 데이터 집합이 필요하지 않다는 것이다.

비슷한 방법으로 식 3.86의 로그 주변 가능도 함수를 β에 대해서도 극대화할 수 있다. 이를 위해서는 식 3.87에서 정의된 고윳값 λ_i가 β에 대해 비례하며, 따라서 $d\lambda_i/d\beta = \lambda_i/\beta$라는 것을 이용할 수 있다.

$$\frac{d}{d\beta}\ln|\mathbf{A}| = \frac{d}{d\beta}\sum_i \ln(\lambda_i + \alpha) = \frac{1}{\beta}\sum_i \frac{\lambda_i}{\lambda_i + \alpha} = \frac{\gamma}{\beta} \qquad (\text{식 } 3.93)$$

따라서 주변 가능도의 임계점은 다음을 만족시키게 된다.

$$0 = \frac{N}{2\beta} - \frac{1}{2}\sum_{n=1}^{N}\left\{t_n - \mathbf{m}_N^{\mathrm{T}}\boldsymbol{\phi}(\mathbf{x}_n)\right\}^2 - \frac{\gamma}{2\beta} \qquad (\text{식 } 3.94)$$

연습문제 3.22 이를 다시 정리하면 다음을 구할 수 있다.

$$\frac{1}{\beta} = \frac{1}{N - \gamma}\sum_{n=1}^{N}\left\{t_n - \mathbf{m}_N^{\mathrm{T}}\boldsymbol{\phi}(\mathbf{x}_n)\right\}^2 \qquad (\text{식 } 3.95)$$

이 역시 β에 대한 내재적 해다. 때문에 β의 초깃값을 설정하고 이를 바탕으로 $\mathbf{m}_N$ 값과 γ 값을 계산한 후, 식 3.95를 적용하여 다시 β 값을 추정하는 과정들을 수렴할 때까지 반복해야 한다. α 값과 β 값이 둘 다 데이터로부터 결정되고 나면 각각을 바탕으로 γ 값을 업데이트한 후에 두 값들을 다시 추정할 수 있다.

3.5.3 유효 매개변수의 숫자

식 3.92의 결과를 다음과 같이 해석하면(MacKay, 1992a) α의 베이지안 해에 대한 좋은 통찰을 얻을 수 있다. 이를 위해서 그림 3.15에 그려져 있는 가능도 함수와 사전 분포의 윤곽선을 살펴보도록 하자. 여기서는 암시적으로 회전 변환을 시행해서 공간의 축이 식 3.87에서 정의되었던 고유 벡터 $\mathbf{u}_i$에 대해 정렬되도록 하였다. 이 경우 가능도 함수의 윤곽선은 좌표축에 대해 정렬되어 있는 타원형이다. 고윳값 λ_i는 가능도 함수의 곡률을 결정한다. 그림 3.15에서 고윳값 λ_1은 고윳값 λ_2보다 작다. 왜냐하면 곡률값이 더 작을수록 윤곽선이 해당 방향으로 더 길게 자리할 것이기 때문이다. $\beta\mathbf{\Phi}^{\mathrm{T}}\mathbf{\Phi}$는 양의 정부호 행렬이라 양의 고윳값을 가진다. 그렇기 때문에 $\lambda_i/(\lambda_i + \alpha)$는 0과 1 사이의 값을 가진다. 그 결과 식 3.91에서 정의된 γ는 $0 \leqslant \gamma \leqslant M$의 범위상에 존재하게 될 것이다. $\lambda_i \gg \alpha$인 방향의 경우 이에 해당하는 매개변수 w_i는 최대 가능도에 가깝게 될 것이며, $\lambda_i/(\lambda_i + \alpha)$는 1에 가깝게 될 것이다. 이러한 매개변수를 **잘 결정된**(*well determined*) 매개변수라고 한다. 왜냐하면 그 값이 데이터에 의해 밀접하게 제약되기 때문이다. 반대로 $\lambda_i \ll \alpha$인 방향의 경우, 이에 해당하는 매개변수 w_i는 0에 가깝게 되고, $\lambda_i/(\lambda_i + \alpha)$도 0에 가깝게 될 것이다. 이러한 방향들에 대해서는 가능도 함수가 상대적으로 매개변숫값에 대해서 덜 민감하며, 그렇기 때문에 사전 분포에 의해 매개변숫값이 더 작게 설정되었다. 따라서 식 3.91의 γ는 잘 결정된 매개변수의 유효 숫자를 측정하는 값에 해당하게 된다.

β 값을 재추정하는 데 쓰이는 식 3.95와 그에 해당하는 식 3.21의 최대 가능도 결과를 비교해 보면 약간의 통찰을 얻을 수 있다. 이 두 식은 표적값과 모델 예측값의 차이의 제곱을 평균낸 것으로 분산(정밀도의 역)을 표현한다. 하지만 이 두 식 사이에는 최대 가능도 결과에서의 분모의 값인 데이터 포인트의 개수 N이 베이지안 결과에서는 $N - \gamma$로 바뀌었다는 차이점이 있다. 식

그림 3.15 가능도 함수의 윤곽선(빨간색)과 사전 분포의 윤곽선(녹색). 매개변수 공간의 축들은 헤시안의 고유 벡터 $\mathbf{u}_i$와 정렬되도록 회전되었다. $\alpha = 0$의 경우 사후 분포의 최빈값은 최대 가능도 해 $\mathbf{w}_{\mathrm{ML}}$로 주어지며, α가 0이 아닌 값을 가질 경우 최빈값은 $\mathbf{w}_{\mathrm{MAP}} = \mathbf{m}_N$이다. w_1 방향의 경우에는 식 3.87에서 정의된 고윳값 λ_1이 α에 비해 작은 값을 가진다. 따라서 $\lambda_1/(\lambda_1 + \alpha)$의 값이 0에 가깝게 되며, 이에 해당하는 w_1의 MAP 값이 0에 가까워진다. 반대로 w_2 방향의 경우에는 고윳값 λ_2가 α에 비해 큰 값을 가지고, 따라서 $\lambda_2/(\lambda_2 + \alpha)$ 값이 1에 가까워진다. 이 경우 w_2의 MAP 값은 최대 가능도에 가깝게 된다.

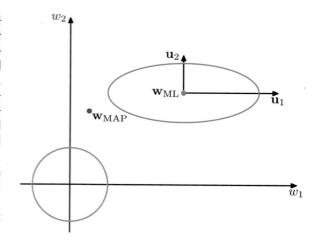

1.56을 다시 살펴보자. 단일 변수 x에 대한 가우시안 분포 분산의 최대 가능도 추정값은 다음과 같다.

$$\sigma_{\mathrm{ML}}^2 = \frac{1}{N} \sum_{n=1}^{N} (x_n - \mu_{\mathrm{ML}})^2 \tag{식 3.96}$$

이 추정값은 편향되어 있다. 왜냐하면 평균에 대한 최대 가능도 해 μ_{ML}이 데이터상의 노이즈에 대해서도 피팅되어 있기 때문이다. 사실상 이것이 모델의 자유도 중 하나를 사용해 버리게 된다. 이에 해당하는 식 1.59의 비편향 추정값은 다음 형태를 띤다.

$$\sigma_{\mathrm{MAP}}^2 = \frac{1}{N-1} \sum_{n=1}^{N} (x_n - \mu_{\mathrm{ML}})^2 \tag{식 3.97}$$

베이지안 결괏값의 분모 인자 $N-1$은 하나의 자유도가 평균값을 근사하는 데 사용되었음을 고려하여 결정된 것이다. 이 인자를 사용함으로써 최대 가능도에서의 편향이 사라지게 된다. 이제는 이 결과를 선형 회귀 모델상에서 살펴보도록 하자. 이제 표적 분포의 평균은 M개의 매개변수를 포함하고 있는 $\mathbf{w}^{\mathrm{T}}\boldsymbol{\phi}(\mathbf{x})$로 주어진다. 하지만 모든 매개변수들이 데이터를 바탕으로 조율되지는 않았다. 데이터에 의해 결정된 유효한 매개변수의 숫자는 γ이며, 그에 따라 나머지 $N-\gamma$개의 매개변수들은 사전 분포에 의해 작은 값으로 설정되었다. 분산에 대한 베이지안 결괏값에서 이는 분모의 $N-\gamma$ 인자로 반영되어 있다. 이를 통해서 최대 가능도 결괏값의 편향성을 수정하는 것이다.

1.1절의 합성 사인 곡선 데이터와 아홉 개의 기저 함수를 가지는(이 경우 모델 매개변수의 숫자는 편향 매개변수를 포함한 $M = 10$일 것이다) 가우시안 기저 함수 모델을 이용하여 초매개변수를 결정하는 증거 체계에 대해 설명할 수 있다. 논의의 간편함을 위해서 β의 값으로는 실제 값인 11.1을 사용하고 여기에 증거 방법론을 적용해서 α를 구할 것이다. 이에 대해서는 그림 3.16에 그려져 있다.

또한, 매개변수 α가 매개변수 $\{w_i\}$의 크기를 어떤 식으로 조정하는지에 대해 살펴볼 수 있다. 그림 3.17에는 매개변수의 유효 숫자 γ와 각 개별 매개변수들 간의 도식이 그려져 있다.

데이터 포인트의 숫자 N이 매개변수의 숫자 M보다 큰 $N \gg M$의 경우를 고려해 보자. 이 경우 식 3.87로부터 모든 매개변수들은 데이터로부터 잘 결정될 수 있다는 것을 알 수 있다. 왜냐하면 $\boldsymbol{\Phi}^{\mathrm{T}}\boldsymbol{\Phi}$는 데이터 포인트들에 대한 내재적인 합산을 포함하고 있으며, 따라서 데이터 집합의 크기가 증가함에 따라서 고윳값 λ_i들의 크기가 증가하기 때문이다. 이 경우 $\gamma = M$이며, α와 β에 대한 재추정 공식은 다음과 같다.

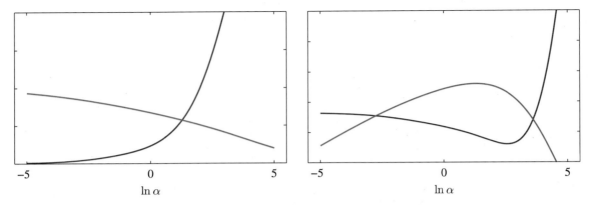

그림 3.16 왼쪽은 합성 사인 곡선 데이터를 바탕으로 그린 γ(빨간색 곡선), $2\alpha E_W(\mathbf{m}_N)$(파란색 곡선)과 $\ln \alpha$ 간의 그래프다. 이 두 곡선이 만나는 지점의 값이 증거 과정을 통해 주어지는 최적의 α 값에 해당한다. 오른쪽은 이에 해당하는 로그 증것값 $\ln p(\mathbf{t}|\alpha, \beta)$(빨간색 곡선)와 $\ln \alpha$의 그래프다. 곡선의 정상점이 왼쪽 그래프에서 두 곡선이 만나는 지점과 일치함을 확인할 수 있다. 또한, 시험 집합 오류(파란색 곡선)는 최적의 일반화 오류를 보여 주는 지점이 증것값이 최대가 되는 지점 근처라는 것을 보여 준다.

$$\alpha = \frac{M}{2E_W(\mathbf{m}_N)} \qquad \text{(식 3.98)}$$

$$\beta = \frac{N}{2E_D(\mathbf{m}_N)} \qquad \text{(식 3.99)}$$

E_W는 식 3.25에, E_D는 식 3.26에 정의되어 있다. 이 결괏값들을 완전 증거 재추정에 대한 계산하기 쉬운 근삿값으로 사용할 수 있다. 왜냐하면 이 결괏값들의 경우에는 헤시안 행렬의 고윳값 스펙트럼을 계산할 필요가 없기 때문이다.

그림 3.17 가우시안 기저 함수 모델의 10개의 매개변수 w_i들과 유효 매개변수의 숫자 γ 간의 그래프. 초매개변수 α의 값이 $0 \leqslant \alpha \leqslant \infty$ 사이에서 변화하며, 그에 따라서 γ의 값이 $0 \leqslant \gamma \leqslant M$ 사이에서 변화한다.

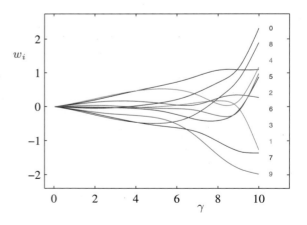

3.6 고정 기저 함수의 한계점

이 장 전반에 걸쳐서 고정된 비선형 기저 함수들의 선형 결합으로 이루어진 모델을 살펴보았다. 매개변수들의 선형성을 가정할 경우에 최소 제곱 문제의 해가 닫힌 형태로 존재하며, 베이지안 과정을 통해서 풀이가 가능하다는 장점이 있다. 또한, 기저 함수를 적절히 선택할 경우 입력 변수와 타깃 변수 사이의 임의의 비선형성도 모델할 수 있다. 다음 장에서는 이와 유사한 분류 모델들을 살펴볼 것이다.

위의 이유들을 보면 이러한 선형 모델이 패턴 인식 문제를 푸는 데 있어서 일반적으로 사용되는 방법론으로 여겨질 수 있다. 하지만 불행하게도 선형 모델에는 심각한 한계점이 있다. 나중의 장들에서는 이러한 한계점을 극복하기 위해 사용되는 서포트 벡터 머신과 뉴럴 네트워크등의 모델들에 대해 살펴볼 것이다.

선형 모델의 한계점은 기저 함수 $\phi_j(\mathbf{x})$가 훈련 데이터 집합이 관측되기 전에 고정되어 있으며, 이에 따라서 1.4절에서 논의했던 차원의 저주 문제의 징후를 보인다는 것으로부터 기인한다. 선형 모델의 경우에 기저 함수의 숫자는 입력 공간의 차원 D가 증가함에 따라서 아주 빠르게 (때로는 기하급수적으로) 증가한다.

다행이 이 문제를 완화하기 위해 사용 가능한 실제 데이터 집합들의 두 가지 성질이 있다. 첫 번째 성질은 데이터 벡터들 $\{\mathbf{x}_n\}$은 보통 내재적 차원수가 입력 공간의 차원수보다 작은 비선형 매니폴드에 근접하게 존재한다는 것이다. 그 결과 입력 변수들 사이에는 강한 상관관계가 존재하게 된다. 이러한 예시에 대해 12장에서 손글씨 숫자의 이미지 데이터를 바탕으로 살펴볼 것이다. 만약 우리가 지역화된 기저 함수를 사용한다면, 입력 공간상에서 데이터를 포함하는 지역에만 이 기저 함수들이 퍼져 있도록 배열할 수 있다. 이러한 방법은 방사 기저 함수 네트워크, 서포트 벡터 머신, 상관 벡터 머신 등에서 사용된다. 시그모이드 비선형성을 가진 적응적 기저 함수를 사용하는 뉴럴 네트워크 모델의 경우에는 기저 함수가 달라지는 입력 공간상의 지역들이 데이터 매니폴드에 해당하도록 매개변수를 조절하는 방식을 사용할 수 있다. 데이터 집합들의 두 번째 성질은 타깃 변수들이 데이터 매니폴드의 몇몇 일부 방향성에 대해서만 중요한 종속성을 가졌을 수 있다는 점이다. 뉴럴 네트워크 모델의 경우에는 기저 함수가 반응하는 입력 공간의 방향성을 선택하는 방식으로 이 성질을 사용할 수 있다.

연습문제

3.1 ★ www 'tanh' 함수와 식 3.6의 로지스틱 시그모이드 함수가 다음과 같은 관계를 가짐을 증명하라.

$$\tanh(a) = 2\sigma(2a) - 1 \tag{식 3.100}$$

이를 바탕으로 다음 식 3.101 형태의 로지스틱 시그모이드 함수들의 일반적인 선형 결합이 식 3.102 형태의 'tanh' 함수들의 선형 결합과 동일함을 증명하라.

$$y(x, \mathbf{w}) = w_0 + \sum_{j=1}^{M} w_j \sigma \left(\frac{x - \mu_j}{s} \right) \tag{식 3.101}$$

$$y(x, \mathbf{u}) = u_0 + \sum_{j=1}^{M} u_j \tanh \left(\frac{x - \mu_j}{2s} \right) \tag{식 3.102}$$

그리고 새로운 매개변수들 $\{u_0, \ldots, u_M\}$과 원래의 매개변수들 $\{w_0, \ldots, w_M\}$의 관계식을 찾아라.

3.2 ★★ 다음의 행렬이 (모든) 벡터 $\mathbf{v}$를 $\boldsymbol{\Phi}$의 열을 바탕으로 뻗어 있는 공간에 투영한다는 것을 증명하라.

$$\boldsymbol{\Phi}(\boldsymbol{\Phi}^{\mathrm{T}}\boldsymbol{\Phi})^{-1}\boldsymbol{\Phi}^{\mathrm{T}} \tag{식 3.103}$$

이 결과를 이용해서 식 3.15의 최소 제곱 해가 벡터 $\mathbf{t}$를 매니폴드 $\mathcal{S}$에 직교 투영하는 것에 해당한다는 것을 증명하라. 그림 3.2에 이에 대한 것이 그려져 있다.

3.3 ★ 각각의 데이터 포인트 t_n이 가중 인자 $r_n > 0$와 연관되어 있는 데이터 집합을 고려해 보자. 이 경우 제곱합 오류 함수는 다음이 된다.

$$E_D(\mathbf{w}) = \frac{1}{2} \sum_{n=1}^{N} r_n \left\{ t_n - \mathbf{w}^{\mathrm{T}} \boldsymbol{\phi}(\mathbf{x}_n) \right\}^2 \tag{식 3.104}$$

이 오류 함수를 최소화하는 해 $\mathbf{w}^\star$에 대한 공식을 구하라. 이 가중된 제곱합 오류 함수에 대한 다음의 두 가지 다른 해석을 내려 보아라.

(i) 데이터에 종속적인 노이즈 분산

(ii) 복제된 데이터 포인트

3.4 ★ `www` 다음의 형태를 가지는 선형 모델을 고려해 보자.

$$y(\mathbf{x}, \mathbf{w}) = w_0 + \sum_{i=1}^{D} w_i x_i \qquad \text{(식 3.105)}$$

다음 형태의 제곱합 오류 함수도 고려해 보자.

$$E_D(\mathbf{w}) = \frac{1}{2} \sum_{n=1}^{N} \{y(\mathbf{x}_n, \mathbf{w}) - t_n\}^2 \qquad \text{(식 3.106)}$$

이제 0 평균과 σ^2 분산을 가지는 가우시안 노이즈 ϵ_i를 각각의 입력 변수 x_i에 독립적으로 더했다고 가정해 보자. $\mathbb{E}[\epsilon_i \epsilon_j] = \delta_{ij} \sigma^2$을 이용해서, 노이즈 분포에 대한 평균 E_D를 최소화하는 것이 가중치 감쇠항이 포함된 (노이즈 없는 입력 변수에 대한) 제곱합 오류를 최소화하는 것과 동일함을 증명하라. 이때 편향 매개변수 w_0는 정규화항으로부터 생략되었다고 하자.

3.5 ★ `www` 부록 E의 라그랑주 승수법을 이용해서 식 3.29의 정규화된 오류 함수를 최소화하는 것이 식 3.12의 정규화되지 않은 곱합 오류를 식 3.30의 제약 조건하에서 최소화하는 것과 동일하다는 것을 증명하라. 그리고 매개변수 η와 λ의 관계에 대해 논하라.

3.6 ★ `www` 다변량 타깃 변수 $\mathbf{t}$에 대한 선형 기저 함수 회귀 모델을 고려해 보자. 이때 타깃 변수는 다음의 가우시안 분포를 가진다.

$$p(\mathbf{t}|\mathbf{W}, \boldsymbol{\Sigma}) = \mathcal{N}(\mathbf{t}|\mathbf{y}(\mathbf{x}, \mathbf{W}), \boldsymbol{\Sigma}) \qquad \text{(식 3.107)}$$

여기서 다음과 같다.

$$\mathbf{y}(\mathbf{x}, \mathbf{W}) = \mathbf{W}^{\mathrm{T}} \boldsymbol{\phi}(\mathbf{x}) \qquad \text{(식 3.108)}$$

입력 기저 벡터 $\boldsymbol{\phi}(\mathbf{x}_n)$과 해당 타깃 변수 $\mathbf{t}_n$으로 이루어진 훈련 집합도 가정하자($n = 1, \ldots, N$). 이때 매개변수 행렬 $\mathbf{W}$의 최대 가능도 해 $\mathbf{W}_{\mathrm{ML}}$은 각각의 열이 식 3.15의 형태로 주어지는 성질을 가진다는 것을 증명하라. 식 3.15는 등방 노이즈 분포에 대한 해였다. 이 해와 공분산 행렬 $\boldsymbol{\Sigma}$는 독립적이라는 점에 주목하자. 그리고 $\boldsymbol{\Sigma}$의 최대 가능도 해는 다음과 같음을 증명하라.

$$\boldsymbol{\Sigma} = \frac{1}{N} \sum_{n=1}^{N} \left(\mathbf{t}_n - \mathbf{W}_{\mathrm{ML}}^{\mathrm{T}} \boldsymbol{\phi}(\mathbf{x}_n) \right) \left(\mathbf{t}_n - \mathbf{W}_{\mathrm{ML}}^{\mathrm{T}} \boldsymbol{\phi}(\mathbf{x}_n) \right)^{\mathrm{T}} \qquad \text{(식 3.109)}$$

3.7 ★ 제곱식의 완성 테크닉을 이용해서 선형 기저 함수 모델의 매개변수 $\mathbf{w}$의 사후 분포에 대한 식 3.49의 결과를 증명하라. 이때 $\mathbf{m}_N$과 $\mathbf{S}_N$은 각각 식 3.50과 식 3.51에 따라 정의된다.

3.8 ★★ www 3.1절의 선형 기저 함수 모델을 고려해 보자. 이미 N개의 데이터 포인트를 관측하였고 따라서 $\mathbf{w}$의 사후 분포가 식 3.49로 주어진다고 하자. 이 사후 분포는 다음 관측값에 대한 사전 분포로 사용할 수 있다. 추가 데이터 포인트 $(\mathbf{x}_{N+1}, t_{N+1})$을 고려하고 지수부에 대해 제곱식의 완성 테크닉을 적용해서 다음 사후 분포가 다시금 식 3.49의 형태로 주어진다는 것을 증명하라. 이때 $\mathbf{S}_N$은 $\mathbf{S}_{N+1}$으로 $\mathbf{m}_N$은 $\mathbf{m}_{N+1}$으로 바뀐 형태를 보이게 될 것이다.

3.9 ★★ 앞의 연습문제를 다시 풀어 보자. 하지만 이번에는 제곱식의 완성 테크닉을 사용하지 말고 대신에 식 2.116의 선형 가우시안 모델에 대한 일반 결과를 이용해서 풀어 보기 바란다.

3.10 ★★ www 식 2.115의 결과를 이용해서 식 3.57의 적분을 계산함으로써 베이지안 선형 회귀 모델의 예측 분포가 식 3.58로 주어진다는 것을 증명하라. 이때 입력에 종속적인 분산은 식 3.59로 주어지게 될 것이다.

3.11 ★★ 데이터 집합의 크기가 증가함에 따라서 모델 매개변수의 사후 분산과 연관된 불확실성 정도가 감소한다는 것을 살펴봤었다. 식 3.110의 행렬 성질(부록 C)를 이용해서 식 3.59의 선형 회귀 함수와 연관된 불확실도 $\sigma_N^2(\mathbf{x})$가 식 3.111을 만족함을 증명하라.

$$\left(\mathbf{M} + \mathbf{v}\mathbf{v}^{\mathrm{T}}\right)^{-1} = \mathbf{M}^{-1} - \frac{\left(\mathbf{M}^{-1}\mathbf{v}\right)\left(\mathbf{v}^{\mathrm{T}}\mathbf{M}^{-1}\right)}{1 + \mathbf{v}^{\mathrm{T}}\mathbf{M}^{-1}\mathbf{v}} \qquad \text{(식 3.110)}$$

$$\sigma_{N+1}^2(\mathbf{x}) \leqslant \sigma_N^2(\mathbf{x}) \qquad \text{(식 3.111)}$$

3.12 ★★ 2.3.6절에서 평균과 정밀도(분산의 역)가 알려지지 않은 가우시안 분포에 대한 켤레 사전 분포가 정규 감마 분포라는 것을 보았다. 이 성질은 선형 회귀 모델의 조건부 가우시안 분포 $p(t|\mathbf{x}, \mathbf{w}, \beta)$에 대해서도 성립한다. 식 3.10의 가능도 함수를 고려한다면 $\mathbf{w}$와 β에 대한 켤레 사전 분포는 다음처럼 주어지게 된다.

$$p(\mathbf{w}, \beta) = \mathcal{N}(\mathbf{w}|\mathbf{m}_0, \beta^{-1}\mathbf{S}_0)\mathrm{Gam}(\beta|a_0, b_0) \qquad \text{(식 3.112)}$$

해당 사후 분포가 같은 함수적 형태를 가진다는 것을 증명하라. 즉, 다음을 증명하는 것이다.

$$p(\mathbf{w}, \beta|\mathbf{t}) = \mathcal{N}(\mathbf{w}|\mathbf{m}_N, \beta^{-1}\mathbf{S}_N)\mathrm{Gam}(\beta|a_N, b_N) \qquad \text{(식 3.113)}$$

그리고 사후 분포 매개변수 $\mathbf{m}_N$, $\mathbf{S}_N$, a_N, b_N의 표현식을 유도해 보아라.

3.13 ★★ 연습문제 3.12에서 논의한 모델의 예측 분포 $p(t|\mathbf{x}, \mathbf{t})$가 다음 형태의 스튜던트 t 분포로 주어진다는 것을 증명하라.

$$p(t|\mathbf{x}, \mathbf{t}) = \mathrm{St}(t|\mu, \lambda, \nu) \qquad \text{(식 3.114)}$$

그리고 μ, λ, ν의 표현식을 유도하라.

3.14 ★★ 이 연습문제에서는 식 3.62에서 정의한 등가 커널의 성질에 대해 더 자세히 살펴볼 것이다. 여기서 $\mathbf{S}_N$은 식 3.54의 정의를 따를 것이다. 기저 함수 $\phi_j(\mathbf{x})$들이 선형적으로 독립적이며, 데이터 포인트의 숫자 N이 기저 함수의 숫자 M보다 크다고 하자. 또한, 기저 함수 중 하나는 상수라고 하자. 즉, $\phi_0(\mathbf{x}) = 1$이다. 기저 함수들을 적절히 선형 결합하면 같은 공간상에 펼쳐져 있지만 서로 직교하는 새로운 기저 집합 $\psi_j(\mathbf{x})$를 구성할 수 있다.

$$\sum_{n=1}^{N} \psi_j(\mathbf{x}_n)\psi_k(\mathbf{x}_n) = I_{jk} \qquad \text{(식 3.115)}$$

여기서 I_{jk}는 $j = k$면 1, 아니면 0 값을 가진다. 그리고 $\psi_0(\mathbf{x}) = 1$이라고 하자. $\alpha = 0$일 경우 등가 커널을 $k(\mathbf{x}, \mathbf{x}') = \boldsymbol{\psi}(\mathbf{x})^{\mathrm{T}}\boldsymbol{\psi}(\mathbf{x}')$와 같이 적을 수 있음을 증명하라. 이때 $\boldsymbol{\psi} = (\psi_0, \ldots, \psi_{M-1})^{\mathrm{T}}$다. 이 결과를 이용해서 커널이 다음의 합산 제약 조건을 만족함을 증명하라.

$$\sum_{n=1}^{N} k(\mathbf{x}, \mathbf{x}_n) = 1 \qquad \text{(식 3.116)}$$

3.15 ★ `www` 증거 방법론을 이용해서 선형 기저 함수 회귀 모델의 매개변수 α와 β를 정했다고 하자. 이때 식 3.82에 따라 정의된 함수 $E(\mathbf{m}_N)$이 $2E(\mathbf{m}_N) = N$를 만족함을 증명하라.

3.16 ★★ 식 2.115를 이용해서 식 3.77의 적분을 직접 계산함으로써 선형 회귀 모델의 로그 증거 함수 $p(\mathbf{t}|\alpha, \beta)$에 대한 결과 식 3.86을 유도하라.

3.17 ★ 베이지안 선형 회귀 모델의 증거 함수를 식 3.78의 형태로 적을 수 있음을 증명하라. 이때 $E(\mathbf{w})$는 식 3.79의 정의를 따른다.

3.18 ★★ `www` $\mathbf{w}$에 대해 제곱식의 완성 테크닉을 적용해서 베이지안 선형 회귀에 대한 식 3.79의 오류 함수를 식 3.80의 형태로 적을 수 있음을 증명하라.

3.19 베이지안 선형 회귀 모델을 $\mathbf{w}$에 대해 적분하면 식 3.85의 결과를 얻게 됨을 증명하라. 또한, 이에 따라 로그 가능도 함수가 식 3.86으로 주어짐을 증명하라.

3.20 ★★ `www` 식 3.86의 로그 주변 가능도 함수를 α에 대해 최대화하면 식 3.92의 재추정식을 얻게 된다는 것을 증명하기 위해 필요한 모든 단계를 증명하라.

3.21 ★★ 증거 방법론상에서의 최적 α 값에 대한 식 3.92를 유도하기 위한 또 다른 방법은 바로 다음의 성질을 이용하는 것이다.

$$\frac{d}{d\alpha} \ln |\mathbf{A}| = \text{Tr}\left(\mathbf{A}^{-1} \frac{d}{d\alpha} \mathbf{A}\right). \tag{식 3.117}$$

실수 대칭 행렬 $\mathbf{A}$의 고윳값 전개를 고려하고 $\mathbf{A}$의 행렬식과 대각합에 대한 표준 결과(고윳값을 바탕으로 표현된)를 이용해서 위 성질을 증명하라(부록 C). 그 다음 식 3.117을 이용해서 식 3.86으로부터 식 3.92를 도출하라.

3.22 ★★ 식 3.86의 로그 주변 가능도 함수를 β에 대해 최대화하면 식 3.95의 재추정식을 얻게 된다는 것을 증명하기 위해 필요한 식 3.86으로부터 시작하는 모든 단계를 증명하라.

3.23 ★★ www 연습문제 3.12에서 묘사했던 모델의 데이터의 주변 확률(모델 증거)이 다음과 같음을 증명하라.

$$p(\mathbf{t}) = \frac{1}{(2\pi)^{N/2}} \frac{b_0^{a_0}}{b_N^{a_N}} \frac{\Gamma(a_N)}{\Gamma(a_0)} \frac{|\mathbf{S}_N|^{1/2}}{|\mathbf{S}_0|^{1/2}} \tag{식 3.118}$$

이를 위해서는 먼저 $\mathbf{w}$에 대한 주변화를 시행하고 그 다음 β에 대한 주변화를 시행해야 할 것이다.

3.24 ★★ 앞의 연습문제를 다시 풀어라. 하지만 이번에는 사전 분포, 사후 분포, 가능도 함수들을 다음 식 3.119의 베이지안 정리에 대입하여 식 3.118의 결과를 유도하는 방식으로 풀어 보기 바란다.

$$p(\mathbf{t}) = \frac{p(\mathbf{t}|\mathbf{w}, \beta)p(\mathbf{w}, \beta)}{p(\mathbf{w}, \beta|\mathbf{t})} \tag{식 3.119}$$

4

선형 분류 모델

3장에서는 회귀 모델들 중에서 특히 해석적/계산적으로 단순한 성질을 가진 모델에 대해 살펴보았다. 이 장에서는 분류 문제를 푸는 데 사용되는 이와 비슷한 모델을 살펴보도록 하자. 분류 문제의 목표는 입력 벡터 $\mathbf{x}$가 주어졌을 때 이를 K개의 이산 클래스 $\mathcal{C}_k\,(k = 1, \ldots, K)$들 중 하나에 할당하는 것이다. 대부분의 문제에서 클래스들은 서로 겹치지 않는다. 즉, 각각의 입력값들은 하나의 클래스에 할당된다. 따라서 입력 공간은 **결정 경계**(*decision boundary*), 또는 **결정 표면**(*decision surface*)이라고 불리는 경계를 바탕으로 여러 **결정 구역**(*decision region*)들로 나뉘지게 된다. 이 장에서는 분류를 위한 선형 모델에 대해서 살펴볼 것이다. 여기서 '선형' 모델의 의미는 결정 표면들이 입력 벡터 $\mathbf{x}$에 대한 선형 함수라는 것이다. 이 경우 결정 표면들은 D차원 입력 공간상의 $(D-1)$차원 초평면으로 정의된다. 클래스들이 선형 결정 표면들을 바탕으로 정확하게 나뉘어질 수 있는 데이터 집합을 **선형 분리 가능**(*linearly separable*)한 집합이라고 일컫는다.

회귀 문제의 경우에는 타깃 변수 $\mathbf{t}$가 단순히 우리가 예측하고자 하는 실수였다. 분류 문제의 경우에는 클래스 라벨을 표현하기 위해서 다양한 방식으로 타깃 변수를 사용할 수 있다. 확률적 모델의 경우 두 개의 클래스를 가지는 문제에서 가장 손쉽게 사용할 수 있는 타깃 변수 표현 방법은 바로 $t \in \{0, 1\}$인 단일 타깃 변수를 사용하는 것이다. 이때 $t = 1$은 클래스 $\mathcal{C}_1$을, $t = 0$은 클래스 $\mathcal{C}_2$를 의미한다. 또는 t의 값을 $\mathcal{C}_1$에 속할 확률로써 해석할 수도 있다. 이때 이 확률값은 0 또는 1 값만 가지는 극단적인 확률값일 것이다. $K > 2$개의 클래스가 있을 경우에는 원 핫 인코딩(one hot encoding)을 적용하는 것이 편리하다. 클래스 C_j에 속하는 경우에 대해 원 핫 인코딩을 적용한다면 t는 K 길이의 벡터가 되며, 이 벡터의 원소 t_j의 1 값을, 나머지 원소들은 0 값을 가지게 될 것이다. 예를 들어, $K = 5$개의 클래스들이 있을 경우에 클래스 2에 속할 경우의 표적 벡터는 다음이 될 것이다.

$$\mathbf{t} = (0, 1, 0, 0, 0)^{\mathrm{T}}$$

(식 4.1)

여기서도 마찬가지로 t_k의 값을 클래스가 C_k일 확률로 해석할 수 있다. 비확률적 모델의 경우에는 타깃 변수를 다른 방식으로 표현하는 것이 편리한 경우도 있다.

1장에서 분류 문제를 푸는 방법의 세 가지 종류에 대해 확인했었다. 가장 단순한 방법은 **판별 함수**(discriminant function)를 만들어 활용하는 방식이다. 여기서 판별 함수는 각각의 벡터 $\mathbf{x}$를 특정 클래스에 직접 바로 배정하는 함수다. 더 강력한 또 다른 방법은 추론 단계에 조건부 확률 분포 $p(C_k|\mathbf{x})$를 모델하고 추후에 이 분포를 활용하여 최적의 결정을 내리는 방식이다. 추론과 결정을 분리함으로써 1.5.4절에서 논의하였던 다양한 이득을 누릴 수 있게 된다. 조건부 확률 $p(C_k|\mathbf{x})$를 결정하는 데는 두 가지 다른 방법이 있다. 하나는 직접 모델하는 것으로, 예를 들면 조건부 확률을 매개변수적 모델로 표현하여 최적의 매개변수를 훈련 집합을 통해 찾아내는 방법이 있다. 또 다른 방법은 생성적인 방법으로, 클래스 조건 밀도 $p(\mathbf{x}|C_k)$와 클래스 사전 확률 $p(C_k)$를 모델한 후 필요한 사후 확률을 베이지안 정리를 이용하여 계산하는 방식을 취한다.

$$p(C_k|\mathbf{x}) = \frac{p(\mathbf{x}|C_k)p(C_k)}{p(\mathbf{x})}$$

(식 4.2)

이번 장에서 분류 문제를 푸는 세 가지 방법의 예시에 대해 모두 논의할 것이다.

3장에서 살펴보았던 선형 회귀 모델의 경우에 모델의 예측값 $y(\mathbf{x}, \mathbf{w})$는 매개변수 $\mathbf{w}$의 선형 함수로 주어진다. 가장 단순한 경우에 모델은 입력 변수에 대해서도 선형이며, 따라서 $y(\mathbf{x}) = \mathbf{w}^{\mathrm{T}}\mathbf{x} + w_0$의 형태를 취하게 된다. 그리고 이때 y는 실숫값을 가진다. 하지만 분류 문제에서는 이산 클래스 라벨값을 예측해 내야 한다. 더 일반적으로 말하자면 $(0, 1)$ 사이의 범위에 속하는 사후 확률을 구하고 싶은 것이다. 이를 달성하기 위해서 $\mathbf{w}$에 대한 선형 함수를 비선형 함수 $f(\cdot)$를 이용하여 변환하는 것을 고려하여 보자.

$$y(\mathbf{x}) = f\left(\mathbf{w}^{\mathrm{T}}\mathbf{x} + w_0\right)$$

(식 4.3)

머신 러닝 문헌들에서는 $f(\cdot)$를 **활성화 함수**(activation function)라고 지칭하며, 통계학 문헌들에서는 이 함수의 역함수를 **연결 함수**(*link function*)라고 부른다. 결정 경계면은 $y(\mathbf{x}) = $ 상수인 경우에 해당한다. 따라서 $\mathbf{w}^\mathrm{T}\mathbf{x} + w_0 = $ 상수인 경우에도 해당한다. 그렇기 때문에 $f(\cdot)$가 비선형일지라도 결정 경계면은 $\mathbf{x}$에 대해 선형 함수다. 이러한 이유로 식 4.3을 바탕으로 설명 가능한 모델들을 **일반화된 선형 모델**(*generalized linear model*)(McCuulagh and Nelder, 1989)이라 부른다. 이런 종류의 모델은 회귀 문제에서의 모델과는 달리 매개변수에 대해 선형적이지는 않다. 비선형 함수 $f(\cdot)$ 때문이다. 그렇기 때문에 이 모델들은 해석적/계산적으로 선형 회귀 모델에 비해서 더 복잡한 성질을 가지고 있다. 그럼에도 불구하고 이 모델들은 뒤에서 다룰 더 일반적인 비선형 모델들에 비해서는 상대적으로 간단한 편에 속한다.

3장의 회귀 모델에서와 같이 기저 함수 $\boldsymbol{\phi}(\mathbf{x})$들을 이용하여 입력 변수들에 대해 고정된 비선형 변환을 먼저 적용할 경우에도 이 장에서 사용된 알고리즘들을 동일하게 적용할 수 있다. 일단은 원 입력 공간 $\mathbf{x}$상에서 직접적으로 분류하는 케이스에 대해 살펴보는 것으로 시작한다. 하지만 추후 4.3절에서 살펴보게 될 것처럼 나중 장들과의 일관성을 위해서 기저 함수를 포함하는 표현법을 사용하는 것이 편리하다는 것을 알게 될 것이다.

4.1 판별 함수

판별 함수는 입력 벡터 $\mathbf{x}$를 K개의 클래스들 $\mathcal{C}_k$ 중 하나에 배정하는 함수다. 이 장에서는 결정 표면이 초평면인 **선형 판별**(*linear discriminant*)에 대해서만 살펴볼 것이다. 편의성을 위해서 먼저 클래스가 두 개인 경우에 대해 살펴보고 그 다음 $K > 2$개의 클래스를 가지는 경우까지 논의를 확장할 것이다.

4.1.1 두 개의 클래스

선형 판별 함수를 가장 단순하게 표현하면 다음과 같은 입력 벡터들의 선형 함수가 된다.

$$y(\mathbf{x}) = \mathbf{w}^\mathrm{T}\mathbf{x} + w_0 \tag{식 4.4}$$

여기서 $\mathbf{w}$는 **가중 벡터**(*weight vector*)라 하며 w_0는 **편향**(*bias*)이다(통계학적 의미에서의 편향과 혼동하지 말도록 하자). 편향의 음의 값은 때때로 **임계값**(*threshold*)이라고 불리기도 한다. 입력 벡터 $\mathbf{x}$는 $y(\mathbf{x}) \geqslant 0$일 경우에는 클래스 $\mathcal{C}_1$에, 그렇지 않을 경우에는 클래스 $\mathcal{C}_2$에 배정된다. 따라서 이에 해당하는 결정 경계는 $y(\mathbf{x}) = 0$에 해당하며, D차원 입력 공간상의 $(D-1)$차원 초평면에 해당한다. 결정 표면상에 존재하는 두 개의 점 $\mathbf{x}_\mathrm{A}$와 $\mathbf{x}_\mathrm{B}$를 고려해 보자. $y(\mathbf{x}_\mathrm{A}) = y(\mathbf{x}_\mathrm{B}) = 0$이기 때문에 $\mathbf{w}^\mathrm{T}(\mathbf{x}_\mathrm{A} - \mathbf{x}_\mathrm{B}) = 0$이며, 따라서 벡터 $\mathbf{w}$는 결정 표면상의 모든 벡터들과 직교하

게 된다. 그러므로 $\mathbf{w}$는 결정 표면의 모양을 결정한다. 이와 흡사하게 만약 $\mathbf{x}$가 결정 표면상의 점이라면 $y(\mathbf{x}) = 0$이며, 따라서 원점으로부터 결정 표면까지의 수직 최단 거리는 다음과 같이 주어지게 된다.

$$\frac{\mathbf{w}^{\mathrm{T}}\mathbf{x}}{\|\mathbf{w}\|} = -\frac{w_0}{\|\mathbf{w}\|} \tag{식 4.5}$$

따라서 편향 매개변수 w_0가 결정 표면의 위치를 결정한다는 것을 알 수 있다. 이 성질들에 대해서 $D = 2$인 경우를 바탕으로 그림 4.1에 그려 두었다.

또한, $y(\mathbf{x})$의 값은 점 $\mathbf{x}$와 결정 표면 사이의 수직 거리 r에 비례함을 알 수 있다. 이를 확인해 보자. 임의의 점 $\mathbf{x}$와 $\mathbf{x}$의 결정 표면에 대한 수직 투영 $\mathbf{x}_\perp$를 고려해 보자.

$$\mathbf{x} = \mathbf{x}_\perp + r\frac{\mathbf{w}}{\|\mathbf{w}\|} \tag{식 4.6}$$

양변에 $\mathbf{w}^{\mathrm{T}}$를 곱하고 w_0을 더한 후, $y(\mathbf{x}) = \mathbf{w}^{\mathrm{T}}\mathbf{x} + w_0$와 $y(\mathbf{x}_\perp) = \mathbf{w}^{\mathrm{T}}\mathbf{x}_\perp + w_0 = 0$을 이용하면 다음을 구할 수 있다.

$$r = \frac{y(\mathbf{x})}{\|\mathbf{w}\|} \tag{식 4.7}$$

이 결과가 그림 4.1에 그려져 있다.

3장에서 살펴본 선형 회귀 모델의 경우와 같이 표기를 간단하게 하기 위해서 추가적인 가변수 $x_0 = 1$을 사용하고 $\widetilde{\mathbf{w}} = (w_0, \mathbf{w})$와 $\widetilde{\mathbf{x}} = (x_0, \mathbf{x})$라 정의해 보자.

그림 4.1 이차원상에서의 선형 판별 함수의 기하학적 도식. 빨간색 선으로 그려져 있는 결정 표면은 $\mathbf{w}$에 수직이며, 그 원점으로부터의 거리는 편향 매개변수 w_0에 의해 결정된다. 또한, 점 $\mathbf{x}$로부터 결정 표면까지의 수직 거리는 $y(\mathbf{x})/\|\mathbf{w}\|$다.

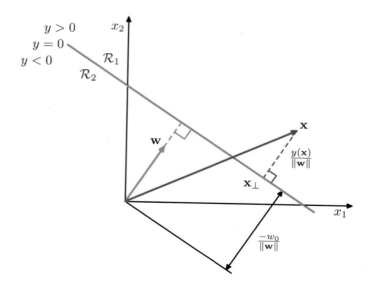

$$y(\mathbf{x}) = \widetilde{\mathbf{w}}^{\mathrm{T}} \widetilde{\mathbf{x}} \qquad\qquad\qquad \text{(식 4.8)}$$

이 경우 결정 표면은 $D+$ 일차원의 확장된 입력 공간상에서 원점을 지나가는 D차원의 초평면이 된다.

4.1.2 다중 클래스

이제 $K > 2$개의 다중 클래스의 경우로 논의를 확장해 보자. 여러 개의 2클래스 판별 함수들을 합쳐서 K클래스 판별 함수를 만들 수도 있다. 하지만 이 방식은 곧바로 살펴볼 이유들로 인해서 상당한 어려움(Duda and Hart, 1973)을 내포하고 있다.

특정 클래스 $\mathcal{C}_k$에 포함되는 점들과 그렇지 않은 점들을 구분하는 2클래스 문제를 풀기 위한 분류기를 $K-1$개 사용한다고 해보자. 이를 일컬어 **일대다**(*one-versus-the-rest*) 분류기라 한다.

이 방법이 입력 공간상에서 분류가 불확실한 영역들을 만들어 낸다는 것을 그림 4.2의 왼쪽 예시에서 확인할 수 있다. 다른 대안은 $K(K-1)/2$개의 모든 가능한 클래스의 쌍에 대해서 이진 분류기를 사용하는 것이다. 이는 **일대일**(*one-versus-one*) 분류기라고 알려져 있다. 이 경우 각각의 점은 판별 함수들의 다수결에 따라 분류된다. 하지만 이 방법 역시도 불확실한 영역 문제를 겪게 된다. 그림 4.2의 오른쪽 예시에서 이 문제를 확인할 수 있다.

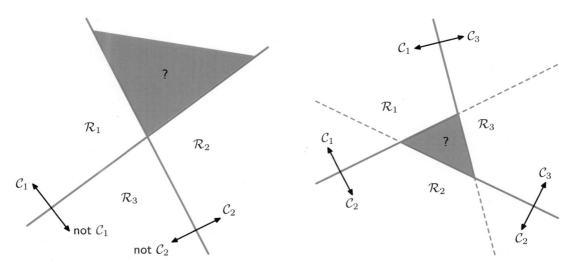

그림 4.2　K클래스 판별 함수를 이진 클래스 판별 함수들의 집합으로 만들고자 할 때 생겨나는 불확실한 영역들이 녹색으로 나타나 있다. 왼쪽의 그림은 클래스 $\mathcal{C}_k$에 포함되는 점들과 그렇지 않은 점들을 분류하기 위한 판별 함수를 두 개 사용한 예시를 타나내고 있다. 오른쪽의 그림은 클래스 $\mathcal{C}_k$와 $\mathcal{C}_j$를 분류하는 데 사용되는 판별 함수 셋을 사용한 예시다.

K개의 선형 함수들로 이루어진 하나의 K클래스 판별 함수를 고려함으로써 이런 문제들을 피할 수 있다.

$$y_k(\mathbf{x}) = \mathbf{w}_k^{\mathrm{T}}\mathbf{x} + w_{k0} \qquad \text{(식 4.9)}$$

그 후 $j \neq k$인 모든 j에 대해 $y_k(\mathbf{x}) > y_j(\mathbf{x})$면 포인트 $\mathbf{x}$를 클래스 $\mathcal{C}_k$에 배정하면 된다. 이때 클래스 $\mathcal{C}_k$와 클래스 $\mathcal{C}_j$ 사이의 결정 경계는 $y_k(\mathbf{x}) = y_j(\mathbf{x})$로 주어지며, 따라서 이에 해당하는 $(D-1)$차원 초평면은 다음과 같이 정의된다.

$$(\mathbf{w}_k - \mathbf{w}_j)^{\mathrm{T}}\mathbf{x} + (w_{k0} - w_{j0}) = 0 \qquad \text{(식 4.10)}$$

이는 4.1.1절에서 살펴보았던 2클래스의 경우와 같은 형태를 가졌으며, 따라서 유사한 기하학적 성질들을 만족한다.

이러한 판별 함수의 결정 경계는 언제나 단일하게 연결되어 있으며, 볼록 성질을 가지고 있다. 이를 확인하기 위해서 그림 4.3에서처럼 결정 경계 $\mathcal{R}_k$상의 두 점인 $\mathbf{x}_A$와 $\mathbf{x}_B$를 고려해 보자. $\mathbf{x}_A$와 $\mathbf{x}_B$를 연결하는 선상의 점 $\hat{\mathbf{x}}$를 다음의 형태로 표현할 수 있다.

$$\hat{\mathbf{x}} = \lambda\mathbf{x}_A + (1 - \lambda)\mathbf{x}_B \qquad \text{(식 4.11)}$$

이때 $0 \leqslant \lambda \leqslant 1$이다. 판별 함수들의 선형성으로부터 다음을 알 수 있다.

$$y_k(\hat{\mathbf{x}}) = \lambda y_k(\mathbf{x}_A) + (1 - \lambda)y_k(\mathbf{x}_B) \qquad \text{(식 4.12)}$$

$\mathbf{x}_A$와 $\mathbf{x}_B$가 둘 다 $\mathcal{R}_k$상에 있기 때문에, k가 아닌 모든 j에 대해서 $y_k(\mathbf{x}_A) > y_j(\mathbf{x}_A)$이고 $y_k(\mathbf{x}_B) > y_j(\mathbf{x}_B)$임을 알 수 있다. 그렇기 때문에 $y_k(\hat{\mathbf{x}}) > y_j(\hat{\mathbf{x}})$이고, 따라서 $\hat{\mathbf{x}}$ 역시 $\mathcal{R}_k$상에 존재하게 된다. 따라서 $\mathcal{R}_k$는 단일하게 연결되어 있으며, 볼록하다는 것을 알 수 있다.

두 클래스의 경우에는 여기서 논의됐던 방식대로 하여 두 개의 판별 함수 $y_1(\mathbf{x})$와 $y_2(\mathbf{x})$를 사용할 수도 있고 4.1.1절에서 사용했던 방식대로 단일 판별 함수 $y(\mathbf{x})$를 사용할 수도 있다. 이 두 가지는 같은 방법에 대한 다른 표현법이다.

그림 4.3 다중 클래스 선형 판별의 경우의 결정 경계를 그린 도식. 결정 경계가 빨간색 선으로 그려져 있다. 두 점 $\mathbf{x}_A$와 $\mathbf{x}_B$가 같은 영역 $\mathcal{R}_k$상에 존재할 경우에 두 점을 잇는 선상에 존재하는 모든 점 $\hat{\mathbf{x}}$ 역시 $\mathcal{R}_k$상에 존재해야 한다. 따라서 결정 영역은 단일하게 연결되어 있으며, 볼록해야 한다.

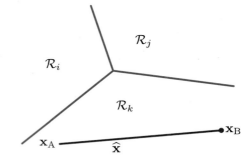

이제 선형 판별 함수의 매개변수를 학습하는 세 가지 방법에 대해 살펴보도록 하자. 세 가지 방법은 바로 최소 제곱법, 피셔의 선형 판별법, 퍼셉트론 알고리즘이다.

4.1.3 분류를 위한 최소 제곱법

3장에서는 매개변수들에 대해 선형 함수인 모델을 살펴보았다. 이 경우에 제곱합 오류 함수를 최소화하는 문제는 닫힌 형태의 단순한 매개변수 해를 가지고 있었다. 분류 문제에도 같은 방식을 적용해 보자. K개의 클래스가 있는 일반적인 분류 문제를 고려하자. 이때 표적 벡터는 원 핫 인코딩을 사용하여 표현한다고 가정하자. 이러한 상황하에서 최소 제곱법을 사용하는 것이 타당한 한 가지 이유는 바로 최소 제곱법이 입력 벡터가 주어졌을 때 표적 벡터의 조건부 기댓값 $\mathbb{E}[\mathbf{t}|\mathbf{x}]$의 근삿값을 구하는 방법이라는 점이다. 이진 부호화의 경우 이 조건부 기댓값은 사후 클래스 확률의 벡터로 주어지게 된다. 하지만 불행하게도 이러한 확률들은 상대적으로 성능이 좋지 못하게 근사된다. 실제로 이러한 근삿값들은 잠시 후에 살펴볼 선형 모델의 제한적인 유연성으로 인해서 $(0, 1)$ 범위 밖의 값을 가질 수도 있다.

각각의 클래스 $\mathcal{C}_k$들을 각각의 선형 모델로 표현할 수 있다.

$$y_k(\mathbf{x}) = \mathbf{w}_k^{\mathrm{T}}\mathbf{x} + w_{k0} \tag{식 4.13}$$

여기서 $k = 1, \ldots, K$다. 벡터 표기를 이용해서 이 모델들을 하나로 묶어 적을 수 있다.

$$\mathbf{y}(\mathbf{x}) = \widetilde{\mathbf{W}}^{\mathrm{T}}\widetilde{\mathbf{x}} \tag{식 4.14}$$

여기서 $\widetilde{\mathbf{W}}$는 k번째 열이 D + 일차원 벡터 $\widetilde{\mathbf{w}}_k = (w_{k0}, \mathbf{w}_k^{\mathrm{T}})^{\mathrm{T}}$인 행렬이며, $\widetilde{\mathbf{x}}$는 가변수 $x_0 = 1$을 포함한 확장 입력 벡터 $(1, \mathbf{x}^{\mathrm{T}})^{\mathrm{T}}$다. 이 표현법에 대해서는 3.1장에서 논의했었다. 새로운 입력 $\mathbf{x}$는 출력값 $y_k = \widetilde{\mathbf{w}}_k^{\mathrm{T}}\widetilde{\mathbf{x}}$가 최대가 되는 클래스에 배정된다.

3장에서 회귀 문제를 풀 때 했었던 것처럼 제곱합 오류 함수를 최소화해서 매개변수 행렬 $\widetilde{\mathbf{W}}$의 값을 구해 보자. 먼저 훈련 데이터 집합 $\{\mathbf{x}_n, \mathbf{t}_n\}$를 고려하자($n = 1, \ldots, N$). 그리고 n번째 행이 $\mathbf{t}_n^{\mathrm{T}}$인 행렬 $\mathbf{T}$와 n번째 행이 $\widetilde{\mathbf{x}}_n^{\mathrm{T}}$인 행렬 $\widetilde{\mathbf{X}}$를 정의하도록 하자. 이 경우 제곱합 오류 함수를 다음과 같이 적을 수 있다.

$$E_D(\widetilde{\mathbf{W}}) = \frac{1}{2}\mathrm{Tr}\left\{(\widetilde{\mathbf{X}}\widetilde{\mathbf{W}} - \mathbf{T})^{\mathrm{T}}(\widetilde{\mathbf{X}}\widetilde{\mathbf{W}} - \mathbf{T})\right\} \tag{식 4.15}$$

$\widetilde{\mathbf{W}}$에 대한 미분값을 0으로 놓고 다시 정리하면 $\widetilde{\mathbf{W}}$에 대한 해를 다음처럼 구할 수가 있다.

$$\widetilde{\mathbf{W}} = (\widetilde{\mathbf{X}}^{\mathrm{T}}\widetilde{\mathbf{X}})^{-1}\widetilde{\mathbf{X}}^{\mathrm{T}}\mathbf{T} = \widetilde{\mathbf{X}}^{\dagger}\mathbf{T} \tag{식 4.16}$$

여기서 $\widetilde{\mathbf{X}}^\dagger$는 3.1.1절에서 논의한 것처럼 행렬 $\widetilde{\mathbf{X}}$의 유사 역행렬이다. 이제 판별 함수를 다음과 같이 구할 수 있다.

$$\mathbf{y}(\mathbf{x}) = \widetilde{\mathbf{W}}^{\mathrm{T}}\widetilde{\mathbf{x}} = \mathbf{T}^{\mathrm{T}}\left(\widetilde{\mathbf{X}}^\dagger\right)^{\mathrm{T}}\widetilde{\mathbf{x}} \tag{식 4.17}$$

다중 타깃 변수인 경우에서의 최소 제곱법의 한 가지 흥미로운 성질은 만약 모든 훈련 집합의 표적 벡터들이 전부 식 4.18의 선형 제약 조건을 어떠한 $\mathbf{a}$와 b 값에 대해서 만족한다면, 어떤 $\mathbf{x}$ 값에 대한 모델 예측값이던지 같은 제약 조건 4.19를 만족하게 된다는 것이다.

연습문제 4.2

$$\mathbf{a}^{\mathrm{T}}\mathbf{t}_n + b = 0 \tag{식 4.18}$$

$$\mathbf{a}^{\mathrm{T}}\mathbf{y}(\mathbf{x}) + b = 0 \tag{식 4.19}$$

따라서 원 핫 인코딩을 K개의 클래스의 경우에 대해 사용하면 모델을 통해 만들어진 예측값들은 어떤 $\mathbf{x}$의 경우에든 $\mathbf{y}(\mathbf{x})$의 원소들을 전부 합하면 1이 된다는 성질을 가진다. 하지만 이 합산 제약 조건 하나만으로는 모델의 출력값을 확률로써 해석하기에 충분하지 않다. 왜냐하면 $(0, 1)$ 구간 사이에 값이 존재해야 한다는 제약 조건이 없기 때문이다.

2.3.7절

최소 제곱법 기반의 방법을 사용하면 판별 함수 매개변수의 해를 정확히 닫힌 형태로 구할 수 있다. 하지만 이 방법을 통해 구한 판별 함수는 이를 이용하여 직접적으로 결정을 내리고 확률적인 해석을 내리는 데 있어서 몇 가지 심각한 문제점을 지니고 있다. 최소 제곱 해는 이상 값이 주어졌을 경우에 강건성이 부족하다는 것에 대해서는 이미 살펴보았다. 이 문제는 분류의 경우에도 똑같이 발생한다. 이에 대해 그림 4.4에서 살펴볼 수 있다. 그림 오른쪽에서 볼 수 있는 추가적인 데이터 포인트들이 결정 경계의 위치를 크게 바꾸는 것을 확인할 수 있다. 그림 왼쪽을 바탕으로 보자면 이 추가적인 데이터 포인트들은 원래의 결정 경계를 통해서도 올바르게 분류되었을 것인데도 말이다. 제곱합 오류 함수는 올바른 쪽에 위치하면서 결정 경계에서 멀리 위치하고 있는 '너무 옳은' 예측값들에 대해서도 벌칙을 가하게 된다. 7.1.2절에서는 이러한 문제를 겪지 않는 몇몇 대체적인 오류 함수들에 대해 고려할 것이다.

최소 제곱법의 문제점은 강건성이 부족하다는 것뿐만이 아니다. 그림 4.5에서 최소 제곱법의 또 다른 문제점에 대해 살펴볼 수 있다. 이 그림에는 이차원 입력 공간 (x_1, x_2)상에 만들어진 세 클래스의 합성 데이터가 그려져 있다. 이 데이터는 선형 결정 경계를 통해 클래스들을 구분하는 것이 매우 용이할 수 있도록 만들어졌다. 실제로 뒤에서 살펴보게 될 로지스틱 회귀 테크닉을 적용한 경우에는 만족스러운 해가 도출된 것을 확인 가능하다. 하지만 최소 제곱법은 입력 공간의 아주 작은 영역만이 녹색 클래스에 할당되는 그리 좋지 못한 결괏값을 내놓은 것을 볼 수 있다.

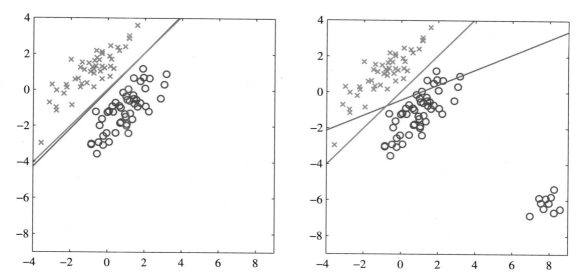

그림 4.4 왼쪽의 도식에는 두 클래스의 데이터가 파란색 원과 빨간색 곱셈 기호로 그려져 있다. 또한, 최소 제곱법을 통해 찾
아낸 결정 경계가 보라색 선으로 그려져 있으며, 4.3.2절에서 논의할 로지스틱 회귀 모델을 통해 찾아낸 결정 경계
가 녹색 선으로 그려져 있다. 오른쪽의 도식은 같은 결과물을 데이터 포인트들이 추가되었을 경우에 대해 다시 그린
것이다. 추가적인 데이터들은 도식의 오른쪽 아래에 위치하고 있다. 최소 제곱법을 바탕으로 한 결정 경계는 이러한
이상값들에 대해 민감한 반면, 로지스틱 회귀를 바탕으로 한 결정 경계는 그렇지 않음을 확인할 수 있다.

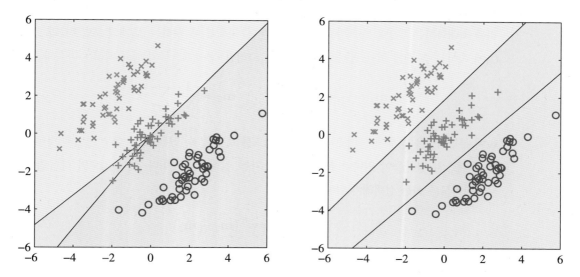

그림 4.5 세 클래스 합성 데이터의 예시. 훈련 데이터 포인드들은 각 클래스에 따라 빨간색(×), 녹색(+), 파란색(○)으로 표시되
어 있다. 결정 경계는 실선으로 그려져 있으며, 배경색은 결정 구역에 따른 클래스 분류를 나타낸다. 왼쪽의 그림은
최소 제곱 판별을 바탕으로 한 결괏값을 보여 주고 있다. 녹색 클래스에 할당하는 영역이 매우 작으며, 따라서 녹색
클래스로부터의 포인트들 대부분이 오분류되는 것을 확인할 수 있다. 오른쪽 그림은 4.3.2절에서 살펴볼 로지스틱
회귀를 바탕으로 한 분류다. 오른쪽 그림에서는 훈련 집합들이 올바르게 분류되는 것을 볼 수 있다.

최소 제곱법은 원래 가우시안 조건부 분포 가정하에서의 최대 가능도 방법과 연관되어 있는 방식이다. 그렇기 때문에 명확히 가우시안이 아닌 분포를 가진 이진 표적 벡터들에 대해서 최소 제곱법이 제대로 작동하지 않는 것은 사실 그리 놀라울 일이 아니다. 더 적합한 확률적 모델을 사용하면 최소 제곱법보다 훨씬 더 나은 성질을 가지는 분류 테크닉을 만들어 낼 수 있지만 일단 지금은 선형 분류 모델의 매개변수를 찾아내는 비확률적 방식에 대해 좀 더 살펴보도록 하자.

4.1.4 피셔의 선형 판별

선형 분류 모델을 차원 감소의 관점에서도 살펴볼 수 있다. 우선, 두 클래스의 경우를 고려하여 보자. 다음의 식을 통해서 D차원의 입력 벡터 $\mathbf{x}$를 일차원에 투영한다고 해보자.

$$y = \mathbf{w}^T\mathbf{x} \tag{식 4.20}$$

y에 임계값을 추가해서 $y \geq -w_0$인 경우에는 클래스 $\mathcal{C}_1$으로, 아닌 경우에는 클래스 $\mathcal{C}_2$로 분류한다면 앞 절에서 살펴본 것과 같은 표준 선형 분류기를 얻게 된다. 일반적으로 일차원에 투영할 경우 상당한 양의 정보를 잃게 되며, 원래의 D차원에서는 잘 분리되었던 클래스들이 일차원에서는 심하게 겹칠 수도 있다. 하지만 가중 벡터 $\mathbf{w}$의 성분들을 잘 조절하면 클래스 간의 분리를 최대화하는 투영을 선택할 수 있다. 우선, 클래스 $\mathcal{C}_1$에 속하는 N_1개의 포인트들과 클래스 $\mathcal{C}_2$에 속하는 N_2개의 포인트들을 고려해 보자. 그러면 각 클래스들의 평균 벡터는 다음과 같다.

$$\mathbf{m}_1 = \frac{1}{N_1}\sum_{n \in \mathcal{C}_1}\mathbf{x}_n, \qquad \mathbf{m}_2 = \frac{1}{N_2}\sum_{n \in \mathcal{C}_2}\mathbf{x}_n \tag{식 4.21}$$

$\mathbf{w}$에 투영되었을 경우에 클래스 간의 분리 정도를 측정할 수 있는 가장 쉬운 방법은 바로 투영된 클래스의 평균들이 얼마나 분리되어 있는가를 살펴보는 것이다. 이에 따르면 다음의 값을 극대화하도록 $\mathbf{w}$를 선택해야 할지도 모른다.

$$m_2 - m_1 = \mathbf{w}^T(\mathbf{m}_2 - \mathbf{m}_1) \tag{식 4.22}$$

$$m_k = \mathbf{w}^T\mathbf{m}_k \tag{식 4.23}$$

식 4.23은 클래스 $\mathcal{C}_k$에서 투영된 데이터들의 평균에 해당한다. 하지만 $\mathbf{w}$의 크기를 키움으로써 얼마든지 임의로 이 식의 값을 키울 수 있다. 이 문제를 해결하기 위해서는 $\mathbf{w}$가 단위 길이를 가지도록 제한해야 한다. 즉, $\sum_i w_i^2 = 1$이 되도록 제한해야 한다. 라그랑주 승수법을 이용하여 제약 조건하에서의 극대화를 하면 $\mathbf{w} \propto (\mathbf{m}_2 - \mathbf{m}_1)$라는 것을 알 수 있다. 이 방식에는 여전히 그림 4.6에서 살펴볼 수 있는 문제가 남아 있다. 이 그림에서는 원래의 이차원 공간

부록E
연습문제 4.4

(x_1, x_2)에서는 잘 분리되었던 두 클래스들이 두 클래스의 평균들을 연결한 선에 대해 투영했을 때는 상당히 중복되는 것을 볼 수 있다. 이 어려움은 클래스 분포가 심한 비대각 공분산을 가지고 있기에 생긴다. 피셔(Fisher)가 제안한 아이디어는 투영된 클래스 평균 사이의 분리 정도를 크게 하는 동시에 각 클래스 내의 분산을 작게 하는 함수를 최대화함으로써 클래스 간의 중복을 최소화하자는 것이다.

식 4.20의 투영식은 $\mathbf{x}$상의 라벨링된 데이터 포인트 집합을 일차원 공간 y상의 라벨링된 집합으로 변환시킨다. 따라서 변환된 데이터들의 클래스 $\mathcal{C}_k$상의 클래스 내 분산은 다음과 같이 주어진다.

$$s_k^2 = \sum_{n \in \mathcal{C}_k} (y_n - m_k)^2 \qquad \text{(식 4.24)}$$

여기서 $y_n = \mathbf{w}^\mathrm{T}\mathbf{x}_n$이다. 전체 데이터 집합의 클래스 내 분산은 단순히 $s_1^2 + s_2^2$으로 정의할 수 있다. 피셔 기준은 클래스 간 분산과 클래스 내 분산의 비율로 정의된다.

$$J(\mathbf{w}) = \frac{(m_2 - m_1)^2}{s_1^2 + s_2^2} \qquad \text{(식 4.25)}$$

식 4.20, 식 4.23, 식 4.24를 이용해서 피셔 기준을 다음과 같이 $\mathbf{w}$에 대해 종속적인 형태로 적을 수 있다.

연습문제 4.5

$$J(\mathbf{w}) = \frac{\mathbf{w}^\mathrm{T}\mathbf{S}_\mathrm{B}\mathbf{w}}{\mathbf{w}^\mathrm{T}\mathbf{S}_\mathrm{W}\mathbf{w}} \qquad \text{(식 4.26)}$$

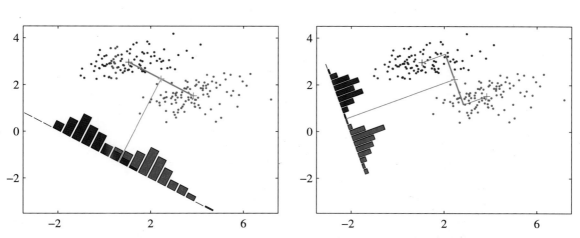

그림 4.6   왼쪽의 도식은 빨간색과 파란색으로 표현되어 있는 두 클래스로부터의 표본들과 함께 클래스 평균들을 연결하는 선에 투영하였을 때의 결과에 해당하는 히스토그램을 보여 준다. 여기서는 투영된 공간에 상당한 중복이 있음을 확인할 수 있다. 오른쪽의 도식은 피셔 선형 판별을 활용한 투영을 보여 준다. 여기서는 클래스 간의 분리 정도가 월등히 개선된 것을 발견할 수 있다.

여기서 $\mathbf{S}_B$는 **클래스 간**(*between class*) 공분산 행렬이다.

$$\mathbf{S}_B = (\mathbf{m}_2 - \mathbf{m}_1)(\mathbf{m}_2 - \mathbf{m}_1)^T \qquad \text{(식 4.27)}$$

$\mathbf{S}_W$는 전체 **클래스 내**(*within class*) 공분산 행렬이다.

$$\mathbf{S}_W = \sum_{n \in \mathcal{C}_1} (\mathbf{x}_n - \mathbf{m}_1)(\mathbf{x}_n - \mathbf{m}_1)^T + \sum_{n \in \mathcal{C}_2} (\mathbf{x}_n - \mathbf{m}_2)(\mathbf{x}_n - \mathbf{m}_2)^T. \qquad \text{(식 4.28)}$$

식 4.26을 $\mathbf{w}$에 대해 미분하면 $J(\mathbf{w})$가 다음의 경우에 극대화됨을 알 수 있다.

$$(\mathbf{w}^T \mathbf{S}_B \mathbf{w}) \mathbf{S}_W \mathbf{w} = (\mathbf{w}^T \mathbf{S}_W \mathbf{w}) \mathbf{S}_B \mathbf{w}. \qquad \text{(식 4.29)}$$

식 4.27로부터 $\mathbf{S}_B \mathbf{w}$는 항상 $(\mathbf{m}_2 - \mathbf{m}_1)$ 방향에 있음을 알 수 있다. 또한, 우리는 $\mathbf{w}$의 크기에 대해서는 신경 쓰지 않고 오직 방향에만 관심이 있으므로 스칼라 인자인 $(\mathbf{w}^T \mathbf{S}_B \mathbf{w})$와 $(\mathbf{w}^T \mathbf{S}_W \mathbf{w})$를 생략할 수 있다. 식 4.29의 양변에 $\mathbf{S}_W^{-1}$를 곱하면 다음을 얻게 된다.

$$\mathbf{w} \propto \mathbf{S}_W^{-1} (\mathbf{m}_2 - \mathbf{m}_1). \qquad \text{(식 4.30)}$$

만약 클래스 내 공분산이 등방이고 따라서 $\mathbf{S}_W$가 단위 행렬에 비례한다면, 위에서 논의한 것처럼 이 경우 $\mathbf{w}$는 클래스 평균들의 차이에 대해 비례한다는 것을 확인할 수 있다.

식 4.30의 결과는 **피셔의 선형 판별**(*Fisher's linear discriminant*)이라고 알려져 있다. 사실 엄밀히 말하면 이는 판별 함수가 아니라 일차원에 투영을 하기 위한 방향들 중 특정한 한 방향에 해당한다. 하지만 임계값 y_0을 정하고 $y(\mathbf{x}) \geqslant y_0$인 경우에는 $\mathcal{C}_1$으로 분류, 나머지 경우에는 $\mathcal{C}_2$로 분류하는 식으로 투영된 데이터를 이용해서 판별 함수를 만들 수가 있다. 예를 들어, 클래스 조건부 밀도 $p(y|\mathcal{C}_k)$를 가우시안 분포로 모델한 후, 1.2.4절의 테크닉들을 이용하면 최대 가능도에 따른 가우시안 분포의 매개변수들을 찾을 수 있다. 투영된 클래스들의 가우시안 근사를 찾아낸 후에 1.5.1절의 내용을 적용하면 최적 임계값을 찾을 수 있다. $y = \mathbf{w}^T \mathbf{x}$는 확률 변수들의 합이고 그렇기 때문에 중심 극한 정리에 따라서 가우시안 가정이 정당화될 수 있다.

4.1.5 최소 제곱법과의 관계

선형 판별식을 결정하는 데 최소 제곱법을 사용한 것은 모델의 예측값을 가능한 한 표적값들에 가깝게 하고자 하는 목표를 달성하기 위함이었다. 이와는 대조적으로 피셔 기준은 출력 공간상에서 클래스 간의 분리를 최대화하고자 하는 의도에서 유도되었다. 이 두 접근법의 관계를 살펴보면 흥미로울 것이다. 두 클래스 문제의 경우에 피셔 기준은 최소 제곱법의 특별 케이스로 볼 수 있다.

지금까지 우리는 원 핫 인코딩을 표적값들에 적용하였다. 만약 약간 다른 부호화를 적용한다면, 가중치에 대한 최소 제곱 해가 피셔 해와 동일하게 된다(Duda and Hard, 1973). 클래스 $\mathcal{C}_1$의 표적값을 N/N_1이라고 해보자. 여기서 N_1은 클래스 $\mathcal{C}_1$에 있는 패턴들의 숫자고, N은 전체 패턴들의 숫자다. 이 표적값은 클래스 $\mathcal{C}_1$ 사전 확률의 역에 대한 근사치에 해당한다. 클래스 $\mathcal{C}_2$의 경우에는 표적값으로 $-N/N_2$를 취하여 보자. 여기서 N_2는 클래스 $\mathcal{C}_2$의 패턴들의 숫자다.

제곱합 오류 함수를 다음과 같이 적을 수 있다.

$$E = \frac{1}{2} \sum_{n=1}^{N} \left(\mathbf{w}^{\mathrm{T}} \mathbf{x}_n + w_0 - t_n \right)^2. \tag{식 4.31}$$

E를 w_0와 $\mathbf{w}$에 대하여 각각 미분하고 그 값을 0으로 설정하면 다음의 식들을 얻게 된다.

$$\sum_{n=1}^{N} \left(\mathbf{w}^{\mathrm{T}} \mathbf{x}_n + w_0 - t_n \right) = 0 \tag{식 4.32}$$

$$\sum_{n=1}^{N} \left(\mathbf{w}^{\mathrm{T}} \mathbf{x}_n + w_0 - t_n \right) \mathbf{x}_n = 0. \tag{식 4.33}$$

식 4.32에서 위의 표적값 부호화를 t_n에 대해 적용하면 편향에 대한 다음 형태의 식을 구할 수 있다.

$$w_0 = -\mathbf{w}^{\mathrm{T}} \mathbf{m} \tag{식 4.34}$$

이 과정에서 다음의 식 4.35를 사용하였다.

$$\sum_{n=1}^{N} t_n = N_1 \frac{N}{N_1} - N_2 \frac{N}{N_2} = 0 \tag{식 4.35}$$

그리고 $\mathbf{m}$은 전체 데이터 집합의 평균으로서 다음과 같이 주어진다.

$$\mathbf{m} = \frac{1}{N} \sum_{n=1}^{N} \mathbf{x}_n = \frac{1}{N} (N_1 \mathbf{m}_1 + N_2 \mathbf{m}_2). \tag{식 4.36}$$

연습문제 4.6   식 4.33을 정리한 후 t_n에 대해 위의 부호화를 적용하면 다음처럼 변형할 수 있다.

$$\left(\mathbf{S}_{\mathrm{W}} + \frac{N_1 N_2}{N} \mathbf{S}_{\mathrm{B}} \right) \mathbf{w} = N(\mathbf{m}_1 - \mathbf{m}_2) \tag{식 4.37}$$

$\mathbf{S}_W$는 식 4.28의 정의에 따른 것이고, $\mathbf{S}_B$는 식 4.27의 정의에 따른 것이다. 그리고 식 4.34를 이용해서 편향을 대입했다. 식 4.27을 이용하면 $\mathbf{S}_B\mathbf{w}$는 항상 $(\mathbf{m}_2 - \mathbf{m}_1)$ 방향을 가진다는 것을 알 수 있다. 따라서 다음과 같이 적을 수 있다.

$$\mathbf{w} \propto \mathbf{S}_W^{-1}(\mathbf{m}_2 - \mathbf{m}_1) \tag{식 4.38}$$

여기서 관계없는 척도 인자들은 생략했다. 결과적으로 피셔 기준에서 찾은 것과 가중치 벡터가 일치하게 된다. 추가적으로 식 4.34로 주어진 편향값 w_0에 대한 공식도 찾을 수 있었다. 이에 따르면 새 벡터 $\mathbf{x}$는 $y(\mathbf{x}) = \mathbf{w}^T(\mathbf{x} - \mathbf{m}) > 0$일 경우에는 클래스 $\mathcal{C}_1$에, 그렇지 않을 경우에는 클래스 $\mathcal{C}_2$에 할당되어야 한다.

4.1.6 다중 클래스에 대한 피셔 판별식

$K > 2$개의 클래스가 있는 경우에 대해서 피셔 판별식을 일반화해 보자. 이때 입력 공간의 차원수 D는 K보다 크다고 가정할 것이다. 그리고 $D' > 1$개의 선형 '특징' $y_k = \mathbf{w}_k^T\mathbf{x}$를 도입할 것이다. 이때 $k = 1, \ldots, D'$다. 이 특징값들을 묶어서 벡터 $\mathbf{y}$를 표현할 수 있다. 또한, 이와 비슷하게 가중치 벡터 $\{\mathbf{w}_k\}$를 행렬 $\mathbf{W}$의 열로 고려할 수 있다.

$$\mathbf{y} = \mathbf{W}^T\mathbf{x} \tag{식 4.39}$$

$\mathbf{y}$의 정의에 편향 매개변수를 포함시키지 않았다는 것에 주목하라. K 다중 클래스의 경우에 클래스 내 공분산 행렬의 일반화된 표현식은 식 4.28로부터 다음과 같이 주어진다.

$$\mathbf{S}_W = \sum_{k=1}^{K} \mathbf{S}_k \tag{식 4.40}$$

여기서 다음과 같은 정의들을 사용하였다.

$$\mathbf{S}_k = \sum_{n \in \mathcal{C}_k} (\mathbf{x}_n - \mathbf{m}_k)(\mathbf{x}_n - \mathbf{m}_k)^T \tag{식 4.41}$$

$$\mathbf{m}_k = \frac{1}{N_k} \sum_{n \in \mathcal{C}_k} \mathbf{x}_n \tag{식 4.42}$$

그리고 N_k는 클래스 $\mathcal{C}_k$ 내 패턴들의 개수다. 클래스 내 공분산 행렬의 일반화된 식을 구하기 위해서 Duda and Hard(1973)에 따라 일단 전체 공분산 행렬을 고려해 보자.

$$\mathbf{S}_{\mathrm{T}} = \sum_{n=1}^{N} (\mathbf{x}_n - \mathbf{m})(\mathbf{x}_n - \mathbf{m})^{\mathrm{T}} \qquad \text{(식 4.43)}$$

여기서 $\mathbf{m}$은 전체 데이터 집합의 평균이다.

$$\mathbf{m} = \frac{1}{N} \sum_{n=1}^{N} \mathbf{x}_n = \frac{1}{N} \sum_{k=1}^{K} N_k \mathbf{m}_k \qquad \text{(식 4.44)}$$

그리고 $N = \sum_k N_k$는 전체 데이터 포인트들의 개수다. 전체 공분산 행렬은 식 4.40과 식 4.41로 주어진 클래스 내 공분산 행렬들의 합과 추가적인 행렬 $\mathbf{S}_{\mathrm{B}}$로 분해할 수 있다. 이때 행렬 $\mathbf{S}_{\mathrm{B}}$는 클래스 간 공분산으로 간주할 수 있다.

$$\mathbf{S}_{\mathrm{T}} = \mathbf{S}_{\mathrm{W}} + \mathbf{S}_{\mathrm{B}} \qquad \text{(식 4.45)}$$

$$\mathbf{S}_{\mathrm{B}} = \sum_{k=1}^{K} N_k (\mathbf{m}_k - \mathbf{m})(\mathbf{m}_k - \mathbf{m})^{\mathrm{T}} \qquad \text{(식 4.46)}$$

이 공분산 행렬들은 원 $\mathbf{x}$ 공간상에서 정의되었다. 이제 비슷한 행렬들을 투영된 D'차원의 $\mathbf{y}$ 공간상에서 정의해 보자.

$$\mathbf{S}_{\mathrm{W}} = \sum_{k=1}^{K} \sum_{n \in \mathcal{C}_k} (\mathbf{y}_n - \boldsymbol{\mu}_k)(\mathbf{y}_n - \boldsymbol{\mu}_k)^{\mathrm{T}} \qquad \text{(식 4.47)}$$

$$\mathbf{S}_{\mathrm{B}} = \sum_{k=1}^{K} N_k (\boldsymbol{\mu}_k - \boldsymbol{\mu})(\boldsymbol{\mu}_k - \boldsymbol{\mu})^{\mathrm{T}} \qquad \text{(식 4.48)}$$

$$\boldsymbol{\mu}_k = \frac{1}{N_k} \sum_{n \in \mathcal{C}_k} \mathbf{y}_n, \qquad \boldsymbol{\mu} = \frac{1}{N} \sum_{k=1}^{K} N_k \boldsymbol{\mu}_k \qquad \text{(식 4.49)}$$

다시 한 번 클래스 간 공분산이 크고, 클래스 내 공분산이 작을수록 크기가 큰 스칼라값을 만들어 보자. 기준으로 사용할 수 있는 선택지가 여러 가지 있다(Fukunaga, 1990). 그중 하나의 예시는 다음과 같다.

$$J(\mathbf{W}) = \mathrm{Tr}\left\{ \mathbf{S}_{\mathrm{W}}^{-1} \mathbf{S}_{\mathrm{B}} \right\} \qquad \text{(식 4.50)}$$

이 기준은 투영 행렬 $\mathbf{W}$에 대한 명시적인 함수로서 다음과 같이 다시 적을 수 있다.

$$J(\mathbf{W}) = \mathrm{Tr}\left\{ (\mathbf{W}^{\mathrm{T}} \mathbf{S}_{\mathrm{W}} \mathbf{W})^{-1} (\mathbf{W}^{\mathrm{T}} \mathbf{S}_{\mathrm{B}} \mathbf{W}) \right\} \qquad \text{(식 4.51)}$$

이런 기준을 최대화하는 것은 그리 어렵지는 않지만 약간의 노력을 필요로 한다. 이에 대해서는 Fukunaga(1990)에 자세히 설명되어 있다. 가중칫값들은 $\mathbf{S}_W^{-1}\mathbf{S}_B$의 D'개의 가장 큰 고윳값들에 해당하는 고유 벡터들에 의해 결정된다.

이러한 기준들에 대해 공통적으로 적용되는 한 가지 짚고 넘어갈 만한 중요한 결과가 있다. 식 4.46으로부터 $\mathbf{S}_B$는 K개의 행렬로 이루어져 있으며, 각각의 행렬은 두 벡터의 외적으로 계수(rank)가 1이라는 것을 알 수 있다. 식 4.44의 결과에 따라서 이들 중 오직 $(K-1)$개의 행렬들만이 독립적이라는 것을 알 수 있다. 따라서 $\mathbf{S}_B$는 최대 $(K-1)$개의 행렬 계수를 가지며, 그 결과 최대 $(K-1)$개의 0이 아닌 고윳값들을 가지게 된다. $\mathbf{S}_B$의 고유 벡터들에 의해 $(K-1)$차원의 부분 공간에 투영시켰을 때 이는 $J(\mathbf{W})$의 값을 바꾸지 않으며, 따라서 이 방법을 이용해서 $(K-1)$개보다 많은 선형 '특징'을 찾는 것은 불가능하다는 것을 알 수 있다 (Fukunaga, 1990).

4.1.7 퍼셉트론 알고리즘

선형 판별 모델의 또 다른 예시로 Rosenblatt(1962)의 퍼셉트론 알고리즘이 있다. 퍼셉트론은 패턴 인식 알고리즘의 역사에서 중요한 위치를 차지하고 있다. 클래스가 두 개인 경우의 퍼셉트론 알고리즘에 대해 살펴보자. 이 알고리즘은 우선 입력 벡터 $\mathbf{x}$를 고정된 비선형 변환을 통해 특징 벡터 $\phi(\mathbf{x})$로 변환시킨다. 그 후 변환된 특징 벡터를 사용해서 다음 형태의 일반화된 선형 모델을 만든다.

$$y(\mathbf{x}) = f\left(\mathbf{w}^T \phi(\mathbf{x})\right) \qquad \text{(식 4.52)}$$

여기서 비선형 활성화 함수 $f(\,\cdot\,)$는 다음의 형태를 가진 계단 함수다.

$$f(a) = \begin{cases} +1, & a \geqslant 0 \\ -1, & a < 0 \end{cases} \qquad \text{(식 4.53)}$$

벡터 $\phi(\mathbf{x})$는 보통 편향 성분 $\phi_0(\mathbf{x}) = 1$을 포함하고 있다. 클래스가 두 개인 경우의 분류 문제에 대한 앞의 논의에서는 표적값이 $t \in \{0, 1\}$에 포함되는 표현 방식을 사용했다. 왜냐하면 확률적 모델의 측면에서 이것이 적절했기 때문이다. 하지만 퍼셉트론의 경우에는 활성화 함수에 맞춰서, 클래스 $\mathcal{C}_1$의 경우에는 $t = +1$로, 클래스 $\mathcal{C}_2$의 경우에는 $t = -1$로 표현하는 것이 편리하다.

퍼셉트론에서 매개변수 $\mathbf{w}$를 구하기 위한 알고리즘으로 가장 쉽게 떠올릴 수 있는 것은 오류 함수를 최소화하는 방식이다. 가장 자연스레 선택할 수 있는 오류 함수는 오분류된 패턴의 총 숫자일 것이다. 하지만 이 경우 학습 알고리즘이 다소 복잡해진다. 왜냐하면 이 경우 오류 함수가 $\mathbf{w}$에 대해 조각별 상수 함수이기 때문이다. 즉, $\mathbf{w}$에 대한 변화가 결정 경계를 데이터 포인트들 중 하나를 건너 이동하게 하는 곳에서는 모두 불연속성이 발생하게 된다. 이 경우 오류 함수의 기울기를 이용하여 $\mathbf{w}$를 변경시키는 방법을 사용할 수가 없다. 왜냐하면 기울기가 거의 모든 곳에서 0이 될 것이기 때문이다.

따라서 여기서는 **퍼셉트론 기준**(*perceptron criterion*)이라는 오류 함수를 사용하도록 하자. 우리는 클래스 $\mathcal{C}_1$에 속한 $\mathbf{x}_n$ 패턴들에 대해서는 $\mathbf{w}^\mathrm{T}\phi(\mathbf{x}_n) > 0$가 되고, 클래스 $\mathcal{C}_2$에 속한 $\mathbf{x}_n$ 패턴들에 대해서는 $\mathbf{w}^\mathrm{T}\phi(\mathbf{x}_n) < 0$이 되도록 하는 가중치 벡터 $\mathbf{w}$를 찾고자 한다. $t \in \{-1, +1\}$인 표적 부호화를 바탕으로 하면 모든 패턴들에 대해서 $\mathbf{w}^\mathrm{T}\phi(\mathbf{x}_n)t_n > 0$을 만족하는 $\mathbf{w}$를 찾고자 한다고 다시 적을 수 있다. 퍼셉트론 기준은 올바르게 분류된 패턴들에 대해서는 0의 오룻값을 배정하며, 오분류된 패턴 $\mathbf{x}_n$에 대해서는 $-\mathbf{w}^\mathrm{T}\phi(\mathbf{x}_n)t_n$ 값을 최소화하고자 한다. 따라서 퍼셉트론 기준 오류 함수는 다음과 같다.

$$E_\mathrm{P}(\mathbf{w}) = -\sum_{n \in \mathcal{M}} \mathbf{w}^\mathrm{T}\phi_n t_n \tag{식 4.54}$$

여기서 $\phi_n = \phi(\mathbf{x}_n)$과 $\mathcal{M}$은 오분류된 패턴들의 전체 집합을 의미한다. 오분류된 특정 패턴 하나의 오류 함수에 대한 기여도는 패턴이 오분류된 $\mathbf{w}$ 공간상의 영역에 대해서는 $\mathbf{w}$의 선형 함수이며, 올바르게 분류된 영역에서는 0이다. 따라서 전체 오류 함수는 조각별 선형 형태를 가지게 된다.

프랭크 로젠블랫 *Frank Rosenblatt*
1928-1971

로젠블랫의 퍼셉트론은 머신 러닝의 역사에서 중요한 위치를 차지하고 있다. 그는 처음에 1957년에 코넬에서 IBM 704 컴퓨터를 이용해서 퍼셉트론을 시뮬레이트하였고, 1960년대 초에는 퍼셉트론 학습을 직렬/병렬로 구현할 수 있는 하드웨어를 직접 만들었다. 그의 아이디어들 중 많은 부분은 1962년에 발간된 《뉴런역학의 원리: 퍼셉트론과 뇌 메커니즘의 이론》에서 찾아볼 수 있다. 그러나 마빈 민스키(Marvin Minsky)는 로젠블랫의 업적에 대해 비판했는데, 이 비판의 내용은 그가 시모어 페퍼트(Seymour Papert)와 함께 쓴 책 《퍼셉트론》에 나와 있다. 이 책은 당시에 '뉴럴 네트워크에는 심각한 결점이 있으며, 선형적으로 분리 가능한 문제에 대해서만 해를 낼 수 있다'는 주장을 하는 것으로 널리 오해를 받았다. 사실, 이 책에서는 퍼셉트론과 같은 단일 계층 네트워크에 대해서만 이러한 한계점을 증명했다. 그리고 더 일반적인 네트워크에 대해서도 마찬가지일 것이라고 (잘못) 추측했을 뿐이다. 불행히도 이 책으로 인해서 뉴럴 컴퓨팅에 대한 연구 기금이 현저히 줄고 말았으며, 연구도 1980년대 중반이 되어서야 다시 활발하게 이루어지기 시작했다. 오늘날에는 손으로 적은 글씨를 인식하거나, 수많은 사람이 매일 사용하는 정보 검색 등의 수백, 수천의 응용 사례들에서 뉴럴 네트워크가 활용되고 있다.

3.1.3절

오류 함수에 확률적 경사 하강법을 적용해 보자. 이때 가중 벡터 $\mathbf{w}$의 변화는 다음과 같다.

$$\mathbf{w}^{(\tau+1)} = \mathbf{w}^{(\tau)} - \eta\nabla E_{\mathrm{P}}(\mathbf{w}) = \mathbf{w}^{(\tau)} + \eta\boldsymbol{\phi}_n t_n \qquad \text{(식 4.55)}$$

여기서 η는 학습률이며 τ는 정수로써 알고리즘의 단계에 대한 지표다. 퍼셉트론 함수 $y(\mathbf{x}, \mathbf{w})$는 $\mathbf{w}$에 대해 상수만큼을 곱해도 변하지 않는다. 따라서 일반성을 잃지 않은 채로 η를 1로 설정할 수 있다. 훈련 중에 가중 벡터가 변하게 되면 오분류가 되는 패턴들의 집합 또한 변하게 될 것임에 주목하라.

퍼셉트론 학습 알고리즘은 다음과 같이 단순하게 해석할 수 있다. 알고리즘은 훈련 패턴 $\mathbf{x}_n$들을 순환적으로 확인하며, 각각에 대해 식 4.52의 퍼셉트론 함숫값을 계산한다. 만약 해당 패턴이 올바르게 분류되었다면, 가중 벡터의 값은 변하지 않는다. 하지만 틀리게 분류되었다면 클래스 $\mathcal{C}_1$의 경우에는 벡터 $\boldsymbol{\phi}(\mathbf{x}_n)$을 현재의 가중 벡터 $\mathbf{w}$의 예측치에 더하고, $\mathcal{C}_2$의 경우에는 벡터 $\boldsymbol{\phi}(\mathbf{x}_n)$를 $\mathbf{w}$로부터 뺀다. 퍼셉트론 학습 알고리즘에 대해서는 그림 4.7에 그려져 있다.

퍼셉트론 알고리즘에서 단일 업데이트의 효과를 고려해 보면 오분류된 패턴의 오류 함수에 대한 기여도가 점점 감소하는 것을 볼 수 있다. 그 이유는 식 4.55에 따라서 다음과 같기 때문이다.

$$-\mathbf{w}^{(\tau+1)\mathrm{T}}\boldsymbol{\phi}_n t_n = -\mathbf{w}^{(\tau)\mathrm{T}}\boldsymbol{\phi}_n t_n - (\boldsymbol{\phi}_n t_n)^{\mathrm{T}}\boldsymbol{\phi}_n t_n < -\mathbf{w}^{(\tau)\mathrm{T}}\boldsymbol{\phi}_n t_n \qquad \text{(식 4.56)}$$

여기서 $\eta = 1$이라고 설정했고, $\|\boldsymbol{\phi}_n t_n\|^2 > 0$이라는 것을 이용했다. 물론, 이것이 다른 오분류된 패턴들의 오류 함수에 대한 기여도가 감소할 것임을 의미하지는 않는다. 또한, 가중 벡터의 변화가 이전에는 올바르게 분류되었던 패턴을 오분류되도록 할 수도 있다. 따라서 퍼셉트론 학습 규칙은 각 단계가 전체 오류 함수의 값을 줄인다고 보장하지는 않는다.

하지만 **퍼셉트론 수렴 정리**(*perceptron convergence theorem*)에 따르면 만약 문제가 정확한 해를 가지고 있기만 한다면(다시 말해서, 훈련 집합이 선형적으로 분리가 가능하다면), 퍼셉트론 학습 알고리즘은 정확한 해를 유한한 단계 안에 확실히 구할 수 있다. 이 정리에 대한 증명은 Rosenblatt(1962), Block(1962), Nilsson(1965), Minsky and Papert(1969), Hertz *et al.*(1991), Bishop(1995a) 등에서 찾아볼 수 있다. 하지만 알아 두어야 할 것은 수렴을 위해 필요한 단계의 수가 매우 많을 수 있다는 것이다. 또한, 실제 응용 사례에서는 어떤 문제가 분리가 불가능한 문제인지, 아니면 단순히 수렴하는 데 오랜 시간이 걸리는 문제인지 구별하는 것이 불가능하다.

데이터 집합이 선형적으로 분리가 가능한 경우에는 서로 다른 여러 해가 존재할 수도 있다. 이때 어떤 해가 최종적으로 도출될 것인지는 매개변수를 어떻게 초기화하는지, 그리고 데이터 포

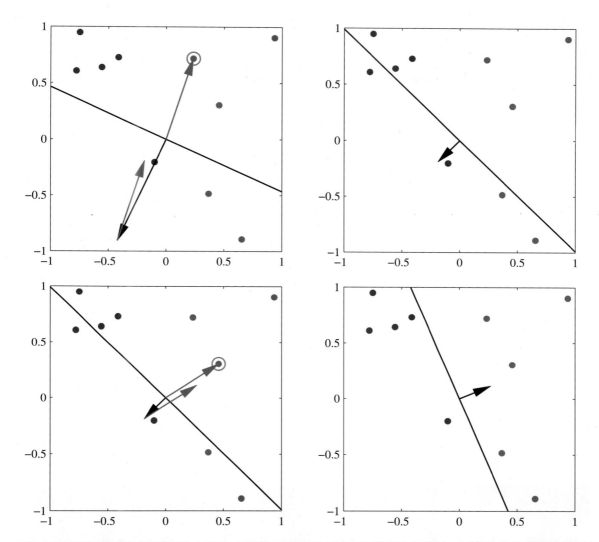

그림 4.7 퍼셉트론 학습 알고리즘이 수렴되는 과정을 나타낸 도식이다. 이차원 특징 공간 (ϕ_1, ϕ_2)상의 두 클래스들(빨간색/파란색)의 데이터 포인트들을 바탕으로 하고 있다. 왼쪽 윗부분의 그림에는 초기 매개변수 벡터 **w**가 검은색 화살표로 그려져 있으며, 그에 해당하는 결정 경계가 검은색 선으로 그려져 있다. 빨간색 화살표는 클래스로 분류하는 지역의 방향을 향해 그려져 있다. 또한, 여기서 오분류된 포인트가 녹색 원으로 표시되어 있다. 오분류된 포인트의 특징 벡터가 현재의 가중치 벡터에 더해지게 되며, 그 결과 오른쪽 위 그림에 표시된 것과 같은 새로운 결정 경계가 만들어진다. 왼쪽 아래 그림에서는 녹색 원으로 표시된 그 다음으로 고려할 오분류된 점을 볼 수 있다. 다시금 오분류된 점의 특징 벡터가 가중 벡터에 더해져서 오른쪽 아래의 새로운 결정 경계를 이루게 된다. 오른쪽 아래의 결정 경계에서는 모든 데이터 포인트들이 올바르게 분류된 것을 확인할 수 있다.

인트들이 어떤 순서로 알고리즘에 입력되는지 등에 따라 좌우된다. 또한, 선형적으로 분리가 불가능한 데이터 집합의 경우 퍼셉트론 학습 알고리즘은 영원히 수렴하지 않을 것이다.

퍼셉트론 알고리즘은 학습 알고리즘 자체의 어려움 외에도 확률적인 출력값을 내지 않는다거나, $K > 2$개의 클래스 문제에 대해 일반화가 되지 않는 등의 몇몇 문제를 가지고 있다. 그러나 퍼셉트론 알고리즘의 가장 큰 한계점은 (3장, 4장에서 지금까지 논의된 모든 모델들과 마찬가지로) 이 알고리즘이 고정된 기저 함수들의 선형 결합으로 이루어져 있다는 데서 기인한다. 이 한계점에 대한 더 자세한 논의는 Minsky and Papert(1969), Bishop(1995a) 등에서 찾아볼 수 있다.

로젠블랫은 아날로그적인 하드웨어를 이용해서 퍼셉트론을 구현하였다. 적응 매개변수 w_j를 구현하기 위해서 모터를 이용해서 작동하는 변경 가능한 저항을 사용했는데, 이에 대해서는 그림 4.8에서 찾아볼 수 있다. 입력들은 광센서의 배열을 바탕으로 한 단순한 카메라로부터 주어지게 된다. 기저 함수 ϕ는 다양한 방식으로 선택될 수 있었다. 예를 들자면 입력 이미지로부터 선택된 픽셀들의 부분 집합에 대한 단순한 고정된 함수가 그중 하나다. 단순한 모양이나 글자를 식별해 내는 것이 이 기계의 대표적인 적용 사례였다.

퍼셉트론이 개발되던 같은 시대에 이와 밀접하게 연관된 **적응형 선형 뉴런**(*adaptive linear element, adaline*)이라는 시스템이 위드로우(Widrow)와 동료들에 의해 탐색되고 있었다. 이 모델의 함수 형태는 퍼셉트론과 동일하다. 하지만 훈련 단계에서 다른 방식이 사용됐다(Widrow and Hoff, 1960; Widrow and Lehr, 1990).

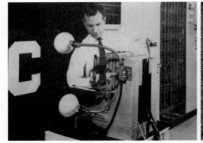

그림 4.8   마크 1 퍼셉트론 하드웨어의 사진. 왼쪽의 사진은 간단한 카메라를 이용하여 입력받는 것을 보여 주고 있다. 입력될 내용은(이 사진의 경우에는 글자) 강한 빛을 이용해서 빛나도록 했으며, 해당 입력은 20 × 20 배열의 황화 카드뮴 광전지에 투사되어 원시적인 400픽셀의 이미지를 만들어냈다. 또한, 이 퍼셉트론 하드웨어는 서로 다른 특징들을 조합하여 사용해 볼 수 있도록 하는 배선반을 가지고 있었다(가운데 사진). 이 배선반의 선들은 대부분 랜덤하게 연결되어 있어서 현대의 컴퓨터와는 달리 정확한 배선 없이도 퍼셉트론이 학습할 수 있다는 것을 보이곤 했다. 오른쪽의 사진은 변경 가능한 가중치들의 선반을 보여 준다. 각각의 가중치는 전위차계라고도 불리는 회전식 가변 저항을 이용하여 만들어졌다. 이 저항은 전기 모터에 의해서 변경이 가능하고, 따라서 학습 알고리즘의 가중치들의 값을 자동으로 조절할 수 있다.

4.2 확률적 생성 모델

이제 분류 문제를 확률론적으로 살펴보도록 하자. 데이터의 분포에 대한 단순한 가정으로부터 선형 결정 경계를 가지는 모델을 유도해 내는 과정에 대해 살펴볼 것이다. 1.5.4절에서 분류를 위한 판별적 접근법과 생성적 접근법의 차이에 대해 논의했었다. 여기에서는 클래스별 조건부 밀도 $p(\mathbf{x}|\mathcal{C}_k)$와 클래스 사전 분포 $p(\mathcal{C}_k)$를 모델하고, 여기에 베이지안 정리를 적용하여 사후 확률 $p(\mathcal{C}_k|\mathbf{x})$를 계산해 내는 방식의 생성적 접근법을 사용할 것이다.

우선, 클래스가 두 개인 경우를 고려해 보자. 클래스 $\mathcal{C}_1$에 대한 사후 확률을 다음과 같이 적을 수 있다.

$$
\begin{aligned}
p(\mathcal{C}_1|\mathbf{x}) &= \frac{p(\mathbf{x}|\mathcal{C}_1)p(\mathcal{C}_1)}{p(\mathbf{x}|\mathcal{C}_1)p(\mathcal{C}_1) + p(\mathbf{x}|\mathcal{C}_2)p(\mathcal{C}_2)} \\
&= \frac{1}{1 + \exp(-a)} = \sigma(a)
\end{aligned}
\tag{식 4.57}
$$

여기서 다음을 정의했다.

$$
a = \ln \frac{p(\mathbf{x}|\mathcal{C}_1)p(\mathcal{C}_1)}{p(\mathbf{x}|\mathcal{C}_2)p(\mathcal{C}_2)}
\tag{식 4.58}
$$

그리고 $\sigma(a)$는 **로지스틱 시그모이드**(logistic sigmoid) 함수로서 다음과 같이 정의된다.

$$
\sigma(a) = \frac{1}{1 + \exp(-a)}
\tag{식 4.59}
$$

로지스틱 시그모이드의 그래프가 그림 4.9에 그려져 있다. '시그모이드'라는 용어는 S자 곡선을 가졌다는 뜻을 지니고 있다. 이러한 종류들의 함수는 '스쿼싱 함수(squashing function)'라고 불리기도 한다. 왜냐하면 전체 실수축을 유한한 범위 안에 사상하기 때문이다. 로지스틱 시그모이

그림 4.9   식 4.59에서 정의된 로지스틱 시그모이드 함수 $\sigma(a)$의 도식. 빨간색 곡선으로 그려져 있다. 척도화된 역프로빗 함수 $\Phi(\lambda a)$가 $\lambda^2 = \pi/8$에 대해서 파란색 점선으로 함께 그려져 있다. 역프로빗 함수 $\Phi(a)$는 식 4.114에 정의되어 있다. 두 곡선의 미분값이 $a = 0$에서 일치하도록 하기 위해서 척도화 인자로 $\pi/8$을 사용한 것이다.

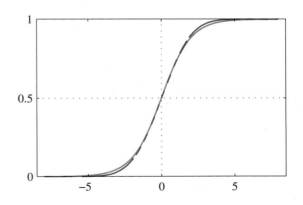

드 함수는 앞선 장들에서 이미 몇 번 등장했으며, 많은 분류 알고리즘들에서 중요한 역할을 차지하고 있다. 로지스틱 시그모이드 함수는 다음의 대칭성을 만족한다.

$$\sigma(-a) = 1 - \sigma(a) \tag{식 4.60}$$

로지스틱 시그모이드 함수의 역은 다음과 같이 주어진다.

$$a = \ln\left(\frac{\sigma}{1-\sigma}\right) \tag{식 4.61}$$

식 4.61을 **로짓**(*logit*) 함수라고 부르기도 한다. 로짓 함수는 두 클래스에 대한 확률들의 비율의 로그값 $\ln[p(\mathcal{C}_1|\mathbf{x})/p(\mathcal{C}_2|\mathbf{x})]$을 나타낸다. 이를 때로 **로그 오즈**(*log odds*)라 일컫기도 한다.

식 4.57에서는 사후 확률을 동등한 다른 형태로 다시 적었을 뿐이며, 따라서 로지스틱 시그모이드 함수가 갑작스레 등장하는 것이 이해가 되지 않을 수도 있다. 하지만 $a(\mathbf{x})$가 단순한 함수 형태를 지닐 경우에는 로지스틱 시그모이드 함수가 중요한 의미를 가지게 된다. 잠시 후에 $a(\mathbf{x})$가 $\mathbf{x}$의 선형 함수인 경우에 대해서 살펴볼 것이다. 이때 사후 확률은 일반화된 선형 모델에 의해 조절된다.

$K > 2$개의 클래스가 있는 경우에는 다음과 같이 된다.

$$
\begin{aligned}
p(\mathcal{C}_k|\mathbf{x}) &= \frac{p(\mathbf{x}|\mathcal{C}_k)p(\mathcal{C}_k)}{\sum_j p(\mathbf{x}|\mathcal{C}_j)p(\mathcal{C}_j)} \\
&= \frac{\exp(a_k)}{\sum_j \exp(a_j)}
\end{aligned}
\tag{식 4.62}
$$

이를 **정규화된 지수 함수**(*normalized exponential function*)라 하며, 로지스틱 시그모이드 함수를 여러 클래스에 대해 일반화한 형태에 해당한다. 여기서 a_k는 다음과 같이 정의된다.

$$a_k = \ln\left(p(\mathbf{x}|\mathcal{C}_k)p(\mathcal{C}_k)\right) \tag{식 4.63}$$

정규화된 지수 함수를 **소프트맥스 함수**(*softmax function*)라고 일컫기도 한다. 왜냐하면 이 함수가 평활화된 버전의 '최댓값(max)' 함수에 해당하기 때문이다. 만약 $j \neq k$인 모든 경우에 대해서 $a_k \gg a_j$이면 $p(\mathcal{C}_k|\mathbf{x}) \simeq 1$이고 $p(\mathcal{C}_j|\mathbf{x}) \simeq 0$이다.

이제 클래스별 조건부 밀도에 대해서 특정 형태를 선택하였을 경우의 결과에 대해서 살펴보도록 하자. 우선 연속적인 입력 변수 $\mathbf{x}$에 대해 살펴보고, 그 후에 이산 입력 변수의 경우에 대해 간략하게 살펴볼 것이다.

4.2.1 연속 입력

클래스별 조건부 밀도가 가우시안이라고 가정하고 그 결과로 사후 확률이 어떤 형태를 가지게 되는지 살펴보자. 일단은 모든 클래스들이 같은 공분산 행렬을 공유한다고 가정할 것이다. 따라서 클래스 $\mathcal{C}_k$에 대한 밀도는 다음과 같다.

$$p(\mathbf{x}|\mathcal{C}_k) = \frac{1}{(2\pi)^{D/2}} \frac{1}{|\boldsymbol{\Sigma}|^{1/2}} \exp\left\{ -\frac{1}{2}(\mathbf{x}-\boldsymbol{\mu}_k)^{\mathrm{T}}\boldsymbol{\Sigma}^{-1}(\mathbf{x}-\boldsymbol{\mu}_k) \right\} \qquad \text{(식 4.64)}$$

우선, 클래스가 두 개인 경우에 대해 고려해 보자. 식 4.57과 식 4.58로부터 다음을 구할 수 있다.

$$p(\mathcal{C}_1|\mathbf{x}) = \sigma(\mathbf{w}^{\mathrm{T}}\mathbf{x} + w_0) \qquad \text{(식 4.65)}$$

여기서 다음과 같이 정의하였다.

$$\mathbf{w} = \boldsymbol{\Sigma}^{-1}(\boldsymbol{\mu}_1 - \boldsymbol{\mu}_2) \qquad \text{(식 4.66)}$$

$$w_0 = -\frac{1}{2}\boldsymbol{\mu}_1^{\mathrm{T}}\boldsymbol{\Sigma}^{-1}\boldsymbol{\mu}_1 + \frac{1}{2}\boldsymbol{\mu}_2^{\mathrm{T}}\boldsymbol{\Sigma}^{-1}\boldsymbol{\mu}_2 + \ln\frac{p(\mathcal{C}_1)}{p(\mathcal{C}_2)} \qquad \text{(식 4.67)}$$

가우시안 밀도 지수부의 $\mathbf{x}$에 대한 이차항이 (공분산 행렬이 공유된다는 가정으로 인해) 사라졌으며, 그에 따라서 로지스틱 시그모이드 함수의 입력 변수가 $\mathbf{x}$에 대한 선형 함수가 되었다. 이차원 입력 공간 $\mathbf{x}$의 경우에 대한 해당 결과를 그림 4.10에 그려 두었다. 이 결과에 따른 결정 경계는 사후 확률 $p(\mathcal{C}_k|\mathbf{x})$이 상수인 경우에 해당하며, $\mathbf{x}$의 선형 함수가 될 것이다. 따라서 결정

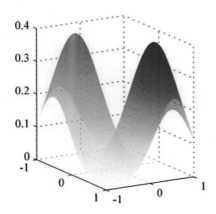
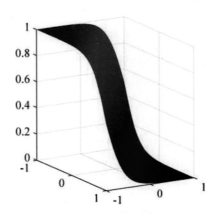

그림 4.10 왼쪽의 그래프는 두 클래스들의 클래스 조건부 밀도를 그린 것이다. 각각의 클래스에 대해 빨간색과 파란색으로 그려져 있다. 오른쪽의 그림은 이에 해당하는 사후 확률 $p(\mathcal{C}_1|\mathbf{x})$를 그린 것이다. 사후 확률은 $\mathbf{x}$에 대한 선형 함수의 로지스틱 시그모이드로 주어진다. 오른쪽 그래프의 표면은 $p(\mathcal{C}_1|\mathbf{x})$에 의해 주어지는 부분은 빨간색으로, $p(\mathcal{C}_2|\mathbf{x}) = 1 - p(\mathcal{C}_1|\mathbf{x})$에 의해 주어지는 부분은 파란색으로 색칠되었다.

경계는 입력 공간상에서 선형이다. 사전 확률 $p(\mathcal{C}_k)$는 편향 매개변수 w_0을 통해서만 연관된다. 따라서 사전 분포를 바꾸는 것은 결정 경계를 평행하게 이동시키는 효과를 가진다. 더 일반적으로 말하자면 상수 사후 확률의 평행 경로를 이동시킨다는 것이다.

더 일반적인 K개의 클래스의 경우에는 식 4.62와 식 4.63으로부터 다음과 같이 된다.

$$a_k(\mathbf{x}) = \mathbf{w}_k^{\mathrm{T}}\mathbf{x} + w_{k0} \tag{식 4.68}$$

여기서 다음을 정의하였다.

$$\mathbf{w}_k = \mathbf{\Sigma}^{-1}\boldsymbol{\mu}_k \tag{식 4.69}$$

$$w_{k0} = -\frac{1}{2}\boldsymbol{\mu}_k^{\mathrm{T}}\mathbf{\Sigma}^{-1}\boldsymbol{\mu}_k + \ln p(\mathcal{C}_k) \tag{식 4.70}$$

공유된 공분산으로 인해서 이차항이 사라지며, 그에 따라 다시금 $a_k(\mathbf{x})$가 $\mathbf{x}$에 대한 선형 함수임을 확인할 수 있다. 두 개의 가장 큰 사후 확률이 같은 경우가 오분류율을 최소화하는 결정 경계에 해당할 것이다. 따라서 결정 경계는 $\mathbf{x}$의 선형 함수로 정의될 것이고 이는 일반화된 선형 모델에 해당한다.

공분산 행렬이 공유된다는 가정을 사용하지 말고, 각각의 클래스별 조건부 밀도 $p(\mathbf{x}|\mathcal{C}_k)$가 각각 공분산 행렬 $\mathbf{\Sigma}_k$를 가진다고 해보자. 이 경우에는 앞에서처럼 이차항이 사라지는 일이 없고, 따라서 $\mathbf{x}$의 이차 함수를 얻게 된다. 이 경우를 **이차 판별식**(quadratic discriminant)이라 한다. 이 경우의 선형 결정 경계와 이차 결정 경계가 그림 4.11에 그려져 있다.

4.2.2 최대 가능도 해

클래스 조건부 밀도 $p(\mathbf{x}|\mathcal{C}_k)$의 매개변수적 함수 형태를 명시하고 나면 최대 가능도 방법을 이용해서 매개변수들의 값과 사전 클래스 확률 $p(\mathcal{C}_k)$를 구할 수 있다. 이를 위해서는 관측값 $\mathbf{x}$와 그에 대한 해당 클래스 라벨들로 이루어진 데이터 집합이 필요하다.

우선, 두 개의 클래스가 있는 경우를 고려해 보자. 각각의 클래스들은 가우시안 클래스 조건부 밀도를 가지며, 공분산 행렬은 공유한다고 하자. 그리고 데이터 집합 $\{\mathbf{x}_n, t_n\}$이 주어졌다고 하자. 여기서 $n = 1, \ldots, N$이며, 클래스 $\mathcal{C}_1$일 경우에는 $t_n = 1$, 클래스 $\mathcal{C}_2$일 경우에는 $t_n = 0$이다. 사전 클래스 확률은 $p(\mathcal{C}_1) = \pi$라고 하자. 따라서 $p(\mathcal{C}_2) = 1 - \pi$다. 클래스 $\mathcal{C}_1$에 포함된 데이터 포인트 $\mathbf{x}_n$의 경우에는 $t_n = 1$이고 따라서 다음과 같이 된다.

$$p(\mathbf{x}_n, \mathcal{C}_1) = p(\mathcal{C}_1)p(\mathbf{x}_n|\mathcal{C}_1) = \pi\mathcal{N}(\mathbf{x}_n|\boldsymbol{\mu}_1, \mathbf{\Sigma})$$

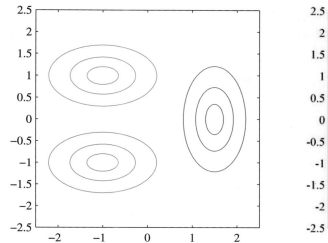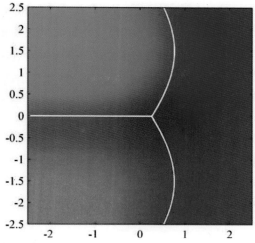

그림 4.11 왼쪽의 그래프는 세 클래스에 대해서 각각이 가우시안 분포를 가지는 클래스 조건부 분포들을 빨간색, 녹색, 파란색으로 그린 것이다. 여기서 빨간색 클래스와 녹색 클래스는 같은 공분산 행렬을 가진다. 오른쪽의 그래프는 이에 해당하는 사후 확률을 그린 것이다. 빨간색, 녹색, 파란색은 세 클래스 각각의 사후 확률들을 나타낸다. 또한, 결정 경계도 함께 그려져 있다. 같은 공분산 행렬을 가지는 빨간색과 녹색 클래스 사이의 결정 경계는 선형인 반면, 다른 클래스 쌍 사이의 결정 경계는 이차형임을 확인할 수 있다.

이와 비슷하게 클래스 $\mathcal{C}_2$의 경우에는 $t_n = 0$이고 따라서 다음과 같다.

$$p(\mathbf{x}_n, \mathcal{C}_2) = p(\mathcal{C}_2)p(\mathbf{x}_n|\mathcal{C}_2) = (1 - \pi)\mathcal{N}(\mathbf{x}_n|\boldsymbol{\mu}_2, \boldsymbol{\Sigma})$$

따라서 가능도 함수는 다음과 같이 주어진다.

$$p(\mathbf{t}, \mathbf{X}|\pi, \boldsymbol{\mu}_1, \boldsymbol{\mu}_2, \boldsymbol{\Sigma}) = \prod_{n=1}^{N} \left[\pi\mathcal{N}(\mathbf{x}_n|\boldsymbol{\mu}_1, \boldsymbol{\Sigma})\right]^{t_n} \left[(1 - \pi)\mathcal{N}(\mathbf{x}_n|\boldsymbol{\mu}_2, \boldsymbol{\Sigma})\right]^{1-t_n} \text{ (식 4.71)}$$

여기서 $\mathbf{t} = (t_1, \ldots, t_N)^{\mathrm{T}}$다. 여느 때와 같이 가능도 함수의 로그를 취해서 최댓값을 구하는 것이 편리하다. 우선, π에 대해 최대화하는 것을 먼저 고려해 보자. π에 대해 종속적인 로그 가능도 함수의 항은 다음과 같다.

$$\sum_{n=1}^{N} \{t_n \ln \pi + (1 - t_n) \ln(1 - \pi)\} \tag{식 4.72}$$

π에 대한 미분값을 0으로 놓고 다시 정리하면 다음을 구할 수 있다.

$$\pi = \frac{1}{N} \sum_{n=1}^{N} t_n = \frac{N_1}{N} = \frac{N_1}{N_1 + N_2} \tag{식 4.73}$$

여기서 N_1은 클래스 $\mathcal{C}_1$에 있는 데이터 포인트들의 숫자를, N_2는 클래스 $\mathcal{C}_2$에 있는 데이터 포인트들의 숫자를 의미한다. 따라서 π에 대한 최대 가능도 추정값은 단순히 클래스 $\mathcal{C}_1$에 있는 데이터 포인트 수의 비율에 해당한다. 이 결괏값은 클래스가 여럿이 있는 경우에 대해서도 쉽게 일반화가 가능하다. 이 경우 클래스 $\mathcal{C}_k$에 대한 사후 확률의 최대 가능도 추정값은 그 클래스에 배정된 훈련 집합 포인트의 숫자의 비율로 주어지게 된다.

연습문제 4.9

다음번에는 $\boldsymbol{\mu}_1$에 대해서 최대화해 보자. 로그 가능도 함수에서 $\boldsymbol{\mu}_1$에 종속적인 항만 선택하면 다음과 같다.

$$\sum_{n=1}^{N} t_n \ln \mathcal{N}(\mathbf{x}_n|\boldsymbol{\mu}_1, \boldsymbol{\Sigma}) = -\frac{1}{2}\sum_{n=1}^{N} t_n(\mathbf{x}_n - \boldsymbol{\mu}_1)^{\mathrm{T}}\boldsymbol{\Sigma}^{-1}(\mathbf{x}_n - \boldsymbol{\mu}_1) + \mathrm{const} \quad \text{(식 4.74)}$$

$\boldsymbol{\mu}_1$에 대한 미분값을 0으로 놓고 정리하면 다음을 구할 수 있다.

$$\boldsymbol{\mu}_1 = \frac{1}{N_1}\sum_{n=1}^{N} t_n \mathbf{x}_n \quad \text{(식 4.75)}$$

이는 단순히 클래스 $\mathcal{C}_1$에 배정된 입력 벡터 $\mathbf{x}_n$의 평균에 해당한다. 비슷한 방식으로 $\boldsymbol{\mu}_2$에 대한 결과도 구할 수 있다.

$$\boldsymbol{\mu}_2 = \frac{1}{N_2}\sum_{n=1}^{N} (1 - t_n)\mathbf{x}_n \quad \text{(식 4.76)}$$

이 역시 마찬가지로 클래스 $\mathcal{C}_2$에 배정된 입력 벡터 $\mathbf{x}_n$의 평균에 해당한다.

마지막으로, 공유된 공분산 행렬 $\boldsymbol{\Sigma}$에 대한 최대 가능도 해를 고려해 보자. 로그 가능도 함수에서 $\boldsymbol{\Sigma}$에 종속적인 항만 선택하면 다음과 같다.

$$-\frac{1}{2}\sum_{n=1}^{N} t_n \ln|\boldsymbol{\Sigma}| - \frac{1}{2}\sum_{n=1}^{N} t_n(\mathbf{x}_n - \boldsymbol{\mu}_1)^{\mathrm{T}}\boldsymbol{\Sigma}^{-1}(\mathbf{x}_n - \boldsymbol{\mu}_1)$$

$$-\frac{1}{2}\sum_{n=1}^{N} (1 - t_n)\ln|\boldsymbol{\Sigma}| - \frac{1}{2}\sum_{n=1}^{N} (1 - t_n)(\mathbf{x}_n - \boldsymbol{\mu}_2)^{\mathrm{T}}\boldsymbol{\Sigma}^{-1}(\mathbf{x}_n - \boldsymbol{\mu}_2)$$

$$= -\frac{N}{2}\ln|\boldsymbol{\Sigma}| - \frac{N}{2}\mathrm{Tr}\left\{\boldsymbol{\Sigma}^{-1}\mathbf{S}\right\} \quad \text{(식 4.77)}$$

여기서 다음의 정의들을 사용하였다.

$$\mathbf{S} = \frac{N_1}{N}\mathbf{S}_1 + \frac{N_2}{N}\mathbf{S}_2 \quad \text{(식 4.78)}$$

$$\mathbf{S}_1 = \frac{1}{N_1} \sum_{n \in \mathcal{C}_1} (\mathbf{x}_n - \boldsymbol{\mu}_1)(\mathbf{x}_n - \boldsymbol{\mu}_1)^{\mathrm{T}} \qquad \text{(식 4.79)}$$

$$\mathbf{S}_2 = \frac{1}{N_2} \sum_{n \in \mathcal{C}_2} (\mathbf{x}_n - \boldsymbol{\mu}_2)(\mathbf{x}_n - \boldsymbol{\mu}_2)^{\mathrm{T}} \qquad \text{(식 4.80)}$$

가우시안 분포 최대 가능도 해의 표준적인 결과를 이용하면 $\boldsymbol{\Sigma} = \mathbf{S}$임을 알 수 있다. 이는 각각의 두 클래스 쌍에 해당하는 공분산 행렬들의 가중 평균이다.

이 결과는 각 클래스 조건부 밀도는 가우시안이면서 공분산 행렬은 서로 공유하는 K클래스 문제로도 쉽게 확장할 수 있다. 가우시안 분포를 클래스들에 대해 근사하는 접근법은 데이터에 이상점이 포함되어 있는 경우에 대해 강건하지 못하다. 왜냐하면 가우시안의 최대 가능도 추정 자체가 강건하지 않기 때문이다.

4.2.3 이산 특징

이제 이산 특징값 x_i를 고려해 보자. 간단한 논의를 위해 우선 이진 특징값 $x_i \in \{0, 1\}$을 고려해 보고, 그 후에 더 일반적인 이산 특징값들에 대해서 살펴보도록 하자. 만약 D개의 입력 값이 있다면, 일반적인 분포는 각각의 클래스에 대해서 2^D개의 숫자를 가진 테이블에 해당할 것이다. 이 분포는 $2^D - 1$개의 독립 변수를 가진다(합산 제약 조건 때문). 이는 특징의 수가 늘어남에 따라서 기하급수적으로 늘어나므로 더 제한된 표현 방법이 필요하다. 여기서 **나이브 베이즈**(*naive Bayes*) 가정을 사용할 것이다. 나이브 베이즈 가정하에서는 각각의 값들이 클래스 $\mathcal{C}_k$에 대해 조건부일 때 서로 독립적으로 취급된다. 따라서 클래스 조건부 분포는 다음의 형태를 띤다.

$$p(\mathbf{x}|\mathcal{C}_k) = \prod_{i=1}^{D} \mu_{ki}^{x_i}(1 - \mu_{ki})^{1-x_i} \qquad \text{(식 4.81)}$$

식 4.81은 각각의 클래스에 대해 D개의 독립된 매개변수를 포함하고 있다. 식 4.63에 대입해 넣으면 다음을 구할 수 있다.

$$a_k(\mathbf{x}) = \sum_{i=1}^{D} \{x_i \ln \mu_{ki} + (1 - x_i) \ln(1 - \mu_{ki})\} + \ln p(\mathcal{C}_k) \qquad \text{(식 4.82)}$$

이는 다시금 입력 변수 x_i에 대해 선형 함수다. $K = 2$개의 클래스의 경우에 식 4.57로 주어지는 로지스틱 시그모이드 함수 형태를 대신 고려할 수 있다. 또한, 각각이 $M > 2$개의 상태를 지닐 수 있는 이산 변수의 경우에 대해서도 비슷한 결과를 구할 수 있다.

4.2.4 지수족

이미 살펴본 것처럼 가우시안 분포를 가지는 입력값과 이산 입력값의 경우에 사후 클래스 확률은 로지스틱 시그모이드 함수($K = 2$개의 클래스의 경우)나 소프트맥스 함수($K \geqslant 2$개의 클래스의 경우)를 활성화 함수로 가지는 일반화된 선형 모델로 주어진다. 이들은 클래스 조건부 밀도 $p(\mathbf{x}|\mathcal{C}_k)$가 지수족 분포라고 가정했을 때 얻게 되는 더 일반적인 결과의 특정한 케이스들에 해당한다.

지수족을 표현한 식 2.194를 이용하면 $\mathbf{x}$에 대한 분포를 다음의 형태로 적을 수 있다.

$$p(\mathbf{x}|\boldsymbol{\lambda}_k) = h(\mathbf{x})g(\boldsymbol{\lambda}_k) \exp\left\{\boldsymbol{\lambda}_k^{\mathrm{T}} \mathbf{u}(\mathbf{x})\right\} \tag{식 4.83}$$

이러한 분포들 중 $\mathbf{u}(\mathbf{x}) = \mathbf{x}$인 부분 집합들에 대해서만 고려해 보자. 여기에 식 2.236을 이용하여 척도 매개변수 s를 도입하면 다음과 같은 제한된 형태의 지수족 분포 클래스 조건부 밀도를 구할 수 있다.

$$p(\mathbf{x}|\boldsymbol{\lambda}_k, s) = \frac{1}{s} h\left(\frac{1}{s}\mathbf{x}\right) g(\boldsymbol{\lambda}_k) \exp\left\{\frac{1}{s}\boldsymbol{\lambda}_k^{\mathrm{T}}\mathbf{x}\right\} \tag{식 4.84}$$

각각의 클래스들이 각자의 매개변수 벡터 $\boldsymbol{\lambda}_k$를 가지지만, 척도 매개변수 s는 공유한다고 가정했다.

클래스가 두 개인 문제의 경우, 클래스 조건부 밀도에 대한 이 식을 식 4.58에 대입하면 사후 클래스 확률이 다시금 선형 함수 $a(\mathbf{x})$에 대한 로지스틱 시그모이드 함수로 주어지는 것을 확인할 수 있다.

$$a(\mathbf{x}) = \frac{1}{s}(\boldsymbol{\lambda}_1 - \boldsymbol{\lambda}_2)^{\mathrm{T}}\mathbf{x} + \ln g(\boldsymbol{\lambda}_1) - \ln g(\boldsymbol{\lambda}_2) + \ln \dot{p}(\mathcal{C}_1) - \ln p(\mathcal{C}_2) \tag{식 4.85}$$

이와 흡사하게 클래스가 K개인 문제의 경우, 클래스 조건부 밀도식을 식 4.63에 대입하면 다음을 구할 수 있다.

$$a_k(\mathbf{x}) = \frac{1}{s}\boldsymbol{\lambda}_k^{\mathrm{T}}\mathbf{x} + \ln g(\boldsymbol{\lambda}_k) + \ln p(\mathcal{C}_k) \tag{식 4.86}$$

이는 다시금 $\mathbf{x}$에 대해 선형인 함수다.

4.3 확률적 판별 모델

클래스가 두 개인 분류 문제의 경우에 다양한 종류의 클래스 조건부 분포 $p(\mathbf{x}|\mathcal{C}_k)$에 대하여 클래스 $\mathcal{C}_1$의 사후 확률을 $\mathbf{x}$의 선형 함수에 대한 로지스틱 시그모이드 함수로 표현할 수 있음을 알아보았다. 이와 비슷하게 클래스가 여럿인 경우에는 클래스 $\mathcal{C}_k$의 사후 확률을 $\mathbf{x}$에 대한 선형 함수를 소프트맥스 함수로 변환한 것으로 표현할 수 있다는 것도 보았다. 클래스 조건부 밀도 $p(\mathbf{x}|\mathcal{C}_k)$가 특정 분포인 경우에 대해서는 최대 가능도 방법을 이용하여 밀도의 매개변수와 클래스 사전 분포 $p(\mathcal{C}_k)$를 구하고, 거기에 베이지안 정리를 적용해서 사후 클래스 확률을 구해 보기도 했다.

대안적인 또 다른 방법으로는 일반화된 선형 모델의 함수 형태를 명시적으로 사용하고 여기에 최대 가능도 방법을 적용해서 함수의 매개변수를 직접 구하는 것이 있다. 이러한 해를 구하기 위한 효율적인 알고리즘이 있는데, 이를 **반복 재가중 최소 제곱법**(*iterative reweighted least squares, IRLS*)이라 한다.

일반화된 선형 모델의 매개변수를 찾을 때, 클래스 조건부 밀도와 클래스 사전 분포를 따로 피팅한 후 베이지안 정리를 적용하여 간접적으로 매개변수를 찾는 방식은 **생성적**(*generative*) 모델링의 한 예다. 이런 모델을 이용하면 주변 분포 $p(\mathbf{x})$에서 $\mathbf{x}$ 값을 추출하는 방식으로 인공의 데이터를 생성하는 것이 가능하기 때문에 생성적 모델이라고 하는 것이다. 이에 반해서 직접적인 접근법에서는 조건부 분포 $p(\mathcal{C}_k|\mathbf{x})$를 통해 정의된 가능도 함수를 직접 극대화하게 된다. 이는 **판별적**(*discriminative*) 훈련의 한 예다. 판별적인 방식의 한 가지 이점은 바로 결정해야 할 적응 매개변수의 숫자가 보통 더 적다는 것이다. 또한, 판별적인 방식이 더 나은 예측 성능을 보일 수도 있다. 특히, 클래스 조건부 밀도에 대한 가정이 실제 분포를 잘 근사하는 데 실패했을 경우에 더욱 그렇다.

4.3.1 고정된 기저 함수

지금까지 이번 장에서는 원 입력 벡터 $\mathbf{x}$에 대해 직접적으로 적용되는 분류 모델에 대해 고려했다. 이 모든 알고리즘들은 기저 함수들의 벡터 $\boldsymbol{\phi}(\mathbf{x})$를 이용하여 입력값들에 대해 고정된 비선형 변환을 먼저 적용한 후에도 동일하게 사용할 수 있다. 이 결과로 얻게 되는 결정 경계는 특징 공간 $\boldsymbol{\phi}$상에서 선형일 것이며, 이 결정 경계는 원 $\mathbf{x}$ 공간에서는 비선형일 것이다. 이에 대해 그림 4.12에서 확인할 수 있다. 특징 공간 $\boldsymbol{\phi}(\mathbf{x})$상에서 선형적으로 분리 가능한 클래스들이 원래의 관측 공간 $\mathbf{x}$상에서도 꼭 선형적으로 분리되는 것은 아니다. 회귀를 위한 선형 모델에 대한 우리의 논의에서처럼 기저 함수들 중 하나는 보통 $\phi_0(\mathbf{x}) = 1$과 같이 상숫값을 가지도록 설정될 것이다. 그리고 이에

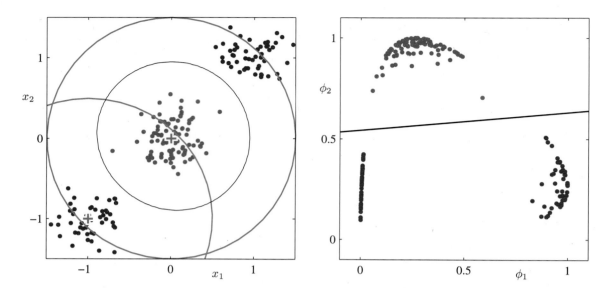

그림 4.12 선형 분류 모델에서의 비선형 기저 함수의 역할에 대한 그림. 왼쪽의 그림은 원 입력 공간 (x_1, x_2)상에 빨간색과 파란색으로 구분된 두 클래스의 데이터 포인트들을 그려 놓은 것이다. 두 개의 가우시안 기저 함수 $\phi_1(\mathbf{x})$와 $\phi_2(\mathbf{x})$가 이 공간에 정의되어 있으며 그 중심점이 녹색 십자가로, 그 경로가 녹색 원으로 그려져 있다. 오른쪽의 그림에는 이에 해당하는 특징 공간 (ϕ_1, ϕ_2)와 4.3.2절에서 논의한 로지스틱 회귀 모델을 바탕으로 구한 선형 결정 경계가 그려져 있다. 이 선형 결정 경계는 왼쪽 그림에 까만 선으로 그려져 있는 원 입력 공간상의 비선형 결정 경계에 해당한다.

해당하는 매개변수 w_0가 편향의 역할을 하게 된다. 이 장의 나머지 부분에서는 고정된 기저 함수 변환 $\phi(\mathbf{x})$를 논의에 명시적으로 포함시킬 것이다. 이를 바탕으로 3장에서의 회귀 모델과 유사한 몇몇 성질들을 살펴볼 수 있다.

실제의 여러 문제들에서는 클래스 조건 밀도 $p(\mathbf{x}|\mathcal{C}_k)$들 사이에 상당한 중첩이 있다. 이 중첩된 부분들에서는 사후 확률 $p(\mathcal{C}_k|\mathbf{x})$들의 값이 (최소한 몇몇 $\mathbf{x}$ 값에 대해서는) 0이나 1이 아닌 경우가 생기게 된다. 이러한 경우에는 사후 확률을 정확하게 모델하고 1장에서의 표준 결정 이론을 적용함으로써 최적의 해를 구할 수 있다. 비선형 변환 $\phi(\mathbf{x})$는 이러한 클래스 중첩을 제거하지 못한다. 사실 이러한 변환은 클래스 중첩을 증가시키거나 원래의 관측 공간에서는 존재하지 않았던 새로운 중첩을 유발시킬 수도 있다. 그렇지만 적절한 비선형성을 선택한다면 사후 확률을 모델링하는 과정이 쉬워지게 된다.

3.6절 이러한 고정된 기저 함수 모델은 심각한 한계점을 가지고 있다. 그리고 이 한계점들은 기저 함수 자체가 데이터에 대해 적응되도록 함으로써 해결 가능하다. 이에 대해서는 나중의 장들에서 살펴볼 것이다. 이러한 한계점에도 불구하고 고정된 비선형 기저 함수를 바탕으로 한 모델들은 실제 적용 사례들에서 중요한 역할을 차지하고 있다. 또한, 이러한 모델들에 대한 논의는 더 복잡한 모델들에 대해 이해하기 위해 중요한 여러 핵심 콘셉트들에 대해 생각할 수 있도록 해준다.

4.3.2 로지스틱 회귀

일반화된 선형 모델에 대한 첫 번째 논의로서 두 클래스 분류 문제를 살펴보도록 하자. 4.2절에서 살펴보았던 생성적 방식에 대한 논의에서는 일반적인 가정하에 클래스 $\mathcal{C}_1$에 대한 사후 확률을 특징 벡터의 선형 함수에 대한 로지스틱 시그모이드 함수로 적을 수 있음을 살펴보았다.

$$p(\mathcal{C}_1|\boldsymbol{\phi}) = y(\boldsymbol{\phi}) = \sigma\left(\mathbf{w}^{\mathrm{T}}\boldsymbol{\phi}\right) \tag{식 4.87}$$

$p(\mathcal{C}_2|\boldsymbol{\phi}) = 1 - p(\mathcal{C}_1|\boldsymbol{\phi})$다. 여기서 $\sigma(\cdot)$는 식 4.59에서 정의하였던 **로지스틱 시그모이드**(*logistic sigmoid*) 함수다. 통계학에서 이 모델은 **로지스틱 회귀**(*logistic regression*)라고 불린다. 회귀라는 단어를 사용하기는 하지만, 이 모델은 사실 분류를 위한 모델이다.

M차원 특징 공간 $\boldsymbol{\phi}$에 대해서 이 모델은 M개의 조절 가능한 매개변수를 가지고 있다. 이와는 대조적으로 만약 우리가 최대 가능도 방법을 이용하여 가우시안 클래스 조건부 밀도를 근사했다면 평균값에 대해서는 $2M$개의 매개변수를, (공유된) 공분산 행렬에 대해서는 $M(M+1)/2$개의 매개변수를 가지게 되었을 것이다. 클래스 사전 확률 $p(\mathcal{C}_1)$까지 포함하게 되면 매개변수의 총 숫자는 $M(M+5)/2+1$개다. 즉, 이 경우에는 매개변수의 숫자가 M이 증가하는 것에 대해 이차로 증가하게 된다. 반면에 로지스틱 회귀의 경우에는 매개변수의 숫자가 M이 증가하는 것에 대해 선형적으로 증가한다. 그렇기 때문에 M의 숫자가 큰 경우에는 로지스틱 회귀 모델을 직접 다루는 것이 더 유리할 수가 있다.

최대 가능도 방법을 이용해서 로지스틱 회귀 모델의 매개변수들을 구해 보자. 이를 위해서는 로지스틱 시그모이드 함수의 미분값을 사용해야 한다. 로지스틱 시그모이드의 미분값은 시그모이드 함수 그 자체를 이용해서 표현할 수 있다.

연습문제 4.12

$$\frac{d\sigma}{da} = \sigma(1-\sigma) \tag{식 4.88}$$

$n = 1, \ldots, N$에 대해 $t_n \in \{0,1\}$이고 $\boldsymbol{\phi}_n = \boldsymbol{\phi}(\mathbf{x}_n)$인 데이터 집합 $\{\boldsymbol{\phi}_n, t_n\}$에 대해서 가능도 함수를 다음과 같이 적을 수 있다.

$$p(\mathbf{t}|\mathbf{w}) = \prod_{n=1}^{N} y_n^{t_n} \{1 - y_n\}^{1-t_n} \tag{식 4.89}$$

여기서 $\mathbf{t} = (t_1, \ldots, t_N)^{\mathrm{T}}$이고 $y_n = p(\mathcal{C}_1|\boldsymbol{\phi}_n)$이다. 앞에서와 마찬가지로 가능도 함수의 음의 로그값을 취하여 오류 함수를 정의할 수 있다. 이 함수는 **교차 엔트로피**(*cross entropy*) 오류 함수다.

$$E(\mathbf{w}) = -\ln p(\mathbf{t}|\mathbf{w}) = -\sum_{n=1}^{N} \{t_n \ln y_n + (1 - t_n)\ln(1 - y_n)\} \qquad \text{(식 4.90)}$$

여기서 $y_n = \sigma(a_n)$이고 $a_n = \mathbf{w}^T\boldsymbol{\phi}_n$이다. $\mathbf{w}$에 대하여 오류 함수의 기울기를 계산하면 다음을 구할 수 있다.

연습문제 4.13

$$\nabla E(\mathbf{w}) = \sum_{n=1}^{N} (y_n - t_n)\boldsymbol{\phi}_n \qquad \text{(식 4.91)}$$

이 과정에서 식 4.88을 사용하였다. 로지스틱 시그모이드의 미분값에 해당하는 인자가 사라졌고, 그에 따라 로그 가능도 함수의 기울기가 더 간단한 형태로 표현되는 것을 확인할 수 있다. 데이터 포인트 n으로부터 기인하는 기울기에 대한 기여도가 표적값과 예측값 사이의 차이인 '오류' $y_n - t_n$에 기저 함수 벡터 $\boldsymbol{\phi}_n$를 곱한 것으로 표현되었다. 식 3.13과의 비교를 통해 선형

3.1.1절 회귀 모델의 제곱합 오류 함수의 기울기와 정확하게 같은 형태임을 확인할 수 있다.

만약 원한다면 식 4.91의 결괏값을 이용해서 패턴이 한 번에 하나씩 주어지는 방식의 순차적인 알고리즘을 만들 수도 있다. 이 경우 각각의 가중치 벡터는 식 3.22를 이용하여 업데이트되며, 이때 ∇E_n은 식 4.91의 n번째 항에 해당하게 된다.

선형적으로 분리 가능한 데이터 집합에 대해 최대 가능도 방법을 사용하면 심각한 과적합 문제를 겪을 수 있다. 이는 $\sigma = 0.5$에 해당하는 초공간이 두 클래스를 나누는 경우에 발생한다. 이때 $\mathbf{w}^T\boldsymbol{\phi} = 0$에 해당하며, $\mathbf{w}$의 크기는 무한대가 된다. 이 경우 특징 공간상에서의 로지스틱 회귀 함수는 무한대로 가팔라지며, 따라서 헤비사이드 계단 함수가 된다. 즉, 각각의 클래스 k에서 온 모

연습문제 4.14 든 훈련 포인트들이 사후 확률 $p(\mathcal{C}_k|\mathbf{x}) = 1$을 가지게 되는 것이다. 또한, 이러한 해들의 연속체가 존재하게 될 것이다. 왜냐하면 어떠한 초공간이 클래스들을 나눈다 하더라도 훈련 집합의 데이터 포인트들은 같은 사후 확률을 가지게 될 것이기 때문이다. 이에 대해서는 나중에 그림 10.13에서 확인할 수 있다. 최대 가능도 방법을 통해서는 어떤 하나의 해를 다른 해보다 더 선호하도록 할 수 없다. 또한, 최대 가능도 방법을 통해 어떠한 해를 찾게 될지는 최적화 알고리즘과 매개변수 초기화에 달려 있다. 훈련 데이터 집합이 선형적으로 분리 가능하다면 데이터 포인트의 숫자가 매개변수의 숫자보다 상당히 많다 하더라도 이러한 문제를 겪을 수가 있다. 이러한 특이성은 사전 확률을 포함시키고 $\mathbf{w}$에 대해 MAP 해를 찾는 방식으로써 해결할 수 있다. 또는 이와 동일하게 오류 함수에 정규화항을 추가하는 것으로도 해결할 수 있다.

4.3.3 반복 재가중 최소 제곱법

3장에서 논의했던 선형 회귀 모델의 경우 가우시안 노이즈 모델을 바탕으로 한 최대 가능도 해

는 닫힌 형태였다. 이는 로그 가능도 함수가 매개변수 벡터 $\mathbf{w}$에 대해 이차 종속성을 가지고 있었기 때문이다. 로지스틱 회귀 모델의 경우에는 로지스틱 시그모이드 함수의 비선형성으로 인해서 해가 닫힌 형태가 아니다. 하지만 이차식 형태로부터 그렇게 크게 다르지는 않다. 더 정확하게 말하자면 오류 함수는 볼록한 형태를 가지고 있으며, 따라서 유일한 최솟값을 가지고 있다. 오류 함수는 **뉴턴 라프슨**(*Newton-Raphson*) 반복 최적화 방법이라는 효율적인 반복 테크닉을 통해서 쉽게 최소화할 수 있다. 이 테크닉에서는 로그 가능도 함수에 대한 지역적인 이차식 근삿값을 구하는 방식으로 문제를 풀게 된다. 함수 $E(\mathbf{w})$를 최소화하기 위한 뉴턴 라프슨 업데이트는 다음의 형태를 띤다(Fletcher, 1987; Bishop and Nabney, 2008).

$$\mathbf{w}^{(\text{new})} = \mathbf{w}^{(\text{old})} - \mathbf{H}^{-1} \nabla E(\mathbf{w}) \tag{식 4.92}$$

여기서 $\mathbf{H}$는 헤시안 행렬이다. 헤시안 행렬 $\mathbf{H}$의 각 원소는 $E(\mathbf{w})$를 $\mathbf{w}$의 각 성분으로 이차 미분한 값에 해당한다.

우선은 식 3.3의 선형 회귀 모델과 식 3.12의 제곱합 오류 함수에 대해 뉴턴 라프슨 방법을 적용해 보자. 이 오류 함수의 기울기와 헤시안은 다음과 같이 주어진다.

$$\nabla E(\mathbf{w}) = \sum_{n=1}^{N} (\mathbf{w}^{\text{T}} \boldsymbol{\phi}_n - t_n) \boldsymbol{\phi}_n = \boldsymbol{\Phi}^{\text{T}} \boldsymbol{\Phi} \mathbf{w} - \boldsymbol{\Phi}^{\text{T}} \mathbf{t} \tag{식 4.93}$$

$$\mathbf{H} = \nabla \nabla E(\mathbf{w}) = \sum_{n=1}^{N} \boldsymbol{\phi}_n \boldsymbol{\phi}_n^{\text{T}} = \boldsymbol{\Phi}^{\text{T}} \boldsymbol{\Phi} \tag{식 4.94}$$

3.1.1절

여기서 $\boldsymbol{\Phi}$는 $N \times M$ 설계 행렬로써 그 n번째 행이 $\boldsymbol{\phi}_n^{\text{T}}$로 주어진다. 이때 뉴턴 라프슨 업데이트는 다음의 형태를 띤다.

$$\begin{aligned} \mathbf{w}^{(\text{new})} &= \mathbf{w}^{(\text{old})} - (\boldsymbol{\Phi}^{\text{T}} \boldsymbol{\Phi})^{-1} \left\{ \boldsymbol{\Phi}^{\text{T}} \boldsymbol{\Phi} \mathbf{w}^{(\text{old})} - \boldsymbol{\Phi}^{\text{T}} \mathbf{t} \right\} \\ &= (\boldsymbol{\Phi}^{\text{T}} \boldsymbol{\Phi})^{-1} \boldsymbol{\Phi}^{\text{T}} \mathbf{t} \end{aligned} \tag{식 4.95}$$

이 결괏값은 표준 최소 제곱 해에 해당한다. 이 경우 오류 함수는 이차식이며, 따라서 뉴턴 라프슨 공식이 한 단계 만에 정확한 해를 구해냈다.

이제 뉴턴 라프슨 업데이트를 로지스틱 회귀 모델과 식 4.90의 교차 엔트로피 오류 함수에 대해서 적용해 보자. 식 4.91로부터 이 오류 함수의 기울기와 헤시안은 다음과 같이 주어진다.

$$\nabla E(\mathbf{w}) = \sum_{n=1}^{N} (y_n - t_n) \boldsymbol{\phi}_n = \boldsymbol{\Phi}^{\text{T}} (\mathbf{y} - \mathbf{t}) \tag{식 4.96}$$

$$\mathbf{H} \quad = \quad \nabla\nabla E(\mathbf{w}) = \sum_{n=1}^{N} y_n(1-y_n)\boldsymbol{\phi}_n\boldsymbol{\phi}_n^{\mathrm{T}} = \boldsymbol{\Phi}^{\mathrm{T}}\mathbf{R}\boldsymbol{\Phi} \qquad \text{(식 4.97)}$$

여기서 식 4.88을 사용하였다. 또한, 다음의 원소를 가지는 $N \times N$ 대각 행렬 $\mathbf{R}$을 사용하였다.

$$R_{nn} = y_n(1-y_n) \qquad \text{(식 4.98)}$$

헤시안이 더 이상 상수가 아니며, 가중 행렬 $\mathbf{R}$을 통해서 $\mathbf{w}$에 종속성을 가지고 있음을 알 수 있다. 이로부터 오류 함수가 더 이상 이차 함수가 아니라는 것을 확인할 수 있다. 로지스틱 시그모이드 함수의 형태로부터 기인한 $0 < y_n < 1$이라는 성질을 사용하면 임의의 벡터 $\mathbf{u}$에 대해서 $\mathbf{u}^{\mathrm{T}}\mathbf{H}\mathbf{u} > 0$임을 알 수 있다. 따라서 헤시안 행렬 $\mathbf{H}$는 양의 정부호 행렬이다. 이로부터 오류 함수는 $\mathbf{w}$에 대한 볼록 함수이며, 유일한 최솟값을 가지고 있음을 알 수 있다.

연습문제 4.15

로지스틱 회귀 모델에 대한 뉴턴 라프슨 업데이트는 다음과 같다.

$$
\begin{aligned}
\mathbf{w}^{(\text{new})} \quad &= \quad \mathbf{w}^{(\text{old})} - (\boldsymbol{\Phi}^{\mathrm{T}}\mathbf{R}\boldsymbol{\Phi})^{-1}\boldsymbol{\Phi}^{\mathrm{T}}(\mathbf{y}-\mathbf{t}) \\
&= \quad (\boldsymbol{\Phi}^{\mathrm{T}}\mathbf{R}\boldsymbol{\Phi})^{-1}\left\{\boldsymbol{\Phi}^{\mathrm{T}}\mathbf{R}\boldsymbol{\Phi}\mathbf{w}^{(\text{old})} - \boldsymbol{\Phi}^{\mathrm{T}}(\mathbf{y}-\mathbf{t})\right\} \\
&= \quad (\boldsymbol{\Phi}^{\mathrm{T}}\mathbf{R}\boldsymbol{\Phi})^{-1}\boldsymbol{\Phi}^{\mathrm{T}}\mathbf{R}\mathbf{z} \qquad \text{(식 4.99)}
\end{aligned}
$$

여기서 $\mathbf{z}$는 다음을 원소로 가지는 N차원 벡터다.

$$\mathbf{z} = \boldsymbol{\Phi}\mathbf{w}^{(\text{old})} - \mathbf{R}^{-1}(\mathbf{y}-\mathbf{t}) \qquad \text{(식 4.100)}$$

식 4.99가 가중된 최소 제곱 문제의 정규 방정식의 집합 형태를 띠고 있음을 볼 수 있다. 가중 행렬 $\mathbf{R}$이 상수가 아니고 벡터 $\mathbf{w}$에 대해 종속적이기 때문에 정규 방정식들을 반복적으로 적용해야 하며, 매 반복마다 새로운 가중 벡터 $\mathbf{w}$를 이용하여 수정된 가중 행렬 $\mathbf{R}$을 구해야 한다. 이러한 연유로 이 알고리즘을 **반복 재가중 최소 제곱법**(*iterative reweighted least squares, IRLS*) (Rubin, 1983)이라 한다. 가중 최소 제곱 문제의 경우와 마찬가지로 대각 가중 행렬 $\mathbf{R}$의 원소들을 분산으로 해석할 수 있다. 왜냐하면 로지스틱 회귀 모델에서 t의 평균과 분산은 다음과 같기 때문이다.

$$\mathbb{E}[t] \quad = \quad \sigma(\mathbf{x}) = y \qquad \text{(식 4.101)}$$

$$\mathrm{var}[t] \quad = \quad \mathbb{E}[t^2] - \mathbb{E}[t]^2 = \sigma(\mathbf{x}) - \sigma(\mathbf{x})^2 = y(1-y) \qquad \text{(식 4.102)}$$

여기서 $t \in \{0,1\}$에 대해서 $t^2 = t$라는 성질을 사용하였다. IRLS를 변수 $a = \mathbf{w}^{\mathrm{T}}\boldsymbol{\phi}$ 공간상에서 선형화된 문제의 해로 해석할 수 있다. 이 경우 $\mathbf{z}$의 n번째 원소에 해당하는 값 z_n은 현재 단계에서 사용하고 있는 $\mathbf{w}^{(\text{old})}$ 주변에 대해 로지스틱 시그모이드 함수를 지역적으로 선형 근사하여 구한 공간상에서의 실제적인 표적값이라고 해석할 수 있다.

$$a_n(\mathbf{w}) \quad \simeq \quad a_n(\mathbf{w}^{(\text{old})}) + \frac{\mathrm{d}a_n}{\mathrm{d}y_n}\Bigg|_{\mathbf{w}^{(\text{old})}} (t_n - y_n)$$

$$= \quad \boldsymbol{\phi}_n^{\mathrm{T}}\mathbf{w}^{(\text{old})} - \frac{(y_n - t_n)}{y_n(1 - y_n)} = z_n \tag{식 4.103}$$

4.3.4 다중 클래스 로지스틱 회귀

4.2절

다중 클래스 생성적 모델에 대한 논의에서 여러 종류의 분포에 대해 특징 변수들의 선형 함수에 소프트맥스 변환을 적용한 형태로 사후 확률을 표현할 수 있다는 것을 확인했다.

$$p(\mathcal{C}_k|\boldsymbol{\phi}) = y_k(\boldsymbol{\phi}) = \frac{\exp(a_k)}{\sum_j \exp(a_j)} \tag{식 4.104}$$

여기서 활성도 a_k는 다음처럼 주어진다.

$$a_k = \mathbf{w}_k^{\mathrm{T}}\boldsymbol{\phi} \tag{식 4.105}$$

이때 우리는 최대 가능도 방법을 이용하여 클래스 조건 밀도와 클래스 사전 분포를 따로 구하고, 베이지안 정리를 적용하여 해당 사후 확률을 찾았었다. 이를 바탕으로 간접적으로 매개변수 $\{\mathbf{w}_k\}$를 구했던 것이다. 여기서는 최대 가능도 방법을 적용하여 매개변수 $\{\mathbf{w}_k\}$를 직접 구하는 방법에 대해 고려해 보자. 이를 위해서는 각각의 모든 활성도 a_j에 대한 y_k의 미분값이

연습문제 4.17

필요하다. 이는 다음과 같다.

$$\frac{\partial y_k}{\partial a_j} = y_k(I_{kj} - y_j) \tag{식 4.106}$$

여기서 I_{kj}는 항등 행렬의 원소다.

다음으로는 가능도 함수를 적어 보자. 원 핫 인코딩을 사용해서 표현하는 것이 가장 간편하다. 클래스 $\mathcal{C}_k$에 속한 특징 벡터 $\boldsymbol{\phi}_n$의 표적 벡터 $\mathbf{t}_n$을 이진 벡터로 표현하는데 이때 원소 k의 값은 1로, 나머지 모든 원소의 값은 0으로 설정한다. 이 경우 가능도 함수는 다음과 같다.

$$p(\mathbf{T}|\mathbf{w}_1, \ldots, \mathbf{w}_K) = \prod_{n=1}^{N} \prod_{k=1}^{K} p(\mathcal{C}_k|\boldsymbol{\phi}_n)^{t_{nk}} = \prod_{n=1}^{N} \prod_{k=1}^{K} y_{nk}^{t_{nk}} \tag{식 4.107}$$

여기서 $y_{nk} = y_k(\boldsymbol{\phi}_n)$이며, $\mathbf{T}$는 원소 t_{nk}를 가지는 $N \times K$ 타깃 변수 행렬이다. 음의 로그값을 취하면 다음과 같이 된다.

$$E(\mathbf{w}_1, \ldots, \mathbf{w}_K) = -\ln p(\mathbf{T}|\mathbf{w}_1, \ldots, \mathbf{w}_K) = -\sum_{n=1}^{N} \sum_{k=1}^{K} t_{nk} \ln y_{nk} \tag{식 4.108}$$

이를 다중 클래스 분류 문제상에서의 **교차 엔트로피**(*cross entropy*) 오류 함수라고 한다.

연습문제 4.18

매개변수 벡터 $\mathbf{w}_j$에 대해서 오류 함수의 기울기를 취해 보자. 소프트맥스 함수의 미분값에 대한 식 4.106의 결괏값을 이용하면 다음을 구할 수 있다.

$$\nabla_{\mathbf{w}_j} E(\mathbf{w}_1, \ldots, \mathbf{w}_K) = \sum_{n=1}^{N} (y_{nj} - t_{nj}) \boldsymbol{\phi}_n \qquad \text{(식 4.109)}$$

여기서 $\sum_k t_{nk} = 1$이라는 성질을 사용하였다. 선형 모델에 제곱합 오류 함수를 사용하였을 경우와 로지스틱 회귀 모델에 교차 엔트로피 오류 함수를 사용하였을 경우에 기울기 함수의 형태가 같다는 것을 확인할 수 있다. 기울기 형태의 함수가 오룻값 $(y_{nj} - t_{nj})$에 기저 함수 $\boldsymbol{\phi}_n$을 곱한 형태인 것이다. 다시 한 번, 이를 이용하여 패턴이 한 번에 하나씩 입력되는 순차적 알고리즘을 만들 수 있다. 이때 각각의 가중 벡터는 식 3.22를 이용하여 업데이트된다.

선형 회귀 모델에서 로그 가능도 함수의 $\mathbf{w}$에 대한 미분 함수는 데이터 포인트 n에 대해서 '오류' $y_n - t_n$에 특징 벡터 $\boldsymbol{\phi}_n$를 곱한 형태임을 보았다. 로지스틱 시그모이드 활성화 함수와 식 4.90의 교차 엔트로피 오류 함수의 경우, 그리고 소프트맥스 활성화 함수와 식 4.108의 다중 클래스 교차 엔트로피의 경우에도 같은 형태를 얻게 된다. 이는 4.3.6절에서 살펴보게 될 더 일반적인 결과의 예시에 해당한다.

배치 알고리즘을 찾기 위해 뉴턴 라프슨 업데이트를 적용해서 다중 클래스상에서의 IRLS 알고리즘을 구해 보자. 이를 위해서는 블록 j와 k가 다음의 식처럼 주어지는 $M \times M$의 블록들로 이루어진 헤시안 행렬을 계산해야 한다.

$$\nabla_{\mathbf{w}_k} \nabla_{\mathbf{w}_j} E(\mathbf{w}_1, \ldots, \mathbf{w}_K) = \sum_{n=1}^{N} y_{nk}(I_{kj} - y_{nj}) \boldsymbol{\phi}_n \boldsymbol{\phi}_n^{\mathrm{T}} \qquad \text{(식 4.110)}$$

연습문제 4.20

이중 클래스 문제의 경우와 마찬가지로 다중 클래스 로지스틱 회귀 모델의 헤시안 행렬도 양의 정부호 행렬이다. 따라서 이 오류 함수는 유일한 최솟값을 가진다. 다중 클래스 경우의 IRLS에 대한 실제적인 자세한 내용은 Bisop and Nabney(2008)에서 찾아볼 수 있다.

4.3.5 프로빗 회귀

지수족으로 표현 가능한 다양한 종류의 클래스 조건 분포에 대해서 사후 클래스 확률을 특징 변수들의 선형 함수에 대한 로지스틱(또는 소프트맥스) 함수로서 표현할 수 있음을 살펴보았다. 하지만 이런 단순한 형태의 사후 확률이 모든 종류의 클래스 조건부 밀도 분포에 대해서 결과로 나오는 것은 아니다(예를 들어, 가우시안 혼합 분포를 이용해서 클래스 조건부 밀도를 모델해야 하는 경우가 있다). 이러한 연유로 다른 종류의 판별적 확률 모델을 살펴보는 것이 오히려 유의미할 수도 있다. 여기서는 클래스가 두 개인 문제로 돌아갈 것이며, 일반화된 선형 모델의 틀을 유지할 것이다. 즉, 다음과 같다.

$$p(t = 1|a) = f(a) \qquad \text{(식 4.111)}$$

여기서 $a = \mathbf{w}^{\mathrm{T}}\boldsymbol{\phi}$이며, $f(\,\cdot\,)$는 활성화 함수다.

대안적인 연결 함수를 선택하기 위한 한 가지 방법은 바로 다음의 노이즈 임계값 모델을 고려하는 것이다. 각각의 입력값 $\boldsymbol{\phi}_n$에 대해서 $a_n = \mathbf{w}^{\mathrm{T}}\boldsymbol{\phi}_n$을 계산한 후, 다음에 따라 표적값을 설정한다.

$$\begin{cases} t_n = 1 & \text{if } a_n \geqslant \theta \\ t_n = 0 & \text{나머지 경우} \end{cases} \qquad \text{(식 4.112)}$$

만약 θ 값이 확률 밀도 $p(\theta)$로부터 추출된다면, 해당 활성화 함수는 다음의 누적 분포 함수로 주어질 것이다.

$$f(a) = \int_{-\infty}^{a} p(\theta)\,\mathrm{d}\theta \qquad \text{(식 4.113)}$$

이에 대해 그림 4.13에 그려져 있다.

밀도 $p(\theta)$가 평균이 0이고 분산이 1인 가우시안 분포로 주어지는 예시를 고려해 보자. 이때 해당 누적 분포 함수는 다음과 같이 주어진다.

$$\Phi(a) = \int_{-\infty}^{a} \mathcal{N}(\theta|0, 1)\,\mathrm{d}\theta \qquad \text{(식 4.114)}$$

그림 4.13 두 가우시안 분포의 혼합에 해당하는 확률 밀도 $p(\theta)$가 파란색 곡선으로 그려져 있으며, 이에 해당하는 누적 분포 함수 $f(a)$가 빨간색 곡선으로 그려져 있다. 파란색 곡선상의 특정 점(예를 들자면 녹색 수직선으로 표현되어 있는)에서의 값은 같은 지점에서의 빨간색 곡선의 기울기와 같다. 역으로 빨간색 곡선상의 특정 점에서의 값은 그 지점까지의 파란색 곡선의 아래 부분의 너비(예시에서 녹색으로 칠해진 부분)에 해당한다. 확률적 임계값 모델을 사용할 경우에 $a_n = \mathbf{w}^{\mathrm{T}}\boldsymbol{\phi}_n$ 값이 임계값을 넘으면 클래스 라벨 $t = 1$이 되며, 아닐 경우 $t = 0$이 된다. 이는 누적 분포 함수 $f(a)$를 활성화 함수로 사용했을 경우와 동일하다.

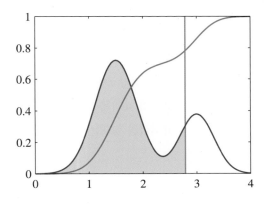

이를 일컬어 **역프로빗**(*inverse probit*) 함수라 한다. 이 함수는 S자 모양의 형태를 가지고 있다. 프로빗 함수의 모양을 로지스틱 시그모이드 함수의 모양과 비교한 것을 그림 4.9에서 확인할 수 있다. 표준 가우시안 분포가 아닌 다른 일반적인 가우시안 분포를 사용해도 이 모델은 그대로 유지된다. 왜냐하면 이는 선형 계수 $\mathbf{w}$의 척도를 변경하는 것에 해당하기 때문이다. **오차 함수** (*erf function/error function*)는 다음과 같이 정의된다(머신 러닝 모델에서 사용중인 '오류 함수'와 다른 것이다.

$$\text{erf}(a) = \frac{2}{\sqrt{\pi}} \int_0^a \exp(-\theta^2)\, d\theta \qquad \text{(식 4.115)}$$

연습문제 4.21 이 오차 함수는 역프로빗 함수와 다음과 같은 관계를 가졌다.

$$\Phi(a) = \frac{1}{2} \left\{ 1 + \text{erf}\left(\frac{a}{\sqrt{2}}\right) \right\} \qquad \text{(식 4.116)}$$

역프로빗 활성화 함수를 바탕으로 한 일반화된 선형 모델을 **프로빗 회귀**(*probit regression*)라 한다.

앞에서 논의된 내용을 확장하는 방식으로 최대 가능도 방법을 이용하여 프로빗 회귀의 매개변수를 구할 수 있다. 실제 응용 사례들에서는 프로빗 회귀를 이용하여 찾아낸 결괏값이 로지스틱 회귀와 비슷한 경우가 많다. 4.5절에서 로지스틱 회귀의 베이지안 방법론에 대해 논의할 때 프로빗 모델의 또 다른 쓰임새에 대해 살펴보게 될 것이다.

실제 응용 사례에서 문제가 될 수 있는 이슈 하나는 바로 **이상값**(*outlier*)이다. 입력 벡터 $\mathbf{x}$를 측정할 때 오류가 발생하거나 표적 벡터 t를 잘못 라벨링했을 경우에 이상값 문제가 발생할 수 있다. 이러한 값들은 이상적인 결정 경계면을 기준으로 잘못된 방향에 놓여 있게 되므로 분류기를 심각하게 왜곡할 수 있다. 이상값에 대해서 로지스틱 회귀 모델과 프로빗 회귀 모델은 서로 다른 반응을 보인다. 로지스틱 시그모이드 함수는 $x \to \infty$가 됨에 따라서 점근적으로 $\exp(-x)$와 같이 감쇠되는 반면, 프로빗 활성화 함수는 $\exp(-x^2)$와 같이 감쇠되기 때문이다. 이로 인해서 프로빗 모델이 이상값들에 대해 훨씬 더 예민하게 반응하게 된다.

로지스틱 모델과 프로빗 모델은 둘 다 데이터가 올바르게 라벨링되었다는 가정하에 만들어졌다. 표적값 t가 잘못된 값을 부여받았을 확률 ϵ을 이용해서(Opper and Winter, 2000a) 잘못된 라벨링의 효과를 확률적 모델에 적용할 수 있다. 확률 ϵ을 이용할 경우 데이터 포인트 $\mathbf{x}$에 대한 표적값의 형태는 다음과 같이 된다.

$$\begin{aligned} p(t|\mathbf{x}) &= (1-\epsilon)\sigma(\mathbf{x}) + \epsilon(1 - \sigma(\mathbf{x})) \\ &= \epsilon + (1 - 2\epsilon)\sigma(\mathbf{x}) \end{aligned} \qquad \text{(식 4.117)}$$

$\sigma(\mathbf{x})$는 활성화 함수다. ϵ은 미리 정해둘 수도 있고, 데이터로부터 유추할 수 있는 초매개변수처럼 다룰 수도 있다.

4.3.6 정준 연결 함수

가우시안 노이즈 분포를 바탕으로 한 선형 회귀 모델의 경우에 오류 함수인 음의 로그 가능도 함수는 식 3.12와 같이 주어진다. 여기서 데이터 포인트 n으로부터 기여되는 부분을 매개변수 벡터 $\mathbf{w}$에 대해 미분하면 '오룻값' $y_n - t_n$에 특징 벡터 $\boldsymbol{\phi}_n$를 곱한 형태를 띠게 된다. 여기서 $y_n = \mathbf{w}^{\mathrm{T}}\boldsymbol{\phi}_n$이다. 로지스틱 시그모이드 활성화 함수와 식 4.90의 교차 엔트로피 오류 함수를 사용하였을 경우나 소프트맥스 활성화 함수와 식 4.108의 여러 클래스 교차 엔트로피 오류 함수를 사용한 경우에도 마찬가지의 단순한 형태를 얻게 된다. 여기서는 이 결과가 타깃 변수의 조건부 분포가 지수족에 포함되는 경우에 일반적으로 얻을 수 있는 결과라는 것을 증명할 것이다. 또한, 이 경우의 활성화 함수에 대해서 알아볼 것이다. 이때의 활성화 함수를 **정준 연결 함수**(*canonical link function*)라 한다.

식 4.84의 제한된 형태의 지수족 분포를 다시 고려해 보자. 4.2.4절에서 입력 벡터 $\mathbf{x}$가 지수족 분포라는 가정을 했던 것과는 달리 여기서는 타깃 변수 t가 지수족 분포라는 가정을 하게 된다. 이 가정에 따라서 타깃 변수는 다음의 형태를 띤다.

$$p(t|\eta, s) = \frac{1}{s} h\left(\frac{t}{s}\right) g(\eta) \exp\left\{\frac{\eta t}{s}\right\} \tag{식 4.118}$$

식 2.226의 결과를 도출해냈던 논의와 비슷한 과정을 적용하면 y로 표현되는 t의 조건부 평균이 다음과 같이 주어짐을 알 수 있다.

$$y \equiv \mathbb{E}[t|\eta] = -s\frac{d}{d\eta}\ln g(\eta) \tag{식 4.119}$$

따라서 y와 η 사이에는 연관성이 있어야만 하며, 이 연관성을 $\eta = \psi(y)$로 표시할 것이다.

Nelder and Wedderburn(1972)에 따르면 **일반화된 선형 모델**(*generalized linear model*)은 y가 입력(또는 특징)의 선형 결합을 비선형 함수에 넣은 결과로 표현되는 모델이라 정의된다.

$$y = f(\mathbf{w}^{\mathrm{T}}\boldsymbol{\phi}) \tag{식 4.120}$$

머신 러닝 문헌에서는 $f(\cdot)$를 활성화 함수(activation function)라 하고 통계학 문헌에서는 $f^{-1}(\cdot)$를 **연결 함수**(*link function*)라 한다.

η의 함수로 표현되는 이 모델의 로그 가능도 함수를 고려해 보자.

$$\ln p(\mathbf{t}|\eta, s) = \sum_{n=1}^{N} \ln p(t_n|\eta, s) = \sum_{n=1}^{N} \left\{ \ln g(\eta_n) + \frac{\eta_n t_n}{s} \right\} + \text{const} \quad \text{(식 4.121)}$$

여기서 모든 관측값들이 동일한 척도 매개변수(가우시안 분포의 경우 노이즈의 분산에 해당한다)를 공유한다고 가정했으며, 따라서 s는 n에 대해 독립적이다. 이 경우 로그 가능도 함수를 모델 매개변수 $\mathbf{w}$에 대해 미분하면 다음과 같이 된다.

$$\begin{aligned}
\nabla_{\mathbf{w}} \ln p(\mathbf{t}|\eta, s) &= \sum_{n=1}^{N} \left\{ \frac{d}{d\eta_n} \ln g(\eta_n) + \frac{t_n}{s} \right\} \frac{d\eta_n}{dy_n} \frac{dy_n}{da_n} \nabla a_n \\
&= \sum_{n=1}^{N} \frac{1}{s} \left\{ t_n - y_n \right\} \psi'(y_n) f'(a_n) \boldsymbol{\phi}_n \quad \text{(식 4.122)}
\end{aligned}$$

여기서 $a_n = \mathbf{w}^{\mathrm{T}} \boldsymbol{\phi}_n$이다. 그리고 $y_n = f(a_n)$이라는 것과 $\mathbb{E}[t|\eta]$에 대한 식 4.119를 사용하였다. 연결 함수 $f^{-1}(y)$를 다음과 같이 표현하면 표기가 훨씬 더 간단해짐을 알 수 있다.

$$f^{-1}(y) = \psi(y) \quad \text{(식 4.123)}$$

이때 $f(\psi(y)) = y$이며, 따라서 $f'(\psi)\psi'(y) = 1$이다. 또한, $a = f^{-1}(y)$이기 때문에 $a = \psi$이며, 따라서 $f'(a)\psi'(y) = 1$이다. 이때 오류 함수의 기울기는 다음과 같이 정리된다.

$$\nabla E(\mathbf{w}) = \frac{1}{s} \sum_{n=1}^{N} \{y_n - t_n\} \boldsymbol{\phi}_n \quad \text{(식 4.124)}$$

가우시안 모델의 경우 $s = \beta^{-1}$이고, 로지스틱 모델의 경우 $s = 1$이다.

4.4 라플라스 근사

4.5절에서는 베이지안 방법론을 적용한 로지스틱 회귀에 대해 논의할 것이다. 이는 3.3절과 3.5절에서 살펴본 선형 회귀에 대한 베이지안 방법보다 더 복잡하다. 특히, 어려운 점은 사후 분포가 더 이상 가우시안 분포가 아니기 때문에 매개변수 벡터 $\mathbf{w}$에 대해서 정확히 적분할 수가 없다는 것이다. 따라서 특정 형태의 근사법을 사용하는 것이 필요하다. 때문에 이 책의 나중 부분에서 해석적인 근사법과 수치적 샘플링 등의 근사 테크닉에 대해 살펴볼 것이다.

10장
11장

여기서는 단순하지만 널리 사용되고 있는 라플라스 근사법(Lapplace approximation)에 대해 살펴보도록 하자. 라플라스 근사법의 목적은 연속 변수의 집합에 대해 정의된 확률 밀도의 가우시안 근사치를 찾아내는 것이다. 우선, 단일 연속 변수 z의 경우를 살펴보자. 이때 다음과 같이 정의되는 분포 $p(z)$를 가정해 보자.

$$p(z) = \frac{1}{Z} f(z) \tag{식 4.125}$$

여기서 $Z = \int f(z)\,dz$는 정규화 계수다. Z의 값이 알려지지 않았다고 가정하자. 라플라스 근사법의 목표는 분포 $p(z)$의 최빈값을 중심으로 한 가우시안 근사 $q(z)$를 찾아내는 것이다. 첫 번째 단계는 $p(z)$의 최빈값을 구하는 것이다. 그러기 위해서는 $p'(z_0) = 0$이 되는 z_0 값을 찾아야 한다.

$$\left. \frac{df(z)}{dz} \right|_{z=z_0} = 0 \tag{식 4.126}$$

가우시안 분포는 로그를 취한 결과가 변수들의 이차 함수가 된다는 성질을 가지고 있다. 최빈값 z_0를 중심으로 한 $\ln f(z)$의 테일러 전개를 고려해 보자.

$$\ln f(z) \simeq \ln f(z_0) - \frac{1}{2} A(z - z_0)^2 \tag{식 4.127}$$

여기서 다음과 같다.

$$A = - \left. \frac{d^2}{dz^2} \ln f(z) \right|_{z=z_0} \tag{식 4.128}$$

z_0가 분포의 지역적 최댓값이기 때문에 테일러 전개의 일차항은 나타나지 않게 된다. 여기에 지수 함수를 취하면 다음을 얻게 된다.

$$f(z) \simeq f(z_0) \exp \left\{ -\frac{A}{2} (z - z_0)^2 \right\} \tag{식 4.129}$$

정규화된 가우시안 분포에 대한 표준 방법을 사용하면 정규화된 분포 $q(z)$를 다음과 같이 구할 수 있다.

$$q(z) = \left(\frac{A}{2\pi} \right)^{1/2} \exp \left\{ -\frac{A}{2} (z - z_0)^2 \right\} \tag{식 4.130}$$

라플라스 근사법에 대해서 그림 4.14에 그려져 있다. 가우시안 분포는 분포의 정밀도 A가 0보다 큰 경우에만 잘 정의된다. 다시 말하자면 임계점 z_0가 지역적 최댓값이어야만 하고, 그에 따라 $f(z)$의 z_0에서의 2차 미분값이 음수여야 한다.

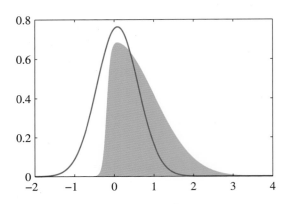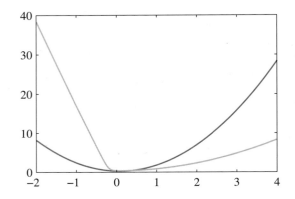

그림 4.14 분포 $p(z) \propto \exp(-z^2/2)\sigma(20z + 4)$에 대해 라플라스 근사를 적용한 경우에 대한 도식. 여기서 $\sigma(z)$는 $\sigma(z) = (1 + e^{-z})^{-1}$로 정의되는 로지스틱 시그모이드 함수다. 왼쪽의 도식은 정규화된 분포 $p(z)$를 노란색으로 보여 주고 있으며, $p(z)$의 최빈값 z_0를 중심으로 한 라플라스 근사를 빨간색 선으로 보여 주고 있다. 오른쪽 도식은 해당 곡선들의 음의 로그값을 그려 놓은 것이다.

M차원 공간 $\mathbf{z}$에 대해 정의된 분포 $p(\mathbf{z}) = f(\mathbf{z})/Z$에 대해서 라플라스 근사법을 확장할 수 있다. 이때 임계점 $\mathbf{z}_0$에서 기울기 $\nabla f(\mathbf{z})$는 0이 될 것이다. 이 임계점 근처에 대해서 전개를 시행하면 다음을 얻게 된다.

$$\ln f(\mathbf{z}) \simeq \ln f(\mathbf{z}_0) - \frac{1}{2}(\mathbf{z} - \mathbf{z}_0)^{\mathrm{T}}\mathbf{A}(\mathbf{z} - \mathbf{z}_0) \qquad \text{(식 4.131)}$$

$M \times M$ 헤시안 행렬 $\mathbf{A}$는 다음과 같이 정의된다.

$$\mathbf{A} = -\left.\nabla\nabla \ln f(\mathbf{z})\right|_{\mathbf{z}=\mathbf{z}_0} \qquad \text{(식 4.132)}$$

그리고 ∇는 기울기 연산자다. 양쪽 변에 대해 지수 함수를 취하면 다음을 얻게 된다.

$$f(\mathbf{z}) \simeq f(\mathbf{z}_0)\exp\left\{-\frac{1}{2}(\mathbf{z} - \mathbf{z}_0)^{\mathrm{T}}\mathbf{A}(\mathbf{z} - \mathbf{z}_0)\right\} \qquad \text{(식 4.133)}$$

분포 $q(\mathbf{z})$는 $f(\mathbf{z})$에 대해 비례하며, 이때 적절한 정규화 계수는 식 2.43의 다변량 가우시안에 대한 표준 결과를 이용하여 구할 수 있다.

$$q(\mathbf{z}) = \frac{|\mathbf{A}|^{1/2}}{(2\pi)^{M/2}}\exp\left\{-\frac{1}{2}(\mathbf{z} - \mathbf{z}_0)^{\mathrm{T}}\mathbf{A}(\mathbf{z} - \mathbf{z}_0)\right\} = \mathcal{N}(\mathbf{z}|\mathbf{z}_0, \mathbf{A}^{-1}) \quad \text{(식 4.134)}$$

여기서 $|\mathbf{A}|$는 $\mathbf{A}$의 행렬식이다. 이 가우시안 분포는 정밀도 행렬 $\mathbf{A}$가 주어졌을 때만 제대로 정의할 수 있다. $\mathbf{A}$는 양의 정부호 행렬이어야 하는데, 이는 $\mathbf{z}_0$가 최솟값이나 안장점이 아니라 지역적 최댓값이라는 것을 의미한다.

라플라스 근사를 적용하기 위해서는 먼저 최빈값 $\mathbf{z}_0$을 찾아야 하고 그 후에 그 값에서의 헤시안 행렬을 구해야 한다. 실제 사례에서는 주로 어떤 형태의 수치적 최적화 알고리즘을 통해서 최빈값을 구하게 될 것이다(Bishop and Nabney, 2008). 실제 적용에서 맞닥뜨리게 될 분포들 중 대부분이 다봉 분포일 것이다. 이 경우 어떤 최빈값을 고려하느냐에 따라서 라플라스 근사가 달라지게 된다. 라플라스 방법을 사용하기 위해서 실제 분포의 정규화 상수 Z를 알 필요는 없다는 점에 주목하라. 중심 극한 정리의 결과에 따라 모델의 사후 분포는 관측된 데이터 포인트의 숫자가 늘어날수록 가우시안 분포로 더 잘 근사할 수 있게 된다. 따라서 데이터 포인트의 숫자가 상대적으로 많을 경우에 라플라스 근사가 더 유용할 것이라고 기대할 수 있다.

라플라스 근사법의 한 가지 취약점은 가우시안 분포를 바탕으로하고 있기 때문에 실수 변수들에만 직접적으로 적용 가능하다는 것이다. 다른 경우에는 변수를 변환한 후에 라플라스 근사법을 적용하는 것이 가능할 수도 있다. 예를 들어, $0 \leqslant \tau < \infty$인 경우에는 $\ln \tau$에 대해 라플라스 근사를 적용하는 것을 고려해 볼 수 있다. 라플라스 근사법의 가장 큰 한계점은 이 방법이 변수의 어떤 특정값에서의 실제 분포에 대해서만 기반하고 있다는 점이다. 그렇기 때문에 중요한 전역적 성질을 놓칠 수 있다. 10장에서는 전역적인 성질을 포함하는 대안적인 방법에 대해 고려해 볼 것이다.

4.4.1 모델 비교와 베이지안 정보 기준

분포 $p(\mathbf{z})$뿐만 아니라 정규화 상수 Z의 근사치도 구할 수 있다. 식 4.133의 근사를 이용하면 다음을 구할 수 있다.

$$
\begin{aligned}
Z &= \int f(\mathbf{z}) \, \mathrm{d}\mathbf{z} \\
&\simeq f(\mathbf{z}_0) \int \exp\left\{ -\frac{1}{2}(\mathbf{z} - \mathbf{z}_0)^{\mathrm{T}} \mathbf{A}(\mathbf{z} - \mathbf{z}_0) \right\} \, \mathrm{d}\mathbf{z} \\
&= f(\mathbf{z}_0) \frac{(2\pi)^{M/2}}{|\mathbf{A}|^{1/2}}
\end{aligned}
\tag{식 4.135}
$$

이 식의 피적분 함수는 가우시안이다. 이 사실을 바탕으로 식 2.43의 정규화된 가우시안 분포의 표준 결과를 이용했다. 또한, 식 4.135의 결과를 이용하여 모델 증거의 근삿값을 구할 수 있다. 3.4절에서 논의했던 것처럼 모델 증거는 베이지안 모델 비교에 있어서 중요한 역할을 한다.

데이터 집합 D와 모델 집합 $\{\mathcal{M}_i\}$를 고려해 보자. 이때 모델들은 매개변수 $\{\boldsymbol{\theta}_i\}$를 가진다. 이 경우 각각의 모델에 대해서 가능도 함수 $p(\mathcal{D}|\boldsymbol{\theta}_i, \mathcal{M}_i)$를 정의할 수 있다. 여기서 매개변수들에 대한 사전 분포 $p(\boldsymbol{\theta}_i|\mathcal{M}_i)$를 도입한다면, 다양한 모델에 대해서 모델 증거 $p(\mathcal{D}|\mathcal{M}_i)$를 계

산하는 것이 우리의 관심사가 될 것이다. 여기서부터는 깔끔한 표현을 위해서 확률의 조건부에서 $\mathcal{M}_i$를 생략하겠다. 베이지안 정리에 따라 모델 증거는 다음과 같이 주어지게 된다.

$$p(\mathcal{D}) = \int p(\mathcal{D}|\boldsymbol{\theta})p(\boldsymbol{\theta})\,\mathrm{d}\boldsymbol{\theta} \tag{식 4.136}$$

연습문제 4.22

$f(\boldsymbol{\theta}) = p(\mathcal{D}|\boldsymbol{\theta})p(\boldsymbol{\theta})$와 $Z = p(\mathcal{D})$를 사용하고 여기에 식 4.135의 결과를 적용하면 다음을 얻게 된다.

$$\ln p(\mathcal{D}) \simeq \ln p(\mathcal{D}|\boldsymbol{\theta}_{\mathrm{MAP}}) + \underbrace{\ln p(\boldsymbol{\theta}_{\mathrm{MAP}}) + \frac{M}{2}\ln(2\pi) - \frac{1}{2}\ln|\mathbf{A}|}_{\text{오컴 인자}} \tag{식 4.137}$$

여기서 $\boldsymbol{\theta}_{\mathrm{MAP}}$은 사후 분포 최빈값에서의 $\boldsymbol{\theta}$의 값이고 $\mathbf{A}$는 음의 로그 사후 분포의 이차 미분값의 **헤시안**(*Hessian*) 행렬이다.

$$\mathbf{A} = -\nabla\nabla \ln p(\mathcal{D}|\boldsymbol{\theta}_{\mathrm{MAP}})p(\boldsymbol{\theta}_{\mathrm{MAP}}) = -\nabla\nabla \ln p(\boldsymbol{\theta}_{\mathrm{MAP}}|\mathcal{D}) \tag{식 4.138}$$

식 4.137의 오른쪽 변의 첫 번째 항은 최적화된 매개변수를 사용하여 계산한 로그 가능도다. 나머지 세 항들은 모델의 복잡도에 대해 불이익을 주는 '오컴 인자(Occam factor)'에 해당한다.

연습문제 4.23

매개변수에 대한 가우시안 사전 분포가 넓게 퍼져 있고 헤시안 행렬이 최대 계수를 가진다고 가정하면 식 4.137을 대략 다음과 같이 정리할 수 있다.

$$\ln p(\mathcal{D}) \simeq \ln p(\mathcal{D}|\boldsymbol{\theta}_{\mathrm{MAP}}) - \frac{1}{2}M\ln N \tag{식 4.139}$$

여기서 N은 데이터 포인트의 숫자, M은 $\boldsymbol{\theta}$의 매개변수의 숫자다. 여기서 합산 제약 조건 항들은 생략하였다. 이를 **베이지안 정보 기준**(*bayesian informaion criterion, BIC*) 또는 **슈바르츠 기준**(*Schwarz criterion*)(Schwarz, 1978)이라고 한다. 식 1.73의 아카이케 정보량 기준(AIC)과 비교했을 때, 베이지안 정보 기준은 모델의 복잡도에 대해 더 큰 불이익을 준다.

AIC와 BIC 같은 복잡도를 측정하는 단위는 측정하기 쉽다는 장점이 있는 반면에 잘못된 결과를 끌어낼 수도 있다는 단점도 가졌다. 예를 들면, 헤시안 행렬이 완전 행렬 계수를 가진다는 가정은 대부분의 경우 사실이 아니다. 왜냐하면 많은 매개변수들이 잘 확정되지 않기 때문이다. 식 4.137의 결과를 이용하여 라플라스 근사로부터 시작해서 더 정확하게 모델 증거를 근사할 수 있는 방법이 있다. 이에 대해서는 뉴럴 네트워크의 맥락을 다루는 5.7절에서 논의할 것이다.

3.5.3절

4.5 베이지안 로지스틱 회귀

이제 로지스틱 회귀의 베이지안적 방법론에 대해 살펴보도록 하자. 로지스틱 회귀의 정확한 베이지안적 추론은 다루기가 아주 어렵다. 사후 분포를 계산하기 위해서는 사전 분포와 가능도 함수를 곱한 값을 정규화해야 하는데, 가능도 함수 그 자체가 각 데이터 포인트마다 로지스틱 시그모이드 함수를 모두 곱한 값에 해당하기 때문이다. 예측 분포를 계산하는 것 역시 비슷한 이유로 다루기가 매우 어렵다. 따라서 여기서는 베이지안 로지스틱 회귀 문제에 라플라스 근사를 적용할 것이다(Spiegelhalter and Lauritzen, 1990; MacKay, 1992b).

4.5.1 라플라스 근사

4.4절에서 살펴본 것처럼 라플라스 근사는 사후 분포의 최빈값을 찾아낸 후 이 최빈값을 중심으로 하는 가우시안 분포를 근사함으로써 이루어진다. 이를 위해서는 로그 사후 분포의 이차 미분값을 계산할 수 있어야 하는데, 이는 헤시안 행렬을 찾는 것과 동일한 문제다.

사후 분포의 가우시안 표현을 찾는 것이 목표인 만큼 다음의 일반 형태로 적을 수 있는 가우시안 사전 분포로부터 시작하는 것이 자연스러울 것이다.

$$p(\mathbf{w}) = \mathcal{N}(\mathbf{w}|\mathbf{m}_0, \mathbf{S}_0) \tag{식 4.140}$$

여기서 $\mathbf{m}_0$와 $\mathbf{S}_0$는 고정된 초매개변수다. $\mathbf{w}$에 대한 사후 분포는 다음과 같이 주어진다.

$$p(\mathbf{w}|\mathbf{t}) \propto p(\mathbf{w})p(\mathbf{t}|\mathbf{w}) \tag{식 4.141}$$

여기서 $\mathbf{t} = (t_1, \ldots, t_N)^{\mathrm{T}}$이다. 양변에 로그를 취하고 식 4.140의 사전 분포와 식 4.89의 가능도 함수를 대입해 넣으면 다음을 구할 수 있다.

$$\begin{aligned} \ln p(\mathbf{w}|\mathbf{t}) = & -\frac{1}{2}(\mathbf{w} - \mathbf{m}_0)^{\mathrm{T}}\mathbf{S}_0^{-1}(\mathbf{w} - \mathbf{m}_0) \\ & + \sum_{n=1}^{N} \{t_n \ln y_n + (1 - t_n)\ln(1 - y_n)\} + \mathrm{const} \end{aligned} \tag{식 4.142}$$

여기서 $y_n = \sigma(\mathbf{w}^{\mathrm{T}}\boldsymbol{\phi}_n)$이다. 사후 분포의 가우시안 근사를 구하기 위해서는 우선 사후 분포를 최대화하여 최대 사후 분포(maximum posterior, MAP) 해인 $\mathbf{w}_{\mathrm{MAP}}$을 구해야 한다. 최대 사후 분포 해를 바탕으로 가우시안 분포의 평균값을 정의할 수 있다. 공분산은 음의 로그 가능도 함수의 이차 미분값 행렬의 역으로 주어진다. 이는 다음과 같다.

$$\mathbf{S}_N^{-1} = -\nabla\nabla \ln p(\mathbf{w}|\mathbf{t}) = \mathbf{S}_0^{-1} + \sum_{n=1}^{N} y_n(1 - y_n)\boldsymbol{\phi}_n\boldsymbol{\phi}_n^{\mathrm{T}} \qquad \text{(식 4.143)}$$

따라서 사후 분포의 가우시안 근삿값은 다음의 형태를 띠게 된다.

$$q(\mathbf{w}) = \mathcal{N}(\mathbf{w}|\mathbf{w}_{\mathrm{MAP}}, \mathbf{S}_N) \qquad \text{(식 4.144)}$$

사후 분포의 가우시안 근사치를 구하였으니 이제는 실제로 예측을 시행하기 위해서 이 분포에 대해 주변화를 시행하는 것만 남았다.

4.5.2 예측 분포

새 특징 벡터 $\boldsymbol{\phi}(\mathbf{x})$가 주어졌을 때, 클래스 $\mathcal{C}_1$에 대한 예측 분포는 사후 분포 $p(\mathbf{w}|\mathbf{t})$에 대해서 주변화를 시행해서 구할 수 있다. 이 사후 분포는 가우시안 분포 $q(\mathbf{w})$로 근사가 가능하다.

$$p(\mathcal{C}_1|\boldsymbol{\phi}, \mathbf{t}) = \int p(\mathcal{C}_1|\boldsymbol{\phi}, \mathbf{w})p(\mathbf{w}|\mathbf{t})\,\mathrm{d}\mathbf{w} \simeq \int \sigma(\mathbf{w}^{\mathrm{T}}\boldsymbol{\phi})q(\mathbf{w})\,\mathrm{d}\mathbf{w} \qquad \text{(식 4.145)}$$

이때 클래스 $\mathcal{C}_2$에 대한 확률은 $p(\mathcal{C}_2|\boldsymbol{\phi}, \mathbf{t}) = 1 - p(\mathcal{C}_1|\boldsymbol{\phi}, \mathbf{t})$로 주어진다. 예측 분포를 계산하기 위해서 먼저 함수 $\sigma(\mathbf{w}^{\mathrm{T}}\boldsymbol{\phi})$에서 $\mathbf{w}$에 대해 종속적인 부분은 $\mathbf{w}$의 $\boldsymbol{\phi}$에 대한 투영인 $a = \mathbf{w}^{\mathrm{T}}\boldsymbol{\phi}$뿐이라는 것을 짚고 넘어가자.

$$\sigma(\mathbf{w}^{\mathrm{T}}\boldsymbol{\phi}) = \int \delta(a - \mathbf{w}^{\mathrm{T}}\boldsymbol{\phi})\sigma(a)\,\mathrm{d}a \qquad \text{(식 4.146)}$$

여기서 $\delta(\cdot)$는 디락(Dirac) 델타 함수다. 이로부터 다음을 구할 수 있다.

$$\int \sigma(\mathbf{w}^{\mathrm{T}}\boldsymbol{\phi})q(\mathbf{w})\,\mathrm{d}\mathbf{w} = \int \sigma(a)p(a)\,\mathrm{d}a \qquad \text{(식 4.147)}$$

여기서 다음과 같다.

$$p(a) = \int \delta(a - \mathbf{w}^{\mathrm{T}}\boldsymbol{\phi})q(\mathbf{w})\,\mathrm{d}\mathbf{w} \qquad \text{(식 4.148)}$$

여기서 델타 함수로 인해 $\mathbf{w}$에 대해 선형 제약 조건이 걸리게 된다. 결합 분포 $q(\mathbf{w})$를 $\boldsymbol{\phi}$에 대해 직교하는 모든 방향으로 적분하여 주변 분포를 만드는 방식으로 $p(a)$를 계산할 수 있다. $q(\mathbf{w})$가 가우시안 분포이기 때문에 2.3.2절의 내용으로부터 주변 분포 역시 가우시안 분포가 될 것임을 알 수 있다. 모멘트를 취하고 a와 $\mathbf{w}$에 대한 적분의 순서를 바꿈으로써 평균과 공분산을 구할 수 있다.

$$\mu_a = \mathbb{E}[a] = \int p(a)a \, da = \int q(\mathbf{w})\mathbf{w}^{\mathrm{T}}\boldsymbol{\phi} \, d\mathbf{w} = \mathbf{w}_{\mathrm{MAP}}^{\mathrm{T}}\boldsymbol{\phi} \qquad \text{(식 4.149)}$$

여기서 변분 사후 분포 $q(\mathbf{w})$를 위해 식 4.144의 결과를 사용하였다. 비슷한 방식으로 다음도 구할 수 있다.

$$\begin{aligned}
\sigma_a^2 &= \text{var}[a] = \int p(a)\left\{a^2 - \mathbb{E}[a]^2\right\} da \\
&= \int q(\mathbf{w})\left\{(\mathbf{w}^{\mathrm{T}}\boldsymbol{\phi})^2 - (\mathbf{m}_N^{\mathrm{T}}\boldsymbol{\phi})^2\right\} d\mathbf{w} = \boldsymbol{\phi}^{\mathrm{T}}\mathbf{S}_N\boldsymbol{\phi} \qquad \text{(식 4.150)}
\end{aligned}$$

a의 분포가 식 3.58에서 살펴본 선형 회귀 모델에서의 예측 분포가 노이즈 분산이 0일 때와 같은 형태를 띤다는 것을 확인할 수 있다. 따라서 예측 분포의 변분 근사치는 다음과 같다.

$$p(\mathcal{C}_1|\mathbf{t}) = \int \sigma(a)p(a) \, da = \int \sigma(a)\mathcal{N}(a|\mu_a, \sigma_a^2) \, da \qquad \text{(식 4.151)}$$

이 결과는 2.3.2절에서 살펴보았던 가우시안 분포의 주변화 방법을 사용하여 직접 구할 수도 있다.

연습문제 4.24

a에 대한 적분은 가우시안을 로지스틱 시그모이드와 콘볼루션한 것에 해당하며, 해석적으로 계산하는 것이 불가능하다. 하지만 식 4.59에서 정의된 로지스틱 시그모이드 함수 $\sigma(a)$와 식 4.114에서 정의된 역프로빗 함수 $\Phi(a)$의 유사성을 이용하여 유사 분석하는 것은 가능하다 (Spiegelhalter and Lauritzen, 1990; MacKay, 1992b; Barber and Bishop, 1998a). 로지스틱 함수의 최고의 근사치를 얻기 위해서는 가로축의 척도를 변경해야 한다. 이를 통해 $\Phi(\lambda a)$로 $\sigma(a)$를 근사할 수 있다. 두 함수가 원점에서 같은 기울기를 가진다는 점을 이용해서 λ 값을 구할 수 있다. 이 때 $\lambda^2 = \pi/8$이다. 이 λ 값인 경우의 로지스틱 시그모이드 함수와 역프로빗 함수의 유사성이 그림 4.9에 그려져 있다.

연습문제 4.25

역프로빗 함수를 사용하는 것의 장점은 역프로빗 함수와 가우시안을 콘볼루션한 결과가 다른 역프로빗 함수를 바탕으로 표현될 수 있다는 것이다.

연습문제 4.26

$$\int \Phi(\lambda a)\mathcal{N}(a|\mu, \sigma^2) \, da = \Phi\left(\frac{\mu}{(\lambda^{-2} + \sigma^2)^{1/2}}\right) \qquad \text{(식 4.152)}$$

양변에 $\sigma(a) \simeq \Phi(\lambda a)$를 대입하면 로지스틱 시그모이드와 가우시안의 콘볼루션에 대한 다음의 근사를 얻을 수 있다.

$$\int \sigma(a)\mathcal{N}(a|\mu, \sigma^2) \, da \simeq \sigma\left(\kappa(\sigma^2)\mu\right) \qquad \text{(식 4.153)}$$

여기서 다음을 정의하였다.

$$\kappa(\sigma^2) = (1 + \pi\sigma^2/8)^{-1/2} \tag{식 4.154}$$

이 결과를 식 4.151에 적용하면 예측 분포에 대한 근사치를 다음과 같이 구할 수 있다.

$$p(\mathcal{C}_1|\boldsymbol{\phi}, \mathbf{t}) = \sigma\left(\kappa(\sigma_a^2)\mu_a\right) \tag{식 4.155}$$

여기서 μ_a는 식 4.149에, σ_a^2은 식 4.150에, $\kappa(\sigma_a^2)$는 식 4.154에 정의되어 있다.

$p(\mathcal{C}_1|\boldsymbol{\phi}, \mathbf{t}) = 0.5$에 해당하는 결정 경계는 $\mu_a = 0$인 경우에 주어지게 된다. 이는 w에 대해 MAP 값을 사용했을 때 구해지는 결정 경계와 같다. 따라서 결정 기준이 오분류 비율을 최소화하는 것을 기반으로 할 경우에는(사전 분포가 동일하다고 할 때) w에 대해 주변화를 하는 것이 별 효과가 없다. 하지만 더 복잡한 결정 기준을 사용할 경우에는 w에 대한 주변화가 중요한 역할을 하게 될 것이다. 사후 분포가 가우시안이라는 가정하에서의 로지스틱 시그모이드 모델의 주변화에 대한 도식이 변분적 추론의 맥락에서 그림 10.13에 그려져 있다.

연습문제

4.1 ★★ 데이터 포인트의 집합 $\{\mathbf{x}_n\}$이 주어졌을 때, **최소 볼록 집합**(*convex hull*)을 다음에 해당하는 모든 포인트 x로 정의할 수 있다.

$$\mathbf{x} = \sum_n \alpha_n \mathbf{x}_n \tag{식 4.156}$$

여기서 $\alpha_n \geqslant 0$이며 $\sum_n \alpha_n = 1$이다. 두 번째 포인트의 집합 $\{\mathbf{y}_n\}$과 이 포인트들의 해당 최소 볼록 집합을 고려해 보자. 정의에 따라 만약 모든 $\mathbf{x}_n$에 대해서 $\widehat{\mathbf{w}}^\mathrm{T}\mathbf{x}_n + w_0 > 0$을 만족하고 모든 $\mathbf{y}_n$에 대해서 $\widehat{\mathbf{w}}^\mathrm{T}\mathbf{y}_n + w_0 < 0$을 만족하는 벡터 $\widehat{\mathbf{w}}$와 스칼라 w_0이 존재한다면 이 두 데이터 포인트 집합은 선형적 분리가 가능할 것이다. 만약 두 포인트 집합의 최소 볼록 집합이 교차한다면, 두 포인트 집합은 선형적으로 분리할 수 없다는 것을 증명하라. 그리고 두 포인트 집합을 선형적으로 분리할 수 있다면 두 집합의 최소 볼록 집합은 교차하지 않을 것이라는 것도 증명해 보자.

4.2 ★★ www 식 4.15의 제곱합 오류 함수의 최소화를 고려해 보자. 그리고 훈련 집합 내의 모든 표적 벡터가 다음의 선형 제약 조건을 만족한다고 해보자.

$$\mathbf{a}^\mathrm{T}\mathbf{t}_n + b = 0 \tag{식 4.157}$$

여기서 $\mathbf{t}_n$은 식 4.15의 행렬 $\mathbf{T}$의 n번째 행에 해당한다. 이 제약 조건이 만족된다면 식 4.17의 최소 제곱에 의해 주어지는 모델 예측 $\mathbf{y}(\mathbf{x})$들의 원소들 역시 해당 제약 조건을 만족하게 된다는 것을 증명하라. 즉, 다음이 만족된다는 것이다.

$$\mathbf{a}^T\mathbf{y}(\mathbf{x}) + b = 0 \qquad\qquad \text{(식 4.158)}$$

이를 증명하기 위해서는 기저 함수들 중 하나가 $\phi_0(\mathbf{x}) = 1$를 만족하며, 해당 매개변수 w_0가 편향의 역할을 한다고 가정해야 할 것이다.

4.3 ★★ 연습문제 4.2의 결과를 확장해서 만약 타깃 변수에 대해 여러 선형 제약 조건들이 만족되면, 선형 모델의 최소 제곱 예측값에 대해서도 동일한 제약 조건들이 만족된다는 것을 증명하라.

4.4 ★ www 라그랑주 승수를 이용해서 제약 조건 $\mathbf{w}^T\mathbf{w} = 1$을 강제하는 상황하에서 식 4.22에 의해 주어지는 클래스 분리 기준을 $\mathbf{w}$에 대해 최대화하면 $\mathbf{w} \propto (\mathbf{m}_2 - \mathbf{m}_1)$에 해당하는 결과를 얻게 됨을 증명하라.

4.5 ★ 식 4.20, 식 4.23, 식 4.24을 이용해서 식 4.25의 피셔 기준을 식 4.26의 형태로 적을 수 있음을 증명하라.

4.6 ★ 클래스 간 공분산 행렬과 클래스 내 공분산 행렬에 대한 식 4.27과 식 4.28의 정의를 사용하고, 여기에 식 4.34와 식 4.36의 결과와 4.1.5절에서 설명했던 타깃 변수의 선택을 함께 사용해서 제곱합 오류 함수를 최소화하는 식 4.33을 식 4.37의 형태로 적을 수 있음을 증명하라.

4.7 ★ www 식 4.59의 로지스틱 시그모이드 함수가 $\sigma(-a) = 1 - \sigma(a)$라는 성질을 만족한다는 것을 증명하라. 그리고 로지스틱 시그모이드 함수의 역함수는 $\sigma^{-1}(y) = \ln\{y/(1-y)\}$로 주어지게 됨을 증명하라.

4.8 ★ 식 4.57과 식 4.58을 이용해서 가우시안 밀도를 가지는 두 클래스의 사후 클래스 확률에 대한 결과인 식 4.65를 도출하라. 그리고 매개변수 $\mathbf{w}$와 w_0에 대한 결과인 식 4.66과 식 4.67을 증명하라.

4.9 ★ www K개의 클래스에 대한 생성적 분류 모델을 고려해 보자. 이 모델은 사전 클래스 확률 $p(\mathcal{C}_k) = \pi_k$와 일반적인 클래스 조건부 밀도 $p(\phi|\mathcal{C}_k)$로 정의된다. 이때 ϕ는 입력 특징 벡터다. 가령 훈련 데이터 집합 $\{\phi_n, \mathbf{t}_n\}$이 주어졌다고 하자. 여기서 $n = 1, \ldots, N$이고 $\mathbf{t}_n$은 K의 길이를 가지는 이진 표적 벡터로서 원 핫 인코딩을 이용해서 표현되었다. 따라서, 만약 패턴 n이 클래스 $\mathcal{C}_k$에 속한다면, 표적 벡터 $\mathbf{t}_n$은 $t_{nj} = I_{jk}$인 성분을 가지게 된다. 이 모델로부터 독립적으로 데이터 포인트들을 추출한다고 가정해 보자. 이때 사전 확률에 대한 최대 가능도

해가 다음으로 주어지게 됨을 증명하라.

$$\pi_k = \frac{N_k}{N}$$

(식 4.159)

여기서 N_k는 클래스 $\mathcal{C}_k$에 할당된 데이터 포인트들의 숫자다.

4.10 ★★ 연습문제 4.9의 분류 모델을 고려해 보자. 이제 클래스 조건부 밀도들이 가우시안 분포들로 주어지며, 다음의 공분산 행렬을 공유한다고 가정해 보자.

$$p(\boldsymbol{\phi}|\mathcal{C}_k) = \mathcal{N}(\boldsymbol{\phi}|\boldsymbol{\mu}_k, \boldsymbol{\Sigma})$$

(식 4.160)

이 경우 클래스 $\mathcal{C}_k$에 대한 가우시안 분포 평균의 최대 가능도 해가 다음과 같이 주어지게 됨을 증명하라.

$$\boldsymbol{\mu}_k = \frac{1}{N_k} \sum_{n=1}^{N} t_{nk} \boldsymbol{\phi}_n$$

(식 4.161)

이는 클래스 $\mathcal{C}_k$에 할당된 특징 벡터들의 평균을 표현하는 것이다. 비슷한 방식으로 공유되는 공분산 행렬에 대한 최대 가능도 해는 다음과 같이 주어진다는 것을 증명하라.

$$\boldsymbol{\Sigma} = \sum_{k=1}^{K} \frac{N_k}{N} \mathbf{S}_k$$

(식 4.162)

여기서 다음과 같다.

$$\mathbf{S}_k = \frac{1}{N_k} \sum_{n=1}^{N} t_{nk} (\boldsymbol{\phi}_n - \boldsymbol{\mu}_k)(\boldsymbol{\phi}_n - \boldsymbol{\mu}_k)^{\mathrm{T}}$$

(식 4.163)

따라서 $\boldsymbol{\Sigma}$는 각각의 클래스에 해당하는 데이터들의 공분산의 가중 평균으로 주어지게 된다. 이 경우 가중 계수는 해당 클래스의 사전 확률에 해당한다.

4.11 ★★ K클래스 분류 문제를 고려해 보자. 이때 특징 벡터 $\boldsymbol{\phi}$는 M개의 성분을 가지고 있으며, 각 성분은 L개의 이진 상태를 취할 수 있다. 그리고 각 성분의 값들을 L-중-1 이진 표현법을 이용해서 표현한다고 하자. 또한, 클래스 $\mathcal{C}_k$에 대해 조건부일 경우 $\boldsymbol{\phi}$의 M 성분들은 서로 독립적이라고 가정할 것이다. 즉, 클래스 조건부 밀도들은 특징 벡터 성분들에 대해 인수분해될 수 있다는 의미다. 이 경우 사후 클래스 확률을 설명하는 소프트맥스 함수의 변수에 해당하는 식 4.63의 a_k 값이 $\boldsymbol{\phi}$의 성분들의 선형 함수들에 해당함을 증명하라. 이는 8.2.2절에서 설명할 나이브 베이즈 모델의 예시에 해당한다.

4.12 ★ `www` 식 4.59의 로지스틱 시그모이드 함수에 대해서 이 함수의 미분에 대한 식 4.88이 성립함을 증명하라.

4.13 ★ `www` 로지스틱 시그모이드 함수의 미분에 대한 식 4.88의 결과를 이용해서 로지스틱 회귀 모델의 오류 함수인 식 4.90을 미분한 결과가 식 4.91임을 증명하라.

4.14 ★ 선형적으로 분리 가능한 데이터 집합을 고려해 보자. 이때 결정 경계 $\mathbf{w}^\mathrm{T}\boldsymbol{\phi}(\mathbf{x}) = 0$이 클래스들을 분할하는 해당 벡터 $\mathbf{w}$를 찾은 후 $\mathbf{w}$의 크기를 무한대로 취함으로써 로지스틱 회귀 모델의 최대 가능도 해를 구할 수 있음을 증명하라.

4.15 ★★ 로지스틱 회귀 모델의 헤시안 행렬인 식 4.97은 양의 정부호 행렬임을 보여라. 여기서 $\mathbf{R}$은 대각 행렬로서 그 원소는 $y_n(1 - y_n)$이다. 이때 y_n은 입력 벡터 $\mathbf{x}_n$에 대한 로지스틱 회귀 모델의 출력값이다. 결과적으로 오류 함수가 $\mathbf{w}$에 대한 볼록 함수이며, 유일한 최솟값을 가진다는 것을 증명하라.

4.16 ★ 각각의 관측값 $\mathbf{x}_n$이 $t = 0$ 또는 $t = 1$의 두 클래스 중 하나에 속하는 이진 분류 문제를 고려해 보자. 이때 훈련 데이터를 모으는 과정이 완벽하지 않아서 훈련 포인트들이 때때로 잘못된 라벨을 가지게 된다고 가정하자. 모든 데이터 포인트 $\mathbf{x}_n$에 대해서 클래스 라벨값으로 t_n을 사용하는 대신에 $t_n = 1$일 확률을 표현하는 π_n를 사용한다고 하자. 이러한 확률적 모델 $p(t = 1|\boldsymbol{\phi})$에 대해서 해당 데이터 집합에 적절한 로그 가능도 함수를 적어 보도록 하라.

4.17 ★ `www` 식 4.104의 소프트맥스 활성화 함수를 미분하면 식 4.106이 됨을 증명하라. 이때 a_k는 식 4.105에 의해 정의된다.

4.18 ★ 소프트맥스 활성화 함수의 미분에 대한 식 4.106을 이용해서 식 4.108의 교차 엔트로피 오류 함수의 기울기가 식 4.109임을 증명하라.

4.19 ★ `www` 4.3.5절에서 정의한 프로빗 회귀 모델의 로그 가능도 함수의 기울기에 대한 공식과 해당 헤시안 행렬의 공식을 적어라. 이러한 모델을 IRLS를 이용해서 훈련할 때 해당 값들이 필요할 것이다.

4.20 ★★ 다중 클래스 로지스틱 회귀 문제의 헤시안 행렬(식 4.110)이 양의 준정부호 행렬임을 증명하라. 여기서 사용되는 완전 헤시안 행렬은 $MK \times MK$의 크기를 가진다. 이때 M은 매개변수의 숫자에 해당하며, K는 클래스의 숫자에 해당한다. 양의 준정부호 성질을 증명하기 위해서는 곱 $\mathbf{u}^\mathrm{T}\mathbf{Hu}$를 고려하고, 여기에 옌센의 부등식을 적용해 보라. 이때 $\mathbf{u}$는 MK 길이를 가지는 임의의 벡터다.

4.21 ★ 식 4.114의 역프로빗 함수와 식 4.115의 오차 함수(erf function)가 식 4.116에 의해 연관됨을 증명하라.

4.22 ★ 식 4.135의 결과를 이용해서 라플라스 근사하에서의 로그 모델 증거에 대한 식 4.137을 유도하라.

4.23 ★★ www 이 연습문제에서는 모델 증거에 대한 라플라스 근사치인 식 4.137로부터 시작해서 식 4.139의 BIC 결과를 유도해 보도록 하자. 매개변수에 대한 사전 분포가 가우시안 분포로서 $p(\boldsymbol{\theta}) = \mathcal{N}(\boldsymbol{\theta}|\mathbf{m}, \mathbf{V}_0)$의 형태를 가진다면, 이 경우 라플라스 근사하에서의 로그 모델 증거는 다음의 형태를 가지게 된다는 것을 증명하라.

$$\ln p(\mathcal{D}) \simeq \ln p(\mathcal{D}|\boldsymbol{\theta}_{\mathrm{MAP}}) - \frac{1}{2}(\boldsymbol{\theta}_{\mathrm{MAP}} - \mathbf{m})^{\mathrm{T}}\mathbf{V}_0^{-1}(\boldsymbol{\theta}_{\mathrm{MAP}} - \mathbf{m}) - \frac{1}{2}\ln|\mathbf{H}| + \mathrm{const}$$

여기서 $\mathbf{H}$는 음의 로그 가능도 $\ln p(\mathcal{D}|\boldsymbol{\theta})$의 이차 미분으로 이루어진 행렬로서 $\boldsymbol{\theta}_{\mathrm{MAP}}$을 이용해서 계산한 것이다. 이제 사전 분포가 폭이 넓은 형태를 가진다고 가정해 보자. 즉, $\mathbf{V}_0^{-1}$이 작으므로 위 식의 오른쪽 변 두 번째 항을 무시할 수 있다고 가정하는 것이다. 또한, 데이터가 독립적이고 동일하게 분포된 경우를 고려해 보자. 이 경우 $\mathbf{H}$는 각각의 데이터 포인트 하나하나에 대한 항의 합이 될 것이다. 로그 모델 증거를 근사적으로 식 4.139의 BIC의 형태로 적을 수 있음을 증명하라.

4.24 ★★ 2.3.2절의 결과들을 바탕으로 해서 매개변수 $\mathbf{w}$에 대해 가우시안 사후 분포를 가정하였을 경우의 로지스틱 회귀 모델의 주변화에 대한 식 4.151을 유도하라.

4.25 ★★ 식 4.59에 정의된 로지스틱 시그모이드 함수 $\sigma(a)$를 척도화된 역프로빗 함수 $\Phi(\lambda a)$를 이용해서 근사한다고 하자. 이때 $\Phi(a)$는 식 4.114에 의해 정의되어 있다. 만약 두 함수의 미분 값이 $a = 0$에서 같아지도록 λ를 선택하면, $\lambda^2 = \pi/8$임을 증명하라.

4.26 ★★ 이 연습문제에서는 역프로빗 함수와 가우시안 분포의 콘볼루션에 해당하는 식 4.152의 관계식을 증명할 것이다. 이를 위해서 식 4.152의 왼쪽 변을 μ에 대해 미분하면 오른쪽 변과 같게 된다는 것을 증명하고, 양변을 μ에 대해 적분하여 적분의 상수항이 사라진다는 것을 증명하라. 왼쪽 변을 미분하기 위해서는 먼저 변수 변환 $a = \mu + \sigma z$를 시행하면 편리하다. 이를 통해서 a에 대한 적분을 z에 대한 적분으로 치환할 수 있다. 식 4.152의 왼쪽 변을 미분하면 z에 대한 가우시안 적분을 얻게 될 것이다. 그리고 이 적분은 해석적으로 계산할 수 있다.

5

뉴럴 네트워크

3장과 4장에서는 고정된 기저 함수들의 선형 결합을 바탕으로 한 회귀와 분류 모델을 살펴보았다. 이러한 모델들은 유용한 해석적/계산적 성질을 가지고 있지만, 차원의 저주 문제로 인해서 실제적으로 사용하는 데 있어서는 한계가 존재한다. 이러한 모델들을 큰 스케일의 문제에서 사용하기 위해서는 기저 함수가 데이터를 바탕으로 적응되도록 하는 것이 필요하다.

7장에서 살펴볼 서포트 벡터 머신(support vector machine, SVM)은 먼저 훈련 데이터 포인트들의 중심에 있는 기저 함수들을 정의한 후 훈련 과정에서 이들 중 일부를 선택하는 방식으로 이 문제를 해결한다. 서포트 벡터 머신의 한 가지 장점은, 비록 훈련 과정에서 비선형 최적화가 필요하긴 하지만 목적 함수 자체가 볼록 함수이므로 최적화 문제의 해가 비교적 간단하다는 것이다. 훈련 집합의 크기에 따라서 기저 함수의 숫자가 증가하게 되며, 그 수가 꽤 많은 편이지만 훈련 포인트의 숫자에 비해서는 상당히 적은 수다. 7.2절에서 논의할 상관 벡터 머신(relevance vector machine)도 고정된 기저 함수의 집합에서 그 일부를 선택하는 방식을 사용하며, 보통 더욱 희박한(sparse) 모델을 결과로 내놓게 된다. 서포트 벡터 머신과는 달리 상관 벡터 머신은 확률적인 결과물을 내놓는다. 하지만 이를 위해서는 훈련 단계에서 복잡한 비볼록 최적화 문제를 풀어야 한다.

대체적인 또 다른 방식은 기저 함수의 숫자를 고정하되 적응 가능하게 하는 것이다. 다시 말하면 매개변수적인 기저 함수를 사용하고 해당 매개변숫값을 훈련 중에 조절하는 것이다. 패턴 인식의 맥락에서 이러한 모델 중 가장 성공적인 것은 **다층 퍼셉트론**(*multilayer perceptron*)이라고도 알려져 있는 피드 포워드(feed forward) 뉴럴 네트워크다. 이에 대해 이번 장에서 살펴볼 것이다. 사실 '다층 퍼셉트론'이라는 용어는 부적합한 명칭이다. 왜냐하면 이 모델은 (불연속적인 비선형성을 가진) 퍼셉트론 모델 여러 층이 모인 것이 아니라, (연속적인 비선형성을 가진) 로지스틱 회귀 모델 여러 층이 모인 것이기 때문이다. 많은 응용 사례에서 다층 퍼셉트론 모델은 서포트 벡터 머신과 같은 일반화 성능을 가지고 있으면서도 결과 모델이 훨씬 더 작아서 계산이 빠르다는 장점이 있다. 하지만 다층 퍼셉트론은 모델이 작은 대신에 네트워크 훈련의 기반을 이루는 가능도 함수가 모델 매개변수에 대해 볼록 함수가 아니라는 단점이 있다. 이는 상관 벡터 머신과 마찬가지다. 그럼에도 불구하고 실제 사례에서는 훈련 단계에서 더 많은 계산 자원을 동원해서라도 더 작은 모델을 구현하는 것이 유의미한 경우가 많다. 왜냐하면 모델이 작을 경우 새로운 데이터에 대한 처리가 더 빨라지기 때문이다.

'뉴럴 네트워크(neural network)'라는 용어는 생물학 시스템상에서의 정보 처리 과정을 수학적으로 표현하고자 하는 노력으로부터 기인하였으며(McCulloch and Pitts, 1943; Widrow and Hoff, 1960; Rosenblatt, 1962; Rumelhart *et al.*, 1986), 또한, 다양한 모델들을 표현하는 용어로서 매우 포괄적으로서 사용되어 왔다. 이 모델들 중 일부는 그 생물학적 타당성이 과장되었다는 의심을 받기도 했다. 하지만 패턴 인식의 응용 측면에서 보자면 생물학적으로 실제 현실에 가까운지 아닌지는 불필요한 추가적 제약 조건일 뿐이다. 따라서 이 장에서는 효과적인 통계적 패턴 인식 모델로써의 뉴럴 네트워크에 대한 논의에 초점을 맞출 것이다. 특히, 뉴럴 네트워크들 중에서 실제적인 가치를 가장 많이 주는 것으로 증명된 다층 퍼셉트론 모델에 대해 집중적으로 살펴볼 것이다.

우선 첫 번째로 네트워크 모델의 함수적 형태에 대해 살펴볼 것이다. 이 논의는 기저 함수를 어떤 식으로 매개변수화할 것이냐는 문제를 포함한다. 그 다음에는 최대 가능도 방법하에서 네트워크 매개변수를 찾는 문제를 다룰 것이다. 이 문제를 풀기 위해서는 비선형 최적화 문제를 풀어야 한다. 이 과정에서 로그 가능도 함수를 네트워크 매개변수에 대해 미분해야 하는데, **오차 역전파**(*error backpropagation*) 테크닉을 이용해서 이를 효과적으로 해결할 수 있다. 아울러 역전파 체계를 확장시켜서 야코비안이나 헤시안 행렬 등의 다른 미분 문제를 푸는 데 적용할 수도 있다는 것도 보일 것이다. 그 다음으로는 뉴럴 네트워크 훈련 시에 사용할 수 있는 다양한 정규화 방법들과 그 방법들 간의 관계에 대해 알아보고, 뉴럴 네트워크 모델을 확장한 다른 모델 등에 대해서도 살펴볼 것이다. 특히, **혼합 밀도 네트워크**(*mixture density network*)라 불리는 조건부 확률 분포를 모델하기 위한 일반적인 체계에 대해 설명할 예정이다. 마지막으로, 베이지안 방식의 뉴럴 네트워크에 대해 설명할 것이다. 뉴럴 네트워크 모델에 대한 추가적인 배경에 대해서는 Bishop(1995a)에서 찾아볼 수 있다.

5.1 피드 포워드 네트워크 함수

3장과 4장에서 살펴본 회귀와 분류의 선형 모델은 비선형 기저 함수 $\phi_j(\mathbf{x})$의 선형 결합을 바탕으로 하고 있으며 다음 형태를 취한다.

$$y(\mathbf{x}, \mathbf{w}) = f\left(\sum_{j=1}^{M} w_j \phi_j(\mathbf{x})\right) \qquad \text{(식 5.1)}$$

여기서 $f(\cdot)$는 분류의 경우는 비선형 활성화 함수고, 회귀의 경우는 항등 함수다. 우리의 목표는 이 모델을 확장시켜서 기저 함수 $\phi_j(\mathbf{x})$를 매개변수에 종속적이게 만들고 이 매개변수들이 계수 $\{w_j\}$와 함께 훈련 단계에서 조절되도록 하는 것이다. 매개변수적인 비선형 기저 함수를 만드는 데는 여러 방법이 있다. 뉴럴 네트워크는 식 5.1의 형태를 그대로 따르는 기저 함수를 사용한다. 각각의 기저 함수는 그 자체가 입력값의 선형 결합들에 대한 비선형 함수이며, 이때 선형 결합에서의 계수들이 조절 가능한 매개변수다.

이를 바탕으로 기본적인 뉴럴 네트워크 모델을 만들 수 있다. 또한, 이 모델은 연쇄적인 함수 변환으로 표현할 수도 있다. 일단, 첫 번째로 입력 변수 $x_1, \ldots, x_D$에 대한 선형 결합을 M개 만들어 보자.

$$a_j = \sum_{i=1}^{D} w_{ji}^{(1)} x_i + w_{j0}^{(1)} \qquad \text{(식 5.2)}$$

여기서 $j = 1, \ldots, M$이며, 위첨자 (1)은 해당 매개변수들이 네트워크의 첫 번째 계층에 해당한다는 것을 나타낸다. 3장의 명명법에 따라 매개변수 $w_{ji}^{(1)}$을 **가중치**(*weight*)라 할 것이고 매개변수 $w_{j0}^{(1)}$을 **편향**(*bias*)이라 할 것이다. a_j는 **활성도**(*activations*)라 한다. 각각의 선형 결합들은 미분 가능한 비선형 **활성화 함수**(*activation function*) $h(\cdot)$에 의해 변환된다.

$$z_j = h(a_j) \qquad \text{(식 5.3)}$$

이 값들은 식 5.1의 기저 함수들의 출력값에 해당하는데, 뉴럴 네트워크의 맥락에서는 **은닉 유닛**(*hidden unit*)이라고 한다. 비선형 함수 $h(\cdot)$로는 보통 로지스틱 시그모이드나 'tanh'와 같은 s자 모양의 함수가 사용된다. 식 5.1에 따라 이 값들은 다시 선형 결합되어 **출력 유닛 활성도**(*output unit activation*)를 결과로 낸다.

연습문제 5.1

$$a_k = \sum_{j=1}^{M} w_{kj}^{(2)} z_j + w_{k0}^{(2)} \tag{식 5.4}$$

여기서 $k = 1, \ldots, K$이며, K는 출력값의 총 숫자다. 이 변환은 네트워크의 두 번째 계층에 해당하며, $w_{k0}^{(2)}$는 편향 매개변수다. 마지막으로, 출력 유닛 활성도는 적절한 활성화 함수를 통해 변환되어 네트워크 출력값의 집합 y_k를 내놓게 된다. 활성화 함수는 데이터의 성질과 타깃 변수의 분포에 대한 가정을 바탕으로 선택된다. 활성화 함수를 선택하는 데 있어서 3장과 4장에서 선형 모델을 다룰 때의 사항들을 동일하게 고려하게 된다. 따라서 표준적인 회귀 문제의 경우에 활성화 함수는 항등 함수이며, 이때 $y_k = a_k$가 된다. 그리고 다중 이진 분류 문제의 경우에는 로지스틱 시그모이드 함수를 이용해서 각각의 출력 단위 활성도들을 변환하게 된다.

$$y_k = \sigma(a_k) \tag{식 5.5}$$

$$\sigma(a) = \frac{1}{1 + \exp(-a)} \tag{식 5.6}$$

마지막으로 다중 클래스 문제의 경우에는 식 4.62의 소프트맥스 함수가 활성화 함수로 사용된다. 어떠한 출력 단위 활성화 함수를 사용하는 것이 적절한지에 대해서는 5.2절에서 자세히 다룰 것이다.

지금까지 살펴본 여러 단계들을 합쳐서 전체 네트워크 함수로 표현할 수 있다. 시그모이드 출력 단위 활성화 함수를 사용할 경우, 이는 다음의 형태를 가지게 된다.

$$y_k(\mathbf{x}, \mathbf{w}) = \sigma \left(\sum_{j=1}^{M} w_{kj}^{(2)} h \left(\sum_{i=1}^{D} w_{ji}^{(1)} x_i + w_{j0}^{(1)} \right) + w_{k0}^{(2)} \right) \tag{식 5.7}$$

여기서 모든 가중치와 편향 매개변수들을 벡터 $\mathbf{w}$로 한데 묶었다. 이 경우 뉴럴 네트워크 모델은 단순히 입력 변수 집합 $\{x_i\}$을 출력 변수 집합 $\{y_k\}$으로 연결하는 비선형 함수가 되며, 이때 이 함수는 조절 가능한 매개변수의 벡터 $\mathbf{w}$에 따라 결정된다.

이 함수를 그림 5.1에서와 같이 네트워크 도표로 표현할 수 있다. 이 경우 식 5.7을 계산하는 단계는 네트워크를 따라서 정보를 순전파(*forward propagation*)시키는 것으로 해석할 수 있다. 이러한 도표들은 8장에서 살펴보게 될 확률적인 그래프 모델을 표현하는 것이 아니다. 왜냐하면 내부 노드들이 확률적 변수가 아니라 결정적 변수들을 표현하는 것이기 때문이다. 이러한 연유로 두 종류의 모델에 대해 약간 다른 그래프 모델 표현법을 사용할 것이다. 뉴럴 네트워크에

그림 5.1 식 5.7에 따른 두 계층 뉴럴 네트워크의 네 트워크 도표. 입력 변수, 은닉 변수, 출력 변 수들이 각각 노드로 표현되어 있으며, 가중 매개변수들은 노드 간을 연결하는 선으로 표현되어 있다. 이때 편향 매개변수들은 추 가적인 입력 변수 x_0와 추가적인 은닉 변수 z_0로부터의 선으로 표시되어 있다. 화살표 는 순전파 단계에서의 정보의 흐름을 표현 하는 것이다.

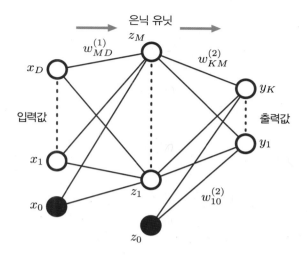

확률적인 해석을 부여하는 것에 대해서는 추후에 살펴보자.

3.1절에서 살펴본 것처럼 값이 1로 고정되어 있는 추가적인 입력 변수 x_0을 도입함으로써 식 5.2의 편향 매개변수를 가중치 매개변수의 집합에 포함시킬 수 있다. 이 경우 식 5.2는 다음의 형태를 가지게 된다.

$$a_j = \sum_{i=0}^{D} w_{ji}^{(1)} x_i \qquad \text{(식 5.8)}$$

이와 흡사하게 두 번째 계층의 편향 역시 두 번째 계층의 가중치들에 포함시킬 수 있다. 이에 따라 전체 네트워크 함수는 다음의 형태를 가지게 된다.

$$y_k(\mathbf{x}, \mathbf{w}) = \sigma \left(\sum_{j=0}^{M} w_{kj}^{(2)} h \left(\sum_{i=0}^{D} w_{ji}^{(1)} x_i \right) \right) \qquad \text{(식 5.9)}$$

그림 5.1에서 살펴볼 수 있는 것처럼 이 뉴럴 네트워크 모델은 두 단계의 처리로 이루어져 있다. 그리고 각 단계는 4.1.7절에서 살펴본 퍼셉트론 모델과 유사하다. 이 이유 때문에 이 뉴럴 네트 워크를 **다층 퍼셉트론**(*multilayer perceptron, MLP*)이라고 부른다. 퍼셉트론 모델과의 결정적인 차이 는 바로 뉴럴 네트워크 모델은 은닉 유닛에 연속적인 시그모이드 비선형 함수를 사용하는 반 면 퍼셉트론 모델은 불연속적인 비선형 계단 함수를 사용한다는 점이다. 이 이유 때문에 뉴럴 네트워크 함수는 네트워크 매개변수에 대해 미분이 가능하다. 이 성질은 네트워크 훈련에 있어 서 핵심적인 역할을 하게 될 것이다.

어떤 네트워크상의 모든 은닉 유닛들에 대한 활성화 함수들이 선형이라면 이러한 네트워크는 은닉 유닛이 없는 동일한 네트워크로 치환할 수 있다. 왜냐하면 연속적인 선형 변환들로 구성된 변환은 그 자체가 하나의 선형 변환이기 때문이다. 하지만 은닉 유닛의 숫자가 입력 유닛의 숫자나 출력 유닛의 숫자보다 적을 경우에는 네트워크가 생성할 수 있는 변환이 가능한 가장 일반적인 선형 변환이 아니게 된다. 왜냐하면 은닉 유닛에서의 차원 감소로 인해서 정보를 잃게 되기 때문이다. 12.4.2절에서는 선형 유닛들의 네트워크를 바탕으로 하는 PCA(principal component analysis, 주 성분 분석) 테크닉을 소개할 것이다. 하지만 일반적으로 선형 유닛들의 다층 네트워크는 그리 많이 쓰이지 않는다.

그림 5.1에서 보여진 네트워크의 구조는 실제 응용 사례에서 가장 널리 사용되는 형태다. 하지만 이 형태는 쉽게 일반화가 가능하다. 예를 들자면 식 5.4와 같이 가중 선형 결합을 한 후, 비선형 활성화 함수를 통해 각 원소별로 변환을 하는 식의 추가적인 계층들을 고려할 수 있다. 관련 문헌들에서 이러한 네트워크들의 계층의 숫자를 정의하는 데 있어서 약간의 혼선이 있다. 그림 5.1의 네트워크는 3계층 네트워크(유닛들의 계층의 수를 세고 입력 역시 유닛으로 칠 경우)라 정의할 수도 있고 단일 은닉 계층 네트워크(은닉 유닛 계층의 숫자만 셀 경우)라 정의할 수도 있다. 이 책에서는 그림 5.1의 네트워트를 2계층 네트워크라고 부르는 것을 추천한다. 왜냐하면 네트워크의 성질을 결정하는 데 있어서는 조절 가능한 가중치를 가진 계층의 숫자를 고려하는 것이 중요하기 때문이다.

네트워크 구조에 대한 또 다른 일반화는 **생략 계층**(skip layer) 연결을 포함시키는 것이다. 이때 각각의 생략 계층 연결 역시 조절 가능한 매개변수에 해당한다. 예를 들어 2계층 네트워크에서 생략 계층을 사용한다면, 이는 입력값에서 출력값으로 바로 연결을 만드는 것에 해당한다. 원칙적으로는 시그모이드 은닉 유닛을 사용하는 네트워크에서는 생략 계층 연결을 흉내 내는 것이 가능하다. 이는 은닉 유닛이 가용 범위 내에서 실제적으로 선형이 될 만큼 충분히 작은 가중치를 첫 번째 계층에서 사용하고, 은닉 유닛으로부터 출력값에 대해서 충분히 큰 가중칫값을 사용하는 방식으로 이를 보상함으로써 (유계 입력값들에 대해서) 시행할 수 있다. 하지만 실제 적용 사례들에서는 생략 계층을 명시적으로 사용하는 것이 도움이 되는 경우가 많다.

각 계층에서 가능한 연결들이 전부 이뤄지지 않는 식으로 네트워크가 희박(sparse)하게 구성될 수도 있다. 5.5.6절에서 살펴볼 콘볼루션 뉴럴 네트워크(convolutional neural network)가 이러한 희박한 네트워크 구조의 한 예시다.

네트워크의 도표와 수학적 함수 사이에는 직접적인 관련성이 있다. 그렇기 때문에 더 복잡한 네트워크 도표를 고려함으로써 더 일반적인 네트워크의 사상을 만들어 낼 수가 있다. 하지만 이는 피드 포워드(feed forward) 구조로 한정되어야 한다. 다시 말하자면, 네트워크의 입력값에 의해 출력값이 결정되는 것을 보장하기 위해서 그 구조상에 닫혀 있고 방향성 있는 순환 구조가 존재하지 말아야 한다는 것이다. 그림 5.2에 이에 대한 간단한 예시가 그려져 있다. 이러한 네트워크상의 각각의 은닉 또는 입력 유닛에서는 다음에 해당하는 함수를 계산하게 된다.

$$z_k = h\left(\sum_j w_{kj} z_j\right)$$ (식 5.10)

유닛 k에 대해 연결을 보내는 모든 다른 유닛들에 대해서 합산이 이뤄진다(그리고 편향 매개변수도 합산에 포함된다). 어떤 주어진 값들이 네트워크의 입력값으로 적용되었을 때 식 5.10을 연속적으로 적용하면 출력 유닛을 포함한 네트워크상의 모든 유닛들에 대한 활성도를 계산할 수 있다.

피드 포워드 네트워크의 근사 성질에 대한 연구가 폭넓게 진행되어 왔으며(Funahashi, 1989; Cybenko, 1989; Hornik et al., 1989; Stinchecombe and White, 1989; Cotter, 1990; Ito, 1991; Hornik, 1991; Kreinovich, 1991; Ripley, 1996), 이 성질은 매우 일반적이라는 것이 밝혀졌다. 따라서 뉴럴 네트워크는 **보편적 근사기**(*universal approximator*)라고 일컬어진다. 예를 들어, 선형 출력값을 가지는 2계층 네트워크는 충분히 많은 수의 은닉 유닛들이 주어지기만 한다면 밀집된 입력 영역에 대한 모든 연속 함수를 임의의 정확도로 근사할 수가 있다. 이 결과는 다양한 은닉 유닛 활성화 함수에 대해 적용 가능하지만, 다항 함수에 대해서는 예외다. 이러한 이론은 훈련 데이터로부터 적합한 매개변수들을 찾아내는 것이 중요한 문제라는 것을 다시금 상기시켜준다. 이 장의 후반부에서는 최대 가능도적 측면과 베이지안적 측면 각각에서 이 문제를 풀기 위한 효과적인 방법이 있음을 다룰 것이다.

2계층 네트워크가 다양한 함수들을 모델할 수 있음을 그림 5.3에서 나타내고 있다. 또한, 이 그림은 개별적인 은닉 유닛들이 어떻게 함께 적용되어 최종 함수를 근사하고 있는지도 나타내고 있다. 단순한 분류 문제에서 은닉 유닛들이 어떤 역할을 하는지에 대해 그림 5.4에 그려져

그림 5.2 일반적인 피드 포워드 구조를 가진 뉴럴 네트워크의 예시. 각각의 은닉 유닛들과 출력 유닛들은 해당 편향 매개변수를 가지고 있으며, 이 그림에서는 생략되었다.

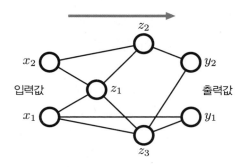

그림 5.3 다계층 퍼셉트론을 사용하여 네 가지의 서로 다른 함수를 근사하는 것에 대한 도식. 네 함수는 각각 (a) $f(x) = x^2$, (b) $f(x) = \sin(x)$, (c) $f(x) = |x|$, (d) $f(x) = H(x)$다. 여기서 $H(x)$는 헤비사이드(Heaviside) 계단 함수다. 각각의 경우 $N = 50$개의 데이터 포인트가 파란 점선으로 그려져 있다. 이 데이터 포인트들의 x 값은 $(-1, 1)$ 구간에서 균등하게 추출하였다. 이 데이터 포인트들을 사용하여 세 개의 은닉 유닛, 'tanh' 활성화 함수, 선형 출력 유닛을 가지는 2계층 네트워크를 훈련시켰다. 그 결과로 얻게 된 네트워크 함수가 빨간색 선으로 그려져 있다. 그리고 세 개의 은닉 유닛들로부터의 출력값이 세 개의 점선으로 그려져 있다.

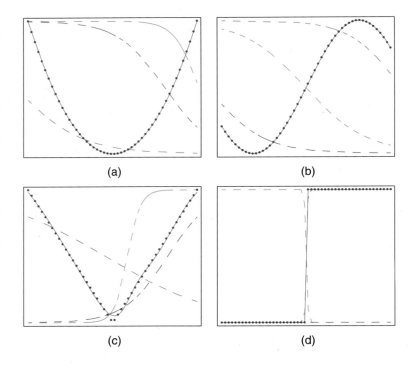

(a) (b)

(c) (d)

있다. 그림 5.4에서는 부록 A의 합성 분류 데이터 집합을 활용하였다.

5.1.1 가중치-공간 대칭성

베이지안 모델 비교를 고려할 때 사용하게 될 피드 포워드 네트워크의 중요한 성질 중 하나는 바로 여러 가지의 서로 다른 가중 벡터 w의 선택이 입력에서 출력으로의 같은 사상을 표현할 수 있다는 것이다(Chen *et al.*, 1993). 그림 5.1의 2계층 네트워크를 고려해 보자. 이때 은닉 유닛이 M개이고 'tanh' 활성화 함수를 가졌으며, 양 계층에 전체적으로 연결되었다고 해보자. 만약 특정 은닉 유닛에 먹여지는 모든 가중치와 편향의 부호를 반대로 바꾼다고 하면, 주어진 입력의 패턴에 대해서 은닉 유닛의 활성도의 부호가 역전될 것이다. 왜냐하면 'tanh'는 홀함수이고, 따라서 $\tanh(-a) = -\tanh(a)$이기 때문이다. 은닉 유닛에서 나가는 모든 가중치들의 부호를 바꿈으로써 이 변환을 보상할 수 있다. 결과적으로 특정 가중치(와 편향)의 집합의 부호를 바꾸었음에도 불구하고 네트워크로 표현되는 입력-출력 사상 함수는 변하지 않았다. 따라서 같은 사상 함수에 대해서 두 개의 서로 다른 가중치 벡터를 가지게 되었다. 은닉 유닛의 숫자가 M개일 경우에 이러한 '부호 바꾸기' 대칭성이 M개 존재할 것이다. 따라서 모든 주어진 가중치 벡터에 대해서 2^M개의 동일한 가중치 벡터가 존재하게 될 것이다.

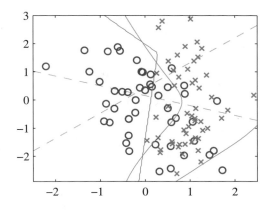

그림 5.4 두 개의 입력 유닛, 'tanh' 활성화 함수를 바탕으로 한 두 개의 은닉 유닛, 로지스틱 시그모이드 활성화 함수를 바탕으로 한 단일 출력 유닛으로 구성된 뉴럴 네트워크를 사용해서 합성 데이터에 대해 간단한 두 클래스 분류를 시행하였다. 파란색 점선은 각각의 은닉 유닛에 대해서 $z = 0.5$인 경우의 윤곽선을 보이고 있으며, 빨간색 선은 네트워크의 $y = 0.5$ 결정 표면을 나타내고 있다. 비교를 위해 포함된 녹색 선은 데이터를 만들어낸 원 분포로부터 계산된 결정 경계를 나타낸다.

이와 비슷하게 가중칫값들(과 편향)을 서로 교환해 바꾸는 것에 대해 생각해 보자. 특정 은닉 유닛에 들어가고 나오는 가중칫값들(과 편향)을 다른 은닉 유닛에 연결된 값들과 교환하는 것이다. 이 경우에도 네트워크 입력/출력 사상 함수는 변하지 않고 그대로이지만, 가중치 벡터의 값은 변한다. 은닉 유닛의 숫자가 M인 경우, 모든 특정 가중치 벡터는 교환 대칭성에 따라 동일한 $M!$개의 다른 가중치 벡터들을 가지게 된다. 이러한 동일한 가중치 벡터의 총 수는 은닉 유닛의 배열 가능 순서 $M!$에 따라 결정되는 것이다. 따라서 결론적으로 네트워크는 $M!2^M$가 짓수 만큼의 가중치-공간 대칭성을 가지게 된다. 계층 수가 둘이 넘는 네트워크의 경우에는 각각의 은닉 유닛 계층마다 이러한 가짓수를 가진다. 최종 전체 가짓수는 이들의 곱에 해당한다.

이 가짓수는 (특정 가중칫값을 선택하였기 때문에 우연히 대칭성이 발생하는 예외 경우를 제외하고) 가중치 공간상의 모든 대칭성을 모두 고려한 결과에 해당한다고 알려져 있다. 또한, 이러한 대칭성은 'tanh' 함수를 사용할 때뿐만 아니라 다양한 다른 활성화 함수에 대해서도 적용된다 (Kůrková and Kainen, 1994). 많은 실제 응용 사례에서는 이러한 가중치 공간의 대칭성이 별로 중요하지 않다. 하지만 5.7절에서는 이러한 대칭성을 고려해야 하는 상황에 놓이게 될 것이다.

5.2 네트워크 훈련

지금까지 뉴럴 네트워크를 입력 변수 $\mathbf{x}$와 출력 변수 $\mathbf{y}$ 간의 매개변수적 비선형 함수의 일반적인 종류로서 살펴보았다. 네트워크 매개변수를 결정하기 위한 간단한 방법은 바로 1.1절에서 살펴보았던 다항식 곡선 피팅에서의 방법과 비슷한 방법을 사용하는 것이다. 즉, 제곱합 오류 함수를 최소화하는 것이다. 입력 벡터 집합 $\{\mathbf{x}_n\}$, $n = 1, \ldots, N$과 이에 해당하는 표적 벡터 집합 $\{\mathbf{t}_n\}$이 주어졌을 때 다음의 오류 함수를 최소화하는 것이 목표다.

$$E(\mathbf{w}) = \frac{1}{2} \sum_{n=1}^{N} \|\mathbf{y}(\mathbf{x}_n, \mathbf{w}) - \mathbf{t}_n\|^2 \qquad \text{(식 5.11)}$$

하지만 네트워크 출력값에 대한 확률적인 해석을 먼저 하고 나면 네트워크 훈련에 대해 더 일반적인 관점을 가질 수 있게 된다. 확률적인 예측을 하는 것의 다양한 장점에 대해서는 이미 1.5.4절에서 살펴보았다. 이 뿐만 아니라 여기서는 출력 유닛의 비선형성과 오류 함수의 선택이라는 측면에서의 추가적인 장점들에 대해서도 살펴보게 될 것이다.

먼저 회귀 문제를 살펴보겠다. 일단, 실숫값을 가지는 단일 타깃 변수 t를 고려해 보자. 1.2.5절과 3.1절의 논의를 바탕으로 t가 $\mathbf{x}$에 종속적인 평균값을 가지는 가우시안 분포를 가진다고 하자. 그리고 이 값들이 뉴럴 네트워크의 출력값으로 주어진다고 하자.

$$p(t|\mathbf{x}, \mathbf{w}) = \mathcal{N}\left(t|y(\mathbf{x}, \mathbf{w}), \beta^{-1}\right) \qquad \text{(식 5.12)}$$

여기서 β는 가우시안 노이즈의 정밀도(분산의 역)다. 물론 이는 상당히 제약적인 가정이다. 5.6절에서는 이 접근법을 더 일반적인 조건부 분산에 대해 확장하는 것에 대해 살펴보겠다. 식 5.12로 주어지는 조건부 분포에 대해서는 출력 유닛 활성화 함수로 항등 함수를 사용하면 충분하다. 왜냐하면 이러한 네트워크는 $\mathbf{x}$부터 y로의 어떤 연속 함수든 근사할 수 있기 때문이다. N개의 독립적이고 동일하게 분포된 관측값 $\mathbf{X} = \{\mathbf{x}_1, \dots, \mathbf{x}_N\}$과 그에 해당하는 표적값 $\mathbf{t} = \{t_1, \dots, t_N\}$에 대해서 다음의 가능도 함수를 구성할 수 있다.

$$p(\mathbf{t}|\mathbf{X}, \mathbf{w}, \beta) = \prod_{n=1}^{N} p(t_n|\mathbf{x}_n, \mathbf{w}, \beta)$$

음의 로그를 취하면 다음의 오류 함수를 얻게 된다.

$$\frac{\beta}{2} \sum_{n=1}^{N} \{y(\mathbf{x}_n, \mathbf{w}) - t_n\}^2 - \frac{N}{2} \ln \beta + \frac{N}{2} \ln(2\pi) \qquad \text{(식 5.13)}$$

이를 이용하여 매개변수 $\mathbf{w}$와 β를 학습시킬 수 있다. 여기서는 최대 가능도 방법을 바탕으로 한 접근법을 살펴보고, 5.7절에서는 뉴럴 네트워크의 베이지안적 방법론을 살펴보게 될 것이다. 뉴럴 네트워크 관련 문헌에서는 보통 (로그) 가능도의 최대화보다는 오류 함수의 최소화를 고려하는 경우가 많다. 따라서 여기서도 그 관례를 따를 것이다. 우선, $\mathbf{w}$를 구해 보자. 가능도 함수를 최대화하는 것은 다음처럼 주어지는 제곱합 오류 함수를 최소화하는 것과 동일하다.

$$E(\mathbf{w}) = \frac{1}{2} \sum_{n=1}^{N} \{y(\mathbf{x}_n, \mathbf{w}) - t_n\}^2 \tag{식 5.14}$$

여기서 합산 상수와 곱하는 상수를 생략하였다. $E(\mathbf{w})$를 최소화함으로써 얻게되는 $\mathbf{w}$의 값을 $\mathbf{w}_{\text{ML}}$이라 칭할 것이다. 왜냐하면 이것이 최대 가능도 해에 해당하기 때문이다. 실제 적용에서는 네트워크 함수 $y(\mathbf{x}_n, \mathbf{w})$의 비선형성으로 인해서 오류 $E(\mathbf{w})$가 비볼록이 될 수 있으며, 따라서 구한 값이 가능도 함수의 지역적 최댓값에 해당하는 오류 함수의 지역적 최솟값일 수 있다. 이에 대해서는 5.2.1절에서 논의할 것이다.

β의 값은 $\mathbf{w}_{\text{ML}}$을 찾은 상태에서 음의 로그 가능도 함수를 최소화함으로써 찾을 수 있다.

$$\frac{1}{\beta_{\text{ML}}} = \frac{1}{N} \sum_{n=1}^{N} \{y(\mathbf{x}_n, \mathbf{w}_{\text{ML}}) - t_n\}^2 \tag{식 5.15}$$

$\mathbf{w}_{\text{ML}}$을 찾기 위해 필요한 반복적인 최적화가 끝나고 나면 식 5.15를 계산할 수가 있다. 만약 다중 타깃 변수를 가지고 있으며, 각 타깃 변수가 $\mathbf{x}$와 $\mathbf{w}$에 대해 조건부이고, 노이즈 정밀도 β를 공유한다고 하면 표적값의 조건부 분포는 다음과 같이 주어진다.

$$p(\mathbf{t}|\mathbf{x}, \mathbf{w}) = \mathcal{N}\left(\mathbf{t}|\mathbf{y}(\mathbf{x}, \mathbf{w}), \beta^{-1}\mathbf{I}\right) \tag{식 5.16}$$

단일 타깃 변수의 경우와 같은 과정을 거치면, 식 5.11의 제곱합 오류 함수를 최소화함으로써

연습문제 5.2 최대 가능도 가중치들을 결정할 수 있다. 이때 노이즈 정밀도는 다음처럼 주어지게 된다.

$$\frac{1}{\beta_{\text{ML}}} = \frac{1}{NK} \sum_{n=1}^{N} \|\mathbf{y}(\mathbf{x}_n, \mathbf{w}_{\text{ML}}) - \mathbf{t}_n\|^2 \tag{식 5.17}$$

연습문제 5.3 여기서 K는 타깃 변수의 숫자다. 독립에 대한 가정을 없애면 최적화 문제가 약간 더 복잡해진다.

4.3.6절에서 살펴보았듯이 (음의 로그 가능도 함수로 주어지는) 오류 함수와 출력 유닛 활성화 함수 사이에는 자연스런 짝이 있다. 회귀 문제의 경우는 네트워크의 출력 활성화 함수가 항등 함수라고 볼 수 있다. 따라서 $y_k = a_k$다. 이에 해당하는 제곱합 오류 함수는 다음 성질을 가진다.

$$\frac{\partial E}{\partial a_k} = y_k - t_k \tag{식 5.18}$$

5.3절에서 오류 역전파에 대해 논의할 때 이 성질을 이용하게 될 것이다.

이제 이진 분류 문제를 고려해 보자. 이 문제는 단일 타깃 변수 t를 가지며 클래스 $\mathcal{C}_1$의 경우에

는 $t = 1$, 클래스 $\mathcal{C}_2$의 경우에는 $t = 0$ 값을 가진다. 4.3.6절에서의 정준 연결 함수에 대한 논의를 바탕으로 단일 출력을 가지고, 활성화 함수가 로지스틱 시그모이드 함수인 네트워크를 고려해 보자.

$$y = \sigma(a) \equiv \frac{1}{1 + \exp(-a)} \tag{식 5.19}$$

이때 $0 \leqslant y(\mathbf{x}, \mathbf{w}) \leqslant 1$이게 된다. $y(\mathbf{x}, \mathbf{w})$를 조건부 확률 $p(\mathcal{C}_1|\mathbf{x})$로 해석할 수 있다. 이때 $p(\mathcal{C}_2|\mathbf{x}) = 1 - y(\mathbf{x}, \mathbf{w})$가 된다. 입력값이 주어졌을 때 출력값의 조건부 분포는 다음 형태의 베르누이 분포가 된다.

$$p(t|\mathbf{x}, \mathbf{w}) = y(\mathbf{x}, \mathbf{w})^t \{1 - y(\mathbf{x}, \mathbf{w})\}^{1-t} \tag{식 5.20}$$

독립적인 관측값들로 이루어진 훈련 집합을 고려하면 음의 로그 가능도로 주어지는 오류 함수는 다음 형태의 **교차 엔트로피**(*cross entropy*) 오류 함수가 된다.

$$E(\mathbf{w}) = -\sum_{n=1}^{N} \{t_n \ln y_n + (1 - t_n) \ln(1 - y_n)\} \tag{식 5.21}$$

여기서 y_n은 $y(\mathbf{x}_n, \mathbf{w})$를 지칭한다. 이 경우에는 노이즈 정밀도 β에 해당하는 것이 없다. 왜냐하면 표적값들이 올바르게 라벨되었다고 가정하기 때문이다. 하지만 이는 라벨링에 오류가 있는 경우에 대해서도 쉽게 확장이 가능하다. Simard *et al.*(2003)은 분류 문제에서 교차 엔트로피 오류 함수를 사용할 경우 제곱합 오류 함수를 사용할 때보다 훈련 과정이 더 빨라지며, 일반화가 더 개선됨을 보였다.

연습문제 5.4

K개의 서로 다른 이진 분류가 필요한 경우에는 K개의 출력값을 가진 네트워크를 사용할 수 있다. 이때 각 출력이 로지스틱 시그모이드 활성화 함수를 가지도록 할 수 있다. 이 경우 각각의 출력값은 이진 클래스 라벨 $t_k \in \{0, 1\}$에 해당한다($k = 1, \ldots, K$). 만약 클래스 라벨들이 독립적이라고 가정한다면 입력 벡터가 주어졌을 때 표적값들의 조건부 분포는 다음과 같다.

$$p(\mathbf{t}|\mathbf{x}, \mathbf{w}) = \prod_{k=1}^{K} y_k(\mathbf{x}, \mathbf{w})^{t_k} [1 - y_k(\mathbf{x}, \mathbf{w})]^{1-t_k} \tag{식 5.22}$$

연습문제 5.5

해당 가능도 함수의 음의 로그값을 취하면 다음의 오류 함수를 얻게 된다.

$$E(\mathbf{w}) = -\sum_{n=1}^{N} \sum_{k=1}^{K} \{t_{nk} \ln y_{nk} + (1 - t_{nk}) \ln(1 - y_{nk})\} \tag{식 5.23}$$

연습문제 5.6

여기서 y_{nk}는 $y_k(\mathbf{x}_n, \mathbf{w})$를 지칭한다. 회귀 문제에서와 마찬가지로 오류 함수를 특정 출력값의 활성도에 대해 미분하면 식 5.18의 형태를 보인다.

이 문제에 대한 뉴럴 네트워크 해를 4장에서 논의하였던 선형 분류 모델 바탕의 접근법과 비교해 보면 흥미로울 것이다. 그림 5.1의 표준 2계층 네트워크를 사용한다고 가정해 보자. 네트워크 모델에서는 첫 번째 계층의 가중 매개변수들이 여러 출력값들 사이에 공유되는 반면에 선형 모델에서는 각각의 분류 문제들이 독립적으로 해결된다. 네트워크의 첫 번째 계층은 비선형 특징 추출을 하는 것으로 볼 수 있는데, 서로 다른 출력값들에 대해 이를 공유하면 계산을 줄일 수 있을 뿐 아니라 일반화 성능을 개선시킬 수 있다.

마지막으로 표준적인 다중 클래스 분류 문제를 고려해 보자. 각각의 입력값이 K개의 상호 배반적인 클래스들 중 하나에 지정되는 문제다. 이진 타깃 변수 $t_k \in \{0, 1\}$은 원 핫 인코딩을 통해 어떤 클래스에 속하는지를 표현하며, 이때 네트워크의 출력값은 $y_k(\mathbf{x}, \mathbf{w}) = p(t_k = 1|\mathbf{x})$로 해석된다. 이를 바탕으로 다음의 오류 함수를 얻게 된다.

$$E(\mathbf{w}) = -\sum_{n=1}^{N}\sum_{k=1}^{K} t_{nk} \ln y_k(\mathbf{x}_n, \mathbf{w}) \tag{식 5.24}$$

4.3.4절의 논의를 바탕으로 정준 연결 함수에 해당하는 출력 유닛 활성화 함수는 다음의 소프트맥스 함수임을 알 수 있다.

$$y_k(\mathbf{x}, \mathbf{w}) = \frac{\exp(a_k(\mathbf{x}, \mathbf{w}))}{\sum_j \exp(a_j(\mathbf{x}, \mathbf{w}))} \tag{식 5.25}$$

이때 $0 \leqslant y_k \leqslant 1$와 $\sum_k y_k = 1$을 만족한다. 모든 $a_k(\mathbf{x}, \mathbf{w})$에 대해 상수를 더한다 해도 $y_k(\mathbf{x}, \mathbf{w})$는 변하지 않으며, 이 경우 가중 공간의 몇몇 방향에 대한 오류 함숫값이 상수이게 된다. 5.5절에서 살펴볼 정규화항을 오류화 함수에 포함하면 이 저하는 사라진다.

연습문제 5.7

다시 한 번, 특정 출력 유닛의 활성도에 대한 이 오류 함수의 미분값은 식 5.18의 형태를 띠게 된다.

요약하자면, 풀고자 하는 문제의 종류에 따라서 이에 맞는 출력 유닛 활성화 함수와 해당 오류 함수를 자연스럽게 선택할 수가 있다. 회귀 문제의 경우에는 선형 출력과 제곱합 오류 함수를, (여러 개의 독립적인) 이진 분류 문제의 경우에는 로지스틱 시그모이드 출력과 교차 엔트로피 오류 함수를, 다중 클래스 분류 문제의 경우에는 소프트맥스 출력과 다중 클래스 교차 엔트로피 오류 함수를 사용하게 된다. 두 개의 클래스가 연관된 분류 문제의 경우에는 단일 로지스틱 시그모이드 출력을 사용할 수도 있고, 아니면 대체적으로 각각이 소프트맥스 출력 활성화 함수를 가진 두 개의 출력 노드를 포함한 네트워크를 사용할 수도 있다.

5.2.1 매개변수 최적화

주어진 함수 $E(\mathbf{w})$를 최소화하는 가중 벡터 $\mathbf{w}$를 찾는 문제를 다뤄보도록 하자. 이 시점에서 오류 함수의 기하학적 모형을 사용하면 유용할 것이다. 그림 5.5와 같이 가중치 공간상에 존재하는 표면을 고려해 보자. 가중 공간상에서 $\mathbf{w}$로부터 $\mathbf{w}+\delta\mathbf{w}$로 약간의 이동이 발생할 경우 오류 함수에서의 변화는 $\delta E \simeq \delta\mathbf{w}^{\mathrm{T}}\nabla E(\mathbf{w})$에 해당하게 된다. 이때 벡터 $\nabla E(\mathbf{w})$는 오류 함수의 변화도가 가장 큰 방향을 가리킨다. 오류 $E(\mathbf{w})$가 $\mathbf{w}$에 대한 부드럽고 연속적인 함수이기 때문에 이 함수의 최솟값은 오류 함수의 기울기가 0이 되는 부분에 해당할 것이다.

$$\nabla E(\mathbf{w}) = 0 \qquad\qquad (식\ 5.26)$$

식 5.26에 해당하지 않는 모든 점에서는 $-\nabla E(\mathbf{w})$ 방향으로 조금 이동함으로써 오류를 줄일 수 있다. 기울기가 사라지는 점들을 임계점이라고 하며, 임계점을 최소점, 최대점, 안장점으로 더 분류할 수 있다.

우리의 목표는 $E(\mathbf{w})$ 값이 최소가 되는 $\mathbf{w}$ 값을 찾는 것이다. 하지만 오류 함수들은 일반적으로 가중치와 편향 매개변수들에 대해서 높은 비선형적 종속성을 가지고 있으며, 따라서 기울기가 사라지는(또는 수치적으로 매우 작은) 점이 가중치 공간상에 여럿 존재하게 된다. 실제로 5.1.1절에서의 논의에서는 $\mathbf{w}$가 지역적 최솟값인 모든 점들에 대해서 가중치 공간상에 이와 동등한 최솟값을 가지는 다른 점들이 있을 것임을 증명했다. 예를 들자면 그림 5.1에서 보았던 것과 같은 M개의 은닉 유닛을 가진 2계층 네트워크의 경우에 가중치 공간상의 각각의 포인트들은 $M!2^M$개의 다른 동등한 포인트들과 같은 쪽에 속하게 된다.

5.1.1절

그림 5.5 오류 함수 $E(\mathbf{w})$의 기하학적 형태. 가중치 공간상의 표면으로 표현되어 있다. 점 $\mathbf{w}_A$는 지역적 최솟값, $\mathbf{w}_B$는 전역적 최솟값에 해당한다. 모든 점 $\mathbf{w}_C$에서 오류 표면의 지역적 기울기는 벡터 ∇E로 주어지게 된다.

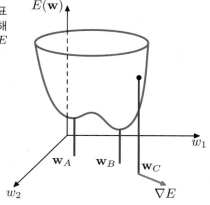

게다가 동등하지 않은 임계점들과 최소점들도 여럿 존재할 수 있다. 모든 가중 벡터들 중에 가장 작은 오류 함숫값을 가지는 최소점을 **전역적 최소점**(*global minimum*)이라고 한다. 이보다 큰 오류 함숫값을 가지는 전역적 최소점 이외의 모든 최소점은 **지역적 최소점**(*local minima*)이라고 한다. 뉴럴 네트워크를 성공적으로 사용하기 위해서 전역적 최소점을 찾는 것이 반드시 필요하지는 않을 수도 있다(그리고 일반적으로 찾은 점이 전역적 최소점인지 알 수 없을 것이다). 하지만 충분히 좋은 해를 내기 위해서는 여러 지역적 최소점을 비교하는 일은 필요하다.

$\nabla E(\mathbf{w}) = 0$에 대한 해석적인 해를 찾는 것은 불가능에 가까우므로 반복적인 수치적 절차에 의존해야 한다. 연속적인 비선형 함수를 최적화하는 것은 폭넓게 연구된 문제이며, 이를 어떻게 효율적으로 푸는지에 대한 광범위한 문헌들이 있다. 대부분의 테크닉들은 어떤 초깃값 $\mathbf{w}^{(0)}$를 가중 벡터로 설정한 후 다음 형태의 단계를 여러 번 시행해서 가중치 공간상에서 이동해 나가는 방식을 포함한다.

$$\mathbf{w}^{(\tau+1)} = \mathbf{w}^{(\tau)} + \Delta\mathbf{w}^{(\tau)} \qquad \text{(식 5.27)}$$

여기서 τ는 반복 단계수에 해당한다. 각각의 알고리즘은 서로 다른 가중 벡터 업데이트 $\Delta\mathbf{w}^{(\tau)}$ 방법을 사용한다. 많은 알고리즘들은 기울기 정보를 사용하며, 따라서 각각의 업데이트 이후 $\nabla E(\mathbf{w})$의 값이 새 가중 벡터 $\mathbf{w}^{(\tau+1)}$에 대해 계산된다. 기울기 정보의 중요성에 대해 이해하기 위해서는 테일러 전개를 바탕으로 한 오류 함수의 지역적 근사에 대해서 살펴보는 것이 유용할 수 있다.

5.2.2 지역적 이차 근사

오류 함수의 지역적 이차 근사에 대해 고려함으로써 최적화 문제와 이를 풀기 위한 다양한 테크닉들에 대한 통찰을 얻을 수 있다.

가중치 공간상의 어떤 점 $\hat{\mathbf{w}}$에 대한 $E(\mathbf{w})$의 테일러 전개를 고려해 보자.

$$E(\mathbf{w}) \simeq E(\hat{\mathbf{w}}) + (\mathbf{w} - \hat{\mathbf{w}})^{\mathrm{T}}\mathbf{b} + \frac{1}{2}(\mathbf{w} - \hat{\mathbf{w}})^{\mathrm{T}}\mathbf{H}(\mathbf{w} - \hat{\mathbf{w}}) \qquad \text{(식 5.28)}$$

여기서 3차 이상의 항들은 생략하였다. 그리고 $\hat{\mathbf{w}}$에서 계산된 E의 기울기를 $\mathbf{b}$로 정의하였다.

$$\mathbf{b} \equiv \nabla E|_{\mathbf{w}=\hat{\mathbf{w}}} \qquad \text{(식 5.29)}$$

또한, 헤시안 행렬 $\mathbf{H} = \nabla\nabla E$는 다음의 원소들을 가진다.

$$(\mathbf{H})_{ij} \equiv \left. \frac{\partial E}{\partial w_i \partial w_j} \right|_{\mathbf{w}=\widehat{\mathbf{w}}} \qquad \text{(식 5.30)}$$

식 5.28로부터 이에 해당하는 기울기의 지역적 근사치는 다음과 같이 주어진다.

$$\nabla E \simeq \mathbf{b} + \mathbf{H}(\mathbf{w} - \widehat{\mathbf{w}}) \qquad \text{(식 5.31)}$$

$\widehat{\mathbf{w}}$에 충분히 가까운 점 $\mathbf{w}$들에 대해서 이 식은 오류 함수와 기울기에 대한 타당한 근사치가 된다.

오류 함수의 최소점인 $\mathbf{w}^\star$ 근처에 대한 지역적 이차 근사를 고려해 보자. 이 경우 $\nabla E = 0$이기 때문에 선형항들이 사라지게 되고, 따라서 식 5.28은 다음과 같이 된다.

$$E(\mathbf{w}) \simeq E(\mathbf{w}^\star) + \frac{1}{2}(\mathbf{w} - \mathbf{w}^\star)^{\mathrm{T}}\mathbf{H}(\mathbf{w} - \mathbf{w}^\star) \qquad \text{(식 5.32)}$$

여기서 헤시안 $\mathbf{H}$는 $\mathbf{w}^\star$를 바탕으로 계산된 것이다. 이를 기하학적으로 해석하기 위해 헤시안 행렬의 고윳값식을 고려해 보자.

$$\mathbf{H}\mathbf{u}_i = \lambda_i \mathbf{u}_i \qquad \text{(식 5.33)}$$

여기서 고유 벡터 $\mathbf{u}_i$는 완전 정규직교 집합을 이루게 된다. 따라서 다음과 같다.

$$\mathbf{u}_i^{\mathrm{T}}\mathbf{u}_j = \delta_{ij} \qquad \text{(식 5.34)}$$

이제 $(\mathbf{w} - \mathbf{w}^\star)$를 고유 벡터들의 선형 결합의 형태로 전개해 보자.

$$\mathbf{w} - \mathbf{w}^\star = \sum_i \alpha_i \mathbf{u}_i \qquad \text{(식 5.35)}$$

이는 원점이 $\mathbf{w}^\star$고 좌표축들이 고유 벡터와 정렬되도록 회전(각각의 열이 $\mathbf{u}_i$인 직교 행렬을 통해서)된 좌표계로 변환하는 것에 해당한다. 이에 대해서는 부록 C에 자세히 설명하였다. 식 5.35에 식 5.32를 대입하고 식 5.33과 식 5.34를 적용하면 오류 함수를 다음의 형태로 적을 수 있다.

$$E(\mathbf{w}) = E(\mathbf{w}^\star) + \frac{1}{2}\sum_i \lambda_i \alpha_i^2 \qquad \text{(식 5.36)}$$

행렬 $\mathbf{H}$가 **양의 정부호**(*positive definite*)인 조건은 다음의 식 5.37에 대해서 필요 충분 조건이다.

$$\mathbf{v}^{\mathrm{T}}\mathbf{H}\mathbf{v} > 0 \qquad \text{모든 0이 아닌 } \mathbf{v}\text{에 대해} \qquad \text{(식 5.37)}$$

왜냐하면 고윳값 $\{\mathbf{u}_i\}$들은 완전 집합을 이루며, 따라서 임의의 벡터 $\mathbf{v}$를 다음의 형태로 적을 수 있기 때문이다.

$$\mathbf{v} = \sum_i c_i \mathbf{u}_i \qquad \text{(식 5.38)}$$

식 5.33과 식 5.34로부터 다음을 구할 수 있다.

$$\mathbf{v}^{\mathrm{T}} \mathbf{H} \mathbf{v} = \sum_i c_i^2 \lambda_i \qquad \text{(식 5.39)}$$

연습문제 5.10

연습문제 5.11

이로부터 $\mathbf{H}$가 양의 정부호라는 조건이 모든 고윳값들이 양의 값이기 위한 필요 충분 조건임을 알 수 있다. 기저 벡터가 고윳값 $\{\mathbf{u}_i\}$로 주어지는 새로운 좌표계에서 상수 E의 경로는 원점을 중심으로 한 타원형이 될 것이다. 이에 대해 그림 5.6에 그려져 있다. 일차원 가중 공간의 경우에는 다음을 만족할 경우에 임계점 $w^\star$가 최솟값일 것이다.

$$\left. \frac{\partial^2 E}{\partial w^2} \right|_{w^\star} > 0 \qquad \text{(식 5.40)}$$

연습문제 5.12

이에 해당하는 D차원에서의 결과는 $\mathbf{w}^\star$에서 계산된 헤시안 행렬이 양의 정부호 행렬이여야 한다는 것이다.

5.2.3 기울기 정보의 사용

5.3절에서 살펴보게 될 것처럼 역전파 방법을 사용하여 효과적으로 오류 함수의 기울기를 계산하는 것이 가능하다. 이 기울기 정보를 사용하면 오류 함수의 최솟값의 위치를 찾는 속도를 크게 증가시킬 수 있다. 그 이유에 대해 다음에서 살펴보도록 하자.

연습문제 5.13

식 5.28의 오류함수의 이차 근사의 경우에 오류 표면은 $\mathbf{b}$와 $\mathbf{H}$값을 바탕으로 결정된다. W가 $\mathbf{w}$의 차원값(네트워크상의 조절 가능한 매개변수의 숫자)이라고 할 때, $\mathbf{H}$는 총 $W(W+3)/2$개(행렬 $\mathbf{H}$는 대칭이기 때문)의 독립적인 원소들을 가지게 된다. 따라서 이 이차 근사의 최소값의 위치는 $O(W^2)$ 매개변수들에 종속적이며, 이는 $O(W^2)$개의 독립적인 정보를 모으기 전까지는 최

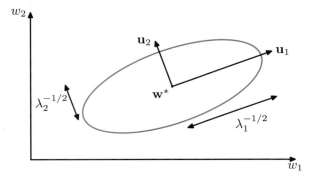

그림 5.6 최솟값 $\mathbf{w}^\star$ 주변에서 오류 함수를 이차로 근사할 수 있다. 이 경우 상수 오류의 경로는 그 축이 헤시안 행렬의 고유 벡터 $\mathbf{u}_i$에 정렬되어 있고, 축의 길이가 해당 고윳값 λ_i의 제곱근에 역으로 비례하는 타원의 형태를 가지게 된다.

솟값을 구할 수가 없다는 의미다. 만약 기울기 정보를 사용하지 않는다면, 각각이 $O(W)$ 단계만큼을 필요로 하는 함수 계산을 $O(W^2)$번 해야 하는 것이다. 따라서 이러한 방법을 통해서 최솟값을 찾을 경우에 필요한 계산은 $O(W^3)$에 해당한다.

기울기 정보를 활용하는 알고리즘과 비교해 보도록 하자. 매번 ∇E를 계산할 때마다 W개의 정보를 구할 수 있기 때문에 $O(W)$번의 기울기 계산 후에 최솟값을 찾을 수 있을 것이라는 희망을 가질 수 있다. 곧 살펴보게 될 것처럼, 역전파를 사용하면 각각의 계산들이 $O(W)$번의 단계만에 계산되므로 최솟값을 $O(W^2)$만에 찾는 것이 가능하다. 이러한 이유로 기울기 정보는 실제적인 뉴럴 네트워크 훈련 알고리즘의 기반이 된다.

5.2.4 경사 하강 최적화

기울기 정보를 사용하는 가장 단순한 방법은 식 5.27의 가중치 업데이트를 기울기의 음의 방향으로 조금씩 시행하는 것이다.

$$\mathbf{w}^{(\tau+1)} = \mathbf{w}^{(\tau)} - \eta \nabla E(\mathbf{w}^{(\tau)}) \tag{식 5.41}$$

여기서 매개변수 $\eta > 0$을 **학습률**(*learning rate*)이라 한다. 각각의 업데이트 이후 새 가중치 벡터를 바탕으로 기울기를 다시 계산하고, 해당 과정을 다시 반복한다. 오류 함수는 훈련 집합에 대해 정의된다. 따라서 ∇E를 계산하기 위해서는 전체 훈련 집합이 처리되어야 한다. 한 번에 전체 데이터 집합을 사용하는 방식을 **배치**(*batch*) 방식이라고 한다. 각 단계에서 가중치 벡터는 오류 함숫값이 가장 크게 감소하는 방향으로 이동하게 된다. 이런 이유로 이 방식을 **경사 하강법**(*gradient descent*) 또는 **최대 하강법**(*steepest descent*)이라고 한다. 이 방식은 직관적으로 일리가 있어 보이지만, 사실 그리 좋지 못한 결과를 내는 알고리즘이다. 이 이유에 대해서는 Bishop and Nabney(2008)를 참고하라.

배치 최적화의 경우에는 **켤레 기울기**(*conjugate gradients*)법과 **준-뉴턴**(*quasi-Newton*)법 등의 더욱 효율적인 방식이 존재한다. 이들은 단순한 경사 하강법에 비해서 더 안정적이고 빠르다(Gill *et al.*, 1981; Fletcher, 1987; Nocedal and Wright, 1999). 경사 하강법과는 달리 이러한 알고리즘들은 오류 함수가 지역적 최솟값이나 전역적 최솟값에 있지 않은 경우를 제외하고는 각각의 반복에서 항상 오류 함숫값을 감소시킨다는 성질을 가졌다.

충분히 좋은 최솟값을 찾기 위해서는 기울기 기반의 알고리즘을 여러 번 시행하는 것이 필요할 수도 있다. 각각의 시행에서 랜덤하게 시작점을 선택하고, 독립적인 검증 집합에서 결과 성능을 비교하는 것이다.

데이터 집합의 크기가 큰 경우의 뉴럴 네트워크를 훈련하는 데 유용한 것으로 증명된 경사 하강
법의 온라인 버전이 존재한다(Le Cun *et al.*, 1989). 이 경우 독립적인 관측값들에 대한 최대 가능
도를 바탕으로 한 오류 함수들은 각각의 데이터 포인트에 대한 다음 항을 합산해서 구성된다.

$$E(\mathbf{w}) = \sum_{n=1}^{N} E_n(\mathbf{w}). \qquad \text{(식 5.42)}$$

순차적 경사 하강법(*sequential gradient descent*)이나 **확률적 경사 하강법**(*stochastic gradient descent*)이라
고도 불리는 온라인 경사 하강법은 한 번에 데이터 포인트 하나에 대해 가중치 벡터를 업데이
트한다.

$$\mathbf{w}^{(\tau+1)} = \mathbf{w}^{(\tau)} - \eta \nabla E_n(\mathbf{w}^{(\tau)}) \qquad \text{(식 5.43)}$$

이 업데이트는 데이터에 대해 순차적으로 순환적으로 시행하거나 포인트들을(복원시키며) 랜덤
하게 선택하여 시행한다. 물론, 한 번에 여러 데이터 포인트들에 대해서 업데이트를 시행하는
중간의 경우도 있다.

온라인 방법의 배치 방법에 비한 장점은 바로 데이터상의 중복을 훨씬 더 효율적으로 처리한
다는 것이다. 이를 확인하기 위해서 한 예시 데이터 집합을 취해 그 모든 데이터 포인트들을
중복시켜서 집합의 크기를 두 배로 늘려 보자. 이럴 경우 오류 함수에 2를 곱한 것과 같으므로
결과적으로 원 오류 함수와 같아진다. 배치 방법의 경우 배치 오류 함수 기울기를 구하기 위해
서 두 배의 계산이 필요하게 될 것이지만, 온라인 방법은 영향을 받지 않는다. 온라인 경사 하
강법의 다른 성질은 지역적 최솟값에서 탈출할 가능성이 더 높아진다는 것이다. 왜냐하면 전
체 데이터 집합에 대한 오류 함수의 임계점은 보통 개별 데이터 포인트에 대해서는 임계점이
아닐 수도 있기 때문이다.

비선형 최적화 알고리즘과 이를 뉴럴 네트워크 훈련에 실제적으로 적용한 사례들은 Bishop
and Nabney(2008)에 더 자세히 논의되어 있다.

5.3 오차 역전파

이 절에서 우리의 목표는 피드 포워드 뉴럴 네트워크에서 오류 함수 $E(\mathbf{w})$의 기울기를 계산하
는 효율적인 테크닉을 찾는 것이다. 정보가 네트워크상에서 앞/뒤로 전달되는 지역적인 메시지
전달 방법인 **오차 역전파**(*error backpropagation, backprop*)를 이용해서 이를 달성할 수 있다.

역전파라는 단어는 뉴럴 컴퓨팅 문헌에서 다양한 서로 다른 의미로 사용된다. 예를 들어, 다

층 퍼셉트론 구조는 때때로 역전파 네트워크라고 불리기도 한다. 역전파라는 단어는 또한 다층 퍼셉트론을 경사 하강법과 제곱합 오류 함수를 바탕으로 훈련시키는 것을 지칭하기도 한다. 용어를 명확히 하기 위해서 훈련 과정의 성질을 더 자세히 살펴보도록 하자. 대부분의 훈련 알고리즘들은 오류 함수의 값을 줄이는 반복적인 과정을 내포하고 있다. 이때 각 과정에서 순차적으로 가중치에 대한 조정이 일어난다. 각 단계를 두 개의 더 작은 개별 단계로 나눠 볼 수 있다. 첫 번째 단계는 오류 함수를 가중치에 대해서 미분하는 것이다. 역전파 테크닉의 중요한 공헌은 이 미분을 시행하는 계산적으로 효율적인 방법을 제공했다는 점이다. 이 단계에서 오룻값이 네트워크를 타고 역방향으로 전달된다. 따라서 여기서 우리는 미분값을 계산하는 이 해당 단계를 표현하기 위해서 역전파라는 단어를 사용하도록 하겠다. 두 번째 단계에서는 미분값을 사용하여 가중치를 조정해야 할 정도를 계산하게 된다. Rumelhart *et al.*(1986)에 의해 고려되었던 이 단계를 위한 가장 단순한 테크닉은 경사 하강법을 포함하고 있다. 이 두 단계가 서로 동떨어져 있다는 점이 중요하다. 미분값을 계산하기 위해서 오룻값이 네트워크를 타고 역방향으로 전파되는 첫 번째 단계는 다층 퍼셉트론뿐 아니라 여러 종류의 다른 네트워크에도 적용할 수 있다. 또한 단순한 제곱합 오류 함수뿐만 아니라 다른 오류 함수들에 대해서도 적용 가능한데, 야코비안이나 헤시안 행렬등의 다른 미분을 계산하는 데도 오차 역전파 기법을 사용할 수 있다. 이에 대해 이 장의 나중 부분에서 살펴보게 될 것이다. 계산된 미분값을 바탕으로 가중칫값을 조절하는 두 번째 단계에서도 서로 다른 다양한 최적화 방법을 적용하는 것이 가능하다. 이러한 최적화 방법 중 몇몇은 단순한 경사 하강법보다 훨씬 더 강력하다.

5.3.1 오류 함수 미분의 계산

임의의 피드 포워드 구조, 임의의 미분 가능한 비선형 활성화 함수, 여러 종류의 오류 함수들로 이루어진 일반적인 네트워크에 대해서 역전파 알고리즘을 구해보도록 하겠다. 이 결과로 구한 공식을 단일 시그모이드 은닉 유닛 계층과 제곱합 오류 함수로 이루어진 단순한 네트워크상에서 시행해 보일 것이다.

실제적으로 유용한 많은 오류 함수들은 훈련 집합의 각 데이터 포인트에 대한 항의 합으로 구성된다. 예를 들면, 독립적이고 동일하게 분포된 데이터 집합상에서 최대 가능도 방법을 통해 정의된 오류 함수가 그렇다.

$$E(\mathbf{w}) = \sum_{n=1}^{N} E_n(\mathbf{w}) \qquad \text{(식 5.44)}$$

여기서는 오류 함수에서의 이러한 항 $\nabla E_n(\mathbf{w})$를 각각 계산하는 방법에 대해 고려할 것이다. 순차적 최적화의 경우에는 이 결과를 직접 사용할 수 있다. 아니면 이 결과를 축적해서 배치 최적화에 적용하는 것도 가능하다.

출력 y_k가 입력 변수 x_i들의 선형 결합인 단순한 선형 모델을 고려해 보자.

$$y_k = \sum_i w_{ki} x_i \qquad \text{(식 5.45)}$$

그리고 특정 입력 패턴 n에 대한 오류 함수를 고려해 보자.

$$E_n = \frac{1}{2} \sum_k (y_{nk} - t_{nk})^2 \qquad \text{(식 5.46)}$$

여기서 $y_{nk} = y_k(\mathbf{x}_n, \mathbf{w})$다. 가중치 w_{ji}에 대한 오류 함수의 기울기는 다음과 같다.

$$\frac{\partial E_n}{\partial w_{ji}} = (y_{nj} - t_{nj}) x_{ni} \qquad \text{(식 5.47)}$$

이는 연결의 출력 쪽 말단의 w_{ji}와 연관된 '오류 신호' $y_{nj} - t_{nj}$에 연결의 입력 쪽 말단에 연관되어 있는 변수 x_{ni}를 곱한 '지역적' 계산으로 해석할 수 있다. 4.3.2절에서는 로지스틱 시그모이드 활성화 함수와 교차 엔트로피 오류 함수에 대해서 이와 흡사한 공식을 유도하는 과정을 살펴봤었다. 또한, 소프트맥스 활성화 함수와 그에 해당하는 교차 엔트로피 오류 함수에 대해서도 비슷한 공식을 유도했었다. 이제부터 이 단순한 결과를 복잡한 다계층 피드 포워드 네트워크에 대해서 확장해 볼 것이다.

일반적인 피드 포워드 네트워크에서 각 유닛들은 입력값들의 가중 합산을 계산한다.

$$a_j = \sum_i w_{ji} z_i \qquad \text{(식 5.48)}$$

여기서 z_i는 유닛 j로 연결을 보내는 유닛(입력)의 활성도에 해당하며, w_{ji}는 이 연결에 해당하는 가중치다. 5.1절에서 추가적인 유닛(입력)을 사용하고 해당 활성도를 +1로 고정함으로써 편향을 이 합산에 추가할 수 있음을 증명했다. 그러므로 편향에 대해 직접적으로 따로 고려할 필요가 없다. 식 5.48의 합산은 비선형 활성화 함수 $h(\cdot)$에 의해 변환되어 유닛 j의 활성도 z_j가 된다.

$$z_j = h(a_j) \qquad \text{(식 5.49)}$$

식 5.48의 변수 z_i들 중 하나 또는 여럿이 입력일 수 있으며, 식 5.49의 유닛 j가 출력일 수 있다.

훈련 집합의 각 패턴들을 네트워크에 입력하고 식 5.48과 식 5.49를 연속적으로 적용해서 모든 은닉 유닛과 출력 유닛의 활성도를 계산했다고 해보자. 이 과정은 **순전파**(*forward propagation*)에 해당한다. 왜냐하면 정보가 네트워크상에서 앞쪽 방향으로 흐르기 때문이다.

E_n을 가중치 w_{ji}에 대해 미분하는 것을 고려해 보자. 각 유닛들의 출력은 특정 입력 패턴 n에 따라 결정될 것이다. 하지만 여기서는 표현을 단순하게 하기 위해서 네트워크 변수에서 첨자 n은 생략할 것이다. E_n은 합산된 입력값 a_j를 통해서만 가중치 w_{ji}에 종속적임을 알 수 있다. 따라서 편미분의 연쇄 법칙을 적용하여 다음과 같이 적을 수 있다.

$$\frac{\partial E_n}{\partial w_{ji}} = \frac{\partial E_n}{\partial a_j} \frac{\partial a_j}{\partial w_{ji}} \qquad \text{(식 5.50)}$$

다음 표현법을 사용하면 앞으로의 논의에서 편리할 것이다.

$$\delta_j \equiv \frac{\partial E_n}{\partial a_j} \qquad \text{(식 5.51)}$$

여기서 δ를 **오류**(*error*)라고 지칭한다. 그 이유에 대해서는 곧 살펴보게 될 것이다. 식 5.48을 이용하면 다음과 같이 적을 수 있다.

$$\frac{\partial a_j}{\partial w_{ji}} = z_i \qquad \text{(식 5.52)}$$

식 5.51과 식 5.52를 식 5.50에 대입하면 다음을 구할 수 있다.

$$\frac{\partial E_n}{\partial w_{ji}} = \delta_j z_i \qquad \text{(식 5.53)}$$

식 5.53은 해당 유닛에 대한 가중치들 중 출력값 쪽에 있는 유닛의 δ 값과 가중치들 중 입력값 쪽에 있는 유닛의 z 값을 곱해서 필요한 미분을 계산할 수 있다는 사실을 보여 준다(편향의 경우에는 $z = 1$이다). 이는 이 절의 시작에서 살펴보았던 단순한 선형 모델과 같은 형태에 해당한다. 따라서 미분을 시행하기 위해서는 각각의 은닉 유닛들과 출력 유닛들에 대해서 δ_j 값을 구한 후 식 5.53을 적용하기만 하면 된다.

출력 유닛 활성화 함수로 정준 연결 함수를 사용한다는 가정하에, 출력 유닛들의 δ를 다음과 같이 구할 수 있다.

$$\delta_k = y_k - t_k \qquad \text{(식 5.54)}$$

은닉 유닛들의 δ를 구하기 위해서는 편미분의 연쇄 법칙을 다시 한 번 적용해야 한다.

$$\delta_j \equiv \frac{\partial E_n}{\partial a_j} = \sum_k \frac{\partial E_n}{\partial a_k} \frac{\partial a_k}{\partial a_j} \qquad \text{(식 5.55)}$$

이때 합산은 j가 연결을 보내는 모든 유닛 k들에 대해 이뤄지게 된다. 유닛들과 가중치들의 배열에 대해 그림 5.7에 그려져 있다. k로 레이블된 유닛들은 다른 은닉 유닛/출력 유닛을 포함할 수 있다. 식 5.55를 적는 데 있어서 a_j의 변동은 오직 변수 a_k의 변동을 통해서만 오류 함수의 변동을 가져온다는 사실을 이용하였다. 이제 식 5.51에서 주어진 δ의 정의를 식 5.55에 대입하고 식 5.48과 식 5.49를 이용하면 다음의 **역전파**(*backpropagation*) 식을 얻을 수 있다.

$$\delta_j = h'(a_j) \sum_k w_{kj} \delta_k \qquad \text{(식 5.56)}$$

위 식으로부터 어떤 특정 은닉 유닛의 δ 값은 네트워크상에서 다음 단계에 있는 유닛들의 δ 값들을 전파시킴으로써 구할 수 있다는 것을 알 수 있다(그림 5.7에서 이에 대해 살펴볼 수 있다). 식 5.56의 합산은 w_{kj}의 첫 번째 지수에 대해 일어나는(이는 네트워크를 통해서 정보가 역전파되는 것에 해당한다) 반면, 식 5.10의 순전파 식에서는 두 번째 지수에 대해 합산이 일어난다는 것에 주목하라. 출력 유닛들의 δ 값에 대해서는 이미 알고 있기 때문에 식 5.56을 재귀적으로 적용하면 모든 은닉 유닛의 δ 값을 구할 수가 있다. 이는 피드 포워드 네트워크가 어떤 형태를 지니고 있는지와 상관없이 시행 가능하다.

전체 역전파 과정을 다음과 같이 요약할 수 있다.

오차 역전파

1. 입력 벡터 $\mathbf{x}_n$을 네트워크에 적용한 후, 식 5.48과 식 5.49를 통해 앞으로 전파시켜서 모든 은닉 유닛과 출력 유닛의 활성도를 구한다.
2. 식 5.54를 이용해서 모든 출력 유닛의 δ_k를 구한다.
3. 식 5.56을 이용해서 δ 값들을 역전파시킨다. 이를 통해 네트워크상의 은닉 유닛들의 δ_j 값을 구한다.
4. 식 5.53을 이용해서 필요한 미분을 계산한다.

배치 방법의 경우에는 훈련 집합의 각각의 입력 패턴에 대해서 위의 단계를 반복한 후 전체 패턴에 대해 합산해서 전체 오류 E의 미분을 구할 수 있다.

그림 5.7 j가 연결을 보내는 유닛 k들로부터의 역전파를 통해 유닛 j의 δ_j를 구하는 것에 대한 도식. 파란색 화살표는 정보가 순전파되는 방향을 나타낸 것이고, 빨간색 화살표는 오류가 역전파되는 방향을 나타낸 것이다.

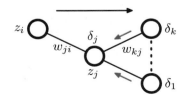

$$\frac{\partial E}{\partial w_{ji}} = \sum_n \frac{\partial E_n}{\partial w_{ji}} \qquad \text{(식 5.57)}$$

위의 미분에서는 네트워크상의 은닉 유닛 또는 출력 유닛들이 모두 같은 활성화 함수 $h(\cdot)$를 가지고 있다고 가정하였다. 하지만 유닛들이 각각 다른 활성화 함수를 가진 경우에도 해당 미분을 쉽게 일반화할 수 있다.

5.3.2 간단한 예시

위에서 살펴본 역전파 과정은 일반적인 형태의 오류 함수와 활성화 함수, 네트워크 구조에 대해 적용할 수 있다. 알고리즘을 적용하는 것에 대해 좀 더 자세히 살펴보기 위해서 특정 예시를 고려해 보자. 단순하면서도 실제 응용 사례에서 중요한 예시를 선택해 보았다. 이 예시에서는 그림 5.1의 2계층 네트워크와 제곱합 오류 함수를 사용할 것이다. 출력 유닛들은 선형 활성화 함수를 가질 것이고 따라서 $y_k = a_k$다. 은닉 유닛들은 다음으로 주어지는 시그모이드 활성화 함수를 가질 것이다.

$$h(a) \equiv \tanh(a) \qquad \text{(식 5.58)}$$

이때, 다음과 같다.

$$\tanh(a) = \frac{e^a - e^{-a}}{e^a + e^{-a}} \qquad \text{(식 5.59)}$$

이 함수의 유용한 성질은 함수의 미분을 다음의 단순한 형태로 표현할 수 있다는 것이다.

$$h'(a) = 1 - h(a)^2 \qquad \text{(식 5.60)}$$

또한, 표준 제곱합 오류 함수를 고려할 것이다. 패턴 n에 대해서 오류는 다음과 같다.

$$E_n = \frac{1}{2} \sum_{k=1}^{K} (y_k - t_k)^2 \qquad \text{(식 5.61)}$$

여기서 y_k는 출력 유닛 k의 활성도고, t_k는 입력 패턴 $\mathbf{x}_n$에 해당하는 표적값이다.

우선, 훈련 집합의 각 패턴에 대해서 순서대로 다음의 순전파 과정을 적용할 것이다.

$$a_j = \sum_{i=0}^{D} w_{ji}^{(1)} x_i \qquad \text{(식 5.62)}$$

$$z_j = \tanh(a_j) \qquad \text{(식 5.63)}$$

$$y_k = \sum_{j=0}^{M} w_{kj}^{(2)} z_j \tag{식 5.64}$$

그 다음으로는 다음 식을 이용해서 각 출력 유닛들의 δ 값을 구할 것이다.

$$\delta_k = y_k - t_k. \tag{식 5.65}$$

그 후 이들을 역전파해서 각 은닉 유닛의 δ 값을 구할 것이다.

$$\delta_j = (1 - z_j^2) \sum_{k=1}^{K} w_{kj} \delta_k \tag{식 5.66}$$

최종적으로, 첫 번째 계층과 두 번째 계층의 가중치들에 대한 미분값은 다음과 같이 주어지게 된다.

$$\frac{\partial E_n}{\partial w_{ji}^{(1)}} = \delta_j x_i, \qquad \frac{\partial E_n}{\partial w_{kj}^{(2)}} = \delta_k z_j \tag{식 5.67}$$

5.3.3 역전파의 효율성

역전파의 가장 중요한 측면 중 하나는 바로 계산적 효율성이다. 이를 이해하기 위해서 네트워크상의 가중치와 편향의 숫자 W가 증가함에 따라 오류 함수의 미분을 계산하는 데 필요한 컴퓨터 연산의 숫자가 어떻게 비례하여 증가하는지 살펴보도록 하자. W가 충분히 큰 경우 (주어진 하나의 입력 패턴에 대해서) 오류 함숫값을 계산하는 데는 $O(W)$만큼의 연산이 필요하다. 왜냐하면 굉장히 희박한 연결을 가진 네트워크를 제외하면 가중치의 숫자가 보통 유닛들의 숫자보다 훨씬 크고, 따라서 순전파 단계에서 필요한 계산의 대부분은 식 5.48의 합산을 구하는 데 들기 때문이다. 여기에 활성화 함수를 계산하는 비용이 약간 추가될 것이다. 식 5.48의 합산의 각 항에서는 한 번의 곱셈과 한 번의 덧셈이 일어나게 되고, 따라서 전체 계산 비용은 $O(W)$가 된다.

역전파를 사용하지 않고 오류 함수의 미분값을 계산할 수 있는 한 가지 방법은 바로 유한 차분법을 이용하는 것이다. 각각의 가중치를 순서대로 섭동하고 다음 식을 바탕으로 미분값을 근사하는 것이다.

$$\frac{\partial E_n}{\partial w_{ji}} = \frac{E_n(w_{ji} + \epsilon) - E_n(w_{ji})}{\epsilon} + O(\epsilon) \tag{식 5.68}$$

여기서 $\epsilon \ll 1$이다. 소프트웨어 시뮬레이션에서는 수치적 반올림 문제가 생기기 전까지 ϵ 값을 더 작게 만듦으로써 미분값 근사치의 정확도를 향상시킬 수 있다. 다음의 형태를 가지는 대칭적 **중심 차분**(central difference)을 사용하면 유한 차분법의 정확도를 현저히 증가시킬 수 있다.

$$\frac{\partial E_n}{\partial w_{ji}} = \frac{E_n(w_{ji} + \epsilon) - E_n(w_{ji} - \epsilon)}{2\epsilon} + O(\epsilon^2) \tag{식 5.69}$$

이 경우 $O(\epsilon)$ 수정값이 상쇄되어 없어지게 된다. 이는 오른쪽 변의 테일러 전개를 통해 증명할 수 있다. 따라서 잔차 수정값은 $O(\epsilon^2)$이다. 하지만 식 5.68과 비교했을 때 필요한 계산의 숫자는 대략 두 배가 된다.

수치 미분을 할 경우의 문제점은 계산 복잡도가 $O(W)$에 비례한다는 성질이 사라지게 된다는 것이다. 각각의 순전파 단계는 $O(W)$ 만큼의 계산을 필요로 하며, 네트워크상에 개별적으로 섭동되어야 할 W개의 가중치가 있기 때문에 전체 계산 복잡도는 $O(W^2)$가 된다.

이러한 단점에도 불구하고 수치 미분은 실제 사례에서 중요한 역할을 차지하고 있다. 왜냐하면 역전파를 통해 계산된 미분값과 중심 차분을 통해 얻어진 미분값을 비교함으로써 역전파 알고리즘이 소프트웨어상에서 올바르게 구현되었는지를 확인할 수 있기 때문이다. 실제 사례에서 네트워크를 훈련시킬 때 미분값은 역전파를 통해서 계산되어야만 하는데, 이렇게 해야 가장 좋은 정확도와 수치적 효율성을 얻을 수 있기 때문이다. 하지만 몇몇 테스트 케이스들에 대한 결괏값들을 식 5.69의 수치 미분값과 비교해서 구현이 올바르게 되었는지를 확인하는 것 또한 필요하다.

5.3.4 야코비안 행렬

오룻값을 네트워크상에서 역으로 전파함으로써 오류 함수의 가중치에 대한 미분값을 구하는 방법에 대해 살펴보았다. 역전파 테크닉은 다른 종류의 미분값을 구하는 데도 사용 가능하다. 여기서는 **야코비안**(Jacobian) 행렬을 계산하는 방법에 대해 살펴보자. 야코비안 행렬의 각 원소는 네트워크상의 출력값을 입력값으로 미분한 값으로 주어진다.

$$J_{ki} \equiv \frac{\partial y_k}{\partial x_i} \tag{식 5.70}$$

여기서 이 미분값은 다른 모든 입력값들을 고정한 채로 계산한다. 야코비안 행렬은 여러 별개의 모듈들로부터 만들어진 시스템에서 유용하다. 이에 대해 그림 5.8에 그려져 있다. 각각의 모듈은 고정되었거나 적응 가능한 함수에 해당할 수 있으며, 미분 가능하기만 하다면 선형 함수일수도, 비선형 함수일 수도 있다. 오류 함수 E를 그림 5.8에서의 매개변수 w에 대해 최소화하려 한다고 해보자. 이때 오류 함수의 미분값은 다음과 같다.

278   **CHAPTER 5** 뉴럴 네트워크

그림 5.8 모듈화된 패턴 인식 시스템의 도식. 오류 신호를 출력으로부터 시스템상의 앞쪽 모듈까지 역전파하는 데 야코비안 행렬을 사용할 수 있다.

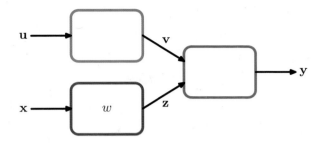

$$\frac{\partial E}{\partial w} = \sum_{k,j} \frac{\partial E}{\partial y_k} \frac{\partial y_k}{\partial z_j} \frac{\partial z_j}{\partial w}$$ (식 5.71)

여기서 가운데 항이 그림 5.8의 빨간색 모듈의 야코비안 행렬에 해당한다.

야코비안 행렬은 각 입력 변수들의 변화에 대한 출력값의 지역적 민감도를 제공해 준다. 그렇기 때문에 야코비안 행렬은 입력과 연관된 알려진 오룻값들 Δx_i를 훈련된 네트워크를 따라 전파시켜서 이 오룻값들의 출력에서 오룻값에 대한 기여도 Δy_k를 추정할 수 있도록 해준다. 이를 표현한 것이 다음 관계다.

$$\Delta y_k \simeq \sum_i \frac{\partial y_k}{\partial x_i} \Delta x_i$$ (식 5.72)

이 식은 $|\Delta x_i|$가 작다는 가정하에 성립된다. 일반적으로 훈련된 뉴럴 네트워크를 통해 표현되는 네트워크의 사상은 비선형이며, 따라서 야코비안 행렬의 원소들은 상수가 아니라 사용된 특정 입력 벡터에 종속적이게 될 것이다. 그러므로 식 5.72는 입력상의 작은 섭동에 대해서만 유효하며, 야코비안 자체는 각각의 새 입력 벡터에 대해서 다시 계산되어야만 한다.

앞에서 살펴본 오류 함수의 가중치에 대한 미분을 구하는 데 사용되었던 역전파 방법과 비슷한 방법을 통해서 야코비안 행렬을 계산할 수 있다. 원소 J_{ki}를 다음 형태로 적는 것으로 시작해 보자.

$$\begin{aligned} J_{ki} = \frac{\partial y_k}{\partial x_i} &= \sum_j \frac{\partial y_k}{\partial a_j} \frac{\partial a_j}{\partial x_i} \\ &= \sum_j w_{ji} \frac{\partial y_k}{\partial a_j} \end{aligned}$$ (식 5.73)

여기서 식 5.48을 활용하였다. 식 5.73의 합산은 입력 유닛 i가 연결을 보내는 모든 유닛 j에 대해 이루어진다. 예를 들면, 앞에서 살펴본 네트워크 구조의 경우에는 첫 번째 은닉 계층상의 모든 유닛들에 대해서 합산이 이루어져야 할 것이다. 미분값 $\partial y_k / \partial a_j$를 구하기 위한 재귀적인 역전파 공식을 다음과 같이 적을 수 있다.

$$
\begin{aligned}
\frac{\partial y_k}{\partial a_j} &= \sum_l \frac{\partial y_k}{\partial a_l} \frac{\partial a_l}{\partial a_j} \\
&= h'(a_j) \sum_l w_{lj} \frac{\partial y_k}{\partial a_l}
\end{aligned}
\qquad \text{(식 5.74)}
$$

여기서의 합산은 j가 연결을 보내는 모든 유닛 l에 대해 이루어진다(w_{lj}의 첫 번째 첨자에 해당한다). 다시금 식 5.48과 식 5.49를 이용하였다. 이 역전파는 활성화 함수의 함수적 형태로부터 직접 미분값을 구할 수 있는 출력 유닛들로부터 시작된다. 예를 들어, 만약 각각의 출력 유닛들에서 개별적으로 시그모이드 활성화 함수를 쓴다고 하면 다음과 같이 된다.

$$
\frac{\partial y_k}{\partial a_l} = \delta_{kj} \sigma'(a_l)
\qquad \text{(식 5.75)}
$$

소프트맥스 출력값의 경우에는 다음과 같다.

$$
\frac{\partial y_k}{\partial a_l} = \delta_{kl} y_k - y_k y_l
\qquad \text{(식 5.76)}
$$

야코비안 행렬을 계산하는 과정을 다음과 같이 정리할 수 있다. 첫 번째로, 야코비안 행렬을 찾고자 하는 입력 공간의 포인트에 해당하는 입력 벡터를 네트워크에 적용하고 순전파시켜서 모든 은닉 유닛과 출력 유닛의 활성도를 계산한다. 그 다음 출력 유닛 k에 해당하는 야코비안 행렬의 각 행 k에 대해 식 5.74의 재귀적 관계식을 이용해서 모든 은닉 유닛들에 대해 역전파 과정을 적용한다. 이때 시작값은 식 5.75와 식 5.76을 이용하여 구할 수 있다. 마지막으로, 식 5.73을 이용하여 입력까지 역전파한다. 야코비안은 여기서 보여진 역전파 방식과 비슷한 방식으로 유도할 수 있는 대체적인 순전파 형식을 이용하여 계산할 수도 있다.

연습문제 5.15

다시 한 번, 다음 형태의 수치 미분을 통해서 이러한 알고리즘이 올바르게 구현되었는지를 확인할 수 있다.

$$
\frac{\partial y_k}{\partial x_i} = \frac{y_k(x_i + \epsilon) - y_k(x_i - \epsilon)}{2\epsilon} + O(\epsilon^2)
\qquad \text{(식 5.77)}
$$

이 수치 미분은 D개의 입력을 가진 네트워크에 대해서 $2D$개의 순전파를 필요로 한다.

5.4 헤시안 행렬

오류 함수를 네트워크상의 가중치에 대해 일차 미분한 값을 구하는 데 있어서 역전파 테크닉을 어떻게 사용할 수 있는지에 대해 살펴보았다. 역전파 테크닉은 다음처럼 주어지는 오류 함수의 이차 미분값을 구하는 데도 사용할 수 있다.

$$\frac{\partial^2 E}{\partial w_{ji} \partial w_{lk}} \qquad \text{(식 5.78)}$$

모든 가중치와 편향 매개변수를 단일 벡터 $\mathbf{w}$의 원소 w_i로 고려하면 편리한 경우가 많다. 이 경우 이차 미분값은 **헤시안**(*Hessian*) 행렬 $\mathbf{H}$의 원소 H_{ij}가 된다($i, j \in \{1, \ldots, W\}$이며, W는 가중치와 편향의 전체 숫자다). 뉴럴 컴퓨팅의 여러 측면에서 헤시안은 중요한 역할을 한다. 그중 몇 가지는 다음과 같다.

1. 뉴럴 네트워크에 사용되는 몇몇 비선형 최적화 알고리즘들은 오류 표면의 이차 성질에 기반한다. 이 이차 성질은 헤시안 행렬에 의해 조절된다(Bishop and Nabney, 2008).

2. 훈련 데이터에 적은 변화가 생겼을 경우에 빠르게 피드 포워드 네트워크를 재훈련하는 과정에 있어서 헤시안이 기반이 된다(Bishop, 1991).

3. 헤시안의 역은 가장 덜 중요한 가중치를 찾는 과정에 사용된다. 이 과정은 네트워크의 '전지(pruning)' 알고리즘의 일부에 해당한다(Le Cun *et al.*, 1990).

4. 헤시안은 베이지안 뉴럴 네트워크(5.7절)에서 사용되는 라플라스 근사에서 중요한 역할을 한다. 헤시안의 역은 훈련된 네트워크의 예측 분포를 결정하는 데 사용되며, 헤시안의 고윳값들은 초매개변숫값을 결정하는 데 사용된다. 그리고 헤시안의 행렬식은 모델 증거를 계산하는 데 사용된다.

뉴럴 네트워크에서 헤시안 행렬을 계산하는 데 다양한 근사 방법들이 사용되어 왔다. 하지만 역전파 테크닉을 확장시킨 방식을 사용하면 헤시안 행렬을 정확하게 계산하는 것도 가능하다.

많은 응용 사례에서 주의깊게 고려해야 할 것은 헤시안 행렬을 계산하는 효율성이다. 만약 네트워크상에 W개의 매개변수(가중치와 편향)가 있을 경우, 헤시안 행렬은 $W \times W$차원을 가지게 된다. 따라서 헤시안을 계산하는 데 필요한 계산의 수는 데이터 집합상의 각 패턴에 대해서 $O(W^2)$과 비례하게 증가할 것이다. 실제로 $O(W^2)$만큼의 계산 복잡도를 가지는 효율적인 방법들을 곧 살펴보게 될 것이다.

5.4.1 대각 근사

위에서 논의한 헤시안 행렬의 몇몇 응용 사례에서는 헤시안 행렬 그 자체보다는 역행렬이 필요하다. 이러한 이유로 헤시안 행렬의 대각 근사를 구하는 것이 유의미할 수 있다. 다시 말하면 헤시안 행렬을 구하되, 대각상에 있지 않는 원소는 전부 0으로 설정한다는 것이다. 이 대각 근사 행렬의 역을 구하는 것은 매우 쉽다. 데이터 집합상의 각 패턴 하나하나에 대응되는 항들의 합으로 이루어진 오류 함수 $E = \sum_n E_n$를 다시 고려해 보자. 한 번에 하나의 패턴씩 고려한 다음, 그 결과를 전체 패턴에 대해 합산하여 헤시안을 구할 수 있다. 식 5.48로부터 패턴 n에 대한 헤시안의 대각 원소를 다음과 같이 적을 수 있다.

$$\frac{\partial^2 E_n}{\partial w_{ji}^2} = \frac{\partial^2 E_n}{\partial a_j^2} z_i^2 \tag{식 5.79}$$

식 5.48과 식 5.49를 이용하고 편미분의 연쇄 법칙을 적용하면 식 5.79 오른쪽 변의 있는 이차 미분을 재귀적으로 구할 수 있다. 그러면 다음과 같은 역전파 식을 적을 수 있다.

$$\frac{\partial^2 E_n}{\partial a_j^2} = h'(a_j)^2 \sum_k \sum_{k'} w_{kj} w_{k'j} \frac{\partial^2 E_n}{\partial a_k \partial a_{k'}} + h''(a_j) \sum_k w_{kj} \frac{\partial E_n}{\partial a_k} \tag{식 5.80}$$

이차 미분항에서 비대각 원소를 무시하면 다음을 얻게 된다(Becker and Le Cun, 1989; Le Cun *et al.*, 1990).

$$\frac{\partial^2 E_n}{\partial a_j^2} = h'(a_j)^2 \sum_k w_{kj}^2 \frac{\partial^2 E_n}{\partial a_k^2} + h''(a_j) \sum_k w_{kj} \frac{\partial E_n}{\partial a_k} \tag{식 5.81}$$

전체 헤시안을 구하기 위해 필요한 계산의 수는 $O(W^2)$인 반면, 이 근사를 계산하기 위해 필요한 계산의 숫자는 $O(W)$다.

Ricotti *et al.*(1988)에서도 헤시안의 대각 근사를 사용하였지만, 이들은 $\partial^2 E_n / \partial a_j^2$의 계산에서 모든 항들을 유지해서 대각 항들에 대한 정확한 표현식을 구하였다. 이 경우 계산의 숫자는 더 이상 $O(W)$가 아님을 주목하라. 많은 응용 사례의 경우에 헤시안은 강한 비대각성을 띤다. 따라서 주로 계산적인 편리를 위해 사용하는 이 근사들은 주의해서 사용해야 한다.

5.4.2 외적 근사

뉴럴 네트워크를 회귀 문제에 적용할 경우, 보통 다음 형태의 제곱합 오류 함수를 사용한다.

$$E = \frac{1}{2} \sum_{n=1}^{N} (y_n - t_n)^2 \tag{식 5.82}$$

여기서는 표현을 간단하게 하기 위해 단일 출력의 경우를 고려했다. 여러 출력에 대해 확장하는 것은 그리 복잡하지 않다. 이 경우 헤시안 행렬을 다음의 형태로 적을 수 있다.

연습문제 5.16

$$\mathbf{H} = \nabla\nabla E = \sum_{n=1}^{N} \nabla y_n (\nabla y_n)^{\mathrm{T}} + \sum_{n=1}^{N} (y_n - t_n)\nabla\nabla y_n \qquad \text{(식 5.83)}$$

네트워크가 데이터 집합에 대해 훈련되었고 출력값 y_n들이 표적값 t_n들에 매우 근접할 경우, 식 5.83의 두 번째 항은 충분히 작아서 무시할 수 있을 것이다. 하지만 더 일반적으로는 다음의 이유에 따라서 해당 항을 무시하는 것이 더 적절할 것이다. 1.5.5절에서 살펴본 것과 같이 제곱합 오류를 최소화하는 최적의 함수는 표적 데이터의 조건부 평균이다. 이 경우 $(y_n - t_n)$는 0을 평균으로 가지는 확률 변수가 된다. 이 값이 식 5.83 우측의 이차 미분값과 상관이 없

연습문제 5.17

다고 가정할 경우, 전체 항은 n에 대해 합산할 때 평균적으로 0이 될 것이다.

식 5.83의 두 번째 항을 무시함으로써 **레벤버그 마쿼트**(*Levenberg–Marquardt*) 근사법이라고도 불리는 **외적**(*outer product*) 근사법(헤시안 행렬은 벡터 외적들의 합으로부터 구해지기 때문이다)을 얻게 된다.

$$\mathbf{H} \simeq \sum_{n=1}^{N} \mathbf{b}_n \mathbf{b}_n^{\mathrm{T}} \qquad \text{(식 5.84)}$$

여기서 $\mathbf{b}_n \equiv \nabla a_n = \nabla y_n$이다. 왜냐하면 출력 유닛의 활성화 함수는 항등 함수이기 때문이다. 헤시안에 대한 외적 근사의 계산은 복잡하지 않다. 왜냐하면 이를 위해서는 오류 함수에 대한 일차 미분만이 필요하며, 이 미분은 표준 역전파 방법을 이용해서 $O(W)$ 단계만에 구할 수 있기 때문이다. 그 후 단순한 곱셈을 통해 행렬의 원소들을 $O(W^2)$ 단계만에 구할 수 있다. 이 근사는 적절하게 훈련된 네트워크에 대해서만 유효할 수 있다는 것을 염두에 두어야 한다. 일반적인 보통 네트워크에 대해서 식 5.83 우측변의 이차 미분항은 무시할 만큼 작지 않을 것이다.

교차 엔트로피 오류 함수와 로지스틱 시그모이드 출력 유닛 활성화 함수를 사용할 경우 해당

연습문제 5.19

근사는 다음과 같이 주어진다.

$$\mathbf{H} \simeq \sum_{n=1}^{N} y_n (1 - y_n)\mathbf{b}_n \mathbf{b}_n^{\mathrm{T}} \qquad \text{(식 5.85)}$$

이에 해당하는 결괏값을 소프트맥스 출력 유닛 활성화 함수를 가지는 다중 클래스 네트워크에

연습문제 5.20

대해서도 구할 수 있다.

5.4.3 헤시안의 역

외적 근사법을 이용하면 효율적으로 헤시안 역의 근사치를 구할 수 있다(Hassibi and Stork, 1993).
우선, 행렬 표현법을 이용해서 외적 근사를 다음과 같이 적어 보도록 하자.

$$\mathbf{H}_N = \sum_{n=1}^{N} \mathbf{b}_n \mathbf{b}_n^{\mathrm{T}} \tag{식 5.86}$$

여기서 $\mathbf{b}_n \equiv \nabla_{\mathbf{w}} a_n$은 출력 유닛 활성화 함수의 기울기에 대한 데이터 포인트 n의 기여도다.
이제 데이터 포인트들을 한 번에 하나씩 사용해서 헤시안을 만들어 나가는 순차적인 방법을
유도해 보자. 첫 번째 L개의 데이터 포인트들로부터 헤시안의 역을 이미 구했다고 하자. 이때
데이터 포인트 $L + 1$의 기여도를 따로 분리하면 다음과 같이 적을 수 있다.

$$\mathbf{H}_{L+1} = \mathbf{H}_L + \mathbf{b}_{L+1} \mathbf{b}_{L+1}^{\mathrm{T}} \tag{식 5.87}$$

헤시안의 역을 구하기 위해서 다음의 행렬 성질을 고려해 보자.

$$\left(\mathbf{M} + \mathbf{v}\mathbf{v}^{\mathrm{T}} \right)^{-1} = \mathbf{M}^{-1} - \frac{\left(\mathbf{M}^{-1}\mathbf{v} \right) \left(\mathbf{v}^{\mathrm{T}}\mathbf{M}^{-1} \right)}{1 + \mathbf{v}^{\mathrm{T}}\mathbf{M}^{-1}\mathbf{v}} \tag{식 5.88}$$

이는 우드베리 항등(Woodbury identity)의 한 특별 케이스에 해당한다(식 C.7). $\mathbf{H}_L$을 $\mathbf{M}$으로,
$\mathbf{b}_{L+1}$을 $\mathbf{v}$로 치환하면 다음을 얻게 된다.

$$\mathbf{H}_{L+1}^{-1} = \mathbf{H}_L^{-1} - \frac{\mathbf{H}_L^{-1}\mathbf{b}_{L+1}\mathbf{b}_{L+1}^{\mathrm{T}}\mathbf{H}_L^{-1}}{1 + \mathbf{b}_{L+1}^{\mathrm{T}}\mathbf{H}_L^{-1}\mathbf{b}_{L+1}} \tag{식 5.89}$$

이런 방식으로 $L + 1 = N$이 될 때까지 데이터 포인트들을 순차적으로 입력시키면 전체 데이
터를 처리할 수 있다. 따라서 결과적으로 이 방식을 이용하면 전체 데이터 집합을 순차적으로
한 번 훑음으로써 헤시안의 역을 구할 수 있다. 최초의 행렬 $\mathbf{H}_0$로는 $\alpha\mathbf{I}$를 사용할 수 있다. 여
기서 α는 초기 설정을 위해 사용하는 작은 숫자다. 따라서 이 알고리즘은 실제로는 $\mathbf{H} + \alpha\mathbf{I}$
의 역을 구하게 된다. 해당 결괏값은 α 값이 얼마나 정확한지에 대해 특별히 민감하지 않다. 하
연습문제 5.21 나 이상의 출력값을 가진 네트워크에 대해서 이 알고리즘을 쉽게 확장할 수 있다.

여기서 한 가지 주목할 점은 때로는 네트워크 훈련 알고리즘의 일부로서 간접적으로 헤시안 행
렬이 계산될 수도 있다는 것이다. 특히, 준-뉴턴 비선형 최적화 알고리즘은 점진적으로 헤시안
의 역 근사치를 계산해 나가게 된다. 이러한 알고리즘들에 대해서는 Bishop and Nabney(2008)에
자세히 논의되어 있다.

5.4.4 유한 차분법

오류 함수의 일차 미분의 경우와 마찬가지로 유한 차분법을 이용해서 이차 미분값을 구할 수 있다. 이때의 정확도는 수치적 정밀도에 의해 제한된다. 가능한 가중치 쌍들을 순서대로 섭동하면 다음을 구할 수 있다.

$$\frac{\partial^2 E}{\partial w_{ji} \partial w_{lk}} = \frac{1}{4\epsilon^2} \{ E(w_{ji}+\epsilon, w_{lk}+\epsilon) - E(w_{ji}+\epsilon, w_{lk}-\epsilon)$$
$$-E(w_{ji}-\epsilon, w_{lk}+\epsilon) + E(w_{ji}-\epsilon, w_{lk}-\epsilon) \} + O(\epsilon^2) \qquad \text{(식 5.90)}$$

다시 한 번, 대칭적 중심 차분 공식을 이용함으로써 잔차 오룟값이 $O(\epsilon)$가 아니라 $O(\epsilon^2)$임을 확인할 수 있다. 헤시안 행렬에는 W^2개의 원소가 있고 각 원소의 계산에는 네 번의 순전파 과정이 필요하다. 그리고 각각의 순전파 과정에는 패턴마다 $O(W)$개의 계산이 필요하다. 따라서 이 방법을 사용할 경우 전체 헤시안을 계산하기 위해서는 $O(W^3)$번의 계산이 필요하다는 것을 알 수 있다. 따라서 이 계산법은 역전파 방법의 구현 정확도를 확인하는 데는 유용하지만, 실제로 사용하기에는 너무 느리다.

중심 차분법을 오류 함수의 일차 미분값에 적용함으로써 더 효율적인 수치 미분법을 찾는 것이 가능하다. 이때 각각의 오류 함수들의 일차 미분값들은 역전파 과정 중에 계산된다.

$$\frac{\partial^2 E}{\partial w_{ji} \partial w_{lk}} = \frac{1}{2\epsilon} \left\{ \frac{\partial E}{\partial w_{ji}}(w_{lk}+\epsilon) - \frac{\partial E}{\partial w_{ji}}(w_{lk}-\epsilon) \right\} + O(\epsilon^2) \qquad \text{(식 5.91)}$$

섭동되어야 할 가중치의 개수가 W고, 기울기는 $O(W)$ 단계 안에 계산될 수 있으므로 이 방법을 사용하면 헤시안을 $O(W^2)$번의 계산을 통해 구할 수 있다.

5.4.5 헤시안의 정확한 계산

지금까지 헤시안 행렬이나 그 역행렬의 근사치를 구하는 다양한 방법에 대해 살펴보았다. 사실, 일차 미분값을 구할 때 사용했던 역전파법을 확장하면 임의의 피드 포워드 구조를 가진 네트워크의 헤시안을 정확하게 계산하는 것도 가능하다. 이 방법은 계산적으로 효율성이 좋다는 것을 포함해서 몇몇 장점을 지녔다(Bishop, 1991; Bishop, 1992). 이 방법은 네트워크 출력값의 함수로 표현되는 모든 미분 가능한 오류 함수에 대해 적용할 수 있다. 또한, 임의의 미분 가능한 활성화 함수를 가지는 네트워크에도 적용 가능하다. 헤시안을 계산하기 위해 필요한 계산 단계의 숫자는 $O(W^2)$에 비례하여 증가한다. 이와 비슷한 알고리즘이 Buntine and Weigend(1993)에 의해서도 고려되었다.

여기서는 두 계층의 가중치들을 가진 특정 네트워크에 대해 고려해 보도록 하자. 이 네트워크의 경우 필요한 식들을 쉽게 유도할 수 있다. 인덱스 i와 i'을 사용하여 입력들을, j와 j'을 이용하여 은닉 유닛들을, k와 k'을 이용하여 출력들을 표시할 것이다. 먼저 다음을 정의해 보자.

연습문제 5.22

$$\delta_k = \frac{\partial E_n}{\partial a_k}, \qquad M_{kk'} \equiv \frac{\partial^2 E_n}{\partial a_k \partial a_{k'}} \qquad \text{(식 5.92)}$$

여기서 E_n은 데이터 포인트 n이 오류에 기여하는 정도다. 이 경우 이 네트워크의 헤시안 행렬은 다음의 세 가지 블록들로 고려될 수 있다.

1. 두 가중치 모두가 두 번째 계층에 있는 경우:

$$\frac{\partial^2 E_n}{\partial w_{kj}^{(2)} \partial w_{k'j'}^{(2)}} = z_j z_{j'} M_{kk'} \qquad \text{(식 5.93)}$$

2. 두 가중치 모두가 첫 번째 계층에 있는 경우:

$$\frac{\partial^2 E_n}{\partial w_{ji}^{(1)} \partial w_{j'i'}^{(1)}} = x_i x_{i'} h''(a_{j'}) I_{jj'} \sum_k w_{kj'}^{(2)} \delta_k$$
$$+ x_i x_{i'} h'(a_{j'}) h'(a_j) \sum_k \sum_{k'} w_{k'j'}^{(2)} w_{kj}^{(2)} M_{kk'} \qquad \text{(식 5.94)}$$

3. 한 가중치는 첫 번째 계층에, 다른 가중치는 두 번째 계층에 있는 경우:

$$\frac{\partial^2 E_n}{\partial w_{j'i}^{(1)} \partial w_{kj}^{(2)}} = x_i h'(a_{j'}) \left\{ \delta_k I_{j'j} + z_j \sum_{k'} w_{k'j'}^{(2)} M_{kk'} \right\} \qquad \text{(식 5.95)}$$

여기서 $I_{jj'}$는 항등 행렬의 j, j'번째 원소에 해당한다. 만약 하나 또는 두 개의 가중치가 편향 항이라면 적절한 활성도를 1로 설정함으로써 해당 표현식을 쉽게 구할 수 있다. 생략 계층 연결을 포함시키는 것은 그리 어렵지 않다.

연습문제 5.23

5.4.6 헤시안 행렬의 빠른 곱셈

많은 응용 사례의 경우에는 헤시안 행렬 $\mathbf{H}$ 그 자체의 값보다는 $\mathbf{H}$와 어떤 벡터 $\mathbf{v}$를 곱한 값이 필요하다. 앞에서 살펴본 것과 같이 헤시안을 계산하는 데는 $O(W^2)$만큼의 계산이 필요하며, 이를 저장하는 데도 $O(W^2)$만큼의 공간이 필요하다. 하지만 우리가 계산하고자 하는 벡터 $\mathbf{v}^{\mathrm{T}}\mathbf{H}$는 W개의 원소만을 가지고 있다. 따라서 중간 단계로 헤시안을 계산하지 않고 $\mathbf{v}^{\mathrm{T}}\mathbf{H}$를 직접 계산하는 $O(W)$ 방법에 대해 고려해 보도록 하자.

이를 위해 일단 다음을 살펴보자.

$$\mathbf{v}^{\mathrm{T}}\mathbf{H} = \mathbf{v}^{\mathrm{T}}\nabla(\nabla E) \qquad \text{(식 5.96)}$$

여기서 ∇는 가중치 공간상에서의 기울기 연산자에 해당한다. ∇E를 계산하기 위한 표준 순전파/역전파 공식을 적은 후 여기에 식 5.96을 적용하면, $\mathbf{v}^{\mathrm{T}}\mathbf{H}$를 계산하기 위한 순전파/역전파 식을 얻을 수 있다(Møller, 1993; Pearlmutter, 1994). 이는 원 순전파/역전파 식에 미분 연산자 $\mathbf{v}^{\mathrm{T}}\nabla$를 적용해서 사용하는 것에 해당한다. Pearlmutter(1994)는 $\mathcal{R}\{\cdot\}$라는 표기를 사용하여 연산자 $\mathbf{v}^{\mathrm{T}}\nabla$를 표현하였고, 여기서도 그 관례를 따를 것이다. 분석은 비교적 간단하다. 다음의 결과와 함께 보통의 미적분 법칙들을 적용하면 된다.

$$\mathcal{R}\{\mathbf{w}\} = \mathbf{v} \qquad \text{(식 5.97)}$$

간단한 예시를 통해 이 테크닉을 설명해 보도록 하겠다. 그림 5.1에서 사용했던 2계층 네트워크를 다시 활용하고, 선형 출력 유닛과 제곱합 오류 함수를 사용할 것이다. 전과 마찬가지로 데이터 집합의 패턴 하나가 오류 함수에 얼마나 기여하는지를 살펴보자. 그 후에 각 패턴들의 기여도를 합산해서 필요 벡터를 구할 수 있다. 2계층 네트워크의 경우 순전파 공식은 다음과 같다.

$$a_j \;=\; \sum_i w_{ji}x_i \qquad \text{(식 5.98)}$$

$$z_j \;=\; h(a_j) \qquad \text{(식 5.99)}$$

$$y_k \;=\; \sum_j w_{kj}z_j \qquad \text{(식 5.100)}$$

이 식들에 $\mathcal{R}\{\cdot\}$ 연산자를 적용하면 다음 형태의 순전파 공식들을 구할 수 있다.

$$\mathcal{R}\{a_j\} \;=\; \sum_i v_{ji}x_i \qquad \text{(식 5.101)}$$

$$\mathcal{R}\{z_j\} \;=\; h'(a_j)\mathcal{R}\{a_j\} \qquad \text{(식 5.102)}$$

$$\mathcal{R}\{y_k\} \;=\; \sum_j w_{kj}\mathcal{R}\{z_j\} + \sum_j v_{kj}z_j \qquad \text{(식 5.103)}$$

여기서 v_{ji}는 가중치 w_{ji}에 해당하는 벡터 $\mathbf{v}$의 원소다. $\mathcal{R}\{z_j\}$, $\mathcal{R}\{a_j\}$, $\mathcal{R}\{y_k\}$들은 위의 공식들을 이용해서 값을 구해야 하는 새로운 변수라고 생각할 수 있다.

제곱합 오류 함수를 고려하고 있기 때문에 다음의 표준 역전파 공식을 얻을 수 있다.

$$\delta_k = y_k - t_k \qquad \text{(식 5.104)}$$

$$\delta_j = h'(a_j) \sum_k w_{kj} \delta_k \qquad \text{(식 5.105)}$$

다시 한 번 이 식들에 $\mathcal{R}\{\cdot\}$ 연산자를 적용하면 다음 형태의 역전파 공식들을 구할 수 있다.

$$\mathcal{R}\{\delta_k\} = \mathcal{R}\{y_k\} \qquad \text{(식 5.106)}$$

$$\mathcal{R}\{\delta_j\} = h''(a_j)\mathcal{R}\{a_j\} \sum_k w_{kj} \delta_k$$
$$+ h'(a_j) \sum_k v_{kj} \delta_k + h'(a_j) \sum_k w_{kj} \mathcal{R}\{\delta_k\} \qquad \text{(식 5.107)}$$

마지막으로, 오류의 일차 미분에 대한 공식들은 다음과 같다.

$$\frac{\partial E}{\partial w_{kj}} = \delta_k z_j \qquad \text{(식 5.108)}$$

$$\frac{\partial E}{\partial w_{ji}} = \delta_j x_i \qquad \text{(식 5.109)}$$

이 식들에 $\mathcal{R}\{\cdot\}$ 연산자를 적용하면 벡터 $\mathbf{v}^{\mathrm{T}}\mathbf{H}$의 원소들에 대한 식을 얻을 수 있다.

$$\mathcal{R}\left\{\frac{\partial E}{\partial w_{kj}}\right\} = \mathcal{R}\{\delta_k\} z_j + \delta_k \mathcal{R}\{z_j\} \qquad \text{(식 5.110)}$$

$$\mathcal{R}\left\{\frac{\partial E}{\partial w_{ji}}\right\} = x_i \mathcal{R}\{\delta_j\} \qquad \text{(식 5.111)}$$

이 알고리즘을 구현하기 위해서는 은닉 유닛들에 대한 새로운 변수들 $\mathcal{R}\{a_j\}$, $\mathcal{R}\{z_j\}$, $\mathcal{R}\{\delta_j\}$를 사용해야 하며, 또한 출력 유닛에 대한 새로운 변수들 $\mathcal{R}\{\delta_k\}$, $\mathcal{R}\{y_k\}$을 사용해야 한다. 각 입력 패턴에 대해서 위의 결과식을 이용하여 이 변숫값들을 구할 수 있다. 그 후에 식 5.110과 식 5.111을 적용하면 $\mathbf{v}^{\mathrm{T}}\mathbf{H}$의 원소들 값을 구할 수 있다. 이 테크닉의 한 가지 장점은 $\mathbf{v}^{\mathrm{T}}\mathbf{H}$를 계산하기 위한 방법이 표준 순전파/역전파 공식과 매우 흡사하며, 따라서 이미 존재하는 소프트웨어를 확장해서 해당 테크닉을 구현하는 것이 비교적 간단하다는 것이다.

만약 원한다면 이 테크닉을 적용해서 전체 헤시안 행렬을 구하는 것도 가능하다. 헤시안의 한 열씩을 뽑아내는 $(0, 0, \ldots, 1, \ldots, 0)$ 유닛 벡터들의 급수를 순서대로 벡터 $\mathbf{v}$로 선택하여 계산하면 된다. 이렇게 할 경우 해당 테크닉은 해석적으로는 5.4.5절에서 설명했던 Bishop(1992)의 역전파 알고리즘과 비슷한 형식을 가지게 되지만, 중복되는 계산으로 인해 효율성은 약간 감소한다.

5.5 뉴럴 네트워크에서의 정규화

뉴럴 네트워크의 입력과 출력 유닛의 숫자는 보통 데이터 집합의 차원수에 따라 결정된다. 하지만 은닉 유닛의 숫자 M은 자유 매개변수이며, 최적의 예측 성능을 내도록 조절할 수 있다. M은 네트워크상의 매개변수들(가중치와 편향)의 숫자를 조절한다. 따라서 최대 가능도 방법하에서 과소적합과 과적합 사이의 균형을 맞추어 최적의 일반화 성능을 내도록 해주는 적절한 M 값이 존재할 것이라고 기대할 수 있다. 그림 5.9는 서로 다른 M 값에 따른 사인 곡선 회귀 문제의 예시를 보이고 있다.

하지만 일반화 오류는 M 값에 대한 단순한 함수가 아니다. 그림 5.10에서 보여지는 것과 같은 오류 함수의 지역적 최솟값 때문이다. 그림 5.10은 몇몇 서로 다른 랜덤한 가중치 벡터 초깃값들을 서로 다른 M 값에 적용했을 때의 결과를 보여 준다. 이 경우에는 $M = 8$일 때 검증 집합에서의 성능이 가장 좋아 보인다. 응용 사례에서 M 값을 선택하기 위해 사용할 수 있는 방법들 중 하나는 그림 5.10과 같은 그래프를 그린 후에 가장 작은 검증 집합 오류를 가지는 해를 선택하는 것이다.

뉴럴 네트워크 모델의 복잡도를 조절해서 과적합을 막는 다른 방법들을 살펴보도록 하자. 1장에서 다항식 곡선 피팅에 대해 논의할 때 살펴본 방법 하나는 상대적으로 큰 M 값을 선택한 후, 오류 함수에 정규화항을 포함시켜서 복잡도를 조절하는 것이었다. 가장 단순한 제곱 정규화항은 제곱 정규화항이다. 이 경우 정규화된 오류 함수는 다음의 형태를 가지게 된다.

$$\widetilde{E}(\mathbf{w}) = E(\mathbf{w}) + \frac{\lambda}{2}\mathbf{w}^{\mathrm{T}}\mathbf{w} \qquad \text{(식 5.112)}$$

이 정규화기는 **가중치 감쇠**(*weight decay*)라고 불리기도 한다. 이에 대해서는 3장에서 자세히 논의했었다. 이 정규화 오류 함수의 경우 실 모델 복잡도는 정규화 상수 λ에 의해 결정된다. 앞에

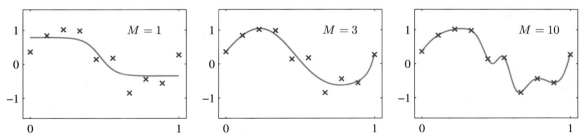

그림 5.9 사인 곡선 데이터 집합으로부터 뽑은 10개의 데이터 포인트들에 대해 훈련시킨 2계층 네트워크들의 예시. $M = 1$, 3, 10개의 은닉 유닛들을 가진 네트워크 각각을 피팅한 결과치를 그려 두었다. 각각의 피팅은 척도화된 켤레 경사도 알고리즘을 사용해서 제곱합 오류 함수를 최소화하는 방식으로 시행하였다.

그림 5.10 가로축은 네트워크의 은닉 유닛의 숫자고, 세
로축은 제곱합 오류 함수를 바탕으로 한 검
증 집합 오룻값이다. 이 그래프는 다항식 데
이터 집합을 바탕으로 그려졌다. 각각의 크기
의 네트워크에 대해서 30번씩 랜덤하게 시작
했다. 그리고 매번 새롭게 시작할 때마다 평
균값 0과 분산 10을 가지는 등방 가우시안 분
포에서 랜덤하게 추출된 값으로 가중치 벡터
를 초기화했다. 이 그래프는 지역적 국솟값의
효과를 보여 준다.

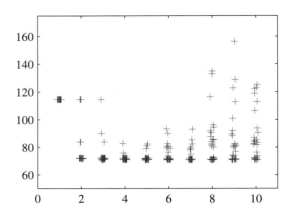

서 살펴본 것처럼 해당 정규화 항을 가중치 벡터 $\mathbf{w}$에 대한 0 평균 가우시안 사전 분포의 음의
로그라고 해석할 수 있다.

5.5.1 일관된 가우시안 사전 분포

식 5.112의 형태를 가지는 단순한 가중치 감쇠의 한 가지 한계점은 해당 항이 네트워크의 몇몇
척도화 성질과 잘 맞지 않는다는 것이다. 이를 확인하기 위해 2계층의 가중치를 가지며, 선형
출력 유닛들을 사용하는 다계층 퍼셉트론 네트워크를 고려해 보자. 이 네트워크는 입력 변수
집합 $\{x_i\}$를 출력 변수 집합 $\{y_k\}$에 사상하는 역할을 한다. 첫 번째 은닉 계층의 은닉 유닛들
활성도는 다음의 형태를 가진다.

$$z_j = h\left(\sum_i w_{ji}x_i + w_{j0}\right) \tag{식 5.113}$$

그리고 출력 유닛들의 활성도는 다음과 같이 주어진다.

$$y_k = \sum_j w_{kj}z_j + w_{k0} \tag{식 5.114}$$

입력 데이터들에 대해 다음 형태의 선형 변환을 시행한다고 해보자.

$$x_i \to \widetilde{x}_i = ax_i + b \tag{식 5.115}$$

이 경우 입력에서의 가중치와 편향에 대한 선형 변환을 은닉 계층의 유닛들에 적용해서 네트
워크에서 이루어지는 사상이 바뀌지 않고 유지되도록 할 수 있다. 해당 선형 변환은 다음과 같
은 형태를 띨 것이다.

연습문제 5.24

$$w_{ji} \rightarrow \widetilde{w}_{ji} \quad = \quad \frac{1}{a} w_{ji} \qquad \text{(식 5.116)}$$

$$w_{j0} \rightarrow \widetilde{w}_{j0} \quad = \quad w_{j0} - \frac{b}{a} \sum_i w_{ji} \qquad \text{(식 5.117)}$$

이와 비슷하게 네트워크의 출력 변수들에 대한 선형 변환은 다음 형태를 띠게 된다.

$$y_k \rightarrow \widetilde{y}_k = c y_k + d \qquad \text{(식 5.118)}$$

이는 두 번째 계층의 가중치들과 편향들을 다음과 같이 변환함으로써 얻을 수 있다.

$$w_{kj} \rightarrow \widetilde{w}_{kj} \quad = \quad c w_{kj} \qquad \text{(식 5.119)}$$

$$w_{k0} \rightarrow \widetilde{w}_{k0} \quad = \quad c w_{k0} + d \qquad \text{(식 5.120)}$$

만약 우리가 원 데이터를 이용해서 하나의 네트워크를 훈련시키고, 위에서 살펴본 선형 변환을 통해 변환된 입력/출력값을 이용해서 다른 네트워크를 훈련시킨다고 해보자. 이 경우 주어진 가중치들을 위에서 살펴본 선형 변환으로 변환하는 것 이외에 두 네트워크의 다른 부분들은 전부 일치해야 한다. 또한, 어떤 정규화항이든 이 성질을 만족시켜야 한다. 그렇지 않은 정규화 항은 동일한 두 개의 해 중 하나를 더 선호하는 결괏값을 내게 될 것이다. 모든 가중치와 편향 값을 같은 기반으로 다루는 식 5.112의 단순한 가중치 감쇠법은 이 성질을 만족시키지 않는다.

식 5.116, 식 5.117, 식 5.119, 식 5.120의 선형 변환에 대해서 불변하는 정규화항을 찾아보도록 하자. 이를 위해서는 정규화항이 가중치가 재척도화되거나 편향이 이동하는 것에 대해서 불변 해야 한다. 다음 형태의 정규화항이 이러한 성질을 만족한다.

$$\frac{\lambda_1}{2} \sum_{w \in \mathcal{W}_1} w^2 + \frac{\lambda_2}{2} \sum_{w \in \mathcal{W}_2} w^2 \qquad \text{(식 5.121)}$$

여기서 $\mathcal{W}_1$은 첫 번째 계층의 가중치들을, $\mathcal{W}_2$는 두 번째 계층의 가중치들을 지칭하며, 편향 은 합산으로부터 제외되었다. 이 정규화항은 가중치의 변환이 일어나더라도 변하지 않는다. 이 때 정규화 매개변수는 $\lambda_1 \rightarrow a^{1/2} \lambda_1$과 $\lambda_2 \rightarrow c^{-1/2} \lambda_2$처럼 재척도화될 것이다.

식 5.121의 정규화항은 다음 형태의 사전 분포에 해당한다.

$$p(\mathbf{w}|\alpha_1, \alpha_2) \propto \exp\left(-\frac{\alpha_1}{2} \sum_{w \in \mathcal{W}_1} w^2 - \frac{\alpha_2}{2} \sum_{w \in \mathcal{W}_2} w^2 \right) \qquad \text{(식 5.122)}$$

이러한 형태의 사전 분포들은 **부적합**(improper)(정규화가 불가능)하다. 왜냐하면 해당 사전 분포는 편향 매개변수들이 제약되어 있지 않기 때문이다. 부적합한 사전 분포는 정규화 계수를 결정하기 어렵게 만든다. 또한 부적합한 사전 분포는 베이지안 방법론상에서 모델을 비교하기 힘들게 만드는데, 이는 해당 증것값이 0이 되기 때문이다. 따라서 편향 각각에 대해서 각자가 따로 초매개변수를 가지는 서로 다른 사전 분포들을 사용하는 것이 일반적이다(이 경우 편향 이동에 대한 불변성이 깨지게 된다). 이 결과로 얻을 수 있는 네 개의 초매개변수들의 효과를, 사전 분포에서 추출한 표본과 해당 네트워크를 통해 도식화할 수 있다. 이에 대해서는 그림 5.11에 그려져 있다.

더 일반적으로 가중치들을 여러 개의 서로 다른 그룹 $\mathcal{W}_k$들로 나누었을 때의 사전 분포들에 대해서 고려해 보자.

$$p(\mathbf{w}) \propto \exp\left(-\frac{1}{2}\sum_k \alpha_k \|\mathbf{w}\|_k^2\right) \tag{식 5.123}$$

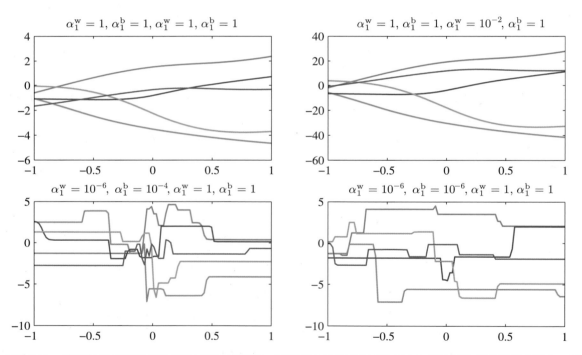

그림 5.11 매개변수와 편향에 대한 사전 분포를 조절하는 초매개변수의 효과를 나타낸 도식. 단일 입력, 단일 선형 출력, 'tanh' 활성화 함수를 가지며, 12개의 은닉 유닛으로 이루어진 2계층 네트워크를 바탕으로 그려졌다. 사전 분포는 네 개의 초매개변수 α_1^{b}, α_1^{w}, α_2^{b}, α_2^{w}에 의해 조절된다. 초매개변수들은 각각 1계층 편향, 1계층 가중치, 2계층 편향, 2계층 가중치의 가우시안 분포를 나타낸다. 매개변수 α_2^{w}가 함수의 수직 방향 축적을(위의 두 도식들이 서로 다른 세로축 범위를 가지고 있는 것을 확인할 수 있다), α_1^{w}가 함숫값들의 횡적 변동의 축적을, α_1^{b}가 해당 변동들이 발생하는 횡적 범위를 조정하는 것을 확인할 수 있다. α_2^{b}는 함수의 수직 방향 오프셋의 범위를 조절한다(이는 이 그림에는 표현되어 있지 않다).

$$\|\mathbf{w}\|_k^2 = \sum_{j \in \mathcal{W}_k} w_j^2 \qquad \text{(식 5.124)}$$

이 사전 분포의 특별 케이스로 각각의 입력 유닛에 해당되는 가중치들의 집합을 그대로 집합으로 사용한 경우를 생각해 보자. 그리고 주변 가능도를 해당 매개변수 α_k에 대해 최적화하면 **자동 연관도 결정**(*automatic relevance determination*)을 얻게 된다. 이에 대해서는 7.2.2절에서도 살펴볼 것이다.

5.5.2 조기 종료

네트워크 복잡도를 조절하기 위해 사용되는 또 다른 정규화 방법은 바로 **조기 종료**(*early stopping*) 법이다. 비선형 네트워크 모델을 훈련하는 과정은 훈련 데이터 집합에 대해 정의된 오류 함수의 값을 반복적으로 감소시키는 과정을 포함하고 있다. 네트워크 훈련에 사용되는 켤레 경사도 등의 많은 최적화 알고리즘의 경우, 오류는 반복수에 대해서 증가하지 않는 함수의 형태를 띠고 있다. 하지만 개별적인 데이터(보통은 검증 집합이 이에 해당된다)에 대해서 측정한 경우에는 오룻값이 보통 처음에는 감소하는 모습을 보이다가 네트워크가 과적합되면서 점차 증가한다. 따라서 검증 데이터 집합에 대해서 가장 작은 오류를 보이는 지점에서 훈련을 종료함으로써 좋은 일반화 성능을 보이는 네트워크를 얻을 수 있다. 이에 대해서는 그림 5.12에 그려져 있다.

이 경우의 네트워크 습성은 때때로 네트워크의 유효 자유도를 바탕으로 설명할 수 있다. 이때 유효 자유도는 처음에는 작은 숫자로 시작하였다가 훈련 과정 동안 점점 커진다. 이는 모델의 유효 복잡도가 점차 증가하는 것에 해당한다. 이 경우 훈련 오류가 최솟값이 되기 전에 훈련을 종료한다면 네트워크의 유효 복잡도를 제한하는 것이 가능하다.

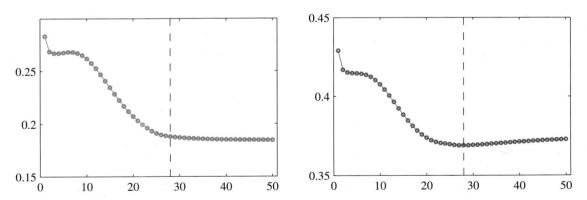

그림 5.12 보통의 훈련 중에 나타나는 훈련 집합 오류(왼쪽)와 검증 집합 오류(오른쪽)에 대한 도식. 사인파 데이터로부터 생성되었으며, 반복 횟수에 대한 함수로 그려졌다. 가장 좋은 일반화 성능을 달성하기 위해서는 수직 점선 부근에서 훈련이 정지되어야 한다. 이 선은 검증 집합 오류가 최소인 지점에 해당한다.

제곱 오류 함수의 예시를 이용해서 이 직관에 대해 확인할 수 있다. 이 경우에 조기 종료법은 단순한 가중치 감쇠항을 사용한 정규화와 비슷한 습성을 보인다. 그림 5.13에서 이에 대해 살펴볼 수 있다. 여기서 가중치 공간상의 축들은 헤시안 행렬의 고유 벡터와 평행하도록 회전되었다. 만약 훈련 과정 동안 (가중치 감쇠가 없는 상황에서) 가중치 벡터가 원점에서 시작하여 지역적인 음의 기울기 벡터의 방향으로 진행해 나간다면, 가중치 벡터는 처음에는 w_2축에 평행한 방향으로 이동을 시작하여 대략적으로 $\tilde{\mathbf{w}}$에 해당하는 점을 지나갈 것이고, 그 후에는 오류 함수의 최솟값인 $\mathbf{w}_{\mathrm{ML}}$ 방향으로 이동할 것이다. 이는 오류 표면의 모양과 서로 크게 다른 값을 가지는 헤시안 행렬의 고윳값들로부터 기인한다. 따라서 $\tilde{\mathbf{w}}$ 근처의 점에서 훈련을 멈추는 것은 가중치 감쇠와 비슷한 효과를 낸다. 조기 종료와 가중치 감쇠의 관계를 정량적으로 나타낼 수도 있다. 이 경우 값 $\tau\eta$(여기서 τ는 반복 인덱스고, η는 학습률 매개변수다)은 정규화 매개변수 λ의 역에 해당한다. 따라서 네트워크의 유효 매개변수의 숫자는 훈련 과정 동안 점점 커지게 된다.

연습문제 5.25

5.5.3 불변성

패턴 인식의 여러 적용 사례에서 예측값은 입력 변수들이 하나 또는 몇몇의 변환 과정을 거치더라도 변하지 말아야 한다. 이를 **불변성**(*invariant*)이라 한다. 필기 인식과 같이 이차원 이미지에서 물체를 인식하는 분류 문제의 경우를 예로 들어 보자. 이 경우 이미지상에서 물체의 위치가 변하더라도 분류 결과는 같아야 한다. 이는 **이동 불변성**(*translation invariance*)에 해당한다. 또한 물체의 크기가 변하더라도 분류 결과가 변하지 말아야 하는데, 이는 **크기 불변성**(*scale invariance*)에 해당한다. 이러한 변환은 원 데이터를 크게 변화시키지만, 그럼에도 불구하고 분류 시스템은 같은 결과물을 내놓을 수 있어야 하는 것이다. 음성 인식 분야에서도 마찬가지다. 축을 따라서 약간의 뒤틀림(시간적 순서는 보존되는 채로)이 발생하더라도 그에 따라 신호에 대한 해석이 바뀌어서는 안 된다.

그림 5.13 조기 종료가 왜 가중치 감쇠와 비슷한 효과를 보이는지를 제곱 오류 함수의 경우에 대해 도식화한 그림. 타원은 상수 오류의 윤곽선을 나타내며, $\mathbf{w}_{\mathrm{ML}}$은 오류 함수의 최솟값을 지칭한다. 가중치 벡터가 원점에서 시작해서 지역적 기울기의 음의 방향으로 움직일 경우, 그림의 곡선을 따라서 진행하게 된다. 훈련을 일찍 종료하면 단순한 가중치 감쇠 정규화항을 포함한 오류 함수를 최소화하는 방식으로 찾아낸 값과 질적으로 비슷한 가중치 벡터 $\tilde{\mathbf{w}}$를 찾아낼 수 있다. 이는 그림 3.15와의 비교를 통해 확인할 수 있다.

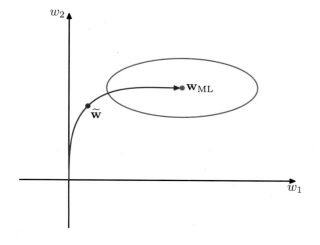

충분한 훈련 패턴들이 주어진다면, 뉴럴 네트워크와 같은 적응 모델은 최소한 대략적으로는 불변성을 학습할 수 있다. 이를 위해서는 훈련 집합에 충분한 수의 변환된 예시들이 포함되어야 한다. 예를 들어, 이미지 분류의 경우에는 분류하고자 하는 물체의 위치가 다른 여러 예시들이 훈련 집합에 포함되어야 하는 것이다.

하지만 이러한 접근 방식은 훈련 예시의 수가 제한되어 있는 경우에는 비현실적일 수 있다. 충족되어야 할 불변성의 종류가 많을 경우에도 마찬가지다. 왜냐하면 가능한 변환의 숫자가 늘어남에 따라서 변환의 조합 숫자는 기하급수적으로 늘어나기 때문이다. 따라서 적응 모델을 통해 이러한 불변성을 만족시킬 수 있는 다른 접근법을 살펴볼 필요가 있다. 이러한 접근법에는 크게 네 종류가 있다.

1. 만족시켜야 할 불변성을 바탕으로 훈련 패턴 예시들을 변환하고, 변환된 데이터를 훈련 집합에 추가적으로 포함한다. 예를 들어, 필기 인식 문제의 경우 각 훈련 데이터에 대해서 숫자의 위치가 변형된 이미지를 만들어서 훈련 집합에 추가적으로 포함시킨다.
2. 입력이 변환되었을 때 모델 출력값이 변하게 되는 것에 대해서 불이익을 주는 정규화 항을 오류 함수에 포함한다. 이를 적용한 것이 5.5.4절에서 살펴보게 될 **탄젠트 전파** (*tangent propagation*)다.
3. 해당 변환에 대해서 불변하는 특징들을 추출하는 방식으로 불변성을 사전 처리 과정에 포함시킨다. 이러한 특징들을 입력으로 사용하는 회귀 시스템과 분류 시스템은 해당 불변성을 유지하게 될 것이다.
4. 뉴럴 네트워크의 구조에 불변성을 포함시킨다(상관 벡터 머신 등의 테크닉은 불변성을 커널 함수의 정의에 포함시킨다). 5.5.6절에서 살펴보게 될 콘볼루션 뉴럴 네트워크에서 지역적인 수용 필드와 공유되는 가중치를 사용하는 것이 이 방법의 한 가지 예시다.

1번 접근법은 비교적 구현하기 쉬우며, 그림 5.14에서 볼 수 있는 것과 같은 복잡한 불변성을 다루는 데 적절하다. 순차적 훈련 알고리즘을 사용할 경우, 각 입력 패턴들을 모델에 입력하기 전에 변환하는 방식으로 이 접근법을 사용할 수 있다. 한 패턴이 다시 재사용될 때마다 (적절한 분포에서 추출한) 새로운 변환을 적용한 후에 입력하는 것이다. 배치 알고리즘의 경우에는 각 데이터 포인트들을 여러 번 복제하고 각각의 복제본에 대해 서로 다른 변환을 적용함으로써 비슷한 효과를 낼 수 있다. 이렇게 증강된 데이터를 사용하는 방식을 통해 일반화 성능을 크게 개선할 수 있다(Simard *et al.*, 2003). 하지만 이 방식은 더 많은 계산을 필요로 한다.

2번 접근법은 데이터 집합을 바꾸지 않고 그대로 사용한다. 대신에 정규화항을 추가함으로써 오류 함수를 변경한다.

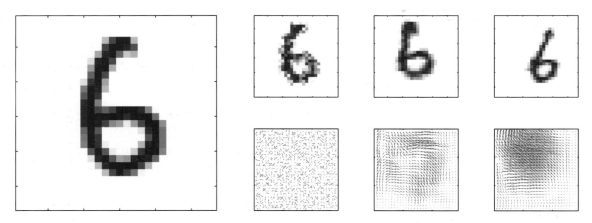

그림 5.14　손글씨 숫자들을 임의적으로 비뚤어지게 만든 데이터에 대한 그림. 왼쪽에 보이는 것이 원래의 이미지다. 오른쪽의 상단 행에는 비뚤어진 글씨의 세 가지 예시가 그려져 있으며, 오른쪽의 하단 행에는 각각의 예시를 만들어내는 데 사용된 이동 장이 그려져 있다. 이 이동 장들은 각 픽셀에 대해서 랜덤한 이동 수치 $\Delta x, \Delta y \in (0, 1)$을 추출한 후 부드럽게 하기 위해서 각각의 폭이 0.01, 30, 60인 가우시안 분포와 콘볼루션 해서 만들어졌다.

3번 접근법의 한 가지 장점은 훈련 집합에 포함되지 않은 변환들도 올바르게 외삽할 수 있다는 것이다. 하지만 판별에 적합할 수도 있는 정보를 잃지 않으면서 필요한 불변성을 만족시키는 특징들을 수작업으로 찾아내는 것이 어려울 수 있다.

5.5.4 탄젠트 전파

정규화를 이용해서 모델이 입력값의 변환에 대해 불변하도록 만들 수 있다. **탄젠트 전파**(*tangent propagation*)(Simard *et al.*, 1992) 테크닉을 통해서 이를 달성할 수 있다. 특정 입력 벡터 $\mathbf{x}_n$의 변환 효과를 고려해 보자. 변환이 연속적(이동 변환이나 회전 변환은 연속적이며, 거울에 대해 반사하는 변환은 연속적이지 않다)이라고 가정할 경우에 변환된 패턴은 D차원 입력 공간상의 매니폴드 $\mathcal{M}$를 쓸고 지나가게 될 것이다. $D = 2$인 경우에 대해 그림 5.15에 그려져 있다. 변환이 단일 매개변수 ξ에 의해 조절된다고 해보자. 예를 들면, 회전 변환의 경우에는 회전 각도가 이 매개변수에 해당한다. 이때 $\mathbf{x}_n$이 쓸고 지나가는 부분 공간 $\mathcal{M}$는 일차원일 것이며, 이 부분 공간은 ξ에 의해 매개변수화될 것이다. 이 변환을 벡터 $\mathbf{x}_n$에 적용한 결과 벡터를 $\mathbf{s}(\mathbf{x}_n, \xi)$라 하자. 그리고 $\mathbf{s}(\mathbf{x}, 0) = \mathbf{x}$라 정의할 것이다. 이때 곡선 $\mathcal{M}$는 대한 탄젠트는 방향 도함수 $\boldsymbol{\tau} = \partial \mathbf{s}/\partial \xi$로 주어지며, $\mathbf{x}_n$에서의 탄젠트 벡터는 다음과 같다.

$$\boldsymbol{\tau}_n = \left. \frac{\partial \mathbf{s}(\mathbf{x}_n, \xi)}{\partial \xi} \right|_{\xi=0} \qquad \text{(식 5.125)}$$

입력 벡터를 변환하면 보통 네트워크의 출력 벡터도 변하게 될 것이다. 출력값 k의 ξ에 대한 미

그림 5.15 특정한 입력 벡터 $\mathbf{x}_n$상에서의 연속적인 변환의 효과를 보여 주는 이차원 입력 공간의 도식. 연속 변수 ξ로 매개 변수화된 일차원 변환을 $\mathbf{x}_n$에 적용했고, 그 결과로 변환된 패턴이 일차원 매니폴드 $\mathcal{M}$를 휩쓸고 지나가게 된다. 지역적으로 이 변환의 효과는 탄젠트 벡터 $\boldsymbol{\tau}_n$을 통해서 근사할 수 있다.

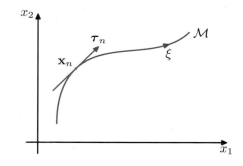

분은 다음처럼 주어진다.

$$\left.\frac{\partial y_k}{\partial \xi}\right|_{\xi=0} = \sum_{i=1}^{D} \frac{\partial y_k}{\partial x_i} \left.\frac{\partial x_i}{\partial \xi}\right|_{\xi=0} = \sum_{i=1}^{D} J_{ki}\tau_i \qquad \text{(식 5.126)}$$

여기서 J_{ki}는 야코비안 행렬 $\mathbf{J}$의 (k, i)번째 원소다(5.3.4절). 식 5.126의 결과를 이용해서 데이터 포인트 주변의 지역적인 불변성을 권장하는 방향으로 표준 오류 함수를 수정할 수 있다.

$$\widetilde{E} = E + \lambda\Omega \qquad \text{(식 5.127)}$$

여기서 E는 원래의 오류 함수고, λ는 정규화 상수다. 그리고 Ω는 다음과 같이 정의되는 정규화 함수다.

$$\Omega = \frac{1}{2}\sum_n\sum_k\left(\left.\frac{\partial y_{nk}}{\partial \xi}\right|_{\xi=0}\right)^2 = \frac{1}{2}\sum_n\sum_k\left(\sum_{i=1}^{D} J_{nki}\tau_{ni}\right)^2 \qquad \text{(식 5.128)}$$

각 패턴 벡터들의 주변에서 네트워크 사상 함수가 해당 변환에 대해 불변이라면 정규화 함수의 값은 0이 된다. 그리고 매개변수 λ의 값을 통해서 훈련 데이터를 근사하는 것과 불변성을 학습하는 것 사이의 균형이 결정될 것이다.

실제로 구현할 때는 유한 차분법을 이용해서 $\boldsymbol{\tau}_n$의 근사치를 구할 수 있다. 작은 ξ 값을 이용하여 변환을 한 후, 원 벡터 $\mathbf{x}_n$을 뺀 다음 ξ로 나누는 방식으로 유한 차분을 적용할 수 있다. 이에 대해서는 그림 5.16에 그려져 있다.

정규화 함수는 야코비안 행렬 $\mathbf{J}$를 통해서 네트워크 가중치들에 종속적이게 된다. 5.3절에서 소개했던 테크닉들을 확장해서 정규화 함수의 네트워크 가중치에 대한 미분을 역전파 방식으로 계산하는 방법을 얻을 수 있다.

연습문제 5.26

그림 5.16 (a) 손글씨 숫자의 원 이미지 x (b) 극미한 시계방향 회전 변환에 해당하는 탄젠트 벡터 τ. 여기서 파란색은 양의 값, 노란색은 음의 값에 해당한다. (c) 원 이미지에 탄젠트 벡터로부터의 작은 부분만큼을 더하여 얻어진 이미지 $x + \epsilon\tau$. 여기서 $\epsilon = 15$도다. (d) 비교를 위해 그려 놓은 회전된 원 이미지

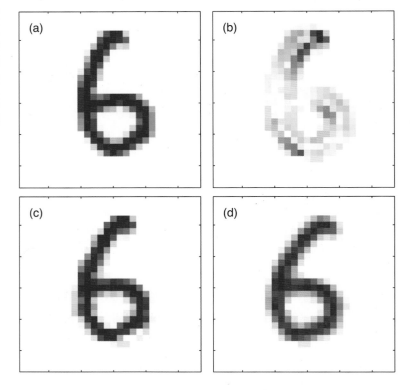

변환이 L개의 매개변수들에 의해 조절된다면(예를 들어 이차원 이미지를 평면상에서 회전 변환한 후 평행 이동시킨다면 $L = 3$이 될 것이다) 매니폴드 $\mathcal{M}$의 차원수 역시 L이 될 것이다. 그리고 이 경우 정규화항은 각 변환에 대한 식 5.128의 항들을 합산한 것이 된다. 여러 변환들을 동시에 고려하는 경우, 네트워크 사상이 각 변환에 대해 불변성을 유지하도록 한다면 이 네트워크는 변환들의 조합에 대해서도 (지역적으로) 불변성을 유지할 것이다(simard *et al.*, 1992).

이와 연관된 **탄젠트 거리**(*tangent distance*)라는 테크닉을 사용하면 최근접 이웃 분류 등의 거리를 기반으로 한 알고리즘들에서 불변성을 구현할 수 있다(Simard *et al.*, 1993).

5.5.5 변환된 데이터를 이용한 훈련

모델이 불변성을 가질 수 있도록 돕는 또 다른 한 가지 방법으로 원 입력 패턴들을 변환한 새로운 패턴들을 훈련 집합에 추가하는 것에 대해 언급했었다. 여기서는 이 방법이 탄젠트 전파와 밀접하게 연관되어 있다는 것을 설명할 것이다(Bishop, 1995b; Leen, 1995).

여기서는 5.5.4절에서 살펴본 단일 매개변수 ξ에 의해 조절되며, 함수 $s(x, \xi)$로 설명 가능한 변환을 고려할 것이다. 또한, 오류 함수로는 제곱합 함수를 사용하도록 하자. 변환되지 않은

입력값에 대한 오류 함수는 1.5.5절에서 살펴본 것과 같이 다음 형태로 적을 수 있다.

$$E = \frac{1}{2} \iint \{y(\mathbf{x}) - t\}^2 p(t|\mathbf{x})p(\mathbf{x}) \, \mathrm{d}\mathbf{x} \, \mathrm{d}t \qquad \text{(식 5.129)}$$

여기서는 논의의 간편성을 위해 단일 출력을 가진 네트워크를 고려했다. 각 데이터 포인트에 대해서 무한대의 복사본을 만든다고 해보자. 각각의 복사본들을 분포 $p(\xi)$에서 추출한 매개변수 ξ에 의해 섭동할 것이다. 그러면 추가된 데이터 포인트를 포함한 데이터 집합에 대한 오류 함수를 다음과 같이 적을 수 있다.

$$\widetilde{E} = \frac{1}{2} \iiint \{y(\mathbf{s}(\mathbf{x}, \xi)) - t\}^2 p(t|\mathbf{x})p(\mathbf{x})p(\xi) \, \mathrm{d}\mathbf{x} \, \mathrm{d}t \, \mathrm{d}\xi \qquad \text{(식 5.130)}$$

분포 $p(\xi)$가 평균값 0과 작은 분산을 가진다고 가정하자. 이를 통해서 원 입력 벡터에 대해 작은 변환만을 고려할 것이다. 그러면 변환 함수를 다음과 같이 ξ에 대한 급수로 테일러 전개할 수 있다.

$$\begin{aligned}
\mathbf{s}(\mathbf{x}, \xi) &= \mathbf{s}(\mathbf{x}, 0) + \xi \left.\frac{\partial}{\partial \xi}\mathbf{s}(\mathbf{x}, \xi)\right|_{\xi=0} + \frac{\xi^2}{2} \left.\frac{\partial^2}{\partial \xi^2}\mathbf{s}(\mathbf{x}, \xi)\right|_{\xi=0} + O(\xi^3) \\
&= \mathbf{x} + \xi\boldsymbol{\tau} + \frac{1}{2}\xi^2\boldsymbol{\tau}' + O(\xi^3)
\end{aligned}$$

여기서 $\boldsymbol{\tau}'$는 $\mathbf{s}(\mathbf{x}, \xi)$의 ξ에 대한 이차 미분값을 $\xi = 0$에서 계산한 값이다. 이를 바탕으로 모델 함수를 다음과 같이 전개할 수 있다.

$$y(\mathbf{s}(\mathbf{x}, \xi)) = y(\mathbf{x}) + \xi\boldsymbol{\tau}^{\mathrm{T}}\nabla y(\mathbf{x}) + \frac{\xi^2}{2} \left[(\boldsymbol{\tau}')^{\mathrm{T}}\nabla y(\mathbf{x}) + \boldsymbol{\tau}^{\mathrm{T}}\nabla\nabla y(\mathbf{x})\boldsymbol{\tau} \right] + O(\xi^3)$$

이 식을 식 5.130의 평균 오류 함수에 대입하고 전개하면 다음을 얻게 된다.

$$\begin{aligned}
\widetilde{E} = {} & \frac{1}{2} \iint \{y(\mathbf{x}) - t\}^2 p(t|\mathbf{x})p(\mathbf{x}) \, \mathrm{d}\mathbf{x} \, \mathrm{d}t \\
& + \mathbb{E}[\xi] \iint \{y(\mathbf{x}) - t\}\boldsymbol{\tau}^{\mathrm{T}}\nabla y(\mathbf{x})p(t|\mathbf{x})p(\mathbf{x}) \, \mathrm{d}\mathbf{x} \, \mathrm{d}t \\
& + \mathbb{E}[\xi^2]\frac{1}{2} \iint \Big[\{y(\mathbf{x}) - t\}\left\{ (\boldsymbol{\tau}')^{\mathrm{T}}\nabla y(\mathbf{x}) + \boldsymbol{\tau}^{\mathrm{T}}\nabla\nabla y(\mathbf{x})\boldsymbol{\tau} \right\} \\
& + \left(\boldsymbol{\tau}^{\mathrm{T}}\nabla y(\mathbf{x})\right)^2 \Big] p(t|\mathbf{x})p(\mathbf{x}) \, \mathrm{d}\mathbf{x} \, \mathrm{d}t
\end{aligned}$$

변환의 분포가 평균값 0을 가지므로 $\mathbb{E}[\xi] = 0$이 된다. 여기서 $\mathbb{E}[\xi^2]$을 λ라고 하고 $O(\xi^3)$ 항을 생략하면 평균 오류 함수는 다음이 된다.

$$\widetilde{E} = E + \lambda\Omega \qquad \text{(식 5.131)}$$

여기서 E는 원 제곱합 오류 함수다. 그리고 정규화항 Ω의 형태는 다음과 같다.

$$\Omega = \frac{1}{2}\int\left[\{y(\mathbf{x}) - \mathbb{E}[t|\mathbf{x}]\}\left\{(\boldsymbol{\tau}')^{\mathrm{T}}\nabla y(\mathbf{x}) + \boldsymbol{\tau}^{\mathrm{T}}\nabla\nabla y(\mathbf{x})\boldsymbol{\tau}\right\}\right.$$
$$\left. + \left(\boldsymbol{\tau}^{T}\nabla y(\mathbf{x})\right)^{2}\right]p(\mathbf{x})\,\mathrm{d}\mathbf{x} \qquad \text{(식 5.132)}$$

위 식은 t에 대해 적분한 결과다.

다음의 과정을 거쳐서 정규화항을 더 단순하게 만들 수 있다. 1.5.5절에서 제곱합 오류를 최소화하는 함수는 타깃 변수 t에 대한 조건부 평균 $\mathbb{E}[t|\mathbf{x}]$라는 것을 살펴보았다. 식 5.131을 보면 정규화된 오류 함수는 정규화되지 않은 제곱합 함수에 $O(\xi^2)$인 항을 더한 것임을 알 수 있다. 따라서 전체 오류를 최소화하는 네트워크 함수는 다음의 형태를 가지게 된다.

$$y(\mathbf{x}) = \mathbb{E}[t|\mathbf{x}] + O(\xi) \qquad \text{(식 5.133)}$$

이때 정규화항 부분의 첫 번째 항은 사라지게 된다. 따라서 다음만 남게 된다.

$$\Omega = \frac{1}{2}\int\left(\boldsymbol{\tau}^{T}\nabla y(\mathbf{x})\right)^{2}p(\mathbf{x})\,\mathrm{d}\mathbf{x} \qquad \text{(식 5.134)}$$

이는 식 5.128의 탄젠트 전파 정규화 식과 동일하다.

입력에 대한 변환이 단순히 랜덤한 노이즈를 더하는 형태인 특별한 경우를 고려해 보자. 즉, 변환의 형태가 $\mathbf{x} \rightarrow \mathbf{x} + \boldsymbol{\xi}$인 경우다. 이때 정규화항은 다음의 형태를 띠게 된다.

연습문제 5.27

$$\Omega = \frac{1}{2}\int\|\nabla y(\mathbf{x})\|^{2}p(\mathbf{x})\,\mathrm{d}\mathbf{x} \qquad \text{(식 5.135)}$$

이를 **티호노프**(*Tikhonov*) 정규화라 한다(Tihonov and Arsein, 1977; Bishop, 1995b). 이 정규화항의 네트워크 가중치에 대한 미분값은 역전파 알고리즘을 확장해서 구할 수 있다(Bishop, 1993). 노이즈의 진폭이 작은 경우에 타호노프 정규화는 입력에 대해 랜덤한 노이즈를 더하는 것과 같은 효과를 낸다. 그리고 이는 적절한 상황에서 사용할 경우 일반화 성능을 개선하는 데 도움이 된다(Sietsma and Dow, 1991).

5.5.6 콘볼루션 뉴럴 네트워크

어떤 변환들에 대해서 불변성을 가지는 모델을 만들기 위한 또 다른 방법은 바로 뉴럴 네트워크의 구조 내에 불변성 성질을 포함시키는 것이다. 이 아이디어를 바탕으로 만들어진 네트워크가 바로 **콘볼루션 뉴럴 네트워크**(*convolutional neural network*)(Le Cun *et al.*, 1989; Le Cun *et al.*, 1998)다. 콘볼루션 뉴럴 네트워크는 이미지 데이터를 처리하는 데 자주 사용된다.

손으로 적은 숫자를 인식하는 예시를 고려해 보자. 이때 각 입력 이미지는 픽셀 강돗값들의 집합이며, 원하는 출력값은 열 개의 숫자 클래스들에 대한 사후 확률 분포다. 숫자는 이동 변환, 크기 변환, (약간의) 회전 변환에 대해서 불변하다는 것을 우리는 이미 알고 있다. 또한, 이 네트워크는 그림 5.14에서 표현된 탄성 변형과 같이 좀 더 미묘한 변화에 대해서도 불변성을 가지고 있어야 한다. 이를 달성하기 위한 한 가지 단순한 방법은 바로 그림 5.1에서 보여진 것과 같은 서로 완전히 연결된 네트워크를 사용하는 것이다. 충분히 큰 훈련 집합을 사용할 경우에 이러한 네트워크는 이 문제에 대해 원칙적으로는 좋은 해를 낼 수 있으며, 예시들을 통해서 적절한 불변성들을 학습할 것이다.

하지만 이 방법은 이미지 데이터의 한 가지 중요한 성질을 무시하고 있다. 바로 더 가까이 있는 픽셀들은 멀리 떨어져 있는 픽셀들에 비해서 밀접하게 연관되어 있다는 성질이다. 많은 현대적인 컴퓨터 비전 방법론들은 이미지의 작은 부분에 대해서만 의존적인 **지역**(*local*)적인 특징들을 추출함으로써 이 성질을 활용하고 있다. 이러한 특징들로부터 얻게 되는 정보들은 나중의 처리 과정에서 합쳐지게 된다. 이렇게 합쳐진 특징들은 고차의 특징들을 찾아내는 데 활용되며, 최종적으로는 이미지 전체에 대한 정보를 생성하는 데 사용된다. 또한, 이미지의 한 구역에서 유용한 지역적인 특징들은 다른 구역들에서도 유용할 확률이 높다. 예를 들어, 관심이 있는 물체가 이동 변환되었을 경우에 그렇다.

이 개념들은 (i) 지역적 수용장, (ii) 가중치 공유, (iii) 부표본의 세 가지 메커니즘을 통해 콘볼루션 뉴럴 네트워크에 포함된다. 콘볼루션 뉴럴 네트워크의 구조에 대해 그림 5.17에 그려져 있다. 콘볼루션 계층에서는 각각의 유닛들이 **특징 맵**(*feature map*)이라 불리는 평면을 통해 조직된다. 특징 맵의 각 유닛들은 이미지의 작은 소구역에서만 입력을 받아들인다. 또한, 특징 맵의 모든 유닛들은 같은 가중칫값을 가지도록 제한된다. 예를 들자면 하나의 특징 맵은 10×10 격자 구조를 가지는 100개의 유닛으로 이루어질 수 있으며, 이때 각각의 유닛은 5×5픽셀만큼의 이미지 조각으로부터 입력값을 받을 수 있다. 따라서 전체 특징 맵은 25개의 조정 가능한 가중치 매개변수와 하나의 편향 매개변수를 가지게 된다. 한 조각으로부터의 입력값들은 가중치와 편향을 이용해서 선형적으로 합산되고, 그 결괏값은 식 5.1을 이용하여 시그모이드 비선형 변환을 거치게 된다. 이 유닛들을 특징 탐지기라고 생각해 보자. 그러면 특징 맵의 전체 유닛들은 입력 이미지의 서로 다른 부분에서 같은 패턴을 탐지해 내는 데 사용된다고 볼 수 있다. 가중치 공유로 인해서 이 유닛들의 활성도를 계산하는 것은 가중치 매개변수로 이루어진 '커널'과 이미지 픽셀 강도들 간의 콘볼루션을 계산하는 것과 동일해진다. 만약 입력 이미지가 이동된다면 특징 맵의 활성도들 역시 같은 만큼 이동될 것이다. 하지만 이 외에 다른 것은 변하지 않는다. 이것이 입력 이미지의 이동 변환이나 왜곡 변환에 대한 네트워크 출력의 (대략적인) 불변성의 토대가 된다. 효율적인 모델을 만들기 위해서는 보통 여러 특징들을 탐지하는 것이 필요하다. 따라서 일반적으로는 콘볼루션 계층에 여러 개의 특징 맵을 만들게 된다. 그리고 각각의 특징 맵들은 각자의 가중치와 편향 매개변수들을 가진다.

콘볼루션 유닛의 출력값은 부표본 계층의 입력값이 된다. 콘볼루션 계층의 각각의 특징 맵에 대해서 부표본 계층에는 한 평면만큼의 유닛들이 있으며, 각각의 유닛들은 해당 특징 맵의 작은 수용장으로부터 입력값을 받는다. 이 유닛들이 부표본을 추출하는 역할을 한다. 부표본 유닛의 작동에 대한 한 가지 예를 들어 보자면 다음과 같다. 하나의 부표본 유닛은 해당 특징 맵의 2 × 2 유닛 지역으로부터 입력을 받은 후 이 입력값들의 가중 평균(이때 가중치는 조절 가능하다)을 구하고 여기에 편향값을 더한 후 시그모이드 비선형 활성도 함수로 변환하는 일을 할 수 있다. 수용장들은 연속적이고 겹치지 않게 선택될 것이다. 따라서 콘볼루션 계층과 비교했

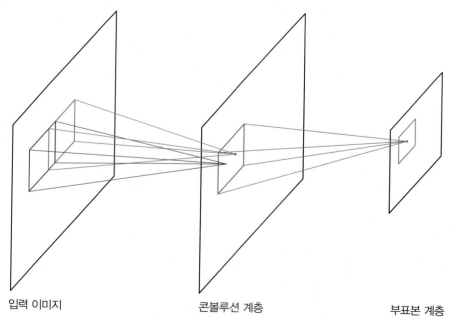

입력 이미지   콘볼루션 계층   부표본 계층

그림 5.17 콘볼루션 뉴럴 네트워크의 일부를 그려 놓은 도표. 원 입력 이미지, 콘볼루션 유닛 계층, 부표본 유닛 계층을 순서대로 그려 놓았다. 이러한 연속적인 계층들의 쌍을 여럿 사용할 수 있다.

을 때 부표본 계층의 열과 행의 숫자는 절반이 될 것이다. 이런 방식에 따라서 부표본 계층 유닛의 출력은 입력 공간의 해당 지역에서 이미지가 조금 옮겨진 경우에 대해 상대적으로 덜 민감해진다.

실제 사례에서는 여러 쌍의 콘볼루션과 부표본 계층이 존재할 수 있다. 각 단계에서 해당 계층은 그 전 단계의 계층보다 입력의 변환에 대해 더 큰 정도의 불변성을 가지게 될 것이다. 한 콘볼루션 계층에는 그 전 단계의 부표본 계층의 각 유닛 평면에 대한 특징 맵이 여러 개 존재할 수 있다. 이 경우 공간 해상도가 점진적으로 감소하는 것은 특징 숫자의 증가를 통해 보상 가능하다. 네트워크의 마지막 계층은 보통 완전히 연결된 조절 가능한 계층이며, 다중 클래스 분류의 경우에는 소프트맥스 출력 함수를 사용한다.

연습문제 5.28

오류를 최소화하는 방식으로 전체 네트워크를 훈련할 수 있다. 이때 오류 함수의 기울기는 역전파를 이용하여 계산한다. 가중치 공유 제약 조건을 만족시키기 위해서 기존의 역전파 알고리즘을 살짝 변경시켜야 한다. 지역적 수용장으로 인해서 네트워크 가중치의 총 숫자는 네트워크가 완전히 연결됐을 때에 비해 적다. 또한, 많은 수의 가중치에 대한 제약 조건들 때문에 데이터로부터 학습돼야 할 독립 매개변수의 숫자도 적다.

5.5.7 약한 가중치 공유

가중치의 숫자가 많은 네트워크의 유효 복잡도를 감소시키는 한 가지 방법은 몇몇 특정 그룹들 사이의 가중치들이 같도록 제약하는 것이다. 이것이 바로 가중치 공유 테크닉이다. 5.5.6절에서는 이미지를 해석할 때 네트워크상에 이동 변환에 대한 불변성을 주기 위한 방법으로서의 가중치 공유 테크닉에 대해서 논의했다. 하지만 이러한 가중치 공유 테크닉은 제약 조건의 형태를 미리 명시할 수 있는 특정 문제들에 대해서만 적용할 수 있다. 여기서는 가중치들이 동일해야 한다는 강한 제약 조건을 가중치들이 비슷하도록 권장하는 정규화의 형태로 변형시킨 **약한 가중치 공유**(*soft weight sharing*)(Nowlan and Hinton, 1992) 테크닉에 대해서 살펴보도록 하자. 가중치들을 그룹별로 나누고 해당 그룹에서 평균 가중치를 구한 후, 그룹 간에 그 값을 전파하는 일이 전부 학습 과정 중에 일어나게 된다.

2.3.9절

식 5.112의 단순한 가중치 감쇠 정규화항을 가중치에 대한 가우시안 사전 분포의 음의 로그값으로 볼 수 있었다. 이때 확률 분포로 가우시안 **혼합** 확률 분포를 사용하면 가중칫값들이 하나의 그룹이 아닌 여러 그룹을 이루도록 할 수 있다. 가우시안 성분들의 중심, 분산, 혼합 계수들은 학습 과정에서 결정될 조절 가능한 매개변수에 해당하게 된다. 이 경우 다음의 확률 밀도를 가진다.

$$p(\mathbf{w}) = \prod_i p(w_i) \tag{식 5.136}$$

여기서

$$p(w_i) = \sum_{j=1}^{M} \pi_j \mathcal{N}(w_i | \mu_j, \sigma_j^2) \tag{식 5.137}$$

이다. 이때 π_j는 혼합 계수다. 여기에 음의 로그값을 취하면 다음 형태의 정규화 함수를 얻게 된다.

$$\Omega(\mathbf{w}) = -\sum_i \ln \left(\sum_{j=1}^{M} \pi_j \mathcal{N}(w_i | \mu_j, \sigma_j^2) \right) \tag{식 5.138}$$

전체 오류 함수는 다음과 같다.

$$\widetilde{E}(\mathbf{w}) = E(\mathbf{w}) + \lambda \Omega(\mathbf{w}) \tag{식 5.139}$$

여기서 λ는 정규화 계수다. 이 오류 함수는 가중치 w_i와 혼합 모델의 매개변수 $\{\pi_j, \mu_j, \sigma_j\}$ 양측에 대해서 최소화된다. 만약 가중치가 상수라면, 9장에서 살펴볼 EM 알고리즘을 이용해서 혼합 모델의 매개변수들을 결정할 수 있다. 하지만 가중치의 분포 그 자체가 학습 과정 중에 변화할 수 있으므로 수치적인 불안정성을 줄이기 위해서 가중치와 혼합 모델 매개변수들에 대해서 공동 최적화를 시행하기도 한다. 켤레 경사도법이나 준-뉴턴 방법 등의 표준 최적화 알고리즘을 이용하여 이를 달성할 수 있다.

전체 오류 함수를 극소화하기 위해서는 조절 가능한 매개변수들에 대해 오류 함수의 미분값을 찾아내는 것이 필요하다. 이를 위해서는 $\{\pi_j\}$를 **사전** 확률로 여기고 이에 해당하는 사후 확률을 사용하면 편리하다. 이 사후 확률은 식 2.192와 베이지안 정리에 따라서 다음의 형태로 주어지게 된다.

$$\gamma_j(w) = \frac{\pi_j \mathcal{N}(w | \mu_j, \sigma_j^2)}{\sum_k \pi_k \mathcal{N}(w | \mu_k, \sigma_k^2)} \tag{식 5.140}$$

연습문제 5.29   이때 전체 오류 함수의 가중치들에 대한 미분값은 다음과 같이 주어지게 된다.

$$\frac{\partial \widetilde{E}}{\partial w_i} = \frac{\partial E}{\partial w_i} + \lambda \sum_j \gamma_j(w_i) \frac{(w_i - \mu_j)}{\sigma_j^2} \tag{식 5.141}$$

이 결과에서 볼 수 있는 것처럼, 정규화항은 각각의 가중치들을 j번째 가우시안의 중심을 향해서 밀어내는 효과를 가지게 된다. 이때 밀어내는 힘의 정도는 해당 가중치에 대한 가우시안의 사후 확률에 비례한다. 이는 정확히 우리가 필요로 하던 효과다.

연습문제 5.30 오류 함수의 가우시안의 중심에 대한 미분도 쉽게 계산할 수 있다.

$$\frac{\partial \widetilde{E}}{\partial \mu_j} = \lambda \sum_i \gamma_j(w_i) \frac{(\mu_j - w_i)}{\sigma_j^2}$$ (식 5.142)

이 식은 μ_j를 가중칫값들의 평균을 향해서 밀어낸다. 이때 그 밀어내는 정도는 해당 가중 매 개변수가 j 성분을 통해서 만들어졌을 사후 확률을 통해서 가중된다. 비슷한 방식으로 분산에 연습문제 5.31 대한 미분도 계산할 수 있다.

$$\frac{\partial \widetilde{E}}{\partial \sigma_j} = \lambda \sum_i \gamma_j(w_i) \left(\frac{1}{\sigma_j} - \frac{(w_i - \mu_j)^2}{\sigma_j^3} \right)$$ (식 5.143)

이 식은 σ_j가 중심 μ_j 근처 가중치들 제곱 편차의 가중 평균으로 향하도록 하는 효과를 가진 다. 여기서 가중 계수들은 해당 가중치가 j 성분을 통해서 만들어졌을 사후 확률에 해당한다. 실제로 구현할 때는 다음의 정의에 따라 주어지는 새 변수 η_j가 사용된다.

$$\sigma_j^2 = \exp(\eta_j)$$ (식 5.144)

그리고 극소화는 η_j에 대해서 일어나게 된다. 이를 통해서 매개변수 σ_j가 확실히 양의 값을 가 지도록 할 수 있다. 또한, 이를 통해서 하나 또는 그 이상의 σ_j 값들이 전부 0 값을 가지는 해 를 내는 것을 막을 수 있다. 이 해는 가우시안 성분들이 가중 매개변숫값들 중의 하나로 붕괴 되는 것에 해당한다. 이러한 해에 대해서는 9.2.1절에서 가우시안 혼합 모델에 대해 논의할 때 더 자세히 살펴볼 것이다.

혼합 계수 π_j에 대해 미분할 경우에는 다음의 제약 조건을 고려해야 한다.

$$\sum_j \pi_j = 1, \qquad 0 \leqslant \pi_i \leqslant 1$$ (식 5.145)

이 제약 조건은 π_j를 사전 확률로 해석하는 조건에 따라 만들어진 것이다. 보조 변수 $\{\eta_j\}$와 다음과 같이 주어지는 **소프트맥스**(*softmax*) 함수를 이용해서 혼합 계수를 표현함으로써 해당 제 약 조건을 만족시킬 수 있다.

$$\pi_j = \frac{\exp(\eta_j)}{\sum_{k=1}^{M} \exp(\eta_k)}$$ (식 5.146)

연습문제 5.32 이 경우 정규화된 오류 함수의 $\{\eta_j\}$에 대한 미분은 다음의 형태를 취하게 된다.

$$\frac{\partial \widetilde{E}}{\partial \eta_j} = \sum_i \left\{ \pi_j - \gamma_j(w_i) \right\} \tag{식 5.147}$$

π_j가 j 성분 사후 확률들의 평균을 향해 가까워진다는 것을 알 수 있다.

5.6 혼합 밀도 네트워크

지도 학습의 목표는 조건부 분포 $p(\mathbf{t}|\mathbf{x})$를 모델링하는 것이다. 그리고 대부분의 단순한 회귀 문제에서는 조건부 분포로 가우시안 분포를 사용하게 된다. 하지만 실제적인 머신 러닝 문제에서는 이 분포가 가우시안이 아닌 경우가 종종 발생한다. 예를 들어, 분포가 다봉형일 수도 있는 **역방향 문제**(*inverse problem*)의 경우 분포가 가우시안이라고 가정하게 되면 예측 성능이 매우 좋지 않을 수 있다.

연습문제 5.33 역방향 문제의 예시로 그림 5.18에 그려진 로봇 팔의 운동학을 살펴보도록 하자. 이때 **정방향 문제**(*forward problem*)는 관절의 각도가 주어졌을 때 최종 효과기(end effector)의 위치를 찾는 것이며, 단일 해를 가지고 있다. 하지만 실제 문제에서는 효과기를 적당한 위치로 이동시키는 것이 목표이며, 이를 위해 적합한 관절의 각도를 찾아서 설정해야 한다. 이 문제가 바로 역방향 문제에 해당한다. 이 경우 역방향 문제는 그림 5.18에서 볼 수 있는 것처럼 두 개의 해를 가지고 있다.

정방향 문제는 보통 물리적 시스템에서의 인과 관계에 해당하며, 단일 해를 가지고 있다. 예를 들어, 인체의 특정 패턴 증상은 어떤 질병의 존재로 인해 발생할 수 있다. 하지만 패턴 인식 분야에서는 일반적으로 역방향 문제를 풀어야 한다. 예를 들자면 증상들이 주어졌을 때 이를 바탕으로 질병이 있는지를 예측하는 것이다. 만약 정방향 문제가 다대일 관계를 포함한다면, 역방향 문제는 여러 개의 해를 가질 수 있다. 예를 들어, 여러 가지 다른 질병들이 같은 증상의 원인이 될 수 있다.

로봇 팔 예시에서 운동학은 기하학적인 방정식들을 바탕으로 정의된다. 그리고 이 경우 다봉성이 있다는 것은 매우 명확하다. 하지만 다른 많은 머신 러닝 문제(특히 고차원 문제의 경우)에서 다봉성의 여부는 그렇게 명확하지 않다. 교육적인 목적으로 여기서는 다봉성이 쉽게 보여질 수 있는 단순한 문제를 예시로 사용해 보도록 하겠다. 이 문제의 데이터는 다음과 같이 만들어졌다. 일단, $(0, 1)$ 구간상에서 표본을 균일하게 추출해서 변수 x의 집합 $\{x_n\}$을 정했다. 그리고 이에 대한 표적값 t_n은 함수 $x_n + 0.3 \sin(2\pi x_n)$을 계산하고 $(-0.1, 0.1)$ 구간상의 균일 노이즈를 더해서 결정했다. 이 경우 같은 데이터를 유지하면서 x와 t의 역할을 바꾸어서 역방향 문제를 정의할 수 있다. 그림 5.19에 정방향 문제와 역방향 문제에 대한 데이터 집합과 이 데이

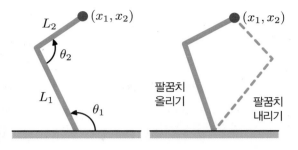

그림 5.18　왼쪽 그림은 두 부분이 연결된 로봇 팔을 나타내고 있다. 여기서 최종 효과기의 데카르트 좌표 (x_1, x_2)는 두 개의 관절 각 θ_1과 θ_2, 그리고 로봇 팔의 (고정된) 길이 L_1와 L_2에 의해 결정된다. 이를 로봇 팔의 **정운동학** (*forward kinematics*)이라고 지칭한다. 실제 사례에서는 최종 효과기를 원하는 곳에 위치시키는 것이 목표이며, 이를 달성할 수 있는 관절각을 찾아야 한다. 이에 대해 오른쪽 그림에 그려져 있다. 이는 **역운동학**(*inverse kinematics*)에 해당한다. 이 문제는 팔꿈치를 '올리는' 해와 '내리는' 해의 두 가지 해를 가지게 된다.

터 집합들에 여섯 개의 은닉 유닛과 단일 선형 출력 유닛을 가진 2계층 뉴럴 네트워크를 제곱합 오류 함수를 최소화하는 방식으로 피팅한 결과가 그려져 있다. 최소 제곱법은 가우시안 가정하에서의 최대 가능도에 해당한다. 상당히 비가우시안적인 역방향 문제의 경우에 이 뉴럴 네트워크가 좋지 못한 모델링 성능을 보인다는 것을 확인할 수 있다.

따라서 조건부 확률 분포를 모델하기 위한 더 일반적인 체계가 필요하다는 것을 알 수 있다. $p(\mathbf{t}|\mathbf{x})$에 대해 혼합 모델을 사용함으로써 이를 달성할 수 있다. 이때 이 혼합 모델의 혼합 계수와 성분 밀도는 입력 벡터 $\mathbf{x}$에 대한 유연한 함수여야 한다. 이를 바탕으로 만들어진 네트워크가 **혼합 밀도 네트워크**(*mixture density network*)다. 혼합 모델은 주어진 각각의 $\mathbf{x}$ 값에 대해서 임의의 조건부 밀도 함수 $p(\mathbf{t}|\mathbf{x})$를 모델하기 위한 일반적인 방법론을 제공해 주게 된다. 충분히 유연한 네트워크를 고려한다는 가정하에 이 체계를 사용하면 임의의 조건부 분포를 근사할 수 있다.

여기서는 각 성분들이 가우시안인 모델에 대해서 고려할 것이다.

$$p(\mathbf{t}|\mathbf{x}) = \sum_{k=1}^{K} \pi_k(\mathbf{x}) \mathcal{N}\left(\mathbf{t}|\boldsymbol{\mu}_k(\mathbf{x}), \mathbf{I}\sigma_k^2(\mathbf{x})\right) \qquad \text{(식 5.148)}$$

그림 5.19　왼쪽에는 단순한 '정방향 문제'의 데이터 집합에 대해 그려져 있다. 여기서 빨간색 곡선은 2계층 뉴럴 네트워크를 제곱합 오류 함수를 최소화하는 식으로 피팅한 결과다. 이에 해당하는 역방향 문제는 오른쪽에 그려져 있다. 이는 x와 t의 역할을 뒤집음으로써 생성된 문제다. 제곱합 오류 함수를 최소화하는 식으로 동일한 네트워크를 피팅했는데, 데이터 집합의 다봉성으로 인해서 피팅이 제대로 이루어지지 않는 것을 확인할 수 있다.

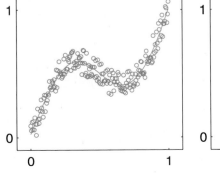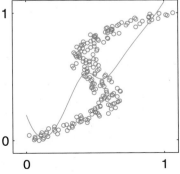

이는 **이분산성**(*heteroscedastic*) 모델의 예시다. 데이터의 노이즈 분산이 입력 벡터 $\mathbf{x}$의 함수이기 때문이다. 가우시안 대신에 다른 분포를 성분으로 사용하는 것도 가능하다. 예를 들어, 타깃 변수가 연속이 아니라 이산일 경우에는 베르누이 분포를 사용할 수 있다. 여기서는 각 성분들에 대해서 등방 공분산을 가지고 있는 경우에 대해 살펴볼 것이다. 하지만 공분산을 콜레스키 분해(Cholesky factorization)(Williams, 1996)를 이용해서 표현하는 방식을 사용하면 일반적인 공분산을 사용하는 방식으로 혼합 밀도 네트워크를 쉽게 확장할 수 있다. 각 성분들이 등방이긴 하지만, 조건부 분포 $p(\mathbf{t}|\mathbf{x})$는 $\mathbf{t}$의 성분에 대한 인수분해를 혼합 분포의 결과에 따른 것이라고 가정하지 않는다. 이는 표준 제곱합 회귀 모델과는 대조적인 것이다.

혼합 모델의 매개변수인 혼합 계수 $\pi_k(\mathbf{x})$, 평균 $\boldsymbol{\mu}_k(\mathbf{x})$, 분산 $\sigma_k^2(\mathbf{x})$는 $\mathbf{x}$를 입력으로 가지는 기존 뉴럴 네트워크의 출력값에 의해 조절된다. 혼합 밀도 네트워크의 구조가 그림 5.20에 그려져 있다. 혼합 밀도 네트워크는 14.5.3절에서 논의할 전문 학습기 혼합 구조와 밀접하게 연관되어 있다. 혼합 밀도 네트워크에서는 혼합 계수와 각 성분 밀도들의 매개변수를 예측하는 데 있어서 같은 함수를 사용하기 때문에 입력에 종속된 함수들 사이에 비선형 은닉 유닛들이 공유된다. 이것이 전문 학습기 혼합 구조와의 근본적인 차이다.

그림 5.20의 뉴럴 네트워크는 예를 들자면 시그모이드('tanh') 은닉 유닛을 가진 2계층 네트워크가 될 수 있다. 식 5.148의 혼합 모델이 K개의 성분을 가지고 $\mathbf{t}$가 L개의 성분을 가진다고 해보자. 이때 이 네트워크는 혼합 계수 $\pi_k(\mathbf{x})$를 결정하는 K개의 출력 유닛 a_k^π들, 커널의 너비 $\sigma_k(\mathbf{x})$를 결정하는 K개의 출력 유닛 a_k^σ들, 커널 중심 $\boldsymbol{\mu}_k(\mathbf{x})$의 성분 $\mu_{kj}(\mathbf{x})$를 결정하는 $L \times K$개의 출력 유닛 a_{kj}^μ들을 가지게 될 것이다. 따라서 네트워크의 총 출력의 개수는 $(L+2)/K$가 된다. 타깃 변수의 조건부 평균만을 예측하는 일반 네트워크가 L개의 출력값을 가지는 것과 대조된다.

혼합 계수는 다음의 제약 조건을 만족해야 한다.

$$\sum_{k=1}^{K} \pi_k(\mathbf{x}) = 1, \qquad 0 \leqslant \pi_k(\mathbf{x}) \leqslant 1 \qquad \text{(식 5.149)}$$

다음의 소프트맥스 출력을 사용함으로써 제약 조건을 만족시킬 수 있다.

$$\pi_k(\mathbf{x}) = \frac{\exp(a_k^\pi)}{\sum_{l=1}^{K} \exp(a_l^\pi)} \qquad \text{(식 5.150)}$$

이와 비슷하게 분산은 $\sigma_k^2(\mathbf{x}) \geqslant 0$ 조건을 만족시켜야 한다. 따라서 분산을 다음과 같은 네트워크의 해당 활성도의 지수로 표현할 수 있다.

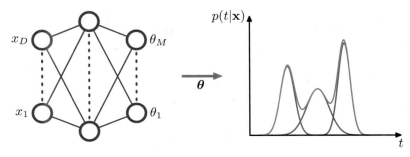

그림 5.20 **혼합 밀도 네트워크**는 t에 대한 분포로 매개변수화된 혼합 모델을 사용한다. 그리고 x를 입력 벡터로 가지는 뉴럴 네트워크의 출력값에 따라 결정되는 매개변수를 사용한다. 이를 바탕으로 일반적인 조건부 밀도 $p(\mathbf{t}|\mathbf{x})$를 표현할 수 있다.

$$\sigma_k(\mathbf{x}) = \exp(a_k^\sigma) \qquad \text{(식 5.151)}$$

마지막으로 평균값 $\boldsymbol{\mu}_k(\mathbf{x})$는 실수 성분이기 때문에 네트워크의 활성도로 직접 표현할 수 있다.

$$\mu_{kj}(\mathbf{x}) = a_{kj}^\mu \qquad \text{(식 5.152)}$$

혼합 밀도 네트워크의 조절 가능한 매개변수들은 뉴럴 네트워크에서의 가중치와 편향 벡터 **w**로 구성된다. 최대 가능도 방법을 통해 이 매개변수들을 구할 수 있다. 즉, 음의 로그 가능도로 정의된 오류 함수를 최소화함으로써 구할 수 있다. 독립적인 데이터에 대해서 오류 함수는 다음의 형태를 취하게 된다.

$$E(\mathbf{w}) = -\sum_{n=1}^{N} \ln \left\{ \sum_{k=1}^{K} \pi_k(\mathbf{x}_n, \mathbf{w}) \mathcal{N}\left(\mathbf{t}_n | \boldsymbol{\mu}_k(\mathbf{x}_n, \mathbf{w}), \mathbf{I}\, \sigma_k^2(\mathbf{x}_n, \mathbf{w})\right) \right\} \quad \text{(식 5.153)}$$

여기서 **w**에 대한 의존성을 명시적으로 표현하였다.

오류 함수를 최소화하기 위해서는 오류 함수 $E(\mathbf{w})$를 **w**의 성분에 대해서 미분해야 한다. 오류를 출력 유닛의 활성도에 대해 미분한 값에 대한 적합한 표현식이 주어진다는 가정하에 표준 역전파 방식을 통해서 이를 계산할 수 있다. 이 미분값들은 각각의 패턴과 각각의 출력 유닛에 대한 오류 시그널 δ를 표현하는 것이다. 이 미분값들을 은닉 유닛들로 역전파하는 것이 가능하며, 보통의 방법으로 오류 함수의 미분을 계산할 수 있다. 식 5.153의 오류 함수는 각각의 훈련 데이터 포인트 하나에 대한 항들이 합산된 방식으로 이루어져 있다. 따라서 특정 패턴 n에 대한 미분값을 먼저 고려한 후, 이를 모든 패턴들에 대해 합산하면 E의 미분값을 찾아낼 수 있다.

지금 혼합 분포를 다루고 있기 때문에 혼합 계수 $\pi_k(\mathbf{x})$를 x에 종속적인 사전 확률 분포로 보고 이에 해당하는 사후 분포를 도입하면 편리할 것이다.

$$\gamma_{nk} = \gamma_k(\mathbf{t}_n|\mathbf{x}_n) = \frac{\pi_k \mathcal{N}_{nk}}{\sum_{l=1}^{K} \pi_l \mathcal{N}_{nl}} \qquad \text{(식 5.154)}$$

여기서 $\mathcal{N}_{nk}$는 $\mathcal{N}\left(\mathbf{t}_n|\boldsymbol{\mu}_k(\mathbf{x}_n), \sigma_k^2(\mathbf{x}_n)\right)$를 지칭한다.

연습문제 5.34 혼합 계수를 조절하는 네트워크 출력 활성도에 대한 미분값은 다음과 같이 주어진다.

$$\frac{\partial E_n}{\partial a_k^\pi} = \pi_k - \gamma_{nk} \qquad \text{(식 5.155)}$$

연습문제 5.35 이와 흡사하게 성분 평균을 조절하는 네트워크 출력 활성도에 대한 미분값은 다음과 같다.

$$\frac{\partial E_n}{\partial a_{kl}^\mu} = \gamma_{nk} \left\{ \frac{\mu_{kl} - t_{nl}}{\sigma_k^2} \right\} \qquad \text{(식 5.156)}$$

연습문제 5.36 마지막으로 성분 분산을 조절하는 네트워크 출력 활성도에 대한 미분값은 다음과 같다.

$$\frac{\partial E_n}{\partial a_k^\sigma} = \gamma_{nk} \left\{ L - \frac{\|\mathbf{t}_n - \boldsymbol{\mu}_k\|^2}{\sigma_k^2} \right\} \qquad \text{(식 5.157)}$$

그림 5.19의 예시 역방향 문제에 혼합 밀도 네트워크 모델을 적용해 보자. 혼합 계수 $\pi_k(x)$, 평균 $\mu_k(x)$, 조건부 밀도 $p(t|x)$의 경로가 그림 5.21에 그려져 있다. 뉴럴 네트워크의 출력값과 혼합 모델의 매개변수들은 입력 변수에 대해 연속적인 단일값 함수여야 한다. 하지만 그림 5.21(c)에서 볼수 있는 것처럼 혼합 밀도 네트워크 모델은 어떤 x 값에 대해서는 단봉 형태의 조건부 밀도를, 다른 x 값들에 대해서는 삼봉 형태의 조건부 밀도를 표현할 수 있다. 이는 혼합 계수 $\pi_k(\mathbf{x})$의 진폭을 조절함으로써 가능하다.

혼합 밀도 네트워크가 한 번 훈련되고 나면 어떤 입력 벡터에 대해서든 표적 데이터의 조건부 밀도 함수를 예측할 수 있다. 이 조건부 밀도는 출력 벡터의 값을 예측하는 문제에 한해서는 원 데이터 생성기를 전체적으로 잘 대변한다. 이 밀도 함수로부터 다른 응용 문제에서 쓰일 만한 다른 값을 계산할 수 있다. 가장 단순한 예는 평균값이다. 여기서 평균값은 표적 데이터의 조건부 평균에 해당하며 다음처럼 주어진다.

$$\mathbb{E}[\mathbf{t}|\mathbf{x}] = \int \mathbf{t}p(\mathbf{t}|\mathbf{x})\, d\mathbf{t} = \sum_{k=1}^{K} \pi_k(\mathbf{x})\boldsymbol{\mu}_k(\mathbf{x}) \qquad \text{(식 5.158)}$$

여기서 식 5.148을 사용하였다. 혼합 밀도 네트워크의 특별 케이스로 최소 제곱법의 결과를 생성해내는 것도 가능하다. 왜냐하면 최소 제곱법을 이용해 훈련시킨 표준 네트워크가 조건부

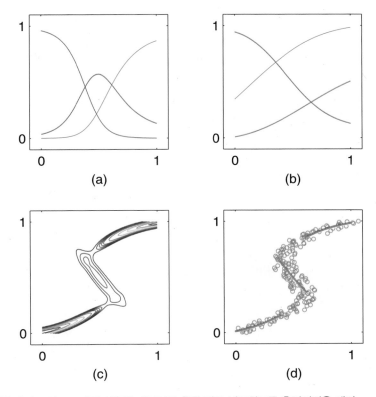

(a)   (b)

(c)   (d)

그림 5.21 (a) 세 가지의 다른 커널 함수를 사용해서 그림 5.19에서 사용한 데이터에 혼합 밀도 네트워크를 훈련시켰을 때의 x에 대한 혼합 계수 $\pi_k(x)$의 그래프. 이 모델은 세 개의 가우시안 성분을 가지고 있다. 그리고 다섯 개의 'tanh' 시그모이드 은닉 유닛과 아홉 개의 출력값(세 개의 혼합 계수, 세 가우시안 성분 각각의 평균, 세 가우시안 성분 각각의 분산)을 가지고 있는 2계층의 다계층 퍼셉트론을 사용했다. 표적 데이터의 조건부 확률 밀도가 단봉 형태인 x 값이 작은 구간과 큰 구간에서는 커널들 중 하나만이 큰 사전 확률값을 가진다. 반면, 조건부 밀도가 세 개의 봉을 가진 다봉 형태인 x 값이 중간 정도 되는 구간에서는 세 개의 혼합 계수가 비슷한 값을 가진다. (b) 평균 $\mu_k(x)$의 그래프. 혼합 계수 그래프와 같은 색상을 사용하였다. (c) 동일한 혼합 밀도 네트워크의 표적 데이터의 조건부 확률 밀도의 윤곽선. (d) 조건부 밀도의 대략적인 조건부 최빈값을 빨간색 점으로 표시하였다.

평균을 근사하기 때문이다. 물론 이미 앞에서 논의했듯 다봉 분포에 대해서 이러한 조건부 평균은 제한된 가치만을 가진다.

연습문제 5.37   조건부 평균에 대한 밀도 함수의 분산도 계산할 수 있다.

$$s^2(\mathbf{x}) \;=\; \mathbb{E}\left[\|\mathbf{t} - \mathbb{E}[\mathbf{t}|\mathbf{x}]\|^2\,|\mathbf{x}\right] \qquad\text{(식 5.159)}$$

$$=\; \sum_{k=1}^{K} \pi_k(\mathbf{x}) \left\{ \sigma_k^2(\mathbf{x}) + \left\| \boldsymbol{\mu}_k(\mathbf{x}) - \sum_{l=1}^{K} \pi_l(\mathbf{x})\boldsymbol{\mu}_l(\mathbf{x}) \right\|^2 \right\} \qquad\text{(식 5.160)}$$

유도 과정에서 식 5.148과 식 5.158을 사용했다. 이 식은 이에 해당하는 최소 제곱 결과보다 더 일반적이다. 왜냐하면 분산이 $\mathbf{x}$에 대한 함수이기 때문이다.

다봉 분포의 경우 데이터를 표현하는 데 있어서 조건부 평균이 적합하지 않다는 것을 살펴보았다. 예를 들어, 그림 5.18에서 보여진 단순한 로봇 팔을 조종하는 예시의 경우, 두 개의 관절 각도 설정 중 하나를 선택해야 효과기를 최종적으로 원하는 곳에 위치시킬 수 있다. 하지만 이 경우 두 해의 평균값은 해가 아니다. 이러한 경우 조건부 최빈값이 더 유용할 수 있다. 혼합 밀도 네트워크에서 조건부 최빈값을 계산하는 것은 단순한 해석적 해를 가지고 있는 문제가 아니다. 때문에 수치적인 반복이 필요하다. 이를 대체할 수 있는 것은 바로 가장 가능성이 높은 성분(예를 들면 가장 큰 혼합 계수를 가진)의 평균값을 각각의 $\mathbf{x}$ 값에 대해서 구하는 것이다. 이를 단순 예시 문제에 적용한 것에 대해 그림 5.21(d)에 그려져 있다.

5.7 베이지안 뉴럴 네트워크

지금까지 뉴럴 네트워크에 대한 우리의 논의는 최대 가능도를 이용해서 네트워크 매개변수(가중치와 편향)들을 구하는 데 집중되어 있었다. 정규화된 최대 가능도 방법은 최대 사후 분포 접근법으로 해석할 수 있으며, 이때 정규화항은 사전 매개변수 분포의 로그값으로 볼 수 있다. 하지만 베이지안 방법론을 사용할 경우, 예측하기 위해서는 매개변수의 분포에 대한 주변화가 필요하다.

3.3절에서는 가우시안 노이즈 가정하에서 단순 선형 회귀 모델에 대한 베이지안 해법을 도출해 보았다. 이때 가우시안 분포인 사전 분포를 정확하게 계산할 수 있으며, 예측 분포 역시 닫힌 형태로 찾을 수 있음을 확인하였다. 다계층 네트워크의 경우에는 조금 다르다. 매개변숫값에 대한 네트워크 함수의 높은 비선형 종속성 때문에 정확한 베이지안 해를 찾는 것이 불가능하다. 사후 분포의 로그값은 볼록 함수가 아니다. 이는 오류 함수에 지역적 최솟값이 여럿 있음을 의미한다.

사후 분포에 대한 인수분해된 가우시안 근사법(facorized Gaussian approximation)(Hinton and van Camp, 1993)과 전체 공분산 가우시안법(full covariance Gaussian)(Barber and Bishop, 1998a; Barber and Bishop, 1998b) 등을 통해서 10장에서 살펴보게 될 변분 추론법을 베이지안 뉴럴 네트워크에 적용할 수 있다. 하지만 라플라스 근사법을 이용한 방법론(MacKay, 1992c; MacKay, 1992b)을 사용할 경우 더 완벽한 결과를 얻을 수 있다. 이 절에서는 이 방법론을 바탕으로 논의를 진행할 것이다. 우선, 실제 사후 분포의 최빈값을 중심으로 한 가우시안 분포를 이용해서 사후 분포를 근사한다. 그리고 이 가우시안 분포의 공분산값이 충분히 작아서 네트워크 함수가 사후 확률이 0보다 유의미하게 큰 매개변수 공간상의 매개변수들에 대해서 대략적으로 선형이라고 가정할 것이다. 이 두 근사를 바탕으로 앞에서 살펴본 선형 회귀 모델, 선형 분류 모델과 유사한 모델을 구한다. 이를 통해 앞에서의 논의에서 도출했던 결과를 다시 활용할 수 있다. 그 후 증거 방법론을 적용하여 초매개변수에 대한 점 추정치를 구하고, 서로 다른 모델들을 비교할 것이다(예를 들어, 은닉 유닛의 숫자가 다른 네트워크 모델들을 비교할 수 있다). 우선, 첫 번째로 회귀 문제에 대해 논의하고, 그 후에는 분류 문제를 풀기 위해 수정되어야 할 내용들에 대해 살펴보도록 하자.

5.7.1 사후 매개변수 분포

입력 벡터 $\mathbf{x}$로부터 단일 연속 타깃 변수 t를 예측하는 문제를 고려해 보자(이 문제는 쉽게 다중 타깃 변수의 경우에 대해 확장 가능하다). 여기서는 조건부 분포 $p(t|\mathbf{x})$가 가우시안 분포로서 뉴럴 네트워크 모델의 출력값 $y(\mathbf{x}, \mathbf{w})$을 ($\mathbf{x}$에 종속적인) 평균값으로, β를 정밀도(역분산)로 가진다고 가정할 것이다.

$$p(t|\mathbf{x}, \mathbf{w}, \beta) = \mathcal{N}(t|y(\mathbf{x}, \mathbf{w}), \beta^{-1}) \tag{식 5.161}$$

이와 비슷하게 가중치 $\mathbf{w}$에 대한 사전 분포를 다음의 형태를 가지는 가우시안 분포로 선택할 것이다.

$$p(\mathbf{w}|\alpha) = \mathcal{N}(\mathbf{w}|\mathbf{0}, \alpha^{-1}\mathbf{I}) \tag{식 5.162}$$

독립적이고 동일하게 분포된 N개의 관측값 $\mathbf{x}_1, \ldots, \mathbf{x}_N$과 이에 해당하는 표적값 $\mathcal{D} = \{t_1, \ldots, t_N\}$에 대해서 가능도 함수는 다음처럼 주어진다.

$$p(\mathcal{D}|\mathbf{w}, \beta) = \prod_{n=1}^{N} \mathcal{N}(t_n|y(\mathbf{x}_n, \mathbf{w}), \beta^{-1}) \tag{식 5.163}$$

이에 따라 사후 분포는 다음의 형태를 취하게 된다.

$$p(\mathbf{w}|\mathcal{D}, \alpha, \beta) \propto p(\mathbf{w}|\alpha)p(\mathcal{D}|\mathbf{w}, \beta) \tag{식 5.164}$$

$y(\mathbf{x}, \mathbf{w})$의 $\mathbf{w}$에 대한 비선형성으로 인해서 식 5.164는 비가우시안 분포가 될 것이다.

라플라스 근사법을 사용해서 사후 분포의 가우시안 근사치를 구할 수 있다. 이를 위해서는 일단 사후 분포의 (지역적) 최댓값을 찾아야 하며, 이 과정은 반복적인 수치적 최적화를 통해 이뤄져야 한다. 여느 때와 같이 사후 분포의 로그값을 취한 후에 최댓값을 찾는 것이 편하다.

$$\ln p(\mathbf{w}|\mathcal{D}) = -\frac{\alpha}{2}\mathbf{w}^{\mathrm{T}}\mathbf{w} - \frac{\beta}{2}\sum_{n=1}^{N}\{y(\mathbf{x}_n, \mathbf{w}) - t_n\}^2 + \text{const} \qquad \text{(식 5.165)}$$

이는 정규화된 제곱합 오류 함수에 해당한다. 일단, α와 β가 고정되어 있다고 가정하고 사후 분포의 최댓값을 찾아보도록 하자. 이는 $\mathbf{w}_{\mathrm{MAP}}$에 해당하며, 켤레 경사도법 등의 표준 비선형 최적화 알고리즘을 이용해서 최댓값을 찾을 수 있다. 이때 필요 미분을 계산하기 위해서는 오류 역전파 알고리즘을 사용하면 된다.

최빈값 $\mathbf{w}_{\mathrm{MAP}}$을 찾은 후에는 음의 로그 사후 분포의 이차 미분 행렬을 바탕으로 지역적 가우시안 근사치를 계산할 수 있다. 식 5.165로부터 근사치는 다음과 같이 주어진다.

$$\mathbf{A} = -\nabla\nabla \ln p(\mathbf{w}|\mathcal{D}, \alpha, \beta) = \alpha\mathbf{I} + \beta\mathbf{H} \qquad \text{(식 5.166)}$$

여기서 $\mathbf{H}$는 제곱합 오류 함수의 $\mathbf{w}$ 성분들에 대한 이차 미분값들로 이루어진 헤시안 행렬이다. 헤시안 행렬을 계산하고 근사치를 구하기 위한 알고리즘에 대해서는 5.4절에서 논의했다. 이때 식 4.134에 따라서 사후 분포의 가우시안 근사치는 다음으로 주어지게 된다.

$$q(\mathbf{w}|\mathcal{D}) = \mathcal{N}(\mathbf{w}|\mathbf{w}_{\mathrm{MAP}}, \mathbf{A}^{-1}) \qquad \text{(식 5.167)}$$

사후 분포를 주변화함으로써 다음의 예측 분포를 구할 수 있다.

$$p(t|\mathbf{x}, \mathcal{D}) = \int p(t|\mathbf{x}, \mathbf{w})q(\mathbf{w}|\mathcal{D})\,\mathrm{d}\mathbf{w} \qquad \text{(식 5.168)}$$

사후 분포에 대한 가우시안 근사치를 구했지만 이 적분은 여전히 해석적으로 계산하기가 매우 어렵다. 왜냐하면 $\mathbf{w}$의 함수로 주어지는 네트워크 함수 $y(\mathbf{x}, \mathbf{w})$가 비선형이기 때문이다. 논의를 진행하기 위해서 여기서는 변화하는 $y(\mathbf{x}, \mathbf{w})$ 값상의 $\mathbf{w}$의 척도와 비교했을 때, 사후 분포의 분산이 상대적으로 작다고 가정하도록 하자. 이 가정을 바탕으로 하면 $\mathbf{w}_{\mathrm{MAP}}$ 주변의 네트워크 함수를 테일러 전개하고 선형항만을 남길 수가 있다.

$$y(\mathbf{x}, \mathbf{w}) \simeq y(\mathbf{x}, \mathbf{w}_{\mathrm{MAP}}) + \mathbf{g}^{\mathrm{T}}(\mathbf{w} - \mathbf{w}_{\mathrm{MAP}}) \qquad \text{(식 5.169)}$$

여기서 다음을 정의했다.

$$\mathbf{g} = \nabla_{\mathbf{w}} y(\mathbf{x}, \mathbf{w})|_{\mathbf{w}=\mathbf{w}_{\mathrm{MAP}}} \qquad \text{(식 5.170)}$$

이 근사치들을 바탕으로 $p(\mathbf{w})$와 $p(t|\mathbf{w})$에 대한 선형 가우시안 모델을 얻게 되었다. 이때 $p(t|\mathbf{w})$의 평균값은 $\mathbf{w}$에 대한 선형 함수로 나타낼 수 있다.

$$p(t|\mathbf{x}, \mathbf{w}, \beta) \simeq \mathcal{N}\left(t|y(\mathbf{x}, \mathbf{w}_{\mathrm{MAP}}) + \mathbf{g}^{\mathbf{T}}(\mathbf{w} - \mathbf{w}_{\mathrm{MAP}}), \beta^{-1}\right) \qquad \text{(식 5.171)}$$

연습문제 5.38 주변 확률 $p(t)$에 대한 일반적인 결과인 식 2.115를 사용하여 다음을 구할 수 있다.

$$p(t|\mathbf{x}, \mathcal{D}, \alpha, \beta) = \mathcal{N}\left(t|y(\mathbf{x}, \mathbf{w}_{\mathrm{MAP}}), \sigma^2(\mathbf{x})\right) \qquad \text{(식 5.172)}$$

여기서 입력값에 종속적인 분산은 다음으로 주어진다.

$$\sigma^2(\mathbf{x}) = \beta^{-1} + \mathbf{g}^{\mathrm{T}}\mathbf{A}^{-1}\mathbf{g}. \qquad \text{(식 5.173)}$$

예측 분포 $p(t|\mathbf{x}, \mathcal{D})$는 가우시안 분포이며, 그 평균값은 매개변수들이 MAP 값으로 설정된 네트워크 함수 $y(\mathbf{x}, \mathbf{w}_{\mathrm{MAP}})$다. 분산은 두 개의 항으로 이루어져 있다. 첫 번째 항은 타깃 변수의 내재적인 노이즈로부터 기인하며, 두 번째 항은 $\mathbf{x}$에 종속적인 항으로써 모델 매개변수 $\mathbf{w}$의 불확실성으로부터 기인한 삽간 함수의 불확실성을 표현한다. 이는 식 3.58과 식 3.59에서 주어진 선형 함수의 예측 분포와 비교 가능하다.

5.7.2 초매개변수의 최적화

지금까지 초매개변수 α와 β는 고정되어 있고, 그 값을 알고 있다고 가정했다. 3.5절에서 논의했던 증거 방법론과 라플라스 근사법을 통해 구한 사후 분포의 가우시안 근사치를 바탕으로 초매개변숫값을 구하는 실제적인 방법론을 도출할 수 있다.

초매개변수의 주변 가능도(증것값)는 네트워크 가중치들에 대한 적분을 통해서 구할 수 있다.

$$p(\mathcal{D}|\alpha, \beta) = \int p(\mathcal{D}|\mathbf{w}, \beta)p(\mathbf{w}|\alpha)\, \mathrm{d}\mathbf{w} \qquad \text{(식 5.174)}$$

연습문제 5.39 이는 식 4.135의 라플라스 근사 결과치를 바탕으로 쉽게 계산할 수 있다. 로그를 취하면 다음을 얻게 된다.

$$\ln p(\mathcal{D}|\alpha, \beta) \simeq -E(\mathbf{w}_{\mathrm{MAP}}) - \frac{1}{2}\ln|\mathbf{A}| + \frac{W}{2}\ln\alpha + \frac{N}{2}\ln\beta - \frac{N}{2}\ln(2\pi) \quad \text{(식 5.175)}$$

여기서 W는 $\mathbf{w}$상의 총 매개변수 숫자에 해당한다. 그리고 정규화된 오류 함수는 다음처럼 정의된다.

$$E(\mathbf{w}_{\mathrm{MAP}}) = \frac{\beta}{2}\sum_{n=1}^{N}\{y(\mathbf{x}_n, \mathbf{w}_{\mathrm{MAP}}) - t_n\}^2 + \frac{\alpha}{2}\mathbf{w}_{\mathrm{MAP}}^{\mathrm{T}}\mathbf{w}_{\mathrm{MAP}} \qquad \text{(식 5.176)}$$

선형 회귀 모델에서의 해당 결과치인 식 3.86과 비슷한 형태를 가진다는 것을 알 수 있다.

증거 방법론에서는 $\ln p(\mathcal{D}|\alpha, \beta)$ 값을 최대화해서 α와 β에 대한 점 추정값을 구할 수 있다. 첫 번째로 α에 대한 최댓값을 구해보도록 하자. 3.5.2절에서 선형 회귀에 대해 사용했던 방법을 비슷하게 적용해 볼 수 있다. 먼저 고윳값 방정식을 다음과 같이 정의하도록 하자.

$$\beta\mathbf{H}\mathbf{u}_i = \lambda_i \mathbf{u}_i \tag{식 5.177}$$

여기서 $\mathbf{H}$는 제곱합 오류 함수의 이차 미분항들로 이루어진 헤시안 행렬로서 $\mathbf{w} = \mathbf{w}_{\text{MAP}}$에 대해 계산된 것이다. 식 3.92와 비슷하게 다음을 구할 수 있다.

$$\alpha = \frac{\gamma}{\mathbf{w}_{\text{MAP}}^{\text{T}}\mathbf{w}_{\text{MAP}}} \tag{식 5.178}$$

여기서 γ는 유효 매개변수의 숫자를 지칭하며, 다음과 같이 정의된다.

3.5.3절

$$\gamma = \sum_{i=1}^{W} \frac{\lambda_i}{\alpha + \lambda_i} \tag{식 5.179}$$

선형 회귀의 경우에도 결괏값이 이와 동일했다. 여기서 비선형 뉴럴 네트워크의 경우에는 α 값이 변화할 경우 헤시안 행렬 $\mathbf{H}$도 변화할 것이며, 그에 따라 고윳값도 변화할 거라는 사실을 무시했다. 그에 따라 λ_i의 α에 대한 미분값을 포함한 항을 함축적으로 무시하였다.

이와 비슷하게 β에 대해 증것값을 최대화하면 식 3.95에 해당하는 다음의 재추정식을 얻게 된다.

$$\frac{1}{\beta} = \frac{1}{N-\gamma} \sum_{n=1}^{N} \{y(\mathbf{x}_n, \mathbf{w}_{\text{MAP}}) - t_n\}^2 \tag{식 5.180}$$

선형 모델의 경우와 마찬가지로 초매개변수 α와 β를 재추정하는 과정과 사후 분포를 업데이트하는 과정을 번갈아서 반복해야 한다. 뉴럴 네트워크 모델의 경우에는 사후 분포가 다봉성을 지니고 있기 때문에 이 과정이 좀 더 복잡하다. 그 결과 로그 사후 분포를 최대화하여 찾아낼수 있는 $\mathbf{w}_{\text{MAP}}$ 값은 $\mathbf{w}$ 값을 어떻게 초기화하는지에 따라 달라지게 된다. 은닉 유닛들을 대칭적으로 교환하거나 음/양의 값을 바꾸는 결과로 발생한 다른 해는 사실 예측값을 내놓는 측면에서는 동일한 해다. 따라서 이러한 해들 중 어떤 해를 구하게 되는지는 중요하지 않다. 하지만 물론 예측값을 내놓는 측면에서 동일하지 않은 해를 얻게 될 수도 있으며, 보통 이 경우에는 최적화된 초매개변숫값 또한 달라지게 된다.

5.1.1절

서로 다른 모델들(예를 들면 다른 숫자의 은닉 유닛을 가지고 있는 뉴럴 네트워크 모델들)을 비교하기 위해서는 모델 증거 $p(\mathcal{D})$를 계산해야 한다. 이는 반복적인 최적화 과정에서 구한 α와 β 값을

식 5.175에 대입해 넣음으로써 근사가 가능하다. 더 조심스럽게 정확한 계산값을 구하려면 α와 β 값에 대한 주변화가 필요하다. 이때, 다시 한 번 가우시안 근사가 필요하다(MacKay, 1992c; Bishop, 1995a). 헤시안 행렬의 판별식 $|\mathbf{A}|$를 계산하는 것이 두 경우 모두 필요하다. 이는 실제 사례에서 문제가 될 수 있다. 왜냐하면 대각합과는 달리 판별식은 정확하게 계산하는 것이 힘든 고윳값들의 작은 변화에도 민감하게 변화하기 때문이다.

라플라스 근사는 가중치에 대한 사후 분포 최빈값 주변의 지역적 제곱 근사에 기반하고 있다. 5.1.1절에서 2계층 네트워크의 모든 최빈값들은 이 다른 네트워크들은 대칭적으로 교환하거나 음/양 값을 바꾼 $M!2^M$개의 다른 동일한 최빈값들을 가진다는 것을 보았다(여기서 M은 은닉 유닛의 숫자다). 다른 수의 은닉 유닛을 가지는 네트워크와 비교할 경우에는 모델 증것값에 $M!2^M$을 곱하는 방식으로 앞의 사실을 고려에 포함시킬 수 있다.

5.7.3 베이지안 뉴럴 네트워크를 통한 분류

지금까지 라플라스 근사를 이용해서 베이지안 뉴럴 네트워크 회귀 모델을 유도해 보았다. 이제 이 방법론을 분류에 적용할 경우 발생하는 수정 사항들에 대해 논의해 보도록 하자. 2클래스 문제의 분류에 대해서 단일 로지스틱 시그모이드 출력 네트워크를 고려할 것이다. 이를 다중 클래스 소프트맥스 출력 네트워크에 대해 확장하는 것은 어렵지 않다. 논의를 진행하는 과정에서 4.5절에서 살펴본 선형 분류 모델에서의 내용들을 활용할 것이다.

연습문제 5.40

이 모델의 로그 가능도 함수는 다음과 같다.

$$\ln p(\mathcal{D}|\mathbf{w}) = \sum_{n=1}^{N} \{ t_n \ln y_n + (1 - t_n) \ln(1 - y_n) \} \qquad \text{(식 5.181)}$$

여기서 $t_n \in \{0, 1\}$은 표적값이며 $y_n \equiv y(\mathbf{x}_n, \mathbf{w})$다. 초매개변수 β가 없는데, 그 이유는 데이터 포인트들이 올바르게 라벨되었다고 가정하기 때문이다. 앞에서와 마찬가지로 사전 분포로는 식 5.162의 형태를 가지는 등방 가우시안 분포를 사용할 것이다.

이 모델에 라플라스 방법론을 적용하는 첫 번째 단계는 초매개변수 α를 초기화하고 로그 사후 분포를 최대화함으로써 매개변수 벡터 $\mathbf{w}$를 구하는 것이다. 이는 다음의 정규화된 오류 함수를 최소화하는 것과 동일하다.

$$E(\mathbf{w}) = -\ln p(\mathcal{D}|\mathbf{w}) + \frac{\alpha}{2}\mathbf{w}^{\mathrm{T}}\mathbf{w} \qquad \text{(식 5.182)}$$

5.3절에서 살펴본 대로 오류 역전파법과 표준 최적화 알고리즘을 적용해서 해당 최소화를 달성할 수 있다.

가중치 벡터 $\mathbf{w}_{\text{MAP}}$에 대한 해를 구하고 나면 그 다음 단계는 음의 로그 가능도 함수의 이차 미분값들로 이뤄진 헤시안 행렬 $\mathbf{H}$를 구하는 것이다. 5.4.5절에서 논의했던 방법을 사용하거나 아니면 식 5.85로 주어진 외적 근사법을 사용하여 헤시안 행렬을 구할 수 있다. 음의 로그 사후 함수의 이차 미분값은 식 5.166의 형태로 적을 수 있으며, 사후 분포의 가우시안 근사치는 식 5.167의 형태로 표현할 수 있다.

연습문제 5.41
초매개변수 α를 최적화하기 위해서는 주변 가능도를 최대화해야 한다. 이는 다음의 형태를 가지게 된다.

$$\ln p(\mathcal{D}|\alpha) \simeq -E(\mathbf{w}_{\text{MAP}}) - \frac{1}{2}\ln|\mathbf{A}| + \frac{W}{2}\ln\alpha \qquad \text{(식 5.183)}$$

여기서 정규화된 오류 함수는 다음과 같이 정의된다.

$$E(\mathbf{w}_{\text{MAP}}) = -\sum_{n=1}^{N}\{t_n \ln y_n + (1-t_n)\ln(1-y_n)\} + \frac{\alpha}{2}\mathbf{w}_{\text{MAP}}^{\text{T}}\mathbf{w}_{\text{MAP}} \qquad \text{(식 5.184)}$$

여기서 $y_n \equiv y(\mathbf{x}_n, \mathbf{w}_{\text{MAP}})$이다. 이 증거 함수를 α에 대해 최대화하면 식 5.178의 재추정식을 얻게 된다.

α를 결정하기 위해서 증거 방법론을 이용하는 것에 대해서는 그림 5.22에 그려져 있다. 그림 5.22에서는 부록 A의 합성 이차원 데이터를 사용하였다.

마지막으로 식 5.168에 정의된 예측 분포가 필요하다. 앞에서와 마찬가지로, 이 적분은 네트워크 함수의 비선형성으로 인해서 계산하기가 매우 어렵다. 가장 단순하게 근사하는 방법은 사후 분포가 매우 좁다고 가정하고 근사치를 구하는 것이다. 이때 구해지는 근사치는 다음과 같다.

$$p(t|\mathbf{x}, \mathcal{D}) \simeq p(t|\mathbf{x}, \mathbf{w}_{\text{MAP}}) \qquad \text{(식 5.185)}$$

사후 분포의 분산을 고려함으로써 이 근사치를 개선할 수 있다. 이 경우 회귀 문제에서 사용했던 네트워크 출력값에 대한 선형 근사는 적합하지 않게 된다. 왜냐하면 로지스틱 시그모이드 출력 유닛 활성화 함수는 출력값이 $(0,1)$의 범위상에 존재하도록 제약하기 때문이다. 대신에 다음의 형태를 가지는 출력 유닛에 대한 선형 근사치를 사용할 수 있다.

$$a(\mathbf{x}, \mathbf{w}) \simeq a_{\text{MAP}}(\mathbf{x}) + \mathbf{b}^{\text{T}}(\mathbf{w} - \mathbf{w}_{\text{MAP}}) \qquad \text{(식 5.186)}$$

여기서 $a_{\text{MAP}}(\mathbf{x}) = a(\mathbf{x}, \mathbf{w}_{\text{MAP}})$과 $\mathbf{b} \equiv \nabla a(\mathbf{x}, \mathbf{w}_{\text{MAP}})$은 역전파를 통해 구할 수 있다.

그림 5.22 합성 2클래스 데이터 집합에 증거 방법론을 적용한 결과. 녹색 곡선은 최적 결정 경계를, 검은색 곡선은 여덟 개의 은닉 유닛을 가지는 2계층 네트워크를 최대 가능도 방법으로 근사한 결과를, 빨간색 곡선은 정규화항을 추가한 경우의 결과를 표현하고 있다. 빨간색 곡선의 경우 정규화항의 α 값은 증거 방법론을 통해 최적화되었는데, 이때 초깃값으로 $\alpha = 0$을 사용하였다. 증거 방법론을 사용한 경우, 네트워크의 과적합 현상이 현저히 줄어드는 것을 확인할 수 있다.

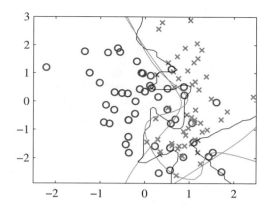

$\mathbf{w}$에 대한 사후 분포의 가우시안 근사치를 구했고, $\mathbf{w}$의 선형 함수로 표현되는 a에 대한 모델을 구했다. 그러므로 이제 4.5.2절의 결과를 활용할 수 있다. 네트워크 가중치에 대한 출력 유닛 활성돗값의 분포가 다음처럼 주어지게 된다.

$$p(a|\mathbf{x}, \mathcal{D}) = \int \delta \left(a - a_{\mathrm{MAP}}(\mathbf{x}) - \mathbf{b}^{\mathrm{T}}(\mathbf{x})(\mathbf{w} - \mathbf{w}_{\mathrm{MAP}}) \right) q(\mathbf{w}|\mathcal{D}) \, d\mathbf{w} \qquad \text{(식 5.187)}$$

여기서 $q(\mathbf{w}|\mathcal{D})$는 식 5.167에서 주어진 사후 분포의 가우시안 근사에 해당한다. 4.5.2절로부터 이 분포가 가우시안 분포이며, 평균값으로 $a_{\mathrm{MAP}} \equiv a(\mathbf{x}, \mathbf{w}_{\mathrm{MAP}})$을 가지고 분산으로 다음을 가진다는 것을 알 수 있다.

$$\sigma_a^2(\mathbf{x}) = \mathbf{b}^{\mathrm{T}}(\mathbf{x})\mathbf{A}^{-1}\mathbf{b}(\mathbf{x}) \qquad \text{(식 5.188)}$$

마지막으로 예측 분포를 구하기 위해서는 다음 식에 따라서 a에 대한 주변화를 시행해야 한다.

$$p(t = 1|\mathbf{x}, \mathcal{D}) = \int \sigma(a)p(a|\mathbf{x}, \mathcal{D}) \, da \qquad \text{(식 5.189)}$$

가우시안과 로지스틱 시그모이드의 콘볼루션은 계산하기가 매우 어렵다. 따라서 식 4.153의 근사치를 식 5.189에 적용해서 다음을 구할 수 있다.

$$p(t = 1|\mathbf{x}, \mathcal{D}) = \sigma \left(\kappa(\sigma_a^2)a_{\mathrm{MAP}} \right) \qquad \text{(식 5.190)}$$

여기서 $\kappa(\cdot)$는 식 4.154에 정의되어 있다. σ_a^2와 $\mathbf{b}$는 둘 다 $\mathbf{x}$의 함수다.

부록 A의 합성 분류 데이터에 해당 방법론을 적용한 예시를 그림 5.23에서 확인할 수 있다.

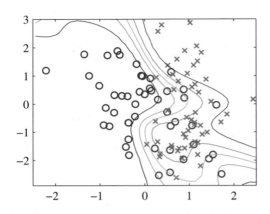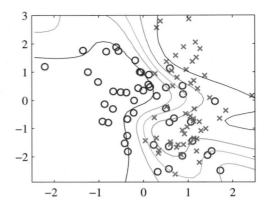

그림 5.23 단일 로지스틱 시그모이드 출력 유닛과 여덟 개의 'tanh' 활성화 함수 은닉 유닛을 가지는 베이지안 뉴럴 네트워크의 라플라스 근사법에 대한 도식. 척도화된 켤레 경사법을 바탕으로 가중치 매개변수들을 찾아냈으며, 증거 방법론을 이용해서 초매개변수 α를 최적화했다. 왼쪽의 도식은 매개변수에 대한 $\mathbf{w}_{\text{MAP}}$ 점 추정을 바탕으로 식 5.185의 단순 근사를 적용한 결과다. 여기서 녹색 곡선은 $y = 0.5$일 경우의 결정 경계를 표현한 것이며, 나머지 곡선들은 각각 $y = 0.1, 0.3, 0.7, 0.9$일 때의 출력 확률에 해당한다. 오른쪽 그림은 식 5.190을 적용했을 때의 해당 결과. 주변화의 결과로 곡선이 더 넓게 퍼졌고, 그에 따라 예측치의 신뢰 정도가 내려가게 되었다. 따라서 각각의 입력 포인트 $\mathbf{x}$에 대해서 사후 확률들이 0.5 근처로 몰리게 되었다. $y = 0.5$일 경우의 경로 자체는 왼쪽과 동일하다.

연습문제

5.1 ★★ 식 5.7의 구조를 가지는 2계층 네트워크 함수를 고려해 보자. 이때 은닉 유닛의 비선형 활성화 함수 $h(\cdot)$는 다음 형태의 로지스틱 시그모이드 함수라 하자.

$$\sigma(a) = \{1 + \exp(-a)\}^{-1} \qquad \text{(식 5.191)}$$

은닉 유닛의 활성화 함수로 $\tanh(a)$를 사용하면서 완전히 동일한 함수를 계산해 낼 수 있는 네트워크가 존재한다는 것을 증명하라. 이때 $\tanh$ 함수는 식 5.59에 정의되어 있다. 먼저 $\sigma(a)$와 $\tanh(a)$ 사이의 관계를 찾아내고, 그 다음 두 네트워크의 매개변수들이 선형 변환만큼의 차이를 가진다는 것을 증명하라.

5.2 ★ ⬛www⬛ 식 5.16의 조건부 분포하에서 다중 출력값 뉴럴 네트워크의 가능도 함수를 최대화하는 것은 식 5.11의 제곱합 오류 함수를 최소화하는 것과 동일하다는 것을 증명하라.

5.3 ★★ 다중 타깃 변수 회귀 문제를 고려해 보자. 이때 타깃 변수들의 입력 변수 $\mathbf{x}$에 대한 조건부 분포가 다음 형태의 가우시안 분포라고 가정해 보자.

$$p(\mathbf{t}|\mathbf{x}, \mathbf{w}) = \mathcal{N}(\mathbf{t}|\mathbf{y}(\mathbf{x}, \mathbf{w}), \boldsymbol{\Sigma}) \qquad \text{(식 5.192)}$$

여기서 $y(\mathbf{x}, \mathbf{w})$는 입력 벡터 $\mathbf{x}$와 가중치 $\mathbf{w}$에 대한 뉴럴 네트워크의 출력값이다. 그리고 Σ는 표적값에 대해 가정된 가우시안 노이즈의 공분산이다. $\mathbf{x}$와 $\mathbf{t}$에 대한 독립적인 관측값들이 주어졌다고 하자. 이 경우 Σ가 고정되어 있으며, 주어졌다는 가정하에서 $\mathbf{w}$에 대한 최대 가능도 해를 찾기 위해 최소화해야 하는 오류 함수를 적어 보아라. 그 다음으로는 Σ도 데이터로부터 결정되어야 한다고 가정하자. 이 경우의 Σ에 대한 최대 가능도 해의 식을 적어라. 5.2절에서 논의했던 개별 타깃 변수의 경우와는 달리, 여기서는 $\mathbf{w}$에 대한 최적화와 Σ에 대한 최적화가 서로 연결되어 있지 않음에 주목하라.

5.4 ★★ 이진 분류 문제를 고려해 보자. 이때 타깃 변수들은 $t \in \{0, 1\}$이며, 해당 네트워크의 출력 $y(\mathbf{x}, \mathbf{w})$는 $p(t = 1|\mathbf{x})$를 표현한다. 그리고 훈련 데이터 포인트가 잘못된 클래스 라벨을 가질 확률이 ϵ이라고 가정해 보자. 데이터가 독립적이고 동일하게 분포되었다고 할 때 음의 로그 가능도에 해당하는 오류 함수를 적어 보아라. $\epsilon = 0$인 경우에 식 5.21의 오류 함수를 얻게 된다는 것을 증명하라. 이 오류 함수는 기존 오류 함수와 비교했을 때 잘못 라벨된 데이터에 대해서 모델을 더 강건하게 만든다.

5.5 ★ www 출력값을 $y_k(\mathbf{x}, \mathbf{w}) = p(t_k = 1|\mathbf{x})$라고 해석할 수 있는 다중 클래스 뉴럴 네트워크 모델의 가능도를 최대화하는 것이 식 5.24의 교차 엔트로피 오류 함수를 최소화하는 것과 동일하다는 것을 증명하라.

5.6 ★ www 식 5.21의 오류 함수를 로지스틱 시그모이드 활성화 함수를 가지는 출력 유닛의 활성도 a_k에 대해 미분한 결과가 식 5.18을 만족한다는 것을 증명하라.

5.7 ★ 식 5.24의 오류 함수를 소프트맥스 활성화 함수를 가지는 출력 유닛의 활성도 a_k에 대해 미분한 결과가 식 5.18을 만족한다는 것을 증명하라.

5.8 ★ 식 4.88에서 로지스틱 시그모이드 활성화 함수의 미분은 로지스틱 시그모이드 함수 그 자체를 바탕으로 표현할 수 있다는 것을 증명했다. 식 5.59의 'tanh' 활성화 함수에 대해서 비슷한 결과를 유도하라.

5.9 ★ www 이진 분류 문제의 오류 함수 식 5.21은 로지스틱 시그모이드 출력 활성화 함수를 가지는 네트워크에 대해 유도된 것이다. 이때 $0 \leqslant y(\mathbf{x}, \mathbf{w}) \leqslant 1$이었고 데이터는 타깃 변수 $t \in \{0, 1\}$를 가졌다. 출력값 $-1 \leqslant y(\mathbf{x}, \mathbf{w}) \leqslant 1$을 가지고 클래스 $\mathcal{C}_1$의 경우 표적값 $t = 1$, 클래스 $\mathcal{C}_2$의 경우 표적값 $t = -1$을 가지는 네트워크에 대해서 해당 오류 함수를 유도해 보라. 이 경우 적절한 출력 유닛 활성화 함수는 무엇일까?

5.10 ★ (www) 식 5.33의 고유 벡터 공식에 따른 헤시안 행렬 $\mathbf{H}$를 고려해 보자. 식 5.39의 벡터 $\mathbf{v}$를 차례대로 각 고유 벡터 $\mathbf{u}_i$와 같게 설정함으로써, $\mathbf{H}$가 양의 정부호 행렬인 것이 모든 고윳값이 양의 값을 가지는 것에 대한 필요 충분 조건임을 증명하라.

5.11 ★★ (www) 식 5.32의 이차 오류 함수를 고려해 보자. 이때 헤시안 행렬 $\mathbf{H}$는 식 5.33의 고윳값식을 가진다고 하자. 이 경우, 상수 오류의 윤곽선은 그 축이 고유 벡터 $\mathbf{u}_i$와 정렬된 타원형이라는 것을 증명하라. 그리고 이 때 축의 길이는 해당 고윳값 λ_i의 제곱근에 대해 역으로 비례한다는 것도 증명하라.

5.12 ★★ (www) 임계점 $\mathbf{w}^\star$에 대한 오류 함수의 지역적 테일러 전개식 5.32를 고려해 보자. 이를 통해서 임계점이 오류 함수의 지역적 최솟값인 것이 헤시안 행렬 $\mathbf{H}$가 양의 정부호 행렬인 것에 대한 필요 충분 조건임을 증명하라. 이때 헤시안 행렬은 $\hat{\mathbf{w}} = \mathbf{w}^\star$에 대해 식 5.30에 따라 정의된다.

5.13 ★ 헤시안 행렬 $\mathbf{H}$가 대칭이라고 하자. 이 경우에 식 5.28의 2차 오류 함수의 독립적인 원소들의 숫자는 $W(W + 3)/2$라는 것을 증명하라.

5.14 ★ 테일러 전개를 통해서 식 5.69 오른쪽 변의 $O(\epsilon)$인 항들이 취소되어 사라진다는 것을 증명하라.

5.15 ★★ 5.3.4절에서는 역전파 과정을 이용해서 뉴럴 네트워크의 야코비안 행렬을 계산하는 방법을 도출했다. 순전파 공식을 바탕으로 야코비안 행렬을 찾는 다른 방법을 유도해 보라.

5.16 ★ 제곱합 오류 함수를 이용하는 뉴럴 네트워크 모델의 헤시안 행렬의 외적 근사는 식 5.84로 주어진다. 이 결과를 다중 출력값의 경우로 확장시켜라.

5.17 ★ 다음 형태를 가지는 제곱 손실 함수를 고려해 보자.

$$E = \frac{1}{2} \iint \{y(\mathbf{x}, \mathbf{w}) - t\}^2 \, p(\mathbf{x}, t) \, \mathrm{d}\mathbf{x} \, \mathrm{d}t \qquad \text{(식 5.193)}$$

여기서 $y(\mathbf{x}, \mathbf{w})$는 뉴럴 네트워크 등의 매개변수적 모델이다. 식 1.89의 결과에 따르면 이 오류를 최소화하는 함수 $y(\mathbf{x}, \mathbf{w})$는 $\mathbf{x}$가 주어졌을 때의 t의 조건부 기댓값으로 주어지게 된다. 이 결과를 이용해서 E를 $\mathbf{w}$의 두 개의 원소 w_r과 w_s에 대해 미분한 결과가 다음과 같음을 증명하라.

$$\frac{\partial^2 E}{\partial w_r \partial w_s} = \int \frac{\partial y}{\partial w_r} \frac{\partial y}{\partial w_s} p(\mathbf{x}) \, \mathrm{d}\mathbf{x} \qquad \text{(식 5.194)}$$

$p(\mathbf{x})$로부터의 유한한 표본의 경우를 고려하면 식 5.84를 얻게 된다.

5.18 ★ 그림 5.1에 따른 2계층 네트워크를 고려해 보자. 이 네트워크에 입력들과 출력들을 직접 연결하는 생략 계층에 해당하는 매개변수들을 추가한다고 해보자. 5.3.2절에서의 논의를 확장해서 오류 함수를 이 추가 매개변수들에 대해 미분한 결과식을 적어 보아라.

5.19 ★ **www** 로지스틱 시그모이드 출력 유닛 활성화 함수 기반의 단일 출력값을 가지며, 교차 엔트로피 오류 함수를 사용하는 네트워크에 대한 헤시안 행렬의 외적 근사식인 식 5.85를 유도하라. 이는 제곱합 오류 함수를 사용할 경우의 결과 식 5.84에 대응하는 것이다.

5.20 ★ 소프트맥스 출력 유닛 활성화 함수 기반의 K개의 출력값을 가지며, 교차 엔트로피 오류 함수를 사용하는 네트워크에 대한 헤시안 행렬의 외적 근사식을 유도하라. 이는 제곱합 오류 함수를 사용할 경우의 결과인 식 5.84에 대응하는 것이다.

5.21 ★★★ 헤시안 행렬의 외적 근사에 대한 식 5.86을 $K > 1$개의 출력 유닛의 경우에 대해 확장하라. 이를 통해서 개별 출력들과 개별 패턴들로부터의 공헌도를 순차적으로 적용시킬 수 있는 형태인 식 5.87을 유도해 보라. 여기에 식 5.88을 적용하면, 식 5.89와 같이 개별 출력과 개별 패턴들로부터의 공헌도를 순차적으로 적용하는 방식으로 헤시안의 역을 찾는 것이 가능하다.

5.22 ★★ 미분의 연쇄 법칙을 적용해서 2계층 순전파 네트워크의 헤시안 행렬의 원소에 대한 결과 식 5.93, 식 5.94, 식 5.95를 유도하라.

5.23 ★★ 5.4.5절의 정확한 헤시안 계산 과정을 입력에서 출력으로 바로 가는 생략 계층 연결을 포함한 2계층 네트워크에 대해 확장시켜 보라.

5.24 ★ 식 5.113과 식 5.114에 의해 정의된 네트워크 함수가 입력값에 식 5.115의 변환을 가하는 것에 대해 불변성을 유지한다는 것을 증명하라. 이 과정에서 식 5.116과 식 5.117을 이용해서 가중치와 편향들도 함께 변환할 것이다. 비슷하게 식 5.119와 식 5.120의 변환을 두 번째 계층의 가중치와 편향에 적용함으로써 식 5.118에 따라 네트워크 출력값을 변환할 수 있음을 증명하라.

5.25 ★★★ **www** 다음 형태의 이차 오류 함수를 고려해 보자.

$$E = E_0 + \frac{1}{2}(\mathbf{w} - \mathbf{w}^\star)^{\mathrm{T}}\mathbf{H}(\mathbf{w} - \mathbf{w}^\star) \qquad \text{(식 5.195)}$$

여기서 $\mathbf{w}^\star$는 최솟값을 지칭한다. 그리고 헤시안 행렬 $\mathbf{H}$는 양의 정부호 행렬이자 상수다. 최초의 가중 벡터 $\mathbf{w}^{(0)}$는 원점에 있도록 선택하며, 다음의 간단한 경사 하강법을 이용해서 업데이트한다고 하자.

$$\mathbf{w}^{(\tau)} = \mathbf{w}^{(\tau-1)} - \rho \nabla E \qquad \text{(식 5.196)}$$

여기서 τ는 단계 수를 지칭하며, ρ는 학습률을 지칭한다. 이때 학습률은 작다고 가정한다. τ 단계 이후 가중치 벡터의 성분들 중 $\mathbf{H}$의 고유 벡터에 대해 평행한 것들을 다음과 같이 적을 수 있음을 증명하라.

$$w_j^{(\tau)} = \{1 - (1 - \rho\eta_j)^\tau\} w_j^\star \qquad \text{(식 5.197)}$$

여기서 $w_j = \mathbf{w}^\mathrm{T} \mathbf{u}_j$이며, $\mathbf{u}_j$는 $\mathbf{H}$의 고유 벡터, η_j는 $\mathbf{H}$의 고윳값이다.

$$\mathbf{H}\mathbf{u}_j = \eta_j \mathbf{u}_j \qquad \text{(식 5.198)}$$

$|1 - \rho\eta_j| < 1$이라 할 때, $\tau \to \infty$가 됨에 따라서 $\mathbf{w}^{(\tau)} \to \mathbf{w}^\star$임을 증명하라. 이제, 유한한 τ 단계 후에 훈련을 멈췄다고 해보자. 이 경우 가중치 벡터의 성분들 중 헤시안 행렬의 고유 벡터에 대해 평행한 것들이 다음을 만족함을 증명하라.

$$w_j^{(\tau)} \simeq w_j^\star \quad \text{when} \quad \eta_j \gg (\rho\tau)^{-1} \qquad \text{(식 5.199)}$$

$$|w_j^{(\tau)}| \ll |w_j^\star| \quad \text{when} \quad \eta_j \ll (\rho\tau)^{-1} \qquad \text{(식 5.200)}$$

이 결과를 3.5.3절에서 논의했던 단순한 가중치 감쇠를 통한 정규화와 비교해 보라. 그리고 $(\rho\tau)^{-1}$이 정규화 매개변수 λ에 해당한다는 것을 증명하라. 위의 결과는 식 3.91에 정의된 바에 따른 네트워크상의 유효 매개변수의 숫자를 보여 준다. 그리고 이 숫자는 훈련이 진행됨에 따라 증가한다.

5.26 ★★ 임의의 순전파 구조를 가지고 있는 다계층 퍼셉트론 네트워크를 고려해 보자. 이 네트워크를 식 5.127의 **탄젠트 전파** 오류 함수를 최소화하는 방식으로 훈련시킨다고 하자. 이때 정규화 함수는 식 5.128에 따라 주어진다. 다음 형태의 항을 각 패턴에 대해 합산하는 식으로 정규화 항 Ω를 적을 수 있다는 것을 증명하라.

$$\Omega_n = \frac{1}{2} \sum_k (\mathcal{G} y_k)^2 \qquad \text{(식 5.201)}$$

여기서 $\mathcal{G}$는 다음으로 주어지는 미분 연산자다.

$$\mathcal{G} \equiv \sum_i \tau_i \frac{\partial}{\partial x_i} \qquad \text{(식 5.202)}$$

식 5.203의 순전파 공식들과 미분 연산자 $\mathcal{G}$를 바탕으로, 식 5.204를 통한 순전파를 이용해서 Ω_n를 계산할 수 있음을 증명하라.

$$z_j = h(a_j), \qquad a_j = \sum_i w_{ji} z_i \tag{식 5.203}$$

$$\alpha_j = h'(a_j)\beta_j, \qquad \beta_j = \sum_i w_{ji}\alpha_i \tag{식 5.204}$$

여기서 다음의 새 변수들을 정의하였다.

$$\alpha_j \equiv \mathcal{G}z_j, \qquad \beta_j \equiv \mathcal{G}a_j \tag{식 5.205}$$

다음으로는 Ω_n을 네트워크의 가중치 w_{rs}에 대해 미분한 결과를 다음의 형태로 적을 수 있음을 증명하라.

$$\frac{\partial \Omega_n}{\partial w_{rs}} = \sum_k \alpha_k \{\phi_{kr} z_s + \delta_{kr}\alpha_s\} \tag{식 5.206}$$

여기서 다음을 정의하였다.

$$\delta_{kr} \equiv \frac{\partial y_k}{\partial a_r}, \qquad \phi_{kr} \equiv \mathcal{G}\delta_{kr} \tag{식 5.207}$$

δ_{kr}에 대한 역전파 공식을 적어 보아라. 이를 바탕으로 ϕ_{kr}을 계산하기 위한 역전파 공식들을 유도하라.

5.27 ★★ www 변환된 데이터를 훈련시키는 시스템을 고려해 보자. 이때, 단순히 랜덤 노이즈를 더하는 변환만을 고려해 보자. 즉, $\mathbf{x} \rightarrow \mathbf{x} + \boldsymbol{\xi}$인 변환만을 고려할 것이다. 이때 $\boldsymbol{\xi}$는 0 평균과 단위 공분산을 가지는 가우시안 분포다. 5.5.5절에서의 논의와 비슷한 과정을 통해 이 경우의 정규화기가 식 5.135의 티호노프 정규화기의 형태를 가지게 된다는 것을 증명하라.

5.28 ★ www 여러 가중치들이 같은 값을 가지도록 하는 제약 조건이 있는 뉴럴 네트워크를 고려해 보자. 예를 들자면 5.5.6절의 콘볼루션 네트워크가 이에 해당한다. 오류 함수를 네트워크의 조절 가능한 매개변수에 대해서 미분할 때 이러한 제약 조건을 만족하도록 하기 위해서는 표준 역전파 알고리즘을 어떻게 수정해야 할지 설명해 보라.

5.29 ★ www 식 5.141의 결과를 증명하라.

5.30 ★ 식 5.142의 결과를 증명하라.

5.31 ★ 식 5.143의 결과를 증명하라.

5.32 ★★ 식 5.146에 정의된 혼합 계수 $\{\pi_k\}$들을 보조 매개변수 $\{\eta_j\}$에 대해 미분한 결과가 다음

과 같이 주어진다는 것을 증명하라.

$$\frac{\partial \pi_k}{\partial \eta_j} = \delta_{jk}\pi_j - \pi_j\pi_k \tag{식 5.208}$$

이를 바탕으로 제약 조건 $\sum_k \gamma_k(w_i) = 1$(모든 i에 대해)을 사용해서 식 5.147의 결과를 유도하라.

5.33 ★ 그림 5.18에서 살펴본 로봇 팔의 데카르트 좌표 (x_1, x_2)를 관절 각도 θ_1, θ_2와 연결부의 길이 L_1, L_2로 표현하는 식들을 적어 보아라. 좌표계의 원점은 아래쪽 팔이 붙어 있는 지점에 해당한다고 하자. 이 식들이 로봇 팔의 '정운동학'을 정의한다.

5.34 ★ www 혼합 밀도 네트워크에서 오류 함수를 네트워크 출력 활성도들 중 혼합 계수를 조절하는 활성도들로 미분한 결과인 식 5.155를 유도하라.

5.35 ★ 혼합 밀도 네트워크에서 오류 함수를 네트워크 출력 활성도들 중 성분 평균들을 조절하는 활성도들로 미분한 결과인 식 5.156을 유도하라.

5.36 ★ 혼합 밀도 네트워크에서 오류 함수를 네트워크 출력 활성도들 중 성분 분산들을 조절하는 활성도들로 미분한 결과인 식 5.157을 유도하라.

5.37 ★ 혼합 밀도 네트워크 모델의 조건부 평균에 대한 결과 식 5.158과 조건부 분산에 대한 결과 식 5.160을 증명하라.

5.38 ★ 식 2.115의 일반 결과를 이용해서 베이지안 뉴럴 네트워크 모델의 라플라스 근사치에 대한 예측 분포식 5.172를 유도하라.

5.39 ★ www 라플라스 근사 결과 식 4.135를 이용해서, 베이지안 뉴럴 네트워크 모델의 초매개변수 α와 β에 대한 증거 함수의 근사치를 식 5.175와 같이 구할 수 있음을 증명하라.

5.40 ★ www 소프트맥스 출력 유닛 활성화 함수를 가지는 네트워크를 이용해서 다중 클래스 문제를 풀기 위해서는 5.7.3절에서 살펴본 베이지안 뉴럴 네트워크 방법론을 어떤 식으로 수정해야 할지 논해보라.

5.41 ★★ 5.7.1절과 5.7.2절에서 살펴본 회귀 네트워크에 대한 방법과 유사한 방식을 이용해서 교차 엔트로피 오류 함수와 로지스틱 시그모이드 출력 유닛 활성화 함수를 가지는 네트워크의 주변 가능도 결과 식 5.183을 유도해 보라.

6

커널 방법론

3장과 4장에서는 회귀와 분류에 대한 선형 매개변수 모델을 살펴보았다. 이 모델들이 가지고 있는 입력값 $\mathbf{x}$로부터 출력값 y까지의 사상 $y(\mathbf{x}, \mathbf{w})$는 조절 가능한 매개변수의 벡터 $\mathbf{w}$에 대해 종속적이었다. 학습 단계에서 훈련 데이터 집합은 매개변수 벡터에 대한 점 추정치를 구하는 데 사용되거나, 아니면 이 벡터에 대한 사후 분포를 구하는 데 이용되었다. 그 후 훈련 데이터는 버려지고 훈련된 매개변수 벡터 $\mathbf{w}$만을 바탕으로 새로운 입력값에 대한 예측값을 구하는 방식을 사용했다. 뉴럴 네트워크와 같은 비선형 매개변수 모델에서도 마찬가지 방법을 사용하였다.

훈련 데이터 포인트들 전부 혹은 그 일부를 예측 단계에서도 사용하는 패턴 인식 테크닉이 존재한다. 예를 들어, 파젠 확률 밀도 모델은 '**커널**(*kernel*)' 함수들의 선형 결합으로 이루어지는데, 이때 각 함수들은 훈련 데이터 포인트 중 하나를 중심으로 하여 구성된다. 이와 비슷하게 2.5.2절에서는 최근접 이웃법이라는 분류 테크닉을 소개했었다. 여기서 새로운 시험 벡터는 훈련 집합에서 가장 가까운 예시와 같은 라벨을 가지게 된다. 이들은 **기억 기반**(*memory-based*) 방법론의 예시다. 기억 기반 방법론들은 미래의 데이터 포인트들에 대한 예측을 하기 위해서 전체 훈련 집합을 저장해 두는 방식을 사용한다. 이러한 방식들은 보통 입력 공간상에 있는 두 벡터 간의 유사성을 측정하는 척도를 필요로 하며, 일반적으로 훈련 과정의 속도는 빠르지만, 시험 데이터 포인트에 대해 예측하는 속도는 느리다.

많은 선형 매개변수 모델들은 동일한 '**듀얼 표현**(*dual representation*)'의 형태로 재구성하는 것이 가능하다. 듀얼 표현 형태에서는 훈련 데이터 포인트에서 계산한 **커널 함수**(*kernel function*)들의 선형 결합을 바탕으로 예측할 수 있다. 고정된 비선형 **특징 공간**(*feature space*) 사상 $\phi(\mathbf{x})$를 바탕으로 한 모델들의 경우에 커널 함수는 다음의 관계식을 통해 주어지게 된다.

$$k(\mathbf{x}, \mathbf{x}') = \phi(\mathbf{x})^{\mathrm{T}}\phi(\mathbf{x}') \qquad\qquad (식\ 6.1)$$

이 정의로부터 커널 함수가 해당 인자에 대해 대칭적임을 알 수 있다. 즉, $k(\mathbf{x}, \mathbf{x}') = k(\mathbf{x}', \mathbf{x})$이다. 커널 개념은 Aizerman *et al.*(1964)에 의해 패턴 인식 분야에 소개되었다. 여기서 커널은 퍼텐셜 함수 방법론의 맥락에서 소개되었는데, 이런 이름을 가지게 된 이유는 정전기학에서 유래되었기 때문이다. 커널의 개념은 그 후 몇 년간 무시되다가 Boser *et al.*(1992)에 의해 큰 마진 분류기의 맥락에서 다시금 머신 러닝 학계에 소개됐다. 이로부터 **서포트 벡터 머신**(*support vector machine*) 테크닉이 생겨났다. 그 후 이론과 응용 양측에서 이 주제는 상당한 관심을 받게된다. 가장 중요한 사건 중 하나는 커널을 확장시켜서 상징적 대상들을 처리할 수 있도록 한 것이다. 이로 인해서 적용 가능한 문제의 범위가 크게 늘어나게 되었다.

식 6.1의 특징 공간에 대해 항등 함수를 사용하면 커널 함수의 가장 단순한 예시를 구할 수 있다. 즉 $\phi(\mathbf{x}) = \mathbf{x}$이며, 이 경우 $k(\mathbf{x}, \mathbf{x}') = \mathbf{x}^{\mathrm{T}}\mathbf{x}'$이 된다. 이 커널을 선형 커널이라고 할 것이다.

커널을 특징 공간상의 내적으로 정의할 수 있다는 콘셉트는 잘 알려진 여러 알고리즘들을 흥미로운 방식으로 확장할 수 있도록 해준다. **커널 대입**(*kernel substitution*) 또는 **커널 트릭**(*kernel trick*)이라고 알려져 있는 테크닉을 사용함으로써 이러한 확장을 시행할 수 있다. 이에 대한 기본적인 아이디어는 어떤 알고리즘이 입력 벡터 $\mathbf{x}$를 오직 스칼라 곱의 형태로만 입력받는다면, 이 스칼라 곱을 다른 커널을 선택하는 방식으로 바꿔치기 할 수 있다는 것이다. 예를 들어, 커널 대입 테크닉을 PCA에 적용하여 PCA의 비선형 변형 방식을 이끌어 낼 수 있다(Schölkopf *et al.*, 1998). 또 다른 예시로는 최근접 이웃 분류기와 커널 피셔 판별식(Mika *et al.*, 1999; Roth and Steinhage, 2000; Baudat and Anouar, 2000) 등이 있다.

널리 사용되는 커널 함수들이 여러 가지 존재한다. 그중 몇몇 예시들을 이번 장에서 살펴볼 것이다. 여러 커널 함수들은 인자들의 차에 대해서만 함수인 성질을 가지고 있다. 즉, $k(\mathbf{x}, \mathbf{x}') = k(\mathbf{x} - \mathbf{x}')$이라는 것이다. 이들을 **불변적**(*stationary*) 커널이라고 한다. 왜냐하면 이들은 입력 공간의 평행 이동에 대해서 불변성을 가지고 있기 때문이다. 더 특별한 커널로 **방사 기저 함수**(*radial basis function*)라고도 불리는 **동질적**(*homogeneous*) 커널이 있다. 이 커널은 인자들 사이의 거리(보통은 유클리드 거리)에 대해서만 종속적이며, 따라서 $k(\mathbf{x}, \mathbf{x}') = k(\|\mathbf{x} - \mathbf{x}'\|)$이다.

커널 방법론에 대한 최근의 교과서로는 Schölkopf and Smola(2002), Her-brich(2002), Shawe-Taylor and Cristianini(2004) 등을 참고하기 바란다.

6.1 듀얼 표현

회귀와 분류를 위한 선형 모델 중 여럿은 듀얼 표현 방식을 이용해서 다시 표현할 수 있다. 이 과정에서 자연스럽게 커널 함수가 나타나게 된다. 이 콘셉트는 다음 장에서 서포트 벡터 머신에 대해 논의할 때 중요한 역할을 차지하게 될 것이다. 여기서는 정규화된 제곱합 오류 함수를 최소화해서 매개변수를 결정할 수 있는 선형 회귀 모델을 고려해 보도록 하자. 이는 다음과 같다.

$$J(\mathbf{w}) = \frac{1}{2} \sum_{n=1}^{N} \left\{ \mathbf{w}^{\mathrm{T}} \boldsymbol{\phi}(\mathbf{x}_n) - t_n \right\}^2 + \frac{\lambda}{2} \mathbf{w}^{\mathrm{T}} \mathbf{w} \qquad \text{(식 6.2)}$$

여기서 $\lambda \geqslant 0$이다. $\mathbf{w}$에 대한 $J(\mathbf{w})$의 기울기를 0으로 설정하면, $\mathbf{w}$에 대한 해가 벡터 $\boldsymbol{\phi}(\mathbf{x}_n)$들의 선형 결합으로 표현된다는 것을 알 수 있다. 이때 계수들은 $\mathbf{w}$에 대한 함수다.

$$\mathbf{w} = -\frac{1}{\lambda} \sum_{n=1}^{N} \left\{ \mathbf{w}^{\mathrm{T}} \boldsymbol{\phi}(\mathbf{x}_n) - t_n \right\} \boldsymbol{\phi}(\mathbf{x}_n) = \sum_{n=1}^{N} a_n \boldsymbol{\phi}(\mathbf{x}_n) = \boldsymbol{\Phi}^{\mathrm{T}} \mathbf{a} \qquad \text{(식 6.3)}$$

여기서 $\boldsymbol{\Phi}$는 n번째 행이 $\boldsymbol{\phi}(\mathbf{x}_n)^{\mathrm{T}}$인 설계 행렬이다. 벡터 $\mathbf{a} = (a_1, \ldots, a_N)^{\mathrm{T}}$이며, 또한 다음을 정의하였다.

$$a_n = -\frac{1}{\lambda} \left\{ \mathbf{w}^{\mathrm{T}} \boldsymbol{\phi}(\mathbf{x}_n) - t_n \right\} \qquad \text{(식 6.4)}$$

이때 매개변수 벡터 $\mathbf{w}$ 대신에 매개변수 벡터 $\mathbf{a}$에 대해서 최소 제곱법 알고리즘을 다시 적을 수가 있다. 바로 이 경우에 **듀얼 표현**(*dual representation*)이 등장하게 된다. $\mathbf{w} = \boldsymbol{\Phi}^{\mathrm{T}} \mathbf{a}$를 $J(\mathbf{w})$에 대입해 넣으면 다음을 얻게 된다.

$$J(\mathbf{a}) = \frac{1}{2} \mathbf{a}^{\mathrm{T}} \boldsymbol{\Phi} \boldsymbol{\Phi}^{\mathrm{T}} \boldsymbol{\Phi} \boldsymbol{\Phi}^{\mathrm{T}} \mathbf{a} - \mathbf{a}^{\mathrm{T}} \boldsymbol{\Phi} \boldsymbol{\Phi}^{\mathrm{T}} \mathbf{t} + \frac{1}{2} \mathbf{t}^{\mathrm{T}} \mathbf{t} + \frac{\lambda}{2} \mathbf{a}^{\mathrm{T}} \boldsymbol{\Phi} \boldsymbol{\Phi}^{\mathrm{T}} \mathbf{a} \qquad \text{(식 6.5)}$$

여기서 $\mathbf{t} = (t_1, \ldots, t_N)^{\mathrm{T}}$다. **그램 행렬**(*Gram matrix*)인 $\mathbf{K} = \boldsymbol{\Phi} \boldsymbol{\Phi}^{\mathrm{T}}$를 정의해 보자. 이 행렬은 $N \times N$ 대칭 행렬이며, 그 원소는 다음처럼 정의된다.

$$K_{nm} = \boldsymbol{\phi}(\mathbf{x}_n)^{\mathrm{T}} \boldsymbol{\phi}(\mathbf{x}_m) = k(\mathbf{x}_n, \mathbf{x}_m) \qquad \text{(식 6.6)}$$

여기서 식 6.1에서 정의한 **커널 함수**(*kernel function*)인 $k(\mathbf{x}, \mathbf{x}')$을 사용하였다. 그램 행렬을 바탕으로 제곱합 오류 함수를 다음과 같이 적을 수 있다.

$$J(\mathbf{a}) = \frac{1}{2}\mathbf{a}^{\mathrm{T}}\mathbf{K}\mathbf{K}\mathbf{a} - \mathbf{a}^{\mathrm{T}}\mathbf{K}\mathbf{t} + \frac{1}{2}\mathbf{t}^{\mathrm{T}}\mathbf{t} + \frac{\lambda}{2}\mathbf{a}^{\mathrm{T}}\mathbf{K}\mathbf{a} \qquad \text{(식 6.7)}$$

식 6.3을 이용해서 식 6.4로부터 $\mathbf{w}$를 제거한 후 풀어내면 다음을 얻을 수 있다.

$$\mathbf{a} = (\mathbf{K} + \lambda\mathbf{I}_N)^{-1}\mathbf{t} \qquad \text{(식 6.8)}$$

식 6.6을 선형 회귀 모델에 다시 대입해 넣으면 새로운 입력값 $\mathbf{x}$에 대한 예측치는 다음과 같이 된다.

$$y(\mathbf{x}) = \mathbf{w}^{\mathrm{T}}\boldsymbol{\phi}(\mathbf{x}) = \mathbf{a}^{\mathrm{T}}\boldsymbol{\Phi}\boldsymbol{\phi}(\mathbf{x}) = \mathbf{k}(\mathbf{x})^{\mathrm{T}}(\mathbf{K} + \lambda\mathbf{I}_N)^{-1}\mathbf{t} \qquad \text{(식 6.9)}$$

여기서 벡터 $\mathbf{k}(\mathbf{x})$를 정의하였다. $\mathbf{k}(\mathbf{x})$의 원소는 $k_n(\mathbf{x}) = k(\mathbf{x}_n, \mathbf{x})$다. 이처럼 듀얼 표현을 사용하면 최소 제곱 문제에 대한 해를 온전히 커널 함수 $k(\mathbf{x}, \mathbf{x}')$에 대한 식으로 표현할 수 있음을 알 수 있다. 이러한 변환을 **듀얼 공식화**(*dual formulation*)라고 한다. 이러한 이름이 붙은 이유는, $\mathbf{a}$에 대한 해가 $\boldsymbol{\phi}(\mathbf{x})$의 원소들의 선형 결합으로 표현될 수 있다는 점을 바탕으로 매개변수 벡터 $\mathbf{w}$를 바탕으로 한 원래의 공식을 다시 찾아내는 것이 가능하기 때문이다. $\mathbf{x}$에서의 예측값이 훈련 집합에서의 타깃 변수들의 선형 결합으로 주어진다는 점에 주목하라. 사실, 3.3.3절에서 이 결과를 조금 다른 표현 방식으로 이미 구했었다.

연습문제 6.1

원래의 매개변수 공간상의 문제에서는 $\mathbf{w}$를 구하기 위해서 $M \times M$ 행렬의 역을 구해야 하는 반면, 듀얼 공식화된 문제에서는 매개변수 벡터 $\mathbf{a}$를 구하기 위해서 $N \times N$ 행렬의 역을 구해야 한다. 일반적으로 N이 M보다 상당히 더 크기 때문에 이 상황에서는 듀얼 공식화가 특별히 유용해 보이지 않을 수도 있다. 하지만 듀얼 공식화의 진짜 장점은 공식 전체를 커널 함수 $k(\mathbf{x}, \mathbf{x}')$으로 표현할 수 있다는 것이다. 따라서 특징 벡터 $\boldsymbol{\phi}(\mathbf{x})$를 명시적으로 다루는 대신에 커널 함수를 직접적으로 활용할 수가 있다. 이를 통해서 높은(때로는 무한대의) 차원의 특징 공간을 직접 다루는 일을 피할 수 있다.

연습문제 6.2

퍼셉트론을 포함한 많은 선형 모델들에는 그램 행렬을 바탕으로 한 듀얼 표현이 존재한다. 6.4절에서는 회귀를 위한 확률적 선형 모델과 가우시안 과정 사이의 쌍대성(duality)에 대해 살펴볼 것이다. 쌍대성은 7장에서 살펴볼 서포트 벡터 머신에 대한 논의에서도 중요한 역할을 차지한다.

6.2 커널의 구성

커널 대입을 활용하기 위해서는 유효한 커널 함수를 구성할 수 있어야 한다. 이를 위한 한 가지 접근법은 특징 공간 함수 $\boldsymbol{\phi}(\mathbf{x})$를 정한 후 이에 해당하는 커널을 찾는 것이다. 이에 대해서

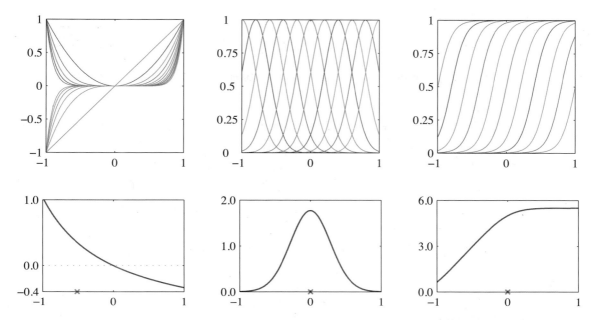

그림 6.1 그림 6.1 기저 함수의 집합으로부터 커널 함수를 구성하는 것에 대한 도식. 각각의 열에서 아래쪽의 그래프는 식 6.10에 따라 정의된 커널 함수 $k(x, x')$를 x에 대한 함수로 그린 것이다. 여기서 x'는 빨간 ×로 표시되어 있다. 위쪽의 그래프는 해당 기저 함수를 표현한 것이다. 각각 다항식(왼쪽 열), 가우시안(가운데 열), 로지스틱 시그모이드(오른쪽 열) 기저 함수다.

는 그림 6.1에 그려져 있다. 여기서 커널 함수는 일차원 입력 공간에 대해 다음처럼 정의된다.

$$k(x, x') = \boldsymbol{\phi}(x)^{\mathrm{T}} \boldsymbol{\phi}(x') = \sum_{i=1}^{M} \phi_i(x) \phi_i(x') \tag{식 6.10}$$

여기서 $\phi_i(x)$는 기저 함수다.

대안이 될 다른 방법은 커널을 직접 구성하는 것이다. 이 경우에는 우리가 선택한 함수가 유효한 커널인지를 확인해야 한다. 선택된 커널 함수가 어떤(어쩌면 무한대의 차수를 가지고 있는) 특징 공간상의 스칼라 곱에 해당하는지를 확인해야 한다는 것이다. 단순한 예로 다음과 같은 커널 함수를 고려해 보자.

$$k(\mathbf{x}, \mathbf{z}) = \left(\mathbf{x}^{\mathrm{T}}\mathbf{z}\right)^2 \tag{식 6.11}$$

이차원 입력 공간 $\mathbf{x} = (x_1, x_2)$를 고려해 보자. 이 경우, 항들을 전개해서 비선형 특징 함수를 구할 수 있다.

$$
\begin{aligned}
k(\mathbf{x}, \mathbf{z}) &= \left(\mathbf{x}^{\mathrm{T}}\mathbf{z}\right)^2 = (x_1 z_1 + x_2 z_2)^2 \\
&= x_1^2 z_1^2 + 2 x_1 z_1 x_2 z_2 + x_2^2 z_2^2 \\
&= (x_1^2, \sqrt{2} x_1 x_2, x_2^2)(z_1^2, \sqrt{2} z_1 z_2, z_2^2)^{\mathrm{T}} \\
&= \boldsymbol{\phi}(\mathbf{x})^{\mathrm{T}} \boldsymbol{\phi}(\mathbf{z}) \tag{식 6.12}
\end{aligned}
$$

특징 함수가 $\phi(\mathbf{x}) = (x_1^2, \sqrt{2}x_1x_2, x_2^2)^{\mathrm{T}}$의 형태를 취하게 되는 것을 볼 수 있다. 따라서 특징 함수는 모든 가능한 이차항으로 이루어지며, 이때 각각의 항들은 특정 가중치를 가지게 된다.

실제로 활용하기 위해서는 함수 $\phi(\mathbf{x})$를 직접 만들지 않고도 커널의 유효성을 시험할 수 있는 단순한 방법이 필요하다. 함수 $k(\mathbf{x}, \mathbf{x}')$이 유효한 커널이 되기 위한 필요 충분 조건(Shawe-Taylor and Cristianini, 2004)은 각 원소들이 $k(\mathbf{x}_n, \mathbf{x}_m)$로 주어지는 그램 행렬 $\mathbf{K}$가 모든 가능한 $\{\mathbf{x}_n\}$ 값들에 대해서 양의 준정부호 행렬이어야 한다는 것이다. 양의 준정부호 행렬은 모든 원소가 0보다 크거나 같은 행렬과 동일한 개념이 아니라는 점에 주목하라.

부록 C

새로운 커널을 만드는 강력한 테크닉 중 하나는 바로 더 단순한 커널들을 구성 블록으로 활용하는 것이다. 다음의 성질들을 바탕으로 이 테크닉을 시행할 수 있다.

새로운 커널을 만들기 위한 테크닉

유효한 커널 $k_1(\mathbf{x}, \mathbf{x}')$과 $k_2(\mathbf{x}, \mathbf{x}')$이 주어졌을 때, 다음과 같이 만들어지는 새로운 커널 역시 유효하다.

$$
\begin{array}{rll}
k(\mathbf{x}, \mathbf{x}') &= ck_1(\mathbf{x}, \mathbf{x}') & \text{(식 6.13)} \\
k(\mathbf{x}, \mathbf{x}') &= f(\mathbf{x})k_1(\mathbf{x}, \mathbf{x}')f(\mathbf{x}') & \text{(식 6.14)} \\
k(\mathbf{x}, \mathbf{x}') &= q\left(k_1(\mathbf{x}, \mathbf{x}')\right) & \text{(식 6.15)} \\
k(\mathbf{x}, \mathbf{x}') &= \exp\left(k_1(\mathbf{x}, \mathbf{x}')\right) & \text{(식 6.16)} \\
k(\mathbf{x}, \mathbf{x}') &= k_1(\mathbf{x}, \mathbf{x}') + k_2(\mathbf{x}, \mathbf{x}') & \text{(식 6.17)} \\
k(\mathbf{x}, \mathbf{x}') &= k_1(\mathbf{x}, \mathbf{x}')k_2(\mathbf{x}, \mathbf{x}') & \text{(식 6.18)} \\
k(\mathbf{x}, \mathbf{x}') &= k_3\left(\phi(\mathbf{x}), \phi(\mathbf{x}')\right) & \text{(식 6.19)} \\
k(\mathbf{x}, \mathbf{x}') &= \mathbf{x}^{\mathrm{T}}\mathbf{A}\mathbf{x}' & \text{(식 6.20)} \\
k(\mathbf{x}, \mathbf{x}') &= k_a(\mathbf{x}_a, \mathbf{x}_a') + k_b(\mathbf{x}_b, \mathbf{x}_b') & \text{(식 6.21)} \\
k(\mathbf{x}, \mathbf{x}') &= k_a(\mathbf{x}_a, \mathbf{x}_a')k_b(\mathbf{x}_b, \mathbf{x}_b') & \text{(식 6.22)}
\end{array}
$$

여기서 c는 0보다 큰 상수, $f(\cdot)$는 임의의 함수, $q(\cdot)$는 계수가 영보다 크거나 같은 다항 함수, $\phi(\mathbf{x})$는 $\mathbf{x}$에서 $\mathbb{R}^M$으로의 함수, $k_3(\cdot, \cdot)$는 $\mathbb{R}^M$상에서의 유효 커널, $\mathbf{A}$는 대칭의 양의 준정부호 행렬, $\mathbf{x}_a$와 $\mathbf{x}_b$는(반드시 서로 겹치지 않을 필요는 없다) $\mathbf{x} = (\mathbf{x}_a, \mathbf{x}_b)$인 변수, k_a와 k_b는 각자의 공간에 대한 유효한 커널 함수다.

이 성질들을 바탕으로 해서 각 응용 사례에 적합한 커널들을 만들 수 있다. 여기서 커널 $k(\mathbf{x}, \mathbf{x}')$은 대칭이며, 양의 준정부호여야 한다. 그리고 해당 응용 사례에 대해서 어떤 적절한 $\mathbf{x}$와 $\mathbf{x}'$ 사이의 유사성을 표현해야 한다. 몇몇 널리 쓰이는 커널 함수의 예시에 대해 논의해 보도록 하자. '**커널 엔지니어링**(*kernel engineering*)'에 대한 더 자세한 논의를 원한다면 Shawe-Taylor and

Cristianini(2004)를 참조하기 바란다.

단순한 다항 커널 $k(\mathbf{x}, \mathbf{x}') = (\mathbf{x}^T\mathbf{x}')^2$은 이차항만을 포함한다는 것을 앞에서 살펴보았다. 약간 더 일반적인 커널 $k(\mathbf{x}, \mathbf{x}') = (\mathbf{x}^T\mathbf{x}' + c)^2$을 고려해 보자. 이때 $c > 0$이다. 이 경우 해당 특징 함수 $\boldsymbol{\phi}(\mathbf{x})$는 이차항뿐만 아니라 선형항과 상수항도 포함하게 된다. 이와 비슷하게 $k(\mathbf{x}, \mathbf{x}') = (\mathbf{x}^T\mathbf{x}')^M$은 M차의 모든 단항식을 포함하게 된다. 예를 들어, $\mathbf{x}$와 $\mathbf{x}'$가 서로 다른 두 개의 이미지라고 하면, 이 커널은 첫 번째 이미지의 M개의 픽셀과 두 번째 이미지의 M개의 픽셀 사이의 모든 가능한 곱들의 특정 가중 합을 나타내게 된다. $k(\mathbf{x}, \mathbf{x}') = (\mathbf{x}^T\mathbf{x}' + c)^M$을 고려함으로써 M차까지의 모든 차수를 포함하도록 할 수 있다. 마찬가지로 이 경우에도 $c > 0$이다. 식 6.17과 식 6.18의 결과에 따라 이들이 모두 유효한 커널 함수라는 것을 확인할 수 있다.

또 다른 널리 사용되는 커널로 다음의 형태를 가지고 있는 커널이 있다.

$$k(\mathbf{x}, \mathbf{x}') = \exp\left(-\|\mathbf{x} - \mathbf{x}'\|^2/2\sigma^2\right) \qquad \text{(식 6.23)}$$

이 커널은 종종 '가우시안' 커널이라고 불린다. 가우시안이라고 부르기는 하지만 이 맥락에서는 해당 함수를 확률 밀도로 해석하지는 않는다. 따라서 정규화 상수는 생략되어 있다. 제곱항을 전개함으로써 이 함수가 유효한 커널임을 확인할 수 있다.

$$\|\mathbf{x} - \mathbf{x}'\|^2 = \mathbf{x}^T\mathbf{x} + (\mathbf{x}')^T\mathbf{x}' - 2\mathbf{x}^T\mathbf{x}' \qquad \text{(식 6.24)}$$

이에 따라 다음을 구할 수 있다.

$$k(\mathbf{x}, \mathbf{x}') = \exp\left(-\mathbf{x}^T\mathbf{x}/2\sigma^2\right) \exp\left(\mathbf{x}^T\mathbf{x}'/\sigma^2\right) \exp\left(-(\mathbf{x}')^T\mathbf{x}'/2\sigma^2\right) \qquad \text{(식 6.25)}$$

선형 커널 $k(\mathbf{x}, \mathbf{x}') = \mathbf{x}^T\mathbf{x}'$이 유효한 커널이라는 성질과 함께 식 6.14와 식 6.16의 결과를 활용하면 이 커널의 유효성을 증명할 수 있다. 가우시안 커널에 해당하는 특징 벡터는 무한의 차수를 가진다는 점에 주목하라.

연습문제 6.11

가우시안 커널은 유클리드 거리를 사용하는 데 국한되지 않는다. 만약 식 6.24에 $\mathbf{x}^T\mathbf{x}'$ 대신 비선형 커널 $\kappa(\mathbf{x}, \mathbf{x}')$을 대입해 넣으면 다음을 얻을 수 있다.

$$k(\mathbf{x}, \mathbf{x}') = \exp\left\{-\frac{1}{2\sigma^2}\left(\kappa(\mathbf{x}, \mathbf{x}) + \kappa(\mathbf{x}', \mathbf{x}') - 2\kappa(\mathbf{x}, \mathbf{x}'))\right)\right\} \qquad \text{(식 6.26)}$$

커널을 이용한 관점을 사용할 경우에 얻을 수 있는 큰 이점 중 하나는 단지 실수로 이루어진 벡터 입력값들을 넘어서서 심볼릭(symbolic)한 입력값들에 대해서 방법론들을 확장시킬 수 있다는 것이다. 그래프, 집합, 문자열, 텍스트 문서 등의 다양한 객체들에 대해서 커널 함수들을 정의할 수 있다. 예를 들어, 어떤 고정된 집합을 고려하고 이 집합의 모든 가능한 부분 집합으로 이루어진 비벡터 공간을 정의해 보자. 만약 A_1과 A_2가 이러한 부분 집합들 중 둘이라면, 다음과 같이 간단한 커널을 정의하여 사용할 수 있다.

$$k(A_1, A_2) = 2^{|A_1 \cap A_2|} \qquad \text{(식 6.27)}$$

연습문제 6.12

여기서 $A_1 \cap A_2$는 집합 A_1과 A_2의 교집합을, $|A|$는 A 요소의 수를 의미한다. 이는 유효한 커널 함수다. 왜냐하면 이 함수가 특징 공간상의 내적에 해당한다는 것을 보일 수 있기 때문이다.

커널을 구성하는 강력한 방식 중 하나는 확률적 생성 모델을 기반으로 한 것이다(Haussler, 1999). 이를 바탕으로 하면 판별 모델 설정하에서 생성 모델을 적용할 수 있다. 생성 모델을 사용하면 빠진 데이터들을 자연스럽게 다룰 수 있으며, 은닉 마르코프 모델의 경우에는 변하는 길이의 배열도 다룰 수 있게 된다. 이와는 대조적으로 판별 모델은 보통 실제로 판별을 수행하는 경우에 생성 모델에 비해서 더 나은 성능을 보여 준다. 따라서 이 두 가지 방식을 합치고자 하는 시도가 있었다(Lasserre *et al.*, 2006). 이들을 병합하는 한 가지 방법은 생성 모델을 이용하여 커널을 정의하고 이 커널을 판별 방식에서 활용하는 것이다.

생성 모델 $p(\mathbf{x})$가 주어졌을 때 다음과 같은 커널을 정의할 수 있다.

$$k(\mathbf{x}, \mathbf{x}') = p(\mathbf{x})p(\mathbf{x}') \qquad \text{(식 6.28)}$$

이는 자명하게 유효한 커널 함수다. 왜냐하면 이 함수를 사상 $p(\mathbf{x})$로 정의되는 일차원 특징 공간상의 내적으로 해석할 수 있기 때문이다. 이 커널 함수에 따르면 $\mathbf{x}$와 $\mathbf{x}'$이 둘 다 높은 확률을 가지면 둘이 비슷하다고 해석할 수 있다. 식 6.13과 식 6.17을 이용해서 이런 종류의 커널들을 확장할 수 있다. 서로 다른 확률 분포들의 곱들을 양의 가중치 $p(i)$를 이용하여 합산해 보자.

$$k(\mathbf{x}, \mathbf{x}') = \sum_i p(\mathbf{x}|i)p(\mathbf{x}'|i)p(i) \qquad \text{(식 6.29)}$$

9.2절

이는 (전체 곱셈 상수만큼을 제외하고) 각 원소가 인덱스 i에 의해 인수분해되는 혼합 분포와 동일하다. 이 경우 인덱스 i는 '잠재' 변수의 역할을 하게 된다. 여러 원소들에서 $\mathbf{x}$와 $\mathbf{x}'$ 값들이 유의미하게 큰 확률을 가질 경우 커널 함수의 출력값 또한 클 것이며, 따라서 흡사하다고 판별될 것이다. 합산 대신 적분을 하면 다음 형태의 커널을 얻게 된다.

$$k(\mathbf{x}, \mathbf{x}') = \int p(\mathbf{x}|\mathbf{z})p(\mathbf{x}'|\mathbf{z})p(\mathbf{z})\, \mathrm{d}\mathbf{z} \qquad \text{(식 6.30)}$$

이 경우 $\mathbf{z}$는 연속적인 잠재 변수다.

13.2절

우리의 데이터가 L 길이의 순차적인 배열이며, 그 관측값이 $\mathbf{X} = \{\mathbf{x}_1, \ldots, \mathbf{x}_L\}$로 주어진다고 해보자. 배열에 대해서 가장 널리 사용되는 생성적 모델은 은닉 마르코프 모델이다. 은닉 마르코프 모델에서는 분포 $p(\mathbf{X})$를 은닉 상태 배열 $\mathbf{Z} = \{\mathbf{z}_1, \ldots, \mathbf{z}_L\}$에 대해 주변화한 결괏값으로 표현한다. 이 방법을 이용해서 배열 $\mathbf{X}$와 $\mathbf{X}'$의 유사도를 측정하는 커널 함수를 만들 수 있다. 식 6.29의 혼합 표현식을 확장하면 다음을 얻게 된다.

$$k(\mathbf{X}, \mathbf{X}') = \sum_{\mathbf{Z}} p(\mathbf{X}|\mathbf{Z})p(\mathbf{X}'|\mathbf{Z})p(\mathbf{Z}) \tag{식 6.31}$$

이때 두 개의 관측된 배열은 둘 다 같은 은닉 배열 $\mathbf{Z}$에 의해 생성되었다고 가정한다. 이 모델을 확장해서 길이가 다른 배열들을 비교하는 데도 사용할 수 있다.

생성 모델을 사용하여 커널 함수를 정의하는 또 다른 테크닉으로는 **피셔 커널**(*Fisher kernel*) (Jaakkola and Haussler, 1999)이 있다. 매개변수적 생성 모델 $p(\mathbf{x}|\boldsymbol{\theta})$를 고려해 보자. $\boldsymbol{\theta}$는 매개변수의 벡터다. 여기서의 목표는 $\mathbf{x}$와 $\mathbf{x}'$의 유사도를 측정하는 커널을 생성 모델로부터 도출해 내는 것이다. Jaakkola와 Hussler(1999)는 $\boldsymbol{\theta}$에 대한 기울기를 고려했다. 이 기울기는 특징 공간의 벡터로써 $\boldsymbol{\theta}$와 같은 차원수를 가지게 된다. 그들이 고려한 **피셔 점수**(*Fisher score*)는 다음과 같다.

$$\mathbf{g}(\boldsymbol{\theta}, \mathbf{x}) = \nabla_{\boldsymbol{\theta}} \ln p(\mathbf{x}|\boldsymbol{\theta}) \tag{식 6.32}$$

여기서 피셔 커널은 다음과 같이 정의된다.

$$k(\mathbf{x}, \mathbf{x}') = \mathbf{g}(\boldsymbol{\theta}, \mathbf{x})^{\mathrm{T}} \mathbf{F}^{-1} \mathbf{g}(\boldsymbol{\theta}, \mathbf{x}') \tag{식 6.33}$$

$\mathbf{F}$는 **피셔 정보 행렬**(*Fisher information matrix*)로서 다음과 같이 주어진다.

$$\mathbf{F} = \mathbb{E}_{\mathbf{x}} \left[\mathbf{g}(\boldsymbol{\theta}, \mathbf{x})\mathbf{g}(\boldsymbol{\theta}, \mathbf{x})^{\mathrm{T}} \right] \tag{식 6.34}$$

여기서 기댓값은 분포 $p(\mathbf{x}|\boldsymbol{\theta})$상의 $\mathbf{x}$에 대한 것이다. 이는 **정보 기하학**(*information geometry*) (Amari, 1998)의 관점으로부터 도출할 수 있다. 정보 기하학에서는 모델 매개변수 공간에서의 미분 기하학에 대해 고려한다. 여기서는 피셔 정보 행렬의 존재로 인해서 이 커널이 밀도 모델의 비선형 재매개변수화 $\boldsymbol{\theta} \rightarrow \boldsymbol{\psi}(\boldsymbol{\theta})$에 대해서 불변성을 가지게 된다는 것 정도만 주목하면 된다.

연습문제 6.13

실제 사례에서는 많은 경우에 피셔 정보 행렬을 직접 계산하는 것이 불가능하다. 이때 사용할 수 있는 한 가지 접근법은 피셔 정보 행렬 정의상의 기댓값을 표본 평균으로 바꾸는 것이다.

$$\mathbf{F} \simeq \frac{1}{N} \sum_{n=1}^{N} \mathbf{g}(\boldsymbol{\theta}, \mathbf{x}_n)\mathbf{g}(\boldsymbol{\theta}, \mathbf{x}_n)^{\mathrm{T}} \tag{식 6.35}$$

12.1.3절

이는 피셔 점수의 공분산 행렬에 해당한다. 따라서 피셔 커널은 이 점수들의 **화이트닝**(*whitening*)에 해당하게 된다. 더 단순하게 하자면 피셔 정보 행렬을 아예 생략하고 다음의 불변하지 않는 커널을 사용할 수도 있다.

$$k(\mathbf{x}, \mathbf{x}') = \mathbf{g}(\boldsymbol{\theta}, \mathbf{x})^{\mathrm{T}} \mathbf{g}(\boldsymbol{\theta}, \mathbf{x}') \tag{식 6.36}$$

Hofmann(2000)에서 피셔 커널을 문서 검색 분야에 사용한 사례를 찾아볼 수 있다.

여기서 예시로 들 마지막 커널 함수는 바로 시그모이드 커널이다.

$$k(\mathbf{x}, \mathbf{x}') = \tanh\left(a\mathbf{x}^{\mathrm{T}}\mathbf{x}' + b\right) \tag{식 6.37}$$

이 경우 그램 행렬은 일반적으로 양의 준정부호 행렬이 아니다. 하지만 그럼에도 불구하고 이 형태의 커널은 실제 적용 사례에서 사용되어 왔다(Vapnik, 1995). 시그모이드 커널을 서포트 벡터 머신 등의 커널 확장 사례에 사용하게 되면 뉴럴 네트워크 모델과 피상적으로나마 흡사한 모습을 보인다는 것이 그 이유 중 하나일 것이다. 기저 함수의 숫자가 무한하다는 제약 조건하에서 적당한 사전 분포를 사용한 베이지안 뉴럴 네트워크는 가우시안 프로세스로 축약할 수 있다. 이는 뉴럴 네트워크와 커널 방법론 사이에 깊은 연관성을 부여하게 된다.

6.4.7절

6.3 방사 기저 함수 네트워크

3장에서는 고정된 기저 함수의 선형 결합을 바탕으로한 회귀 모델에 대해서 살펴보았다. 그러나 어떤 기저 함수를 사용할 수 있는지에 대해서는 자세히 논의하지 않았다. 널리 사용되는 기저 함수 중 하나는 **방사 기저 함수**(*radial basis function*)다. 방사 기저 함수는 각각의 기저 함수가 중심 $\boldsymbol{\mu}_j$로부터의 방사 거리(보통은 유클리드 거리)에 의해서만 입력값에 종속적이다. 즉, $\phi_j(\mathbf{x}) = h(\|\mathbf{x} - \boldsymbol{\mu}_j\|)$다.

역사적으로 방사 기저 함수는 정확한 함수의 보간을 목적으로 도입되었다(Powell, 1987). 입력 벡터 $\{\mathbf{x}_1, \ldots, \mathbf{x}_N\}$과 표적값 $\{t_1, \ldots, t_N\}$이 주어졌다고 하자. 이때 모든 표적값에 정확히 근사되는 매끄러운 함수 $f(\mathbf{x})$를 찾는 것이 함수 보간의 목적이다. 즉, $n = 1, \ldots, N$에 대해서 $f(\mathbf{x}_n) = t_n$인 함수를 찾는 것이다. 이는 $f(\mathbf{x})$를 각각의 데이터 포인트를 중심으로 하는 방사 기저 함수들의 선형 결합으로 표현함으로써 달성할 수 있다.

$$f(\mathbf{x}) = \sum_{n=1}^{N} w_n h(\|\mathbf{x} - \mathbf{x}_n\|) \tag{식 6.38}$$

최소 제곱법을 통해서 계수 $\{w_n\}$의 값을 찾을 수 있다. 계수의 숫자와 제약 조건의 숫자가 같기 때문에 모든 표적값에 정확하게 근사하는 함수를 결과로 얻을 수 있게 된다. 하지만 패턴 인식 응용 사례에서는 일반적으로 표적값에 노이즈가 많으며, 또한 완벽하게 정확한 보간은 과적합 해를 내놓을 수 있기 때문에 그리 바람직하지 않다.

방사 기저 함수에 대한 논의는 정규화 이론(Poggio and Girosi, 1990; Bishop, 1995a)에서도 확장 논의되었다. 제곱합 오류 함수와 미분 연산자를 바탕으로 정의된 정규화항의 경우에 최적의 해는 연산자의 **그린 함수**(*Green's functions*)의 전개를 통해 구할 수 있다. 이는 이산 행렬에서의 고유 벡터에 해당하는 개념이라 볼 수 있다. 이때 다시금 각 데이터 포인트를 중심으로 하는 기저 함수들을 사용하게 된다. 만약 미분 연산자가 등방이면, 그린 함수는 오직 방사 거리를 통해서만 해당 데이터 포인트에 대해 종속적이게 된다. 정규화항이 존재하지 않으므로 이 경우의 해는 더 이상 훈련 데이터를 정확하게 보간하지 않는다.

입력(표적값이 아니라) 변수에 노이즈가 많을 경우에 보간법을 시행하기 위해서 방사 기저 함수를 사용할 수도 있다(Webb, 1994; Bishop, 1995a). 만약 입력 변수 $\mathbf{x}$의 노이즈가 변수 $\boldsymbol{\xi}$로 설명되며 이 변수가 분포 $\nu(\boldsymbol{\xi})$를 가진다면, 해당 제곱합 오류 함수를 다음과 같이 적을 수 있다.

$$E = \frac{1}{2} \sum_{n=1}^{N} \int \{y(\mathbf{x}_n + \boldsymbol{\xi}) - t_n\}^2 \nu(\boldsymbol{\xi}) \, \mathrm{d}\boldsymbol{\xi} \tag{식 6.39}$$

부록 D

연습문제 6.17

이를 변분법을 사용해서 함수 $y(\mathbf{x})$에 대해 최적화할 수 있다.

$$y(\mathbf{x}) = \sum_{n=1}^{N} t_n h(\mathbf{x} - \mathbf{x}_n) \tag{식 6.40}$$

이때 기저 함수는 다음과 같이 주어진다.

$$h(\mathbf{x} - \mathbf{x}_n) = \frac{\nu(\mathbf{x} - \mathbf{x}_n)}{\displaystyle\sum_{n=1}^{N} \nu(\mathbf{x} - \mathbf{x}_n)} \tag{식 6.41}$$

모든 데이터 포인트 각각에 대해서 그 포인트를 중심으로 하는 기저 함수 하나씩이 있음을 볼 수 있다. 이 모델을 **나다라야 왓슨**(*Nadaraya-Watson*) 모델이라고 한다. 이 모델은 6.3.1절에서 다른 관점을 바탕으로 다시 유도될 것이다. 만약 노이즈 분포 $\nu(\boldsymbol{\xi})$가 등방 분포이고, 따라서 오직 $\|\boldsymbol{\xi}\|$에 대해서만 종속적인 함수라면 이 기저 함수는 방사 기저 함수가 된다.

식 6.41의 기저 함수는 정규화되어 있다. 따라서 모든 $\mathbf{x}$ 값에 대해서 $\sum_n h(\mathbf{x} - \mathbf{x}_n) = 1$이다. 이러한 정규화의 효과에 대해서는 그림 6.2에 그려져 있다. 실제 응용 사례에서도 정규화가

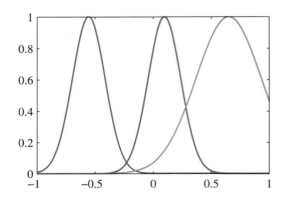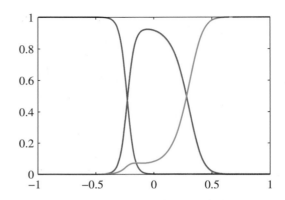

그림 6.2 왼쪽의 그래프는 가우시안 기저 함수를 그린 것이다. 그리고 오른쪽은 이에 해당하는 정규화된 기저 함수에 대한 그래프다.

종종 사용된다. 왜냐하면 이를 통해서 모든 기저 함수들이 작은 값을 가지는 입력 공간상의 작은 지역이 생기는 것을 막을 수 있기 때문이다. 만약 이런 지역이 생길 경우, 해당 지역에 대한 예측값은 매우 작거나 또는 순전히 편향 매개변수에 의해서만 조절될 것이다.

정규화된 방사 기저 함수를 사용할 수 있는 또 다른 응용 사례는 바로 6.3.1절에서 논의될 회귀 문제에서의 커널 밀도 추정이다.

데이터 포인트 하나당 하나의 기저 함수가 연관되어 있기 때문에 이러한 모델을 이용해서 새로운 데이터 포인트에 대한 예측값을 내리려면 계산적으로 비용이 많이 들 수 있다. 이러한 단점을 극복하기 위해서 기저 함수의 수 M이 데이터 포인트의 수 N보다 작은 방사 기저 함수 모델이 제안되었다(Broomhead and Lowe, 1998; Moody and Darken, 1989; Poggio and Girosi, 1990). 보통 기저 함수의 숫자와 그 중심의 위치 $\boldsymbol{\mu}_i$들은 입력 데이터 $\{\mathbf{x}_n\}$만을 바탕으로 결정된다. 그 후에 기저 함수들은 고정한 채로 유지하고 최소 제곱법을 이용해서 계수 $\{w_i\}$들을 결정한다. 이 과정은 3.1.1절에서 살펴본 바와 같다.

기저 함수의 중심을 정하는 가장 단순한 방법은 바로 임의로 선택한 데이터 포인트의 부분 집합을 사용하는 것이다. 이에 대한 더 체계적인 접근법을 **직교 최소 제곱법**(*orthogonal least square*)(chen *et al.*, 1991)이라 한다. 이 방법은 각 단계에서 제곱합 오류를 가장 많이 줄일 수 있는 데이터 포인트를 선택해서 기저 함수의 중심값으로 사용하는 방식의 순차적인 선택 과정에 해당한다. 알고리즘을 진행하는 과정에서 확장 계수의 값도 구할 수 있다. K 평균과 같은 집단화 알고리즘도 사용된다. 이 경우 기저 함수의 중심값들은 더 이상 훈련 데이터 포인트들 중 일부가 아니다.

9.1절

6.3.1 나다라야 왓슨 모델

3.3.3절에서는 선형 회귀 모델에서 새로운 입력 $\mathbf{x}$에 대한 예측값이 훈련 집합 표적값들의 선형 결합으로 나타난다는 것을 살펴보았다. 이때 선형 결합의 계수는 식 3.62의 '등가 커널'에 의해 주어지게 된다. 이때 등가 커널은 식 3.64의 합산 제약 조건을 만족해야 한다.

식 3.61의 커널 회귀 모델을 커널 밀도 추정의 관점으로부터 도출해 보도록 하자. 훈련 집합 $\{\mathbf{x}_n, t_n\}$을 가정하고, 여기에 결합 분포 $p(\mathbf{x}, t)$를 모델하기 위해서 파젠 밀도 추정을 적용해 보자.

$$p(\mathbf{x}, t) = \frac{1}{N} \sum_{n=1}^{N} f(\mathbf{x} - \mathbf{x}_n, t - t_n) \tag{식 6.42}$$

여기서 $f(\mathbf{x}, t)$는 성분 밀도 함수이며, 해당 성분은 각 데이터 포인트마다 해당 포인트를 중심으로 존재한다. 이제 회귀 함수 $y(\mathbf{x})$의 식을 찾아보도록 하자. 이는 타깃 변수의 입력 변수에 대한 조건부 평균으로 표현할 수 있다.

$$
\begin{aligned}
y(\mathbf{x}) &= \mathbb{E}[t|\mathbf{x}] = \int_{-\infty}^{\infty} t p(t|\mathbf{x}) \, dt \\
&= \frac{\int t p(\mathbf{x}, t) \, dt}{\int p(\mathbf{x}, t) \, dt} \\
&= \frac{\sum_n \int t f(\mathbf{x} - \mathbf{x}_n, t - t_n) \, dt}{\sum_m \int f(\mathbf{x} - \mathbf{x}_m, t - t_m) \, dt}
\end{aligned}
\tag{식 6.43}
$$

과정의 간략화를 위해서 성분 밀도 함수가 평균값으로 0을 가진다고 가정하자. 즉, 모든 $\mathbf{x}$ 값에 대해서 다음이 성립한다는 것이다.

$$\int_{-\infty}^{\infty} f(\mathbf{x}, t) t \, dt = 0 \tag{식 6.44}$$

간단한 변수 변환을 통해서 다음을 얻을 수 있다.

$$
\begin{aligned}
y(\mathbf{x}) &= \frac{\sum_n g(\mathbf{x} - \mathbf{x}_n) t_n}{\sum_m g(\mathbf{x} - \mathbf{x}_m)} \\
&= \sum_n k(\mathbf{x}, \mathbf{x}_n) t_n
\end{aligned}
\tag{식 6.45}
$$

이때 $n, m = 1, \ldots, N$이며 커널 함수 $k(\mathbf{x}, \mathbf{x}_n)$은 다음과 같이 주어진다.

$$k(\mathbf{x}, \mathbf{x}_n) = \frac{g(\mathbf{x} - \mathbf{x}_n)}{\sum_m g(\mathbf{x} - \mathbf{x}_m)} \qquad \text{(식 6.46)}$$

그리고 다음을 정의하였다.

$$g(\mathbf{x}) = \int_{-\infty}^{\infty} f(\mathbf{x}, t) \, dt \qquad \text{(식 6.47)}$$

식 6.45의 결과를 **나다라야 왓슨**(*Nadaraya-Watson*) 모델, 또는 **커널 회귀**(*kernel regression*) 모델이라고 한다(Nadaraya, 1964; Watson, 1964). 지역화된 커널 함수에 대해서 이 모델은 $\mathbf{x}$에 가까운 데이터 포인트 $\mathbf{x}_n$들에게 더 큰 가중치를 부여하는 성질을 가지고 있다. 식 6.46의 커널은 다음의 합산 제약 조건을 만족한다.

$$\sum_{n=1}^{N} k(\mathbf{x}, \mathbf{x}_n) = 1$$

사실 이 모델을 바탕으로 조건부 기댓값뿐만 아니라 전체 조건부 분포도 정의할 수 있다.

$$p(t|\mathbf{x}) = \frac{p(t, \mathbf{x})}{\int p(t, \mathbf{x}) \, dt} = \frac{\sum_n f(\mathbf{x} - \mathbf{x}_n, t - t_n)}{\sum_m \int f(\mathbf{x} - \mathbf{x}_m, t - t_m) \, dt} \qquad \text{(식 6.48)}$$

이 분포로부터 다른 기댓값들도 계산 가능하다.

구체적인 예로 단일 입력 변수 $\mathbf{x}$의 예시를 고려해 보자. 이때 $f(x, t)$는 평균값이 0이고 분산이 σ^2인 변수 $\mathbf{z} = (x, t)$에 대한 등방 가우시안 분포라 하자. 이에 해당하는 식 6.48의 조건부 분포는 혼합 가우시안으로 주어지게 된다. 사인 곡선 합성 데이터를 바탕으로 한 예시 그래프를 그림 6.3에 그려 놓았다.

연습문제 6.18

이 모델을 확장하는 방법 중 하나는 더 유연한 형태의 가우시안 성분을 허용하는 것이다. 입력과 출력 변수에 대해서 서로 다른 분산 매개변수를 사용하는 것이 한 가지 예다. 더 일반적으로는 가우시안 혼합 모델을 이용해서 결합 분포 $p(t, \mathbf{x})$를 모델할 수 있다. 이 경우 9장에서 살펴볼 테크닉을 이용해서 훈련을 진행할 수 있다(Ghahramani and Jordan, 1994). 그리고 그 후에 해당 조건부 분산 $p(t|\mathbf{x})$를 찾을 수 있다. 나중 예시의 경우에는 식이 더 이상 훈련 집합 데이터 포인트에서 계산된 커널 함수의 식으로 표현되지 않는다. 하지만 혼합 모델의 성분의 개수가 훈련 집합 포인트의 개수보다 적을 수 있다. 그 결과로 이 모델은 시험 데이터 포인트에 대해서 계산할 때 더 빨라진다. 훈련 과정에서 계산 비용을 더 지불하고 그 결과로 예측 과정에서 더

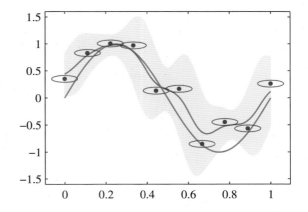

그림 6.3 등방 가우시안 커널을 바탕으로 한 나다라야 왓슨 커널 회귀 모델의 그래프. 사인 곡선 데이터 집합을 바탕으로 그려졌다. 원래의 사인 함수는 녹색 곡선으로, 데이터 포인트들은 파란색으로 그려졌다. 그리고 각각의 데이터 포인트가 등방 가우시안 커널의 중심점이다. 조건부 평균으로 주어지는 회귀 함수는 빨간색 선으로 그려져 있다. 또한, 조건부 밀도 $p(t|x)$의 표준 편차의 두 배에 해당하는 지역이 빨간색 음영으로 그려져 있다. 각 데이터 포인트 주변의 파란색 타원은 해당 커널의 표준 편차만큼의 윤곽선을 그린 것이다. 원형이 아니라 타원형으로 표현되어 있는 이유는 가로축과 세로축의 척도가 다르기 때문이다.

빠르게 작동하는 모델을 얻게 된 것이다.

6.4 가우시안 과정

6.1절에서는 비확률적 회귀 모델에 쌍대성의 콘셉트를 적용하는 방식으로 커널에 대해 소개했었다. 여기서는 확률적 판별 모델에서의 커널의 역할에 대해 소개할 것이다. 이는 가우시안 과정 방법론으로 이어진다. 결과적으로 베이지안 관점하에서 어떤 식으로 커널이 자연스럽게 등장하게 되는지 살펴보게 될 것이다.

3장에서 $y(\mathbf{x}, \mathbf{w}) = \mathbf{w}^T\boldsymbol{\phi}(\mathbf{x})$의 형태를 가지는 선형 회귀 모델을 살펴보았다. 이때 $\mathbf{w}$는 매개변수의 벡터이며, $\boldsymbol{\phi}(\mathbf{x})$는 $\mathbf{x}$에 종속적인 고정된 비선형 기저 함수의 벡터였다. $\mathbf{w}$에 대한 사전 분포로부터 이에 해당하는 $y(\mathbf{x}, \mathbf{w})$에 대한 사전 분포를 유도할 수 있다는 것도 보았다. 또한, 훈련 데이터 집합이 주어졌을 때 $\mathbf{w}$에 대한 사후 분포를 계산하고 회귀 함수에 대한 사후 분포를 구할 수 있었다. 그리고 이를 바탕으로 새 입력 벡터 $\mathbf{x}$에 대한 예측 분포 $p(t|\mathbf{x})$(약간의 노이즈와 함께)를 도출할 수 있었다.

가우시안 과정의 관점에서는 매개변수 모델을 생략하고 함수들에 대한 사전 분포를 직접 정의한다. 얼핏 셀 수 없이 무한한 함수 공간상에서의 분포에 대한 문제를 고려하는 것이 어려워 보일 수도 있다. 하지만 실제로는 훈련 집합과 시험 집합의 데이터 포인트들에 해당하는 입력 포인트 $\mathbf{x}_n$의 이산 집합에서의 함숫값에 대해서만 고려하면 된다. 그렇기 때문에 실질적으로는 유한한 공간상에서의 문제를 고려하는 것이 된다.

많은 분야에서 가우시안 과정과 동일한 모델이 연구되어 왔다. 예를 들자면 지구 통계학 문헌에서 가우시안 과정 회귀법은 **크리깅**(*kriging*)(Cressie, 1993)이라고 알려져 있다. **ARMA**(*autoregressive moving average*) **모델**, **칼만 필터**(*Kalman filter*), **방사 기저 함수 네트워크**(*radial basis function network*) 모델 등도 전부 가우시안 과정 모델의 한 형태라고 볼 수 있다. 머신 러닝 관점에서의 가우시안 과정에 대한 문헌은 MacKay(1998), Williams(1999), MacKay(2003)를 참조하기 바란다. 그리고 가우시안 과정 모델과 대안적인 다른 방법론에 대한 비교는 Rasmussen(1996)에서 찾아볼 수 있다. 또한, 최근의 가우시안 과정에 대한 교과서로는 Rasmussen and Williams(2006)를 참조하기 바란다.

6.4.1 다시 보는 선형 회귀

가우시안 과정의 관점을 살펴보기 위해 선형 회귀 예시로 돌아보도록 하자. 함수 $y(\mathbf{x}, \mathbf{w})$에 대한 분포를 바탕으로 예측 분포를 다시 도출해 볼 것이다.

M개의 고정된 기저 함수의 선형 결합으로 정의되는 모델을 고려해 보자. 이때 기저 함수들은 벡터 $\boldsymbol{\phi}(\mathbf{x})$의 원소로 주어지게 된다.

$$y(\mathbf{x}) = \mathbf{w}^{\mathrm{T}} \boldsymbol{\phi}(\mathbf{x}) \tag{식 6.49}$$

여기서 $\mathbf{x}$는 입력 벡터이며, $\mathbf{w}$는 M차원의 가중치 벡터다. 이제 가우시안 분포로 주어지는 $\mathbf{w}$에 대한 사전 분포를 고려해 보자.

$$p(\mathbf{w}) = \mathcal{N}(\mathbf{w}|\mathbf{0}, \alpha^{-1}\mathbf{I}) \tag{식 6.50}$$

이 사전 분포는 초매개변수인 정밀도(역분산) α에 의해 조정된다. 식 6.49는 모든 주어진 $\mathbf{w}$ 값에 대해서 $\mathbf{x}$에 대한 특정 함수를 정의하게 된다. 따라서 식 6.50으로 주어지는 $\mathbf{w}$에 대한 확률 분포를 바탕으로 함수 $y(\mathbf{x})$에 대한 확률 분포를 도출할 수 있다. 실제 응용 사례에서는 이 함수의 값을 특정 $\mathbf{x}$ 값에 대해 계산하는 것이 필요하다. 예를 들자면 훈련 데이터 포인트 $\mathbf{x}_1, \dots, \mathbf{x}_N$에 대해 이 함수의 값을 계산해야 한다. 따라서 우리는 함수 $y(\mathbf{x}_1), \dots, y(\mathbf{x}_N)$의 결합 분포에 대해 관심을 가지게 될 것이다. 이 분포를 각각의 원소가 $y_n = y(\mathbf{x}_n)$(이때 $n = 1, \dots, N$)인 벡터 $\mathbf{y}$로 지칭하도록 하자. 식 6.49로부터 이 벡터는 다음과 같이 주어지게 된다.

$$\mathbf{y} = \boldsymbol{\Phi}\mathbf{w} \tag{식 6.51}$$

여기서 $\boldsymbol{\Phi}$는 설계 행렬이며 그 원소는 $\Phi_{nk} = \phi_k(\mathbf{x}_n)$이다. 다음의 과정을 통해서 확률 분포 $\mathbf{y}$를 찾을 수 있다. 첫 번째로 $\mathbf{y}$는 가우시안 분포다. 왜냐하면 $\mathbf{w}$의 각각의 원소들은 가우시안 분포인데, $\mathbf{y}$는 이들의 선형 결합이기 때문이다. 따라서 평균과 공분산만 구하면 확률 분포 $\mathbf{y}$를 특정할 수 있다. 식 6.50을 바탕으로 이를 구할 수 있다.

연습문제 2.31

$$\mathbb{E}[\mathbf{y}] \quad = \quad \mathbf{\Phi}\mathbb{E}[\mathbf{w}] = \mathbf{0} \tag{식 6.52}$$

$$\mathrm{cov}[\mathbf{y}] \quad = \quad \mathbb{E}\left[\mathbf{yy}^{\mathrm{T}}\right] = \mathbf{\Phi}\mathbb{E}\left[\mathbf{ww}^{\mathrm{T}}\right]\mathbf{\Phi}^{\mathrm{T}} = \frac{1}{\alpha}\mathbf{\Phi}\mathbf{\Phi}^{\mathrm{T}} = \mathbf{K} \tag{식 6.53}$$

여기서 $\mathbf{K}$는 그램 행렬이며, 그 원소는 다음과 같다.

$$K_{nm} = k(\mathbf{x}_n, \mathbf{x}_m) = \frac{1}{\alpha}\phi(\mathbf{x}_n)^{\mathrm{T}}\phi(\mathbf{x}_m) \tag{식 6.54}$$

그리고 $k(\mathbf{x}, \mathbf{x}')$은 커널 함수다.

이 모델은 가우시안 과정의한 예시에 해당한다. 일반적으로 가우시안 과정은 함수 $y(\mathbf{x})$에 대한 확률 분포로 정의된다. 이때 이 분포는 특정 포인트 집합 $\mathbf{x}_1, \ldots, \mathbf{x}_N$에 대해서 계산된 $y(\mathbf{x})$의 값들이 결합적으로 가우시안 분포를 가지도록 결정되어야 한다. 벡터 $\mathbf{x}$가 이차원일 경우, 이 모델을 **가우시안 무작위장**(Gaussian random field)이라 한다. 더 일반적으로 **확률적 과정**(stochastic process) $y(\mathbf{x})$는 아무 유한한 집합 $y(\mathbf{x}_1), \ldots, y(\mathbf{x}_N)$에 대해 일관되게 결합 확률 분포를 부여하는 방식으로 정의된다.

가우시안 확률 과정의 중요한 포인트는 N개의 변수 $y_1, \ldots, y_N$에 대한 결합 분포가 이차 통계값을 통해서 완벽하게 정의되어야 한다는 것이다. 이 이차 통계값은 평균과 공분산이다. 대부분의 응용 사례에서는 $y(\mathbf{x})$의 평균값에 대한 아무런 사전 지식도 없을 것이다. 따라서 대칭성에 따라 값을 0으로 설정한다. 이는 기저 함수의 관점에서 가중칫값 $p(\mathbf{w}|\alpha)$에 대한 사전 분포의 평균값을 0으로 설정하는 것과 동일하다. 그 후 $y(\mathbf{x})$의 공분산을 어떤 두 $\mathbf{x}$ 값에 대해서든 계산하면 가우시안 과정의 특정화가 완성된다. 이때 이 계산값은 커널 함수를 통해 주어지게 된다.

$$\mathbb{E}\left[y(\mathbf{x}_n)y(\mathbf{x}_m)\right] = k(\mathbf{x}_n, \mathbf{x}_m) \tag{식 6.55}$$

식 6.49의 선형 회귀 모델과 식 6.50의 가중치 사전 분포를 바탕으로 정의된 특정 가우시안 과정의 경우에 커널 함수는 식 6.54로 주어진다.

기저 함수의 선택을 바탕으로 커널을 도출하는 대신에 커널 함수를 직접 정의하는 것도 가능하다. 그림 6.4는 두 개의 서로 다른 커널 함수로부터 가우시안 과정을 통해 유도되는 함수의 예시에 대해 나타내고 있다. 이들 중 첫 번째는 식 6.23의 '가우시안' 커널이고, 두 번째는 다음과 같이 주어지는 지수 커널이다.

$$k(x, x') = \exp\left(-\theta\,|x - x'|\right) \tag{식 6.56}$$

이는 브라운 운동(Brownian motion)을 설명하기 위해 Uhlenbeck and Ornstein(1930)에서 소개되었던 **오른스타인-울렌벡 과정**(Ornstein-Uhlenbeck process)에 해당한다.

그림 6.4 가우시안 과정의 예시. 왼쪽 그래프는 '가우시안' 커널을, 오른쪽 커널은 지수 커널을 그린 것이다.

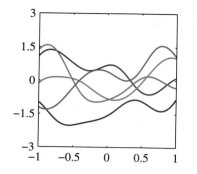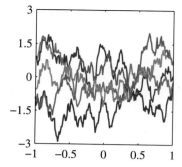

6.4.2 가우시안 과정을 통한 회귀

가우시안 과정 모델을 회귀 문제에 적용하기 위해서는 표적값의 노이즈를 고려해야 한다.

$$t_n = y_n + \epsilon_n \qquad \text{(식 6.57)}$$

$y_n = y(\mathbf{x}_n)$이고 ϵ_n는 각각의 관측값 n에 대해 독립적으로 선택되는 임의의 노이즈 변수다. 여기서는 가우시안 분포를 따르는 노이즈 과정을 고려할 것이다. 즉, 다음과 같다.

$$p(t_n|y_n) = \mathcal{N}(t_n|y_n, \beta^{-1}) \qquad \text{(식 6.58)}$$

β는 노이즈의 정밀도를 표현하는 초매개변수다. 노이즈가 각각의 데이터 포인트에 대해 독립적이기 때문에 $\mathbf{y} = (y_1, \ldots, y_N)^{\mathrm{T}}$에 대해 조건부인 표적값 결합 분포 $\mathbf{t} = (t_1, \ldots, t_N)^{\mathrm{T}}$를 다음 형태의 등방 가우시안 분포로 표현할 수 있다.

$$p(\mathbf{t}|\mathbf{y}) = \mathcal{N}(\mathbf{t}|\mathbf{y}, \beta^{-1}\mathbf{I}_N) \qquad \text{(식 6.59)}$$

여기서 $\mathbf{I}_N$은 $N \times N$ 항등 행렬이다. 가우시안 과정의 정의에 따라서 주변 분포 $p(\mathbf{y})$는 평균이 0이고 공분산이 그램 행렬 $\mathbf{K}$인 가우시안 분포가 된다.

$$p(\mathbf{y}) = \mathcal{N}(\mathbf{y}|\mathbf{0}, \mathbf{K}). \qquad \text{(식 6.60)}$$

보통 포인트 $\mathbf{x}_n$과 $\mathbf{x}_m$이 비슷할수록 이에 해당하는 값 $y(\mathbf{x}_n)$과 $y(\mathbf{x}_m)$이 더 강력하게 연관되도록 하는 함수를 $\mathbf{K}$를 결정하는 커널 함수로 사용하게 된다. 여기서 '비슷함'의 정의는 어떤 적용 사례인지에 따라서 달라지게 된다.

입력 변수 $\mathbf{x}_1, \ldots, \mathbf{x}_N$에 대해 조건부인 주변 분포 $p(\mathbf{t})$를 구하기 위해서는 $\mathbf{y}$에 대해 적분을 시행해야 한다. 2.3.3절의 선형 가우시안 모델에 대한 결과를 바탕으로 이를 시행할 수 있다. 식 2.115를 사용하면 $\mathbf{t}$에 대한 주변 분포를 다음과 같이 구할 수 있다.

$$p(\mathbf{t}) = \int p(\mathbf{t}|\mathbf{y})p(\mathbf{y})\,\mathrm{d}\mathbf{y} = \mathcal{N}(\mathbf{t}|\mathbf{0}, \mathbf{C}) \qquad \text{(식 6.61)}$$

여기서 공분산 행렬 $\mathbf{C}$는 다음의 원소를 가진다.

$$C(\mathbf{x}_n, \mathbf{x}_m) = k(\mathbf{x}_n, \mathbf{x}_m) + \beta^{-1}\delta_{nm} \qquad \text{(식 6.62)}$$

이 결과는 $y(\mathbf{x})$에 연관된 임의성에 대한 가우시안 분포와 ϵ에 연관된 임의성에 대한 가우시안 분포가 각자 독립적이며, 따라서 각각의 공분산을 단순히 더하기만 하면 된다는 점을 반영한 것이다.

가우시안 과정 회귀에 널리 사용되는 커널 함수 중 하나는 이차 형태에 지수 함수를 취하고 여기에 상수화 선형항을 더한 것이다.

$$k(\mathbf{x}_n, \mathbf{x}_m) = \theta_0 \exp\left\{-\frac{\theta_1}{2}\|\mathbf{x}_n - \mathbf{x}_m\|^2\right\} + \theta_2 + \theta_3 \mathbf{x}_n^\mathrm{T}\mathbf{x}_m \qquad \text{(식 6.63)}$$

θ_3를 포함한 항은 입력 변수에 대해 선형 함수인 매개변수적 모델에 해당한다. 이 사전 분포로부터 추출한 표본들이 다양한 매개변수 $\theta_0, \ldots, \theta_3$의 경우에 대해 그림 6.5에 그려져 있다. 또한, 그림 6.6에는 식 6.60의 결합 분포로부터 추출한 포인트들과 함께 식 6.61에 정의된 바에 따른 해당 값들을 그렸다.

지금까지 데이터 포인트의 집합에 대한 결합 분포의 모델을 구성하기 위해서 가우시안 과정을 사용하는 것을 살펴보았다. 하지만 회귀 문제에서 우리의 목표는 훈련 데이터가 주어진 상황하에서 새로운 입력값에 대한 표적값을 예측하는 것이다. 입력값 $\mathbf{x}_1, \ldots, \mathbf{x}_N$에 해당하는 $\mathbf{t}_N = (t_1, \ldots, t_N)^\mathrm{T}$를 고려해 보자. 이 값들은 관측된 훈련 집합에 해당한다. 이 경우 우리의 목표는 새로운 입력 벡터 $\mathbf{x}_{N+1}$에 대해서 타깃 변수 t_{N+1}을 예측하는 것이다. 이를 위해서는 예측 분포 $p(t_{N+1}|\mathbf{t}_N)$을 계산해야 한다. 이 분포는 물론 변수 $\mathbf{x}_1, \ldots, \mathbf{x}_N$과 $\mathbf{x}_{N+1}$에 대해서도 조건부다. 하지만 간편함을 위해서 이 조건부 변수들은 표기에서 생략하겠다.

조건부 분포 $p(t_{N+1}|\mathbf{t})$를 찾기 위해서 먼저 결합 분포 $p(\mathbf{t}_{N+1})$을 적어 보도록 하자. 여기서 $\mathbf{t}_{N+1}$는 벡터 $(t_1, \ldots, t_N, t_{N+1})^\mathrm{T}$를 의미한다. 그 후 2.3.1절의 결과를 적용하면 필요한 조건부 분포를 구할 수 있다. 이에 대해서는 그림 6.7에 그려져 있다.

식 6.61로부터 $t_1, \ldots, t_{N+1}$에 대한 결합 분포는 다음과 같이 주어지게 된다.

$$p(\mathbf{t}_{N+1}) = \mathcal{N}(\mathbf{t}_{N+1}|\mathbf{0}, \mathbf{C}_{N+1}) \qquad \text{(식 6.64)}$$

여기서 $\mathbf{C}_{N+1}$은 $(N+1) \times (N+1)$ 공분산 행렬이며, 그 원소는 식 6.62에 해당한다. 이 결

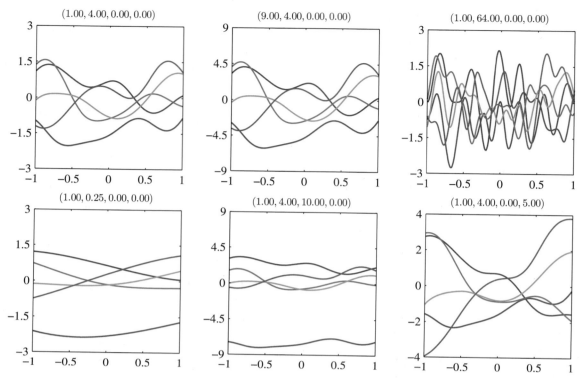

그림 6.5 식 6.63의 공분산 함수에 의해 정의된 가우시안 과정 사전 분포로부터의 표본. 각 그래프 위의 제목은 각각 $(\theta_0, \theta_1, \theta_2, \theta_3)$를 지칭한다.

합 분포는 가우시안 분포다. 따라서 2.3.1절의 결과를 적용해서 조건부 가우시안 분포를 구할 수 있다. 이를 위해서 공분산 행렬을 다음과 같이 분할해 보자.

$$\mathbf{C}_{N+1} = \begin{pmatrix} \mathbf{C}_N & \mathbf{k} \\ \mathbf{k}^{\mathrm{T}} & c \end{pmatrix} \qquad \text{(식 6.65)}$$

여기서 $\mathbf{C}_N$은 $N \times N$ 공분산 행렬이고, 그 원소는 $n, m = 1, \ldots, N$에 대한 식 6.62로 주어진다. 벡터 $\mathbf{k}$는 $n = 1, \ldots, N$에 대해서 원소 $k(\mathbf{x}_n, \mathbf{x}_{N+1})$을 가지고 있다. 그리고 스칼라 $c = k(\mathbf{x}_{N+1}, \mathbf{x}_{N+1}) + \beta^{-1}$이다. 식 2.81과 식 2.82의 결과를 이용하면 조건부 분포 $p(t_{N+1}|\mathbf{t})$는 가우시안 분포이며, 그 평균과 공분산은 다음과 같음을 알 수 있다.

$$m(\mathbf{x}_{N+1}) = \mathbf{k}^{\mathrm{T}} \mathbf{C}_N^{-1} \mathbf{t} \qquad \text{(식 6.66)}$$

$$\sigma^2(\mathbf{x}_{N+1}) = c - \mathbf{k}^{\mathrm{T}} \mathbf{C}_N^{-1} \mathbf{k} \qquad \text{(식 6.67)}$$

이것이 바로 가우시안 과정 회귀를 정의하는 핵심 결과다. 벡터 $\mathbf{k}$는 시험 포인트 입력값 $\mathbf{x}_{N+1}$에 대한 함수다. 따라서 예측 분포는 그 평균값과 분포가 모두 $\mathbf{x}_{N+1}$에 종속적인 가우시안 분

그림 6.6 가우시안 과정에서 데이터 포인트 $\{t_n\}$의 표본 을 추출하여 그린 도식. 파란색 곡선은 함수에 대 한 가우시안 과정의 사전 분포를 그린 것이며, 빨 간색 원들은 입력값 $\{x_n\}$에 대해서 함수를 계산 해서 구한 y_n 값이다. 녹색 원으로 표현된 해당 $\{t_n\}$ 값들은 각각의 $\{y_n\}$ 값에 독립적인 가우시 안 노이즈를 더해서 구한 것이다.

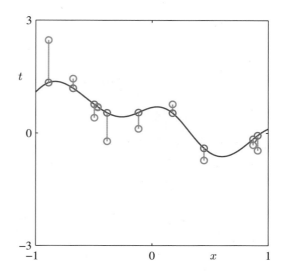

포라는 것을 알 수 있다. 가우시안 과정 회귀의 예시가 그림 6.8에 그려져 있다.

커널 함수에 대한 유일한 제약 조건은 식 6.62의 공분산 행렬이 양의 정부호여야 한다는 것이다. 만약 λ_i가 $\mathbf{K}$의 고윳값이면 이에 해당하는 $\mathbf{C}$의 고윳값은 $\lambda_i + \beta^{-1}$가 될 것이다. 따라서 커널 행렬 $k(\mathbf{x}_n, \mathbf{x}_m)$ 모든 $\mathbf{x}_n$과 $\mathbf{x}_m$ 값에 대해서 양의 준정부호이고, 그에 따라 $\lambda_i \geqslant 0$이면 충분하 다. 왜냐하면 만약 고윳값 중 하나의 λ_i가 0인 경우에도 $\beta > 0$이기 때문에 $\mathbf{C}$는 여전히 양의 고윳값을 가질 것이기 때문이다. 이는 앞에서 살펴본 커널 함수에 대한 제약 조건과 동일한 것 이다. 따라서 6.2절에서 살펴본 적합한 커널을 만들기 위한 테크닉을 여기서도 전부 사용할 수 있다.

그림 6.7 하나의 훈련 포인트와 하나의 시험 포인트에 대해서 그린 가우시안 과정의 메커니즘. 빨간 색 타원은 결합 분포 $p(t_1, t_2)$의 경로를 그린 것이다. 여기서 t_1은 훈련 데이터 포인트이고 t_1의 값에 의한 조건은 파란색 수직선으로 그 려져 있다. t_2의 함수로 표현된 $p(t_2|t_1)$는 녹 색 선으로 그려져 있다.

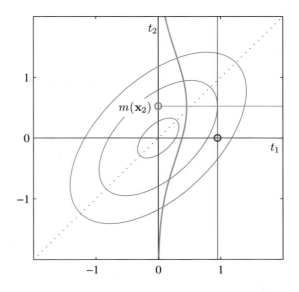

그림 6.8 그림 A.6의 사인 곡선 데이터에 가우시안 과
정 회귀를 적용한 도식(가장 오른쪽의 세 데
이터 포인트는 생략되었다). 녹색 곡선은 원
래의 사인 곡선을 그린 것이며, 파란색 포인
트들은 이 곡선에서 표본을 추출한 뒤 가우
시안 노이즈를 추가한 데이터 포인트들을 나
타낸다. 빨간색 선은 가우시안 과정 예측 분
포의 평균을 표현한 것이며, 빨간색 음영은
평균에 표준 편차의 두 배만큼을 더하고 뺀
구간에 해당한다. 데이터 포인트가 없는 오
른쪽 영역에서 불확실성이 증가하는 것을
확인할 수 있다.

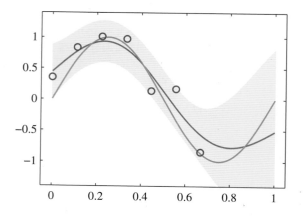

식 6.66의 예측 분포에 대한 평균을 다음과 같이 $\mathbf{x}_{N+1}$의 함수로 적을 수 있다.

$$m(\mathbf{x}_{N+1}) = \sum_{n=1}^{N} a_n k(\mathbf{x}_n, \mathbf{x}_{N+1}) \qquad \text{(식 6.68)}$$

여기서 a_n은 $\mathbf{C}_N^{-1}\mathbf{t}$의 n번째 성분이다. 따라서 만약 커널 함수 $k(\mathbf{x}_n, \mathbf{x}_m)$이 거리 $\|\mathbf{x}_n - \mathbf{x}_m\|$
에만 종속적이라고 한다면 우리는 최종적으로 방사 기저 함수의 확장형을 얻게 된다.

식 6.66과 식 6.67의 결과를 이용해서 임의의 커널 함수 $k(\mathbf{x}_n, \mathbf{x}_m)$을 바탕으로 한 가우시안
과정에서의 예측 분포를 정의할 수 있다. 커널 함수 $k(\mathbf{x}, \mathbf{x}')$가 유한한 기저 함수 집합에 대해
정의된 특정 경우에는 앞의 3.3.2절에서 선형 회귀 모델에 대해 구했던 결과물들을 가우시안
과정의 관점으로부터 도출해 낼 수 있다.

연습문제 6.21

따라서 이러한 모델들에 대해서 매개변수 공간의 관점으로 접근해서 선형 회귀 결과를 적용하
는 방식으로 예측 분포를 구할 수도 있고, 아니면 함수 공간의 관점으로 접근해서 가우시안 과
정을 통해 예측 분포를 구할 수도 있다.

가우시안 과정을 사용하는 데 필요한 핵심적인 연산 과정은 $N \times N$ 크기의 행렬의 역을 구하
는 계산을 필요로 한다. 이는 표준 방법을 사용할 경우 $O(N^3)$의 계산을 요한다. 이와는 대조
적으로 기저 함수 모델에서는 $M \times M$ 크기의 행렬 $\mathbf{S}_N$의 역을 구해야 하는데 이 계산의 복잡
도는 $O(M^3)$이다. 양쪽 관점 모두에서 주어진 훈련 집합에 대해 역행렬의 계산이 한 번은 일
어나야 한다. 각각의 새로운 시험 포인트에 대해서 두 방법은 모두 벡터와 행렬의 곱 연산을 필
요로 한다. 이 계산은 가우시안 과정의 경우에는 $O(N^2)$의 복잡도를 가지며, 선형 기저 함수
모델의 경우에는 $O(M^2)$의 복잡도를 가진다. 만약 기저 함수의 숫자 M이 데이터 포인트의 숫
자 N보다 작을 경우에는 기저 함수 방법론을 사용하는 것이 계산적으로 더 효율적일 것이다.

이에 반해 가우시안 과정 관점의 장점은 오직 무한한 숫자의 기저 함수로만 표현 가능한 공분산 함수들을 고려하는 것이 가능하다는 것이다.

하지만 훈련 데이터 집합의 크기가 클 경우 가우시안 과정 방법을 직접 적용하는 것은 실행 불가능하다. 따라서 정확한 방법보다 훈련 집합 크기에 대한 척도를 더 효율적으로 만드는 근사법이 논의되어 왔다(Gibbs, 1997; Tresp, 2001; Smola and Bartlett, 2001; Williams and Seeger, 2001; Csató and Opper, 2002; Seeger *et al.*, 2003).

연습문제 6.23

지금까지 가우시안 과정 회귀를 단일 타깃 변수에 대해 살펴보았다. 다중 타깃 변수의 경우에 대한 방법론은 **공동 크리깅**(*co-kriging*)(Cressie, 1993)이라고 알려져 있다. 가우시안 과정 회귀를 여러 방식으로 확장하는 것에 대해서도 논의가 있어 왔다. 비지도 학습을 위해서 저차원 매니폴드에서의 분포 모델을 하는 목적으로 사용된 경우도 있고(Bishop *et al.*, 1998a), 확률적 미분 방정식의 해를 구하기 위해 사용되기도 했다(Graepel, 2003).

6.4.3 초매개변수 학습

가우시안 과정 모델의 예측은 부분적으로 공분산 함수의 선택에 대해 종속적이다. 실제 사례에서는 공분산으로 고정된 함수를 사용하는 대신에 매개변수적 함수를 사용하고, 데이터로부터 매개변수를 추정하는 것이 더 좋을 수도 있다. 상관도의 길이 척도와 노이즈의 정밀도 등을 조절할 수 있는 이 매개변수들은 표준 매개변수 모델에서의 초매개변수에 해당한다.

초매개변수의 학습 테크닉은 가능도 함수 $p(\mathbf{t}|\boldsymbol{\theta})$를 계산하는 것을 바탕으로 한다. 여기서 $\boldsymbol{\theta}$는 가우시안 과정 모델의 초매개변수를 지칭하는 것이다. 가장 단순한 방법은 로그 가능도 함수를 최대화하는 방식으로 $\boldsymbol{\theta}$에 대한 점 추정을 하는 것이다. $\boldsymbol{\theta}$가 회귀 문제의 초매개변수에 해당하므로 이 추정 문제는 선형 회귀 모델의 제2종 최대 가능도 과정과 흡사하다고 여겨질 수도 있다. 로그 가능도 함수의 최대화는 켤레 경사도와 같은 효율적인 기울기 바탕의 최적화 알고리즘을 통해서 달성할 수 있다(Fletcher, 1987; Nocedal and Wright, 1999; Bishop and Nabney, 2008).

3.5절

가우시안 과정 회귀 모델의 로그 가능도 함수는 다변량 가우시안 분포의 표준 형태를 바탕으로 쉽게 구할 수 있다.

$$\ln p(\mathbf{t}|\boldsymbol{\theta}) = -\frac{1}{2} \ln |\mathbf{C}_N| - \frac{1}{2} \mathbf{t}^T \mathbf{C}_N^{-1} \mathbf{t} - \frac{N}{2} \ln(2\pi) \qquad \text{(식 6.69)}$$

비선형 최적화를 시행하기 위해서는 매개변수 벡터 $\boldsymbol{\theta}$에 대한 로그 가능도 함수의 기울기도 필요하다. 이 장에서 고려했던 공분산 함수들과 마찬가지로 $\mathbf{C}_N$의 미분을 계산하는 것은 그리

어렵지 않다고 가정할 것이다. 식 C.21을 이용해서 $\mathbf{C}_N^{-1}$의 미분을 계산하고 식 C.22의 결과를 바탕으로 $\ln |\mathbf{C}_N|$의 미분을 계산하면 다음을 얻게 된다.

$$\frac{\partial}{\partial \theta_i} \ln p(\mathbf{t}|\boldsymbol{\theta}) = -\frac{1}{2}\mathrm{Tr}\left(\mathbf{C}_N^{-1}\frac{\partial \mathbf{C}_N}{\partial \theta_i}\right) + \frac{1}{2}\mathbf{t}^{\mathrm{T}}\mathbf{C}_N^{-1}\frac{\partial \mathbf{C}_N}{\partial \theta_i}\mathbf{C}_N^{-1}\mathbf{t} \qquad \text{(식 6.70)}$$

일반적으로 $\ln p(\mathbf{t}|\boldsymbol{\theta})$는 비볼록 함수일 것이며, 그렇기 때문에 여러 개의 최댓값을 가질 수 있다.

$\boldsymbol{\theta}$에 대한 사전 분포를 도입하고 기울기 기반의 방법을 사용해서 로그 사후 확률을 최대화하는 것은 그리 어렵지 않다. 완전한 베이지안 관점에서는 $\boldsymbol{\theta}$에 대한 주변화를 시행해야 한다. 이때 이 값은 사전 분포 $p(\boldsymbol{\theta})$와 가능도 함수 $p(\mathbf{t}|\boldsymbol{\theta})$의 곱에 의해 가중될 것이다. 하지만 일반적으로 완벽한 주변화는 계산적으로 불가능하다. 따라서 적당한 근사치를 구하는 데서 만족해야 한다.

가우시안 과정 회귀 모델은 평균과 분산이 입력 벡터 $\mathbf{x}$의 함수로 표현되는 예측 분포를 도출하게 된다. 하지만 한 가지 다시 고려해야 할 점은 이 도출 과정에서 우리가 (매개변수 β를 바탕으로 조정되는) 가산 노이즈로부터의 예측 분산에 대한 기여도가 상수라고 가정했다는 것이다. **이분산성**(*heteroscedastic*)이라고 알려져 있는 몇몇 문제에서는 노이즈 분산 그 자체도 $\mathbf{x}$에 종속적이다. 이를 모델하기 위해서는 β의 $\mathbf{x}$에 대한 종속성을 표현하기 위한 두 번째 가우시안 과정을 도입해야 한다(Goldberg *et al.*, 1998). β는 분산값이며 0보다 크거나 같다. 따라서 실제로는 가우시안 과정을 사용해서 $\ln \beta(\mathbf{x})$를 모델하게 된다.

6.4.4 자동 연관도 결정

앞 절에서는 가우시안 과정 모델에서 어떻게 최대 가능도 방법을 사용해서 상관도 길이 척도 매개변숫값을 결정하는지 살펴보았다. 이 테크닉은 각각의 입력 변수에 대해 별도의 매개변수를 사용하는 방식으로 확장하는 것이 가능하다(Rasmussen and Williams, 2006). 이 매개변수들을 최대 가능도 방법을 바탕으로 최적화하면 데이터로부터 각 입력값들의 상대적인 중요도를 산출해 낼 수 있다. 이 테크닉이 바로 가우시안 과정 관점에서의 **자동 연관도 결정**(*automatic relevance determination, ARD*)이다. 자동 연관도 결정 테크닉은 원래 뉴럴 네트워크 방법론상에서 도출되었다(MacKay, 1994; Neal, 1996). 이를 바탕으로 어떤 입력값들이 더 유용한지를 알아내는 메커니즘에 대해서는 7.2.2절에서 논의할 것이다.

이차원 입력 공간 $\mathbf{x} = (x_1, x_2)$상에서의 가우시안 과정을 생각해 보자. 이때 커널 함수는 다음의 형태를 가진다.

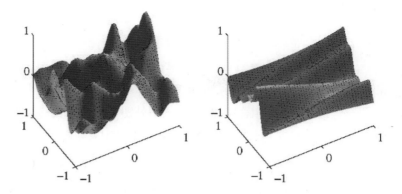

그림 6.9 가우시안 과정에서의 ARD 사전 분포의 샘플을 그린 그래프. 6.71의 커널 함수를 사용하였다. 왼쪽은 $\eta_1 = \eta_2 = 1$인 경우에 대해, 오른쪽은 $\eta_1 = 1$, $\eta_2 = 0.01$인 경우에 대해 그린 그래프다.

$$k(\mathbf{x}, \mathbf{x}') = \theta_0 \exp \left\{ -\frac{1}{2} \sum_{i=1}^{2} \eta_i (x_i - x_i')^2 \right\} \tag{식 6.71}$$

이 결과로 얻게 된 함수 $y(\mathbf{x})$의 사전 분포에 대한 표본값들을 서로 다른 두 종류의 정밀도 매개변수 η_i를 바탕으로 그림 6.9에 그렸다. 그림에서 볼 수 있듯이 특정 매개변수 η_i가 작아짐에 따라서 함수는 해당 입력 변수 x_i에 대해 상대적으로 덜 민감하게 된다. 최대 가능도 방법을 적용해서 데이터로부터 이 매개변수들을 조절하면, 예측 분포에 영향을 적게 미치는 입력 변수들을 찾아낼 수 있다. 왜냐하면 이 경우에는 해당 η_i 값이 작을 것이기 때문이다. 실 적용에서는 이렇게 찾아낸 영향을 적게 미치는 입력 변수들을 제거할 수 있을 것이다. 그림 6.10에 세 개의 입력값 x_1, x_2, x_3를 가지는 합성 데이터 집합(Nabney, 2002)에 대해 ARD를 적용한 예시가 그려져 있다. 가우시안 분포로부터 100개의 x_1 값을 표본 추출했고, 여기에 함수 $\sin(2\pi x_1)$을 적용한 후 가우시안 노이즈를 더해서 타깃 변수를 만들어 냈다.

그림 6.10 세 개의 입력값 x_1, x_2, x_3를 가지는 합성 문제에 가우시안 과정을 바탕으로 자동 연관도 결정법을 적용했다. 빨간색 커브는 x_1의 초매개변수 η_1, 녹색 커브는 x_2의 초매개변수 η_2, 파란색 커브는 x_3의 초매개변수 η_3에 해당한다. 그래프의 가로축은 주변 가능도화를 최적화하는 과정에서의 반복수에 해당한다. 그리고 세로축에는 로그 척도를 사용했다. 더 자세한 내용은 본문에서 확인하기 바란다.

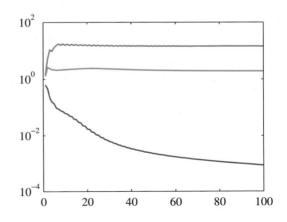

x_2 값은 x_1 값을 복제한 뒤 노이즈를 합산하는 식으로 만들었고 x_3 값은 독립적인 가우시안 분포로부터 표본 추출되었다. 따라서 x_1은 t에 대한 좋은 예측 성능을 보이며, x_2는 좀 더 노이즈가 있는 예측 성능을 보인다. 그리고 x_3는 t와 우연히 발생한 연관성만을 가지고 있다. ARD 매개변수 η_1, η_2, η_3를 바탕으로 한 가우시안 과정의 주변 가능도 함수는 척도화된 켤레 경사도 알고리즘을 이용해서 최적화했다. 그림 6.10으로부터 η_1은 상대적으로 큰 값으로 수렴하고 η_2는 그보다 훨씬 작은 값으로 수렴한다는 것을 볼 수 있다. 또한 η_3는 매우 작은 값으로 수렴하는데, 이는 x_3가 t를 예측하는 데 있어서 별 연관성이 없다는 것을 나타낸다.

ARD 체계는 식 6.63의 지수 이차 커널 함수에 쉽게 통합시킬 수 있다. 그 결과로 얻게 되는 것이 다음의 커널 함수다.

$$k(\mathbf{x}_n, \mathbf{x}_m) = \theta_0 \exp\left\{ -\frac{1}{2} \sum_{i=1}^{D} \eta_i (x_{ni} - x_{mi})^2 \right\} + \theta_2 + \theta_3 \sum_{i=1}^{D} x_{ni} x_{mi} \quad \text{(식 6.72)}$$

여기서 D는 입력 공간의 차원수다. 이 커널 함수는 가우시안 과정을 다양한 회귀 문제에 적용하는 데 있어서 유용하게 사용된다.

6.4.5 가우시안 과정을 통한 분류

분류의 확률적 접근법에서의 목표는 훈련 데이터가 주어진 상황하에서 새 입력 벡터에 대한 타깃 변수의 사후 확률을 모델하는 것이다. 이 확률들은 $(0, 1)$ 구간상에 존재해야 한다. 반면에 가우시안 과정 모델은 전체 실수축상에 존재하는 예측값을 만들어 낸다. 이때 출력값에 적합한 비선형 활성화 함수를 적용하는 방식을 통해서 분류 문제에 가우시안 과정을 적용할 수 있다.

타깃 변수가 $t \in \{0, 1\}$인 2클래스 문제를 고려해 보자. 함수 $a(\mathbf{x})$에 대한 가우시안 과정을 정의하고 이 함수를 식 4.59의 로지스틱 시그모이드 함수 $y = \sigma(a)$를 사용해서 변환하면 함수 $y(\mathbf{x})$에 대한 비가우시안 확률 과정을 얻게 된다. 이때 $y \in (0, 1)$이다. 이 과정을 일차원 입력 공간에 대해 적용한 예시가 그림 6.11에 그려져 있다. 이 경우 타깃 변수 t에 대한 확률 분포는 베르누이 분포로 주어지게 된다.

$$p(t|a) = \sigma(a)^t (1 - \sigma(a))^{1-t} \quad \text{(식 6.73)}$$

훈련 집합의 입력값은 $\mathbf{x}_1, \ldots, \mathbf{x}_N$며, 이에 해당하는 타깃 변수는 $\mathbf{t}_N = (t_1, \ldots, t_N)^{\mathrm{T}}$라 하자. 또한, 단일 시험 포인트 $\mathbf{x}_{N+1}$과 그에 해당하는 타깃 변수 t_{N+1}도 고려하자. 우리의 목표는 예측 분포 $p(t_{N+1}|\mathbf{t})$를 찾는 것이다(여기서 입력 변수에 대한 조건은 표기하지 않고 생략했다). 이를 위해서 성분 $a(\mathbf{x}_1), \ldots, a(\mathbf{x}_{N+1})$을 가지는 벡터 $\mathbf{a}_{N+1}$의 사전 분포에 대한 가우시안 과정을

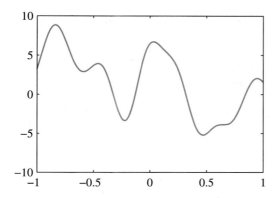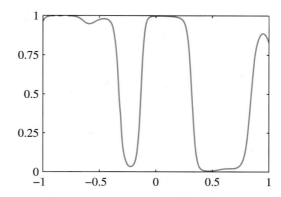

그림 6.11　왼쪽 그래프는 함수 $a(\mathbf{x})$에 대한 가우시안 과정에서 추출한 표본을 그린 것이고 오른쪽 그래프는 해당 표본을 로지스틱 시그모이드 함수를 이용해서 변환한 결과를 그린 것이다.

도입해 보자. 이는 $\mathbf{t}_{N+1}$에 대한 비가우시안 과정을 정의하게 되며, 이를 훈련 데이터 $\mathbf{t}_N$에 대한 조건부로 만들면 필요로 하던 예측 분포를 구할 수 있게 된다. $\mathbf{a}_{N+1}$에 대한 가우시안 과정 사전 분포는 다음 형태를 가진다.

$$p(\mathbf{a}_{N+1}) = \mathcal{N}(\mathbf{a}_{N+1}|\mathbf{0}, \mathbf{C}_{N+1}) \qquad \text{(식 6.74)}$$

회귀 문제의 경우와는 다르게 공분산 행렬이 더 이상 노이즈항을 포함하지 않는다. 왜냐하면 여기서는 모든 훈련 데이터 포인트가 올바른 라벨을 가지고 있다고 가정하기 때문이다. 하지만 수치적인 이유로 매개변수 ν에 의해 조절되는 노이즈와 비슷한 항을 도입하는 것이 편리할 수 있다. 따라서 공분산 행렬 $\mathbf{C}_{N+1}$는 다음의 원소를 가지게 된다.

$$C(\mathbf{x}_n, \mathbf{x}_m) = k(\mathbf{x}_n, \mathbf{x}_m) + \nu\delta_{nm} \qquad \text{(식 6.75)}$$

여기서 $k(\mathbf{x}_n, \mathbf{x}_m)$는 6.2절에서 고려한 것에 해당하는 커널 함수로, 양의 준정부호 커널 함수라면 무엇이든 사용 가능하다. 그리고 ν의 값은 보통 미리 고정된다. 커널 함수 $k(\mathbf{x}, \mathbf{x}')$은 매개변수 벡터 $\boldsymbol{\theta}$에 의해 조절된다고 가정할 것이며, 나중에 훈련 데이터로부터 $\boldsymbol{\theta}$를 학습하는 법에 대해 논의할 것이다.

2클래스 문제의 경우에는 $p(t_{N+1} = 1|\mathbf{t}_N)$만 예측하면 된다. 왜냐하면 $1 - p(t_{N+1} = 1|\mathbf{t}_N)$이 $p(t_{N+1} = 0|\mathbf{t}_N)$이기 때문이다. 구하고자 했던 예측 분포는 다음과 같다.

$$p(t_{N+1} = 1|\mathbf{t}_N) = \int p(t_{N+1} = 1|a_{N+1})p(a_{N+1}|\mathbf{t}_N) \, \mathrm{d}a_{N+1} \qquad \text{(식 6.76)}$$

여기서 $p(t_{N+1} = 1|a_{N+1}) = \sigma(a_{N+1})$이다.

이 적분은 해석적으로 푸는 것이 거의 불가능하다. 따라서 표본 추출 방법을 통해서 근사치를 구하는 과정이 필요하다(Neal, 1997). 대안으로 해석적 근사를 기반으로 한 테크닉을 고려해 볼 수도 있다. 4.5.2절에서는 가우시안 분포 기반의 로지스틱 시그모이드의 콘볼루션에 대한 근사치 공식 4.153을 도출해 냈었다. 사후 분포 $p(a_{N+1}|\mathbf{t}_N)$에 대한 가우시안 근사치를 가지고 있다는 가정하에 식 4.153의 결과를 적용해서 식 6.76의 적분을 계산할 수 있다. 보통은

2.3절

중심 극한 정리를 통해서 데이터 포인트의 숫자가 늘어남에 따라 실제 사후 분포가 가우시안에 근접하게 된다는 식으로 사후 분포가 가우시안 근사치를 가진다는 가정을 정당화한다. 하지만 가우시안 과정의 경우에는 데이터 포인트의 숫자가 늘어남에 따라서 변수의 숫자도 늘어나게 된다. 따라서 이 주장을 직접적으로 정당화할 수가 없다. 하지만 $\mathbf{x}$ 공간상의 고정된 지역 안에 속하게 되는 데이터 포인트의 숫자가 늘어난다는 것을 고려해 보면 이에 해당하는 함수 $a(\mathbf{x})$의 불확실성은 감소하게 될 것이다. 이를 바탕으로 점근적으로 가우시안 분포가 된다고 할 수 있다(Williams and Barber, 1998).

10.1절

가우시안 근사치를 구하기 위한 세 가지 다른 접근법이 고려되었다. 첫 번째 테크닉은 **변분 추론법**(*variational inference*)(Gibbs and MacKay, 2000)을 바탕으로 해서 식 10.144의 로지스틱 시그모이드의 지역적 변분 경계를 사용하는 것이다. 이를 통해서 시그모이드 함수의 곱을 가우시안의 곱으로 근사할 수 있다. 따라서 $\mathbf{a}_N$에 대한 주변화가 해석적으로 가능하게 된다. 또한, 이 접근법은 가능도 함수 $p(\mathbf{t}_N|\boldsymbol{\theta})$의 하한을 내놓게 된다. 소프트맥스 함수에 대해 가우시안 근사치를 사용함으로써 가우시안 과정 분류의 변분적 방법론을 다중 클래스($K > 2$) 문제에 대해 확장할 수도 있다(Gibbs, 1997).

10.7절

두 번째 테크닉은 **기대 전파**(*expectation propagation*)법(Opper and Winther, 2000b; Minka, 2001b; Seeger, 2003)을 사용하는 것이다. 실제 사전 분포가 단봉 형태이기 때문에 기대 전파법 기반의 방법은 꽤 좋은 결과를 낸다.

6.4.6 라플라스 근사법

4.4절

가우시안 과정 분류법에 대한 세 번째 접근법은 바로 라플라스 근사법을 기반으로 한 것이다. 이제부터 이 접근법에 대해 더 자세히 살펴보도록 하자. 지금까지 식 6.76의 예측 분포를 계산하기 위해서 a_{N+1}의 사후 분포에 대한 가우시안 근사치를 구하고자 했다. 이 사후 분포는 베이지안 정리에 따라 다음과 같이 전개할 수 있다.

$$
\begin{aligned}
p(a_{N+1}|\mathbf{t}_N) &= \int p(a_{N+1}, \mathbf{a}_N|\mathbf{t}_N)\, \mathrm{d}\mathbf{a}_N \\
&= \frac{1}{p(\mathbf{t}_N)} \int p(a_{N+1}, \mathbf{a}_N) p(\mathbf{t}_N|a_{N+1}, \mathbf{a}_N)\, \mathrm{d}\mathbf{a}_N \\
&= \frac{1}{p(\mathbf{t}_N)} \int p(a_{N+1}|\mathbf{a}_N) p(\mathbf{a}_N) p(\mathbf{t}_N|\mathbf{a}_N)\, \mathrm{d}\mathbf{a}_N \\
&= \int p(a_{N+1}|\mathbf{a}_N) p(\mathbf{a}_N|\mathbf{t}_N)\, \mathrm{d}\mathbf{a}_N \qquad \text{(식 6.77)}
\end{aligned}
$$

여기서 $p(\mathbf{t}_N|a_{N+1}, \mathbf{a}_N) = p(\mathbf{t}_N|\mathbf{a}_N)$을 사용했다. 조건부 분포 $p(a_{N+1}|\mathbf{a}_N)$는 가우시안 과정을 통한 회귀의 결과인 식 6.66과 식 6.67을 적용해서 얻을 수 있다.

$$
p(a_{N+1}|\mathbf{a}_N) = \mathcal{N}(a_{N+1}|\mathbf{k}^{\mathrm{T}}\mathbf{C}_N^{-1}\mathbf{a}_N, c - \mathbf{k}^{\mathrm{T}}\mathbf{C}_N^{-1}\mathbf{k}) \qquad \text{(식 6.78)}
$$

따라서 사후 분포 $p(\mathbf{a}_N|\mathbf{t}_N)$의 라플라스 근사치를 찾으면 식 6.77의 적분을 계산할 수 있다. 그 후에 두 가우시안 분포의 콘볼루션에 대한 표준 결과를 사용하면 된다.

사전 분포 $p(\mathbf{a}_N)$는 평균이 0이고 공분산이 $\mathbf{C}_N$인 가우시안 과정으로 주어진다. 이때 데이터 항(데이터 포인트들의 독립성을 가정할 때)은 다음과 같이 주어진다.

$$
p(\mathbf{t}_N|\mathbf{a}_N) = \prod_{n=1}^{N} \sigma(a_n)^{t_n} (1 - \sigma(a_n))^{1-t_n} = \prod_{n=1}^{N} e^{a_n t_n} \sigma(-a_n) \qquad \text{(식 6.79)}
$$

$p(\mathbf{a}_N|\mathbf{t}_N)$의 로그에 테일러 전개를 적용함으로써 라플라스 근사치를 구할 수 있다. 이때 합산 정규화 상수까지의 결과는 다음과 같다.

$$
\begin{aligned}
\Psi(\mathbf{a}_N) &= \ln p(\mathbf{a}_N) + \ln p(\mathbf{t}_N|\mathbf{a}_N) \\
&= -\frac{1}{2}\mathbf{a}_N^{\mathrm{T}}\mathbf{C}_N^{-1}\mathbf{a}_N - \frac{N}{2}\ln(2\pi) - \frac{1}{2}\ln|\mathbf{C}_N| + \mathbf{t}_N^{\mathrm{T}}\mathbf{a}_N \\
&\quad - \sum_{n=1}^{N}\ln(1 + e^{a_n}) \qquad \text{(식 6.80)}
\end{aligned}
$$

첫 번째로 사후 분포의 최빈값을 찾아야 하는데, 이를 위해서는 $\Psi(\mathbf{a}_N)$의 기울기를 구해야 한다. 이 기울기는 다음과 같다.

$$
\nabla\Psi(\mathbf{a}_N) = \mathbf{t}_N - \boldsymbol{\sigma}_N - \mathbf{C}_N^{-1}\mathbf{a}_N \qquad \text{(식 6.81)}
$$

여기서 $\boldsymbol{\sigma}_N$은 $\sigma(a_n)$를 원소로 가지는 벡터다. 단순히 기울기를 0으로 설정하는 방식으로는 최 빈값을 찾을 수 없다. 왜냐하면 $\boldsymbol{\sigma}_N$이 $\mathbf{a}_N$에 대해서 비선형적으로 종속적이기 때문이다. 따라 서 뉴턴-라프슨 방법과 같은 반복적인 방법에 의존해야 한다. 그 결과 **반복 재가중 최소 제곱법**

4.3.3절

(*interative reweighted least square, IRLS*) 알고리즘을 사용하게 된다. 이를 위해서는 $\Psi(\mathbf{a}_N)$에 대한 이차 미분값이 필요하다. 이 값은 라플라스 근사를 위해서 어차피 필요한 값이기도 하다.

$$\nabla\nabla\Psi(\mathbf{a}_N) = -\mathbf{W}_N - \mathbf{C}_N^{-1} \tag{식 6.82}$$

여기서 $\mathbf{W}_N$은 원소가 $\sigma(a_n)(1-\sigma(a_n))$인 대각 행렬이다. 그리고 로지스틱 시그모이드 함수의 미분 결과인 식 4.88을 이용하였다. 이 대각 원소들은 $(0, 1/4)$ 범위에 속하며, 따라서 $\mathbf{W}_N$은 양의 정부호 행렬이다. $\mathbf{C}_N$과 그 역행렬은 만들어지기를 양의 정부호 행렬로 만들어졌고 두

연습문제 6.24

양의 정부호 행렬의 합은 양의 정부호 행렬이기 때문에 헤시안 행렬 $\mathbf{A} = -\nabla\nabla\Psi(\mathbf{a}_N)$이 양의 정부호 행렬이라는 것을 알 수 있다. 이에 따라 $p(\mathbf{a}_N|\mathbf{t}_N)$은 로그 볼록 함수이자 전역적인 최댓값에 해당하는 단일 최빈값을 가지게 된다. 하지만 사후 분포는 가우시안이 아니다. 왜냐하면 헤시안이 $\mathbf{a}_N$의 함수이기 때문이다.

식 4.92의 뉴턴-라프슨 공식을 사용하면 $\mathbf{a}_N$에 대한 재귀 반복적인 업데이트 공식을 구할 수

연습문제 6.25

있다.

$$\mathbf{a}_N^{\text{new}} = \mathbf{C}_N(\mathbf{I} + \mathbf{W}_N\mathbf{C}_N)^{-1}\{\mathbf{t}_N - \boldsymbol{\sigma}_N + \mathbf{W}_N\mathbf{a}_N\} \tag{식 6.83}$$

이 식들을 $\mathbf{a}_N^\star$으로 표현된 최빈값으로 수렴할 때까지 반복하게 된다. 최빈값에서는 기울기 $\nabla\Psi(\mathbf{a}_N)$이 사라질 것이다. 따라서 $\mathbf{a}_N^\star$은 다음을 만족하게 된다.

$$\mathbf{a}_N^\star = \mathbf{C}_N(\mathbf{t}_N - \boldsymbol{\sigma}_N) \tag{식 6.84}$$

사후 분포의 최빈값 $\mathbf{a}_N^\star$을 찾고 나면 다음으로 주어지는 헤시안 행렬을 계산할 수 있다.

$$\mathbf{H} = -\nabla\nabla\Psi(\mathbf{a}_N) = \mathbf{W}_N + \mathbf{C}_N^{-1} \tag{식 6.85}$$

여기서 $\mathbf{W}_N$의 원소들은 $\mathbf{a}_N^\star$을 이용해서 계산할 수 있다. 이를 바탕으로 사후 분포 $p(\mathbf{a}_N|\mathbf{t}_N)$에 대한 가우시안 근사치를 다음과 같이 정의할 수 있다.

$$q(\mathbf{a}_N) = \mathcal{N}(\mathbf{a}_N|\mathbf{a}_N^\star, \mathbf{H}^{-1}) \tag{식 6.86}$$

이제 이를 식 6.78에 합칠 수 있으며, 따라서 식 6.77의 적분을 계산할 수 있다. 이는 선형 가우

연습문제 6.26

시안 모델에 해당하므로 식 2.115의 일반 결과를 이용해서 다음을 구할 수 있다.

$$\mathbb{E}[a_{N+1}|\mathbf{t}_N] = \mathbf{k}^{\text{T}}(\mathbf{t}_N - \boldsymbol{\sigma}_N) \tag{식 6.87}$$
$$\text{var}[a_{N+1}|\mathbf{t}_N] = c - \mathbf{k}^{\text{T}}(\mathbf{W}_N^{-1} + \mathbf{C}_N)^{-1}\mathbf{k} \tag{식 6.88}$$

이제 $p(a_{N+1}|\mathbf{t}_N)$에 대한 가우시안 분포를 구하였으니 식 4.153의 결과를 이용해서 식 6.76의 적분을 근사할 수 있다. 4.5절의 베이지안 로지스틱 회귀 모델의 경우와 마찬가지로 우리가 만

약 $p(t_{N+1}|\mathbf{t}_N) = 0.5$에 해당하는 결정 경계에만 관심이 있다면 평균만 고려하고 분산의 효과는 무시할 수 있다.

공분산 함수의 매개변수 $\boldsymbol{\theta}$도 구해야 한다. 한 가지 방법은 가능도 함수 $p(\mathbf{t}_N|\boldsymbol{\theta})$를 최대화하는 것이다. 이때 로그 가능도와 기울기에 대한 표현식이 필요할 것이다. 만약 필요하다면 적절한 정규화항을 추가할 수도 있다. 이 경우에는 불이익이 가해진 최대 가능도 해를 얻게 될 것이다. 가능도 함수는 다음과 같이 정의된다.

$$p(\mathbf{t}_N|\boldsymbol{\theta}) = \int p(\mathbf{t}_N|\mathbf{a}_N)p(\mathbf{a}_N|\boldsymbol{\theta})\, \mathrm{d}\mathbf{a}_N \tag{식 6.89}$$

이 적분은 해석적으로 매우 어렵다. 따라서 다시 한 번 라플라스 근사법을 활용해야 한다. 식 4.135의 결과를 사용하면 로그 가능도 함수의 근사치를 다음 형태로 얻을 수 있다.

$$\ln p(\mathbf{t}_N|\boldsymbol{\theta}) = \Psi(\mathbf{a}_N^\star) - \frac{1}{2}\ln|\mathbf{W}_N + \mathbf{C}_N^{-1}| + \frac{N}{2}\ln(2\pi) \tag{식 6.90}$$

여기서 $\Psi(\mathbf{a}_N^\star) = \ln p(\mathbf{a}_N^\star|\boldsymbol{\theta}) + \ln p(\mathbf{t}_N|\mathbf{a}_N^\star)$이다. 또한, 여기서 $\ln p(\mathbf{t}_N|\boldsymbol{\theta})$의 매개변수 벡터 $\boldsymbol{\theta}$에 대한 기울기를 계산해야 한다. $\boldsymbol{\theta}$에 대한 변화가 $\mathbf{a}_N^\star$을 변화시킬 것이므로 이에 따라서 기울기에 추가적인 항이 포함될 것이다. 따라서 우리가 식 6.90을 $\boldsymbol{\theta}$에 대해 미분하게 되면 두 집합의 항들을 얻게 된다. 첫 번째 집합은 공분산 행렬 $\mathbf{C}_N$의 $\boldsymbol{\theta}$에 대한 종속성에서 기인하는 것이며, 나머지는 $\mathbf{a}_N^\star$의 $\boldsymbol{\theta}$에 대한 종속성에서 기인하는 것이다.

$\boldsymbol{\theta}$에 대한 직접적인 종속성에서부터 발생하는 항들은 식 6.80, 식 C.21, 식 C.22의 결과를 바탕으로 구할 수 있다.

$$\begin{aligned}
\frac{\partial \ln p(\mathbf{t}_N|\boldsymbol{\theta})}{\partial \theta_j} =\ & \frac{1}{2}\mathbf{a}_N^{\star\mathrm{T}}\mathbf{C}_N^{-1}\frac{\partial \mathbf{C}_N}{\partial \theta_j}\mathbf{C}_N^{-1}\mathbf{a}_N^\star \\
& -\frac{1}{2}\mathrm{Tr}\left[(\mathbf{I}+\mathbf{C}_N\mathbf{W}_N)^{-1}\mathbf{W}_N\frac{\partial \mathbf{C}_N}{\partial \theta_j}\right]
\end{aligned} \tag{식 6.91}$$

$\mathbf{a}_N^\star$의 $\boldsymbol{\theta}$에 대한 종속성에서 발생하는 항을 계산해 보도록 하자. 라플라스 근사치는 $\Psi(\mathbf{a}_N)$이 $\mathbf{a}_N = \mathbf{a}_N^\star$에서 0의 기울기를 가지도록 구성되었다. 그렇기 때문에 $\Psi(\mathbf{a}_N^\star)$은 기울기에 대해 전혀 기여하지 않게 된다. 왜냐하면 $\Psi(\mathbf{a}_N^\star)$은 $\mathbf{a}_N^\star$에 대해 종속적이기 때문이다. 이 사실을 바탕으로 하면 $\boldsymbol{\theta}$의 성분 θ_j에 대한 다음의 기여도만이 미분에 남게 된다.

$$\begin{aligned}
& -\frac{1}{2}\sum_{n=1}^{N}\frac{\partial \ln|\mathbf{W}_N+\mathbf{C}_N^{-1}|}{\partial a_n^\star}\frac{\partial a_n^\star}{\partial \theta_j} \\
&= -\frac{1}{2}\sum_{n=1}^{N}\left[(\mathbf{I}+\mathbf{C}_N\mathbf{W}_N)^{-1}\mathbf{C}_N\right]_{nn}\sigma_n^\star(1-\sigma_n^\star)(1-2\sigma_n^\star)\frac{\partial a_n^\star}{\partial \theta_j}
\end{aligned} \tag{식 6.92}$$

여기서 $\sigma_n^\star = \sigma(a_n^\star)$이다. 그리고 다시 한 번 식 C.22의 결과와 $\mathbf{W}_N$의 정의를 사용하였다. $\mathbf{a}_N^\star$의 θ_j에 대한 미분값은 식 6.84의 관계식을 θ_j에 대해 미분함으로써 구할 수 있다.

$$\frac{\partial a_n^\star}{\partial \theta_j} = \frac{\partial \mathbf{C}_N}{\partial \theta_j}(\mathbf{t}_N - \boldsymbol{\sigma}_N) - \mathbf{C}_N \mathbf{W}_N \frac{\partial a_n^\star}{\partial \theta_j} \tag{식 6.93}$$

이를 다시 정리하면 다음을 얻을 수 있다.

$$\frac{\partial a_n^\star}{\partial \theta_j} = (\mathbf{I} + \mathbf{W}_N \mathbf{C}_N)^{-1} \frac{\partial \mathbf{C}_N}{\partial \theta_j}(\mathbf{t}_N - \boldsymbol{\sigma}_N) \tag{식 6.94}$$

식 6.91, 식 6.92, 식 6.94를 조합하면 로그 가능도 함수의 기울기를 계산할 수 있다. 그리고 이 결과를 표준 비선형 최적화 알고리즘에 적용하면 $\boldsymbol{\theta}$의 값을 구할 수 있다.

부록A   합성 2클래스 데이터 집합에 이 결과를 적용한 예시가 그림 6.12에 그려져 있다. $K > 2$개의 다중 클래스에 대해 가우시안 과정의 라플라스 근사를 사용하기 위해서는 소프트맥스 활성도 함수를 사용해야 한다(Williams and Barber, 1998).

6.4.7 뉴럴 네트워크와의 연관성

뉴럴 네트워크로 표현할 수 있는 함수의 범위는 은닉 유닛의 숫자 M에 따라 조정되며, 충분히 큰 M을 가진 2계층 네트워크는 거의 모든 함수를 임의의 정확도로 근사할 수 있다는 것을 앞에서 살펴보았다. 최대 가능도 방법을 바탕으로 한 경우에는 과적합을 막기 위해서 은닉 유닛의 숫자 가 (훈련 집합의 크기에 종속적인 정도로) 제한되어야 한다. 하지만 베이지안 관점에서는 훈련 집합의 크기에 따라서 네트워크의 매개변수 숫자를 제한하는 것이 그리 타당하지 않아 보일 수 있다.

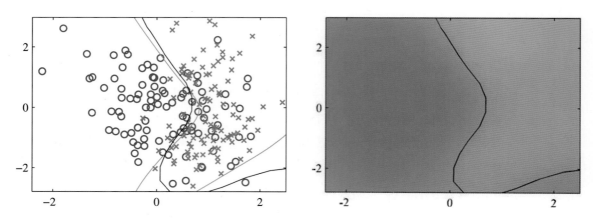

그림 6.12   가우시안 과정 분류의 도식. 왼쪽에는 데이터가 그려져 있고 원 분포로부터의 최적 결정 경계가 녹색 선으로 그려 져 있다. 가우시안 과정 분류를 바탕으로 한 결정 경계는 검은색 선으로 그려져 있다. 오른쪽에는 파란색 클래스와 빨간색 클래스에 대한 예측 사후 분포와 가우시안 과정 결정 경계가 함께 그려져 있다.

베이지안 뉴럴 네트워크에서는 매개변수 벡터 $\mathbf{w}$에 대한 사전 분포와 네트워크 함수 $f(\mathbf{x}, \mathbf{w})$가 함께 $y(\mathbf{x})$로부터의 함수에 대한 사후 분포를 구성하게 된다. 이때 $\mathbf{y}$는 네트워크 출력값의 벡터다. Neal(1996)은 $\mathbf{w}$에 대한 여러 폭넓은 종류의 사전 분포들에 대해서 뉴럴 네트워크에 의해 생성된 함수의 분포가 $M \to \infty$일 때 가우시안 과정이 되는 경향이 있다는 것을 증명했다. 이렇게 극한을 취한 경우에는 뉴럴 네트워크의 출력값이 독립적이게 된다. 뉴럴 네트워크의 큰 장점 중 하나는 출력값들이 은닉 유닛들을 공유하며, 이에 따라서 '통계적인 강점'을 서로에게서 빌릴 수가 있다는 것이다. 다시 말하자면 각각의 은닉 유닛들에 연계된 가중치들이 하나가 아닌 모든 출력 변수들에게서 영향을 받는다는 것이다. 가우시안 과정 극한의 경우 이 성질은 사라지게 된다.

가우시안 과정은 공분산(커널) 함수에 의해 결정된다는 것을 보았다. Williams(1998)에서는 프로빗과 가우시안의 두 은닉 유닛 활성화 함수의 경우에 대한 공분산을 명시적으로 증명했다. 이 커널 함수 $k(\mathbf{x}, \mathbf{x}')$들은 **비정상적**(*nonstationary*)이다. 다시 말하면 $\mathbf{x} - \mathbf{x}'$의 함수로는 표현 불가능하다. 따라서 그 결과 가우시안 가중치 사전 분포는 그 중심으로 0을 가지게 되고, 이에 따라서 가중치 공간의 평행 이동 불변성이 깨지게 된다.

공분산 함수를 직접적으로 다루면서 우리는 함축적으로 가중치의 분포에 대한 주변화를 시행하였다. 만약 가중치의 사전 분포가 초매개변수에 의해 조절된다면, 이 값들이 함수들의 분포에 대한 길이 척도를 결정할 것이다. 이는 유한한 수의 은닉 유닛의 경우에 대해 그림 5.11의 예시로부터도 이해할 수 있었던 사항이다. 초매개변수들을 해석적으로 주변화하는 것은 불가능하다. 따라서 6.4절에서 살펴본 것과 같은 테크닉에 의존해야 한다.

연습문제

6.1 ★★ www 6.1절의 최소 제곱 선형 회귀의 듀얼 공식화를 고려해 보자. 벡터 $\mathbf{a}$의 성분 a_n의 해가 벡터 $\boldsymbol{\phi}(\mathbf{x}_n)$ 원소들의 선형 결합으로 표현될 수 있음을 증명하라. 이 계수들을 벡터 $\mathbf{w}$로 지칭하고, 듀얼 공식화의 듀얼 표현이 원래의 표현을 매개변수 벡터로 표현한 것에 해당한다는 것을 증명하라.

6.2 ★★ 이 연습문제에서는 퍼셉트론 학습 알고리즘의 듀얼 공식화를 유도해 보도록 하자. 식 4.55의 퍼셉트론 학습 법칙을 이용해서 학습된 벡터 $\mathbf{w}$를 벡터 $t_n \boldsymbol{\phi}(\mathbf{x}_n)$의 선형 결합으로 적을 수 있음을 증명하라. 이때 $t_n \in \{-1, +1\}$이다. 이 선형 결합의 계수를 α_n으로 지칭해서 퍼셉트론 학습 알고리즘의 공식화를 유도하라. 그리고 퍼셉트론의 예측 함수도 α_n으로 표현해 보라. 또한, 특징 벡터 $\boldsymbol{\phi}(\mathbf{x})$가 오직 커널 함수 $k(\mathbf{x}, \mathbf{x}') = \boldsymbol{\phi}(\mathbf{x})^{\mathrm{T}} \boldsymbol{\phi}(\mathbf{x}')$의 형태로만 사용된다는 것을 증명하라.

6.3 ★ 2.5.2절의 최근접 이웃 분류기는 입력 벡터 $\mathbf{x}$를 훈련 집합에서 가장 가까운 입력 벡터 $\mathbf{x}_n$과 같은 클래스에 할당한다. 가장 단순한 경우에는 유클리드 거리 $\|\mathbf{x} - \mathbf{x}_n\|^2$을 사용하게 된다. 이 법칙을 스칼라 곱으로 표현한 다음 커널 대입을 적용해 보라. 이를 통해서 최근접 이웃 분류기를 일반 비선형 커널을 사용하는 형태로 공식화해 보라.

6.4 ★ 부록 C에서는 양의 원소들을 가지지만 음의 고윳값을 가지는 행렬의 예시를 증명했다. 이 경우 해당 행렬은 양의 정부호 행렬이 아닐 것이다. 이 역에 해당하는 예시를 찾아보아라. 양의 고윳값을 가지지만, 최소 하나 이상의 음의 원소를 가지는 2×2 행렬을 찾아라.

6.5 ★ www 유효한 커널을 구성하는 데 사용되는 식 6.13과 식 6.14를 증명하라.

6.6 ★ 유효한 커널을 구성하는 데 사용되는 식 6.15와 식 6.16을 증명하라.

6.7 ★ www 유효한 커널을 구성하는 데 사용되는 식 6.17과 식 6.18을 증명하라.

6.8 ★ 유효한 커널을 구성하는 데 사용되는 식 6.19와 식 6.20을 증명하라.

6.9 ★ 유효한 커널을 구성하는 데 사용되는 식 6.21과 식 6.22를 증명하라.

6.10 ★ 함수 $f(\mathbf{x})$를 학습하는 데 있어서 커널 $k(\mathbf{x}, \mathbf{x}') = f(\mathbf{x})f(\mathbf{x}')$을 사용하는 것이 매우 좋은 선택임을 증명하라. 이 커널을 바탕으로 한 선형 학습기는 언제나 $f(\mathbf{x})$에 비례하는 해를 찾을 것임을 증명하면 된다.

6.11 ★ 전개식 식 6.25를 이용하고 그 가운데 인자를 멱급수 전개해서 식 6.23의 가우시안 커널을 무한 차원의 특징 벡터들의 내적으로 표현할 수 있음을 증명하라.

6.12 ★★ www 고정된 집합 D가 주어졌을 때 이 집합의 모든 가능한 부분 집합들인 A를 고려해 보자. 식 6.27의 커널 함수가 $\phi(A)$에 의해 정의되는 특징 공간에서의 내적에 해당하게 됨을 증명하라. 이때 이 공간의 차원수는 $2^{|D|}$다. 그리고 원소 $\phi_U(A)$는 부분 집합 U에 의해 인덱스되며, 다음과 같이 주어진다.

$$\phi_U(A) = \begin{cases} 1, & \text{if } U \subseteq A; \\ 0, & \text{아닌 경우} \end{cases} \tag{식 6.95}$$

여기서 $U \subseteq A$는 U가 A와 같거나 아니면 A의 부분 집합이라는 의미다.

6.13 ★ 식 6.33으로 정의된 피셔 커널이 매개변수 벡터에 대한 비선형 변환 $\boldsymbol{\theta} \to \boldsymbol{\psi}(\boldsymbol{\theta})$ 후에도 불변함을 증명하라. 이때 $\boldsymbol{\psi}(\cdot)$는 가역적이고 미분 가능한 함수다.

6.14 ★ www 식 6.33으로 정의된 피셔 커널을 분포 $p(\mathbf{x}|\boldsymbol{\mu}) = \mathcal{N}(\mathbf{x}|\boldsymbol{\mu}, \mathbf{S})$(평균 $\boldsymbol{\mu}$, 고정된 공분산 $\mathbf{S}$를 가지는 가우시안 분포)인 경우에 대해 적어 보라.

6.15 ★ 2×2 그램 행렬의 행렬식을 이용해서 양의 정부호 커널 함수 $k(x, x')$이 다음의 코시-슈바르츠(Cauchy-Schwartz) 부등식을 만족한다는 것을 증명하라.

$$k(x_1, x_2)^2 \leqslant k(x_1, x_1)k(x_2, x_2) \qquad \text{(식 6.96)}$$

6.16 ★★ 매개변수 벡터 $\mathbf{w}$에 의해 조절되는 매개변수적 모델을 고려해 보자. 그리고 입력값 $\mathbf{x}_1, \ldots, \mathbf{x}_N$으로 주어지는 데이터 집합과 비선형 특징 사상 $\boldsymbol{\phi}(\mathbf{x})$도 함께 고려해 보자. 그리고 오류 함수의 w에 대한 종속성이 다음 형태를 띤다고 가정하자.

$$J(\mathbf{w}) = f(\mathbf{w}^{\mathrm{T}}\boldsymbol{\phi}(\mathbf{x}_1), \ldots, \mathbf{w}^{\mathrm{T}}\boldsymbol{\phi}(\mathbf{x}_N)) + g(\mathbf{w}^{\mathrm{T}}\mathbf{w}) \qquad \text{(식 6.97)}$$

여기서 $g(\cdot)$는 단조 증가하는 함수다. w를 다음의 형태로 적어 보자.

$$\mathbf{w} = \sum_{n=1}^{N} \alpha_n \boldsymbol{\phi}(\mathbf{x}_n) + \mathbf{w}_{\perp} \qquad \text{(식 6.98)}$$

여기서 모든 n에 대해 $\mathbf{w}_{\perp}^{\mathrm{T}}\boldsymbol{\phi}(\mathbf{x}_n) = 0$이다. 이를 통해서 $J(\mathbf{w})$를 최소화하는 w의 값이 기저 함수 $\boldsymbol{\phi}(\mathbf{x}_n)$들($n = 1, \ldots, N$)의 선형 결합 형태를 띤다는 것을 증명하라.

6.17 ★★ www 노이즈가 포함된 입력값을 가지는 데이터에 대한 제곱합 오류 함수 식 6.39를 고려해 보자. 변분법을 이용해서 이 오류 함수를 함수 $y(\mathbf{x})$에 대해 최소화해 보라. 이를 통해서 최적해가 식 6.40 형태의 전개식으로 주어진다는 것을 증명하라. 이때 기저 함수는 식 6.41에 주어진 것을 따른다.

6.18 ★ 나다라야-왓슨 모델을 고려해 보자. 입력 변수는 단일 변수 x이며, 타깃 변수는 가우시안 성분을 가지는 단일 변수 t다. t 성분의 가우시안 분포는 등방 분포로써 공분산 행렬로 $\sigma^2\mathbf{I}$를 가진다(이때 $\mathbf{I}$는 항등 행렬이다). 이 경우 조건부 밀도 $p(t|x)$의 표현식을 적고, 조건부 평균 $\mathbb{E}[t|x]$와 분산 $\mathrm{var}[t|x]$의 표현식을 커널 함수 $k(x, x_n)$을 이용해서 적어라.

6.19 ★★ 입력 변수와 타깃 변수가 둘 다 합산 노이즈를 포함하고 있는 경우의 회귀 문제를 고려해 보자. 이를 바탕으로 커널 회귀에 대한 다른 관점을 살펴볼 수 있다. 각각의 표적값 t_n은 포인트 $\mathbf{z}_n$에서 $y(\mathbf{z}_n)$을 계산하고, 여기에 가우시안 노이즈를 더함으로써 생성된다고 하자. 이때 $\mathbf{z}_n$의 값은 직접 관측할 수 없으며, 노이즈를 포함한 $\mathbf{x}_n = \mathbf{z}_n + \boldsymbol{\xi}_n$만 관측할 수 있다고 하자. ξ는 어떤 분포 $g(\boldsymbol{\xi})$에 의해 결정되는 확률 변수다. 관측값 $\{\mathbf{x}_n, t_n\}$을 고려해 보자. $n = 1, \ldots, N$이며, 해당 제곱합 오류 함수는 입력 노이즈의 분포에 대한 평균으로 정의된다.

$$E = \frac{1}{2} \sum_{n=1}^{N} \int \left\{ y(\mathbf{x}_n - \boldsymbol{\xi}_n) - t_n \right\}^2 g(\boldsymbol{\xi}_n) \, \mathrm{d}\boldsymbol{\xi}_n \qquad \text{(식 6.99)}$$

변분법(부록 D)을 이용해서 E를 함수 $y(\mathbf{z})$에 대해 최소화하고, 이를 통해서 $y(\mathbf{x})$의 최적해가 나다라야-왓슨 커널 회귀에 대한 식 6.45 형태의 해로 주어진다는 것을 증명하라. 이때 커널 함수의 형태는 식 6.46을 따른다.

6.20 ★★ **www** 식 6.66과 식 6.67의 결과들을 증명하라.

6.21 ★★ **www** 커널 함수가 비선형 기저 함수들의 고정된 집합으로 정의된 가우시안 과정 회귀 모델을 고려해 보자. 이 경우의 예측 분포가 3.3.2절에서 베이지안 선형 회귀 모델에 대해 구한 결과인 식 3.58과 동일하다는 것을 증명하라. 두 모델이 전부 가우시안 예측 분포를 가진다는 것을 바탕으로 해서 조건부 평균과 분산이 동일하다는 것만 보이면 된다. 평균의 경우에는 식 C.6의 행렬 성질을, 분산의 경우에는 식 C.7의 행렬 성질을 활용할 수 있다.

6.22 ★★ N개의 훈련 집합 입력 벡터 $\mathbf{x}_1, \ldots, \mathbf{x}_N$과 L개의 시험 집합 입력 벡터 $\mathbf{x}_{N+1}, \ldots, \mathbf{x}_{N+L}$이 주어진 회귀 문제를 고려해 보자. 그리고 함수 $t(\mathbf{x})$에 대한 가우시안 과정 사전 분포를 정의한다고 하자. $t(\mathbf{x}_1), \ldots, t(\mathbf{x}_N)$ 값들이 주어졌을 때 $t(\mathbf{x}_{N+1}), \ldots, t(\mathbf{x}_{N+L})$에 대한 결합 분포의 식을 유도해 보라. 또한, 하나의 시험 관측값 t_j(이때 $N + 1 \leqslant j \leqslant N + L$)에 대한 이 분포의 주변값은 기존의 가우시안 과정 회귀 결과인 식 6.66과 식 6.67로 주어지게 됨을 증명하라.

6.23 ★★ **www** 타깃 변수 $\mathbf{t}$가 차원수 D를 가지는 가우시안 과정 회귀 모델을 고려해 보자. 훈련 집합으로 입력 벡터 $\mathbf{x}_1, \ldots, \mathbf{x}_N$과 해당 표적 관측값 $\mathbf{t}_1, \ldots, \mathbf{t}_N$이 주어졌을 때 시험 입력 벡터 $\mathbf{x}_{N+1}$에 대한 $\mathbf{t}_{N+1}$의 조건부 분포를 적어 보아라.

6.24 ★ 각각의 원소가 $0 < W_{ii} < 1$을 만족하는 대각 행렬 $\mathbf{W}$는 양의 정부호 행렬임을 증명하라. 또한, 두 양의 정부호 행렬을 합하면 그 결과 역시 양의 정부호 행렬임을 증명하라.

6.25 ★ **www** 식 4.92의 뉴턴-라프슨 공식을 이용해서 가우시안 과정 분류 모델에서 최빈값 $\mathbf{a}_N^{\star}$의 사후 분포를 찾기 위한 재귀적 업데이트 공식인 식 6.83을 유도하라.

6.26 ★ 식 2.115의 결과를 이용해서 가우시안 과정 분류 모델에서의 사후 분포 $p(a_{N+1}|\mathbf{t}_N)$의 평균과 분산에 대한 공식인 식 6.87과 식 6.88을 유도하라.

6.27 ★★★ 가우시안 과정 분류의 라플라스 근사 방법론에서의 로그 가능도 함수에 대한 결과인 식 6.90을 유도하라. 이와 비슷하게, 로그 가능도 함수의 기울기항에 대한 결과인 식 6.91, 식 6.92, 식 6.94를 유도하라.

7

희박한 커널 머신

앞 장에서는 비선형 커널을 기반으로 한 다양한 학습 알고리즘에 대해 살펴보았다. 이러한 알고리즘들 중 대다수의 중요한 한계점은 바로 커널 함수 $k(\mathbf{x}_n, \mathbf{x}_m)$의 값을 훈련 집합의 모든 $\mathbf{x}_n$과 $\mathbf{x}_m$짝에 대해서 계산해야 한다는 점이다. 이는 훈련 과정 중에 시행하기에는 계산적으로 불가능할 수도 있으며, 새로운 데이터 포인트에 대해 예측할 때 계산 시간이 매우 오래 걸릴 수도 있다. 이 장에서는 마찬가지로 커널 기반의 알고리즘이지만 좀 더 **희박한**(*sparse*) 해를 가지는 방법들을 살펴볼 것이다. 이 경우 새 입력값에 대한 예측은 훈련 데이터 포인트의 부분 집합에 대해 계산한 커널 함숫값에만 종속적이게 된다.

첫 번째로 **서포트 벡터 머신**(*support vector machine, SVM*)에 대해 자세히 살펴볼 것이다. 몇 년 전부터 널리 사용되기 시작한 서포트 벡터 머신은 분류, 회귀, 이상치 탐지(novelty detection) 등의 문제에 활용된다. 서포트 벡터 머신의 중요한 성질 중 하나는 볼록 최적화(convex optimization) 문제를 푸는 것을 바탕으로 모델 매개변수를 결정할 수 있다는 점이다. 따라서 지역적인 최적화해가 전역적인 최적화해 이게 된다. 서포트 벡터 머신에 대한 논의 과정에서 라그랑주 승수법을 광범위하게 사용할 것이므로, 해당 내용을 공부하기 전에 부록 E의 내용을 학습하기를 권장한다. 서포트 벡터 머신에 대한 추가적인 내용은 Vapnik(1995), Burges(1998), Cristianini and Shawe-Taylor(2000), Müller *et al.*(2001), Schölkopf and Smola(2002), Herbrich(2002) 등에서 찾아볼 수 있다.

SVM은 결정 알고리즘이다. 따라서 알고리즘의 결과로 사후 확률을 내놓지 않는다. 확률적인 결괏값을 가지는 것의 장점에 대해서는 이미 앞의 1.5.4절에서 논의한 바 있다. 또 다른 희박한 커널 테크닉인 **상관 벡터 머신**(relevance vector machine, RVM)은 베이지안 관점을 기반으로 하고 있으며, 사후 확률 출력값을 결과로 제공해 준다. 또한, RVM은 SVM에 대해 훨씬 더 희박한 해를 내놓게 된다.

7.2절

7.1 최대 마진 분류기

다음의 형태를 가지는 2클래스 분류 문제를 다시 살펴보는 것으로 서포트 벡터 머신에 대한 우리의 논의를 시작해 보자.

$$y(\mathbf{x}) = \mathbf{w}^{\mathrm{T}}\boldsymbol{\phi}(\mathbf{x}) + b \qquad \qquad \text{(식 7.1)}$$

여기서 $\boldsymbol{\phi}(\mathbf{x})$는 고정된 특징 공간 변환을 지칭한다. 또한, 편향 매개변수 b를 명시적으로 사용하였다. 잠시 후에 커널 함수를 바탕으로 표현한 듀얼 표현법을 도입할 것이다. 이 듀얼 표현을 사용하게 되면 특징 공간을 직접적으로 다룰 필요가 없게 된다. 훈련 집합은 N개의 입력 벡터 $\mathbf{x}_1, \ldots, \mathbf{x}_N$과 타깃 변수 $t_1, \ldots, t_N$으로 구성되어 있으며, 이때 $t_n \in \{-1, 1\}$이다. 그리고 새로운 데이터 포인트 $\mathbf{x}$는 $y(\mathbf{x})$의 부호에 따라 분류된다.

일단 훈련 데이터 집합이 특징 공간상에서 선형적으로 분류가 가능하다고 가정하자. 이 가정을 바탕으로 하면 정의에 따라서 $y(\mathbf{x}_n) > 0$인 모든 포인트들에 대해서는 $t_n = +1$을 만족하고, $y(\mathbf{x}_n) < 0$인 모든 포인트들에 대해서는 $t_n = -1$을 만족하는 매개변수 $\mathbf{w}$와 b가 최소한 하나는 존재하게 된다. 즉, 이 경우에는 모든 훈련 데이터 포인트에 대해서 $t_n y(\mathbf{x}_n) > 0$이 만족된다.

물론, 클래스들을 이렇게 정확하게 분류할 수 있는 해가 여러 가지 존재할 수 있다. 4.1.7절에서는 유한한 단계 안에 반드시 해를 찾아낼 수 있는 퍼셉트론 알고리즘에 대해서 설명했었다. 하지만 퍼셉트론이 찾아내는 해는 $\mathbf{w}$와 b의 초깃값으로 어떤 (임의의) 값을 사용하는지에 대해 종속적이 될 것이다. 또한, 데이터 포인트들이 어떤 순서로 사용되느냐에 따라서도 종속적이게 된다. 만약 훈련 집합을 정확하게 분류하는 해가 여러 가지 존재한다면, 가장 작은 일반화 오륫값을 주는 하나의 해를 찾아내는 것이 바람직할 것이다. 서포트 벡터 머신은 **마진**(margin)의 콘셉트를 바탕으로 이 문제에 접근한다. 여기서 마진은 결정 경계와 표본 사이의 최소 거리를 지칭하는 것이다. 이에 대해서는 그림 7.1에 그려져 있다.

서포트 벡터 머신은 마진이 최대가 되는 결정 경계를 선택한다. 최대 마진 해를 찾는 데 있어서

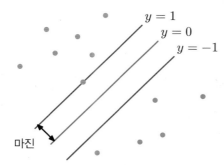
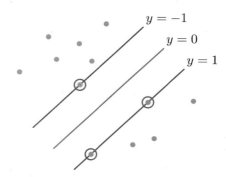

그림 7.1 마진은 결정 경계와 그로부터 가장 가까운 데이터 포인트 사이의 수직 거리로 정의된다. 이에 대해서는 왼쪽 그림에 그려져 있다. 마진을 최대화하려고 할 경우에는 오른쪽 그림에서와 같이 특정 결정 경계를 선택하게 된다. 이 경계의 위치는 데이터 포인트들의 부분 집합을 바탕으로 결정되는데, 이 부분 집합을 서포트 벡터라 한다. 서포트 벡터는 원으로 표시되어 있다.

7.1.5절

통계적 학습 이론(*statistical learning theory*)이라고도 불리는 **계산적 학습 이론**(*computational learning theory*)을 바탕으로 접근하는 것이 그럴듯해 보일 수도 있다. 하지만 여기서는 생성적 방법론과 판별적 방법론을 혼합한 방식으로써의 분류 문제의 토대를 기반으로 논의를 진행할 것이다. 이를 바탕으로 한 최대 마진에 대한 단순한 통찰이 Tong and Koller(2000)에서 고려되었다. 그들은 일단 각각의 클래스에 대한 입력 벡터 $\mathbf{x}$의 분포를 파젠 밀도 추정기로 모델했다. 이때 가우시안 커널을 사용했고, 여기에 공통 매개변수 σ^2을 사용하였다. 클래스 사전 분포와 이 모델을 바탕으로 하면 최적의 오분류율 기반의 결정 경계를 정의할 수 있다. 하지만 그들은 최적의 경계를 사용하는 대신에 학습된 밀도 모델에 대한 오류 확률을 최소화하는 방식으로 초평면을 결정하였다. $\lim \sigma^2 \to 0$의 경우 이 초평면은 최대 마진을 가지는 평면이 된다. 이 결과의 배후에 있는 통찰은 바로 σ^2이 감소됨에 따라서 멀리 있는 데이터 포인트들보다 가까이 있는 데이터 포인트들에 의해 초평면이 결정되는 정도가 점점 더 강해진다는 것이다. $\lim \sigma^2 \to 0$의 경우 초평면은 서포트 벡터 이외의 데이터 포인트들로부터 독립적이 된다.

그림 10.13에서 보게 될 것처럼 단순히 선형으로 분리 가능한 데이터 집합의 경우, 베이지안 접근법을 바탕으로 매개변수의 사전 분포에 대한 주변화를 시행하게 되면 데이터 포인트들을 나누는 지역의 중간에 자리하는 결정 경계를 얻게 된다. 큰 마진 기반의 해는 이와 비슷한 모습을 보인다.

그림 4.1에서 살펴보았듯 $y(\mathbf{x})$가 식 7.1의 형태를 취하는 $y(\mathbf{x}) = 0$에 해당하는 초평면으로부터 포인트 $\mathbf{x}$까지의 수직 거리는 $|y(\mathbf{x})|/\|\mathbf{w}\|$로 주어지게 된다. 또한, 우리는 모든 데이터 포인트들이 올바르게 분류된 경우에 대한 해에만 관심이 있다. 그러므로 모든 n에 대해서 $t_n y(\mathbf{x}_n) > 0$이다. 따라서 포인트 $\mathbf{x}_n$으로부터 결정 표면까지의 거리는 다음처럼 주어진다.

$$\frac{t_n y(\mathbf{x}_n)}{\|\mathbf{w}\|} = \frac{t_n(\mathbf{w}^\mathrm{T}\boldsymbol{\phi}(\mathbf{x}_n) + b)}{\|\mathbf{w}\|} \tag{식 7.2}$$

마진은 데이터 집합의 포인트들 중 결정 표면에 가장 가까운 $\mathbf{x}_n$으로부터 결정 표면까지의 수직 거리로 주어진다. 여기서는 이 거리를 최대화하는 방식으로 매개변수 $\mathbf{w}$와 b를 최적화할 것이다. 따라서 최대 마진 해는 다음 식을 푸는 방식으로 구할 수 있다.

$$\arg\max_{\mathbf{w},b}\left\{\frac{1}{\|\mathbf{w}\|}\min_n\left[t_n\left(\mathbf{w}^\mathrm{T}\boldsymbol{\phi}(\mathbf{x}_n) + b\right)\right]\right\} \tag{식 7.3}$$

여기서 인자 $1/\|\mathbf{w}\|$를 n에 대한 최적화에서 밖으로 빼냈다. 왜냐하면 $\mathbf{w}$가 n에 대해 종속적이지 않기 때문이다. 이 최적화 문제의 해를 직접 구하는 것은 매우 복잡하다. 따라서 이 문제를 더 풀기 용이한 동일 문제로 치환할 필요가 있다. 이를 위해서 만약 재척도화 $\mathbf{w} \to \kappa\mathbf{w}$와 $b \to \kappa b$를 시행하더라도 모든 데이터 포인트 $\mathbf{x}_n$들로부터 결정 경계까지의 거리 $t_n y(\mathbf{x}_n)/\|\mathbf{w}\|$는 변하지 않는다는 것을 확인하고 넘어가도록 하자. 이를 바탕으로 하면 표면에 가장 가까운 포인트에 대해 다음과 같이 임의로 설정할 수 있다.

$$t_n\left(\mathbf{w}^\mathrm{T}\boldsymbol{\phi}(\mathbf{x}_n) + b\right) = 1 \tag{식 7.4}$$

이 경우 모든 데이터 포인트들은 다음의 제약 조건을 만족하게 된다.

$$t_n\left(\mathbf{w}^\mathrm{T}\boldsymbol{\phi}(\mathbf{x}_n) + b\right) \geqslant 1, \qquad n = 1, \ldots, N \tag{식 7.5}$$

이를 일컬어 결정 초평면의 정준 표현이라고 한다. 등식이 성립하는 데이터 포인트의 경우에는 해당 제약 조건이 **활성화**(active)되었다고 하며, 나머지 데이터 포인트의 경우에는 해당 제약 조건이 **비활성화**(inactive)되었다고 한다. 정의에 따라서 모든 경우에 최소한 하나의 활성화 제약 조건이 존재할 것이다. 왜냐하면 어떤 경우든지 가장 가까운 포인트가 존재할 것이기 때문이다. 또한, 마진이 최대화되고 난 후에는 최소한 두 개의 활성화된 제약 조건이 존재하게 될 것이다. 이 경우 최적화 문제는 단순히 $\|\mathbf{w}\|^{-1}$를 최대화하는 문제로 바뀌게 된다. 이는 $\|\mathbf{w}\|^2$을 최소화하는 문제와 동일하다. 따라서 우리가 풀어야 할 최적화 문제는 이제 다음과 같다.

$$\arg\min_{\mathbf{w},b}\frac{1}{2}\|\mathbf{w}\|^2 \tag{식 7.6}$$

이때 식 7.5의 제약 조건을 만족시켜야 한다. 식 7.6의 인자 1/2은 추후의 편의를 위해 포함시켰다. 선형 부등식 제약 조건을 바탕으로 이차 함수를 최소화하려는 이런 문제는 바로 **이차 계획법**(quadratic programming) 문제의 한 예시에 해당한다. 최적화 문제에서 편향 매개변수 b가 사

라진 것처럼 보인다. 하지만 b는 제약 조건에 의해 간접적으로 결정될 것이다. 왜냐하면 제약 조건에 따라서 $\|\mathbf{w}\|$에 대한 변화가 b에 대한 변화에 의해 보상받기 때문이다. 이에 대해서는 잠시 후에 살펴보게 될 것이다.

부록E

제약 조건이 있는 최적화 문제를 풀기 위해서 라그랑주 승수 $a_n \geqslant 0$을 도입하도록 하자. 식 7.5의 각각의 제약 조건마다 하나의 승수 a_n을 도입하면 다음의 라그랑주 함수를 얻게 된다.

$$L(\mathbf{w}, b, \mathbf{a}) = \frac{1}{2}\|\mathbf{w}\|^2 - \sum_{n=1}^{N} a_n \left\{ t_n(\mathbf{w}^\mathrm{T} \boldsymbol{\phi}(\mathbf{x}_n) + b) - 1 \right\} \tag{식 7.7}$$

여기서 $\mathbf{a} = (a_1, \ldots, a_N)^\mathrm{T}$다. $\mathbf{w}$와 b에 대해서는 최소화하고 $\mathbf{a}$에 대해서는 최대화하므로 라그랑주 승수 항 앞에 음의 부호가 추가되었다. $L(\mathbf{w}, b, \mathbf{a})$의 $\mathbf{w}$와 b에 대한 미분을 0으로 놓으면 다음의 두 조건을 얻게 된다.

$$\mathbf{w} = \sum_{n=1}^{N} a_n t_n \boldsymbol{\phi}(\mathbf{x}_n) \tag{식 7.8}$$

$$0 = \sum_{n=1}^{N} a_n t_n \tag{식 7.9}$$

이 조건들을 이용해서 $L(\mathbf{w}, b, \mathbf{a})$로부터 $\mathbf{w}$와 b를 없애면 최대 마진 문제의 **듀얼 표현**(*dual representation*)을 얻게 된다. 여기서는 다음을 최대화해야 한다.

$$\widetilde{L}(\mathbf{a}) = \sum_{n=1}^{N} a_n - \frac{1}{2} \sum_{n=1}^{N} \sum_{m=1}^{N} a_n a_m t_n t_m k(\mathbf{x}_n, \mathbf{x}_m) \tag{식 7.10}$$

이때 최대화는 $\mathbf{a}$에 대해 일어나야 하며, 다음 제약 조건들을 만족시켜야 한다.

$$a_n \geqslant 0, \qquad n = 1, \ldots, N, \tag{식 7.11}$$

$$\sum_{n=1}^{N} a_n t_n = 0 \tag{식 7.12}$$

여기서 커널 함수는 $k(\mathbf{x}, \mathbf{x}') = \boldsymbol{\phi}(\mathbf{x})^\mathrm{T} \boldsymbol{\phi}(\mathbf{x}')$으로 정의된다. 다시 한 번 말하지만 이 문제는 이차 계획법 문제의 형태를 띠고 있다. 여기서는 부등식 제약 조건을 바탕으로 $\mathbf{a}$에 대한 이차 함수를 최적화해야 한다. 이러한 이차 계획법 문제를 푸는 테크닉에 대해서는 7.1.1절에서 논의할 것이다.

M개의 변수가 있는 이차 계획법 문제의 해를 구하는 데는 보통 계산 복잡도 $O(M^3)$이 필요하다. 원래의 최적화 문제는 M개의 변수에 대해 식 7.6을 최소화하는 것이었고 변환된 후의 듀얼 문제는 N개의 변수에 대해 식 7.10을 최소화하는 것이다. 고정된 기저 함수 집합을 사용할 때 이 함수 집합의 수 M이 데이터 포인트의 숫자 N보다 작은 경우는 듀얼 문제로 바꾸는 것이 오히려 불이익으로 보일 수도 있다. 하지만 듀얼 표현을 사용할 경우 커널을 사용하는 방식으로 문제가 바뀌게 된다. 따라서 데이터 포인트의 숫자를 능가하는 (무한대일 수도 있는) 차원수를 가지는 특징 공간에 대해서 최대 마진 분류기를 효율적으로 적용할 수 있다. 커널을 바탕으로 한 공식은 또한 $k(\mathbf{x}, \mathbf{x}')$ 함수가 양의 정부호여야 한다는 제약 조건의 역할을 분명하게 해준다. 왜냐하면 이 제약 조건이 라그랑주 함수 $\widetilde{L}(\mathbf{a})$가 위로 유계라는 것을 확실히 해주기 때문이다. 즉, 최적화 문제가 잘 정의되도록 해준다.

훈련된 모델을 바탕으로 새 데이터 포인트를 분류할 때는 식 7.1에서 정의된 $y(\mathbf{x})$를 계산하여 그 부호를 알아내야 한다. 식 7.8을 통해 $\mathbf{w}$를 대입해 넣음으로써 $y(\mathbf{x})$를 매개변수 $\{a_n\}$와 커널 함수의 식으로 표현할 수 있다.

$$y(\mathbf{x}) = \sum_{n=1}^{N} a_n t_n k(\mathbf{x}, \mathbf{x}_n) + b \qquad \text{(식 7.13)}$$

부록 E에서는 이러한 형태의 제약 최적화 문제가 **KKT**(*Karush-Kuhn-Tucker*, **카르슈 쿤 터커**) 조건을 만족시킨다는 것에 대해 설명하였다. 이 경우에는 이를 위해서 다음의 세 성질을 만족해야 한다.

$$a_n \geqslant 0 \qquad \text{(식 7.14)}$$
$$t_n y(\mathbf{x}_n) - 1 \geqslant 0 \qquad \text{(식 7.15)}$$
$$a_n \{t_n y(\mathbf{x}_n) - 1\} = 0 \qquad \text{(식 7.16)}$$

조제프-루이 라그랑주 *Joseph-Louis Lagrange*
1736-1813

라그랑주는 프랑스 수학자로 널리 알려져 있지만, 사실 그는 이탈리아의 토리노에서 태어났다. 19세때 이미 수학계에 중요한 공헌을 한 그는, 토리노 왕립 포병 학교(Royal Artillery School)의 교수로 지명되었다. 오일러는 여러 해 동안 라그랑주를 베를린으로 오도록 설득했다. 라그랑주는 1766년에 마침내 베를린으로 옮겨갔으며, 베를린 아카데미에서 수학 부장이 되면서 오일러를 앞질렀다. 그는 나중에 파리로 이주했는데, 라부아지에(산소를 발견한 프랑스 화학자)의 개인적인 중재 덕분에 프랑스 혁명에서 살아남았다. 하지만 정작 중재를 해준 라부아지에는 처형당하고 말았다. 라그랑주는 특히 변분법과 역학의 기초에 크게 공헌했다.

따라서 모든 데이터 포인트에 대해서 $a_n = 0$이거나 $t_n y(\mathbf{x}_n) = 1$이어야 한다. $a_n = 0$인 데이터 포인트는 식 7.13의 합에 나타나지 않을 것이며, 따라서 새로운 데이터 포인트에 대해 예측하는 데 있어 아무 역할도 하지 않게 될 것이다. 나머지 데이터 포인트들을 **서포트 벡터**(*support vector*)라 한다. 서포트 벡터들은 $t_n y(\mathbf{x}_n) = 1$을 만족하며, 그렇기 때문에 특징 공간의 최대 마진 초평면상에 있는 포인트에 해당한다. 이에 대해서는 그림 7.1을 참조 바란다. 이 성질은 서포트 벡터 머신을 실질적으로 사용하는 데 있어서 중심이 되는 성질이다. 한 번 모델이 훈련되고 나면 데이터 포인트들 중 많은 부분은 버리고 서포트 벡터만 남겨 두면 된다.

이차 계획법 문제를 풀어서 $\mathbf{a}$의 값을 찾았다면 이제 b를 계산할 차례다. 모든 서포트 벡터 $\mathbf{x}_n$이 $t_n y(\mathbf{x}_n) = 1$을 만족한다는 사실을 바탕으로 b를 구할 수 있다. 식 7.13을 사용하면 다음을 얻게 된다.

$$t_n \left(\sum_{m \in \mathcal{S}} a_m t_m k(\mathbf{x}_n, \mathbf{x}_m) + b \right) = 1 \tag{식 7.17}$$

여기서 $\mathcal{S}$는 서포트 벡터의 인덱스의 집합을 지칭한다. 임의로 선택한 서포트 벡터 $\mathbf{x}_n$을 사용해서 이 방정식을 풀고 b를 구할 수도 있다. 하지만 양변에 t_n을 곱한 후 모든 서포트 벡터들에 대해 이 식의 평균을 내서 b에 대해 푸는 방식을 사용하면 수치적으로 더 안정적인 해를 구할 수 있다. 이때 $t_n^2 = 1$이라는 사실을 적용하게 된다.

$$b = \frac{1}{N_{\mathcal{S}}} \sum_{n \in \mathcal{S}} \left(t_n - \sum_{m \in \mathcal{S}} a_m t_m k(\mathbf{x}_n, \mathbf{x}_m) \right) \tag{식 7.18}$$

여기서 $N_{\mathcal{S}}$는 서포트 벡터의 전체 개수에 해당한다.

다른 대안적인 모델과의 나중 비교를 위해서 최대 마진 분류기를 오류 함수(와 단순한 이차 정규화항)를 최소화하는 형태로 적을 수 있다.

$$\sum_{n=1}^{N} E_\infty(y(\mathbf{x}_n) t_n - 1) + \lambda \|\mathbf{w}\|^2 \tag{식 7.19}$$

여기서 $E_\infty(z)$는 $z \geqslant 0$이면 0이고, 아니면 ∞인 함수다. 이는 제약 조건식 7.5가 만족되도록 해준다. 정규화 매개변수 $\lambda > 0$을 만족하기만 하면 정확한 값은 그리 중요치 않다는 점을 짚고 넘어가도록 하자.

단순한 합성 데이터 집합에 식 6.23의 가우시안 커널을 사용한 서포트 벡터 머신을 적용해서

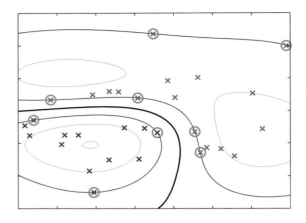

그림 7.2 2클래스의 이차원 합성 데이터 집합에 가우시안 커널 함수를 사용한 서포트 벡터 머신을 적용한 결과. 서포트 벡터 머신으로부터 계산된 상수 $y(\mathbf{x})$의 윤곽선을 그렸다. 이 외에도 결정 경계, 마진 경계, 서포트 벡터들을 그려 두었다.

분류를 시행한 결과의 예시를 그림 7.2에서 볼 수 있다. 이 데이터 집합은 이차원 데이터 공간 $\mathbf{x}$에서 선형적으로 분리되지 않는다. 하지만 비선형 커널 함수를 통해 간접적으로 정의된 비선형 특징 공간에서는 선형적으로 분리가 가능하다. 따라서 훈련 데이터 포인트들은 원래의 데이터 공간에서도 완벽히 분리된다.

이 예시는 SVM의 희박함이 어디서 유래하는지에 대한 통찰을 제공해 준다. 최대 마진 초공간은 서포트 벡터들의 위치에 의해 정의된다. 그 외의 다른 데이터 포인트들은 어디에 위치하든 마진 지역 바깥에 위치하기만 한다면 결정 경계의 위치를 바꾸지 않는다. 따라서 해는 이러한 데이터 포인트들로부터 독립적이 될 것이다.

7.1.1 클래스 분포 간의 중첩

지금까지 훈련 데이터 포인트들이 특징 공간 $\phi(\mathbf{x})$상에서 선형적으로 분리 가능하다고 가정했다. 이 가정을 바탕으로 할 경우 서포트 벡터 머신은 원 입력 공간 $\mathbf{x}$상의 훈련 데이터들을 정확하게 분리해낼 수 있다(이 경우 해당 결정 경계는 비선형일 수 있다). 하지만 실제 사례에서는 클래스 조건부 분포 간에 중첩이 존재할 수 있다. 이런 경우에 훈련 데이터들을 정확하게 분리하도록 모델을 훈련시키면 일반화 성능이 좋지 않을 수 있다.

따라서 몇몇 훈련 포인트들이 오분류되는 것을 허용하는 방식으로 서포트 벡터 머신 모델을 수정할 방법이 필요하다. 분리 가능한 클래스들의 경우 현재의 모델은 데이터 포인트가 오분류되면 무한대의 오룻값을, 올바르게 분류되면 0의 오룻값을 부여하고 있다는 것을 식 7.19로부터 알 수 있다. 그리고 이를 바탕으로 마진을 최대화하는 방식으로 최적의 모델 매개변수를 찾게 된다. 이제 이 방식을 수정해서 데이터 포인트들이 마진 경계의 '잘못된 쪽'에 존재하는 것을 허용하도록 해보자. 이때 경계로부터의 거리가 멀어짐에 따라서 불이익이 커지게 할 것이

다. 이 불이익을 거리에 대한 선형 함수로 만들면 추후에 최적화 문제를 풀 때 편리하다. 이를 위해서 **느슨한 변수**(*slack variable*)인 $\xi_n \geqslant 0$을 도입하자. 여기서 $n = 1, \ldots, N$이며, 각각의 데이터 포인트 하나에 대해 하나의 느슨한 변수가 사용될 것이다(Bennett, 1992; Cortes and Vapnik, 1995). 느슨한 변수들은 데이터 포인트가 올바른 마진 경계상에 존재하거나 그 안에 존재할 경우 $\xi_n = 0$ 값을 가지게 되고, 그 외의 경우에는 $\xi_n = |t_n - y(\mathbf{x}_n)|$ 값을 가진다. 즉 결정 경계 $y(\mathbf{x}_n) = 0$상에 존재하는 데이터 포인트는 $\xi_n = 1$ 값을 가지게 되며, 오분류된 포인트들은 $\xi_n > 1$ 값을 가지게 된다. 이 경우 식 7.5의 정확한 분류 제약 조건이 다음처럼 바뀌게 된다.

$$t_n y(\mathbf{x}_n) \geqslant 1 - \xi_n, \qquad n = 1, \ldots, N \qquad \text{(식 7.20)}$$

이 제약 조건에 따라서 느슨한 변수들은 $\xi_n \geqslant 0$을 만족해야 한다. $\xi_n = 0$인 경우 해당 데이터 포인트는 올바르게 분류되었으며, 마진 경계상에 존재하거나 아니면 마진의 올바른 쪽에 존재하게 된다. $0 < \xi_n \leqslant 1$인 경우에는 마진 내부에 존재하지만 결정 경계의 올바른 쪽에 존재하고, $\xi_n > 1$인 경우에는 결정 경계의 틀린 쪽에 존재하며 오분류된 것이다. 이에 대해 그림 7.3에 그려져 있다. 때때로 이를 강한 마진(hard margin) 제약 조건을 완화시킨 **약한 마진**(*soft margin*) 제약 조건이라고 설명하기도 한다. 이를 바탕으로 하면 몇몇 훈련 집합 데이터 포인트가 오분류되는 것을 허용하게 된다. 한 가지 주목해야 할 점은 느슨한 변수를 사용함으로써 클래스 분포 간에 중첩이 허용되긴 하지만, 여전히 이상점들에 대해서는 민감하다는 점이다. 왜냐하면 오분류에 대한 불이익 정도가 ξ에 대해 선형으로 증가하기 때문이다.

이제 우리의 목표는 마진 경계의 잘못된 쪽에 존재하는 포인트들에 대해 약하게 불이익을 주면서 마진을 최대화하는 것이다. 즉, 다음을 최소화해야 한다.

$$C \sum_{n=1}^{N} \xi_n + \frac{1}{2} \|\mathbf{w}\|^2 \qquad \text{(식 7.21)}$$

여기서 매개변수 $C > 0$가 느슨한 변수 불이익과 마진 사이의 트레이드 오프를 조절하게 된다.

그림 7.3 느슨한 변수 $\xi_n \geqslant 0$의 경우에 대한 그림. 주변에 원이 표시되어 있는 데이터 포인트들이 서포트 벡터에 해당한다.

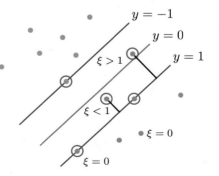

오분류된 모든 포인트들은 $\xi_n > 1$ 값을 가질 것이므로 $\sum_n \xi_n$은 오분류된 포인트의 숫자의 상한 경계에 해당하게 될 것이다. 따라서 매개변수 C는 정규화 계수(의 역)에 해당하게 된다. 왜냐하면 이 매개변수가 훈련 오류와 모델 복잡도 사이의 트레이드 오프를 조절하기 때문이다. $\lim C \to \infty$의 경우 분리 가능한 데이터에 대한 앞에서의 서포트 벡터 머신 모델을 다시 얻게 될 것이다.

이제 식 7.21을 식 7.20의 제약 조건하에서 최소화하는 것이 우리의 목표다. 이때 제약 조건 $\xi_n \geqslant 0$도 포함시켜야 한다. 이에 해당하는 라그랑주 함수는 다음과 같다.

$$L(\mathbf{w}, b, \boldsymbol{\xi}, \mathbf{a}, \boldsymbol{\mu}) = \frac{1}{2}\|\mathbf{w}\|^2 + C\sum_{n=1}^{N}\xi_n - \sum_{n=1}^{N}a_n\left\{t_n y(\mathbf{x}_n) - 1 + \xi_n\right\} - \sum_{n=1}^{N}\mu_n\xi_n \text{ (식 7.22)}$$

부록E

여기서 $\{a_n \geqslant 0\}$과 $\{\mu_n \geqslant 0\}$은 라그랑주 승수다. 이에 해당하는 KKT 조건들은 다음과 같다.

$$a_n \geqslant 0 \qquad \text{(식 7.23)}$$

$$t_n y(\mathbf{x}_n) - 1 + \xi_n \geqslant 0 \qquad \text{(식 7.24)}$$

$$a_n\left(t_n y(\mathbf{x}_n) - 1 + \xi_n\right) = 0 \qquad \text{(식 7.25)}$$

$$\mu_n \geqslant 0 \qquad \text{(식 7.26)}$$

$$\xi_n \geqslant 0 \qquad \text{(식 7.27)}$$

$$\mu_n\xi_n = 0 \qquad \text{(식 7.28)}$$

여기서 $n = 1, \ldots, N$이다.

이제 식 7.1의 $y(\mathbf{x})$에 대한 정의를 사용해서 $\mathbf{w}$, b, $\{\xi_n\}$를 최적화해 보자.

$$\frac{\partial L}{\partial \mathbf{w}} = 0 \quad \Rightarrow \quad \mathbf{w} = \sum_{n=1}^{N}a_n t_n \boldsymbol{\phi}(\mathbf{x}_n) \qquad \text{(식 7.29)}$$

$$\frac{\partial L}{\partial b} = 0 \quad \Rightarrow \quad \sum_{n=1}^{N}a_n t_n = 0 \qquad \text{(식 7.30)}$$

$$\frac{\partial L}{\partial \xi_n} = 0 \quad \Rightarrow \quad a_n = C - \mu_n \qquad \text{(식 7.31)}$$

이 결과를 바탕으로 라그랑주 함수에서 $\mathbf{w}$, b, $\{\xi_n\}$을 제거하면 다음의 듀얼 라그랑주 표현식을 얻게 된다.

$$\widetilde{L}(\mathbf{a}) = \sum_{n=1}^{N} a_n - \frac{1}{2} \sum_{n=1}^{N} \sum_{m=1}^{N} a_n a_m t_n t_m k(\mathbf{x}_n, \mathbf{x}_m) \qquad \text{(식 7.32)}$$

이는 제약 조건들이 좀 차이가 난다는 점 이외에는 분리 가능한 경우의 모델과 동일하다. 제약 조건들에 대해 살펴보도록 하자. $a_n \geqslant 0$은 a_n이 라그랑주 승수이기 때문에 필요한 제약 조건이다. 또한, 식 7.31과 $\mu_n \geqslant 0$에 따라서 $a_n \leqslant C$임을 알 수 있다. 따라서 식 7.32를 듀얼 변수 $\{a_n\}$에 대해 최대화하는 과정에서 다음의 제약 조건들을 만족시켜야 함을 알 수 있다.

$$0 \leqslant a_n \leqslant C \qquad \text{(식 7.33)}$$

$$\sum_{n=1}^{N} a_n t_n = 0 \qquad \text{(식 7.34)}$$

여기서 $n = 1, \ldots, N$이다. 식 7.33의 제약 조건을 **박스 제약**(*box constraints*)이라 한다. 이는 이차 계획법 문제에 해당한다. 식 7.29를 식 7.1에 대입해 넣으면, 식 7.13을 이용해서 새로운 데이터 포인트에 대한 예측이 가능하다는 것을 확인할 수 있다.

이제 결과로 구해진 해를 해석해 보도록 하자. 앞에서와 같이 데이터 포인트들 중 일부는 $a_n = 0$ 값을 가질 수 있다. 이 경우 이 데이터 포인트들은 식 7.13의 예측 모델에 기여하지 않게 된다. 나머지 데이터 포인트들이 서포트 벡터에 해당하게 된다. 이 데이터 포인트들은 $a_n > 0$를 만족하며, 따라서 식 7.25는 다음을 만족해야 한다.

$$t_n y(\mathbf{x}_n) = 1 - \xi_n \qquad \text{(식 7.35)}$$

만약 $a_n < C$이면 식 7.31에 따라 $\mu_n > 0$이게 된다. 이를 위해서는 식 7.28에 따라 $\xi_n = 0$이어야 하며, 따라서 이러한 포인트들은 마진 경계상에 존재하게 된다. $a_n = C$인 포인트들은 마진 경계 내부에 존재할 수 있으며, $\xi_n \leqslant 1$인 경우에는 올바르게 분류될 수 있고 $\xi_n > 1$인 경우에는 오분류된다.

식 7.1의 매개변수 b를 결정하기 위해서는 $0 < a_n < C$인 서포트 벡터들은 $\xi_n = 0$을 만족하며, 따라서 $t_n y(\mathbf{x}_n) = 1$이라는 점에 주목해야 한다. 즉, 다음을 만족하게 되는 것이다.

$$t_n \left(\sum_{m \in \mathcal{S}} a_m t_m k(\mathbf{x}_n, \mathbf{x}_m) + b \right) = 1 \qquad \text{(식 7.36)}$$

다시 한 번, 평균을 계산함으로써 수치적으로 안정적인 해를 구할 수 있다.

$$b = \frac{1}{N_{\mathcal{M}}} \sum_{n \in \mathcal{M}} \left(t_n - \sum_{m \in \mathcal{S}} a_m t_m k(\mathbf{x}_n, \mathbf{x}_m) \right) \tag{식 7.37}$$

여기서 $\mathcal{M}$은 $0 < a_n < C$를 만족하는 데이터 포인트들의 인덱스 집합을 지칭하는 것이다.

서포트 벡터 머신과 동일한 대안적인 방법으로써 Schölkopf *et al.*(2000)에 의해 제안된 ν-*SVM*이 있다. 다음 식을 최대화하는 것이 ν-*SVM* 방법의 과정 중 하나다.

$$\widetilde{L}(\mathbf{a}) = -\frac{1}{2} \sum_{n=1}^{N} \sum_{m=1}^{N} a_n a_m t_n t_m k(\mathbf{x}_n, \mathbf{x}_m) \tag{식 7.38}$$

이때 제약 조건들은 다음과 같다.

$$0 \leqslant a_n \leqslant 1/N \tag{식 7.39}$$

$$\sum_{n=1}^{N} a_n t_n = 0 \tag{식 7.40}$$

$$\sum_{n=1}^{N} a_n \geqslant \nu \tag{식 7.41}$$

이 방식은 C를 대신하는 매개변수 ν가 **마진 오류**(*margin error*)의 부분의 상한 경계와 서포트 벡터의 부분의 하한 경계 양쪽으로 해석 가능하다는 장점을 가지고 있다. 이때 마진 오류는 $\xi_n > 0$이고 따라서 마진 경계의 잘못된 쪽에 놓여 있는 포인트들을 지칭한다. 따라서 오분류가 될 수도, 되지 않을 수도 있다. ν-**SVM**을 합성 데이터 집합에 적용한 예시가 그림 7.4에 그려져 있다. 여기서 $\exp\left(-\gamma\|\mathbf{x} - \mathbf{x}'\|^2\right)$의 형태를 가지는 가우시안 커널을 사용하였으며, 이때 $\gamma = 0.45$다.

그림 7.4 ν-SVM을 이차원 공간상의 나눌 수 없는 데이터 집합에 적용한 결과. 서포트 벡터들은 녹색 원으로 표시되어 있다.

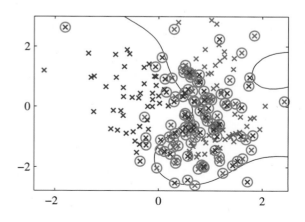

새로운 입력값에 대한 예측은 오직 서포트 벡터만을 사용해서 일어나지만, 훈련 단계에서는 전제 데이터 집합을 사용한다. 따라서 이차 계획법을 효율적으로 풀기 위한 알고리즘을 가지고 있는 것이 중요하다. 식 7.10이나 식 7.32에서 주어졌던 목표 함수 $\tilde{L}(\mathbf{a})$는 이차 함수다. 따라서 제약 조건들이 볼록한 구간을 정의한다면 모든 지역적 최적값이 바로 전역적 최적값이게 된다(사실, 제약 조건들이 선형이기 때문에 실제로 볼록한 구간을 정의하게 된다). 전통적인 테크닉을 이용해서 이차 계획법의 해를 구하는 것은 많은 경우에 계산 복잡도와 메모리 제약 조건 때문에 불가능할 수 있다. 따라서 더 실용적인 접근법을 찾고자 하는 시도가 있었다. **청킹**(*chunking*) 테크닉(Vapnik, 1982)은 라그랑주 승숫값이 0인 것에 해당하는 행과 열을 커널 행렬상에서 제외하더라도 라그랑주값은 변하지 않는다는 점에서 착안한 것이다. 이 방법을 사용하게 되면 전체 이차 계획법 문제를 몇 개의 더 작은 이차 계획법 문제로 쪼갤 수 있다. 그리고 이 경우 각각의 작은 문제의 목표는 0이 아닌 라그랑주 승숫값들을 찾고 나머지는 버리는 것이다. 청킹 테크닉은 **보호된 켤레 경사도법**(*protected conjugate gradient*)(Burges, 1998)을 이용해서 구현할 수 있다. 청킹 테크닉을 사용하면 이차 함수의 행렬의 크기를 데이터 포인트의 제곱에서 대략 0이 아닌 라그랑주 승수의 제곱 정도로 줄일 수 있다. 하지만 스케일이 큰 문제의 경우에는 이마저도 메모리에 넣기에 너무 클 수 있다. **분해법**(*decomposition method*)(Osuna *et al.*, 1996) 또한 여러 개의 작은 이차 계획법 문제를 푸는 방식을 활용한다. 분해법에서는 각각의 작은 문제들이 고정된 크기를 가지도록 설계한다. 따라서 이 테크닉은 임의로 큰 데이터 집합에도 적용 가능하다. 하지만 이 방법 역시 여전히 이차 계획법 문제의 수치적 해를 계산하는 것을 필요로 하며, 이를 위해서는 여전히 계산 시간이 많이 필요할 수 있다. 서포트 벡터 머신을 훈련하는 데 있어서 가장 널리 쓰이는 방법 중 하나는 **순차적 최소 최적화법**(*sequential minimal optimization, SMO*)이다(Platt, 1999). 이 방법은 청킹에서 사용했던 콘셉트를 극한까지 끌고 가서 매번 두 개의 라그랑주 승수법만을 고려한다. 이 경우에 쪼개진 부분 문제는 해석적으로 효율적으로 푸는 것이 가능하다. 따라서 이 경우에는 수치적 이차 계획법을 완전히 피할 수 있다. 각각의 단계에서 한 쌍의 라그랑주 승수를 선택하는 데 있어서는 어림법(heuristics)을 적용해야 한다. 실 적용에서 SMO 테크닉은 데이터 포인트의 증가에 대해 선형과 제곱 사이의 성능 척도를 보여 주는 것으로 밝혀졌다. 이 성능 척도의 차이는 어떤 분야에 적용하는지에 따라서 다르게 나타나게 된다.

커널 함수가 다루는 특징 공간은 아주 높은 차원수를 가질 수 있다. 때로는 무한대의 차원수를 가지는 경우도 있다. 커널 함수를 직접 사용함으로써 특징 공간을 직접 도입하는 것을 피하기 때문에 서포트 벡터 머신은 차원의 저주 문제를 피하는 것처럼 보일 수도 있다. 하지만 이는 사실이 아니다. 왜냐하면 특징값들에 대한 제약 조건들 중에 특징 공간의 실제 차원수를 제약하는 조건들이 있기 때문이다. 이를 확인하기 위해서 단순한 이차 다항식 커널을 고려해 보자. 이 커널은 다음처럼 전개할 수 있다.

$$
\begin{aligned}
k(\mathbf{x}, \mathbf{z}) &= \left(1 + \mathbf{x}^{\mathrm{T}}\mathbf{z}\right)^2 = (1 + x_1 z_1 + x_2 z_2)^2 \\
&= 1 + 2x_1 z_1 + 2x_2 z_2 + x_1^2 z_1^2 + 2x_1 z_1 x_2 z_2 + x_2^2 z_2^2 \\
&= (1, \sqrt{2}x_1, \sqrt{2}x_2, x_1^2, \sqrt{2}x_1 x_2, x_2^2)(1, \sqrt{2}z_1, \sqrt{2}z_2, z_1^2, \sqrt{2}z_1 z_2, z_2^2)^{\mathrm{T}} \\
&= \boldsymbol{\phi}(\mathbf{x})^{\mathrm{T}}\boldsymbol{\phi}(\mathbf{z}) \qquad\qquad\qquad\qquad\qquad\qquad\qquad\text{(식 7.42)}
\end{aligned}
$$

이 커널 함수는 육차원을 가지는 특징 공간상에서의 내적을 대표하게 된다. 이때 벡터 함수 $\boldsymbol{\phi}(\mathbf{x})$가 입력 공간으로부터 특징 공간으로의 사상에 해당하게 된다. 하지만 이 각각의 특징들을 가중하는 계수들은 특정한 형태를 가지도록 제약되어 있다. 따라서 원래의 이차원 공간 $\mathbf{x}$ 상에 있던 포인트들은 육차원 특징 공간상에서 포함되어 있는 이차원 비선형 매니폴드상에 정확하게 위치하도록 제약된다.

서포트 벡터 머신은 확률적 값을 출력하지 않으며, 대신에 새로운 입력 벡터에 대해서 바로 결정을 내린다는 사실을 앞에서 이미 살펴보았다. Veropoulos *et al.*(1999)은 거짓 양성(false positive)과 허위 음성(false negative) 오류 사이의 트레이드 오프를 조절할 수 있도록 SVM 알고리즘을 수정하는 방식에 대해 논의하였다. 하지만 우리가 SVM을 더 큰 확률적 시스템의 모듈로써 사용하고자 한다면 새로운 입력값 $\mathbf{x}$에 대한 클래스 t의 확률적 예측값이 필요할 것이다.

이 문제를 다루기 위해서 Platt(2000)은 훈련된 서포트 벡터 머신의 출력값에 로지스틱 시그모이드 함수를 근사하는 방법을 제안했다. 이 경우 필요한 조건부 확률은 다음의 형태를 가진다고 가정하였다.

$$
p(t = 1|\mathbf{x}) = \sigma\left(Ay(\mathbf{x}) + B\right) \qquad\qquad\qquad\text{(식 7.43)}
$$

여기서 $y(\mathbf{x})$는 식 7.1에 의해 정의된 바와 같다. 매개변수 A와 B의 값은 $y(\mathbf{x}_n)$ 값들과 t_n 값들의 쌍으로 이루어진 훈련 집합에 따라 정의되는 교차 엔트로피 오류 함수를 최소화하는 방식으로 찾을 수 있다. 과적합을 피하기 위해서 시그모이드 함수를 근사하기 위해 사용되는 데이터는 원 SVM을 훈련하는 데 사용한 것으로부터 독립적인 것이어야 한다. 이 두 단계 방법은 서포트 벡터 머신의 출력값 $y(\mathbf{x})$가 $\mathbf{x}$가 클래스 $t = 1$에 속할 로그 오즈(log odds)에 해당한다고 가정하는 것을 바탕으로 한다고 볼 수 있다. SVM의 훈련 과정이 정확하게 이를 기반으로 하고 있지 않으므로 SVM은 사후 확률을 근사하는 데 있어서 그리 좋지 않은 성능을 보일 수 있다(Tipping, 2001).

7.1.2 로지스틱 회귀와의 관계

4.3.2절

나눠지는 경우의 문제에 대해서와 마찬가지로 나눠지지 않는 경우의 SVM 문제를, 정규화된 오류 함수를 최소화하는 것을 기반으로 다시 적을 수 있다. 이를 바탕으로 로지스틱 회귀와 SVM의 관계에 대해 살펴볼 수 있을 것이다.

$y_n t_n \geqslant 1$인 마진 경계에서 올바른 쪽에 있는 데이터 포인트들은 $\xi_n = 0$ 값을 가진다는 것을 보았다. 그리고 나머지 포인트들의 경우에는 $\xi_n = 1 - y_n t_n$이게 된다. 따라서 식 7.21의 목표 함수를 다음과 같은 형태로 적을 수 있다(상수곱만큼 차이가 날 수 있다).

$$\sum_{n=1}^{N} E_{\mathrm{SV}}(y_n t_n) + \lambda \|\mathbf{w}\|^2 \qquad \text{(식 7.44)}$$

여기서 $\lambda = (2C)^{-1}$이고 $E_{\mathrm{SV}}(\cdot)$는 다음과 같이 정의되는 **힌지**(hinge) 오류 함수다.

$$E_{\mathrm{SV}}(y_n t_n) = [1 - y_n t_n]_+ \qquad \text{(식 7.45)}$$

여기서 $[\cdot]_+$는 양수 파트를 의미한다. 그림 7.5에 그려져 있는 힌지 오류 함수는 그 모양 때문에 힌지(경첩)라는 이름을 얻었다. 힌지 오류 함수는 오분류 에러에 대한 근삿값으로 이해할 수 있다. 이때 오분류 에러는 우리가 이상적으로 실제로 최소화하고 싶은 오류 함수에 해당한다.

4.3.2절에서 로지스틱 회귀 함수를 고려할 때는 편리성을 위해 표적값 $t \in \{0, 1\}$을 사용했었다. 여기서는 서포트 벡터 머신과의 비교를 위해서 타깃 변수 $t \in \{-1, 1\}$을 사용하는 방식으로 최대 가능도 로지스틱 회귀 함수를 다시 적도록 해보자. 이를 위해서 $p(t = 1|y) = \sigma(y)$라는 사실을 짚고 넘어가도록 하자. 여기서 $y(\mathbf{x})$는 식 7.1에 따른 것이고 $\sigma(y)$는 식 4.59에 정의되어 있는 로지스틱 시그모이드 함수다. 로지스틱 시그모이드 함수의 성질에 따라 $p(t = -1|y) =$

그림 7.5   서포트 벡터 머신에서 사용되는 힌지 오류 함수의 그래프. 파란색으로 그려져 있다. 또한, 빨간색으로 그려져 있는 것은 $1/\ln(2)$만큼 재척도화되어 있는 로지스틱 시그모이드 함수다. $(0, 1)$ 지점을 지나게 하기 위해서 재척도화되었다. 또한, 오분류 오류가 검은색으로, 제곱 오류 함수가 녹색으로 그려져 있다.

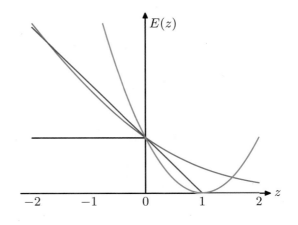

$1 - \sigma(y) = \sigma(-y)$다. 이를 바탕으로 다음과 같이 적을 수 있다.

$$p(t|y) = \sigma(yt) \tag{식 7.46}$$

여기서 가능도 함수의 음의 로그값을 취하는 방식으로 오류 함수를 구성할 수 있다. 제곱 정

연습문제 7.6 규화항까지 포함시킬 경우 이 오류 함수는 다음의 형태를 띠게 된다.

$$\sum_{n=1}^{N} E_{\mathrm{LR}}(y_n t_n) + \lambda \|\mathbf{w}\|^2 \tag{식 7.47}$$

여기서 다음과 같다.

$$E_{\mathrm{LR}}(yt) = \ln\left(1 + \exp(-yt)\right) \tag{식 7.48}$$

다른 오류 함수와의 비교를 위해서, 이를 $\ln(2)$로 나눠서 함수가 $(0, 1)$ 포인트를 지나도록 할 수 있다. 재척도화된 오류 함수가 그림 7.5에 그려져 있다. 이 오류 함수와 서포트 벡터 오류 함수가 비슷한 형태를 띤다는 것을 확인 가능하다. 가장 큰 차이점은 $E_{\mathrm{SV}}(yt)$에 따른 평평한 구간으로 인해 희박한 해가 결과로 나오게 된다는 것이다.

로지스틱 오류 함수와 힌지 손실은 둘 다 오분류 에러에 대한 연속적인 근사치로 볼 수 있다. 분류 문제를 푸는 데 가끔 사용되는 또 다른 연속적인 오류 함수는 제곱 오류 함수다. 제곱 오류 함수도 그림 7.5에 그려져 있다. 제곱 오류 함수는 올바르게 분류되었지만, 결정 경계로부터 멀리 떨어져 있는 데이터 포인트들을 더 강조하는 성질을 가지고 있다. 이러한 포인트들이 더 강하게 가중될수록 오분류된 포인트들을 더 많이 포함시킬 수 있다. 따라서 목표가 오분류율을 낮추는 것이라면 단조 감소하는 오류 함수를 사용하는 것이 더 좋은 선택일 것이다.

7.1.3 다중 클래스 SVM

서포트 벡터 머신은 기본적으로 2클래스 분류기다. 하지만 실제 사례들에서는 $K > 2$ 클래스들을 다루는 문제를 풀어야 하는 경우가 자주 있다. 여러 2클래스 SVM을 합쳐서 다중 클래스 분류기로 만들고자 하는 다양한 방법론이 논의되어 왔다.

널리 사용되는 방법론 하나는 Vapnik(1998)이 제안한 것으로 K개의 서로 다른 SVM을 만드는 방식이다. 이 경우 k번째 모델 $y_k(\mathbf{x})$는 클래스 $\mathcal{C}_k$로부터의 데이터를 양의 예시로, 나머지 $K - 1$개의 클래스에서의 데이터를 음의 예시로 사용하여 훈련하게 된다. 이를 **일대다**(one-versus-the-rest) 방법이라 한다. 하지만 그림 4.2에서 볼 수 있었던 것처럼 여러 개의 개별 분류기의 결과를 사용하면 일관성이 없는 결과를 얻게 될 수 있다. 하나의 입력값이 여러 개의 다른

클래스들에 속하게 되는 결과를 내놓을 수 있는 것이다. 이 문제는 때때로 다음을 이용해서 새로운 입력 **x**에 대한 예측을 하는 방식으로 해결하기도 한다.

$$y(\mathbf{x}) = \max_k y_k(\mathbf{x})$$

(식 7.49)

안타깝게도 이 어림법적 방법에는 한계가 있다. 서로 다른 분류기들이 서로 다르게 훈련되었기 때문에 각 분류기에서 출력하는 실숫값 $y_k(\mathbf{x})$들이 비교 가능한 척도를 가지고 있으리라는 보장이 없는 것이다.

일대다 방법의 또 다른 문제점은 훈련 집합이 불균형이라는 것이다. 예를 들어 우리가 열 개의 클래스를 가지고 있고, 각각의 클래스에 대해 같은 숫자의 훈련 데이터 포인트가 있다고 해보자. 이 경우 개별 분류기들은 90%의 음의 예시와 10%의 양의 예시로 구성된 훈련 집합으로 훈련될 것이다. 이에 따라 원 문제의 양의 예시와 음의 예시의 균형이 깨지게 된다. 일대다 방법의 변형이 Lee *et al*(2001)에 의해 제안되었다. 여기서는 타깃 변수를 변경해서 양의 클래스가 표적 +1 값을 가지게하고 음의 클래스가 표적값 $-1/(K-1)$ 값을 가지게 하였다.

Weston and Watkins(1999)는 모든 K개의 SVM을 동시에 훈련하는 단일 표적 함수를 정의하였다. 이때 이 함수는 각각의 클래스들과 그 나머지 클래스들 간의 마진을 최대화하는 방식으로 정의되었다. 하지만 이 경우 훈련 과정이 매우 느려질 수 있다. 왜냐하면 N개의 데이터 포인트에 대한 최적화 문제 K개를 푸는 대신에 각각의 문제가 $(K-1)N$의 크기를 가지는 최적화 문제 K를 풀게 되는 것이기 때문이다. 전자의 경우 전체 비용은 $O(KN^2)$인 반면 후자의 경우 전체 비용은 $O(K^2N^2)$이 된다.

또 다른 방법은 $K(K-1)/2$개의 서로 다른 두 클래스 SVM을 모든 가능한 클래스 쌍에 대해서 훈련시키는 것이다. 그리고 시험 포인트들을 어떤 클래스가 가장 많은 숫자의 '표'를 받는지를 바탕으로 분류하게 된다. 이 방법은 때때로 **일대일**(*one-versus-one*) 방법이라 불린다. 다시 한 번, 앞의 그림 4.2에서 살펴보았듯 이 방법을 사용하면 최종 분류 결과에 애매모호함이 존재할 수 있다. 또한, K 값이 큰 경우에 이 방법은 일대다 방법에 비해 매우 긴 훈련 시간을 필요로 한다. 시험 포인트들을 평가할 때도 마찬가지로 훨씬 더 많은 계산을 필요로 한다.

분류기 쌍들을 비순환 방향성 그래프(확률적 그래프 모델과 혼동하지 말기 바란다)로 만듦으로써 문제를 경감시킬 수 있다. 이를 바탕으로 한 것이 **DAGSVM**(Platt *et al.*, 2000)이다. K개의 클래스에 대해서 DAGSVM은 총 $K(K-1)/2$개의 분류기를 가지게 되며 새로운 시험 포인트를 분류하기 위해서는 $K-1$개 쌍의 분류기만 계산하면 된다. 어떤 분류기를 사용하는지는 어떤 경로를 통해 그래프가 횡단되는지에 따라 달려 있다.

다중 클래스 분류를 위한 또 다른 방법은 오류 수정 출력 코드(error-correcting output codes)를 기반으로 한 것이다. 오류 수정 출력 코드는 Dietterich and Bakiri(1995)에 의해 개발되었으며, Allwein et al(2000)에 의해 SVM에 적용되었다. 이 방식은 일대일 방식의 투표 방식을 더 일반적으로 만든 것이라고 이해할 수 있다. 이 경우 각각의 개별 분류기를 훈련시킬 때 더 일반적인 방식으로 클래스를 나눈다. 여기서 K개의 원 클래스들은 2클래스 분류기 응답들의 특정 집합으로 표현된다. 적당한 해독 계획과 함께 사용한다면 이 방식은 오류와 개별 분류기들 출력의 애매모호함으로부터 강건한 모습을 보이게 된다. 사실 SVM을 다중 클래스 분류 문제에 적용하는 것은 여전히 완벽히 풀리지 않은 이슈다. 임의적인 공식을 사용했다는 단점을 비롯한 몇 몇 한계점에도 불구하고 실제 사례에서는 일대다 방식이 가장 널리 쓰이는 추세다.

단일 클래스(single class) 서포트 벡터 머신도 있다. 이 서포트 벡터 머신은 확률 밀도 추정과 연관된 비지도 문제를 푸는 데 사용된다. 하지만 이 경우에는 데이터의 밀도를 모델링하는 대신에 높은 밀도 구간을 에워싸는 부드러운 경계선을 찾는 것이 목표다. 여기서 경계선은 밀도의 분위수를 표현하는 것인데, 분포로부터 추출된 데이터 포인트가 구간 안에 존재할 확률을 미리 주어진 0과 1 사이의 숫자로 지정하는 것이다. 이는 전체 밀도를 추정하는 것보다는 제한적인 문제 풀이지만, 많은 적용에서는 이 정도면 충분하다. 단일 클래스 SVM 문제에 대해서 두 가지 접근이 제안되었다. Schölkopf et al(2001)의 접근법은 고정된 일부 ν를 제외한 훈련 집합 전체를 원점으로부터 분리하는 초평면을 찾는 방식이다. 이와 동시에 원점과 초평면 사이의 거리(마진)는 최대화하고자 한다. 반면에 Tax and Duin(1999)은 특징 공간상에서 부분 집합 ν를 제외한 전체 데이터 포인트를 포함하는 구를 찾는 방식을 제안했다. 커널 함수 $k(\mathbf{x}, \mathbf{x}')$이 $\mathbf{x} - \mathbf{x}'$만의 함수인 경우, 앞의 두 알고리즘은 결과적으로 동일해진다.

7.1.4 SVM을 이용한 회귀

3.1.4절

희박성을 유지하면서 SVM을 회귀 문제에 적용해 보자. 단순한 선형 회귀 문제에서는 다음의 정규화된 오류 함수를 최소화한다.

$$\frac{1}{2}\sum_{n=1}^{N}\{y_n - t_n\}^2 + \frac{\lambda}{2}\|\mathbf{w}\|^2 \tag{식 7.50}$$

희박한 해를 얻기 위해서 제곱 오류 함수를 ϵ-**둔감 오류 함수**(ϵ-insensitive error function)(Vapnik, 1995)로 교체해서 사용해 보자. 이 오류 함수는 예측값 $y(\mathbf{x})$와 표적값 t 사이의 차이가 ϵ보다

그림 7.6　ϵ-둔감 오류 함수의 예시. 빨간색 선으로 그려져 있다. 둔감한 지역을 벗어나면 오류가 선형적으로 증가한다. 녹색 선은 비교를 위해 그려둔 제곱 오류 함수다.

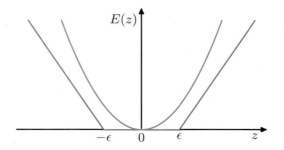

작으면 0의 오룻값을 출력하는 함수다. 여기서 $\epsilon > 0$이다. ϵ-둔감 오류 함수의 단순한 예는 둔감한 구간 바깥에서는 선형 비용이 발생하는 함수다. 다음과 같다.

$$E_\epsilon(y(\mathbf{x}) - t) = \begin{cases} 0, & \text{if } |y(\mathbf{x}) - t| < \epsilon; \\ |y(\mathbf{x}) - t| - \epsilon, & \text{나머지 경우} \end{cases} \qquad \text{(식 7.51)}$$

이에 대해 그림 7.6에 그려져 있다.

따라서 결과적으로 다음으로 주어지는 정규화된 오류 함수를 최소화하게 된다.

$$C \sum_{n=1}^{N} E_\epsilon(y(\mathbf{x}_n) - t_n) + \frac{1}{2} \|\mathbf{w}\|^2 \qquad \text{(식 7.52)}$$

여기서 $y(\mathbf{x})$는 식 7.1에 의한 것이다. 관례에 따라 ⑼정규화 매개변수 C는 오류항 앞에 붙였다.

전과 마찬가지로 느슨한 변수를 도입해서 최적화 문제를 다시 표현할 수 있다. 각각의 데이터 포인트 $\mathbf{x}_n$에 대해서 이제 두 개의 느슨한 변수 $\xi_n \geqslant 0$과 $\widehat{\xi}_n \geqslant 0$이 필요하다. $\xi_n > 0$은 $t_n > y(\mathbf{x}_n) + \epsilon$인 데이터 포인트에 해당하며, $\widehat{\xi}_n > 0$은 $t_n < y(\mathbf{x}_n) - \epsilon$인 데이터 포인트에 해당한다. 이에 대해 그림 7.7에 그려져 있다.

그림 7.7　SVM 회귀에 대한 도식. 회귀 곡선과 ϵ에 둔감한 '관'을 함께 그렸다. 또한, 느슨한 변수 ξ과 $\widehat{\xi}$의 예시도 함께 보였다. ϵ관 위에 존재하는 포인트들은 $\xi > 0$과 $\widehat{\xi} = 0$ 값을, ϵ관 아래에 존재하는 포인트들은 $\xi = 0$과 $\widehat{\xi} > 0$ 값을, ϵ관 내부에 존재하는 포인트들은 $\xi = \widehat{\xi} = 0$ 값을 가지게 된다.

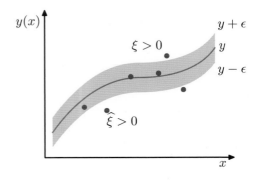

표적 포인트가 ϵ관 내부에 존재하기 위해서는 $y_n - \epsilon \leqslant t_n \leqslant y_n + \epsilon$을 만족시켜야 한다. 여기서 $y_n = y(\mathbf{x}_n)$이다. 느슨한 변수를 도입함으로써 포인트들이 관 바깥에도 존재할 수 있게 된다. 이 경우 느슨한 변숫값은 0이 아닐 것이다. 이에 해당하는 조건은 다음과 같다.

$$t_n \quad \leqslant \quad y(\mathbf{x}_n) + \epsilon + \xi_n \tag{식 7.53}$$

$$t_n \quad \geqslant \quad y(\mathbf{x}_n) - \epsilon - \widehat{\xi}_n \tag{식 7.54}$$

이 경우 서포트 벡터 회귀의 오류 함수는 다음과 같이 적을 수 있다.

$$C \sum_{n=1}^{N} (\xi_n + \widehat{\xi}_n) + \frac{1}{2}\|\mathbf{w}\|^2 \tag{식 7.55}$$

이는 식 7.53, 식 7.54와 함께 제약 조건 $\xi_n \geqslant 0$와 $\widehat{\xi}_n \geqslant 0$을 만족시키는 상황하에서 최소화되어야 한다. 라그랑주 승수 $a_n \geqslant 0$, $\widehat{a}_n \geqslant 0$, $\mu_n \geqslant 0$, $\widehat{\mu}_n \geqslant 0$을 도입하고 다음의 라그랑주 함수를 최적화함으로써 이를 달성할 수 있다.

$$
\begin{aligned}
L = \quad & C \sum_{n=1}^{N} (\xi_n + \widehat{\xi}_n) + \frac{1}{2}\|\mathbf{w}\|^2 - \sum_{n=1}^{N} (\mu_n \xi_n + \widehat{\mu}_n \widehat{\xi}_n) \\
& - \sum_{n=1}^{N} a_n (\epsilon + \xi_n + y_n - t_n) - \sum_{n=1}^{N} \widehat{a}_n (\epsilon + \widehat{\xi}_n - y_n + t_n)
\end{aligned}
\tag{식 7.56}
$$

이제 $y(\mathbf{x})$를 식 7.1에 따라 대입하고 $\mathbf{w}$, b, ξ_n, $\widehat{\xi}_n$에 대한 라그랑주 함수의 미분값을 0으로 설정하면 다음을 얻을 수 있다.

$$\frac{\partial L}{\partial \mathbf{w}} = 0 \quad \Rightarrow \quad \mathbf{w} = \sum_{n=1}^{N} (a_n - \widehat{a}_n) \boldsymbol{\phi}(\mathbf{x}_n) \tag{식 7.57}$$

$$\frac{\partial L}{\partial b} = 0 \quad \Rightarrow \quad \sum_{n=1}^{N} (a_n - \widehat{a}_n) = 0 \tag{식 7.58}$$

$$\frac{\partial L}{\partial \xi_n} = 0 \quad \Rightarrow \quad a_n + \mu_n = C \tag{식 7.59}$$

$$\frac{\partial L}{\partial \widehat{\xi}_n} = 0 \quad \Rightarrow \quad \widehat{a}_n + \widehat{\mu}_n = C \tag{식 7.60}$$

연습문제 7.7 이 결과들을 이용해서 해당 변수들을 라그랑주 함수로부터 없애면 듀얼 문제를 얻을 수 있다.

$$\widetilde{L}(\mathbf{a}, \widehat{\mathbf{a}}) = -\frac{1}{2} \sum_{n=1}^{N} \sum_{m=1}^{N} (a_n - \widehat{a}_n)(a_m - \widehat{a}_m)k(\mathbf{x}_n, \mathbf{x}_m)$$

$$-\epsilon \sum_{n=1}^{N} (a_n + \widehat{a}_n) + \sum_{n=1}^{N} (a_n - \widehat{a}_n)t_n \qquad \text{(식 7.61)}$$

이 듀얼 문제에서는 식 7.61을 $\{a_n\}$와 $\{\widehat{a}_n\}$에 대해서 최대화해야 한다. 이때 식 7.61에서 커널 함수 $k(\mathbf{x}, \mathbf{x}') = \boldsymbol{\phi}(\mathbf{x})^{\mathrm{T}}\boldsymbol{\phi}(\mathbf{x}')$을 도입하였다. 다시 한 번 이는 제약 조건하에서의 최대화다. 제약 조건을 찾아보도록 하자. 우선, $a_n \geqslant 0$과 $\widehat{a}_n \geqslant 0$이다. 왜냐하면 둘 다 라그랑주 승수이기 때문이다. $\mu_n \geqslant 0$과 $\widehat{\mu}_n \geqslant 0$ 또한 마찬가지다. 여기에 식 7.59와 식 7.60을 함께 사용하면 $a_n \leqslant C$와 $\widehat{a}_n \leqslant C$가 필요함을 알 수 있다. 따라서, 다시금 다음의 박스 제약을 가지게 된다.

$$0 \leqslant a_n \leqslant C \qquad \text{(식 7.62)}$$

$$0 \leqslant \widehat{a}_n \leqslant C \qquad \text{(식 7.63)}$$

여기에 식 7.58의 제약 조건도 고려해야 한다.

식 7.57을 식 7.1에 대입해 보자. 그 결과인 다음 식을 이용해서 새 입력값에 대해 예측할 수 있게 된다.

$$y(\mathbf{x}) = \sum_{n=1}^{N} (a_n - \widehat{a}_n)k(\mathbf{x}, \mathbf{x}_n) + b \qquad \text{(식 7.64)}$$

이는 다시 한 번 커널 함수를 바탕으로 한 형태로 표현되었다.

해의 위치에서 듀얼 변수와 조건의 곱은 0이 되어야 한다는 KKT(카르슈 쿤 터커) 조건은 다음처럼 주어진다.

$$a_n(\epsilon + \xi_n + y_n - t_n) = 0 \qquad \text{(식 7.65)}$$

$$\widehat{a}_n(\epsilon + \widehat{\xi}_n - y_n + t_n) = 0 \qquad \text{(식 7.66)}$$

$$(C - a_n)\xi_n = 0 \qquad \text{(식 7.67)}$$

$$(C - \widehat{a}_n)\widehat{\xi}_n = 0 \qquad \text{(식 7.68)}$$

여기서부터 유용한 결과들을 얻어 낼 수 있다. 일단, 첫 번째로 $\epsilon + \xi_n + y_n - t_n = 0$이면 a_n은 0일 수 없다. 이것이 의미하는 바는 데이터 포인트가 ϵ관의 위쪽 경계선상에 존재하거나 ($\xi_n = 0$) 아니면 위쪽 경계보다 더 위에($\xi_n > 0$) 존재해야 한다는 것이다. 이와 비슷하게 $\widehat{a}_n$이 0이 아니면 $\epsilon + \widehat{\xi}_n - y_n + t_n = 0$이어야 하며, 이러한 점은 ϵ관의 아래쪽 경계상에 혹은 그보다 더 아래쪽에 존재해야 한다.

또한, 제약 조건 $\epsilon + \xi_n + y_n - t_n = 0$과 $\epsilon + \widehat{\xi}_n - y_n + t_n = 0$은 양립할 수가 없다. 둘을 더해 보면 이를 쉽게 알 수 있다. ϵ이 순 양수인 상황에서 ξ_n과 $\widehat{\xi}_n$이 둘 다 음수가 아니어야 하는데, 그러기란 불가능한 일이기 때문이다. 따라서 모든 데이터 포인트 $\mathbf{x}_n$에 대해서 a_n이나 $\widehat{a}_n$은 0이어야 한다(또는 둘 다 0이어도 된다).

식 7.64로 주어진 예측에 기여하는 데이터 포인트들이 서포트 벡터가 된다. 다시 말해서, $a_n \neq 0$이나 $\widehat{a}_n \neq 0$을 만족하는 포인트들이 서포트 벡터가 되는 것이다. 이들은 ϵ관의 경계상에 존재하거나 아니면 관 밖에 존재하는 포인트들이다. 관 내에 존재하는 포인트들은 $a_n = \widehat{a}_n = 0$ 값을 가진다. 결과적으로 희박한 해를 가지게 되었다. 식 7.64의 예측 모델에서 계산되어야 하는 항들은 오직 서포트 벡터에 대한 것들 뿐이다.

$0 < a_n < C$를 만족하는 데이터 포인트들을 고려함으로써 매개변수 b를 찾을 수 있다. 이러한 데이터 포인트들은 식 7.67에 따라서 $\xi_n = 0$ 값을 가져야 하며, 그러므로 식 7.65에 따라서 $\epsilon + y_n - t_n = 0$을 만족시켜야 한다. 식 7.1을 이용하고 b에 대해 풀면 다음을 얻게 된다.

$$
\begin{aligned}
b &= t_n - \epsilon - \mathbf{w}^{\mathrm{T}} \boldsymbol{\phi}(\mathbf{x}_n) \\
&= t_n - \epsilon - \sum_{m=1}^{N} (a_m - \widehat{a}_m) k(\mathbf{x}_n, \mathbf{x}_m)
\end{aligned}
\qquad \text{(식 7.69)}
$$

여기서 식 7.57을 사용하였다. 또한, $0 < \widehat{a}_n < C$인 데이터 포인트들을 사용하여 이에 해당하는 결과를 얻을 수 있다. 실제 적용 시에는 이러한 b에 대한 추정치들을 전부 평균을 내어 사용하는 것이 좋다.

분류의 경우와 마찬가지로 복잡도를 조절하는 매개변수를 좀 더 직관적으로 해석할 수 있는 대안적인 방식이 존재한다(Schölkopf *et al.*, 2000). 둔감한 지역의 너비 ϵ을 사용하는 대신에 관 바깥에 존재하는 포인트들의 비율을 제한하는 매개변수 ν를 사용하는 것이다. 이 경우, 다음을 최대화해야 한다.

$$
\begin{aligned}
\widetilde{L}(\mathbf{a}, \widehat{\mathbf{a}}) &= -\frac{1}{2} \sum_{n=1}^{N} \sum_{m=1}^{N} (a_n - \widehat{a}_n)(a_m - \widehat{a}_m) k(\mathbf{x}_n, \mathbf{x}_m) \\
&\quad + \sum_{n=1}^{N} (a_n - \widehat{a}_n) t_n
\end{aligned}
\qquad \text{(식 7.70)}
$$

그리고 이때의 제약 조건은 다음과 같다.

$$
0 \leqslant a_n \leqslant C/N \qquad \text{(식 7.71)}
$$
$$
0 \leqslant \widehat{a}_n \leqslant C/N \qquad \text{(식 7.72)}
$$

$$\sum_{n=1}^{N}(a_n - \widehat{a}_n) = 0 \qquad \text{(식 7.73)}$$

$$\sum_{n=1}^{N}(a_n + \widehat{a}_n) \leqslant \nu C \qquad \text{(식 7.74)}$$

둔감한 관 바깥에 존재하게 되는 데이터 포인트의 수가 최대 νN이라는 것을 입증할 수 있다. 또한, 최소 νN만큼의 데이터 포인트가 서포트 벡터이며, 따라서 관 위치상에 존재하거나 아니면 그 바깥에 존재한다는 것도 증명할 수 있다.

부록 A

사인 곡선 데이터에 서포트 벡터 머신을 적용해서 회귀 문제를 푼 결과에 대한 도식이 그림 7.8에 그려져 있다. 여기서 매개변수 ν와 C는 수동으로 선택했다. 실제로 적용할 때는 교차 검증을 통해서 이 매개변숫값들을 정하게 될 것이다.

7.1.5 계산적 학습 이론

역사적으로 서포트 벡터 머신은 **계산적 학습 이론**(*computational learning theory*)이라 불리는 이론적 토대를 바탕으로 분석되고 발전하였다. 이 이론은 **통계적 학습 이론**(*statistical learning theory*)이라고도 불린다(Anthony and Biggs, 1992; Kearns and Vazirani, 1994; Vapnik, 1995; Vapnik, 1998). 이 이론은 Valiant(1984)의 **PAC**(*probably approximately correct*, 확률 근사적으로 올바른) 학습 방법론에 그 기원을 두고 있다. PAC 방법론의 목표는 좋은 일반화 성능을 위해서 데이터 집합이 얼마나 커야 하는지를 이해하는 것이다. 또한 PAC 방법론은 학습의 계산적 비용의 경곗값도 도출한다. 후자에 대해서는 여기서 살펴보지 않을 것이다.

결합 분포 $p(\mathbf{x}, \mathbf{t})$에서 N의 크기를 가지는 데이터 집합 $\mathcal{D}$를 추출한다고 해보자. 이때 $\mathbf{x}$는 입력 변수고 $\mathbf{t}$는 클래스 라벨이다. 그리고 여기서는 '노이즈가 없는' 상황에 대해서만 살펴볼 것이

그림 7.8 ν-SVM 회귀 알고리즘을 사인 곡선 데이터에 적용한 결과. 여기서는 가우시안 커널을 사용하였다. 예측된 회귀 곡선은 빨간색 선으로 표시되어 있으며, ϵ-둔감관에 해당하는 지역은 빨간색 음영으로 표시되어 있다. 데이터 포인트들은 녹색으로 표시되어 있는데, 그중에 서포트 벡터에 해당하는 포인트 주변에는 파란색 원을 그려 두었다.

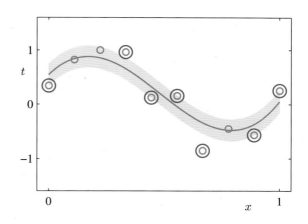

다. 즉, 클래스 라벨들이 (알지 못하는) 어떤 함수 $\mathbf{t} = \mathbf{g}(\mathbf{x})$에 의해 결정적으로 정해졌다는 것이다. PAC 학습에서는 함수 $\mathbf{f}(\mathbf{x}; \mathcal{D})$의 기대 오류율이 미리 정해진 역치 ϵ보다 낮으면 좋은 일반화를 보인다고 한다. 이때 함수 $\mathbf{f}(\mathbf{x}; \mathcal{D})$는 이러한 함수들의 공간 $\mathcal{F}$에서 훈련 집합 $\mathcal{D}$를 바탕으로 선택한 것이다. 이를 식으로 표현하면 다음과 같다.

$$\mathbb{E}_{\mathbf{x}, \mathbf{t}} \left[I \left(\mathbf{f}(\mathbf{x}; \mathcal{D}) \neq \mathbf{t} \right) \right] < \epsilon \qquad \text{(식 7.75)}$$

여기서 $I(\cdot)$는 표시 함수이고 기댓값은 분포 $p(\mathbf{x}, \mathbf{t})$에 대한 것이다. 이 식의 왼쪽 변은 확률 변수다. 왜냐하면 훈련 집합 $\mathcal{D}$에 종속적이기 때문이다. PAC 방법론은 $p(\mathbf{x}, \mathbf{t})$에서 랜덤하게 추출된 데이터 집합 $\mathcal{D}$에 대해 $1 - \delta$보다 큰 확률로 식 7.75가 만족될 것을 요구한다. 여기서 δ는 미리 지정된 매개변수다. '확률 근사적으로 올바른'이라는 용어는 $(1 - \delta$보다 큰) 높은 확률로 오류율이 $(\epsilon$보다) 작아야 한다는 요구 조건에서 기인한 것이다. 주어진 모델 공간 $\mathcal{F}$와 주어진 매개변수 ϵ과 δ에 대해서 PAC 학습은 이 조건을 만족시키는 데 필요한 데이터 집합 크기 N의 최저 경곗값을 제공하는 것을 목표로 한다. PAC 학습에서 핵심이 되는 값은 *Vapnik-Chervonenkis 차원*이다. VC 차원이라고도 하는 이 값은 함수 공간의 복잡도를 측정할 수 있도록 해준다. VC 차원을 바탕으로 PAC 방법론을 무한대 숫자의 함수를 포함하고 있는 공간까지 확장할 수 있다.

PAC 방법론에 의해 유도되는 경곗값은 보통 최악의 경우에 대한 경곗값으로 기술된다. 왜냐하면 이 값은 훈련 데이터와 시험 데이터가 (독립적으로) 같은 분포에서 추출됐기만 하다면 아무 분포 $p(\mathbf{x}, \mathbf{t})$에나 적용 가능하며, $\mathcal{F}$에 속하기만 하면 아무 함수 $\mathbf{f}(\mathbf{x})$에나 적용 가능하기 때문이다. 머신 러닝을 실제 세계에 적용하는 경우에는 상당한 규칙성을 가지는 분포들을 다루게 되는 경우가 많다. 예를 들면, 입력 공간의 큰 지역이 같은 클래스 라벨을 가지는 경우가 이에 해당한다. 입력 분포의 형태에 대해서 아무런 가정도 하지 않았기 때문에 그 결과로 나온 PAC의 경곗값은 매우 보수적이다. 다시 말하면 PAC는 주어진 일반화 성능을 달성하기 위해 필요한 데이터 집합의 크기를 상당히 과장해서 추정하는 경우가 많다. 이러한 이유로 PAC의 경곗값을 직접 적용할 수 있는 실제적인 적용 사례는 매우 적다.

PAC 경곗값의 엄격함을 향상시키기 위한 시도 중 하나로 **PAC 베이지안**(*PAC-Bayesian*) 방법론이 있다(McAllester, 2003). 여기서는 $\mathcal{F}$에 대한 분포를 고려하는데, 이는 베이지안 방법론에서 사전 분포를 고려하는 것과 유사하다. PAC 베이지안 방법론에서도 여전히 모든 가능한 $p(\mathbf{x}, \mathbf{t})$를 고려하며, 그렇기 때문에 경곗값이 약간은 더 엄격하긴 하지만 여전히 매우 보수적이다.

7.2 상관 벡터 머신

서포트 벡터 머신은 다양한 분류와 회귀 문제에 사용되어 왔다. 그럼에도 불구하고 서포트 벡터 머신은 몇몇 한계점을 보인다. 이 한계점들 중 몇 가지는 이 장에서 이미 살펴보았다. 그중 하나는 바로 SVM의 출력값이 사후 확률이 아니라 결정값이라는 점이다. 또 다른 한계점은 SVM이 원래 클래스가 두 개인 경우에 사용되는 것을 바탕으로 만들어졌기 때문에 $K > 2$개의 클래스에 대해서는 확장하기가 용이하지 않다는 것이다. 또한, 복잡도 매개변수 C나 ν(회귀 문제의 경우에는 매개변수 ϵ까지도)를 구하기 위해서는 교차 검증법 등의 검증 집합을 따로 빼두는 방식을 사용해야 한다는 한계점도 있다. 마지막으로, SVM의 예측값들은 커널 함수들의 선형 결합으로 표현되는데, 이 커널 함수들은 훈련 데이터 포인트에 중심을 두고 있으며, 양의 정부호인 커널이어야 한다는 한다는 한계점도 있다.

상관 벡터 머신(*relevance vector machine, RVM*)(Tipping, 2001)은 회귀와 분류를 위한 베이지안 커널 테크닉이다. RVM은 SVM의 한계점들은 피하면서 그 성질들 중 많은 부분은 공유한다. 추가적으로 RVM은 보통 더욱 희박한 모델을 결괏값으로 내놓게 되며, 그 결과 비슷한 수준의 일반화 에러를 유지하면서 더 빠른 시험 집합 성능을 보여 주게 된다.

SVM의 경우와는 달리 회귀 문제에 대한 RVM을 먼저 살펴보고 나중에 분류 문제에 대해 확장하는 것이 더 편리하다.

7.2.1 RVM을 이용한 회귀

상관 벡터 머신을 이용한 회귀는 3장에서 공부했던 선형 모델과 흡사하다. 하지만 수정된 사전 분포를 사용함으로써 더 희박한 해를 내놓게 된다. RVM 모델에서는 입력 벡터 $\mathbf{x}$가 주어졌을 때의 실숫값 타깃 변수 t에 대한 조건부 분포를 다음과 같이 정의한다.

$$p(t|\mathbf{x}, \mathbf{w}, \beta) = \mathcal{N}(t|y(\mathbf{x}), \beta^{-1}) \tag{식 7.76}$$

여기서 $\beta = \sigma^{-2}$는 노이즈의 정밀도(노이즈 분산의 역)다. 그리고 평균은 다음 형태의 선형 모델로 주어지게 된다.

$$y(\mathbf{x}) = \sum_{i=1}^{M} w_i \phi_i(\mathbf{x}) = \mathbf{w}^{\mathrm{T}} \boldsymbol{\phi}(\mathbf{x}) \tag{식 7.77}$$

$\phi_i(\mathbf{x})$는 고정된 비선형 기저 함수로써 보통 상수항을 포함시켜 이에 해당하는 가중 매개변수가 '편향'을 표현하도록 한다.

상관 벡터 머신은 이 모델의 특정 사례 중 하나로 서포트 벡터 머신의 구조를 본뜨도록 만든 것이다. 기저 함수는 커널로 주어지게 되며, 한 커널이 훈련 집합의 각 데이터 포인트에 연관된 다. 이를 적용하고 나면 식 7.77의 일반식이 다음의 SVM과 같은 형태를 띠게 된다

$$y(\mathbf{x}) = \sum_{n=1}^{N} w_n k(\mathbf{x}, \mathbf{x}_n) + b \tag{식 7.78}$$

여기서 b는 편향 매개변수다. 이 경우 매개변수의 숫자는 $M = N + 1$이며, $y(\mathbf{x})$는 계수 a_n 이 여기에서는 w_n인 것만 제외하면 SVM의 예측 모델인 7.64와 같은 형태를 띠게 된다. 한 가 지 강조하자면 지금부터의 분석은 어떤 임의의 기저 함수를 선택하든 올바른 분석이라는 것이다. 앞으로의 논의는 일반성을 잃지 않도록 하기 위해서 식 7.77을 바탕으로 진행할 것이다. RVM은 SVM과는 달리 커널이 양의 정부호 형태를 가져야 한다는 제약 조건이나 기저 함수가 훈련 집합의 위치나 숫자에 묶여야 한다는 제약 조건이 없다.

입력 벡터 $\mathbf{x}$를 N개 관측했다고 가정해 보자. 이를 묶어서 n번째 행이 $\mathbf{x}_n^{\mathrm{T}}$인 행렬 데이터 행렬 $\mathbf{X}$로 정의하자. 이때 $n = 1, \ldots, N$이며, 이에 해당하는 표적값은 $\mathbf{t} = (t_1, \ldots, t_N)^{\mathrm{T}}$이다. 따라서 가능도 함수는 다음과 같이 주어지게 된다.

$$p(\mathbf{t}|\mathbf{X}, \mathbf{w}, \beta) = \prod_{n=1}^{N} p(t_n|\mathbf{x}_n, \mathbf{w}, \beta) \tag{식 7.79}$$

다음으로는 3장에서 했던 것처럼 매개변수 벡터 $\mathbf{w}$에 대한 사전 분포를 도입할 차례다. 사전 분포로는 평균값이 0인 가우시안 사전 분포를 고려할 것이다. RVM에서의 차이점은 하나의 공 유되는 초매개변수를 사용하는 대신에 가중 매개변수 w_i 각각에 대해서 하나씩의 초매개변수 α_i를 사용한다는 것이다. 따라서 가중치 사전 분포는 다음과 같은 형태를 띤다.

$$p(\mathbf{w}|\boldsymbol{\alpha}) = \prod_{i=1}^{M} \mathcal{N}(w_i|0, \alpha_i^{-1}) \tag{식 7.80}$$

여기서 α_i는 해당 매개변수 w_i의 정밀도를 표현하는 것이며, $\boldsymbol{\alpha}$는 $(\alpha_1, \ldots, \alpha_M)^{\mathrm{T}}$를 표현한 것 이다. 앞으로 곧 살펴볼 것처럼 우리가 이 초매개변수에 대해서 증거를 최대화하면 그들 중 대 부분이 무한대의 값을 가지게 되어 버린다. 그 결과 이에 해당하는 가중 매개변수들은 0 값에 집중되어 있는 사후 분포를 가지게 된다. 이 경우 이 매개변수들에 연관된 기저 함수는 예측에 서 아무 역할을 하지 못하고 실질적으로 사라지는 것과 마찬가지가 되며, 이는 최종 모델이 희 박해지도록 해준다.

선형 회귀 모델의 결과인 식 3.49를 이용하면 가중치들의 사후 분포가 다시금 가우시안 분포의 형태를 띠게 됨을 알 수 있다.

$$p(\mathbf{w}|\mathbf{t}, \mathbf{X}, \boldsymbol{\alpha}, \beta) = \mathcal{N}(\mathbf{w}|\mathbf{m}, \boldsymbol{\Sigma}) \tag{식 7.81}$$

여기서 평균과 분산은 다음처럼 주어진다.

$$\mathbf{m} = \beta\boldsymbol{\Sigma}\boldsymbol{\Phi}^{\mathrm{T}}\mathbf{t} \tag{식 7.82}$$

$$\boldsymbol{\Sigma} = \left(\mathbf{A} + \beta\boldsymbol{\Phi}^{\mathrm{T}}\boldsymbol{\Phi}\right)^{-1} \tag{식 7.83}$$

여기서 $\boldsymbol{\Phi}$는 $N \times M$ 설계 행렬로서 그 원소가 $\Phi_{ni} = \phi_i(\mathbf{x}_n)$이고, $\mathbf{A} = \mathrm{diag}(\alpha_i)$다.

3.5절

$\boldsymbol{\alpha}$ 값과 β 값은 **증거 근사**(evidence approximation)라고도 알려져 있는 2종 최대 가능도 방법을 이용해서 구할 수 있다. 이 방법에서는 가중치 매개변수들을 적분해서 없애는 방식으로 얻은 주변 최대 가능도 함수를 최대화하게 된다.

$$p(\mathbf{t}|\mathbf{X}, \boldsymbol{\alpha}, \beta) = \int p(\mathbf{t}|\mathbf{X}, \mathbf{w}, \beta)p(\mathbf{w}|\boldsymbol{\alpha})\,\mathrm{d}\mathbf{w} \tag{식 7.84}$$

연습문제 7.10

이는 두 가우시안 분포의 콘볼루션에 해당하며, 따라서 손쉽게 로그 주변 가능도 함수로 변환할 수 있다.

$$\begin{aligned} \ln p(\mathbf{t}|\mathbf{X}, \boldsymbol{\alpha}, \beta) &= \ln \mathcal{N}(\mathbf{t}|\mathbf{0}, \mathbf{C}) \\ &= -\frac{1}{2}\left\{ N\ln(2\pi) + \ln|\mathbf{C}| + \mathbf{t}^{\mathrm{T}}\mathbf{C}^{-1}\mathbf{t} \right\} \end{aligned} \tag{식 7.85}$$

여기서 $\mathbf{t} = (t_1, \ldots, t_N)^{\mathrm{T}}$다. 그리고 $N \times N$ 행렬 $\mathbf{C}$는 다음과 같이 정의된다.

$$\mathbf{C} = \beta^{-1}\mathbf{I} + \boldsymbol{\Phi}\mathbf{A}^{-1}\boldsymbol{\Phi}^{\mathrm{T}} \tag{식 7.86}$$

이제 우리의 목표는 식 7.85를 초매개변수 $\boldsymbol{\alpha}$와 β에 대해 최대화하는 것이다. 3.5절에서 살펴본 선형 회귀 모델에서의 증거 근사를 약간만 수정하면 된다. 다음과 같은 두 가지 접근법을 확인할 수 있다. 첫 번째 접근법에서는 해당 주변 가능도 식의 미분값을 0으로 설정하는 방식으로

연습문제 7.12

다음의 재추정식을 얻을 수 있다.

$$\alpha_i^{\mathrm{new}} = \frac{\gamma_i}{m_i^2} \tag{식 7.87}$$

$$(\beta^{\mathrm{new}})^{-1} = \frac{\|\mathbf{t} - \boldsymbol{\Phi}\mathbf{m}\|^2}{N - \sum_i \gamma_i} \tag{식 7.88}$$

3.5.3절

여기서 m_i는 식 7.82에서 정의된 사후 평균 $\mathbf{m}$의 i번째 성분이다. γ_i 값은 해당 매개변수 w_i가 데이터에 의해 얼마나 잘 정의되는지를 측정하는 값으로서 다음과 같이 정의된다.

$$\gamma_i = 1 - \alpha_i \Sigma_{ii} \qquad \text{(식 7.89)}$$

여기서 Σ_{ii}는 식 7.83의 사후 분산 $\mathbf{\Sigma}$의 i번째 대각 성분에 해당한다. 이 경우 학습 과정은 다음과 같다. 일단, 첫 번째로 $\boldsymbol{\alpha}$와 β의 초깃값을 정한 후 식 7.82와 식 7.83을 이용해서 사후 분포의 평균과 공분산을 각각 구한다. 그 다음에는 식 7.87과 식 7.88을 이용해서 초매개변수를 재추정하고, 이를 바탕으로 평균과 공분산을 다시 추정한다. 이 과정을 적절한 수렴 기준이 만족될 때까지 반복하면 된다.

연습문제 9.23

두 번째 접근법은 EM 알고리즘을 사용하는 것이다. 이에 대해서는 9.3.4절에 논의되어 있다. 증거를 최대화하는 초매개변숫값을 찾는 이 두 방법론은 기본적으로 동일하다. 하지만 수치적으로는 식 7.87과 식 7.88을 사용한 직접 최적화가 좀 더 빠른 수렴을 보이는 것으로 알려져 있다(Tipping, 2001).

7.2.2절

최적화의 결과로 초매개변수 $\{\alpha_i\}$들 중 일부가 큰 값(원칙적으로는 무한대)을 가지게 되며, 따라서 이에 해당하는 가중 매개변수 w_i들의 사후 분포 평균과 분산은 0이 된다. 따라서 이 매개변수들과 이에 해당하는 기저 함수들 $\phi_i(\mathbf{x})$는 모델에서 빠지게 되며, 새로운 입력값에 대한 예측을 하는 데 있어서 아무 역할도 하지 못하게 된다. 식 7.78 형태의 모델의 경우에는 영이 아닌 나머지 가중치에 해당하는 입력값 $\mathbf{x}_n$들을 **연관 벡터**(*relevance vector*)라 한다. 왜냐하면 이들은 자동 연관도 결정 메커니즘에 의해 결정된 것이며, SVM의 서포트 벡터에 해당하기 때문이다. 하지만 여기서 한 가지를 강조하자면 자동 연관도 결정을 통해 확률적 모델의 희박성을 달성한 이 메커니즘은 꽤나 일반적인 것이며, 기저 함수들의 적응적인 선형 결합으로 표현되는 모든 모델에 적용할 수 있다.

연습문제 7.14

주변 가능도를 최대화하는 초매개변숫값 $\boldsymbol{\alpha}^\star$와 $\beta^\star$를 찾은 후에는 이를 바탕으로 새로운 입력값 $\mathbf{x}$에 대한 t의 예측 분포를 계산할 수 있다. 식 7.76과 식 7.81을 사용하면 이 예측 분포는 다음과 같이 된다.

$$\begin{aligned} p(t|\mathbf{x}, \mathbf{X}, \mathbf{t}, \boldsymbol{\alpha}^\star, \beta^\star) &= \int p(t|\mathbf{x}, \mathbf{w}, \beta^\star) p(\mathbf{w}|\mathbf{X}, \mathbf{t}, \boldsymbol{\alpha}^\star, \beta^\star) \, \mathrm{d}\mathbf{w} \\ &= \mathcal{N}\left(t|\mathbf{m}^{\mathrm{T}}\boldsymbol{\phi}(\mathbf{x}), \sigma^2(\mathbf{x})\right) \end{aligned} \qquad \text{(식 7.90)}$$

예측 평균은 $\mathbf{w}$를 사후 평균 $\mathbf{m}$으로 바꾼 식 7.76으로 주어지며, 예측 분포의 분산은 다음처럼 주어진다.

$$\sigma^2(\mathbf{x}) = (\beta^\star)^{-1} + \phi(\mathbf{x})^T \mathbf{\Sigma} \phi(\mathbf{x}) \qquad \text{(식 7.91)}$$

여기서 $\mathbf{\Sigma}$는 식 7.8의 α와 β를 $\alpha^\star$와 $\beta^\star$로 바꾼 것이다. 이는 선형 회귀의 맥락에서 구했던 식 3.59의 결과와 비슷한 것이다. 기저 함수가 지역화된 경우 기저 함수가 없는 입력 공간상에서는 선형 회귀의 예측 분산이 작아진다는 점을 상기해 보자. 따라서 기저 함수가 그 중심을 데이터 포인트들에 두고 있는 RVM 모델은 데이터의 도메인을 벗어나서 외삽할수록 그 예측값에 대해 더 확신하게 될 것이다(Rasmussen and Quiñonero-Candela, 2005). 이는 물론 그리 바람직한 것

6.4.2절

은 아니다. 가우시안 과정 회귀의 예측 분포는 이 문제를 겪지 않는다. 하지만 가우시안 과정을 사용해서 예측을 할 경우의 계산적 비용은 보통 RVM을 사용하는 경우보다 훨씬 크다.

그림 7.9는 사인 곡선 회귀 데이터 집합에 RVM을 적용한 결과를 보여 준다. 여기서는 노이즈 정밀도 매개변수 β 역시 증거 최대화를 통해 결정하였다. RVM의 연관 벡터의 숫자가 SVM의 서포트 벡터의 숫자에 비해서 훨씬 적다는 것을 확인할 수 있다. 여러 회귀와 분류 문제에 대해서 RVM은 SVM에 비해 몇 배 더 콤팩트한 모델을 결과로 내놓는 것으로 밝혀졌다. 그에 따라 시험 데이터를 처리하는 속도가 상당히 향상된다. 놀라운 점은 RVM의 모델이 이렇게 더 희박함에도 불구하고 해당 SVM에 비해 일반화 성능이 별로 떨어지지 않는다는 점이다.

SVM과 비교했을 때의 RVM의 단점은 훈련 과정에 비볼록 함수를 최적화하는 과정이 포함되어 있어 훈련 시간이 더 길다는 점이다. M개의 기저 함수를 가진 모델의 경우 RVM 과정에서는 $M \times M$ 행렬의 역행렬을 구해야 하며, 이는 일반적으로 $O(M^3)$의 계산을 요한다. SVM과 흡사한 식 7.78의 모델의 경우에는 $M = N + 1$이다. 앞에서 본 것처럼 SVM을 훈련하는 경우에는 비용이 대략 N의 이차에 해당하는 테크닉들이 있다. 물론, RVM의 경우 $N + 1$보다 더

그림 7.9 그림 7.8에서 사용했던 같은 데이터 집합과 같은 가우시안 커널 함수를 이용해서 RVM 회귀를 시행한 결과다. RVM의 예측 분포의 평균값이 빨간색 선으로, 1 표준 편차만큼의 예측 분포가 빨간색 음영으로 표현되어 있다. 데이터 포인트들은 녹색으로 표시되어 있으며, 상관 벡터들은 파란색 원으로 표시되어 있다. 그림 7.8의 ν-SVM에는 서포트 벡터가 일곱 개 있었던 반면에 이 경우에는 연관 벡터가 세 개뿐이다.

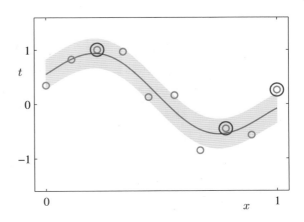

적은 숫자의 기저 함수로부터 시작하는 옵션이 있다. 또한, 한 가지 간과하지 말아야 할 점은 바로 SVM의 경우에는 매개변수 C와 ϵ(또는 ν)는 보통 교차 검증법을 통해서 찾아야 하기 때문에 여러 번의 훈련 과정을 거쳐야 하는 반면, RVM의 경우에는 복잡도와 노이즈 분산을 조절하는 매개변수가 한 번의 훈련 과정에서 자동으로 결정된다는 것이다. 추가로 다음 절에서는 훈련 속도가 더욱, 그리고 상당히 빠른 RVM의 다른 훈련 과정에 대해 살펴볼 것이다.

7.2.2 희박도 분석

앞에서 **자동 연관도 결정**(*automatic relevance determination*)을 사용하게 되면 매개변수들 중 일부가 0이 된다는 것을 언급했었다. 이제 연관 벡터 머신의 맥락에서 희박도의 메커니즘에 대해 더 자세히 살펴보도록 하자. 그 과정에서 앞에서 살펴본 직접적인 방법보다 훨씬 더 빠르게 초매개변수를 최적화하는 방법을 얻을 수 있을 것이다.

수학적인 분석을 진행하기에 앞서 베이지안 선형 모델의 희박도에 대한 대략적인 통찰을 먼저 살펴보도록 하자. $N = 2$의 관측값들 t_1과 t_2로 이루어진 데이터 집합을 고려해 보자. 그리고 단일 기저 함수 $\phi(\mathbf{x})$, 초매개변수 α와 정밀도 β를 가지고 있는 등방 노이즈 등으로 이루어진 모델을 사용하자. 식 7.85로부터 주변 가능도는 $p(\mathbf{t}|\alpha, \beta) = \mathcal{N}(\mathbf{t}|\mathbf{0}, \mathbf{C})$로 주어진다. 이 경우 공분산 행렬은 다음의 형태를 취하게 된다.

$$\mathbf{C} = \frac{1}{\beta}\mathbf{I} + \frac{1}{\alpha}\boldsymbol{\varphi}\boldsymbol{\varphi}^{\mathrm{T}}$$

(식 7.92)

여기서 $\boldsymbol{\varphi}$는 N차원 벡터 $(\phi(\mathbf{x}_1), \phi(\mathbf{x}_2))^{\mathrm{T}}$를 지칭한다. 그리고 $\mathbf{t} = (t_1, t_2)^{\mathrm{T}}$다. 이는 공분산 $\mathbf{C}$를 가지는 $\mathbf{t}$에 대한 가우시안 과정 모델에 해당한다. $\mathbf{t}$에 대한 특정 관찰값이 추어졌을 때 우리의 목표는 주변 가능도를 최대화해서 $\alpha^\star$와 $\beta^\star$를 찾는 것이다. 그림 7.10으로부터 볼 수 있듯이 $\boldsymbol{\varphi}$의 방향과 훈련 벡터 $\mathbf{t}$의 방향이 잘 맞지 않으면 이에 해당하는 초매개변수 α는 ∞ 값을 가지게 될 것이고, 해당 기저 벡터는 모델로부터 제거될 것이다. α가 유한한 값을 가지면 데이터에 낮은 확률을 부여할 것이고, 따라서 β가 최적값을 가지고 있다는 가정하에 $\mathbf{t}$에서의 밀도에 감소된 값을 부여할 것이기 때문이다. α가 어떤 유한한 값을 가지고 있던 간에 분포는 데이터로부터 멀어지는 방향으로 길어질 것이고, 따라서 관측된 데이터로부터 멀어지는 지역으로 확률 질량이 증가하게 된다. 이는 결과적으로 표적 데이터 벡터에서의 밀돗값을 줄이게 되는데, 기저 벡터가 M개($\boldsymbol{\varphi}_1, \ldots, \boldsymbol{\varphi}_M$)인 더 일반적인 경우에도 비슷한 직관을 적용할 수 있다. 만약 어떤 기저 벡터가 데이터 벡터 $\mathbf{t}$와 방향이 잘 맞지 않으면 해당 벡터는 아마도 모델에서 제거될 것이다.

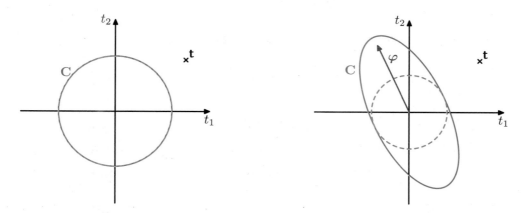

그림 7.10 베이지안 선형 회귀 모델에서의 희박도의 메커니즘에 대한 도식. 훈련 집합의 표적값 벡터 $\mathbf{t} = (t_1, t_2)^{\mathrm{T}}$가 'x'로 표시되어 있다. 그리고 여기서 사용하는 모델은 단일 기저 함수 $\boldsymbol{\varphi} = (\phi(\mathbf{x}_1), \phi(\mathbf{x}_2))^{\mathrm{T}}$를 가지고 있는데, 표적 데이터 벡터 $\mathbf{t}$와 잘 정렬되어 있지 않다. 왼쪽의 도식은 등방 노이즈만을 가지고 있는 모델에 대한 것이다. 이때는 $\mathbf{C} = \beta^{-1}\mathbf{I}$이다. 이는 $\alpha = \infty$에 해당하고, β는 가장 가능성이 높은 값으로 설정된 것이다. 오른쪽은 같은 모델이지만 α 값이 유한한 경우다. 양쪽에서 빨간 타원은 마할라노비스 거리를 표현한 것이며(이때 $|\mathbf{C}|$ 값은 양쪽 도식에서 동일하다), 녹색 점선으로 표현된 원은 노이즈항 β^{-1}로부터 기인하는 것이다. α 값이 유한할 경우 관측값의 확률을 감소시키며, 따라서 가장 가능성이 높은 해의 경우에 그 기저 벡터는 제거된다.

이제 M개의 기저 함수를 가지는 더 일반적인 경우를 바탕으로 희박도의 메커니즘에 대해서 수학적으로 분석해 보자. 매개변수 α_i를 재추정하기 위한 식 7.87의 결과에서 오른쪽 변은 α_i의 함수다. 그러므로 이 결과들은 해를 간접적으로 표현하고 있다. 따라서 단일 α_i에 대해서 해를 구할 때($j \neq i$인 모든 α_j가 고정되어 있을 경우)에도 반복이 필요하다.

이를 바탕으로 RVM의 최적화 문제를 푸는 다른 접근법을 생각해 볼 수 있다. 특정 α_i에 대해서 식 7.85의 주변 가능도의 의존성을 분명하게 한 후 이에 해당하는 임계점들을 직접 구하는 것이다(Faul and Tipping, 2002; Tipping and Faul, 2003). 이를 위해서는 우선식 7.86에서 정의된 행렬 $\mathbf{C}$에서 α_i의 기여분만큼을 따로 빼내야 한다.

$$\begin{aligned} \mathbf{C} &= \beta^{-1}\mathbf{I} + \sum_{j \neq i} \alpha_j^{-1} \boldsymbol{\varphi}_j \boldsymbol{\varphi}_j^{\mathrm{T}} + \alpha_i^{-1} \boldsymbol{\varphi}_i \boldsymbol{\varphi}_i^{\mathrm{T}} \\ &= \mathbf{C}_{-i} + \alpha_i^{-1} \boldsymbol{\varphi}_i \boldsymbol{\varphi}_i^{\mathrm{T}} \end{aligned} \qquad \text{(식 7.93)}$$

여기서 $\boldsymbol{\varphi}_i$는 $\boldsymbol{\Phi}$의 i번째 열을 지칭한다. 즉, $(\phi_i(\mathbf{x}_1), \dots, \phi_i(\mathbf{x}_N))$을 원소로 가지는 N차원 벡터인 것이다. 이는 $\boldsymbol{\Phi}$의 n번째 행을 지칭하는 $\boldsymbol{\phi}_n$과는 다른 것이다. $\mathbf{C}_{-i}$는 행렬 $\mathbf{C}$에서 기저 함수 i로부터의 기여분 만큼을 제거하고 난 행렬이다. 식 C.7과 식 C.15의 행렬의 성질을 사용하면 $\mathbf{C}$의 행렬식과 역행렬을 다음처럼 구할 수 있다.

$$|\mathbf{C}| = |\mathbf{C}_{-i}|\left(1 + \alpha_i^{-1} \boldsymbol{\varphi}_i^{\mathrm{T}} \mathbf{C}_{-i}^{-1} \boldsymbol{\varphi}_i\right) \qquad \text{(식 7.94)}$$

$$\mathbf{C}^{-1} = \mathbf{C}_{-i}^{-1} - \frac{\mathbf{C}_{-i}^{-1}\boldsymbol{\varphi}_i\boldsymbol{\varphi}_i^{\mathrm{T}}\mathbf{C}_{-i}^{-1}}{\alpha_i + \boldsymbol{\varphi}_i^{\mathrm{T}}\mathbf{C}_{-i}^{-1}\boldsymbol{\varphi}_i} \qquad \text{(식 7.95)}$$

연습문제 7.15 이 결과들을 바탕으로 식 7.85의 로그 주변 가능도 함수를 다음의 형태로 적을 수 있다.

$$L(\boldsymbol{\alpha}) = L(\boldsymbol{\alpha}_{-i}) + \lambda(\alpha_i) \qquad \text{(식 7.96)}$$

여기서 $L(\boldsymbol{\alpha}_{-i})$는 단순히 기저 함수 $\boldsymbol{\varphi}_i$를 제외하고 난 후의 로그 주변 가능도 함수이며, $\lambda(\alpha_i)$는 α_i에 대한 종속성을 전부 포함하고 있는 식으로서 다음과 같이 정의된다.

$$\lambda(\alpha_i) = \frac{1}{2}\left[\ln\alpha_i - \ln(\alpha_i + s_i) + \frac{q_i^2}{\alpha_i + s_i}\right] \qquad \text{(식 7.97)}$$

여기서 두 개의 다른 값을 도입하였다.

$$s_i = \boldsymbol{\varphi}_i^{\mathrm{T}}\mathbf{C}_{-i}^{-1}\boldsymbol{\varphi}_i \qquad \text{(식 7.98)}$$

$$q_i = \boldsymbol{\varphi}_i^{\mathrm{T}}\mathbf{C}_{-i}^{-1}\mathbf{t} \qquad \text{(식 7.99)}$$

s_i는 $\boldsymbol{\varphi}_i$의 **희박도**(*sparsity*)라 하며, q_i는 $\boldsymbol{\varphi}_i$의 **질**(*quality*)이라 한다. s_i의 값이 q_i의 값보다 상대적으로 클 경우 기저 함수 $\boldsymbol{\varphi}_i$가 모델에서 제거될 가능성이 더 높아진다. '희박도'는 기저 함수 $\boldsymbol{\varphi}_i$가 모델의 다른 기저 벡터들과 겹치는 정도를 측정하는 값이다. 그리고 '질'은 $\boldsymbol{\varphi}_i$가 제외된 모델에서 발생할 훈련 집합값 $\mathbf{t} = (t_1, \ldots, t_N)^{\mathrm{T}}$와 예측값 벡터 $\mathbf{y}_{-i}$ 사이의 오류와 기저 벡터 $\boldsymbol{\varphi}_i$가 정렬된 정도를 측정하는 값에 해당한다(Tipping and Faul, 2003).

α_i에 대한 주변 가능도의 임계점은 다음 미분값을 0으로 만드는 점이다.

$$\frac{\mathrm{d}\lambda(\alpha_i)}{\mathrm{d}\alpha_i} = \frac{\alpha_i^{-1}s_i^2 - (q_i^2 - s_i)}{2(\alpha_i + s_i)^2} \qquad \text{(식 7.100)}$$

두 가지 형태의 해가 존재할 수 있다. $\alpha_i \geqslant 0$이라는 점으로부터 만약 $q_i^2 < s_i$이면 $\alpha_i \to \infty$일 경우에 해가 구해질 것이다. 이와는 대조적으로 $q_i^2 > s_i$인 경우에는 α_i에 대해 식을 정리해서 다음을 구할 수 있다.

$$\alpha_i = \frac{s_i^2}{q_i^2 - s_i} \qquad \text{(식 7.101)}$$

이 두 가지 해에 대해서 그림 7.11에 그려져 있다. 희박도와 질의 상대적인 크기가 특정 기저 벡터가 모델에서 제거될 것인지 아닌지를 결정한다는 점을 살펴보았다. 주변 가능도의 이차 미분값을 기반으로 한 더 완벽한 분석(Faul and Tipping, 2002)에 따르면 이 해들이 실제로 $\lambda(\alpha_i)$의 유

그림 7.11 로그 주변 가능도 $\lambda(\alpha_i)$와 $\ln \alpha_i$ 의 그래프. 왼쪽에서는 유한한 α_i의 경우에 $q_i^2 = 4$와 $s_i = 1$일 때 단일 최댓값을 가진다는 것을 볼 수 있다. 따라서 이 경우엔 $q_i^2 > s_i$다. 오른쪽에서는 $\alpha_i = \infty$, $q_i^2 = 1$, $s_i = 2$인 경우 최댓값을 가진다. 따라서 이 경우엔 $q_i^2 < s_i$다.

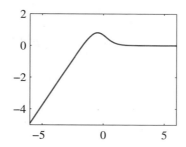 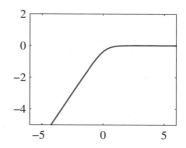

연습문제 7.16 일한 최댓값이라는 것을 알 수 있다.

이 방법론은 다른 초매개변수들의 값이 주어진 상황에서 α_i에 대해 닫힌 형태의 해를 결과로 내놓는다. 이 분석은 RVM의 희박한 해에 대한 통찰을 제공할 뿐만 아니라 초매개변수를 최적화할 수 있는 상당히 빠른 실제적인 알고리즘을 제공하기도 한다. 바로 고정된 후보 기저 벡터 집합을 각각의 벡터들이 모델에 포함되어야 하는지 아닌지 하나씩 돌아가면서 확인하는 방식의 알고리즘이다. 이를 순차적 희박 베이지안 학습 알고리즘(sequential sparse bayesian learning algorithm)이라 한다. 이 알고리즘에 대한 내용은 다음과 같다.

순차적 희박 베이지안 학습 알고리즘

1. 만약 회귀 문제를 푸는 것이라면 β를 초기화한다.
2. 단일 기저 함수 $\boldsymbol{\varphi}_1$를 바탕으로 초기화한다. 이때 α_1는 식 7.101을 바탕으로 설정하고 나머지 초매개변수 $\alpha_j (j \neq 1)$들은 무한대로 설정해서 $\boldsymbol{\varphi}_1$만 모델에 포함되도록 한다.
3. $\boldsymbol{\Sigma}$와 $\mathbf{m}$을 계산한다. 각각의 기저 함수에 대한 q_i와 s_i도 계산한다.
4. 후보 기저 함수 $\boldsymbol{\varphi}_i$를 선택한다.
5. $q_i^2 > s_i$이고 $\alpha_i < \infty$라서 기저 벡터 $\boldsymbol{\varphi}_i$가 이미 모델에 포함되어 있다면, 식 7.101을 이용해서 α_i를 업데이트한다.
6. $q_i^2 > s_i$이고 $\alpha_i = \infty$면 기저 벡터 $\boldsymbol{\varphi}_i$를 모델에 추가하고, 식 7.101을 이용해서 α_i를 계산한다.
7. $q_i^2 \leq s_i$고 $\alpha_i < \infty$면 기저 벡터 $\boldsymbol{\varphi}_i$를 모델에서 제거하고 α_i를 ∞로 설정한다.
8. 회귀 문제를 풀고 있다면 β를 업데이트한다.
9. 수렴했다면 종료하고, 그렇지 않다면 3번으로 돌아간다.

만약 $q_i^2 \leq s_i$이고 $\alpha_i = \infty$라면, 기저 함수 $\boldsymbol{\varphi}_i$는 모델에서 이미 제외되었을 것이기 때문에 추가적인 조치가 필요없다.

실제로 적용할 경우에는 다음의 값들을 계산하면 편리하다.

$$Q_i = \boldsymbol{\varphi}_i^{\mathrm{T}} \mathbf{C}^{-1} \mathbf{t} \tag{식 7.102}$$

$$S_i = \boldsymbol{\varphi}_i^{\mathrm{T}} \mathbf{C}^{-1} \boldsymbol{\varphi}_i \tag{식 7.103}$$

위 값들을 사용해서 희박도와 질을 다음의 형태로 표현할 수 있다.

$$q_i = \frac{\alpha_i Q_i}{\alpha_i - S_i} \tag{식 7.104}$$

$$s_i = \frac{\alpha_i S_i}{\alpha_i - S_i} \tag{식 7.105}$$

연습문제 7.17 $\alpha_i = \infty$인 경우 $q_i = Q_i$와 $s_i = S_i$가 된다. 식 C.7을 사용하면 다음처럼 적을 수 있다.

$$Q_i = \beta \boldsymbol{\varphi}_i^{\mathrm{T}} \mathbf{t} - \beta^2 \boldsymbol{\varphi}_i^{\mathrm{T}} \boldsymbol{\Phi} \boldsymbol{\Sigma} \boldsymbol{\Phi}^{\mathrm{T}} \mathbf{t} \tag{식 7.106}$$

$$S_i = \beta \boldsymbol{\varphi}_i^{\mathrm{T}} \boldsymbol{\varphi}_i - \beta^2 \boldsymbol{\varphi}_i^{\mathrm{T}} \boldsymbol{\Phi} \boldsymbol{\Sigma} \boldsymbol{\Phi}^{\mathrm{T}} \boldsymbol{\varphi}_i \tag{식 7.107}$$

여기서 $\boldsymbol{\Phi}$와 $\boldsymbol{\Sigma}$는 유한한 초매개변수 α_i를 가지는 기저 벡터들만 포함하여 계산된 것이다. 따라서 각 단계에서 필요한 계산의 수는 $O(M^3)$에 비례하게 된다. 여기서 M은 모델에서 활성화된 기저 함수의 숫자이며, 보통 훈련 패턴의 숫자 N보다 훨씬 작다.

7.2.3 RVM을 이용한 분류

4장에서 살펴본 확률적 선형 분류 모델에 가중치에 대한 ARD 사전 분포를 적용하면 분류 문제에서 RVM 방법론을 사용할 수 있다. 이진 타깃 변수 $t \in \{0, 1\}$를 가지는 2클래스 문제를 바탕으로 논의를 진행해 보자. 로지스틱 시그모이드 함수를 통해 변환된 기저 함수들의 선형 결합의 형태로 모델을 표현할 수 있다.

$$y(\mathbf{x}, \mathbf{w}) = \sigma\left(\mathbf{w}^{\mathrm{T}} \boldsymbol{\phi}(\mathbf{x})\right) \tag{식 7.108}$$

여기서 $\sigma(\cdot)$는 식 4.59에 정의된 로지스틱 시그모이드 함수다. 가중치 벡터 $\mathbf{w}$에 대해 가우시안 사전 분포를 도입하면 4장에서 이미 살펴보았던 모델을 얻게 된다. RVM 기반의 이 모델은 식 7.80의 ARD 사전 분포를 사용한다는 점에서 4장에서 살펴본 모델과 차이가 있다. 이 경우 사전 분포에는 각 가중치 매개변수와 연관된 각각의 정밀도 초매개변수가 존재하게 된다.

4.4절   회귀 모델의 경우와는 달리 매개변수 벡터 $\mathbf{w}$에 대해 해석적으로 적분하는 것은 불가능하다. 여기서는 Tipping(2001)에 따라 라플라스 근사를 사용할 것이다. 이는 4.5.1절에서 살펴본 베이지안 로지스틱 회귀 모델에서 사용했던 방법이다.

우선 초매개변수 벡터 $\boldsymbol{\alpha}$를 초기화하자. 그 다음에는 주어진 $\boldsymbol{\alpha}$ 값에 대해서 사후 분포의 가우시안 근사를 구할 것이다. 즉, 이를 통해 주변 가능도에 대한 근사치를 얻게 되는 것이다. 주변 가능도의 근사치를 최대화하는 방식으로 $\boldsymbol{\alpha}$ 값을 재추정할 수 있다. 그리고 이 과정을 수렴할 때까지 반복하게 된다.

이 모델의 라플라스 근사에 대해 더 자세히 고려해 보자. 고정된 $\boldsymbol{\alpha}$ 값에 대해서 $\mathbf{w}$ 사후 분포의 최빈값은 다음을 최대화함으로써 구할 수 있다.

$$
\begin{aligned}
\ln p(\mathbf{w}|\mathbf{t}, \boldsymbol{\alpha}) &= \ln \{p(\mathbf{t}|\mathbf{w})p(\mathbf{w}|\boldsymbol{\alpha})\} - \ln p(\mathbf{t}|\boldsymbol{\alpha}) \\
&= \sum_{n=1}^{N} \{t_n \ln y_n + (1 - t_n)\ln(1 - y_n)\} - \frac{1}{2}\mathbf{w}^{\mathrm{T}}\mathbf{A}\mathbf{w} + \mathrm{const}
\end{aligned}
\qquad \text{(식 7.109)}
$$

여기서 $\mathbf{A} = \mathrm{diag}(\alpha_i)$다. 4.3.3절에서 살펴보았던 반복 재가중 최소 제곱법(IRLS)를 이용해서 이 최대화를 시행할 수 있다. 이를 위해서는 로그 사후 분포의 기울기 벡터와 헤시안 행렬이

연습문제 7.18

필요하다. 식 7.109를 바탕으로 이들을 구해보면 다음과 같다.

$$
\nabla \ln p(\mathbf{w}|\mathbf{t}, \boldsymbol{\alpha}) = \boldsymbol{\Phi}^{\mathrm{T}}(\mathbf{t} - \mathbf{y}) - \mathbf{A}\mathbf{w} \qquad \text{(식 7.110)}
$$

$$
\nabla\nabla \ln p(\mathbf{w}|\mathbf{t}, \boldsymbol{\alpha}) = -\left(\boldsymbol{\Phi}^{\mathrm{T}}\mathbf{B}\boldsymbol{\Phi} + \mathbf{A}\right) \qquad \text{(식 7.111)}
$$

$\mathbf{B}$는 $N \times N$ 대각 행렬로써 그 원소는 $b_n = y_n(1 - y_n)$이고, 벡터 $\mathbf{y} = (y_1, \ldots, y_N)^{\mathrm{T}}$이며, $\boldsymbol{\Phi}$는 설계 행렬로써 그 원소는 $\Phi_{ni} = \phi_i(\mathbf{x}_n)$이다. 여기서 로지스틱 시그모이드 함수의 미분에 대한 식 4.88을 이용하였다. IRLS 알고리즘이 수렴했을 때 음의 헤시안 행렬은 사후 분포 가우시안 근사의 공분산 행렬의 역에 해당하게 된다.

가우시안 근사의 평균에 해당하는 사후 분포 근사 결과치의 최빈값은 식 7.110을 0으로 설정함으로써 구할 수 있다. 그 결과로 라플라스 근사의 평균과 공분산을 다음처럼 구할 수 있다.

$$
\mathbf{w}^{\star} = \mathbf{A}^{-1}\boldsymbol{\Phi}^{\mathrm{T}}(\mathbf{t} - \mathbf{y}) \qquad \text{(식 7.112)}
$$

$$
\boldsymbol{\Sigma} = \left(\boldsymbol{\Phi}^{\mathrm{T}}\mathbf{B}\boldsymbol{\Phi} + \mathbf{A}\right)^{-1} \qquad \text{(식 7.113)}
$$

이제 라플라스 근사를 이용해서 주변 가능도를 계산할 수 있다. 라플라스 근사를 이용한 적분 계산에 대한 일반 결과인 식 4.135를 이용하면 다음을 구할 수 있다.

$$
\begin{aligned}
p(\mathbf{t}|\boldsymbol{\alpha}) &= \int p(\mathbf{t}|\mathbf{w})p(\mathbf{w}|\boldsymbol{\alpha})\,\mathrm{d}\mathbf{w} \\
&\simeq p(\mathbf{t}|\mathbf{w}^{\star})p(\mathbf{w}^{\star}|\boldsymbol{\alpha})(2\pi)^{M/2}|\boldsymbol{\Sigma}|^{1/2}
\end{aligned}
\qquad \text{(식 7.114)}
$$

연습문제 7.19

$p(\mathbf{t}|\mathbf{w}^\star)$와 $p(\mathbf{w}^\star|\boldsymbol{\alpha})$를 대입해 넣고 주변 가능도의 α_i에 대한 미분값을 0으로 설정하면 다음을 구할 수 있다.

$$-\frac{1}{2}(w_i^\star)^2 + \frac{1}{2\alpha_i} - \frac{1}{2}\Sigma_{ii} = 0 \qquad \text{(식 7.115)}$$

$\gamma_i = 1 - \alpha_i\Sigma_{ii}$를 정의하고 식을 정리하면 다음을 얻을 수 있다.

$$\alpha_i^{\text{new}} = \frac{\gamma_i}{(w_i^\star)^2} \qquad \text{(식 7.116)}$$

이는 RVM을 이용한 회귀 문제에서의 재추정식인 식 7.87과 동일하다.

다음을 정의해 보자.

$$\widehat{\mathbf{t}} = \boldsymbol{\Phi}\mathbf{w}^\star + \mathbf{B}^{-1}(\mathbf{t} - \mathbf{y}) \qquad \text{(식 7.117)}$$

그러면 로그 주변 가능도의 근사를 다음 형태로 적을 수 있다.

$$\ln p(\mathbf{t}|\boldsymbol{\alpha}) = -\frac{1}{2}\left\{ N\ln(2\pi) + \ln|\mathbf{C}| + (\widehat{\mathbf{t}})^{\mathrm{T}}\mathbf{C}^{-1}\widehat{\mathbf{t}} \right\} \qquad \text{(식 7.118)}$$

여기서 C는 다음과 같다.

$$\mathbf{C} = \mathbf{B} + \boldsymbol{\Phi}\mathbf{A}\boldsymbol{\Phi}^{\mathrm{T}} \qquad \text{(식 7.119)}$$

이는 회귀 문제의 경우의 식 7.85와 같은 형태다. 따라서 희박도에 대한 같은 분석을 적용할 수 있다. 한 단계마다 초매개변수 α_i를 완전히 최적화하는 방식의 빠른 학습 알고리즘 역시 사용 가능하다.

부록 A

그림 7.12는 합성 분류 데이터에 RVM을 적용한 결과를 보여 준다. 서포트 벡터 머신의 경우와는 달리 상관 벡터들은 결정 경계 지역에 놓여 있지 않는 성향을 보인다는 것을 확인할 수 있다. 이는 RVM의 희박도에 대해 우리가 앞에서 나누었던 논의와도 일치한다. 경계면 근처의 데이터 포인트를 중심으로 하는 기저 함수 $\phi_i(\mathbf{x})$는 훈련 데이터 벡터 $\mathbf{t}$와 잘 정렬되지 않는 벡터 $\boldsymbol{\varphi}_i$를 가지게 될 것이다.

SVM과 비교했을 때 상관 벡터 머신의 한 가지 가능한 장점 중 하나는 바로 확률적 예측을 할 수 있다는 것이다. 이런 장점 덕분에 예를 들자면 비디오 시퀀스에서 얼굴을 추적하는 선형 동적 시스템을 비선형적으로 확장했을 경우의 방사 밀도를 구성하는 데 RVM을 사용할 수 있다

13.3절

(Williams *et al.*, 2005).

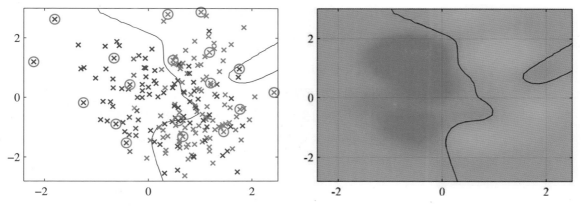

그림 7.12 RVM을 합성 데이터 집합에 적용한 결과. 왼쪽의 그래프는 결정 경계와 데이터 포인트들을 나타내고 있으며, 상관 벡터들은 녹색 원으로 표시되어 있다. 같은 데이터 집합에 서포트 벡터 머신을 적용한 그림 7.4와 비교해 보면 RVM 이 제공하는 모델이 훨씬 더 희박함을 알 수 있다. 오른쪽의 도식은 RVM 출력값에 따른 사후 확률을 나타내고 있다. 빨간색/파란색의 비율이 각 포인트들이 빨간색과 파란색 클래스에 속할 확률을 나타내고 있다.

지금까지 RVM을 이진 분류 문제에 사용하는 것에 대해 고려해 보았다. $K > 2$개의 클래스 문제의 경우에는 4.3.4절에서 사용했던 확률적 접근을 다시 사용할 수 있다. 이 경우에는 다음 의 형태를 가지는 K개의 선형 모델을 고려하게 된다.

$$a_k = \mathbf{w}_k^\mathrm{T} \mathbf{x} \tag{식 7.120}$$

이를 소프트맥스 함수와 조합하면 다음의 출력값을 얻게 된다.

$$y_k(\mathbf{x}) = \frac{\exp(a_k)}{\displaystyle\sum_j \exp(a_j)} \tag{식 7.121}$$

그리고 로그 가능도 함수는 다음과 같이 주어진다.

$$\ln p(\mathbf{T}|\mathbf{w}_1, \dots, \mathbf{w}_K) = \prod_{n=1}^{N} \prod_{k=1}^{K} y_{nk}^{t_{nk}} \tag{식 7.122}$$

여기서 표적값 t_{nk}는 각 데이터 포인트 n에 대해서 원 핫 인코딩을 적용한 값이며, $\mathbf{T}$는 t_{nk}를 원소로 가지는 행렬이다. 다시 한 번 초매개변수를 최적화하기 위해서 라플라스 근사를 적용 할 수 있다(Tipping, 2001). 이때 모델과 헤시안 행렬은 IRLS를 이용해서 찾을 수 있다. 이 방식 은 다중 클래스 분류 문제를 다루는 데 있어서 서포트 벡터 머신의 짝 방식보다 더 원칙에 입 각한 결과를 제공해 준다. 또한, 이 방식을 바탕으로 하면 새로운 데이터 포인트에 대한 확률 적인 예측값을 얻을 수 있다. 다만, 이 경우의 단점은 헤시안 행렬의 크기가 $MK \times MK$라는 점이다(이때 M은 활성화된 기저 함수의 숫자다). 이로 인해서 2클래스 RVM과 비교했을 때 훈련에 드는 비용은 K^3만큼 증가하게 된다.

상관 벡터 머신의 가장 기저에 깔려 있는 단점은 바로 SVM에 비해 상대적으로 훈련에 드는 시간이 길다는 점이다. 하지만 모델 복잡도 매개변수를 구하기 위한 교차 검증법 과정이 생략된다는 점을 바탕으로 이 단점을 상쇄할 수 있다. 또한, RVM은 더 희박한 모델을 제공하기 때문에 실제 사용에 있어서 중요하게 고려되는 시험 포인트에 대한 계산 속도가 보통 더 빠른 편이다.

연습문제

7.1 ★★ www 입력 벡터 $\{\mathbf{x}_n\}$과 해당 표적값 $t_n \in \{-1, 1\}$로 구성된 데이터 집합을 고려해 보자. 이때 각 클래스에 속하는 입력 벡터들을 파젠 커널 밀도 추정(2.5.1절)을 이용해서 따로 모델한다고 해보자. 이때 커널은 $k(\mathbf{x}, \mathbf{x}')$이다. 두 클래스가 동일한 사전 확률을 가진다고 가정하고, 이 경우에 최소 오분류율을 내는 결정 법칙을 적어 보아라. 또한, 만약 커널을 $k(\mathbf{x}, \mathbf{x}') = \mathbf{x}^T\mathbf{x}'$으로 선택하면 분류 법칙이 단순히 평균값이 더 가까운 곳이 있는 클래스에 새 입력 벡터를 할당하는 것이 된다는 것을 증명하라. 마지막으로, 만약 커널을 $k(\mathbf{x}, \mathbf{x}') = \boldsymbol{\phi}(\mathbf{x})^T\boldsymbol{\phi}(\mathbf{x}')$으로 선택하면 분류는 특징 공간 $\boldsymbol{\phi}(\mathbf{x})$상에서 가장 가까운 곳에 있는 평균값을 바탕으로 하게 된다는 것을 증명하라.

7.2 ★ 제약 조건식 7.5의 오른쪽 변의 1을 임의의 상수 $\gamma > 0$으로 바꾸게 되더라도 최대 마진 초평면의 해가 바뀌지 않는다는 것을 증명하라.

7.3 ★★ 데이터 공간의 차원수와 상관없이 각 클래스별로 하나씩의 데이터 포인트가 있는 식으로, 두 포인트로 구성된 데이터 집합만 있으면 최대 마진 초평면의 위치를 결정하는 데 충분하다는 것을 증명하라.

7.4 ★★ www 최대 마진 초평면의 마진에 대한 값 ρ가 다음과 같이 주어짐을 증명하라.

$$\frac{1}{\rho^2} = \sum_{n=1}^{N} a_n \tag{식 7.123}$$

여기서 $\{a_n\}$은 식 7.10을 제약 조건식 7.11과 식 7.12하에서 최대화함으로써 주어지게 된다.

7.5 ★★ 이전 연습문제에서의 ρ와 $\{a_n\}$이 다음을 만족함을 증명하라.

$$\frac{1}{\rho^2} = 2\widetilde{L}(\mathbf{a}) \qquad \text{(식 7.124)}$$

여기서 $\widetilde{L}(\mathbf{a})$는 식 7.10에 정의되어 있다. 비슷한 방식으로 다음도 증명하라.

$$\frac{1}{\rho^2} = \|\mathbf{w}\|^2 \qquad \text{(식 7.125)}$$

7.6 ★ 타깃 변수 $t \in \{-1, 1\}$을 가지는 로지스틱 회귀 모델을 고려해 보자. 이때 $p(t = 1|y)$ $= \sigma(y)$로 정의하고, $y(\mathbf{x})$는 식 7.1로 주어진다 가정하자. 이 경우 음의 로그 가능도에 제곱 정규화항을 더한 것이 식 7.47의 형태를 띤다는 것을 증명하라.

7.7 ★ 서포트 벡터 머신 회귀의 라그랑주 함수인 식 7.56을 고려해 보자. 이 라그랑주 함수의 $\mathbf{w}$, b, ξ_n, $\widehat{\xi}_n$에 대한 각 미분을 0으로 놓고 역으로 대입해 넣어서 해당 변수들을 제거해 보자. 이를 통해서 식 7.61의 듀얼 라그랑주 함수를 증명하라.

7.8 ★ ⬤ www 7.1.4절에서 살펴본 서포트 벡터 머신 회귀를 고려해 보자. $\xi_n > 0$인 모든 훈련 데이터 포인트들은 $a_n = C$를 가질 것이며, $\widehat{\xi}_n > 0$인 모든 훈련 데이터 포인트들은 $\widehat{a}_n = C$를 가지리라는 것을 증명하라.

7.9 ★ RVM 회귀 가중치의 사후 분포의 평균과 공분산에 대한 결과인 식 7.82와 식 7.83을 증명하라.

7.10 ★★ ⬤ www 제곱식의 완성 테크닉을 이용해서 식 7.84의 $\mathbf{w}$에 대한 가우시안 적분을 시행하라. 이를 통해 RVM 회귀의 주변 가능도 함수 식 7.85를 도출하라.

7.11 ★★ 위의 연습문제를 반복하라. 하지만 이번에는 식 2.115의 일반 결과를 이용해서 도출해 보라.

7.12 ★★ ⬤ www 연관 벡터 머신 회귀의 로그 주변 가능도 식 7.85를 직접 최대화하면 식 7.87과 식 7.88의 재추정식을 얻게 된다는 것을 증명하라. 이 재추정식에서 γ_i는 식 7.89에 의해 정의된다.

7.13 ★★ RVM 회귀의 증거 체계에서는 식 7.85의 주변 가능도를 최대화함으로써 식 7.87과 식 7.88의 재추정식을 얻었다. 이를 다음과 같이 확장해 보아라. 식 B.26의 감마 분포의 형태로 주어지는 초사전 분포를 도입하고 해당 사후 확률 $p(\mathbf{t}, \boldsymbol{\alpha}, \beta|\mathbf{X})$를 $\boldsymbol{\alpha}$와 β에 대해 최대화해서 $\boldsymbol{\alpha}$와 β에 대한 재추정식을 구하라.

7.14 ★★ 연관 벡터 머신 회귀의 예측 분포식 7.90을 유도하라. 예측 분산이 식 7.91과 같이 주어진다는 것도 증명하라.

7.15 ★★ www 식 7.94와 식 7.95를 이용해서 식 7.85의 주변 가능도를 식 7.96의 형태로 적을 수 있음을 증명하라. 이때 $\lambda(\alpha_n)$은 식 7.97에 의해 정의되며, 희박도와 질 인자들은 각각 식 7.98과 식 7.99에 따라 정의된다.

7.16 ★ RVM 회귀의 로그 주변 가능도 식 7.97을 초매개변수 α_i에 대해 이차 미분해서 식 7.101의 임계점이 주변 가능도의 최댓값임을 증명하라.

7.17 ★★ 식 7.83과 식 7.86을 식 C.7의 행렬 성질과 함께 이용해서 식 7.102와 식 7.103에 정의된 S_n과 Q_n을 식 7.106과 식 7.107의 형태로 적을 수 있음을 증명하라.

7.18 ★ www 연관 벡터 머신 분류의 로그 사후 분포인 식 7.109의 기울기 벡터와 헤시안 행렬이 각각 식 7.110과 식 7.111로 주어짐을 증명하라.

7.19 ★★ 연관 벡터 머신 분류에서 주변 가능도 함수의 근사치 식 7.114를 최대화하면 식 7.116의 초매개변수 재추정식을 얻게 됨을 증명하라.

그래프 모델

현대의 패턴 인식에서 확률은 핵심적인 역할을 차지하고 있다. 1장에서 확률론은 합의 법칙과 곱의 법칙이라는 두 개의 단순한 공식으로 표현 가능하다는 것을 살펴보았다. 이 책에서 논의하는 확률적 추론이나 학습 방법들은 아무리 복잡한 것이라 할지라도 결론적으로는 합의 법칙과 곱의 법칙 두 가지를 반복해서 적용한 것과 같다. 그렇기 때문에 아무리 복잡한 확률적 모델이라고 하더라도 순수하게 대수적인 과정을 바탕으로 공식화하고 푸는 것이 가능하다. 이러한 분석 과정에 있어서 확률 분포를 도식적으로 표현하는 **확률적 그래프 모델**(*probabilistic graphical model*)을 사용하면 다양한 장점이 존재한다. 그 장점들 중 몇 가지는 다음과 같다.

1. 확률적 그래프 모델은 확률적 모델의 구조를 시각화하는 단순한 방법을 제공하며, 새로운 모델을 설계하는 데 사용할 수도 있다.
2. 그래프에 대한 점검을 통해서 조건부 독립 성질과 같은 모델에 대한 통찰을 얻을 수 있다.
3. 정교한 모델하에서 학습과 추론을 시행하는 데 필요한 복잡한 계산들을 그래프 조작의 형태로 표현할 수 있다. 이 경우 내재되어 있는 수학적인 공식들이 알아서 따라다니게 된다.

그래프는 **노드**(*node*)(**꼭짓점**(*vertex*)이라고도 한다)와 **링크**(*link*)(**변**(*edge*)이나 **호**(*arc*)라고도 한다)로 이루어져 있다. 확률적 그래프 모델에서 각각의 노드는 확률 변수(또는 확률 변수들의 그룹)를 의미하며, 링크는 이 변수들 간의 확률적 관계를 표현한다. 이 경우 그래프는 전체 확률 변수들에 대한 결합 분포를 변수들의 부분 집합에 대해 종속적인 인자들의 곱으로 분해하는 방법을 포착하게 된다. 첫 번째로 논의할 것은 **방향성 그래프 모델**(*directed graphical model*)이라고도 불리는 **베이지안 네트워크**(*Bayesian network*)다. 여기서는 그래프의 링크들이 방향성을 가지게 되며 이는 화살표로 표현된다. 다른 중요한 그래프 모델은 **비방향성 그래프 모델**(*undirected graphical model*)이라고도 지칭하는 **마르코프 무작위장**(*Markov random field*)이다. 이 경우 링크는 화살표로 표현되지 않으며, 방향적인 의미를 지니지 않는다. 방향성 그래프는 확률 변수 간 인과 관계를 표현하는 데 유용한 반면에 비방향성 그래프는 확률 변수 간의 유연한 제약 관계를 표현하는 데 더 적합하다. 추론 문제를 풀 때는 방향성 그래프와 비방향성 그래프 둘 다를 **인자 그래프**(*factor graph*)라는 다른 표현 방식으로 변환하는 것이 더 편리할 수도 있다.

이 장에서는 그래프 모델의 중요한 측면들을 패턴 인식과 머신 러닝에 적용하는 데 있어서 필요한 만큼만 살펴볼 것이다. 그래프 모델에 대한 더 일반적인 논의는 Whittaker(1990), Lauritzen(1996), Jensen(1996), Castillo *et al.*(1997), Jordan(1999), Cowell *et al.*(1999), Jordan(2007) 등을 참조하기 바란다.

8.1 베이지안 네트워크

확률 분포를 표현하기 위해 방향성 그래프 모델을 사용하는 것에 대한 논의를 진행해 보도록 하자. 우선 세 개의 변수 a, b, c에 대한 임의의 결합 분포 $p(a, b, c)$를 고려해 보자. 이 단계에서 이 변수들에 대해서 아무것도 특정짓지 않는다는 것을 주목하기 바란다. 즉, 이 변수들이 이산인지 또는 연속인지 등의 변수들에 대한 세부 사항을 지정하지 않는다는 것이다. 실제로 그래프 모델의 강력한 측면 중 하나는 하나의 특정 그래프가 넓은 범위의 분포들에 대한 확률적인 표현으로 사용될 수 있다는 점이다. 식 1.11의 확률의 곱 법칙을 적용하면 결합 분포를 다음의 형태로 적을 수 있다.

$$p(a, b, c) = p(c|a, b)p(a, b) \qquad \text{(식 8.1)}$$

식 8.1의 오른쪽 변의 두 번째 항에 곱의 법칙을 두 번째로 적용하면 다음을 얻게 된다.

$$p(a, b, c) = p(c|a, b)p(b|a)p(a) \qquad \text{(식 8.2)}$$

이 분해는 어떤 종류의 결합 분포에 대해서든 적용할 수 있다는 것을 짚고 넘어가자. 이제 식 8.2의 오른쪽 변을 단순한 그래프 모델로 표현해 보도록 하자. 우선 각각의 확률 변수 a, b, c에 대한 노드를 도입하고, 각 노드를 식 8.2의 오른쪽 변의 조건부 분포들과 연관시킬 것이다.

그 후 각각의 조건부 분포에 대해서 방향성 링크를 그래프에 추가하도록 하자. 이 링크는 조건부 분포의 조건절의 변수에 해당하는 노드로부터 시작되는 화살표로 그려지게 된다. 따라서 인자 $p(c|a, b)$의 경우에는 노드 a와 b로부터 노드 c로 링크를 그리게 될 것이다. 반면, 인자 $p(a)$의 경우에는 들어오는 링크가 없다. 이 결과에 해당하는 그래프가 그림 8.1에 그려져 있다. 노드 a에서 노드 b로 가는 링크가 있는 경우 노드 a를 노드 b의 **부모**(parent) 노드라 하며, 노드 b를 노드 a의 **자식**(child) 노드라 한다. 여기서는 노드와 그에 해당하는 변수 간에 형식적인 구별을 하지 않을 것이며, 같은 기호를 통해 둘 다를 지칭할 것이다.

식 8.2에서 살펴봐야 할 흥미로운 사실 중 하나는 왼쪽 변은 a, b, c 세 개의 변수에 대해서 대칭적인 반면에 오른쪽 변은 그렇지 않다는 것이다. 실제로 8.2를 분해하는 데 있어서 우리는 암묵적으로 특정 순서를 선택하였다. 이 경우 그 순서는 a, b, c였다. 만약 우리가 다른 순서를 선택했다면 다른 분해 결과를 얻었을 것이고, 따라서 해당 그래프 표현 또한 달라졌을 것이다. 이에 대해서는 나중에 다시 살펴보게 될 것이다.

그림 8.1의 예시를 K개 변수에 대한 결합 분포 $p(x_1, \ldots, x_K)$의 경우로 확장해 보자. 확률의 곱의 법칙을 반복적으로 적용해서 이 결합 분포를 조건부 분포들의 곱으로 표현할 수 있다. 이때 각 변수당 하나씩의 조건부 분포가 곱의 법칙에 사용된다.

$$p(x_1, \ldots, x_K) = p(x_K|x_1, \ldots, x_{K-1}) \ldots p(x_2|x_1)p(x_1) \tag{식 8.3}$$

선택된 K에 대해서 해당 결합 분포를 K개의 노드를 가지는 방향성 그래프로 표현할 수 있다. 이때 각 노드들은 식 8.3의 오른쪽 변의 조건부 분포 하나씩을 표현하게 되며, 자신보다 더 낮은 순번의 노드들로부터 들어오는 방향의 링크를 가지게 될 것이다. 이 경우 이 그래프는 **완전 연결**(fully connected)되었다고 표현한다. 이는 모든 노드 쌍 사이에 연결이 존재하기 때문이다.

지금까지 매우 일반적인 결합 분포를 바탕으로 살펴보았다. 이 경우의 분해 결과와 이를 표현하는 완전 연결된 그래프는 어떤 분포에 대해서든지 적용할 수 있다. 사실 그래프에서 **부재**(absence)하는 링크가 해당 그래프가 표현하는 분포에 대한 흥미로운 정보를 전달하게 된다. 그림 8.2의 그래프를 살펴보자. 이 그래프는 완전 연결된 그래프가 아니다. 왜냐하면 예를 들어

그림 8.1 a, b, c 세 변수의 조건부 확률 분포를 표현한 방향성 그래프 모델. 식 8.2 분해 결과의 오른쪽 변을 바탕으로 그려졌다.

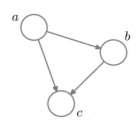

그림 8.2 변수 $x_1, \ldots, x_7$의 동시 분포를 표현한 방향성 비순환 그래프의 예시.
이 그래프에 해당하는 분해 결과는 식 8.4에 있다.

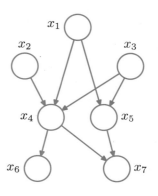

x_1에서 x_2로, x_3에서 x_7으로의 연결이 부재하기 때문이다.

이제 이 그래프가 표현하는 결합 분포를 살펴보도록 하자. 이때 각각의 노드가 표현하고 있는
조건부 분포들의 곱으로 이 결합 분포를 적을 것이다. 각각의 조건부 분포들은 그래프상에서
해당 노드의 부모 노드만을 조건절로 가진다. 가령 x_5의 조건절에 해당하는 노드는 x_1과 x_3다.
따라서 일곱 변수 전체에 대한 결합 분포는 다음과 같이 주어진다.

$$p(x_1)p(x_2)p(x_3)p(x_4|x_1, x_2, x_3)p(x_5|x_1, x_3)p(x_6|x_4)p(x_7|x_4, x_5). \qquad \text{(식 8.4)}$$

잠시 시간을 두고 식 8.4와 그림 8.2 간의 연관성을 유심히 살펴보기 바란다.

이제 우리는 주어진 방향성 그래프와 이에 해당하는 변수들의 분포 사이의 관계성을 더 일반
적으로 직시할 수 있다. 그래프를 바탕으로 정의된 결합 분포는 모든 노드에 대한 조건부 분포
들의 곱으로 주어지게 된다. 이때 각 노드에 대한 조건부 분포는 그래프에서의 부모 노드에 대
해 조건부인 분포다. 따라서 K개의 노드를 가지는 그래프의 경우에 결합 분포는 다음처럼 주
어진다.

$$p(\mathbf{x}) = \prod_{k=1}^{K} p(x_k|\text{pa}_k) \qquad \text{(식 8.5)}$$

여기서 pa_k는 x_k의 부모 노드들을 지칭한 것이다. 그리고 $\mathbf{x} = \{x_1, \ldots, x_K\}$다. 이 핵심 공
식은 방향성 그래프 모델에서의 결합 분포의 **인수분해**(*factorization*) 성질을 표현하고 있다. 여기
서는 각 노드가 단일 변수에 해당한다고 간주했다. 하지만 변수의 집합이나 벡터값을 가지는
변수를 그래프의 하나의 노드와 연관시키는 것도 가능하다. 각 조건부 분포가 정규화되어 있
다는 가정하에서 식 8.5의 오른쪽 변이 항상 올바르게 정규화되어 있다는 것을 증명하는 것은
그리 어렵지 않다.

연습문제 8.1

우리가 고려하고 있는 방향성 그래프는 한 가지 중요한 제약을 가지고 있다. 바로 **방향성 순환**(*directed cycle*)이 없어야 한다는 것이다. 다시 말하자면 하나의 노드로부터 방향에 맞추어 링크를 따라갔을 때, 원래의 노드로 돌아오게 되는 순환 경로가 그래프상에 존재해서는 안 된다는 것이다. 이러한 그래프를 **방향성 비순환 그래프**(*directed acycle graph, DAG*)라고 부르기도 한다. 그래프가 방향성 비순환이라는 것은 한 노드로부터 그보다 더 낮은 순서의 노드로 가는 링크가 하나도 존재하지 않도록 하는 식으로, 전체 노드에 순서를 부여하는 것이 가능하다는 것과 동치다.

연습문제 8.2

8.1.1 예시: 다항 근사

확률 분포를 서술하는 데 있어서 방향성 그래프를 어떻게 사용하는지를 보기 위해 1.2.6절에서 소개했던 베이지안 다항 회귀 모델을 고려할 것이다. 이 모델의 확률 변수는 다항 계수의 벡터 $\mathbf{w}$와 관측된 데이터 $\mathbf{t} = (t_1, \ldots, t_N)^{\mathrm{T}}$다. 추가적으로 이 모델은 입력 데이터 $\mathbf{x} = (x_1, \ldots, x_N)^{\mathrm{T}}$, 노이즈 분산 σ^2, $\mathbf{w}$에 대한 가우시안 사전 분포의 정밀도에 해당하는 초매개변수 α 등을 포함하고 있다. 일단, 지금은 확률 변수들에만 초점을 맞춰보도록 하자. 이 경우 결합 분포는 사전 분포 $p(\mathbf{w})$와 N개의 조건부 분포 $p(t_n|\mathbf{w})$(이때 $n = 1, \ldots, N$)의 곱으로 표현된다.

$$p(\mathbf{t}, \mathbf{w}) = p(\mathbf{w}) \prod_{n=1}^{N} p(t_n|\mathbf{w}) \tag{식 8.6}$$

이 결합 분포를 그림 8.3에 그려진 그래프 모델로 표현할 수 있다.

$t_1, \ldots, t_N$과 같은 여러 개의 노드를 그림 8.3과 같이 명시적으로 그리면 앞으로 등장할 더 복잡한 모델을 다룰 때 불편할 것이다. 따라서 이런 여러 노드들을 더 간결하게 표현할 수 있는 그래프 표현법을 도입해 보도록 하자. 이를 이용해서 그림 8.3을 다시 그릴 것이다. 이 경우 하나의 대표 노드 t_n을 그리고 이를 **판**(*plate*)이라 불리는 상자로 둘러쌀 것이다. 그리고 이 상자에는 N이라는 라벨을 붙이도록 하자. 이는 이러한 종류의 노드가 N개 존재한다는 것을 의미한다. 이 표현법을 바탕으로 다시 그린 결과가 그림 8.4다.

그림 8.3　식 8.6의 결합 분포를 표현한 방향성 그래프 모델. 1.2.6절에서 소개한 베이지안 다항 회귀 모델에 해당한다.

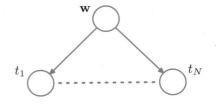

때로는 모델의 매개변수나 확률(stochastic) 변수들을 직접적으로 표현하는 것이 편리할 수도 있다. 이 경우 식 8.6은 다음과 같이 된다.

$$p(\mathbf{t}, \mathbf{w}|\mathbf{x}, \alpha, \sigma^2) = p(\mathbf{w}|\alpha) \prod_{n=1}^{N} p(t_n|\mathbf{w}, x_n, \sigma^2)$$

이에 맞게 $\mathbf{x}$와 α를 그래프에서도 직접 표현할 수 있다. 이를 위해서 확률 변수들은 열린 원으로, 결정적 매개변수들은 작은 점으로 표기하는 기존의 관행을 따르도록 하자. 그림 8.4에 결정적(deterministic) 매개변수들을 추가하게 되면 그림 8.5의 그래프를 얻게 된다.

머신 러닝이나 패턴 인식 문제에 그래프 모델을 적용할 때, 우리는 보통 몇몇 확률 변수들을 특정 관측값으로 설정하게 된다. 다항식 곡선 근사의 경우에는 훈련 집합의 변수 $\{t_n\}$이 그 예시다. 그래프 모델에서 이러한 **관측 변수**(*observed variable*)들은 해당 노드에 음영을 추가함으로써 표현할 것이다. 그림 8.5의 그래프 모델의 관측 변수 $\{t_n\}$을 음영 처리한 그림이 그림 8.6이다. $\mathbf{w}$의 값은 관측되지 않았다. 따라서 $\mathbf{w}$는 **잠재**(*latent*) 변수의 예시다. 이는 때로 **은닉**(*hidden*) 변수라고 불리기도 한다. 이러한 변수들은 많은 확률적 모델에서 중요한 역할을 담당하고 있으며, 9장과 12장에서 중요하게 다뤄질 것이다.

$\{t_n\}$ 값들을 관측한 상황하에서, 만약 우리가 원한다면 1.2.5절에서 다뤘던 것과 같이 다항 계

그림 8.4   **판**(*plate*)(라벨 N이 붙어 있는 박스)을 이용해서 그림 8.3을 더 간결하게 표기한 그래프. 이때 해당 판은 N개의 노드들을 표현하고 있으며, 그중 하나의 예시인 t_n만이 직접적으로 그려져 있다.

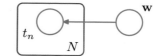

그림 8.5   그림 8.4와 같은 그래프 모델에 결정적 매개변수들을 추가적으로 표현한 그림. 결정적 매개변수들은 작은 점으로 표현되어 있다.

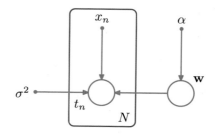

그림 8.6   그림 8.5와 동일하지만 추가적으로 노드 $\{t_n\}$에 음영이 더해졌다. 이는 이 확률 변수가 관측값(훈련 집합)으로 설정되었다는 것을 의미한다.

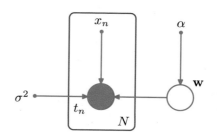

수 **w**의 사후 분포를 계산할 수 있다. 일단, 여기서는 이 과정이 베이지안 정리를 직접적으로 적용하는 것을 포함한다는 것을 확인하고 넘어가도록 하자.

$$p(\mathbf{w}|\mathbf{t}) \propto p(\mathbf{w}) \prod_{n=1}^{N} p(t_n|\mathbf{w}) \qquad \text{(식 8.7)}$$

표기를 간략하게 하기 위해서 결정적 매개변수들은 생략되었다.

일반적으로 **w**와 같은 모델 매개변수들은 그 자체로는 그리 흥미롭지 않다. 왜냐하면 우리의 최종 목표는 새로운 입력 변수에 대해서 예측을 하는 것이기 때문이다. 새로운 입력 변수 $\widehat{x}$가 주어졌을 때, 관측 데이터를 조건부로 하는 $\widehat{t}$에 대한 확률 분포를 구한다고 가정해 보자. 이 문제를 기술하는 그래프 모델이 그림 8.7에 그려져 있다. 이 모델의 모든 확률 변수들에 대한 결합 분포(결정적 매개변수들을 조건부로 가지는)는 다음과 같이 주어진다.

$$p(\widehat{t}, \mathbf{t}, \mathbf{w}|\widehat{x}, \mathbf{x}, \alpha, \sigma^2) = \left[\prod_{n=1}^{N} p(t_n|x_n, \mathbf{w}, \sigma^2)\right] p(\mathbf{w}|\alpha)p(\widehat{t}|\widehat{x}, \mathbf{w}, \sigma^2) \qquad \text{(식 8.8)}$$

$\widehat{t}$에 대한 예측 분포는 확률의 합의 법칙에 따라 모델 매개변수 **w**를 적분하여 제거함으로써 구할 수 있다.

$$p(\widehat{t}|\widehat{x}, \mathbf{x}, \mathbf{t}, \alpha, \sigma^2) \propto \int p(\widehat{t}, \mathbf{t}, \mathbf{w}|\widehat{x}, \mathbf{x}, \alpha, \sigma^2) \, \mathrm{d}\mathbf{w}$$

여기서는 함축적으로 확률 변수 **t**를 데이터 집합에서 관측된 특정값으로 설정하였다. 이 계산에 대한 자세한 내용은 3장의 논의 내용을 참고하기 바란다.

그림 8.7 그림 8.6의 다항 회귀 모델에 새 입력 변수 $\widehat{x}$와 이에 해당하는 모델 예측치 $\widehat{t}$를 추가하였다.

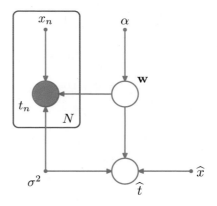

8.1.2 생성적 모델

많은 경우에 주어진 확률 분포에서 표본을 추출해야 할 상황이 발생할 수 있다. 11장에서는 표본 추출 방법에 대해 자세히 다룰 것이다. 하지만 여기서 간단히 하나의 표본 추출 테크닉을 살펴보고 넘어가도록 하자. **조상 추출법**(*ancestral sampling*)이라 불리는 이 테크닉은 특히 우리가 살펴보고 있는 그래프 모델과 관련성이 높다. K개의 변수에 대한 결합 분포 $p(x_1, \ldots, x_K)$를 고려해 보자. 이 분포는 식 8.5에 의해 인수분해되며, 그에 대응하는 방향성 비순환 그래프를 가진다. 이때 어떤 노드든 낮은 순번의 노드로 가는 링크가 존재하지 않게 변수들의 순서를 정했다고 가정하자. 다시 말하면 각 노드들은 부모 노드들보다 높은 순번을 가진다. 우리의 목표는 이 결합 분포로부터 표본 $\hat{x}_1, \ldots, \hat{x}_K$를 추출하는 것이다.

가장 숫자가 낮은 노드를 선택하고 그 분포 $p(x_1)$으로부터 표본을 추출하는 데서 시작하자. 이 표본을 $\hat{x}_1$이라 할 것이다. 그 다음에는 각각의 노드를 순서대로 따라가면서 이와 같은 방식으로 표본을 추출하게 된다. 이런 식으로 진행하면 노드 n에서는 조건부 분포 $p(x_n|\mathrm{pa}_n)$에서 표본을 추출하게 될 것이다. 이때 필요한 부모 변숫값은 앞에서 추출된 값을 바탕으로 설정한다. 각 단계마다 부모 노드의 값은 언제나 사용할 수 있다는 점을 주목하자. 왜냐하면 낮은 순번에 해당하는 부모 노드들은 이미 앞서 표본 추출된 상태이기 때문이다. 특정 분포에서 추출을 시행하는 테크닉에 대해서는 11장에서 자세히 다룰 예정이다. 마지막 변수 x_K로부터 표본 추출을 끝마치면 결합 분포로부터 표본을 추출한다는 우리의 목표가 달성된다. 변수들의 부분 집합에 해당하는 주변 분포로부터 표본을 추출해야 할 경우에는 필요로 하는 노드들에서 추출된 표본값들만을 사용하고, 나머지 노드들에서부터의 표본값들은 무시하면 된다. 예를 들어 분포 $p(x_2, x_4)$로부터 표본을 추출하고자 한다면 일단 전체 결합 분포에서 표본을 추출한 후, $\hat{x}_2$와 $\hat{x}_4$ 값만 남기고 나머지 값인 $\{\hat{x}_{j\neq 2,4}\}$는 버리면 된다.

확률적 모델을 실제 문제에 적용하는 경우에는 보통 단말 노드에 해당하는 더 높은 숫자를 가진 변수들이 관측 변수에 해당하고, 낮은 숫자를 가진 노드들이 잠재 변수에 해당하게 된다. 잠재 변수의 주된 역할은 관측 변수에 대한 복잡한 분포를 더 단순한(보통은 지수족) 조건부 분포를 바탕으로 구성된 모델을 통해 표현할 수 있도록 해주는 것이다.

이러한 모델은 관측 데이터가 발생하는 과정을 표현하고 있다고 해석이 가능하다. 예를 들어, 이미지에서 물체를 인식하는 비전 문제를 생각해 보자. 여기서 각각의 데이터 포인트는 물체들 중 하나의 (픽셀 강도의 벡터로 구성되어 있는) 이미지에 해당한다. 이 경우 잠재 변수들은 물체의 위치나 놓여 있는 방향 등을 나타내는 것으로 생각할 수 있다. 어떤 특정 이미지가 관측되었을 때 여기서의 목표는 이 이미지를 바탕으로 물체에 대한 사후 분포를 구하는 것이다. 이때 모든

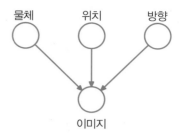

그림 8.8　물체들의 이미지가 만들어지는 과정을 표현한 그래프 모델. 여기서 물체의 정체(이산 변수), 위치(연속 변수), 방향(연속 변수)들은 독립적인 사전 확률을 가지고 있다. 이미지(픽셀 강도의 벡터)는 물체의 정체, 위치, 방향에 종속적인 확률 분포다.

가능한 위치와 방향들은 적분해서 제거한다. 이 문제를 그래프 모델을 이용해서 표현한 도식이 그림 8.8에 그려져 있다.

그래프 모델은 관측 데이터가 생성되는 **인과**(*causal*) 과정을 담게 된다(Pearl, 1988). 이러한 이유로 인해서 해당 모델들을 **생성적**(*generative*) 모델이라 부른다. 이와는 대조적으로 그림 8.5에서 설명한 다항 회귀 모델은 생성적 모델이 아니다. 왜냐하면 입력 변수 x에 주어진 확률 분포가 없어서 모델로부터 모조(synthetic) 데이터 포인트를 생성해 내는 것이 불가능하기 때문이다. 적절한 사전 분포 $p(x)$를 도입해서 이 모델을 생성적으로 만들 수도 있다. 하지만 이 경우에는 모델이 더 복잡해질 것이다.

확률 모델의 은닉 변수들이 반드시 직접적으로 해석이 가능해야만 하는 것은 아니다. 단순한 성분들로부터 더 복잡한 결합 분포를 만드는 데 은닉 변수들이 사용될 수도 있다. 두 경우 모두에 대해서 생성적 모델에 적용된 조상 추출법은 관측 데이터가 만들어지는 과정을 흉내 내는 것에 해당한다. 따라서 이 방법은 이론적으로는(모델이 현실을 완벽하게 표현하고 있다는 가정하에) 그 확률 분포가 관측 데이터와 동일한 완벽한 표본을 제공하게 된다. 실제 적용에서 생성적 모델로부터 합성 관측값을 만들어 내는 것은 그 모델이 표현하는 확률 분포의 형태를 이해하는 데 도움이 될 수 있다.

8.1.3 이산 변수

2.4절

지수족에 속하는 확률 분포들의 중요성에 대해 앞에서 논의했었다. 그리고 많은 종류의 잘 알려진 분포들이 지수족의 특정 케이스에 해당한다는 것도 살펴봤었다. 이러한 분포들은 비교적 단순한 편이지만 더 복잡한 확률 분포를 구성하는 데 있어서 구성 원소로서 유용하다. 그리고 그래프 모델 방법론은 이 구성 원소들이 서로 어떻게 연결되는지를 표현하는 데 있어서 매우 유용하다.

방향성 그래프의 각각의 부모/자식 쌍들을 켤레(conjugate)가 되도록 하면 이러한 모델들은 특히 더 유용한 성질을 가지게 된다. 몇몇 이러한 예시에 대해 잠시 후에 살펴보게 될 것이다. 그

중에서도 특히 부모와 자식 노드가 각각 이산 변수일 경우와 각각이 가우시안 변수일 경우를 살펴보자. 이 두 경우가 특히 주목할 만한 이유는, 부모/자식 노드 간의 관계성을 계층적으로 확장해서 임의의 복잡한 방향성 비순환 그래프를 구성하는 것이 가능하기 때문이다. 우선, 이산 케이스부터 살펴보도록 하자.

K개의 상태를 가질 수 있는 단일 이산 변수 $\mathbf{x}$(원 핫 인코딩을 사용)의 확률 분포 $p(\mathbf{x}|\boldsymbol{\mu})$를 다음과 같이 표현할 수 있다.

$$p(\mathbf{x}|\boldsymbol{\mu}) = \prod_{k=1}^{K} \mu_k^{x_k} \qquad \text{(식 8.9)}$$

그리고 이 확률 분포는 매개변수 $\boldsymbol{\mu} = (\mu_1, \ldots, \mu_K)^{\mathrm{T}}$에 의해 조절된다. $\sum_k \mu_k = 1$이라는 제약 조건이 있기 때문에 분포를 정의하기 위해서는 $K - 1$개의 μ_k 값만 설정하면 된다.

K개의 상태를 가지는 두 개의 이산 변수 $\mathbf{x}_1$와 $\mathbf{x}_2$를 고려해 보자. 그리고 이들의 결합 분포를 모델한다고 가정해 보자. $x_{1k} = 1$과 $x_{2l} = 1$을 둘 다 관측할 확률을 매개변수 μ_{kl}로 표현하자. 여기서 x_{1k}는 $\mathbf{x}_1$의 k번째 성분을 의미한다. x_{2l}의 경우도 이와 비슷하다. 이 경우 결합 분포를 같이 적을 수 있다.

$$p(\mathbf{x}_1, \mathbf{x}_2|\boldsymbol{\mu}) = \prod_{k=1}^{K} \prod_{l=1}^{K} \mu_{kl}^{x_{1k}x_{2l}}$$

μ_{kl}이 제약 조건 $\sum_k \sum_l \mu_{kl} = 1$을 가지기 때문에 이 분포는 $K^2 - 1$개의 매개변수에 의해 조절된다. 이를 바탕으로 변수가 M개인 경우에 임의의 결합 분포를 지정하기 위해서 필요한 전체 매개변수의 숫자가 $K^M - 1$이라는 것을 쉽게 증명할 수 있다. 따라서 이 숫자는 변수의 숫자 M개에 대해 기하급수적으로 증가한다.

확률의 곱 법칙을 적용하면 결합 분포 $p(\mathbf{x}_1, \mathbf{x}_2)$를 $p(\mathbf{x}_2|\mathbf{x}_1)p(\mathbf{x}_1)$으로 인수분해할 수 있다. 이는 $\mathbf{x}_1$에서 $\mathbf{x}_2$로 가는 링크가 존재하는 두 개의 노드를 가진 그래프에 해당한다. 이 그래프가 그림 8.9(a)에 그려져 있다. 주변 분포 $p(\mathbf{x}_1)$은 $K - 1$개의 매개변수에 의해 조절된다. 조건부 분포 $p(\mathbf{x}_2|\mathbf{x}_1)$에서는 K개의 가능한 각 $\mathbf{x}_1$ 값들마다 $K - 1$개씩의 매개변수

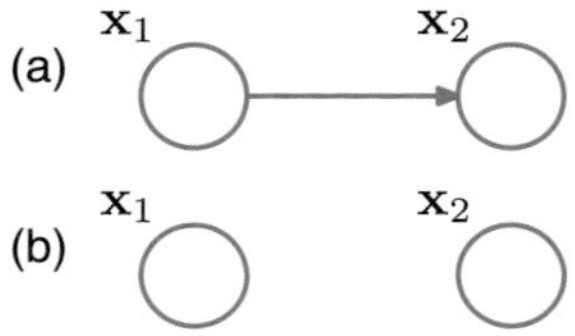

그림 8.9 (a) 완전히 연결된 이 그래프는 K개의 상태를 가지는 두 이산 변수의 일반적 분포를 나타낸 것이다. 이 분포는 총 $K^2 - 1$개의 매개변수를 가진다. (b) 노드 사이의 링크를 제거하면 전체 매개변수의 숫자가 $2(K - 1)$개로 줄어든다.

가 필요하다. 따라서 이 경우 결합 분포를 지정하기 위한 전체 매개변수의 숫자는 앞과 같이 $(K - 1) + K(K - 1) = K^2 - 1$이 된다.

이제 $\mathbf{x}_1$과 $\mathbf{x}_2$가 독립적이라고 가정해 보자. 이 경우의 그래프 모델이 그림 8.9(b)에 그려져 있다. 이 경우 각각의 변수들을 별개의 다항 분포로 표현할 수 있다. 그리고 전체 매개변수의 숫자는 $2(K - 1)$이 된다. 각각이 K개의 상태를 가지는 M개의 독립적인 이산 변수의 분포의 경우는 전체 매개변수의 숫자가 $M(K - 1)$이 될 것이다. 따라서 이 경우에 필요한 매개변수의 숫자는 변수의 숫자에 대해서 선형적으로 증가하게 된다. 그래프 관점에서 보자면 그래프상의 링크를 없앰으로써 필요한 매개변수의 숫자를 줄인 대신, 더 제한적인 종류의 분포만을 표현할 수 있게 되었다.

더 일반적인 경우를 고려해 보자. M개의 이산 변수 $\mathbf{x}_1, \ldots, \mathbf{x}_M$을 가정하자. 이들의 결합 분포를 각각의 노드가 하나의 변수에 대응되는 방향성 그래프를 이용해서 표현할 수 있다. 각 노드에서의 조건부 분포는 0보다 크거나 같은 매개변수들의 집합으로 주어지며, 각 매개변수는 정규화 제약 조건을 가지게 된다. 만약 그래프가 완전히 연결되어 있다면, 우리는 $K^M - 1$개의 매개변수를 가지는 완전히 일반적인 분포를 가진다. 반면에 그래프에 링크가 하나도 없다면 결합 분포를 주변 분포들의 곱으로 인수분해할 수 있으며, 이 경우 전체 매개변수의 숫자는 $M(K - 1)$이다. 연결 밀집도가 중간 정도 되는 그래프들은 완전히 인수분해된 그래프에 비해 더 일반적인 분포들을 표현할 수 있게 되는 반면, 완전 일반적인 결합 분포에 비해서는 더 적은 숫자의 매개변수를 가지게 된다. 그림 8.10에 그려진 노드들의 사슬을 고려해 보자. 주변 분포 $p(\mathbf{x}_1)$은 $K - 1$개의 매개변수를 필요로 하는 반면, $M - 1$개의 조건부 분포 $p(\mathbf{x}_i | \mathbf{x}_{i-1})(i = 2, \ldots, M)$들은 각각이 $K(K - 1)$개의 매개변수를 필요로 한다. 그 결과 필요한 매개변수의 전체 숫자는 $K - 1 + (M - 1)K(K - 1)$이 된다. 이는 K에 대해서는 이차식으로, 사슬의 길이 M에 대해서는 (기하급수적이 아니라) 선형적으로 증가하게 된다.

모델의 독립 매개변수의 수를 줄이는 또 다른 방법은 **공유**(*sharing*) 매개변수를 이용하는 것이다. 이는 때로 매개변수의 **매듭**(*tying*)이라고 불리기도 한다. 예를 들어, 그림 8.10의 사슬 예시에서 모든 조건부 분포 $p(\mathbf{x}_i | \mathbf{x}_{i-1})(i = 2, \ldots, M)$들을 같은 $K(K - 1)$개의 매개변수 집합을

그림 8.10 각각이 K개의 상탯값을 가지는 M개의 이산 노드들의 사슬. $K - 1 + (M - 1)K(K - 1)$개의 매개변수가 필요하며, 이는 사슬의 길이 M에 대해 선형적으로 증가한다. 이와는 대조적으로 완전히 연결된 M개 노드의 그래프는 $K^M - 1$개의 매개변수를 가지게 되는데, 이는 M에 대해 기하급수적으로 증가한다.

통해 조절되도록 할 수 있다. 이 방법을 사용하면 결합 분포를 정의하는 데 전체 $K^2 - 1$의 매개변수가 필요하게 된다($\mathbf{x}_1$을 결정짓는 $K - 1$개의 매개변수를 포함했다).

매개변수에 대한 디리클레 사전 분포를 도입함으로써 이산 변수에 대한 그래프를 베이지안 모델로 전환할 수 있다. 이 경우 그래프 모델의 관점에서 각 노드들은 매개변수에 대한 디리클레 분포를 지칭하는 추가적인 부모 노드를 가지게 된다. 이에 대한 도식이 그림 8.11에 그려져 있다. 또한, 그림 8.12에는 해당 모델에 대해서 조건부 분포 $p(\mathbf{x}_i|\mathbf{x}_{i-1})(i = 2, \dots, M)$들을 조절하는 매개변수들을 매듭지은 경우의 도식이 그려져 있다.

이산 변수 모델에서의 매개변수 숫자의 기하급수적인 증가를 통제하는 또 다른 방법은 조건부 분포값의 전체 테이블을 사용하는 대신에 조건부 분포로 매개변수화된 모델을 사용하는 것이다. 이 아이디어를 더 자세히 설명하기 위해 모든 노드들이 이산 확률 변수를 표현하고 있는 그림 8.13의 그래프를 사용하자. 각 부모 변수 x_i는 확률 $p(x_i = 1)$을 표현하는 단일 매개변수 μ_i에 의해 조절된다. 그리고 이 경우 부모 노드들에 대해 총 M개의 매개변수가 필요하게 된다. 하지만 조건부 분포 $p(y|x_1, \dots, x_M)$은 2^M개의 가능한 부모 변수들의 조합 각각에 대한 확률 $p(y = 1)$들을 표현하는 2^M개의 매개변수를 필요로 하게 될 것이다. 따라서 조건부 분포를 지정하기 위해 필요한 매개변수의 숫자는 M에 대해 기하급수적으로 증가하게 된다. 부모 변수들의 선형 결합에 로지스틱 시그모이드 함수를 조합한 값을 사용함으로써 이보다 훨씬 더 간결한 형태를 구하는 것이 가능하다.

2.4절

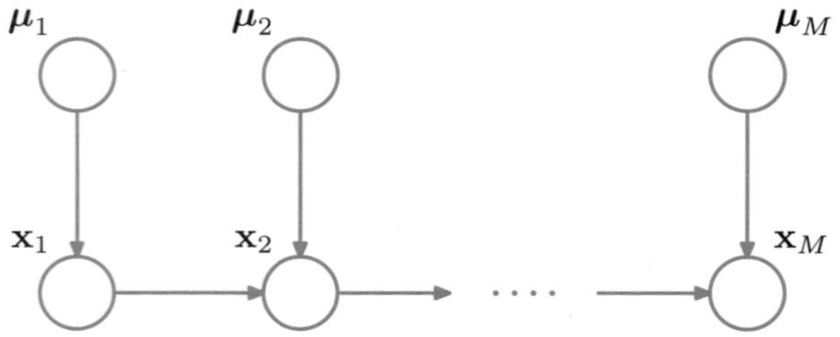

그림 8.11 그림 8.10의 모델에 이산 분포들을 조절하는 매개변수에 대한 디리클레 분포를 추가한 그래프 모델

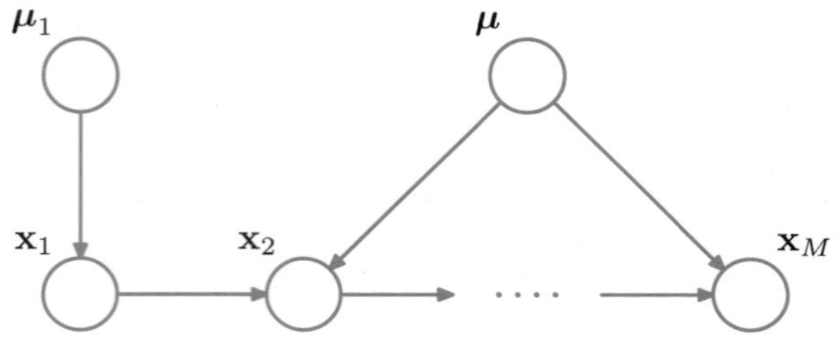

그림 8.12 그림 8.11의 모델과 비슷하지만 매개변수들의 단일 집합 $\boldsymbol{\mu}$(매듭)가 모든 조건부 분포 $p(\mathbf{x}_i|\mathbf{x}_{i-1})$들 사이에 공유되는 경우

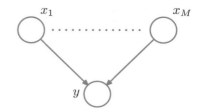

그림 8.13 M개의 부모 $x_1, \ldots, x_M$과 단일 자식 y로 이루어진 그래프 모델. 이산 변수의 매개변수화된 조건부 분포 아이디어를 설명하기 위해 사용되었다.

$$p(y = 1 | x_1, \ldots, x_M) = \sigma \left(w_0 + \sum_{i=1}^{M} w_i x_i \right) = \sigma(\mathbf{w}^{\mathrm{T}} \mathbf{x}) \qquad \text{(식 8.10)}$$

여기서 $\sigma(a) = (1 + \exp(-a))^{-1}$은 로지스틱 시그모이드 함수이며, $\mathbf{x} = (x_0, x_1, \ldots, x_M)^{\mathrm{T}}$는 $(M+1)$ 차원의 벡터로 부모의 상탯값들에 값으로 1을 가지는 x_0를 추가해 넣은 것이다. 그리고 $\mathbf{w} = (w_0, w_1, \ldots, w_M)^{\mathrm{T}}$는 $M+1$차원의 매개변수 벡터다. 이는 일반적인 케이스보다는 더 제한적인 조건부 분포의 형태다. 하지만 이제 이 분포를 조절하는 매개변수의 숫자는 M에 대해 선형으로 증가하게 된다. 이러한 관점에서 이는 다변량 가우시안 분포에서 제한된 형태의 공분산 행렬(예를 들자면 대각 행렬)을 선택한 것에 비유할 만하다. 로지스틱 시그모이드 표현법을 사용하는 동기에 대해서는 4.2절에서 살펴봤다.

8.1.4 선형 가우시안 모델

앞 절에서는 각각의 변수들을 방향성 비순환 그래프의 노드로 표현하는 방식으로 이산 변수들에 대한 결합 확률 분포를 구성하는 방법에 대해 살펴보았다. 여기서는 다변량 가우시안을 방향성 그래프로 표현하는 것에 대해 살펴볼 것이다. 이는 성분 변수들에 대한 선형 가우시안 모델에 해당하게 된다. 이 표현을 바탕으로 하면 가우시안 분포에 흥미로운 구조를 강제할 수 있다. 이 구조의 한 극단에는 일반적인 가우시안 분포가, 반대쪽 극단에는 대각 공분산 행렬을 가지는 가우시안 분포가 존재하게 된다. 실제로 확률적 PCA, 인자 분석, 선형 동적 시스템 (Roweis and Ghahramani, 1999) 등의 몇몇 널리 사용되는 테크닉들은 선형 가우시안 모델의 예시에 해당한다. 이 책의 나중 부분에서 이러한 테크닉에 대해 다룰 때 이 절에서의 결과를 광범위하게 사용할 것이다.

D개의 변수들에 대한 임의의 방향성 비순환 그래프를 고려해 보자. 이때 그래프의 노드 i는 가우시안 분포를 가지는 하나의 연속 확률 변수 x_i를 지칭한다. 이 분포의 평균은 해당 노드의 부모 노드들의 상태 pa_i의 선형 결합으로 설정된다.

$$p(x_i | \mathrm{pa}_i) = \mathcal{N} \left(x_i \,\middle|\, \sum_{j \in \mathrm{pa}_i} w_{ij} x_j + b_i, v_i \right) \qquad \text{(식 8.11)}$$

여기서 w_{ij}와 b_i는 평균을 조정하는 매개변수이며, v_i는 x_i에 대한 조건부 분포의 분산이다. 이 경우 결합 분포의 로그는 그래프상의 모든 노드들에 대한 조건부 분포들을 곱한 값에 로그를 취한 것과 같다.

$$\ln p(\mathbf{x}) = \sum_{i=1}^{D} \ln p(x_i|\mathrm{pa}_i) \qquad (\text{식 } 8.12)$$

$$= -\sum_{i=1}^{D} \frac{1}{2v_i} \left(x_i - \sum_{j \in \mathrm{pa}_i} w_{ij}x_j - b_i \right)^2 + \mathrm{const} \qquad (\text{식 } 8.13)$$

여기서 $\mathbf{x} = (x_1, \dots, x_D)^{\mathrm{T}}$이며, 'const'는 $\mathbf{x}$에 대해 독립적인 항(상수)들을 지칭한다. 이 식이 $\mathbf{x}$의 성분들에 대한 제곱식이라는 것을 알 수 있다. 따라서 결합 분포 $p(\mathbf{x})$는 다변량 가우시안 이다.

결합 분포의 평균과 공분산을 다음과 같이 재귀적으로 구할 수 있다. 각각의 변수 x_i(부모의 상 탯값에 대해 조건부로)는 식 8.11의 가우시안 분포를 가진다. 따라서 다음과 같다.

$$x_i = \sum_{j \in \mathrm{pa}_i} w_{ij}x_j + b_i + \sqrt{v_i}\epsilon_i \qquad (\text{식 } 8.14)$$

여기서 ϵ_i는 0 평균값과 단위 분산값을 가지는 가우시안 확률 변수로서 $\mathbb{E}[\epsilon_i] = 0$와 $\mathbb{E}[\epsilon_i \epsilon_j] = I_{ij}$ 를 만족한다. 이때 I_{ij}는 항등 행렬의 i, j 원소에 해당한다. 식 8.14의 기댓값을 취하면 다음과 같이 된다.

$$\mathbb{E}[x_i] = \sum_{j \in \mathrm{pa}_i} w_{ij}\mathbb{E}[x_j] + b_i \qquad (\text{식 } 8.15)$$

따라서 우리는 가장 낮은 순번의 노드부터 재귀적으로 그래프를 따라가면서 $\mathbb{E}[\mathbf{x}] = (\mathbb{E}[x_1], \dots, \mathbb{E}[x_D])^{\mathrm{T}}$의 성분들을 찾을 수 있다(앞에서와 같이 각 노드들이 그 부모보다 더 높은 순번을 가지 도록 번호가 부여되었다고 가정한다). 이와 마찬가지로 식 8.14와 식 8.15를 사용해서 $p(\mathbf{x})$에 대한 공분산 행렬의 i, j번째 원소를 구할 수 있다. 이를 위한 재귀 관계식은 다음과 같다.

$$
\begin{aligned}
\mathrm{cov}[x_i, x_j] &= \mathbb{E}\left[(x_i - \mathbb{E}[x_i])(x_j - \mathbb{E}[x_j])\right] \\
&= \mathbb{E}\left[(x_i - \mathbb{E}[x_i])\left\{ \sum_{k \in \mathrm{pa}_j} w_{jk}(x_k - \mathbb{E}[x_k]) + \sqrt{v_j}\epsilon_j \right\}\right] \\
&= \sum_{k \in \mathrm{pa}_j} w_{jk}\mathrm{cov}[x_i, x_k] + I_{ij}v_j \qquad (\text{식 } 8.16)
\end{aligned}
$$

따라서 공분산 역시 가장 낮은 순번의 노드부터 시작해서 재귀적으로 구할 수 있다.

두 가지 극단적인 케이스를 고려해 보도록 하자. 첫 번째로 그래프에 링크가 하나도 없는 경우를 고려해 보자. 즉, 그래프가 D개의 고립된 노드들로 구성되어 있는 것이다. 이 경우에는 매개변수 w_{ij}가 존재하지 않으며, D개의 b_i와 D개의 v_i만 존재하게 된다. 식 8.15와 식 8.16의 재귀 관계식에서 $p(\mathbf{x})$의 평균은 $(b_1, \ldots, b_D)^{\mathrm{T}}$로 주어지며, 공분산 행렬은 대각 행렬로써 $\mathrm{diag}(v_1, \ldots, v_D)$의 형태를 가짐을 알 수 있다. 전체 결합 분포는 $2D$개의 매개변수를 가지게 되며 D개의 독립적인 단변량 가우시안 분포를 표현하게 된다.

이제 반대의 극단 케이스인 완전히 연결된 그래프를 고려해 보자. 이 경우에는 각각의 노드들이 그보다 낮은 순번의 노드들을 전부 부모로 가진다. 이때 행렬 w_{ij}는 i번째 행에 $i-1$개의 원소들을 가지게 되며, 하삼각 행렬이 된다(대각선 부분에는 원소가 없다). 매개변수 w_{ij}의 전체 숫자는 $D \times D$ 행렬에서 D^2개의 원소를 취하고 여기서 대각선 부분만큼에 해당하는 D개만큼을 뺀 후, 2로 나눈(대각선 아랫부분에만 원소가 있기 때문에) 것에 해당한다. 따라서 전체 매개변수의 숫자는 $D(D-1)/2$가 된다. 그 결과 공분산 행렬의 독립 매개변수 $\{w_{ij}\}$와 $\{v_i\}$의 전체 숫자는 $D(D+1)/2$가 된다. 이는 일반적인 대칭 공분산 행렬에 해당하는 숫자다.

2.3절

연습문제 8.7

중간 정도의 복잡도를 가지는 그래프는 부분적으로 제한된 공분산 행렬을 가지는 결합 가우시안 분포를 표현하게 된다. 그림 8.14의 예시 그래프를 살펴보자. 여기서는 x_1과 x_3 사이에 링크가 하나 빠져 있다. 식 8.15와 식 8.16의 재귀 관계식을 이용하면 결합 분포의 평균과 공분산을 구할 수 있다.

$$\boldsymbol{\mu} = \left(b_1, b_2 + w_{21}b_1, b_3 + w_{32}b_2 + w_{32}w_{21}b_1\right)^{\mathrm{T}} \tag{식 8.17}$$

$$\boldsymbol{\Sigma} = \begin{pmatrix} v_1 & w_{21}v_1 & w_{32}w_{21}v_1 \\ w_{21}v_1 & v_2 + w_{21}^2 v_1 & w_{32}(v_2 + w_{21}^2 v_1) \\ w_{32}w_{21}v_1 & w_{32}(v_2 + w_{21}^2 v_1) & v_3 + w_{32}^2(v_2 + w_{21}^2 v_1) \end{pmatrix} \tag{식 8.18}$$

각 노드들이 다변량 가우시안 변수를 표현하도록 선형 가우시안 그래프 모델을 확장하는 것은 그리 어렵지 않다. 이 경우 노드 i의 조건부 분포를 다음처럼 적을 수 있다.

$$p(\mathbf{x}_i|\mathrm{pa}_i) = \mathcal{N}\left(\mathbf{x}_i \,\middle|\, \sum_{j \in \mathrm{pa}_i} \mathbf{W}_{ij}\mathbf{x}_j + \mathbf{b}_i, \boldsymbol{\Sigma}_i\right) \tag{식 8.19}$$

여기서 $\mathbf{W}_{ij}$는 행렬이다. 이 행렬은 $\mathbf{x}_i$와 $\mathbf{x}_j$가 다른 차원수를 가진다면 정사각 행렬이 아니게 된다. 이 경우에도 전체 변수에 대한 결합 분포가 가우시안 분포라는 것을 쉽게 확인할 수 있다.

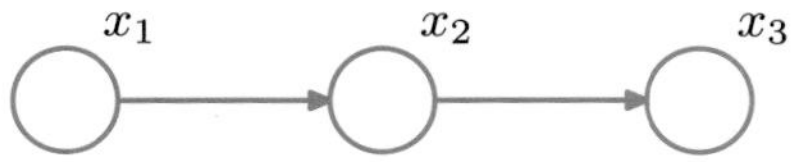

그림 8.14   가우시안 변수들에 대한 방향성 그래프. 링크 하나가 빠져 있다.

2.3.6절

가우시안 변수 $\mathbf{x}$의 평균 $\boldsymbol{\mu}$에 대한 켤레 사전 분포가 그 자체로 $\boldsymbol{\mu}$에 대한 가우시안 분포가 되는 경우를 앞에서 살펴보았었다. 이는 바로 선형 가우시안 관계의 특정 예시 중 하나에 해당한다. 이 경우 $\boldsymbol{\mu}$와 $\mathbf{x}$에 대한 결합 분포도 가우시안 분포이게 된다. 두 개의 노드를 가지는 단순한 그래프로 이를 표현할 수 있다. 여기서는 $\boldsymbol{\mu}$를 표현하는 노드가 $\mathbf{x}$를 표현하는 노드의 부모 노드가 될 것이다. $\boldsymbol{\mu}$에 대한 분포의 평균은 사전 분포를 조절하는 매개변수가 된다. 따라서 초매개변수로 볼 수 있다. 초매개변숫값을 모를 수도 있다. 이 경우에는 다시 한 번 베이지안적 관점을 적용해서 초매개변수에 대한 사전 분포를 도입할 수 있다. 이는 때로 **초사전 분포**(*hyperprior*)라 불리기도 하며, 이 역시 가우시안 분포다. 이러한 구성은 원칙적으로 몇 단계든 반복해서 적용할 수 있다. 이러한 구조를 가지는 모델을 **계층적 베이지안 모델**(*hierarchical Bayesian model*)이라 한다. 이 책의 나중 부분에서 계층적 베이지안 모델의 몇몇 예시에 대해 살펴보게 될 것이다.

8.2 조건부 독립

여러 변수들에 대한 확률 분포에서 중요한 콘셉트 중 하나는 바로 **조건부 독립**(*conditional independence*)(Dawid, 1980)이다. 세 개의 변수 a, b, c를 고려해 보자. 그리고 b와 c가 주어졌을 때 a의 조건부 분포는 b 값에 대해서는 종속적이지 않다고 해보자. 즉, 다음과 같다.

$$p(a|b,c) = p(a|c) \tag{식 8.20}$$

이런 경우에 a는 c가 주어진 상황하에서 b로부터 조건부 독립적이라고 한다. c가 주어졌을 때의 a와 b의 결합 분포를 고려하면 이를 약간 다르게 표현할 수 있다.

$$\begin{aligned} p(a,b|c) &= p(a|b,c)p(b|c) \\ &= p(a|c)p(b|c) \end{aligned} \tag{식 8.21}$$

이 유도 과정에서 식 8.20과 확률의 곱의 법칙을 사용하였다. 따라서 c가 주어진 상황하에서 a와 b의 결합 분포는 (c가 주어졌을 때의) 주변 분포 a와 (c가 주어졌을 때의) 주변 분포 b로 인수분해할 수 있다. 이 경우에 c가 주어진 상황에서 a와 b는 통계적으로 독립적이라고 할 수 있다. 우리의 조건부 독립에 대한 정의는 식 8.20(또는 이와 동등한 식 8.21)이 일부가 아니라 전체 c 값에 대해서 유효하다는 조건을 필요로 한다. 때로 조건부 독립을 다음의 간단한 기호를 사용해서 표현하기도 한다(Dawid, 1979).

$$a \perp\!\!\!\perp b \mid c \tag{식 8.22}$$

이는 c가 주어졌을 때 a가 b에 대해 조건부 독립이라는 것을 의미하며, 식 8.20과 동일하다.

패턴 인식과 머신 러닝의 확률적 모델에서 조건부 독립 성질은 중요한 역할을 한다. 조건부 독립 성질을 바탕으로 모델의 구조를 간단하게 할 수 있으며, 학습과 추론에 필요한 계산의 숫자를 줄일 수 있기 때문이다. 이에 대한 몇몇 예시를 곧 살펴볼 것이다.

만약 우리가 변수들의 집합에 대한 결합 분포가 조건부 분포들의 곱의 형태로 표현된 식을 얻게 되었다면(예를 들면 방향성 그래프의 수학적 표현) 원칙적으로는 반복적으로 확률의 합과 곱의 법칙을 적용해서 조건부 독립 성질이 존재하는지의 가능성을 확인 가능하다. 하지만 실제 응용 사례에서 이러한 방식은 시간이 매우 오래 걸릴 것이다. 그래프 모델의 중요하고 명쾌한 특징 중 하나는 그 어떠한 해석적인 조작 과정도 없이 결합 분포의 조건부 독립 성질을 그래프로부터 직접 읽어낼 수 있다는 것이다. 이를 달성하기 위한 일반적인 방법론을 **d 구분**(*d separation*)법이라 한다. 여기서 'd'는 '방향성(directed)'을 의미한다(Pearl, 1988). 여기서는 d 구분법에 대해서 간략하게만 설명할 것이다. 이에 대한 정식 증명은 Lauritzen(1996)을 참고 바란다.

8.2.1 세 가지 예시 그래프

방향성 그래프에서의 조건부 독립 성질에 대한 논의를 위해 세 가지의 간단한 예시 그래프를 고려해 보도록 하자. 이때 세 그래프는 각각이 세 개의 노드를 가지고 있다. 이 논의를 바탕으로 d 구분법의 중요 콘셉트에 대해 살펴보게 될 것이다. 첫 번째 예시가 그림 8.15에 그려져 있다. 이 예시 그래프에 대한 결합 분포는 식 8.5의 일반 결과를 바탕으로 다음과 같이 적을 수 있다.

$$p(a, b, c) = p(a|c)p(b|c)p(c) \tag{식 8.23}$$

만약 아무 변수도 관측되지 않았다면, 식 8.23의 양변을 c에 대해 주변화해서 a와 b가 독립적인지를 확인할 수 있다.

$$p(a, b) = \sum_c p(a|c)p(b|c)p(c) \tag{식 8.24}$$

일반적으로 이는 $p(a)p(b)$로 인수분해되지 않는다. 따라서 다음과 같다.

$$a \not\!\perp b \mid \emptyset \tag{식 8.25}$$

그림 8.15   방향성 그래프 모델에서의 조건부 독립에 대해 논의하기 위한 세 가지 예시 그래프들 중 첫 번째. 세 개의 변수 a, b, c에 대한 그래프다.

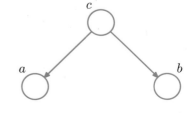

여기서 ∅는 공집합을 의미하며, 기호 ⫫는 일반적으로 조건부 독립 성질이 만족되지 않는다는 뜻이다. 물론, 특정 분포에 대해서는 다양한 조건부 확률들과 연관되어 있는 특정 수칫값들로 인해서 조건부 독립 성질이 만족될 수도 있다. 하지만 일반적으로는 이 그래프 구조를 가지는 경우에는 조건부 독립 성질이 만족되지 않는다.

이제 변수 c가 주어져서 이에 의해 조건부인 경우를 고려해 보자. 이 경우에 대해 그림 8.16에 그려져 있다. 식 8.23으로부터 c가 주어졌을 때의 a와 b에 대한 조건부 분포를 다음과 같이 적을 수 있다.

$$\begin{aligned} p(a, b|c) &= \frac{p(a, b, c)}{p(c)} \\ &= p(a|c)p(b|c) \end{aligned}$$

따라서 다음의 조건부 독립 성질을 얻게 된다.

$$a \perp\!\!\!\perp b \mid c$$

그래프를 바탕으로 이 결과를 해석해 본다면 다음과 같다. 노드 c를 통해서 노드 a에서 노드 b로 가는 경로를 고려해 보자. 이 경로에 대해서 노드 c는 **꼬리 대 꼬리**(*tail-to-tail*) 노드라고 불린다. 왜냐하면 이 노드가 두 화살표의 꼬리 부분에 연결되어 있기 때문이다. 이러한 경로가 존재한다는 것은 노드 a와 노드 b가 서로 종속적이도록 만든다. 하지만 만약 그림 8.16과 같이 c 값이 주어지고 이에 의해 조건부이게 되면 노드 c는 a에서 b로의 경로를 막게 된다. 따라서 이 경우 a와 b는 (조건부로) 독립적이게 된다.

이와 비슷한 방식으로 그림 8.17의 그래프를 살펴보도록 하자. 이 그래프에 해당하는 결합 분포를 다시금 그림 8.5의 일반식으로부터 구할 수 있다.

$$p(a, b, c) = p(a)p(c|a)p(b|c) \tag{식 8.26}$$

첫 번째로 아무 변수도 관측되지 않은 경우를 고려해 보자. c에 대해 주변화를 시행해서 a와 b가 독립적인지를 확인할 수 있다.

그림 8.16 그림 8.15와 동일한 그래프. 하지만 이 경우에는 변수 c의 값에 의해 조건지어진 경우다.

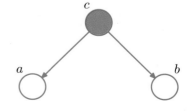

그림 8.17　방향성 그래프 모델에서의 조건부 독립에 대해 논의하기 위한
　　　　　　세 가지 예시 3노드 그래프들 중 두 번째

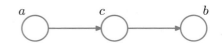

$$p(a, b) = p(a) \sum_c p(c|a)p(b|c) = p(a)p(b|a)$$

위의 식은 일반적으로 $p(a)p(b)$로 인수분해되지 않는다. 따라서 앞에서와 마찬가지로 다음이 성립하게 된다.

$$a \not\perp b \mid \emptyset \tag{식 8.27}$$

이제 그림 8.18에 그려진 것처럼 c 값이 주어지고 이에 의해 조건부인 경우를 고려해 보자. 식 8.26과 베이지안 정리를 바탕으로 다음을 구할 수 있다.

$$
\begin{aligned}
p(a, b|c) &= \frac{p(a, b, c)}{p(c)} \\
&= \frac{p(a)p(c|a)p(b|c)}{p(c)} \\
&= p(a|c)p(b|c)
\end{aligned}
$$

다시 한 번 조건부 독립 성질을 얻게 되었다.

$$a \perp\!\!\!\perp b \mid c$$

앞에서와 마찬가지로 이 결과를 그래프를 바탕으로 해석할 수 있다. 노드 c는 노드 a에서 노드 b로의 경로 측면에서 **머리 대 꼬리**(*head-to-tail*)라 불린다. 이러한 경로는 노드 a와 노드 b를 연결하며 따라서 a와 b를 종속적으로 만든다. 만약 우리가 그림 8.18에서처럼 c를 관측하게 되면 이 관측이 a에서 b로의 경로를 막게 되며, 따라서 조건부 독립성 $a \perp\!\!\!\perp b \mid c$를 얻게 된다.

마지막으로 그림 8.19의 세 번째 3노드 예시를 살펴보자. 이 그래프는 앞의 두 그래프에 비해 더 미묘한 작용을 보인다.

식 8.5에 따라서 결합 분포는 다음과 같다.

$$p(a, b, c) = p(a)p(b)p(c|a, b) \tag{식 8.28}$$

첫 번째로 아무 변수도 관측되지 않은 경우를 고려해 보자. 식 8.28의 양변을 c에 대해 주변화

그림 8.18　그림 8.17과 같지만 c 값이 주어진 경우다.

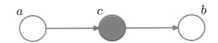

그림 8.19 방향성 그래프 모델에서의 조건부 독립에 대해 논의하기 위한 세 가지 예시 3노드 그래프들 중 세 번째. 이 그래프는 앞의 두 예시와는 다른 성질을 보인다.

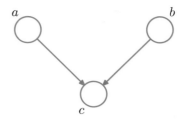

하면 다음을 얻게 된다.

$$p(a, b) = p(a)p(b)$$

앞의 두 예시와는 대조적으로 a와 b는 아무 변수도 관측되지 않은 상황에서 서로 독립적이다. 이를 다음처럼 적을 수 있다.

$$a \perp\!\!\!\perp b \mid \emptyset \qquad\qquad \text{(식 8.29)}$$

이제 그림 8.20과 같이 c의 값이 주어진 경우를 고려해 보자. 이 경우 a와 b의 조건부 분포는 다음과 같다.

$$
\begin{aligned}
p(a, b|c) &= \frac{p(a, b, c)}{p(c)} \\
&= \frac{p(a)p(b)p(c|a, b)}{p(c)}
\end{aligned}
$$

이 식은 일반적으로 곱 $p(a|c)p(b|c)$로 인수분해되지 않으며, 따라서 다음과 같이 된다.

$$a \not\!\perp\!\!\!\perp b \mid c$$

이로 인해 세 번째 예시는 앞의 두 예시와는 정반대의 행동 방식을 보이게 된다. 그래프적으로 볼 때 노드 c는 노드 a에서 노드 b로의 경로에 대해 **머리 대 머리**(head-to-head)라 불린다. 왜냐하면 두 화살표의 머리부분에 연결되어 있기 때문이다. 관측되지 않은 상황에서 노드 c는 a로부터 b로의 경로를 막게 되며, 따라서 a와 b는 독립적이다. 하지만 c의 값이 주어지고 이에 의해 조건지어질 경우 이 막힌 경로가 뚫리게 되며 그로 인해 a와 b는 종속적이게 된다.

그림 8.20 그림 8.19와 같은 그래프이지만 노드 c 값이 주어진 경우. 이 c의 값이 주어졌다는 사실이 a와 b 사이에 종속성을 발생시킨다.

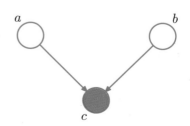

우리가 추가적으로 고려해야 할 세 번째 예시와 연관된 미묘한 부분이 있다. 우선, 몇 가지 용어를 추가로 도입하도록 하자. 노드 x에서 노드 y로 가는 화살표의 방향을 따라서만 가는 경로가 존재하면 y를 x의 **자손**(descendant) 노드라 한다. 머리 대 머리 경로에서는 만약 해당 노드 또는 그 자손들 중 아무나 하나가 관측이 되면 그 경로는 막혔던 것이 뚫리게 된다. 이를 증명할 수 있다.

연습문제 8.10

요약하자면, 꼬리 대 꼬리 노드나 머리 대 꼬리 노드는 관측되지 않은 경우에는 경로를 뚫린 채로 두며, 관측된 경우에는 경로를 막게 된다. 이와는 반대로 머리 대 머리 노드의 경우에는 관측되지 않은 경우에는 경로를 막으며, 해당 노드나 그 자손 노드들 중 하나가 관측되면 경로가 뚫리게 된다.

그림 8.20의 그래프의 색다른 행동을 조금 더 살펴보도록 하자. 이러한 그래프의 특정한 예시로써 세 가지 이진 확률 변수로 이루어진 그래프를 고려해 보자. 이때 각각의 확률 변수들은 자동차의 연료 시스템과 연관되어 있다고 하자. 이에 대해서 그림 8.21에 그려져 있다. 변수 B는 배터리의 상태를 나타내며 충전되어 있을 경우에는 $B = 1$, 방전되었을 경우에는 $B = 0$ 값을 가진다. F는 연료 탱크의 상태를 나타내는데 연료가 가득 차 있을 경우에는 $F = 1$, 연료가 비어 있을 경우에는 $F = 0$ 값을 가진다. G는 전기/연료 측정기의 상태를 나타내며 가득할 경우에는 $G = 1$, 비어 있을 경우에는 $G = 0$ 값을 가진다. 배터리가 충전되어 있거나 방전되어 있을 사전 확률, 그리고 이와는 독립적인 연료 탱크가 가득 차 있거나 비어 있을 사전 확률은 다음과 같다.

$$p(B = 1) = 0.9$$
$$p(F = 1) = 0.9$$

연료 탱크와 배터리의 상태에 따라서 측정기는 다음의 확률로 가득하다는 신호를 보인다(이 측정기는 상당히 미덥지 못하다).

$$p(G = 1 | B = 1, F = 1) = 0.8$$
$$p(G = 1 | B = 1, F = 0) = 0.2$$
$$p(G = 1 | B = 0, F = 1) = 0.2$$
$$p(G = 1 | B = 0, F = 0) = 0.1$$

확률값들을 전부 합했을 때 1이 되어야 한다는 요건으로부터 나머지 확률들도 모두 결정할 수 있다. 이에 따라 이 확률 모델의 모든 상세 사항들을 구할 수 있다.

아무 데이터도 관측되지 않았을 경우에 연료 탱크가 비어 있을 확률은 $p(F = 0) = 0.1$이다. 이제 측정기를 관측하였고 비어 있다고 표시되어 있는 것을 발견했다고 해보자. 즉, $G = 0$이다. 이 상태는 그림 8.21의 중간 그래프에 해당한다. 베이지안 정리를 사용해서 연료 탱크가 비어 있을 사후 확률을 계산할 수 있다. 우선, 다음과 같이 베이지안 정리의 분모 부분을 계산하도록 하자.

$$p(G = 0) = \sum_{B \in \{0,1\}} \sum_{F \in \{0,1\}} p(G = 0|B, F)p(B)p(F) = 0.315 \qquad \text{(식 8.30)}$$

이와 비슷하게 다음도 계산할 수 있다.

$$p(G = 0|F = 0) = \sum_{B \in \{0,1\}} p(G = 0|B, F = 0)p(B) = 0.81 \qquad \text{(식 8.31)}$$

위의 두 결과를 바탕으로 다음을 얻게 된다.

$$p(F = 0|G = 0) = \frac{p(G = 0|F = 0)p(F = 0)}{p(G = 0)} \simeq 0.257 \qquad \text{(식 8.32)}$$

따라서 $p(F = 0|G = 0) > p(F = 0)$이다. 우리가 직관적으로 생각할 수 있는 바와 같이 측정기가 측정기에서 '비어 있다'는 측정값을 관측했다는 사실이 연료 탱크가 실제로 비어 있을 확률이 더 높도록 만든다. 다음으로는 배터리의 상태를 살폈더니 방전된 것을 확인했다고 가정해 보자. 즉, $B = 0$이다. 측정기와 배터리의 상태를 둘 다 관측한 이 상태가 그림 8.21의 오른쪽 그래프에 그려져 있다. 측정기와 배터리를 관측해서 둘 다에서 비어 있다는 결과를 확인했을 경우 연료 탱크가 비어 있을 사후 확률은 다음과 같다.

$$p(F = 0|G = 0, B = 0) = \frac{p(G = 0|B = 0, F = 0)p(F = 0)}{\sum_{F \in \{0,1\}} p(G = 0|B = 0, F)p(F)} \simeq 0.111 \qquad \text{(식 8.33)}$$

여기서 사전 확률 $p(B = 0)$은 분모와 분자 사이에서 상쇄된다. 따라서, 배터리의 상태를 관측한 결과 탱크가 비어 있을 확률은 0.257에서 0.111로 감소하게 된다. 이는 배터리가 방전되었다는 사실이 측정기의 관측값인 '비어 있다'를 **설명해 버린다**(*explains away*)는 우리의 직관과도 일치

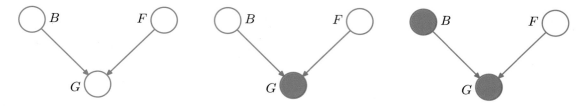

그림 8.21 '설명해 버리는(explaining away)' 현상을 보여 주는 3노드 그래프의 예시. 각각의 노드는 배터리의 상태(B), 연료 탱크의 상태(F), 측정기의 값(G)을 나타낸다. 자세한 내용은 본문을 참조하기 바란다.

한다. 측정기의 값을 관측함에 따라서 연료 탱크의 상태와 배터리의 상태가 실제로 종속적이게 되었다는 것을 확인할 수 있다. 사실 측정기를 직접 관측하는 것이 아니라 노드 G의 자손 노드들 중 하나의 값을 관측했다고 해도 같은 결과를 얻었을 것이다. $p(F = 0 | G = 0, B = 0) \simeq 0.111$은 사전 확률 $p(F = 0) = 0.1$보다 크다. 왜냐하면 측정기가 비어 있다는 관측값을 보였다는 사실이 연료 탱크가 비어 있을 증거를 어느 정도는 여전히 제공해 주기 때문이다.

8.2.2 d 분리

이제 방향성 그래프에서의 d 분리 성질(Pearl, 1988)에 대해 일반적으로 살펴보도록 하자. 일반적인 방향성 그래프를 하나 가정해 보자. 이때 A, B, C는 서로 겹치지 않는 임의의 노드 집합이다. 그리고 A, B, C의 합집합은 그래프의 전체 노드 집합보다 작을 수도 있다. 주어진 방향성 비순환 그래프로부터 특정 조건부 독립성 $A \perp\!\!\!\perp B \mid C$가 확실하게 유추될 수 있는지를 알고 싶다고 하자. 이를 위해서 A의 아무 노드로부터 B의 아무 노드로 향하는 모든 가능한 경로를 고려할 것이다. 만약 어떤 경로가 다음에 해당하는 노드를 포함하면 그 경로는 '**폐쇄**(*blocked*)'되었다고 표현한다.

(a) 경로상의 모든 화살표가 어떤 노드에 대해 머리 대 꼬리 또는 꼬리 대 꼬리에 해당하며 해당 노드가 C 집합에 속한다.

또는 다음과 같다.

(b) 경로상의 모든 화살표가 어떤 노드에 대해 머리 대 머리에 해당하며, 해당 노드와 그 노드의 자손들이 전부 C 집합에 속하지 않는다.

만약 모든 경로들이 막혀 있으면 A는 C에 의해 B로부터 d 분리되어 있다고 한다. 그리고 그래프의 모든 변수에 대한 결합 분포는 $A \perp\!\!\!\perp B \mid C$를 만족할 것이다.

그림 8.22에 d 분리의 개념에 대해 그려져 있다. 그래프 (a)에서는 a로부터 b로의 경로가 노드 f에 의해 막혀 있지 않다. 왜냐하면 f는 이 경로상에서 꼬리 대 꼬리 노드에 해당하며, 관측되지 않았기 때문이다. 또한, 이 경로는 e에 의해서도 막혀 있지 않다. 왜냐하면 e는 이 경로상에서 머리 대 머리 노드에 해당하지만, e의 자손 노드 c가 관측된 조건부 집합에 속하기 때문이다. 따라서 이 그래프상에서 조건부 독립성 $a \perp\!\!\!\perp b \mid c$는 성립하지 않는다. 그래프 (b)에서는 a로부터 b로의 경로가 노드 f에 의해 막혀 있다. 왜냐하면 노드 f는 꼬리 대 꼬리 노드에 해당하며, 또한 관측되었기 때문이다. 따라서 이 그래프의 형태로 표현되는 모든 분포는 조건부 독립성 $a \perp\!\!\!\perp b \mid f$를 만족하게 된다. 이 경로는 노드 e에 의해서도 막혀 있다. 왜냐하면 노드 e는 머

그림 8.22 d 분리의 콘셉트에 대한 도식. 자세한 내용은 본 문을 참조하기 바란다.

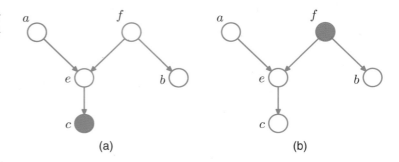

리 대 머리이며, 노드 e나 그 자손 노드들 중 아무도 조건부 집합에 속해 있지 않기 때문이다.

d 분리의 측면에서 그림 8.5에 작은 채워진 원으로 표시되어 있는 α나 σ^2 등의 매개변수들은 관측된 노드들과 같은 방식으로 작동한다. 하지만 이러한 노드와 연관된 주변 분포는 존재하지 않는다. 매개변수 노드들은 그들 스스로는 부모 노드를 가지지 못하며, 그러므로 이 노드들을 통하는 경로는 언제나 꼬리 대 꼬리일 것이다. 따라서 막히게 된다. 결론적으로 이러한 노드들은 d 분리에서 아무런 역할도 하지 않는다.

2.3절

1.2.4절에서 도입했던 독립적이고 동일하게 분포(independent identically distributed, i.i.d)된 데이터의 콘셉트를 바탕으로 조건부 독립과 d 분리에 대한 다른 예시를 고려해 보도록 하자. 단변량 가우시안 분포의 평균에 대한 사후 분포를 찾는 문제를 생각해 보자. 이를 그래프로 표현한 것이 그림 8.23이다. 여기서 결합 분포는 사전 분포 $p(\mu)$와 조건부 분포 $p(x_n|\mu)(n = 1, \ldots, N)$들로 표현할 수 있다. 실제로 적용할 경우 우리는 $\mathcal{D} = \{x_1, \ldots, x_N\}$을 관측하게 되며, 목표는 μ 값을 추정하는 것이다. μ를 조건부로하고 관측값에 대한 결합 분포를 고려한다고 해보자. d 분리를 사용하면 어떤 x_i로부터 어떤 $x_{j \neq i}$로든 고유한 경로가 존재하게 되고, 이 경로들은 관측된 노드 μ에 대해서 꼬리 대 꼬리임을 알 수 있다. 또한, 이러한 경로들은 모두 막혀 있으므로 관측값 $D = \{x_1, \ldots, x_N\}$들은 μ가 주어졌을 때 독립적이다. 따라서 다음과 같다.

$$p(\mathcal{D}|\mu) = \prod_{n=1}^{N} p(x_n|\mu) \tag{식 8.34}$$

그림 8.23 (a) 관측값 $x_1, \ldots, x_N$으로부터 단변량 가우시안 분포의 평균 μ를 추정하는 문제에 해당하는 방향성 그래프. (b) 같은 그래프를 판(plate) 표현법을 이용하여 다시 그린 것이다.

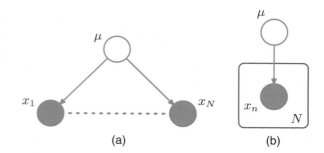

하지만 우리가 만약 μ에 대해 적분한다면 관측값들은 일반적으로 더 이상 독립적이지 않게 된다.

$$p(\mathcal{D}) = \int_{-\infty}^{\infty} p(\mathcal{D}|\mu)p(\mu)\,\mathrm{d}\mu \neq \prod_{n=1}^{N} p(x_n) \tag{식 8.35}$$

여기서 μ는 은닉 변수다. 왜냐하면 그 값이 관측되지 않기 때문이다.

i.i.d 데이터를 대변하는 또 다른 모델의 예시는 그림 8.7의 그래프에 해당하는 베이지안 다항 회귀다. 여기서 확률적인 노드들은 $\{t_n\}$, $\mathbf{w}$, $\widehat{t}$다. $\widehat{t}$에서 모든 t_n 노드들 중 하나로의 경로에 대해서 노드 $\mathbf{w}$는 꼬리 대 꼬리임을 알 수 있다. 따라서 다음의 조건부 독립 성질을 얻게 된다.

$$\widehat{t} \perp\!\!\!\perp t_n \mid \mathbf{w} \tag{식 8.36}$$

따라서 다항 계수 $\mathbf{w}$가 주어졌을 때 에 대한 예측 분포는 훈련 데이터 $\{t_1, \ldots, t_N\}$으로부터 독립적이다. 이에 따라서 먼저 훈련 데이터를 사용해서 계수 $\mathbf{w}$에 대한 사후 분포를 정한 후, 그 다음에는 훈련 데이터를 제거하고 $\mathbf{w}$에 대한 사후 분포만을 사용해서 새 관측값 $\widehat{x}$에 대한 $\widehat{t}$의 예측을 시행할 수 있다.

3.3절

나이브 베이즈(*naive Bayes*) 모델이라 불리는 분류 모델에서는 이와 연관된 그래프 구조를 다시 사용하게 된다. 나이브 베이즈 모델에서는 조건부 독립성에 대한 가정을 바탕으로 모델의 구조를 간략화한다. 우리의 관측값이 D차원의 벡터 $\mathbf{x} = (x_1, \ldots, x_D)^{\mathrm{T}}$로 이루어져 있으며, 관측된 $\mathbf{x}$ 값을 K개의 클래스 중 하나에 배정하고 싶다고 가정해 보자. 원 핫 인코딩을 사용하면 이 클래스들을 K차원의 이진 벡터 $\mathbf{z}$로 표현할 수 있다. 그러면 클래스 라벨에 대한 다항 사전 분포 $p(\mathbf{z}|\boldsymbol{\mu})$와 관측된 벡터 $\mathbf{x}$에 대한 조건부 분포 $p(\mathbf{x}|\mathbf{z})$를 도입함으로써 생성적 모델을 정의할 수 있다. 이때 μ는 그 k번째 성분 μ_k가 클래스 $\mathcal{C}_k$의 사전 확률인 벡터다. 나이브 베이즈 모델의 핵심적인 가정은 클래스 $\mathbf{z}$가 주어졌을 때 입력 변수들 $x_1, \ldots, x_D$의 분포가 서로 독립적이라는 것이다. 이 모델에 대한 그래프 표현이 그림 8.24에 그려져 있다. $\mathbf{z}$에 대한 관측이 x_i와 $x_j (j \neq i)$ 사이의 경로들을 막는다는 것을 볼 수 있다. 왜냐하면 노드 $\mathbf{z}$가 이 경로들에 대해서 꼬리 대 꼬리에 해당하기 때문이다. 따라서 x_i와 x_j는 $\mathbf{z}$가 주어졌을 때 조건부 독립이다.

그림 8.24 '나이브 베이즈(naive Bayes)' 모델의 그래프 표현. 클래스 라벨 $\mathbf{z}$가 주어졌을 때 관측된 벡터 $\mathbf{x} = (x_1, \ldots, x_D)^{\mathrm{T}}$의 성분들은 독립적이라고 가정할 수 있다.

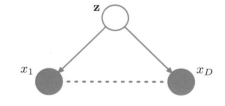

하지만 만약 우리가 $\mathbf{z}$를 주변화해서 없앴다면($\mathbf{z}$가 관측되지 않았다면) x_i와 x_j 사이의 꼬리 대 꼬리 경로는 더 이상 막혀 있지 않게 된다. 이로부터 일반적으로 주변 밀도 $p(\mathbf{x})$는 $\mathbf{x}$의 성분들에 대해서 인수분해되지 않을 것임을 알 수 있다. 1.5절에서는 의학적 진단 문제에서 서로 다른 종류의 데이터를 합치는 과정 중 나이브 베이즈 모델을 적용하는 간단한 사례를 살펴보았다.

라벨이 붙여진 훈련 집합이 주어졌다고 해보자. 즉, 입력값 $\{\mathbf{x}_1, \dots, \mathbf{x}_N\}$과 그 각각의 클래스 라벨들이 훈련 집합으로 주어지게 되는 것이다. 이 경우에는 데이터들이 모델로부터 독립적으로 추출되었다는 가정하에 최대 가능도 방법을 이용하여 나이브 베이즈 모델을 훈련 데이터에 근사할 수 있다. 라벨이 부여된 해당 데이터들을 각각의 클래스에 대해 따로 모델에 근사함으로써 해를 구할 수 있다. 예를 들어, 각 클래스 내에서의 확률 밀도가 가우시안이라고 해보자. 이 경우 나이브 베이즈 가정은 각 가우시안 분포의 공분산 행렬이 대각 행렬이라는 것을 의미한다. 또한, 각 클래스 내에서의 상수 밀도의 윤곽선이 축에 정렬되어 있는 타원체라는 것을 의미하기도 한다. 하지만 주변 밀도는 (클래스 사전 분포로 주어지는 가중치 계수와 함께) 대각 가우시안 분포들의 중첩으로 주어지게 되며, 따라서 더 이상 그 성분들로 인수분해될 수 없다.

나이브 베이즈 가정은 입력 공간의 차원수 D가 커서 전체 D차원 공간에 대해 밀도 추정을 하는 것이 힘든 경우에 도움이 된다. 또한, 나이브 베이즈 가정은 입력 벡터가 이산 변수와 연속 변수를 둘 다 포함하고 있을 때도 도움이 된다. 왜냐하면 변수들 각각에 대해서 적합한 모델을 이용해서 따로 표현할 수 있기 때문이다(예를 들면 이산 확률 변수의 경우에는 베르누이 분포를, 실수 변수에 대해서는 가우시안 분포를 사용할 수 있다). 조건부 독립 가정은 매우 강한 가정이다. 그러므로 이 가정을 바탕으로 한 모델은 클래스 조건부 밀도를 표현하는 데 있어 그리 좋지 못한 성능을 보일 수도 있다. 그럼에도 불구하고, 이런 모델은 가정이 정확하게 만족되지 않는 경우에도 여전히 좋은 분류 성능을 보일 수 있다. 그 이유는 결정 경계들이 클래스 조건부 밀도의 몇몇 세부 사항들에 대해서는 민감하지 않을 수 있기 때문이다. 이에 대해 그림 1.27을 참조하기 바란다.

하나의 방향성 그래프는 결합 확률 분포를 조건부 확률들의 곱으로 분해하는 특정 방식을 표현한다는 것에 대해 앞에서 살펴보았다. 방향성 그래프는 d 분리 기준을 통해 구해진 조건부 독립성들을 표현하기도 한다. 사실 d 분리 정리는 이 두 성질이 동등하다는 것을 보일 수 있다. 이를 더 명확히 하기 위해서 방향성 그래프를 필터라고 생각해 보자. 그리고 그래프의 (관측되지 않은) 노드들에 해당하는 $\mathbf{x}$에 대한 특정 결합 확률 분포 $p(\mathbf{x})$를 고려해 보자. 이 분포는 그래프에 의해 암시되는 식 8.5의 인수분해 형태로 표현 가능할 때만 필터를 통과할 수 있을 것이다. 또한, 역으로 필터를 통과하는 분포만이 해당 인수분해 형태로 표현될 수 있을 것이다.

만약 우리가 변수 집합 **x**에 대한 모든 가능한 분포 $p(\mathbf{x})$를 이 필터에 통과시키면, 필터를 통과한 분포들의 집합을 얻게 될 것이다. 이 집합을 **방향성 인수분해**(*directed factorization*, $\mathcal{DF}$) 집합이라고 하자. 이에 대해서는 그림 8.25에 그려져 있다. 그래프를 다른 종류의 필터로 사용하는 방법도 있다. 우선, 그래프에 d 분리 기준을 적용해서 모든 조건부 독립 성질을 찾아낸다. 그 다음에 이를 필터로 사용해서 분포가 해당 성질들을 전부 만족할 경우에만 통과시키는 것이다. 만약 우리가 모든 가능한 분포 $p(\mathbf{x})$를 이 두 번째 종류의 필터에 통과시키면 d 분리 정리에 따라서 통과되고, 남은 분포의 집합은 정확히 집합 $\mathcal{DF}$와 일치하게 된다.

다시 한 번 강조하자면 d 분리를 통해 얻게 된 조건부 독립 성질들은 해당 방향성 그래프로 설명할 수 있는 모든 확률적 모델들에 대해 적용된다. 이는 변수들이 이산이거나, 연속이거나, 아니면 둘의 조합이든 상관없이 참일 것이다. 하나의 그래프는 전체 확률 분포족(族)을 표현할 수 있다.

한쪽 극단에는 아무런 조건부 독립 성질도 보이지 않는 완전히 연결된 그래프가 있다. 이는 주어진 변수들에 대한 모든 가능한 결합 확률을 표현하는 것이다. 이 경우 $\mathcal{DF}$ 집합은 모든 가능한 분포 $p(\mathbf{x})$에 해당한다. 또 다른 극단은 완전히 연결이 끊어진 그래프다. 다시 말하면 링크가 전혀 없는 그래프다. 이는 그래프의 노드에 해당하는 변수들의 주변 분포들의 곱으로 인수분해되는 결합 분포에 해당한다.

모든 그래프에 대해 분포들의 집합 $\mathcal{DF}$는 그래프에서 표현되지 않은 추가적인 독립 성질을 가지고 있는 분포들도 포함하게 될 것이다. 예를 들어, 완전히 인수분해된 분포는 해당 변수 집합에 대한 모든 그래프 바탕의 필터들을 항상 통과하게 될 것이다.

마르코프 블랭킷(*Markov blanket*)이라고도 불리는 **마르코프 경계**(*Markov boundary*) 콘셉트에 대해 살펴보고 조건부 독립성에 대한 논의를 마무리하자. D개의 노드를 가지는 방향성 그래프로 표

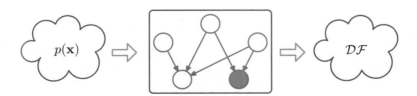

그림 8.25 그래프 모델(이 경우에는 방향성 그래프)을 필터로 바라보는 관점에 대한 그림. 분포 $p(\mathbf{x})$에 이 필터를 적용하면 식 8.5의 방향성 인수분해를 만족시키는 분포들만 남게 된다. 역도 마찬가지로 성립한다. 모든 가능한 확률 분포 $p(\mathbf{x})$를 이 필터에 적용시켰을 때 통과한 분포들의 집합을 $\mathcal{DF}$라 지칭한다. 이 그래프를 필터로 사용하는 또 다른 방법은 그래프의 d 분리 성질에 의해 암시되는 모든 조건부 독립성을 분포들이 만족시키는지 아닌지를 검사하는 것이다. d 분리 정리에 따르면 두 번째 종류의 필터를 적용하였을 때 얻게 되는 분포의 집합은 $\mathcal{DF}$와 동일하다.

현되는 결합 분포 $p(\mathbf{x}_1, \ldots, \mathbf{x}_D)$를 고려하고, 변수 $\mathbf{x}_i$에 해당하는 특정 노드에서의 조건부 분포도 고려해 보자. 이때 이 조건부 분포는 모든 나머지 변수 $\mathbf{x}_{j \neq i}$들을 조건부로 가진다고 하자. 식 8.5의 인수분해 성질을 이용하면 조건부 분포를 다음의 형태로 적을 수 있다.

$$
\begin{aligned}
p(\mathbf{x}_i | \mathbf{x}_{\{j \neq i\}}) &= \frac{p(\mathbf{x}_1, \ldots, \mathbf{x}_D)}{\displaystyle\int p(\mathbf{x}_1, \ldots, \mathbf{x}_D)\, \mathrm{d}\mathbf{x}_i} \\[2mm]
&= \frac{\displaystyle\prod_k p(\mathbf{x}_k | \mathrm{pa}_k)}{\displaystyle\int \prod_k p(\mathbf{x}_k | \mathrm{pa}_k)\, \mathrm{d}\mathbf{x}_i}
\end{aligned}
$$

이산 변수의 경우에는 적분이 합산으로 바뀌게 된다. $\mathbf{x}_i$에 대해 함수적 종속성을 가지지 않는 인자 $p(\mathbf{x}_k | \mathrm{pa}_k)$들은 $\mathbf{x}_i$에 대한 적분에서 밖으로 빼낼 수 있으며, 따라서 분모와 분자 사이에서 상쇄된다. 남아 있는 인자들은 노드 $\mathbf{x}_i$에 대한 조건부 분포 $p(\mathbf{x}_i | \mathrm{pa}_i)$와, 노드 $\mathbf{x}_i$가 $p(\mathbf{x}_k | \mathrm{pa}_k)$의 조건부에 포함되어 있는(다시 말하면, 노드 $\mathbf{x}_i$가 노드 $\mathbf{x}_k$의 부모인) 노드 $\mathbf{x}_k$에 대한 조건부 분포뿐일 것이다. 또한, 조건부 분포 $p(\mathbf{x}_i | \mathrm{pa}_i)$는 노드 $\mathbf{x}_i$의 부모 노드에 종속적일 것이다. 반면에 조건부 분포 $p(\mathbf{x}_k | \mathrm{pa}_k)$는 $\mathbf{x}_i$의 자식 노드들뿐만 아니라 **공동 부모**(*co-parents*)에도 종속적이다. 여기서 공동 부모는 노드 $\mathbf{x}_k$의 부모 노드들 중 노드 $\mathbf{x}_i$가 아닌 노드들을 지칭한다. 마르코프 블랭킷은 부모, 자식, 공동 부모 노드들로 이루어진 노드의 집합이다. 이에 대해서는 그림 8.26에 그려져 있다. $\mathbf{x}_i$를 나머지 그래프로부터 분리시키는 최소한의 노드 집합을 노드 $\mathbf{x}_i$의 마르코프 블랭킷이라고 간주할 수 있다. 노드 $\mathbf{x}_i$의 부모와 자식 노드들만을 포함시키는 것으로는 마르코프 블랭킷을 이루기에 부족하다. 왜냐하면 설명해 버리는(*explaining away*) 현상의 의미는 자식 노드에 대한 관측이 공동 부모에게로 향하는 경로를 막지 않는다는 것을 뜻하기 때문이다. 따라서 마르코프 블랭킷에는 공동 부모 노드도 포함시켜야 한다.

그림 8.26   노드 $\mathbf{x}_i$의 마르코프 블랭킷. 해당 노드의 부모, 자식, 공동 부모로 구성되어 있다. 그래프의 나머지 변수들이 주어졌을 때의 조건부 분포 $\mathbf{x}_i$는 마르코프 블랭킷의 변수들에 대해서만 종속적이게 된다는 성질을 가졌다.

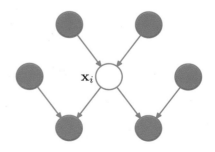

8.3 마르코프 무작위장

방향성 그래프 모델을 이용해서 변수 집합에 대한 결합 분포를 지역적 조건부 분포들의 곱으로 명시하는 것에 대해 살펴보았다. 또한, 방향성 그래프 모델은 그래프에 따라 인자화되는 모든 분포들이 반드시 만족시켜야 하는 조건부 독립 성질의 집합을 정의하기도 한다. 이제 두 번째 종류의 그래프 모델을 살펴보도록 하자. 이 그래프 모델은 비방향성 그래프로 표현되며, 방향성 그래프 모델과 마찬가지로 인수분해와 조건부 독립 관계성을 명시할 수 있다.

마르코프 네트워크(*Markov network*), 또는 **비방향성 그래프 모델**(*undirected graphical model*)이라고도 알려져 있는 **마르코프 무작위장**(*Markov random field*)(*Kindermann and Snell, 1980*)은 하나의 변수 또는 변수들의 집합에 해당하는 노드들을 가지고 있으며, 노드 쌍들을 연결하는 링크들을 가지고 있다. 링크에는 방향성이 없으므로 링크는 화살표의 모양이 아니게 된다. 비방향성 그래프의 경우에는 조건부 독립성 성질부터 먼저 논의하는 것이 편리하다.

8.3.1 조건부 독립 성질

8.2절

방향성 그래프에서는 d 분리라는 그래프 테스트를 적용하는 방식으로 특정 조건부 독립성이 유효한지를 확인할 수 있다. 이 테스트 과정에는 두 노드 집합들을 연결하는 경로가 막혀 있는지 아닌지를 시험하는 것이 포함된다. 하지만 머리 대 머리 노드를 포함하는 경로의 존재로 인해서 '막혀 있다'라는 개념이 약간 애매했었다. 조건부 독립성을 이러한 애매함이 없이 단순하고 명료하게 그래프에서 구할 수 있는 대안적인 그래프 의미론이 있다면 어떨까? 비방향성 그래프 모델이 바로 그것이다. 그래프의 링크에서 방향성을 제거함으로써 부모 노드와 자식 노드 간의 비대칭성이 사라지게 된다. 따라서 머리 대 머리 노드와 관련된 애매함이 발생하지 않는다.

비방향성 그래프에서 A, B, C 세 개의 노드 집합을 확인하였다고 해보자. 그리고 이들에 대해 다음의 조건부 독립성을 고려해 보자.

$$A \perp\!\!\!\perp B \mid C \qquad (\text{식 } 8.37)$$

해당 그래프를 바탕으로 정의된 확률 분포에서 이 성질이 만족되는지를 확인하기 위해서는 집합 A의 노드들과 집합 B의 노드들을 연결하는 모든 경로를 고려해야 한다. 모든 이런 경로들이 집합 C상의 하나 또는 여럿의 노드들을 거쳐간다면 이러한 경로들은 전부 막힌 것이며, 따라서 조건부 독립성이 유효하게 된다. 하지만 만약 막히지 않는 경로가 하나라도 있다면, 이 성질은 반드시 유효할 필요가 없다. 더 정확히 말하자면 그래프에 해당하는 분포들 중에 이 조건

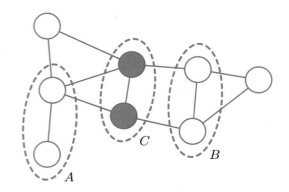

그림 8.27 A의 노드들에서 B의 노드들로의 경로가 전부 최소 하나 이상의 C의 노드를 통해 가는 비방향성 그래프의 예시. 그 결과 이 그래프에 의해 만들어지는 모든 확률 분포는 조건부 독립성 $A \perp\!\!\!\perp B \mid C$를 만족하게 된다.

부 독립 관계를 만족하지 않는 분포가 최소한 몇몇은 존재한다는 것이다. 이에 대해서는 그림 8.27에 그려져 있다. 이는 설명해 버리는(explaining away) 현상만 제외하면 앞에서 살펴본 d 분리와 정확히 일치한다. 따라서 비방향성 그래프에서 조건부 독립성을 시험하는 것은 방향성 그래프에서보다 훨씬 간단하다.

집합 C의 모든 노드들과 이 노드들에 연결된 모든 링크들을 그래프에서 제거하는 방식으로 조건부 독립성 시험에 대한 다른 관점을 확인할 수 있다. 제거한 후의 나머지 그래프에서 A의 노드와 B의 노드 사이를 연결하는 경로가 존재하는지를 확인해 보자. 만약 그러한 경로가 존재하지 않는다면 조건부 독립성은 만족되어야만 한다.

하나의 특정 노드는 근접 이웃 노드들이 주어진 상태에서 모든 다른 노드들에 대해 조건부 독립일 것이기 때문에 비방향성 그래프에서 마르코프 블랭킷은 더 단순한 형태를 띤다. 이에 대해서는 그림 8.28에 그려져 있다.

8.3.2 인수분해 성질

앞의 조건부 독립성 시험에 해당하는 비방향성 그래프에서의 인수분해 법칙에 대해 살펴보자. 이는 결합 분포 $p(\mathbf{x})$를 그래프에 대해 지역적인 변수 집합들에 대한 함수들의 곱으로 표현하는 것이다. 따라서 지역성에 대한 적절한 개념이 무엇인지 결정해야 한다.

그림 8.28 비방향성 그래프의 경우 노드 x_i에 대한 마르코프 블랭킷은 인접한 이웃 노드들로 이루어진다. 그래프상의 모든 다른 변수들에 대한 x_i의 조건부 분포는 마르코프 블랭킷에 속한 변수들에 대해서만 종속적이라는 성질을 가지고 있다.

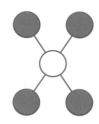

링크에 의해 연결되지 않은 두 개의 노드 x_i와 x_j를 고려해 보자. 이 경우 이 변수들은 그래프 상의 다른 모든 변수들이 주어진 상황에서 조건부 독립이어야만 한다. 일단 두 노드 사이에는 직접 링크가 없으며, 또한 다른 모든 노드들이 관측되었으므로 다른 경로들 또한 모두 막혀 있기 때문이다. 이 조건부 독립성은 다음과 같이 표현 가능하다.

$$p(x_i, x_j | \mathbf{x}_{\backslash\{i,j\}}) = p(x_i | \mathbf{x}_{\backslash\{i,j\}}) p(x_j | \mathbf{x}_{\backslash\{i,j\}}) \qquad \text{(식 8.38)}$$

여기서 $\mathbf{x}_{\backslash\{i,j\}}$는 x_i와 x_j를 제외한 모든 변수 $\mathbf{x}$의 집합을 지칭하는 것이다. 따라서 결합 분포의 인수분해는 x_i와 x_j가 같은 인자에 나타나지 않는 형태여야 한다. 그래야만 그래프에 속한 모든 가능한 분포들에 대해서 조건부 독립성 성질이 만족될 수 있기 때문이다.

여기서 **클리크**(*clique*)의 개념이 발생하게 된다. 클리크는 그래프의 부분 집합으로 그 부분 집합에 속하는 모든 노드들 간에 링크가 존재하는 경우를 의미한다. 다시 말하면 클리크에 속하는 노드들은 서로 간에 완전히 연결되어 있다. **최대 클리크**(*maximal clique*)는 다른 어떤 노드를 추가하더라도 클리크 성질이 더 이상 만족되지 않는 상황인 클리크를 의미한다. 네 개의 변수를 포함한 비방향성 그래프를 바탕으로 이 콘셉트를 설명한 도식이 그림 8.29에 그려져 있다. 이 그래프는 다섯 개의 2노드 클리크인 $\{x_1, x_2\}$, $\{x_2, x_3\}$, $\{x_3, x_4\}$, $\{x_4, x_2\}$, $\{x_1, x_3\}$를 가지고 있으며, 두 개의 최대 클리크인 $\{x_1, x_2, x_3\}$, $\{x_2, x_3, x_4\}$를 가지고 있다. 집합 $\{x_1, x_2, x_3, x_4\}$는 클리크가 아닌데, 그 이유는 x_1과 x_4 사이에 링크가 없기 때문이다.

결합 분포를 분해했을 때의 인자들을 클리크에 속한 변수들의 함수여야 한다고 정의할 수 있다. 그러나 사실, 일반성을 잃지 않으면서 이들이 최대 클리크의 함수여야 한다고도 할 수 있다. 이는 다른 클리크들이 반드시 최대 클리크의 부분 집합이어야 하기 때문이다. 따라서 만약 $\{x_1, x_2, x_3\}$가 최대 클리크이고 우리가 이 클리크에 대해 임의의 함수를 정의한다면, 이 변수들의 부분 집합에 대해 정의된 다른 인자를 포함시키는 것은 중복이 될 것이다.

클리크를 C로, 그 클리크에 포함되는 변수 집합을 $\mathbf{x}_C$로 지칭하도록 하자. 이 경우 결합 분포를 최대 클리크에 대한 **포텐셜 함수**(*potential function*) $\psi_C(\mathbf{x}_C)$의 곱으로 적을 수 있다.

그림 8.29   4노드 비방향성 그래프. 녹색 경계가 클리크 중 하나를, 파란색 경계가 최대 클리크를 보이고 있다.

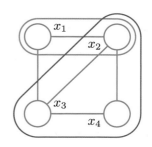

$$p(\mathbf{x}) = \frac{1}{Z} \prod_C \psi_C(\mathbf{x}_C) \qquad \text{(식 8.39)}$$

분할 함수(*partition function*)라고 불리기도 하는 Z 값은 다음처럼 주어지는 정규화 상수다.

$$Z = \sum_{\mathbf{x}} \prod_C \psi_C(\mathbf{x}_C) \qquad \text{(식 8.40)}$$

Z는 식 8.39의 분포 $p(\mathbf{x})$가 올바르게 정규화되도록 한다. $\psi_C(\mathbf{x}_C) \geq 0$을 만족하는 포텐셜 함수만을 고려함으로써 $p(\mathbf{x}) \geq 0$이 만족되도록 할 수 있다. 식 8.40에서는 $\mathbf{x}$가 이산 변수들로만 이루어졌다고 가정하였다. 하지만 이 방법론은 연속 변수들이나 이산 변수와 연속 변수의 조합에 대해서도 동등하게 적용할 수 있다. 물론, 이 경우에는 합산을 적분과 합산의 적절한 조합으로 대체해야 할 것이다.

방향성 그래프의 경우에는 각 인자들이 조건부 분포였다. 이때 조건부 분포의 조건절에는 부모 노드들이 들어가 있었다. 이와는 대조적으로 비방향성 그래프의 경우에는 포텐셜 함수가 주변 분포나 조건부 분포 같은 어떤 특정한 확률적인 해석을 가지도록 제한되어 있지 않다. 하지만 특정 경우에는 실제로 포텐셜 함수가 이러한 확률적 해석을 가질 수도 있다. 대표적인 예시 중 하나는 방향성 그래프를 기반으로 해서 비방향성 그래프를 만들었을 경우다. 이러한 예시들에 대해서는 잠시 후에 살펴보게 될 것이다.

포텐셜 함수 $\psi_C(\mathbf{x}_C)$의 일반성이 가져오는 한 가지 결과는 그 곱들이 보통 올바르게 정규화되어 있지 않을 것이라는 점이다. 따라서 우리는 식 8.40의 명시적인 정규화 인자를 도입해야 했다. 방향성 그래프의 경우에는 각각의 조건부 분포들이 인수분해 과정에서 정규화되기 때문에 최종 결합 분포가 자동적으로 정규화되었다.

정규화 상수가 존재한다는 것은 비방향성 그래프의 가장 큰 한계점 중 하나다. 만약 각각이 K개의 상태를 가지는 M개의 이산 변수를 이용해서 모델을 만든다면, 정규화 상수를 계산하는 과정은 K^M개의 상탯값들에 대한 합산 과정을 필요로 한다. 따라서 이 과정에서 드는 계산 비용은 (최악의 경우) 모델의 크기에 대해 기하급수적으로 증가한다. 매개변수 학습 과정에서 분할 함수는 포텐셜 함수 $\psi_C(\mathbf{x}_C)$를 조절하는 모든 매개변수에 대한 함수이므로 반드시 필요하다. 하지만 지역적인 조건부 분포를 계산하는 데 있어서 조건부는 두 주변부의 비율에 해당하며, 따라서 계산 과정에서 분할 함수가 분모와 분자 사이에서 상쇄될 것이기 때문에 분할 함수가 필요하지 않다. 이와 비슷하게 지역 주변 확률을 계산할 때도 정규화되지 않은 결합 분포를 바탕으로 계산을 진행하다가 마지막에 명시적으로 주변 확률을 정규화할 수 있다. 주변 확률이 적은 수의 변수만을 바탕으로 한다면 정규화 계수는 계산 가능할 것이다.

지금까지 단순한 그래프 분리를 바탕으로 한 조건부 독립성 개념에 대해 살펴보았다. 아울러 이 조건부 독립성 구조에 해당하는 것을 의도로 한 결합 분포의 인수분해법에 대해 제안하였다. 하지만 지금까지 조건부 분포와 비방향성 그래프 인수분해 간의 관련성을 정식으로 정의하지는 않았다. 이를 위해서 지금부터는 순양수의(어떤 $\mathbf{x}_C$를 선택하더라도 0이나 음숫값을 가지지 않는) 포텐셜 함수 $\psi_C(\mathbf{x}_C)$만을 고려하도록 하자. 이 제약 조건을 바탕으로 하면 인수분해와 조건부 독립성 사이에 정확한 관계성을 성립할 수 있다.

이를 위해서 그림 8.25에서 살펴보았던 그래프 모델을 필터로 고려하는 콘셉트를 다시 사용하도록 하자. 특정 비방향성 그래프 모델을 생각해 보자. 그리고 이 모델의 노드에 해당하는 고정된 변수 집합에 대해 정의할 수 있는 모든 분포를 고려해 보자. 이 집합을 $\mathcal{UI}$라 정의할 것이다. 이는 그래프 분리를 통해 해당 그래프에서 얻을 수 있는 조건부 독립성들의 집합과 일치하는 집합이다. 이와 비슷하게 $\mathcal{UF}$를 정의하자. $\mathcal{UF}$는 그래프의 최대 클리크를 바탕으로 식 8.39의 형태로서 표현 가능한 분포들의 집합이다. **Hammersley-Clifford 정리**(Clifford, 1990)에 따르면 $\mathcal{UI}$와 $\mathcal{UF}$는 동일하다.

순양수의 포텐셜 함수만을 사용하기로 한 제약 조건이 있기 때문에 포텐셜 함수들을 지수로 표현할 수 있다.

$$\psi_C(\mathbf{x}_C) = \exp\{-E(\mathbf{x}_C)\} \tag{식 8.41}$$

여기서 $E(\mathbf{x}_C)$를 **에너지 함수**(*energy function*)라 하며, 지수 표현을 **볼츠만 분포**(*Boltzmann distribution*)라 한다. 결합 분포는 포텐셜 함수들의 곱으로 정의되기 때문에 각 최대 클리크들의 에너지들을 합산해서 전체 에너지를 구할 수 있다.

방향성 그래프에서 결합 분포 인자들의 경우와는 달리 비방향성 그래프의 포텐셜들은 정확한 확률적 해석을 가지고 있지 않다. 이로 인해서 포텐셜 함수를 선택하는 데 있어서 융통성을 발휘할 수 있기는 하다. 하지만 정규화 제약 조건이 없다는 사실 때문에 특정 적용에서 어떤 포텐셜 함수를 써야 하는지에 대한 의문이 발생할 수 있다. 지역 변수들의 어떤 배열이 다른 배열보다 더 나은지를 표현하는 수단으로써 포텐셜 함수를 바라보면 이 의문에 답할 수 있다. (서로 간에 충돌 가능한) 클리크 포텐셜들의 영향력을 만족시키는 데 있어서 좋은 균형을 잡아 주는 전역적인 배열이 상대적으로 높은 확률을 가진다는 것이다.

8.3.3 예시: 이미지 노이즈 제거

이진 이미지에서 노이즈를 제거하는 예시(Besag, 1974; Geman and Geman, 1984; Besag, 1986)를 바탕으로 비방향성 그래프의 적용에 대해 살펴보도록 하자. 이는 매우 단순한 예시이지만 더 복잡한 적용 사례의 전형에 해당한다. 노이즈가 포함된 관측된 이미지를 이진 픽셀값 $y_i \in \{-1, +1\}$들의 배열로 표현해 보자. 이때 $i = 1, \ldots, D$는 모든 픽셀들에 대한 인덱스다. 이진 픽셀값 $x_i \in \{-1, +1\}$들의 배열로 표현된 노이즈가 없는 원 이미지가 있었다고 하자(이 이미지는 주어지지 않았다). 그리고 낮은 확률로 픽셀들의 부호를 뒤집는 방식으로 원 이미지를 노이즈가 포함된 이미지로 변환했다고 가정할 것이다. 10% 확률로 부호를 뒤집는 식으로 변질된 이미지를 얻은 예시에 대해서는 그림 8.30에 그려져 있다. 우리의 목표는 변질된 이미지가 주어졌을 때 노이즈가 없는 원 이미지를 복구해 내는 것이다.

노이즈 정도가 작기 때문에 x_i와 y_i 사이에 강한 상관관계가 있을 것임을 알 수 있다. 또한, 서로 근처에 있는 픽셀 x_i와 x_j들은 서로 강하게 상관되어 있음을 알 수 있다. 이러한 사전 지식들을 마르코프 무작위장 모델에 포함시킬 수 있다. 이 모델의 비방향성 그래프가 그림 8.31에

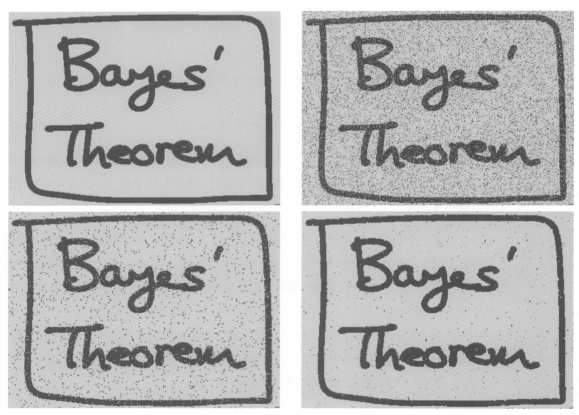

그림 8.30 마르코프 무작위장을 이용해서 이미지의 노이즈를 제거하는 것에 대한 도식. 상단 왼쪽에는 원래의 이진 이미지가 있고, 상단 오른쪽에는 원 이미지의 픽셀들을 10%의 확률로 부호를 뒤집은 결과인 변질된 이미지가 있다. 하단 왼쪽에는 ICM을 이용해서 복원한 이미지가 있으며, 하단 오른쪽에는 그래프 절단 알고리즘을 이용하여 복원한 이미지가 있다. ICM은 96%의 픽셀이 원 이미지와 동일한 복원 이미지를 결과로 내놓은 반면, 그래프 절단 알고리즘은 99%의 픽셀이 원 이미지와 동일한 복원 이미지를 결과로 내놓았다.

그림 8.31 이미지 노이즈 제거 문제에서 사용되는 마르코프 무작위장에 대한 비방향성 그래프 모델. x_i는 이산 확률 변수로서 알려지지 않은 원래의 노이즈 없는 이미지의 픽셀 i를 지칭하는 것이고 y_i는 노이즈가 포함된 관측된 이미지의 픽셀 i를 지칭하는 것이다.

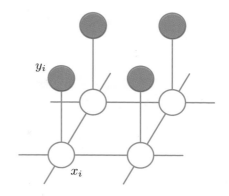

그려져 있다. 이 그래프는 두 종류의 클리크를 가지고 있으며, 각 클리크는 두 개의 변수를 포함하고 있다. $\{x_i, y_i\}$ 형태의 클리크들은 변수들 사이의 상관도를 표현하는 에너지 함수를 가지고 있다. 여기서는 이 클리크들에 대해서 $-\eta x_i y_i$ 형태를 가지는 매우 단순한 에너지 함수를 사용하도록 하자. 이때 는 양의 상수다. 이 함수는 x_i와 y_i가 같은 부호를 가지고 있을 때는 더 낮은 에너지(따라서 더 높은 확률을 장려한다)를 가지도록 하고, 서로 다른 부호를 가지고 있을 때는 더 높은 에너지를 가지도록 하는 효과가 있다.

나머지 클리크들은 $\{x_i, x_j\}$의 형태를 가진다. 이때 i와 j는 서로 인접한 픽셀들의 인덱스에 해당한다. 다시 한 번, 픽셀들이 같은 부호를 가질 때 서로 다른 부호를 가질 때에 비해서 낮은 에너지를 가지도록 하고자 한다. 따라서 에너지 함수를 $-\beta x_i x_j$의 형태로 정하도록 하자. 여기서 β는 양의 상수다.

최대 클리크에 대한 임의의 음이 아닌 함수를 포텐셜 함수로 정했기 때문에 클리크의 부분 집합에 대한 음이 아닌 함수라면 어떤 것이든 여기에 곱할 수 있다. 또한, 이와 동등하게 여기에 해당하는 에너지라면 어떤 것이든 더할 수 있다. 이를 바탕으로 이 예시에서는 노이즈가 없는 원 이미지의 각 픽셀 i에 대해 추가 항인 hx_i를 더할 것이다. 이러한 항은 하나의 특정한 부호가 다른 부호에 비해 더 선호되도록 하는 픽셀값 쪽으로 모델을 편향시키는 효과를 가진다.

이 모델의 완전한 에너지 함수는 다음의 형태를 가진다.

$$E(\mathbf{x}, \mathbf{y}) = h\sum_i x_i - \beta \sum_{\{i,j\}} x_i x_j - \eta \sum_i x_i y_i \qquad \text{(식 8.42)}$$

이를 바탕으로 $\mathbf{x}$와 $\mathbf{y}$에 대한 결합 분포를 다음과 같이 정의할 수 있다.

$$p(\mathbf{x}, \mathbf{y}) = \frac{1}{Z} \exp\{-E(\mathbf{x}, \mathbf{y})\} \qquad \text{(식 8.43)}$$

이제 $\mathbf{y}$의 원소들을 노이즈가 있는 이미지의 픽셀로부터 얻은 관측값으로 고정시키자. 이를 바탕으로 노이즈가 없는 이미지에 대한 조건부 분포 $p(\mathbf{x}|\mathbf{y})$를 간접적으로 정의하게 된다. 이는 통계 물리학에서 널리 연구하고 있는 **이징 모델**(*Ising model*)의 예시다. 이미지 복원을 하는 과정에서 우리는 높은 확률(이상적으로는 최대 확률)을 가지는 이미지 $\mathbf{x}$를 찾고자 한다. 이를 위해서 우리는 단순한 반복 테크닉인 **ICM**(*iterated conditional mode*, **반복 조건부 모드**)(Kittler and Föglein, 1984)을 사용할 것이다. 이는 단순히 좌표적으로 경사 상승법을 적용하는 것에 해당한다. 일단, 첫 번째로 변수 $\{x_i\}$를 초기화해야 한다. 이는 단순히 모든 i에 대해 $x_i = y_i$로 설정하면 된다. 그 다음에는 한 번에 하나씩 노드 x_j를 선택해서 두 개의 가능한 상태 $x_j = +1$과 $x_j = -1$에 대해서 전체 에너지를 계산한다. 이때 다른 모든 노드 변수들은 고정해 놓는다. 그리고 둘 중에 더 낮은 에너지를 가지는 상태로 x_j를 설정한다. x_j가 변경되지 않는다면 확률은 변하지 않을 것이며, x_j가 변경되는 경우에는 확률이 증가할 것이다. 한 번에 하나의 변수만 변경되기 때

문에 이는 단순한 지역적 계산에 해당하며, 효율적으로 시행이 가능하다. 이를 적당한 정지 조건이 만족될 때까지 반복하면 된다. 더 체계적인 순서(예를 들자면 이미지에 대한 반복적인 래스터 주사를 통해서)로 노드들을 업데이트할 수도 있으며, 아니면 랜덤한 순서로 업데이트할 수도 있다.

모든 픽셀들을 최소 한 번씩 방문하는 업데이트 순서를 거쳤는데도 그 후 변수들에 대해 아무 변화도 발생하지 않았다면, 정의에 따라 알고리즘은 확률의 지역적 최댓값으로 수렴한 것이다.

예시 표현의 단순성을 위해서 매개변수들을 $\beta = 1.0$과 $\eta = 2.1$, $h = 0$로 고정하였다. $h = 0$은 x_i의 두 상태에 대한 사전 확률들이 동일하다는 의미다. 관측된 변질 이미지를 초기 설정 값으로 놓고 ICM을 수렴할 때까지 시행하면 그림 8.30의 왼쪽 아래에 보이는 노이즈가 제거된 이미지를 얻을 수 있다. 만약 $\beta = 0$으로 설정한다면 인접 픽셀들 간의 연결이 사라진다. 따라서 전역적으로 가장 확률이 높은 해는 모든 i에 대해 $x_i = y_i$가 된다. 즉, 관측한 변질 이미지 그대로를 해로서 얻게 되는 것이다.

추후에 높은 확률의 해를 찾는데 더 효율적인 최대 합 알고리즘을 살펴보게 될 것이다. 이 알고리즘은 보통 더 나은 해를 제공하지만, 여전히 사후 분포의 전역적인 최댓값을 찾는 것이 보장되어 있지는 않다. 하지만 식 8.42의 모델을 비롯한 특정 모델 종류들에 대해 사용할 수 있는 **그래프 절단**(*graph cut*)을 기반으로 한 알고리즘은 효율적이며, 전역 최댓값을 찾는 것이 보장되어 있다(Greig *et al.*, 1989; boykov *et al.*, 2001; Kolmogorov and Zabih, 2004). 그림 8.30 하단 오른쪽은 그래프 절단 알고리즘을 노이즈 제거 문제에 적용한 결과가 그려져 있다.

438   **CHAPTER 8** 그래프 모델

8.3.4 방향성 그래프와의 연관성

지금까지 확률 분포를 표현하기 위한 두 가지 그래프 모델인 방향성 그래프 모델과 비방향성 그래프 모델을 소개했다. 여기서는 이 두 그래프 모델들의 연관성을 살펴보도록 하자. 일단, 첫 번째로 방향성 그래프를 이용해서 명시된 모델을 비방향성 그래프로 변환하는 문제를 고려해 보자. 이는 몇몇 경우에 매우 간단하다. 그 예시 중 하나가 그림 8.32에 그려져 있다. 여기서는 방향성 그래프의 결합 분포가 다음처럼 조건부 분포들의 곱으로 표현된다.

$$p(\mathbf{x}) = p(x_1)p(x_2|x_1)p(x_3|x_2) \cdots p(x_N|x_{N-1}) \tag{식 8.44}$$

이제 이를 그림 8.32에 그려진 비방향성 그래프 표현으로 변환해 보자. 이 비방향성 그래프에서 최대 클리크는 단순히 인접한 노드들의 쌍에 해당한다. 따라서 식 8.39를 바탕으로 결합 분포를 다음과 같이 적을 수 있을 것이다.

$$p(\mathbf{x}) = \frac{1}{Z}\psi_{1,2}(x_1, x_2)\psi_{2,3}(x_2, x_3) \cdots \psi_{N-1,N}(x_{N-1}, x_N) \tag{식 8.45}$$

다음을 확인함으로써 이를 달성할 수 있다.

$$
\begin{aligned}
\psi_{1,2}(x_1, x_2) &= p(x_1)p(x_2|x_1) \\
\psi_{2,3}(x_2, x_3) &= p(x_3|x_2) \\
&\vdots \\
\psi_{N-1,N}(x_{N-1}, x_N) &= p(x_N|x_{N-1})
\end{aligned}
$$

여기서 첫 번째 노드의 주변 확률 $p(x_1)$를 첫 번째 포텐셜 함수에 흡수시켰다. 이 경우 분할 함수는 $Z = 1$이 된다.

이 구성을 일반화시켜서 어떤 방향성 그래프에 대한 인수분해로 명시된 분포들이든지 비방향성 그래프에 대한 인수분해로 표현할 수 있도록 해보자. 만약 비방향성 그래프의 클리크 활성화 함수가 방향성 그래프의 조건부 분포로 주어지게 된다면 이를 달성할 수 있다. 이것이 유효하기 위해서는 각 조건부 분포에서 보여지는 변수 집합들이 비방향성 그래프의 클리크들 중 최소 하나에는 속해 있어야 한다. 방향성 그래프상에서 하나의 부모만을 가진 노드의 경우에

그림 8.32   (a) 방향성 그래프의 예시. (b) 이와 동일한 비방향성 그래프

는 단순히 방향성 링크를 비방향성 링크로 바꾸면 된다. 하지만 하나 이상의 부모 노드를 가진 노드의 경우에는 그 이상이 필요하다. 이러한 노드들은 '머리 대 머리' 경로를 가지는 노드다. 그림 8.33에 그려진 네 개의 노드에 대한 단순한 방향성 그래프를 살펴보도록 하자. 이 방향성 그래프에 대한 결합 분포는 다음 형태를 가지게 된다.

$$p(\mathbf{x}) = p(x_1)p(x_2)p(x_3)p(x_4|x_1, x_2, x_3) \qquad \text{(식 8.46)}$$

인자 $p(x_4|x_1, x_2, x_3)$는 네 개의 변수 x_1, x_2, x_3, x_4를 포함하고 있다. 따라서 이 조건부 분포가 클리크 포텐셜 함수에 흡수되기 위해서는 네 개의 변수가 모두 하나의 클리크에 포함되어야 한다. 이를 위해서는 노드 x_4의 부모 노드들 사이에 링크를 추가해야 한다. 시대착오적이긴 하지만, '부모를 결혼시키는' 이 과정은 **도덕화**(*moralization*)라 불렸으며, 그 결과에 해당하는 (화살 표시를 제거하고 난) 비방향성 그래프는 **도덕적 그래프**(*moral graph*)라 불린다. 이 예시에서의 도덕적 그래프는 완전히 연결되어 있으며, 따라서 원래의 방향성 그래프와는 달리 아무런 조건부 독립성도 보이지 않는다.

결론은 방향성 그래프를 비방향성 그래프로 변환하기 위해서는 일단 첫 번째로 각 노드에 대해서 그 부모 노드들의 모든 쌍 사이에 추가적인 비방향성 링크를 추가하고, 그 후에 링크들에서 화살 표시를 제거하여 도덕적 그래프를 만들어야 한다. 그 후에 도덕적 그래프의 모든 클리크 포텐셜을 1로 초기화한다. 그 다음에는 원 방향성 그래프의 조건부 분포를 하나씩 취하여 이를 클리크 포텐셜 중 하나에 곱해야 한다. 도덕화 단계의 결과로 해당 인자의 모든 변수들을 포함하는 최대 클리크가 최소 하나씩은 존재할 것이다. 모든 경우에 분할 함수의 값은 $Z = 1$ 이다.

방향성 그래프를 비방향성 그래프로 변환하는 과정은 **접합 트리 알고리즘**(*junction tree algorithm*)과 같은 추론 테크닉에서 중요한 역할을 한다. 비방향성 그래프를 방향성 그래프로 변환하는 일은 그 과정에서 발생하는 정규화 상수의 문제로 인해 잘 시행되지 않는다.

8.4절

그림 8.33 (a) 간단한 예시 방향성 그래프. (b)이에 해당하는 도덕적 그래프

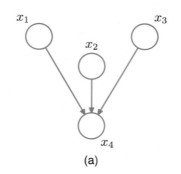
(a)

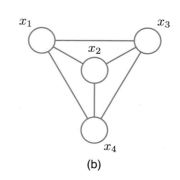
(b)

방향성 표현에서 비방향성 표현으로 치환하는 과정에서 그래프에서 몇몇 조건부 독립 성질을 제거해야 했다. 사실, 완전히 연결된 비방향성 그래프를 만드는 방식을 사용하면 어떤 방향성 그래프든 쉽게 비방향성 그래프로 바꿀 수 있기는 하다. 하지만 이럴 경우에는 모든 조건부 독립 성질을 없애버리기 때문에 이는 상당히 멍청한 방법이라 할 수 있다. 도덕화 과정은 가능한 한 적은 수의 추가 링크를 연결하는 방법으로써 가장 많은 수의 독립성 성질을 보존할 수 있는 방법이다.

8.2절

조건부 독립성을 찾아내는 방법이 방향성과 비방향성 그래프 간에 다르다는 것을 살펴보았다. 사실 두 종류의 그래프들은 서로 다른 조건부 독립성들을 표현할 수 있다. 이에 대해 좀 더 자세히 살펴보도록 하자. 이를 위해서 특정 (방향성 또는 비방향성) 그래프를 필터로 여기는 앞에서의 관점을 다시 사용해 보도록 하자. 주어진 변수들에 대해서 가능한 모든 분포들을 필터를 통해 걸러내고 나면, 그래프에 의해 암시되는 조건부 독립성들을 만족하는 부분 집합만 남는다는 관점이다. 어떤 분포의 모든 조건부 독립성이 그래프에 반영되어 있을 경우에 해당 그래프를 그 분포의 **D 사상**('종속성 사상(dependency map)'의 줄임말)이라 한다. 예를 들어, 완전히 연결이 끊어진 (링크가 하나도 없는) 그래프는 모든 분포에 대한 D 사상일 것이다.

다른 방법으로, 특정한 분포를 고려한 다음 어떤 그래프가 이에 대해 적절한 독립성 성질들을 가지고 있는지를 묻는 방식을 생각해 보자. 만약 그래프에 의해 암시된 모든 조건부 독립성이 해당 분포에 의해 만족될 경우, 그 그래프를 해당 분포의 **I 사상**('독립 맵(independence map)'의 줄임말)이라 한다. 완전히 연결된 그래프는 모든 분포에 대한 I 사상일 것이다.

만약 어떤 분포의 모든 조건부 독립성이 그래프에 반영되며, 또한 역으로 그래프에 의해 암시된 모든 조건부 독립성이 해당 분포에 존재한다면, 이 그래프를 그 분포에 대한 **완벽 사상** (*perfect map*)이라 한다. 따라서 완벽 사상은 I 사상이기도 하고 D 사상이기도 하다.

분포들의 집합을 하나 고려해 보자. 이때 이 집합의 분포들에는 완벽 사상인 방향성 그래프가 존재한다고 하자. 그리고 또 다른 분포 집합을 고려해 보자. 이 분포들의 경우에는 방향성 그래프와 비방향성 그래프 둘 다가 완벽 사상을 제공하지 못한다고 하자. 이에 대한 밴 다이어그램이 그림 8.34에 그려져 있다.

그림 8.35에는 조건부 독립성 $A \perp\!\!\!\perp B \mid \emptyset$와 $A \not\!\perp\!\!\!\perp B \mid C$를 만족하는 분포에 대한 완벽 사상에 해당하는 그래프의 예시가 그려져 있다. 동일한 세 개의 변수에 대해서 완벽 사상에 해당하는 비방향성 그래프는 존재하지 않는다.

그림 8.34　P는 주어진 변수들에 대한 모든 분포들을, D는 방향성 그래 프를 이용해서 완벽 사상할 수 있는 분포들을, U는 비방향성 그래프를 이용해서 완벽 사상할 수 있는 분포들을 나타낸다.

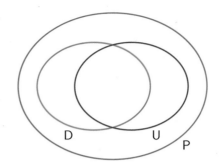

그림 8.35　세 개의 변수에 대한 방향성 그래프. 동일한 세 변수에 대해서 이 그래프의 조건부 독립성들을 표현하는 비방향성 그래프는 존재하지 않는다.

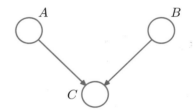

반대로 그림 8.36의 비방향성 그래프를 고려해 보자. 이 그래프는 $A \not\perp\!\!\!\perp B \mid \emptyset$, $C \perp\!\!\!\perp D \mid A \cup B$, $A \perp\!\!\!\perp B \mid C \cup D$의 네 가지 조건부 독립성 성질을 표현하고 있다. 동일한 네 개의 변수에 대해서 같은 조건부 독립성들을 표현하는 방향성 그래프는 존재하지 않는다.

지금까지 살펴본 그래프 모델을 확장해서 방향성 링크와 비방향성 링크를 둘 다 포함하는 그래프 모델을 만드는 것도 가능하다. 이를 일컬어 **사슬 그래프**(chain graphs)(Lauritzen and Wermuth, 1989; Frydenberg, 1990)라 한다. 방향성 그래프와 비방향성 그래프는 사슬 그래프의 특수 케이스에 해당한다. 이러한 그래프들은 방향성 그래프 모델이나 비방향성 그래프 모델이 표현할 수 있는 것보다 더 넓은 종류의 분포들을 표현할 수 있다. 하지만 여전히 사슬 그래프를 이용해서도 완벽 사상을 제공할 수 없는 분포들이 존재한다. 이 책에서는 사슬 그래프에 대해서는 더 논의하지 않을 것이다.

그림 8.36　네 개의 변수에 대한 비방향성 그래프. 동일한 네 개의 변수에 대해서 이 그래프의 조건부 독립성들을 표현하는 방향성 그래프는 존재하지 않는다.

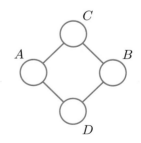

8.4 그래프 모델에서의 추론

이제 그래프 모델을 사용해서 추론하는 문제를 다뤄보도록 하자. 이 문제에서 그래프상의 몇몇 노드들은 관측된 값으로 고정된다. 이 상황에서 우리의 목표는 하나 또는 그 이상의 그 외 다른 노드들의 사후 분포를 계산하는 것이다. 그래프 구조를 활용해서 추론을 위한 효율적인 알고리즘을 찾을 수 있다. 또한, 그래프 구조를 바탕으로 이러한 알고리즘의 구조를 투명하게 뜯어 볼 수 있다. 더 구체적으로 말하자면 많은 알고리즘들이 지역적인 **메시지**(message)들을 전파하는 방식으로 표현된다는 것을 살펴보게 될 것이다. 이번 장에서는 정확한 추론 테크닉에 대해 주로 살펴볼 것이고, 10장에서는 몇몇 근사 추론 알고리즘들을 살펴볼 것이다.

첫째로 베이지안 정리의 그래프적 해석을 살펴보도록 하자. 두 개의 변수 x와 y에 대한 결합 분포 $p(x, y)$를 $p(x, y) = p(x)p(y|x)$의 형태로 인자들의 곱으로 분해했다고 해보자. 이를 그림 8.37(a)의 방향성 그래프로 표현할 수 있다. 여기서 우리가 y의 값을 관측했다고 해보자. 이는 그림 8.37(b)에서 y에 대한 노드에 음영이 생기는 것으로 표현되어 있다. 주변 분포 $p(x)$를 은닉 변수 x에 대한 사전 분포라고 고려할 수 있다. 이때 우리의 목표는 x에 대한 해당 사후 분포를 추론하는 것이다. 확률의 합과 곱의 법칙을 적용하여 다음을 계산할 수 있다.

$$p(y) = \sum_{x'} p(y|x')p(x') \tag{식 8.47}$$

여기에 베이지안 정리를 적용해서 다음을 계산할 수 있다.

$$p(x|y) = \frac{p(y|x)p(x)}{p(y)} \tag{식 8.48}$$

$p(y)$와 $p(x|y)$를 이용해서 결합 분포가 표현되었다. 그래프 관점에서 보면 결합 분포 $p(x, y)$가 이제 그림 8.37(c)의 그래프로 표현된 것이다. 여기서 화살표의 방향이 반대로 바뀌었다. 방금 살펴본 것이 그래프 모델에서의 추론 문제의 가장 간단한 예시에 해당한다.

그림 8.37   베이지안 정리를 그래프 모델로 표현하였다. 자세한 내용은 본문을 참조하기 바란다.

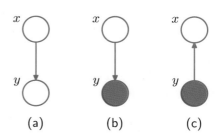

8.4.1 사슬에서의 추론

이제 좀 더 복잡한 문제를 살펴보도록 하자. 그림 8.32에서 볼 수 있는 형태를 가지는 노드들의 사슬을 바탕으로 한 문제들을 살펴볼 것이다. 여기서 살펴보는 예시는 이 장 뒷부분의 더 일반적인 그래프에서의 정확한 추론 문제를 논의할 때 그 기반이 될 것이다.

더 구체적으로 그림 8.32(b)의 비방향성 그래프를 고려해 보자. 방향성 사슬을 동등한 비방향성 사슬로 변환할 수 있다는 것에 대해서는 이미 살펴보았다. 이 경우에는 방향성 그래프가 하나보다 더 많은 수의 부모를 가지는 노드를 포함하고 있지 않기 때문에 비방향성 그래프로 변환하는 과정에서 추가 링크를 더할 필요가 없다. 따라서 이 경우에 방향성 그래프와 비방향성 그래프는 정확하게 같은 조건부 독립성들을 표현하게 된다.

이 그래프의 결합 분포는 다음의 형태를 띤다.

$$p(\mathbf{x}) = \frac{1}{Z}\psi_{1,2}(x_1, x_2)\psi_{2,3}(x_2, x_3)\cdots\psi_{N-1,N}(x_{N-1}, x_N) \qquad \text{(식 8.49)}$$

N개의 노드들 각각이 K개의 상태를 가지는 이산 변수를 표현하는 특정한 경우를 고려하도록 하자. 이 경우 각각의 포텐셜 함수 $\psi_{n-1,n}(x_{n-1}, x_n)$들이 $K \times K$ 테이블을 구성하게 되며, 따라서 결합 분포는 $(N-1)K^2$개의 매개변수를 가지게 된다.

사슬 도중에 존재하는 특정 노드 x_n의 주변 분포 $p(x_n)$을 구하는 추론 문제를 고려해 보자. 우선은 관측된 노드가 하나도 없다고 가정해 보자. 정의에 따라서 x_n을 제외한 나머지 결합 분포들에 대해 합산을 시행해서 주변 분포를 구할 수 있다.

$$p(x_n) = \sum_{x_1}\cdots\sum_{x_{n-1}}\sum_{x_{n+1}}\cdots\sum_{x_N}p(\mathbf{x}) \qquad \text{(식 8.50)}$$

우선 먼저 결합 분포를 구한 다음 위의 합산을 직접 계산하는 것이 가장 쉬운 구현법일 것이다. 결합 분포는 가능한 $\mathbf{x}$ 값 하나에 대해 하나씩의 숫자들의 집합으로 표현할 수 있다. 각각이 K개의 상태를 가지는 변수가 N개 있기 때문에 총 가능한 $\mathbf{x}$의 값은 K^N개 존재하게 된다. 따라서 결합 분포의 계산과 저장, 그리고 $p(x_n)$을 구하기 위한 주변화 과정의 계산과 저장에 필요한 비용은 사슬의 길이 N에 대해 기하급수적으로 증가하게 된다.

그래프 모델의 조건부 독립성 성질을 바탕으로 훨씬 더 효율적인 알고리즘을 구성할 수 있다. 식 8.49의 인수분해된 식을 식 8.50의 결합 분포에 대입하면 합산과 곱의 순서를 다시 재배치해서 찾고자 하는 주변 분포를 훨씬 더 효율적으로 구할 수 있다. 예를 들어, x_N에 대한 합산을 생각해 보자. 포텐셜 함수 $\psi_{N-1,N}(x_{N-1}, x_N)$이 x_N에 종속적인 유일한 포텐셜 함수이므로 다음의 합산을 먼저 시행해서 x_{N-1}에 대한 함수를 얻을 수 있다.

$$\sum_{x_N} \psi_{N-1,N}(x_{N-1}, x_N) \tag{식 8.51}$$

그 다음에 이 결과 함수를 이용해서 x_{N-1}에 대한 합산을 진행할 수 있다. x_{N-1}에 대한 합산을 시행하는 데는 앞에서의 새 결과 함수에 추가적으로 $\psi_{N-2,N-1}(x_{N-2}, x_{N-1})$만 있으면 된다. 왜냐하면 x_{N-1}이 유일하게 나타나는 다른 곳이 $\psi_{N-2,N-1}(x_{N-2}, x_{N-1})$이기 때문이다. 이와 비슷하게 x_1에 대한 합산은 오직 포텐셜 함수 $\psi_{1,2}(x_1, x_2)$만을 필요로 한다. 따라서 따로 시행하고 그 결과로 x_2에 대한 함수를 낼 수 있다. 이런 방식으로 계속 진행하면 된다. 각각의 합산은 분포에서 변수들을 제거한다. 따라서 이 과정을 그래프에서 노드를 제거하는 과정으로 볼 수 있다.

포텐셜 함수들과 합산들을 이런 방식으로 그룹을 지으면 원하는 주변 분포를 다음의 형태로 표현할 수 있다.

$$
p(x_n) = \frac{1}{Z}
$$
$$
\underbrace{\left[\sum_{x_{n-1}} \psi_{n-1,n}(x_{n-1}, x_n) \cdots \left[\sum_{x_2} \psi_{2,3}(x_2, x_3) \left[\sum_{x_1} \psi_{1,2}(x_1, x_2) \right] \right] \cdots \right]}_{\mu_\alpha(x_n)}
$$
$$
\underbrace{\left[\sum_{x_{n+1}} \psi_{n,n+1}(x_n, x_{n+1}) \cdots \left[\sum_{x_N} \psi_{N-1,N}(x_{N-1}, x_N) \right] \cdots \right]}_{\mu_\beta(x_n)}. \tag{식 8.52}
$$

독자들이 이 재배열에 대해서 주의깊게 공부하고 넘어갈 것을 권한다. 여기서의 재배열이 나중에 논의될 일반적인 합/곱 알고리즘의 기반이 되기 때문이다. 여기서 우리가 활용하는 핵심 개념은 곱이 합에 대해 분배될 수 있다는 것이다.

$$ab + ac = a(b + c) \tag{식 8.53}$$

이 경우 왼쪽 변은 세 개의 연산을 필요로 하지만, 오른쪽 변에서는 필요 연산의 수가 둘로 줄었다.

이 재배열 식을 바탕으로 필요 주변 확률을 구하는 데 드는 계산 비용을 이해해 보도록 하자. 총 $N - 1$개의 합산을 시행해야 하는데, 이때 각각의 합산은 K개의 상태에 대한 것이다. 그리고 각각의 상태들은 두 개의 변수에 대한 함수와 연관되어 있다. 예를 들어, x_1에 대한 합산은 함수 $\psi_{1,2}(x_1, x_2)$만을 필요로 한다. 이때 이 함수는 $K \times K$개의 숫자에 대한 테이블에 해당한다. 각각의 x_2 값에 대해서 이 테이블을 x_1에 대해 합산해야 하며, 이 과정에는 $O(K^2)$의 계산 비용이 든다. 그 결과로 얻게 된 K개 숫자의 벡터는 숫자 $\psi_{2,3}(x_2, x_3)$의 행렬에 곱해져야 한다. 이 과정에는 다시금 $O(K^2)$의 비용이 든다. 이러한 합산과 곱셈이 $N - 1$개 있으므로 주변 분포 $p(x_n)$을 계산하는 데는 총 $O(NK^2)$의 비용이 든다. 가장 쉬운 구현법의 경우에는 사슬의 길이에 대해서 비용이 기하급수적으로 증가했던 반면에, 이 경우에는 비용이 선형적으로 증가하게 되는 것이다. 결과적으로 이 그래프의 여러 조건부 독립성들을 활용해서 계산을 효율적으로 만들 수 있었다. 만약 그래프가 완전히 연결되어 있다면 아무 조건부 독립성도 없을 것이고, 따라서 완전 결합 분포를 바탕으로 직접 작업하는 것 외에는 선택의 여지가 없었을 것이다.

이제 이 계산법의 강력한 한 가지 해석법에 대해 살펴보도록 하자. 바로 지역적 **메시지**들을 그래프를 따라 전달한다는 해석이다. 식 8.52로부터 주변 분포 $p(x_n)$을 두 개의 인자와 정규화 상수의 곱으로 분해할 수 있다는 것을 알 수 있다.

$$p(x_n) = \frac{1}{Z} \mu_\alpha(x_n) \mu_\beta(x_n) \tag{식 8.54}$$

$\mu_\alpha(x_n)$를 노드 x_{n-1}에서 노드 x_n으로 앞으로 전달되는 메시지로 해석할 것이다. 이와 비슷하게 $\mu_\beta(x_n)$는 노드 x_{n+1}에서 노드 x_n으로 뒤로 전달되는 메시지로 해석할 수 있다. 각 메시지는 x_n의 선택 하나당 K개의 값으로 이루어져 있다. 따라서 두 메시지의 곱은 각 메시지의 원소들의 점별 곱셈으로 해석되어야 하며, 그 결과로 또 다른 K개의 값을 내어놓게 된다.

메시지 $\mu_\alpha(x_n)$는 다음에 따라 재귀적으로 계산할 수 있다.

$$
\begin{aligned}
\mu_\alpha(x_n) &= \sum_{x_{n-1}} \psi_{n-1,n}(x_{n-1}, x_n) \left[\sum_{x_{n-2}} \cdots \right] \\
&= \sum_{x_{n-1}} \psi_{n-1,n}(x_{n-1}, x_n) \mu_\alpha(x_{n-1})
\end{aligned}
\tag{식 8.55}
$$

따라서 먼저 다음을 계산해야 한다.

$$\mu_\alpha(x_2) = \sum_{x_1} \psi_{1,2}(x_1, x_2) \tag{식 8.56}$$

그 후에 원하는 노드에 도달할 때까지 식 8.55를 반복적으로 적용하면 된다. 메시지 전달식의 구조를 조심스럽게 살펴보기 바란다. 식 8.55의 발신 메시지 $\mu_\alpha(x_n)$은 수신 메시지 $\mu_\alpha(x_{n-1})$에 노드 변수와 발신 변수에 대한 지역 포텐셜 함수를 곱하고 이를 노드 변수에 대해 합산한 것에 해당한다.

이와 비슷하게 메시지 $\mu_\beta(x_n)$도 재귀적으로 계산할 수 있다. 노드 x_N으로부터 시작해서 다음을 적용하면 된다.

$$\begin{aligned} \mu_\beta(x_n) &= \sum_{x_{n+1}} \psi_{n,n+1}(x_n, x_{n+1}) \left[\sum_{x_{n+2}} \cdots \right] \\ &= \sum_{x_{n+1}} \psi_{n,n+1}(x_n, x_{n+1}) \mu_\beta(x_{n+1}) \end{aligned} \tag{식 8.57}$$

재귀적인 메시지 전달에 대해 그림 8.38에 그려져 있다. 정규화 상수 Z는 식 8.54의 오른쪽 변을 x_n의 모든 상태에 대해 합산하여 쉽게 구할 수 있다. 이 과정은 $O(K)$의 계산 비용이면 시행할 수 있다.

그림 8.38의 형태를 가지는 그래프를 **마르코프 연쇄**(*Markov chain*)라 한다. 그리고 이에 해당하는 메시지 전달 공식은 마르코프 과정에서의 **채프만-콜모고로프**(*Chapman-Kolmogorov*) 방정식의 한 예시에 해당한다(Papoulis, 1984).

사슬상의 모든 노드 $n \in \{1, \dots, N\}$에 대해서 주변 분포 $p(x_n)$를 계산한다고 해보자. 각각의 노드에 대해 위의 과정을 따로 적용한다면 총 $O(N^2 K^2)$의 계산 비용이 들게 될 것이다. 하지만 이 방식은 계산을 매우 낭비하는 일이다. 예를 들어, $p(x_1)$을 구하기 위해서는 메시지 $\mu_\beta(\cdot)$를 노드 x_N으로부터 노드 x_2까지 전달해야 한다. 이와 비슷하게 $p(x_2)$를 구하기 위해서는 메시지 $\mu_\beta(\cdot)$를 노드 x_N으로부터 노드 x_3까지 전달해야 한다. 이 경우 둘 사이에는 많은

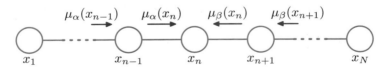

그림 8.38 사슬상에서의 노드 x_n에 대한 주변 분포 $p(x_n)$은 두 개의 메시지 $\mu_\alpha(x_n)$과 $\mu_\beta(x_n)$을 곱한 후 정규화함으로써 구할 수 있다. 이 메시지들은 체인의 양쪽 끝에서 노드 투 방향으로 메시지를 전달하는 방식으로 재귀적으로 계산할 수 있다.

중복되는 계산들이 존재한다. 왜냐하면 두 경우에 전달되는 메시지들은 많은 부분이 동일하기 때문이다.

대신에 다음과 같은 방법을 고려해 보자. 첫 번째로 메시지 $\mu_\beta(x_{N-1})$을 노드 x_N으로부터 시작해서 노드 x_1까지 전달시키자. 그리고 이와 비슷하게 메시지 $\mu_\alpha(x_2)$를 노드 x_1에서 시작해서 노드 x_N까지 전달시키자. 그리고 이 과정에서 모든 중간 메시지들을 저장하자. 그러면 모든 노드들에 대해 식 8.54를 적용해서 쉽게 주변 분포를 계산할 수 있다. 이때 계산 비용은 단일 노드의 주변 분포를 계산하는 데 비해 두 배가 들 뿐이다. 이는 N배가 들던 앞의 방법에 비해 훨씬 효율적이다. 하나의 메시지는 그래프상에서 각 방향으로 각 링크를 한 번씩은 지나가게 된다는 점을 짚고 넘어가자. 또한, 이 경우 정규화 상수 Z는 아무 노드를 바탕으로 한 번만 계산하면 된다는 점에도 주목하기 바란다.

만약 그래프의 노드들 중 일부가 관측된다면 해당 변수들은 고정되며, 이들에 대해서는 합산이 일어나지 않는다. 변수 x_n을 관측된 값 $\hat{x}_n$으로 고정하는 것은 결합 분포에 (하나 또는 그 이상의) 추가 함수 $I(x_n, \hat{x}_n)$을 곱하는 효과를 가져오는 것으로 표현할 수 있다. $I(x_n, \hat{x}_n)$은 $x_n = \hat{x}_n$이면 해당 값을, 아니면 0을 반환하는 함수다. 이러한 함수는 x_n을 포함하는 각각의 포텐셜 함수에 흡수시킬 수 있다. 그러면 x_n에 대한 합산은 $x_n = \hat{x}_n$인 항 하나만을 포함하게 될 것이다.

이제 사슬상의 두 인접 노드에 대한 결합 분포 $p(x_{n-1}, x_n)$를 계산하는 경우를 생각해 보자. 이 계산 과정은 단일 노드에 대한 주변 분포를 계산하는 과정과 거의 흡사하다. 한 가지 차이점은 이 경우에는 합산되어 사라지지 않는 변수가 두 개라는 것이다. 이 해당 결합 분포는 다음의 형태로 적을 수 있다.

연습문제 8.15

$$p(x_{n-1}, x_n) = \frac{1}{Z}\mu_\alpha(x_{n-1})\psi_{n-1,n}(x_{n-1}, x_n)\mu_\beta(x_n) \qquad \text{(식 8.58)}$$

따라서 주변 분포들을 계산하는 데 필요한 메시지 전달 과정을 거치고 나면 각각의 포텐셜에 포함되어 있는 변수들의 집합들의 결합 분포들을 직접 구할 수가 있다.

이는 실제 사례에서 매우 유용한 결과다. 왜냐하면 클리크 포텐셜(방향성 그래프에서부터 시작했을 경우에는 결합 분포)을 매개변수적 형태로 사용하고 싶을 경우가 종종 있기 때문이다. 모든 변수들이 관측되지 않은 상황에서 이러한 포텐셜들에 대한 매개변수를 학습하고 싶다면 **EM 알고리즘**을 사용할 수 있다. EM 알고리즘의 E단계에서 필요로 하는 것이 관측된 데이터에 대해 조건부인 클리크의 지역적 결합 분포라는 것을 알게 될 것이다. 이에 관한 더 자세한 예시를 13장에서 살펴보도록 하자.

9장

8.4.2 트리

그래프가 노드들의 사슬 형태를 가지고 있을 경우 사슬을 따라 메시지를 전달하는 방식으로 해석될 수 있는 알고리즘을 사용하면 그래프에 대한 정확한 추론 문제를 효율적으로 풀 수 있다는 것을 살펴보았다. 이때 계산에 필요한 비용은 노드의 숫자에 대해 선형적으로 증가한다. 이를 더 일반적으로 확장할 수 있다. 지역적 메시지 전달을 바탕으로 한 효율적인 추론 알고리즘은 더 넓은 그래프의 클래스인 **트리**(*tree*)들에 대해서도 사용 가능하다. 잠시 후에는 앞에서 사슬에 대해 유도했던 메시지 전달 과정을 일반화해서 **합/곱**(*sum-product*) 알고리즘을 도출할 것이다. 이를 바탕으로 트리 구조의 그래프에서의 정확한 추론 알고리즘을 구성할 수 있다.

비방향성 그래프 모델의 경우 트리는 모든 노드 쌍 사이에 단 하나만의 경로가 존재하는 그래프라고 정의할 수 있다. 따라서 이러한 그래프는 순환 구조(loop)를 가지지 않게 된다. 방향성 그래프 모델의 경우에 트리는 부모가 없는 하나의 노드 **루트**(*root*)와 오직 하나의 부모만을 가지는 다른 노드들로 이루어진 그래프로 정의된다. 방향성 트리를 비방향성 그래프로 바꿀 경우에는 도덕화 단계에서 링크를 전혀 추가하지 않게 된다. 왜냐하면 모든 노드들이 최대 하나의 부모만을 가지기 때문이다. 따라서 해당 도덕화 그래프는 비방향성 트리가 된다. 비방향성 트리와 방향성 트리의 예시가 그림 8.39(a)와 그림 8.39(b)에 그려져 있다. 방향성 트리를 통해 표현된 분포는 비방향성 트리를 통해 표현된 분포로 쉽게 변환시킬 수 있으며, 그 역도 마찬가지다.

연습문제 8.18

하나 이상의 부모를 가지는 노드가 포함된 방향성 그래프를 고려해 보자. 이때 여전히 모든 두 노드 쌍 사이에 (화살표의 방향성을 무시하고) 경로가 하나씩만 존재한다면 이 그래프를 **다중 트리**(*polytree*)라 한다. 이에 대해서는 그림 8.39(c)에 그려져 있다. 이러한 그래프는 부모가 없는 노드를 하나보다 더 많이 가지게 될 것이며, 이 그래프에 해당하는 도덕화된 비방향성 그래프 상에는 순환 구조가 존재하게 될 것이다.

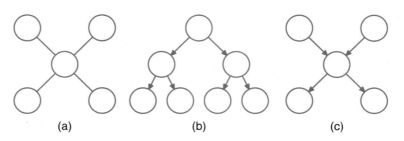

그림 8.39 트리 형태 그래프의 예시. (a) 비방향성 트리, (b) 방향성 트리, (c) 방향성 다중 트리가 그려져 있다.

8.4.3 인자 그래프

다음 절에서 우리가 도출할 합/곱 알고리즘은 비방향성 트리, 방향성 트리, 다중 트리에 모두 적용 가능하다. 하지만 여기서는 **인자 그래프**(*factor graph*)(Frey, 1998; Kschischnang *et al.*, 2001)라 불리는 다른 그래프를 도입하고 이를 바탕으로 설명을 진행할 것이다. 그 이유는 이 형태의 그래프를 바탕으로 설명을 진행하면 합/곱 알고리즘을 단순하면서도 일반적인 형태로 소개할 수 있기 때문이다.

방향성 그래프와 비방향성 그래프는 둘 다 몇몇 변수에 대한 전역적인 함수를 허용한다. 이때 이 함수는 해당 변수들의 부분 집합으로 이루어진 인자들을 곱한 형태로 표현된다. 인자 그래프에서는 변수를 표현하는 원래의 노드들에 추가적으로 인자 그 자체에 해당하는 노드들을 도입해서 이 분해를 명시적으로 만들 수 있도록 한다. 또한, 이를 바탕으로 하면 인수분해의 자세한 내용을 좀 더 명시적으로 다룰 수 있다.

변수들의 집합에 대한 결합 분포를 인자들의 곱으로 표현하면 다음과 같다.

$$p(\mathbf{x}) = \prod_s f_s(\mathbf{x}_s) \tag{식 8.59}$$

여기서 $\mathbf{x}_s$는 변수들의 부분 집합을 지칭하는 것이다. 편의를 위해서 여기서는 개별 변수들을 x_i로 표기할 것이다. 하지만 앞에서 논의했던 것과 같이 이들은 벡터나 행렬과 같은 변수들의 그룹일 수도 있다. 각각의 인자 f_s는 해당 변수 집합 $\mathbf{x}_s$의 함수다.

식 8.5에 그 인수분해 형태가 표현되어 있는 방향성 그래프는 식 8.59의 특별 케이스로 인자 $f_s(\mathbf{x}_s)$가 지역적 조건부 분포인 경우에 해당한다. 이와 비슷하게, 식 8.39로 주어진 비방향성 그래프 역시 인자가 최대 클리크에 대한 포텐셜 함수(정규화 계수 $1/Z$는 빈 변수 집합에 대해 정의된 인자로 간주할 수 있다)인 특별 케이스다.

인자 그래프에도 방향성/비방향성 그래프와 마찬가지로 분포의 모든 변수 각각에 대해서 노드가 있다. 이들은 주로 원으로 표현된다. 또한, 인자 그래프에는 결합 분포상의 각 인자 $f_s(\mathbf{x}_s)$에 해당하는 추가적인 노드들이 있다. 이들은 주로 작은 사각형으로 표현된다. 마지막으로, 인자 그래프에는 각각의 인자 노드를 해당 인자가 종속성을 가지고 있는 변수들의 노드에 연결하는 비방향성 링크가 존재한다. 예를 들어, 다음의 인수분해로 표현되는 분포를 고려해 보자.

$$p(\mathbf{x}) = f_a(x_1, x_2) f_b(x_1, x_2) f_c(x_2, x_3) f_d(x_3) \tag{식 8.60}$$

이를 인자 그래프로 표현한 것이 그림 8.40이다. 두 인자 $f_a(x_1, x_2)$와 $f_b(x_1, x_2)$는 같은 변

그림 8.40   식 8.60의 인수분해에 해당하는 인자 그래프.

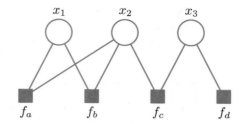

수들의 집합에 대해 정의되었다는 것에 주목하기 바란다. 비방향성 그래프에서는 이러한 두 인자들의 곱은 같은 클리크 포텐셜로 묶였었다. 이와 비슷하게 $f_c(x_2, x_3)$와 $f_d(x_3)$도 비방향성 그래프에서는 x_2와 x_3에 대한 하나의 포텐셜로 합쳐졌을 것이다. 하지만 인자 그래프에서는 이러한 인자들을 명시적으로 따로 둔다. 따라서 그래프의 밑에 깔려 있는 해당 인수분해에 대해 더 자세한 정보를 가지고 있을 수 있게 된다.

인자 그래프를 **이분**(*bipartite*) 그래프라고 한다. 왜냐하면 그래프가 두 가지의 서로 다른 종류의 노드들로 이루어져 있으며, 모든 링크들은 서로 다른 종류의 노드들을 연결하기 때문이다. 따라서 일반적으로 인자 그래프는 언제나 두 행의 노드들(변수 노드들을 위에, 인자 노드들을 아래에)과 각 행간을 연결하는 링크들로 그려질 수 있다. 그림 8.40이 이런 방식으로 그려진 것이다. 하지만 몇몇 경우에는 다른 방식으로 그래프를 늘어놓는 것이 더 직관적일 수도 있다. 예를 들어, 인자 그래프가 방향성 그래프나 비방향성 그래프로부터 파생되었을 경우가 그러하다.

만약 비방향성 그래프를 바탕으로 표현된 분포가 주어지게 된다면 이를 손쉽게 인자 그래프로 변환할 수 있다. 일단 원래의 비방향성 그래프의 노드들에 해당하는 변수 노드들을 만들고, 그 다음 최대 클리크 $\mathbf{x}_s$에 해당하는 인자 노드들을 추가로 만들어야 한다. 이때 인자 $f_s(\mathbf{x}_s)$들은 클리크 포텐셜과 같도록 정하면 된다. 하나의 비방향성 그래프에 대해서 몇 가지 다른 인자 그래프가 존재할 수 있다. 이 콘셉트에 대해서는 그림 8.41에 표현되어 있다.

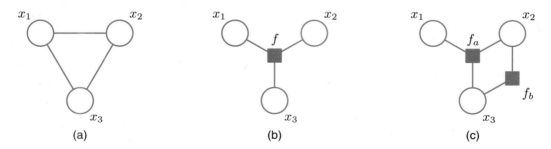

(a)   (b)   (c)

그림 8.41   (a) 단일 클리크 포텐셜 $\psi(x_1, x_2, x_3)$를 가지는 비방향성 그래프. (b) (a)의 비방향성 그래프와 같은 분포를 가지는 인자 그래프. 인자 $f(x_1, x_2, x_3) = \psi(x_1, x_2, x_3)$를 가진다. (c) 같은 분포를 표현하는 다른 인자 그래프. 이 경우 인자들은 $f_a(x_1, x_2, x_3)f_b(x_2, x_3) = \psi(x_1, x_2, x_3)$를 만족한다.

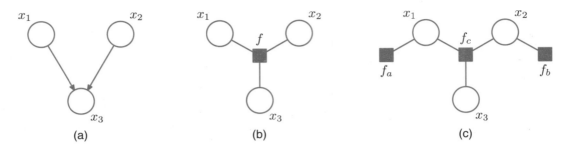

그림 8.42 (a) 인수분해 $p(x_1)p(x_2)p(x_3|x_1, x_2)$에 해당하는 방향성 그래프. (b) (a)의 방향성 그래프와 같은 분포를 표현하는 인자 그래프. 이 경우 인자는 $f(x_1, x_2, x_3) = p(x_1)p(x_2)p(x_3|x_1, x_2)$를 만족한다. (c) 같은 분포를 표현하는 다른 인자 그래프. $f_a(x_1) = p(x_1)$, $f_b(x_2) = p(x_2)$, $f_c(x_1, x_2, x_3) = p(x_3|x_1, x_2)$를 인자로 가진다.

방향성 그래프를 인자 그래프로 변환하는 방법은 다음과 같다. 일단, 방향성 그래프의 노드들에 해당하는 변수 노드를 만들고 그 다음 조건부 분포에 해당하는 인자 노드들을 만든다. 그리고 마지막으로 적절한 링크들을 추가하면 된다. 앞에서와 마찬가지로 하나의 방향성 그래프에 해당하는 여러 가지 인자 그래프가 존재할 수 있다. 이에 대해서는 그림 8.42에 그려져 있다.

효율적인 추론을 시행하는 데 있어서 트리 구조의 그래프의 중요성에 대해 이미 강조했었다. 만약 우리가 방향성 트리나 비방향성 트리를 취해서 인자 그래프로 변환하면 그 결과물 역시 트리다. 다시 말하면 결과로 구해진 인자 그래프에는 순환 구조가 없을 것이고, 모든 두 노드 쌍 사이에는 단 하나의 경로만이 존재할 것이라는 이야기다. 방향성 다중 트리를 비방향성 그래프로 변환하게 되면 도덕화 단계로 인해서 결과 그래프에 순환 구조가 생기게 된다. 하지만 이를 인자 그래프로 변환하게 되면 여전히 트리다. 이에 대해 그림 8.43에 표현되어 있다. 사실

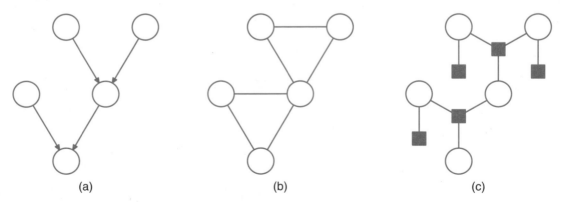

그림 8.43 (a) 방향성 다중 트리. (b) 해당 다중 트리를 비방향성 그래프로 변환한 결과. 순환 구조가 생겨났음을 확인할 수 있다. (c) 해당 다중 트리를 인자 그래프로 변환한 결과. 여전히 트리 구조를 만족한다는 것을 알 수 있다.

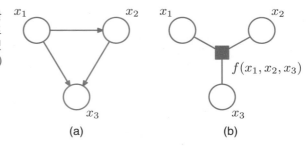

그림 8.44 (a) 방향성 그래프의 일부분. 지역적 순환 구조를 가지고 있다. (b) (a)를 인자 그래프로 변환한 결과. 트리 구조를 가지게 되었다. 이때 $f(x_1, x_2, x_3) = p(x_1)p(x_2|x_1)$ $p(x_3|x_1, x_2)$다.

방향성 그래프에서 노드의 부모들을 연결하는 링크 때문에 생기는 지역적인 순환 구조는 인자 그래프로 변환하는 과정에서 적절한 인자 함수를 정의함으로써 제거할 수 있다. 이에 대해 그림 8.44에 나타나 있다.

여러 개의 서로 다른 인자 그래프가 같은 방향성 또는 비방향성 그래프를 표현할 수 있음을 살펴보았다. 이는 인자 그래프가 더 정확한 형태의 인수분해를 나타낼 수 있다는 의미이기도 하다. 완전히 연결된 비방향성 그래프와 두 개의 다른 인자 그래프가 그림 8.45에 그려져 있다. (b)의 경우에는 결합 분포가 일반 형태 $p(\mathbf{x}) = f(x_1, x_2, x_3)$로 주어지는 반면, (c)의 경우에는 더 구체적인 인수분해 $p(\mathbf{x}) = f_a(x_1, x_2)f_b(x_1, x_3)f_c(x_2, x_3)$로 나타난다. 한 가지 짚고 넘어갈 점은 (c)의 인수분해는 어떤 조건부 독립성에도 해당하지 않는다는 것이다.

8.4.4 합/곱 알고리즘

지금까지 살펴본 인자 그래프 모델을 바탕으로 트리 구조의 그래프에 적용할 수 있는 강력하고 효율적인 정확한 추론 알고리즘을 유도해 보도록 하자. 여기서 우리는 하나의 노드 또는 노드들의 집합에 대한 지역적 주변 분포를 계산하는 문제에 초점을 맞출 것이다. 이를 해결하기 위한 알고리즘이 바로 **합/곱**(*sum-product*) 알고리즘이다. 나중에 우리는 이 테크닉을 수정해서 가장 가능성이 높은 상태를 찾을 수 있도록 할 것인데, 이것이 바로 **최대 합**(*max-sum*) 알고리즘이다.

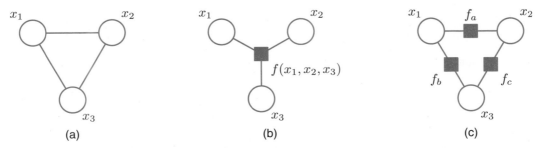

그림 8.45 (a) 완전히 연결된 비방향성 그래프. (b)와 (c)는 비방향성 그래프로, (a)에 해당하는 두 개의 서로 다른 인자 그래프다.

또한, 우리는 모델의 모든 변수들이 이산 변수라고 가정할 것이다. 따라서 주변화는 합산을 시행하는 것에 해당하게 된다. 하지만 이 방법론은 주변화가 적분에 해당하는 선형 가우시안 모델에 대해서도 동일하게 적용할 수 있다. 선형 동적 시스템에 대해 논의할 때 이러한 경우의 예시에 대해서 자세히 살펴볼 것이다.

13.3절

순환 구조가 없는 방향성 그래프에 대해 사용할 수 있는 정확한 추론 알고리즘으로 **믿음 전파** (*belief propagation*)(Pearl, 1988; Lauritzen and Spiegelhalter, 1988)가 있다. 이는 합/곱 알고리즘의 특별 케이스에 해당한다. 여기서 우리는 합/곱 알고리즘만 살펴볼 것이다. 왜냐하면 합/곱 알고리즘이 더 일반적으로 사용 가능하며, 유도하고 적용하는 과정이 더 단순하기 때문이다.

원래의 그래프가 비선형 트리이거나 방향성 트리이거나 다중 트리라고 가정할 것이다. 이 경우 해당 인자 그래프도 트리 구조를 가지게 된다. 일단, 첫 번째로 원래의 그래프를 인자 그래프로 변환함으로써 방향성 그래프와 비방향성 그래프를 같은 방법론을 통해서 다룰 수 있도록 하자. 여기서의 목표는 그래프의 구조를 활용해서 (i) 주변 분포를 계산하기 위한 효율적이고 정확한 추론 알고리즘을 구하고, (ii) 여러 주변 확률을 구하는 것이 필요할 경우 계산을 효율적으로 공유할 수 있도록 하는 두 가지를 달성하는 것이다.

먼저 특정 변수 노드 x의 주변값 $p(x)$를 구하는 문제를 고려해 보도록 하자. 일단, 지금은 모든 변수들이 은닉 변수라고 가정한다. 추후에 이 알고리즘을 변형시켜서 관측된 변수에 해당하는 증거를 포함시키는 방법에 대해 살펴볼 것이다. 정의에 따라서 x를 제외한 모든 변수에 대한 결합 분포를 합산함으로써 주변 분포를 구할 수 있다.

$$p(x) = \sum_{\mathbf{x} \backslash x} p(\mathbf{x}) \tag{식 8.61}$$

$\mathbf{x} \backslash x$는 x를 제외한 $\mathbf{x}$상의 변수들을 지칭하는 것이다. 기본적인 아이디어는 식 8.59의 인자 그래프 표현식을 사용해서 $p(\mathbf{x})$를 치환하고, 그 후 덧셈과 곱셈들을 교환해서 효율적인 알고리즘을 구한다는 것이다. 그림 8.46에 있는 그래프의 조각을 고려해 보자. 그래프의 트리 구조로 인해서 결합 분포의 인자들을 그룹들로 분할할 수 있다는 것을 알 수 있다. 이때 하나의 그룹은 변수 노드 x의 이웃 인자 노드들 각각에 연관되어 있으며, 결합 분포를 다음과 같이 곱셈의 형태로 표현할 수 있다.

$$p(\mathbf{x}) = \prod_{s \in \text{ne}(x)} F_s(x, X_s) \tag{식 8.62}$$

$\text{ne}(x)$는 x의 이웃인 인자 노드들의 집합을 지칭하는 것이며, X_s는 인자 노드 f_s를 통해서 변

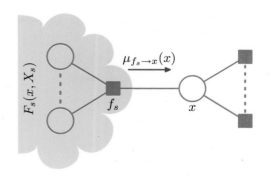

그림 8.46 인자 그래프의 조각상에서 주변 분포 $p(x)$를 계산하는 것을 도식화한 그림이다.

수 노드 x에 연결되어 있는 서브트리의 모든 변수들을 지칭하는 것이다. 그리고 $F_s(x, X_s)$는 f_s와 연관된 그룹의 모든 인자들의 곱을 표현한 것이다.

식 8.62를 식 8.61에 대입해 넣고 덧셈들과 곱셈들의 순서를 교환하면 다음을 얻게 된다.

$$\begin{aligned} p(x) &= \prod_{s \in \mathrm{ne}(x)} \left[\sum_{X_s} F_s(x, X_s) \right] \\ &= \prod_{s \in \mathrm{ne}(x)} \mu_{f_s \to x}(x). \end{aligned} \tag{식 8.63}$$

여기서 함수들의 집합 $\mu_{f_s \to x}(x)$를 사용하였다. 이는 다음처럼 정의된다.

$$\mu_{f_s \to x}(x) \equiv \sum_{X_s} F_s(x, X_s) \tag{식 8.64}$$

위 식은 인자 노드 f_s들로부터 변수 노드 x로의 **메시지**(*message*)로 볼 수 있다. 찾고자 했던 주변값 $p(x)$는 노드 x에 도착하는 모든 수신 메시지들의 곱으로 주어지게 된다.

이 메시지들을 계산해 보자. 다시금 그림 8.46을 살펴보면 각각의 인자 $F_s(x, X_s)$는 인자 (서브) 그래프에 의해 묘사될 수 있으며, 따라서 그 자체도 인수분해할 수 있다는 것을 알 수 있다. 즉, 다음과 같이 적을 수 있다.

$$F_s(x, X_s) = f_s(x, x_1, \ldots, x_M) G_1(x_1, X_{s1}) \ldots G_M(x_M, X_{sM}) \tag{식 8.65}$$

여기서는 편의를 위해서 x뿐만 아니라 인자 f_s에 관련된 변수 $x_1, \ldots, x_M$도 표시하였다. 이 인수분해는 그림 8.47에 그려져 있다. 변수들의 집합 $\{x, x_1, \ldots, x_M\}$은 인자 f_s가 종속되어 있는 변수들의 집합에 해당한다. 따라서 식 8.59의 표현법을 바탕으로 $\mathbf{x}_s$라고 표현할 수도 있다.

식 8.65를 식 8.64에 대입해 넣으면 다음을 얻게 된다.

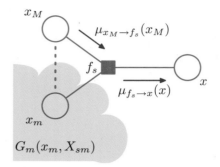

그림 8.47　인자 노드 f_s와 연관된 서브그래프의 인수분해에 대한 도식

$$
\begin{aligned}
\mu_{f_s \to x}(x) &= \sum_{x_1} \cdots \sum_{x_M} f_s(x, x_1, \ldots, x_M) \prod_{m \in \text{ne}(f_s) \setminus x} \left[\sum_{X_{sm}} G_m(x_m, X_{sm}) \right] \\
&= \sum_{x_1} \cdots \sum_{x_M} f_s(x, x_1, \ldots, x_M) \prod_{m \in \text{ne}(f_s) \setminus x} \mu_{x_m \to f_s}(x_m) \qquad \text{(식 8.66)}
\end{aligned}
$$

여기서 $\text{ne}(f_s)$는 인자 노드 f_s의 이웃 변수 노드들을 지칭하는 것이며, $\text{ne}(f_s) \setminus x$는 같은 집합에서 노드 x를 제외시킨 것이다. 변수 노드에서 인자 노드로의 메시지를 다음과 같이 정의했다.

$$
\mu_{x_m \to f_s}(x_m) \equiv \sum_{X_{sm}} G_m(x_m, X_{sm}) \qquad \text{(식 8.67)}
$$

지금까지 두 종류의 다른 메시지를 소개했다. 하나는 인자 노드에서 변수 노드로 가는 $\mu_{f \to x}(x)$고 다른 하나는 변수 노드에서 인자 노드로 가는 $\mu_{x \to f}(x)$다. 각각의 경우 어떤 링크를 타고 가는 메시지는 항상 그 링크에 연결된 변수 노드의 변수에 대한 함수라는 것을 알 수 있다.

식 8.66의 결과에 따르면 인자 노드에서 변수 노드로 전달되는 메시지를 다음과 같이 계산할 수 있다. 일단, 해당 인자 노드로 들어오는 링크들의 메시지를 전부 곱해야 한다. 이때 해당 인자 노드와 변수 노드 사이의 링크는 제외해야 한다. 그리고 여기에 인자 노드의 인자를 곱한다. 이어서 그 후 들어온 메시지들의 모든 변수들에 대해서 주변화를 시행해야 한다. 이 과정은 그림 8.47에 그려져 있다. 한 가지 주목할 것은 인자, 노드가 한 변수 노드에게 메시지를 보내는 것은 그 변수 노드를 제외한 다른 모든 이웃 변수 노드들로부터 메시지를 수신한 후에만 가능하다는 것이다.

마지막으로 변수 노드로부터 인자 노드로의 메시지를 계산하기 위한 식을 구성해 보자. 다시 한 번 (서브) 그래프 인수분해를 활용할 것이다. 그림 8.48로부터 노드 x_m과 연관되어 있는 항 $G_m(x_m, X_{sm})$이 항 $F_l(x_m, X_{lm})$들의 곱으로 주어진다는 것을 확인할 수 있다. 이때 $F_l(x_m,$

그림 8.48　변수 노드로부터 인접 인자 노드로 보내는 메시지에 대한 도식

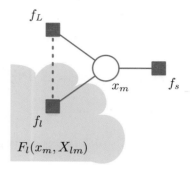

X_{lm})은 노드 x_m에 연결되어 있는 인자 노드 f_l(노드 f_s는 제외)들 중 하나와 연관되어 있다. 따라서 다음과 같이 된다.

$$G_m(x_m, X_{sm}) = \prod_{l \in \mathrm{ne}(x_m) \backslash f_s} F_l(x_m, X_{lm}) \tag{식 8.68}$$

여기서 곱셈은 노드 x_m의 이웃들 중 노드 f_s를 제외한 모든 노드에 대해서 시행되어야 한다. 여기서 인자 $F_l(x_m, X_{lm})$들은 정확하게 식 8.62에서 소개했던 것과 같은 종류의 서브트리를 나타낸다. 식 8.68을 식 8.67에 대입하면 다음을 얻을 수 있다.

$$\begin{aligned} \mu_{x_m \to f_s}(x_m) &= \prod_{l \in \mathrm{ne}(x_m) \backslash f_s} \left[\sum_{X_{ml}} F_l(x_m, X_{lm}) \right] \\ &= \prod_{l \in \mathrm{ne}(x_m) \backslash f_s} \mu_{f_l \to x_m}(x_m) \end{aligned} \tag{식 8.69}$$

여기서 인자 노드에서 변수 노드로 전달되는 메시지에 대한 정의인 식 8.64를 사용하였다. 따라서 변수 노드에서 인접한 인자 노드로 링크를 타고 보내는 메시지를 계산하기 위해서는 그 링크를 제외한 나머지 링크들로부터 수신되는 메시지들을 전부 곱하기만 하면 된다. 만약 어떤 변수 노드가 두 개의 이웃 인자 노드만을 가진다면 따로 계산을 시행할 필요 없이 메시지를 받는 그대로 다른 링크로 전달하기만 하면 된다. 변수 노드는 다른 모든 인자 노드로부터 메시지를 전달받은 후에만 해당 인자 노드에 메시지를 보낼 수 있다.

우리의 목표는 변수 노드 x에 대한 주변 분포를 계산하는 것이었다. 이 주변 분포는 이 노드에서 수신되는 모든 메시지들을 곱함으로써 얻을 수 있다. 각각의 메시지들은 다른 메시지들을 바탕으로 재귀적으로 계산할 수 있다. x를 트리의 루트라고 할 경우 잎에 해당하는 노드에서부터 재귀 계산을 시작할 수 있다. 만약 잎 노드가 변수 노드라면 그 노드가 연결되어 있는 단 하나의 링크를 따라서 보내는 메시지는 식 8.69의 정의에 따라 다음과 같이 주어지게 된다.

$$\mu_{x \to f}(x) = 1 \tag{식 8.70}$$

이에 대해 그림 8.49(a)에 그려져 있다. 이와 비슷하게 만약 잎 노드가 인자 노드라면, 이 노드가 보내는 메시지는 식 8.66에 따라 다음의 형태를 취하게 된다.

$$\mu_{f \to x}(x) = f(x) \tag{식 8.71}$$

이에 대해서 그림 8.49(b)에 표현되어 있다.

이 시점에서 잠시 멈추고 지금까지 알 수 있었던 주변 분포 $p(x)$를 구하는 데 있어서의 합/곱 알고리즘의 과정을 요약해 보도록 하자. 일단, 첫 번째로 변수 노드 x를 인자 그래프의 루트라고 보고, 잎 노드에서부터 식 8.70과 식 8.71을 이용해서 메시지를 만들기 시작한다. 그 후 식 8.66과 식 8.69를 메시지가 모든 링크들에 대해 전파되고 루트 노드가 모든 이웃들로부터 메시지를 받을 때까지 재귀적으로 적용한다. 각 노드들은 모든 인접 노드들로부터 메시지를 전달받은 후에 루트를 향해 메시지를 보낼 수 있다. 루트 노드가 모든 인접 노드들로부터 메시지를 전달받고 나면, 식 8.63을 이용해서 구하고자 했던 주변 분포를 계산할 수 있다.

모든 노드들이 메시지를 내보내기 위해 필요한 메시지들을 전부 전달받게 될 것이라는 점을 다음의 간단한 귀납적인 추론을 통해서 증명할 수 있다. 하나의 루트 변수 노드와 이에 연결된 몇 개의 잎 인자 노드로 구성된 그래프의 경우에는 식 8.71 형태의 메시지들을 잎 노드에서 루트 노드로 직접 보내는 것으로 알고리즘이 간단히 완료될 것이다. 이제 유효한 알고리즘을 가지고 있는 이 특정 그래프를 시작으로 해서 한 번에 노드 하나씩을 추가하는 방식으로 그래프를 더 일반적인 그래프로 키워 나가는 것을 생각해 보자. 만약 변수 노드 또는 인자 노드가 하나 더 추가된다면 이 노드는 단일 링크를 통해서밖에 연결될 수 없다. 왜냐하면 전체 그래프가 트리 형태를 유지해야 하기 때문이다. 따라서 새로 추가된 노드는 잎 노드가 된다. 이 새로 추가된 노드는 자신이 연결된 노드에 메시지를 보낼 것이며, 따라서 그 연결된 노드는 다시금 루트에 메시지를 보내기 위해서 필요로 하는 모든 메시지를 전달받게 될 것이다. 이로써 증명이 완결되었다.

이제 그래프의 모든 변수 노드의 주변 분포를 구하는 방법에 대해 살펴보자. 물론 앞에서 살펴본 단일 변수 노드에 대한 알고리즘을 모든 변수 노드에 대해서 반복할 수도 있다. 하지만 이

그림 8.49 합/곱 알고리즘은 잎 노드로부터 보내는 메시지로부터 시작한다. 이 메시지는 잎 노드가 (a) 변수 노드인지, 아니면 (b) 인자 노드인지에 따라 정해진다.

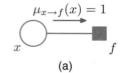

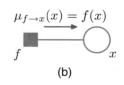

(a)　　　　(b)

렇게 할 경우 몇몇 필요한 계산들을 몇 번이고 반복할 것이기 때문에 낭비가 된다. 몇몇 메시지 전달 알고리즘을 '겹쳐놓는' 방식을 바탕으로 훨씬 더 효율적인 과정을 구성할 수 있다. 이에 해당하는 일반적인 합/곱 알고리즘은 다음과 같다. 임의로 아무 변수 노드나 인자 노드를 선택하고 이를 루트로 지정한다. 그리고 앞에서와 같이 이 경우의 해당 잎 노드로부터 루트 노드로 메시지를 전파한다. 이 시점에서 루트 노트는 모든 이웃으로부터 메시지를 전달받게 되었을 것이고, 따라서 모든 이웃들에게 메시지를 전달할 수도 있다. 이렇게 계속 전파 과정을 진행한다. 이런 식으로 메시지들을 루트에서부터 잎까지 전달할 수 있다. 이 과정을 진행하고 나면 그래프상의 모든 링크에 대해서 메시지가 양방향으로 전달되었을 것이며, 모든 노드들은 자신의 모든 이웃들로부터 메시지를 전달받게 되었을 것이다. 여기서도 단순한 귀납적 추론을 바

연습문제 8.20

탕으로 이 메시지 전달 프로토콜의 유효성을 증명할 수 있다. 모든 변수 노드들이 자신의 모든 이웃들로부터 메시지를 전달받았기 때문에 이를 바탕으로 그래프의 모든 변수에 대해서 주변 분포를 구할 수 있다. 계산되어야 하는 메시지의 숫자는 그래프 링크 숫자의 두 배에 해당하며, 이는 단일 주변 분포를 계산할 때 필요한 계산량의 두 배에 불과하다. 이와는 대조적으로 만약 우리가 합/곱 알고리즘을 각각의 노드에 대해 따로 적용한다면 필요한 계산량은 그래프의 크기에 대해 제곱으로 비례해서 증가할 것이다. 이 알고리즘은 어떤 노드를 루트로 설정하느냐에 대해서 독립적이다. 하나의 노드가 특별한 상태를 가진다는 개념은 메시지 전달 알고리즘을 편리하게 설명하기 위해서 도입했을 뿐이다.

다음으로는 각 인자들에 속한 변수 집합의 주변 분포 $p(\mathbf{x}_s)$를 구해 보자. 위에서 사용했던 것과 비슷한 논리를 바탕으로 인자에 연관되어 있는 주변 분포는 인자 노드에 도착하는 메시지

연습문제 8.21

들과 해당 노드에서의 지역적 인자의 곱으로 주어지게 된다는 것을 쉽게 증명할 수 있다.

$$p(\mathbf{x}_s) = f_s(\mathbf{x}_s) \prod_{i \in ne(f_s)} \mu_{x_i \to f_s}(x_i) \qquad \text{(식 8.72)}$$

이는 변수 노드의 주변 분포의 경우와 매우 흡사하다. 만약 인자들이 매개변수화된 함수들이고 EM 알고리즘을 이용해서 이 매개변수들을 구하고자 한다면, 바로 이 주변 분포들이 E단계를 계산하기 위해서 필요한 값이 될 것이다. 은닉 마르코프 모델에 대해 13장에서 다룰 때 이에 대해 자세히 살펴볼 것이다.

앞에서 살펴본 것과 같이 변수 노드에서 인자 노드로 보내지는 메시지는 단순히 다른 링크들로부터 수신된 메시지를 곱한 것에 해당한다. 변수 노드에서 인자 노드로의 메시지들을 없애고 단순히 인자 노드에서 발송되는 메시지만을 고려하는 방식으로 합/곱 알고리즘을 다른 각도에서 고려할 수 있다. 그림 8.50의 예시에 이에 대해 그려져 있다.

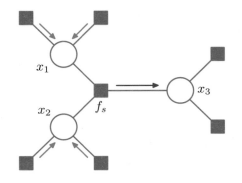

그림 8.50 합/곱 알고리즘은 인자 노드들에서 다른 인자 노드들로 메시지를 보내는 관점으로 고려할 수도 있다. 이 예시에서는 발송되는 메시지가 파란 화살표로 그려져 있다. 이 메시지는 녹색 화살표로 보이는 수신 메시지들과 인자 f_s를 곱하고 이를 변수 x_1과 x_2에 대해 주변화함으로써 구할 수 있다.

지금까지 정규화에 대한 문제는 고려하지 않았다. 만약 인자 그래프가 방향성 그래프로부터 유도된 것이라면 결합 분포는 이미 올바르게 정규화되어 있을 것이며, 따라서 합/곱 알고리즘의 결과로 구해지는 주변 분포도 올바르게 정규화되어 있을 것이다. 하지만 만약 비방향성 그래프로부터 시작했다면 일반적으로 알려지지 않은 정규화 계수 $1/Z$가 있을 것이다. 그림 8.38의 단순한 사슬 예시에서와 같이 이는 정규화되지 않은 결합 분포의 $\widetilde{p}(\mathbf{x})$를 바탕으로 쉽게 구할 수 있다. 이때 $p(\mathbf{x}) = \widetilde{p}(\mathbf{x})/Z$다. 먼저 합/곱 알고리즘을 이용해서 정규화되지 않은 주변 분포 $\widetilde{p}(x_i)$를 구한다. 이때 이러한 주변 분포들 중 아무거나 하나를 정규화함으로써 계수 $1/Z$을 쉽게 구할 수 있다. 이 과정은 단일 변수에 대해서만 정규화를 시행하면 되기 때문에 $\widetilde{p}(\mathbf{x})$를 직접 정규화하는 방식으로 전체 변수에 대해 정규화를 시행하는 경우에 비해서 계산적으로 효율적이다.

이 시점에서 합/곱 알고리즘의 동작 방식에 대해서 보여 주는 예시를 하나 살펴보도록 하자. 그림 8.51에는 단순한 4노드 인자 그래프가 그려져 있다. 이 그래프의 정규화되지 않은 결합 분포는 다음으로 주어진다.

$$\widetilde{p}(\mathbf{x}) = f_a(x_1, x_2) f_b(x_2, x_3) f_c(x_2, x_4) \tag{식 8.73}$$

그림 8.51 합/곱 알고리즘의 동작에 대해 보여 주기 위한 단순한 인자 그래프

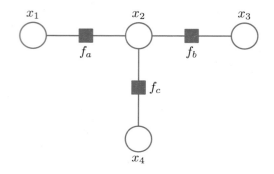

이 그래프에 합/곱 알고리즘을 적용하기 위해서 x_3를 루트로 정하자. 이 경우 이 그래프에는 x_1과 x_4의 두 잎 노드가 존재하게 된다. 잎 노드로부터 시작해서 다음의 순서로 여섯 개의 메시지를 구할 수 있다.

$$\mu_{x_1 \to f_a}(x_1) = 1 \tag{식 8.74}$$

$$\mu_{f_a \to x_2}(x_2) = \sum_{x_1} f_a(x_1, x_2) \tag{식 8.75}$$

$$\mu_{x_4 \to f_c}(x_4) = 1 \tag{식 8.76}$$

$$\mu_{f_c \to x_2}(x_2) = \sum_{x_4} f_c(x_2, x_4) \tag{식 8.77}$$

$$\mu_{x_2 \to f_b}(x_2) = \mu_{f_a \to x_2}(x_2)\mu_{f_c \to x_2}(x_2) \tag{식 8.78}$$

$$\mu_{f_b \to x_3}(x_3) = \sum_{x_2} f_b(x_2, x_3)\mu_{x_2 \to f_b}(x_2) \tag{식 8.79}$$

메시지가 흐르는 방향은 그림 8.52에 그려져 있다. 이 메시지 전달이 완료되고 나면 루트 노드에서 잎 노드로의 메시지 전달을 시작할 수 있다. 이 과정은 다음 식들로 주어진다.

$$\mu_{x_3 \to f_b}(x_3) = 1 \tag{식 8.80}$$

$$\mu_{f_b \to x_2}(x_2) = \sum_{x_3} f_b(x_2, x_3) \tag{식 8.81}$$

$$\mu_{x_2 \to f_a}(x_2) = \mu_{f_b \to x_2}(x_2)\mu_{f_c \to x_2}(x_2) \tag{식 8.82}$$

$$\mu_{f_a \to x_1}(x_1) = \sum_{x_2} f_a(x_1, x_2)\mu_{x_2 \to f_a}(x_2) \tag{식 8.83}$$

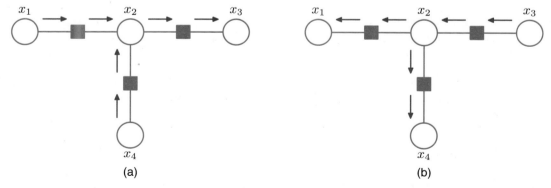

그림 8.52 그림 8.51의 예시 그래프에 합/곱 알고리즘을 적용하였을 경우의 메시지의 흐름을 나타낸 도식. (a) 잎 노드 x_1 과 x_4로부터 루트 노드 x_3로의 메시지 흐름. (b) 루트 노드에서 잎 노드들로의 메시지 흐름

$$\mu_{x_2 \to f_c}(x_2) \quad = \quad \mu_{f_a \to x_2}(x_2)\mu_{f_b \to x_2}(x_2) \qquad \text{(식 8.84)}$$

$$\mu_{f_c \to x_4}(x_4) \quad = \quad \sum_{x_2} f_c(x_2, x_4)\mu_{x_2 \to f_c}(x_2) \qquad \text{(식 8.85)}$$

이제 모든 링크들에 대해서 양 방향으로 메시지가 지나갔다. 이를 바탕으로 주변 분포들을 계산할 수 있다. 간단한 체크를 통해 주변 분포 $p(x_2)$가 올바른 식으로 주어지는지를 확인해 보자. 식 8.63에 위의 결과들을 바탕으로 메시지를 대입해 넣으면 다음을 얻게 된다.

$$\begin{aligned}
\widetilde{p}(x_2) \quad &= \quad \mu_{f_a \to x_2}(x_2)\mu_{f_b \to x_2}(x_2)\mu_{f_c \to x_2}(x_2) \\
&= \quad \left[\sum_{x_1} f_a(x_1, x_2)\right]\left[\sum_{x_3} f_b(x_2, x_3)\right]\left[\sum_{x_4} f_c(x_2, x_4)\right] \\
&= \quad \sum_{x_1}\sum_{x_3}\sum_{x_4} f_a(x_1, x_2)f_b(x_2, x_3)f_c(x_2, x_4) \\
&= \quad \sum_{x_1}\sum_{x_3}\sum_{x_4} \widetilde{p}(\mathbf{x}) \qquad \text{(식 8.86)}
\end{aligned}$$

올바른 결과를 얻게 되었음을 확인할 수 있다.

지금까지 그래프상의 모든 변수들이 은닉 변수라고 가정하였다. 대부분의 실제 적용 사례에서는 변수들 중 일부는 관측될 것이며, 우리는 이 관측값들이 주어졌을 때의 조건부 사후 분포를 구하고자 할 수 있다. 다음 과정을 통해서 관측된 노드들을 합/곱 알고리즘에서 쉽게 다룰 수 있다. 일단, 첫째로 $\mathbf{x}$를 은닉 변수 $\mathbf{h}$와 관측 변수 $\mathbf{v}$로 나눈다고 해보자. 그리고 $\mathbf{v}$의 관측값은 $\widehat{\mathbf{v}}$로 지칭하도록 하자. 그러면 단순히 결합 분포 $p(\mathbf{x})$에 $\prod_i I(v_i, \widehat{v}_i)$를 곱하면 된다. 이때 $v = \widehat{v}$일 경우는 $I(v, \widehat{v}) = 1$, 아닐 경우는 $I(v, \widehat{v}) = 0$이다. 이 곱은 $p(\mathbf{h}, \mathbf{v} = \widehat{\mathbf{v}})$에 해당하며, 따라서 $p(\mathbf{h}|\mathbf{v} = \widehat{\mathbf{v}})$의 정규화되지 않은 버전에 해당한다. 합/곱 알고리즘을 시행해서 사후 분포 $p(h_i|\mathbf{v} = \widehat{\mathbf{v}})$의 값을 효율적으로 계산할 수 있다. 이때 정규화 계수는 지역적 계산을 바탕으로 효율적으로 구할 수 있다. 이 경우 $\mathbf{v}$상의 아무 변수에 대한 합산은 하나의 항으로 줄어들게 된다.

이 절에서 논의를 진행하는 데 있어서 이산 변수를 다룬다고 가정하였다. 하지만 그래프 모델이나 합/곱 알고리즘을 구성하는 데 있어서 이산 변수대신 연속 변수를 이용해도 아무 문제가 없다. 연속 변수를 사용할 경우에는 합산을 적분으로 바꾸기만 하면 된다. 선형 동적 시스템에 대해서 논의할 때 선형 가우시안 변수의 그래프에 합/곱 알고리즘을 적용하는 예시에 대해 살펴보게 될 것이다.

13.3절

8.4.5 최대 합 알고리즘

합/곱 알고리즘을 사용하면 인자 그래프로 표현된 결합 분포 $p(\mathbf{x})$를 바탕으로 효율적으로 그 성분 변수들에 대한 주변 분포를 구할 수 있다. 이 외에도 종종 구할 필요가 있는 값들이 있다. 그중 두 가지는 바로 가장 높은 확률을 가지는 변수들의 설정과 그 해당 확률값이다. 이는 합/곱 알고리즘과 매우 밀접하게 연관되어 있는 **최대 합** 알고리즘을 바탕으로 구할 수 있다. 이는 그래프 모델의 맥락에서 **동적 프로그래밍**(*dynamic programming*)을 적용하는 것에 해당한다 (Cormen *et al.*, 2001).

높은 확률을 가지는 잠재 변숫값들을 찾기 위한 가장 단순한 방법은 합/곱 알고리즘을 사용해서 모든 변수에 대해 주변 분포 $p(x_i)$를 구한 후에 각각의 주변 분포에 대해서 차례로 해당 분포를 최대화하는 변숫값 $x_i^\star$를 찾는 것이다. 하지만 이 경우에는 **개별적으로**(*individually*) 가장 확률이 높은 값들을 찾게 될 것이다. 실전에서는 보통 **결합적으로**(*jointly*) 가장 큰 확률을 가지는 값들을 찾는 것이 필요하다. 다시 말하자면 결합 분포를 최대화하는 벡터 $\mathbf{x}^{\mathrm{max}}$를 찾아야 한다는 것이다.

$$\mathbf{x}^{\mathrm{max}} = \arg\max_{\mathbf{x}} p(\mathbf{x}) \tag{식 8.87}$$

이때 이에 해당하는 결합 확률의 값은 다음처럼 주어진다.

$$p(\mathbf{x}^{\mathrm{max}}) = \max_{\mathbf{x}} p(\mathbf{x}) \tag{식 8.88}$$

다음의 간단한 예시에서 살펴보게 될 것처럼 일반적으로 $\mathbf{x}^{\mathrm{max}}$는 $x_i^\star$ 값들의 집합과는 다른 값을 가지게 된다. 두 개의 이산 확률 변수 $x, y \in \{0, 1\}$에 대한 결합 분포 $p(x, y)$를 고려해 보자. 이 분포는 표 8.1에 설명되어 있다. 이 결합 분포는 $x = 1$과 $y = 0$으로 설정할 경우 최대화되며, 해당 값은 0.4다. 이때 두 y 값에 대해 합산함으로써 구할 수 있는 $p(x)$에 대한 주변 분포는 $p(x=0) = 0.6$과 $p(x=1) = 0.4$로 주어지게 되며, 두 x 값에 대해 합산함으로써 구할 수 있는 $p(y)$에 대한 주변 분포는 $p(y=0) = 0.7$과 $p(y=1) = 0.3$으로 주어지게 된다. 따라서 이 경우 $p(x)$의 주변 분포는 $x = 0$일 때, $p(y)$의 주변 분포는 $y = 0$일 때 최대화된다. 그리고 이 x, y 값의 경우 결합 분폿값은 0.3이다. 사실, 개별적으로는 가장 확률이 높은 값들이 결합 분포의 경우에는 0의 확률값을 가지는 예시도 쉽게 만들 수 있다.

연습문제 8.27

표 8.1 두 개의 이산 확률 변수에 대한 결합 분포의 예시. 이 경우 각 변수의 주변 분포를 최대화하기 위한 변숫값이 결합 분포를 최대화하기 위한 변숫값과 다르다.

	$x = 0$	$x = 1$
$y = 0$	0.3	0.4
$y = 1$	0.3	0.0

따라서 우리에게는 결합 분포 $p(\mathbf{x})$의 값을 최대화하는 $\mathbf{x}$ 값을 찾고 그 경우의 최대 결합 분풋값을 찾기 위한 효율적인 알고리즘이 필요하다. 최대 결합 분풋값을 찾는 문제를 다루기 위해서 최대(max) 연산자를 사용하도록 하자.

$$\max_{\mathbf{x}} p(\mathbf{x}) = \max_{x_1} \ldots \max_{x_M} p(\mathbf{x}) \qquad \text{(식 8.89)}$$

여기서 M은 전체 변수의 숫자다. $p(\mathbf{x})$를 인자들의 곱 항으로 전개하였다. 합/곱 알고리즘을 유도하는 과정에서 우리는 식 8.53의 곱에 대한 분배 법칙을 사용했었다. 여기서는 최대 연산자에 대해서 비슷한 법칙을 적용할 것이다.

$$\max(ab, ac) = a \max(b, c) \qquad \text{(식 8.90)}$$

이 식은 $a \geqslant 0$일 경우 성립한다(이 제약 조건은 그래프 모델의 인자에 대해서는 항상 성립할 것이다). 이 법칙을 바탕으로 곱과 최대 연산자를 교환할 수 있다.

우선 첫 번째 간단한 예시로 식 8.49의 사슬 구조의 노드들을 고려해 보자. 확률의 최댓값을 다음과 같이 적을 수 있다.

$$
\begin{aligned}
\max_{\mathbf{x}} p(\mathbf{x}) &= \frac{1}{Z} \max_{x_1} \cdots \max_{x_N} \left[\psi_{1,2}(x_1, x_2) \cdots \psi_{N-1,N}(x_{N-1}, x_N) \right] \\
&= \frac{1}{Z} \max_{x_1} \left[\max_{x_2} \left[\psi_{1,2}(x_1, x_2) \left[\cdots \max_{x_N} \psi_{N-1,N}(x_{N-1}, x_N) \right] \cdots \right] \right]
\end{aligned}
$$

주변 분포에 대한 계산과 마찬가지로 최대 연산자와 곱 연산자를 교환하면 훨씬 더 효율적으로 계산을 시행할 수 있다. 그리고 이 경우 이 식을 노드 x_N에서부터 사슬을 따라 역으로 노드 x_1까지 전달되는 메시지에 대한 식으로 해석할 수 있다.

인자 그래프의 전개에 대한 식 8.59를 식 8.89에 대입하고 다시 최대 연산자와 곱 연산자를 교환하면 앞의 결과를 트리 구조의 인자 그래프에 대해서 쉽게 일반화할 수 있다. 이 계산의 구조는 합/곱 알고리즘과 동일하다. 따라서 앞에서의 결과를 현재 맥락에 맞게 옮겨서 사용할 수 있다. 그래프의 특정 변수 노드를 '루트'로 지정한다고 해보자. 그러면 우리는 메시지 집합을 잎 노드에서 루트 노드로 전파할 수 있다. 이때 각 노드들은 다른 모든 이웃들에게서 메시지를 수신했을 경우에만 루트 방향으로 메시지를 보내게 된다. 최종 최대화 연산은 루트 노드에 도착한 모든 메시지들의 곱에 대해 시행되며, 이 결과가 $p(\mathbf{x})$의 최댓값이다. 이 과정을 **최대 곱**(*max-product*) 알고리즘이라고 부를 수 있을 것이다. 이 과정은 합산을 최대 연산자로 치환했다는 점 이외에는 합/곱 알고리즘과 동일하다. 이 단계에서 메시지들은 잎에서 루트로는 전달되었지만, 아직 다른 방향으로는 전파되지 않았다.

실전에서는 작은 확률값들을 여럿 곱하면 수치적으로 언더플로우(underflow) 문제를 일으킬 수 있다. 따라서 결합 분포의 로그값을 바탕으로 알고리즘을 계산하는 것이 더 편리할 수 있다. 로그는 단조 함수다. 즉, $a > b$이면 $\ln a > \ln b$다. 따라서 최대 연산과 로그 함수는 교환할 수 있다.

$$\ln \left(\max_{\mathbf{x}} p(\mathbf{x}) \right) = \max_{\mathbf{x}} \ln p(\mathbf{x}) \tag{식 8.91}$$

다음과 같기 때문에 분배 성질이 보존된다.

$$\max(a + b, a + c) = a + \max(b, c) \tag{식 8.92}$$

따라서 로그를 취하는 것은 단순히 최대-곱 알고리즘에서의 곱을 합으로 바꾸는 효과를 주게 된다. 그 결과로 우리는 **최대 합**(*max-sum*) 알고리즘을 얻게 된다. 합/곱 알고리즘에서 유도했던 식 8.66과 식 8.69를 바탕으로 최대 합 알고리즘을 메시지 전달의 형태로 적을 수 있다. 이를 위해서는 합을 최대 연산자로 치환하고 곱셈을 로그의 합으로 치환하면 된다.

$$\mu_{f \to x}(x) = \max_{x_1, \ldots, x_M} \left[\ln f(x, x_1, \ldots, x_M) + \sum_{m \in \text{ne}(f) \setminus x} \mu_{x_m \to f}(x_m) \right] \tag{식 8.93}$$

$$\mu_{x \to f}(x) = \sum_{l \in \text{ne}(x) \setminus f} \mu_{f_l \to x}(x) \tag{식 8.94}$$

식 8.70과 식 8.71에 해당하는 잎 노드에서 최초로 보내는 메시지는 다음과 같이 주어진다.

$$\mu_{x \to f}(x) = 0 \tag{식 8.95}$$

$$\mu_{f \to x}(x) = \ln f(x) \tag{식 8.96}$$

루트 노드에서의 최대 확률값은 식 8.63과 비슷하게 다음으로 주어진다.

$$p^{\max} = \max_{x} \left[\sum_{s \in \text{ne}(x)} \mu_{f_s \to x}(x) \right] \tag{식 8.97}$$

지금까지 잎 노드들로부터 임의로 선택한 루트 노드로 메시지를 전파시켜서 결합 분포의 최댓값을 구하는 방법을 살펴보았다. 어떤 노드를 루트로 선택하던 결과는 동일할 것이다. 이제 결합 분포가 최댓값을 가지도록 하는 변수의 설정을 찾는 두 번째 문제를 고려해 보자. 지금까지는 메시지를 잎 노드로부터 루트 노드로 보냈다. 식 8.97을 계산하는 과정에서 가장 확률이 높은 루트 노드 변숫값 x^{max}도 구할 수 있게 된다.

$$x^{\text{max}} = \arg\max_{x} \left[\sum_{s \in \text{ne}(x)} \mu_{f_s \to x}(x) \right] \qquad \text{(식 8.98)}$$

이 시점에서 메시지 전달 알고리즘을 계속 진행하고자 하는 마음이 들 수도 있다. 즉, 식 8.93과 식 8.94를 바탕으로 루트에서 잎으로 메시지를 전달하고 식 8.98을 나머지 변수 노드들에 대해 적용하는 방식이다. 하지만 우리가 여기서 하고자 하는 것은 합산이 아니라 최대화이기 때문에 $p(\mathbf{x})$에 대한 최댓값을 주는 $\mathbf{x}$의 설정이 여럿 존재할 수도 있다. 이러한 경우에 이 과정은 실패할 것이다. 왜냐하면 각각의 노드에서 메시지들의 곱을 최대화함으로써 구한 개별적인 변숫값들이 서로 다른 최대화 설정에 속하는 것이 가능하며, 이로 인해서 전체적 설정이 더 이상 최댓값에 해당하지 않을 수 있기 때문이다.

루트 노드에서 잎 노드로 메시지를 전달하는 조금 다른 방식을 적용해서 이 문제를 해결할 수 있다. 이 방식에 대해 살펴보기 위해서 K개의 상태를 가지는 N개의 변수 $x_1, \ldots, x_N$으로 이루어진 그림 8.38의 단순한 사슬 그래프를 다시 고려해 보자. 노드 x_N을 루트 노드로 선택했다고 해보자. 첫 번째 단계에서는 다음을 이용해서 잎 노드 x_1으로부터 루트 노드로 메시지들을 전파하게 된다.

$$\begin{aligned}
\mu_{x_n \to f_{n,n+1}}(x_n) &= \mu_{f_{n-1,n} \to x_n}(x_n) \\
\mu_{f_{n-1,n} \to x_n}(x_n) &= \max_{x_{n-1}} \left[\ln f_{n-1,n}(x_{n-1}, x_n) + \mu_{x_{n-1} \to f_{n-1,n}}(x_{n-1}) \right]
\end{aligned}$$

이는 식 8.94와 식 8.93을 이 특정 그래프에 대해 적용해서 구할 수 있다. 잎 노드에서 보내는 초기 메시지는 단순히 다음과 같다.

$$\mu_{x_1 \to f_{1,2}}(x_1) = 0 \qquad \text{(식 8.99)}$$

이 경우 가장 확률이 높은 x_N의 값은 다음처럼 주어진다.

$$x_N^{\text{max}} = \arg\max_{x_N} \left[\mu_{f_{N-1,N} \to x_N}(x_N) \right] \qquad \text{(식 8.100)}$$

이제 같은 최대화 설정에 해당하는 이전 변수들의 상태를 결정해야 한다. 변수들이 어떤 값일 때 각 변수들이 최대 상태를 가졌는지를 계속 기록해 나가는 방식으로 이를 달성할 수 있다. 다시 말하면 다음의 값들을 저장하면 된다.

$$\phi(x_n) = \arg\max_{x_{n-1}} \left[\ln f_{n-1,n}(x_{n-1}, x_n) + \mu_{x_{n-1} \to f_{n-1,n}}(x_{n-1}) \right] \qquad \text{(식 8.101)}$$

변수들의 사슬을 그림 8.53에 그려져 있는 **격자**(lattis, 또는 *trellis*)를 바탕으로 설명하면 무슨 일이 일어나는 것인지 더 잘 이해할 수 있다. 이는 각각의 노드들이 변수들의 개별적인 상태를 표현하고 있기 때문에 확률적인 그래프 모델이 아니다. 주어진 변수의 각각의 상태에 대해 확률을 최대화하는 이전 변수의 유일한 상태가 존재한다(이 경우 동일한 순위가 있으면 시스템적으로, 또는 랜덤하게 하나를 선택한다). 이는 식 8.101의 함수 $\phi(x_n)$에 해당하며, 노드들을 연결하는 선으로 표현되어 있다. 마지막 노드 x_N의 가장 확률이 높은 값을 알고 나면 단순히 링크를 따라 돌아가서 노드 x_{N-1}의 가장 가능성이 높은 상태를 찾고, 이런 식으로 반복해서 노드 x_1의 상태까지 찾을 수 있다. 이는 다음 식을 이용해서 메시지를 사슬을 통해 역전파시키는 것에 해당한다.

$$x_{n-1}^{\max} = \phi(x_n^{\max}) \tag{식 8.102}$$

이를 **역추적**(back-tracking)이라 한다. 식 8.101에서 최댓값을 줄 수 있는 x_{n-1} 값이 여럿 존재할 수도 있다. 만약 역추적 과정에서 이 값들 중 하나를 선택했다면 전역적으로 일치하는 최댓값 설정을 얻을 수 있다는 점이 보장된다.

그림 8.53에는 두 개의 경로가 표현되어 있다. 각 경로는 결합 확률 분포의 전역적 최댓값을 주는 경로다. $k = 2$와 $k = 3$이 각각 $x_N^{\max}$의 가능한 값들 중 하나에 해당한다고 해보자. 그러면 이들 중 하나의 상태에서 시작해서 검은색 선을 따라 식 8.102를 이용해서 역으로 추적함으로써 유효한 전역적 최댓값 설정을 구할 수 있다. 만약 우리가 최대 합 메시지 전달의 전진 단계

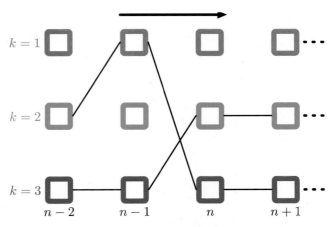

그림 8.53 각각의 변수 x_n에 대해서 명시적으로 K개의 가능한 상태(그림의 한 열당 하나)를 보여 주는 격자(lattis, trellis) 도표. 이 경우 $K = 3$이다. 화살표는 최대-곱 알고리즘에서 메시지가 전달되는 방향을 보이고 있다. 각각의 변수 x_n의 모든 k개의 상태(도표의 n번째 열에 해당)에 대해서, 함수 $\phi(x_n)$는 이전 변수에서의 유일한 단계를 정의한다. 이는 그림에 검은색 선으로 표현되어 있다. 격자를 따라서 그려진 두 개의 경로는 결합 확률 분포의 전역적 최댓값을 주는 설정에 해당한다. 두 경우 모두에 화살표의 반대 방향으로 검은색 선을 역추적하는 방식으로 해당 경로를 찾을 수 있다.

와 후진 단계를 시행한 후 각 노드에 대해 따로 식 8.98을 적용했다면 일부 상태들은 하나의 경로에서, 다른 상태들은 또 다른 경로에서 선택하게 될 수도 있다. 이 경우 선택된 설정은 전역적인 최댓값을 주는 설정이 아닐 것이다. 이 방식 대신에 전진 단계에서 함수 $\phi(x_n)$을 이용해서 최대화 단계를 기록해 두고 이를 바탕으로 역추적을 시행해서 일치적인 해를 찾는 방식을 사용해야 함을 알 수 있다.

이를 일반적인 트리 구조의 인자 그래프에 대해 확장하는 것은 그리 어렵지 않다. 만약 메시지 하나가 인자 노드 f로부터 변수 노드 x로 보내진다면, 최대화는 식 8.93을 이용해서 인자 노드에 인접한 모든 다른 변수 노드들 $x_1, \ldots, x_M$에 대해 이루어지게 된다. 이 최대화를 시행할 때 우리는 변수 $x_1, \ldots, x_M$ 중 어떤 값들이 최댓값을 주었는지 기록한다. 그리고 $x^{\max}$를 찾은 후의 역추적 단계에서 이 기록된 값들을 바탕으로 일관된 최대화 상태 $x_1^{\max}, \ldots, x_M^{\max}$을 지정하게 된다. 역추적을 포함한 최대 합 알고리즘은 인자 그래프가 트리라는 조건하에 정확하게 최대화하는 변수의 설정을 내놓게 된다. 이 테크닉의 중요한 적용 사례 중 하나는 은닉 마르코프 모델에서 가장 확률이 높은 은닉 상태의 배열을 찾는 것이다. 이를 일컬어 **비터비 알고리즘**(*Viterbi algorithm*)이라고 한다.

13.2절

합/곱 알고리즘의 경우와 마찬가지로 관측된 값의 형태로 증거를 포함시키는 과정은 그리 어렵지 않다. 관측된 변수들은 관측값에 고정시키고, 나머지 은닉 변수들에 대해 최대화 과정을 시행하면 된다. 합/곱 알고리즘에서처럼 각 관측 변수들에 대한 항등 함수를 인자 함수에 포함시키는 방식으로 이를 정식으로 증명할 수 있다.

최대 합 알고리즘과 438쪽에서 설명했던 ICM(반복 조건부 모드) 알고리즘을 비교해 보도록 하자. ICM의 각 단계는 계산적으로 더 간단하다. 왜냐하면 한 노드에서 다른 노드로 전달되는 '메시지'가 조건부 분포가 최대화되는 노드의 새로운 상태로 이루어진 단일 값으로 구성되어 있기 때문이다. 최대 합 알고리즘은 더 복잡하다. 그 이유는 메시지가 노드 변수 x의 함수이며, 따라서 각각의 가능한 x의 상태에 대해서 K개의 값들을 구성하기 때문이다. 하지만 최대 합 알고리즘과는 달리 ICM의 경우에는 트리 구조의 그래프에 대해서도 전역적인 최댓값을 찾을 수 있다는 것이 보장되지 않는다.

8.4.6 일반적인 그래프에서의 정확한 추론

합/곱 알고리즘과 최대 합 알고리즘은 트리 구조의 그래프에서의 추론 문제에 대해 정확하고 효율적인 해를 제공해 준다. 하지만 많은 실제 사례에서는 순환 구조가 포함되어 있는 그래프를 다뤄야 한다.

메시지 전달 방법론을 임의의 그래프 위상에 대해 일반화시키면 **접합 트리 알고리즘**(*junction tree algorithm*)(Lauritzen and Spiegelhalter, 1988; Jordan, 2007)을 얻게 된다. 여기서는 접합 알고리즘의 몇몇 중요 단계에서만 간단히 살펴보도록 하자. 만약 방향성 그래프에서 시작한다면, 우선 도덕화 과정을 통해서 비방향성 그래프로의 변환을 시행해야 한다. 비방향성 그래프로부터 시작할 경우에는 이 과정을 생략할 수 있다. 다음으로 그래프는 **삼각화**(*triangulated*) 과정을 거치게 된다. 이는 넷 이상의 노드를 포함하고 있는 현이 없는(chord-less) 순환 구조를 찾고, 여기에 링크를 추가해서 이러한 순환 구조를 깨는 과정이다. 예를 들어, 그림 8.36의 그래프에서 A–C–B–D–A는 현이 없는 순환 구조다. 이 경우 A와 B 사이 또는 C와 D 사이에 링크를 추가해서 이 구조를 깰 수 있다. 삼각화의 결과로 얻게 되는 그래프의 결합 분포는 여전히 같은 포텐셜 함수의 곱으로 정의된다. 하지만 이제는 확장된 변수 집합에 대한 함수로 고려된다. 그 다음으로는 삼각화된 그래프를 바탕으로 **접합 트리**(*junction tree*)라는 트리 구조의 새로운 비방향성 그래프를 만든다. 연결 트리의 노드는 삼각화 그래프의 최대 클리크에 해당하며, 링크는 같은 변수들을 공통으로 가지고 있는 클리크의 쌍들을 연결한다. 여기서 어떤 클리크 쌍들을 선택해서 연결할지가 중요한 문제다. **최대 생성 트리**(*maximal spanning tree*)를 결과로 낼 수 있는 방식으로 이 쌍들을 선택하게 되는데, 이 트리는 다음과 같이 정의된다. 클리크들을 연결하는 모든 가능한 트리들 중에서 **가중치**(*weight*)를 최대화하는 트리를 선택하는데, 이때 링크의 가중치는 이 링크가 연결하는 두 클리크들 사이에 공유되는 노드의 숫자로 정의되며, 트리의 가중치는 그 트리의 링크들의 가중치들의 합으로 정의된다. 만약 다른 클리크의 부분 집합인 클리크들이 전부 더 큰 클리크에 흡수된다면, 그 결과로 **접합 트리**(*junction tree*)를 얻게 된다. 이 결과 트리는 삼각화 단계로 인해서 **흐르는 교차 특성**(*running intersection property*)을 만족하게 된다. 이 특성은 만약 하나의 변수가 두 개의 클리크들에 포함되어 있다면 해당 변수는 이 두 클리크를 연결하는 경로상의 모든 클리크에도 포함되어 있어야 한다는 것을 의미한다. 이 특성은 변수에 대한 추론이 그래프 전체에 걸쳐서 일관성 있도록 해준다. 마지막 단계는 두 단계의 메시지 알고리즘이다. 이 알고리즘은 본질적으로 합/곱 알고리즘과 동일하다. 이 단계를 접합 트리에 적용해서 주변 분포와 조건부 분포를 구할 수 있다. 접합 트리 알고리즘은 얼핏 복잡하게 느껴질 수 있지만, 기본적인 아이디어는 단순하다. 바로 분포의 인수분해 성질을 바탕으로 합과 곱을 교환해서 부분적으로 합산이 일어날 수 있도록 하고, 이를 바탕으로 결합 분포를 직접 다루는 것을 피한다는 것이다. 접합 트리의 역할은 이 계산들을 정리하기 위한 정확하고 효율적인 방법을 제공하는 것이다. 한 가지 강조할 것은 해당 과정은 순전히 그래프 연산을 통해서만 이루어 진다는 점이다.

접합 트리를 이용하면 임의의 그래프에 대해서 정확한 결과를 도출할 수 있다. 또한, 접합 트리 알고리즘은 효율적이기도 하다(다시 말하면, 주어진 그래프에 대해서 더 계산적이고 효율적인 방법은 존재하지 않는다). 안타깝게도 이 알고리즘을 사용하기 위해서는 (각각이 삼각화 그래프의 클리크에 해당하는) 각 노드의 결합 분포들을 직접 다뤄야 한다. 따라서 알고리즘의 계산 비용은 가장 큰 클리크의 변수의 숫자에 의해 결정되며, 이산 변수의 경우에는 비용이 이 숫자에 대해 기하급수적으로 늘어나게 된다. 여기서 짚고 넘어가야 할 중요한 콘셉트 하나는 바로 그래프의 **나무폭**(*treewidth*)이다(Bodlaender, 1993). 나무폭은 가장 큰 클리크의 변수의 숫자를 바탕으로 정의할 수 있다. 정확하게 말하자면 나무폭은 가장 큰 클리크의 크기보다 1 작은 값으로 정의된다. 일반적으로 하나의 주어진 시작 그래프에 대해서 여러 가지 접합 트리를 만들 수 있다. 그렇기 때문에 나무폭은 가장 큰 클리크가 가장 적은 수의 변수를 가지는 접합 트리에 대해서 정의된다. 만약 원 그래프의 나무폭 값이 크면 접합 트리 알고리즘을 시행하는 것이 불가능하게 된다.

8.4.7 순환적 믿음 전파

실질적으로 다루게 될 많은 문제에서 정확한 추론을 시행하는 것은 불가능할 수 있다. 따라서 우리는 효율적인 근사 방법론을 활용해야 한다. 10장에서 이러한 근사법들 중 중요한 **변분적**(*varitional*) 방법들에 대해서 자세히 살펴볼 것이다. 또한, 다양한 **표본 추출**(*sampling*) 방법들이 이러한 결정적 접근법들을 보완할 수 있다. 이 표본 추출 방법들은 분포로부터의 확률적 수치 표본 추출에 기반하고 있으며, **몬테 카를로**(*Monte Carlo*) 방법이라고 불리기도 한다. 이에 대해서는 11장에서 자세히 살펴보도록 하자.

순환 구조를 가지고 있는 그래프에서 추론을 근사할 수 있는 단순한 방법 하나에 대해 살펴보도록 하자. 이 방법은 앞에서 논의한 트리에서의 정확한 추론법을 기반으로 한다. 기본적인 아이디어는 비록 좋은 결과를 낼 것이라는 보장이 없어도 단순히 합/곱 알고리즘을 적용한다는 것이다. **순환적 믿음 전파**(*loopy belief propagation*)(Frey and MacKay, 1998)라고 알려져 있는 이 접근법은 합/곱 알고리즘에 대한 식 8.66과 식 8.69의 메시지 전달 법칙이 순수하게 지역적이기 때문에 달성 가능하다. 하지만 이제 그래프에 순환 구조가 있기 때문에 정보가 그래프를 따라 여러 번 흐를 수도 있다. 어떤 모델의 경우에는 알고리즘이 수렴할 수도 있고 다른 모델의 경우에는 수렴하지 않을 수도 있다.

이 접근법을 적용하기 위해서는 **메시지 전달 스케줄**(*message passing schedule*)을 정의해야 한다. 한 번에 하나의 메시지가 주어진 아무 링크를 타고 주어진 아무 방향으로 전달된다고 하자. 한 노드에서 보내진 각각의 메시지는 같은 링크를 타고 같은 방향으로 보내진 지난 메시지를 대체하게 된다. 그리고 이 메시지는 알고리즘의 지난 단계에서 가장 최근에 수신된 메시지에 대한 함수가 된다.

어떤 노드에서 한 메시지를 링크를 통해 보내려고 하면 그 이전에 그 노드에 연결된 다른 모든 링크를 타고 메시지가 도착해야 한다는 것을 앞에서 살펴보았다. 이번 경우에는 그래프에 순환 구조가 있기 때문에 메시지 전달 알고리즘을 어떻게 시작할까 하는 문제가 발생하게 된다. 이를 해결하기 위해서 단위 함수로 주어지는 초기 메시지가 모든 링크를 양방향으로 통과했다고 가정하고 시작할 것이다. 이 경우 모든 노드는 메시지를 보낼 수 있는 상태가 된다.

다양한 방법으로 메시지 전달 스케줄을 구성할 수 있다. 예를 들어, **플로팅 스케줄**(*flooding schedule*)의 경우에는 각 시간 단계에서 모든 링크에 대해 양방향으로 동시에 메시지를 전달한다. 반면에 **시계열 스케줄**(*serial schedule*)의 경우에는 한 번의 시간 단계에 하나의 메시지만을 전달한다.

Kschischnang *et al.* (2001)에 따르면 하나의 (변수 또는 인자) 노드 a가 노드 b에 메시지를 보낸 후, 노드 b에 연결된 링크 외의 다른 링크에서 하나라도 메시지를 받았을 경우에 노드 a는 노드 b로의 링크에 대해서 **계류**(*pending*) 중인 메시지를 가지고 있다고 한다. 즉, 하나의 노드가 그 링크 중 하나를 통해서 메시지를 수신하게 될 경우, 이는 다른 모든 링크에 대해서 계류 중인 메시지를 생성하게 되는 것이다. 오직 계류 중인 메시지만이 전송될 필요가 있다. 왜냐하면 그 외의 다른 메시지는 단순히 해당 링크에서의 지난번 메시지와 중복일 것이기 때문이다. 트리 구조를 가진 그래프의 경우에 계류 메시지만을 보내는 모든 스케줄 알고리즘들은 결국 모든

연습문제 8.29

링크에 대해 메시지들이 각 방향으로 전달되고 나면 종료될 것이다. 이 시점에서는 더 이상 남은 계류 메시지가 없게 되며, 각 변수에서 수신된 메시지들의 곱은 정확히 주변 분포가 된다. 하지만 그래프에 순환 구조가 있을 경우에는 항상 계류 메시지가 있을 수 있기 때문에 스케줄이 영원히 끝나지 않을 수도 있다. 사실, 실제 사례에서 대부분의 경우에는 적절한 시간 후에 알고리즘이 수렴하게 된다. 알고리즘이 수렴했거나 또는 알고리즘이 멈췄지만 수렴이 관측되지 않는다면, 각 변수 노드나 인자 노드에 대해 연결된 모든 링크를 통해 가장 최근에 수신된 메시지들을 곱해서 지역적 주변 분포의 (근사) 값을 계산할 수 있다.

몇몇 응용 사례의 경우에는 순환적 믿음 전파 알고리즘이 그리 좋지 못한 결과를 내놓을 수도 있다. 반면에 어떤 응용 사례의 경우에는 순환적 믿음 전파 알고리즘이 매우 효과적이기도 하다. 예를 들면, 어떤 종류의 오류 수정 부호를 해독하는 데 사용되는 최신의 알고리즘은 사실 순환적 믿음 전파 알고리즘과 동일하다(Gallager, 1963; Berrou *et al.*, 1993; McEliece *et al.*, 1998; MacKay and Neal, 1999; Frey, 1998).

8.4.8 그래프 구조의 학습

그래프 모델에서의 추론에 대한 논의에서 지금까지 우리는 그래프의 구조는 알려져 있으며, 고정되어 있다고 가정하였다. 하지만 실제로는 추론 문제를 다루는 것을 넘어서 데이터로부터 직접 그래프 구조를 학습하고자 하기도 한다(Friedman and Koller, 2003). 이를 위해서는 가능한 구조에 대한 공간을 정의해야 할 뿐만 아니라 각 구조를 점수 매기기 위한 측도도 필요하다.

베이지안 관점에서 보자면 그래프 구조에 대한 사후 분포를 계산하고 이 분포에 대해 평균을 구하는 방식으로 예측을 하는 것이 이상적일 것이다. 만약 우리가 m에 의해 결정되는 그래프에 대한 사전 분포 $p(m)$를 정의한다면 이 경우 사후 분포는 다음과 같다.

$$p(m|\mathcal{D}) \propto p(m)p(\mathcal{D}|m) \tag{식 8.103}$$

여기서 $\mathcal{D}$는 관측된 데이터의 집합이다. 이때 모델 증거 $p(\mathcal{D}|m)$이 각 모델의 점수가 된다. 하지만 이러한 증거를 계산하기 위해서는 잠재 변수들에 대한 주변화가 필요하며, 많은 모델의 경우에 이 과정은 계산적으로 매우 어려울 수 있다.

구조들의 공간을 탐색하는 것도 문제가 될 수 있다. 서로 다른 그래프 구조의 숫자는 노드의 숫자에 따라 기하급수적으로 증가하며, 따라서 좋은 후보들을 찾기 위해서는 종종 어림법 (heuristics)에 의존해야 한다.

연습문제

8.1 ★ www 각각의 조건부 분포가 정규화되어 있다는 가정하에 방향성 그래프의 결합 분포에 대한 표현식 8.5가 올바르게 정규화되어 있다는 것을 증명하라. 변수들을 순서대로 주변화해서 없앰으로써 이를 증명할 수 있다.

8.2 ★ www 방향성 그래프의 노드들에 순서대로 번호를 부여했다고 해보자. 이때 더 큰 번호를 가지는 노드에서 더 작은 번호를 가지는 노드로 가는 링크가 존재하지 않는 방식으로 번호를 부여할 수 있었다고 하자. 이것이 만족되는 방향성 그래프는 방향성 순환 구조를 가지지 않는다는 것을 증명하라.

8.3 ★★ 표 8.2에 주어진 것과 같은 결합 분포를 가지는 이산 확률 변수 $a, b, c \in \{0, 1\}$을 고려해보자. 직접 계산을 통해서 이 분포에서 a와 b가 주변적으로는 종속적 $p(a, b) \neq p(a)p(b)$이라는 것을 증명하라. 또한, c가 주어졌을 때는 $c = 0$과 $c = 1$ 두 경우 모두에 대해 a와 b가 조건부 독립 $p(a, b|c) = p(a|c)p(b|c)$라는 것을 증명하라.

표 8.2	세 개의 이산 확률 변수에 대한 결합 분포	a	b	c	$p(a, b, c)$
		0	0	0	0.192
		0	0	1	0.144
		0	1	0	0.048
		0	1	1	0.216
		1	0	0	0.192
		1	0	1	0.064
		1	1	0	0.048
		1	1	1	0.096

8.4 ★★ 표 8.2로부터 분포 $p(a)$, $p(b|c)$, $p(c|a)$를 계산해 보아라. 이 계산 결과를 바탕으로 $p(a, b, c) = p(a)p(c|a)p(b|c)$임을 보여라. 또한, 이에 해당하는 방향성 그래프도 그려 보아라.

8.5 ★ ⬭www 식 7.79와 식 7.80에 의해 설명된 연관 벡터 머신에 해당하는 확률적 그래프 모델을 그려 보아라.

8.6 ★ 그림 8.13의 모델에 대해 식 8.10의 로지스틱 시그모이드 표현을 사용하면 조건부 분포 $p(y|x_1, \ldots, x_M)$(이때 $x_i \in \{0, 1\}$)을 명시하기 위해 필요한 매개변수의 숫자를 2^M에서 $M + 1$로 줄일 수 있다는 것을 살펴봤었다. 또 다른 표현법(Pearl, 1988)으로는 다음과 같은 방식이 있다.

$$p(y = 1|x_1, \ldots, x_M) = 1 - (1 - \mu_0) \prod_{i=1}^{M} (1 - \mu_i)^{x_i} \qquad \text{(식 8.104)}$$

여기서 매개변수 μ_i는 확률 $p(x_i = 1)$을 표현하는 것이며, μ_0는 $0 \leqslant \mu_0 \leqslant 1$을 만족하는 추가 매개변수다. 식 8.104의 조건부 분포는 **노이즈를 포함한 OR**(noisy-OR)이라고 알려져 있다. 이 조건부 분포를 논리적 OR 함수의 '약한' (확률적) 형태로 해석할 수 있음을 증명하라. 다시 말하면, 이 함수가 최소 하나의 $x_i = 1$을 가질 때 $y = 1$을 돌려준다는 것을 증명하라. 그리고 μ_i들의 의미에 대해 논의해 보아라.

8.7 ★★ 식 8.15와 식 8.16의 재귀 관계식을 이용해서 그림 8.14 그래프 결합 분포의 평균과 공분산이 각각 식 8.17과 식 8.18로 표현됨을 증명하라.

8.8 ★ ⬭www $a \perp\!\!\!\perp b, c \mid d$이면 $a \perp\!\!\!\perp b \mid d$임을 증명하라.

8.9 ★ ⬭www 방향성 그래프에서 어떤 노드 $\mathbf{x}$의 마르코프 블랭킷상의 모든 노드가 주어졌을 때의 조건부 분포는 그래프상의 나머지 변수들에 대해 독립적이라는 것을 증명하라. d 분리 기준을 이용해서 증명할 수 있다.

8.10 ★ 그림 8.54의 방향성 그래프 모델을 고려해 보자. 이때 아무 변수도 관측되지 않았다면 $a \perp\!\!\!\perp b \mid \emptyset$임을 보여라. 이제 변수 d가 관측되었다고 해보자. 이 경우 일반적으로 $a \not\perp\!\!\!\perp b \mid d$가 성립함을 나타내라.

8.11 ★★ 그림 8.21의 자동차 연료 시스템 예시를 고려해 보자. 연료 측정기 G를 직접 관측하는 대신 운전자 D가 연료 측정기를 본 후 그 결과를 보고한다고 해보자. 운전자는 연료 측정기에 가득 차 있다는 표시가 되어 있다고 보고하거나($D = 1$), 연료 측정기에 비어 있다는 표시가 되어 있다고 보고한다($D = 0$). 운전자는 그리 미덥지 못하다. 다음의 확률을 보면 알 수 있다.

$$p(D = 1 \mid G = 1) = 0.9 \tag{식 8.105}$$
$$p(D = 0 \mid G = 0) = 0.9 \tag{식 8.106}$$

연료 측정기가 비어 있다는 표시를 보였다고 운전자가 보고했다 가정하자. 즉, $D = 0$을 관측한 것이다. 이 관측값만을 바탕으로 했을 때 연료 탱크가 실제로 비어 있을 확률을 구하라. 이와 비슷하게 배터리가 방전되었다는 것을 추가로 관측했을 경우의 해당 확률을 구하고, 이 확률이 더 낮은 것을 확인하라. 그리고 이 결과로부터 얻을 수 있는 통찰에 대해 논하고 이 결과를 그림 8.54와 연관지어 보라.

8.12 ★ www M개의 별개의 확률 변수들의 집합에 대해서 $2^{M(M-1)/2}$개의 별개의 비방향성 그래프가 존재할 수 있다는 것을 증명하라. $M = 3$의 경우에 대해 여덟 개의 다른 그래프를 그려 보아라.

8.13 ★ 반복 초건부 최빈값(ICM)을 사용해서 식 8.42의 에너지 함수를 최소화하는 것을 고려해 보자. 모든 다른 변수들이 고정된 채로 유지되는 상황에서 특정 변수 x_j의 서로 다른 두 상태와 연관된 에너지값을 고려해 보자. 이 값이 그래프상에서 x_j에 대해 지역적인 값들에 대해서만 종속적임을 증명하라.

그림 8.54 c의 자손 d가 관측되었을 경우의 머리 대 머리 경로 a–c–b의 조건부 독립 성질에 대해 살펴보기 위한 예시 그래프 모델이다.

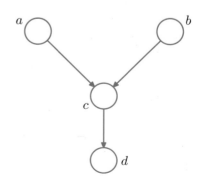

8.14 ★ 식 8.42의 에너지 함수의 특별 케이스로 $\beta = h = 0$인 경우를 고려해 보자. 이 경우 가장 가능성이 높은 잠재 변숫값의 설정은 모든 i에 대해서 $x_i = y_i$로 주어진다는 것을 증명하라.

8.15 ★★ www 그림 8.38의 그래프에서의 두 이웃 노드의 결합 분포 $p(x_{n-1}, x_n)$가 식 8.58 형태의 식으로 주어진다는 것을 증명하라.

8.16 ★★ 그림 8.38의 그래프에서 모든 $n \in \{1, \ldots, N-1\}$에 대해 $p(x_n|x_N)$을 구하는 추론 문제를 고려해 보자. 8.4.1절에서 논의한 메시지 전달 알고리즘을 이용해서 이 문제를 효율적으로 해결할 수 있다는 것을 증명하고 어떤 메시지들이 어떤 방식으로 변경되어야 하는지 논하라.

8.17 ★★ 그림 8.38의 형태를 가지는 $N = 5$개의 노드의 그래프를 고려해 보자. 이때 노드 x_3와 x_5가 관측되었다고 해보자. d 분리를 이용해서 $x_2 \perp\!\!\!\perp x_5 \mid x_3$를 증명하라. 또한 $p(x_2|x_3, x_5)$를 계산하는 데 8.4.1절의 메시지 전달 알고리즘을 적용하면 x_5와 독립적인 결괏값을 얻게 될 것이라는 것도 증명하라.

8.18 ★★ www 방향성 트리가 표현하는 분포를 해당 비방향성 트리에 대한 동일한 분포로 쉽게 적을 수 있음을 증명하라. 또한, 비방향성 트리에 의해 표현된 분포는 클리크 포텐셜을 적절히 정규화함으로써 방향성 트리로 적을 수 있음을 증명하라. 아울러 주어진 비방향성 트리 하나에 대해 만들 수 있는 서로 다른 방향성 트리의 숫자를 계산해 보아라.

8.19 ★★ 8.4.4절에서 유도한 합/곱 알고리즘을 8.4.1절에서 논의한 노드의 연쇄 모델에 적용해 보자. 이를 통해 특별 케이스로 식 8.54, 식 8.55, 식 8.57을 구할 수 있음을 증명하라.

8.20 ★ www 트리 구조 인자 그래프에 대한 합/곱 알고리즘의 메시지 전달 방식을 생각해 보자. 이때 메시지들은 먼저 잎 노드에서 임의로 선택한 루트 노드로 전달되고 그 다음에 루트 노드로부터 잎 노드들로 전달된다. 매 단계에서 메시지를 보내야 하는 노드가 출력 메시지를 구성하기 위해 필요한 입력 메시지를 모두 받을 수 있도록 하는 순서로 메시지를 전달하는 것이 가능하다는 것을 증명하라. 수학적 귀납법을 이용해서 증명할 수 있다.

8.21 ★★ www 인자 그래프의 각 인자 $f_s(\mathbf{x}_s)$에 연관된 변수 $\mathbf{x}_s$들에 대한 주변 분포 $p(\mathbf{x}_s)$를 고려해 보자. 먼저 합/곱 메시지 전달 알고리즘을 실행한 후, 식 8.72를 이용해서 필요한 주변값을 계산하는 식으로 이 주변 분포를 구할 수 있음을 증명하라.

8.22 ★ 트리 구조의 인자 그래프를 고려해 보자. 이 그래프의 주어진 변수 부분 집합이 부그래프를 구성한다고 하자. 다시 말하면 부분 집합의 모든 변수 노드들이 최소한 부분 집합의 다른 노드 하나와 단일 인자 노드를 통해 연결되어 있다는 것이다. 합/곱 알고리즘을 이용해서 해당

부분 집합에 대한 주변 분포를 어떻게 구할 수 있는지 증명하라.

8.23 ★★ (www) 8.4.4절에서는 인자 그래프의 변수 노드 x_i에 대한 주변 분포 $p(x_i)$가 주변 인자 노드들에서 해당 노드로 도착하는 메시지(식 8.63)들의 곱으로 주어진다는 것을 보았다. 주변 분포 $p(x_i)$를 해당 노드로 입력되는 메시지 하나와 그 같은 링크를 타고 나가는 출력 메시지 하나의 곱으로 적을 수도 있다는 것을 증명하라.

8.24 ★★ 트리 구조를 가진 인자 그래프에 대해 합/곱 메시지 전달 알고리즘을 시행했다고 해보자. 이때 그래프의 그래프의 인자 $f_s(\mathbf{x}_s)$에 속한 변수들 $\mathbf{x}_s$의 주변 분포를 인자에 도착한 모든 메시지들과 지역 인자 $f(\mathbf{x}_s)$(식 8.72)의 곱으로 표현할 수 있음을 증명하라.

8.25 ★★ 식 8.86에서는 그림 8.51의 그래프에 대해 노드 x_3를 루트로 지정하고 합/곱 알고리즘을 시행하면, x_2에 대한 올바른 주변값을 구할 수 있음을 증명하였다. x_1과 x_3에 대해서도 올바른 주변값을 구할 수 있다는 것을 증명하라. 이와 비슷하게 이 그래프에 합/곱 알고리즘을 시행한 후에 식 8.72를 이용해서 x_1과 x_2에 대한 올바른 결합 분포를 얻을 수 있음을 증명하라.

8.26 ★ 이산 변수들에 대한 트리 구조의 인자 그래프를 고려해 보자. 이 그래프에서 공통의 인자에 속하지 않은 두 변수 x_a와 x_b에 대한 결합 분포 $p(x_a, x_b)$를 구하고자 한다고 가정하자. 합/곱 알고리즘을 이용해서 이 결합 분포를 구하는 과정을 정의해 보아라. 이때 변수들 중 하나를 잇달아 가능한 값으로 고정시키는 식으로 알고리즘을 시행하게 될 것이다.

8.27 ★★ 두 개의 이산 변수 x와 y를 고려해 보자. 각 변수들은 세 개의 가능한 상태를 가질 수 있다. 예를 들면, $x, y \in \{0, 1, 2\}$와 같다. 이 변수들에 대한 결합 분포 $p(x, y)$를 구성해 보아라. 이때 이 분포가 주변값 $p(x)$를 최대화하는 $\hat{x}$와 주변값 $p(y)$를 최대화하는 $\hat{y}$에 대해서 $p(\hat{x}, \hat{y}) = 0$인 성질을 가지도록 해보라.

8.28 ★★ (www) 8.4.7절에서 인자 그래프에 대한 합/곱 알고리즘에서의 **계류**(pending) 메시지 콘셉트에 대해 정의했다. 하나 이상의 순환 구조를 가지는 그래프는 알고리즘이 얼마나 오래 실행되었는지에 상관없이 최소 하나의 계류 메시지를 가질 것임을 증명하라.

8.29 ★★ (www) 트리 구조(순환 구조가 없는)의 인자 그래프에 대해 합/곱 알고리즘을 시행한다고 해보자. 이 경우 유한한 수의 메시지를 보낸 후에는 더 이상 계류 메시지가 존재하지 않을 것임을 증명하라.

혼합 모델과 EM

만약 우리가 관측 변수와 잠재 변수들에 대한 결합 분포를 정의한다면, 이에 해당하는 관측 변수들만의 분포는 주변화를 통해서 구할 수 있다. 이는 복잡한 관측 변수들에 대한 주변 분포를 상대적으로 더 다루기 쉬운 관측 변수와 잠재 변수 확장 공간상의 결합 분포를 통해서 표현할 수 있도록 해준다. 따라서 잠재 변수를 도입하면 단순한 원소들을 바탕으로 복잡한 분포를 구성할 수 있다. 이번 장에서는 이산 잠재 변수를 바탕으로 해석할 수 있는 혼합 모델들에 대해 살펴볼 것이다. 이 예시로는 앞의 2.3.9절에서 살펴본 가우시안 혼합 모델이 있다. 연속적인 잠재 변수에 대해서는 12장에서 살펴볼 것이다.

혼합 모델은 더 복잡한 확률 분포를 구성하기 위한 방법론으로 활용될 수 있을 뿐만 아니라 데이터를 집단화하는 데도 사용할 수 있다. 주어진 데이터 포인트 집합에서 집단들을 찾는 문제를 고려하는 것으로 우리의 혼합 모델에 대한 논의를 시작해 보도록 하자. 첫 번째로 살펴볼 것은 비확률적 테크닉인 K 평균 알고리즘(Lloyd, 1982)이다. 그 다음에는 혼합 분포에 대한 잠재 변수적 관점을 소개할 것이다. 이때 이산 잠재 변수는 데이터 포인트들을 혼합 모델의 특정 성분에 할당하는 방법을 정의하는 것으로 해석할 수 있다. EM 알고리즘은 잠재 변수 모델에서 최대 가능도 추정값을 찾기 위한 일반적 테크닉이다. 우선 가우시안 혼합 분포를 사용해서 EM 알고리즘을 약식으로 살펴볼 것이다. 그 다음에 잠재 변수의 관점을 바탕으로 더 깊고 자세히 살펴보도록 하자. K 평균 알고리즘을 가우시안 혼합 분포에 EM을 적용한 특정 비확률

9.1절

9.2절

9.3절

적 사례로 이해할 수 있음을 알게 될 것이다. 마지막으로, EM 알고리즘에 대해서 더 일반적으로 살펴보도록 하자.

9.4절

가우시안 혼합 분포는 데이터 마이닝, 패턴 인식, 머신 러닝, 통계적 분석 등의 분야에서 널리 사용된다. 이런 분야의 많은 응용 사례에서 매개변수를 결정할 때는 최대 가능도 방법을 이용하며, 이때 보통 EM 알고리즘을 사용하게 된다. 하지만 곧 살펴보게 될 것처럼 최대 가능도 방법을 기반으로 한 방법에는 심각한 한계점이 있다. 따라서 10장에서는 변분 추론법을 기반으로 한 베이지안적 방법을 살펴보게 될 것이다. 이 방법을 적용하려면 EM을 사용하는 경우보다 더 많은 계산이 필요하다. 하지만 최대 가능도 방법이 가지고 있는 근본적인 어려움을 극복할 수 있으며, 혼합 분포 성분의 수를 데이터로부터 자동적으로 유추할 수 있다.

9.1 K 평균 집단화

다차원 공간의 데이터 포인트들에서 집단(군집)들을 가려내는 문제를 살펴보자. 우선, 데이터 집합 $\{\mathbf{x}_1, \ldots, \mathbf{x}_N\}$을 고려해 보자. 이는 D차원 유클리드 확률 변수 $\mathbf{x}$에 대한 N개의 관측값에 해당한다. 우리의 목표는 이 데이터를 K개의 집단으로 나누는 것이다. 일단, 지금으로써는 숫자 K가 주어졌다고 가정하겠다. 직관적으로 한 집단에 속한 포인트들 간의 거리가 서로 다른 집단에 속한 포인트 간의 거리보다 더 가까울 수 있도록 집단을 나누어야 한다고 생각할 수 있다. D차원 벡터 $\boldsymbol{\mu}_k$를 도입함으로써 이 직관을 형식화할 수 있다. 이때 $k = 1, \ldots, K$이고 $\boldsymbol{\mu}_k$는 k번째 집단에 연관된 **원형**(*prototype*)에 해당한다. $\boldsymbol{\mu}_k$가 각 집단의 중심을 표현하는 것이라고 생각할 수 있다. 이 경우 우리의 목표는 각각의 데이터 포인트로부터 가장 가까운 $\boldsymbol{\mu}_k$까지 거리의 제곱합들이 최소가 되도록 하는 것이다. 이렇게 될 수 있도록 하는 벡터 집합 $\{\boldsymbol{\mu}_k\}$를 찾고 각 데이터 포인트들을 각 집단에 할당해야 한다.

데이터 포인트들을 집단에 할당하는 것을 설명하는 표현법을 정의해 보자. 데이터 포인트 $\mathbf{x}_n$에 대해 이진 표시 변수 $r_{nk} \in \{0, 1\}$을 도입할 것이다. 여기서 $k = 1, \ldots, K$다. 이 변수는 $\mathbf{x}_n$이 K개의 집단들 중 어떤 집단에 할당되는지를 나타낸다. 만약 $\mathbf{x}_n$이 집단 k에 할당된다면 $r_{nk} = 1$이며, $j \neq k$인 나머지 j에 대해서는 $r_{nj} = 0$이다. 이를 원 핫 인코딩이라 한다. 이 경우 목표 함수를 다음과 같이 정의할 수 있다.

$$J = \sum_{n=1}^{N} \sum_{k=1}^{K} r_{nk} \|\mathbf{x}_n - \boldsymbol{\mu}_k\|^2 \tag{식 9.1}$$

이 목표 함수는 때로 **뒤틀림 척도**(*distortion measure*)라고도 불린다. 이 함수는 각 데이터 포인트들의 할당된 벡터 $\boldsymbol{\mu}_k$부터의 거리들을 제곱해서 합한 것이다. 이 경우 우리의 목표는 J를 최소화하는 $\{r_{nk}\}$와 $\{\boldsymbol{\mu}_k\}$ 값을 찾는 것이다. 이를 달성하기 위해서 반복적 과정을 사용할 수 있다. 각각의 반복 과정은 r_{nk}에 대한 최적화와 $\boldsymbol{\mu}_k$에 대한 최적화의 두 단계로 나눠진다. 일단, 우선적으로 $\boldsymbol{\mu}_k$에 대한 초깃값을 설정해야 한다. 그 다음 첫 단계에서 $\boldsymbol{\mu}_k$ 값을 고정한 채로 J를 최소화하는 r_{nk} 값을 찾는다. 두 번째 단계에서는 r_{nk} 값을 고정한 채로 J 값을 최소화하는 $\boldsymbol{\mu}_k$ 값을 찾는다. 값이 수렴할 때까지 이 두 단계의 최적화 과정을 반복하게 된다. r_{nk}를 업데이트하는 과정과 $\boldsymbol{\mu}_k$를 업데이트하는 과정은 각각 EM 알고리즘의 **E**(*expectation*, **기댓값**) 과정과 **M**(*maximization*, **최대화**) 과정에 해당한다. K 평균 알고리즘을 설명하는 과정에서도 E단계와 M단계라는 용어를 사용할 것이다.

9.4절

먼저 r_{nk} 값을 구하는 것을 살펴보자. 식 9.1의 J는 r_{nk}에 대한 선형 함수다. 따라서 쉽게 최적화할 수 있으며, 닫힌 형태의 해를 얻을 수 있다. 서로 다른 n에 해당하는 항들은 각자가 독립적이다. 따라서 각각의 n에 대해서 따로 최적화를 시행할 수 있다. 각각의 n에 대해서 $\|\mathbf{x}_n - \boldsymbol{\mu}_k\|^2$ 값을 최소로 하는 k 값에 대해 r_{nk} 값을 1로 설정하면 된다. 다시 말하자면 n번째 데이터 포인트를 집단 중심들 중 가장 가까운 것에 할당한다는 것이다. 정식으로 쓰면 다음과 같다.

$$r_{nk} = \begin{cases} 1 & \text{if } k = \arg\min_j \|\mathbf{x}_n - \boldsymbol{\mu}_j\|^2 \\ 0 & \text{아닌 경우} \end{cases} \tag{식 9.2}$$

이제 r_{nk}를 고정한 채로 $\boldsymbol{\mu}_k$ 값을 찾아보도록 하자. 목표 함수 J는 $\boldsymbol{\mu}_k$에 대해서 제곱 함수이며, 따라서 $\boldsymbol{\mu}_k$에 대한 미분값을 0으로 설정하는 식으로 최소화할 수 있다.

$$2\sum_{n=1}^{N} r_{nk}(\mathbf{x}_n - \boldsymbol{\mu}_k) = 0 \tag{식 9.3}$$

이 식을 $\boldsymbol{\mu}_k$에 풀면 다음과 같다.

$$\boldsymbol{\mu}_k = \frac{\sum_n r_{nk}\mathbf{x}_n}{\sum_n r_{nk}} \tag{식 9.4}$$

이 식의 분모는 집단 k에 할당된 포인트들의 숫자에 해당한다. 따라서 이 식을 단순하게 해석하자면 집단 k에 할당된 모든 데이터 포인트들의 평균이 $\boldsymbol{\mu}_k$라는 의미다. 이러한 이유로 이 과정을 **K 평균**(*K-means*) 알고리즘이라고 한다.

데이터 포인트를 다시 할당하고 집단의 평균을 다시 계산하는 두 단계는 더 이상 할당에 변경이 없을 때까지(또는 반복 숫자가 최대치를 넘어설 때까지) 반복된다. 각 단계에서 목표 함수 J의 값이 감소하기 때문에 수렴은 보장되어 있다. 하지만 J의 전역 최솟값 대신 지역 최솟값으로 수

연습문제 9.1

렴할 가능성은 있다. K 평균 알고리즘의 수렴 성질에 대해서는 MacQueen(1967)을 참조하기 바란다.

부록 A

K 평균 알고리즘을 '오래된 신뢰' 데이터에 적용한 사례가 그림 9.1에 그려져 있다. 이 예시에서는 각 변수들이 평균값 0과 단위 표준 분풋값을 가지도록 선형 재척도화를 시행하였다. 이 재척도화 과정을 **표준화**(*standardizing*)라고 한다. 이 예시의 경우에는 $K = 2$를 사용하였다. 이 경

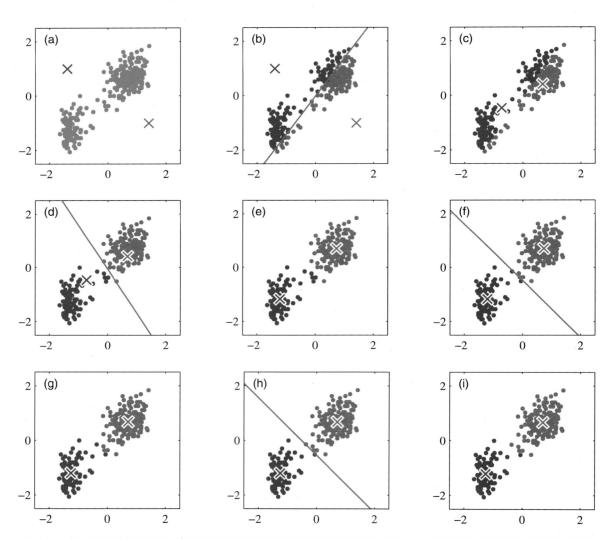

그림 9.1 재척도화된 '오래된 믿음' 데이터 집합에 K 평균 알고리즘을 적용한 예시. (a) 녹색 데이터 포인트들은 이차원 유클리드 공간상의 데이터 집합에 해당한다. 중심 μ_1과 μ_2가 빨간색 ×와 파란색 ×로 표시되어 있다. (b) 최초의 E단계에서 각 데이터 포인트들은 어떤 중심에 더 가까운지에 따라 빨간색 아니면 파란색 집단에 할당된다. 이는 포인트들을 두 집단 중심을 나누는 수직 이등분선 중 어떤 쪽으로 분류할 것이냐와 동일하다. 해당 이등분선은 자주색으로 그려져 있다. (c) 다음 M단계에서 각각의 집단 중심은 해당 집단의 평균값으로 다시 계산된다. (d) – (i)에서는 알고리즘이 수렴할 때까지의 E단계와 M단계를 볼 수 있다.

우 각 데이터 포인트들을 가장 가까운 집단 중심에 할당하는 것은 두 집단 중심을 나누는 수직 이등분선에 대해 어느 쪽에 데이터 포인트가 속하게 될지를 정하는 분류 문제를 푸는 것과 동일하다. 그림 9.1에서 사용한 비용 함수 J에 대한 그래프가 그림 9.2에 그려져 있다.

이 예시의 경우에는 고의적으로 별로 좋지 못한 집단 중심 초깃값을 선택해서 알고리즘이 수렴하기까지 몇 단계가 걸리도록 하였다. 실제로 적용할 경우에는 집단의 중심 $\boldsymbol{\mu}_k$가 랜덤하도록 초기 설정하는 것이 더 적절할 것이다. K 평균 알고리즘은 종종 EM 알고리즘을 적용하기 전에 가우시안 혼합 모델의 매개변수를 초기화하는 데 사용되기도 한다.

9.2.2절

K 평균 알고리즘을 여기서 논의한 절차에 따라 직접 구현하면 비교적 느릴 수 있다. 왜냐하면 각 E단계에서 모든 원형 벡터와 모든 데이터 포인트들 간의 유클리드 거리를 계산해야 하기 때문이다. K 평균 알고리즘을 빠르게 하기 위한 다양한 아이디어가 제시되었다. 이들 중 몇몇은 서로 근접한 포인트들이 같은 서브트리에 속하게 하는 방식의 트리와 같은 데이터 구조를 미리 계산하는 방식을 사용한다(Ramasubramanian and Paliwal, 1990; Moore, 2000). 다른 접근법들은 거리에 대한 삼각 부등식을 사용해서 불필요한 거리 계산을 줄이는 방식을 기반으로 한다(Hodgson, 1998; Elkan, 2003).

2.3.5절
연습문제 9.2

지금까지 모든 데이터 집합을 함께 사용해서 원형 벡터를 업데이트하는 K 평균 알고리즘의 배치 방식에 대해 살펴보았다. 아울러 확률적인 온라인 방식의 알고리즘을 유도하는 것도 가능하다(MacQueen, 1967). 이를 위해서는 식 9.1에서 주어진 J의 $\boldsymbol{\mu}_k$에 대한 미분값에 해당하는 회귀 함수의 제곱근을 찾는 데 로빈슨 몬로 과정을 적용해야 한다. 이를 바탕으로 순차적 업데이트를 시행할 수 있다. 각 데이터 포인트 $\mathbf{x}_n$에 대해서 차례대로 가장 가까운 원형 $\boldsymbol{\mu}_k$를 다음과 같이 업데이트하는 것이다.

$$\boldsymbol{\mu}_k^{\text{new}} = \boldsymbol{\mu}_k^{\text{old}} + \eta_n(\mathbf{x}_n - \boldsymbol{\mu}_k^{\text{old}})$$

(식 9.5)

그림 9.2　그림 9.1의 K 평균 알고리즘 예시에 대한 비용 함수 J의 그래프. 파란색 원은 각각의 E단계가 종료된 후의 함수 J의 값을, 빨간색 원은 각각의 M단계가 종료된 후의 함수 J의 값을 보이고 있다. 해당 알고리즘은 세 번째 M단계 이후에 수렴하였다. 그 후에 시행된 EM단계에서는 데이터 포인트의 할당이나 원형 벡터의 값에 대해 아무 변화도 일어나지 않았다.

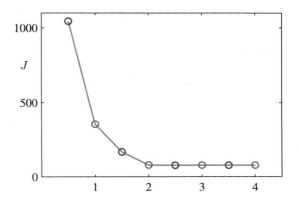

여기서 η_n은 학습률 매개변수다. 이 매개변수는 보통 더 많은 데이터 포인트가 고려됨에 따라서 단조 감소하도록 설정된다.

K 평균 알고리즘에서는 데이터 포인트와 원형 벡터 사이의 서로 다른 정도를 제곱 유클리드 거리를 사용해서 표현한다. 이는 고려 가능한 데이터 변수의 종류를 제약할 뿐만 아니라(예를 들자면 변수들 중 전부 또는 일부가 범주 라벨을 표현하고 있을 경우에 부적합하다), 집단을 결정하는 알고리즘이 이상값에 대해 강건하지 않도록 한다. 더 일반적인 다름 정도 함수 $\mathcal{V}(\mathbf{x}, \mathbf{x}')$을 도입해서 K 평균 알고리즘을 일반화할 수 있다. 이 다름 정도는 두 벡터 $\mathbf{x}$와 $\mathbf{x}'$에 대한 함수여야 한다. 그리고 이를 바탕으로 다음의 뒤틀림 척도를 최소화하게 된다.

2.3.7절

$$\widetilde{J} = \sum_{n=1}^{N} \sum_{k=1}^{K} r_{nk} \mathcal{V}(\mathbf{x}_n, \boldsymbol{\mu}_k) \qquad \text{(식 9.6)}$$

이를 바탕으로 한 것이 **K-메도이드**(*K-medoids*) 알고리즘이다. 이 알고리즘의 E단계에서는 주어진 집단 원형 $\boldsymbol{\mu}_k$들에 대해 다름 정도 함숫값이 최소화되도록 하는 식으로 각 데이터 포인트들을 집단에 할당한다. 이 경우의 계산 비용은 K 평균 알고리즘과 마찬가지로 $O(KN)$이다. 일반적으로 사용하는 다름 정도 함수의 경우에 대해 M단계는 K 평균 알고리즘에 비해 더 복잡할 수 있다. 보통은 집단 원형을 해당 집단에 할당된 데이터 포인트들 중 하나로 제약한다. 왜냐하면 이 경우 잘 계산되는 함수이기만 한다면 어떤 종류의 다름 정도 함수에 대해서도 알고리즘을 적용할 수 있기 때문이다. 따라서 M단계에서는 각각의 집단 k에 대해서 해당 집단에 할당된 N_k개의 데이터 포인트에 대한 이산 검색이 필요하며, 이를 위해서는 $\mathcal{V}(\cdot, \cdot)$를 $O(N_k^2)$번 계산해야 한다.

K 평균 알고리즘을 사용하면 모든 데이터 포인트들이 정확하게 단 하나의 집단에만 할당된다. 어떤 데이터 포인트들은 특정 중심 $\boldsymbol{\mu}_k$에 다른 중심들보다 훨씬 더 가까울 수도 있는 반면에 다른 데이터 포인트들은 각 집단 중심들 사이의 중간쯤에 위치하고 있을 수도 있다. 후자의 경우에는 해당 데이터 포인트를 가장 가까운 집단에 명확하게 할당하는 것이 적절한 일인지가 불분명할 수도 있다. 다음 절에서는 확률적 접근법을 바탕으로 데이터 포인트들을 집단들에 '엄격하지 않게' 할당하는 것에 대해 살펴볼 것이다. 이 접근법을 사용하면 가장 적절한 할당에 대한 불확실성을 표현할 수 있다. 이러한 확률적 방식을 사용하는 것에는 여러 가지 다양한 이점이 있다.

9.1.1 이미지 분할과 압축

K 평균 알고리즘을 적용하는 예시로 이미지 분할과 이미지 압축 문제를 고려해 보자. 이미지

분할의 목표는 시각적으로 유사한 모습을 가지거나, 어떤 물체에 해당하거나, 어떤 물체의 일부에 해당하는 지역들로 이미지를 쪼개는 것이다(Forsyth and Ponce, 2003). 이미지의 각 픽셀은 빨간색, 파랑색, 녹색 채널의 강도로 이루어진 삼차원 공간상의 포인트다. 우리의 알고리즘은 이미지상의 각 픽셀을 개별적 데이터 포인트로 고려할 것이다. 엄밀히 말해서 이 공간은 유클리드 공간이 아니다. 왜냐하면 각 채널의 강도들은 $[0, 1]$ 구간상에 속하도록 제약되어 있기 때문이다. 그럼에도 불구하고 K 평균 알고리즘을 어렵지 않게 적용할 수 있다. 다양한 K 값의 경우에 대한 결괏값이 그림 9.3에 그려져 있다. K 평균 알고리즘을 수렴할 때까지 적용한 후 각 픽셀들을 그 픽셀이 할당된 집단의 중심 $\boldsymbol{\mu}_k$의 $\{R, G, B\}$ 강도로 치환하는 식으로 해당 이미지를 다시 그려 보았다. 이 알고리즘은 원 이미지를 K개의 색채만을 이용해서 다시 그리는 것과 같다는 것을 볼 수 있다. 한 가지 짚고 넘어갈 점은 여기서 K 평균 알고리즘을 이미지 분할에 적용한 것은 특별히 복잡하고 기교적인 방법은 아니었다는 것이다. 그 이유들 중 하나는 바로 서로 다른 픽셀 간의 공간적 근접성을 고려하지 않았다는 점이다. 이미지 분할은 굉장히 어려운 문제로서 현재도 활발하게 연구되고 있는 주제다. 여기서는 단지 K 평균 알고리즘이 어

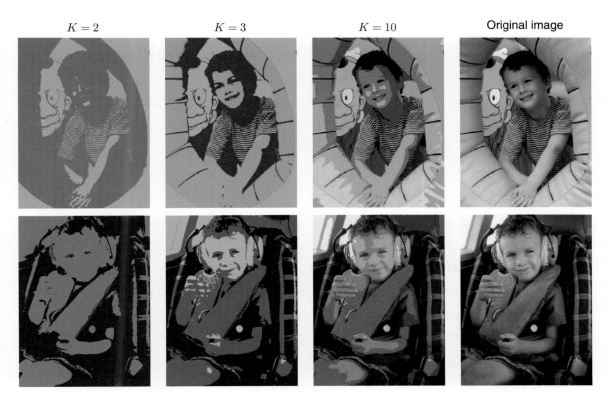

그림 9.3 K 평균 집단화 알고리즘을 이미지 분할 문제에 적용한 두 가지 예시. 원래의 이미지와 다양한 K 값을 이용해 얻은 K 평균 분할 결괏값들이 함께 그려져 있다. 이는 데이터 압축에 벡터 정량화를 사용하는 방법을 보여 주고 있기도 하다. 이 경우 더 작은 K 값을 사용하면 이미지 품질이 떨어지는 대신 더 높은 압축률을 얻을 수 있다.

떤 식으로 작동하는지를 증명하기 위해서 이를 예시로 사용했을 뿐이다.

집단화 알고리즘의 결과를 사용해서 데이터를 압축하는 것도 가능하다. 데이터 압축에 대해 고려할 경우에는 **무손실 데이터 압축**(*lossless data compression*)과 **손실 데이터 압축**(*lossy data compression*)을 구별하는 것이 중요하다. 무손실 데이터 압축법은 압축된 표현으로부터 원래의 데이터를 정확히 다시 구성해 낼 수 있도록 하는 목표를 가진다. 반면, 손실 데이터 압축법은 무손실 데이터 압축보다 압축률이 높아지는 대신에 재구성된 데이터에 어느 정도의 오류가 있는 것을 용납한다. K 평균 알고리즘을 이용해서 다음과 같은 방식으로 손실 데이터 압축을 시행할 수 있다. K 평균 알고리즘을 시행한 후, N개의 데이터 포인트 각각에 대해서 그 데이터 포인트가 할당된 집단 k가 어떤 것인지만을 저장한다. 또한, 각 K집단의 중심값 $\boldsymbol{\mu}_k$도 저장한다. $K \ll N$인 K를 선택했다는 가정하에 이는 원래보다 훨씬 더 적은 데이터만을 필요로 한다. 이후 각각의 데이터 포인트를 가장 가까운 중심값 $\boldsymbol{\mu}_k$로 근사하게 된다. 새로운 데이터 포인트도 비슷한 방식으로 압축할 수 있다. 먼저 가장 가까운 $\boldsymbol{\mu}_k$를 찾고 그 다음 원래의 데이터 벡터값 대신 라벨 k를 저장하면 된다. 이 방법론은 보통 **벡터 정량화**(*vector quantization*)라 불리며, 벡터 $\boldsymbol{\mu}_k$는 **규약집 벡터**(*code-book vectors*)라 불린다.

앞에서 살펴본 이미지 분할 문제 역시 집단화를 이용한 데이터 압축의 예시를 보여 주고 있다. 원래의 이미지가 N개의 $\{R, G, B\}$ 픽셀로 이뤄져 있으며 각각이 8비트의 정확도로 저장되어 있었다고 해보자. 이 경우 전체 이미지를 직접 전송하는 데는 $24N$비트 만큼의 비용이 들 것이다. 이제 대신에 이미지 데이터에 K 평균 알고리즘을 먼저 적용하고 원 이미지 전체를 전송하는 대신 어떤 벡터 $\boldsymbol{\mu}_k$에 가장 근접한지에 대한 정보만 전송한다고 해보자. K개의 $\boldsymbol{\mu}_k$ 벡터가 있기 때문에 각 픽셀에 대해서 필요한 정보 전송량은 $\log_2 K$비트일 것이다. 또한 K개의 규약집 벡터 $\boldsymbol{\mu}_k$도 전송해야 하는데, 이를 위해서는 $24K$비트가 필요하다. 따라서 이미지를 전송하기 위해 필요한 비트의 수는 $24\mathrm{K} + N \log_2 K$에 해당한다(가장 가까운 정숫값으로 반올림해야 한다). 그림 9.3의 원 이미지는 $240 \times 180 = 43{,}200$개의 픽셀을 가지고 있으며, 따라서 직접 전송을 위해서는 $24 \times 43{,}200 = 1{,}036{,}800$비트가 필요하다. 이와는 대조적으로 압축된 이미지를 전송하는 경우에는 $K = 2$일 때는 43,248비트, $K = 3$일 때는 86,472비트, $K = 10$일 때는 173,040비트가 필요하다. 이는 각각 원 이미지와 대조해서 4.2%, 8.3%, 16.7%의 압축률에 해당한다. 압축률과 이미지의 품질 사이에 트레이드 오프 관계가 있음을 볼 수 있다. 다시 한 번 강조하자면 여기서 우리의 목표는 단지 K 평균 알고리즘을 사용하는 예시를 살펴보는 것이었다. 만약 정말로 더 좋은 이미지 압축기를 만들고자 한다면, 서로 인접한 픽셀들의 블록들(예를 들면 5×5)을 고려함으로써 원 이미지에서 근접한 픽셀들 간에 존재하는 상관성을 이용하는 것이 좋을 것이다.

9.2 혼합 가우시안

2.3.9절에서는 가우시안 성분들을 선형으로 중첩시킨 가우시안 혼합 모델을 사용하면 단일 가우시안을 사용할 때보다 더 다양한 종류의 밀도 모델들을 표현할 수 있다는 것을 살펴보았었다. 여기서는 이산 **잠재**(*latent*) 변수들을 이용해서 혼합 가우시안 모델을 만드는 것에 대해 살펴보자. 이는 혼합 가우시안 분포에 대한 이해도를 높이는 데 도움을 줄 것이며, EM 알고리즘이 왜 필요한지에 대해 이해할 수 있도록 해줄 것이다.

식 2.188에서 가우시안 혼합 분포를 다음과 같이 가우시안들의 선형 중첩 형태로 적을 수 있다는 것을 살펴봤었다.

$$p(\mathbf{x}) = \sum_{k=1}^{K} \pi_k \mathcal{N}(\mathbf{x}|\boldsymbol{\mu}_k, \boldsymbol{\Sigma}_k) \qquad \text{(식 9.7)}$$

K차원의 이산 확률 변수 z를 도입해 보자. 이 변수는 특정 원소 z_k는 1이고 나머지는 전부 0인 원 핫 인코딩을 사용한다. z_k 값은 $z_k \in \{0, 1\}$과 $\sum_k z_k = 1$을 만족하며, 벡터 $\mathbf{z}$는 어떤 원소가 0이 아닌지에 따라서 K개의 서로 다른 상태를 가질 수 있다는 것을 알 수 있다. 결합 분포 $p(\mathbf{x}, \mathbf{z})$를 그림 9.4의 그래프 모델에 따라 주변 분포 $p(\mathbf{z})$와 조건부 분포 $p(\mathbf{x}|\mathbf{z})$로 정의할 것이다. $\mathbf{z}$에 대한 주변 분포는 혼합 계수 π_k로 특정된다.

$$p(z_k = 1) = \pi_k$$

여기서 매개변수 $\{\pi_k\}$는 유효한 확률값이 되기 위해서 다음의 두 제약 조건을 만족해야 한다.

$$0 \leqslant \pi_k \leqslant 1 \qquad \text{(식 9.8)}$$

$$\sum_{k=1}^{K} \pi_k = 1 \qquad \text{(식 9.9)}$$

$\mathbf{z}$가 원 핫 인코딩을 사용하므로 이 분포를 다음의 형태로 적을 수도 있다.

$$p(\mathbf{z}) = \prod_{k=1}^{K} \pi_k^{z_k} \qquad \text{(식 9.10)}$$

그림 9.4   혼합 모델의 그래프 표현. 결합 분포를 $p(\mathbf{x}, \mathbf{z}) = p(\mathbf{z})p(\mathbf{x}|\mathbf{z})$의 형태로 표현했다.

이와 비슷하게 특정 $\mathbf{z}$ 값이 주어졌을 때의 $\mathbf{x}$에 대한 조건부 분포는 다음 형태의 가우시안 분포다.

$$p(\mathbf{x}|z_k = 1) = \mathcal{N}(\mathbf{x}|\boldsymbol{\mu}_k, \boldsymbol{\Sigma}_k)$$

이는 다음의 형태로 적을 수 있다.

$$p(\mathbf{x}|\mathbf{z}) = \prod_{k=1}^{K} \mathcal{N}(\mathbf{x}|\boldsymbol{\mu}_k, \boldsymbol{\Sigma}_k)^{z_k} \qquad \text{(식 9.11)}$$

연습문제 9.3

결합 분포는 $p(\mathbf{z})p(\mathbf{x}|\mathbf{z})$의 형태로 주어진다. 이때 모든 가능한 $\mathbf{z}$의 상태에 대한 결합 분포를 합산함으로써 $\mathbf{x}$의 주변 분포를 구할 수 있다.

$$p(\mathbf{x}) = \sum_{\mathbf{z}} p(\mathbf{z})p(\mathbf{x}|\mathbf{z}) = \sum_{k=1}^{K} \pi_k \mathcal{N}(\mathbf{x}|\boldsymbol{\mu}_k, \boldsymbol{\Sigma}_k) \qquad \text{(식 9.12)}$$

여기서 식 9.10과 식 9.11을 사용하였다. 따라서 $\mathbf{x}$의 주변 분포는 식 9.7 형태의 가우시한 혼합 분포가 된다. 여러 개의 값 $\mathbf{x}_1, \ldots, \mathbf{x}_N$을 관측했을 경우, 주변 분포를 $p(\mathbf{x}) = \sum_{\mathbf{z}} p(\mathbf{x}, \mathbf{z})$의 형태로 표현했기 때문에 모든 관측된 데이터 포인트 $\mathbf{x}_n$에 대해서 해당 잠재 변수 $\mathbf{z}_n$이 하나씩 존재하게 된다.

결과적으로 명시적으로 잠재 변수를 사용하는 가우시안 혼합 분포의 식을 찾아냈다. 이런 과정이 그리 유의미해 보이지 않을 수도 있다. 하지만 이 결과로 주변 분포 $p(\mathbf{x})$ 대신에 결합 분포 $p(\mathbf{x}, \mathbf{z})$를 직접 활용할 수 있게 되었는데, 이는 계산 과정을 매우 단순하게 해준다. EM 알고리즘을 도입할 때 이에 대해 더 잘 알 수 있을 것이다.

또 다른 중요한 값 하나는 $\mathbf{x}$가 주어졌을 때의 $\mathbf{z}$의 조건부 확률값이다. 여기서는 $p(z_k = 1|\mathbf{x})$를 $\gamma(z_k)$로 지칭할 것이다. $\gamma(z_k)$ 값은 베이지안 정리를 이용해서 다음과 같이 구할 수 있다.

$$
\begin{aligned}
\gamma(z_k) \equiv p(z_k = 1|\mathbf{x}) &= \frac{p(z_k = 1)p(\mathbf{x}|z_k = 1)}{\displaystyle\sum_{j=1}^{K} p(z_j = 1)p(\mathbf{x}|z_j = 1)} \\[2mm]
&= \frac{\pi_k \mathcal{N}(\mathbf{x}|\boldsymbol{\mu}_k, \boldsymbol{\Sigma}_k)}{\displaystyle\sum_{j=1}^{K} \pi_j \mathcal{N}(\mathbf{x}|\boldsymbol{\mu}_j, \boldsymbol{\Sigma}_j)}
\end{aligned}
\qquad \text{(식 9.13)}
$$

여기서 π_k는 $z_k = 1$에 대한 사전 분포로 생각해야 하며, $\gamma(z_k)$는 $\mathbf{x}$를 관측한 후의 해당 확률에 대한 사후 분포에 해당한다. 추후에 살펴볼 것처럼 $\gamma(z_k)$는 관측값 $\mathbf{x}$를 '설명'하는 데 있어서

k 성분이 어느 정도의 **책임**(*responsibility*)을 가지고 있는지를 설명하는 값으로도 해석 가능하다.

8.1.2절 조상 추출법을 이용해서 가우시안 혼합 모델에 부합하는 랜덤한 표본들을 추출해 내는 것이 가능하다. 이를 위해서는 우선 $\mathbf{z}$ 값 하나를 주변 분포 $p(\mathbf{z})$로부터 추출하여 $\hat{\mathbf{z}}$라 지칭하고, 그 다음 조건부 분포 $p(\mathbf{x}|\hat{\mathbf{z}})$로부터 $\mathbf{x}$ 값을 추출해야 한다. 표준 분포들로부터 표본을 추출하는 방법에 대해서는 11장에서 논의할 것이다. 결합 분포 $p(\mathbf{x}, \mathbf{z})$로부터의 표본들을 그림 9.5(a)에 묘사해 두었다. 여기서는 $\mathbf{x}$ 값에 해당하는 포인트들을 그려넣고 이에 대한 해당 $\mathbf{z}$ 값에 따라서 그 포인트를 색칠하는 방식을 사용했다. 이렇게 하면 어떤 가우시안 성분이 $\mathbf{x}$ 값을 만들어 내는 데 책임이 있었는지를 표현할 수 있다. 주변 분포 $p(\mathbf{x})$로부터의 표본들은 $\mathbf{z}$ 값을 무시한 채 결합 분포에서 표본들을 추출해서 생성할 수 있다. 이에 대해서는 그림 9.5(b)에 $\mathbf{x}$ 값들을 색의 구분 없이 그리는 방식으로 표현되어 있다.

데이터 포인트 각각에 대해서 데이터 집합이 생성된 혼합 분포의 각 성분에 대한 사후 분포를 구하는 방식을 이용하면 이 합성 데이터를 이용해서 '책임' 정도를 표현할 수 있다. 더 자세히 말하자면 데이터 포인트 $\mathbf{x}_n$과 연관된 책임 $\gamma(z_{nk})$의 값을 해당 포인트를 빨간색, 파랑색, 녹색의 비율로 그림으로써 표현할 수 있다. 이때 각 색의 정도는 $k = 1, 2, 3$일 때의 $\gamma(z_{nk})$ 값에 의해 정해지게 된다. 이를 바탕으로 그려진 것이 그림 9.5(c)다. 예를 들어, $\gamma(z_{n1}) = 1$인 데이터 포인트는 빨간색으로 칠해질 것이며, $\gamma(z_{n2}) = \gamma(z_{n3}) = 0.5$인 데이터 포인트는 파랑색과 녹색이 동일한 비율로 칠해질 것이다(따라서 청록색일 것이다). 각 포인트가 생성된 실제 성분에 따라 데이터를 색칠한 그림 9.5(a)와 이 그림을 비교해 보라.

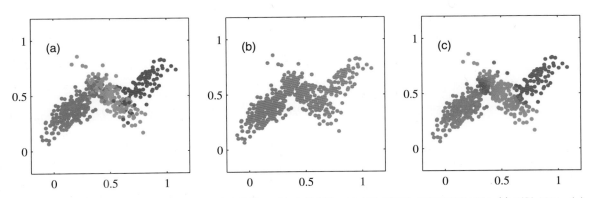

그림 9.5 그림 2.23에서 보았던 세 가우시안의 혼합으로부터 추출한 500개의 데이터 포인트들의 예시. (a) 결합 분포 $p(\mathbf{z})$ $p(\mathbf{x}|\mathbf{z})$로부터 추출한 표본. 혼합의 세 성분에 해당하는 $\mathbf{z}$의 세 가지 상태가 빨간색, 녹색, 파란색으로 표현되어 있다. (b) 주변 분포 $p(\mathbf{x})$로부터 추출한 표본. $\mathbf{z}$ 값을 무시한 채 $\mathbf{x}$ 값을 그렸다. (a)의 데이터 집합은 **완전**(*complete*)하다고 하며, (b)의 데이터 집합은 **불완전**(*incomplete*)하다고 한다. (c) 같은 데이터 포인트들을 각 데이터 포인트 $\mathbf{x}_n$의 책임값 $\gamma(z_{nk})$를 표현하도록 색칠한 그림이다. 빨간색, 파랑색, 녹색을 $k = 1, 2, 3$일 때의 $\gamma(z_{nk})$ 값에 따라 비율을 정해서 색칠하였다.

9.2.1 최대 가능도 방법

관측 데이터의 집합 $\{\mathbf{x}_1, \ldots, \mathbf{x}_N\}$이 있고 혼합 가우시안 분포로 이 데이터들을 모델하려 한다고 해보자. 이 데이터 집합은 $N \times D$ 행렬 $\mathbf{X}$로 표현할 수 있다. 이때 이 행렬의 n번째 행은 $\mathbf{x}_n^{\mathrm{T}}$으로 주어지게 된다. 이와 비슷하게 해당 잠재 변수들은 $N \times D$ 행렬 $\mathbf{Z}$로 표현할 수 있으며, 이때 각각의 행은 $\mathbf{z}_n^{\mathrm{T}}$이다. 데이터 포인트들이 분포로부터 독립적으로 추출되었다고 가정하면 이 독립적이고 동일하게 분포된 데이터 집합에 대한 가우시안 혼합 분포를 그림 9.6의 그래프를 이용해서 표현할 수 있다. 식 9.7로부터 로그 가능도 함수는 다음과 같이 주어진다.

$$\ln p(\mathbf{X}|\boldsymbol{\pi}, \boldsymbol{\mu}, \boldsymbol{\Sigma}) = \sum_{n=1}^{N} \ln \left\{ \sum_{k=1}^{K} \pi_k \mathcal{N}(\mathbf{x}_n | \boldsymbol{\mu}_k, \boldsymbol{\Sigma}_k) \right\} \qquad \text{(식 9.14)}$$

이 함수를 어떻게 최대화할지를 논의하기에 앞서 최대 가능도 방법을 가우시안 혼합 모델에 적용하는 경우의 심각한 문제점에 대해 짚고 넘어가도록 하자. 이 문제는 **특이점**(*singularity*)의 존재로 인해 생겨난다. 논의를 단순하게 하기 위해서 각 성분이 $\boldsymbol{\Sigma}_k = \sigma_k^2 \mathbf{I}$를 공분산 행렬로 가지는 가우시안 혼합 모델을 고려하자. 여기서 $\mathbf{I}$는 단위 행렬이다. 이 특정 형태의 행렬을 사용해서 논의를 진행할 것이기는 하지만, 여기서의 논의의 결론은 일반적인 공분산 행렬에 대해서도 성립한다. 혼합 모델의 성분 중 하나인 j번째 성분이 평균으로 $\boldsymbol{\mu}_j$를 가지며, 이것이 데이터 포인트들 중 하나의 값과 정확히 일치한다고 해보자. 즉, 어떤 값 n에 대해서 $\boldsymbol{\mu}_j = \mathbf{x}_n$이다. 이 경우 이 데이터 포인트는 가능도 함수 식의 항에 다음과 같이 기여하게 될 것이다.

$$\mathcal{N}(\mathbf{x}_n | \mathbf{x}_n, \sigma_j^2 \mathbf{I}) = \frac{1}{(2\pi)^{1/2}} \frac{1}{\sigma_j^D} \qquad \text{(식 9.15)}$$

만약 우리가 $\sigma_j \to 0$을 고려하면 이 항은 무한대의 값을 가지게 되고, 따라서 로그 가능도 함수 역시 무한대의 값을 가지게 될 것이다. 따라서 이 경우 로그 가능도 함수를 최대화하는 것은 적절하지 않다. 왜냐하면 이러한 특이점들은 항상 존재할 것이며, 가우시안 성분 중 하나가 특정 데이터 포인트로 '붕괴'해 들어가게 되면 이런 현상이 언제든 발생할 수 있기 때문이다. 단일

그림 9.6 독립적이고 동일하게 분포된 N개의 데이터 포인트 $\{\mathbf{x}_n\}$에 대한 가우시안 혼합 모델의 그래프 표현. $\{\mathbf{z}_n\}$은 해당 은닉 포인트이며, $n = 1, \ldots, N$이다.

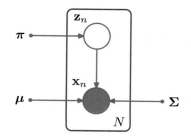

가우시안 분포의 경우에는 이러한 문제가 없었다. 만약 단일 가우시안이 하나의 데이터 포인트로 붕괴해 들어갈 경우에는 다른 데이터 포인트들로부터 기인한 가능도 함수의 곱 인자에 기여하게 될 것이며, 이 인자들은 기하급수적으로 빠르게 0 값으로 접근하게 된다. 그리고 이는 전체 가능도 함숫값이 무한대가 되는 대신 0 값을 가지게 한다. 하지만 만약 혼합에 두 개(이상)의 성분이 존재하게 되면 한 성분은 유한한 분산을 가질 수 있고, 따라서 모든 데이터 포인트들에 유한한 확률을 부여할 수 있게 된다. 그리고 그동안 나머지 하나의 성분은 특정 데이터 포인트에 집중되어 로그 가능도 함수에 단조 증가하는 합 값을 부여하게 된다. 이에 대해서는 그림 9.7에 그려져 있다. 이러한 특이점들은 최대 가능도 접근법을 사용했을 경우에 발생할 수 있는 심각한 과적합 문제의 또 다른 예시다. 베이지안 접근법을 활용할 경우에는 이러한 문제가 발생하지 않는다는 것을 추후에 살펴보게 될 것이다. 하지만 일단 현재로서는 가우시안 혼합 모델에 대해 최대 가능도 방법을 사용할 경우에는 이러한 걷잡을 수 없는 해를 찾는 것을 막고, 잘 작동하는 지역적 극대값을 찾기 위한 단계를 적용해야 한다는 것을 알아두자. 적절한 어림법을 적용해서 이러한 특이점들을 막을 수 있다. 예를 들어서, 하나의 가우시안 성분이 언제 붕괴하는지를 탐지해서 그 평균값을 임의로 선택한 값으로 설정하고, 공분산값을 임의의 큰 값으로 설정한 후 계산을 계속 진행하는 방식을 사용할 수 있다.

10.1절

최대 가능도 해를 찾는 데 있어서의 또 다른 문제점은 모든 주어진 최대 가능도 해에 대해서 (K성분 혼합의 경우에) $K!$개의 동일한 해가 존재할 것이라는 점이다. 왜냐하면 K개의 매개변수들을 K개의 성분들에 할당하는 $K!$개의 서로 다른 방법이 존재하기 때문이다. 다시 말하자면 매개변숫값 공간상의 모든 주어진 (정상적인) 포인트들 각각에 대해서 이와 정확히 같은 분포를 만들어 낼 수 있는 $K! - 1$개의 또 다른 포인트들이 존재한다는 말이다. 이 문제는 **식별성**(*identifiability*)(Cassela and Berger, 2002) 문제라고 명명되어 있으며, 모델을 통해서 찾아낸 매개변수들을 해석하는 데 있어서 중요한 문제들 중 하나다. 식별성 문제는 12장에서 연속적인 잠재 변수들을 가지는 모델을 논의할 때 또 다시 언급될 것이다. 하지만 좋은 밀도 모델을 찾는 목

그림 9.7 가우시안 혼합 분포의 가능도 함수에서 어떻게 특이점이 발생하는지에 대한 도식. 특이점이 발생하지 않았던 그림 1.14의 단일 가우시안의 경우와 비교해 보도록 하라.

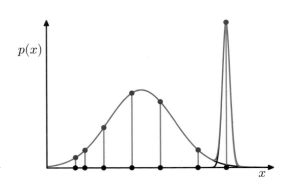

표하에서는 이 문제는 별로 상관이 없다. 왜냐하면 여러 동일한 해들 중 무엇을 선택하든 원하던 목표를 달성할 수 있기 때문이다.

가우시안 혼합 모델에 대해 식 9.14의 로그 가능도 함수를 최대화하는 것은 단일 가우시안의 경우에 비해서 훨씬 더 어려운 문제다. 이 어려움은 식 9.14의 로그 안에 존재하는 k에 대한 합산항 때문에 발생한다. 이 항이 존재하기 때문에 더 이상 가우시안 분포에 로그 함수를 직접 적용할 수 없다. 만약 우리가 로그 가능도의 미분값을 0으로 설정한다면 닫힌 형태의 해를 구할 수 없을 것이다. 이에 대해 잠시 후에 살펴볼 것이다.

이 문제를 해결하기 위해서 기울기를 바탕으로 한 최적화 테크닉(Fletcher, 1987; Nocedal and Wright, 1999; Bishop and Nabney, 2008)을 적용하고자 하는 시도도 존재했었다. 기울기를 기반으로 한 테크닉은 실제로 실행 가능하며, 5장에서 살펴보았던 혼합 밀도 네트워크에 대한 논의에서 중요한 역할을 했었다. 하지만 여기서는 EM이라는 다른 방법에 대해 살펴보도록 하자. EM 알고리즘은 폭넓은 적용성을 가지고 있으며, 10장에서 논의할 변분적 추론의 기반이 된다.

9.2.2 가우시안 혼합 분포에 대한 EM

은닉 변수를 포함한 모델의 최대 가능도 해를 찾기 위한 우아하고 강력한 방법 중 하나는 바로 **EM**(expectation maximization, 기댓값 최대화) 알고리즘이다(Dempster et al., 1977; McLachlan and Krishnan, 1997). 추후에 EM이 일반적으로 어떻게 작동하는지를 살펴보고, 이를 바탕으로 어떻게 변분 추론 방법론을 도입할 수 있는지에 대해서도 논의할 것이다. 하지만 우선은 가우시안 혼합 모델의 맥락에서 약식으로 EM 알고리즘을 살펴보도록 하자. 다시 한 번 강조하자면 EM은 서로 다른 문제들에 폭넓게 적용할 수 있다. 이 책에서 살펴볼 서로 다른 다양한 모델에 대해 EM을 다시 활용하게 될 것이다.

10.1절

가능도 함수의 최댓값에서 만족되어야 하는 조건들을 적는 것으로 논의를 시작해 보자. 식 9.14의 $\ln p(\mathbf{X}|\boldsymbol{\pi}, \boldsymbol{\mu}, \boldsymbol{\Sigma})$를 가우시안 성분의 평균 $\boldsymbol{\mu}_k$에 대해 미분한 값을 0으로 설정하면 다음을 얻게 된다.

$$0 = \sum_{n=1}^{N} \underbrace{\frac{\pi_k \mathcal{N}(\mathbf{x}_n|\boldsymbol{\mu}_k, \boldsymbol{\Sigma}_k)}{\sum_j \pi_j \mathcal{N}(\mathbf{x}_n|\boldsymbol{\mu}_j, \boldsymbol{\Sigma}_j)}}_{\gamma(z_{nk})} \boldsymbol{\Sigma}_k^{-1}(\mathbf{x}_n - \boldsymbol{\mu}_k) \qquad \text{(식 9.16)}$$

이 과정에서 가우시안 분포의 형태에 대한 식 2.43을 사용했다. 식 9.13의 사후 분포(책임값)가 위 식의 오른쪽 변에서 자연스럽게 나타난다는 점에 주목하자. $\boldsymbol{\Sigma}_k$(이 행렬이 정칙이라고 가정하도록 하자)를 곱하고 식을 다시 정리하면 다음을 얻게 된다.

$$\boldsymbol{\mu}_k = \frac{1}{N_k} \sum_{n=1}^{N} \gamma(z_{nk}) \mathbf{x}_n \qquad \text{(식 9.17)}$$

여기서 다음을 정의하였다.

$$N_k = \sum_{n=1}^{N} \gamma(z_{nk}) \qquad \text{(식 9.18)}$$

N_k는 집단 k에 할당되는 유효 데이터 포인트의 숫자로 해석할 수 있다. 이 해의 형태를 주의 깊게 살펴보도록 하라. k번째 가우시안 성분의 평균 $\boldsymbol{\mu}_k$는 데이터 집합의 모든 포인트들의 가중 평균으로 구할 수 있다. 이때 데이터 포인트 $\mathbf{x}_n$에 대한 가중치는 $\mathbf{x}_n$을 생성하는 데 있어서 성분 k의 책임 정도에 해당하는 사후 확률 $\gamma(z_{nk})$로 주어지게 된다.

2.3.4절 $\ln p(\mathbf{X}|\boldsymbol{\pi}, \boldsymbol{\mu}, \boldsymbol{\Sigma})$의 $\boldsymbol{\Sigma}_k$에 대한 미분값을 0으로 설정하고 단일 가우시안의 공분산 행렬에 대한 해를 바탕으로 비슷한 추론 과정을 거치면 다음을 얻게 된다.

$$\boldsymbol{\Sigma}_k = \frac{1}{N_k} \sum_{n=1}^{N} \gamma(z_{nk})(\mathbf{x}_n - \boldsymbol{\mu}_k)(\mathbf{x}_n - \boldsymbol{\mu}_k)^{\mathrm{T}} \qquad \text{(식 9.19)}$$

이는 데이터 집합에 근사한 단일 가우시안의 분포의 경우와 비슷한 형태다. 차이점은 바로 각각의 데이터 포인트들이 해당 사후 확률로 가중되며, 해당 성분에 연관된 유효 데이터 포인트의 숫자가 분모에 추가된다는 점이다.

마지막으로 $\ln p(\mathbf{X}|\boldsymbol{\pi}, \boldsymbol{\mu}, \boldsymbol{\Sigma})$를 혼합 계수 π_k에 대해 최대화해 보도록 하자. 여기서는 혼합 계수들의 합이 1이여야 한다는 제약 조건식 9.9를 염두에 둬야 한다. 이 최대화는 라그랑주 승수 부록 E 를 적용하고 다음의 값을 최대화함으로써 달성할 수 있다.

$$\ln p(\mathbf{X}|\boldsymbol{\pi}, \boldsymbol{\mu}, \boldsymbol{\Sigma}) + \lambda \left(\sum_{k=1}^{K} \pi_k - 1 \right) \qquad \text{(식 9.20)}$$

이로부터 다음을 구할 수 있다.

$$0 = \sum_{n=1}^{N} \frac{\mathcal{N}(\mathbf{x}_n|\boldsymbol{\mu}_k, \boldsymbol{\Sigma}_k)}{\sum_j \pi_j \mathcal{N}(\mathbf{x}_n|\boldsymbol{\mu}_j, \boldsymbol{\Sigma}_j)} + \lambda \qquad \text{(식 9.21)}$$

여기서 다시금 책임값이 나타난다는 것을 확인할 수 있다. 여기서 양변에 π_k를 곱하고 식 9.9의 제약 조건을 활용해서 k에 대해 합산하면, $\lambda = -N$이라는 것을 구할 수 있다. 이를 이용해서

λ를 제거하고 다시 정리하면 다음을 얻게 된다.

$$\pi_k = \frac{N_k}{N} \tag{식 9.22}$$

따라서 k번째 성분의 혼합 계수는 해당 성분이 데이터 포인트들을 설명하기 위해 취한 책임값들의 평균으로 주어지게 된다.

식 9.17, 식 9.19, 식 9.22의 결과들은 혼합 모델의 매개변수에 대한 닫힌 형태의 해를 제공하지 못한다. 왜냐하면 책임값 $\gamma(z_{nk})$들이 이 매개변수들에 대해 복잡한 방식으로 종속되어 있기 때문이다. (식 9.13) 하지만 이 결괏값들을 바탕으로 최대 가능도 문제의 해를 구하기 위한 단순하고 반복적인 방법을 구할 수 있다. 이 방법이 바로 EM 알고리즘의 가우시안 혼합 모델 경우에 대한 특정 경우에 해당한다. 일단, 첫째로 평균값들, 공분산값들, 그리고 혼합 계수들에 대한 초깃값을 결정해야 한다. 그 후에는 다음의 두 단계를 번갈아가며 반복하게 된다. 이 두 단계는 각각 E단계와 M단계라고 불린다. E단계는 **기댓값**(expectation) 단계를 줄여 부르는 것이다. E단계에서는 현재의 매개변숫값들을 식 9.13에 적용해서 사후 확률값(책임값)을 구하게 된다. 이렇게 구한 확률들을 우리가 M단계라고 줄여서 부르는 **최대화**(maximization) 단계에 적용하게 된다. M단계에서는 식 9.17, 식 9.19, 식 9.22를 이용해서 확률값, 공분산 값, 혼합 계숫값들을 재추정하게 된다. 이 과정에서는 먼저 식 9.17을 이용해서 새 평균값들을 구하고 이를 바탕으로 식 9.19를 계산해서 공분산 값들을 구하게 된다. 각각의 E단계와 M단계를 시행한 후의 매개변수들은 로그 가능도 함숫값을 점차 증가시킨다는 것을 보일 것이다. 실제로 적용할 때는 로그 가능도 함수나 매개변수들의 값 변화가 특정 역칫값 이하로 내려가면 알고리즘이 수렴하는 것으로 간주한다. 재척도화된 '오래된 믿음' 데이터에 EM 알고리즘을 적용하는 것에 대한 도식이 그림 9.8에 그려져 있다. 여기서는 두 가우시안이 혼합된 분포를 사용하였으며, 각각의 중심점은 그림 9.1에서 보였던 K 평균 알고리즘에서와 같은 값으로 초기화했다. 그리고 정밀도 행렬은 단위 행렬에 비례하도록 초기화했다. 도표 (a)에는 데이터 포인트들이 녹색으로 그려져 있으며, 혼합 모델의 초깃값을 바탕으로 한 두 가우시안 성분의 단위 표준 편차 경로가 각각 파란색과 빨간색 원으로 그려져 있다. 도표 (b)는 최초 E단계의 결과를 보이고 있다. 각 데이터 포인트들은 파란색 성분과 빨간색 성분의 사후 분포의 비율에 따라 파란색과 빨간색을 섞어서 칠했다. 양 집단 모두에 속할 확률이 높은 포인트들은 보라색을 띤다. 그리고 최초의 M단계가 지난 후의 상황이 도표 (c)에 그려져 있다. 여기서는 파란 가우시안 분포의 평균값이 데이터 집합의 전체 평균 쪽으로 이동하였다. 이때 이동한 정도는 각 데이터 포인트들이 파란색 집단에 속할 확률을 바탕으로 가중되었다. 다시 말하자면 파란색 잉크들의 무게 중심으로 이동한 것이다. 이와 비슷하게 파란색 가우시안 분포의 공분산은 파란색 잉크들의 공분산과 동일하게

9.4절

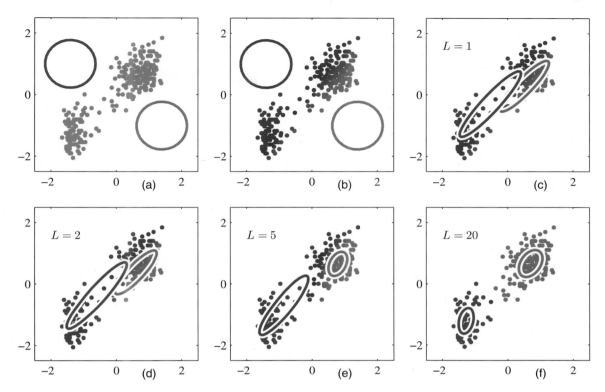

그림 9.8 그림 9.1에서 K 평균 알고리즘을 설명할 때 사용했던 '오래된 믿음' 데이터에 EM 알고리즘을 적용하는 도식. 자세한 내용은 본문을 참조 바란다.

설정되었다. 빨간색 성분에 대해서도 마찬가지의 결과가 적용되었다. 도표 (d), (e), (f)는 각각 2 단계, 5단계, 20단계의 EM 싸이클이 종료된 후의 결과를 보여 주고 있다. 도표 (f)에서는 알고리즘이 거의 수렴에 근접한 것을 확인할 수 있다.

EM 알고리즘은 (대략적인) 수렴을 달성하기 위해 필요로 하는 반복 횟수가 K 평균 알고리즘에 비해 훨씬 많다. 그리고 각 싸이클도 훨씬 더 많은 계산을 필요로 한다. 따라서 K 평균 알고리즘을 먼저 시행해서 가우시안 혼합 모델의 적합한 초깃값을 찾아내고, 그 후에 EM 알고리즘을 적용하는 것이 일반적이다. K 평균 알고리즘에서 찾아낸 집단의 표본 공분산으로 공분산 행렬을 초기화할 수 있으며, 각 집단에 할당된 데이터 포인트들의 비율로 혼합 계수를 설정할 수 있다. 로그 가능도를 최대화하기 위한 기울기 기반의 방법과 마찬가지로 여기서도 한 가우시안 성분이 하나의 특정 데이터 포인트로 붕괴되어 발생하는 가능도 함수의 특이점을 막기 위한 테크닉이 활용되어야 한다. 일반적으로 로그 가능도 함수에는 여러 개의 지역적 최댓값이 있을 것이며, EM 알고리즘은 이들 중 가장 큰 값을 찾는 것을 보장하지 못한다. 가우시안 혼합 분포에 대한 EM 알고리즘은 매우 중요하다. 다음에 이를 다시 한 번 요약해 두었다.

가우시안 혼합 분포에 대한 EM 알고리즘

가우시안 혼합 모델이 주어졌다고 하자. 그리고 이때 목표는 각 매개변수(각 성분의 평균들과 공분산들, 전체 혼합 계수들)에 대해서 가능도 함숫값을 최대화하는 것이다.

1. 평균 $\boldsymbol{\mu}_k$, 공분산 $\boldsymbol{\Sigma}_k$, 혼합 계수 π_k를 초기화하고 로그 가능도 함수의 초깃값을 구한다.

2. **E단계.** 현재의 매개변숫값들을 바탕으로 책임값들을 구한다.

$$\gamma(z_{nk}) = \frac{\pi_k \mathcal{N}(\mathbf{x}_n | \boldsymbol{\mu}_k, \boldsymbol{\Sigma}_k)}{\displaystyle\sum_{j=1}^{K} \pi_j \mathcal{N}(\mathbf{x}_n | \boldsymbol{\mu}_j, \boldsymbol{\Sigma}_j)} \tag{식 9.23}$$

3. **M단계.** 현재의 책임값들을 바탕으로 매개변수들을 재추정한다.

$$\boldsymbol{\mu}_k^{\text{new}} = \frac{1}{N_k} \sum_{n=1}^{N} \gamma(z_{nk}) \mathbf{x}_n \tag{식 9.24}$$

$$\boldsymbol{\Sigma}_k^{\text{new}} = \frac{1}{N_k} \sum_{n=1}^{N} \gamma(z_{nk}) \left(\mathbf{x}_n - \boldsymbol{\mu}_k^{\text{new}}\right) \left(\mathbf{x}_n - \boldsymbol{\mu}_k^{\text{new}}\right)^{\text{T}} \tag{식 9.25}$$

$$\pi_k^{\text{new}} = \frac{N_k}{N} \tag{식 9.26}$$

이때 다음과 같다.

$$N_k = \sum_{n=1}^{N} \gamma(z_{nk}) \tag{식 9.27}$$

4. 다음의 로그 가능도를 구한다.

$$\ln p(\mathbf{X} | \boldsymbol{\mu}, \boldsymbol{\Sigma}, \boldsymbol{\pi}) = \sum_{n=1}^{N} \ln \left\{ \sum_{k=1}^{K} \pi_k \mathcal{N}(\mathbf{x}_n | \boldsymbol{\mu}_k, \boldsymbol{\Sigma}_k) \right\} \tag{식 9.28}$$

그리고 매개변숫값들이나 로그 가능도의 수렴 여부를 확인한다. 만약 수렴 기준이 만족되지 않았다면 2단계로 돌아가 반복한다.

9.3 EM에 대한 다른 관점

이 절에서는 잠재 변수들의 중요한 역할을 살펴볼 수 있는 EM 알고리즘의 또 다른 관점을 살펴보도록 하겠다. 먼저 추상적으로 이 접근법에 대해 살펴볼 것이고 그 다음에는 설명을 위해서 다시 한 번 가우시안 혼합 분포의 경우를 고려할 것이다.

EM 알고리즘의 목표는 잠재 변수를 가지고 있는 모델들의 최대 가능도 해를 찾는 것이다. 관측된 데이터들을 행렬 $\mathbf{X}$로 지칭하도록 하자. 이때 $\mathbf{X}$의 n번째 행은 $\mathbf{x}_n^{\mathrm{T}}$이다. 마찬가지로 모든 잠재 변수들을 행렬 $\mathbf{Z}$로 지칭하자. 이때 $\mathbf{Z}$의 각 행은 $\mathbf{z}_n^{\mathrm{T}}$이다. 모든 모델 매개변수들의 집합을 $\boldsymbol{\theta}$라 할 것이며, 따라서 로그 가능도 함수를 다음처럼 적을 수 있다.

$$\ln p(\mathbf{X}|\boldsymbol{\theta}) = \ln \left\{ \sum_{\mathbf{Z}} p(\mathbf{X}, \mathbf{Z}|\boldsymbol{\theta}) \right\} \tag{식 9.29}$$

$\mathbf{Z}$에 대한 합산을 적분으로 바꾸기만 하면 여기서의 논의를 연속적인 잠재 변수들에 대해서도 동일하게 적용할 수 있다.

여기서 살펴볼 수 있는 중요한 사실 중 하나는 바로 잠재 변수들에 대한 합산이 로그의 안쪽에 자리하고 있다는 것이다. 결합 분포 $p(\mathbf{X}, \mathbf{Z}|\boldsymbol{\theta})$가 지수족에 속한다 하더라도 이 합산의 존재로 인해서 주변 분포 $p(\mathbf{X}|\boldsymbol{\theta})$는 지수족에 속하지 않을 수도 있다. 합산의 존재는 로그가 결합 분포에 직접 적용되는 것을 막는다. 이로 인해서 최대 가능도 해의 표현식은 복잡해진다.

$\mathbf{X}$의 각각의 관측값들에 대해서 해당 잠재 변수 $\mathbf{Z}$의 값을 알게 되었다고 해보자. $\{\mathbf{X}, \mathbf{Z}\}$를 **완전한**(*complete*) 데이터 집합이라 부를 것이며, 실 관측 데이터 $\mathbf{X}$는 **불완전한**(*incomplete*) 데이터 집합이라 부를 것이다. 이에 대해서는 그림 9.5를 참조하기 바란다. 완전한 데이터 집합에 대한 로그 가능도 함수는 단순히 $\ln p(\mathbf{X}, \mathbf{Z}|\boldsymbol{\theta})$의 형태를 띠게 된다. 여기서는 이 완전한 데이터 집합에 대한 로그 가능도 함수의 최대화는 간단하다고 가정할 것이다.

하지만 물론 실제 적용 사례에서는 완전한 데이터 집합 $\{\mathbf{X}, \mathbf{Z}\}$가 주어지는 경우는 없으며, 불완전한 데이터 집합 $\mathbf{X}$만 주어지게 될 것이다. 잠재 변수 $\mathbf{Z}$에 대한 지식은 오직 사후 분포 $p(\mathbf{Z}|\mathbf{X}, \boldsymbol{\theta})$를 통해서만 주어지게 된다. 이로 인해 완전한 데이터에 대한 로그 가능도 함수를 사용하는 것이 불가능하기 때문에 잠재 변수의 사후 분포를 바탕으로 한 기댓값을 고려해야만 한다. 이것이 바로 EM 알고리즘의 E단계에 해당한다. 다음의 M단계에서는 이 기댓값을 최대화하게 된다. 매개변수들에 대한 현재의 추정값을 $\boldsymbol{\theta}^{\mathrm{old}}$라 하고 몇 번의 E와 M단계를 거친 후에 수정된 추정값을 $\boldsymbol{\theta}^{\mathrm{new}}$라 할 수 있다. 이 알고리즘은 매개변수들에 대해 특정 초깃값 $\boldsymbol{\theta}_0$을

부여함으로써 초기화된다. 여기서 기댓값을 사용하는 것은 뭔가 임의적으로 보일 수도 있다. 9.4절에서 EM 알고리즘에 대해서 더 깊게 살펴볼 때 기댓값을 사용하는 것에 대한 이유를 자세히 논의할 것이다.

E단계에서는 현재의 매개변숫값 $\boldsymbol{\theta}^{\text{old}}$를 이용해서 $p(\mathbf{Z}|\mathbf{X}, \boldsymbol{\theta}^{\text{old}})$로 주어지는 잠재 변수들의 사후 분포를 찾게 된다. 그 다음에는 이 사후 분포를 이용해서 어떤 일반적인 매개변숫값 $\boldsymbol{\theta}$에 대해 계산된 완전한 데이터에 대한 로그 가능도 함수의 기댓값을 찾는다. 이 기댓값을 $\mathcal{Q}(\boldsymbol{\theta}, \boldsymbol{\theta}^{\text{old}})$라 지칭한다. 이는 다음과 같이 주어진다.

$$\mathcal{Q}(\boldsymbol{\theta}, \boldsymbol{\theta}^{\text{old}}) = \sum_{\mathbf{Z}} p(\mathbf{Z}|\mathbf{X}, \boldsymbol{\theta}^{\text{old}}) \ln p(\mathbf{X}, \mathbf{Z}|\boldsymbol{\theta}) \tag{식 9.30}$$

M단계에서는 다음 함수를 최대화함으로써 수정된 매개변수 추정값 $\boldsymbol{\theta}^{\text{new}}$를 결정하게 된다.

$$\boldsymbol{\theta}^{\text{new}} = \arg\max_{\boldsymbol{\theta}} \mathcal{Q}(\boldsymbol{\theta}, \boldsymbol{\theta}^{\text{old}}) \tag{식 9.31}$$

$\mathcal{Q}(\boldsymbol{\theta}, \boldsymbol{\theta}^{\text{old}})$의 정의를 살펴보면 로그가 결합 분포 $p(\mathbf{X}, \mathbf{Z}|\boldsymbol{\theta})$에 직접 적용되는 것을 알 수 있다. 따라서 이에 해당하는 M단계에서의 최대화가 다루기 쉬워진다.

일반적인 EM 알고리즘이 다음에 요약되어 있다. EM 알고리즘은 이미 지역적 최댓값에 도달하지 않았다면 각 단계가 불완전 데이터의 로그 가능도를 증가시킨다는 성질을 가지고 있다.

9.4절

일반적인 EM 알고리즘

매개변수 $\boldsymbol{\theta}$를 통해 조절되는 관측 변수 $\mathbf{X}$와 잠재 변수 $\mathbf{Z}$에 대한 결합 분포 $p(\mathbf{X}, \mathbf{Z}|\boldsymbol{\theta})$가 주어졌다고 하자. 이때 알고리즘의 목표는 가능도 함수 $p(\mathbf{X}|\boldsymbol{\theta})$를 $\boldsymbol{\theta}$에 대해서 최대화하는 것이다.

1. $\boldsymbol{\theta}^{\text{old}}$의 초깃값을 설정한다.

2. **E단계.** $p(\mathbf{Z}|\mathbf{X}, \boldsymbol{\theta}^{\text{old}})$를 계산한다.

3. **M단계.** 다음처럼 주어지는 $\boldsymbol{\theta}^{\text{new}}$를 계산한다.

$$\boldsymbol{\theta}^{\text{new}} = \arg\max_{\boldsymbol{\theta}} \mathcal{Q}(\boldsymbol{\theta}, \boldsymbol{\theta}^{\text{old}}) \tag{식 9.32}$$

여기서

$$\mathcal{Q}(\boldsymbol{\theta}, \boldsymbol{\theta}^{\text{old}}) = \sum_{\mathbf{Z}} p(\mathbf{Z}|\mathbf{X}, \boldsymbol{\theta}^{\text{old}}) \ln p(\mathbf{X}, \mathbf{Z}|\boldsymbol{\theta}) \tag{식 9.33}$$

이다.

4. 로그 가능도나 매개변숫값의 수렴 여부를 확인한다. 만약 수렴 기준이 만족되지 않았다면 다음을 시행한다.

$$\boldsymbol{\theta}^{\text{old}} \leftarrow \boldsymbol{\theta}^{\text{new}} \tag{식 9.34}$$

그리고 2단계로 돌아가서 반복한다.

연습문제 9.4

$p(\boldsymbol{\theta})$가 매개변수들에 대해 정의된 모델들의 경우 MAP(최대 사후 분포) 해에 대해서도 EM 알고리즘을 사용할 수 있다. 이 경우 E단계는 최대 가능도 방법의 경우와 동일하지만, M단계에서는 최대화해야 할 값이 $Q(\boldsymbol{\theta}, \boldsymbol{\theta}^{\text{old}}) + \ln p(\boldsymbol{\theta})$라는 점에서 조금 다르다. 적절한 사전 분포를 선택하면 그림 9.7에 표현된 것과 같은 특이점들을 제거할 수 있다.

지금까지 별개의 잠재 변수가 존재할 때 EM 알고리즘을 이용해서 가능도 함수를 최대화하는 경우에 대해 살펴보았다. 사실 EM 알고리즘은 비관측 변수(잠재 변수)가 데이터 집합에서 누락된 값(missing value)들에 해당하는 경우에도 적용할 수 있다. 이 경우 관측값들의 분포는 모든 변수들의 결합 분포를 취한 후 누락된 변수들에 대해서 주변화함으로써 구할 수 있다. 그 후 EM 알고리즘을 적용해서 해당 가능도 함수를 최대화하면 된다. PCA의 맥락에서 이 테크닉을 적용한 사례를 그림 12.11에서 살펴보게 될 것이다. 이 방법은 데이터값들이 **랜덤하게 누락되었을 경우**(*missing at random*)에 유효하다. 랜덤하게 누락되었다는 것은 값들이 누락되도록 한 방법이 비관측 변수에 종속적이지 않다는 뜻이다. 대부분의 경우 이는 사실이 아니다. 예를 들자면 관측하고자 하는 값이 어떤 역치를 넘길 때마다 관측에 실패하는 센서가 이에 해당한다.

9.3.1 다시 살펴보는 가우시안 혼합 분포

EM에 대한 잠재 변수적 관점을 가우시안 혼합 모델에 적용해 보자. 여기서의 목표는 식 9.14의 로그 가능도 함수를 최대화하는 것이다. 이 로그 가능도 함수는 관측된 데이터 집합 $\mathbf{X}$를 이용하여 계산된다. k에 대한 합산이 로그 안에 존재하기 때문에 이 계산이 단일 가우시안 분포의 경우보다 더 어렵다는 것을 살펴보았다. 관측된 데이터 집합 $\mathbf{X}$에 추가적으로 별개의 해당 변수 $\mathbf{Z}$들도 주어졌다고 가정해 보자. 그림 9.5(a)는 '완전한' 데이터 집합(어떤 성분이 어떤 데이터 포인트를 생성했는지의 라벨을 포함한 데이터 집합)을 보이고 있으며, 그림 9.5(b)는 이에 해당하는 '불완전한' 데이터 집합을 보이고 있다. 완전한 데이터 집합에 대한 그래프 모델이 그림 9.9에 그려져 있다.

이제 완전한 데이터 집합 $\{\mathbf{X}, \mathbf{Z}\}$에 대해 가능도 함수를 최대화하는 문제를 고려해 보자. 식 9.10과 9.11로부터 이 가능도 함수는 다음의 형태를 가지게 된다.

그림 9.9 $\mathbf{x}_n$뿐만 아니라 $\mathbf{z}_n$도 관측되었다고 할 경우 그림 9.6의 그래프는 이처럼 그려지게 된다.

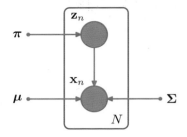

$$p(\mathbf{X}, \mathbf{Z}|\boldsymbol{\mu}, \boldsymbol{\Sigma}, \boldsymbol{\pi}) = \prod_{n=1}^{N} \prod_{k=1}^{K} \pi_k^{z_{nk}} \mathcal{N}(\mathbf{x}_n|\boldsymbol{\mu}_k, \boldsymbol{\Sigma}_k)^{z_{nk}} \qquad \text{(식 9.35)}$$

여기서 z_{nk}는 $\mathbf{z}_n$의 k번째 성분을 지칭한다. 로그를 취하면 다음을 얻게 된다.

$$\ln p(\mathbf{X}, \mathbf{Z}|\boldsymbol{\mu}, \boldsymbol{\Sigma}, \boldsymbol{\pi}) = \sum_{n=1}^{N} \sum_{k=1}^{K} z_{nk} \{\ln \pi_k + \ln \mathcal{N}(\mathbf{x}_n|\boldsymbol{\mu}_k, \boldsymbol{\Sigma}_k)\} \qquad \text{(식 9.36)}$$

불완전한 데이터 집합에 대한 식 9.14의 로그 가능도 함수와 비교해 보면 k에 대한 합산과 로그의 위치가 교환되었음을 알 수 있다. 로그는 이제 가우시안 분포에 대해 직접 적용된다. 따라서 그 결과 역시 지수족에 속하게 된다. 이 경우 최대 가능도 문제는 훨씬 더 단순한 해를 가지게 된다. 첫 번째로 평균과 공분산에 대한 최대화를 고려해 보자. $\mathbf{z}_n$이 하나의 원소만 1 값을 가지고 나머지 원소들은 전부 0 값을 가지는 K차원의 벡터이기 때문에 완전한 데이터 집합에 대한 로그 가능도 함수는 각각이 혼합 성분에 해당하는 K개의 독립적인 항들의 합에 해당하게 된다. 따라서 해당 성분에 '할당된' 데이터 포인트들의 부분 집합만이 관련된다는 점을 제외하면 평균이나 공분산에 대한 최대화는 단일 가우시안의 경우와 동일하다. 혼합 계수에 대한 최대화의 경우에는 식 9.9의 합산 제약 조건으로 인해서 혼합 계숫값이 서로 다른 k 값에 대해 결부되어 있다. 이는 앞에서와 마찬가지로 라그랑주 승수를 이용해서 해결할 수 있다. 그 결과는 다음과 같다.

$$\pi_k = \frac{1}{N} \sum_{n=1}^{N} z_{nk} \qquad \text{(식 9.37)}$$

따라서 혼합 계수는 해당 성분에 할당된 데이터 포인트들의 비율과 동일해진다.

데이터 집합이 완전한 경우 로그 가능도 함수의 최대화해를 쉽게 닫힌 형태로 구할 수 있다는 것을 살펴보았다. 하지만 물론 실제 적용의 경우에는 잠재 변숫값이 주어지지 않는다. 따라서 앞에서 논의한 것과 마찬가지로 완전 데이터 집합 로그 가능도 잠재 변수의 사후 분포에 대한 기댓값을 고려해야 한다. 식 9.10, 식 9.11과 베이지안 정리를 사용하면 이 사후 분포가 다음의 형태를 가진다는 것을 알 수 있다.

$$p(\mathbf{Z}|\mathbf{X}, \boldsymbol{\mu}, \boldsymbol{\Sigma}, \boldsymbol{\pi}) \propto \prod_{n=1}^{N} \prod_{k=1}^{K} [\pi_k \mathcal{N}(\mathbf{x}_n|\boldsymbol{\mu}_k, \boldsymbol{\Sigma}_k)]^{z_{nk}} \qquad \text{(식 9.38)}$$

연습문제 9.5

8.2절

이 사후 분포는 n에 대해 인수분해된다. 그 결과 사후 분포하에서 $\{\mathbf{z}_n\}$은 독립적이다. 이는 그림 9.6의 방향성 그래프를 조사하고 d 분리 기준을 사용함으로써 쉽게 확인할 수 있다. 이때 이 사후 분포하에서의 지표 변수 z_{nk}의 기댓값은 다음처럼 주어지게 된다.

$$\begin{aligned}\mathbb{E}[z_{nk}] &= \frac{\sum_{\mathbf{z}_n} z_{nk} \prod_{k'} [\pi_{k'} \mathcal{N}(\mathbf{x}_n|\boldsymbol{\mu}_{k'}, \boldsymbol{\Sigma}_{k'})]^{z_{nk'}}}{\sum_{\mathbf{z}_n} \prod_{j} [\pi_j \mathcal{N}(\mathbf{x}_n|\boldsymbol{\mu}_j, \boldsymbol{\Sigma}_j)]^{z_{nj}}} \\ &= \frac{\pi_k \mathcal{N}(\mathbf{x}_n|\boldsymbol{\mu}_k, \boldsymbol{\Sigma}_k)}{\sum_{j=1}^{K} \pi_j \mathcal{N}(\mathbf{x}_n|\boldsymbol{\mu}_j, \boldsymbol{\Sigma}_j)} = \gamma(z_{nk})\end{aligned} \qquad \text{(식 9.39)}$$

이는 성분 k의 데이터 포인트 $\mathbf{x}_n$에 대한 책임값이다. 따라서 완전 데이터 집합의 로그 가능도 함수에 대한 기댓값은 다음과 같다.

$$\mathbb{E}_{\mathbf{Z}}[\ln p(\mathbf{X}, \mathbf{Z}|\boldsymbol{\mu}, \boldsymbol{\Sigma}, \boldsymbol{\pi})] = \sum_{n=1}^{N} \sum_{k=1}^{K} \gamma(z_{nk}) \{\ln \pi_k + \ln \mathcal{N}(\mathbf{x}_n|\boldsymbol{\mu}_k, \boldsymbol{\Sigma}_k)\} \qquad \text{(식 9.40)}$$

이제 다음과 같이 진행할 수 있다. 첫 번째로 매개변수들 $\boldsymbol{\mu}^{\text{old}}$, $\boldsymbol{\Sigma}^{\text{old}}$, $\boldsymbol{\pi}^{\text{old}}$의 초깃값을 정한다. 그리고 이들을 이용해서 책임값들을 계산한다(E단계). 그 다음 책임값들을 고정시킨 채로 식 9.40을 $\boldsymbol{\mu}_k$, $\boldsymbol{\Sigma}_k$, π_k에 대해서 최대화한다(M단계). 그 결과로 $\boldsymbol{\mu}^{\text{new}}$, $\boldsymbol{\Sigma}^{\text{new}}$, $\boldsymbol{\pi}^{\text{new}}$의 닫힌 해를 식

연습문제 9.8

9.17, 식 9.19, 식 9.22와 같이 구할 수 있다. 이는 앞에서 유도했던 가우시안 혼합 분포에 대한 EM 알고리즘과 정확히 일치한다. 9.4절에서 EM 알고리즘의 수렴에 대해서 증명할 때 완전한 데이터 집합에 대한 로그 가능도 함수의 기댓값의 역할에 대해 더 자세히 알아보도록 하자.

9.3.2 K 평균 알고리즘과의 관계

K 평균 알고리즘과 가우시안 혼합 분포에 대한 EM 알고리즘을 비교해 보면 매우 유사하다는 점을 알 수 있다. 차이점이 있다면 K 평균 알고리즘은 각각의 데이터 포인트들이 단 하나의 집단에만 속하도록 **엄격하게**(*hard*) 할당하는 반면, EM 알고리즘은 사후 확률을 기반으로 **약하게**(*soft*) 할당한다는 것이다. 사실 가우시안 혼합 분포에 대한 EM 알고리즘에 특정한 한계를 부여하는 특별 케이스로서 K 평균 알고리즘을 유도하는 것이 가능하다. 그 과정은 다음과 같다.

혼합 성분들의 공분산 행렬이 $\epsilon\mathbf{I}$로 주어지는 가우시안 혼합 모델을 고려해 보자. 이때 ϵ는 모든 성분들에 의해 공유되는 분산 매개변수이며, $\mathbf{I}$는 항등 행렬이다. 따라서 다음과 같다.

$$p(\mathbf{x}|\boldsymbol{\mu}_k, \boldsymbol{\Sigma}_k) = \frac{1}{(2\pi\epsilon)^{M/2}} \exp\left\{-\frac{1}{2\epsilon}\|\mathbf{x} - \boldsymbol{\mu}_k\|^2\right\} \tag{식 9.41}$$

이제 이 형태를 띤 K개의 가우시안 성분의 혼합 분포에 대한 EM 알고리즘을 고려해 보자. 여기서 우리는 ϵ을 재추정되어야 할 매개변수가 아니라 고정된 상수로 여길 것이다. 식 9.13으로부터 특정 데이터 포인트 $\mathbf{x}_n$에 대한 사후 확률(책임값)은 다음처럼 주어지게 된다.

$$\gamma(z_{nk}) = \frac{\pi_k \exp\left\{-\|\mathbf{x}_n - \boldsymbol{\mu}_k\|^2/2\epsilon\right\}}{\sum_j \pi_j \exp\left\{-\|\mathbf{x}_n - \boldsymbol{\mu}_j\|^2/2\epsilon\right\}} \tag{식 9.42}$$

$\lim \epsilon \to 0$을 고려한다면 분모에서 $\|\mathbf{x}_n - \boldsymbol{\mu}_j\|^2$ 값이 가장 작은 항이 0으로 가장 느리게 갈 것이다. 따라서 항 j의 경우에는 책임값 $\gamma(z_{nj})$이 1이 될 것이며, 나머지 경우 데이터 포인트 $\mathbf{x}_n$에 대한 책임값 $\gamma(z_{nk})$는 전부 0이 될 것이다. 이는 모든 π_k 값들이 0이 아니라는 조건하에 π_k의 값과는 상관없이 독립적으로 성립한다. 따라서 이 한계를 취한 경우 데이터 포인트들은 K 평균 알고리즘의 경우처럼 집단에 강하게 할당된다. 즉, $\gamma(z_{nk}) \to r_{nk}$이게 된다. r_{nk}는 식 9.2에서 정의되었다. 결과적으로 각각의 데이터 포인트는 가장 가까운 평균값을 가진 집단에 할당된다.

이 경우 식 9.17의 $\boldsymbol{\mu}_k$에 대한 재추정식은 K 평균의 식 9.4가 된다. 식 9.22의 혼합 계수에 대한 재추정식은 단순히 π_k 값이 집단 k에 속한 데이터 포인트들의 비율이 되도록 다시 계산한다. 하지만 이 매개변수들은 알고리즘에서 더 이상 중요한 역할을 하지 않는다.

마지막으로 $\lim \epsilon \to 0$의 경우 식 9.40에서 주어진 완전한 데이터에 대한 로그 가능도 함수의 기댓값은 다음과 같이 된다.

연습문제 9.11

$$\mathbb{E}_{\mathbf{Z}}[\ln p(\mathbf{X}, \mathbf{Z}|\boldsymbol{\mu}, \boldsymbol{\Sigma}, \boldsymbol{\pi})] \to -\frac{1}{2}\sum_{n=1}^{N}\sum_{k=1}^{K} r_{nk}\|\mathbf{x}_n - \boldsymbol{\mu}_k\|^2 + \text{const} \tag{식 9.43}$$

따라서 이 한계를 취했을 경우에 완전한 데이터에 대한 로그 가능도 함수의 기댓값을 최대화하는 것은 식 9.1의 K 평균 알고리즘에 대한 왜곡 척도 J를 최소화하는 것과 동일해진다.

K 평균 알고리즘은 집단들의 평균값을 추정하지만, 공분산값들은 추정하지 않는다. 일반적인 공분산 행렬을 바탕으로 한 가우시안 혼합 모델의 강한 할당 버전을 **타원 K 평균**(elliptical K-means) 알고리즘이라 한다. 이는 Sung and Poggio(1994)에 의해 고려되었다.

9.3.3 베르누이 분포들의 혼합

지금까지 이 장에서는 가우시안 혼합 분포로 설명 가능한 연속 변수 분포에 대해서만 집중했다. 이번에는 EM 알고리즘을 다른 맥락에서 살펴보는 측면에서 혼합 모델의 다른 예시를 살펴보도록 하자. 여기서는 베르누이 분포들을 통해 표현할 수 있는 이산 이산 확률 변수들의 혼합 분포를 고려해 볼 것이다. 이 모델은 **잠재 클래스 분석**(*latent class analysis*)이라 불리기도 한다 (Lazarsfeld and Henry, 1968; McLachlan and Peel, 2000). 베르누이 혼합 분포에 대해 살펴보는 것은 추후 은닉 마르코프 모델에 대한 논의의 기반이 될 것이다.

D개의 이산 확률 변수 x_i를 고려해 보자($i = 1, \ldots, D$). 각 변수들은 μ_i를 매개변수로 가지는 베르누이 분포에 의해 조절된다. 즉, 다음과 같다.

$$p(\mathbf{x}|\boldsymbol{\mu}) = \prod_{i=1}^{D} \mu_i^{x_i}(1 - \mu_i)^{(1-x_i)} \tag{식 9.44}$$

여기서 $\mathbf{x} = (x_1, \ldots, x_D)^{\mathrm{T}}$이며, $\boldsymbol{\mu} = (\mu_1, \ldots, \mu_D)^{\mathrm{T}}$다. $\boldsymbol{\mu}$가 주어졌을 때 개별적인 변수 x_i들은 독립적이라는 것을 알 수 있다. 이 분포의 평균과 공분산은 다음과 같다.

$$\mathbb{E}[\mathbf{x}] = \boldsymbol{\mu} \tag{식 9.45}$$
$$\mathrm{cov}[\mathbf{x}] = \mathrm{diag}\{\mu_i(1 - \mu_i)\} \tag{식 9.46}$$

이제 다음처럼 주어지는 이 분포들의 유한한 혼합을 고려해 보자.

$$p(\mathbf{x}|\boldsymbol{\mu}, \boldsymbol{\pi}) = \sum_{k=1}^{K} \pi_k p(\mathbf{x}|\boldsymbol{\mu}_k) \tag{식 9.47}$$

여기서 $\boldsymbol{\mu} = \{\boldsymbol{\mu}_1, \ldots, \boldsymbol{\mu}_K\}$, $\boldsymbol{\pi} = \{\pi_1, \ldots, \pi_K\}$다. 또한, 다음과 같다.

$$p(\mathbf{x}|\boldsymbol{\mu}_k) = \prod_{i=1}^{D} \mu_{ki}^{x_i}(1 - \mu_{ki})^{(1-x_i)} \tag{식 9.48}$$

이 혼합 분포의 평균과 공분산은 다음처럼 주어지게 된다.

$$\mathbb{E}[\mathbf{x}] = \sum_{k=1}^{K} \pi_k \boldsymbol{\mu}_k \tag{식 9.49}$$
$$\mathrm{cov}[\mathbf{x}] = \sum_{k=1}^{K} \pi_k \left\{ \boldsymbol{\Sigma}_k + \boldsymbol{\mu}_k \boldsymbol{\mu}_k^{\mathrm{T}} \right\} - \mathbb{E}[\mathbf{x}]\mathbb{E}[\mathbf{x}]^{\mathrm{T}} \tag{식 9.50}$$

9.3 EM에 대한 다른 관점 501

여기서 $\boldsymbol{\Sigma}_k = \text{diag}\{\mu_{ki}(1-\mu_{ki})\}$다. 공분산 행렬 $\text{cov}[\mathbf{x}]$가 더 이상 대각 행렬이 아니기 때문에 베르누이 분포와는 달리 이 혼합 분포는 변수들 간의 상관도를 포함할 수 있다.

데이터 집합 $\mathbf{X} = \{\mathbf{x}_1, \ldots, \mathbf{x}_N\}$이 주어졌을 경우 이 모델의 로그 가능도 함수는 다음처럼 주어진다.

$$\ln p(\mathbf{X}|\boldsymbol{\mu}, \boldsymbol{\pi}) = \sum_{n=1}^{N} \ln \left\{ \sum_{k=1}^{K} \pi_k p(\mathbf{x}_n|\boldsymbol{\mu}_k) \right\} \tag{식 9.51}$$

또 다시 로그 내부에 합산이 나타난 것을 확인할 수 있다. 따라서 최대 가능도 해는 닫힌 형태의 해를 가지지 않는다.

이제 베르누이 혼합 분포의 가능도 함수를 최대화하기 위한 EM 알고리즘을 유도해 보자. 이를 위해서 각각의 $\mathbf{x}$와 관련된 명시적 잠재 변수 $\mathbf{z}$를 도입하도록 하자. 가우시안 혼합 분포의 경우와 마찬가지로 $\mathbf{z} = (z_1, \ldots, z_K)^{\mathrm{T}}$는 이진 K차원 변수로서 하나의 성분만이 1 값을 가지고 나머지 성분들은 0 값을 가진다. 잠재 변수가 주어졌을 때의 $\mathbf{x}$에 대한 조건부 분포를 다음과 같이 적을 수 있다.

$$p(\mathbf{x}|\mathbf{z}, \boldsymbol{\mu}) = \prod_{k=1}^{K} p(\mathbf{x}|\boldsymbol{\mu}_k)^{z_k} \tag{식 9.52}$$

잠재 변수에 대한 사전 분포는 가우시안 혼합 모델의 경우와 동일하다.

$$p(\mathbf{z}|\boldsymbol{\pi}) = \prod_{k=1}^{K} \pi_k^{z_k} \tag{식 9.53}$$

연습문제 9.14 $p(\mathbf{x}|\mathbf{z}, \boldsymbol{\mu})$와 $p(\mathbf{z}|\boldsymbol{\pi})$를 곱하고 $\mathbf{z}$에 대해 주변화하면 식 9.47을 다시 얻게 된다.

EM 알고리즘을 유도하기 위해서 우선 완전한 데이터 집합에 대한 로그 가능도 함수를 적어 보도록 하자.

$$\begin{aligned}
\ln p(\mathbf{X}, \mathbf{Z}|\boldsymbol{\mu}, \boldsymbol{\pi}) = \sum_{n=1}^{N} \sum_{k=1}^{K} z_{nk} \Big\{ &\ln \pi_k \\
&+ \sum_{i=1}^{D} [x_{ni} \ln \mu_{ki} + (1 - x_{ni}) \ln(1 - \mu_{ki})] \Big\}
\end{aligned} \tag{식 9.54}$$

여기서 $\mathbf{X} = \{\mathbf{x}_n\}$과 $\mathbf{Z} = \{\mathbf{z}_n\}$이다. 다음으로는 완전한 데이터 집합 로그 가능도 함수의 잠재 변수 사후 분포에 대한 기댓값을 취해 보자. 이는 다음과 같다.

$$\mathbb{E}_{\mathbf{Z}}[\ln p(\mathbf{X}, \mathbf{Z}|\boldsymbol{\mu}, \boldsymbol{\pi})] = \sum_{n=1}^{N} \sum_{k=1}^{K} \gamma(z_{nk}) \left\{ \ln \pi_k \right.$$
$$\left. + \sum_{i=1}^{D} [x_{ni} \ln \mu_{ki} + (1 - x_{ni}) \ln(1 - \mu_{ki})] \right\} \qquad \text{(식 9.55)}$$

여기서 $\gamma(z_{nk}) = \mathbb{E}[z_{nk}]$는 데이터 포인트 $\mathbf{x}_n$이 주어졌을 때의 성분 k의 사후 분포(책임값)다. 베이지안 정리를 이용해서 이 책임값들을 계산할 수 있다.

$$\gamma(z_{nk}) = \mathbb{E}[z_{nk}] = \frac{\sum_{\mathbf{z}_n} z_{nk} \prod_{k'} [\pi_{k'} p(\mathbf{x}_n|\boldsymbol{\mu}_{k'})]^{z_{nk'}}}{\sum_{\mathbf{z}_n} \prod_{j} [\pi_j p(\mathbf{x}_n|\boldsymbol{\mu}_j)]^{z_{nj}}}$$
$$= \frac{\pi_k p(\mathbf{x}_n|\boldsymbol{\mu}_k)}{\sum_{j=1}^{K} \pi_j p(\mathbf{x}_n|\boldsymbol{\mu}_j)} \qquad \text{(식 9.56)}$$

식 9.55의 n에 대한 합산을 고려하면 책임값들이 두 개의 항을 통해서만 사용된다는 것을 알 수 있다. 이 두 개의 항을 다음처럼 적어 보자.

$$N_k = \sum_{n=1}^{N} \gamma(z_{nk}) \qquad \text{(식 9.57)}$$

$$\overline{\mathbf{x}}_k = \frac{1}{N_k} \sum_{n=1}^{N} \gamma(z_{nk}) \mathbf{x}_n \qquad \text{(식 9.58)}$$

여기서 N_k는 k 성분과 연관된 유효 데이터 포인트의 숫자에 해당한다. M단계에서는 완전 데이터 집합 로그 가능도 함수의 기댓값을 매개변수 $\boldsymbol{\mu}_k$와 $\boldsymbol{\pi}$에 대해 최대화하게 된다. 식 9.55를 $\boldsymbol{\mu}_k$

연습문제 9.15

에 대해 미분한 값을 0으로 설정하고 항들을 정리하면 다음을 얻을 수 있다.

$$\boldsymbol{\mu}_k = \overline{\mathbf{x}}_k \qquad \text{(식 9.59)}$$

성분 k의 평균을 데이터의 가중 평균과 같도록 설정한다는 것을 볼 수 있다. 이 경우 가중 계수는 성분 k가 데이터 포인트들에 대해서 취하는 책임값들로 주어진다. π_k에 대한 최대화를 위해서는 제약 조건 $\sum_k \pi_k = 1$을 지키기 위해서 라그랑주 승수를 도입해야 한다. 가우시안 혼

연습문제 9.16

합 분포에서의 단계들과 비슷하게 진행하면 다음을 얻을 수 있다.

$$\pi_k = \frac{N_k}{N} \qquad \text{(식 9.60)}$$

이는 직관적으로 말이 되는 결과를 보여 준다. 성분 k에 대한 혼합 계수가 그 성분으로 설명된 데이터 포인트들의 유효 비율로 주어진다는 것이다.

가우시안 분포의 경우와는 상반되게 이 경우에는 가능도 함수가 무한대로 가는 특이점이 존재하지 않는다. 왜냐하면 $0 \leqslant p(\mathbf{x}_n|\boldsymbol{\mu}_k) \leqslant 1$이므로 위의 가능도 함수가 유계이기 때문이다. 가능도 함수가 0으로 가는 특이점은 존재한다. 하지만 이러한 특이점은 초깃값이 매우 잘못 설정되지 않는 한 EM 알고리즘을 통해서 발견되지는 않을 것이다. 왜냐하면 EM 알고리즘은 지역적 최댓값이 발견되기 전까지는 가능도 함수의 값을 계속해서 증가시키기 때문이다. 손으로 쓴 숫자를 모델링하기 위해서 베르누이 혼합 모델을 사용한 예시가 그림 9.10에 그려져 있다. 여기서 숫자 이미지들은 원소가 0.5가 넘는 값을 가지는 경우에는 1로, 그렇지 않은 경우에는 0으로 설정하는 식으로 이진 벡터로 변환되었다. 그리고 '2', '3', '4'에 해당하는 $N = 600$개의 숫자 이미지 데이터 집합을 EM 알고리즘을 10회 반복해서 $K = 3$인 베르누이 혼합 분포에 근사하였다. 혼합 계수들은 $\pi_k = 1/K$로 초기화했고 매개변수 $\boldsymbol{\mu}_{kj}$들은 $(0.25, 0.75)$ 구간에서 균일하게 랜덤한 값을 선택한 뒤, 제약 조건 $\sum_j \mu_{kj} = 1$을 만족하도록 정규화하였다. 세 개의 분포를 혼합한 베르누이 혼합 분포가 서로 다른 숫자 이미지들로 이루어진 데이터 집합에서 세 개의 집단을 찾을 수 있었다는 것을 확인할 수 있다.

베르누이 분포의 매개변수에 대한 컬레 사전 분포는 베타 분포로 주어진다. 앞에서 베타 사전 분포는 $\mathbf{x}$에 대한 추가적인 유효 관측값을 추가하는 것과 동일하다는 것을 살펴보았다. 베르누

연습문제 9.17

9.4절

2.1.1절

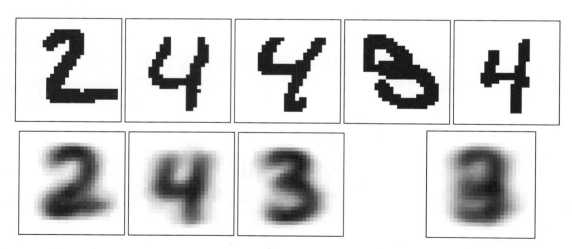

그림 9.10 베르누이 혼합 모델을 적용한 예시. 위의 행은 각 픽셀의 값들을 0.5의 기준값을 바탕으로 이진 벡터로 변환한 예시를 보여 준다. 아래 행에서의 첫 번째 세 이미지들은 혼합 모델의 각 세 성분의 $\boldsymbol{\mu}_{ki}$를 보이고 있다. 비교를 위해서 동일한 데이터 집합을 최대 가능도 방법을 이용해서 단일 다변량 베르누이 분포에도 근사해 보았다. 이는 결과적으로 단순히 각 픽셀의 총 수를 평균낸 것에 해당한다. 그 결과가 아래쪽 행의 가장 오른쪽 이미지에 그려져 있다.

이 혼합 모델에도 사전 분포를 도입할 수 있으며, EM 알고리즘을 사용해서 사후 확률 분포를 최대화할 수 있다.

연습문제 9.18

베르누이 혼합 분포에 대한 분석을 $M > 2$개의 상태를 가지는 다항 이산 변수에 대해서 확장하는 것은 그리 어렵지 않다. 식 2.26의 이산 분포를 사용해서 이를 시행할 수 있다. 또한, 만약 필요하다면 모델 매개변수들에 대한 디리클레 사전 분포를 도입할 수도 있다.

연습문제 9.19

9.3.4 베이지안 선형 회귀에 대한 EM

EM 알고리즘 적용의 세 번째 예시로는 베이지안 선형 회귀에서의 증거 근사 문제를 다시 살펴보도록 하자. 3.5.2절에서는 증거를 계산하고 그 결과식의 미분값을 0으로 설정해서 초매개변수 α와 β에 대한 재추정식을 구했었다. 여기서는 그 대신에 EM 알고리즘을 이용해서 α와 β를 구하는 방식을 사용해 보도록 하자. 우리의 목표는 식 3.77로 주어진 증거 함수 $p(\mathbf{t}|\alpha, \beta)$를 α와 β에 대해서 최대화하는 것이었다. 매개변수 벡터 $\mathbf{w}$는 주변화되어 없어질 것이기 때문에 이를 잠재 변수로 여길 것이다. 따라서 이 주변 가능도 함수를 EM을 이용해서 최적화할 수 있다. E단계에서는 α와 β 매개변수의 현재 값을 바탕으로 $\mathbf{w}$의 사후 분포를 계산한 다음, 이를 이용해서 완전 데이터 로그 가능도의 기댓값을 구할 것이다. 그리고 M단계에서는 이 값을 α와 β에 대해 최대화할 것이다. $\mathbf{w}$에 대한 사후 분포는 이미 앞에서 유도했다(식 3.49). 이 경우 완전 데이터 로그 가능도 함수는 다음과 같다.

$$\ln p(\mathbf{t}, \mathbf{w}|\alpha, \beta) = \ln p(\mathbf{t}|\mathbf{w}, \beta) + \ln p(\mathbf{w}|\alpha) \tag{식 9.61}$$

여기서 가능도 함수 $p(\mathbf{t}|\mathbf{w}, \beta)$는 식 3.10, 사전 분포 $p(\mathbf{w}|\alpha)$는 식 3.52에서 주어졌다. $\mathbf{w}$의 사후 분포에 대해서 기댓값을 취하면 다음을 구할 수 있다.

$$
\begin{aligned}
\mathbb{E}\left[\ln p(\mathbf{t}, \mathbf{w}|\alpha, \beta)\right] = {} & \frac{M}{2} \ln\left(\frac{\alpha}{2\pi}\right) - \frac{\alpha}{2}\mathbb{E}\left[\mathbf{w}^{\mathrm{T}}\mathbf{w}\right] + \frac{N}{2}\ln\left(\frac{\beta}{2\pi}\right) \\
& - \frac{\beta}{2}\sum_{n=1}^{N}\mathbb{E}\left[(t_n - \mathbf{w}^{\mathrm{T}}\boldsymbol{\phi}_n)^2\right]
\end{aligned}
\tag{식 9.62}
$$

연습문제 9.20

α에 대한 미분값을 0으로 설정하면 M단계에서의 재추정식을 다음과 같이 구할 수 있다.

$$\alpha = \frac{M}{\mathbb{E}\left[\mathbf{w}^{\mathrm{T}}\mathbf{w}\right]} = \frac{M}{\mathbf{m}_N^{\mathrm{T}}\mathbf{m}_N + \mathrm{Tr}(\mathbf{S}_N)} \tag{식 9.63}$$

연습문제 9.21

마찬가지로 β에 대해서도 구할 수 있다.

이 재추정식은 증거 함수를 직접 계산함으로써 유도한 식 3.92와는 약간 다른 형태를 가진다. 하지만 두 식은 모두 $M \times M$ 행렬의 역을 구하는 계산(또는 고유 분해 계산)을 필요로 하며, 따라서 매 반복마다 필요한 계산 비용은 대략 비슷하다.

증거 함수의 같은 지역적 최댓값에 도달한다고 가정했을 때 α를 구하기 위한 이 두 방법은 물론 같은 결괏값으로 수렴해야 한다. 이를 증명하기 위해서 일단 γ 값을 다음과 같이 정의해 보자.

$$\gamma = M - \alpha \sum_{i=1}^{M} \frac{1}{\lambda_i + \alpha} = M - \alpha \mathrm{Tr}(\mathbf{S}_N) \qquad \text{(식 9.64)}$$

증거 함수의 임계점에서 식 3.92의 재추정식은 스스로 일관되게 만족될 것이다. 따라서 γ을 대입해서 다음을 구할 수 있다.

$$\alpha \mathbf{m}_N^\mathrm{T} \mathbf{m}_N = \gamma = M - \alpha \mathrm{Tr}(\mathbf{S}_N) \qquad \text{(식 9.65)}$$

이를 α에 대해 풀면 식 9.63을 구할 수 있다. 이는 정확히 EM의 재추정식이다.

7.2.1절

마지막 예시로 이와 매우 근접하게 연관되어 있는 모델인 상관 벡터 머신을 바탕으로 한 회귀 모델을 고려해 보자. 해당 논의에서는 주변 가능도를 직접 최대화해서 초매개변수 $\boldsymbol{\alpha}$와 β에 대한 재추정식을 구했었다. 여기서는 가중치 벡터 $\mathbf{w}$를 잠재 변수로 여기고 EM 알고리즘을 적용하는 방법에 대해 고려해 보자. E단계는 가중치에 대한 사후 분포를 찾는 과정을 포함하며, 이는 식 7.81을 통해 주어진다. M단계에서는 완전 데이터 로그 가능도의 기댓값을 구해야 한다. 다음과 같이 정의된다.

$$\mathbb{E}_\mathbf{w} \left[\ln \{ p(\mathbf{t}|\mathbf{X}, \mathbf{w}, \beta) p(\mathbf{w}|\alpha) \} \right] \qquad \text{(식 9.66)}$$

연습문제 9.22

여기서 기댓값은 '오래된' 매개변숫값들을 이용해서 계산된 사후 분폿값에 대해서 취해진다. 새 매개변숫값들을 계산하기 위해서는 α와 β에 대해 최대화를 해야 한다 .

$$\alpha_i^{\mathrm{new}} = \frac{1}{m_i^2 + \Sigma_{ii}} \qquad \text{(식 9.67)}$$

$$(\beta^{\mathrm{new}})^{-1} = \frac{\|\mathbf{t} - \boldsymbol{\Phi}\mathbf{m}\|^2 + \beta^{-1} \sum_i \gamma_i}{N} \qquad \text{(식 9.68)}$$

연습문제 9.23

이 재추정식들은 직접 최대화를 통해 구한 식들과 결과적으로 동일하다.

9.4 일반적 EM 알고리즘

EM 알고리즘은 잠재 변수를 가지고 있는 확률적 모델의 최대 가능도 해를 찾기 위한 일반적인 테크닉이다(Dempster *et al.*, 1977; McLachlan and Krishnan, 1997). 이 절에서는 EM 알고리즘에 대한 일반적인 논의를 진행할 것이며, 그 과정에서 9.2절과 9.3절에서 어림잡아 유도했던 가우시안 혼합 분포에 대한 EM 알고리즘이 실제로 가능도 함수를 최대화한다는 것을 증명할 것이다(Csiszàr and Tusnàdy, 1984; Hathaway, 1986; Neal and Hinton, 1999). 또한, 여기서의 논의는 변분적 추론 방법론하에서의 미분에 대한 기반이 될 것이다.

10.1절

하나의 확률적 모델을 가정해 보자. 이 모델의 모든 관측 변수들은 $\mathbf{X}$, 모든 은닉 변수들은 $\mathbf{Z}$로 지칭하자. 결합 분포 $p(\mathbf{X}, \mathbf{Z}|\boldsymbol{\theta})$는 $\boldsymbol{\theta}$로 지칭되는 매개변수 집합에 의해 조절된다. 우리의 목표는 다음처럼 주어지는 가능도 함수를 최대화하는 것이다.

$$p(\mathbf{X}|\boldsymbol{\theta}) = \sum_{\mathbf{Z}} p(\mathbf{X}, \mathbf{Z}|\boldsymbol{\theta}) \tag{식 9.69}$$

여기서는 $\mathbf{Z}$가 이산 변수라고 가정할 것이다. 하지만 $\mathbf{Z}$가 연속 변수이거나 또는 이산 변수와 연속 변수의 조합이더라도 같은 논의를 진행할 수 있다. 필요한 경우에 합산을 적분으로 바꾸기만 하면 된다.

$p(\mathbf{X}|\boldsymbol{\theta})$에 대한 직접적인 최적화는 어렵지만, 완전 데이터 가능도 함수 $p(\mathbf{X}, \mathbf{Z}|\boldsymbol{\theta})$에 대한 최적화는 훨씬 쉽다고 가정하자. 그 다음으로는 잠재 변수들에 대한 분포 $q(\mathbf{Z})$를 도입할 것이다. 이 경우 어떤 $q(\mathbf{Z})$를 선택하든 상관없이 다음의 분해가 가능하다.

$$\ln p(\mathbf{X}|\boldsymbol{\theta}) = \mathcal{L}(q, \boldsymbol{\theta}) + \mathrm{KL}(q\|p) \tag{식 9.70}$$

여기서 다음을 정의하였다.

$$\mathcal{L}(q, \boldsymbol{\theta}) = \sum_{\mathbf{Z}} q(\mathbf{Z}) \ln \left\{ \frac{p(\mathbf{X}, \mathbf{Z}|\boldsymbol{\theta})}{q(\mathbf{Z})} \right\} \tag{식 9.71}$$

$$\mathrm{KL}(q\|p) = -\sum_{\mathbf{Z}} q(\mathbf{Z}) \ln \left\{ \frac{p(\mathbf{Z}|\mathbf{X}, \boldsymbol{\theta})}{q(\mathbf{Z})} \right\} \tag{식 9.72}$$

$\mathcal{L}(q, \boldsymbol{\theta})$는 분포 $q(\mathbf{Z})$의 **범함수**(*functional*)이며, 매개변수 $\boldsymbol{\theta}$에 대한 함수다. 범함수에 대한 논의는 부록 D를 참조하기 바란다. 식 9.71와 식 9.72의 형태를 주의 깊게 살펴보기 바란다. 특히, 부호가 반대인 점과 $\mathcal{L}(q, \boldsymbol{\theta})$는 X와 $\mathbf{Z}$의 결합 분포를 포함하고 있는 반면, $\mathrm{KL}(q\|p)$는 $\mathbf{X}$가 주어졌을 때의 $\mathbf{Z}$의 조건부 분포를 포함하고 있다는 점에 유의하라. 식 9.70의 분해를 확인하기

연습문제 9.24
위해서는 먼저 확률의 곱의 법칙을 이용해서 다음을 구해야 한다.

$$\ln p(\mathbf{X}, \mathbf{Z}|\boldsymbol{\theta}) = \ln p(\mathbf{Z}|\mathbf{X}, \boldsymbol{\theta}) + \ln p(\mathbf{X}|\boldsymbol{\theta}) \qquad \text{(식 9.73)}$$

그 다음에는 이 식을 $\mathcal{L}(q, \boldsymbol{\theta})$의 표현식에 대입해 넣어야 한다. 그 결과로 두 개의 항을 얻게 된다. 그중 하나의 항은 KL$(q\|p)$를 취소시킨다. 그리고 다른 항은 $q(\mathbf{Z})$가 합산하면 1이 되는 정규화된 분포라는 가정하에 우리가 필요로 하던 로그 가능도 함수 $\ln p(\mathbf{X}|\boldsymbol{\theta})$가 된다.

1.6.1절
식 9.72로부터 KL$(q\|p)$가 $q(\mathbf{Z})$와 사후 분포 $p(\mathbf{Z}|\mathbf{X}, \boldsymbol{\theta})$ 간의 쿨백 라이블러 발산이라는 것을 알 수 있다. 쿨백 라이블러 발산은 KL$(q\|p) \geqslant 0$라는 성질을 가지며, 이때 등식은 $q(\mathbf{Z}) = p(\mathbf{Z}|\mathbf{X}, \boldsymbol{\theta})$일 경우에만 성립한다(그리고 그 역도 성립한다). 식 9.70으로부터 $\mathcal{L}(q, \boldsymbol{\theta}) \leqslant \ln p(\mathbf{X}|\boldsymbol{\theta})$이라는 점을 알 수 있다. 다시 말하자면 $\mathcal{L}(q, \boldsymbol{\theta})$가 $\ln p(\mathbf{X}|\boldsymbol{\theta})$의 하한이라는 것이다. 식 9.70의 분해가 그림 9.11에 도식화되어 있다.

EM 알고리즘은 최대 가능도 해를 찾기 위한 두 단계의 반복적 최적화 테크닉이다. 식 9.70의 분해를 바탕으로 EM 알고리즘을 정의하고, EM이 실제로 로그 가능도를 최대화한다는 것을 보일 수 있다. 매개변수 벡터의 현재 값이 $\boldsymbol{\theta}^{\text{old}}$라 하자. E단계에서는 $\boldsymbol{\theta}^{\text{old}}$가 고정되어 있는 상태에서 하한 $\mathcal{L}(q, \boldsymbol{\theta}^{\text{old}})$가 $q(\mathbf{Z})$에 대해 최대화된다. $\ln p(\mathbf{X}|\boldsymbol{\theta}^{\text{old}})$ 값은 $q(\mathbf{Z})$에 대해 종속적이지 않다. 따라서 쿨백 라이블러 발산이 사라질 때, 다시 말하면 $q(\mathbf{Z})$가 사후 분포 $p(\mathbf{Z}|\mathbf{X}, \boldsymbol{\theta}^{\text{old}})$와 동일할 때 $\mathcal{L}(q, \boldsymbol{\theta}^{\text{old}})$가 가장 가장 큰 값을 가지게 될 것이다. 이를 바탕으로 하면 해당 최대화 문제의 해를 쉽게 구할 수 있다. 이 경우에 하한은 로그 가능도와 동일하게 될 것이다. 이에 대해 그림 9.12에 그려져 있다.

다음의 M단계에서는 $q(\mathbf{Z})$를 고정시킨 채로 $\mathcal{L}(q, \boldsymbol{\theta})$의 값을 $\boldsymbol{\theta}$에 대해 최대화하게 된다. 그리고 그 결과로 새로운 값 $\boldsymbol{\theta}^{\text{new}}$를 구하게 된다. 이는 이미 최댓값에 도달하지 않았다면 하한 L 값을 증가시키게 되며, 그에 따라 해당 로그 가능도 함수의 값도 증가하게 될 것이다. 분포 q는

그림 9.11   식 9.70으로 주어지는 분해의 도식. 어떤 $q(\mathbf{Z})$를 선택하든 상관없이 유효하다. 쿨백 라이블러 발산은 KL$(q\|p) \geqslant 0$을 만족하기 때문에 $\mathcal{L}(q, \boldsymbol{\theta})$가 로그 가능도 함수 $\ln p(\mathbf{X}|\boldsymbol{\theta})$의 하한이라는 것을 알 수 있다.

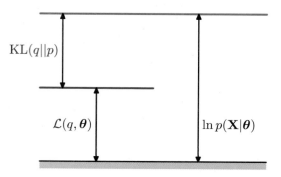

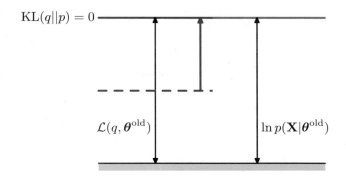

그림 9.12 EM 알고리즘의 E단계를 도식화한 그림. 분포 q는 현재 매개변수값 $\boldsymbol{\theta}^{\text{old}}$의 사후 분포와 동일하게 설정되며, 그 결과 하한값이 로그 가능도 함수와 같아져서 쿨백 라이블러 발산이 사라지게 된다.

새 값이 아니라 이전 매개변숫값들을 바탕으로 결정되었고, M단계 동안 고정되어 있었으므로 새로운 $p(\mathbf{Z}|\mathbf{X}, \boldsymbol{\theta}^{\text{new}})$와 다르게 된다. 따라서 쿨백 라이블러 발산값은 0이 아닐 것이다. 따라서 로그 가능도 함수의 증가분은 하한의 증가분보다 커진다. 이에 대해서는 그림 9.13에 그려져 있다. $q(\mathbf{Z}) = p(\mathbf{Z}|\mathbf{X}, \boldsymbol{\theta}^{\text{old}})$를 식 9.71에 대입해 넣으면 E단계 후의 하한이 다음 형태를 띤다는 것을 알 수 있다.

$$
\begin{aligned}
\mathcal{L}(q, \boldsymbol{\theta}) &= \sum_{\mathbf{Z}} p(\mathbf{Z}|\mathbf{X}, \boldsymbol{\theta}^{\text{old}}) \ln p(\mathbf{X}, \mathbf{Z}|\boldsymbol{\theta}) - \sum_{\mathbf{Z}} p(\mathbf{Z}|\mathbf{X}, \boldsymbol{\theta}^{\text{old}}) \ln p(\mathbf{Z}|\mathbf{X}, \boldsymbol{\theta}^{\text{old}}) \\
&= \mathcal{Q}(\boldsymbol{\theta}, \boldsymbol{\theta}^{\text{old}}) + \text{const}
\end{aligned}
\tag{식 9.74}
$$

여기서 상수는 단순히 분포 q의 엔트로피에 해당하며, 따라서 $\boldsymbol{\theta}$로부터 독립적이다. 따라서 M단계에서 최대화되는 값은 완전 데이터 로그 가능도 함수의 기댓값이다. 이는 우리가 앞에서 가우시안 혼합 분포의 사례에서 살펴본 것과 일치한다. $\boldsymbol{\theta}$ 값이 오직 로그 내부에만 존재한다는 사실에 주목하라. 만약 결합 분포 $p(\mathbf{Z}, \mathbf{X}|\boldsymbol{\theta})$가 지수족에 속하거나 지수족 분포들의 곱에 해당한다면, 로그와 지수부가 서로 취소되어 없어지게 될 것이다. 그 결과 보통 M단계는 불완

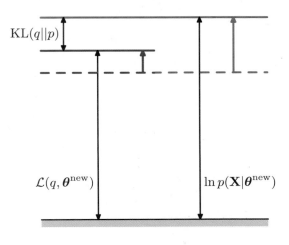

그림 9.13 EM 알고리즘의 M단계를 도식화한 그림. 분포 $q(\mathbf{Z})$를 유지한 채로 하한 $\mathcal{L}(q, \boldsymbol{\theta})$를 매개변수 벡터 $\boldsymbol{\theta}$에 대해 최대화해서 수정된 $\boldsymbol{\theta}^{\text{new}}$를 얻게 된다. 쿨백 라이블러 발산의 값은 0보다 크거나 같아야 하기 때문에 이는 로그 가능도 $\ln p(\mathbf{X}|\boldsymbol{\theta})$가 최소한 하한값이 증가한 만큼은 증가하도록 만든다.

그림 9.14 EM 알고리즘은 현재 매개변숫값을 바탕으로 로그 가능도 함수의 하한값을 계산하는 것과 이 하한값을 최대화해서 새로운 매개변숫값을 구하는 것을 교대로 반복하는 것이다. 자세한 설명은 본문을 참조하기 바란다.

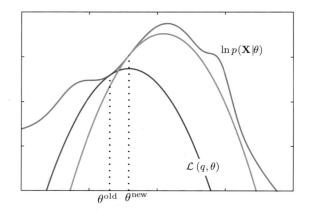

전 데이터 로그 가능도 함수 $p(\mathbf{X}|\boldsymbol{\theta})$를 최대화하는 것에 비해 훨씬 단순할 것이다.

EM 알고리즘의 작동을 매개변수 공간에서의 관점으로 살펴볼 수도 있다. 이에 대해서는 그림 9.14에 그려져 있다. 여기서 빨간색 곡선은 우리가 최대화하고자 하는 (불완전 데이터) 로그 가능도 함수에 해당한다. 최초에는 어떤 매개변수 초깃값 $\boldsymbol{\theta}^{\mathrm{old}}$에서 시작하게 된다. 첫 번째 E단계에서는 잠재 변수들에 대한 사후 분포를 계산하며 그 결과로 하한값 $\mathcal{L}(q, \boldsymbol{\theta}^{(\mathrm{old})})$를 얻게 된다. 이는 $\boldsymbol{\theta}^{(\mathrm{old})}$에서의 로그 가능도와 같으며, 그림에 파란색 곡선으로 그려져 있다. 이 하한 곡선은 $\boldsymbol{\theta}^{(\mathrm{old})}$에서 로그 가능도와 접하게 되고, 따라서 두 곡선은 같은 기울기를 가지게 된다. 하한값은 유일한 최댓값을 가지는 오목 함수다. M단계에서는 하한값을 최대화해서 $\boldsymbol{\theta}^{(\mathrm{new})}$ 값을 얻게 되는데, 이는 $\boldsymbol{\theta}^{(\mathrm{old})}$보다 더 큰 로그 가능도를 내놓게 된다. 다음의 E단계에서는 $\boldsymbol{\theta}^{(\mathrm{new})}$에서 접하는 하한값을 계산하게 되며, 이는 그림에서 녹색 곡선으로 그려져 있다.

독립적이고 동일하게 분포한 데이터 집합의 경우를 생각해 보자. $\mathbf{X}$는 N개의 데이터 포인트 $\{\mathbf{x}_n\}$으로, $\mathbf{Z}$는 이에 해당하는 N개의 잠재 변수 $\{\mathbf{z}_n\}$으로 이루어져 있다고 하자($n = 1, ..., N$). 독립성 가정으로부터 $p(\mathbf{X}, \mathbf{Z}) = \prod_n p(\mathbf{x}_n, \mathbf{z}_n)$이라는 것을 알 수 있으며, $\{\mathbf{z}_n\}$에 대해 주변화함으로써 $p(\mathbf{X}) = \prod_n p(\mathbf{x}_n)$을 얻을 수 있다. 합과 곱의 법칙을 이용하면 E단계에서 계산되는 사후 확률이 다음의 형태를 가진다는 것을 알 수 있다.

$$p(\mathbf{Z}|\mathbf{X}, \boldsymbol{\theta}) = \frac{p(\mathbf{X}, \mathbf{Z}|\boldsymbol{\theta})}{\sum_{\mathbf{Z}} p(\mathbf{X}, \mathbf{Z}|\boldsymbol{\theta})} = \frac{\prod_{n=1}^{N} p(\mathbf{x}_n, \mathbf{z}_n|\boldsymbol{\theta})}{\sum_{\mathbf{Z}} \prod_{n=1}^{N} p(\mathbf{x}_n, \mathbf{z}_n|\boldsymbol{\theta})} = \prod_{n=1}^{N} p(\mathbf{z}_n|\mathbf{x}_n, \boldsymbol{\theta}) \qquad \text{(식 9.75)}$$

따라서 사후 분포 역시 n에 대해서 인수분해된다. 가우시안 혼합 모델의 경우 이는 각각의 혼

연습문제 9.25

합 성분들이 특정 데이터 포인트 $\mathbf{x}_n$에 대해 가지는 책임값의 정도가 오직 $\mathbf{x}_n$의 값과 혼합 성분에서의 매개변수 $\boldsymbol{\theta}$에만 종속적이며, 다른 데이터 포인트들의 값과는 상관없다는 것을 의미한다.

EM 알고리즘의 E단계와 M단계가 둘 다 로그 함수의 명확한 경곗값을 증가시킨다는 것을 보았다. 또한, 한 번의 EM 사이클이 로그 가능도가 증가되는 방향으로 모델 매개변수들을 변화시킨다는 것도 보았다(물론, 이미 최댓값에 도달했을 경우에는 예외다. 이 경우에는 매개변숫값들은 바뀌지 않고 유지된다).

EM 알고리즘을 이용해서 매개변수에 대한 사전 분포 $p(\boldsymbol{\theta})$를 도입한 모델의 사후 분포 $p(\boldsymbol{\theta}|\mathbf{X})$를 최대화하는 것도 가능하다. 이에 대해 살펴보면 $p(\boldsymbol{\theta}|\mathbf{X}) = p(\boldsymbol{\theta}, \mathbf{X})/p(\mathbf{X})$이며, 따라서 다음과 같다.

$$\ln p(\boldsymbol{\theta}|\mathbf{X}) = \ln p(\boldsymbol{\theta}, \mathbf{X}) - \ln p(\mathbf{X}) \tag{식 9.76}$$

식 9.70의 분해를 적용하면 다음을 얻게 된다.

$$\begin{aligned} \ln p(\boldsymbol{\theta}|\mathbf{X}) &= \mathcal{L}(q, \boldsymbol{\theta}) + \mathrm{KL}(q\|p) + \ln p(\boldsymbol{\theta}) - \ln p(\mathbf{X}) \\ &\geqslant \mathcal{L}(q, \boldsymbol{\theta}) + \ln p(\boldsymbol{\theta}) - \ln p(\mathbf{X}) \end{aligned} \tag{식 9.77}$$

여기서 $\ln p(\mathbf{X})$는 상수에 해당한다. 오른쪽 변을 q와 $\boldsymbol{\theta}$에 대해서 번갈아 최적화할 수 있다. q에 대한 최적화는 표준 EM 알고리즘에서의 E단계 식과 같은 식을 내놓게 된다. 왜냐하면 q가 $\mathcal{L}(q, \boldsymbol{\theta})$ 내부에서만 등장하기 때문이다. M단계 식은 사전 분포 항인 $\ln p(\boldsymbol{\theta})$를 도입함에 따라서 수정되어야 한다. 이는 보통 표준 최대 가능도 M단계 식에 대해 아주 약간의 변화만을 필요로 한다.

EM 알고리즘은 어려울 수 있는 가능도 함수의 최대화 문제를 보통 더 구현하기 쉬운 E단계와 M단계로 나누어서 해결한다. 그럼에도 불구하고 복잡한 모델의 경우에는 E단계나 M단계, 또는 두 단계 모두가 여전히 아주 다루기 힘들 수도 있다. 이를 해결하기 위해서 EM 알고리즘을 확장하는 방법이 두 가지 있다. 이에 대해 다음에서 살펴보자.

일반화된 EM(*generalized EM, GEM*) 알고리즘은 M단계가 다루기 힘든 경우를 고려한다. GEM에서는 $\mathcal{L}(q, \boldsymbol{\theta})$를 $\boldsymbol{\theta}$에 대해서 최대화하는 대신에 매개변수들을 $\mathcal{L}(q, \boldsymbol{\theta})$의 값을 증가시키는 방향으로 변화시킨다. $\mathcal{L}(q, \boldsymbol{\theta})$는 로그 가능도 함수의 하한값이기 때문에 GEM에서의 각각의 EM단계는 이미 지역적 최댓값에 도달하지 않은 한 반드시 로그 가능도를 증가시키게 된다. GEM 알고리즘을 잘 활용하는 한 가지 방법은 바로 켤레 경사도 알고리즘과 같은 비선형 최적화 방법을 M단계 중에 사용하는 것이다. GEM의 다른 형태인 **조건부 기댓값 최대화**(*expectation conditional maximization, ECM*) 알고리즘은 M단계 중에 몇몇 제약 조건 기반의 최적화를 시행하는 것을 포함하고 있다(Meng and Rubin, 1993). 예를 들어, 매개변수들을 몇몇 집합들로 분할하고 이 집합들 중 나머지는 고정시킨 후 하나만 최적화하는 일을 여러 번 실시하는 식으로 M단계를 여러 단계로 나눌 수 있다.

이와 흡사하게 EM 알고리즘의 E단계를 일반화할 수도 있다. $\mathcal{L}(q, \boldsymbol{\theta})$의 $q(\mathbf{Z})$에 대한 최적화를 완전하게 하는 대신 부분적으로만 시행하는 것이다(Neal and Hinton, 1999). 앞에서 살펴본 것처럼 모든 $\boldsymbol{\theta}$ 값에 대해서 $\mathcal{L}(q, \boldsymbol{\theta})$의 $q(\mathbf{Z})$에 대한 고유한 최댓값이 존재한다. 이때 $q(\mathbf{Z})$는 사후 분포 $q_{\boldsymbol{\theta}}(\mathbf{Z}) = p(\mathbf{Z}|\mathbf{X}, \boldsymbol{\theta})$에 해당하며, 해당 $q(\mathbf{Z})$의 선택에 대해 $\mathcal{L}(q, \boldsymbol{\theta})$는 로그 가능도 함수 $\ln p(\mathbf{X}|\boldsymbol{\theta})$와 동일하다. 이에 따라서 $\mathcal{L}(q, \boldsymbol{\theta})$의 전역적 최댓값으로 수렴하는 모든 알고리즘은 로그 가능도 함수 $\ln p(\mathbf{X}|\boldsymbol{\theta})$의 전역적 최댓값을 달성하는 $\boldsymbol{\theta}$ 값 역시 찾을 수 있다. $p(\mathbf{X}, \mathbf{Z}|\boldsymbol{\theta})$가 $\boldsymbol{\theta}$에 대한 연속적인 함수라는 가정하에 $\mathcal{L}(q, \boldsymbol{\theta})$에서의 지역적 최댓값은 $\ln p(\mathbf{X}|\boldsymbol{\theta})$에서도 지역적 최댓값일 것이다.

N개의 독립적인 데이터 포인트 $\mathbf{x}_1, \ldots, \mathbf{x}_N$과 이에 대응하는 잠재 변수 $\mathbf{z}_1, \ldots, \mathbf{z}_N$을 고려해 보자. 결합 분포 $p(\mathbf{X}, \mathbf{Z}|\boldsymbol{\theta})$는 데이터 포인트에 대해 인수분해되며, 이 구조를 활용하면 각 EM단계에서 한 번에 하나의 데이터 포인트만을 처리하는 방식으로 증분적인 형태의 EM 알고리즘을 만들 수 있다. E단계에서는 모든 데이터 포인트들의 책임값을 전부 다시 계산하는 대신에 하나의 데이터 포인트의 책임값만을 다시 계산할 것이다. M단계를 시행하기 위해서는 모든 데이터 포인트의 책임값들이 필요하다고 생각할 수도 있다. 하지만 만약 혼합 성분들이 지수족의 분포일 경우 책임값들은 오직 충분 통계량을 통해서만 사용된다. 따라서 효율적으로 업데이트하는 것이 가능하다. 예를 들어, 가우시안 혼합 분포의 경우 데이터 포인트 m에 대해서 업데이트를 시행하려 하며, 이에 해당하는 예전 책임값과 새 책임값이 각각 $\gamma^{\text{old}}(z_{mk})$와 $\gamma^{\text{new}}(z_{mk})$라 해보자. 이때 M단계에서 필요로 하는 충분 통계량을 증분적으로 업데이트하는 것이 가능하다. 평균값의 경우 필요로 하는 충분 통계량은 식 9.17과 식 9.18로 정의된다. 이를 바탕으로 다음을 구할 수 있다.

연습문제 9.26

$$\boldsymbol{\mu}_k^{\text{new}} = \boldsymbol{\mu}_k^{\text{old}} + \left(\frac{\gamma^{\text{new}}(z_{mk}) - \gamma^{\text{old}}(z_{mk})}{N_k^{\text{new}}} \right) \left(\mathbf{x}_m - \boldsymbol{\mu}_k^{\text{old}} \right) \qquad \text{(식 9.78)}$$

$$N_k^{\text{new}} = N_k^{\text{old}} + \gamma^{\text{new}}(z_{mk}) - \gamma^{\text{old}}(z_{mk}) \qquad \text{(식 9.79)}$$

이에 대응하는 공분산에 대한 결과와 혼합 계수에 대한 결과 역시 비슷하게 구할 수 있다.

따라서 E단계와 M단계는 둘 다 시행하는 데 있어서 데이터 포인트의 숫자에 대해 독립적인 고정된 시간만을 필요로 하게 된다. 이 증분적 버전의 EM은 전체 데이터 집합이 다 처리되기를 기다리는 대신 각각의 데이터 포인트를 확인한 후에 곧바로 매개변수들을 수정한다. 따라서 일괄 처리 방식에 비해 더 빠르게 수렴하는 것이 가능하다. 이 증분적 방식에서의 E단계와 M단계는 각각이 $\mathcal{L}(q, \boldsymbol{\theta})$의 값을 증가시킨다. 만약 알고리즘이 $\mathcal{L}(q, \boldsymbol{\theta})$의 지역적(또는 전역적) 최대점에 도달한다면 이는 로그 가능도 함수 $\ln p(\mathbf{X}|\boldsymbol{\theta})$의 지역적(또는 전역적) 최대점에 도달한 것

연습문제

9.1 ★ (www) 9.1절에서 논의했던 K 평균 알고리즘을 고려해 보자. 이산 지시자 변수 r_{nk}에 대한 할당의 가짓수가 유한하며, 이러한 각 할당마다 $\{\boldsymbol{\mu}_k\}$에 대한 유일한 최적값이 있다. 이를 바탕으로 K 평균 알고리즘이 유한한 반복 후에는 수렴해야만 한다는 것을 증명하라.

9.2 ★ 2.3.5절에서 살펴본 로빈스-몬로 순차 추정 과정을 식 9.1의 J를 $\boldsymbol{\mu}_k$에 대해 미분한 것으로 주어지는 회귀 함수의 제곱근을 찾는 문제에 적용해 보아라. 그리고 이 결과가 확률적 K 평균 알고리즘으로 이어지게 됨을 증명하라. 즉, 각 데이터 포인트 $\mathbf{x}_n$에 대해서 가장 가까운 원형 $\boldsymbol{\mu}_k$가 식 9.5를 통해서 업데이트되는 것이다.

9.3 ★ (www) 가우시안 혼합 모델을 고려해 보자. 이때 잠재 변수의 주변 분포 $p(\mathbf{z})$는 식 9.10으로, 관측 변수의 조건부 분포 $p(\mathbf{x}|\mathbf{z})$는 식 9.11로 주어진다고 하자. $p(\mathbf{z})p(\mathbf{x}|\mathbf{z})$를 모든 가능한 $\mathbf{z}$ 값에 대해 합산해서 구한 주변 분포 $p(\mathbf{x})$가 식 9.7의 형태를 가지는 가우시안 혼합 분포임을 보여라.

9.4 ★ 잠재 변수를 포함하고 있는 모델의 매개변수에 대한 사후 분포 $p(\boldsymbol{\theta}|\mathbf{X})$를 EM 알고리즘을 이용해서 최대화하려 한다고 해보자. 여기서 $\mathbf{X}$는 관측 데이터 집합이다. E단계는 최대 가능도의 경우와 동일하며, M단계는 최대화해야 할 값이 $\mathcal{Q}(\boldsymbol{\theta}, \boldsymbol{\theta}^{\text{old}}) + \ln p(\boldsymbol{\theta})$로 바뀐다는 것을 증명하라. 이때 $\mathcal{Q}(\boldsymbol{\theta}, \boldsymbol{\theta}^{\text{old}})$는 식 9.30의 정의를 따른다.

9.5 ★ 가우시안 혼합 모델에 대한 방향성 그래프 그림 9.6을 고려해 보자. 8.2절에서 논의했던 d 분리 기준을 적용해서 잠재 변수의 사후 분포가 서로 다른 데이터 포인트들에 대해 인수분해된다는 것을 증명하라. 즉, 다음을 증명해야 한다.

$$p(\mathbf{Z}|\mathbf{X}, \boldsymbol{\mu}, \boldsymbol{\Sigma}, \boldsymbol{\pi}) = \prod_{n=1}^{N} p(\mathbf{z}_n|\mathbf{x}_n, \boldsymbol{\mu}, \boldsymbol{\Sigma}, \boldsymbol{\pi}) \tag{식 9.80}$$

9.6 ★★ 성분들의 공분산 행렬 $\boldsymbol{\Sigma}_k$들이 모두 같은 값 $\boldsymbol{\Sigma}$를 가지도록 제약된 가우시안 혼합 분포의 특별 케이스를 고려해 보자. 이러한 모델하에서 가능도 함수를 최대화하기 위한 EM 공식을 유도해 보라.

9.7 ★ www 가우시안 혼합 모델에 대한 완전 데이터 로그 가능도 식 9.36을 최대화할 경우 각 성분의 평균과 공분산의 결괏값이 해당 데이터 포인트 집합에 대해 독립적으로 피팅되며, 혼합 계수는 각 그룹의 포인트들의 비율로 주어지게 된다는 것을 증명하라.

9.8 ★ www 책임값 $\gamma(z_{nk})$를 고정한 채로 식 9.40을 $\boldsymbol{\mu}_k$에 대해 최대화하면 식 9.17의 닫힌 형태의 해를 결과로 얻게 된다는 것을 증명하라.

9.9 ★ 책임값 $\gamma(z_{nk})$를 고정한 채로 식 9.40을 $\boldsymbol{\Sigma}_k$와 π_k에 대해 최대화하면 식 9.19와 식 9.22의 닫힌 형태의 해를 결과로 얻게 된다는 것을 증명하라.

9.10 ★★ 다음의 혼합 분포로 주어지는 밀도 모델을 고려해 보자.

$$p(\mathbf{x}) = \sum_{k=1}^{K} \pi_k p(\mathbf{x}|k) \tag{식 9.81}$$

벡터 $\mathbf{x}$를 두 개의 부분으로 나눈다고 해보자. 즉, $\mathbf{x} = (\mathbf{x}_a, \mathbf{x}_b)$다. 조건부 밀도 $p(\mathbf{x}_b|\mathbf{x}_a)$가 그 자체로 혼합 분포라는 것을 보이고 혼합 계수와 각 성분 밀도에 대한 식을 찾아라.

9.11 ★ 9.3.2절에서는 K 평균 알고리즘과 가우시안 혼합 분포에 대한 EM 알고리즘의 관계를 살펴봤었다. 이때 사용한 가우시안 혼합 분포의 모든 성분은 공분산 $\epsilon\mathbf{I}$를 가지고 있었다. $\lim \epsilon \to 0$을 취할 경우 식 9.40과 같이 완전 데이터 로그 가능도의 기댓값을 취하는 것은 K 평균 알고리즘의 왜곡 척도 J(식 9.1)를 최소화하는 것과 동일하다는 것을 증명하라.

9.12 ★ www 다음 형태의 혼합 분포를 고려해 보자.

$$p(\mathbf{x}) = \sum_{k=1}^{K} \pi_k p(\mathbf{x}|k) \tag{식 9.82}$$

여기서 $\mathbf{x}$의 원소는 이산이거나, 혼합이거나 아니면 둘의 조합일 수 있다. $p(\mathbf{x}|k)$의 평균은 $\boldsymbol{\mu}_k$, 공분산은 $\boldsymbol{\Sigma}_k$라 지칭하자. 혼합 분포의 평균과 공분산이 각각 식 9.49와 식 9.50으로 주어진다는 것을 증명하라.

9.13 ★★ EM 알고리즘의 재추정 공식을 이용해서 가능도 함수의 최댓값에 해당하는 매개변숫값을 가지는 베르누이 혼합 분포가 다음의 성질을 가진다는 것을 증명하라.

$$\mathbb{E}[\mathbf{x}] = \frac{1}{N} \sum_{n=1}^{N} \mathbf{x}_n \equiv \overline{\mathbf{x}} \tag{식 9.83}$$

이 모델의 매개변수들을 모든 성분들이 같은 평균 $\boldsymbol{\mu}_k = \widehat{\boldsymbol{\mu}}$(이때 $k = 1, \ldots, K$)를 가지도록 초기화하면 EM 알고리즘이 어떤 혼합 계수를 사용하던지 한 번의 반복 후에 수렴할 것임을 증명하라. 그리고 그때 얻게 된 해는 $\boldsymbol{\mu}_k = \overline{\mathbf{x}}$가 될 것임을 증명하라. 이는 혼합 모델에서의 **저하**(degenerate) 현상에 해당한다. 이 경우에는 모든 성분들이 동일해진다. 실제 적용에서는 적절한 초기화를 통해서 이런 해를 피하고자 한다.

9.14 ★ 식 9.52의 $p(\mathbf{x}|\mathbf{z}, \boldsymbol{\mu})$와 식 9.53의 $p(\mathbf{z}|\boldsymbol{\pi})$를 곱해서 얻게 된 베르누이 분포의 잠재 변수와 관측 변수에 대한 결합 분포를 고려해 보자. 이 결합 분포를 $\mathbf{z}$에 대해 주변화하면 식 9.47을 얻게 된다는 것을 증명하라.

9.15 ★ www 베르누이 혼합 분포의 완전 데이터 로그 가능도 함수의 기댓값 식 9.55를 $\boldsymbol{\mu}_k$에 대해 최대화하면 식 9.59의 M단계 공식을 얻게 된다는 것을 증명하라.

9.16 ★ 베르누이 혼합 분포의 완전 데이터 로그 가능도 함수의 기댓값 식 9.55를 혼합 계수 π_k에 대해 최대화(합산 제약 조건을 지키기 위해 라그랑주 승수를 사용)하면 식 9.60의 M단계 공식을 얻게 된다는 것을 증명하라.

9.17 ★ www 이산 변수 $\mathbf{x}_n$에 대한 제약 조건 $0 \leqslant p(\mathbf{x}_n|\boldsymbol{\mu}_k) \leqslant 1$의 결과로 베르누이 혼합 분포의 불완전 데이터 로그 가능도 함수는 상한 유계를 가지게 될 것이며, 따라서 가능도가 무한대로 가는 특이점이 발생하지 않을 것임을 증명하라.

9.18 ★★ 9.3.3절에서 논의했던 베르누이 혼합 모델을 고려해 보자. 이때 각 매개변수 벡터 $\boldsymbol{\mu}_k$에 대한 사전 분포 $p(\boldsymbol{\mu}_k|a_k, b_k)$는 식 2.13의 베타 분포로, 그리고 사전 분포 $p(\boldsymbol{\pi}|\boldsymbol{\alpha})$는 식 2.38의 디리클레 분포로 주어진다고 하자. 이 경우 사후 확률 $p(\boldsymbol{\mu}, \boldsymbol{\pi}|\mathbf{X})$를 최대화하는 EM 알고리즘을 유도하라.

9.19 ★★ D차원 변수 $\mathbf{x}$를 고려해 보자. 이때 이 변수의 각 성분 i는 그 자체가 M차의 다항 변수라고 하자. 따라서 $\mathbf{x}$는 이진 벡터로 그 성분 x_{ij}들은 모든 i에 대해 제약 조건 $\sum_j x_{ij} = 1$을 가진다($i = 1, \ldots, D$이고 $j = 1, \ldots, M$이다). 이 변수들의 분포가 2.2절에서 살펴본 이진 다항 분포로 설명된다고 해보자.

$$p(\mathbf{x}) = \sum_{k=1}^{K} \pi_k p(\mathbf{x}|\boldsymbol{\mu}_k) \tag{식 9.84}$$

$$p(\mathbf{x}|\boldsymbol{\mu}_k) = \prod_{i=1}^{D}\prod_{j=1}^{M} \mu_{kij}^{x_{ij}} \qquad \text{(식 9.85)}$$

매개변수 μ_{kij}는 확률 $p(x_{ij} = 1|\boldsymbol{\mu}_k)$를 나타내는 것이다. 이 값은 $0 \le \mu_{kij} \le 1$을 만족해야 하며, 모든 k와 i 값에 대해 $\sum_j \mu_{kij} = 1$을 만족해야 한다. 예를 들어 관측 데이터 집합 $\{\mathbf{x}_n\}$이 주어졌다고 하자($n = 1,\dots,N$). 이때 최대 가능도를 이용해서 혼합 계수 π_k와 매개변수 μ_{kij}를 최적화하기 위한 EM 알고리즘의 E단계와 M단계 공식을 유도하라.

9.20 ★ www 베이지안 선형 회귀 모델의 완전 데이터 로그 가능도 함수 식 9.62를 최대화하면 α에 대한 M단계의 재추정 결과인 식 9.63을 얻게 된다는 것을 증명하라.

9.21 ★★ 3.5절의 증거 방법론을 이용해서 베이지안 선형 회귀 모델에서의 매개변수 β에 대한 M단계 재추정 공식을 유도하라. 이는 α에 대한 식 9.63과 비슷할 것이다.

9.22 ★★ 식 9.66으로 정의된 완전 데이터 로그 가능도의 기댓값을 최대화해서 상관 벡터 머신 회귀의 초매개변수를 재추정하는 M단계 공식 식 9.67과 식 9.68을 유도하라.

9.23 ★★ www 7.2.1절에서는 주변 가능도를 직접 최대화해서 회귀 RVM의 초매개변수 α와 β 값을 찾기 위한 재추정 공식 식 7.87과 식 7.88을 유도했었다. 이와 비슷하게, 9.3.4절에서는 EM 알고리즘을 이용해서 동일한 주변 가능도 함수를 최대화해서 식 9.67과 식 9.68의 재추정 공식을 구했다. 임계점들에서 이 두 재추정 공식 집합들이 공식적으로 동일하다는 것을 증명하라.

9.24 ★ 식 9.70의 관계식을 증명하라. 이때 $\mathcal{L}(q, \boldsymbol{\theta})$는 식 9.71에 의해 정의되어 있고 $\text{KL}(q\|p)$는 식 9.72에 의해 정의되어 있다.

9.25 ★ www 식 9.71에 의해 주어진 하한 $\mathcal{L}(q, \boldsymbol{\theta})$의 $\boldsymbol{\theta}$에 대한 기울기는 포인트 $\boldsymbol{\theta} = \boldsymbol{\theta}^{(\text{old})}$ 상에서 로그 가능도 함수 $\ln p(\mathbf{X}|\boldsymbol{\theta})$의 $\boldsymbol{\theta}$에 대한 기울기와 같다는 것을 증명하라. 이때 $q(\mathbf{Z}) = p(\mathbf{Z}|\mathbf{X}\boldsymbol{\theta}^{(\text{old})})$다.

9.26 ★ www 가우시안 혼합 분포에 대한 증분적 EM 알고리즘을 고려해 보자. 이때 책임값들은 특정 데이터 포인트 $\mathbf{x}_m$에 대해서만 다시 계산된다. M단계 공식 식 9.17과 식 9.18에서 시작해서 성분 평균을 업데이트하기 위한 결과식 식 9.78과 식 9.79를 유도해 보라.

9.27 ★★ 가우시안 혼합 모델의 공분산 행렬과 혼합 계수를 업데이트하기 위한 M단계 공식을 유도해 보자. 이때 책임값들은 평균을 업데이트하는 결과식 식 9.78과 비슷한 방식으로 증분적으로 업데이트된다.

CHAPTER

10

근사 추정

확률 모델을 적용하는 데 있어서 가장 중요한 일 중 하나는 관측 데이터 변수 $\mathbf{X}$가 주어졌을 때 잠재 변수 $\mathbf{Z}$의 사후 분포 $p(\mathbf{Z}|\mathbf{X})$를 계산하고 이 분포에 대한 기댓값들을 계산하는 것이다. 이 모델은 어떤 결정적 매개변수를 포함하고 있을 수도 있고(지금은 이를 암시적으로 내버려 둘 것이다), 또는 완전 베이지안 모델로써 모든 알려지지 않은 매개변수들이 사전 분포를 가지고 있으며, 이들이 벡터 $\mathbf{Z}$로 지칭되는 잠재 변수 집합에 포함되어 있을 수도 있다. 예를 들면, EM 알고리즘에서는 잠재 변수들의 사후 분포에 대해서 완전 데이터 로그 가능도의 기댓값을 계산해야 했다. 실제적으로 사용되는 많은 모델의 경우 사후 분포를 계산하는 것이나, 이 분포에 대해 기댓값을 직접 계산하는 것은 실행 불가능할 수 있다. 이런 문제는 잠재 변수 공간의 차원수가 직접 다루기에는 너무 높기 때문에 발생할 수도 있고, 또는 사후 분포가 기댓값을 계산하는 것이 해석적으로 불가능할 정도로 높은 복잡성을 가지고 있기 때문에 발생할 수도 있다. 연속 변수의 경우에는 필요 적분이 닫힌 형태의 해를 가지지 않을 수도 있고 공간의 차원수나 피적분 함수의 복잡도 때문에 수치적인 적분이 불가능할 수도 있다. 이산 변수의 경우에는 주변화 단계에서 숨김 변수들의 모든 가능한 배열 상태에 대한 합산을 시행해야 한다. 이는 원칙적으로 언제나 가능하다. 하지만 실제 상황에서는 은닉 상태가 기하급수적으로 많아서 정확한 계산을 하기에는 엄두를 못 낼 만큼 계산적 비용이 많이 필요할 수도 있다.

이러한 상황에서는 근사적인 방법으로 만족해야만 한다. 근사 방법은 확률적 근사인지 결정적 근사인지에 따라서 크게 두 종류로 나뉘어진다. 11장에서 살펴보게 될 마르코프 연쇄 몬테 카를로 방법과 같은 확률적인 방법들은 여러 다양한 분야에서 베이지안 방법론을 사용할 수 있도록 해주었다. 이러한 방법들은 무한의 계산 자원이 주어진다는 가정하에 정확한 결괏값을 계산해 낼 수 있으며, 유한한 처리 시간을 사용해서 근삿값을 계산해 낼 수 있다. 실제 사례들에서 표본 추출법을 사용하기에는 계산적으로 부담이 클 수 있다. 특히, 작은 규모의 문제를 다룰 때 그렇다. 또한, 표본 추출법이 필요 분포로부터 독립적으로 표집을 시행하고 있는지를 알기가 힘들 수도 있다.

이 장에서는 몇몇 종류의 결정론적 근사 방법에 대해 소개할 것이다. 이들 중 몇몇은 큰 규모의 응용 사례에도 활용 가능하다. 이러한 방법들은 사후 분포에 대해서 해석적인 근사를 하는 것을 기반으로 하고 있다. 이러한 해석적인 근사의 예시로는 사후 분포가 특정한 방식으로 인수분해된다고 가정한다거나 또는 가우시안과 같은 특정한 매개변수적 형태를 가지고 있다고 가정하는 것 등이 있다. 하지만 이러한 방법을 이용해서는 정확한 결괏값을 절대 생성할 수 없다. 따라서 이들의 강점과 약점은 표본 추출 방법들의 강점과 약점에 대해서 보완이 된다.

4.4절에서는 라플라스 근사법에 대해 논의했었다. 이는 분포의 최빈값(최댓값)을 바탕으로 한 지역적 가우시안 근사를 기반으로 했다. 여기서 우리는 **변분적 추론**(*varitional inference*) 혹은 **변분적 베이즈**(*varitional Bayes*)라 불리는 근사 테크닉들에 대해 살펴볼 것이다. 이들은 더 전역적인 기준을 사용하며 여러 분야에서 폭넓게 사용되어 왔다. 마지막으로, 또 다른 변분적 방법론인 **EP**(*expectation propagation*, 기대 전파)법에 대해 살펴볼 것이다.

10.1 변분적 추론

변분적 방법론은 18세기의 오일러와 라그랑주 등이 연구한 **변분법**(*calculaus of variations*)에 그 기반을 두고 있다. 표준 미분법은 함수들의 미분값을 찾는 데 초점이 맞춰져 있다. 여기서 함수는 입력값들을 받아서 함수의 출력값을 돌려주는 **사상**(*mapping*)이라고 생각할 수 있다. 이 경우 함수에 대한 미분 결과는 입력값에 무한히 작은 변화가 생겼을 경우에 출력값이 어떻게 변하는지에 대해 알려 주게 된다. 이와 비슷하게 **범함수**(*functional*)는 함수를 입력값으로 받아서 범함수의 값을 출력값으로 돌려주는 사상으로 생각할 수 있다. 범함수의 예시로는 엔트로피 $\mathrm{H}[p]$가 있다. $\mathrm{H}[p]$는 확률 분포 $p(x)$를 입력으로 받아서 다음의 값을 출력값으로 돌려주게 된다.

$$\mathrm{H}[p] = -\int p(x) \ln p(x) \, \mathrm{d}x \tag{식 10.1}$$

여기서 **범함수 미분**(*functional derivative*)의 개념을 도입할 수 있다. 이는 입력값에 무한히 작은 변화가 생겼을 때 범함수의 값이 어떻게 변하는지를 표현하는 것이다(Feynman *et al.*, 1964). 변분법의 법칙들은 표준 미분법의 법칙들과 매우 흡사하며, 이에 대해서는 부록 D에 설명되어 있다. 여러 종류의 문제들을 범함수를 최적화하는 형태로 바꾸어 표현할 수 있다. 이 경우의 해는 모든 가능한 입력 함수들을 고려해서 범함수를 최대화하는, 혹은 최소화하는 함수를 찾음으로써 구할 수 있다. 변분적 방법론은 **유한 요소법**(*finite element method*)(Kapur, 1989)과 **최대 엔트로피**(*maximum entropy*)(Schwarz, 1988) 등의 분야에서 폭넓게 사용되고 있다.

변분적 방법론 자체에는 본질적으로 근사하는 성질이 없다. 하지만 이 방법들은 자연스럽게 근사 해를 찾는 방향으로 이끌게 된다. 이는 최적화가 시행되는 함수들의 범위를 제한하는 방식으로 이루어진다. 예를 들어, 이차 함수들만을 고려한다거나 고정된 기저 함수들의 선형 결합만을 고려(이 경우 선형 결합의 계수만이 변화 가능하다)한다는 식으로 말이다. 확률적 추론에 적용하는 경우에는 예를 들면 인수분해의 형태에 대한 가정의 형태로 이러한 제약을 적용할 수 있다(Jordan *et al.*, 1999; Jaakkola, 2001).

이제 변분적 최적화의 콘셉트를 어떻게 추론 문제에 적용할 수 있는지에 대해 더 자세히 살펴보도록 하자. 모든 매개변수들에 대해서 사전 분포가 주어진 완전 베이지안 모델을 고려해 보자. 이 모델은 매개변수들뿐 아니라 잠재 변수들도 가지고 있을 수 있다. 모든 잠재 변수들과 매개변수들을 $\mathbf{Z}$라고 지칭할 것이고, 모든 관측 변수들은 $\mathbf{X}$라 할 것이다. 예를 들면, $\mathbf{X} = \{\mathbf{x}_1, \ldots, \mathbf{x}_N\}$과 $\mathbf{Z} = \{\mathbf{z}_1, \ldots, \mathbf{z}_N\}$와 같이 N개의 독립적이고 동일하게 분포된 데이터가 주어질 수 있다. 여기서의 확률적 모델은 결합 분포 $p(\mathbf{X}, \mathbf{Z})$를 명시한다. 이때 우리의 목표는 사후 분포 $p(\mathbf{Z}|\mathbf{X})$와 모델 증거 $p(\mathbf{X})$에 대한 근사치를 찾는 것이다. EM에 대한 논의에서와 마찬가지로 로그 주변 확률을 다음처럼 분해할 수 있다.

$$\ln p(\mathbf{X}) = \mathcal{L}(q) + \text{KL}(q\|p) \qquad \text{(식 10.2)}$$

여기서 다음을 정의하였다.

$$\mathcal{L}(q) = \int q(\mathbf{Z}) \ln \left\{ \frac{p(\mathbf{X}, \mathbf{Z})}{q(\mathbf{Z})} \right\} d\mathbf{Z} \qquad \text{(식 10.3)}$$

$$\text{KL}(q\|p) = -\int q(\mathbf{Z}) \ln \left\{ \frac{p(\mathbf{Z}|\mathbf{X})}{q(\mathbf{Z})} \right\} d\mathbf{Z} \qquad \text{(식 10.4)}$$

이는 매개변수 벡터 $\boldsymbol{\theta}$가 더 이상 보이지 않는다는 점에서만 EM에서 사용했던 것과 차이가 있다. $\boldsymbol{\theta}$가 보이지 않는 이유는 매개변수들이 이제 확률적인 변수이며, $\mathbf{Z}$에 흡수되었기 때문이

다. 이 장에서 우리는 주로 연속 변수들에 대해 다룰 것이기 때문에 합산 대신에 적분을 사용하였다. 하지만 물론 우리의 분석 내용들은 변수들이 이산인 경우에도 필요한 경우 적분을 합산으로만 교체하면 여전히 유효하다. 앞에서와 마찬가지로 하한 $\mathcal{L}(q)$를 분포 $q(\mathbf{Z})$에 대해서 최적화할 수 있다. 이는 쿨백 라이블러 발산을 최소화하는 것과 동일하다. $q(\mathbf{Z})$로서 무엇이든 사용할 수 있도록 한다면, 쿨백 라이블러 발산값이 사라질 때 하한값이 최대가 된다. 이는 $q(\mathbf{Z})$가 사후 분포 $p(\mathbf{Z}|\mathbf{X})$와 동일할 경우에 발생한다. 하지만 여기서는 모델의 실제 사후 분포를 직접 다루는 것이 불가능하다고 가정할 것이다.

따라서 $q(\mathbf{Z})$에 대해 더 제한된 종류의 분포들만을 고려할 것이며, 이들 중에서 쿨백 라이블러 발산이 최소가 되는 분포를 찾을 것이다. 우리의 목표는 분포의 종류를 충분히 제한함으로써 다루는 것이 가능한 분포들만을 남기는 동시에, 분포의 종류가 충분히 크고 유연해서 실제 사후 분포에 대해 충분히 좋은 근삿값을 제공할 수 있도록 하는 것이다. 이 제약은 단지 계산의 가능성을 달성하기 위해서만 도입되는 것이다. 따라서 근사에 있어서 가능한 한 풍부한 분포의 종류들을 사용해야 한다. 여기서는 매우 유연한 분포를 사용할 경우에 발생하는 '과적합' 문제가 존재하지 않는다. 더 유연한 근사를 사용할수록 실제 사후 분포에 더 근접할 수 있다.

근사 분포들의 종류를 제한하는 한 가지 방법은 매개변수 집합 $\boldsymbol{\omega}$에 대해 종속적인 매개변수적 분포 $q(\mathbf{Z}|\boldsymbol{\omega})$를 사용하는 것이다. 이 경우 하한 $\mathcal{L}(q)$는 $\boldsymbol{\omega}$의 함수가 되며, 매개변수들의 최적값을 결정하는 데 있어서 표준적인 비선형 최적화 테크닉을 사용할 수 있게 된다. 이 방법의 예시 중 하나로 가우시안 변분 분포를 평균과 분산에 대해 최적화한 것이 그림 10.1에 그려져 있다.

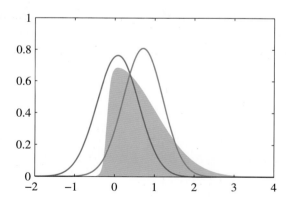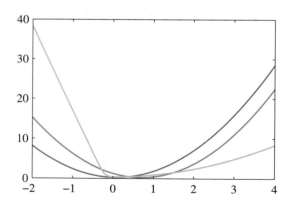

그림 10.1   그림 4.14에서 고려했던 예시에 변분적 근사법을 적용하였다. 왼쪽의 도식에는 원 분포(노란색), 라플라스 근사(빨간색), 변분적 근사치(녹색)가 그려져 있다. 오른쪽의 도식에는 해당 곡선들에 음의 로그를 적용한 결과가 그려져 있다.

10.1.1 인수분해된 분포

여기서는 분포 $q(\mathbf{Z})$의 종류를 제한하는 다른 방법을 고려해 보도록 하자. $\mathbf{Z}$의 원소들을 서로 겹치지 않는 집합 $\mathbf{Z}_i$들로 나눴다고 하고($i = 1, \ldots, M$), 분포 q가 이 집합들에 대해서 인수분해된다고 가정해 보자.

$$q(\mathbf{Z}) = \prod_{i=1}^{M} q_i(\mathbf{Z}_i) \qquad \text{(식 10.5)}$$

여기서 한 가지 강조해야 할 점은 분포에 대해 더 이상의 가정을 하지 않는다는 것이다. 다시 말하자면, 각각의 개별 인자 $q_i(\mathbf{Z}_i)$의 함수적 형태에 대해서 아무런 제약도 가하지 않을 것이다. 변분적 추론의 인수분해된 형태는 물리학에서 개발된 근사 방법론인 **평균장 이론**(*mean field theory*)(Parisi, 1988)을 따른다.

우리는 식 10.5의 형태를 가지는 모든 분포 $q(\mathbf{Z})$ 중에서 하한 $\mathcal{L}(q)$의 값을 가장 크게 만드는 분포를 찾고자 한다. 따라서 $\mathcal{L}(q)$를 모든 분포 $q_i(\mathbf{Z}_i)$들에 대해서 자유 형태로 (변분적) 최적화할 것이다. 각 인자들에 대한 최적화를 순차적으로 적용해서 이를 달성할 수 있다. 이를 위해서는 일단 식 10.5를 식 10.3에 대입하고 인자 $q_j(\mathbf{Z}_j)$에 대한 종속성을 따로 분해해 내야 한다. 표기의 단순함을 위해서 여기서는 $q_j(\mathbf{Z}_j)$를 q_j로 적을 것이다.

$$
\begin{aligned}
\mathcal{L}(q) &= \int \prod_i q_i \left\{ \ln p(\mathbf{X}, \mathbf{Z}) - \sum_i \ln q_i \right\} \mathrm{d}\mathbf{Z} \\
&= \int q_j \left\{ \int \ln p(\mathbf{X}, \mathbf{Z}) \prod_{i \neq j} q_i \, \mathrm{d}\mathbf{Z}_i \right\} \mathrm{d}\mathbf{Z}_j - \int q_j \ln q_j \, \mathrm{d}\mathbf{Z}_j + \text{const} \\
&= \int q_j \ln \widetilde{p}(\mathbf{X}, \mathbf{Z}_j) \, \mathrm{d}\mathbf{Z}_j - \int q_j \ln q_j \, \mathrm{d}\mathbf{Z}_j + \text{const} \qquad \text{(식 10.6)}
\end{aligned}
$$

레온하르트 오일러 *Leonhard Euler*

1707 - 1783

오일러는 스위스 출신의 수학자이자 물리학자다. 그는 러시아의 상트페테르부르크와 베를린 등지에서 일했으며, 역사상 가장 위대한 수학자 중 하나로 여겨지고 있다. 오일러는 다작하는 것으로 유명했는데, 그의 모든 출판물을 합하면 75권에 달한다고 전해진다. 오일러의 수많은 업적들 중 몇 가지를 언급하자면 그는 함수에 대한 현대적 이론을 만들어 냈으며, 라그랑주와 함께 변분법을 개발하였고, 수학에서 가장 중요한 네 개의 숫자들과 연관되는 공식인 $e^{i\pi} = -1$을 만들어 냈다. 오일러는 생애 마지막 시기에 접어든 17년 동안 거의 완전한 맹인이었다. 하지만 그럼에도 불구하고 그는 자신의 업적들 중 거의 절반을 이 17년 동안 이루어 냈다.

여기서 다음과 같이 정의되는 새 분포 $\widetilde{p}(\mathbf{X}, \mathbf{Z}_j)$를 정의하였다.

$$\ln \widetilde{p}(\mathbf{X}, \mathbf{Z}_j) = \mathbb{E}_{i \neq j}[\ln p(\mathbf{X}, \mathbf{Z})] + \text{const} \qquad \text{(식 10.7)}$$

여기서 표기 $\mathbb{E}_{i \neq j}[\cdots]$는 기댓값으로서, $i \neq j$인 모든 변수 $\mathbf{z}_i$에 대한 분포들인 q에 대한 것이다.

$$\mathbb{E}_{i \neq j}[\ln p(\mathbf{X}, \mathbf{Z})] = \int \ln p(\mathbf{X}, \mathbf{Z}) \prod_{i \neq j} q_i \, \mathrm{d}\mathbf{Z}_i \qquad \text{(식 10.8)}$$

$\{q_{i \neq j}\}$는 고정된 채로 두고 식 10.6의 $\mathcal{L}(q)$를 분포 $q_j(\mathbf{Z}_j)$의 모든 가능한 형태에 대해 최대화 한다고 해보자. 이는 식 10.6이 $q_j(\mathbf{Z}_j)$와 $\widetilde{p}(\mathbf{X}, \mathbf{Z}_j)$ 간의 쿨백 라이블러 발산의 음의 값에 해 당한다는 것을 바탕으로 쉽게 달성할 수 있다. 즉, 식 10.6을 최대화하는 것은 쿨백 라이블러 발산을 최소화하는 것과 동일하며, 최솟값은 $q_j(\mathbf{Z}_j) = \widetilde{p}(\mathbf{X}, \mathbf{Z}_j)$일 때 달성된다. 따라서 최적 해 $q_j^{\star}(\mathbf{Z}_j)$에 대한 일반식을 다음과 같이 구할 수 있다.

$$\ln q_j^{\star}(\mathbf{Z}_j) = \mathbb{E}_{i \neq j}[\ln p(\mathbf{X}, \mathbf{Z})] + \text{const} \qquad \text{(식 10.9)}$$

잠시 시간을 들여서 이 해의 형태를 살펴보도록 하자. 이를 통해서 변분적 방법론의 적용에 대 한 기반을 이해할 수 있을 것이다. 이 식은 모든 숨김 변수들과 보이는 변수들의 결합 분포에 로그를 취한 값들의 기댓값을 $i \neq j$인 모든 인자 $\{q_i\}$에 대해 취하면 인자 q_j의 최적해의 로그 값을 구할 수 있다고 설명하고 있다.

식 10.9의 합산 상수는 $q_j^{\star}(\mathbf{Z}_j)$를 정규화함으로써 구할 수 있다. 양변에 대해 지수 함수를 취 하여 정규화하면 다음을 구할 수 있다.

$$q_j^{\star}(\mathbf{Z}_j) = \frac{\exp\left(\mathbb{E}_{i \neq j}[\ln p(\mathbf{X}, \mathbf{Z})]\right)}{\int \exp\left(\mathbb{E}_{i \neq j}[\ln p(\mathbf{X}, \mathbf{Z})]\right) \, \mathrm{d}\mathbf{Z}_j}$$

실제 적용에서는 식 10.9를 사용하고 (필요할 때마다) 정규화 상수를 다시 회복시키는 것이 편리 하다. 곧 살펴보게 될 예시들에서 이를 확인할 수 있을 것이다.

$j = 1, \ldots, M$에 대해서 식 10.9에 해당하는 식들은 (인수분해 제약 조건을 따르는) 하한 경계 최 댓값 일관성 조건들의 집합을 표현하고 있다. 하지만 이들은 명시적인 해를 표현하고 있지는 않다. 왜냐하면 최적값 $q_j^{\star}(\mathbf{Z}_j)$에 대한 식 10.9 오른쪽 변은 $i \neq j$인 다른 $q_i(\mathbf{Z}_i)$ 인자들에 대 해 계산된 기댓값에 종속적이기 때문이다. 따라서 일단 모든 인자 $q_i(\mathbf{Z}_i)$를 적절히 초기화하 고, 순서대로 돌아가면서 각각의 인자들을 식 10.9의 오른쪽 변으로 주어지는 수정된 예측값으

로 바꾸는 식으로 일관성 있는 해를 찾아야 한다. 이때 예측값은 해당 인자를 제외한 모든 다른 인자들에 대한 현재의 추정값을 바탕으로 하게 된다. 이 경우 수렴은 보장되어 있다. 왜냐하면 한계가 각 인자 $q_i(\mathbf{Z}_i)$에 대해서 볼록 형태를 가지고 있기 때문이다(Boyd and Vandenberghe, 2004).

10.1.2 인수분해 근사의 성질

우리의 변분적 추론에 대한 접근법은 실제 사후 분포의 인수분해 근사에 기반하고 있다. 여기서는 잠시 시간을 들여서 일반적인 분포를 인수분해된 분포들로 근사하는 문제에 대해서 생각해 보자. 일단, 첫 번째로 가우시안 분포를 인수분해된 가우시안 분포로 근사하는 문제를 다뤄보자. 이를 통해서 인수분해 근사를 사용하는 과정에서 발생할 수 있는 부정확성의 종류에 대한 좋은 통찰을 얻을 수 있을 것이다. 두 개의 상관되어 있는 변수 $\mathbf{z} = (z_1, z_2)$에 대한 가우시안 분포 $p(\mathbf{z}) = \mathcal{N}(\mathbf{z}|\boldsymbol{\mu}, \boldsymbol{\Lambda}^{-1})$을 고려해 보자. 이때 평균과 정밀도는 다음의 원소를 가진다.

$$\boldsymbol{\mu} = \begin{pmatrix} \mu_1 \\ \mu_2 \end{pmatrix}, \qquad \boldsymbol{\Lambda} = \begin{pmatrix} \Lambda_{11} & \Lambda_{12} \\ \Lambda_{21} & \Lambda_{22} \end{pmatrix} \qquad \text{(식 10.10)}$$

정밀도 행렬의 대칭성으로 인해서 $\Lambda_{21} = \Lambda_{12}$다. 이제 $q(\mathbf{z}) = q_1(z_1)q_2(z_2)$의 형태를 가지는 인수분해된 가우시안 분포를 사용해서 이를 근사한다고 해보자. 우선, 첫 번째로 식 10.9의 일반 결과를 적용해서 최적 인자 $q_1^{\star}(z_1)$에 대한 식을 찾도록 하자. 이 과정에서 오른쪽 변에는 z_1에 대해 함수적 종속성을 가지고 있는 항들만 남기면 된다. 왜냐하면 모든 다른 항들을 정규화 상수에 흡수시킬 수 있기 때문이다. 따라서 다음을 얻게 된다.

$$\begin{aligned}
\ln q_1^{\star}(z_1) &= \mathbb{E}_{z_2}[\ln p(\mathbf{z})] + \text{const} \\
&= \mathbb{E}_{z_2}\left[-\frac{1}{2}(z_1 - \mu_1)^2 \Lambda_{11} - (z_1 - \mu_1)\Lambda_{12}(z_2 - \mu_2)\right] + \text{const} \\
&= -\frac{1}{2}z_1^2 \Lambda_{11} + z_1\mu_1\Lambda_{11} - z_1\Lambda_{12}\left(\mathbb{E}[z_2] - \mu_2\right) + \text{const} \qquad \text{(식 10.11)}
\end{aligned}$$

이 식의 오른쪽 변은 z_1에 대한 이차 함수다. 따라서 $q^{\star}(z_1)$이 가우시안 분포라는 것을 알 수 있다. 여기서 한 가지 주목할 점은 우리가 $q(z_i)$가 가우시안 분포라고 가정한 것이 아니라는 것이다. 대신에 모든 가능한 분포 $q(z_i)$에 대한 쿨백 라이블러 발산의 변분적 최적화를 통해서 이 결과를 얻게 되었다. 또한, 식 10.9의 합산 상수를 명시적으로 고려하지 않았다. 왜냐하면 이 상수는 만약 필요하다면 마지막에 찾을 수 있는 정규화 상수를 표현하는 것이기 때문이다.
2.3.1절 제곱식의 완성 테크닉을 사용해서 가우시안 분포의 평균과 정밀도를 구할 수 있다.

$$q_1^\star(z_1) = \mathcal{N}(z_1|m_1, \Lambda_{11}^{-1})$$ (식 10.12)

여기서

$$m_1 = \mu_1 - \Lambda_{11}^{-1}\Lambda_{12}\left(\mathbb{E}[z_2] - \mu_2\right)$$ (식 10.13)

이다. 또한 대칭성에 따라서 $q_2^\star(z_2)$ 역시 가우시안 분포이며, 다음처럼 적을 수 있다.

$$q_2^\star(z_2) = \mathcal{N}(z_2|m_2, \Lambda_{22}^{-1})$$ (식 10.14)

이때, 다음과 같다.

$$m_2 = \mu_2 - \Lambda_{22}^{-1}\Lambda_{21}\left(\mathbb{E}[z_1] - \mu_1\right)$$ (식 10.15)

이 해들은 서로 연결되어 있다. 즉, $q^\star(z_1)$은 $q^\star(z_2)$에 대해 계산된 기댓값에 종속적이며, 그 반대도 마찬가지다. 보통은 변분적 해를 재추정식으로 여기고 특정 수렴 기준이 만족될 때까지 돌아가면서 변수들을 순서대로 업데이트하는 식으로 실행한다. 이에 대한 예시를 잠시 후에 살펴볼 것이다. 하지만 여기서는 이 문제가 충분히 단순하며, 닫힌 형태의 해를 찾는 것이 가능하다는 것을 알 수 있다. 또한 $\mathbb{E}[z_1] = m_1$이며, $\mathbb{E}[z_2] = m_2$이기 때문에 $\mathbb{E}[z_1] = \mu_1$과 $\mathbb{E}[z_2] = \mu_2$를 취하면 두 식이 만족됨을 알 수 있다. 그리고 이 분포가 정칙이라는 가정하에 이

연습문제 10.2

것이 유일해라는 것을 쉽게 보일 수 있다. 이 결과가 그림 10.2(a)에 그려져 있다. 평균은 올바르게 구할 수 있었다. 하지만 $q(\mathbf{z})$의 분산은 $p(\mathbf{z})$의 분산들 중 가장 작은 것의 방향성에 의해 조절되며, 그 수직 방향의 분산은 심각하게 과소평가되어 있음을 알 수 있다. 변분적 근사가 사후 분포에 대한 지나치게 간략한 근사치를 내놓는 것은 종종 있는 일이다.

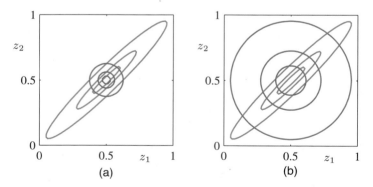

그림 10.2 두 가지 다른 형태의 쿨백 라이블러 발산의 비교. 녹색 경로는 두 개의 변수 z_1과 z_2에 대한 가우시안 분포 $p(\mathbf{z})$의 1, 2, 3 표준 편차의 경우를 나타낸 것이다. 그리고 빨간색 경로는 같은 변수들에 대해 해당 분포를 두 개의 독립적인 단변량 가우시안들의 곱으로 주어진 분포 $q(\mathbf{z})$로 근사한 것을 나타냈다. 이때 근사 분포의 매개변수들은 각각 (a) 쿨백 라이블러 발산 $\mathrm{KL}(q\|p)$과 (b) 역쿨백 라이블러 발산 $\mathrm{KL}(p\|q)$를 최소화함으로써 구해졌다.

10.7절

비교 측면에서 대신에 역쿨백 라이블러 발산 $\mathrm{KL}(p\|q)$을 최소화하는 것을 고려해 보자. 이 형태의 쿨백 라이블러 발산은 또 다른 변분적 추론 방법론인 EP에서 사용된다. $q(\mathbf{Z})$가 식 10.5의 형태로 인수분해 근사되었을 때 $\mathrm{KL}(p\|q)$를 최소화하는 일반적인 문제를 고려해 보도록 하자. 이 경우 쿨백 라이블러 발산을 다음의 형태로 적을 수 있다.

$$\mathrm{KL}(p\|q) = -\int p(\mathbf{Z}) \left[\sum_{i=1}^{M} \ln q_i(\mathbf{Z}_i) \right] \mathrm{d}\mathbf{Z} + \mathrm{const} \tag{식 10.16}$$

여기서 상수항은 단순히 $p(\mathbf{Z})$에 대한 엔트로피이며, $q(\mathbf{Z})$에 대해 종속적이지 않다. 이제 각각의 인자 $q_j(\mathbf{Z}_j)$에 대해서 최적화를 진행할 수 있다. 이는 라그랑주 승수를 이용해서 간단히

연습문제 10.3

실행할 수 있다.

$$q_j^\star(\mathbf{Z}_j) = \int p(\mathbf{Z}) \prod_{i \neq j} \mathrm{d}\mathbf{Z}_i = p(\mathbf{Z}_j) \tag{식 10.17}$$

이 경우 $q_j(\mathbf{Z}_j)$에 대한 최적해가 단순히 이에 해당하는 $p(\mathbf{Z})$의 주변 분포로 주어지게 된다는 것을 볼 수 있다. 이는 닫힌 형태의 해이며, 따라서 반복을 요하지 않는다.

이 결과를 벡터 $\mathbf{z}$에 대한 가우시안 분포 $p(\mathbf{Z})$의 예시에 적용하기 위해서는 식 2.98을 활용할 수 있다. 그 결과가 그림 10.2(b)에 그려져 있다. 다시 한 번 근삿값의 평균은 맞았지만, 매우 낮은 확률을 가지는 변수 공간 지역상에 매우 큰 확률 질량을 분포시켜놓은 것을 볼 수 있다.

이 두 가지 결과의 차이점을 이해해 보자. $\mathrm{KL}(q\|p)$의 경우에는 $q(\mathbf{Z})$가 0에 근접하지 않았으면서 $p(\mathbf{Z})$가 거의 0인 $\mathbf{Z}$ 공간상의 지역이 쿨백 라이블러 발산에 크게 양의 값으로 기여한다.

$$\mathrm{KL}(q\|p) = -\int q(\mathbf{Z}) \ln \left\{ \frac{p(\mathbf{Z})}{q(\mathbf{Z})} \right\} \mathrm{d}\mathbf{Z} \tag{식 10.18}$$

따라서 이 형태의 쿨백 라이블러 분포를 최소화하는 것은 $p(\mathbf{Z})$가 작은 지역들을 피하는 $q(\mathbf{Z})$ 분포를 얻도록 만든다. 반대로 $\mathrm{KL}(p\|q)$의 경우에는 $p(\mathbf{Z})$가 0이 아닌 지역상에서 0이 아닌 값을 가지는 분포 $q(\mathbf{Z})$의 경우에 쿨백 라이블러 발산값이 최소화된다.

다봉형 분포를 하나의 단봉형 분포로 근사하는 것을 고려해 보면 두 개의 쿨백 라이블러 발산의 서로 다른 행동에 대해서 더 잘 이해할 수 있다. 이에 대해서는 그림 10.3에 그려져 있다. 많은 적용 사례에서의 실제 사후 분포는 종종 다봉 형태이며, 대부분의 사후 확률 질량이 매개변수 공간상의 상대적으로 작은 몇몇 지역들에 집중되어 있는 형태를 가질 수 있다. 이러한 여러 개의 최빈값들은 잠재 공간상에서의 식별 불가능성이나 매개변수들 간의 복잡한 비선형적

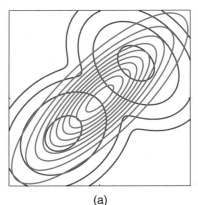
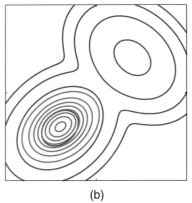
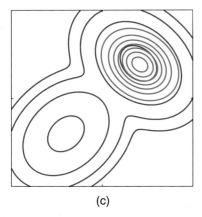

(a)   (b)   (c)

그림 10.3　두 개의 서로 다른 쿨백 라이블러 발산에 대한 또 다른 비교 예시. (a) 파란색 윤곽선은 두 개의 가우시안 분포가 혼합된 양봉 분포 $p(\mathbf{Z})$를, 빨간색 윤곽선은 쿨백 라이블러 발산 KL$(p\|q)$를 최소화하는 방향으로 $p(\mathbf{Z})$를 가장 잘 근사하는 단일 가우시안 분포 $q(\mathbf{Z})$를 그린 것이다. (b) (a)와 같지만 이 경우에는 KL$(q\|p)$를 최소화하는 방식으로 $q(\mathbf{Z})$를 찾았다. (c) (b)와 같지만 쿨백 라이블러 발산의 다른 지역적 최솟값을 보이고 있다.

종속성으로부터 기인할 수 있다. 9장에서 가우시안 혼합의 맥락에서 두 종류의 다봉성을 모두 접해 보았었다. 여기서 그들은 가능도 함수에서의 다중 최댓값들로 나타났다. KL$(q\|p)$를 바탕으로 한 변분적 최소화 방법은 이 최빈값들 중 하나로 이동하려는 경향을 보일 것이다. 이와는 대조적으로 만약 우리가 KL$(p\|q)$를 최소화한다면, 그 결과의 근사는 모든 최빈값들에 대해서 평균을 낼 것이다. 그리고 그 결과 혼합 모델의 맥락에서 그리 좋지 못한 예측 분포를 결과로 내놓게 된다(왜냐하면 두 개의 좋은 매개변숫값의 평균은 보통 그리 좋은 매개변숫값이 아니기 때문이다). KL$(p\|q)$를 이용해서 유용한 추론 과정을 정의하는 것도 가능하긴 하지만, 이를 위해서는 여기서 논의한 것과는 다른 종류의 접근법이 필요하다. 이 접근법에 대해서는 EP를 논의할 때 자세히 다룰 것이다.

10.7절

두 형태의 쿨백 라이블러 발산은 **알파족**(*alpha family*) 발산에 속한다(Ali and Silvey, 1966; Amari, 1985; Minka, 2005). 이는 다음처럼 정의된다.

$$\mathrm{D}_\alpha(p\|q) = \frac{4}{1-\alpha^2}\left(1 - \int p(x)^{(1+\alpha)/2} q(x)^{(1-\alpha)/2}\,\mathrm{d}x\right) \qquad \text{(식 10.19)}$$

여기서 $-\infty < \alpha < \infty$는 연속적인 매개변수다. 쿨백 라이블러 발산 KL$(p\|q)$는 limit $\alpha \to 1$에, KL$(q\|p)$는 limit $\alpha \to -1$에 해당한다. 모든 α에 대해서 $\mathrm{D}_\alpha(p\|q) \geqslant 0$이 성립한다. 그리고 이 경우 등호는 $p(x) = q(x)$일 때만 성립한다(그 역도 마찬가지다). $p(x)$가 고정된 분포라고 가정하고 어떤 특정한 분포 집합 $q(x)$에 대해서 $\mathrm{D}_\alpha(p\|q)$를 최소화한다고 해보자. 이 때 $\alpha \leqslant -1$의 경우에는 발산이 **0으로 강제**(*zero forcing*)하게 되며, 따라서 $p(x) = 0$인 모든 x

값들에 대해서 $q(x) = 0$이게 될 것이다. 그리고 일반적으로 $q(x)$는 $p(x)$가 지지하는 정도를 과소평가하게 되며, 따라서 가장 큰 질량을 가지는 최빈값을 찾을 확률이 높다. 이와는 반대로 $\alpha \geqslant 1$의 경우 발산은 **0을 피하게**(*zero avoiding*) 된다. 이 경우 $p(x) > 0$인 x의 값들은 $q(x) > 0$을 가지게 되고, 따라서 $q(x)$는 일반적으로 모든 $p(x)$들을 커버하려 한다. 그 결과 $p(x)$의 지지 정도를 과대평가하게 될 것이다. $\alpha = 0$의 경우에는 **헬링거 거리**(*Hellinger distance*)에 선형적으로 관련되어 있는 대칭적인 발산을 얻게 된다.

$$D_{H}(p\|q) = \int \left(p(x)^{1/2} - q(x)^{1/2} \right)^2 \, dx \qquad \text{(식 10.20)}$$

헬링거 거리의 제곱근은 유효한 거리 측정 기준이다.

10.1.3 예시: 단변량 가우시안

단일 변수 x에 대한 가우시안 분포를 사용해서 인수분해 변분 근사를 살펴보도록 하자 (MacKay, 2003). 우리의 목표는 가우시안 분포에서 독립적으로 추출된 것으로 가정된 관측값 x에 대한 데이터 집합 $\mathcal{D} = \{x_1, \ldots, x_N\}$이 주어졌을 때 평균 μ와 정밀도 τ의 사후 분포를 추론하는 것이다. 가능도 함수는 다음처럼 주어진다.

$$p(\mathcal{D}|\mu, \tau) = \left(\frac{\tau}{2\pi} \right)^{N/2} \exp \left\{ -\frac{\tau}{2} \sum_{n=1}^{N} (x_n - \mu)^2 \right\} \qquad \text{(식 10.21)}$$

다음과 같이 μ와 τ에 대한 켤레 사전 분포를 도입하자.

$$
\begin{aligned}
p(\mu|\tau) &= \mathcal{N}\left(\mu|\mu_0, (\lambda_0 \tau)^{-1} \right) &\qquad \text{(식 10.22)} \\
p(\tau) &= \text{Gam}(\tau|a_0, b_0) &\qquad \text{(식 10.23)}
\end{aligned}
$$

2.3.6절

여기서 $\text{Gam}(\tau|a_0, b_0)$는 식 2.146에서 정의된 감마 분포다. 이 둘은 가우시안 감마 켤레 사전 분포를 이룬다.

연습문제 2.44

이 간단한 문제의 경우에는 사후 분포를 정확히 찾을 수 있으며, 이는 다시금 가우시안 감마 분포의 형태를 띤다. 하지만 여기서는 교육적인 목적에서 사후 분포에 대한 인수분해된 변분적 근삿값을 고려해 보도록 하자. 이는 다음처럼 주어진다.

$$q(\mu, \tau) = q_\mu(\mu) q_\tau(\tau) \qquad \text{(식 10.24)}$$

실제 사후 분포는 이런 식으로 인수분해되지 않는다는 점을 짚고 넘어가자. 최적 인자 $q_\mu(\mu)$

와 $q_\tau(\tau)$는 일반 결과 식 10.9로부터 다음처럼 구해진다. $q_\mu(\mu)$의 경우에는 다음과 같다.

$$\begin{aligned}
\ln q_\mu^\star(\mu) &= \mathbb{E}_\tau\left[\ln p(\mathcal{D}|\mu,\tau) + \ln p(\mu|\tau)\right] + \text{const} \\
&= -\frac{\mathbb{E}[\tau]}{2}\left\{\lambda_0(\mu-\mu_0)^2 + \sum_{n=1}^{N}(x_n-\mu)^2\right\} + \text{const} \quad\text{(식 10.25)}
\end{aligned}$$

연습문제 10.7 μ에 대해 제곱식의 완성을 시행하면 $q_\mu(\mu)$가 $\mathcal{N}\left(\mu|\mu_N,\lambda_N^{-1}\right)$의 형태를 가지는 가우시안 분포라는 것을 알 수 있다. 이 경우 평균과 정밀도는 다음과 같다.

$$\mu_N = \frac{\lambda_0\mu_0 + N\bar{x}}{\lambda_0 + N} \quad\text{(식 10.26)}$$

$$\lambda_N = (\lambda_0 + N)\mathbb{E}[\tau] \quad\text{(식 10.27)}$$

$N \to \infty$의 경우에 이는 최대 가능도 결과에 해당하게 되며, 이때 $\mu_N = \bar{x}$이고 정밀도는 무한대다.

이와 비슷하게 인자 $q_\tau(\tau)$에 대한 최적해는 다음처럼 주어진다.

$$\begin{aligned}
\ln q_\tau^\star(\tau) &= \mathbb{E}_\mu\left[\ln p(\mathcal{D}|\mu,\tau) + \ln p(\mu|\tau)\right] + \ln p(\tau) + \text{const} \\
&= (a_0-1)\ln\tau - b_0\tau + \frac{N}{2}\ln\tau + \frac{1}{2}\ln\tau \\
&\quad -\frac{\tau}{2}\mathbb{E}_\mu\left[\sum_{n=1}^{N}(x_n-\mu)^2 + \lambda_0(\mu-\mu_0)^2\right] + \text{const} \quad\text{(식 10.28)}
\end{aligned}$$

따라서 $q_\tau(\tau)$는 감마 분포 $\text{Gam}(\tau|a_N,b_N)$이며, 이때의 매개변수들은 다음처럼 주어진다.

$$a_N = a_0 + \frac{N+1}{2} \quad\text{(식 10.29)}$$

$$b_N = b_0 + \frac{1}{2}\mathbb{E}_\mu\left[\sum_{n=1}^{N}(x_n-\mu)^2 + \lambda_0(\mu-\mu_0)^2\right] \quad\text{(식 10.30)}$$

연습문제 10.8 다시 한 번 이 결과는 $N \to \infty$의 경우에 우리가 기대하고 있는 결과를 보인다.

10.4.1절 이 근사 과정에서, 최적 분포 $q_\mu(\mu)$와 $q_\tau(\tau)$에 대해서 이러한 특정 함수적 형태를 가정하지 않았다. 이들은 가능도 함수와 해당 켤레 사전 분포의 구조로부터 자연스럽게 나타났다.

이제 우리는 최적 분포 $q_\mu(\mu)$와 $q_\tau(\tau)$에 대한 공식을 가지게 되었다. 각각의 식은 다른 분포에 대해서 계산된 모멘트에 종속적이다. 따라서 해를 찾기 위한 접근법 중 하나는 모멘트 $\mathbb{E}[\tau]$

의 초깃값을 가정하고 이를 바탕으로 분포 $q_\mu(\mu)$를 계산하는 것이다. 이 수정된 분포를 바탕으로 필요한 모멘트 $\mathbb{E}[\mu]$와 $\mathbb{E}[\mu^2]$을 추출할 수 있으며, 이들을 바탕으로 분포 $q_\tau(\tau)$를 계산할 수 있다. 이와 같은 계산 과정을 반복적으로 적용하게 된다. 이 예시에 대한 은닉 변수의 공간은 이차원이다. 따라서 실제 사후 분포와 인수분해 근사치의 경로를 그려서 사후 분포의 변분적 근사에 대해 보이는 것이 가능하다. 그림 10.4에서 이를 확인할 수 있다.

일반적으로 최적의 인수분해 사후 분포 문제를 풀기 위해서는 이와 같은 반복적인 접근법이 필요하다. 하지만 우리가 여기서 고려하고 있는 매우 간단한 문제의 경우에는 최적 인자 $q_\mu(\mu)$와 $q_\tau(\tau)$에 대한 연립 방정식을 풀어서 명시적인 해를 찾을 수 있다. 이를 시행하기 전에 $\mu_0 = a_0 = b_0 = \lambda_0 = 0$인 폭넓고 비정보적인 사전 분포를 고려해서 이 식들을 단순화해 보자. 이 매개변수들은 부적합 사전 분포에 해당하지만, 사후 분포는 여전히 정의된다. 감마 분포의 평균에 대한 표준 결과 $\mathbb{E}[\tau] = a_N/b_N$과 식 10.29, 식 10.30을 함께 사용하면 다음을 얻게 된다.

부록 B

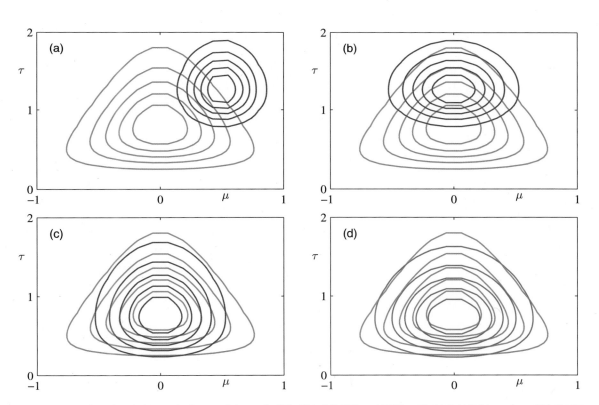

그림 10.4 　단변량 가우시안 분포의 평균 μ, 정밀도 τ에 대한 변분적 추론을 도식화한 그림. 실제 사후 분포 $p(\mu, \tau|D)$의 경로가 녹색으로 그려져 있다. (a) 최초의 인수분해 근사 $q_\mu(\mu)q_\tau(\tau)$가 파란색으로 그려져 있다. (b) 재추정 후의 인자 $q_\mu(\mu)$ (c) 재추정 후의 인자 $q_\tau(\tau)$ (d) 반복 후에 수렴하는 최적 인수분해 근사의 경로가 빨간색으로 그려져 있다.

$$\frac{1}{\mathbb{E}[\tau]} = \mathbb{E}\left[\frac{1}{N+1}\sum_{n=1}^{N}(x_n - \mu)^2\right] = \frac{N}{N+1}\left(\overline{x^2} - 2\overline{x}\mathbb{E}[\mu] + \mathbb{E}[\mu^2]\right) \quad \text{(식 10.31)}$$

그 후 식 10.26과 식 10.27을 적용하면 $q_\mu(\mu)$에 대한 일차와 이차 모멘트를 구할 수 있다.

$$\mathbb{E}[\mu] = \overline{x}, \qquad \mathbb{E}[\mu^2] = \overline{x}^2 + \frac{1}{N\mathbb{E}[\tau]} \qquad \text{(식 10.32)}$$

연습문제 10.9 이 모멘트들을 식 10.31에 대입하고 $\mathbb{E}[\tau]$에 대해 풀면 다음을 얻게 된다.

$$\frac{1}{\mathbb{E}[\tau]} = (\overline{x^2} - \overline{x}^2) = \frac{1}{N}\sum_{n=1}^{N}(x_n - \overline{x})^2 \qquad \text{(식 10.33)}$$

가우시안 분포에서의 베이지안 추론에 대해 더 자세히 살펴보고 싶다면 Minka(1998)를 참고하기 바란다.

10.1.4 모델 비교

숨김 변수 $\mathbf{Z}$에 대한 추론을 시행하는 것뿐만 아니라 후보 모델들에 대한 비교를 시행하고 싶을 수도 있다. 이때 후보 모델들은 인덱스 m으로 라벨되며, 사전 분포 $p(m)$을 가지게 된다. 우리의 목표는 사후 분포 $p(m|\mathbf{X})$를 추정하는 것이다. 여기서 $\mathbf{X}$는 관측된 데이터다. 이는 지금까지 고려했던 것보다는 약간 더 복잡한 상황이다. 왜냐하면 모델들은 서로 다른 구조를 가졌을 수 있으며, 은닉 변수 $\mathbf{Z}$들이 다른 차원수를 가졌을 수도 있기 때문이다. 따라서 단순히 인수분해 근사치 $q(\mathbf{Z})q(m)$을 고려하는 것은 불가능하다. 대신에 $\mathbf{Z}$에 대한 사후 분포가 반드시 m에 대해 조건부여야 한다는 점을 고려해야 한다. 따라서 $q(\mathbf{Z}, m) = q(\mathbf{Z}|m)q(m)$을 고려해 연습문제 10.10 야만 한다. 이 변분적 분포를 바탕으로 하면 다음의 분해를 바로 확인할 수 있다.

$$\ln p(\mathbf{X}) = \mathcal{L}_m - \sum_m \sum_{\mathbf{Z}} q(\mathbf{Z}|m)q(m)\ln\left\{\frac{p(\mathbf{Z}, m|\mathbf{X})}{q(\mathbf{Z}|m)q(m)}\right\} \qquad \text{(식 10.34)}$$

여기서 $\mathcal{L}$은 $\ln p(\mathbf{X})$에 대한 하한이며

$$\mathcal{L}_m = \sum_m \sum_{\mathbf{Z}} q(\mathbf{Z}|m)q(m)\ln\left\{\frac{p(\mathbf{Z}, \mathbf{X}, m)}{q(\mathbf{Z}|m)q(m)}\right\} \qquad \text{(식 10.35)}$$

여기서 우리는 이산 $\mathbf{Z}$를 가정하였지만, 합산을 적분으로 바꾸기만 하면 연속 잠재 변수에 대해서도 같은 분석을 적용할 수 있다. 라그랑주 승수를 이용해서 $\mathcal{L}$을 분포 $q(m)$에 대해 최대 연습문제 10.11 화할 수 있다.

$$q(m) \propto p(m) \exp\{\mathcal{L}_m\} \qquad \text{(식 10.36)}$$

여기서

$$\mathcal{L}_m = \sum_{\mathbf{Z}} q(\mathbf{Z}|m) \ln \left\{ \frac{p(\mathbf{Z}, \mathbf{X}|m)}{q(\mathbf{Z}|m)} \right\}$$

이다. 하지만 만약 $\mathcal{L}$을 $q(\mathbf{Z}|m)$에 대해 최대화하면 서로 다른 m에 대한 해들이 연결되어 있다는 것을 알 수 있다. 이는 분포가 m에 대해서 조건부이기 때문에 당연하다고 볼 수 있다. 따라서 일단 첫 번째로 각각의 $q(\mathbf{Z}|m)$에 대해서 개별적으로 식 10.35를 통해 최적화를 진행하고 (또는 동등하게 $\mathcal{L}_m$에 대한 최적화를 진행하고), 그 다음에 식 10.36을 통해서 $q(m)$을 정하는 식으로 진행해야 한다. 정규화를 거친 후의 $q(m)$에 대한 결괏값은 보통의 방법으로 모델 선택이나 모델 평균에 사용할 수 있다.

10.2 예시: 변분적 가우시안 혼합 분포

가우시안 혼합 분포에 대한 논의로 돌아가 보자. 여기에 앞에서 발전시킨 변분적 추론 방법을 적용해 보도록 하자. 이를 통해서 변분적 방법론을 실제로 적용시키는 사례에 대해 살펴볼 수 있을 것이며, 최대 가능도 접근법을 사용할 때의 여러 문제점을 베이지안 방법론을 통해서 어떻게 잘 해결할 수 있는지도 알 수 있을 것이다(Attias, 1999b). 이 예시는 변분적 방법론의 실제적 적용에 대해서 많은 통찰을 준다. 그러므로 이 예시에 대해 자세히 살펴볼 것을 권장하는 바다. 여기서의 분석을 일반화하고 확장해서 훨씬 더 복잡한 분포의 형태를 띠고 있는 많은 베이지안 모델들을 간단 명료하게 다룰 수 있다.

출발점은 그림 9.6의 그래프 모델에 그려져 있는 가우시안 혼합 모델의 가능도 함수다. 각각의 관측값 $\mathbf{x}_n$에 대해 해당 잠재 변수 $\mathbf{z}_n$이 있다. 잠재 변수는 원 핫 인코딩 이진 벡터로써 그 원소는 $z_{nk}(k = 1, \ldots, K)$다. 앞에서와 마찬가지로 관측 데이터 집합을 $\mathbf{X} = \{\mathbf{x}_1, \ldots, \mathbf{x}_N\}$으로, 잠재 변수 집합을 $\mathbf{Z} = \{\mathbf{z}_1, \ldots, \mathbf{z}_N\}$으로 적을 것이다. 식 9.10으로부터 혼합 계수 $\boldsymbol{\pi}$가 주어졌을 때의 $\mathbf{Z}$에 대한 조건부 분포를 다음과 같이 적을 수 있다.

$$p(\mathbf{Z}|\boldsymbol{\pi}) = \prod_{n=1}^{N} \prod_{k=1}^{K} \pi_k^{z_{nk}} \qquad \text{(식 10.37)}$$

이와 비슷하게 식 9.11로부터 잠재 변수들과 성분 매개변수가 주어졌을 때의 관측 데이터 벡터에 대한 조건부 분포를 다음처럼 적을 수 있다.

$$p(\mathbf{X}|\mathbf{Z},\boldsymbol{\mu},\boldsymbol{\Lambda}) = \prod_{n=1}^{N}\prod_{k=1}^{K} \mathcal{N}\left(\mathbf{x}_n|\boldsymbol{\mu}_k,\boldsymbol{\Lambda}_k^{-1}\right)^{z_{nk}} \qquad \text{(식 10.38)}$$

여기서 $\boldsymbol{\mu} = \{\boldsymbol{\mu}_k\}$, $\boldsymbol{\Lambda} = \{\boldsymbol{\Lambda}_k\}$다. 수학적 계산을 간단하게 하기 위해서 공분산 행렬 대신에 정밀도 행렬을 사용하였다.

다음으로는 매개변수 $\boldsymbol{\mu}$, $\boldsymbol{\Lambda}$, $\boldsymbol{\pi}$에 대한 사전 분포를 도입하자. 켤레 사전 분포를 도입하면 이 분석은 더 간단해진다. 혼합 계수 $\boldsymbol{\pi}$에 대해서는 디리클레 분포를 선택하도록 하자.

10.4.1절

$$p(\boldsymbol{\pi}) = \text{Dir}(\boldsymbol{\pi}|\boldsymbol{\alpha}_0) = C(\boldsymbol{\alpha}_0)\prod_{k=1}^{K}\pi_k^{\alpha_0-1} \qquad \text{(식 10.39)}$$

대칭성에 따라서 각각의 성분에 대해 같은 매개변수 α_0을 선택하였으며, $C(\boldsymbol{\alpha}_0)$은 B.23에서

2.2.1절

정의된 디리클레 분포의 정규화 상수다. 앞에서 살펴본 것처럼 매개변수 α_0를 혼합 분포 각각의 성분들에 연관된 사전 분포의 유효 관측수로 해석 가능하다. 만약 α_0 값이 작다면, 사후 분포는 사전 분포보다 데이터로부터 더 많은 영향을 받게 될 것이다.

이와 비슷하게 각 가우시안 성분의 평균과 정밀도를 조정하는 독립적인 가우시안 위샤트 사전 분포를 도입하자.

$$
\begin{aligned}
p(\boldsymbol{\mu},\boldsymbol{\Lambda}) &= p(\boldsymbol{\mu}|\boldsymbol{\Lambda})p(\boldsymbol{\Lambda}) \\
&= \prod_{k=1}^{K}\mathcal{N}\left(\boldsymbol{\mu}_k|\mathbf{m}_0,(\beta_0\boldsymbol{\Lambda}_k)^{-1}\right)\mathcal{W}(\boldsymbol{\Lambda}_k|\mathbf{W}_0,\nu_0) \qquad \text{(식 10.40)}
\end{aligned}
$$

2.3.6절

이는 평균과 정밀도가 둘 다 알려지지 않았을 경우의 켤레 사전 분포를 표현한다. 일반적으로 대칭성에 따라 $\mathbf{m}_0 = \mathbf{0}$을 사용하게 된다.

이 결과로 얻게 된 모델은 그림 10.5에 그려진 방향성 그래프로 표현 가능하다. 식 10.40의 $\boldsymbol{\mu}$에 대한 분포의 분산이 $\boldsymbol{\Lambda}$의 함수이기 때문에 이 그래프상에는 $\boldsymbol{\Lambda}$에서 $\boldsymbol{\mu}$로의 링크가 존재한다.

그림 10.5   베이지안 가우시안 혼합 분포를 표현한 방향성 비순환 그래프. 상자(판)는 N개의 독립적이고 동일하게 분포된 관측값들을 지칭한다. 참고로 여기서 $\boldsymbol{\mu}$는 $\{\boldsymbol{\mu}_k\}$를, $\boldsymbol{\Lambda}$는 $\{\boldsymbol{\Lambda}_k\}$를 지칭한다.

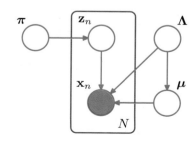

이 예시는 잠재 변수와 매개변수들 사이의 차이점을 잘 보여 주고 있다. 이러한 변수의 숫자는 데이터 집합의 크기가 커짐에 따라서 함께 커지기 때문에 변수 $\mathbf{z}_n$과 같이 판 내부에 있는 것들은 잠재 변수라고 여길 수 있다. 이와는 대조적으로 변수 $\boldsymbol{\mu}$와 같이 판 바깥에 있는 변수는 데이터 집합의 크기와 상관없이 그 수가 고정되어 있기 때문에 매개변수라고 여길 수 있다. 하지만 그래프 모델 관점에서는 이 둘 사이에 근본적인 차이가 없다.

10.2.1 변분적 분포

이 모델에 변분적 방법을 적용하는 것을 공식화하기 위한 다음 단계로 모든 확률 변수들의 결합 분포를 적어 보도록 하자.

$$p(\mathbf{X}, \mathbf{Z}, \boldsymbol{\pi}, \boldsymbol{\mu}, \boldsymbol{\Lambda}) = p(\mathbf{X}|\mathbf{Z}, \boldsymbol{\mu}, \boldsymbol{\Lambda})p(\mathbf{Z}|\boldsymbol{\pi})p(\boldsymbol{\pi})p(\boldsymbol{\mu}|\boldsymbol{\Lambda})p(\boldsymbol{\Lambda}) \qquad \text{(식 10.41)}$$

여기서 다양한 인자들이 정의되었다. 잠시 시간을 들여서 이 분해가 실제로 그림 10.5의 확률적 그래프 모델에 해당하는지를 확인하기 바란다. 여기서 관측된 변수에 해당하는 것은 $\mathbf{X} = \{\mathbf{x}_1, \ldots, \mathbf{x}_N\}$뿐이다.

잠재 변수와 매개변수 간에 인수분해되는 변분적 분포를 고려해 보도록 하자.

$$q(\mathbf{Z}, \boldsymbol{\pi}, \boldsymbol{\mu}, \boldsymbol{\Lambda}) = q(\mathbf{Z})q(\boldsymbol{\pi}, \boldsymbol{\mu}, \boldsymbol{\Lambda}) \qquad \text{(식 10.42)}$$

베이지안 혼합 모델에서 다루기 쉬운 실제적인 해를 얻기 위해서 필요한 가정(假定)은 오직 이것 하나뿐이다. $q(\mathbf{Z})$와 $q(\boldsymbol{\pi}, \boldsymbol{\mu}, \boldsymbol{\Lambda})$의 함수적 형태는 변분적 분포의 최적화를 통해 자동적으로 결정될 것이다. 식 10.41에서의 p 분포와 마찬가지로 여기서도 q 분포에서 첨자가 생략되었다. 대신에 어떤 변수들이 입력되는지를 바탕으로 서로 다른 분포들을 구별하게 된다.

식 10.9의 일반적인 결과를 바탕으로 이 인자들에 대한 순차적 업데이트를 쉽게 유도할 수 있다. 인자 $q(\mathbf{Z})$에 대한 업데이트 식의 미분을 고려해 보자. 최적화된 인자의 로그는 다음처럼 주어지게 된다.

$$\ln q^{\star}(\mathbf{Z}) = \mathbb{E}_{\boldsymbol{\pi}, \boldsymbol{\mu}, \boldsymbol{\Lambda}}[\ln p(\mathbf{X}, \mathbf{Z}, \boldsymbol{\pi}, \boldsymbol{\mu}, \boldsymbol{\Lambda})] + \text{const} \qquad \text{(식 10.43)}$$

식 10.41의 분해를 사용하였다. 우리는 오직 오른쪽 변의 변수 $\mathbf{Z}$에 대한 함수적 종속성에 대해서만 관심이 있다. 따라서 $\mathbf{Z}$에 종속적이지 않은 항들을 합산 정규화 상수에 흡수시킬 수 있다.

$$\ln q^{\star}(\mathbf{Z}) = \mathbb{E}_{\boldsymbol{\pi}}[\ln p(\mathbf{Z}|\boldsymbol{\pi})] + \mathbb{E}_{\boldsymbol{\mu}, \boldsymbol{\Lambda}}[\ln p(\mathbf{X}|\mathbf{Z}, \boldsymbol{\mu}, \boldsymbol{\Lambda})] + \text{const} \qquad \text{(식 10.44)}$$

오른쪽 변의 두 조건부 분포를 치환해 넣고 다시 한 번 $\mathbf{Z}$에 대해 독립적인 항들을 합산 상수에 흡수시키면 다음을 얻게 된다.

$$\ln q^\star(\mathbf{Z}) = \sum_{n=1}^{N} \sum_{k=1}^{K} z_{nk} \ln \rho_{nk} + \text{const} \tag{식 10.45}$$

여기서 다음을 정의하였다.

$$
\begin{aligned}
\ln \rho_{nk} = {} & \mathbb{E}[\ln \pi_k] + \frac{1}{2}\mathbb{E}\left[\ln |\mathbf{\Lambda}_k|\right] - \frac{D}{2}\ln(2\pi) \\
& - \frac{1}{2}\mathbb{E}_{\boldsymbol{\mu}_k, \mathbf{\Lambda}_k}\left[(\mathbf{x}_n - \boldsymbol{\mu}_k)^{\mathrm{T}}\mathbf{\Lambda}_k(\mathbf{x}_n - \boldsymbol{\mu}_k)\right]
\end{aligned}
\tag{식 10.46}
$$

여기서 D는 데이터 변수 $\mathbf{x}$의 차원수다. 식 10.45의 양변에 대해 지수 함수를 취하면 다음을 얻게 된다.

$$q^\star(\mathbf{Z}) \propto \prod_{n=1}^{N} \prod_{k=1}^{K} \rho_{nk}^{z_{nk}} \tag{식 10.47}$$

연습문제 10.12 이 분포가 정규화되어야 한다는 것과 각각의 n 값에 대해서 z_{nk}는 이진이며, 모든 k 값에 대해 합산할 경우 1이 된다는 점 등을 고려하면 다음을 얻게 된다.

$$q^\star(\mathbf{Z}) = \prod_{n=1}^{N} \prod_{k=1}^{K} r_{nk}^{z_{nk}} \tag{식 10.48}$$

여기서 다음과 같다.

$$r_{nk} = \frac{\rho_{nk}}{\displaystyle\sum_{j=1}^{K} \rho_{nj}} \tag{식 10.49}$$

인자 $q(\mathbf{Z})$에 대한 최적의 해가 사전 분포 $p(\mathbf{Z}|\boldsymbol{\pi})$와 같은 함수적 형태를 지닌다는 것을 알 수 있다. ρ_{nk}가 실숫값의 지수에 해당하기 때문에 r_{nk}는 0보다 크거나 같은 값일 것이며, 합산하면 1이 된다.

이산 분포 $q^\star(\mathbf{Z})$의 경우 다음의 표준 결과를 얻을 수 있다.

$$\mathbb{E}[z_{nk}] = r_{nk} \tag{식 10.50}$$

이로부터 값 r_{nk}이 책임값의 역할을 한다는 것을 알 수 있다. $q^\star(\mathbf{Z})$에 대한 최적해는 다른 변수들의 분포에 대해 계산된 모멘트에 종속적이다. 따라서 다시 한 번 변분적 업데이트 식은 서로 연결되어 있으며, 반복적인 과정을 통해 풀어야만 한다.

관측된 데이터 집합의 세 가지 통계량을 책임값에 대해 정의하면 편리할 것이다. 다음과 같다.

$$N_k = \sum_{n=1}^{N} r_{nk} \tag{식 10.51}$$

$$\overline{\mathbf{x}}_k = \frac{1}{N_k} \sum_{n=1}^{N} r_{nk} \mathbf{x}_n \tag{식 10.52}$$

$$\mathbf{S}_k = \frac{1}{N_k} \sum_{n=1}^{N} r_{nk} (\mathbf{x}_n - \overline{\mathbf{x}}_k)(\mathbf{x}_n - \overline{\mathbf{x}}_k)^{\mathrm{T}} \tag{식 10.53}$$

이 값들은 최대 가능도 EM 알고리즘을 가우시안 혼합 모델에 적용했을 때 구한 값들과 유사하다.

이제 변분적 사후 분포의 인자 $q(\boldsymbol{\pi}, \boldsymbol{\mu}, \boldsymbol{\Lambda})$를 고려해 보도록 하자. 다시 한 번 식 10.9의 일반 결과를 사용하면 다음을 얻게 된다.

$$\ln q^\star(\boldsymbol{\pi}, \boldsymbol{\mu}, \boldsymbol{\Lambda}) = \ln p(\boldsymbol{\pi}) + \sum_{k=1}^{K} \ln p(\boldsymbol{\mu}_k, \boldsymbol{\Lambda}_k) + \mathbb{E}_{\mathbf{Z}} \left[\ln p(\mathbf{Z}|\boldsymbol{\pi}) \right]$$

$$+ \sum_{k=1}^{K} \sum_{n=1}^{N} \mathbb{E}[z_{nk}] \ln \mathcal{N} \left(\mathbf{x}_n | \boldsymbol{\mu}_k, \boldsymbol{\Lambda}_k^{-1} \right) + \mathrm{const} \tag{식 10.54}$$

이 표현식의 오른쪽 변을 $\boldsymbol{\pi}$만을 포함하는 항들의 합과 $\boldsymbol{\mu}$와 $\boldsymbol{\Lambda}$만을 포함하는 항들의 합으로 분해할 수 있다. 이는 변분적 사후 분포 $q(\boldsymbol{\pi}, \boldsymbol{\mu}, \boldsymbol{\Lambda})$가 $q(\boldsymbol{\pi})q(\boldsymbol{\mu}, \boldsymbol{\Lambda})$로 인수분해될 수 있다는 것을 의미한다. 또한, $\boldsymbol{\mu}$와 $\boldsymbol{\Lambda}$를 포함하는 항은 $\boldsymbol{\mu}_k$와 $\boldsymbol{\Lambda}_k$를 포함하는 항들을 k에 대해서 합산하는 항으로 이루어져 있다. 따라서 다음과 같이 더 인수분해할 수 있다.

$$q(\boldsymbol{\pi}, \boldsymbol{\mu}, \boldsymbol{\Lambda}) = q(\boldsymbol{\pi}) \prod_{k=1}^{K} q(\boldsymbol{\mu}_k, \boldsymbol{\Lambda}_k) \tag{식 10.55}$$

식 10.54의 오른쪽 변에서 $\boldsymbol{\pi}$에 종속적인 항만을 고려하면 다음을 얻게 된다.

$$\ln q^\star(\boldsymbol{\pi}) = (\alpha_0 - 1) \sum_{k=1}^{K} \ln \pi_k + \sum_{k=1}^{K} \sum_{n=1}^{N} r_{nk} \ln \pi_k + \mathrm{const} \tag{식 10.56}$$

여기서 식 10.50을 사용했다. 양변에 대해 지수 함수를 취하면 $q^\star(\boldsymbol{\pi})$가 디리클레 분포라는 것을 확인할 수 있다.

$$q^\star(\boldsymbol{\pi}) = \mathrm{Dir}(\boldsymbol{\pi}|\boldsymbol{\alpha}) \tag{식 10.57}$$

여기서 $\boldsymbol{\alpha}$는 다음에 해당하는 성분 α_k로 이루어져 있다.

$$\alpha_k = \alpha_0 + N_k \tag{식 10.58}$$

변분적 사후 분포 $q^\star(\boldsymbol{\mu}_k, \boldsymbol{\Lambda}_k)$는 주변 분포들의 곱으로 인수분해되지는 않는다. 하지만 곱의 법칙을 이용해서 $q^\star(\boldsymbol{\mu}_k, \boldsymbol{\Lambda}_k) = q^\star(\boldsymbol{\mu}_k|\boldsymbol{\Lambda}_k)q^\star(\boldsymbol{\Lambda}_k)$의 형태로 적는 것은 가능하다. 이 두 인자들은 식 10.54를 검사하고 $\boldsymbol{\mu}_k$와 $\boldsymbol{\Lambda}_k$를 포함하는 항만을 읽어 냄으로써 찾을 수 있다. 그 결과는 가우시안 위샤트 분포이며, 다음과 같이 주어진다.

연습문제 10.3

$$q^\star(\boldsymbol{\mu}_k, \boldsymbol{\Lambda}_k) = \mathcal{N}\left(\boldsymbol{\mu}_k|\mathbf{m}_k, (\beta_k \boldsymbol{\Lambda}_k)^{-1}\right) \mathcal{W}(\boldsymbol{\Lambda}_k|\mathbf{W}_k, \nu_k) \tag{식 10.59}$$

여기서 다음을 정의했다.

$$\beta_k = \beta_0 + N_k \tag{식 10.60}$$

$$\mathbf{m}_k = \frac{1}{\beta_k}\left(\beta_0 \mathbf{m}_0 + N_k \overline{\mathbf{x}}_k\right) \tag{식 10.61}$$

$$\mathbf{W}_k^{-1} = \mathbf{W}_0^{-1} + N_k \mathbf{S}_k + \frac{\beta_0 N_k}{\beta_0 + N_k}(\overline{\mathbf{x}}_k - \mathbf{m}_0)(\overline{\mathbf{x}}_k - \mathbf{m}_0)^{\mathrm{T}} \tag{식 10.62}$$

$$\nu_k = \nu_0 + N_k \tag{식 10.63}$$

이 업데이트 식들은 가우시안 혼합 모델의 최대 가능도 해에 대한 EM 알고리즘에서의 M단계와 유사하다. 모델 매개변수에 대한 변분적 사후 분포를 업데이트하기 위해서 시행되어야 하는 계산들은 최대 가능도 계산에서 시행해야 했던 데이터 집합에 대한 합산들과 동일하다.

이 변분적 M단계를 시행하기 위해서는 책임값에 해당하는 기댓값 $\mathbb{E}[z_{nk}] = r_{nk}$가 필요하다. 이들은 식 10.46에서 주어진 ρ_{nk}를 정규화함으로써 구할 수 있다. 이 식은 매개변수의 변분적 분포에 대한 기댓값의 계산을 필요로 한다. 이를 계산하면 다음과 같다.

연습문제 10.14

$$\mathbb{E}_{\boldsymbol{\mu}_k, \boldsymbol{\Lambda}_k}\left[(\mathbf{x}_n - \boldsymbol{\mu}_k)^{\mathrm{T}} \boldsymbol{\Lambda}_k (\mathbf{x}_n - \boldsymbol{\mu}_k)\right]$$
$$= D\beta_k^{-1} + \nu_k(\mathbf{x}_n - \mathbf{m}_k)^{\mathrm{T}} \mathbf{W}_k (\mathbf{x}_n - \mathbf{m}_k) \tag{식 10.64}$$

$$\ln \widetilde{\Lambda}_k \equiv \mathbb{E}\left[\ln |\boldsymbol{\Lambda}_k|\right] = \sum_{i=1}^{D} \psi\left(\frac{\nu_k + 1 - i}{2}\right) + D \ln 2 + \ln |\mathbf{W}_k| \tag{식 10.65}$$

$$\ln \widetilde{\pi}_k \equiv \mathbb{E}[\ln \pi_k] = \psi(\alpha_k) - \psi(\widehat{\alpha}) \tag{식 10.66}$$

여기서 $\widetilde{\Lambda}_k$와 $\widetilde{\pi}_k$의 정의를 도입했다. 또한, $\psi(\cdot)$는 식 B.25에서 정의된 디감마 함수로서 $\widehat{\alpha} = \sum_k \alpha_k$이다. 식 10.65와 식 10.66의 결과는 위샤트 분포와 디리클레 분포의 표준적인 성질을 따른다.

부록 B

식 10.64, 식 10.65, 식 10.66을 식 10.46에 대입하고 식 10.49를 활용하면 책임값에 대한 다음의 결과를 얻을 수 있다.

$$r_{nk} \propto \widetilde{\pi}_k \widetilde{\Lambda}_k^{1/2} \exp\left\{ -\frac{D}{2\beta_k} - \frac{\nu_k}{2}(\mathbf{x}_n - \mathbf{m}_k)^{\mathrm{T}} \mathbf{W}_k (\mathbf{x}_n - \mathbf{m}_k) \right\} \quad \text{(식 10.67)}$$

이는 최대 가능도 EM에서의 확률값에 대한 해당 결과와 비슷하다. 이 해당 결과는 식 9.13으로부터 다음의 형태로 적을 수 있다.

$$r_{nk} \propto \pi_k |\mathbf{\Lambda}_k|^{1/2} \exp\left\{ -\frac{1}{2}(\mathbf{x}_n - \boldsymbol{\mu}_k)^{\mathrm{T}} \mathbf{\Lambda}_k (\mathbf{x}_n - \boldsymbol{\mu}_k) \right\} \quad \text{(식 10.68)}$$

식 10.67과의 유사성을 보이기 위해서 공분산의 자리에 정밀도를 사용하였다.

따라서 변분적 사후 분포의 최적화 과정에서는 최대 가능도 EM 알고리즘에서의 E단계, M단계와 유사한 두 단계를 번갈아서 시행하게 된다. 변분적 최적화의 E단계에서는 모델 매개변수들에 대한 현재 분포를 바탕으로 식 10.64, 식 10.65, 식 10.66의 모멘트들을 계산하고 이를 통해서 $\mathbb{E}[z_{nk}] = r_{nk}$를 구한다. 다음으로 변분적 최적화의 M단계에서는 책임값들을 고정시켜 놓고 이를 바탕으로 식 10.57과 식 10.59를 이용해서 매개변수들에 대한 변분적 분포를 다시 계산하게 된다. 각각의 경우에 변분적 사후 분포는 식 10.41의 결합 분포의 해당 인자와 같은 함수적 형태를 지닌다. 이는 일반적인 결과이며, 켤레 분포의 선택에 따라 발생한 결과다.

10.4.1절

그림 10.6은 이 결과를 이용해서 재척도화된 '오래된 믿음' 데이터 집합을 $K = 6$개의 성분을 가진 가우시안 혼합 모델에 대해 적용한 결과다. 수렴된 후에는 두 개의 성분들의 혼합 계수 기댓값만이 사전값과 수치적 차이를 가지고 있는 것을 볼 수 있다. 이 효과는 베이지안 모델에서 데이터를 근사하는 것과 모델의 복잡도 사이의 자동적인 트레이드 오프라고 이해할 수 있다. 여기서는 매개변수들이 사전값들로부터 멀어지게 되는 성분들에 대해 복잡도 벌칙이 부과되었다. 데이터 포인트를 설명하는 데 있어서 기본적으로 책임값을 가지지 않는 데이터 포인트는 $r_{nk} \simeq 0$ 값을 가지며, 따라서 $N_k \simeq 0$이다. 또한 식 10.58로부터 $\alpha_k \simeq \alpha_0$임을 알 수 있고, 식 10.60 ~ 식 10.63으로부터는 다른 매개변수들이 이전 값들로 돌아가게 됨을 알 수 있다. 원칙적으로 이러한 성분들은 데이터 포인트들에 살짝 피팅되지만, 폭넓은 사전 분포의 경우라면 이 효과를 수치적으로 확인하기에는 너무 작다. 변분적 가우시안 혼합 모델에서 사후 분포 혼합 계수의 기댓값은 다음과 같이 주어지게 된다.

3.4절

연습문제 10.15

$$\mathbb{E}[\pi_k] = \frac{\alpha_0 + N_k}{K\alpha_0 + N} \quad \text{(식 10.69)}$$

$N_k \simeq 0$이고 $\alpha_k \simeq \alpha_0$인 성분을 고려해 보자. 만약 사전 분포가 폭넓고 따라서 $\alpha_0 \to 0$이라면, $\mathbb{E}[\pi_k] \to 0$이고 이 성분은 모델에서 아무런 역할을 하지 않게 된다. 반면에 만약 사전 분

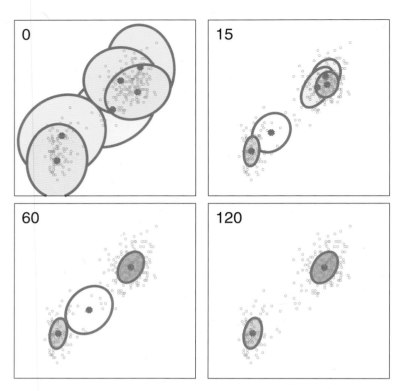

그림 10.6 '오래된 믿음' 데이터 집합에 $K = 6$인 변분적 베이지안 가우시안 혼합 분포를 적용한 예시. 여기서 타원은 각 성분에 대한 단위 표준 편차의 윤곽선을 나타낸 것이며, 타원 내부의 빨간색의 밀도는 각 성분 혼합 계수의 평균값에 해당한다. 도표의 왼쪽 위에 적혀 있는 숫자는 변분 추론의 반복 횟수를 의미한다. 혼합 계수의 기댓값이 수치적으로 0과 차이가 나지 않는 성분들은 그림에서 제외되었다.

포가 엄격하게 혼합 계수를 제약해서 $\alpha_0 \rightarrow \infty$라면, $\mathbb{E}[\pi_k] \rightarrow 1/K$이게 된다.

그림 10.6에서의 혼합 계수에 대한 사전 분포는 식 10.39의 형태를 가지는 디리클레 분포다. 그림 2.5로부터 $\alpha_0 < 1$인 경우에는 사전 분포가 몇몇 혼합 계수가 0인 해를 선호하게 된다는 것을 보았다. 그림 10.6에서는 $\alpha_0 = 10^{-3}$을 사용했으며, 그 결과 두 개의 성분이 0이 아닌 혼합 계수를 가지게 되었다. 만약 우리가 대신에 $\alpha_0 = 1$을 사용한다면 0이 아닌 혼합 계수를 가지는 세 개의 성분을 얻게 되고, $\alpha_0 = 10$을 사용한다면 0이 아닌 혼합 계수를 가지는 여섯 개의 성분을 얻게 된다.

지금까지 살펴본 것처럼, 베이지안 가우시안 혼합 분포에 대한 변분적 해와 최대 가능도를 구하기 위한 EM 알고리즘 사이에는 밀접한 유사성이 있다. 사실 $\text{limit } N \rightarrow \infty$를 취할 경우 베이지안 방법은 최대 가능도 EM 알고리즘으로 수렴하게 된다. 데이터 집합의 크기가 아주 작은 경우를 제외하면, 가우시안 분포의 변분적 알고리즘 계산 비용의 대부분은 책임값을 계산하는 과정과 가중 데이터 공분산 행렬을 계산하고 그 역을 구하는 과정에서 발생하게 된다. 이러한 계산들은 최대 가능도 EM 알고리즘을 계산할 때 필요했던 것과 거의 동일하다. 따라서 기존 최대 가능도 알고리즘과 비교할 때 베이지안 방법을 사용하게 되면 약간의 추가 비용이 발생하게 된다. 하지만 베이지안 방법에는 상당한 장점들이 존재한다. 첫 번째로, 최대 가능도에서 발생했던 가우시안 성분이 특정 데이터 포인트로 '붕괴'되어 들어가는 특이점 현상이 베이지안 방법에서는 발생하지 않는다. 실제로 이러한 특이점들은 사전 분포를 도입하고 최대 가능도 방법 대신에 **최대 사후 분포**(*MAP*) 추정을 사용하면 사라지게 된다. 또한, 그림 10.6에서 볼 수 있는 것처럼 만약 혼합에 대해서 큰 수의 K를 선택하더라도 과적합 현상이 발생하지 않는다. 그리고 변분적 방법은 교차 검증법 등에 의존하지 않고도 혼합 분포에서 최적의 성분 숫자를 찾을 수 있는 가능성을 열어 준다.

10.2.4절

10.2.2 변분적 하한

이 모델의 하한 경계 식 10.3을 직접 계산하는 것도 가능하다. 실제 적용 과정에서는 재추정 과정에서의 수렴 여부를 확인하기 위해서 이 경곗값을 살펴보는 것이 유용할 수 있다. 또한, 이를 해에 대한 수학적 공식과 소프트웨어 구현에 대한 적절한 점검 기준으로 활용할 수도 있다. 왜냐하면 재추정 반복 과정의 각 단계에서 이 경곗값은 감소하지 말아야 하기 때문이다. 이를 한 단계 더 끌고 나가면 유한 차분을 이용해서 각각의 업데이트가 실제로 경계에 대한 (제한된) 최댓값을 주었는지를 확인할 수 있다(Svensén and Bishop, 2004).

변분적 가우시안 혼합 분포의 경우에 식 10.3의 하한은 다음과 같이 주어진다.

$$
\begin{aligned}
\mathcal{L} &= \sum_{\mathbf{Z}} \iiint q(\mathbf{Z}, \boldsymbol{\pi}, \boldsymbol{\mu}, \boldsymbol{\Lambda}) \ln \left\{ \frac{p(\mathbf{X}, \mathbf{Z}, \boldsymbol{\pi}, \boldsymbol{\mu}, \boldsymbol{\Lambda})}{q(\mathbf{Z}, \boldsymbol{\pi}, \boldsymbol{\mu}, \boldsymbol{\Lambda})} \right\} \mathrm{d}\boldsymbol{\pi}\, \mathrm{d}\boldsymbol{\mu}\, \mathrm{d}\boldsymbol{\Lambda} \\
&= \mathbb{E}[\ln p(\mathbf{X}, \mathbf{Z}, \boldsymbol{\pi}, \boldsymbol{\mu}, \boldsymbol{\Lambda})] - \mathbb{E}[\ln q(\mathbf{Z}, \boldsymbol{\pi}, \boldsymbol{\mu}, \boldsymbol{\Lambda})] \\
&= \mathbb{E}[\ln p(\mathbf{X}|\mathbf{Z}, \boldsymbol{\mu}, \boldsymbol{\Lambda})] + \mathbb{E}[\ln p(\mathbf{Z}|\boldsymbol{\pi})] + \mathbb{E}[\ln p(\boldsymbol{\pi})] + \mathbb{E}[\ln p(\boldsymbol{\mu}, \boldsymbol{\Lambda})] \\
&\quad - \mathbb{E}[\ln q(\mathbf{Z})] - \mathbb{E}[\ln q(\boldsymbol{\pi})] - \mathbb{E}[\ln q(\boldsymbol{\mu}, \boldsymbol{\Lambda})]
\end{aligned}
\tag{식 10.70}
$$

여기서는 표기의 편의를 위해서 q 분포에서 첨자 ★를 생략했다. 또한, 기댓값 연산자에서도 첨자를 생략했다. 그 이유는 각각의 기댓값은 그 기댓값이 포함하고 있는 모든 변수에 대해서 계산되어야 하기 때문이다. 이 식에 있는 다양한 항들을 계산하면 다음을 얻을 수 있다.

연습문제 10.16

$$
\begin{aligned}
\mathbb{E}[\ln p(\mathbf{X}|\mathbf{Z}, \boldsymbol{\mu}, \boldsymbol{\Lambda})] = \frac{1}{2} \sum_{k=1}^{K} N_k \Big\{ &\ln \widetilde{\Lambda}_k - D\beta_k^{-1} - \nu_k \mathrm{Tr}(\mathbf{S}_k \mathbf{W}_k) \\
&- \nu_k (\overline{\mathbf{x}}_k - \mathbf{m}_k)^{\mathrm{T}} \mathbf{W}_k (\overline{\mathbf{x}}_k - \mathbf{m}_k) - D\ln(2\pi) \Big\}
\end{aligned}
\tag{식 10.71}
$$

$$\mathbb{E}[\ln p(\mathbf{Z}|\boldsymbol{\pi})] \quad = \quad \sum_{n=1}^{N} \sum_{k=1}^{K} r_{nk} \ln \widetilde{\pi}_k \qquad\qquad\qquad \text{(식 10.72)}$$

$$\mathbb{E}[\ln p(\boldsymbol{\pi})] \quad = \quad \ln C(\boldsymbol{\alpha}_0) + (\alpha_0 - 1) \sum_{k=1}^{K} \ln \widetilde{\pi}_k \qquad\qquad \text{(식 10.73)}$$

$$\mathbb{E}[\ln p(\boldsymbol{\mu}, \boldsymbol{\Lambda})] = \frac{1}{2} \sum_{k=1}^{K} \left\{ D \ln(\beta_0/2\pi) + \ln \widetilde{\Lambda}_k - \frac{D\beta_0}{\beta_k} \right.$$

$$\left. -\beta_0 \nu_k (\mathbf{m}_k - \mathbf{m}_0)^{\mathrm{T}} \mathbf{W}_k (\mathbf{m}_k - \mathbf{m}_0) \right\} + K \ln B(\mathbf{W}_0, \nu_0)$$

$$+ \frac{(\nu_0 - D - 1)}{2} \sum_{k=1}^{K} \ln \widetilde{\Lambda}_k - \frac{1}{2} \sum_{k=1}^{K} \nu_k \mathrm{Tr}(\mathbf{W}_0^{-1} \mathbf{W}_k) \qquad \text{(식 10.74)}$$

$$\mathbb{E}[\ln q(\mathbf{Z})] \quad = \quad \sum_{n=1}^{N} \sum_{k=1}^{K} r_{nk} \ln r_{nk} \qquad\qquad\qquad \text{(식 10.75)}$$

$$\mathbb{E}[\ln q(\boldsymbol{\pi})] \quad = \quad \sum_{k=1}^{K} (\alpha_k - 1) \ln \widetilde{\pi}_k + \ln C(\boldsymbol{\alpha}) \qquad\qquad \text{(식 10.76)}$$

$$\mathbb{E}[\ln q(\boldsymbol{\mu}, \boldsymbol{\Lambda})] \quad = \quad \sum_{k=1}^{K} \left\{ \frac{1}{2} \ln \widetilde{\Lambda}_k + \frac{D}{2} \ln \left(\frac{\beta_k}{2\pi} \right) - \frac{D}{2} - \mathrm{H}\left[q(\boldsymbol{\Lambda}_k) \right] \right\} \quad \text{(식 10.77)}$$

여기서 D는 $\mathbf{x}$의 차원수이고, $\mathrm{H}[q(\boldsymbol{\Lambda}_k)]$는 식 B.82의 위샤트 분포의 엔트로피다. 그리고 계수 $C(\boldsymbol{\alpha})$와 $B(\mathbf{W}, \nu)$는 각각 식 B.23과 식 B.79에 정의되어 있다. q 분포들의 로그 기댓값을 포함한 항은 단순히 해당 분포들의 음의 엔트로피에 해당하는 것이다. 이러한 식들을 합산하여 하한값을 구하는 과정에서 추가적인 단순화와 항들 간의 결합을 시행할 수 있다. 하지만 여기서는 이해를 돕기 위해 각각의 식들을 따로 떼어 놓았다.

하한값을 사용하면 10.2.1절에서 살펴보았던 변분적 재추정식을 다른 방식으로 유도하는 것이 가능하다. 이를 위해서는 모델이 켤레 사전 분포를 가지고 있기 때문에 변분적 사후 분포 인자들의 함수적 형태가 알려져 있다는 사실을 이용해야 한다. $\mathbf{Z}$의 경우에는 이산 분포, $\boldsymbol{\pi}$의 경우에는 디리클레 분포, $(\boldsymbol{\mu}_k, \boldsymbol{\Lambda}_k)$의 경우에는 가우시안 위샤트 분포다. 이러한 분포들의 일반 매개변수적 형태를 취함으로써 하한 경계를 분포 매개변수들의 함수로 구할 수 있다. 경계 함수 연습문제 10.18 를 이러한 매개변수들에 대해서 최대화하면 필요로 했던 재추정식을 얻을 수 있다.

10.2.3 예측 밀도

베이지안 가우시안 혼합 분포를 실제로 사용할 경우에 종종 관측 변수의 새 값 $\hat{\mathbf{x}}$에 대한 예측 밀도를 구하고자 하는 경우가 있을 수 있다. 이 관측값과 연관된 잠재 변수를 $\hat{\mathbf{z}}$라 하자. 그러면 예측 밀도는 다음처럼 주어지게 된다.

$$p(\hat{\mathbf{x}}|\mathbf{X}) = \sum_{\hat{\mathbf{z}}} \iiint p(\hat{\mathbf{x}}|\hat{\mathbf{z}}, \boldsymbol{\mu}, \boldsymbol{\Lambda}) p(\hat{\mathbf{z}}|\boldsymbol{\pi}) p(\boldsymbol{\pi}, \boldsymbol{\mu}, \boldsymbol{\Lambda}|\mathbf{X}) \, \mathrm{d}\boldsymbol{\pi} \, \mathrm{d}\boldsymbol{\mu} \, \mathrm{d}\boldsymbol{\Lambda} \qquad \text{(식 10.78)}$$

여기서 $p(\boldsymbol{\pi}, \boldsymbol{\mu}, \boldsymbol{\Lambda}|\mathbf{X})$는 매개변수들의 (알려지지 않은) 실제 사후 분포다. 식 10.37과 식 10.38을 이용해서 먼저 $\hat{\mathbf{z}}$에 대한 합산을 진행하면 다음을 얻게 된다

$$p(\hat{\mathbf{x}}|\mathbf{X}) = \sum_{k=1}^{K} \iiint \pi_k \mathcal{N}\left(\hat{\mathbf{x}}|\boldsymbol{\mu}_k, \boldsymbol{\Lambda}_k^{-1}\right) p(\boldsymbol{\pi}, \boldsymbol{\mu}, \boldsymbol{\Lambda}|\mathbf{X}) \, \mathrm{d}\boldsymbol{\pi} \, \mathrm{d}\boldsymbol{\mu} \, \mathrm{d}\boldsymbol{\Lambda} \qquad \text{(식 10.79)}$$

나머지 적분들은 다루기가 무척 힘들다. 따라서 실제 사후 분포 $p(\boldsymbol{\pi}, \boldsymbol{\mu}, \boldsymbol{\Lambda}|\mathbf{X})$를 변분적 근삿값 $q(\boldsymbol{\pi})q(\boldsymbol{\mu}, \boldsymbol{\Lambda})$로 바꾸어서 이 적분값을 근사해 보도록 하자.

$$p(\hat{\mathbf{x}}|\mathbf{X}) \simeq \sum_{k=1}^{K} \iiint \pi_k \mathcal{N}\left(\hat{\mathbf{x}}|\boldsymbol{\mu}_k, \boldsymbol{\Lambda}_k^{-1}\right) q(\boldsymbol{\pi}) q(\boldsymbol{\mu}_k, \boldsymbol{\Lambda}_k) \, \mathrm{d}\boldsymbol{\pi} \, \mathrm{d}\boldsymbol{\mu}_k \, \mathrm{d}\boldsymbol{\Lambda}_k \qquad \text{(식 10.80)}$$

여기서 식 10.55의 인수분해를 사용했고 각각의 항에서 암묵적으로 $j \neq k$인 모든 변수 $\{\boldsymbol{\mu}_j, \boldsymbol{\Lambda}_j\}$를 적분해서 없앴다. 나머지 적분은 해석적으로 실행 가능하다. 그리고 그 결과로 스튜던트 t 분포의 혼합 분포를 얻게 된다.

연습문제 10.19

$$p(\hat{\mathbf{x}}|\mathbf{X}) \simeq \frac{1}{\alpha} \sum_{k=1}^{K} \alpha_k \mathrm{St}(\hat{\mathbf{x}}|\mathbf{m}_k, \mathbf{L}_k, \nu_k + 1 - D) \qquad \text{(식 10.81)}$$

여기서 k번째 성분은 평균 $\mathbf{m}_k$를 가지며, 정밀도는 다음과 같이 주어진다.

$$\mathbf{L}_k = \frac{(\nu_k + 1 - D)\beta_k}{(1 + \beta_k)} \mathbf{W}_k \qquad \text{(식 10.82)}$$

ν_k는 식 10.63에 따라 주어진다. 데이터 집합의 크기 N이 크면, 식 10.81의 예측 분포는 가우시안 혼합 분포로 환원된다.

연습문제 10.20

10.2.4 성분의 수 결정하기

10.1.4절

변분적 하한 경계를 이용해서 K개의 성분을 가진 혼합 모델의 사후 분포를 결정할 수 있다는 것을 보았다. 하지만 이 과정에서 추가로 해결되어야 할 문제가 하나 더 있다. 가우시안 혼합 분포의 (특정 저하 설정 상태를 제외하고) 어떤 매개변수 설정 상태에 대해서든 관측 변수에 대한 밀도가 동일한 또 다른 매개변수 설정 상태가 존재하리라는 것이다. 이러한 매개변숫값들은 각 성분들에 다시 라벨을 부여하는 방식으로만 원 매개변숫값들과 다르다. 예를 들어, 단일 관측 변수 x에 대한 두 개의 가우시안 분포의 혼합 분포를 고려해 보자. 그리고 이때 매개변수들이 $\pi_1 = a$, $\pi_2 = b$, $\mu_1 = c$, $\mu_2 = d$, $\sigma_1 = e$, $\sigma_2 = f$ 값을 가진다고 해보자. 이 경우 두 성분의 매개변숫값들을 서로 교환한 매개변숫값 $\pi_1 = b$, $\pi_2 = a$, $\mu_1 = d$, $\mu_2 = c$, $\sigma_1 = f$, $\sigma_2 = e$는 대칭성에 따라서 같은 $p(x)$ 값을 내놓게 될 것이다. 만약 K개의 성분으로 구성된 혼합 모델이 있다면, 각각의 매개변수 설정은 $K!$개의 동일한 설정들을 가지게 될 것이다.

연습문제 10.21

최대 가능도 방법의 맥락에서는 이러한 중복은 문제가 되지 않는다. 왜냐하면 EM 등의 매개변수 최적화 알고리즘은 매개변수의 초기 세팅에 따라서 하나의 특정 해를 찾게 될 것이며, 다른 동일한 해들은 아무 역할도 하지 않기 때문이다. 하지만 베이지안 상황에서는 가능한 모든 매개변숫값들에 대해서 주변화를 시행하게 된다. 그림 10.3에서 살펴보았듯 실제 사후 분포가 다봉형인 경우 $\mathrm{KL}(q\|p)$의 최소화를 기반으로 한 변분 추론은 최빈값들 중 하나에 근접한 지역 분포에 대해 근사를 집중하고 나머지들은 무시하는 경향이 있다. 동등한 최빈값들은 동등한 예측 밀도를 가지므로 우리가 만약 특정 수 K개의 성분들을 가지는 모델을 고려한다면 문제가 없다. 하지만 만약 우리가 서로 다른 K 값들을 비교하고자 한다면 이 다봉성을 포함해서 고려해야 한다. 이를 위한 단순한 근사적인 해결책은 바로 모델의 비교와 평균을 시행하는 과정에서 항 $\ln K!$를 하한에 포함시키는 것이다.

연습문제 10.22

그림 10.7은 '오래된 믿음' 데이터 집합을 바탕으로 다봉성 인자를 포함한 하한값을 성분의 숫자 K에 대해 도식화한 것이다. 최대 가능도 방법은 (특이점 해는 피하며, 지역적 최댓값의 효과를 무시한다고 했을 때) 가능도 함수의 값이 K에 대해서 단조 증가하도록 할 것이므로 적절한 모델 복잡도를 결정하는 데 사용할 수가 없다. 이와는 대조적으로 베이지안 추론법은 자동적으로 모델 복잡도와 데이터 피팅 사이의 트레이드 오프를 조절하게 된다.

3.4절

K를 결정하는 방법론을 시행하기 위해서는 서로 다른 K 값을 가지는 모델들을 훈련하고 비교하는 과정이 필요하다. 적합한 K 값을 찾는 다른 방법은 혼합 계수 $\boldsymbol{\pi}$를 매개변수로 여기고 $\boldsymbol{\pi}$에 대해서 하한 경계를 최대화함으로써 점 추정을 하는 것이다(Corduneanu and Bishop, 2001). 이 방법을 이용하면 다음의 재추정식을 얻게 된다.

연습문제 10.23

그림 10.7 하한 경계 L과 가우시안 혼합 모델의 성분 수 K 사이의 그래프. '오래된 믿음' 데이터를 바탕으로 그려졌다. $K = 2$에서 뚜렷한 정상점이 보이는 것을 확인할 수 있다. 각각의 K 값에 대해서 모델은 100개의 서로 다른 랜덤한 시작점들로부터 훈련되었으며, 결과들은 '+' 기호로 표기되었다. 표기에 있어서는 구별을 쉽게 하기 위해 약간의 랜덤한 횡적 섭동이 추가되었다. 몇몇 해는 최적이 아닌 지역적 최댓값을 찾게 될 수도 있지만, 이는 그리 자주 발생하지 않는다.

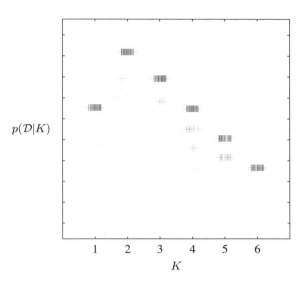

$$\pi_k = \frac{1}{N} \sum_{n=1}^{N} r_{nk} \qquad \text{(식 10.83)}$$

이 최대화는 나머지 매개변수에 대한 q 분포의 변분적 업데이트와 엮여 있다. 데이터를 설명하는 데 있어서 충분한 기여를 하지 못하는 성분들의 혼합 계수는 최적화 과정에서 0에 가까워질 것이며, 따라서 **자동 연관도 결정**(automatic relevance determination) 과정을 통해 모델에서 효과적으로 제거될 것이다. 이를 바탕으로 일단 최초에는 상대적으로 큰 K 값을 이용해서 훈련을 진행하고 그 과정에서 잉여 성분들이 모델에서 자동적으로 제거되도록 할 수 있다. 초매개변수에 대해서 최적화를 진행할 때의 희박성에 대해서는 앞에서 상관 벡터 머신의 맥락에서 자세히 논의했었다.

7.2.2절

10.2.5 유도된 인수분해

가우시안 혼합 모델에 대한 변분적 업데이트 공식을 유도하는 이 과정에서 변분 사후 분포에 대한 특정 인수분해가 식 10.42와 같이 주어진다고 가정했었다. 하지만 다양한 인수들의 최적해는 추가적으로 인수분해될 수 있다. $q^\star(\boldsymbol{\mu}, \boldsymbol{\Lambda})$의 해는 혼합의 각 성분 k에 대한 독립적인 분포 $q^\star(\boldsymbol{\mu}_k, \boldsymbol{\Lambda}_k)$들의 곱으로 인수분해할 수 있다. 그리고 식 10.48에서 보인 잠재 변수들에 대한 변분적 사후 분포 $q^\star(\mathbf{Z})$는 각각의 관측값 n에 대한 독립적인 분포 $q^\star(\mathbf{z}_n)$들로 인수분해된다(이 경우 k에 대해서 더 인수분해되지는 않는데, 왜냐하면 각각의 n 값에 대해서 z_{nk}는 k에 대해 합산되도록 제약되어 있기 때문이다). 이러한 추가적인 인수분해들은 추정되었던 인수분해와 실 분포의 조건부 독립성 간의 상호 작용으로 인해 발생하게 된 것이다. 이러한 성질들은 그림 10.5의 방향성 그래프에서 나타난다.

이러한 추가적인 인수분해들을 **유도된 인수분해**(*induced factorization*)라 지칭할 것이다. 왜냐하면 이 인수분해들은 변분적 사후 분포에서 추정되었던 인수분해와 실제 결합 분포의 조건부 독립성 간의 상호 작용으로 인해서 생겨난 것이기 때문이다. 변분적 접근법의 수치적 구현에 있어서 이러한 추가적인 인수분해를 고려에 포함시키는 일은 매우 중요하다. 예를 들어, 가우시안 분포의 전체 정밀도 행렬을 유지하는 것은 정밀도 행렬의 최적화된 형태가 항상 대각 행렬(해당 가우시안 분포에 의해 설명되는 개별적 변수들에 대한 인수분해에 해당하는)이라면 매우 비효율적인 일일 것이다.

이러한 유도된 인수분해들은 d 분리를 바탕으로 한 단순한 그래프 테스트를 이용해서 쉽게 찾아낼 수 있다. 잠재 변수들을 세 개의 서로 겹치지 않는 집합 $\mathbf{A}, \mathbf{B}, \mathbf{C}$로 나누고 $\mathbf{C}$와 나머지 잠재 변수들 간의 인수분해를 가정한다고 해보자.

$$q(\mathbf{A}, \mathbf{B}, \mathbf{C}) = q(\mathbf{A}, \mathbf{B})q(\mathbf{C}) \qquad \text{(식 10.84)}$$

식 10.9의 일반 결과식과 확률 합의 법칙을 함께 이용하면 $q(\mathbf{A}, \mathbf{B})$에 대한 최적해는 다음처럼 주어지게 된다는 것을 알 수 있다.

$$
\begin{aligned}
\ln q^\star(\mathbf{A}, \mathbf{B}) &= \mathbb{E}_{\mathbf{C}}[\ln p(\mathbf{X}, \mathbf{A}, \mathbf{B}, \mathbf{C})] + \text{const} \\
&= \mathbb{E}_{\mathbf{C}}[\ln p(\mathbf{A}, \mathbf{B}|\mathbf{X}, \mathbf{C})] + \text{const} \qquad \text{(식 10.85)}
\end{aligned}
$$

이 결과 해가 $\mathbf{A}$와 $\mathbf{B}$ 간에 인수분해될까? 다시 말하면, $q^\star(\mathbf{A}, \mathbf{B}) = q^\star(\mathbf{A})q^\star(\mathbf{B})$일까? 이는 $\ln p(\mathbf{A}, \mathbf{B}|\mathbf{X}, \mathbf{C}) = \ln p(\mathbf{A}|\mathbf{X}, \mathbf{C}) + \ln p(\mathbf{B}|\mathbf{X}, \mathbf{C})$일 때만 성립한다(그리고 그 반대도 마찬가지로 성립한다). 즉, 다음의 조건부 독립 관계가 성립할 때만 성립한다는 것이다.

$$\mathbf{A} \perp\!\!\!\perp \mathbf{B} \mid \mathbf{X}, \mathbf{C} \qquad \text{(식 10.86)}$$

모든 가능한 $\mathbf{A}$와 $\mathbf{B}$의 선택에 대해 d 분리 기준을 사용해서 이 관계가 실제로 성립하는지를 확인할 수 있다.

이를 확인하기 위해 그림 10.5의 방향성 그래프로 표현되었던 베이지안 가우시안 혼합 모델을 다시 고려해 보자. 여기서 우리는 변분적 인수분해가 식 10.42의 형태로 주어진다고 가정하였다. 매개변수에 대한 변분적 사후 분포가 $\boldsymbol{\pi}$와 나머지 매개변수 $\boldsymbol{\mu}$와 $\boldsymbol{\Lambda}$ 사이에 인수분해될 것임을 바로 확인할 수 있다. 왜냐면 $\boldsymbol{\pi}$와 $\boldsymbol{\mu}$, $\boldsymbol{\pi}$와 $\boldsymbol{\Lambda}$를 연결하는 모든 경로들은 노드 $\mathbf{z}_n$ 중 하나를 거쳐가야 하는데, 노드 $\mathbf{z}_n$들은 전부가 조건부 독립성 시험에서의 조건부 집합에 포함되어 있으며, 또한 해당 경로들에서 머리 대 꼬리 노드에 해당하기 때문이다.

10.3 변분적 선형 회귀

변분 추론의 두 번째 예시로 3.3절의 베이지안 선형 회귀 모델을 다시 살펴보도록 하자. 증거 방법론상에서 우리는 로그 주변 가능도를 최대화함으로써 구할 수 있는 점 추정을 이용해 α와 β에 대한 적분을 근사했었다. 완전한 베이지안 방법론을 사용한다면 매개변수들뿐만 아니라 초매개변수들에 대해서도 적분을 진행해야 할 것이다. 정확한 적분은 아주 다루기가 힘들지만 변분적 방법론을 사용하면 다룰 수 있는 근사치를 찾아낼 수 있다. 논의를 단순하게 만들기 위해서 노이즈 정밀도 매개변수 β는 이미 알려져 있으며, 실제 값으로 고정되어 있다고 가정할 것이다. 물론, β에 대한 분포도 포함하도록 방법론을 확장하는 것은 그리 어렵지 않다. 선형 회귀 모델의 경우 변분적 방법은 증거 방법론과 동일한 것으로 밝혀지게 될 것이다. 그럼에도 불구하고 이 과정을 진행해 보는 것은 변분적 방법론을 사용하는 좋은 연습이 되고, 10.6절에서 다룰 베이지안 로지스틱 회귀의 변분적 방법에 대한 논의를 진행하기 위한 토대가 될 것이기 때문이다.

연습문제 10.26

$\mathbf{w}$에 대한 가능도 함수와 $\mathbf{w}$에 대한 사전 분포는 다음처럼 주어진다.

$$p(\mathbf{t}|\mathbf{w}) = \prod_{n=1}^{N} \mathcal{N}(t_n|\mathbf{w}^{\mathrm{T}}\boldsymbol{\phi}_n, \beta^{-1}) \qquad \text{(식 10.87)}$$

$$p(\mathbf{w}|\alpha) = \mathcal{N}(\mathbf{w}|\mathbf{0}, \alpha^{-1}\mathbf{I}) \qquad \text{(식 10.88)}$$

여기서 $\boldsymbol{\phi}_n = \boldsymbol{\phi}(\mathbf{x}_n)$이다. 이제 α에 대한 사전 분포를 도입해 보자. 2.3.6절에서의 논의를 바탕으로 가우시안 분포 정밀도의 켤레 사전 분포는 감마 분포라는 것을 알 수 있다.

$$p(\alpha) = \mathrm{Gam}(\alpha|a_0, b_0) \qquad \text{(식 10.89)}$$

$\mathrm{Gam}(\cdot|\cdot, \cdot)$는 식 B.26에 정의되어 있다. 따라서 모든 변수들에 대한 결합 분포는 다음처럼 주어지게 된다.

$$p(\mathbf{t}, \mathbf{w}, \alpha) = p(\mathbf{t}|\mathbf{w})p(\mathbf{w}|\alpha)p(\alpha) \qquad \text{(식 10.90)}$$

이 분포는 그림 10.8의 방향성 그래프 모델로 표현할 수 있다.

그림 10.8 베이지안 선형 회귀의 결합 분포인 식 10.90에 대한 확률적 그래프 모델

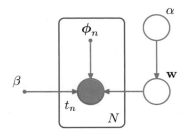

10.3.1 변분적 분포

첫 번째 목표는 사후 분포 $p(\mathbf{w}, \alpha | \mathbf{t})$에 대한 근사치를 찾는 것이다. 이를 위해서는 10.1절의 변분적 방법론을 적용해야 한다. 이때 변분적 사후 분포는 다음의 인수분해식의 형태로 주어지게 된다.

$$q(\mathbf{w}, \alpha) = q(\mathbf{w})q(\alpha) \qquad \text{(식 10.91)}$$

식 10.9의 일반 결과를 사용하면 이 분포의 인자들에 대한 재추정식을 찾을 수 있다. 각각의 인자에 대해서 모든 변수에 대한 결합 분포의 로그를 취하고 해당 인자에 속해 있지 않은 변수들에 대해서 평균을 취하게 된다. 먼저 α에 대한 분포를 고려해 보자. α에 대해 함수적 종속성이 있는 항들만 남기면 다음을 얻게 된다.

$$
\begin{aligned}
\ln q^{\star}(\alpha) &= \ln p(\alpha) + \mathbb{E}_{\mathbf{w}}\left[\ln p(\mathbf{w}|\alpha)\right] + \text{const} \\
&= (a_0 - 1)\ln\alpha - b_0\alpha + \frac{M}{2}\ln\alpha - \frac{\alpha}{2}\mathbb{E}[\mathbf{w}^{\mathrm{T}}\mathbf{w}] + \text{const} \qquad \text{(식 10.92)}
\end{aligned}
$$

이 식이 감마 분포의 로그라는 것을 알 수 있다. α와 $\ln\alpha$에 대한 계수를 찾으면 다음을 얻게 된다.

$$q^{\star}(\alpha) = \mathrm{Gam}(\alpha | a_N, b_N) \qquad \text{(식 10.93)}$$

여기서 다음과 같다.

$$
\begin{aligned}
a_N &= a_0 + \frac{M}{2} & \text{(식 10.94)} \\
b_N &= b_0 + \frac{1}{2}\mathbb{E}[\mathbf{w}^{\mathrm{T}}\mathbf{w}] & \text{(식 10.95)}
\end{aligned}
$$

이와 비슷하게 $\mathbf{w}$에 대한 사후 분포의 변분적 재추정식도 찾을 수 있다. 다시 한 번 식 10.9의 일반 결과를 사용하고 $\mathbf{w}$에 대해 함수적 종속성이 있는 항들만 남기면 다음을 얻게 된다.

$$
\begin{aligned}
\ln q^{\star}(\mathbf{w}) &= \ln p(\mathbf{t}|\mathbf{w}) + \mathbb{E}_{\alpha}\left[\ln p(\mathbf{w}|\alpha)\right] + \text{const} & \text{(식 10.96)} \\
&= -\frac{\beta}{2}\sum_{n=1}^{N}\{\mathbf{w}^{\mathrm{T}}\boldsymbol{\phi}_n - t_n\}^2 - \frac{1}{2}\mathbb{E}[\alpha]\mathbf{w}^{\mathrm{T}}\mathbf{w} + \text{const} & \text{(식 10.97)} \\
&= -\frac{1}{2}\mathbf{w}^{\mathrm{T}}\left(\mathbb{E}[\alpha]\mathbf{I} + \beta\boldsymbol{\Phi}^{\mathrm{T}}\boldsymbol{\Phi}\right)\mathbf{w} + \beta\mathbf{w}^{\mathrm{T}}\boldsymbol{\Phi}^{\mathrm{T}}\mathbf{t} + \text{const} & \text{(식 10.98)}
\end{aligned}
$$

이 식은 제곱식의 형태를 가지고 있다. 따라서 $q^{\star}(\mathbf{w})$는 가우시안 분포다. 제곱식의 완성을 적용해서 평균과 공분산을 찾으면 다음을 얻게 된다.

$$q^\star(\mathbf{w}) = \mathcal{N}(\mathbf{w}|\mathbf{m}_N, \mathbf{S}_N) \tag{식 10.99}$$

여기서 다음과 같다.

$$\mathbf{m}_N = \beta\mathbf{S}_N\mathbf{\Phi}^\mathrm{T}\mathbf{t} \tag{식 10.100}$$

$$\mathbf{S}_N = \left(\mathbb{E}[\alpha]\mathbf{I} + \beta\mathbf{\Phi}^\mathrm{T}\mathbf{\Phi}\right)^{-1} \tag{식 10.101}$$

α를 고정된 매개변수로 여긴 채 구한 사후 분포식 3.52와의 유사성을 주목하기 바란다. 차이점이 있다면 바로 변분 분포에서는 α가 기댓값 $\mathbb{E}[\alpha]$로 바뀌었다는 것이다. 두 사례에서 공분산 행렬을 표기하는 데는 같은 기호 $\mathbf{S}_N$을 사용하였다.

식 B.27, 식 B.38, 식 B.39의 표준 결과를 사용하면 필요한 모멘트값들을 다음과 같이 구할 수 있다.

$$\mathbb{E}[\alpha] = a_N/b_N \tag{식 10.102}$$

$$\mathbb{E}[\mathbf{w}\mathbf{w}^\mathrm{T}] = \mathbf{m}_N\mathbf{m}_N^\mathrm{T} + \mathbf{S}_N \tag{식 10.103}$$

변분적 사후 분포의 계산은 분포 $q(\mathbf{w})$나 $q(\alpha)$의 매개변수를 초기화함으로써 시작된다. 그리고 적절한 수렴 기준이 만족될 때까지 교대로 이 인자들을 재추정하는 과정을 거치게 된다. 보통 적절한 수렴 기준은 하한값에 대한 것으로 설정하곤 한다.

여기서의 변분적 해를 3.5절의 증거 방법론을 통해 찾은 해와 비교해 보도록 하자. 이를 위해서는 무한대로 폭넓은 α에 대한 사전 분포로 limit를 잡은 것에 해당하는 $a_0 = b_0 = 0$을 고려해야 한다. 이 경우 변분적 사후 분포 $q(\alpha)$는 다음처럼 주어지게 된다.

$$\mathbb{E}[\alpha] = \frac{a_N}{b_N} = \frac{M/2}{\mathbb{E}[\mathbf{w}^\mathrm{T}\mathbf{w}]/2} = \frac{M}{\mathbf{m}_N^\mathrm{T}\mathbf{m}_N + \mathrm{Tr}(\mathbf{S}_N)} \tag{식 10.104}$$

이를 식 9.63과 비교하면, 특히 단순한 모델의 경우에 변분적 방법론이 EM을 통해서 증거 함수를 최대화했을 경우와 거의 정확하게 같은 식을 보인다는 것을 알 수 있다. 차이점은 α에 대한 점 추정이 기댓값으로 변경되었다는 것이다. 분포 $q(\mathbf{w})$가 오직 기댓값 $\mathbb{E}[\alpha]$를 통해서만 $q(\alpha)$에 종속적이기 때문에 사전 분포가 무한대로 폭넓은 경우, 두 접근법은 완전히 동일한 결과를 내놓게 된다.

10.3.2 예측 분포

새 입력 $\mathbf{x}$가 주어졌을 때의 결괏값 t에 대한 예측 분포는 매개변수에 대한 가우시안 변분 사후 분포를 이용해서 쉽게 계산할 수 있다.

$$
\begin{aligned}
p(t|\mathbf{x}, \mathbf{t}) &= \int p(t|\mathbf{x}, \mathbf{w}) p(\mathbf{w}|\mathbf{t})\, d\mathbf{w} \\
&\simeq \int p(t|\mathbf{x}, \mathbf{w}) q(\mathbf{w})\, d\mathbf{w} \\
&= \int \mathcal{N}(t|\mathbf{w}^{\mathrm{T}}\boldsymbol{\phi}(\mathbf{x}), \beta^{-1}) \mathcal{N}(\mathbf{w}|\mathbf{m}_N, \mathbf{S}_N)\, d\mathbf{w} \\
&= \mathcal{N}(t|\mathbf{m}_N^{\mathrm{T}}\boldsymbol{\phi}(\mathbf{x}), \sigma^2(\mathbf{x}))
\end{aligned}
\tag{식 10.105}
$$

선형 가우시안 모델에 대한 결과 식 2.115를 이용해서 적분을 계산하였다. 여기서 입력값에 대해 종속적인 분산은 다음과 같이 주어지게 된다.

$$
\sigma^2(\mathbf{x}) = \frac{1}{\beta} + \boldsymbol{\phi}(\mathbf{x})^{\mathrm{T}}\mathbf{S}_N\boldsymbol{\phi}(\mathbf{x})
\tag{식 10.106}
$$

이는 $\mathbf{S}_N$의 정의에 기댓값 $\mathbb{E}[\alpha]$가 나타난다는 점만 제외하면 고정된 α 값에 대한 식 3.59와 동일하다.

10.3.3 하한 경계

또 다른 중요한 값은 하한 경계 $\mathcal{L}$로서 다음과 같이 정의된다.

$$
\begin{aligned}
\mathcal{L}(q) &= \mathbb{E}[\ln p(\mathbf{w}, \alpha, \mathbf{t})] - \mathbb{E}[\ln q(\mathbf{w}, \alpha)] \\
&= \mathbb{E}_{\mathbf{w}}[\ln p(\mathbf{t}|\mathbf{w})] + \mathbb{E}_{\mathbf{w},\alpha}[\ln p(\mathbf{w}|\alpha)] + \mathbb{E}_{\alpha}[\ln p(\alpha)] \\
&\quad - \mathbb{E}_{\alpha}[\ln q(\mathbf{w})]_{\mathbf{w}} - \mathbb{E}[\ln q(\alpha)]
\end{aligned}
\tag{식 10.107}
$$

연습문제 10.27 이 식의 각 항들은 앞 장들에서 구한 결과를 바탕으로 그리 어렵지 않게 구할 수 있다.

$$
\begin{aligned}
\mathbb{E}[\ln p(\mathbf{t}|\mathbf{w})]_{\mathbf{w}} &= \frac{N}{2}\ln\left(\frac{\beta}{2\pi}\right) - \frac{\beta}{2}\mathbf{t}^{\mathrm{T}}\mathbf{t} + \beta\mathbf{m}_N^{\mathrm{T}}\boldsymbol{\Phi}^{\mathrm{T}}\mathbf{t} \\
&\quad - \frac{\beta}{2}\mathrm{Tr}\left[\boldsymbol{\Phi}^{\mathrm{T}}\boldsymbol{\Phi}(\mathbf{m}_N\mathbf{m}_N^{\mathrm{T}} + \mathbf{S}_N)\right]
\end{aligned}
\tag{식 10.108}
$$

$$
\begin{aligned}
\mathbb{E}[\ln p(\mathbf{w}|\alpha)]_{\mathbf{w},\alpha} &= -\frac{M}{2}\ln(2\pi) + \frac{M}{2}(\psi(a_N) - \ln b_N) \\
&\quad - \frac{a_N}{2b_N}\left[\mathbf{m}_N^{\mathrm{T}}\mathbf{m}_N + \mathrm{Tr}(\mathbf{S}_N)\right]
\end{aligned}
\tag{식 10.109}
$$

$$
\begin{aligned}
\mathbb{E}[\ln p(\alpha)]_{\alpha} &= a_0 \ln b_0 + (a_0 - 1)\left[\psi(a_N) - \ln b_N\right] \\
&\quad - b_0 \frac{a_N}{b_N} - \ln \Gamma(a_0)
\end{aligned}
\tag{식 10.110}
$$

$$
-\mathbb{E}[\ln q(\mathbf{w})]_{\mathbf{w}} = \frac{1}{2}\ln|\mathbf{S}_N| + \frac{M}{2}\left[1 + \ln(2\pi)\right]
\tag{식 10.111}
$$

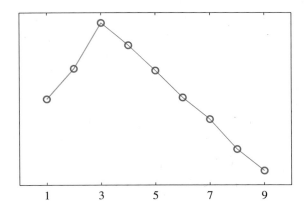

그림 10.9 다항 모델에 대한 차수 M과 하한 경계 $\mathcal{L}$ 간의 그래프. $M = 3$인 다항식으로부터 $(-5, 5)$ 구간에서 열 개의 데이터 포인트 집합을 생성했고 여기에 분산이 0.09인 가우시안 노이즈를 더했다. 경곗값은 모델의 로그 확률값에 해당하게 된다. 경곗값이 $M = 3$ 근처에서 가장 높게 나타나는 것을 확인할 수 있다. 이는 데이터 집합이 만들어진 실제 모델에 해당한다.

$$-\mathbb{E}[\ln q(\alpha)]_\alpha \;=\; \ln \Gamma(a_N) - (a_N - 1)\psi(a_N) - \ln b_N + a_N \qquad \text{(식 10.112)}$$

그림 10.9는 삼차 다항식으로부터 생성된 합성 데이터를 바탕으로 다항 모델의 차수와 하한값 $\mathcal{L}(q)$ 간의 그래프를 그린 것이다. 여기서 사전 매개변수는 무정보성 사전 분포 $p(\alpha) \propto 1/\alpha$(이는 2.3.6절에서 논의한 바와 같이 $\ln \alpha$에 대해 균등하다)에 해당하도록 $a_0 = b_0 = 0$으로 설정되었다. 10.1절에서 살펴본 것처럼 $\mathcal{L}$ 값은 모델의 로그 주변 가능도 $\ln p(\mathbf{t}|M)$의 하한 경계를 나타낸다. 서로 다른 M 값에 대해 같은 사전 확률 $p(M)$을 할당하면 $\mathcal{L}$을 사후 모델 확률 $p(M|\mathbf{t})$로 해석할 수 있다. 따라서 변분적 방법론은 $M = 3$인 모델에 가장 높은 확률을 부여하게 된다. 이는 최대 가능도 방법의 결과와는 대조적이다. 최대 가능도 방법을 사용하면 잔차 오류가 0이 될 때까지 계속해서 더 복잡도가 높은 모델에 대해 더 작은 잔차 오류를 부여한다. 그 결과 최대 가능도 방법은 심각하게 과적합된 모델을 결괏값으로 내놓을 가능성이 높다.

10.4 지수족 분포

2장에서는 지수족 분포와 그들의 컬레 사전 분포의 중요한 역할에 대해 논의했었다. 이 책에서 논의하고 있는 많은 모델들의 완전 데이터 가능도는 지수족 분포로부터 추출된 것이다. 하지만 관측된 데이터의 주변 가능도 함수가 일반적으로 그렇지는 않다. 예를 들어, 가우시안 혼합 분포의 경우 관측값 $\mathbf{x}_n$과 해당 은닉 변수 $\mathbf{z}_n$의 결합 분포는 지수족에 속하지만 $\mathbf{x}_n$의 주변 분포는 가우시안 혼합 분포이며, 따라서 지수족에 속하지 않는다.

지금까지 우리는 모델의 변수들을 관측 변수와 결합 변수로 그룹지었다. 이제는 여기서 더 나아가 $\mathbf{Z}$로 지칭되는 잠재 변수와 $\boldsymbol{\theta}$로 지칭되는 매개변수를 구별할 것이다. 매개변수들은 **집중적**(*intensive*)(그 수가 정해져 있으며, 데이터 집합의 크기와는 독립적이다)인 반면, 잠재 변수들은 **광역적**(*extensive*)(데이터 집합의 크기가 커짐에 따라 그 수가 늘어난다)이다. 예를 들어, 가우시안 혼합 모델의 경우 (어떤 성분 k가 데이터 포인트 $\mathbf{x}_n$을 생성하는 데 책임이 있는지를 명시하는) 지시 변수 z_{kn}은 잠재 변수에 해당하는 반면 평균 $\boldsymbol{\mu}_k$, 정밀도 $\boldsymbol{\Lambda}_k$, 혼합 계수 π_k는 매개변수에 해당한다.

독립적이고 동일하게 분포된 데이터의 경우를 고려해 보자. 데이터값을 $\mathbf{X} = \{\mathbf{x}_n\}$으로, 해당 잠재 변수들을 $\mathbf{Z} = \{\mathbf{z}_n\}$으로 지칭할 것이다$(n = 1, \ldots, N)$. 관측값들과 잠재 변수들의 결합 분포가 지수족에 속하며, 자연 매개변수 $\boldsymbol{\eta}$에 의해 매개변수화된다고 해보자.

$$p(\mathbf{X}, \mathbf{Z}|\boldsymbol{\eta}) = \prod_{n=1}^{N} h(\mathbf{x}_n, \mathbf{z}_n)g(\boldsymbol{\eta}) \exp\left\{\boldsymbol{\eta}^{\mathrm{T}}\mathbf{u}(\mathbf{x}_n, \mathbf{z}_n)\right\} \qquad \text{(식 10.113)}$$

$\boldsymbol{\eta}$에 대한 켤레 사전 분포를 사용하자. 다음과 같이 적을 수 있다.

$$p(\boldsymbol{\eta}|\nu_0, \boldsymbol{\chi}_0) = f(\nu_0, \boldsymbol{\chi}_0)g(\boldsymbol{\eta})^{\nu_0} \exp\left\{\nu_o\boldsymbol{\eta}^{\mathrm{T}}\boldsymbol{\chi}_0\right\} \qquad \text{(식 10.114)}$$

이 켤레 사전 분포는 사전 관측값 ν_0들이 모두 벡터 $\mathbf{u}$에 대해 $\boldsymbol{\chi}_0$ 값을 가지는 것으로 해석할 수 있다. 이제 잠재 변수들과 매개변수들 간에 인수분해되는 변분적 분포 $q(\mathbf{Z}, \boldsymbol{\eta}) = q(\mathbf{Z})q(\boldsymbol{\eta})$를 고려해 보자. 식 10.9의 일반 결과를 바탕으로 두 인자들을 다음과 같이 구할 수 있다.

$$
\begin{aligned}
\ln q^{\star}(\mathbf{Z}) &= \mathbb{E}_{\boldsymbol{\eta}}[\ln p(\mathbf{X}, \mathbf{Z}|\boldsymbol{\eta})] + \text{const} \\
&= \sum_{n=1}^{N}\left\{\ln h(\mathbf{x}_n, \mathbf{z}_n) + \mathbb{E}[\boldsymbol{\eta}^{\mathrm{T}}]\mathbf{u}(\mathbf{x}_n, \mathbf{z}_n)\right\} + \text{const} \qquad \text{(식 10.115)}
\end{aligned}
$$

10.2.5절 독립적인 각 n마다 하나의 항들의 합산으로 분해가 되는 것을 확인할 수 있다. $q^{\star}(\mathbf{Z})$에 대한 해는 n에 대해 인수분해될 것이며, 그 결과 $q^{\star}(\mathbf{Z}) = \prod_n q^{\star}(\mathbf{z}_n)$이게 된다. 이는 유도된 인수 분해의 예시 중 하나다. 양변에 대해 지수 함수를 취하면 다음을 얻게 된다.

$$q^{\star}(\mathbf{z}_n) = h(\mathbf{x}_n, \mathbf{z}_n)g\left(\mathbb{E}[\boldsymbol{\eta}]\right) \exp\left\{\mathbb{E}[\boldsymbol{\eta}^{\mathrm{T}}]\mathbf{u}(\mathbf{x}_n, \mathbf{z}_n)\right\} \qquad \text{(식 10.116)}$$

여기서 정규화 계수는 지수족의 표준 형태와의 비교를 통해서 다시 회복되었다.

이와 비슷하게 매개변수에 대한 변분적 분포에 대해서는 다음을 구할 수 있다.

$$\ln q^{\star}(\boldsymbol{\eta}) = \ln p(\boldsymbol{\eta}|\nu_0, \boldsymbol{\chi}_0) + \mathbb{E}_{\mathbf{Z}}[\ln p(\mathbf{X}, \mathbf{Z}|\boldsymbol{\eta})] + \text{const} \qquad \text{(식 10.117)}$$

$$= \nu_0 \ln g(\boldsymbol{\eta}) + \nu_0\boldsymbol{\eta}^{\mathrm{T}}\boldsymbol{\chi}_0 + \sum_n \left\{\ln g(\boldsymbol{\eta}) + \boldsymbol{\eta}^{\mathrm{T}}\mathbb{E}_{\mathbf{z}_n}[\mathbf{u}(\mathbf{x}_n, \mathbf{z}_n)]\right\} + \text{const} \qquad \text{(식 10.118)}$$

다시 한 번 양변에 대해 지수 함수를 취하고 조사를 통해서 정규화 계수를 회복시키면 다음을 얻게 된다.

$$q^\star(\boldsymbol{\eta}) = f(\nu_N, \boldsymbol{\chi}_N)g(\boldsymbol{\eta})^{\nu_N} \exp\left\{\nu_N \boldsymbol{\eta}^\mathrm{T} \boldsymbol{\chi}_N\right\} \qquad \text{(식 10.119)}$$

여기서 다음을 정의하였다.

$$\nu_N = \nu_0 + N \qquad \text{(식 10.120)}$$

$$\nu_N \boldsymbol{\chi}_N = \nu_0 \boldsymbol{\chi}_0 + \sum_{n=1}^{N} \mathbb{E}_{\mathbf{z}_n}[\mathbf{u}(\mathbf{x}_n, \mathbf{z}_n)] \qquad \text{(식 10.121)}$$

$q^\star(\mathbf{z}_n)$에 대한 해와 $q^\star(\boldsymbol{\eta})$에 대한 해는 연결되어 있으며 따라서 두 단계의 반복적 과정을 통해서 해를 구해야 한다. 변분적 E단계에서는 잠재 변수에 대한 현재의 사후 분포 $q(\mathbf{z}_n)$을 이용해서 충분 통계량의 기댓값 $\mathbb{E}[\mathbf{u}(\mathbf{x}_n, \mathbf{z}_n)]$을 구하고 이를 바탕으로 수정된 매개변수에 대한 사후 분포 $q(\boldsymbol{\eta})$를 계산한다. 다음의 변분적 M단계에서는 수정된 매개변수 사후 분포를 이용해서 자연 매개변수에 대한 기댓값 $\mathbb{E}[\boldsymbol{\eta}^\mathrm{T}]$를 계산하고 이를 바탕으로 잠재 변수들에 대한 수정된 변분적 분포를 구하게 된다.

10.4.1 변분적 메시지 전달

베이지안 가우시안 혼합 분포라는 특정 모델에 대해서 변분적 방법론을 적용하는 것을 자세히 살펴보았다. 이 모델은 그림 10.5의 방향성 그래프로 표현 가능하다. 여기서는 방향성 그래프로 표현 가능한 변분적 방법론에 대해서 더 일반적으로 살펴보고 폭넓게 사용할 수 있는 다양한 결과들을 도출해 낼 것이다.

방향성 그래프에 해당하는 결합 분포는 다음의 분해식으로 적을 수 있다.

$$p(\mathbf{x}) = \prod_i p(\mathbf{x}_i | \mathrm{pa}_i) \qquad \text{(식 10.122)}$$

여기서 $\mathbf{x}_i$는 노드 i와 연관된 변수를, pa_i는 노드 i에 대한 부모 집합을 지칭한다. $\mathbf{x}_i$는 잠재 변수일 수도 있고 관측 변수들의 집합에 속할 수도 있다. 여기서 변분적 근사를 고려해 보자. 이 근사에서 분포 $q(\mathbf{x})$는 $\mathbf{x}_i$에 대해 인수분해된다고 가정할 것이다.

$$q(\mathbf{x}) = \prod_i q_i(\mathbf{x}_i) \qquad \text{(식 10.123)}$$

관측된 노드들에 대해서는 변분 분포에 인자 $q(\mathbf{x}_i)$가 존재하지 않는다. 이제 식 10.122를 일반 결과식 10.9에 대입해 보자.

$$\ln q_j^\star(\mathbf{x}_j) = \mathbb{E}_{i \neq j}\left[\sum_i \ln p(\mathbf{x}_i | \mathrm{pa}_i)\right] + \mathrm{const} \qquad \text{(식 10.124)}$$

오른쪽 변의 항들 중에 $\mathbf{x}_j$에 종속적이지 않은 것들은 전부 합산 상수에 흡수시킬 수 있다. 사실 $\mathbf{x}_j$에 종속적인 항은 $p(\mathbf{x}_j|\mathrm{pa}_j)$로 주어지는 $\mathbf{x}_j$에 대한 조건부 분포와 $\mathbf{x}_j$가 조건부에 있는 다른 조건부 분포 집합들뿐이다. 정의에 따라서 이 조건부 분포들은 노드 j의 자식에 해당하며, 따라서 자식 노드들의 **공동 부모**(co-parents)에 대해서도 종속적이다. 여기서 공동 부모란, 자식 노드들의 부모 노드들 중 노드 $\mathbf{x}_j$를 제외한 노드들을 지칭하는 것이다. $q_j^\star(\mathbf{x}_j)$가 종속되어 있는 모든 노드들은 노드 $\mathbf{x}_j$의 **마르코프 블랭킷**(Markov blanket)에 해당한다(그림 8.26). 따라서 변분적 사후 분포에서의 인자 업데이트는 그래프에서의 지역적 계산에 해당한다. 이는 모델의 형태를 미리 특정할 필요가 없으며, 일반적인 목적으로 사용 가능한 변분적 추론 소프트웨어를 만들 수 있도록 해준다(Bishop et al., 2003).

모든 조건부 분포가 켤레-지수 구조를 가지는 모델의 경우로 특정하게 되면, 변분적 업데이트 과정을 지역적 메시지 전달 알고리즘의 형태로 표현할 수 있게 된다(Winn and Bishop, 2005). 어떤 노드에 해당하는 분포는 그 노드가 모든 부모 노드와 자식 노드로부터 메시지를 전달받았을 때 업데이트할 수 있다. 이를 위해서는 자식 노드들이 이미 공동 부모들로부터 메시지를 전달받았어야 한다. 필요한 많은 값들이 메시지 전달법하에서 이미 계산되었기 때문에 하한 경계의 계산 역시 간단해진다. 분산된 메시지 전달 공식은 규모가 커져도 척도화가 가능하며, 따라서 거대한 네트워크상에서 사용할 수도 있다.

10.5 지역적 변분 방법론

10.1절과 10.2절에서 논의한 변분적 방법론은 '전역적'인 방법론이라고 할 수 있다. 왜냐하면 모든 확률 변수들에 대한 전체 사후 분포의 근사치를 구하려 하기 때문이다. 대안으로는 '지역적' 방법론을 생각해 볼 수 있다. 이 방법론은 모델의 개별적 변수나 몇몇 변수의 집합에 대한 함수의 경계를 찾는 것을 포함한다. 예를 들면, 조건부 분포 $p(y|x)$의 경계를 찾고자 할 수 있다. 이때 이는 방향성 그래프로 명시되는 훨씬 더 큰 확률 모델의 하나의 인자일 수 있다. 경계를 도입하는 이유는 결과 분포를 단순화하기 위해서다. 이 지역적 근사는 다루기 쉬운 근사치가 구해질 때까지 여러 변수들에 대해 순차적으로 적용할 수 있다. 10.6.1절에서는 로지스틱 회귀의 맥락에서 이 접근법의 실제적인 예시를 설명할 것이다. 여기서는 경계 그 자체를 유도하는 데 초점을 맞춰 보도록 하자.

쿨백 라이블러 발산에 대한 논의를 진행할 때 로그 함수의 볼록성이 전역적 변분 방법론에서의 하한 경곗값을 유도하는 데 중요한 역할을 한다는 사실에 대해 살펴보았다. (순)볼록 함수는 모든 **현**(chord)이 함수 위에 존재하는 것으로 정의된다. 볼록성은 지역벽 변분 방법론에서도

1.6.1절

핵심적인 역할을 한다. '최소'와 '최대'를 바꿔 쓰고 '하한' 경계와 '상한' 경계를 바꿔 쓰기만 하면 우리의 논의는 오목 함수에 대해서도 동일하게 적용될 수 있다.

x에 대한 볼록 함수인 $f(x) = \exp(-x)$를 고려해 보자. 이 함수의 그래프는 그림 10.10에 그려져 있다. 우리의 목표는 $f(x)$를 더 단순한 함수(x에 대한 선형 함수)로 근사하는 것이다. 그림 10.10에서 볼 수 있듯, 만약 이 선형 함수가 탄젠트(접선)라면, 이는 $f(x)$의 하한에 해당한다. 특정 x 값 ξ에서의 접선 $y(x)$는 일차 테일러 전개를 통해 구할 수 있다.

$$y(x) = f(\xi) + f'(\xi)(x - \xi) \tag{식 10.125}$$

$y(x) \leqslant f(x)$이며 등호는 $x = \xi$일 경우에 성립한다. 예시 함수 $f(x) = \exp(-x)$의 경우 다음 형태의 접선식을 구할 수 있다.

$$y(x) = \exp(-\xi) - \exp(-\xi)(x - \xi) \tag{식 10.126}$$

이 식은 ξ에 의해 매개변수화된 선형 함수다. 앞으로 전개될 논의와의 일치성을 위해서 $\eta = -\exp(-\xi)$를 정의하도록 하자. 이를 바탕으로 다시 적으면 다음과 같다.

$$y(x, \eta) = \eta x - \eta + \eta \ln(-\eta) \tag{식 10.127}$$

서로 다른 η 값은 서로 다른 접선에 해당한다. 그리고 이러한 모든 곡선들은 함수의 하한값에 해당하므로 $f(x) \geqslant y(x, \eta)$이게 된다. 따라서 $f(x)$를 다음과 같이 적을 수 있다.

$$f(x) = \max_{\eta} \{\eta x - \eta + \eta \ln(-\eta)\} \tag{식 10.128}$$

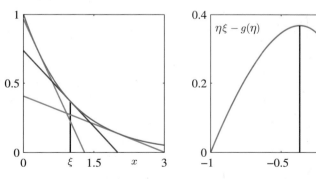

그림 10.10 왼쪽 그림에서 빨간색 곡선은 함수 $\exp(-x)$를 그린 것이며, 파란색 선은 식 10.125로 정의된 $x = \xi$일 때의 접선을 $\xi = 1$에 대해 그린 것이다. 이 곡선은 기울기 $\eta = f'(\xi) = -\exp(-\xi)$를 가진다. 녹색 곡선들을 포함한 모든 다른 접선들은 $x = \xi$에서 더 작은 y 값을 가지게 된다. 오른쪽 그림은 이에 해당하는 함수 $\eta\xi - g(\eta)$의 도식을 $\xi = 1$일 때 η에 대해 그린 것이다. $g(\eta)$는 식 10.131에 주어져 있다. 여기서 최댓값은 $\eta = -\exp(-\xi) = -1/e$이다.

볼록 함수 $f(x)$를 더 단순한 선형 함수 $y(x, \eta)$로 근사하는 데 성공하였다. 이 과정에서 치러야 했던 대가는 변분적 매개변수 η를 도입해야 했다는 것이다. 가장 엄격한 경계를 구하기 위해서는 η에 대한 최적화가 필요하다.

이 접근법을 **볼록 쌍대성**(*convex duality*)(Rockafellar, 1972; Jordan *et al.*, 1999) 방법론을 통해서 더 일반화시킬 수 있다. 그림 10.11의 왼쪽 도식에서 볼 수 있는 볼록 함수 $f(x)$를 고려해 보자. 이 예시에서 함수 ηx는 $f(x)$의 하한에 해당하긴 하지만, 가장 엄격한 하한은 접선이기 때문에 기울기 η를 가지는 선형 함수들 중에 가장 최선의 하한은 아니다. 기울기 η를 가지는 접선의 식을 $\eta x - g(\eta)$로 적어 보자. (음의) 절편 $g(\eta)$는 η에 대해 종속적이게 된다. 절편을 결정하기 위해서는 그림 10.11에서 볼 수 있는 것처럼 선분이 선분과 함수 사이의 가장 작은 수직 거리에 해당하는 만큼 수직으로 이동해야 한다는 사실을 이용해야 한다.

$$
\begin{aligned}
g(\eta) &= -\min_x \{f(x) - \eta x\} \\
&= \max_x \{\eta x - f(x)\}
\end{aligned}
\tag{식 10.129}
$$

다음으로는 η를 고정하고 x를 변화시키는 대신에 특정 x를 고려한 채로 탄젠트 평면이 그 특정 x에 대해서 탄젠트일 때까지 η를 조절해 보자. 특정 x 값에서 탄젠트 라인의 y 값은 그 값이 접점과 일치할 때 최대화된다.

$$
f(x) = \max_\lambda \{\lambda x - g(\lambda)\}
\tag{식 10.130}
$$

함수 $f(x)$와 함수 $g(\eta)$가 쌍대적인 역할을 하며, 이들은 식 10.129와 식 10.130을 통해서 연관되어 있다.

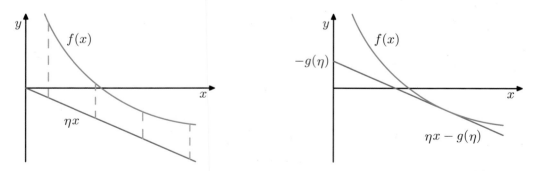

그림 10.11 왼쪽 도식에서 빨간색 곡선은 오목 함수 $f(x)$를, 파란색 선은 선형 함수 ηx를 나타낸 것이다. ηx는 $f(x)$의 하한 경계인데, 왜냐하면 모든 x에 대해 $f(x) > \eta x$이기 때문이다. 주어진 기울깃값 η에 대해서 같은 경사를 가지는 접선의 접점은 $f(x) > \eta x$로 표현되는 불일치 정도(녹색 점선)의 x에 대한 최솟값을 찾음으로써 구할 수 있다. 이 과정에서 듀얼 함수 $g(\eta)$를 정의하게 되며, 이는 경사 η를 가지는 접선의 (음의) 절편에 해당한다.

우리의 예시 $f(x) = \exp(-x)$에 이 쌍대적 관련성을 적용해 보자. 식 10.129로부터 최대화를 이루는 x 값은 $\xi = -\ln(-\eta)$로 주어짐을 알 수 있다. 이를 다시 역으로 대입해 넣으면 켤레 함수 $g(\eta)$를 다음의 형태로 구할 수 있다.

$$g(\eta) = \eta - \eta\ln(-\eta) \tag{식 10.131}$$

이는 앞에서 구한 것과 동일하다. $\xi = 1$에 대한 함수 $\eta\xi - g(\eta)$가 그림 10.10의 오른쪽에 그려져 있다. 식 10.131을 식 10.130에 대입해 넣으면 최댓값 $\eta = -\exp(-x)$가 나오게 되며, 반대로 다시 대입해 넣으면 원래의 함수 $f(x) = \exp(-x)$가 복원된다.

오목 함수의 경우에는 비슷한 과정을 통해서 상한 경계를 구할 수 있다. 이 경우 'max'가 'min' 으로 치환되어야 한다.

$$f(x) = \min_{\eta}\{\eta x - g(\eta)\} \tag{식 10.132}$$

$$g(\eta) = \min_{x}\{\eta x - f(x)\} \tag{식 10.133}$$

만약 다루고자 하는 함수가 볼록(또는 오목)이 아니라면, 앞에서의 방법을 직접 적용해서 경계를 구할 순 없다. 하지만 함수 또는 함수의 변수에 대해 적절한 가역 변환을 적용해서 함수를 볼록 함수 형태로 바꿔 볼 수는 있다. 그 후에 켤레 함수를 계산하고 원래의 변수로 다시 변환하는 과정을 시행하면 된다.

패턴 인식에서 매우 자주 등장하는 중요한 하나의 예시는 다음의 로지스틱 시그모이드 함수다.

$$\sigma(x) = \frac{1}{1 + e^{-x}} \tag{식 10.134}$$

로지스틱 시그모이드 함수 그 자체로는 이 함수는 오목도 볼록도 아니다. 하지만 이 함수에 대해 로그를 취하면 오목 함수를 얻게 된다. 로그를 취한 형태가 오목 함수라는 것은 이차 미분 연습문제 10.30 을 통해 쉽게 증명 가능하다. 식 10.133으로부터 해당 켤레 함수는 다음의 형태를 띠게 된다.

$$g(\eta) = \min_{x}\{\eta x - f(x)\} = -\eta\ln\eta - (1-\eta)\ln(1-\eta) \tag{식 10.135}$$

부록B 이는 변수가 값 1을 가질 확률이 η로 표현되는 이진 엔트로피 함수에 해당한다. 식 10.132를 사용하면 로그 시그모이드의 상한 경계를 구할 수 있다.

$$\ln\sigma(x) \leqslant \eta x - g(\eta) \tag{식 10.136}$$

여기에 지수 함수를 취하면 로지스틱 시그모이드 함수 그 자체의 상한 경계를 다음의 형태로 구할 수 있다.

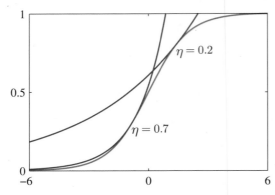 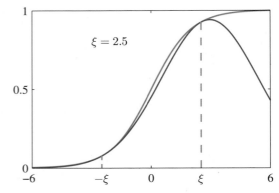

그림 10.12 왼쪽 도식에는 식 10.134에서 정의된 로지스틱 시그모이드 함수가 빨간색 곡선으로, 식 10.137의 지수 상한의 두 예시가 파란색 곡선으로 그려져 있다. 오른쪽 도식에는 로지스틱 시그모이드 함수가 빨간색 곡선으로, 식 10.144 의 가우시안 하한 경계가 파란색 곡선으로 그려져 있다. 여기서 매개변수 $\xi = 2.5$다. 이 경계는 $x = \xi$와 $x = -\xi$ 에서 로지스틱 시그모이드 함수에 접하게 된다(녹색 점선).

$$\sigma(x) \leqslant \exp(\eta x - g(\eta)) \tag{식 10.137}$$

두 개의 η 값에 대해서 그림 10.12의 왼쪽 도식에 그려져 있다.

가우시안적 함수 형태를 가지는 시그모이드의 하한 경계를 구할 수도 있다. 이를 위해서는 Jaakkola and Jordan(2000)에 따라서 입력 변수와 함수 양쪽에 대해 변환을 시행해야 한다. 먼저 로지스틱 함수의 로그를 취한 후 분해를 시행하자.

$$
\begin{aligned}
\ln \sigma(x) &= -\ln(1 + e^{-x}) = -\ln \left\{ e^{-x/2}(e^{x/2} + e^{-x/2}) \right\} \\
&= x/2 - \ln(e^{x/2} + e^{-x/2})
\end{aligned}
\tag{식 10.138}
$$

함수 $f(x) = -\ln(e^{x/2} + e^{-x/2})$는 변수 x^2에 대해서 볼록 함수이며, 이는 이차 미분을 통해서 증명할 수 있다. 이를 통해서 $f(x)$에 대한 하한 경계를 구할 수 있다. 이 하한 경계는 x^2에 대한 함수이며, 그 켤레 함수는 다음처럼 주어지게 된다.

[연습문제 10.31]

$$g(\eta) = \max_{x^2} \left\{ \eta x^2 - f\left(\sqrt{x^2} \right) \right\} \tag{식 10.139}$$

정상성 조건에 따라서 다음을 얻게 된다.

$$0 = \eta - \frac{dx}{dx^2} \frac{d}{dx} f(x) = \eta + \frac{1}{4x} \tanh\left(\frac{x}{2} \right) \tag{식 10.140}$$

특정 η 값에 대한 접선의 접점에 해당하는 이 x 값을 ξ라고 지칭하면 다음을 얻게 된다.

$$\eta = -\frac{1}{4\xi} \tanh\left(\frac{\xi}{2} \right) = -\frac{1}{2\xi} \left[\sigma(\xi) - \frac{1}{2} \right] = -\lambda(\xi) \tag{식 10.141}$$

여기서 Jaakkola and Jordan(2000)과의 일관성을 위해 $\lambda = -\eta$로 정의하였다.

$$g(\lambda(\xi)) = -\lambda(\xi)\xi^2 - f(\xi) = -\lambda(\xi)\xi^2 + \ln(e^{\xi/2} + e^{-\xi/2}) \qquad \text{(식 10.142)}$$

여기서 $f(x)$에 대한 경계는 다음처럼 적을 수 있다.

$$f(x) \geqslant -\lambda(\xi)x^2 - g(\lambda(\xi)) = -\lambda(\xi)x^2 + \lambda(\xi)\xi^2 - \ln(e^{\xi/2} + e^{-\xi/2}) \qquad \text{(식 10.143)}$$

그러면 시그모이드 함수에 대한 경계는 다음이 된다.

$$\sigma(x) \geqslant \sigma(\xi)\exp\left\{(x-\xi)/2 - \lambda(\xi)(x^2 - \xi^2)\right\} \qquad \text{(식 10.144)}$$

여기서 $\lambda(\xi)$는 식 10.141에 정의되어 있다. 이 경계는 그림 10.12의 오른쪽 도식에 그려져 있다. 이 경계가 x 이차식의 지수 형태를 띠고 있음을 확인할 수 있다. 이는 로지스틱 시그모이드 함수를 통해 정의된 사후 분포의 가우시안 표현을 찾고자 할 때 유용하다.

4.5절

로지스틱 시그모이드 함수는 이산 확률 변수에 대한 확률적 모델에서 종종 사용된다. 왜냐하면 로지스틱 시그모이드 함수를 이용해서 **로그 오즈 비율**(*log-odds ratio*)을 비율을 사후 분포로 변환할 수 있기 때문이다. 이에 해당하는 다중 클래스 분포에 대한 변환은 소프트맥스 함수에 해당한다. 안타깝게도 여기서 로지스틱 시그모이드 함수에 대해 유도한 하한은 소프트맥스의 경우에 대해 직접 확장할 수가 없다. Gibbs(1997)는 경계로 추측(정확한 증명은 주어지지 않았다)되는 가우시안 분포를 구성하는 방법을 제안했는데, 이는 다중 클래스 문제에 지역적 변분법을 적용할 때 유용하다.

4.3절

10.6.1절에서 지역적 변분 경계를 사용하는 예시를 살펴보게 될 것이다. 여기서는 일반적으로 이러한 경계가 어떻게 사용되는지 살펴보도록 하자. 예를 들어, 다음 형태의 적분을 시행하려 한다고 가정해 보자.

$$I = \int \sigma(a)p(a)\,\mathrm{d}a \qquad \text{(식 10.145)}$$

여기서 $\sigma(a)$는 로지스틱 시그모이드 함수고, $p(a)$는 가우시안 확률 밀도다. 예를 들자면 베이지안 모델에서 예측 분포를 계산하고자 할 때 이런 적분을 시행해야 한다. 이 경우 $p(a)$는 사후 매개변수 분포를 의미하게 될 것이다. 이 적분은 직접 다루기가 아주 어렵기 때문에 식 10.144의 변분 경계를 도입할 수 있다. 이는 $\sigma(a) \geqslant f(a, \xi)$의 형태로 적을 수 있다. 이때 ξ는 변분 매개변수다. 이 적분은 이제 두 개의 지수 이차 함수의 곱에 대한 적분으로 바뀌었으며, 따라서 적분을 해석적으로 시행해서 I에 대한 경곗값을 부여하는 것이 가능해졌다.

$$I \geqslant \int f(a, \xi) p(a)\, da = F(\xi) \qquad \text{(식 10.146)}$$

이제 자유롭게 변분 매개변수 ξ를 선택할 수 있다. $F(\xi)$를 최대화하는 $\xi^\star$를 찾도록 하자. 그 결과로 얻게 될 값 $F(\xi^\star)$는 경계들 중에서 가장 엄밀한 경계를 나타내며, I에 대한 근사치로 사용할 수 있다. 하지만 일반적으로 이러한 최적화된 경계가 정확하지는 않다. 로지스틱 시그모이드 함수의 경우 경계 $\sigma(a) \geqslant f(a, \xi)$를 정확하게 최적화할 수 있다. 하지만 필요한 ξ 값에 대한 선택은 a의 값에 대해 종속적이게 되며, 따라서 해당 경계는 단 하나의 a 값에 대해서만 정확하게 된다. $F(\xi)$는 모든 a 값에 대해 적분한 값이다. 따라서 $\xi^\star$ 값은 분포 $p(a)$에 의해 가중되어 타협된 값에 해당한다.

10.6 변분적 로지스틱 회귀

4.5절에서 공부했던 베이지안 로지스틱 회귀 모델에 지역적 변분 방법론을 사용해 보도록 하자. 4.5절에서는 라플라스 근사를 사용하는 데 초점을 맞췄다. 여기서는 Jaakkola and Jordan(2000)의 변분적 방법을 바탕으로 논의를 진행해 보도록 하자. 라플라스 방법과 마찬가지로 이 방법 역시 사후 분포에 대한 가우시안 근사치를 주게 된다. 하지만 변분적 근사법의 더 좋은 유연성으로 인해서 라플라스 방법을 사용했을 때보다 정확도가 개선될 수 있다. 또한, 라플라스 방법과는 달리 변분적 접근법에서는 모델 증거에 대한 엄밀한 경계로 주어지는 잘 정의된 목표 함수를 최적화하게 된다. 로지스틱 회귀는 Dybowski and Roberts(2005)에 의해 베이지안 관점에서 몬테 카를로 표본 추출 테크닉을 바탕으로 다루어졌다.

10.6.1 변분적 사후 분포

10.5절에서 도입했던 지역적 경계에 기반한 변분적 근사를 사용해 보도록 하자. 이를 통해서 로지스틱 시그모이드 함수에 의해 조절되는 로지스틱 회귀의 가능도 함수를 이차식의 지수 형태로 근사할 수 있다. 다시 한 번 식 4.140 형태의 켤레 가우시안 사전 분포를 사용하는 것이 편리하다. 일단은 초매개변수 $\mathbf{m}_0$와 $\mathbf{S}_0$를 고정된 상수로 취급하자. 10.6.3절에서는 변분적 방법론을 확장해서 모르는 초매개변수가 있는 경우, 그 값들을 데이터로부터 추정하는 과정을 살펴볼 것이다.

변분적 방법론 과정에서는 주변 가능도의 하한값을 최대화한다. 베이지안 로지스틱 회귀 모델의 주변 가능도는 다음 형태를 가진다.

$$p(\mathbf{t}) = \int p(\mathbf{t}|\mathbf{w})p(\mathbf{w}) \, \mathrm{d}\mathbf{w} = \int \left[\prod_{n=1}^{N} p(t_n|\mathbf{w}) \right] p(\mathbf{w}) \, \mathrm{d}\mathbf{w} \qquad \text{(식 10.147)}$$

t에 대한 조건부 분포는 다음처럼 적을 수 있다.

$$
\begin{aligned}
p(t|\mathbf{w}) &= \sigma(a)^t \{1 - \sigma(a)\}^{1-t} \\
&= \left(\frac{1}{1 + e^{-a}} \right)^t \left(1 - \frac{1}{1 + e^{-a}} \right)^{1-t} \\
&= e^{at} \frac{e^{-a}}{1 + e^{-a}} = e^{at} \sigma(-a) \qquad \text{(식 10.148)}
\end{aligned}
$$

여기서 $a = \mathbf{w}^{\mathrm{T}}\boldsymbol{\phi}$다. $p(\mathbf{t})$의 하한 경계를 구하기 위해서는 식 10.144로 주어진 로지스틱 시그모이드의 변분적 하한 경계를 사용해야 한다. 편의를 위해 여기에 다시 적겠다.

$$\sigma(z) \geqslant \sigma(\xi) \exp \left\{ (z - \xi)/2 - \lambda(\xi)(z^2 - \xi^2) \right\} \qquad \text{(식 10.149)}$$

여기서 다음과 같다.

$$\lambda(\xi) = \frac{1}{2\xi} \left[\sigma(\xi) - \frac{1}{2} \right]. \qquad \text{(식 10.150)}$$

따라서 다음과 같이 적을 수 있다.

$$p(t|\mathbf{w}) = e^{at}\sigma(-a) \geqslant e^{at}\sigma(\xi) \exp \left\{ -(a + \xi)/2 - \lambda(\xi)(a^2 - \xi^2) \right\} \qquad \text{(식 10.151)}$$

이 경계는 가능도 함수의 각 항들에 대해 각각 따로 적용된다. 따라서 각각의 훈련 집합 관측 $(\boldsymbol{\phi}_n, t_n)$에 해당하는 변분 매개변수 ξ_n이 존재한다. $a = \mathbf{w}^{\mathrm{T}}\boldsymbol{\phi}$를 사용하고 사후 분포를 곱하면 $\mathbf{t}$와 $\mathbf{w}$에 대한 결합 분포의 경계를 다음과 같이 얻을 수 있다.

$$p(\mathbf{t}, \mathbf{w}) = p(\mathbf{t}|\mathbf{w})p(\mathbf{w}) \geqslant h(\mathbf{w}, \boldsymbol{\xi})p(\mathbf{w}) \qquad \text{(식 10.152)}$$

여기서 $\boldsymbol{\xi}$는 변분 매개변수 $\{\xi_n\}$의 집합을 지칭한다.

$$
\begin{aligned}
h(\mathbf{w}, \boldsymbol{\xi}) = \prod_{n=1}^{N} \sigma(\xi_n) \exp \Big\{ & \mathbf{w}^{\mathrm{T}}\boldsymbol{\phi}_n t_n - (\mathbf{w}^{\mathrm{T}}\boldsymbol{\phi}_n + \xi_n)/2 \\
& - \lambda(\xi_n)([\mathbf{w}^{\mathrm{T}}\boldsymbol{\phi}_n]^2 - \xi_n^2) \Big\} \qquad \text{(식 10.153)}
\end{aligned}
$$

정확한 사후 분포를 구하기 위해서는 위 부등식의 왼쪽 변을 정규화하는 것이 필요하다. 이를 푸는 것은 매우 어렵다. 따라서 여기서는 그 대신에 오른쪽 변을 다룰 것이다. 오른쪽 변의 함수는 정규화되어 있지 않기 때문에 확률 밀도로 해석할 수가 없다. 하지만 이를 정규화해서 변분적 사후 분포 $q(\mathbf{w})$를 얻고 나면 이는 더 이상 경곗값이 아니게 된다.

로그 함수는 단조 증가하기 때문에 부등식 $A \geqslant B$가 성립하면 $\ln A \geqslant \ln B$도 성립한다. 이를 바탕으로 $\mathbf{t}$와 $\mathbf{w}$의 결합 분포의 로그에 대한 하한 경계를 다음처럼 적을 수 있다.

$$
\ln \{p(\mathbf{t}|\mathbf{w})p(\mathbf{w})\} \geqslant \ln p(\mathbf{w}) + \sum_{n=1}^{N} \big\{ \ln \sigma(\xi_n) + \mathbf{w}^{\mathrm{T}}\boldsymbol{\phi}_n t_n
$$
$$
- (\mathbf{w}^{\mathrm{T}}\boldsymbol{\phi}_n + \xi_n)/2 - \lambda(\xi_n)([\mathbf{w}^{\mathrm{T}}\boldsymbol{\phi}_n]^2 - \xi_n^2) \big\} \tag{식 10.154}
$$

사전 분포 $p(\mathbf{w})$를 치환해 넣고 나면 부등식의 오른쪽 변을 $\mathbf{w}$의 함수로 적을 수 있다.

$$
-\frac{1}{2}(\mathbf{w} - \mathbf{m}_0)^{\mathrm{T}}\mathbf{S}_0^{-1}(\mathbf{w} - \mathbf{m}_0)
$$
$$
+ \sum_{n=1}^{N} \big\{ \mathbf{w}^{\mathrm{T}}\boldsymbol{\phi}_n(t_n - 1/2) - \lambda(\xi_n)\mathbf{w}^{\mathrm{T}}(\boldsymbol{\phi}_n\boldsymbol{\phi}_n^{\mathrm{T}})\mathbf{w} \big\} + \mathrm{const} \tag{식 10.155}
$$

이는 $\mathbf{w}$에 대한 이차 함수다. 따라서 $\mathbf{w}$에 대한 일차항과 이차항을 찾아내서 사후 분포의 변분적 근사치를 가우시안 형태로 구할 수 있다.

$$
q(\mathbf{w}) = \mathcal{N}(\mathbf{w}|\mathbf{m}_N, \mathbf{S}_N) \tag{식 10.156}
$$

여기서 다음과 같다.

$$
\mathbf{m}_N = \mathbf{S}_N \left(\mathbf{S}_0^{-1}\mathbf{m}_0 + \sum_{n=1}^{N}(t_n - 1/2)\boldsymbol{\phi}_n \right) \tag{식 10.157}
$$

$$
\mathbf{S}_N^{-1} = \mathbf{S}_0^{-1} + 2\sum_{n=1}^{N} \lambda(\xi_n)\boldsymbol{\phi}_n\boldsymbol{\phi}_n^{\mathrm{T}} \tag{식 10.158}
$$

라플라스 방법을 사용했을 때와 마찬가지로 사후 분포에 대한 가우시안 근사치를 구했다. 하지만 여기서는 변분적 매개변수 $\{\xi_n\}$으로 인해서 유연성이 증가하였다. 따라서 더 개선된 정확도를 얻을 수 있게 된다(Jaakkola and Jordan, 2000).

지금까지 모든 훈련 데이터가 한 번에 가용한 일괄 학습의 맥락에서 문제를 살펴보았다. 하지만 베이지안 방법론은 내재적으로 데이터 포인트들이 한 번에 하나씩 처리되는 순차 학습에 적합하도록 되어 있다. 여기서 살펴본 변분적 방법을 순차적인 경우에 대해 적용하는 것은 그

연습문제 10.32   리 어렵지 않다.

식 10.149의 경계는 두 클래스 문제에서만 사용할 수 있다. 따라서 이 방법을 $K > 2$개의 클래스가 있는 분류 문제에 대해 직접적으로 일반화할 수는 없다. 클래스가 여럿인 경우에 사용할

수 있는 경계에 대해서는 Gibbs(1997)에 논의되어 있다.

10.6.2 변분적 매개변수의 최적화

사후 분포에 대한 정규화된 가우시안 근사치를 얻었다. 잠시 후 이를 이용해서 새로운 데이터 포인트에 대한 예측 분포를 계산할 것이다. 하지만 그 이전에 주변 가능도의 하한을 최대화해서 변분적 매개변수 $\{\xi_n\}$을 구해야 한다.

식 10.152의 부등식을 주변 가능도에 대입하면 다음을 얻게 된다.

$$\ln p(\mathbf{t}) = \ln \int p(\mathbf{t}|\mathbf{w})p(\mathbf{w})\,\mathrm{d}\mathbf{w} \geqslant \ln \int h(\mathbf{w}, \boldsymbol{\xi})p(\mathbf{w})\,\mathrm{d}\mathbf{w} = \mathcal{L}(\boldsymbol{\xi}) \qquad \text{(식 10.159)}$$

3.5절의 선형 회귀 모델에서의 초매개변수 α에 대한 최적화와 마찬가지로 ξ_n을 결정하는 데는 두 가지 접근법이 있다. 첫 번째 접근법은 함수 $\mathcal{L}(\boldsymbol{\xi})$가 $\mathbf{w}$에 대한 적분을 통해서 정의되는 것을 바탕으로 $\mathbf{w}$를 잠재 변수로 간주하고 EM 알고리즘을 사용하는 것이다. 두 번째 접근법은 $\mathbf{w}$에 대해 해석적으로 적분을 한 후에 대한 최적화를 직접 시행하는 것이다. 우선, EM 접근법을 먼저 살펴보도록 하자.

EM 알고리즘은 매개변수 $\{\xi_n\}$에 대한 초깃값을 선택하는 것으로 시작된다. 여기서는 이 초깃값을 $\boldsymbol{\xi}^{\text{old}}$라 할 것이다. EM 알고리즘의 E단계에서는 이 매개변숫값들을 바탕으로 $\mathbf{w}$에 대한 사후 분포를 찾을 것이다. 이는 식 10.156으로 주어진다. M단계에서는 완전 데이터 로그 가능도 함수의 기댓값을 최대화할 것이다. 이 기댓값은 다음으로 주어진다.

$$Q(\boldsymbol{\xi}, \boldsymbol{\xi}^{\text{old}}) = \mathbb{E}\left[\ln\left\{h(\mathbf{w}, \boldsymbol{\xi})p(\mathbf{w})\right\}\right] \qquad \text{(식 10.160)}$$

여기서 기댓값은 $\boldsymbol{\xi}^{\text{old}}$를 사용해서 계산된 사후 분포 $q(\mathbf{w})$에 대해 취해졌다. $p(\mathbf{w})$가 $\boldsymbol{\xi}$에 대해 종속적이지 않다는 사실을 주지하고 $h(\mathbf{w}, \boldsymbol{\xi})$를 대입해 넣으면 다음을 얻게 된다.

$$Q(\boldsymbol{\xi}, \boldsymbol{\xi}^{\text{old}}) = \sum_{n=1}^{N}\left\{\ln \sigma(\xi_n) - \xi_n/2 - \lambda(\xi_n)(\boldsymbol{\phi}_n^{\mathrm{T}}\mathbb{E}[\mathbf{w}\mathbf{w}^{\mathrm{T}}]\boldsymbol{\phi}_n - \xi_n^2)\right\} + \text{const} \quad \text{(식 10.161)}$$

여기서 'const(상수)'는 $\boldsymbol{\xi}$에 대해 독립적인 항들을 지칭하는 것이다. ξ_n에 대한 미분을 0으로 놓자. $\sigma(\xi)$와 $\lambda(\xi)$의 정의를 이용해서 몇 줄의 대수를 진행하면 다음을 얻게 된다.

$$0 = \lambda'(\xi_n)(\boldsymbol{\phi}_n^{\mathrm{T}}\mathbb{E}[\mathbf{w}\mathbf{w}^{\mathrm{T}}]\boldsymbol{\phi}_n - \xi_n^2) \qquad \text{(식 10.162)}$$

$\lambda'(\xi)$는 $\xi \geqslant 0$인 경우 ξ에 대한 단조 함수다. 일반성을 잃지 않은 채로 음이 아닌 ξ 값에 대해서만 관심을 가질 수 있다. 왜냐하면 $\xi = 0$ 주변에서 경계가 대칭성을 보이기 때문이다. 따

연습문제 10.33 라서 $\lambda'(\xi) \neq 0$이고 이를 바탕으로 다음의 재추정식을 얻게 된다.

$$(\xi_n^{\text{new}})^2 = \boldsymbol{\phi}_n^{\text{T}} \mathbb{E}[\mathbf{w}\mathbf{w}^{\text{T}}] \boldsymbol{\phi}_n = \boldsymbol{\phi}_n^{\text{T}} \left(\mathbf{S}_N + \mathbf{m}_N \mathbf{m}_N^{\text{T}} \right) \boldsymbol{\phi}_n \qquad \text{(식 10.163)}$$

유도 과정에서 식 10.156을 사용했다.

변분적 사후 분포를 찾기 위한 EM 알고리즘을 요약해 보자. 첫 번째로 변분적 사후 매개변수를 $\boldsymbol{\xi}^{\text{old}}$로 초기화한다. E단계에서는 식 10.156으로 주어지는 $\mathbf{w}$에 대한 사후 분포를 계산한다. 여기서 평균과 공분산은 식 10.157과 식 10.158에 정의되어 있다. M단계에서는 계산된 변분 사후 분포를 바탕으로 식 10.163을 통해서 새로운 $\boldsymbol{\xi}$ 값을 계산한다. E단계와 M단계를 적절한 수렴 조건이 만족될 때까지 반복한다. 실전에서는 보통 수 차례의 반복이면 충분하다.

$\boldsymbol{\xi}$에 대한 재추정식을 얻기 위한 또 다른 접근법은 하한 경계 $\mathcal{L}(\boldsymbol{\xi})$에 대한 정의인 식 10.159의 $\mathbf{w}$에 대한 적분에서 피적분 함수가 가우시안 같은 형태를 가지고 있으며, 따라서 해석적으로 적분을 시행하는 것이 가능하다는 것을 바탕으로 한다. 적분을 계산하고 나면 ξ_n에 대해서 미분을 할 수 있다. 이 과정을 통해 얻은 재추정식은 EM 과정을 통해 얻은 식 10.163의 재추정
연습문제 10.34 식과 동일하다.

이미 앞에서 강조하였듯 변분적 방법론을 적용하는 데 있어서 식 10.159의 하한 경계 $\mathcal{L}(\boldsymbol{\xi})$를 계산할 수 있으면 유용하다. $p(\mathbf{w})$가 가우시안이고 $h(\mathbf{w}, \boldsymbol{\xi})$가 $\mathbf{w}$에 대한 제곱 함수의 지수 형태라는 것을 바탕으로 $\mathbf{w}$에 대한 적분을 해석적으로 시행할 수 있다. 따라서 제곱식의 완성을 실행하고 가우시안 분포의 정규화 계수에 대한 표준 결과를 사용하면 다음 형태의 닫힌 해를
연습문제 10.35 구할 수 있다.

$$
\begin{aligned}
\mathcal{L}(\boldsymbol{\xi}) = {} & \frac{1}{2} \ln \frac{|\mathbf{S}_N|}{|\mathbf{S}_0|} + \frac{1}{2} \mathbf{m}_N^{\text{T}} \mathbf{S}_N^{-1} \mathbf{m}_N - \frac{1}{2} \mathbf{m}_0^{\text{T}} \mathbf{S}_0^{-1} \mathbf{m}_0 \\
& + \sum_{n=1}^{N} \left\{ \ln \sigma(\xi_n) - \frac{1}{2} \xi_n + \lambda(\xi_n) \xi_n^2 \right\}
\end{aligned}
\qquad \text{(식 10.164)}
$$

이 변분적 방법론은 데이터가 순차적으로 주어지는 경우에도 적용할 수 있다(Jaakkola and Jordan, 2000). 이 경우에는 $\mathbf{w}$에 대한 가우시안 사후 분포를 유지하며, 사전 분포 $p(\mathbf{w})$로 초기화한다. 각 데이터 포인트가 주어짐에 따라서 식 10.151의 경계식을 바탕으로 업데이트와 정규화를 시행해서 업데이트된 사후 분포를 얻게 된다.

사후 분포에 대해 주변화함으로써 예측 분포를 얻을 수 있다. 이로 얻게되는 분포는 4.5.2절에서 논의하였던 라플라스 근사의 경우와 같은 형태를 가진다. 그림 10.13은 합성 데이터 집합에

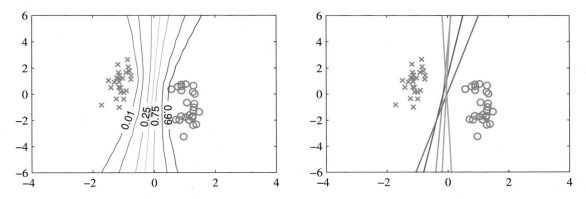

그림 10.13 선형적으로 분리 가능한 단순한 데이터 집합에 베이지안 로지스틱 회귀를 적용한 예시. 왼쪽의 도식은 변분적 추론을 이용해서 구한 예측 분포를 보여 주고 있다. 결정 경계가 대략 데이터 포인트 집합들의 중간 정도에 자리하고 있다. 경계선이 데이터 포인트들로부터 멀어짐에 따라서 점점 벌어져 나가는 것을 볼 수 있는데, 이는 이러한 지역에서의 분류에 대한 더 큰 불확실성을 나타내는 것이다. 오른쪽은 사후 분포 $p(\mathbf{w}|\mathbf{t})$로부터 추출한 매개변수 벡터 $\mathbf{w}$에 대한 다섯 개의 표본에 해당하는 결정 경계의 도식이다.

대한 변분적 예측 분포를 보여 주고 있다. 이 예시는 7.1절에서 다루었던 '큰 마진' 콘셉트에 대해 흥미로운 통찰을 제공해 준다. 이는 본질적으로 베이지안 해와 비슷한 습성을 보인다.

10.6.3 초매개변수 추론

지금까지 사전 분포의 초매개변수 α를 알려진 상수로 취급하였다. 여기서는 베이지안 로지스틱 회귀 모델을 확장해서 이 매개변수를 데이터 집합으로부터 추론해 보도록 하자. 전역 변분 근사법과 지역 변분 근사법을 단일한 방법론으로 결합하고 각 단계에서 주변 가능도에 대한 하한 경계를 유지함으로써 이를 달성할 수 있다. 이러한 결합된 방법은 Bishop and Svensén(2003)에 의해서 전문가 모델의 계층적 혼합에 대한 베이지안적 관점에서 사용되었다.

다음 형태의 단순한 등방 가우시안 사전 분포를 다시 고려해 보자.

$$p(\mathbf{w}|\alpha) = \mathcal{N}(\mathbf{w}|\mathbf{0}, \alpha^{-1}\mathbf{I}) \qquad \text{(식 10.165)}$$

여기서의 논의 내용은 더 일반적인 가우시안 사전 분포에 대해서 어렵지 않게 확장할 수 있다. 예를 들어, 서로 다른 매개변수들 w_j의 부분 집합에 대해 서로 다른 초매개변수를 연관짓고 싶을 경우에 이런 확장을 시행할 수 있다. 앞에서와 같이, 감마 분포로 주어지는 α에 대한 켤레 초사전 분포를 고려하자.

$$p(\alpha) = \text{Gam}(\alpha|a_0, b_0) \qquad \text{(식 10.166)}$$

이 분포는 상수 a_0와 b_0에 종속적이다.

이 모델의 주변 가능도는 다음 형태를 취하게 된다

$$p(\mathbf{t}) = \iint p(\mathbf{w}, \alpha, \mathbf{t}) \, d\mathbf{w} \, d\alpha \qquad \text{(식 10.167)}$$

결합 분포는 다음과 같이 주어진다.

$$p(\mathbf{w}, \alpha, \mathbf{t}) = p(\mathbf{t}|\mathbf{w})p(\mathbf{w}|\alpha)p(\alpha) \qquad \text{(식 10.168)}$$

이제 해석적으로 다루는 것이 매우 어려운 $\mathbf{w}$와 α에 대한 적분을 시행해야 하는 상황이 왔다. 여기서는 지역적 변분 접근법과 전역적 변분 접근법을 함께 적용하는 방식으로 이를 해결할 것이다.

우선 첫 번째로 변분적 분포 $q(\mathbf{w}, \alpha)$를 도입하도록 하자. 여기에 식 10.2의 분해를 적용하면 다음을 얻을 수 있다.

$$\ln p(\mathbf{t}) = \mathcal{L}(q) + \mathrm{KL}(q\|p) \qquad \text{(식 10.169)}$$

여기서 하한 경계인 $\mathcal{L}(q)$와 쿨백 라이블러 발산인 $\mathrm{KL}(q\|p)$는 다음과 같이 정의된다.

$$\mathcal{L}(q) = \iint q(\mathbf{w}, \alpha) \ln \left\{ \frac{p(\mathbf{w}, \alpha, \mathbf{t})}{q(\mathbf{w}, \alpha)} \right\} d\mathbf{w} \, d\alpha \qquad \text{(식 10.170)}$$

$$\mathrm{KL}(q\|p) = -\iint q(\mathbf{w}, \alpha) \ln \left\{ \frac{p(\mathbf{w}, \alpha|\mathbf{t}))}{q(\mathbf{w}, \alpha)} \right\} d\mathbf{w} \, d\alpha \qquad \text{(식 10.171)}$$

가능도 인자 $p(\mathbf{t}|\mathbf{w})$의 형태로 인해서 하한 경계 $\mathcal{L}(q)$는 여전히 다루기가 매우 어려운 상태다. 따라서 각각의 로지스틱 시그모이드 인자들에 대해 지역적 변분 경계를 적용할 것이다. 이를 바탕으로 하면 식 10.152의 부등식을 사용해서 $\mathcal{L}(q)$에 대한 하한값을 정할 수 있다. 이 하한 값은 로그 주변 가능도에 대해서도 하한값이게 될 것이다.

$$\begin{aligned} \ln p(\mathbf{t}) \;\geqslant\; & \mathcal{L}(q) \geqslant \widetilde{\mathcal{L}}(q, \boldsymbol{\xi}) \\ =\; & \iint q(\mathbf{w}, \alpha) \ln \left\{ \frac{h(\mathbf{w}, \boldsymbol{\xi})p(\mathbf{w}|\alpha)p(\alpha)}{q(\mathbf{w}, \alpha)} \right\} d\mathbf{w} \, d\alpha \end{aligned} \qquad \text{(식 10.172)}$$

다음으로는 변분 분포가 매개변수들과 초매개변수들로 인수분해된다고 가정해 보자.

$$q(\mathbf{w}, \alpha) = q(\mathbf{w})q(\alpha) \qquad \text{(식 10.173)}$$

이 인수분해를 바탕으로 일반 결과 식 10.9를 이용해서 최적 인자들에 대한 식을 구할 수 있다. 첫 번째로 분포 $q(\mathbf{w})$를 고려해 보자. $\mathbf{w}$에 대해 독립적인 항들을 제거하고 나면 다음을 얻게 된다.

$$
\begin{aligned}
\ln q(\mathbf{w}) &= \mathbb{E}_\alpha \left[\ln \{ h(\mathbf{w}, \boldsymbol{\xi}) p(\mathbf{w}|\alpha) p(\alpha) \} \right] + \text{const} \\
&= \ln h(\mathbf{w}, \boldsymbol{\xi}) + \mathbb{E}_\alpha \left[\ln p(\mathbf{w}|\alpha) \right] + \text{const}
\end{aligned}
$$

식 10.153을 이용해서 $\ln h(\mathbf{w}, \boldsymbol{\xi})$를, 식 10.165를 이용해서 $\ln p(\mathbf{w}|\alpha)$를 대입해 넣자. 다음을 얻을 수 있다.

$$
\ln q(\mathbf{w}) = -\frac{\mathbb{E}[\alpha]}{2} \mathbf{w}^{\mathrm{T}} \mathbf{w} + \sum_{n=1}^{N} \left\{ (t_n - 1/2) \mathbf{w}^{\mathrm{T}} \boldsymbol{\phi}_n - \lambda(\xi_n) \mathbf{w}^{\mathrm{T}} \boldsymbol{\phi}_n \boldsymbol{\phi}_n^{\mathrm{T}} \mathbf{w} \right\} + \text{const}
$$

이는 $\mathbf{w}$에 대한 이차 함수다. 따라서 $q(\mathbf{w})$에 대한 해는 가우시안이다. 제곱식의 완성을 시행하면 다음을 얻게 된다.

$$
q(\mathbf{w}) = \mathcal{N}(\mathbf{w}|\boldsymbol{\mu}_N, \boldsymbol{\Sigma}_N) \tag{식 10.174}
$$

여기서 다음을 정의하였다.

$$
\boldsymbol{\Sigma}_N^{-1} \boldsymbol{\mu}_N = \sum_{n=1}^{N} (t_n - 1/2) \boldsymbol{\phi}_n \tag{식 10.175}
$$

$$
\boldsymbol{\Sigma}_N^{-1} = \mathbb{E}[\alpha] \mathbf{I} + 2 \sum_{n=1}^{N} \lambda(\xi_n) \boldsymbol{\phi}_n \boldsymbol{\phi}_n^{\mathrm{T}} \tag{식 10.176}
$$

이와 비슷하게 인자 $q(\alpha)$에 대한 해는 다음으로 주어지게 된다.

$$
\ln q(\alpha) = \mathbb{E}_{\mathbf{w}} \left[\ln p(\mathbf{w}|\alpha) \right] + \ln p(\alpha) + \text{const}
$$

식 10.165를 이용해서 $\ln p(\mathbf{w}|\alpha)$를 대입해 넣고 식 10.166을 이용해서 $\ln p(\alpha)$를 대입해 넣으면 다음을 얻게 된다.

$$
\ln q(\alpha) = \frac{M}{2} \ln \alpha - \frac{\alpha}{2} \mathbb{E} \left[\mathbf{w}^{\mathrm{T}} \mathbf{w} \right] + (a_0 - 1) \ln \alpha - b_0 \alpha + \text{const}
$$

이는 감마 분포의 로그에 해당한다. 따라서 다음을 얻게 된다.

$$
q(\alpha) = \text{Gam}(\alpha|a_N, b_N) = \frac{1}{\Gamma(a_N)} a_N^{b_N} \alpha^{a_N - 1} e^{-b_N \alpha} \tag{식 10.177}
$$

여기서 다음과 같다.

$$
a_N = a_0 + \frac{M}{2} \tag{식 10.178}
$$

$$
b_N = b_0 + \frac{1}{2} \mathbb{E}_{\mathbf{w}} \left[\mathbf{w}^{\mathrm{T}} \mathbf{w} \right] \tag{식 10.179}
$$

변분 매개변수 ξ_n에 대한 최적화도 진행해야 한다. 이는 하한 경계 $\widetilde{\mathcal{L}}(q, \boldsymbol{\xi})$를 최대화함으로써 달성할 수 있다. $\boldsymbol{\xi}$에 대해 독립적인 항들을 제외하고 α에 대해 적분을 시행하면 다음을 얻게 된다.

$$\widetilde{\mathcal{L}}(q, \boldsymbol{\xi}) = \int q(\mathbf{w}) \ln h(\mathbf{w}, \boldsymbol{\xi}) \, \mathrm{d}\mathbf{w} + \text{const} \qquad \text{(식 10.180)}$$

이는 식 10.160의 형태와 정확히 같다. 따라서 앞의 결과인 식 10.163을 다시 사용할 수 있다. 주변 가능도 함수에 대한 직접적인 최적화를 시행하면 다음 형태의 재추정식을 얻게 된다.

$$(\xi_n^{\text{new}})^2 = \boldsymbol{\phi}_n^{\mathrm{T}} \left(\boldsymbol{\Sigma}_N + \boldsymbol{\mu}_N \boldsymbol{\mu}_N^{\mathrm{T}} \right) \boldsymbol{\phi}_n \qquad \text{(식 10.181)}$$

세 개의 값 $q(\mathbf{w})$, $q(\alpha)$, $\boldsymbol{\xi}$에 대한 재추정식을 얻었다. 적절한 초기화를 진행한 후에 이 세 개의 값들을 돌아가면서 업데이트하면 된다. 필요한 모멘트값들은 다음처럼 주어진다.

부록 B

$$\mathbb{E}[\alpha] = \frac{a_N}{b_N} \qquad \text{(식 10.182)}$$

$$\mathbb{E}[\mathbf{w}\mathbf{w}^{\mathrm{T}}] = \boldsymbol{\Sigma}_N + \boldsymbol{\mu}_N \boldsymbol{\mu}_N^{\mathrm{T}} \qquad \text{(식 10.183)}$$

10.7 EP

또 다른 결정적 근사 추론 알고리즘을 논의하는 것으로 이 장을 마무리하도록 하자. 바로 **EP**(*expectation propagation*, 기대 전파) 알고리즘이다(Minka, 2001a; Minka, 2001b). 지금까지 논의했던 변분적 베이지안 방법론과 마찬가지로 EP 알고리즘 역시 쿨백 라이블러 발산의 최소화에 그 기반을 두고 있다. 하지만 EP에서는 쿨백 라이블러 발산의 뒤집힌 형태를 사용할 것이며, 그에 따라서 좀 다른 성질을 가지는 근삿값을 얻게 될 것이다.

$\mathrm{KL}(p\|q)$를 $q(\mathbf{z})$에 대해 최소화하는 문제를 생각해 보자. 이때 $p(\mathbf{z})$는 고정된 분포라고 하자. 그리고 $q(\mathbf{z})$는 지수족 분포이며, 식 2.194에 따라서 다음의 형태로 적을 수 있다고 하자.

$$q(\mathbf{z}) = h(\mathbf{z})g(\boldsymbol{\eta}) \exp \left\{ \boldsymbol{\eta}^{\mathrm{T}} \mathbf{u}(\mathbf{z}) \right\} \qquad \text{(식 10.184)}$$

$\boldsymbol{\eta}$의 함수로서의 쿨백 라이블러 발산은 다음의 형태를 가지게 된다.

$$\mathrm{KL}(p\|q) = -\ln g(\boldsymbol{\eta}) - \boldsymbol{\eta}^{\mathrm{T}} \mathbb{E}_{p(\mathbf{z})}[\mathbf{u}(\mathbf{z})] + \text{const} \qquad \text{(식 10.185)}$$

여기서 상수항은 $\boldsymbol{\eta}$에 독립적인 항이다. $\boldsymbol{\eta}$에 대한 기울기를 0으로 설정해서 $\mathrm{KL}(p\|q)$를 최소화할 수 있다.

$$-\nabla \ln g(\boldsymbol{\eta}) = \mathbb{E}_{p(\mathbf{z})}[\mathbf{u}(\mathbf{z})] \qquad \text{(식 10.186)}$$

하지만 $\ln g(\boldsymbol{\eta})$의 음의 기울기는 분포 $q(\mathbf{z})$하에서의 $\mathbf{u}(\mathbf{z})$의 기댓값으로 주어진다는 것을 이미

식 2.226에서 살펴보았다. 이 두 결과를 바탕으로 다음의 등식을 얻을 수 있다.

$$\mathbb{E}_{q(\mathbf{z})}[\mathbf{u}(\mathbf{z})] = \mathbb{E}_{p(\mathbf{z})}[\mathbf{u}(\mathbf{z})] \qquad \text{(식 10.187)}$$

최적해가 단순히 충분 통계량의 기댓값을 맞추는 것에 해당한다는 것을 볼 수 있다. 예를 들어, 만약 $q(\mathbf{z})$가 가우시안 분포 $\mathcal{N}(\mathbf{z}|\boldsymbol{\mu}, \boldsymbol{\Sigma})$라면 $q(\mathbf{z})$의 평균 $\boldsymbol{\mu}$를 $p(\mathbf{z})$의 평균과 같도록 설정하고 공분산 $\boldsymbol{\Sigma}$를 $p(\mathbf{z})$의 공분산과 같도록 설정함으로써 쿨백 라이블러 발산을 최소화할 수 있다는 것이다. 이는 때때로 **모멘트 매칭**(moment matching)라고 불린다. 이에 대한 예시가 그림 10.3(a)에 그려져 있다.

이 결과를 이용해서 실제적인 근사 추정 알고리즘을 만들어 보도록 하자. 많은 확률적 모델의 경우 데이터 D와 (매개변수를 포함한) 숨김 변수 $\boldsymbol{\theta}$의 결합 분포를 다음과 같은 형태의 인자들의 곱으로 표현할 수 있다.

$$p(\mathcal{D}, \boldsymbol{\theta}) = \prod_i f_i(\boldsymbol{\theta}) \qquad \text{(식 10.188)}$$

예를 들면, 각 데이터 포인트 $\mathbf{x}_n$에 대해 하나의 인자 $f_n(\boldsymbol{\theta}) = p(\mathbf{x}_n|\boldsymbol{\theta})$가 있고 사전 분포에 대한 인자 $f_0(\boldsymbol{\theta}) = p(\boldsymbol{\theta})$가 있는 독립적이고 동일하게 분포된 데이터에 대한 모델을 이런 식으로 표현할 수 있을 것이다. 더 일반적으로는 각 인자가 노드들 중 하나에 대응하는 조건부 분포에 해당하는 방향성 확률적 그래프 기반의 모델이나, 각 인자가 클리크 포텐셜인 비방향성 그래프를 바탕으로 정의되는 모델에 대해서도 이러한 형태가 성립할 것이다. 여기서 우리의 관심사는 예측을 시행하기 위해서 사후 분포 $p(\boldsymbol{\theta}|\mathcal{D})$를 계산하고 모델들의 비교를 위해서 모델 증거 $p(\mathcal{D})$를 계산하는 것이다. 사후 분포는 식 10.188로부터 다음처럼 주어진다.

$$p(\boldsymbol{\theta}|\mathcal{D}) = \frac{1}{p(\mathcal{D})} \prod_i f_i(\boldsymbol{\theta}) \qquad \text{(식 10.189)}$$

그리고 모델 증거는 다음의 형태로 주어지게 된다.

$$p(\mathcal{D}) = \int \prod_i f_i(\boldsymbol{\theta}) \, \mathrm{d}\boldsymbol{\theta} \qquad \text{(식 10.190)}$$

여기서는 연속 변수들을 바탕으로 논의를 진행하고 있다. 하지만 앞으로의 논의 내용은 적분을 합산으로 바꾸기만 하면 이산 변수들에 대해서도 동일하게 적용할 수 있다. $\boldsymbol{\theta}$에 대한 주변화 과정과 예측을 위해 필요한 과정인 사후 분포에 대한 주변화 과정이 둘 다 다루기 어려워서 근사 과정이 필요하다고 가정할 것이다.

EP 알고리즘은 사후 분포에 대한 근사치를 기반으로 하고 있다. 이 근사치는 다음 형태 인자들의 곱으로 주어진다.

$$q(\boldsymbol{\theta}) = \frac{1}{Z} \prod_i \widetilde{f}_i(\boldsymbol{\theta})$$

(식 10.191)

이 근사치의 각각의 인자 $\widetilde{f}_i(\boldsymbol{\theta})$는 식 10.189의 실제 사후 분포의 인자 $f_i(\boldsymbol{\theta})$들에 대응되는 것이며, 인자 $1/Z$는 식 10.191의 왼쪽 변이 적분했을 때 1이 되도록 하기 위한 정규화 상수다. 실제적인 알고리즘을 얻기 위해서는 인자 $\widetilde{f}_i(\boldsymbol{\theta})$를 어떤 형태로 제약해야 한다. 여기서는 이 인자들이 지수족에 속해 있다고 가정할 것이다. 따라서 이 인자들의 곱 역시 지수족에 속하게 될 것이며, 그러므로 유한한 충분 통계량의 집합을 바탕으로 설명할 수 있게 된다. 예를 들어 만약 각각의 $\widetilde{f}_i(\boldsymbol{\theta})$들이 가우시안 분포라면, 전체 근사치 $q(\boldsymbol{\theta})$도 가우시안 분포일 것이다.

이상적으로는 다음의 형태로 주어지는 실제 사후 분포와 근사치 사이의 쿨백 라이블러 발산을 최소화하는 방식으로 $\widetilde{f}_i(\boldsymbol{\theta})$를 결정하면 좋다.

$$\mathrm{KL}\,(p\|q) = \mathrm{KL}\left(\frac{1}{p(\mathcal{D})} \prod_i f_i(\boldsymbol{\theta}) \,\middle\|\, \frac{1}{Z} \prod_i \widetilde{f}_i(\boldsymbol{\theta}) \right)$$

(식 10.192)

이는 변분 추론에서 사용했던 쿨백 라이블러 발산의 역 형태다. 보통 이 최소화는 쿨백 라이블러 발산이 실제 분포에 대해서 평균을 내는 과정을 포함하고 있기 때문에 매우 다루기가 힘들다. 이를 시행하는 대신에 인자 쌍 $f_i(\boldsymbol{\theta})$와 $\widetilde{f}_i(\boldsymbol{\theta})$ 사이의 쿨백 라이블러 발산을 최소화해서 대략적인 근사치를 구할 수 있다. 이 방식은 풀기가 훨씬 단순하며, 알고리즘이 비반복적이라는 장점이 있다. 하지만 각각의 인자들의 근사치를 개별적으로 구하기 때문에 이들의 곱인 최종 근사치는 그리 좋지 못한 근사 성능을 보이게 될 것이다.

EP 알고리즘은 각각의 인자들을 나머지 다른 모든 인자들의 맥락에서 순차적으로 최적화하는 방식을 이용해서 훨씬 더 성능이 좋은 근사치를 만들어 낸다. 일단, 처음에는 모든 인자 $\widetilde{f}_i(\boldsymbol{\theta})$들을 초기화하고 그 다음에는 각각의 인자들을 차례로 하나씩 개선한다. 이는 변분적 베이지안 방법론에서 인자들을 업데이트했던 방식과 흡사하다. 인자 $\widetilde{f}_j(\boldsymbol{\theta})$를 개선한다고 가정해 보자. 이를 위해서는 일단 첫 번째로 이 인자를 곱에서 제외해서 $\prod_{i \neq j} \widetilde{f}_i(\boldsymbol{\theta})$를 얻어야 한다. 개념적으로는 다음의 식 10.193의 곱이 그 다음의 식 10.194에 가능한 가깝도록 해서 수정된 형태의 $\widetilde{f}_j(\boldsymbol{\theta})$를 얻어야 한다.

$$q^{\mathrm{new}}(\boldsymbol{\theta}) \propto \widetilde{f}_j(\boldsymbol{\theta}) \prod_{i \neq j} \widetilde{f}_i(\boldsymbol{\theta})$$

(식 10.193)

$$f_j(\boldsymbol{\theta}) \prod_{i \neq j} \widetilde{f}_i(\boldsymbol{\theta}) \qquad \text{(식 10.194)}$$

여기서 $i \neq j$인 모든 인자 $\widetilde{f}_i(\boldsymbol{\theta})$들은 고정시킨 채로 적용해야 한다. 이는 나머지 인자들에 의해 정의된 대로 높은 사후 분포를 가진 지역에서 근사치가 가장 정확하도록 해준다. EP 알고리즘을 '잡동사니 문제'에 적용할 때 이 효과의 예시에 대해 살펴보게 될 것이다. 이를 달성하기 위해서는 먼저 정규화되지 않은 다음의 분포를 정의함으로써 사후 분포에 대한 현재의 근사치에서 인자 $\widetilde{f}_j(\boldsymbol{\theta})$를 제거해야 한다.

$$q^{\setminus j}(\boldsymbol{\theta}) = \frac{q(\boldsymbol{\theta})}{\widetilde{f}_j(\boldsymbol{\theta})} \qquad \text{(식 10.195)}$$

$i \neq j$인 인자들의 곱을 통해서 $q^{\setminus j}(\boldsymbol{\theta})$를 찾을 수도 있다. 하지만 실제로 적용할 때는 보통 나눗셈을 활용하는 것이 더 쉽다. 이를 인자 $f_j(\boldsymbol{\theta})$와 결합하면 다음의 분포를 얻게 된다.

$$\frac{1}{Z_j} f_j(\boldsymbol{\theta}) q^{\setminus j}(\boldsymbol{\theta}) \qquad \text{(식 10.196)}$$

여기서 Z_j는 다음처럼 주어지는 정규화 상수다.

$$Z_j = \int f_j(\boldsymbol{\theta}) q^{\setminus j}(\boldsymbol{\theta}) \, \mathrm{d}\boldsymbol{\theta} \qquad \text{(식 10.197)}$$

이제 다음의 쿨백 라이블러 발산을 최소화해서 인자 $\widetilde{f}_i(\boldsymbol{\theta})$의 수정된 값을 구할 수 있다.

$$\mathrm{KL}\left(\frac{f_j(\boldsymbol{\theta}) q^{\setminus j}(\boldsymbol{\theta})}{Z_j} \middle\| q^{\mathrm{new}}(\boldsymbol{\theta}) \right) \qquad \text{(식 10.198)}$$

이 최소화 문제는 쉽게 풀 수 있는데, 근사 분포 $q^{\mathrm{new}}(\boldsymbol{\theta})$가 지수족에 속하므로 식 10.187의 결과를 활용할 수 있기 때문이다. 충분 통계량의 기댓값들을 식 10.196의 해당 모멘트들에 맞춤으로써 $q^{\mathrm{new}}(\boldsymbol{\theta})$의 매개변수들을 구할 수 있다. 여기서는 이를 다룰 수 있는 문제라고 가정하자. 예를 들어, 만약 $q(\boldsymbol{\theta})$가 가우시안 분포 $\mathcal{N}(\boldsymbol{\theta}|\boldsymbol{\mu}, \boldsymbol{\Sigma})$라고 하면 $\boldsymbol{\mu}$는 (정규화되지 않은) 분포 $f_j(\boldsymbol{\theta}) q^{\setminus j}(\boldsymbol{\theta})$의 평균값으로 설정될 것이고, $\boldsymbol{\Sigma}$는 이 분포의 공분산으로 설정될 것이다. 일반적으로는 지수족의 분포가 정규화되어 있기만 하다면 그 분포에 대해서 필요한 기댓값을 구하는 것은 그리 어렵지 않다. 왜냐하면 식 2.226에서와 같이 통계량의 기댓값들을 정규화 계수의 미분값과 연관을 지을 수 있기 때문이다. EP 근사 과정에 대해서는 그림 10.14에 그려져 있다.

식 10.193으로부터 $q^{\mathrm{new}}(\boldsymbol{\theta})$를 취하고 나머지 인자들을 나눠 없애면 수정된 인자 $\widetilde{f}_i(\boldsymbol{\theta})$를 구할 수 있다.

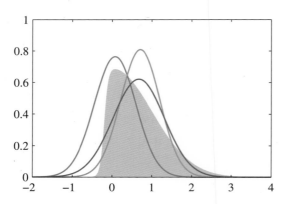 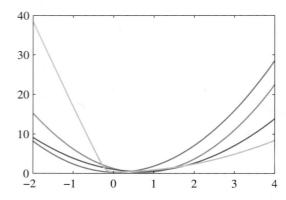

그림 10.14 그림 4.14와 10.1에서 고려했던 예시에 가우시안 분포 기반의 EP 근사 알고리즘을 적용한 예시. 왼쪽의 도식은 원래의 분포를 노란색으로, 라플라스 근사치를 빨간색으로, 전역 변분 근사치를 녹색으로, EP 근사치를 파란색으로 나타내고 있다. 오른쪽의 그래프는 이에 해당하는 분포의 음의 로그를 그린 것이다. 다른 형태의 쿨백 라이블러 발산을 사용한 결과 EP 분포가 변분적 추론을 통해 얻은 분포보다 더 넓은 형태를 가지는 것을 확인할 수 있다.

$$\widetilde{f}_j(\boldsymbol{\theta}) = K \frac{q^{\text{new}}(\boldsymbol{\theta})}{q^{\backslash j}(\boldsymbol{\theta})} \tag{식 10.199}$$

여기서 식 10.195를 사용하였다. 식 10.199의 양변에 $q^{\backslash j}(\boldsymbol{\theta})$를 곱하고 적분해서 계수 K를 구할 수 있다.

$$K = \int \widetilde{f}_j(\boldsymbol{\theta}) q^{\backslash j}(\boldsymbol{\theta}) \, \mathrm{d}\boldsymbol{\theta} \tag{식 10.200}$$

여기서 $q^{\text{new}}(\boldsymbol{\theta})$가 정규화되어 있다는 사실을 사용했다. 따라서 K의 값은 0차 모멘트와의 맞춤을 통해서 구할 수 있다.

$$\int \widetilde{f}_j(\boldsymbol{\theta}) q^{\backslash j}(\boldsymbol{\theta}) \, \mathrm{d}\boldsymbol{\theta} = \int f_j(\boldsymbol{\theta}) q^{\backslash j}(\boldsymbol{\theta}) \, \mathrm{d}\boldsymbol{\theta}. \tag{식 10.201}$$

이를 식 10.197과 결합하면 $K = Z_j$라는 것을 알 수 있다. 따라서 식 10.197의 적분을 계산해서 K 값을 구할 수 있다.

실전에서는 각 인자들을 순서대로 수정하는 단계를 각각의 인자 집합들에 대해서 여러 번 시행하게 된다. 이 경우 사후 분포 $p(\boldsymbol{\theta}|\mathcal{D})$는 식 10.191을 이용해서 근사할 수 있다. 또한, 모델 증거 $p(\mathcal{D})$는 식 10.190을 이용해서 근사할 수 있는데, 이때 인자 $f_i(\boldsymbol{\theta})$는 근사치 $\widetilde{f}_i(\boldsymbol{\theta})$로 바꿔서 사용해야 한다.

EP(기대 전파)

관측 데이터 D와 확률적 변수 $\boldsymbol{\theta}$에 대한 결합 분포가 다음 형태의 인자들의 곱으로 주어지게 될 것이다.

$$p(\mathcal{D}, \boldsymbol{\theta}) = \prod_i f_i(\boldsymbol{\theta}) \tag{식 10.202}$$

이때 우리의 목표는 사후 분포 $p(\boldsymbol{\theta}|\mathcal{D})$를 다음 형태를 가지는 분포로 근사하는 것이다.

$$q(\boldsymbol{\theta}) = \frac{1}{Z} \prod_i \widetilde{f}_i(\boldsymbol{\theta}) \tag{식 10.203}$$

그리고 우리의 또 다른 목표는 모델 증거 $p(\mathcal{D})$를 근사하는 것이다.

1. 모든 근사 인자 $\widetilde{f}_i(\boldsymbol{\theta})$를 초기화한다.

2. 다음과 같이 설정함으로써 사후 분포 근사치를 초기화한다.

$$q(\boldsymbol{\theta}) \propto \prod_i \widetilde{f}_i(\boldsymbol{\theta}) \tag{식 10.204}$$

3. 수렴할 때까지 다음을 시행한다.

    (a) 개선할 인자 $\widetilde{f}_j(\boldsymbol{\theta})$를 선택한다.

    (b) 다음의 나눗셈을 통해 $\widetilde{f}_j(\boldsymbol{\theta})$를 사후 분포에서 제외시킨다.

$$q^{\backslash j}(\boldsymbol{\theta}) = \frac{q(\boldsymbol{\theta})}{\widetilde{f}_j(\boldsymbol{\theta})} \tag{식 10.205}$$

    (c) $q^{\text{new}}(\boldsymbol{\theta})$의 충분 통계량(모멘트)을 $q^{\backslash j}(\boldsymbol{\theta}) f_j(\boldsymbol{\theta})$의 것과 같도록 설정해서 새 사후 분포를 계산한다. 이 과정에서 다음의 정규화 상수도 계산해야 한다.

$$Z_j = \int q^{\backslash j}(\boldsymbol{\theta}) f_j(\boldsymbol{\theta}) \, d\boldsymbol{\theta} \tag{식 10.206}$$

    (d) 새 인자를 계산하고 저장한다.

$$\widetilde{f}_j(\boldsymbol{\theta}) = Z_j \frac{q^{\text{new}}(\boldsymbol{\theta})}{q^{\backslash j}(\boldsymbol{\theta})} \tag{식 10.207}$$

4. 모델 근거의 근사치를 계산한다.

$$p(\mathcal{D}) \simeq \int \prod_i \widetilde{f}_i(\boldsymbol{\theta}) \, d\boldsymbol{\theta} \tag{식 10.208}$$

ADF(*assumed density filtering*, 추정 밀도 필터링) 또는 **모멘트 맞춤**(*moment matching*)(Maybeck, 1982; Lauritzen, 1992; Boyen and Koller, 1998; Opper and Winther, 1999)이라고 알려져 있는 EP의 특별 사례에 해당하는 과정은, 첫 번째 인자 이외의 나머지 근사 인자들을 1로 놓고 업데이트 과정을 한 번 거침으로써 이루어진다. ADF는 데이터 포인트들이 순차적으로 주어져서 각 데이터 포인트에 대해 학습을 한 번 시행한 후, 다음 데이터 포인트가 도착하기 전에 버려야 하는 온라인 학습에서 적절하게 사용될 수 있다. 하지만 일괄 처리 상황에서는 더 나은 정확도를 달성하기 위해서 데이터 포인트들을 필요한 만큼 몇 번이고 사용할 수 있으며, EP 알고리즘은 바로 이를 바탕으로하고 있다. 만약 ADF를 일괄적인 데이터에 적용하게 되면, 그 결과는 데이터 포인트들이 고려된 (임의의) 순서에 대해서 필요치 않은 종속성을 가지게 될 것이다. EP에서는 이런 문제가 발생하지 않는다.

EP 알고리즘의 한 가지 단점은 바로 반복이 수렴할지에 대한 보장이 없다는 것이다. 하지만 지수족에 속해 있는 $q(\boldsymbol{\theta})$의 근사치가 만약 반복 시행 후에 수렴하기만 한다면 그 결과 해는 특정 에너지 함수의 임계점일 것이다(Minka, 2001a). EP의 매 반복마다 이 에너지 함수의 값이 꼭 감소한다는 것은 보장되지는 않지만 말이다. 이는 변분적 베이지안 방법과는 대조적이다. 변분적 베이지안 방법에서는 반복적으로 로그 주변 가능도의 하한값을 최대화했었으며, 각 반복 단계는 한곗값을 감소시키지 않는 것이 보장되었었다. EP의 비용 함수를 직접 최적화하는 것도 가능하다. 이 경우에는 수렴이 보장되지만 그 알고리즘은 더 느리고 구현하기가 더 복잡할 것이다.

변분적 베이지안 방법과 EP 간의 또 다른 차이점은 두 알고리즘들에 의해 최소화되는 쿨백 라이블러 발산의 형태에 있다. 변분적 베이지안 방법은 $\mathrm{KL}(q\|p)$를 최소화하는 반면, EP는 $\mathrm{KL}(p\|q)$를 최소화한다. 그림 10.3에서 살펴본 것처럼 다봉형인 분포 $p(\boldsymbol{\theta})$의 경우 $\mathrm{KL}(p\|q)$를 최소화하면 성능이 좋지 못한 근사치를 구하게 될 수 있다. 만약 EP를 혼합 분포에 적용하면 근사치가 사후 분포의 모든 최빈값을 포함하려 하기 때문에 그리 합리적이지 않은 결과를 얻게 된다. 이와는 반대로 로지스틱 종류의 모델에 대해서는 보통 EP가 지역적 변분법이나 라플라스 근사보다 좋은 성능을 보인다(Kuss and Rasmussen, 2006).

10.7.1 예시: 잡동사니 문제

Minka(2001b)에 따른 단순한 예시를 바탕으로 EP 알고리즘을 살펴보도록 하자. 이 예시의 목표는 변수 **x**에 대한 다변량 가우시안 분포로부터 관측값 집합이 주어졌을 때 이를 바탕으로 분포의 평균 $\boldsymbol{\theta}$를 추정하는 것이다. 문제를 더 흥미롭게 만들기 위해서 관측값들은 배경의 '잡동사니(clutter)' 분포에 끼워 넣어져 있다. 이 잡동사니 분포 역시 가우시안 분포이며, 이에 대해서는 그림 10.15에 그려져 있다. 따라서 관측된 값 $\mathbf{x}$는 가우시안 혼합 분포이며, 다음 형태로 표현된다.

$$p(\mathbf{x}|\boldsymbol{\theta}) = (1 - w)\mathcal{N}(\mathbf{x}|\boldsymbol{\theta}, \mathbf{I}) + w\mathcal{N}(\mathbf{x}|\mathbf{0}, a\mathbf{I}) \qquad \text{(식 10.209)}$$

여기서 w는 배경에 위치한 잡동사니 분포의 비율에 해당한다고 가정하자. 또한, 이 비율값은 알려져 있는 것으로 한다. $\boldsymbol{\theta}$에 대한 사전 분포는 다음 형태의 가우시안이다.

$$p(\boldsymbol{\theta}) = \mathcal{N}(\boldsymbol{\theta}|\mathbf{0}, b\mathbf{I}) \qquad \text{(식 10.210)}$$

Minka(2001a)에서는 매개변숫값으로 $a = 10$, $b = 100$, $w = 0.5$를 선택하였다. N개의 관측값 $\mathcal{D} = \{\mathbf{x}_1, \ldots, \mathbf{x}_N\}$과 $\boldsymbol{\theta}$에 대한 결합 분포는 다음으로 주어진다.

$$p(\mathcal{D}, \boldsymbol{\theta}) = p(\boldsymbol{\theta}) \prod_{n=1}^{N} p(\mathbf{x}_n|\boldsymbol{\theta}) \qquad \text{(식 10.211)}$$

따라서 사후 분포는 2^N개의 가우시안 분포의 혼합으로 이루어져 있다. 문제를 정확하게 풀기 위한 계산적 비용은 데이터 집합의 크기가 커짐에 따라 기하급수적으로 증가하게 될 것이며, 충분히 큰 N의 경우 정확한 해를 구하는 문제는 다루기가 아주 힘들게 된다.

잡동사니 문제에 EP를 적용하기 위해서는 먼저 인자 $f_0(\boldsymbol{\theta}) = p(\boldsymbol{\theta})$와 $f_n(\boldsymbol{\theta}) = p(\mathbf{x}_n|\boldsymbol{\theta})$를 찾아내야 한다. 그 다음으로는 지수족에서 근사 분포를 선택해야 한다. 이 예시의 경우에는 **구형 가우시안**(*spherical Gaussian*) 분포를 사용하도록 하자.

$$q(\boldsymbol{\theta}) = \mathcal{N}(\boldsymbol{\theta}|\mathbf{m}, v\mathbf{I}) \qquad \text{(식 10.212)}$$

따라서 인자에 대한 추정값은 지수-제곱 함수 형태를 가지게 될 것이다.

그림 10.15 $D = 1$차원 데이터 공간상에서의 잡동사니 문제의 도식. ×로 표시된 훈련 데이터 포인트들은 두 가우시안 분포의 혼합 분포로부터 추출되었다. 혼합 분포의 각 성분이 빨간색과 녹색으로 그려져 있다. 여기서의 목표는 관측 데이터로부터 녹색 가우시안 분포의 평균을 추정하는 것이다.

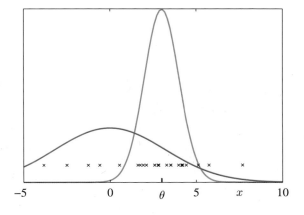

$$\widetilde{f}_n(\boldsymbol{\theta}) = s_n \mathcal{N}(\boldsymbol{\theta}|\mathbf{m}_n, v_n\mathbf{I}) \qquad \text{(식 10.213)}$$

여기서 $n = 1, \ldots, N$이며 $\widetilde{f}_0(\boldsymbol{\theta})$는 사전 분포 $p(\boldsymbol{\theta})$와 동일하도록 설정하였다. $\mathcal{N}(\boldsymbol{\theta}|\cdot,\cdot)$을 사용한다고 해서 오른쪽 변이 잘 정의된 가우시안 밀도 함수라는 것은 아니다(실제로 여기서 분산 매개변수 v_n는 음의 값을 가질 수도 있다). 이는 단지 편의를 위해 사용한 약칭일 뿐이다. $n = 1, \ldots, N$에 대한 추정값 $\widetilde{f}_n(\boldsymbol{\theta})$들은 1로 초기화할 수 있다. 이는 $s_n = (2\pi v_n)^{D/2}$와 $v_n \to \infty$, $\mathbf{m}_n = 0$에 해당한다. 여기서 D는 $\mathbf{x}$와 $\boldsymbol{\theta}$의 차원수에 해당한다. 따라서 식 10.191에 정의되어 있는 초기 $q(\boldsymbol{\theta})$는 사전 분포와 동일하게 된다.

이제 한 번에 $f_n(\boldsymbol{\theta})$ 인자 하나씩을 선택해서 식 10.205, 식 10.206, 식 10.207을 적용하는 식으로 반복적인 업데이트를 시행하면 된다. EP 업데이트는 이 항을 바꾸지 않은 채로 내버려 둘

연습문제 10.37

것이기 때문에 항 $f_0(\boldsymbol{\theta})$를 수정할 필요는 없다.

우선은 식 10.205에서처럼 나눗셈을 이용해서 현재의 추정값 $\widetilde{f}_n(\boldsymbol{\theta})$를 $q(\boldsymbol{\theta})$에서 제외시킬 것

연습문제 10.38

이다. 그 결과로 $q^{\backslash n}(\boldsymbol{\theta})$를 얻게 된다. $q^{\backslash n}(\boldsymbol{\theta})$의 평균과 역 분산은 다음처럼 주어진다.

$$\mathbf{m}^{\backslash n} = \mathbf{m} + v^{\backslash n}v_n^{-1}(\mathbf{m} - \mathbf{m}_n) \qquad \text{(식 10.214)}$$
$$(v^{\backslash n})^{-1} = v^{-1} - v_n^{-1} \qquad \text{(식 10.215)}$$

그 다음으로는 식 10.206을 이용해서 정규화 상수 Z_n을 구하자.

$$Z_n = (1 - w)\mathcal{N}(\mathbf{x}_n|\mathbf{m}^{\backslash n}, (v^{\backslash n} + 1)\mathbf{I}) + w\mathcal{N}(\mathbf{x}_n|\mathbf{0}, a\mathbf{I}) \qquad \text{(식 10.216)}$$

이와 비슷하게 $q^{\backslash n}(\boldsymbol{\theta})f_n(\boldsymbol{\theta})$의 평균과 분산을 찾는 방식을 통해서 $q^{\text{new}}(\boldsymbol{\theta})$의 평균과 분산을

연습문제 10.39

계산할 수 있다.

$$\mathbf{m}^{\text{new}} = \mathbf{m}^{\backslash n} + \rho_n \frac{v^{\backslash n}}{v^{\backslash n} + 1}(\mathbf{x}_n - \mathbf{m}^{\backslash n}) \qquad \text{(식 10.217)}$$
$$v^{\text{new}} = v^{\backslash n} - \rho_n \frac{(v^{\backslash n})^2}{v^{\backslash n} + 1} + \rho_n(1 - \rho_n)\frac{(v^{\backslash n})^2\|\mathbf{x}_n - \mathbf{m}^{\backslash n}\|^2}{D(v^{\backslash n} + 1)^2} \qquad \text{(식 10.218)}$$

여기서 ρ_n은 다음과 같다.

$$\rho_n = 1 - \frac{w}{Z_n}\mathcal{N}(\mathbf{x}_n|\mathbf{0}, a\mathbf{I}) \qquad \text{(식 10.219)}$$

ρ_n은 '포인트 $\mathbf{x}_n$이 잡동사니에 속하지 않을 확률'에 해당한다. 그 다음으로는 식 10.207을 사용해서 $\widetilde{f}_n(\boldsymbol{\theta})$의 개선된 값을 구할 수 있다. 개선된 $\widetilde{f}_n(\boldsymbol{\theta})$의 매개변수들은 다음처럼 주어지게 된다.

$$v_n^{-1} = (v^{\text{new}})^{-1} - (v^{\backslash n})^{-1} \qquad \text{(식 10.220)}$$

$$\mathbf{m}_n = \mathbf{m}^{\backslash n} + (v_n + v^{\backslash n})(v^{\backslash n})^{-1}(\mathbf{m}^{\text{new}} - \mathbf{m}^{\backslash n}) \qquad \text{(식 10.221)}$$

$$s_n = \frac{Z_n}{(2\pi v_n)^{D/2}\mathcal{N}(\mathbf{m}_n|\mathbf{m}^{\backslash n}, (v_n + v^{\backslash n})\mathbf{I})} \qquad \text{(식 10.222)}$$

개선 과정은 적절한 종료 기준을 만족할 때까지 반복된다. 예를 들자면 한 번의 단계를 거친 후의 매개변숫값 변화의 최대치가 특정 기준치보다 낮은 것 등이 종료 기준이 될 수 있다. 마지막으로 식 10.208을 이용해서 모델 증거의 근삿값을 계산할 수 있다.

$$p(\mathcal{D}) \simeq (2\pi v^{\text{new}})^{D/2}\exp(B/2)\prod_{n=1}^{N}\left\{s_n(2\pi v_n)^{-D/2}\right\} \qquad \text{(식 10.223)}$$

여기서 다음과 같다.

$$B = \frac{(\mathbf{m}^{\text{new}})^{\mathrm{T}}\mathbf{m}^{\text{new}}}{v} - \sum_{n=1}^{N}\frac{\mathbf{m}_n^{\mathrm{T}}\mathbf{m}_n}{v_n} \qquad \text{(식 10.224)}$$

일차원 매개변수 공간 $\boldsymbol{\theta}$에 대한 잡동사니 문제의 인자의 근사치의 예시가 그림 10.16에 그려져 있다. 인자에 대한 근사치의 '분산' 매개변수 v_n은 무한대 또는 음의 값도 가질 수 있다. 이는 단순히 근사치가 아래쪽으로 향하는 대신 위쪽으로 향하는 곡선을 가지게 된다는 것이며, 전체 사후 분포 근사치 $q(\boldsymbol{\theta})$는 양의 분산을 가지므로 딱히 문제가 되지는 않는다. 그림 10.17에는 잡동사니 문제에서의 EP와 변분적 베이지안(평균장 이론), 라플라스 근사의 성능이 비교되어 있다.

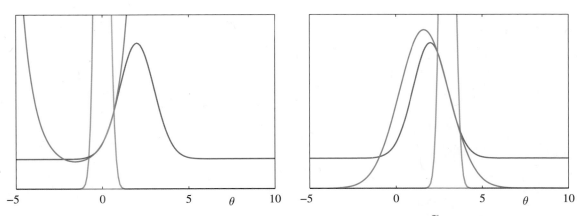

그림 10.16 일차원 버전의 잡동사니 문제에서 특정 인자의 근사치의 예시. $f_n(\theta)$는 파란색, $\widetilde{f}_n(\theta)$는 빨간색, $q^{\backslash n}(\theta)$는 녹색으로 그려져 있다. $\widetilde{f}_n(\theta)$가 $f_n(\theta)$에 대한 좋은 근사일 수 있는 범위가 현재 $q^{\backslash n}(\theta)$의 형태에 의해 통제된다는 것을 확인할 수 있다.

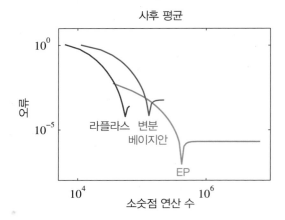

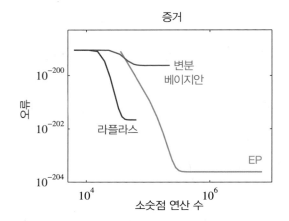

그림 10.17 잡동사니 문제에 대해 EP와 변분적 추론, 라플라스 근사의 성능을 비교한 그림. 왼쪽은 예측 사후 평균에서의 오류와 소숫점 연산의 횟수 간의 도식이며, 오른쪽은 모델 근거에 대한 해당 결과 도식이다.

10.7.2 그래프에서의 EP 알고리즘

지금까지의 EP에 대한 일반적인 논의에서는 분산 $p(\boldsymbol{\theta})$의 인자 $f_i(\boldsymbol{\theta})$와 근사 분포 $q(\boldsymbol{\theta})$의 인자 $\widetilde{f}(\boldsymbol{\theta})$가 $\boldsymbol{\theta}$의 모든 성분들에 대한 함수일 수 있도록 허용했다. 이제 인자들이 변수들의 부분 집합에 대해서만 종속적인 경우를 고려해 보도록 하자. 이러한 제한 사항은 8장에서 논의했던 확률적 그래프 모델 방법론을 이용해서 편리하게 표현할 수 있다. 여기서는 방향성 그래프와 비방향성 그래프를 둘 다 포함하는 인자 그래프 표현을 사용할 것이다.

여기서는 근사 분포가 완전히 인수분해되는 경우에 초점을 맞출 예정이다. 그리고 이 경우 EP 알고리즘이 순환적 믿음 전파 알고리즘으로 축소된다는 것을 증명할 것이다(Minka, 2001a). 우선, 첫 번째로 단순한 예시에 대해 이를 증명하고, 그 후에 일반적인 경우에 대해 살펴보도록 하자.

식 10.17에서 살펴보았던 것처럼, 쿨백 라이블러 발산 $\mathrm{KL}(p\|q)$를 인수분해된 분포 q에 대해 최소화하면 각 인자에 대한 최적해는 단순히 p의 해당 주변 분포라는 것을 상기하도록 하자.

이제 그림 10.18 왼쪽의 인자 그래프를 고려해 보자. 이는 앞에서 합/곱 알고리즘의 맥락에서 도입했던 그래프다. 이때 결합 분포는 다음처럼 주어진다.

8.4.4절

$$p(\mathbf{x}) = f_a(x_1, x_2)f_b(x_2, x_3)f_c(x_2, x_4) \qquad \text{(식 10.225)}$$

우리는 이와 동일한 인수분해를 가지는 근사치 분포 $q(\mathbf{x})$를 찾고자 한다. 즉, 다음과 같다.

$$q(\mathbf{x}) \propto \widetilde{f}_a(x_1, x_2)\widetilde{f}_b(x_2, x_3)\widetilde{f}_c(x_2, x_4) \qquad \text{(식 10.226)}$$

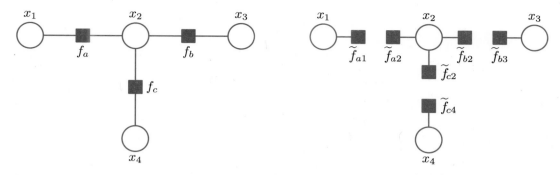

그림 10.18 왼쪽은 그림 8.51에서 보였던 단순한 인자 그래프다. 오른쪽은 이에 대한 인수분해된 근사치다.

여기서 정규화 상수는 생략되었다. 일반적인 믿음 전파 알고리즘에서와 같이 마지막에 지역적 정규화를 통해서 다시 정규화 상수를 계산하면 된다. 인자들 그 자체가 개별 변수들에 대해 다시 인수분해되는 근사치에 대해서만 고려한다고 가정해 보자.

$$q(\mathbf{x}) \propto \widetilde{f}_{a1}(x_1)\widetilde{f}_{a2}(x_2)\widetilde{f}_{b2}(x_2)\widetilde{f}_{b3}(x_3)\widetilde{f}_{c2}(x_2)\widetilde{f}_{c4}(x_4) \qquad \text{(식 10.227)}$$

이는 그림 10.18의 오른쪽에 그려진 인자 그래프에 해당한다. 개별 인자들이 인수분해되었기 때문에 전역 분포 $q(\mathbf{x})$는 그 자체로 완전히 인수분해되었다.

완전히 인수분해된 근사치에 EP 알고리즘을 적용해 보자. 모든 인자들을 초기화하였으며, 인자 $\widetilde{f}_b(x_2, x_3) = \widetilde{f}_{b2}(x_2)\widetilde{f}_{b3}(x_3)$를 선택해서 개선한다고 해보자.

먼저 이 인자를 근사치 분포에서 제거하자.

$$q^{\backslash b}(\mathbf{x}) \propto \widetilde{f}_{a1}(x_1)\widetilde{f}_{a2}(x_2)\widetilde{f}_{c2}(x_2)\widetilde{f}_{c4}(x_4) \qquad \text{(식 10.228)}$$

그리고 이를 여기에 정확한 인자인 $f_b(x_2, x_3)$를 곱하자.

$$\widehat{p}(\mathbf{x}) = q^{\backslash b}(\mathbf{x})f_b(x_2, x_3) = \widetilde{f}_{a1}(x_1)\widetilde{f}_{a2}(x_2)\widetilde{f}_{c2}(x_2)\widetilde{f}_{c4}(x_4)f_b(x_2, x_3) \qquad \text{(식 10.229)}$$

여기에서 쿨백 라이블러 발산 $\mathrm{KL}(\widehat{p}\|q^{\mathrm{new}})$를 최소화해서 $q^{\mathrm{new}}(\mathbf{x})$를 찾을 수 있다. 위에서 언급했던 것처럼 이 결과로 $q^{\mathrm{new}}(\mathbf{z})$는 각각의 변수 x_i 하나당 하나씩의 인자들의 곱으로 구성된다. 여기서 각각의 인자는 해당 $\widehat{p}(\mathbf{x})$의 주변 분포로 주어지게 된다. 네 개의 주변 분포는 다음과 같다.

$$\widehat{p}(x_1) \propto \widetilde{f}_{a1}(x_1) \qquad \text{(식 10.230)}$$

$$\widehat{p}(x_2) \propto \widetilde{f}_{a2}(x_2)\widetilde{f}_{c2}(x_2)\sum_{x_3} f_b(x_2, x_3) \qquad \text{(식 10.231)}$$

$$\widehat{p}(x_3) \quad \propto \quad \sum_{x_2} \left\{ f_b(x_2, x_3) \widetilde{f}_{a2}(x_2) \widetilde{f}_{c2}(x_2) \right\} \tag{식 10.232}$$

$$\widehat{p}(x_4) \quad \propto \quad \widetilde{f}_{c4}(x_4) \tag{식 10.233}$$

이 주변 분포들을 구하면 $q^{\text{new}}(\mathbf{x})$를 구할 수 있다. $\widetilde{f}_b(x_2, x_3)$를 업데이트할 때 $q(\mathbf{x})$상에서 변하는 인자는 f_b의 변수 x_2와 x_3에 연관된 것들 뿐이다. 개선된 인자 $\widetilde{f}_b(x_2, x_3) = \widetilde{f}_{b2}(x_2) \widetilde{f}_{b3}(x_3)$를 구하기 위해서는 단순히 $q^{\text{new}}(\mathbf{x})$를 $q^{\backslash b}(\mathbf{x})$로 나누면 된다.

$$\widetilde{f}_{b2}(x_2) \quad \propto \quad \sum_{x_3} f_b(x_2, x_3) \tag{식 10.234}$$

$$\widetilde{f}_{b3}(x_3) \quad \propto \quad \sum_{x_2} \left\{ f_b(x_2, x_3) \widetilde{f}_{a2}(x_2) \widetilde{f}_{c2}(x_2) \right\} \tag{식 10.235}$$

8.4.4절

이 결과는 믿음 전파 알고리즘에 얻었던 메시지와 정확히 동일하다. 믿음 전파 알고리즘에서는 변수 노드에서 인자 노드로의 메시지들이 인자 노드에서 변수 노드로 포함되어 들어갔었다. $\widetilde{f}_{b2}(x_2)$는 인자 노드 f_b에서 변수 노드 x_2로의 메시지인 $\mu_{f_b \to x_2}(x_2)$에 해당하며, 식 8.81에 따라 주어진다. 이와 비슷하게 식 8.78을 식 8.79에 대입해 넣으면 얻게 되는 식 10.235에서는 $\widetilde{f}_{a2}(x_2)$는 $\mu_{f_a \to x_2}(x_2)$, $\widetilde{f}_{c2}(x_2)$는 $\mu_{f_c \to x_2}(x_2)$에 해당하며, 그 결과 $\widetilde{f}_{b3}(x_3)$는 $\mu_{f_b \to x_3}(x_3)$이게 된다.

이 결과는 메시지가 양방향으로 동시에 전달된다는 점에서 표준 믿음 전파와는 약간 차이가 있다. EP 과정을 수정해서 한 번에 하나의 인자만 업데이트하도록 하면, 표준 형태의 합/곱 알고리즘을 얻을 수 있다. 예를 들어, $\widetilde{f}_{b3}(x_3)$만을 개선한다면 $\widetilde{f}_{b2}(x_2)$는 바꾸지 않는 것이다. 이때 $\widetilde{f}_{b3}(x_3)$의 개선된 버전은 다시 식 10.235로 주어지게 될 것이다. 한 번에 하나의 항만 개선한다면 우리가 원하는 대로 개선의 순서를 정할 수 있다. 트리 구조의 그래프에서는 두 단계의 업데이트 방식을 사용할 수 있다. 이는 표준 믿음 전파 스케줄에 해당한다. 이 결과로 변수와 인자 주변 분포에 대한 정확한 추론값을 얻게 될 것이다. 이 경우에 근사 인자들의 초깃값은 중요하지 않다.

이제 다음의 분포에 해당하는 일반 인자 그래프를 고려해 보도록 하자.

$$p(\boldsymbol{\theta}) = \prod_i f_i(\boldsymbol{\theta}_i) \tag{식 10.236}$$

여기서 $\boldsymbol{\theta}_i$는 인자 f_i와 연관된 변수 부분 집합을 지칭한다. 다음 형태의 완전히 인수분해된 분포를 이용해서 이를 근사할 수 있다.

$$q(\boldsymbol{\theta}) \propto \prod_i \prod_k \widetilde{f}_{ik}(\theta_k) \qquad \text{(식 10.237)}$$

θ_k는 개별적인 변수 노드에 해당한다. 다른 모든 항들을 고정시켜 둔 채로 특정 항 $\widetilde{f}_{jl}(\theta_l)$의 값을 개선하려 한다고 해보자. 먼저 $q(\boldsymbol{\theta})$로부터 $\widetilde{f}_j(\boldsymbol{\theta}_j)$를 제거해서 다음을 구해야 한다.

$$q^{\backslash j}(\boldsymbol{\theta}) \propto \prod_{i \neq j} \prod_k \widetilde{f}_{ik}(\theta_k) \qquad \text{(식 10.238)}$$

그리고 정확한 인자 $f_j(\boldsymbol{\theta}_j)$를 곱해야 한다. 개선된 항 $\widetilde{f}_{jl}(\theta_l)$을 구하기 위해서는 θ_l에 대해 함수적으로 종속적인 항들만 고려하면 된다. 따라서 단순히 다음의 주변 분포를 구하면 된다.

$$q^{\backslash j}(\boldsymbol{\theta}) f_j(\boldsymbol{\theta}_j) \qquad \text{(식 10.239)}$$

이는 $f_j(\boldsymbol{\theta}_j)$의 주변 분포를 취해서 여기에 $q^{\backslash j}(\boldsymbol{\theta})$의 항들 중 $\boldsymbol{\theta}_j$의 변수들 중 아무 변수의 함수에 해당하는 항들을 곱하는 것을 필요로 한다. $i \neq j$인 $\widetilde{f}_i(\boldsymbol{\theta}_i)$에 해당하는 항들은 $q^{\backslash j}(\boldsymbol{\theta})$로 나눌 때 분모와 분자 사이에서 지워져 없어질 것이다. 따라서 다음을 얻게 된다.

$$\widetilde{f}_{jl}(\theta_l) \propto \sum_{\theta_{m \neq l} \in \boldsymbol{\theta}_j} f_j(\boldsymbol{\theta}_j) \prod_k \prod_{m \neq l} \widetilde{f}_{km}(\theta_m) \qquad \text{(식 10.240)}$$

이는 그림 8.50에서 보였던 예시에 해당하는 변수 노드에서 인자 노드로의 메시지가 생략된 형태의 합/곱 법칙에 해당한다. $\widetilde{f}_{jm}(\theta_m)$은 인자 노드 j가 변수 노드 m에 보내는 메시지 $\mu_{f_j \to \theta_m}(\theta_m)$에 해당한다. 그리고 식 10.240의 k에 대한 곱은 변수 θ_m에 종속적인 모든 인자들 중 인자 $f_j(\boldsymbol{\theta}_j)$와 공통의 변수들$(\theta_l$을 제외한)을 가진 인자들에 대한 것이다. 다시 말하면 인자 노드에서 밖으로 보내는 메시지를 계산하기 위해서는 모든 다른 인자 노드들로부터 수신된 메시지들을 다 곱하고 여기에 지역 인자를 곱한 다음에 주변화해야 한다는 것이다.

따라서 우리가 완전히 인수분해된 근사 분포를 사용한다면 합/곱 알고리즘은 EP 알고리즘의 특별 케이스로 나타나게 된다. 이로부터 부분적으로 끊어진 그래프에 해당하는 더 유연한 근사 분포를 사용한다면 더 높은 정확도를 달성할 수 있음을 추측할 수 있다. 또 다른 일반화로 인자 $f_i(\boldsymbol{\theta}_i)$들을 집합으로 묶어서 한 집합에 있는 인자들을 각 반복에서 함께 개선하는 방법이 있다. 이 두 접근법은 모두 정확도를 높일 수 있다(Minka, 2001b). 가장 좋은 조합의 그룹을 정하는 방법과 적절히 그래프를 끊는 방법은 열려 있는 연구 주제다.

변분적 메시지 전달과 기대 전파가 다른 두 가지 형태의 쿨백 라이블러 발산을 최적화하는 것을 모았다. Minka(2005)는 다양한 범위의 메시지 전달 알고리즘들이 식 10.19로 주어지는 알파 족의 발산을 최소화하는 것을 포함하는 일반적인 방법론으로부터 유도될 수 있음을 보였다.

여기서 다뤘던 변분적 메시지 전달, 순환적 믿음 전파, EP가 이에 해당된다. 또한, 여기서 다루지 않았던 것으로 **트리-재가중 메시지 전달**(*tree-reweighed message passing*)(Wainwright *et al.*, 2005), **부분적 믿음 전파**(*fractional belief propagation*)(Wiegerinck and Heskes, 2003), **파워 EP**(*power EP*)(Minka, 2004) 등이 있다.

연습문제

10.1 ★ www 관측된 데이터의 로그 주변 분포 $\ln p(\mathbf{X})$를 식 10.2의 형태로 두 개의 항으로 분해할 수 있음을 증명하라. 여기서 $\mathcal{L}(q)$는 식 10.3으로, $\mathrm{KL}(q\|p)$는 식 10.4로 주어진다.

10.2 ★ $\mathbb{E}[z_1] = m_1$, $\mathbb{E}[z_2] = m_2$라는 성질들을 이용해서 식 10.13과 식 10.15의 연립 방정식을 풀어 보아라. 이를 통해서 만약 원 분포 $p(\mathbf{z})$가 정칙인 경우, 근사 분포의 인자들의 평균에 대한 단일 해는 $\mathbb{E}[z_1] = \mu_1$, $\mathbb{E}[z_2] = \mu_2$임을 증명하라.

10.3 ★★ www 식 10.5의 형태를 가지는 인수분해 변분 분포 $q(\mathbf{Z})$를 고려해 보자. 라플라스 승수 테크닉을 이용해서 다른 인자들을 모두 고정시켜 둔 채로 인자들 중 하나 $q_i(\mathbf{Z}_i)$에 대해 쿨백 라이블러 발산 $\mathrm{KL}(p\|q)$을 최소화하면 식 10.17의 해를 얻게 된다는 것을 증명하라.

10.4 ★★ 어떤 고정된 분포 $p(\mathbf{x})$를 가우시안 분포 $q(\mathbf{x}) = \mathcal{N}(\mathbf{x}|\boldsymbol{\mu}, \boldsymbol{\Sigma})$를 이용해서 근사하고 싶다고 하자. 가우시안 분포 $q(\mathbf{x})$에 대한 쿨백 라이블러 발산 $\mathrm{KL}(p\|q)$를 적고 미분해 보라. 이를 통해서 $\mathrm{KL}(p\|q)$를 $\boldsymbol{\mu}$와 $\boldsymbol{\Sigma}$에 대해 최소화하면 $\boldsymbol{\mu}$는 $p(\mathbf{x})$하에서의 $\mathbf{x}$의 기댓값으로 주어지고, $\boldsymbol{\Sigma}$는 공분산으로 주어진다는 것을 증명하라.

10.5 ★★ www 모든 은닉 확률 변수들의 집합이 $\mathbf{Z}$로 지칭되는 모델을 생각해 보자. 이때 $\mathbf{Z}$는 잠재 변수 $\mathbf{z}$와 모델 매개변수 $\boldsymbol{\theta}$로 이루어져 있다. 잠재 변수와 매개변수 간에 인수분해를 하는 변분적 분포를 고려해 보자. 즉, $q(\mathbf{z}, \boldsymbol{\theta}) = q_{\mathbf{z}}(\mathbf{z})q_{\boldsymbol{\theta}}(\boldsymbol{\theta})$다. 이때 분포 $q_{\boldsymbol{\theta}}(\boldsymbol{\theta})$는 $q_{\boldsymbol{\theta}}(\boldsymbol{\theta}) = \delta(\boldsymbol{\theta} - \boldsymbol{\theta}_0)$ 형태의 점 추정을 통해 근사된다. 여기서 $\boldsymbol{\theta}_0$는 자유 매개변수의 벡터다. 이 인수분해된 분포의 변분적 최적화가 EM 알고리즘과 동일하다는 것을 증명하라. 이 경우에 E단계에서는 $q_{\mathbf{z}}(\mathbf{z})$를 최적화하며, M단계에서는 $\boldsymbol{\theta}$의 완전 데이터 로그 사후 분포의 기댓값을 $\boldsymbol{\theta}_0$에 대해 최대화한다.

10.6 ★★ 알파족 발산은 식 10.19에 의해 정의된다. 쿨백 라이블러 발산 $\mathrm{KL}(p\|q)$가 $\alpha \to 1$에 해당함을 증명하라. 이는 $p^\epsilon = \exp(\epsilon \ln p) = 1 + \epsilon \ln p + O(\epsilon^2)$를 적고 $\epsilon \to 0$을 취함으로써 달성할 수 있다. 이와 비슷하게 $\mathrm{KL}(q\|p)$는 $\alpha \to -1$에 해당함을 증명하라.

10.7 ★★ 10.1.3절에서와 같이 인수분해 변분 근사를 이용해서 단변량 가우시안 분포의 평균과 정밀도를 추정하는 문제를 고려해 보자. 인자 $q_\mu(\mu)$는 $\mathcal{N}(\mu|\mu_N, \lambda_N^{-1})$의 형태를 가지는 가우시안 분포로서 그 평균과 정밀도는 각각 식 10.26과 식 10.27에 의해 주어진다는 것을 증명하라. 이와 비슷하게, 인자 $q_\tau(\tau)$는 $\mathrm{Gam}(\tau|a_N, b_N)$ 형태의 감마 분포로써 그 매개변수는 각각 식 10.29와 식 10.30으로 주어진다는 것을 증명하라.

10.8 ★ 단변량 가우시안 분포의 정밀도에 대한 변분적 사후 분포를 고려해 보자. 이때 그 매개변수는 식 10.29와 식 10.30으로 주어진다고 하자. 식 B.27과 식 B.28에 주어진 감마 분포의 평균과 분산에 대한 표준 결과를 이용해서 $N \to \infty$인 경우 이 변분 사후 분포가 평균으로는 데이터의 분산의 최대 추정값 가능도의 역을, 분산으로는 0을 가지게 됨을 증명하라.

10.9 ★★ 감마 분포의 평균에 대한 표준 결과 $\mathbb{E}[\tau] = a_N/b_N$과 식 10.26, 식 10.27, 식 10.29, 식 10.30을 이용해서 단변량 가우시안 인수분해 변분 처리의 기대 정밀도의 역수에 해당하는 식 10.33의 결과를 유도하라.

10.10 ★ www 변분 추론을 사용하는 모델들에 대한 근사 사후 분포를 찾는 데 사용하는 분해식 식 10.34를 유도하라.

10.11 ★★ www 식 10.35의 하한 경계의 최댓값이 식 10.36으로 주어진다는 것을 증명하라. 이때 $q(m)$에 대한 정규화 제약 조건을 만족시키기 위해서 라그랑주 승수를 사용하라.

10.12 ★★ 식 10.41의 결합 분포에 식 10.9의 일반 결과를 적용해서 베이지안 가우시안 혼합 분포의 잠재 변수에 대한 최적 변분 분포 $q^\star(\mathbf{Z})$가 식 10.48로 주어짐을 증명하라. 이 과정에서 본문의 단계들을 확인하기 바란다.

10.13 ★★ www 식 10.54에서 시작해서 베이지안 가우시안 혼합 분포의 $\boldsymbol{\mu}_k$와 $\boldsymbol{\Lambda}_k$에 대한 최적 변분 사후 분포에 대한 결과인 식 10.59를 유도하라. 이를 통해서 이 분포의 매개변수들에 대한 식 10.60 ~ 식 10.63을 증명하라.

10.14 ★★ 식 10.59의 분포를 이용해서 식 10.64의 결과를 증명하라.

10.15 ★ 식 B.17의 결과를 이용해서 가우시안 혼합 변분 분포의 혼합 계수의 기댓값이 식 10.69로 주어짐을 증명하라.

10.16 ★ www 식 10.70으로 주어지는 변분적 가우시안 혼합 모델의 하한 경계의 첫 두 항에 해당하는 결과 식 10.71과 식 10.72를 증명하라.

10.17 ★★★ 식 10.70으로 주어지는 변분적 가우시안 혼합 모델의 하한 경계의 나머지 항들에 대한 결과인 식 10.73 ~ 식 10.77을 증명하라.

10.18 ★★★ 이 연습문제에서는 하한 경계를 직접 미분해서 가우시안 혼합 모델의 변분적 재추정식을 유도해 보도록 하자. 이를 위해서 변분 분포가 식 10.42와 식 10.55로 정의되는 인수분해를 형태를 가지고 있으며, 이때 각각의 인자는 식 10.48, 식 10.57, 식 10.59로 주어진다고 하자. 이들을 식 10.70에 대입해서 하한 경계를 변분 분포의 매개변수에 대한 함수로 표현하도록 하자. 그 다음에는 이 경계를 각 매개변수들에 대해 최대화해서 변분 분포의 인자들에 대한 재추정식을 유도하도록 하자. 그리고 이 결과가 10.2.1절에서의 결과와 동일함을 증명하라.

10.19 ★★ 베이지안 가우시안 혼합 모델의 변분적 처리에서의 예측 분포 결과 식 10.81을 유도하라.

10.20 ★★ **www** 이 연습문제에서는 데이터 집합의 크기 N이 클 경우의 가우시안 혼합 모델의 변분적 베이즈 해에 대해 살펴보고 이 해가 (우리가 기대한 대로) 9장에서 유도한 EM 기반의 최대 가능도 해로 축약된다는 것을 보이도록 하자. 이 연습문제를 답하는 데 있어서 부록 B의 결과들을 사용하게 될 것이다. 먼저, 정밀도에 대한 사후 분포 $q^\star(\mathbf{\Lambda}_k)$가 최대 가능도 해 주변에서 날카로운 정상점을 보이게 된다는 것을 증명하라. 아울러 평균에 대한 사후 분포 $q^\star(\boldsymbol{\mu}_k|\mathbf{\Lambda}_k)$에 대해서도 마찬가지를 증명하라. 다음으로는 혼합 계수에 대한 사후 분포 $q^\star(\boldsymbol{\pi})$를 고려하고 이 역시도 최대 가능도 해 근처에서 날카로운 정상점을 보이게 된다는 것을 증명하라. 이와 비슷하게 N이 큰 경우 책임값들이 해당 최대 가능도들과 동일해진다는 것을 증명하라. 이를 보이기 위해서는 큰 x 값에 대한 디감마 함수의 점근적 결과를 사용해야 할 것이다. 다음과 같다.

$$\psi(x) = \ln x + O\left(1/x\right) \tag{식 10.241}$$

마지막으로 식 10.80을 이용해서 N이 큰 경우 에측 분포가 가우시안 혼합 분포가 된다는 것을 증명하라.

10.21 ★ K개의 성분을 가진 혼합 모델은 교환 대칭성으로 인해서 $K!$개의 동일한 매개변수 설정을 가지게 된다는 것을 증명하라.

10.22 ★★ 가우시안 혼합 모델 사후 분포의 각 최빈값들은 $K!$개의 동일한 최빈값 족들에 속한다는 것을 보았다. 변분적 추론 알고리즘을 실행한 결과가 q에 대한 근사 사후 분포로서 이 최빈값들 중 하나의 이웃 지역에 대해 지역화된 것이라고 하자. 이때 $K!$개의 이러한 q 분포의 혼합 분포로 전체 사후 분포를 근사할 수 있다. 이 경우 각 분포는 각 최빈값을 중심으로 가질 것이며, 동일한 혼합 계수들을 가질 것이다. 만약 q 혼합 분포의 성분들 간에 중첩이 거의 없다고 가정한다면 그 결과로 얻게 되는 하한 경계는 단일 성분 q 분포의 하한 경계와 추가 항인

$\ln K!$를 더하는 만큼 차이가 난다는 것을 증명하라.

10.23 ★★ www 혼합 계수 $\{\pi_k\}$에 대한 사전 분포가 없는 변분적 가우시안 혼합 모델을 고려해 보자. 대신에 혼합 계수들을 매개변수로 다루게 된다. 그리고 그 값은 로그 주변 가능도의 변분적 하한 경계를 최대화함으로써 찾을 수 있다. 하한 경계를 혼합 계수들에 대해 최대화(이때 혼합 계수의 합이 1인 제약 조건을 강제하기 위해서 라그랑주 승수를 사용해야 할 것이다)하면 식 10.83의 재주청식을 얻게 됨을 증명하라. 이 과정에서 하한 경계의 모든 항을 고려할 필요 없이 $\{\pi_k\}$에 종속적인 항들만 고려하면 된다.

10.24 ★★ www 10.2절에서는 가우시안 혼합 모델을 최대 가능도 방법으로 처리할 때 발생하는 특이점이 베이지안적으로 처리할 때는 발생하지 않는다는 것을 보았다. 만약 최대 사후 분포(MAP) 추정치를 바탕으로 베이지안 모델을 푼다면 이러한 특이점이 발생할지 논해 보라.

10.25 ★★ 10.2절에서 논의한 베이지안 가우시안 혼합 모델의 변분적 처리에서는 사후 분포에 대한 인수분해 근사인 식 10.5를 사용하였다. 그림 10.2에서 볼 수 있었던 것처럼 인수분해 가정으로 인해서 사후 분포의 분산이 매개변수 공간의 어떤 방향에 대해서는 과소평가되는 경향이 발생한다. 이러한 현상이 모델 증거의 변분적 근사에 미칠 영향을 논해 보고, 이 효과가 혼합의 성분 수가 달라짐에 따라 어떻게 달라질지를 말해 보라. 이를 통해서 변분적 가우시안 혼합 분포가 성분들의 최적 숫자를 과소평가하게 될지, 아니면 과대평가하게 될지 논해 보라.

10.26 ★★★ 베이지안 선형 회귀의 변분적 처리를 β에 대한 감마 초사전 분포 $\mathrm{Gam}(\beta|c_0, d_0)$를 포함시키고 변분적으로 푸는 방식으로 확장하라. 이때 $q(\mathbf{w})q(\alpha)q(\beta)$ 형태의 인수분해된 변분적 분포를 가정하라. 또한, 변분적 분포의 세 인자에 대한 변분적 업데이트 공식을 유도하라. 그리고 하한 경계와 예측 분포에 대한 식도 구하라.

10.27 ★★ 부록 B의 공식들을 이용해서 선형 기저 함수 회귀 모델의 변분적 하한 경계를 식 10.107과 같이 적을 수 있음을 증명하라. 이때 각 항들은 식 10.108 ~ 식 10.112에 의해 정의된다.

10.28 ★★★ 10.2절에서 소개한 베이지안 가우시안 혼합 분포에 대한 모델을 10.4절에서 논의한 바와 같이 지수족으로부터의 켤레 모델의 형태로 다시 적어 보아라. 이를 통해 일반 결과 식 10.115와 식 10.119를 이용해서 식 10.48, 식 10.57, 식 10.59의 결과를 유도하라.

10.29 ★ www 함수 $f(x) = \ln(x)$의 이차 미분을 계산해서 이 함수가 $0 < x < \infty$ 구간에서 오목 함수임을 보여라. 식 10.133에 정의된 듀얼 함수 $g(\eta)$의 형태를 결정하라. 그리고 식 10.132에 따라 $\eta x - g(\eta)$를 η에 대해 최소화하면 함수 $\ln(x)$를 복원하게 됨을 증명하라.

10.30 ★ 이차 미분을 계산해서 로그 로지스틱 함수 $f(x) = -\ln(1 + e^{-x})$이 오목 함수임을 증명하라. 포인트 $x = \xi$ 주변에서 일차 테일러 전개를 시행해서 변분적 상한 경계인 식 10.137을 직접 유도해 보아라.

10.31 ★★ x에 대한 이차 미분을 계산해서 $f(x) = -\ln(e^{x/2} + e^{-x/2})$이 x에 대한 오목 함수임을 증명하라. 그 다음으로는 이 식을 x^2에 대해 미분해서 이 식이 x^2에 대해서는 볼록 함수임을 증명하고, x와 x^2에 대해서 $f(x)$의 그래프를 그려라. 그리고 ξ^2을 중심으로 하는 변수 x^2에 대해 함수 $f(x)$의 일차 테일러 전개를 시행해서 로지스틱 시그모이드 함수의 하한 경계인 식 10.144를 직접 유도하라.

10.32 ★★ www 로지스틱 회귀 모델의 변분적 처리에서의 순차적 학습을 고려해 보자. 이때 데이터 포인트들은 한 번에 하나씩 주어지며, 각 데이터 포인트들은 다음 데이터 포인트가 도착하기 전에 처리되고 버려져야 한다고 하자. 이때식 10.151의 하한 경계를 사용해서 사후 분포에 대한 가우시안 근사를 유지할 수 있음을 증명하라. 이 때 이 분포는 사전 분포를 이용해서 초기화되며, 각 데이터 포인트들이 흡수됨에 따라서 해당 변분 매개변수 ξ_n이 최적화된다.

10.33 ★ 식 10.161에 정의된 $Q(\boldsymbol{\xi}, \boldsymbol{\xi}^{\text{old}})$를 변분적 매개변수 ξ_n에 대해 미분하라. 이를 통해 베이지안 로지스틱 회귀 모델에서의 ξ_n에 대한 업데이트 공식이 식 10.163으로 주어진다는 것을 증명하라.

10.34 ★★ 이 연습문제에서는 식 10.164의 하한 경계를 직접 최대화해서 4.5절의 베이지안 로지스틱 회귀 모델의 변분적 매개변수 $\boldsymbol{\xi}$에 대한 재추정 공식을 유도할 것이다. 이를 위해서는 $\mathcal{L}(\boldsymbol{\xi})$를 ξ_n에 대해 미분한 것을 0으로 설정하고, 행렬식의 로그의 미분에 대한 결과인 식 3.117을 이용해야 한다. 그리고 변분적 사후 분포 $q(\mathbf{w})$의 평균과 공분산을 정의하는 식 10.157과 식 10.158도 사용해야 한다.

10.35 ★★ 변분적 로지스틱 회귀 모델의 하한 경계 $\mathcal{L}(\boldsymbol{\xi})$에 대한 결과인 식 10.164를 유도하라. 다음 과정을 통해 이를 달성할 수 있다. 우선, $\mathcal{L}(\boldsymbol{\xi})$를 정의하는 식 10.159의 적분에 가우시안 사전 분포 $q(\mathbf{w}) = \mathcal{N}(\mathbf{w}|\mathbf{m}_0, \mathbf{S}_0)$와 가능도 함수의 하한 경계 $h(\mathbf{w}, \boldsymbol{\xi})$를 대입해 넣어라. 다음으로는 지수에서 $\mathbf{w}$에 종속적인 항들을 따로 모아서 제곱식의 완성을 적용한다. 그 결과로 가우시안 적분을 얻게 된다. 이는 다변량 가우시안의 정규화 계수에 대한 표준 결과를 이용해서 계산할 수 있다. 마지막으로, 로그를 취하면 식 10.164를 얻게 된다.

10.36 ★★ 10.7절에서 살펴본 ADF(추정 밀도 필터링) 근사를 고려해 보자. 인자 $f_j(\boldsymbol{\theta})$를 포함시킴에 따라서 모델 증거의 업데이트가 다음 형태를 가지게 됨을 증명하라.

$$p_j(\mathcal{D}) \simeq p_{j-1}(\mathcal{D})Z_j \qquad\qquad (\text{식 } 10.242)$$

여기서 Z_j는 식 10.197에 정의된 정규화 상수다. $p_0(\mathcal{D}) = 1$로 초기화하고 이 결과를 재귀적으로 적용해서 다음 결과를 유도하라.

$$p(\mathcal{D}) \simeq \prod_j Z_j \qquad\qquad (\text{식 } 10.243)$$

10.37 ★ www 10.7절의 EP 알고리즘을 고려해 보자. 식 10.188의 인자들 중 하나인 $f_0(\boldsymbol{\theta})$가 근사 분포 $q(\boldsymbol{\theta})$와 같은 지수족 함수 형태를 가진다고 가정해 보자. 만약 인자 $\widetilde{f}_0(\boldsymbol{\theta})$를 $f_0(\boldsymbol{\theta})$로 초기화하면, $\widetilde{f}_0(\boldsymbol{\theta})$를 개선하기 위한 EP 업데이트가 $\widetilde{f}_0(\boldsymbol{\theta})$를 바뀌지 않은 채로 내버려 둔다는 것을 증명하라. 이러한 상황은 인자들 중 하나가 사전 분포 $p(\boldsymbol{\theta})$인 경우에 주로 일어난다. 사전 인자를 정확하게 한 번 포함시킬 수 있으며, 이는 개선될 필요가 없다는 것을 알 수 있다.

10.38 ★★★ 이번 연습문제와 다음 연습문제에서는 잡동사니 문제에 적용한 EM 알고리즘의 결과인 식 10.214～식 10.224를 증명할 것이다. 나눗셈 공식인 식 10.205에서 시작해서 평균과 분산을 구하기 위한 식 10.214와 식 10.215를 유도하라. 지수부에 대해 제곱식의 완성을 적용하면 된다. 또한, 식 10.206에 정의된 정규화 상수 Z_n이 잡동사니 문제에서는 식 10.216으로 주어진다는 것을 증명하라. 식 2.115의 일반 결과를 사용해서 이를 달성할 수 있다.

10.39 ★★★ 잡동사니 문제에 EP를 적용했을 때 $q^{\text{new}}(\boldsymbol{\theta})$에 대한 평균과 분산이 식 10.217과 식 10.218로 주어짐을 증명하라. 이를 위해서는 먼저 $q^{\text{new}}(\boldsymbol{\theta})$하에서의 $\boldsymbol{\theta}$와 $\boldsymbol{\theta}\boldsymbol{\theta}^{\text{T}}$의 기댓값을 구해야 한다.

$$\mathbb{E}[\boldsymbol{\theta}] = \mathbf{m}^{\backslash n} + v^{\backslash n}\nabla_{\mathbf{m}^{\backslash n}} \ln Z_n \qquad\qquad (\text{식 } 10.244)$$

$$\mathbb{E}[\boldsymbol{\theta}^{\text{T}}\boldsymbol{\theta}] = 2(v^{\backslash n})^2\nabla_{v^{\backslash n}} \ln Z_n + 2\mathbb{E}[\boldsymbol{\theta}]^{\text{T}}\mathbf{m}^{\backslash n} - \|\mathbf{m}^{\backslash n}\|^2 + v^{\backslash n}D \qquad (\text{식 } 10.245)$$

그리고 Z_n에 대한 결과 식 10.216을 이용해야 한다. 다음으로는 식 10.207을 이용하고 지수부에 제곱식의 완성을 적용해서 식 10.220 ～ 식 10.222를 증명하라. 마지막으로, 식 10.208을 이용해서 식 10.223의 결과를 유도하라.

11

표집법

실제로 활용하는 확률적 모델들 중 많은 것들은 정확한 추론을 직접 시행하기가 매우 까다로울 수 있다. 이런 경우에는 근사치를 사용하게 된다. 10장에서는 결정적 근사를 기반으로 한 추론 알고리즘에 대해 논의해 보았다. 그 예시로는 변분적 베이즈와 EP 등이 있었다. 이 장에서는 수치적 표집법에 기반을 둔 근사 추론법인 **몬테 카를로**(*Monte Carlo*) 테크닉에 대해 다룰 것이다.

몇몇 적용 사례의 경우에는 비관측 변수에 대한 사후 분포를 직접적으로 사용할 수도 있다. 하지만 대부분의 경우 이 사후 분포는 예측값을 내놓는 등의 경우에 기댓값을 계산하기 위한 용도로만 필요하다. 따라서 이 장에서 우리가 다루고자 하는 근본적인 주요 문제는 어떤 함수 $f(\mathbf{z})$의 확률 분포 $p(\mathbf{z})$에 대한 기댓값을 구하는 것이다. 여기서 $\mathbf{z}$의 성분은 이산이거나, 연속이거나, 둘의 조합일 수 있다. 연속 변수의 경우에는 다음과 같이 기댓값을 구하고자 한다.

$$\mathbb{E}[f] = \int f(\mathbf{z})p(\mathbf{z})\,\mathrm{d}\mathbf{z} \tag{식 11.1}$$

이산 변수의 경우에는 적분을 합산으로 바꾸어야 한다. 이에 대해서 단일 연속 변수의 경우가 그림 11.1에 그려져 있다. 여기서는 이러한 기댓값을 직접 정확하게 계산하는 것은 해석적인 테크닉을 사용해서 시행하기에 너무 복잡하다고 가정할 것이다.

표집법의 기본적인 아이디어는 분포 $p(\mathbf{z})$로부터 독립적으로 표본 집합 $\mathbf{z}^{(l)}(l = 1, \ldots, L)$을 추

그림 11.1 함수 $f(z)$와 분포 $p(z)$. 분포 $p(z)$에 대한 함수 $f(z)$의 기댓값을 구하고자 한다.

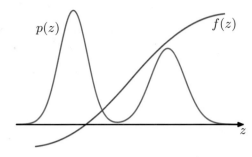

출하는 것이다. 이를 통해 식 11.1의 기댓값을 다음의 유한 합으로 근사할 수 있다.

$$\widehat{f} = \frac{1}{L} \sum_{l=1}^{L} f(\mathbf{z}^{(l)}) \tag{식 11.2}$$

연습문제 11.1

표본 $\mathbf{z}^{(l)}$이 분포 $p(\mathbf{z})$에서 추출된다면 $\mathbb{E}[\widehat{f}] = \mathbb{E}[f]$일 것이다. 따라서 추정량 $\widehat{f}$는 올바른 평균값을 가지게 된다. 이 추정량의 분산은 다음처럼 주어진다.

$$\mathrm{var}[\widehat{f}] = \frac{1}{L} \mathbb{E}\left[(f - \mathbb{E}[f])^2\right] \tag{식 11.3}$$

이는 분포 $p(\mathbf{z})$하에서의 함수 $f(\mathbf{z})$의 분산에 해당한다. 추정량의 정확도는 $\mathbf{z}$의 차원수에 종속적이지 않다. 또한, 원칙적으로는 상대적으로 적은 수의 표본 $\mathbf{z}^{(l)}$들로부터도 높은 정확도를 달성할 수 있다. 실제 적용 시에는 열 개 혹은 스무 개 정도의 독립적인 표본이 있으면 기댓값을 충분히 정확하게 추정할 수 있다.

하지만 표본 $\{\mathbf{z}^{(l)}\}$들이 독립적이지 않을 수 있다는 문제가 있다. 따라서 유효 표본의 크기가 실 표본의 크기보다 훨씬 작을 수 있다. 또한, 그림 11.1을 다시 살펴보면 $p(\mathbf{z})$의 값이 큰 지역에서는 $f(\mathbf{z})$의 값이 작으며, $p(\mathbf{z})$의 값이 작은 지역에서는 $f(\mathbf{z})$의 값이 크다는 것을 볼 수 있다. 이 경우 기댓값은 확률값이 작은 지역들에 의해 지배될 수 있다. 따라서 충분한 정확도를 얻기 위해서는 상대적으로 많은 수의 표본이 필요하게 된다.

여러 종류의 모델에 대해 그래프 모델을 이용해서 결합 분포 $p(\mathbf{z})$를 표현할 수 있다. 관측 변수가 없는 방향성 그래프의 경우에는 8.1.2절에서 간단히 살펴보았던 다음의 **조상 추출법** (*ancestral sampling*)을 이용해서 결합 분포로부터의 표집을 쉽게 시행할 수 있다. 이때 결합 분포는 다음과 같이 표현된다.

$$p(\mathbf{z}) = \prod_{i=1}^{M} p(\mathbf{z}_i | \mathrm{pa}_i) \tag{식 11.4}$$

여기서 $\mathbf{z}_i$는 노드 i와 연관된 변수들의 집합이고, pa_i는 노드 i의 부모 노드들과 연관된 변수들의 집합이다. 이 결합 분포로부터 표본을 얻기 위해서는 $\mathbf{z}_1, \ldots, \mathbf{z}_M$의 순서로 변수들을 방문하면서 조건부 분포 $p(\mathbf{z}_i|\mathrm{pa}_i)$로부터 표본을 추출하면 된다. 매 단계에서 모든 부값들이 이미 설정되어 있을 것이기 때문에 이런 과정을 시행하는 것이 가능하다. 그래프를 한 차례 처리하고 나면 결합 분포로부터의 표본을 얻게 될 것이다.

몇몇 노드들이 관측값으로 설정되어 있는 방향성 그래프의 경우를 고려해 보자. 원칙적으로는 최소한 이산 변수를 나타내는 노드들의 경우에는 위의 과정을 확장해서 다음의 **논리 표집법** (*logic sampling*)(Henrion, 1988)을 얻을 수 있다. 이 방법은 11.1.4절에서 살펴보게 될 **중요도 표집법** (*importance sampling*)의 특별 케이스에 해당한다. 각 단계에서 관측된 변수 $\mathbf{z}_i$의 표본을 추출한 후 추출된 값을 관측값과 비교하고, 만약 그 둘이 같은 값을 가진다면 표본값을 유지하고 다음 변수에 대해서 진행하게 된다. 하지만 만약 추출된 값과 관측된 값이 다르다면, 지금까지의 전체 표본을 버리고 알고리즘을 그래프의 첫 번째 노드부터 다시 시행한다. 이 알고리즘은 사후 분포로부터 올바르게 표집을 진행하게 되는데, 왜냐하면 이 알고리즘이 시행하고자 하는 것은 은닉 변수와 데이터 변수들의 결합 분포로부터 표본을 추출하고 만약 표본들이 관측된 데이터와 다르다면 버리는 것이기 때문이다. 하지만 관측된 변수의 수와 이러한 변수들이 취할 수 있는 상태의 수가 늘어남에 따라서 사후 분포로부터의 표본이 수락될 확률은 급속도로 감소하게 된다. 따라서 이 접근법은 실제로는 잘 사용되지 않는다.

비방향성 그래프로 정의된 확률 분포의 경우 관측 변수가 없는 사전 분포로부터 균일하게 표본을 추출할 수 있는 단일 단계 표집법은 존재하지 않는다. 대신에 기브스(Gibbs) 표집법과 같은 계산적으로 더 비용이 많이 드는 테크닉을 사용해야 한다. 이에 대해서는 11.3절에서 살펴보게 될 것이다.

조건부 분포에서의 표집 이외에 주변 분포에서의 표집이 필요할 수도 있다. 만약 결합 분포 $p(\mathbf{u}, \mathbf{v})$에서 표집을 하는 방법이 있다면, 각 표본에서 $\mathbf{v}$ 값을 무시하는 방식으로 쉽게 주변 분포 $p(\mathbf{u})$의 표집을 시행할 수 있다.

몬테 카를로 방법을 다룬 문헌은 아주 많은데, 통계적 추론 과정에서 특히 주목할 만한 문헌으로는 Chen *et al.*(2001), Gamerman(1997), Gilks *et al.*(1996), Liu(2001), Neal(1996), Robert and Casella(1999) 등이 있다. 또한, 통계적 추론을 위한 표집법에 대한 추가적인 정보를 주는 리뷰 문헌으로는 Besag *et al.*(1995), Brooks(1998), Diaconis and Saloff-Coste(1998), Jerrum and Sinclair(1996), Neal(1993), Tierney(1994), Andrieu *et al.*(2003) 등이 있다.

마르코프 연쇄 몬테 카를로 알고리즘의 수렴에 대한 진단 테스트에 대해서는 Robert and Casella(1999)에 잘 요약되어 있다.

11.1 기본적인 표집 알고리즘

이 절에서는 주어진 분포로부터 임의의 표본을 추출하는 몇몇 단순한 방법에 대해 논의할 것이다. 여기서의 표본들은 컴퓨터 알고리즘에 의해 생성되는 것이기 때문에 실제로는 **유사 난수**(*pseudo random number*)일 것이다. 유사 난수는 결정론적인 방식을 통해서 계산되지만 임의성에 대한 테스트들을 통과할 수 있는 난수를 일컫는 말이다. 이러한 수들을 생성하는 과정에는 몇몇 중요한 세부 원소들이 존재한다(Press *et al.*, 1992). 그러나 이는 이 책의 범위를 벗어나는 내용이므로 여기서 자세히 다루지는 않을 것이다. 여기서는 알고리즘이 $(0, 1)$ 범위에 균등하게 분포되어 있는 유사 난수를 제공받았다고 가정할 것이다. 실제로 대부분의 소프트웨어 환경에는 이러한 기능이 내재되어 있다.

11.1.1 표준 분포

먼저 이미 균등하게 분포된 랜덤한 수를 구할 수 있다고 가정했을 경우에 단순한 비균등 분포들로부터 랜덤한 수를 생성하는 방법에 대해 고려해 보자. z는 $(0, 1)$ 구간에 균등하게 분포되어 있으며, 함수 $f(\cdot)$를 이용해서 z를 변환한다고 하자. 즉, $y = f(z)$이다. 이 경우 y의 분포는 다음에 종속적이게 될 것이다.

$$p(y) = p(z) \left| \frac{\mathrm{d}z}{\mathrm{d}y} \right| \tag{식 11.5}$$

이 경우에는 $p(z) = 1$이다. 우리의 목표는 결과 y 값이 우리가 필요로 하는 특정 분포 $p(y)$를 가지도록 하는 함수 $f(\mathbf{z})$를 선택하는 것이다. 식 11.5를 적분하면 다음을 얻게 된다.

$$z = h(y) \equiv \int_{-\infty}^{y} p(\widehat{y}) \, \mathrm{d}\widehat{y} \tag{식 11.6}$$

11.2절

이는 $p(y)$에 대한 부정적분이다. 따라서 $y = h^{-1}(z)$다. 즉, 우리는 균등하게 분포된 랜덤한 수들을 우리가 원하는 분포의 부정적분의 역에 해당하는 함수를 이용해서 변환해야 한다. 이에 대해서는 그림 11.2에 그려져 있다.

지수 분포(*exponential distribution*)의 경우를 고려해 보자.

그림 11.2 불균등하게 분포된 랜덤한 수를 생성하기 위한 변환 방법을 해석한 도식. $h(y)$는 분포 $p(y)$에 대한 부정적분이다. 만약 균등하게 분포된 랜덤 변수 z를 $y = h^{-1}(z)$를 이용해서 변환하면, y는 $p(y)$에 따라 분포될 것이다.

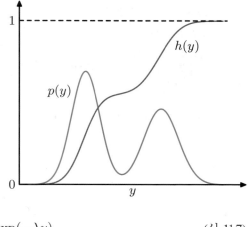

$$p(y) = \lambda \exp(-\lambda y) \tag{식 11.7}$$

여기서 $0 \leqslant y < \infty$다. 이 경우 식 11.6의 적분의 하한은 0이고 따라서 $h(y) = 1 - \exp(-\lambda y)$다. 그러므로 균등 분포된 변수 z를 $y = -\lambda^{-1} \ln(1 - z)$를 이용해서 변환시키면 y는 지수 분포를 가지게 될 것이다.

변환 방법을 적용할 수 있는 또 다른 분포의 예는 코시 분포다.

$$p(y) = \frac{1}{\pi} \frac{1}{1 + y^2} \tag{식 11.8}$$

연습문제 11.3 이 경우 부정적분의 역은 'tan' 함수로 표현할 수 있다.

다중 변수에 대한 일반화는 그리 어렵지 않다. 이 경우에는 변수의 변화에 대한 야코비안이 포함되어야 한다.

$$p(y_1, \ldots, y_M) = p(z_1, \ldots, z_M) \left| \frac{\partial(z_1, \ldots, z_M)}{\partial(y_1, \ldots, y_M)} \right| \tag{식 11.9}$$

변환에 대한 마지막 예시로 가우시안 분포로부터 표본을 생성하는 데 사용하는 박스 뮬러(Box-Muller) 방법을 살펴보도록 하자. 먼저 균일하게 분포된 랜덤한 숫자 쌍 $z_1, z_2 \in (-1, 1)$을 생성한다고 가정해 보자. 이는 $(0, 1)$상에 균등하게 분포된 변수를 $z \to 2z - 1$을 이용해서 변환함으로써 시행할 수 있다. 다음으로는 $z_1^2 + z_2^2 \leqslant 1$을 만족하지 않는 쌍들을 제거한다. 그 결과로 단위 원 내부에 $p(z_1, z_2) = 1/\pi$로 균등하게 분포되어 있는 포인트들을 얻게 된다. 이에 대해서는 그림 11.3에 그려져 있다. 그 다음으로 각 z_1, z_2 쌍에 대해서 다음의 값을 계산한다.

그림 11.3 가우시안 분포를 가지는 랜덤한 수들을 생성하기 위한 박스 뮬러 방법은 단위 원 안의 균등 분포로부터 표본들을 생성하는 것으로 시작된다.

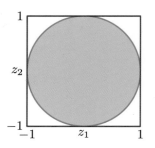

$$y_1 = z_1 \left(\frac{-2 \ln r^2}{r^2} \right)^{1/2} \qquad \text{(식 11.10)}$$

$$y_2 = z_2 \left(\frac{-2 \ln r^2}{r^2} \right)^{1/2} \qquad \text{(식 11.11)}$$

연습문제 11.4

여기서 $r^2 = z_1^2 + z_2^2$이다. 이때 y_1과 y_2의 결합 분포는 다음으로 주어지게 된다.

$$
\begin{aligned}
p(y_1, y_2) &= p(z_1, z_2) \left| \frac{\partial(z_1, z_2)}{\partial(y_1, y_2)} \right| \\
&= \left[\frac{1}{\sqrt{2\pi}} \exp(-y_1^2/2) \right] \left[\frac{1}{\sqrt{2\pi}} \exp(-y_2^2/2) \right]
\end{aligned}
\qquad \text{(식 11.12)}
$$

따라서 y_1과 y_2는 서로 독립적이며, 각각이 0 평균과 단위 분산의 가우시안 분포를 가지게 된다.

만약 y가 0 평균과 단위 분산을 가지는 가우시안 분포라면 $\sigma y + \mu$는 평균 μ와 분산 σ^2을 가지는 가우시안 분포가 된다. 평균 $\boldsymbol{\mu}$와 분산 $\boldsymbol{\Sigma}$이며, 벡터 변수를 가지는 다변량 가우시안 분포를 생성하기 위해서는 $\boldsymbol{\Sigma} = \mathbf{L}\mathbf{L}^{\mathrm{T}}$ 형태의 **콜레스키 분해**(*Cholesky decomposition*)를 사용할 수 있다(Press *et al.*, 1992). 이 경우 만약 $\mathbf{z}$가 랜덤한 벡터 변수로써 그 성분들이 0 평균과 단위 분산을 가지는 독립적인 가우시안 분포라면, $\mathbf{y} = \boldsymbol{\mu} + \mathbf{L}\mathbf{z}$는 평균 $\boldsymbol{\mu}$와 분산 $\boldsymbol{\Sigma}$를 가지는 가우시안 분포가 된다.

연습문제 11.5

필요 분포에 대해 부정 적분을 시행하고 그 역을 구할 수 있는지에 변환 테크닉의 성공 여부가 달려 있다. 이러한 연산은 제한된 수의 단순한 분포들에 대해서만 시행 가능하다. 따라서 더 일반적인 적용을 위해서는 또 다른 방법을 고려해야 한다. 여기서는 **거부 표집법**(*rejection sampling*)과 **중요도 표집법**(*importance sampling*)을 살펴보도록 하자. 이 방법들은 주로 단변량 분포에 대해서만 사용 가능하며, 따라서 차원수가 높은 복잡한 문제들에 대해서는 직접적으로 적용하는 것이 불가능하다. 하지만 이 방법들은 더 일반적인 방법을 구성하는 데 있어서 중요한 원소가 된다.

11.1.2 거부 표집법

거부 표집법을 사용하면 몇몇 제약 조건하에서 상대적으로 복잡한 분포에서의 표집이 가능하게 된다. 첫 번째로 단변량 분포의 경우를 살펴보고 그 다음에 다차원으로의 확장을 고려하도록 하자.

지금까지 살펴본 단순한 표준 분포가 아닌 분포 $p(\mathbf{z})$에서 표집을 시행하려 한다고 해보자. 그리고 $p(\mathbf{z})$로부터 직접 표집을 하는 것은 어렵다고 가정하자. 또한, 추가로 아무 주어진 $\mathbf{z}$ 값에 대해서 정규화 상수를 제외하고는 $p(\mathbf{z})$를 계산하는 것이 가능하다고도 해보자(이는 실제로 종종 사실이다).

$$p(z) = \frac{1}{Z_p}\widetilde{p}(z) \tag{식 11.13}$$

$\widetilde{p}(z)$는 쉽게 계산 가능하지만 Z_p의 값은 알 수 없다는 것이다.

거부 표집법을 적용하기 위해서는 표본을 추출하는 것이 쉬운 단순한 분포 $q(z)$가 필요하다. 이 분포를 **제안 분포**(*proposal distribution*)라 할 것이다. 다음으로는 상수 k를 도입할 것이다. 모든 z 값에 대해서 $kq(z) \geqslant \widetilde{p}(z)$가 성립하도록 하는 k 값을 선택해야 한다. 함수 $kq(z)$를 비교 함수라고 한다. 단변량 분포 경우의 비교 함수가 그림 11.4에 그려져 있다. 거부 표집의 각 단계에서는 두 개의 랜덤한 숫자를 생성한다. 첫 번째로 분포 $q(z)$로부터 랜덤한 숫자 z_0를 생성하게 된다. 그 다음으로는 $[0, kq(z_0)]$상의 균일 분포에서 숫자 u_0를 생성한다. 이 숫자 쌍은 함수 $kq(z)$의 곡선하에서 균일한 분포를 가지게 된다. 마지막으로 만약 $u_0 > \widetilde{p}(z_0)$이면 표본을 거부하고, 아닌 경우는 u_0를 유지한다. 즉, 해당 숫자 쌍이 그림 11.4의 회색 음영 부분에 자리하고 있으면 거부하는 것이다. 이 경우 거부되지 않고 남은 쌍들은 $\widetilde{p}(z)$하에서 균일한 분포를 가지게 될 것이며, 그 결과에 해당하는 z 값들은 우리가 필요로 했던 바대로 $p(z)$에 의해 분포될 것이다.

연습문제 11.6

z의 원 값들은 $q(z)$로부터 생성되며, 이 표본들은 $\widetilde{p}(z)/kq(z)$의 확률로 받아들여진다. 따라서 표본이 승인될 확률은 다음과 같다.

그림 11.4   거부 표집법에서는 단순한 분포 $q(z)$부터 표본을 추출한 후 만약 추출된 표본이 정규화되지 않은 분포 $\widetilde{p}(z)$와 척도화된 분포 $kq(z)$ 사이의 회색 음영 구간에 속하게 되면 거부하게 된다. 이 결과, 얻을 수 있는 표본들은 $\widetilde{p}(z)$가 정규화된 버전인 $p(z)$에 따른 분포를 가지게 된다.

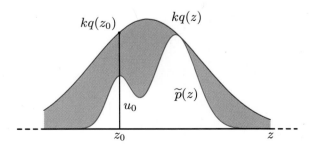

$$p(\text{승인}) = \int \{\widetilde{p}(z)/kq(z)\} \, q(z) \, \mathrm{d}z$$

$$= \frac{1}{k} \int \widetilde{p}(z) \, \mathrm{d}z \qquad \text{(식 11.14)}$$

따라서 이 방법에 의해 거부되는 포인트의 비율은 정규화되지 않은 분포 $\widetilde{p}(z)$하의 너비와 $kq(z)$ 곡선하의 너비의 비율에 종속적이게 될 것이다. 따라서 $kq(z)$가 $\widetilde{p}(z)$보다 작으면 안 된다는 제약 조건을 만족하는 한도 내에서 상수 k가 가능한 한 작은 값을 가지도록 해야 한다.

예시로 다음의 감마 분포에서 표집을 시행하는 문제를 생각해 보자.

$$\text{Gam}(z|a,b) = \frac{b^a z^{a-1} \exp(-bz)}{\Gamma(a)} \qquad \text{(식 11.15)}$$

이 분포는 $a > 1$인 경우 종 모양의 형태를 가진다. 이에 대해 그림 11.5에 그려져 있다. 따라서 식 11.8의 코시 분포를 제안 분포로 사용하면 적절할 것이다. 왜냐하면 코시 분포 역시 종 모양이며, 앞에서 살펴본 변환 방법을 이용해서 코시 분포로부터 표집을 시행하는 것이 가능하기 때문이다. 코시 분포를 약간 일반화해서 이 분포가 감마 분포보다 작은 값을 가지는 지점이 없도록 해야 한다. $z = b \tan y + c$를 이용해서 균일 확률 변수 y를 변환하는 식으로 일반화하면 된다. 이 변환의 결과로서 다음에 따라 분포된 랜덤한 수들을 얻을 수 있다.

연습문제 11.7

$$q(z) = \frac{k}{1 + (z-c)^2/b^2} \qquad \text{(식 11.16)}$$

$c = a - 1$, $b^2 = 2a - 1$로 설정하고 $kq(z) \geqslant \widetilde{p}(z)$를 만족하는 한도 내에서 가장 작은 상수 k를 선택함으로써 최소의 거부율을 얻을 수 있다. 이 결과로 얻게 된 비교 함수가 그림 11.15에 그려져 있다.

그림 11.5 식 11.15에 따른 감마 분포가 녹색 곡선으로, 척도화된 코시 제안 분포가 빨간색 곡선으로 그려져 있다. 코시 분포에서 표집을 시행하고 거부 표집 기준을 적용해서 감마 분포에서의 표본을 얻을 수 있다.

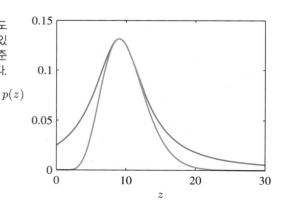

11.1.3 적응적 거부 표집법

거부 표집법을 적용하고자 하는 많은 경우에 적절한 해석적 형태를 가진 포괄 분포 $q(z)$를 찾는 것이 어려울 수 있다. 이를 해결하기 위한 접근법 중 하나는 분포 $p(z)$의 측정된 값을 바탕으로 포괄 함수를 그때 그때 바로 만들어서 사용하는 것이다(Gilks and Wild, 1992). $p(z)$가 로그 오목의 형태인 경우 포괄 함수를 만드는 것은 그리 어렵지 않다. $p(z)$가 로그 오목이라는 것은 $\ln p(z)$를 미분한 함수가 z에 대한 증가하지 않는 함수라는 것이다. 적절한 포괄 함수를 만드는 것의 예시에 대해서는 그림 11.6에 그려져 있다.

몇몇 초기 격자점 집합들에 대해서 함수 $\ln p(z)$와 그 기울기를 계산하고 그 결과로 얻게 된 접선들 간의 교차점을 사용해서 포괄 함수를 만들게 될 것이다. 그 다음으로는 포괄 함수에서 표본값들을 추출하게 된다. 이 과정은 그리 어렵지 않다. 왜냐하면 포괄 분포의 로그는 선형 함수들의 연속이며, 따라서 포괄 분포 그 자체는 다음 형태와 같이 조각별 지수 분포들의 집합 형태로 이루어져 있기 때문이다.

연습문제 11.9

$$q(z) = k_i \lambda_i \exp\left\{-\lambda_i \left(z - z_i\right)\right\} \qquad \widehat{z}_{i-1,i} < z \leqslant \widehat{z}_{i,i+1} \qquad \text{(식 11.17)}$$

여기서 $\widehat{z}_{i-1,i}$는 z_{i-1}과 z_i에서의 접선들의 교점이며, λ_i는 z_i에서의 접선의 기울기, 그리고 k_i는 절편에 해당한다. 표본이 추출되고 나면 앞에서 살펴본 보통의 거부 기준을 적용한다. 표본이 받아들여진다면 이 표본은 우리가 표집을 시행하고자 했던 분포에서 성공적으로 추출된 것이다. 하지만 만약 표본이 거부된다면 이 거부된 표본을 격자점의 집합에 추가한다. 그리고 이로부터 새로운 접선을 계산하고 포괄 함수를 개선한다. 격자점에 속한 포인트의 수가 증가함에 따라서 포괄 함수는 우리가 원하는 분포 $p(\mathbf{z})$에 가까워지게 될 것이며, 그에 따라서 거부 확률도 줄어들게 될 것이다.

미분의 계산을 피할 수 있도록 해주는 변형 알고리즘도 존재한다(Gilks, 1992). 각각의 거부 표집 단계가 11.2.2절에서 살펴보게 될 **메트로폴리스 헤이스팅스**(*Metropolis-Hastings*) 단계를 따르도

그림 11.6   로그 오목인 분포의 경우 거부 표집법을 위한 포괄 함수는 각 격자점에서 계산한 접선들을 이용해서 구성할 수 있다. 만약 표본 포인트 하나가 거부된다면, 그 포인트를 격자 포인트들의 집합에 추가해서 포괄 분포를 개량하는 데 사용한다.

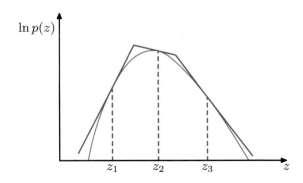

록 하면 로그 오목의 형태가 아닌 분포들에 대해서도 적응적 거부 표집법을 확장할 수 있다. 이를 **적응적 거부 메트로폴리스 표집법**(*adaptive rejection Metropolis sampling*)이라 한다(Gilks *et al.*, 1995).

거부 표집법이 실제적으로 유용하기 위해서는 비교 함수를 원 분포에 가능한 가깝게 해서 거부율이 최소가 되도록 해야 한다. 고차원 공간에서 거부 표집법을 시행하면 어떤 일이 발생하는지 살펴보자. 예를 들어, 평균이 0이고 공분산이 $\sigma_p^2\mathbf{I}$인($\mathbf{I}$는 단위 행렬) 다변량 가우시안 분포에 거부 표집법을 이용해서 표본을 추출한다고 해보자. 이때 제안 분포로는 평균이 0이고 공분산이 $\sigma_p^2\mathbf{I}$인 가우시안 분포를 사용한다고 하자. $kq(z) \geqslant p(z)$인 k가 존재하려면 $\sigma_q^2 \geqslant \sigma_p^2$이여야 한다. D차원의 경우 최적 k 값은 $k = (\sigma_q/\sigma_p)^D$로 주어지게 된다. $D = 1$인 경우가 그림 11.7에 그려져 있다. 이 경우 승인률은 $p(\mathbf{z})$하의 부피와 $kq(z)$하의 부피의 비율에 해당할 것이다. 두 분포가 모두 정규화되어 있기 때문에 이 비율은 $1/k$가 된다. 결론적으로 승인률은 차원수가 증가함에 따라서 기하급수적으로 감소한다. $D = 1,000$인 경우 σ_q가 σ_p보다 1퍼센트만 커도 승인률은 대략 $1/20,000$ 정도일 것이다. 이 가상의 예시에서는 비교 함수가 원 분포에 상당히 가까운 편이었다. 더 실제적인 예시에서는 원 분포가 다봉형이고 날카로운 정상점을 가질 수도 있다. 이런 경우에는 좋은 제안 분포와 비교 함수를 찾는 것이 극도로 어려울 수 있다. 차원수가 증가함에 따라 승인률이 기하급수적으로 감소하는 것은 거부 표집법의 일반적인 성질이다. 거부 표집법은 일차원이나 이차원의 경우에는 유용하게 사용할 수 있는 테크닉이지만, 고차원 문제에는 적합하지 않다. 하지만 고차원 공간에서 사용되는 더 복잡한 표집 알고리즘의 서브루틴으로 거부 표집법을 사용하는 것은 가능하다.

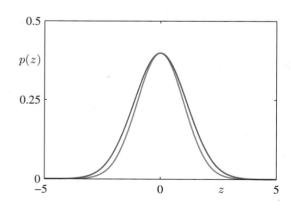

그림 11.7 가우시안 분포 $p(z)$(녹색 곡선)에 대해 거부 표집법을 시행하는 예시. 이때 사용하는 제안 분포 $q(z)$도 가우시안 분포다. 척도화된 $kq(z)$가 빨간색 곡선으로 그려져 있다.

11.1.4 중요도 표집법

복잡한 확률 분포로부터 표집을 하고자 하는 주요한 이유 중 하나는 바로 식 11.1에서 보여진 기댓값을 계산하기 위해서다. **중요도 표집법**(*importance sampling*)은 분포 $p(\mathbf{z})$로부터 표본을 추출할 수 있도록 하는 대신, 구하고자 하는 기댓값들을 직접 근사할 수 있는 방법을 제공해 준다.

식 11.2로 주어지는 기댓값에 대한 유한 합 근사는 분포 $p(\mathbf{z})$로부터 표집을 할 수 있어야 사용 가능하다. $p(\mathbf{z})$로부터 직접 표집을 하는 것은 불가능하지만 주어진 $\mathbf{z}$ 값에 대해서 $p(\mathbf{z})$를 계산하는 것은 가능하다고 가정해 보자. 이 경우 기댓값을 구하기 위한 단순한 방법 중 하나는 $\mathbf{z}$ 공간을 균등한 격자로 나누고 다음 형태의 합을 계산하는 방식으로 피적분 함수를 구하는 것이다.

$$\mathbb{E}[f] \simeq \sum_{l=1}^{L} p(\mathbf{z}^{(l)}) f(\mathbf{z}^{(l)}) \tag{식 11.18}$$

이 방법의 분명한 문제점은 $\mathbf{z}$의 차원수가 커짐에 따라 합산항의 숫자가 기하급수적으로 늘어난다는 것이다. 또한, 이미 언급했던 것처럼 우리가 관심을 가지는 확률 분포들은 종종 $\mathbf{z}$ 공간 상의 상대적으로 작은 구역 내부에 대부분의 질량을 가지고 있다. 따라서 고차원 문제에서는 표본들 중 아주 작은 부분이 합산에 대해 아주 큰 기여를 하게 될 것이다. 이런 이유로 고차원 문제에 대해서 이러한 균등 표집을 시행하는 것은 매우 비효율적이다. $p(\mathbf{z})$가 큰 구역에서 표본들을 선택하거나 또는 $p(\mathbf{z})f(\mathbf{z})$가 큰 구역에서 표본들을 선택할 수 있다면 더욱 이상적이다.

중요도 표집법은 거부 표집법의 경우와 마찬가지로 쉽게 표집을 시행할 수 있는 제안 분포 $q(\mathbf{z})$를 사용하는 것에 기반을 두고 있다. 이에 대해 그림 11.8에 그려져 있다. 이 경우 $q(\mathbf{z})$에서 추출된 표본 $\{\mathbf{z}^{(l)}\}$에 대한 유한 합의 형태로 기댓값을 표현할 수 있다.

그림 11.8 중요도 표집법은 직접 표집을 하기 어려운 분포 $p(z)$에 대해서 함수 $f(z)$의 기댓값을 구하는 문제를 다룬다. 표본 $\{z^{(l)}\}$들은 더 단순한 분포 $q(z)$로부터 추출되며, 이에 해당하는 합산상의 항들은 비율 $p(z^{(l)})/q(z^{(l)})$에 의해 가중된다.

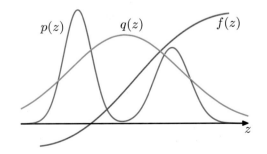

$$
\begin{aligned}
\mathbb{E}[f] &= \int f(\mathbf{z})p(\mathbf{z})\,\mathrm{d}\mathbf{z} \\
&= \int f(\mathbf{z})\frac{p(\mathbf{z})}{q(\mathbf{z})}q(\mathbf{z})\,\mathrm{d}\mathbf{z} \\
&\simeq \frac{1}{L}\sum_{l=1}^{L}\frac{p(\mathbf{z}^{(l)})}{q(\mathbf{z}^{(l)})}f(\mathbf{z}^{(l)})
\end{aligned}
\tag{식 11.19}
$$

$r_l = p(\mathbf{z}^{(l)})/q(\mathbf{z}^{(l)})$ 값을 **중요도 가중치**(*importance weight*)라 한다. 이들은 잘못된 분포에서 표집을 함으로써 발생한 편향을 수정하는 역할을 한다. 거부 표집법과는 달리 생성된 모든 표집들은 계속 유지된다.

종종 분포 $p(\mathbf{z})$는 정규화 상수를 제외한 부분까지만 계산 가능하다. 즉 $p(\mathbf{z}) = \widetilde{p}(\mathbf{z})/Z_p$에 대해 $\widetilde{p}(\mathbf{z})$는 쉽게 계산 가능하지만, Z_p는 알려져 있지 않을 수 있다는 말이다. 이와 비슷하게 같은 성질을 가지는 중요도 표집 분포 $q(\mathbf{z}) = \widetilde{q}(\mathbf{z})/Z_q$를 이용하고자 할 수도 있다. 이 경우 다음을 얻게 된다.

$$
\begin{aligned}
\mathbb{E}[f] &= \int f(\mathbf{z})p(\mathbf{z})\,\mathrm{d}\mathbf{z} \\
&= \frac{Z_q}{Z_p}\int f(\mathbf{z})\frac{\widetilde{p}(\mathbf{z})}{\widetilde{q}(\mathbf{z})}q(\mathbf{z})\,\mathrm{d}\mathbf{z} \\
&\simeq \frac{Z_q}{Z_p}\frac{1}{L}\sum_{l=1}^{L}\widetilde{r}_l f(\mathbf{z}^{(l)})
\end{aligned}
\tag{식 11.20}
$$

여기서 $\widetilde{r}_l = \widetilde{p}(\mathbf{z}^{(l)})/\widetilde{q}(\mathbf{z}^{(l)})$이다. 같은 표본 집합을 이용해서 비율 Z_p/Z_q를 계산할 수 있다.

$$
\begin{aligned}
\frac{Z_p}{Z_q} &= \frac{1}{Z_q}\int \widetilde{p}(\mathbf{z})\,\mathrm{d}\mathbf{z} = \int \frac{\widetilde{p}(\mathbf{z})}{\widetilde{q}(\mathbf{z})}q(\mathbf{z})\,\mathrm{d}\mathbf{z} \\
&\simeq \frac{1}{L}\sum_{l=1}^{L}\widetilde{r}_l
\end{aligned}
\tag{식 11.21}
$$

따라서 다음과 같다.

$$
\mathbb{E}[f] \simeq \sum_{l=1}^{L} w_l f(\mathbf{z}^{(l)})
\tag{식 11.22}
$$

여기서 다음을 정의하였다.

$$
w_l = \frac{\widetilde{r}_l}{\sum_m \widetilde{r}_m} = \frac{\widetilde{p}(\mathbf{z}^{(l)})/q(\mathbf{z}^{(l)})}{\sum_m \widetilde{p}(\mathbf{z}^{(m)})/q(\mathbf{z}^{(m)})}
\tag{식 11.23}
$$

거부 표집법의 경우와 마찬가지로 중요도 표집법의 성공 여부는 표집 분포 $q(\mathbf{z})$가 원 분포

$p(\mathbf{z})$와 얼마나 잘 맞느냐에 달려 있다. 만약 $p(\mathbf{z})$가 변동이 심하며, 질량의 대부분이 $\mathbf{z}$ 공간상의 작은 지역에 모여 있다면(이는 실제로 자주 일어나는 일이다) 중요도 가중치 $\{r_l\}$들 중 소수의 가중치가 큰 값을 가지고 나머지 가중치들은 상대적으로 중요하지 않은 취급을 받는다. 그 결과 유효 표본의 숫자는 추출된 표본의 수 L보다 훨씬 작다. $p(\mathbf{z})f(\mathbf{z})$가 큰 구간에서 표본이 전혀 추출되지 않는다면 문제는 더 심각해진다. 이 경우에는 실제로는 기댓값에 대한 추정이 매우 틀렸음에도 불구하고 r_l과 $r_l f(\mathbf{z}^{(l)})$에 대해 드러나는 분산의 값이 작을 수 있다. 즉, 중요도 표집법은 임의적으로 오류가 있는 결과를 내놓으며, 이에 대해 검사가 필요하다는 표시조차 보이지 않을 수 있는 단점을 가졌다. 또한, 이로부터 분포 $q(\mathbf{z})$에 대한 한 가지 필요 조건을 확인할 수 있다. 바로 $p(\mathbf{z})$가 중요할 수도 있는 구간에서는 표집 분포 $q(\mathbf{z})$가 작거나 0이 아니어야 한다는 것이다.

그래프 모델을 통해 정의된 분포에는 중요도 표집법을 다양한 방법으로 적용할 수 있다. 이산 변수의 경우에는 **균등 표집법**(*uniform sampling*)이라는 단순한 접근법을 쓸 수 있다. 이 경우의 방향성 그래프에 대한 결합 분포는 식 11.4에 정의되어 있다. 우선, 첫 번째로 증거 집합에 있는 변수 $\mathbf{z}_i$가 관측된 값들과 동일하다고 설정함으로써 결합 분포로부터의 표본을 얻을 수 있다. 나머지 변수들에 대해서는 가능한 값들의 공간에 대한 균등 분포로부터 독립적으로 표본을 추출할 수 있다. 표집 분포 $\widetilde{q}(\mathbf{z})$가 가능한 $\mathbf{z}$의 선택지에 대해서 균등하다는 것과 관측된 변수들의 부분 집합 $\mathbf{x}$에 대해서 $\widetilde{p}(\mathbf{z}|\mathbf{x}) = \widetilde{p}(\mathbf{z})$라는 것(이 등식은 생성된 모든 표본 $\mathbf{z}$가 증거와 일치해야 한다는 것을 기반으로 성립한다)을 바탕으로 표본 $\mathbf{z}^{(l)}$의 가중치를 구할 수 있다. 즉, 가중치 r_l은 단순히 $p(\mathbf{z})$에 비례하게 된다. 이 변수들은 아무 순서로나 표집할 수 있다. 사후 분포의 형태가 균등 분포와 많이 다를 경우 이 접근법은 그리 성능이 좋지 못한 결과를 내놓을 수 있다.

이 접근법을 개선한 것으로 **가능도 가중 표집법**(*likelihood weighted sampling*)(Fung and Chang, 1990; Shachter and Peot, 1990)이 있다. 이 방법은 변수들의 조상 표집법에 기반을 두고 있다. 각각의 변수들을 순차적으로 확인해서 만약 그 변수가 증거 집합에 포함되어 있으면 예시된 값으로 설정한다. 만약 변수가 증거 집합에 포함되어 있지 않는 경우에는 조건부 분포 $p(\mathbf{z}_i|\mathrm{pa}_i)$로부터 표집을 시행한다. 이때 조건부에 있는 변수는 현재의 표본값으로 설정하게 된다. 결과 표본 $\mathbf{z}$와 연관된 가중치는 다음처럼 주어지게 된다.

$$r(\mathbf{z}) = \prod_{\mathbf{z}_i \notin \mathbf{e}} \frac{p(\mathbf{z}_i|\mathrm{pa}_i)}{p(\mathbf{z}_i|\mathrm{pa}_i)} \prod_{\mathbf{z}_i \in \mathbf{e}} \frac{p(\mathbf{z}_i|\mathrm{pa}_i)}{1} = \prod_{\mathbf{z}_i \in \mathbf{e}} p(\mathbf{z}_i|\mathrm{pa}_i) \qquad \text{(식 11.24)}$$

이 방법론을 더 확장해서 **자가 중요도 표집법**(*self importance sampling*)(Shachter and Peot, 1990)을 얻을 수 있다. 자가 중요도 표집법에서는 현재의 추정 사후 분포를 반영하도록 중요도 표집 분포를 계속해서 업데이트하게 된다.

11.1.5 표집 중요도 재표집

11.1.2절에서 논의했던 거부 표집법의 성공 여부는 부분적으로 적절한 상수 k를 결정하는 데 달려 있다. 많은 $p(\mathbf{z})$, $q(\mathbf{z})$ 쌍에 대해서 적절한 k 값을 선택하는 것은 실제적으로 그리 쉽지 않다. 왜냐하면 원 분포에 대한 경계가 되는 것을 보장하는 충분히 큰 값의 k를 선택하게 되면 실용성이 없을 만큼 낮은 승인률을 가지게 될 것이기 때문이다.

거부 표집법의 경우와 마찬가지로 **표집 중요도 재표집법**(*sampling importance resampling, SIR*)은 표집 분포 $q(\mathbf{z})$를 사용한다. 하지만 여기서는 상수 k를 정할 필요가 없다. 이 방법은 두 단계로 나누어져 있다. 첫 번째 단계에서는 $q(\mathbf{z})$로부터 L개의 표본 $\mathbf{z}^{(1)}, \ldots, \mathbf{z}^{(L)}$을 추출한다. 두 번째 단계에서는 식 11.23을 바탕으로 가중치 $w_1, \ldots, w_L$을 구성한다. 마지막으로, L개의 표본들을 이산 분포($\mathbf{z}^{(1)}, \ldots, \mathbf{z}^{(L)}$)로부터 다시 추출하게 된다. 이때 확률들은 가중치($w_1, \ldots, w_L$)로 주어진다.

이 결과로 얻게 된 L개의 표본들은 $p(\mathbf{z})$에 대해서 근사적으로만 분포된다. 하지만 이 분포는 $\lim L \to \infty$의 경우 올바르게 된다. 이를 확인하기 위해 단변량의 경우를 고려해 보자. 재표집된 값들의 누적 분포는 다음처럼 주어지게 된다.

$$
\begin{aligned}
p(z \leqslant a) &= \sum_{l:z^{(l)} \leqslant a} w_l \\
&= \frac{\sum_l I(z^{(l)} \leqslant a) \widetilde{p}(z^{(l)})/q(z^{(l)})}{\sum_l \widetilde{p}(z^{(l)})/q(z^{(l)})}
\end{aligned}
\tag{식 11.25}
$$

여기서 $I(\cdot)$는 해당 내용이 참이면 1, 거짓이면 0을 돌려주는 지시 함수다. $\lim L \to \infty$를 취하고 분포의 적당한 정칙성을 가정하면 합산을 원 표집 분포 $q(\mathbf{z})$에 따라 가중된 적분으로 바꿔 쓸 수 있다.

$$
\begin{aligned}
p(z \leqslant a) &= \frac{\int I(z \leqslant a) \left\{ \widetilde{p}(z)/q(z) \right\} q(z)\, \mathrm{d}z}{\int \left\{ \widetilde{p}(z)/q(z) \right\} q(z)\, \mathrm{d}z} \\
&= \frac{\int I(z \leqslant a) \widetilde{p}(z)\, \mathrm{d}z}{\int \widetilde{p}(z)\, \mathrm{d}z} \\
&= \int I(z \leqslant a) p(z)\, \mathrm{d}z
\end{aligned}
\tag{식 11.26}
$$

이는 함수 $p(\mathbf{z})$의 누적 분포에 해당한다. $p(\mathbf{z})$에 대한 정규화는 필요치 않다.

L 값이 유한할 경우 초기 표본 집합이 주어졌을 때 재표집된 값들은 원 분포로부터 근사적으로만 추출될 것이다. 거부 표집법의 경우와 마찬가지로 이 근사치는 표집 분포 $q(\mathbf{z})$가 원 분포 $p(\mathbf{z})$에 근접할수록 더 개선된다. $q(\mathbf{z}) = p(\mathbf{z})$의 경우 초기 표본 집합$(\mathbf{z}^{(1)}, \ldots, \mathbf{z}^{(L)})$은 원 분포를 가지며, 가중치는 $w_n = 1/L$이 된다. 그 결과 재표집된 값들도 원 분포를 가지게 된다.

만약 분포 $p(\mathbf{z})$에 대한 모멘트가 필요하다면, 원래의 표본들과 가중치를 사용해서 구할 수 있다. 왜냐하면 다음과 같기 때문이다.

$$
\begin{aligned}
\mathbb{E}[f(\mathbf{z})] &= \int f(\mathbf{z})p(\mathbf{z})\,\mathrm{d}\mathbf{z} \\
&= \frac{\int f(\mathbf{z})[\widetilde{p}(\mathbf{z})/q(\mathbf{z})]q(\mathbf{z})\,\mathrm{d}\mathbf{z}}{\int [\widetilde{p}(\mathbf{z})/q(\mathbf{z})]q(\mathbf{z})\,\mathrm{d}\mathbf{z}} \\
&\simeq \sum_{l=1}^{L} w_l f(\mathbf{z}^{(l)})
\end{aligned}
\tag{식 11.27}
$$

11.1.6 표집법과 EM 알고리즘

몬테 카를로법은 베이지안적 방법론의 직접 구현을 위해서 사용할 수 있지만, 최대 가능도 방법 등의 빈도학파적 패러다임에도 몬테 카를로법을 활용하는 것이 가능하다. 예를 들면, EM 알고리즘에서 E단계를 해석적으로 실행하기가 어려운 경우에는 표집법을 이용해서 이를 근사할 수 있다. 은닉 변수 $\mathbf{Z}$, 관측 변수 $\mathbf{X}$, 매개변수 $\boldsymbol{\theta}$를 포함하는 모델을 고려해 보자. M단계에서 $\boldsymbol{\theta}$에 대해 최적화되는 함수는 다음처럼 주어지는 완전 데이터 로그 가능도의 기댓값이다.

$$
Q(\boldsymbol{\theta}, \boldsymbol{\theta}^{\mathrm{old}}) = \int p(\mathbf{Z}|\mathbf{X}, \boldsymbol{\theta}^{\mathrm{old}}) \ln p(\mathbf{Z}, \mathbf{X}|\boldsymbol{\theta})\,\mathrm{d}\mathbf{Z}
\tag{식 11.28}
$$

표집법을 이용해서 이 적분을 표본 $\{\mathbf{Z}^{(l)}\}$에 대한 유한 합으로 근사할 수 있다. 이 표본들은 사후 분포에 대한 현재의 추정치 $p(\mathbf{Z}|\mathbf{X}, \boldsymbol{\theta}^{\mathrm{old}})$로부터 추출할 수 있다.

$$
Q(\boldsymbol{\theta}, \boldsymbol{\theta}^{\mathrm{old}}) \simeq \frac{1}{L}\sum_{l=1}^{L} \ln p(\mathbf{Z}^{(l)}, \mathbf{X}|\boldsymbol{\theta})
\tag{식 11.29}
$$

그 이후 원래의 M단계를 통해 Q 함수를 최적화한다. 이 과정을 **몬테 카를로 EM 알고리즘** (*Monte Carlo EM algorithm*)이라고 한다.

이 문제를 사전 분포 $p(\boldsymbol{\theta})$가 정의되어 있는 상황에서 $\boldsymbol{\theta}$에 대한 사후 분포의 최빈값을 찾는 문제(MAP 추정)로 확장하는 것은 그리 어렵지 않다. M단계를 시행하기 전에 함수 $Q(\boldsymbol{\theta}, \boldsymbol{\theta}^{\mathrm{old}})$에 $\ln p(\boldsymbol{\theta})$를 추가하기만 하면 된다.

유한 혼합 모델을 고려하고 각 E단계마다 하나의 표본만을 추출하면 몬테 카를로 EM 알고리즘의 특정 사례인 **확률적 EM**(*stochastic EM*) 알고리즘을 얻게 된다. 이 경우 혼합 분포의 K개의 성분들 중 어떤 성분이 각 데이터 포인트를 생성하는 데 책임이 있는지에 대해 잠재 변수 $\mathbf{Z}$가 특정할 것이다. E단계에서는 사후 분포 $p(\mathbf{Z}|\mathbf{X}, \boldsymbol{\theta}^{\mathrm{old}})$로부터 $\mathbf{Z}$에 대한 표본을 추출하게 된다 (여기서 $\mathbf{X}$는 데이터 집합이다). 이는 실제적으로 각 데이터 포인트들을 혼합 모델의 성분들 중 하나에 강하게 할당한다. M단계에서는 사후 분포에 대한 이 표집 분포를 사용해서 모델 매개변수를 업데이트한다.

최대 가능도 방법에서 완전 베이지안 방법으로 옮겨 와 보자. 베이지안 방법에서는 매개변수 벡터 $\boldsymbol{\theta}$에 대한 사후 분포로부터 표집을 시행해야 한다. 원칙적으로는 결합 분포 $p(\boldsymbol{\theta}, \mathbf{Z}|\mathbf{X})$로부터 표집을 하면 좋겠지만, 여기서는 이 과정은 계산적으로 어렵다고 가정할 것이다. 또한, 완전 데이터 매개변수 사후 분포 $p(\boldsymbol{\theta}|\mathbf{Z}, \mathbf{X})$로부터 표집을 하는 것은 상대적으로 쉽다고 가정하자. 이로부터 **데이터 증가**(*data augmentation*) 알고리즘을 도출할 수 있다. 이 알고리즘은 I단계와 P단계를 반복하는 식으로 구성되어 있다. 여기서 I단계는 대치(imputation) 단계로 E단계에 해당하며, P단계는 사후(posterior) 단계로 M단계에 해당한다.

IP 알고리즘

I단계. $p(\mathbf{Z}|\mathbf{X})$로부터 표집하고자 하지만, 이를 직접 시행하는 것은 불가능하다고 가정하자.

$$p(\mathbf{Z}|\mathbf{X}) = \int p(\mathbf{Z}|\boldsymbol{\theta}, \mathbf{X})p(\boldsymbol{\theta}|\mathbf{X}) \, \mathrm{d}\boldsymbol{\theta} \qquad \text{(식 11.30)}$$

따라서 위의 관계식을 이용해서 우선 현재의 $p(\boldsymbol{\theta}|\mathbf{X})$에서 $l = 1, \ldots, L$에 대해 표본 $\boldsymbol{\theta}^{(l)}$을 추출하고, 그 다음 이를 이용해서 $p(\mathbf{Z}|\boldsymbol{\theta}^{(l)}, \mathbf{X})$로부터 표본 $\mathbf{Z}^{(l)}$을 추출한다.

P단계.

$$p(\boldsymbol{\theta}|\mathbf{X}) = \int p(\boldsymbol{\theta}|\mathbf{Z}, \mathbf{X})p(\mathbf{Z}|\mathbf{X}) \, \mathrm{d}\mathbf{Z} \qquad \text{(식 11.31)}$$

위의 관계식을 바탕으로 I단계에서 구한 표본 $\{\mathbf{Z}^{(l)}\}$을 이용해서 $\boldsymbol{\theta}$에 대한 사후 분포의 수정된 추정치를 구하게 된다.

$$p(\boldsymbol{\theta}|\mathbf{X}) \simeq \frac{1}{L} \sum_{l=1}^{L} p(\boldsymbol{\theta}|\mathbf{Z}^{(l)}, \mathbf{X}) \qquad \text{(식 11.32)}$$

가정에 의해 이 근사치에서 표집을 시행하는 것은 가능하다.

여기서는 매개변수 $\boldsymbol{\theta}$와 은닉 변수 $\mathbf{Z}$를 구별하고 있다. 앞으로의 논의에서는 이 구별의 경계가 점점 흐려질 것이다. 그리고 주어진 사후 분포로부터 표집을 하는 문제에 집중하게 될 것이다.

11.2 마르코프 연쇄 몬테 카를로

앞절에서는 함수의 기댓값을 구하기 위한 방법으로서 거부 표집법과 중요도 표집법을 살펴보았다. 그리고 이 방법들이 특히 고차원의 공간상에서 심각한 한계를 가지고 있음을 알게 되었다. 이 절에서는 마르코프 연쇄 몬테 카를로(Markov chain Monte Carlo, MCMC)라 불리는 매우 일반적이고 강력한 방법에 대해 살펴볼 것이다. 이 방법을 사용하면 다양한 종류의 분포로부터 표집을 시행할 수 있다. 또한, 이 방법은 표본 공간의 차원수가 높을 때도 사용할 수 있다. 마르코프 연쇄 몬테 카를로법은 물리학에서부터 기인하였다(Metropolis and Ulam, 1949). 그리고 1980년대 후반이 되어서야 통계학 분야에서 중요한 역할을 차지하기 시작했다.

거부 표집법이나 중요도 표집법의 경우와 마찬가지로 다시 한 번 제안 분포에서 표집을 시행하게 된다. 이 과정에서 현재 상태 $\mathbf{z}^{(\tau)}$과 현재 상태에 종속적인 제안 분포 $q(\mathbf{z}|\mathbf{z}^{(\tau)})$들을 기록한다. 이때 표본의 순차적인 배열 $\mathbf{z}^{(1)}, \mathbf{z}^{(2)}, \ldots$ 마르코프 연쇄의 형태를 가진다. $p(\mathbf{z}) = \widetilde{p}(\mathbf{z})/Z_p$ 라 할 경우 $\widetilde{p}(\mathbf{z})$는 주어진 아무 $\mathbf{z}$ 값에 대해서나 쉽게 계산할 수 있고, Z_p의 값은 모를 수도 있다고 가정할 것이다. 그리고 직접 표집을 하는 것이 어렵지 않을 정도로 충분히 간단한 분포를 제안 분포로 고를 것이다. 알고리즘의 각 반복 단계에서 사후 분포로부터 후보 표본 $\mathbf{z}^{\star}$를 생성하고 적절한 기준에 따라서 이 표본을 승인하게 된다.

기본적인 **메트로폴리스**(*Metropolis*) 알고리즘(Metropolis *et al.*, 1953)에서는 제안 분포가 모든 $\mathbf{z}_A$와 $\mathbf{z}_B$ 값에 대해서 대칭적이라고 가정한다. 즉, $q(\mathbf{z}_A|\mathbf{z}_B) = q(\mathbf{z}_B|\mathbf{z}_A)$라고 가정하는 것이다. 이 경우 후보 표본은 다음의 확률로 승인된다.

$$A(\mathbf{z}^{\star}, \mathbf{z}^{(\tau)}) = \min\left(1, \frac{\widetilde{p}(\mathbf{z}^{\star})}{\widetilde{p}(\mathbf{z}^{(\tau)})}\right) \qquad \text{(식 11.33)}$$

$(0, 1)$ 단위 구간에 대한 균일 분포에서 랜덤한 수 u를 선택하고 $A(\mathbf{z}^{\star}, \mathbf{z}^{(\tau)}) > u$일 경우에 후보

표본을 승인한다. 만약 $\mathbf{z}^{(\tau)}$로부터 $\mathbf{z}^\star$로의 단계가 $p(\mathbf{z})$의 값을 증가시킨다면, 후보 포인트는 확실히 유지된다.

후보 표본이 승인된 경우에는 $\mathbf{z}^{(\tau+1)} = \mathbf{z}^\star$이게 된다. 후보 표본이 거부된 경우에는 $\mathbf{z}^\star$는 버려지고 $\mathbf{z}^{(\tau+1)}$를 $\mathbf{z}^{(\tau)}$으로 설정한 뒤 또 다른 후보 표본을 분포 $q(\mathbf{z}|\mathbf{z}^{(\tau+1)})$으로부터 추출한다. 거부된 표본들을 그냥 버렸던 거부 표집법과는 차이가 있다. 메트로폴리스 알고리즘에서는 후보 포인트가 거부되고 나면 이전의 표본이 마지막 표본의 배열에 포함되고, 그 결과 한 표본에 대한 여러 복사본을 가지게 된다. 물론, 실제적으로 구현할 때는 각 표본에 대한 하나의 복사본만을 보관하고 해당 상태가 몇 번 등장했는지를 기록하는 정수 가중치 인자를 함께 보관하게 될 것이다. $q(\mathbf{z}_A|\mathbf{z}_B)$가 모든 $\mathbf{z}_A$와 $\mathbf{z}_B$에 대해 양의 값을 가지면(이는 충분 조건이지만 필요 조건은 아니다), $\mathbf{z}^{(\tau)}$의 분포는 $\tau \rightarrow \infty$가 됨에 따라 $p(\mathbf{z})$로 접근하게 된다. 배열 $\mathbf{z}^{(1)}, \mathbf{z}^{(2)}, \dots$는 $p(\mathbf{z})$로부터의 독립적인 표본들은 아니다. 왜냐하면 연속적인 표본들 사이에는 강한 상관관계가 있기 때문이다. 만약 독립적인 표본을 얻고 싶다면, 배열의 대부분을 버리고 매 M번째 표본만을 유지하면 된다. M이 충분히 크면 유지된 표본들은 모든 실제적인 용도로 사용하는 데 있어서는 독립적일 것이다. 그림 11.9는 이차원 가우시안 분포로부터 메트로폴리스 알고리즘을 이용해서 표집을 시행하는 예시를 보여 주고 있다. 이 경우 제안 분포는 등방 가우시안 분포다.

단순한 임의 보행(random walk) 알고리즘의 예시를 통해서 마르코프 체인 몬테 카를로 알고리즘에 대한 더 깊은 통찰을 얻을 수 있다. 정수들로 구성된 상태 공간 z를 고려해 보자. 이때 확률은 다음과 같다.

$$p(z^{(\tau+1)} = z^{(\tau)}) \quad = \quad 0.5 \tag{식 11.34}$$

그림 11.9 가우시안 분포로부터 메트로폴리스 알고리즘을 이용해서 표집을 시행하는 예시. 해당 분포의 1 표준 편차 경로가 타원으로 그려져 있다. 제안 분포는 표준 편차로 0.2를 가지는 등방 가우시안 분포다. 승인된 단계들은 녹색 곡선으로, 거부된 단계들은 빨간색 곡선으로 그려져 있다. 총 150개의 후보들이 생성되었으며, 이들 중 43개가 거부되었다.

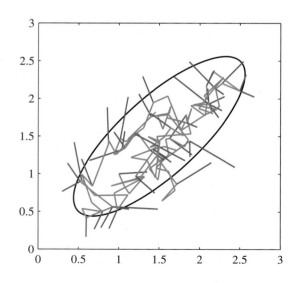

$$p(z^{(\tau+1)} = z^{(\tau)} + 1) \quad = \quad 0.25 \qquad\qquad \text{(식 11.35)}$$

$$p(z^{(\tau+1)} = z^{(\tau)} - 1) \quad = \quad 0.25 \qquad\qquad \text{(식 11.36)}$$

여기서 $z^{(\tau)}$는 τ단계에서의 상태를 지칭하는 것이다. 만약 초기 상태가 $z^{(0)} = 0$이면 대칭성에 따라서 시간 τ에서의 상태의 기댓값 역시 $\mathbb{E}[z^{(\tau)}] = 0$일 것이다. 이와 비슷하게 $\mathbb{E}[(z^{(\tau)})^2] = \tau/2$라는 것도 보일 수 있다. 따라서 τ단계가 지난 후에 임의 보행은 평균적으로 τ의 제곱근에 해당하는 만큼의 거리를 이동하게 될 것이다. 이 제곱근 종속성은 임의 보행에서 전형적으로 볼 수 있는 행태다. 이로부터 상태 공간을 탐색하는 데 있어서는 임의 보행 알고리즘이 매우 비효율적이라는 것을 알 수 있다. 마르코프 연쇄 몬테 카를로법을 디자인하는 주요 목표 중 하나는 바로 임의 보행의 행태를 피하고자 하는 것이다.

연습문제 11.10

11.2.1 마르코프 연쇄

마르코프 연쇄 몬테 카를로법을 더 자세히 논의하기 전에 마르코프 연쇄의 일반적인 성질에 대해 살펴보도록 하자. 특히, 어떤 상황에서 마르코프 연쇄가 원 분포로 수렴하게 되는지에 대해 살펴볼 것이다. 일차 마르코프 연쇄는 확률 변수의 급수 $\mathbf{z}^{(1)}, \ldots, \mathbf{z}^{(M)}$으로 정의된다. 이때 다음의 조건부 독립성이 $m \in \{1, \ldots, M-1\}$에 대해 성립하게 된다.

$$p(\mathbf{z}^{(m+1)} | \mathbf{z}^{(1)}, \ldots, \mathbf{z}^{(m)}) = p(\mathbf{z}^{(m+1)} | \mathbf{z}^{(m)}) \qquad\qquad \text{(식 11.37)}$$

물론, 연쇄 형태의 방향성 그래프로 이를 표현할 수 있다. 그림 8.38에 그려져 있다. 초기 변수 $p(\mathbf{z}^{(0)})$과 그 다음의 변수들에 대한 조건부 확률들을 바탕으로 마르코프 연쇄를 특정할 수 있다. 이때 조건부 확률들은 $T_m(\mathbf{z}^{(m)}, \mathbf{z}^{(m+1)}) \equiv p(\mathbf{z}^{(m+1)} | \mathbf{z}^{(m)})$ 형태의 **전이 확률** (*transition probabilities*)로 주어지게 된다. 모든 m에 대해서 전이 확률이 동일한 마르코프 연쇄를 **동질적**(*homogeneous*)이라고 한다.

특정 변수에 대한 주변 확률은 연쇄상에서의 이전 변수의 주변 확률을 기반으로 하는 형태로 표현할 수 있다.

$$p(\mathbf{z}^{(m+1)}) = \sum_{\mathbf{z}^{(m)}} p(\mathbf{z}^{(m+1)} | \mathbf{z}^{(m)}) p(\mathbf{z}^{(m)}) \qquad\qquad \text{(식 11.38)}$$

연쇄에서의 각 단계가 분포를 변하지 않는 채로 내버려 둘 경우 그 분포를 해당 마르코프 연쇄에 대해서 불변적(invariant) 또는 정류적(stationary)이라고 한다. 따라서 전이 확률 $T(\mathbf{z}', \mathbf{z})$를 가지는 동질적 마르코프 연쇄의 경우에 분포 $p^\star(\mathbf{z})$는 다음이 성립할 경우에 불변적이게 된다.

$$p^\star(\mathbf{z}) = \sum_{\mathbf{z}'} T(\mathbf{z}', \mathbf{z}) p^\star(\mathbf{z}') \qquad\qquad \text{(식 11.39)}$$

하나의 마르코프 연쇄는 한 개보다 더 많은 불변적 분포를 가질 수도 있다. 예를 들어, 만약 전이 확률이 항등 변환으로 주어진다면 모든 분포는 그 연쇄에 대해 불변적일 것이다.

원 분포 $p(\mathbf{z})$가 불변적이기 위한 충분 조건(필요 조건은 아니다)은 바로 특정 분포 $p^{\star}(\mathbf{z})$에 대해 다음처럼 정의되는 **세부 균형**(*detailed balance*)을 만족하는 전이 확률을 사용하는 것이다.

$$p^{\star}(\mathbf{z})T(\mathbf{z}, \mathbf{z}') = p^{\star}(\mathbf{z}')T(\mathbf{z}', \mathbf{z}) \qquad \text{(식 11.40)}$$

특정 분포에 대해 세부 균형을 만족하는 전이 확률은 해당 분포를 불변적이게 한다는 것을 다음에 따라 쉽게 증명할 수 있다.

$$\sum_{\mathbf{z}'} p^{\star}(\mathbf{z}')T(\mathbf{z}', \mathbf{z}) = \sum_{\mathbf{z}'} p^{\star}(\mathbf{z})T(\mathbf{z}, \mathbf{z}') = p^{\star}(\mathbf{z}) \sum_{\mathbf{z}'} p(\mathbf{z}'|\mathbf{z}) = p^{\star}(\mathbf{z}) \quad \text{(식 11.41)}$$

세부 균형을 만족하는 마르코프 연쇄를 **가역적**(*reversible*)이라고 한다.

우리의 목표는 마르코프 연쇄를 이용해서 주어진 분포로부터 표집을 시행하는 것이다. 해당 분포가 연쇄에 대해 불변적이도록 하는 마르코프 연쇄를 구성함으로써 이를 달성할 수 있다. 추가적으로 $m \to \infty$인 경우 어떤 초기 분포 $p(\mathbf{z}^{(0)})$을 선택하든 상관없이 $p(\mathbf{z}^{(m)})$이 해당 불변 분포 $p^{\star}(\mathbf{z})$로 수렴해야 한다는 요구 조건도 만족시켜야 한다. 이 성질을 에르고딕성(*ergodicity*)이라 하며, 이 경우의 불변 분포를 **평형 분포**(*equilibrium distribution*)라 한다. 에르고딕성을 지니는 마르코프 연쇄 하나는 단 하나의 평형 분포만을 가질 것이다. 불변 분포와 전이 확률에 대한 유연한 제약 조건을 만족하는 동질적 마르코프 연쇄는 에르고딕성을 지닌다는 것을 증명할 수 있다 (Neal, 1993).

실전에서는 종종 '기저' 전이 $B_1, \ldots, B_K$들로부터 전이 확률을 구성하게 된다. 이는 $\alpha_k \geq 0$과 $\sum_k \alpha_k = 1$를 만족하는 혼합 계수 $\alpha_1, \ldots, \alpha_K$에 대한 다음 형태의 혼합 분포를 통해서 달성할 수 있다.

$$T(\mathbf{z}', \mathbf{z}) = \sum_{k=1}^{K} \alpha_k B_k(\mathbf{z}', \mathbf{z}) \qquad \text{(식 11.42)}$$

또 다른 방법으로는 연속적인 적용을 통해 기저 전이들을 결합하는 방법이 있다.

$$T(\mathbf{z}', \mathbf{z}) = \sum_{\mathbf{z}_1} \ldots \sum_{\mathbf{z}_{K-1}} B_1(\mathbf{z}', \mathbf{z}_1) \ldots B_{K-1}(\mathbf{z}_{K-2}, \mathbf{z}_{K-1}) B_K(\mathbf{z}_{K-1}, \mathbf{z}) \quad \text{(식 11.43)}$$

만약 어떤 분포가 각각의 기저 전이에 대해서 불변이면 이 분포는 식 11.42이나 식 11.43을 통해 주어지는 $T(\mathbf{z}', \mathbf{z})$에 대해서도 불변일 것이다. 식 11.42의 혼합 분포의 경우 만약 각각의 기저 전이가 세부 균형을 만족한다면 혼합 전이 T도 세부 균형을 만족할 것이다. 이는 식 11.43을 이용해서 구성한 전이 확률에 대해서는 성립하지 않는다. 하지만 기저 전이들의 적용 순서를 $B_1, B_2, \ldots, B_K, B_K, \ldots, B_2, B_1$과 같은 식으로 대칭적으로 만들어서 세부 균형을 회복시킬 수 있다. 합성 전이 확률을 사용하는 흔한 예시로는 각 기저 전이들이 변수들의 부분 집합만을 변화시키는 경우가 있다.

11.2.2 메트로폴리스 헤이스팅스 알고리즘

앞에서 기본적인 메트로폴리스 알고리즘에 대해 소개할 때 이 알고리즘이 실제로 원 분포로부터 표본을 추출하는지 제대로 보이지 않았었다. 이에 대한 증명을 하기에 앞서서 제안 분포가 그 변수에 대한 대칭 함수일 필요가 없는 더 일반적인 알고리즘인 **메트로폴리스 헤이스팅스** (*Metropolis-Hastings*) 알고리즘에 대해 논의해 보도록 하자(Hastings, 1970). 이 알고리즘에서는 현재의 상태가 $\mathbf{z}^{(\tau)}$인 단계 τ에서 분포 $q_k(\mathbf{z}|\mathbf{z}^{(\tau)})$로부터 표본 $\mathbf{z}^\star$를 추출하고 확률 $A_k(\mathbf{z}^\star, z^{(\tau)})$로 이를 승인하게 된다.

$$A_k(\mathbf{z}^\star, \mathbf{z}^{(\tau)}) = \min\left(1, \frac{\widetilde{p}(\mathbf{z}^\star)q_k(\mathbf{z}^{(\tau)}|\mathbf{z}^\star)}{\widetilde{p}(\mathbf{z}^{(\tau)})q_k(\mathbf{z}^\star|\mathbf{z}^{(\tau)})}\right) \qquad \text{(식 11.44)}$$

여기서 k는 고려되고 있는 가능 전이 집합 내의 각 전이의 라벨이다. 다시 한 번, 확률 분포 $p(\mathbf{z}) = \widetilde{p}(\mathbf{z})/Z_p$의 정규화 상수 Z_p에 대한 지식은 승인 기준을 계산하는 데 필요하지 않다. 대칭적인 제안 분포의 경우 메르토폴리스-헤이스팅스 기준인 식 11.44는 식 11.33의 표준 메트로폴리스 기준으로 축약된다.

식 11.40에 정의된 세부 균형이 만족된다는 것을 증명함으로써 $p(\mathbf{z})$가 메트로폴리스 헤이스팅스 알고리즘에 의해 정의된 마르코프 연쇄의 불변 분포라는 것을 증명할 수 있다. 식 11.44를 바탕으로 다음을 얻을 수 있다.

$$\begin{aligned}
p(\mathbf{z})q_k(\mathbf{z}'|\mathbf{z})A_k(\mathbf{z}', \mathbf{z}) &= \min\left(p(\mathbf{z})q_k(\mathbf{z}'|\mathbf{z}), p(\mathbf{z}')q_k(\mathbf{z}|\mathbf{z}')\right) \\
&= \min\left(p(\mathbf{z}')q_k(\mathbf{z}|\mathbf{z}'), p(\mathbf{z})q_k(\mathbf{z}'|\mathbf{z})\right) \qquad \text{(식 11.45)} \\
&= p(\mathbf{z}')q_k(\mathbf{z}|\mathbf{z}')A_k(\mathbf{z}, \mathbf{z}')
\end{aligned}$$

어떤 제안 분포를 사용하는지는 알고리즘의 성능에 현저한 영향을 미칠 수 있다. 연속 상태 공간의 경우에는 종종 현재 상태를 중심으로 한 가우시안 분포를 사용한다. 이때 이 분포의 분산을 결정하는 데 있어서 중요한 트레이드 오프가 발생하게 된다. 분산이 작을 경우에는 승인되는 전이의 비율은 높지만 상태 공간 내부를 진행해 나가는 방식이 느린 임의 보행의 형태를 띠게 된다. 반면에 분산 매개변수가 클 경우에는 우리가 현재 고려하고 있는 종류의 복잡한 문

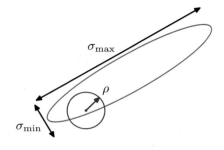

그림 11.10 메트로폴리스 헤이스팅스 알고리즘의 예시. 등방 가우시안 제안 분포(파란색 원)를 사용해서 서로 다른 방향으로 매우 다른 표준 편차를 가지는 상관 다변량 가우시안 분포(빨간 색 타원)에 대한 표집을 진행하였다. 거부율을 낮추기 위해서 제안 분포의 ρ의 척도는 가장 작은 표준 편차 σ_{min}과 등위여야 한다. 이 경우 임의 보행과 같은 효과가 발생하게 되며, 이때 대략 독립적인 상태를 얻기 위해 필요한 단계의 숫자는 $(\sigma_{max}/\sigma_{min})^2$에 비례하게 된다. 여기서 σ_{max}는 가장 큰 표준 분포다.

제에서 제안된 단계 중 많은 부분이 확률 $p(\mathbf{z})$가 낮은 상태에 대한 것일 것이기 때문에 거부율이 높아진다. $\mathbf{z}$의 성분 간에 강한 상관관계가 있는 다변량 분포 $p(\mathbf{z})$를 고려해 보자. 이에 대해서는 그림 11.10에 그려져 있다. 제안 분포의 ρ의 척도는 거부율을 너무 높게 하지 않는 한도 내에서 가능한 한 커야 한다. 이로부터 ρ가 가장 짧은 척도 σ_{min}과 등위여야 한다는 것을 알 수 있다. 이 시스템은 임의 보행을 통해 더 긴 방향으로 분포를 탐색하게 되며, 따라서 원래의 상태와 대략 독립적인 상태에 도달하기 위해 필요한 단계의 숫자는 $(\sigma_{max}/\sigma_{min})^2$에 비례하게 된다. 사실 이차원의 경우에 ρ가 증가함에 따라 증가하는 거부율은 승인되는 전이들의 더 큰 단계 크기에 의해 상쇄된다. 다변량 가우시안 분포의 경우에 독립적인 표본을 얻기 위해 필요한 단계의 수는 $(\sigma_{max}/\sigma_2)^2$의 비율로 증가하게 된다. 여기서 σ_2는 두 번째로 작은 표준 분포에 해당한다(Neal, 1993). 만약 분포가 다양해지는 길이 척도가 서로 다른 방향에 대해서 차이가 매우 많이 날 경우 메트로폴리스 헤이스팅스 알고리즘은 매우 느리게 수렴할 수 있다.

11.3 기브스 표집법

기브스 표집법(Geman and Geman, 1984)은 메트로폴리스 헤이스팅스 알고리즘의 특수 케이스로 볼 수 있는 알고리즘으로서, 단순하면서도 널리 적용 가능한 마르코프 연쇄 몬테 카를로 알고리즘이다.

우리가 표집을 시행하고자 하는 분포 $p(\mathbf{z}) = p(z_1, \ldots, z_M)$을 고려해 보자. 그리고 마르코프 연쇄에 대해 어떤 초기 상태를 선택하였다고 가정해 보자. 기브스 표집법의 각 단계는 변수들 중 하나의 값을 나머지 변수들에 대한 해당 변수의 조건부 분포에서 추출한 값으로 바꾸는 과정을 포함하고 있다. 즉, $\mathbf{z}_i$의 값을 분포 $p(z_i|\mathbf{z}_{\setminus i})$로부터 추출한 값으로 바꾸게 된다. 여기서 $\mathbf{z}_i$는 $\mathbf{z}$의 i번째 성분을, $\mathbf{z}_{\setminus i}$는 z_i를 제외한 $z_1, \ldots, z_M$을 지칭한다. 이 과정을 어떤 특정 순서대로 변수들을 골라가면서 반복하거나, 아니면 각 단계마다 다음에 업데이트할 변수를 어떤 분포로부터 랜덤하게 선택하는 식으로 반복하게 된다.

예를 들어 세 개의 변수들에 대한 분포 $p(z_1, z_2, z_3)$가 있다고 해보자. 그리고 알고리즘의 τ단계에서 $z_1^{(\tau)}$, $z_2^{(\tau)}$, $z_3^{(\tau)}$ 값들을 선택했다고 하자. 먼저 $z_1^{(\tau)}$을 다음의 조건부에서 표집한 새 값 $z_1^{(\tau+1)}$으로 바꾸게 된다.

$$p(z_1 | z_2^{(\tau)}, z_3^{(\tau)}) \qquad \text{(식 11.46)}$$

그 다음으로는 $z_2^{(\tau)}$을 다음의 조건부 분포에서 표집한 값 $z_2^{(\tau+1)}$으로 바꾼다.

$$p(z_2 | z_1^{(\tau+1)}, z_3^{(\tau)}) \qquad \text{(식 11.47)}$$

z_1의 새 값은 다음의 표집 단계에서 즉시 사용된다. 다음으로는 $z_3^{(\tau)}$을 다음의 조건부 분포에서 표집한 값 $z_3^{(\tau+1)}$으로 바꾸게 된다.

$$p(z_3 | z_1^{(\tau+1)}, z_2^{(\tau+1)}) \qquad \text{(식 11.48)}$$

이런 식으로 세 개의 변수들을 순서대로 돌아가면서 해당 과정을 반복한다.

기브스 표집법

1. $\{z_i : i = 1, \ldots, M\}$을 초기화한다.

2. $\tau = 1, \ldots, T$에 대해 다음을 반복한다.

   - $z_1^{(\tau+1)} \sim p(z_1 | z_2^{(\tau)}, z_3^{(\tau)}, \ldots, z_M^{(\tau)})$으로부터 표집한다.
   - $z_2^{(\tau+1)} \sim p(z_2 | z_1^{(\tau+1)}, z_3^{(\tau)}, \ldots, z_M^{(\tau)})$으로부터 표집한다.
   $\vdots$
   - $z_j^{(\tau+1)} \sim p(z_j | z_1^{(\tau+1)}, \ldots, z_{j-1}^{(\tau+1)}, z_{j+1}^{(\tau)}, \ldots, z_M^{(\tau)})$으로부터 표집한다.
   $\vdots$
   - $z_M^{(\tau+1)} \sim p(z_M | z_1^{(\tau+1)}, z_2^{(\tau+1)}, \ldots, z_{M-1}^{(\tau+1)})$로부터 표집한다.

조사이어 윌러드 기브스 *Josiah Willard Gibbs*
1839~1903

기브스는 인생의 거의 대부분을 코네티컷주 뉴 헤이븐에 있는 자신의 아버지가 지은 집에서 지냈다. 기브스는 1863년도에 미국에서 공학 박사 학위를 취득하였고 1871년에는 예일대학교 수리물리학과의 첫 번째 학과장으로 임명되었다. 그는 이 직위에 대한 봉급을 전혀 받지 못했는데, 당시에 자신의 이름으로 발행한 출판물이 전혀 없었기 때문이다. 기브스는 벡터 해석학 분야를 개척했으며, 결정학과 행성 궤도에 대한 연구에도 기여하였다. 그의 가장 유명한 저작물인 '불균일 물질의 평형'은 물리화학의 기반을 세운 역작으로 알려져 있다.

이 과정이 우리가 원하는 분포로부터 올바르게 표집을 시행한다는 것을 증명하도록 해보자. 일단 분포 $p(\mathbf{z})$가 기브스 표집법의 각 개별 단계에 대해 불변적이며, 따라서 전체 마르코프 연쇄에 대해서도 불변적이라는 것을 증명해야 한다. $p(z_i|\mathbf{z}_{\setminus i})$로부터 표본을 추출했을 때 주변 분포 $p(\mathbf{z}_{\setminus i})$는 명백히 불변이다. 왜냐하면 $\mathbf{z}_{\setminus i}$의 값이 변하지 않기 때문이다. 또한, 각 단계에서 정의에 따라 표본들은 올바른 조건부 분포 $p(z_i|\mathbf{z}_{\setminus i})$로부터 기인하게 된다. 이러한 조건부 분포와 주변 분포가 함께 결합 분포를 구성하므로 결합 분포 그 자체도 불변이라는 것을 알 수 있다.

기브스 표집법이 올바른 분포로부터 표집을 시행한다는 것을 확인하기 위해서 살펴보아야 할 두 번째 조건은 바로 에르고딕성이다. 에르고딕성을 만족시키기 위한 충분 조건은 조건부 분포들 모두가 어디에서도 0이면 안 된다는 것이다. 만약 이것이 만족된다면, z 공간의 모든 포인트들은 유한한 단계만에 모든 다른 포인트들에 다다를 수 있다. 이때 이 단계들은 각 성분 변수들에 대한 한 번의 업데이트를 포함한다. 만약 이 필요 조건이 만족되지 않고 따라서 조건부 분포들 중 몇몇이 0 값을 가지게 된다면, 에르고딕성을 (만약 만족될 경우) 명시적으로 증명해야 한다.

알고리즘을 완료하기 위해서는 초기 상태들의 분포 또한 명시되어야 한다. 물론, 여러 번의 반복 후에 추출되는 표본들은 실질적으로 이 분포에서 독립적이게 될 것이긴 하지만 말이다. 마르코프 연쇄로부터의 연속된 표본들은 서로가 강하게 연관되어 있으며, 따라서 거의 독립적인 표본들을 얻기 위해서는 배열에서 부표본을 얻는 과정이 필요하다.

다음 과정을 통해서 기브스 표집법이 메트로폴리스 헤이스팅스 알고리즘의 특정 사례라는 것을 증명할 수 있다. 변수 z_k가 연관된 메트로폴리스 헤이스팅스 표집법의 한 단계를 고려해 보자. 이 단계에서 나머지 변수 $\mathbf{z}_{\setminus k}$들은 고정된 채로 있을 것이며, $\mathbf{z}$에서 $\mathbf{z}^\star$로의 전이 확률은 $q_k(\mathbf{z}^\star|\mathbf{z}) = p(z_k^\star|\mathbf{z}_{\setminus k})$로 주어진다. 여기서 $\mathbf{z}_{\setminus k}^\star = \mathbf{z}_{\setminus k}$라는 것을 알 수 있다. 왜냐하면 표집 단계동안 이 성분들은 변경되지 않기 때문이다. 또한, $p(\mathbf{z}) = p(z_k|\mathbf{z}_{\setminus k})p(\mathbf{z}_{\setminus k})$다. 따라서 식 11.44의 메트로폴리스 헤이스팅스 승인 확률은 다음처럼 주어지게 된다.

$$A(\mathbf{z}^\star, \mathbf{z}) = \frac{p(\mathbf{z}^\star)q_k(\mathbf{z}|\mathbf{z}^\star)}{p(\mathbf{z})q_k(\mathbf{z}^\star|\mathbf{z})} = \frac{p(z_k^\star|\mathbf{z}_{\setminus k}^\star)p(\mathbf{z}_{\setminus k}^\star)p(z_k|\mathbf{z}_{\setminus k}^\star)}{p(z_k|\mathbf{z}_{\setminus k})p(\mathbf{z}_{\setminus k})p(z_k^\star|\mathbf{z}_{\setminus k})} = 1 \qquad \text{(식 11.49)}$$

여기서 $\mathbf{z}_{\setminus k}^\star = \mathbf{z}_{\setminus k}$를 사용하였다. 따라서 이 메트로폴리스 헤이스팅스 단계는 언제나 승인된다.

메트로폴리스 알고리즘에서의 경우와 마찬가지로 가우시안 분포에 적용했을 때의 사례를 조사함으로써 기브스 표집법의 행태에 대해 더 잘 이해할 수 있다. 그림 11.11에 그려진 것과 같은

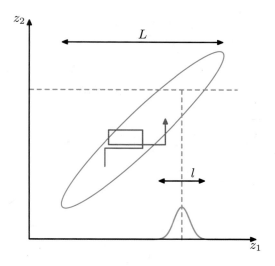

그림 11.11 상관 가우시안 분포를 가지는 두 변수들을 번 갈아가면서 업데이트하는 기브스 표집법의 예시. 각 단계의 크기는 조건부 분포(녹색 곡선)에 의해 조절되며 $O(l)$이다. 그 결과 결합 분포(빨간색 타원)의 늘어난 방향에 대해서는 진행이 더뎌진다. 분포로부터 독립적인 표본을 얻기 위해 필요한 단계의 수는 $O((L/l)^2)$이다.

두 개의 변수에 대한 상관 가우시안 분포를 고려해 보자. 이때 조건부 분포는 너비 l을, 주변 분포는 너비 L을 가진다. 보통 단계의 크기는 조건부 분포에 의해 조정되며, 따라서 l에 비례하게 될 것이다. 이 상태는 임의 보행에 따라 발달한다. 따라서 이 분포로부터 독립적인 표본을 얻기 위해 필요한 단계의 수는 $(L/l)^2$에 비례한다. 물론, 가우시안 분포가 무상관이었다면 기브스 표집법 과정은 최적으로 효율적이었을 것이다. 단순한 문제의 경우에는 좌표계를 회전시켜서 변수 간의 상관성을 제거할 수도 있다. 하지만 실제 응용 사례에서는 보통 이러한 변환을 찾는 것이 불가능할 것이다.

기브스 표집법에서의 임의 보행 행동을 줄이기 위한 방법 중의 하나로 **과완화**(*over-relaxation*) (Adler, 1981)가 있다. 원래 형태의 과완화법은 조건부 분포가 가우시안인 문제들에 대해 적용할 수 있다. 조건부 분포가 가우시안인 경우는 다변량 가우시안 분포보다 더 다양한 종류의 분포들을 포함하게 된다. 왜냐하면, 예를 들어 비가우시안 분포인 $p(z, y) \propto \exp(-z^2 y^2)$도 가우시안 조건부 분포를 가지기 때문이다. 기브스 표집 알고리즘의 각 단계에서 특정 성분 z_i에 대한 조건부 분포는 어떤 평균 μ_i와 어떤 분산 σ_i^2를 가지게 된다. 과완화 방법론상에서 z_i의 값은 다음으로 교체된다.

$$z_i' = \mu_i + \alpha(z_i - \mu_i) + \sigma_i(1 - \alpha^2)^{1/2}\nu \qquad \text{(식 11.50)}$$

여기서 ν는 0 평균과 단위 분포를 가지는 가우시안 확률 변수이며, α는 $-1 < \alpha < 1$을 만족하는 매개변수다. $\alpha = 0$의 경우 이 방법은 표준 기브스 표집법과 동일해지고 $\alpha < 0$인 경우 이 단계는 평균의 반대쪽으로 편향된다. 이 단계는 원 분포를 불변하게 내버려 둔다. 왜냐하면, 만약 z_i가 평균 μ_i와 분산 σ_i^2을 가지면 z_i'도 마찬가지 값들을 가지기 때문이다. 과완화는 변수들이 강하게 상관되어 있을 경우 상태 공간을 거쳐가는 방향성이 있는 움직임을 장려하는

그림 11.12 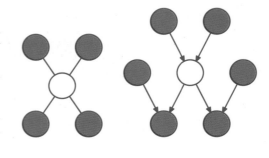 기브스 표집법은 한 변수의 (나머지 변수들에 대해 조건부인) 조건부 분포로부터 표집하는 과정을 필요로 한다. 그래프 모델에서 이러한 조건부 분포는 마르코프 블랭킷에 존재하는 노드들의 상태에 대해서만 종속적인 함수다. 비방향성 그래프의 경우 마르코프 블랭킷은 왼쪽에서 보여지는 것처럼 이웃들의 집합으로 이루어져 있다. 반면에 방향성 그래프의 경우 마르코프 블랭킷은 오른쪽 그림에서 볼 수 있는 것처럼 부모 노드들, 자식 노드들, 공동 부모 노드들로 이루어져 있다.

효과를 가진다. **순차적 과완화**(*ordered over-relaxation*)(Neal, 1999)는 이 방법론을 비가우시안 분포에 대해서 일반화한 것이다.

기브스 표집법의 실제적인 적용성은 조건부 분포 $p(z_k|\mathbf{z}_{\setminus k})$로부터 샘플들을 추출하는 것이 얼마나 쉬운지에 달려 있다. 그래프 모델을 이용해서 명시된 확률 분포의 경우 개별적인 노드들에 대한 조건부 분포는 해당 마르코프 블랭킷상의 변수들에 대해서만 종속적이다. 이에 대해서는 그림 11.12에 그려져 있다. 방향성 그래프의 경우에 개별 노드의 부모 노드들에 대한 조건부 분포를 폭넓게 선택한다면 기브스 표집법에서의 조건부 분포들은 로그 오목 형태가 될 것이다. 따라서 11.1.3절에서 논의했던 적응적 거부 표집법은 방향성 그래프로부터 몬테 카를로 표집을 할 수 있는 더 널리 적용 가능한 방법을 제공하게 된다.

만약 그래프가 지수족의 분포들을 이용해서 구성되었고 부모/자식 간의 관계가 켤레성을 유지한다면, 기브스 표집법에서 발생하는 전체 조건부 분포들은 각각의 노드들을 정의하는 조건부 분포(부모 노드들에 대해 조건부인)들과 같은 함수적 형태를 가지게 될 것이다. 따라서 표준 표집 테크닉을 사용할 수 있게 된다. 일반적으로 전체 조건부 분포들은 표준적 표집법의 사용을 허용하지 않는 복잡한 형태를 지니고 있을 것이다. 하지만 만약 이러한 조건부 분포들이 로그 오목의 형태를 가진다면, 적응적 거부 표집법을 이용해서 표집을 효과적으로 시행할 수 있다(해당 변수가 스칼라라는 가정하에 말이다).

기브스 표집 알고리즘의 각 단계에서 해당 조건부 분포로부터 표본을 추출하는 대신 해당 조건부 분포의 최대치에 의해 주어지는 해당 변수의 점 추정을 시행한다면 8.3.3절에서 논의했던 **ICM**(iterated conditional modes, 반복 조건부 모드) 알고리즘을 얻게 된다. 따라서 ICM을 기브스 표집법에 대한 탐욕스러운(greedy) 근사법으로 해석할 수 있다.

기본 기브스 표집법은 한 번에 하나씩의 변수를 고려하기 때문에 연속된 표본들 사이에는 강한 종속성이 있다. 반대의 극단으로 만약 결합 분포에서 직접적으로 표집을 시행한다면(우리가 아주 다루기 힘들다고 가정한 그 과정이다), 연속된 표본들은 독립적일 것이다. 각 변수들을 연속적으로 표집하는 대신에 변수의 집합들을 연속적으로 표집하는 중간 전략을 통해서 기브스 표집법을 개선할 수 있다. 이런 방식을 활용한 것이 **블록 기브스**(*blocking Gibbs*) 표집법이다. 블록 기브스 표집법은 변수들의 블록을 선택해서 나머지 변수들에 대해 조건부인 각 블록의 변수들의 결합 분포를 순서대로 표집하는 방식을 사용한다(Jensen *et al.*, 1995).

11.4 조각 표집법

앞에서 살펴본 것처럼 메트로폴리스 알고리즘의 어려움 중 하나는 각 단계의 크기에 대한 민감성에 있다. 만약 그 크기가 너무 작다면 그 결과 임의 보행 행동으로 인해서 비상관화가 느려진다. 반면에 만약 그 크기가 너무 크다면, 높은 거부율로 인해서 알고리즘이 비효율적이다. **조각 표집법**(*slice sampling*)(Neal, 2003)은 분포의 성질에 대해 맞추는 방식으로 자동적으로 조절되는 적응적인 단계 크기를 제공한다. 여기서도 비정규화 분포 $\widetilde{p}(\mathbf{z})$를 계산할 수 있어야 한다는 요구 조건이 존재한다.

먼저 단변량의 경우를 고려해 보자. 조각 표집법은 z를 추가적인 변수 u와 중첩시키고 결합 공간 (z, u)로부터 표집을 시행하는 과정을 포함하고 있다. 11.5절에서 하이브리드 몬테 카를로법에 대해 논의할 때 이 접근법의 다른 예시를 보게 될 것이다. 여기서의 목표는 다음과 같이 주어지는 분포의 지역에서 균등하게 표집하는 것이다.

$$\widehat{p}(z, u) = \begin{cases} 1/Z_p & \text{if } 0 \leqslant u \leqslant \widetilde{p}(z) \\ 0 & \text{나머지 경우} \end{cases} \quad \text{(식 11.51)}$$

여기서 $Z_p = \int \widetilde{p}(z)\, dz$다. z에 대한 주변 분포는 다음과 같이 주어진다.

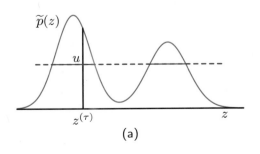
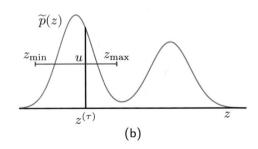

그림 11.13 조각 표집법에 대한 도식. (a) 주어진 $z^{(\tau)}$ 값에 대해서 u 값은 $0 \leqslant u \leqslant \widetilde{p}(z^{(\tau)})$ 구간으로부터 균등하게 추출된다. 그리고 이 값이 분포의 '조각'을 결정하게 된다. 파란색 가로 실선으로 표시되어 있다. (b) 조각으로부터 직접 표집하는 것이 실행 불가능하므로 새 표본 z는 $z_{\min} \leqslant z \leqslant z_{\max}$ 지역에서 추출된다. 이 지역은 이전번의 값 $z^{(\tau)}$을 포함하고 있다.

$$\int \widehat{p}(z, u) \, \mathrm{d}u = \int_0^{\widetilde{p}(z)} \frac{1}{Z_p} \, \mathrm{d}u = \frac{\widetilde{p}(z)}{Z_p} = p(z) \qquad \text{(식 11.52)}$$

따라서 $\widehat{p}(z, u)$에서 표본을 추출하고 u 값들을 무시함으로써 $p(z)$로부터의 표집을 시행하는 것이 가능해진다. z와 u에 대해 교대로 표집을 시행함으로써 이를 달성할 수 있다. z의 값이 주어졌을 때 $\widetilde{p}(z)$를 계산하고 $0 \leqslant u \leqslant \widetilde{p}(z)$의 범위에서 균등하게 u를 표집한다. 그 다음에는 u를 고정한 채로 $\{z : \widetilde{p}(z) > u\}$에 의해 정의된 분포에 대한 '조각'으로부터 z를 균등하게 표집한다. 이 과정이 그림 11.13(a)에 그려져 있다.

실전에서는 분포의 조각으로부터 직접 표집을 시행하는 것이 어려울 수도 있다. 그래서 대신에 $\widehat{p}(z, u)$하의 균등 분포를 불변인 채로 내버려 두는 표집 계획을 정의할 수 있다. 세부 균형이 만족되도록 함으로써 이를 달성할 수 있다. z의 현재 값을 $z^{(\tau)}$으로 지칭하고 이에 해당하는 표본 u를 얻었다고 해보자. z의 다음 값은 $z^{(\tau)}$을 포함하는 $z_{\min} \leqslant z \leqslant z_{\max}$ 구간을 고려함으로써 구할 수 있다. 분포에 대한 특성 길이 척도의 적응이 일어나는 것이 바로 이 지역을 선택하는 부분이다. 우리는 이 지역이 조각의 가능한 한 많은 부분을 포함해서 z 공간상에서 큰 이동이 일어날 수 있도록 하기를 원한다. 반면에, 이 조각 밖에 존재하는 지역 부분은 가능한 한 작았으면 한다. 왜냐하면 조각 밖에 존재하는 지역의 크기가 클수록 표집 과정이 비효율적이기 때문이다.

이 지역을 선택하는 방법 중 하나는 $z^{(\tau)}$을 포함하며, 어떤 너비 w를 가지는 지역으로 일단 시작한 후에 각각의 끝 포인트가 이 조각 내에 존재하는지를 확인하는 것이다. 만약 두 끝 포인트들 중 하나 이상이 조각 내에 존재하지 않는다면 끝 포인트가 구역 밖에 존재할 때까지 구역을 그 방향으로 w만큼씩 늘린다. 그후 후보 값 z'을 이 구역으로부터 균등하게 선택하고, 만약 이 값이 조각 내부에 존재하면 이 값이 $z^{(\tau+1)}$이 된다. 만약 이 값이 조각 바깥에 존재한다면, z'이 끝 포인트가 될 때까지 구역을 축소시킨다. 이때 구역이 여전히 $z^{(\tau)}$을 포함하는 한도 내에서만 축소를 진행해야 한다. 그 후 또 다른 후보 포인트를 축소된 지역으로부터 추출한다. 이러한 과정을 조각 내에 존재하는 z를 찾을 때까지 반복한다.

기브스 표집법에서처럼 각각의 변수들에 대해서 순차적으로 표집을 반복 시행하는 방식으로 다변량 분포에 조각 표집법을 적용할 수 있다. 이를 위해서는 각각의 성분 z_i에 대해서 $p(z_i | \mathbf{z}_{\backslash i})$에 비례하는 함수를 계산할 수 있어야 한다.

11.5 하이브리드 몬테 카를로 알고리즘

메트로폴리스 알고리즘의 주된 한계점 중 하나는 이 알고리즘이 상태 공간상에서 통과한 거리가 단계의 수의 제곱근에 비례하는 만큼만 증가하는 임의 보행의 행태를 띤다는 것이다. 단지 각 단계의 크기를 키우는 것은 이 문제에 대한 해결책이 될 수 없다. 왜냐하면 각 단계의 크기가 커지게 되면 거부율이 높아지기 때문이다.

이 절에서는 물리적 시스템에 대한 비유에 그 기반을 두고 있는 더 복잡한 전이들을 도입할 것이다. 이런 전이들은 거부 확률을 낮게 유지하면서도 시스템에 큰 변화를 줄 수 있는 성질을 가지고 있다. 이 방법들은 상태 변수들에 대한 로그 확률의 기울기를 쉽게 계산하는 것이 가능한 연속 변수 분포에 적용할 수 있다. 11.5.1절에서는 동적 시스템 방법론에 대해 다룰 것이고 11.5.2절에서는 이 방법론을 메트로폴리스 알고리즘과 결합해서 강력한 하이브리드 몬테 카를로 알고리즘을 도출해 볼 것이다. 물리학에 대한 배경 지식은 필요하지 않다. 이 장은 그 자체만으로 이해될 수 있도록 자립적이며, 모든 핵심 결과들은 첫 번째 원칙들로부터 유도될 것이다.

11.5.1 동적 시스템

확률적 표집법에 대한 동적 접근법은 해밀턴 역학하에서 발달하는 물리적 시스템의 행태를 시뮬레이트하기 위한 알고리즘에 그 기원을 두고 있다. 마르코프 연쇄 몬테 카를로 시뮬레이션의 목표는 주어진 확률 분포 $p(\mathbf{z})$로부터 표집을 하는 것이다. 확률적 시뮬레이션을 해밀턴 시스템의 형태로 바꿈으로써 **해밀턴 역학**(*Hamiltonian dynamic*) 방법론을 사용할 수 있다. 이 분야에서의 문헌들과 일관되도록 하기 위해서 동적 시스템에서 사용하는 용어들을 적절히 사용하였다.

우리가 고려하는 역학은 상태 변수 $\mathbf{z} = \{z_i\}$가 연속적인 시간 τ 동안 변화하는 것을 다루고 있다. 고전 역학은 뉴턴의 제2법칙에 기반을 두고 있다. 이 법칙은 물체의 가속도는 물체에 가해지는 힘에 비례한다는 것이다. 이는 시간에 대한 이차 미분식에 해당한다. 상태 변수 $\mathbf{z}$가 변하는 정도에 해당하는 **운동량**(*momentum*) 변수 $\mathbf{r}$을 도입함으로써 이차 미분식을 두 개의 서로 연관된 일차식으로 분해할 수 있다. 이때 운동량 변수는 다음의 성분을 가진다.

$$r_i = \frac{\mathrm{d}z_i}{\mathrm{d}\tau} \tag{식 11.53}$$

여기서 z_i는 역학 관점에서의 **위치**(*position*) 변수로 생각할 수 있다. 따라서 각각의 위치 변수는 해당 운동량 변수를 가지게 된다. 위치와 운동량의 결합 공간을 **위상 공간**(*phase space*)이라 한다.

일반성을 잃지 않은 채로 확률 분포 $p(\mathbf{z})$를 다음의 형태로 적을 수 있다.

$$p(\mathbf{z}) = \frac{1}{Z_p} \exp\left(-E(\mathbf{z})\right) \tag{식 11.54}$$

여기서 $E(\mathbf{z})$는 상태 $\mathbf{z}$에 있을 때의 시스템 **포텐셜 에너지**(*potential energy*)로 해석할 수 있다. 시스템의 가속도는 운동량의 변화율이며, 이는 작용된 **힘**(*force*)에 의해 주어지게 된다. 힘은 포텐셜 에너지의 음의 기울기에 해당한다.

$$\frac{\mathrm{d}r_i}{\mathrm{d}\tau} = -\frac{\partial E(\mathbf{z})}{\partial z_i} \tag{식 11.55}$$

이 역학 시스템을 해밀턴 체계에 따라 다시 적어 보도록 하자. 이를 위해서는 먼저 **운동 에너지**(*kinetic energy*)를 정의해야 한다.

$$K(\mathbf{r}) = \frac{1}{2}\|\mathbf{r}\|^2 = \frac{1}{2}\sum_i r_i^2 \tag{식 11.56}$$

이 시스템의 전체 에너지는 포텐셜 에너지와 운동 에너지의 합에 해당한다.

$$H(\mathbf{z}, \mathbf{r}) = E(\mathbf{z}) + K(\mathbf{r}) \tag{식 11.57}$$

여기서 H는 **해밀토니언**(*Hamiltonian*) 함수다. 식 11.53, 식 11.55, 식 11.56, 식 11.57을 이용하면

연습문제 11.15 시스템의 역학을 다음의 해밀턴 방정식으로 표현할 수 있다.

$$\frac{\mathrm{d}z_i}{\mathrm{d}\tau} = \frac{\partial H}{\partial r_i} \tag{식 11.58}$$

$$\frac{\mathrm{d}r_i}{\mathrm{d}\tau} = -\frac{\partial H}{\partial z_i} \tag{식 11.59}$$

윌리엄 해밀턴 *William Hamilton*
1805 ~ 1865

윌리엄 로언 해밀턴은 아일랜드의 수학자이자 물리학자다. 그는 신동으로 유명했으며, 졸업하기도 전인 1827년에 더블린 트리니티 대학교의 천문학 교수로 지명되었다. 해밀턴의 가장 중요한 공헌 중 하나는 바로 역학을 새롭게 공식화한 것이다. 이는 나중의 양자 역학의 발전에 큰 영향을 끼쳤다. 그의 또 다른 중요한 업적은 **사원수**(*quaternions*)의 발견이다. 여기서 그는 $i^2 = j^2 = k^2 = ijk = -1$을 만족하는 세 개의 서로 다른 -1에 대한 제곱근을 도입함으로써 복소수의 개념을 일반화하였다. 이 방정식은 1843년 10월 16일에 그가 부인과 함께 더블린의 로열 운하를 걷다가 깨달았다고 알려져 있으며 해밀턴은 이 방정식을 곧바로 브룸 다리 옆부분에 새겼다고 한다. 그가 새긴 흔적은 더 이상 존재하지 않으나, 현재 해당 다리에는 해밀턴의 사원수 발견을 기념하는 명판을 놓아 두었다.

이 역학시스템의 발달 과정에서 해밀토니언 H의 값은 상수다. 이는 다음의 미분을 통해서 확인할 수 있다.

$$\frac{\mathrm{d}H}{\mathrm{d}\tau} = \sum_i \left\{ \frac{\partial H}{\partial z_i}\frac{\mathrm{d}z_i}{\mathrm{d}\tau} + \frac{\partial H}{\partial r_i}\frac{\mathrm{d}r_i}{\mathrm{d}\tau} \right\}$$
$$= \sum_i \left\{ \frac{\partial H}{\partial z_i}\frac{\partial H}{\partial r_i} - \frac{\partial H}{\partial r_i}\frac{\partial H}{\partial z_i} \right\} = 0 \qquad \text{(식 11.60)}$$

리우빌 정리(*Liouville's theorem*)라고 알려져 있는 해밀턴 역학 시스템의 두 번째 중요한 성질은 바로 이 시스템에서는 위상 공간상의 부피가 보존된다는 것이다. 변수 공간 $(\mathbf{z}, \mathbf{r})$의 특정 영역을 고려하자. 만약 이 영역이 해밀턴 역학에 따라 발달된다면, 그 모양이 바뀔 수도 있지만 부피는 변하지 않는다. 이는 다음의 흐름장(위상 공간에서의 위치의 변화율)을 통해서 증명할 수 있다.

$$\mathbf{V} = \left(\frac{\mathrm{d}\mathbf{z}}{\mathrm{d}\tau}, \frac{\mathrm{d}\mathbf{r}}{\mathrm{d}\tau} \right) \qquad \text{(식 11.61)}$$

이 장의 발산은 0으로 간다.

$$\mathrm{div}\,\mathbf{V} = \sum_i \left\{ \frac{\partial}{\partial z_i}\frac{\mathrm{d}z_i}{\mathrm{d}\tau} + \frac{\partial}{\partial r_i}\frac{\mathrm{d}r_i}{\mathrm{d}\tau} \right\}$$
$$= \sum_i \left\{ +\frac{\partial}{\partial z_i}\frac{\partial H}{\partial r_i} - \frac{\partial}{\partial r_i}\frac{\partial H}{\partial z_i} \right\} = 0 \qquad \text{(식 11.62)}$$

이제 전체 에너지가 해밀토니언인 위상 공간에 대한 결합 분포를 고려해 보자. 이 분포는 다음처럼 주어진다.

$$p(\mathbf{z}, \mathbf{r}) = \frac{1}{Z_H} \exp(-H(\mathbf{z}, \mathbf{r})) \qquad \text{(식 11.63)}$$

부피 보존과 H 보존의 두 가지 결과를 사용하면 해밀턴 역학계에서 $p(\mathbf{z}, \mathbf{r})$는 불변이라는 것을 알 수 있다. H가 대략적으로 상수인 위상 공간상의 작은 영역을 고려함으로써 이를 증명할 수 있다. 해밀턴 방정식의 발달을 유한한 시간 동안 쫓아가 보면 이 지역의 부피와 H의 값은 변하지 않을 것이며, 따라서 H에 대한 함수인 확률 밀도 역시 변하지 않을 것이다.

H가 불변이기는 하지만 $\mathbf{z}$와 $\mathbf{r}$의 값은 변한다. 따라서 유한한 시간 동안의 해밀턴 역학계를 적분해서 $\mathbf{z}$에 대해 체계적으로 큰 변화를 만듦으로써 임의 보행 행태를 피할 수가 있다.

하지만 해밀토니언 역학계에서의 변화는 $p(\mathbf{z}, \mathbf{r})$로부터 표집을 에르고딕하게 시행하지는 못한다. 왜냐하면 H가 상수이기 때문이다. 에르고딕한 표집을 시행하기 위해서는 분포 $p(\mathbf{z}, \mathbf{r})$을 불변하게 내버려 둔 채로 H의 값을 변화하게 하는 위상 공간상에서의 추가적인 이동을 도입

해야 한다. 이를 달성하기 위한 가장 단순한 방법은 $\mathbf{r}$의 값을 $\mathbf{r}$의 $\mathbf{z}$에 대한 조건부 분포로부터 추출한 값으로 바꾸는 것이다. 이를 기브스 표집 단계로 볼 수 있다. 따라서 11.3절에서 살펴본 것처럼 이 역시도 우리가 원하는 분포를 불변하게 내버려 두게 된다. $\mathbf{z}$와 $\mathbf{r}$은 분포 $p(\mathbf{z}, \mathbf{r})$에서 독립적이다. 이를 바탕으로 조건부 분포 $p(\mathbf{r}|\mathbf{z})$은 표집을 쉽게 시행할 수 있는 가우시안 분포라는 것을 알 수 있다.

연습문제 11.16

이 접근법을 실제로 적용할 때는 해밀턴 방정식에 대한 수치적 적분을 시행하는 문제를 해결해야 한다. 이 적분 과정에서는 불가피하게 수치적 오류가 발생하게 될 것이다. 따라서 이러한 오류의 영향을 최소화할 수 있는 계획을 세워야 한다. 사실 리우빌 정리가 정확히 성립하는 식으로 적분 계획을 세우는 것이 가능하다. 이 성질은 11.5.2절에서 논의할 하이브리드 몬테 카를로 알고리즘에서 매우 중요하다. 이를 달성하기 위한 방법 중 하나로 **도약**(leapfrog) 이산화가 있다. 이 방법은 다음의 식을 바탕으로 이산 시간 근삿값 $\hat{\mathbf{z}}$과 $\hat{\mathbf{r}}$을 위치와 운동량 변수로 번갈아 업데이트하는 것이다.

$$\hat{r}_i(\tau + \epsilon/2) = \hat{r}_i(\tau) - \frac{\epsilon}{2}\frac{\partial E}{\partial z_i}(\hat{\mathbf{z}}(\tau)) \qquad \text{(식 11.64)}$$

$$\hat{z}_i(\tau + \epsilon) = \hat{z}_i(\tau) + \epsilon\hat{r}_i(\tau + \epsilon/2) \qquad \text{(식 11.65)}$$

$$\hat{r}_i(\tau + \epsilon) = \hat{r}_i(\tau + \epsilon/2) - \frac{\epsilon}{2}\frac{\partial E}{\partial z_i}(\hat{\mathbf{z}}(\tau + \epsilon)) \qquad \text{(식 11.66)}$$

이는 운동량 변수를 단계 크기 $\epsilon/2$에 따라서 반 단계만큼 업데이트하고, 단계 크기 ϵ에 따라서 전체 단계만큼 업데이트한 후, 두 번째로 반 단계 업데이트를 시행하는 형태에 해당한다. 몇 번의 도약 단계가 연속적으로 적용되고 나면 운동량 변수에 대한 반 단계 업데이트가 단계 크기 ϵ에 따른 전체 단계 업데이트와 결합될 수 있다는 것을 증명할 수 있다. 그 후로 위치와 운동량 변수들에 대한 연속적인 업데이트들은 서로에게로 도약하게 된다. 역학계를 시간 간격 τ만큼 진행시키기 위해서는 τ/ϵ만큼의 단계가 필요하다. 연속 시간 역학을 이산적으로 근사하는 과정에서 발생하는 오류는 평활 함수 $E(\mathbf{z})$를 가정하였을 때 $\lim \epsilon \to 0$일 때 0이 된다. 하지만 실전에서 사용하게 될 0이 아닌 ϵ 값에 대해서는 약간의 잔차 오류가 남게 된다. 11.5.2절에서는 이러한 오류의 효과를 하이브리드 몬테 카를로 알고리즘상에서 어떻게 제거할 수 있는지 살펴볼 것이다.

요약하자면, 해밀턴 역학적 접근법은 일련의 도약 업데이트 과정과 주변 분포로부터 운동량 변수를 재표집하는 단계를 번갈아 적용하는 것으로 이루어져 있다.

메트로폴리스 알고리즘과는 달리 해밀턴 역학적 방법에서는 분산 그 자체에 대한 정보뿐만 아니라 로그 확률 분포의 기울기에 대한 정보도 사용할 수 있다. 기울기 정보를 구할 수 있는 상황에서는 이를 이용하면 크게 도움이 된다. 이를 간략히 설명하면 D차원의 공간에서 함수 그 자체를 계산하는 데 드는 비용과 비교했을 때, 기울기 계산을 시행하기 위해 필요한 추가적인 비용은 일반적으로 D와는 상관없는 고정된 인자에 비례하게 될 것이다. 하지만 함수 그 자체가 가지는 한 조각의 정보와 비교했을 때 D차원의 기울기 벡터가 가지는 정보의 양은 D 조각에 해당하게 된다.

11.5.2 하이브리드 몬테 카를로

앞 절에서 살펴본 바와 같이 단계의 크기 ϵ이 0이 아닌 경우에는 도약 이산화 알고리즘을 사용하면 해밀턴 역학 방정식의 적분 결과에 약간의 오류가 추가될 것이다. **하이브리드 몬테 카를로**(*hybrid monte carlo*)(Duane *et al.*, 1987; Neal 1996) 알고리즘은 해밀턴 역학 알고리즘을 메트로폴리스 알고리즘과 결합시켜서 이산화와 관계된 편향을 제거한다.

하이브리드 몬테 카를로 알고리즘은 운동량 변수 $\mathbf{r}$에 대한 확률적 업데이트와 도약 적분을 이용한 해밀턴 역학 업데이트로 번갈아가며 구성된 마르코프 연쇄를 사용한다. 매 도약 알고리즘의 적용 후에 얻게 되는 후보 상태는 해밀토니언 함수 H의 값을 기반으로 한 메트로폴리스 기준에 따라서 승인되거나 거부된다. 따라서 만약 $(\mathbf{z}, \mathbf{r})$이 초기 상태고, $(\mathbf{z}^\star, \mathbf{r}^\star)$이 도약 알고리즘 적용 후의 상태라면 이 후보 상태는 다음의 확률에 따라 승인된다.

$$\min\left(1, \exp\{H(\mathbf{z}, \mathbf{r}) - H(\mathbf{z}^\star, \mathbf{r}^\star)\}\right) \qquad \text{(식 11.67)}$$

만약 도약 적분이 해밀턴 역학계를 완벽하게 시뮬레이트한다면, H의 값이 변하지 않을 것이므로 이러한 단계는 자동적으로 승인될 것이다. 수치적인 오류로 인해서 H의 값은 가끔 감소할 수도 있다. 여기서는 메트로폴리스 기준을 통해서 이러한 감소 효과로 인한 편향을 없애고 이를 통해서 결과로 얻게 되는 표본이 실제로 원 분포에서 추출되도록 하고 싶다. 이를 위해서는 도약 적분에 해당하는 업데이트 공식이 식 11.40의 세부 균형을 만족하도록 해야 한다. 다음과 같은 방식으로 도약 알고리즘을 수정함으로써 이를 달성할 수 있다.

각각의 도약 적분을 시행하기 전에 시간의 진행 방향으로 적분을 진행할지(단계 크기 ϵ을 사용) 또는 역방향으로 적분을 진행할지(단계 크기 $-\epsilon$을 사용)를 랜덤하게 선택한다. 식 11.64, 식 11.65, 식 11.66의 도약 적분은 가역적이다. 즉, 단계 크기 $-\epsilon$을 이용해서 L단계만큼 적분을 진행하게 되면 단계 크기 ϵ을 이용해서 진행한 L단계만큼의 적분 효과를 뒤집게 된다. 그 다음으로는 도약 적분이 위상 공간 부피를 보존한다는 것을 나타내도록 하자. 도약 알고리즘의 각 단계는 변수 z_i를 변수 r_i에만 종속적인 함수만큼 업데이트하거나, 또는 반대로 변수 r_i를 변수 z_i에만 종속적인 함수만큼 업데이트한다. 그림 11.14에서 볼 수 있는 것처럼 이는 위상 공간의

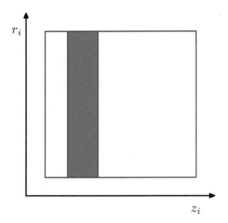 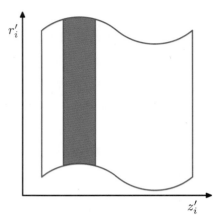

그림 11.14 식 11.64 ~ 식 11.66의 도약 알고리즘의 각 단계는 위치 변수 z_i나 운동량 변수 r_i를 변화시킨다. 하나의 변수에 대한 변화량은 다른 하나의 변수에 대한 함수다. 따라서 위상 공간상의 영역들은 부피의 변화 없이 전단 변형만 될 것이다.

지역을 부피는 보존한 채로 전단 변형(shearing)하는 것과 같은 효과를 가진다.

마지막으로 이 결과들을 이용해서 세부 균형이 만족된다는 것을 증명하자. 위상 공간상의 작은 영역 R을 고려해 보자. 이 영역은 각 단계의 크기가 ϵ인 토끼뜀 단계를 L번 반복하면 영역 $\mathcal{R}'$으로 사상된다. 도약 단계를 반복해도 부피는 보존된다는 사실을 바탕으로, 만약 R이 δV의 부피를 가지고 있었다면, $\mathcal{R}'$도 같은 부피를 가진다는 것을 알 수 있다. 식 11.63의 분포로부터 초기 포인트를 선택하고 L번의 도약 반복을 통해 이 포인트를 업데이트하면 R에서 $\mathcal{R}'$으로의 전이 확률은 다음으로 주어지게 된다.

$$\frac{1}{Z_H} \exp(-H(\mathcal{R}))\delta V \frac{1}{2} \min\{1, \exp(-H(\mathcal{R}) + H(\mathcal{R}'))\} \qquad \text{(식 11.68)}$$

여기서 인자 1/2은 양의 단계 크기를 선택해서 진행할 확률로부터 주어지는 것이다. 이와 비슷하게 영역 $\mathcal{R}'$에서 시작해서 시간을 거슬러 올라가 영역 R로 도달하게 될 확률은 다음으로 주어진다.

$$\frac{1}{Z_H} \exp(-H(\mathcal{R}'))\delta V \frac{1}{2} \min\{1, \exp(-H(\mathcal{R}') + H(\mathcal{R}))\} \qquad \text{(식 11.69)}$$

연습문제 11.17　식 11.68과 식 11.69의 확률이 같다는 것을 쉽게 증명할 수 있다. 따라서 세부 균형이 만족된다는 것을 알 수 있다. 이 증명에서는 영역 R과 영역 $\mathcal{R}'$ 간에 중첩이 존재할 수 있는 가능성에 대해 무시했다. 하지만 이러한 가능성을 고려한 일반적인 증명도 쉽게 할 수 있다.

몇 번의 유한한 단계 후에 시작점으로 돌아오는 도약 알고리즘의 예시를 쉽게 구성해 볼 수 있다. 이런 경우에는 각각의 도약 적분 이전에 랜덤하게 운동량의 값을 교환하는 것으로는 에르고딕성을 만족시키기에 충분하지 않을 것이다. 왜냐하면 위치 변수가 절대 업데이트되지 않기 때문이다. 각각의 도약 적분 이전에 어떤 작은 구간으로부터 단계의 크기를 랜덤하게 선택함으로써 이러한 현상을 피할 수 있다.

다변량 가우시안에 대한 적용을 통해서 하이브리드 몬테 카를로 알고리즘의 성질을 좀 더 이해해 보도록 하자. 편의를 위해 독립적인 성분들을 가지는 가우시안 분포 $p(\mathbf{z})$를 고려할 것이다. 이때 해밀토니언 함수는 다음과 같다.

$$H(\mathbf{z}, \mathbf{r}) = \frac{1}{2} \sum_i \frac{1}{\sigma_i^2} z_i^2 + \frac{1}{2} \sum_i r_i^2 \qquad \text{(식 11.70)}$$

우리의 결론은 서로 상관되어 있는 성분들을 가지는 가우시안의 경우에도 하이브리드 몬테카를로 알고리즘은 회전 등방성을 보이기 때문에 동일하게 유효할 것이다. 도약 적분 중에 각각의 위상 공간 변수 쌍 z_i, r_i들은 독립적으로 발달된다. 하지만 후보 포인트를 승인할지, 거부할지의 여부는 모든 변수들에 대해 종속적인 H 값에 기반한다. 따라서 변수들 중 아무 변수 하나에서만 심각한 적분 오류가 발생한다 하더라도 거부 확률이 높을 수 있다. 이산 도약 적분이 실제 연속 시간 역학에 대한 좋은 근사치가 되기 위해서는 도약 적분의 척도 ϵ이 포텐셜이 크게 변화하는 길이 척도들 중 가장 짧은 것보다 작아야 한다. 이는 $\sigma_{\min}$이라고 지칭할 σ_i의 가장 작은 값에 의해 결정된다. 하이브리드 몬테 카를로법에서의 도약 적분의 목표는 위상 공간상에서 초기 상태와는 상대적으로 독립적인 새 상태까지의 상당한 거리를 이동하면서도 높은 승인 확률을 달성하는 것이다. 이를 위해서는 도약 적분이 $\sigma_{\max}/\sigma_{\min}$에 비례하는 만큼 반복되어야 한다.

이와 대조적인, 앞에서 살펴보았던 분산 s^2을 가지는 등방 가우시안 제안 분포에 대한 단순한 메트로폴리스 알고리즘의 행태를 살펴보자. 높은 거부율을 피하기 위해서는 s의 값이 $\sigma_{\min}$에 비례해야 한다. 이 경우 상태 공간의 탐색은 임의 보행에 따라 진행되며, 대략적으로 독립적인 상태에 도달하기 위해서는 $(\sigma_{\max}/\sigma_{\min})^2$에 비례하는 단계를 거쳐야 한다.

11.6 분할 함수 추정

앞에서 살펴본 것처럼, 이 장에서 고려하고 있는 대부분의 표집법들은 확률 분포의 곱셈 상수를 제외한 함수 형태만을 요구한다.

$$p_E(\mathbf{z}) = \frac{1}{Z_E} \exp(-E(\mathbf{z})) \tag{식 11.71}$$

만약 위의 식처럼 적는다면 $p(\mathbf{z})$로부터 표본을 추출하는 데 있어서 정규화 상수 Z_E(분할 함수)의 값은 필요하지 않다는 것이다. 하지만 Z_E 값에 대해 아는 것은 베이지안 모델 비교에 있어서 유용할 수 있다. 왜냐하면 이 값이 모델 증거(모델이 주어졌을 때 관측 데이터의 확률)를 대변하기 때문이다. 따라서 이 값을 어떻게 구할 수 있는지 살펴보는 것은 유의미하다. 여기서는 함수 $\exp(-E(\mathbf{z}))$를 $\mathbf{z}$의 상태 공간에 대해 직접적으로 합산하거나 적분하는 것은 아주 다루기 힘들다고 가정하자.

모델 비교를 위해서 필요한 것은 두 모델의 분할 함수의 비율이다. 이 비율에 사전 확률들의 비율을 곱하면 사후 확률들의 비율을 구할 수 있으며, 이렇게 구한 사후 확률을 모델 선택이나 모델 평균화에 사용할 수 있다.

분할 함수들의 비율을 추정하기 위한 한 가지 방법은 에너지 함수 $G(\mathbf{z})$에 대한 분포로부터 중요도 표집을 시행하는 것이다.

$$
\begin{aligned}
\frac{Z_E}{Z_G} &= \frac{\sum_{\mathbf{z}} \exp(-E(\mathbf{z}))}{\sum_{\mathbf{z}} \exp(-G(\mathbf{z}))} \\
&= \frac{\sum_{\mathbf{z}} \exp(-E(\mathbf{z}) + G(\mathbf{z})) \exp(-G(\mathbf{z}))}{\sum_{\mathbf{z}} \exp(-G(\mathbf{z}))} \\
&= \mathbb{E}_{G(\mathbf{z})}[\exp(-E + G)] \\
&\simeq \frac{1}{L} \sum_{l} \exp(-E(\mathbf{z}^{(l)}) + G(\mathbf{z}^{(l)})) 1/L
\end{aligned}
\tag{식 11.72}
$$

여기서 $\{\mathbf{z}^{(l)}\}$은 $p_G(\mathbf{z})$로 정의된 분포로부터 추출된 표본들이다. 만약 분포 p_G가 분할 함수를 해석적으로 구할 수 있는 분포(예를 들어 가우시안)라면 Z_E의 실제 값을 구할 수 있다.

이 방식은 중요도 표집 분포 p_G가 분포 p_E에 근접해서 비율 p_E/p_G가 그리 큰 변동성을 가지지 않을 경우에만 정확한 결과를 도출할 수 있다. 그러나 실전에서는 이 책에서 고려하는 종류의 복잡한 모델에 사용할 수 있으면서 해석적인 적절한 중요도 표집 모델을 찾는 것이 쉽지 않을 수 있다.

그 대신에 사용할 수 있는 접근법으로는 마르코프 연쇄를 통해서 구한 표본들을 이용해서 중요도 표집 분포를 정의하는 것이 있다. 만약 마르코프 연쇄에 대한 전이 확률이 $T(\mathbf{z}, \mathbf{z}')$으로 주어지고 표본 집합이 $\mathbf{z}^{(1)}, \ldots, \mathbf{z}^{(L)}$로 주어진다면, 표집 분포를 다음과 같이 적을 수 있다.

$$\frac{1}{Z_G} \exp\left(-G(\mathbf{z})\right) = \frac{1}{L} \sum_{l=1}^{L} T(\mathbf{z}^{(l)}, \mathbf{z}) \tag{식 11.73}$$

이를 식 11.72에서 직접 사용할 수 있다.

두 분할 함수의 비율을 추정하는 방법은 두 해당 분포들이 상당히 가깝게 맞아야 성공적일 수 있다. 이는 특히 복잡한 분포의 분할 함수의 실제 값을 찾으려고 하는 경우에는 문제가 될 수 있다. 왜냐하면 분할 함수의 값을 직접 계산할 수 있는 것은 오직 상대적으로 단순한 분포들뿐이며, 따라서 이 경우에 분할 함수들의 비율을 계산하려는 시도는 실패로 끝날 가능성이 높기 때문이다. 이 문제는 **연쇄적 처리**(*chaining*)(Neal 1993; Barber and Bishop, 1997)라는 방법을 이용해서 해결할 수 있다. 이 방법은 우리가 정규화 계수 Z_1을 계산할 수 있는 단순한 분포 $p_1(\mathbf{z})$와 우리가 분할 함수의 값을 찾고자 하는 복잡한 분포 $p_M(\mathbf{z})$ 간을 보간하는 중간 분포들 $p_2, \ldots, p_{M-1}$을 도입하는 것을 포함한다. 이 경우 다음을 얻게 된다.

$$\frac{Z_M}{Z_1} = \frac{Z_2}{Z_1} \frac{Z_3}{Z_2} \cdots \frac{Z_M}{Z_{M-1}} \tag{식 11.74}$$

이때 중간의 비율들은 앞에서 살펴본 몬테 카를로 방법을 사용해서 결정할 수 있다. 이러한 중간 시스템들의 배열을 구성하는 한 방법은 에너지 함수를 이용하는 것이다. 이 에너지 함수는 $0 \leqslant \alpha \leqslant 1$인 연속 매개변수를 포함하며, 두 분포 사이를 보간하게 된다.

$$E_\alpha(\mathbf{z}) = (1 - \alpha) E_1(\mathbf{z}) + \alpha E_M(\mathbf{z}) \tag{식 11.75}$$

만약 몬테 카를로법을 이용해서 식 11.74의 중간 비율들을 찾을 수 있다면, 각 비율에 대해 마르코프 연쇄를 재시작하는 것보다 하나의 마르코프 연쇄를 이용하는 것이 더 효율적일 수도 있다. 이 경우 마르코프 연쇄는 최초에는 시스템 p_1에 대해 시행될 것이다. 그리고 몇 번의 적절한 단계가 지난 후에는 배열에서의 다음 분포로 이동하게 된다. 이 경우 시스템은 각 단계에서 평형 분포에 가까운 상태를 유지해야 한다.

연습문제

11.1 ★ (www) 식 11.2에 의해 정의된 표본 추정 $\hat{f}$이 평균으로는 $\mathbb{E}[f]$, 분산으로는 식 11.3을 가지는 것을 증명하라.

11.2 ★ $(0, 1)$ 구간에서 균등하게 분포되어 있는 확률 변수 z를 고려해 보자. $y = h^{-1}(z)$를 이용해서 z를 변환한다고 해보자. 이때 $h(y)$는 식 11.6에 의해 주어진다. 이때 y가 분포 $p(y)$를 가진다는 것을 증명하라.

11.3 ★ $(0, 1)$ 구간에서 균등하게 분포되어 있는 확률 변수 z가 주어졌을 때 y가 식 11.8의 코시 분포가 되도록 하는 변환 $y = f(z)$를 찾아라.

11.4 ★★ z_1과 z_2가 그림 11.3에서와 같이 단위 원상에 균등하게 분포되어 있다고 하자. 그리고 여기에 식 11.10과 식 11.11의 변수 변환을 적용했다고 하자. 이때 (y_1, y_2)이 식 11.12에 따라 분포될 것임을 증명하라.

11.5 ★ (www) z가 D차원의 확률 변수로써 0 평균과 단위 공분산 행렬의 가우시안 분포를 가진다고 하자. 그리고 양의 정부호 행렬 Σ가 콜레스키 분해 $\Sigma = \mathbf{LL}^{\mathrm{T}}$를 가진다고 하자. 이때 $\mathbf{L}$은 하삼각행렬(lower triangular matrix, 주대각선 위의 원소들이 전부 0인 행렬)이다. 변수 $\mathbf{y} = \boldsymbol{\mu} + \mathbf{L}\mathbf{z}$가 평균 $\boldsymbol{\mu}$와 공분산 Σ를 가지는 가우시안 분포라는 것을 증명하라. 이를 통해서 0 평균 단위 분산의 단변량 가우시안으로부터의 샘플을 이용해서 일반 다변량 가우시안 분포로부터 샘플을 생성하는 테크닉을 만들 수 있다.

11.6 ★★ (www) 이 연습문제에서는 거부 표집법이 실제로 우리가 원하는 분포 $p(\mathbf{z})$로부터 표본을 추출한다는 것을 더 조심스럽게 증명하자. 제안 분포가 $q(\mathbf{z})$라 했을 때 표본값 $\mathbf{z}$가 승인될 확률은 $\tilde{p}(\mathbf{z})/kq(\mathbf{z})$로 주어진다는 것을 증명하라. 이때 $\tilde{p}$는 $p(\mathbf{z})$에 비례하는 비정규화 분포다. 그리고 상수 k는 모든 $\mathbf{z}$ 값에 대해서 $kq(\mathbf{z}) \geqslant \tilde{p}(\mathbf{z})$를 만족하는 가장 작은 값으로 설정되었다. $\mathbf{z}$ 값을 추출하게 될 확률은 그 값을 $q(\mathbf{z})$에서 추출할 확률과 그 값이 추출되었을 때 승인될 확률의 곱으로 주어진다. 이 사실에 확률의 합과 곱의 법칙을 적용해서 $\mathbf{z}$에 대한 분포의 정규화된 형태를 적어 보아라. 그리고 이 결과가 $p(\mathbf{z})$와 동일하다는 것을 증명하라.

11.7 ★ y가 $[0, 1]$ 구간에서 균등 분포를 가지고 있다고 하자. 이 경우 변수 $z = b\tan y + c$가 식 11.16으로 주어지는 코시 분포를 가진다는 것을 증명하라.

11.8 ★★ 연속성과 정규화에 대한 조건을 이용해서 적응적 거부 표집법에서의 포괄 분포식 11.17의 계수 k_i에 대한 식을 결정하라.

11.9 ★★ 단일 지수 분포에서 표본 추출을 하기 위한 11.1.1절의 테크닉을 이용해서 식 11.17의 조각별 지수 분포에서 표본을 추출하기 위한 알고리즘을 도출해 보라.

11.10 ★ 식 11.34, 식 11.35, 식 11.36에 정의된 정수들에 대한 단순한 임의 보행이 $\mathbb{E}[(z^{(\tau)})^2] = \mathbb{E}[(z^{(\tau-1)})^2] + 1/2$의 성질을 가짐을 증명하라. 따라서 귀납 추론에 의해 $\mathbb{E}[(z^{(\tau)})^2] = \tau/2$ 임을 증명하라.

11.11 ★★ www 11.3절에서 논의한 기브스 표집법이 식 11.40의 세부 균형을 만족한다는 것을 증명하라.

11.12 ★ 그림 11.15에 보여진 분포를 고려해 보자. 이 분포에 대해 기브스 표집법을 적용하면 에르고딕성을 만족할지, 그리고 그에 따라 표집이 올바르게 시행될 것인지 논의하라.

11.13 ★★ 그림 11.16의 단순한 3노드 그래프를 고려해 보자. 여기서 관측된 변수 x는 가우시안 분포 $\mathcal{N}(x|\mu, \tau^{-1})$을 가진다. 평균과 정밀도에 대한 주변 분포가 각각 $\mathcal{N}(\mu|\mu_0, s_0)$와 $\mathrm{Gam}(\tau|a, b)$로 주어진다고 하자. 이때 조건부 분포 $p(\mu|x, \tau)$와 $p(\tau|x, \mu)$를 적어 보아라. 이 두 조건부 분포는 사후 분포 $p(\mu, \tau|x)$에 대해 기브스 표집법을 적용하기 위해서 필요하다.

11.14 ★ 과완화 업데이트에 대한 식 11.50을 고려해 보자. 이때 z_i가 평균 μ_i와 분산 σ_i^2를 가진다고 하자. 이 경우 이 업데이트가 평균 μ_i와 분산 σ_i^2를 가지는 z_i'를 내놓게 된다는 것을 증명하라.

11.15 ★ www 식 11.56과 식 11.57을 이용해서 식 11.58의 해밀토니언 공식이 식 11.53과 동일함을 증명하라. 이와 비슷하게 식 11.57을 이용해서 식 11.59가 식 11.55와 동일함을 증명하라.

11.16 ★ 식 11.56, 식 11.57, 식 11.63을 이용해서 조건부 분포 $p(\mathbf{r}|\mathbf{z})$가 가우시안 분포임을 증명하라.

그림 11.15 두 개의 변수 z_1과 z_2에 대한 확률 분포. 음영으로 보이는 영역에서는 균등하게 분포되어 있으며, 나머지 영역에서는 0이다.

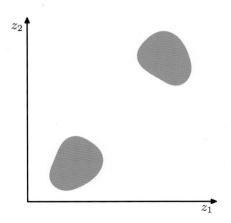

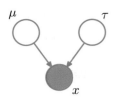

그림 11.16　관측된 가우시안 변수 x와 이 변수의 평균 μ, 정밀도 τ에 대한 사전 분포를 포함하고 있는 그래프

11.17 ★ www 식 11.68과 식 11.69의 두 확률이 같다는 것을 증명하라. 이에 따라서 하이브리드 몬테 카를로 알고리즘의 경우에 세부 균형이 만족됨을 알 수 있다.

12

연속 잠재 변수

부록A

9장에서는 가우시안 혼합 분포와 같은 이산 잠재 변수를 가지는 확률 모델들에 대해 논의했었다. 이제는 몇몇 잠재 변수들 또는 모든 잠재 변수들이 연속적인 모델에 대해 살펴보도록 하자. 이런 모델을 사용해야 하는 중요한 이유 중 하나는, 많은 데이터 집합들이 원 데이터 집합 공간의 차원보다 훨씬 더 낮은 차원의 매니폴드에 모든 데이터 포인트들이 가깝게 놓이는 성질을 가지기 때문이다. 왜 이런 일이 발생하는지 살펴보기 위해서 다음의 예시를 고려해 보자. 64×64픽셀의 그레이 레벨로 표현되는 숫자 이미지를 100×100 크기의 이미지에 삽입해 보자. 이때 남는 픽셀들은 0 값(흰색 픽셀)을 가지게 되며, 숫자를 삽입하는 위치와 방향은 랜덤하다. 이에 대해서는 그림 12.1에 그려져 있다. 이 결과로 얻게 되는 각각의 이미지는 100×100 = 10,000 차원의 데이터 공간으로 표현된다. 하지만 이러한 이미지들의 데이터 집합상에는 오직 세 개의 변동 가능한 **자유도**(*degree of freedom*)만이 존재한다. 바로 수직 이동, 수평 이동, 회전 이동의 세 가지다. 따라서 각각의 데이터 포인트들은 실 데이터 공간의 부분 공간상에 존재하게 된다. 이때 이 부분 공간의 **내재적 차원**(*intrinsic dimensionality*)은 3이다.

이 경우 매니폴드는 비선형이다. 예를 들어 우리가 하나의 숫자를 특정 픽셀 위를 지나도록 이동시킨다면 그 픽셀의 값은 0(흰색)에서 1(검은색)이 되었다가 다시 0으로 돌아갈 것이다. 이는 명백히 숫자의 위치에 대한 비선형 함수다. 이 예시에서 이동과 회전 매개변수들은 잠재 변수들이다. 왜냐하면 우리가 관측하게 되는 것은 오직 이미지 벡터들뿐인데, 이 관측값이 생성되

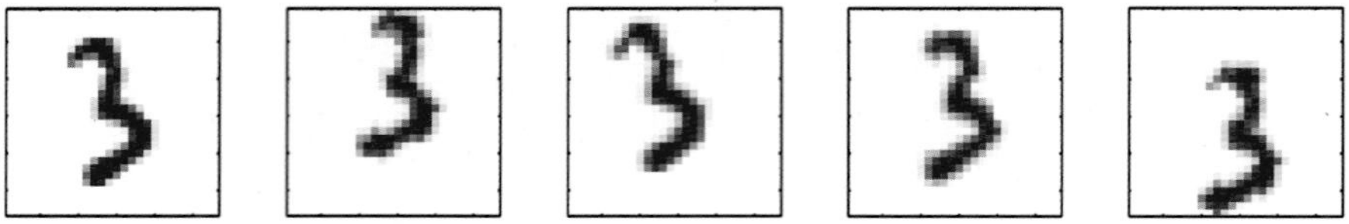

그림 12.1 손으로 쓴 숫자 이미지 하나를 더 큰 이미지 필드상의 랜덤한 위치에 랜덤한 각도로 복사해 넣어 만든 인공 데이터 집합. 결과로 얻게 된 이미지는 각각이 $100 \times 100 = 10,000$픽셀들을 가진다.

는 데 있어서 어떤 이동 변수나 회전 변수들이 사용되었는지 알 수 없기 때문이다.

실제 숫자 이미지 데이터의 경우에는 척도 변환에 따른 추가적인 자유도가 존재할 것이다. 또한, 개개인의 손글씨의 차이에 따른 더 복잡한 변환과 사람마다 글씨 쓰는 스타일의 차이에 따른 추가적인 몇몇 자유도가 존재할 수 있다. 그럼에도 불구하고 이러한 자유도의 정도는 데이터 집합의 원 차원수에 비해서는 작을 것이다.

부록 A 석유 흐름 데이터 집합을 바탕으로 한 다른 예시를 살펴보도록 하자. 이 데이터 집합에서는 (가스, 물, 오일의 상태에 대한 기하학적 배열이 주어진 상황에서) 단지 두 개의 자유도만이 존재하게 된다. 바로 파이프 내부의 오일의 비율과 파이프 내부의 물 비율이다. 가스의 비율은 이 둘로부터 결정되기 때문에 자유도에 포함되지 않는다. 원 데이터 공간은 12개의 측량값을 바탕으로 이루어져 있지만, 데이터 포인트들은 이 공간에 포함되어 있는 이차원 매니폴드 근처에 놓여 있게 될 것이다. 이 경우에 매니폴드는 각각의 서로 다른 흐름의 방식에 따른 별개의 부분들을 바탕으로 구성될 것이며, 각 부분들은 (노이즈가 포함된) 연속적인 이차원 매니폴드일 것이다. 만약 우리의 목표가 데이터를 압축하는 것이거나 밀도를 모델하는 것이라면 이 매니폴드의 구조를 활용할 수 있다.

실전에서는 데이터 포인트들이 매끄러운 저차원 매니폴드에 정확하게 국한되어 있지는 않을 것이다. 이 경우 매니폴드로부터 떨어져 있는 데이터 포인트들을 '노이즈'로 해석할 수 있다. 이를 바탕으로 자연스럽게 생성적 관점의 모델을 고려해 볼 수 있다. 이 경우 우선 어떤 잠재 변수 분포에 따라서 매니폴드상의 포인트들을 선택하게 된다. 그리고 여기에 노이즈를 추가해서 관측 데이터 포인트들을 생성한다. 이때 관측 포인트들은 잠재 변수들이 주어졌을 때의 데이터 변수에 대한 조건부 분포로부터 추출된다.

8.1.4절 가장 단순한 연속 잠재 변수 모델에서는 잠재 변수와 관측 변수가 둘 다 가우시안 분포를 이룬다고 가정하고 잠재 변수들의 상태에 대한 관측 변수들의 선형 가우시안 종속성을 사용한다. 이를 바탕으로 잘 알려진 테크닉인 **PCA**(*principal component analysis*, 주 성분 분석)를 도출할 수 있다. 또한, 이와 연관된 **인자 분석**(*factor analysis*) 모델도 얻을 수 있다.

12.1절

12.2절

12.4절

이 장에서는 우선 표준적인 비확률적 PCA에 대해 살펴본다. 그 다음으로는 특정 형태의 선형 가우시안 잠재 변수 모델의 최대 가능도 해로부터 PCA가 자연스럽게 도출되는 과정을 살펴볼 것이다. 확률적인 PCA는 많은 장점을 가지고 있다. 이를 바탕으로 하면 매개변수 추정에 EM을 활용할 수 있으며, PCA 혼합 모델로 확장하는 것도 가능하다. 그리고 이로부터 데이터를 통해 주성분의 숫자를 자동으로 결정하는 베이지안 방법론도 도출할 수 있다. 마지막으로, 선형 가우시안 가정을 넘어서는 일반화된 잠재 변수의 콘셉트에 대해 살펴볼 것이다. 여기에는 비가우시안 잠재 변수들이 포함된다. 이를 바탕으로 하면 **개별 성분 분석**(*independent component analysis*) 방법론을 도출할 수 있으며, 잠재 변수와 관측 변수들 사이의 관계가 비선형인 모델도 구할 수 있다.

12.1 PCA

PCA(주 성분 분석)는 차원수 감소, 손실 허용 데이터 압축, 특징 추출, 데이터 시각화(Jolliffee, 2002) 등의 여러 분야에서 사용되는 테크닉이다. 이 테크닉은 **카루넨-루베**(*Karhunen-Loève*) 변환이라는 이름으로도 알려져 있다.

PCA에 대한 서로 다른 두 가지 정의가 있으며, 이 둘은 결과적으로 같은 알고리즘을 도출하게 된다. 첫 번째는 데이터를 **주 부분 공간**(*principal subspace*)이라고 하는 더 낮은 선형 공간에 직교 투영하는 과정으로 PCA를 정의하는 것이다. 이때 투영 과정은 투영된 데이터의 분산이 최대화되는 방향으로 이루어져야 한다(Hotelling, 1933). 이와 동등한 또 다른 정의는 평균 투영 비용을 최소화하는 선형 투영으로 PCA를 정의하는 것이다. 이 경우 평균 투영 비용은 데이터 포인트와 그 투영체 간의 평균 제곱 거리로 정의된다(Pearson, 1901). 직교 투영의 과정이 그림 12.2에 그려져 있다. 각각의 정의를 순서대로 살펴보도록 하자.

그림 12.2   PCA 과정에서 찾게 되는 주 부분 공간이 자주색으로 그려져 있다. 주 부분 공간은 데이터 포인트들(빨간색)의 부분 공간에 대한 직교 투영(녹색)의 분산이 최대가 되는 공간이다. 또 다른 PCA의 정의는 파란 선으로 나타난 투영 오류의 제곱합을 최소화하는 것을 기반으로하고 있다.

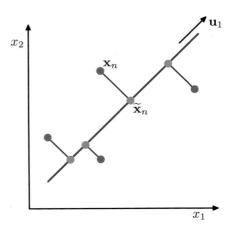

12.1.1 최대 분산 공식화

관측 데이터 집합 $\{\mathbf{x}_n\}$을 고려해 보자. 이때 $n = 1, \ldots, N$이고 $\mathbf{x}_n$은 차원수 D를 가지는 유클리드 변수다. 우리의 목표는 데이터를 $M < D$의 차원수를 가지는 공간상에 투영하는 것이다. 이때 투영된 데이터의 분산이 최대화되도록 하고 싶다. 일단, 현재로서는 M 값이 주어졌다고 가정하자. 이 장의 나중 부분에서는 데이터로부터 적절한 M 값을 찾아내는 테크닉에 대해서도 살펴볼 것이다.

일단 첫 번째로 일차원 공간($M = 1$)에 투영하는 경우를 고려해 보자. 이 공간의 방향을 D차원 벡터 $\mathbf{u}_1$으로 정의할 수 있다. 편의를 위해서 단위 벡터를 사용할 것이다. 즉, $\mathbf{u}_1^\mathrm{T}\mathbf{u}_1 = 1$이다. 우리가 필요로 하는 것은 $\mathbf{u}_1$에 의해 정의되는 방향이기 때문에 이렇게 임의의 크기를 가지는 벡터를 사용한다 해도 일반성을 잃지 않을 수 있다. 각각의 데이터 포인트 $\mathbf{x}_n$은 스칼라값 $\mathbf{u}_1^\mathrm{T}\mathbf{x}_n$에 투영된다. 투영된 데이터의 평균값은 $\mathbf{u}_1^\mathrm{T}\bar{\mathbf{x}}$다. 이때 $\bar{\mathbf{x}}$는 다음처럼 주어지는 표본 집합 평균이다.

$$\bar{\mathbf{x}} = \frac{1}{N}\sum_{n=1}^{N}\mathbf{x}_n \qquad \text{(식 12.1)}$$

그리고 투영된 데이터의 분산은 다음처럼 주어지게 된다.

$$\frac{1}{N}\sum_{n=1}^{N}\left\{\mathbf{u}_1^\mathrm{T}\mathbf{x}_n - \mathbf{u}_1^\mathrm{T}\bar{\mathbf{x}}\right\}^2 = \mathbf{u}_1^\mathrm{T}\mathbf{S}\mathbf{u}_1 \qquad \text{(식 12.2)}$$

여기서 $\mathbf{S}$는 데이터 공분산 행렬로서 다음처럼 주어진다.

$$\mathbf{S} = \frac{1}{N}\sum_{n=1}^{N}(\mathbf{x}_n - \bar{\mathbf{x}})(\mathbf{x}_n - \bar{\mathbf{x}})^\mathrm{T} \qquad \text{(식 12.3)}$$

이제 투영된 분산 $\mathbf{u}_1^\mathrm{T}\mathbf{S}\mathbf{u}_1$을 $\mathbf{u}_1$에 대해 극대화해 보자. $\|\mathbf{u}_1\| \to \infty$를 방지하기 위해서 이 극대화에는 제약 조건이 필요하다. 정규화 조건 $\mathbf{u}_1^\mathrm{T}\mathbf{u}_1 = 1$로부터 적절한 제약 조건을 얻을 수 있다. 이 제약 조건을 강제하기 위해서 라그랑주 승수를 도입하자. 여기서는 이 라그랑주 승수를 λ_1이라 할 것이다.   그리고 이를 바탕으로 다음의 제약 조건 없는 최대화를 시행하면 된다.

부록E

$$\mathbf{u}_1^\mathrm{T}\mathbf{S}\mathbf{u}_1 + \lambda_1\left(1 - \mathbf{u}_1^\mathrm{T}\mathbf{u}_1\right) \qquad \text{(식 12.4)}$$

$\mathbf{u}_1$에 대한 미분을 0으로 설정하면 이 값이 다음의 경우에 임계점을 가지게 된다는 것을 알 수 있다.

$$\mathbf{S}\mathbf{u}_1 = \lambda_1 \mathbf{u}_1 \qquad\qquad \text{(식 12.5)}$$

이는 $\mathbf{u}_1$이 S의 고유 벡터라는 것을 의미한다. 왼쪽에 $\mathbf{u}_1^{\mathrm{T}}$를 곱하고 $\mathbf{u}_1^{\mathrm{T}}\mathbf{u}_1 = 1$이라는 사실을 이용하면 분산이 다음과 같이 주어진다는 것을 알 수 있다.

$$\mathbf{u}_1^{\mathrm{T}}\mathbf{S}\mathbf{u}_1 = \lambda_1 \qquad\qquad \text{(식 12.6)}$$

$\mathbf{u}_1$을 가장 큰 고윳값 λ_1을 가지는 고유 벡터로 설정하면 최대의 분산을 가지게 된다. 이 고유 벡터를 제1주성분이라 한다.

이미 고려했던 방향들에 대해 직교하는 모든 가능한 방향들 중에서 투영된 분산값이 가장 최대인 새로운 방향을 연속적으로 고려하는 방식을 이용해서 점진적으로 추가 주성분을 구할 수 있다. 일반적인 케이스인 M차원 투영 공간의 경우 투영된 데이터의 분산이 최대화되는 최적의 선형 투영은 데이터의 공분산 행렬 S의 가장 큰 M개의 고윳값 $\lambda_1, \ldots, \lambda_M$에 해당하는 M개의 고유 벡터 $\mathbf{u}_1, \ldots, \mathbf{u}_M$으로 정의된다. 귀납적 증명을 통해 이를 쉽게 증명할 수 있다.

연습문제 12.1

요약하자면, PCA 과정은 데이터 집합의 평균 $\bar{\mathbf{x}}$와 공분산 행렬 S를 계산하고 S의 가장 큰 M개의 고윳값들에 해당하는 M개의 고유 벡터들을 찾는 과정을 포함한다. 고유 벡터와 고윳값을 찾는 알고리즘과 고윳값 분해와 관련된 추가적인 정리들은 Golub and Van Loan(1996)에서 찾을 수 있다. $D \times D$ 크기의 행렬의 전체 고유 벡터 분해를 계산하는 데 드는 계산 비용은 $O(D^3)$에 해당한다. 만약 우리의 데이터를 첫 번째 M개의 주성분에 투영할 계획이라면 첫 번째 M개의 고윳값과 고유 벡터들만을 찾으면 된다. 더 효율적인 테크닉을 활용해서 이를 달성할 수 있다. 이런 방법들 중 하나인 **멱방법**(*power method*)(Golub and Van Loan, 1996)의 계산 비용은 $O(MD^2)$이다. 또 다른 방법으로는 EM 알고리즘을 사용하는 것이 있다.

12.2.2절

12.1.2 최소 오류 공식화

투영 오류를 최소화하는 방식을 기반으로 하는 PCA의 다른 공식화에 대해 논의해 보자. 이를 위해서 완전히 정규직교하는 D차원의 기저 벡터들 $\{\mathbf{u}_i\}$를 도입해 보자. 이때 $i = 1, \ldots, D$이며, 이 벡터들은 다음을 만족한다.

부록 C

$$\mathbf{u}_i^{\mathrm{T}}\mathbf{u}_j = \delta_{ij} \qquad\qquad \text{(식 12.7)}$$

이 기저들은 완전하다. 따라서 각 데이터 포인트들을 이 기저 벡터들의 선형 결합으로 정확하게 표현할 수 있다.

$$\mathbf{x}_n = \sum_{i=1}^{D} \alpha_{ni}\mathbf{u}_i \qquad \text{(식 12.8)}$$

여기서 계수 α_{ni}는 각 데이터 포인트에 대해서 다른 값이 될 것이다. 이는 단순히 $\{\mathbf{u}_i\}$에 의해 정의되는 새 시스템으로 좌표계를 회전 변환시키는 것에 해당한다. 이때 원래의 D 성분들인 $\{x_{n1}, \ldots, x_{nD}\}$들은 $\{\alpha_{n1}, \ldots, \alpha_{nD}\}$로 교체된다. $\mathbf{u}_j$와 내적을 진행한 후 정규직교 성질을 이용하면 $\alpha_{nj} = \mathbf{x}_n^\mathrm{T}\mathbf{u}_j$를 얻게 된다. 일반성을 잃지 않은 채로 다음과 같이 적을 수 있다.

$$\mathbf{x}_n = \sum_{i=1}^{D} \left(\mathbf{x}_n^\mathrm{T}\mathbf{u}_i \right) \mathbf{u}_i \qquad \text{(식 12.9)}$$

우리의 목표는 이 데이터 포인트들을 제한된 수 $M < D$개의 변수들을 이용해서 근사하는 것이다. 이는 저차원 부분 공간으로의 투영에 해당한다. 일반성을 잃지 않은 채로 첫 번째 M개의 기저 벡터들을 이용해서 M차원 선형 부분 공간을 표현할 수 있다. 이때 각 데이터 포인트 $\mathbf{x}_n$을 다음과 같이 근사할 수 있다.

$$\widetilde{\mathbf{x}}_n = \sum_{i=1}^{M} z_{ni}\mathbf{u}_i + \sum_{i=M+1}^{D} b_i\mathbf{u}_i \qquad \text{(식 12.10)}$$

여기서 $\{z_{ni}\}$는 특정 데이터 포인트에 대해 종속적인 반면 $\{b_i\}$는 모든 데이터 포인트들에 대해 동일한 상수다. $\{\mathbf{u}_i\}$, $\{z_{ni}\}$, $\{b_i\}$ 값은 차원을 줄임으로 인해서 발생할 수 있는 왜곡도를 감소시키는 방향으로 자유롭게 선택할 수 있다. 왜곡도를 측정하기 위해서는 원래의 데이터 포인트 $\mathbf{x}_n$과 그 근사치 $\widetilde{\mathbf{x}}_n$ 간의 제곱 거리를 전체 데이터 집합에 대해 평균낸 값을 사용할 것이다. 결과적으로 여기서의 목표는 다음을 최소화하는 것이 된다.

$$J = \frac{1}{N} \sum_{n=1}^{N} \| \mathbf{x}_n - \widetilde{\mathbf{x}}_n \|^2 \qquad \text{(식 12.11)}$$

먼저 각각의 $\{z_{ni}\}$ 값에 대한 최소화를 고려해 보자. $\widetilde{\mathbf{x}}_n$을 치환하고 z_{nj}에 대한 미분값을 0으로 설정한 후 정규직교 조건을 사용하면 다음을 구할 수 있다.

$$z_{nj} = \mathbf{x}_n^\mathrm{T}\mathbf{u}_j \qquad \text{(식 12.12)}$$

여기서 $j = 1, \ldots, M$이다. 이와 비슷하게 J의 b_i에 대한 미분값을 0으로 놓고 다시 한 번 정규직교 관련성을 활용하면 다음을 얻을 수 있다.

$$b_j = \overline{\mathbf{x}}^\mathrm{T}\mathbf{u}_j \qquad \text{(식 12.13)}$$

여기서 $j = M + 1, \ldots, D$다. 여기서 z_{ni}와 식 12.10의 b_i를 대입해 넣고 식 12.9의 일반 전개 식을 사용하면 다음을 얻게 된다.

$$\mathbf{x}_n - \widetilde{\mathbf{x}}_n = \sum_{i=M+1}^{D} \left\{ (\mathbf{x}_n - \overline{\mathbf{x}})^{\mathrm{T}} \mathbf{u}_i \right\} \mathbf{u}_i \qquad \text{(식 12.14)}$$

이로부터 $\mathbf{x}_n$에서 $\widetilde{\mathbf{x}}_n$으로의 이동 벡터는 주 부분 공간에 직교하는 공간상에 존재함을 알 수 있다. 왜냐하면 이 이동 벡터들은 $i = M + 1, \ldots, D$에 대한 $\{\mathbf{u}_i\}$의 선형 결합이기 때문이다. 이에 대해 그림 12.2에서 확인할 수 있다. 이는 예상할 수 있었던 일이다. 투영된 포인트들 $\widetilde{\mathbf{x}}_n$은 주 부분 공간상에 놓여 있어야 하지만, 부분 공간 내에서는 자유롭게 이동시킬 수 있다. 따라서 직교 투영의 경우에 최소 오류를 달성할 수 있게 된다.

이 경우에 왜곡도 J를 순전히 $\{\mathbf{u}_i\}$의 함수로 다음과 같이 표현할 수 있다.

$$J = \frac{1}{N} \sum_{n=1}^{N} \sum_{i=M+1}^{D} \left(\mathbf{x}_n^{\mathrm{T}} \mathbf{u}_i - \overline{\mathbf{x}}^{\mathrm{T}} \mathbf{u}_i \right)^2 = \sum_{i=M+1}^{D} \mathbf{u}_i^{\mathrm{T}} \mathbf{S} \mathbf{u}_i \qquad \text{(식 12.15)}$$

남은 일은 이제 J를 $\{\mathbf{u}_i\}$에 대해 최소화하는 것이다. 이 최소화 과정은 제약 조건하의 최소화 과정이어야 한다. 그렇지 않으면 $\mathbf{u}_i = 0$이라는 무의미한 결과를 얻게 될 것이기 때문이다. 여기서의 제약 조건은 정규직교 조건으로부터 기인하게 된다. 곧 살펴보게 될 것처럼 이 경우의 해는 공분산 행렬의 고유 벡터 전개로 표현될 것이다. 정식적인 해를 고려하기 이전에 이차원 데이터 공간 $D = 2$, 일차원 주 부분 공간 $M = 1$의 예시를 바탕으로 직관적인 관찰을 해보자. $J = \mathbf{u}_2^{\mathrm{T}} \mathbf{S} \mathbf{u}_2$를 최소화하는 방향 $\mathbf{u}_2$를 선택해야 한다. 그리고 이 과정에서 정규화 제약 조건 $\mathbf{u}_2^{\mathrm{T}} \mathbf{u}_2 = 1$을 만족시켜야 한다. 라그랑주 승수 λ_2를 이용해서 이 제약 조건을 강제하면 다음 식의 최소화를 고려할 수 있다.

$$\widetilde{J} = \mathbf{u}_2^{\mathrm{T}} \mathbf{S} \mathbf{u}_2 + \lambda_2 \left(1 - \mathbf{u}_2^{\mathrm{T}} \mathbf{u}_2 \right) \qquad \text{(식 12.16)}$$

$\mathbf{u}_2$에 대한 미분값을 0으로 설정하면 $\mathbf{S} \mathbf{u}_2 = \lambda_2 \mathbf{u}_2$를 얻게 된다. 따라서 $\mathbf{u}_2$는 $\mathbf{S}$의 고유 벡터 이며, 해당 고윳값은 λ_2다. 결과적으로 모든 고유 벡터들은 왜곡도의 임계점을 정의하게 된다. 최솟값에서의 J 값을 구하기 위해서는 $\mathbf{u}_2$에 대한 해를 왜곡도 식에 역으로 대입해 넣어야 한다. 그 결과로 $J = \lambda_2$를 얻게 된다. 즉, 두 개의 고윳값들 중 작은 고윳값에 해당하는 고유 벡터로 $\mathbf{u}_2$를 선택함으로써 J의 최솟값을 달성할 수 있다. 따라서 더 큰 고윳값을 가지는 고유 벡터와 정렬되도록 주 부분 공간을 선택해야 한다. 이는 제곱 투영 거리의 평균값을 최소화하기 위해서는 주성분 부분 공간이 데이터 포인트들의 평균을 통과하도록하고 최대 분산의 방향과 정렬되도록 해야 한다는 우리의 직관과 일치한다. 고윳값들이 같은 경우에는 어떤 주 방향

을 선택하던 같은 J 값을 얻게 될 것이다.

연습문제 12.2

$\{\mathbf{u}_i\}$를 공분산 행렬의 고유 벡터로 선택함으로써 임의의 D 값과 임의의 $M < D$ 값에 대한 J의 최소화 일반 해를 얻을 수 있다.

$$\mathbf{S}\mathbf{u}_i = \lambda_i \mathbf{u}_i \tag{식 12.17}$$

여기서 $i = 1, \ldots, D$이며 고유 벡터 $\{\mathbf{u}_i\}$들은 정규직교하도록 선택되었다. 이에 해당하는 왜곡도는 다음과 같이 주어진다.

$$J = \sum_{i=M+1}^{D} \lambda_i \tag{식 12.18}$$

이는 주 부분 공간에 대해 직교하는 고유 벡터들에 해당하는 고윳값들의 합이다. $D - M$개의 가장 작은 고윳값들을 가지는 고유 벡터들을 선택함으로써 J의 최솟값을 구할 수 있었다. 즉, 주 부분 공간을 정의하는 고유 벡터들은 가장 큰 M개의 고윳값에 해당하는 것들이다.

지금까지 $M < D$인 경우만을 고려하였다. 하지만 PCA에 대한 여기서의 분석은 $M = D$인 경우에도 여전히 유효하다. 이 경우에는 차원 감소는 없으며, 단지 좌표축들을 회전시켜서 주성분들에 정렬되도록 하는 것에 해당한다.

마지막으로, 이와 매우 유사한 선형 차원 감소 테크닉인 **표준 상관 분석**(*canonical correlation analysis, CCA*)(Hotelling, 1936; Bach and Jordan, 2002)을 언급하고 넘어가겠다. PCA는 단일 확률 변수를 다루는 반면, CCA는 두 개 또는 그 이상의 변수들을 고려하며 높은 교차 상관성값을 가지는 선형 부분 공간의 쌍들을 찾고자 한다. 즉, 부분 공간들 중 하나에 있는 각 성분들이 다른 부분 공간의 단일 성분들과 상관되는 부분 공간들의 쌍을 찾는 것이다. 이때의 해는 일반화된 고유 벡터 문제의 형태로 표현할 수 있다.

12.1.3 PCA의 적용

부록 A

손으로 쓴 숫자 글씨 데이터 집합을 바탕으로 PCA를 데이터 압축에 사용하는 사례를 살펴보도록 하자. 여기서는 숫자 3에 해당하는 이미지에 대해서만 고려할 것이다. 공분산 행렬의 각 고유 벡터들은 원래의 D차원 공간상의 벡터다. 따라서 고유 벡터들을 원래의 데이터 포인트와 같은 크기의 이미지로 표현할 수 있다. 첫 네 개의 고유 벡터와 그에 해당하는 고윳값들을 그림 12.3에 그려 두었다. 또한, 그림 12.4(a)에서는 전체 고윳값들의 스펙트럼을 감소하는 순으로 정렬한 도식을 확인할 수 있다. 특정 M 값을 선택하는 것과 연관되어 있는 왜곡도 J는 $M + 1$부터 D까지의 고윳값을 합산하는 것으로 주어진다. 서로 다른 M 값에 대한 J의 도식이 그림

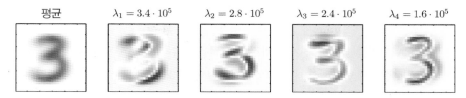

평균 $\lambda_1 = 3.4 \cdot 10^5$ $\lambda_2 = 2.8 \cdot 10^5$ $\lambda_3 = 2.4 \cdot 10^5$ $\lambda_4 = 1.6 \cdot 10^5$

그림 12.3   3에 대한 손글씨 숫자 데이터 집합에 대한 평균 벡터 $\bar{\mathbf{x}}$, PCA의 첫 네 고유 벡터 $\mathbf{u}_1, \ldots, \mathbf{u}_4$, 그리고 이에 해당하는 고윳값들을 그려 놓은 도식. 파란색은 양의 값, 하얀색은 0 값, 노란색은 음의 값에 해당한다.

12.4(b)에 그려져 있다.

식 12.12와 식 12.13을 식 12.10에 대입해 넣으면 데이터 벡터 $\mathbf{x}_n$의 PCA 근삿값을 다음의 형태로 적을 수 있다.

$$\widetilde{\mathbf{x}}_n = \sum_{i=1}^{M} (\mathbf{x}_n^{\mathrm{T}} \mathbf{u}_i) \mathbf{u}_i + \sum_{i=M+1}^{D} (\bar{\mathbf{x}}^{\mathrm{T}} \mathbf{u}_i) \mathbf{u}_i \qquad \text{(식 12.19)}$$

$$= \bar{\mathbf{x}} + \sum_{i=1}^{M} \left(\mathbf{x}_n^{\mathrm{T}} \mathbf{u}_i - \bar{\mathbf{x}}^{\mathrm{T}} \mathbf{u}_i \right) \mathbf{u}_i \qquad \text{(식 12.20)}$$

여기서 다음의 관계식을 활용하였다.

$$\bar{\mathbf{x}} = \sum_{i=1}^{D} \left(\bar{\mathbf{x}}^{\mathrm{T}} \mathbf{u}_i \right) \mathbf{u}_i \qquad \text{(식 12.21)}$$

이는 $\{\mathbf{u}_i\}$의 완전성에서부터 기인하는 것이다. 이 결과는 데이터 집합을 압축한 것에 해당한다. 왜냐하면 각 데이터 포인트들에 대해서 D차원의 벡터 $\mathbf{x}_n$을 $\left(\mathbf{x}_n^{\mathrm{T}} \mathbf{u}_i - \bar{\mathbf{x}}^{\mathrm{T}} \mathbf{u}_i\right)$를 성분으로 가지는 M차원 벡터로 치환하였기 때문이다. M의 값이 작을수록 압축 정도는 커지게 된다. 숫

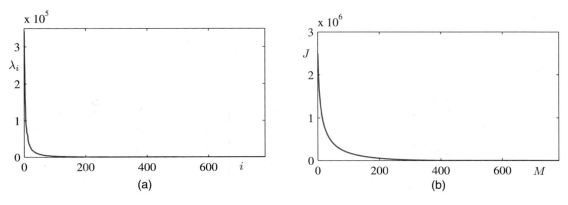

그림 12.4   (a) 3에 대한 손글씨 숫자 데이터 집합 고윳값들의 스펙트럼의 도식. (b) 버려지는 고윳값들의 합의 도식. 이는 데이터를 M차원의 주 부분 공간에 투영했을 때 발생하는 제곱합 왜곡도 J에 해당한다.

자 3에 대한 손글씨 데이터 집합에 PCA를 적용하여 재구성한 결과가 그림 12.5에 그려져 있다.

PCA 기법을 데이터 전처리 과정에도 적용할 수 있다. 이 경우의 PCA의 목적은 데이터 집합을 적절하게 변환해서 데이터의 특정 성질들을 표준화하는 것이다. 뒤따르는 패턴 인식 알고리즘들을 데이터 집합에 성공적으로 적용하기 위해서는 이 과정이 매우 중요할 수 있다. 일반적으로 원 변수들이 서로 다른 유닛에서 측정되었거나 아니면 매우 다른 변동성을 가지고 있을 때 이러한 전처리 과정을 사용하게 된다. 예를 들어, '오래된 믿음' 데이터 집합의 경우 일반적으로 분출 시간 사이의 간격이 분출이 일어난 시간의 길이에 비해 몇 단위가 넘게 더 크다. 앞에서 이 데이터에 K 평균 알고리즘을 적용할 때는 먼저 각각의 변수들에 대해 선형적 재척도화를 시행해서 각각의 변수들이 0 평균과 단위 분산을 가지도록 했었다. 이는 데이터의 **표준화** (*standardizing*)라고 알려진 전처리 방법이다. 표준화된 데이터의 공분산 행렬은 다음 성분들을 가지게 된다.

$$\rho_{ij} = \frac{1}{N} \sum_{n=1}^{N} \frac{(x_{ni} - \overline{x}_i)}{\sigma_i} \frac{(x_{nj} - \overline{x}_j)}{\sigma_j} \tag{식 12.22}$$

여기서 σ_i는 x의 표준 편차다. 이를 원 데이터의 **상관**(*correlation*) 행렬이라고 한다. 이 행렬은 데이터의 두 성분 x_i와 x_j가 완벽하게 상관되어 있을 경우에는 $\rho_{ij} = 1$ 값을, 완벽하게 상관이 없을 경우에는 $\rho_{ij} = 0$ 값을 가지게 된다.

하지만 PCA를 사용하면 마찬가지로 0 평균과 단위 분산을 가지면서도 각 변수들 간의 상관관계는 더 줄일 수 있는 방식의 정규화를 시행할 수 있다. 먼저 식 12.17의 고유 벡터식을 다음 형태로 적어 보자.

$$\mathbf{SU} = \mathbf{UL} \tag{식 12.23}$$

여기서 $\mathbf{L}$은 λ_i를 성분들로 가지는 $D \times D$의 대각 행렬이며, $\mathbf{U}$는 각각의 열이 $\mathbf{u}_i$인 직교 행렬이다. 그 다음으로는 각 데이터 포인트 $\mathbf{x}_n$에 다음의 변환을 적용한다.

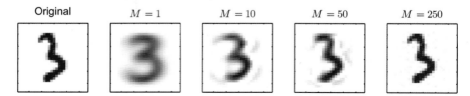

그림 12.5 손글씨 데이터 집합에서의 원 예시가 맨 왼쪽에 그려져 있다. 그리고 다양한 M 값에 대해서 PCA를 이용해서 재구성한 결과들을 그려 두었다. M의 값이 커짐에 따라서 재구성된 결과가 점점 더 정확해지는 것을 확인할 수 있다. $M = D = 28 \times 28 = 784$가 되면 완벽하게 정확한 재구성 결과가 나오게 될 것이다.

$$\mathbf{y}_n = \mathbf{L}^{-1/2}\mathbf{U}^{\mathrm{T}}(\mathbf{x}_n - \overline{\mathbf{x}}) \qquad \text{(식 12.24)}$$

여기서 $\overline{\mathbf{x}}$는 식 12.1에서 정의된 표본 평균이다. 집합 $\{\mathbf{y}_n\}$은 0 평균을 가지게 될 것이며, 그 공분산은 단위 행렬이 될 것이다. 그 이유는 다음 때문이다.

$$\frac{1}{N}\sum_{n=1}^{N}\mathbf{y}_n\mathbf{y}_n^{\mathrm{T}} = \frac{1}{N}\sum_{n=1}^{N}\mathbf{L}^{-1/2}\mathbf{U}^{\mathrm{T}}(\mathbf{x}_n - \overline{\mathbf{x}})(\mathbf{x}_n - \overline{\mathbf{x}})^{\mathrm{T}}\mathbf{U}\mathbf{L}^{-1/2}$$
$$= \mathbf{L}^{-1/2}\mathbf{U}^{\mathrm{T}}\mathbf{S}\mathbf{U}\mathbf{L}^{-1/2} = \mathbf{L}^{-1/2}\mathbf{L}\mathbf{L}^{-1/2} = \mathbf{I} \qquad \text{(식 12.25)}$$

이 연산을 일컬어 **화이트닝**(*whitening*) 또는 **구체화**(*sphereing*)라고 한다. 오래된 믿음 데이터에 이 과정을 적용한 결과가 그림 12.6에 그려져 있다.

4.1.4절에서 다뤘던 피셔 선형 판별과 PCA 과정을 비교해 보도록 하자. 두 방법 모두 선형적 차원 감소 테크닉에 해당한다. 하지만 PCA는 비지도적 방법이며 $\mathbf{x}_n$의 값에 대해서만 종속적인 반면, 피셔 선형 판별은 클래스 라벨 정보를 함께 활용해야 한다. 그림 12.7의 예시에서 이 차이점을 확인할 수 있다.

널리 사용되는 PCA의 또 다른 적용 사례는 바로 데이터 시각화다. 데이터 시각화에 PCA를 사용할 때는 각 데이터 포인트들을 이차원($M = 2$) 주 부분 공간에 투영한다. 그 결과 데이터 포인트 $\mathbf{x}_n$이 데카르트 좌표 $\mathbf{x}_n^{\mathrm{T}}\mathbf{u}_1$과 $\mathbf{x}_n^{\mathrm{T}}\mathbf{u}_2$에 그려지게 된다. 이때 $\mathbf{u}_1$은 가장 큰 고윳값에 대한 고유 벡터이고, $\mathbf{u}_2$는 두 번째로 큰 고윳값에 대한 고유 벡터다. 오일 흐름 데이터 집합에 대해 이 방식을 적용해서 그린 도식이 그림 12.8에 그려져 있다.

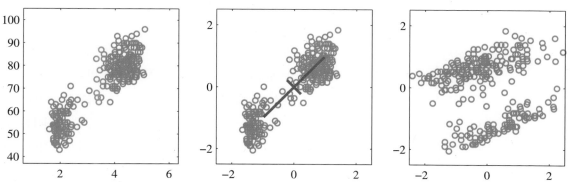

그림 12.6 오래된 믿음 데이터 집합에 선형 전처리 방식을 적용한 효과를 확인할 수 있는 도식이다. 왼쪽의 도식은 원 데이터를 그려 놓은 것이다. 가운데의 도식은 각각의 변수들을 0 평균과 단위 분산을 가지도록 표준화한 결과다. 또한, 이 도식에는 이 정규화된 데이터 집합의 주 축이 $\pm\lambda_i^{1/2}$의 범위에 대해 그려져 있다. 오른쪽의 도식은 화이트닝을 통해서 0 평균과 1 공분산을 가지도록 데이터를 변환한 결과다.

그림 12.7 선형 차원 감소 테크닉으로써의 PCA와 피셔 선형 판별을 비교한 도식. 여기서 데이터는 이차원이며, 빨간색과 파란색으로 표현한 두 클래스에 속해 있다. 각 테크닉을 이용해서 이 데이터들을 일차원에 투영한 것이다. PCA는 가장 분산이 큰 방향(자주색 선)을 선택하게 되는데, 그 결과 클래스 간에 심한 중첩이 발생하는 것을 볼 수 있다. 반면에 피셔 선형 분석은 클래스 라벨을 고려한다. 그 결과로 얻게 된 녹색 선은 클래스들을 분리하는 데 있어서 훨씬 용이하다.

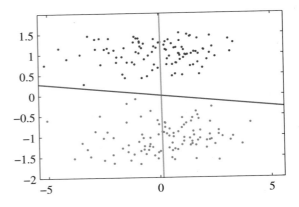

그림 12.8 오일 흐름 데이터를 첫 두 개의 주 성분에 투영해서 얻게 된 시각화 결과. 빨강, 파랑, 녹색 포인트들은 각각 '층상(laminar)', '균질(homogeneous)', '환형(annular)' 상태에 해당한다.

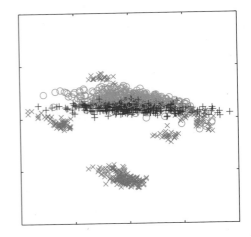

12.1.4 고차원 데이터에 대한 PCA

PCA를 적용하는 몇몇 경우에는 데이터 포인트의 숫자가 데이터 공간의 차원수보다 작은 경우가 있다. 예를 들어, 수백만 차원(이미지의 각 픽셀에 대해 세 개의 색상값이 있다고 했을 경우에 해당한다)을 가지는 이미지 데이터 수백 장에 PCA를 적용하고자 할 수 있다. $N < D$인 경우에 D 차원 공간상에서 포인트 N개의 집합에 대해 정의할 수 있는 부분 공간의 차원수는 가장 클 경우에도 $N - 1$이다. 따라서 $N - 1$보다 큰 M 값을 이용해서 PCA를 적용하는 것은 별로 효용이 없다. 실제로 PCA를 시행하면 최소한 $D - N + 1$개의 고윳값들이 0 값을 가진다는 것을 알 수 있다. 이는 고윳값 0에 해당하는 고유 벡터들의 방향에 대해서는 데이터 집합들이 0 분산을 가지게 된다는 의미다. 게다가 $D \times D$ 행렬의 고유 벡터를 찾는 보통의 알고리즘은 $O(D^3)$에 따라 비례하는 계산 비용을 가진다. 따라서 수백만 차원 이미지 예시와 같은 적용 사례의 경우에 PCA를 직접 적용하는 것은 계산적으로 실행 불가능하다.

이 문제를 다음과 같이 해결할 수 있다. 우선 n번째 행이 $(\mathbf{x}_n - \bar{\mathbf{x}})^{\mathrm{T}}$으로 주어지는 $(N \times D)$ 차원의 행렬 $\mathbf{X}$를 정의하자. 이 경우 식 12.3의 공분산 행렬을 $\mathbf{S} = N^{-1}\mathbf{X}^{\mathrm{T}}\mathbf{X}$로 적을 수 있다. 그리고 이에 해당하는 고유 벡터식은 다음이 된다.

$$\frac{1}{N}\mathbf{X}^{\mathrm{T}}\mathbf{X}\mathbf{u}_i = \lambda_i\mathbf{u}_i \qquad \text{(식 12.26)}$$

양변의 앞에 $\mathbf{X}$를 곱하면 다음을 얻게 된다.

$$\frac{1}{N}\mathbf{X}\mathbf{X}^{\mathrm{T}}(\mathbf{X}\mathbf{u}_i) = \lambda_i(\mathbf{X}\mathbf{u}_i) \qquad \text{(식 12.27)}$$

$\mathbf{v}_i = \mathbf{X}\mathbf{u}_i$를 정의하자. 그러면 다음을 얻게 된다.

$$\frac{1}{N}\mathbf{X}\mathbf{X}^{\mathrm{T}}\mathbf{v}_i = \lambda_i\mathbf{v}_i \qquad \text{(식 12.28)}$$

이는 $N \times N$ 차원 행렬 $N^{-1}\mathbf{X}\mathbf{X}^{\mathrm{T}}$의 고유 벡터식에 해당한다. 이 행렬이 원래의 공분산 행렬과 같은 $N - 1$개의 고윳값을 가진다는 것을 알 수 있다(원 공분산 행렬은 $D - N + 1$개의 0 고윳값을 추가로 가지고 있었다). 따라서 저차원 공간에서의 고유 벡터 문제를 $O(D^3)$ 대신에 $O(N^3)$의 비용으로 풀 수 있다. 고유 벡터를 찾아내기 위해서는 식 12.28의 양변에 $\mathbf{X}^{\mathrm{T}}$를 곱해 보자.

$$\left(\frac{1}{N}\mathbf{X}^{\mathrm{T}}\mathbf{X}\right)(\mathbf{X}^{\mathrm{T}}\mathbf{v}_i) = \lambda_i(\mathbf{X}^{\mathrm{T}}\mathbf{v}_i) \qquad \text{(식 12.29)}$$

이로부터 $(\mathbf{X}^{\mathrm{T}}\mathbf{v}_i)$가 고윳값 λ_i에 해당하는 $\mathbf{S}$의 고유 벡터임을 알 수 있다. 하지만 이 고유 벡터들은 정규화되어 있지 않다. 적절한 정규화를 결정하기 위해서는 $\mathbf{u}_i \propto \mathbf{X}^{\mathrm{T}}\mathbf{v}_i$를 상수를 이용해서 $\|\mathbf{u}_i\| = 1$이 되도록 재척도화를 시행해야 한다. 이는 $\mathbf{v}_i$이 단위 길이로 정규화되었다는 가정하에 다음과 같다.

$$\mathbf{u}_i = \frac{1}{(N\lambda_i)^{1/2}}\mathbf{X}^{\mathrm{T}}\mathbf{v}_i \qquad \text{(식 12.30)}$$

요약하자면 이 방법을 적용하기 위해서는 먼저 $\mathbf{X}\mathbf{X}^{\mathrm{T}}$를 계산한 후 이 행렬의 고유 벡터와 고윳값을 찾고 여기에 식 12.30을 적용해서 원 데이터 공간에서의 고유 벡터를 계산해야 한다.

12.2 확률적 PCA

앞에서 살펴본 PCA는 원 데이터 공간보다 더 작은 차원수를 가지는 부분 공간에 데이터를 선형으로 투영하는 것을 기반으로 했었다. 이제 확률적 잠재 변수 모델의 최대 가능도 해로 PCA를 표현하는 방법에 대해 살펴보도록 하자. 이를 **확률적**(*probabilistic*) *PCA*라 한다. 확률적 PCA는 기존의 PCA에 대해 몇몇 장점을 가지고 있다.

- 확률적 PCA는 제약된 형태의 가우시안 분포를 표현한다. 이를 통해서 데이터 집합상의 주된 상관관계들을 표현하면서도 모델의 자유 매개변수의 숫자를 제약할 수 있다.

- 확률적 PCA를 바탕으로 하면 PCA를 계산하기 위한 EM 알고리즘을 도출할 수 있다. 앞에서부터 몇 개의 고유 벡터만 계산하면 될 경우에 EM 알고리즘을 효과적으로 사용할 수 있다. 이 EM 알고리즘을 사용하면 중간 단계로써 필요했던 데이터 공분산 계산 과정을 생략할 수 있다. 12.2.2절

- 확률적 모델과 EM을 조합해서 사용하면 데이터 집합에서 누락된 값(missing value)들을 다룰 수 있게 된다.

- 원칙에 입각한 방식으로 확률적 PCA의 혼합 모델을 구성하는 것이 가능하다. 그리고 EM 알고리즘을 통해 이 모델을 훈련시킬 수 있다.

- 확률적 PCA는 데이터에서 자동적으로 주 부분 공간의 차원수를 찾아낼 수 있는 베이지안 PCA의 기반이 된다. 12.2.3절

- 가능도 함수가 존재하기 때문에 다른 확률 밀도 모델과 직접적으로 비교하는 것이 가능하다. 이와는 대조적으로, 기존 PCA는 훈련 데이터들로부터는 먼 곳에 위치하지만, 주 부분 공간에는 가깝게 위치한 데이터 포인트들에 대해 낮은 재구성 비용을 부여하게 된다.

- 클래스 조건부 밀도를 모델하는 데 확률적 PCA를 사용할 수 있다. 따라서 분류 문제에 적용할 수도 있다.

- 확률적 PCA 모델을 생성적으로 실행해서 분포로부터의 표본 추출을 시행할 수 있다.

PCA를 확률적으로 구성하는 것은 Tipping and Bishop(1997, 1999b)과 Roweis(1998)에 의해 개별적으로 제안되었다. 확률적 PCA 모델은 뒤에서 살펴보게 될 **인자 분석**(*factor analysis*)(Basilevsky, 1994)과 밀접하게 연관되어 있다.

8.1.4절 확률적 PCA 모델은 선형 가우시안 방법론의 한 예시에 해당한다. 선형 가우시안 방법론상에

서는 모든 주변 분포와 조건부 분포가 가우시안 분포다. 확률적 PCA를 구성하기 위해서 우선 주성분 부분 공간에 해당하는 명시적인 잠재 변수 $\mathbf{z}$를 도입하도록 하자. 그 다음으로는 잠재 변수에 대한 가우시안 사전 분포 $p(\mathbf{z})$와 잠재 변수에 대한 관측 변수 $\mathbf{x}$의 가우시안 조건부 분포 $p(\mathbf{x}|\mathbf{z})$를 도입하자. $\mathbf{z}$에 대한 사전 분포는 0 평균과 단위 공분산을 가지는 가우시안 분포로 설정할 것이다.

$$p(\mathbf{z}) = \mathcal{N}(\mathbf{z}|\mathbf{0}, \mathbf{I}) \tag{식 12.31}$$

이와 비슷하게 잠재 변수 $\mathbf{z}$에 대한 관측 변수 $\mathbf{x}$의 조건부 분포도 가우시안이며 그 형태는 다음과 같다.

$$p(\mathbf{x}|\mathbf{z}) = \mathcal{N}(\mathbf{x}|\mathbf{W}\mathbf{z} + \boldsymbol{\mu}, \sigma^2\mathbf{I}) \tag{식 12.32}$$

8.2.2절

여기서 $\mathbf{x}$의 평균은 $D \times M$ 차원의 행렬 $\mathbf{W}$와 D차원의 벡터 $\boldsymbol{\mu}$에 종속적인 $\mathbf{z}$의 일반적인 선형 함수에 해당한다. 이 함수를 $\mathbf{x}$의 원소에 대해서 인수분해할 수 있다. 다시 말하자면 이는 **나이브 베이즈 모델**(*naive Bayes model*)의 예시에 해당한다. 여기서 $\mathbf{W}$의 열들은 주 부분 공간에 해당하는 데이터 공간 내의 선형 부분 공간상에 걸쳐져 있다. 이 모델의 다른 매개변수는 스칼라 값 σ^2이다. 이 매개변수는 조건부 분포의 분산을 조절한다. $p(\mathbf{z})$가 0 평균과 단위 공분산을 가지는 가우시안 분포라고 가정해도 일반성을 잃지 않는다. 왜냐하면 더 일반적인 가우시안 분포를 사용하더라도 동일한 확률적 모델을 얻을 수 있을 것이기 때문이다.

연습문제 12.4

먼저 잠재 변숫값을 정하고 그 다음 이 잠재 변수에 대해 조건부인 관측 변수를 표집하는 방식의 생성적 모델로써 확률적 PCA 모델을 이해할 수 있다. 구체적으로 살펴보자면 D차원의 관측 변수 $\mathbf{x}$는 M차원의 잠재 변수 $\mathbf{z}$를 선형 변환하고 여기에 추가적인 가우시안 '노이즈'를 합산한 것으로 정의할 수 있다.

$$\mathbf{x} = \mathbf{W}\mathbf{z} + \boldsymbol{\mu} + \boldsymbol{\epsilon} \tag{식 12.33}$$

여기서 $\mathbf{z}$는 M차원의 가우시안 잠재 변수이며, $\boldsymbol{\epsilon}$는 D차원의 0 평균, $\sigma^2\mathbf{I}$ 분산의 가우시안 분포를 바탕으로 한 노이즈 변수다. 해당 생성 과정이 그림 12.9에 그려져 있다. 이 방법은 앞에서 살펴본 기존의 PCA와는 달리 잠재 공간으로부터 데이터 공간으로의 사상에 기반하고 있다. 잠시 후 베이지안 정리를 이용해서 데이터 공간에서 잠재 공간으로의 역(逆)사상을 구하는 것을 살펴보게 될 것이다.

최대 가능도 방법을 이용해서 매개변수 $\mathbf{W}$, $\boldsymbol{\mu}$, σ^2의 값을 구하고 싶다고 해보자. 가능도 함수를 적기 위해서는 관측 변수의 주변 분포 $p(\mathbf{x})$에 대한 식이 필요하다. 이 식은 확률의 합과 곱의 법칙에 따라서 다음의 형태로 적을 수 있다.

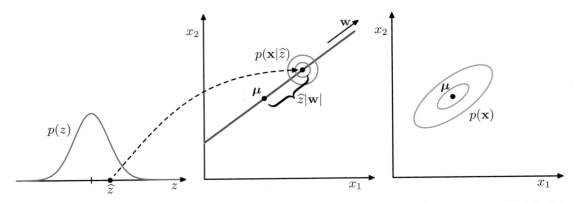

그림 12.9 확률적 PCA 모델의 생성적인 관점을 그린 도식. 데이터 공간은 이차원이며, 잠재 변수 공간은 일차원이다. 먼저 잠재 변수의 사전 분포 $p(z)$로부터 잠재 변숫값 $\widehat{z}$를 추출하고 그 다음 빨간색 원으로 표현된 평균 $\mathbf{w}\widehat{z} + \boldsymbol{\mu}$와 공분산 $\sigma^2 \mathbf{I}$의 등방 가우시안 분포로부터 $\mathbf{x}$ 값을 추출하는 식으로 관측된 데이터 포인트 $\mathbf{x}$를 생성할 수 있다. 녹색 타원은 주변 분포 $p(\mathbf{x})$의 밀도 윤곽선을 표현한 것이다.

$$p(\mathbf{x}) = \int p(\mathbf{x}|\mathbf{z})p(\mathbf{z})\,\mathrm{d}\mathbf{z}. \tag{식 12.34}$$

이는 선형 가우시안 모델에 해당하기 때문에 주변 분포는 다시금 가우시안이다. 다음처럼 주어진다.

연습문제 12.7

$$p(\mathbf{x}) = \mathcal{N}(\mathbf{x}|\boldsymbol{\mu}, \mathbf{C}) \tag{식 12.35}$$

여기서 $D \times D$ 공분산 행렬 $\mathbf{C}$는 다음과 같이 정의된다.

$$\mathbf{C} = \mathbf{W}\mathbf{W}^{\mathrm{T}} + \sigma^2 \mathbf{I}. \tag{식 12.36}$$

사전 분포가 가우시안이라는 점을 바탕으로 식 12.33을 이용해서 그 평균과 공분산을 구하는 방식으로 해당 결과를 도출할 수도 있다.

$$
\begin{aligned}
\mathbb{E}[\mathbf{x}] &= \mathbb{E}[\mathbf{W}\mathbf{z} + \boldsymbol{\mu} + \boldsymbol{\epsilon}] = \boldsymbol{\mu} & \text{(식 12.37)} \\
\mathrm{cov}[\mathbf{x}] &= \mathbb{E}\left[(\mathbf{W}\mathbf{z} + \boldsymbol{\epsilon})(\mathbf{W}\mathbf{z} + \boldsymbol{\epsilon})^{\mathrm{T}}\right] \\
&= \mathbb{E}\left[\mathbf{W}\mathbf{z}\mathbf{z}^{\mathrm{T}}\mathbf{W}^{\mathrm{T}}\right] + \mathbb{E}[\boldsymbol{\epsilon}\boldsymbol{\epsilon}^{\mathrm{T}}] = \mathbf{W}\mathbf{W}^{\mathrm{T}} + \sigma^2 \mathbf{I} & \text{(식 12.38)}
\end{aligned}
$$

여기서 $\mathbf{z}$와 $\boldsymbol{\epsilon}$는 독립적인 확률 변수들이기 때문에 서로 간에 상관관계가 없다는 점을 이용하였다.

직관적으로 보자면 분포 $p(\mathbf{x})$를 등방 가우시안 분포의 '스프레이 캔'으로 생각하고 이 캔이 주부분 공간을 따라가면서 σ^2에 의해 정의되는 밀도를 가지고 사전 분포에 따라 가중되는 가우시안 잉크를 뿌린다고 볼 수 있다. 이렇게 모인 잉크의 밀도는 '팬케이크' 모양의 분포를 보이게 된다. 이 분포가 주변 밀도 $p(\mathbf{x})$를 표현하게 되는 것이다.

예측 분포 $p(\mathbf{x})$는 매개변수 $\boldsymbol{\mu}$, $\mathbf{W}$, σ^2에 의해 조절된다. 하지만 이 매개변수화에는 잠재 공간 축의 회전에 따른 중복이 존재한다. 이를 확인하기 위해 행렬 $\widetilde{\mathbf{W}} = \mathbf{W}\mathbf{R}$을 고려해 보자. 여기서 $\mathbf{R}$은 직교 행렬이다. 직교성 $\mathbf{R}\mathbf{R}^{\mathrm{T}} = \mathbf{I}$를 이용하면 공분산 행렬 $\mathbf{C}$의 식에서 나타나는 $\widetilde{\mathbf{W}}\widetilde{\mathbf{W}}^{\mathrm{T}}$이 다음의 형태를 띠게 되는 것을 알 수 있다.

$$\widetilde{\mathbf{W}}\widetilde{\mathbf{W}}^{\mathrm{T}} = \mathbf{W}\mathbf{R}\mathbf{R}^{\mathrm{T}}\mathbf{W}^{\mathrm{T}} = \mathbf{W}\mathbf{W}^{\mathrm{T}} \tag{식 12.39}$$

이는 $\mathbf{R}$에 대해 독립적이다. 따라서 같은 예측 분포를 도출하게 되는 행렬 $\widetilde{\mathbf{W}}$가 여럿 존재하게 된다. 이 불변성은 잠재 공간의 회전을 바탕으로 이해할 수 있다. 이 모델의 독립적인 매개변수의 수에 대한 논의를 뒤에서 다시 진행할 것이다.

예측 분포를 계산할 때는 $\mathbf{C}^{-1}$이 필요하다. 이를 구하기 위해서는 $D \times D$ 행렬의 역을 구하는 계산을 시행해야 한다. 식 C.7의 역행렬에 대한 성질을 이용하면 필요한 계산의 양을 줄일 수 있다.

$$\mathbf{C}^{-1} = \sigma^{-2}\mathbf{I} - \sigma^{-2}\mathbf{W}\mathbf{M}^{-1}\mathbf{W}^{\mathrm{T}} \tag{식 12.40}$$

여기서 $M \times M$ 행렬 M은 다음과 같이 정의된다.

$$\mathbf{M} = \mathbf{W}^{\mathrm{T}}\mathbf{W} + \sigma^2\mathbf{I} \tag{식 12.41}$$

$\mathbf{C}$의 역을 직접 계산하는 대신에 $\mathbf{M}$의 역을 계산할 수 있다. 따라서 $\mathbf{C}^{-1}$을 계산하는 데 드는 비용이 $O(D^3)$에서 $O(M^3)$으로 줄어들게 된다.

예측 분포 $p(\mathbf{x})$뿐만 아니라 사후 분포 $p(\mathbf{z}|\mathbf{x})$도 필요할 것이다. 이는 선형 가우시안 모델에 대한 결과인 식 2.116을 직접 이용해서 다음처럼 적을 수 있다.

연습문제 12.8

$$p(\mathbf{z}|\mathbf{x}) = \mathcal{N}\left(\mathbf{z}|\mathbf{M}^{-1}\mathbf{W}^{\mathrm{T}}(\mathbf{x} - \boldsymbol{\mu}), \sigma^2\mathbf{M}^{-1}\right) \tag{식 12.42}$$

사후 평균은 $\mathbf{x}$에 대해 종속적인 반면 사후 공분산은 $\mathbf{x}$에 대해 독립적임을 알 수 있다.

12.2.1 최대 가능도 PCA

다음으로는 최대 가능도를 이용해서 모델 매개변수를 정하는 방법에 대해 살펴보자. 관측 포인트 데이터 집합 $\mathbf{X} = \{\mathbf{x}_n\}$이 주어졌다고 하자. 이때 그림 12.10의 방향성 그래프로 확률적 PCA 모델을 표현할 수 있다. 이에 해당하는 로그 가능도 함수는 식 12.35로부터 다음으로 주어지게 된다.

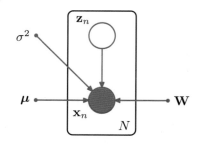

그림 12.10 $\mathbf{x}$에 대한 N개의 관측값 데이터 집합의 확률적 PCA 모델을 표현한 방향성 그래프. 각 관측값 $\mathbf{x}_n$이 잠재 변수 $\mathbf{z}_n$과 연관되어 있다.

$$\ln p(\mathbf{X}|\boldsymbol{\mu}, \mathbf{W}, \sigma^2) = \sum_{n=1}^{N} \ln p(\mathbf{x}_n|\mathbf{W}, \boldsymbol{\mu}, \sigma^2)$$

(식 12.43)

$$= -\frac{ND}{2}\ln(2\pi) - \frac{N}{2}\ln|\mathbf{C}| - \frac{1}{2}\sum_{n=1}^{N}(\mathbf{x}_n - \boldsymbol{\mu})^{\mathrm{T}}\mathbf{C}^{-1}(\mathbf{x}_n - \boldsymbol{\mu})$$

로그 가능도 함수의 $\boldsymbol{\mu}$에 대한 미분값을 0으로 설정하면 예상했던 결괏값인 $\boldsymbol{\mu} = \bar{\mathbf{x}}$를 얻게 된다. 여기서 $\bar{\mathbf{x}}$는 식 12.1에서 정의한 데이터 평균이다. 이를 역으로 대입해 넣으면 로그 가능도 함수를 다음 형태로 적을 수 있다.

$$\ln p(\mathbf{X}|\mathbf{W}, \boldsymbol{\mu}, \sigma^2) = -\frac{N}{2}\left\{D\ln(2\pi) + \ln|\mathbf{C}| + \mathrm{Tr}\left(\mathbf{C}^{-1}\mathbf{S}\right)\right\}$$

(식 12.44)

여기서 $\mathbf{S}$는 식 12.3에 의해 정의된 공분산 행렬이다. 로그 가능도 함수는 $\boldsymbol{\mu}$의 제곱 함수 형태이기 때문에 여기서의 해는 단일 최댓값에 해당한다. 이차 미분값을 계산함으로써 이를 확인할 수 있다.

$\mathbf{W}$와 σ^2에 대한 최대화는 더 복잡하긴 하지만 정확한 닫힌 형태의 해를 내놓게 된다. Tipping and Bishop(1999b)이 보인 바에 따르면 로그 가능도 함수의 모든 임계점들을 다음의 형태로 표현할 수 있다.

$$\mathbf{W}_{\mathrm{ML}} = \mathbf{U}_M(\mathbf{L}_M - \sigma^2\mathbf{I})^{1/2}\mathbf{R}$$

(식 12.45)

여기서 $\mathbf{U}_M$은 $D \times M$ 행렬로써 그 열은 데이터 공분산 행렬 $\mathbf{S}$ 고윳값들의 (크기 M의) 아무 부분 집합으로 주어진다. 그리고 $M \times M$ 대각 행렬 $\mathbf{L}_M$은 해당 고윳값 λ_i에 해당하는 원소들을 가진다. 또한, $\mathbf{R}$은 임의의 $M \times M$ 직교 행렬이다.

또한, Tipping and Bishop(1999b)은 M개의 가장 큰 고윳값들에 해당하는 M개의 고유 벡터를 선택하였을 때 가능도 함수가 최댓값을 가지게 된다는 것을 증명했다(다른 모든 해는 안장점에 해당하게 된다). 이와 비슷한 결과를 Roweis(1998)에서도 추측하였지만 증명은 하지 않았다. 고유 벡터들이 해당 고윳값이 감소하는 순서로 정렬되어 있다고 가정해 보자. 즉, $\mathbf{u}_1, \ldots, \mathbf{u}_M$이 M

개의 주 고유 벡터들이 된다. 이 경우 $\mathbf{W}$의 열들이 표준 PCA의 주 부분 공간을 정의하게 된다. 이에 해당하는 σ^2에 대한 최대 가능도 해는 다음과 같다.

$$\sigma_{\mathrm{ML}}^2 = \frac{1}{D-M} \sum_{i=M+1}^{D} \lambda_i \qquad \text{(식 12.46)}$$

$\mathbf{R}$이 직교 행렬이기 때문에 이를 M차원 잠재 공간상에서의 회전 행렬로 해석할 수 있다. $\mathbf{W}$에 대한 해를 $\mathbf{C}$에 대한 식에 대입해 넣고 직교 성질 $\mathbf{RR}^{\mathrm{T}} = \mathbf{I}$를 사용하면 $\mathbf{C}$가 $\mathbf{R}$에 대해 독립적이라는 것을 확인할 수 있다. 이로부터 잠재 공간에서 회전 변환이 일어나도 예측 밀도는 변하지 않는다는 앞의 논의 사항을 확인할 수 있다. $\mathbf{R} = \mathbf{I}$인 특정 케이스의 경우에는 $\mathbf{W}$의 열들이 분산 매개변수의 루트 $\sqrt{\lambda_i - \sigma^2}$에 의해 척도화된 주성분 고유 벡터에 해당하게 된다. 독립적인 가우시안 분포들(이 경우에는 잠재 공간 분포와 노이즈 모델)을 콘볼루션한 경우에 그 분산들을 합산할 수 있다는 것을 고려해 보면 척도화 인자의 의미가 확실해질 것이다. 따라서 고유 벡터 $\mathbf{u}_i$의 방향을 따르는 분산 λ_i는 $\mathbf{W}$의 해당 열을 이용해서 단위 분산 잠재 공간 분포에서 데이터 공간으로 투영한 결과 분포의 분산의 공헌도 $\lambda_i - \sigma^2$과 등방적인 분산 공헌도 σ^2의 합에 해당한다.

식 12.36에서 주어진 공분산 행렬의 형태를 좀 더 자세히 살펴보도록 하자. $\mathbf{v}^{\mathrm{T}}\mathbf{v} = 1$인 단위 벡터 $\mathbf{v}$의 방향에 대한 예측 분포의 분산은 $\mathbf{v}^{\mathrm{T}}\mathbf{Cv}$일 것이다. 먼저 $\mathbf{v}$가 주 부분 공간에 대해서 직교한다고 가정해 보자. 다시 말하면 버려진 고유 벡터들의 선형 결합으로 $\mathbf{v}$를 표현할 수 있다는 것이다. 이 경우 $\mathbf{v}^{\mathrm{T}}\mathbf{U} = 0$이며, 따라서 $\mathbf{v}^{\mathrm{T}}\mathbf{Cv} = \sigma^2$이다. 따라서 이 모델은 주 부분 공간에 직교하는 노이즈 분산을 예측하게 되는데, 이는 식 12.46으로부터 버려진 고윳값들의 평균에 해당하게 된다. 이제 $\mathbf{v} = \mathbf{u}_i$라고 가정해 보자. 여기서 $\mathbf{u}_i$는 주 부분 공간을 정의하는 보존된 고유 벡터들 중 하나다. 이 경우 $\mathbf{v}^{\mathrm{T}}\mathbf{Cv} = (\lambda_i - \sigma^2) + \sigma^2 = \lambda_i$다. 즉, 이 모델은 주 축에 정렬된 분산을 올바르게 잡아내며, 모든 나머지 방향에 대한 분산을 단일 평균값 σ^2으로 근사하게 된다.

최대 가능도 밀도 모델을 구성하는 한 가지 단순한 방법은 데이터 공분산 행렬의 고유 벡터들과 고윳값들을 찾은 후에 위의 결과를 이용해서 $\mathbf{W}$와 σ^2을 계산하는 것이다. 이 경우에는 편리성을 위해서 $\mathbf{R} = \mathbf{I}$를 사용할 것이다. 하지만 만약 최대 가능도 해를 컬레 경사도법(Fletcher, 1987; Nocedal and Wright, 1999; Bishop and Nabney, 2008)이나 EM 알고리즘 등의 가능도 함수에 대한 수치적 최적화 방식을 이용해서 구할 경우에는 $\mathbf{R}$의 값은 임의의 값으로 정해지게 될 것이다. 이는 $\mathbf{W}$의 열들이 직교할 필요가 없다는 것을 암시한다. 만약 직교하는 기저축들이 필요하다면 행렬 $\mathbf{W}$를 적절하게 사후 처리하면 된다(Golub and Van Loan, 1996). 또 다른 방법으로는

EM 알고리즘을 수정해서 정규직교하는 주 방향들이 해당 고윳값들이 감소하는 순서로 정렬되도록 직접 구하는 방법이 있다(Ahn and Oh, 2003).

잠재 공간에서의 회전 불변성은 통계적 비식별성의 형태를 표현하는 것이다. 이는 이산 잠재 변수들에 대한 혼합 모델에서 다루었던 것과 흡사하다. 하지만 혼합 모델 맥락에서의 성분 재라벨링과 연관된 이산 비식별성과는 달리, 여기서는 모두가 같은 예측 밀도를 도출하게 되는 매개변수들의 연속체들이 존재한다.

차원의 감소가 없는 $M = D$인 경우를 고려해 보자. 그러면 $\mathbf{U}_M = \mathbf{U}$와 $\mathbf{L}_M = \mathbf{L}$일 것이다. 직교 성질 $\mathbf{U}\mathbf{U}^T = \mathbf{I}$와 $\mathbf{R}\mathbf{R}^T = \mathbf{I}$를 사용하면 $\mathbf{x}$의 주변 분포에 대한 공분산 $\mathbf{C}$가 다음의 형태를 가지게 된다.

$$\mathbf{C} = \mathbf{U}(\mathbf{L} - \sigma^2\mathbf{I})^{1/2}\mathbf{R}\mathbf{R}^T(\mathbf{L} - \sigma^2\mathbf{I})^{1/2}\mathbf{U}^T + \sigma^2\mathbf{I} = \mathbf{U}\mathbf{L}\mathbf{U}^T = \mathbf{S} \qquad \text{(식 12.47)}$$

결과적으로 제약 조건이 없는 가우시안 분포에 대한 표준 최대 가능도 해를 얻게 되었다. 이때 공분산 행렬은 표본 공분산으로 주어진다.

기존의 PCA는 일반적으로 D차원의 데이터 공간상의 포인트들을 M차원의 선형 부분 공간으로 투영하는 것으로 구성된다. 하지만 확률적 PCA는 식 12.33의 잠재 공간으로부터 데이터 공간으로의 사상으로 표현하는 것이 가장 자연스럽다. 데이터 시각화와 데이터 압축 등의 적용 사례에서는 베이지안 정리를 이용해서 이 사상 과정을 뒤집을 수 있다. 이 경우 사후 평균과 잠재 공간의 공분산을 통해서 데이터 공간의 포인트 $\mathbf{x}$를 요약할 수 있다. 식 12.42로부터 평균은 다음처럼 주어지게 된다.

$$\mathbb{E}[\mathbf{z}|\mathbf{x}] = \mathbf{M}^{-1}\mathbf{W}_{ML}^T(\mathbf{x} - \overline{\mathbf{x}}) \qquad \text{(식 12.48)}$$

여기서 $\mathbf{M}$은 식 12.41에 주어져 있다. 데이터 공간상의 포인트의 투영은 다음과 같다.

$$\mathbf{W}\mathbb{E}[\mathbf{z}|\mathbf{x}] + \boldsymbol{\mu} \qquad \text{(식 12.49)}$$

3.3.1절 이는 정규화된 선형 회귀와 같은 형태의 식이며, 선형 가우시안 모델에 대해 가능도 함수의 최대화를 시행한 결과다. 이와 비슷하게 사후 공분산은 식 12.42로부터 $\sigma^2\mathbf{M}^{-1}$으로 주어지게 되며, 이는 $\mathbf{x}$에 대해 독립적이다.

만약 $\lim \sigma^2 \to 0$을 취하면 사후 평균은 다음과 같이 정리된다.

$$(\mathbf{W}_{ML}^T\mathbf{W}_{ML})^{-1}\mathbf{W}_{ML}^T(\mathbf{x} - \overline{\mathbf{x}}) \qquad \text{(식 12.50)}$$

연습문제 12.11
연습문제 12.12

이는 데이터 포인트를 잠재 공간에 직교 투영하는 것에 해당한다. 즉, 기존의 PCA 모델을 되찾은 것이다. 하지만 이 극한에서의 사후 공분산은 0이며, 밀도는 비정칙이다. $\sigma^2 > 0$의 경우 잠재 투영치는 직교 투영에 비해서 원점에 가깝게 이동하게 된다.

2.3절

확률적 PCA 모델의 중요한 역할 중 하나는 데이터의 주요한 상관관계들을 포함하면서도 자유도의 숫자(독립 매개변수들의 숫자)를 조절할 수 있는 다변량 가우시안 분포를 정의하는 것이다. 일반적인 가우시안 분포는 그 공분산 행렬 내에 $D(D+1)/2$개의 독립적인 매개변수를 가지게 된다. 그리고 그 평균 내에 추가로 D개의 매개변수를 가지게 될 것이다. 따라서 매개변수들의 숫자는 D에 대해 이차식으로 증가하게 된다. 이는 고차원 공간상에서는 과도할 수 있다. 만약 우리가 공분산 행렬이 대각 행렬이 되도록 제한한다면, 오직 D개의 독립 매개변수들만이 존재하게 될 것이다. 따라서 이 경우 매개변수의 숫자는 차원수에 대해 선형으로 증가하게 된다. 하지만 이때 모델은 각각의 변수들이 서로 독립적인 것으로 취급하게 될 것이며, 그 결과 변수들 간의 상관관계를 전혀 표현할 수 없을 것이다. 확률적 PCA법은 이 양 극단적인 방법 사이의 중간에 있는 적절한 대안적 방법을 제공해 준다. 확률적 PCA를 사용하면 전체 매개변수의 숫자가 D에 대해 선형적으로 증가하면서도 M개의 가장 중요한 상관관계들을 담아낼 수 있도록 할 수 있다. 확률적 PCA 모델의 자유도를 계산해 보면 이것이 사실임을 확인할 수 있다. 공분산 행렬 $\mathbf{C}$는 $D \times M$ 크기의 매개변수 $\mathbf{W}$에 종속적이다. 여기에 σ^2을 추가하면 총 매개변수의 숫자는 $DM + 1$이 된다. 하지만 앞에서 살펴보았듯 이 매개변수들에는 잠재 공간 좌표계에서의 회전과 연관된 중복이 존재한다. 이러한 회전 변환을 표현하는 직교 행렬 $\mathbf{R}$은 $M \times M$의 크기를 가진다. 이 행렬의 첫 번째 행에는 $M - 1$개의 독립적인 매개변수들이 있는데, 행 벡터가 단위 길이로 정규화되어야 하기 때문이다. 두 번째 행에는 $M - 2$개의 독립적인 매개변수가 있는데, 왜냐하면 이 행도 정규화되어야 하고 앞의 행과 직교도 해야 하기 때문이다. 이런 식으로 계속 진행된다. 이 등차 급수를 합산하면 $\mathbf{R}$은 총 $M(M-1)/2$개의 독립적인 매개변수를 가진다는 것을 알 수 있다. 따라서 공분산 행렬 $\mathbf{C}$ 자유도의 숫자는 다음과 같다.

$$DM + 1 - M(M-1)/2 \tag{식 12.51}$$

연습문제 12.14

따라서 이 모델의 독립 매개변수의 수는 M 값이 고정된 경우 D에 대해 선형적으로만 증가하게 된다. 만약 우리가 $M = D - 1$을 선택하면, 완전 공분산 가우시안에 대한 표준 결과를 다시 복구하게 된다. 이 경우에는 $D - 1$개의 선형적으로 독립적인 방향들이 $\mathbf{W}$의 행에 의해서 조정되며, 나머지 방향들에 대한 분산은 σ^2으로 주어진다. 만약 $M = 0$이면 이 모델은 등방 공분산의 경우와 동일해진다.

12.2.2 PCA에서의 EM 알고리즘

각 데이터 포인트 $\mathbf{x}_n$에 대해서 해당 잠재 변수 $\mathbf{z}_n$이 존재하는 연속 잠재 공간 $\mathbf{z}$에 대한 주변화로서 확률적 PCA 모델을 표현할 수 있다. 따라서 EM 알고리즘을 이용해서 모델 매개변수들의 최대 가능도 추정값을 찾는 것이 가능하다. 이미 최대 가능도 매개변숫값에 대한 정확히 닫힌 형태의 해를 구하였기 때문에 EM 알고리즘을 적용하는 것이 무의미해 보일 수도 있다. 하지만 고차원 공간의 경우에는 직접적으로 표본 공분산 행렬을 다루는 것보다 반복적인 EM 알고리즘을 적용하는 것이 계산적인 면에서는 더 효율적일 수 있다. 이 EM 과정은 닫힌 형태의 해를

12.2.4절

가지지 않는 인자 분석 모델에 대해서도 확장이 가능하다. 또한, 이 경우 EM 과정을 사용하면 누락된 데이터를 원칙에 맞는 방법으로 다룰 수 있다.

9.4절

일반적 EM 방법론을 바탕으로 확률적 PCA의 EM 알고리즘을 도출할 수 있다. 완전 데이터 로그 가능도 함수를 적은 후 잠재 변수의 사후 분포에 대한 기댓값을 '오래된' 매개변숫값들을 바탕으로 계산한다. 이렇게 계산한 완전 데이터 로그 가능도 함수의 기댓값을 최대화함으로써 '새로운' 매개변숫값들을 구할 수 있다. 데이터 포인트들이 독립적이라고 가정하고 있기 때문에 완전 데이터 로그 가능도 함수는 다음의 형태를 가지게 된다.

$$\ln p\left(\mathbf{X}, \mathbf{Z} | \boldsymbol{\mu}, \mathbf{W}, \sigma^2\right) = \sum_{n=1}^{N} \{\ln p(\mathbf{x}_n | \mathbf{z}_n) + \ln p(\mathbf{z}_n)\} \qquad \text{(식 12.52)}$$

여기서 행렬 $\mathbf{Z}$의 n번째 행을 $\mathbf{z}_n$이라 하였다. 우리는 $\boldsymbol{\mu}$에 대한 정확한 최대 가능도 해는 식 12.1로 정의된 표본 평균 $\bar{\mathbf{x}}$라는 것을 이미 알고 있다. 식 12.31과 식 12.32를 잠재 분포와 조건부 분포에 대해 사용하고 잠재 변수들의 사후 분포에 대해서 기댓값을 구하면 다음을 얻게 된다.

$$\begin{aligned}
\mathbb{E}[\ln p\left(\mathbf{X}, \mathbf{Z} | \boldsymbol{\mu}, \mathbf{W}, \sigma^2\right)] = -\sum_{n=1}^{N} & \left\{ \frac{D}{2}\ln(2\pi\sigma^2) + \frac{1}{2}\text{Tr}\left(\mathbb{E}[\mathbf{z}_n\mathbf{z}_n^{\mathrm{T}}]\right) \right. \\
& + \frac{M}{2\ln(2\pi)} + \frac{1}{2\sigma^2}\|\mathbf{x}_n - \boldsymbol{\mu}\|^2 - \frac{1}{\sigma^2}\mathbb{E}[\mathbf{z}_n]^{\mathrm{T}}\mathbf{W}^{\mathrm{T}}(\mathbf{x}_n - \boldsymbol{\mu}) \\
& \left. + \frac{1}{2\sigma^2}\text{Tr}\left(\mathbb{E}[\mathbf{z}_n\mathbf{z}_n^{\mathrm{T}}]\mathbf{W}^{\mathrm{T}}\mathbf{W}\right) + \frac{M}{2}\ln(2\pi) \right\} \qquad \text{(식 12.53)}
\end{aligned}$$

이 식은 가우시안 분포의 충분 통계량을 통해서만 사후 분포에 대해 종속적이다. E단계에서는 이전 단계의 매개변숫값들을 이용해서 다음을 계산할 수 있다.

$$\begin{aligned}
\mathbb{E}[\mathbf{z}_n] &= \mathbf{M}^{-1}\mathbf{W}^{\mathrm{T}}(\mathbf{x}_n - \bar{\mathbf{x}}) & \text{(식 12.54)} \\
\mathbb{E}[\mathbf{z}_n\mathbf{z}_n^{\mathrm{T}}] &= \sigma^2\mathbf{M}^{-1} + \mathbb{E}[\mathbf{z}_n]\mathbb{E}[\mathbf{z}_n]^{\mathrm{T}} & \text{(식 12.55)}
\end{aligned}$$

이는 식 12.42의 사후 분포와 표준 결과 $\mathbb{E}[\mathbf{z}_n \mathbf{z}_n^\mathrm{T}] = \mathrm{cov}[\mathbf{z}_n] + \mathbb{E}[\mathbf{z}_n]\mathbb{E}[\mathbf{z}_n]^\mathrm{T}$로부터 직접 도출 가능하다. 여기서 M은 식 12.41에 정의되어 있다.

M단계에서는 사후 통계량들을 고정시켜놓은 채로 $\mathbf{W}$와 σ^2에 대해 최대화를 진행하게 된다.

연습문제 12.15 σ^2에 대한 최대화는 간단하다. $\mathbf{W}$에 대한 최대화를 위해서는 식 C.24를 활용해야 한다. 그 결과로 얻게 되는 M단계 식은 다음과 같다.

$$\mathbf{W}_{\text{new}} = \left[\sum_{n=1}^{N} (\mathbf{x}_n - \overline{\mathbf{x}}) \mathbb{E}[\mathbf{z}_n]^\mathrm{T} \right] \left[\sum_{n=1}^{N} \mathbb{E}[\mathbf{z}_n \mathbf{z}_n^\mathrm{T}] \right]^{-1} \tag{식 12.56}$$

$$\sigma_{\text{new}}^2 = \frac{1}{ND} \sum_{n=1}^{N} \left\{ \|\mathbf{x}_n - \overline{\mathbf{x}}\|^2 - 2\mathbb{E}[\mathbf{z}_n]^\mathrm{T} \mathbf{W}_{\text{new}}^\mathrm{T} (\mathbf{x}_n - \overline{\mathbf{x}}) \right. \tag{식 12.57}$$
$$\left. + \mathrm{Tr}\left(\mathbb{E}[\mathbf{z}_n \mathbf{z}_n^\mathrm{T}] \mathbf{W}_{\text{new}}^\mathrm{T} \mathbf{W}_{\text{new}} \right) \right\}$$

확률적 PCA의 EM 알고리즘에서는 매개변수를 초기화한 후 E단계에서 식 12.54와 식 12.55를 이용해서 잠재 공간 사후 분포의 충분 통계량을 계산하는 것과 M단계에서 식 12.56과 식 12.57을 이용해서 매개변수들을 수정하는 과정을 번갈아가며 시행하게 된다.

PCA에 EM 알고리즘을 적용하는 것은 커다란 스케일의 문제를 풀 때 계산적 측면에서 효율적이라는 장점을 가지고 있다(Roweis, 1998). 표본 공분산 행렬의 고유 벡터 분해를 기반으로 한 기존 PCA와는 달리 EM 방법론은 반복적이다. 따라서 덜 매력적으로 느껴질 수도 있다. 하지만 고차원 공간상에서 EM 알고리즘의 각 단계는 기존 PCA에 비해 훨씬 더 효율적일 수 있다. 공분산 행렬의 고유 벡터 분해는 $O(D^3)$의 계산을 필요로 한다. 많은 경우에 우리는 오직 앞의 M개의 고유 벡터들과 해당 고윳값들에만 관심이 있으며, 이 경우 $O(MD^2)$인 알고리즘을 쓸 수 있다. 하지만 공분산 행렬을 계산하는 것 자체가 $O(ND^2)$의 계산을 필요로 한다(여기서 N은 데이터 포인트의 수다). 고유 벡터들이 데이터 벡터들의 선형 결합이라고 가정하는 **스냅샷 방법**(*snapshot method*)(Sirovich, 1987)을 사용하면 공분산 행렬의 직접 계산을 피할 수 있다. 하지만 이 알고리즘은 $O(N^3)$이므로 큰 데이터 집합에 사용하기에는 적합하지 않다. 여기서 설명한 EM 알고리즘 역시 공분산 행렬의 직접 계산을 시행하지 않는다. 이 경우에 계산적으로 부담이 큰 단계는 데이터 집합에 대해 합산을 시행하는 단계로서 $O(NDM)$이다. D 값이 크고 $M \ll D$인 경우에 이는 $O(ND^2)$에 비해 훨씬 더 효율적일 수 있으며, 그 결과로 EM 알고리즘의 반복적인 성질을 보상하고도 남게 될 수 있다.

각각의 D차원 데이터 포인트들을 읽고 처리한 후 다음 데이터 포인트를 읽기 전에 버리는 방식으로 EM 알고리즘을 온라인 형태로 구현할 수도 있다. E단계에서 계산하는 값들(M차원의 벡터와 $M \times M$ 행렬)은 각 데이터 포인트에 대해 따로 구할 수 있다. 또한, M단계에서는 데이터 포인트들에 대해 합산을 시행해야 하는데, 이 역시 증분적으로 시행할 수 있다. N과 D가 둘 다 클 경우에는 이러한 온라인 방식의 계산에 더 많은 장점이 있을 수 있다.

이제 완전히 확률적인 PCA 모델을 도출했으므로 이를 바탕으로 누락된 데이터를 다룰 수 있다. 데이터들이 랜덤하게 누락되었다는 가정하에 비관측 변수의 분포에 대해 주변화를 시행하면 된다. EM 알고리즘을 써서 분실된 값들을 다루는 것도 가능하다. 이 접근을 데이터 시각화에 활용한 예시가 그림 12.11에 그려져 있다.

EM 접근법의 또 다른 세련된 특성 중 하나는 $\lim \sigma^2 \to 0$을 취하면 표준 PCA에 해당하게 되는데, 이에 대해서도 EM과 같은 알고리즘을 도출할 수 있다는 것이다(Roweis, 1998). 식 12.55로부터 E단계에서 계산이 필요한 값은 $\mathbb{E}[\mathbf{z}_n]$뿐이라는 것을 확인하였다. 또한, M단계는 $\mathbf{M} = \mathbf{W}^{\mathrm{T}}\mathbf{W}$이기 때문에 단순화할 수 있다. 알고리즘의 단순성을 강조하기 위해서 $\widetilde{\mathbf{X}}$를 n번째 행이 벡터 $\mathbf{x}_n - \overline{\mathbf{x}}$로 주어지는 $N \times D$ 행렬로, $\mathbf{\Omega}$을 n번째 열이 벡터 $\mathbb{E}[\mathbf{z}_n]$으로 주어지는 $M \times N$ 행렬이라고 정의해 보자. 이 경우 식 12.54의 E단계는 다음이 된다.

$$\mathbf{\Omega} = (\mathbf{W}_{\mathrm{old}}^{\mathrm{T}}\mathbf{W}_{\mathrm{old}})^{-1}\mathbf{W}_{\mathrm{old}}^{\mathrm{T}}\widetilde{\mathbf{X}}^{\mathrm{T}} \tag{식 12.58}$$

그리고 식 12.56의 M단계는 다음 형태를 띠게 된다.

$$\mathbf{W}_{\mathrm{new}} = \widetilde{\mathbf{X}}^{\mathrm{T}}\mathbf{\Omega}^{\mathrm{T}}(\mathbf{\Omega}\mathbf{\Omega}^{\mathrm{T}})^{-1} \tag{식 12.59}$$

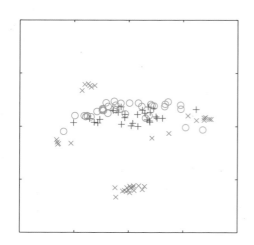 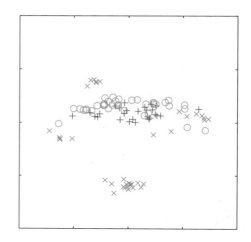

그림 12.11 오일 흐름 데이터 집합의 첫 100개의 데이터 포인트들을 확률적 PCA를 이용해서 시각화한 도식. 왼쪽의 도식은 주부분 공간상의 사후 평균 투영값들을 그린 것이다. 오른쪽 도식은 먼저 랜덤하게 30%의 변숫값들을 제외하고 그 다음 EM을 이용해서 분실된 값들을 다룬 결과다. 각 데이터 포인트들이 최소 하나의 관측치를 잃었음에도 불구하고 오른쪽의 도식과 분실 데이터가 없는 왼쪽 도식이 상당히 비슷하다는 것을 확인할 수 있다.

이 알고리즘도 온라인 형태로 구현할 수 있으며, 아울러 이 식들은 다음과 같이 단순하게 해석할 수 있다. 앞의 논의에서 E단계는 데이터 포인트를 현재의 주 부분 공간의 추정치에 직교 투영하는 것에 해당한다고 했었다. 그리고 M단계는 투영 결과를 고정해 놓은 채로 제곱 재구성 오류를 최소화하도록 주 부분 공간을 재추정하는 것에 해당한다.

연습문제 12.17

이 EM 알고리즘에 대한 단순한 물리적인 비유를 나타낼 수 있다. 이 비유는 $D = 2$와 $M = 1$인 경우에 쉽게 시각화할 수 있다. 이차원 공간상의 데이터 포인트 집합을 고려해 보자. 그리고 일차원 주 부분 공간이 막대에 해당한다고 해보자. 각 데이터 포인트들을 훅의 법칙(저장된 에너지는 스프링 길이의 제곱에 비례한다)을 따르는 스프링을 이용해서 막대에 연결한다고 하자. E단계에서는 막대를 고정해 놓은 채로 막대를 따라 위 아래로 고정점을 조절해서 에너지가 최소가 되도록 한다. 이 과정은 각각의 고정점이 (독립적으로) 데이터 포인트의 막대에 대한 직교 투영이 되도록 한다. M단계에서는 고정점을 고정해 놓은 채로 막대가 최소 에너지를 가지는 위치로 가도록 한다. 그리고 E단계와 M단계를 적절한 수렴 기준이 만족될 때까지 반복한다. 이에 대해서는 그림 12.12에 그려져 있다.

12.2.3 베이지안 PCA

지금까지의 PCA에 대한 논의에서는 주 부분 공간의 차원수 값 M이 주어진다고 가정했었다. 하지만 실제로 적용할 때는 적절한 M 값을 사례에 따라서 결정해야 한다. 시각화의 경우에는 주로 $M = 2$를 사용한다. 하지만 다른 응용 사례의 경우에는 어떤 M 값이 적절할지가 불분명하다. 한 가지 방법으로는 그림 12.4의 손글씨 숫자 데이터 집합에 대한 예시에서처럼 데이터 집합에 대한 고윳값의 스펙트럼을 그려서 고윳값들이 자연적스럽게 상대적으로 큰 값들과, 그에 비해 다소 작은 값들의 두 그룹으로 나누어지는지를 보는 것이 있다. 이 경우에 상대적으로 큰 값들의 개수를 자연적인 M 값으로 사용하면 적절하다고 판단할 수 있을 것이다. 안타깝게도 실 사례에서 큰 고윳값들과 작은 고윳값들 사이의 자연적인 틈새는 그리 잘 발견되지 않는다.

1.3절

확률적 PCA 모델은 잘 정의된 가능도 함수를 가지고 있기 때문에 교차 검증법을 이용해서 차원수를 결정할 수도 있다. 검증 데이터 집합에서 가장 큰 로그 가능도를 주는 차원수를 선택하면 된다. 하지만 이러한 방법을 사용하면 계산적으로 비용이 많이 들게 된다. 특히, 만약 우리가 확률적 PCA 혼합 모델(Tipping and Bishop, 1999a)을 사용한다면 혼합의 각 성분에 대해서 적절한 차원수를 따로 찾아야 하기 때문에 계산 비용 문제가 더 심각해진다.

모델 선택의 베이지안 접근법을 고려해 보도록 하자. 이를 위해서는 모델 매개변수 μ, $\mathbf{W}$, σ^2을 적절한 사전 분포에 대한 주변화를 통하여 없애야 한다. 해석적으로 아주 다루기 힘든 주

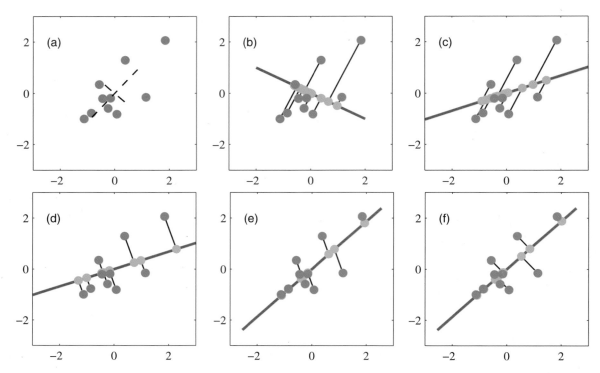

그림 12.12 식 12.58과 식 12.59에 의해 정의된 PCA EM 알고리즘을 합성 데이터에 대해 시행한 결과. (a) 데이터 포인트들이 녹색 점으로 그려져 있다. 그리고 실제 주성분(고유 벡터들을 고윳값의 제곱근으로 척도화한 결과)도 표현되어 있다. (b) **W**로 정의되는 주 부분 공간의 최초 설정이 빨간색으로 그려져 있다. 그리고 **ZW**ᵀ로 주어지는 잠재 포인트 **Z**의 데이터 공간에 대한 투영값들이 청록색으로 그려져 있다. (c) 한 번의 M단계 이후. **Z**를 고정한 채로 잠재 공간을 업데이트했다. (d) 잇따른 E단계 이후. **W**를 고정한 채로 직교 투영값을 부여하는 식으로 **Z** 값이 업데이트되었다. (e) 두 번째 M단계 이후의 결과다. (f) 수렴된 해다.

변화들에 대한 근사치를 변분적 방법론을 이용해서 구하는 식으로 해서 이를 달성할 수 있다 (Bishop, 1999b). 그 후 변분적 하한 경계로 주어지는 주변 가능도들을 서로 다른 M 값에 대해 비교하고, 가장 큰 주변 가능도를 주는 M 값을 선택하면 된다.

여기서는 **증거 근사**(*evidence approximation*)를 기반으로 한 더 간단한 방법을 고려해 보자. 이 방법은 데이터 포인트의 수가 상대적으로 많고 해당 사후 분포가 뚜렷한 정상점을 가지고 있을 때 사용하기 적합하다(Bishop, 1999a). 이 방법에서는 주 부분 공간에서의 잉여 차원들이 모델에서 제거되도록 하는 **W**에 대한 특정한 사전 분포를 선택해서 사용한다. 이는 앞의 7.2.2절에서 살펴보았던 **자동 연관도 결정**(*automatic relevance determination, ARD*)과 비슷하다. 더 자세히 살펴보면 다음과 같다. 일단, **W**의 각 열에 대한 독립적인 가우시안 사전 분포를 정의한다. 이 분포들은 주 부분 공간을 정의하는 벡터들을 표현하는 것이다. 각각의 이러한 가우시안 분포들은 정밀도 초매개변수 α_i에 의해 조정되는 독립적인 분산을 가지게 된다. 따라서 다음과 같다.

그림 12.13 베이지안 PCA의 확률적 그래프 모델. 매개변수 행렬 $\mathbf{W}$에 대한 분포는 초매개변수의 벡터 $\boldsymbol{\alpha}$에 의해 조절된다.

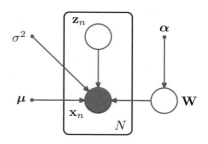

$$p(\mathbf{W}|\boldsymbol{\alpha}) = \prod_{i=1}^{M} \left(\frac{\alpha_i}{2\pi}\right)^{D/2} \exp\left\{-\frac{1}{2}\alpha_i \mathbf{w}_i^{\mathrm{T}}\mathbf{w}_i\right\} \qquad \text{(식 12.60)}$$

여기서 $\mathbf{w}_i$는 $\mathbf{W}$의 i번째 열에 해당한다. 이 결과 모델은 그림 12.13의 방향성 그래프로 표현할 수 있다.

$\mathbf{W}$를 적분해서 없앤 주변 가능도 함수를 최대화함으로써 반복적으로 α_i 값을 찾을 수 있다. 이 최적화의 결과로 몇몇 α_i는 무한대의 값을 가지게 될 수 있다. 이 경우 해당 매개변수 벡터 $\mathbf{w}_i$의 값은 0이 되어서 희박한 해를 내놓게 될 것이다. 이때 주 부분 공간의 유효 차원수는 유한한 α_i 값의 수로 결정된다. 그리고 이에 해당하는 벡터 $\mathbf{w}_i$들은 데이터 분포를 모델링하는 데 있어서 '연관성'이 있는 것으로 생각될 수 있다. 이 방법을 통해서 베이지안 접근법은 더 큰 벡터 값 $\mathbf{w}_i$(그리고 이에 해당하는 데이터에 맞게 조절된 고윳값 λ_i)를 사용함으로써 데이터에 대한 피팅을 향상시키는 것과 $\mathbf{w}_i$ 벡터 들 중 몇몇의 값을 억제해서 모델의 복잡도를 줄이는 것 사이의 트레이드 오프를 자동적으로 시행할 수 있다. 여기서의 희박도에 대해서는 앞에서 상관 벡터 머신의 맥락에서 살펴봤었다.

7.2절

α_i의 값은 훈련 중에 다음의 주변 가능도 함수를 최대화함으로써 재추정된다.

$$p(\mathbf{X}|\boldsymbol{\alpha}, \boldsymbol{\mu}, \sigma^2) = \int p(\mathbf{X}|\mathbf{W}, \boldsymbol{\mu}, \sigma^2) p(\mathbf{W}|\boldsymbol{\alpha}) \, \mathrm{d}\mathbf{W} \qquad \text{(식 12.61)}$$

여기서 $p(\mathbf{X}|\mathbf{W}, \boldsymbol{\mu}, \sigma^2)$의 로그는 식 12.43에 주어져 있다. 간결한 논의를 위해서 $\boldsymbol{\mu}$와 σ^2에 대한 사전 분포를 정의하는 대신에 이들도 추정되어야 할 매개변수로 고려했다.

4.4절

이 적분은 다루기가 아주 힘들다. 따라서 라플라스 근사를 사용할 것이다. 사후 분포가 날카로운 정상점을 가지고 있다고 가정하고(데이터 집합의 크기가 충분할 경우 실제로 이럴 것이다) σ_i에 대해 주변 가능도를 최대화하면 다음의 재추정식을 얻을 수 있다.

3.5.3절

$$\alpha_i^{\mathrm{new}} = \frac{D}{\mathbf{w}_i^{\mathrm{T}}\mathbf{w}_i} \qquad \text{(식 12.62)}$$

$\mathbf{w}_i$의 차원수가 D라는 사실을 바탕으로 이를 식 3.98로부터 구할 수 있다. 이 재추정식은 $\mathbf{W}$와 σ^2을 구하기 위한 EM 알고리즘과 끼워 맞춰지게 된다. E단계의 식은 다시 한 번 식 12.54와 식 12.55에 따라 주어지게 된다. 이와 비슷하게, σ^2을 계산하기 위한 M단계의 식은 식 12.57에 해당한다. M단계의 $\mathbf{W}$에 대한 식만 다음과 같이 변하게 된다.

$$\mathbf{W}_{\text{new}} = \left[\sum_{n=1}^{N} (\mathbf{x}_n - \bar{\mathbf{x}}) \mathbb{E}[\mathbf{z}_n]^{\mathrm{T}} \right] \left[\sum_{n=1}^{N} \mathbb{E}[\mathbf{z}_n \mathbf{z}_n^{\mathrm{T}}] + \sigma^2 \mathbf{A} \right]^{-1} \qquad \text{(식 12.63)}$$

여기서 $\mathbf{A} = \text{diag}(\alpha_i)$다. $\boldsymbol{\mu}$의 값은 앞에서와 마찬가지로 표본 평균으로 주어진다.

$M = D - 1$을 선택했다고 해보자. 이 경우, 만약 모든 α_i 값들이 유한하다면 이 모델은 완전 공분산 가우시안을 표현하게 된다. 그리고 만약 모든 α_i 값들이 무한으로 발산한다면, 이 모델은 등방 가우시안 분포와 동일하게 되며, 따라서 주 부분 공간 유효 차원수의 모든 허용되는 값들을 포함하게 된다. 더 작은 M 값을 고려하는 것도 가능하다. 이 경우에는 계산 비용을 절약할 수 있겠지만, 부분 공간의 최대 차원수에 제한이 걸리게 된다. 이 알고리즘과 표준 확률적 PCA 알고리즘이 그림 12.14에 비교되어 있다.

베이지안 PCA를 바탕으로 11.3절에서 논의했던 기브스 표집법을 설명할 수 있다. 그림 12.15는 초매개변수 $\ln \alpha_i$에 대한 표본을 $D = 4$차원인 데이터 집합에서 잠재 공간의 차원수 $M = 3$을 바탕으로 추출한 예시다. 이때 데이터 집합은 한 방향으로는 큰 분산을 가지며, 나머지 방

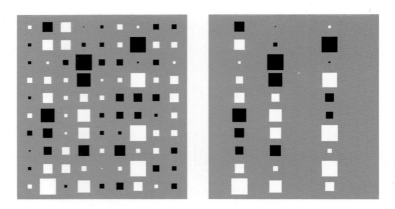

그림 12.14 '힌튼' 도표. 행렬 $\mathbf{W}$의 각각의 원소가 사각형으로 표현되어 있다. 검은색은 양의 값, 흰색은 음의 값을 의미하며 사각형의 너비는 원소의 크기에 비례한다. 합성 데이터 집합은 가우시안 분포에서 추출한 $D = 10$차원의 데이터 포인트 300개로 $M = 3$의 세 방향으로는 더 큰 표준 편차 1.0을 가지고 나머지 일곱 방향으로는 표준 편차 0.5를 가진다. 왼쪽의 도식은 최대 가능도 확률적 PCA의 결과를, 오른쪽의 도식은 이에 해당하는 베이지안 PCA의 결과를 나타내고 있다. 베이지안 모델이 여섯 개의 잉여 자유도를 제한함으로써 적절한 차원수를 찾아낼 수 있었음을 확인할 수 있다.

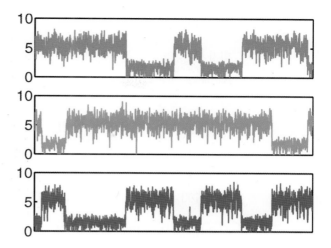

그림 12.15 베이지안 PCA를 바탕으로 한 기브스 표집법의 도식. 세 개의 α 값에 대해서 $\ln \alpha_i$와 반복수의 도표가 그려져 있다. 사후 분포의 세 개의 최빈값 사이에서 전이가 일어나는 것을 볼 수 있다.

향들은 작은 분산의 노이즈로 이루어진 확률적 PCA 모델로부터 생성되었다. 해당 결과는 사후 분포에 세 개의 뚜렷한 최빈값이 있음을 나타낸다. 각 반복 단계에서 하나의 초매개변수는 작은 값을, 나머지 두 초매개변수는 큰 값을 가지게 되고 따라서 세 개의 잠재 변수들 중 두 개는 제한된다. 기브스 표집의 과정에서는 해가 이 세 최빈값 사이를 급격히 옮겨다니게 될 것이다.

여기서 설명한 모델은 행렬 $\mathbf{W}$에 대한 사전 분포에 대해서만 관련되어 있다. $\boldsymbol{\mu}$, σ^2, $\boldsymbol{\alpha}$에 대한 사전 분포를 포함하는 완전한 베이지안 PCA 방법론은 변분적 방법을 이용해서 풀 수 있다. 이에 대해서는 Bishop(1999b)을 참조하기 바란다. PCA 모델의 적절한 차원수를 결정하기 위한 다양한 베이지안 방법에 대해서는 Minka(2001c)에 설명되어 있다.

12.2.4 인자 분석

인자 분석(*factor analysis*)은 확률적 PCA와 밀접하게 연관되어 있는 선형 가우시안 잠재 변수 모델이다. 인자 분석의 정의는 잠재 변수 $\mathbf{z}$가 주어졌을 때의 관측 변수 $\mathbf{x}$의 조건부 분포가 등방 공분산이 아니라 대각 공분산을 가진다는 점에서만 확률적 PCA와 차이가 난다.

$$p(\mathbf{x}|\mathbf{z}) = \mathcal{N}(\mathbf{x}|\mathbf{W}\mathbf{z} + \boldsymbol{\mu}, \boldsymbol{\Psi}) \tag{식 12.64}$$

여기서 $\boldsymbol{\Psi}$는 $D \times D$ 대각 행렬이다. 인자 분석 모델은 확률적 PCA 모델에서와 마찬가지로 잠재 변수 $\mathbf{z}$가 주어졌을 때 관측 변수 $x_1, \ldots, x_D$들이 독립적이라고 가정한다. 기본적으로 인자 분석 모델은 행렬 $\boldsymbol{\Psi}$의 각 축에 연관된 독립적인 분산 변수들을 통해서 데이터의 관측된 공분산 구조를 설명하며, 행렬 $\mathbf{W}$를 이용해서 변수 간의 공분산을 설명한다. 인자 분석 문헌에서 $\mathbf{W}$의 열들은 **인자 적재**(*factor loading*)라 지칭하며, 각각의 변수의 독립적인 노이즈 분산을 표현하는 $\mathbf{\Psi}$의 대각 원소들은 **유일성**(*uniqueness*)이라 한다.

인자 분석의 기원은 PCA만큼이나 오래되었다. 인자 분석에 대한 논의는 Everitt(1984), Bartholomew(1987), Basilevsky(1994) 등의 책에서 찾아볼 수 있다. 인자 분석과 PCA 간의 상관 관계에 대해서는 Lawley(1953)와 Anderson(1963)에서 논의되었다. 여기서는 $\mathbf{\Psi} = \sigma^2 \mathbf{I}$인 인자 분석 모델의 경우 가능도 함수의 임계점에서는 $\mathbf{W}$의 열이 표본 공분산 행렬의 고유 벡터가 척도화된 것에 해당하며, σ^2은 버려진 고윳값들의 평균이라는 것을 증명했다. 나중에 Tipping and Bishop(1999b)은 $\mathbf{W}$를 구성하는 고유 벡터들이 주 성분 고유 벡터에 해당할 경우에 로그 가능도 함수가 최댓값을 가진다는 것을 증명했다.

식 2.115를 사용하면 관측 변수의 주변 분포가 $p(\mathbf{x}) = \mathcal{N}(\mathbf{x}|\boldsymbol{\mu}, \mathbf{C})$라는 것을 알 수 있다. 여기서 $\mathbf{C}$는 다음과 같다.

$$\mathbf{C} = \mathbf{W}\mathbf{W}^{\mathrm{T}} + \mathbf{\Psi} \tag{식 12.65}$$

연습문제 12.19 확률적 PCA 모델과 마찬가지로 이 모델은 잠재 공간에서의 회전 변환에 대해 불변성을 가지고 있다.

역사적으로 인자 분석 모델은 개별적인 인자들($\mathbf{z}$ 공간의 좌표축들)을 해석하려 시도하는 과정에서 논란이 일었다. 이 해석은 $\mathbf{z}$ 공간상에서의 회전과 연관된 인자 분석의 비식별성 때문에 문제가 되는 것으로 증명되었다. 우리의 관점에서는 인자 분석을 잠재 변수 밀도 모델의 한 형태로 간주할 것이다. 이 경우 잠재 공간의 형태는 관심사가 될 수 있지만, 이를 설명하기 위해서 어떤 특정 축들을 선택하는지는 그리 중요하지 않다. 잠재 공간의 회전과 연관된 저하성을 제거하고자 한다면 비가우시안 잠재 변수 분포를 고려해야 한다. 이 경우 **개별 성분 분석**(*independent component analysis, ICA*) 모델을 얻게 된다.

12.4절

최대 가능도 방법을 이용해서 인자 분석 모델에서의 $\boldsymbol{\mu}$, $\mathbf{W}$, $\mathbf{\Psi}$를 구할 수 있다. $\boldsymbol{\mu}$의 해는 다시 한 번 표본 평균으로 주어진다. 하지만 확률적 PCA의 경우와는 달리, $\mathbf{W}$에 대한 닫힌 형태의 최대 가능도 해는 존재하지 않는다. 따라서 반복적인 방법으로 찾아내야만 한다. 인자 분석 모델은 잠재 변수 모델이므로 확률적 PCA 모델의 경우와 비슷하게 EM 알고리즘을 이용해서 이

연습문제 12.21 를 시행할 수 있다(Rubin and Thayer, 1982). E단계의 식은 다음과 같다.

$$\mathbb{E}[\mathbf{z}_n] = \mathbf{G}\mathbf{W}^{\mathrm{T}}\mathbf{\Psi}^{-1}(\mathbf{x}_n - \overline{\mathbf{x}}) \tag{식 12.66}$$

$$\mathbb{E}[\mathbf{z}_n\mathbf{z}_n^{\mathrm{T}}] = \mathbf{G} + \mathbb{E}[\mathbf{z}_n]\mathbb{E}[\mathbf{z}_n]^{\mathrm{T}} \tag{식 12.67}$$

여기서 다음을 정의하였다.

$$\mathbf{G} = (\mathbf{I} + \mathbf{W}^{\mathrm{T}}\boldsymbol{\Psi}^{-1}\mathbf{W})^{-1} \qquad \text{(식 12.68)}$$

이 식들은 $D \times D$ 행렬이 아니라 $M \times M$ 행렬의 역을 구하는 것을 바탕으로 표현되어 있다($D \times D$ 대각 행렬 $\boldsymbol{\Psi}$의 역을 구한다는 예외가 있는데, 이는 $O(D)$단계만에 쉽게 시행할 수 있다). 이는 계산을 더 효율적이도록 한다. 왜냐하면 $M \ll D$이기 때문이다. M단계의 식은 다음 형태를 가진다.

$$
\begin{aligned}
\mathbf{W}_{\text{new}} &= \left[\sum_{n=1}^{N}(\mathbf{x}_n - \overline{\mathbf{x}})\mathbb{E}[\mathbf{z}_n]^{\mathrm{T}}\right]\left[\sum_{n=1}^{N}\mathbb{E}[\mathbf{z}_n\mathbf{z}_n^{\mathrm{T}}]\right]^{-1} & \text{(식 12.69)}
\end{aligned}
$$

$$
\boldsymbol{\Psi}_{\text{new}} = \text{diag}\left\{\mathbf{S} - \mathbf{W}_{\text{new}}\frac{1}{N}\sum_{n=1}^{N}\mathbb{E}[\mathbf{z}_n](\mathbf{x}_n - \overline{\mathbf{x}})^{\mathrm{T}}\right\} \qquad \text{(식 12.70)}
$$

여기서 'diag'는 행렬의 모든 비대각 원소를 0으로 설정하는 연산자다. 베이지안적인 인자 분석 모델은 이 책에서 이미 논의했던 테크닉들을 바탕으로 쉽게 도출할 수 있다.

확률적 PCA 모델과 인자 분석 모델은 데이터 집합의 변환에 대한 행태의 측면에서도 다른 점을 보인다. PCA와 확률적 PCA의 경우에는 데이터 공간의 좌표계를 회전시키게 되면 데이터에 대한 피팅은 정확히 일치하며, $\mathbf{W}$에 대한 행렬만 해당 회전 행렬에 의해 변환될 것이다. 인자 분석의 경우에는 성분 단위의 데이터 벡터 재척도화를 시행하면 그 결과가 $\boldsymbol{\Psi}$의 해당 성분의 재척도화로 흡수된다.

12.3 커널 PCA

6장에서는 $\mathbf{x}^{\mathrm{T}}\mathbf{x}'$ 형태의 스칼라 곱을 포함하는 알고리즘에서 스칼라 곱을 비선형 커널로 교체해서 알고리즘을 일반화하는 커널 대입 테크닉에 대해 살펴보았다. 여기서는 커널 대입 테크닉을 PCA에 적용해서 비선형적 일반화 모델인 **커널 PCA**(*kernel PCA*)를 도출해 보도록 하자 (Scholkopf *et al*, 1998).

D차원 공간상의 데이터 집합 $\{\mathbf{x}_n\}$을 고려해 보자($n = 1,\dots,N$). 표현을 깔끔하게 하기 위해서 각각의 벡터 $\mathbf{x}_n$으로부터 표본 평균만큼을 뺐다고 가정할 것이다. 즉, $\sum_n \mathbf{x}_n = 0$이다. 첫 번째 단계는 기존 PCA를 데이터 벡터 $\{\mathbf{x}_n\}$이 스칼라 곱 $\mathbf{x}_n^{\mathrm{T}}\mathbf{x}_m$의 형태를 통해서만 표현되도록 다시 적는 것이다. 여기서 주 성분들은 공분산 행렬의 고유 벡터 $\mathbf{u}_i$로 정의된다.

$$\mathbf{S}\mathbf{u}_i = \lambda_i\mathbf{u}_i \qquad \text{(식 12.71)}$$

12.3 커널 PCA **657**

여기서 $i = 1, \ldots, D$다. $D \times D$ 표본 공분산 행렬 $\mathbf{S}$는 다음과 같이 정의된다.

$$\mathbf{S} = \frac{1}{N} \sum_{n=1}^{N} \mathbf{x}_n \mathbf{x}_n^{\mathrm{T}},$$

(식 12.72)

그리고 고유 벡터들은 $\mathbf{u}_i^{\mathrm{T}} \mathbf{u}_i = 1$과 같은 식으로 정규화되어 있다.

이제 M차원 특징 공간에 대한 비선형 변환 $\boldsymbol{\phi}(\mathbf{x})$를 고려해 보자. 이 변환을 통해서 각각의 데이터 포인트 $\mathbf{x}_n$은 포인트 $\boldsymbol{\phi}(\mathbf{x}_n)$으로 투영될 것이다. 이제 특징 공간상에서 표준 PCA를 시행할 수 있다. 이 과정에서 잠재적으로 원 데이터 공간에서의 비선형 주성분 모델을 정의하게 된다. 이에 대해서는 그림 12.16에 그려져 있다.

여기서는 일단 투영된 데이터 집합이 0 평균을 가진다고 가정하자. 즉, $\sum_n \boldsymbol{\phi}(\mathbf{x}_n) = 0$이다. 이에 대해서는 잠시 후에 다시 다룰 것이다. 특징 공간상에서의 $M \times M$ 표본 공분산 행렬은 다음처럼 주어진다.

$$\mathbf{C} = \frac{1}{N} \sum_{n=1}^{N} \boldsymbol{\phi}(\mathbf{x}_n) \boldsymbol{\phi}(\mathbf{x}_n)^{\mathrm{T}}$$

(식 12.73)

그리고 고유 벡터 전개식은 다음과 같이 정의된다.

$$\mathbf{C} \mathbf{v}_i = \lambda_i \mathbf{v}_i$$

(식 12.74)

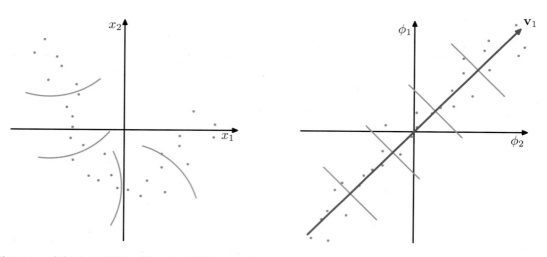

그림 12.16 커널 PCA 과정에 대한 도식. 왼쪽의 도식에 그려져 있는 원래의 데이터 공간상의 데이터 집합은 비선형 변환 $\boldsymbol{\phi}(\mathbf{x})$를 통해 오른쪽 도식의 특징 공간으로 투영된다. 특징 공간에서 PCA를 시행함으로써 주성분을 얻을 수 있다. 이 주성분들 중 첫 번째가 오른쪽 도식에 파란색으로 그려져 있고 벡터 $\mathbf{v}_1$이라고 표시되어 있다. 특징 공간상의 녹색 선은 첫 번째 주성분에 대한 선형 투영을 표시한 것이다. 이는 원 데이터 공간상에서는 비선형 투영에 해당한다. 일반적으로는 비선형 주성분을 $\mathbf{x}$ 공간상에서의 벡터로 표현하는 것이 불가능하다.

여기서 $i = 1, \ldots, M$이다. 우리의 목표는 특징 공간을 직접 다룰 필요 없이 고윳값 문제를 풀어내는 것이다. $\mathbf{C}$에 대한 정의를 바탕으로 고유벡터 공식에 따라 $\mathbf{v}_i$가 다음을 만족함을 알 수 있다.

$$\frac{1}{N} \sum_{n=1}^{N} \phi(\mathbf{x}_n) \left\{ \phi(\mathbf{x}_n)^{\mathrm{T}} \mathbf{v}_i \right\} = \lambda_i \mathbf{v}_i \tag{식 12.75}$$

따라서 ($\lambda_i > 0$일 때) 벡터 $\mathbf{v}_i$는 $\phi(\mathbf{x}_n)$의 선형 결합으로 주어지게 된다. 그러므로 다음의 형태로 적을 수 있다.

$$\mathbf{v}_i = \sum_{n=1}^{N} a_{in} \phi(\mathbf{x}_n) \tag{식 12.76}$$

이 전개식을 고유 벡터 공식에 역으로 대입해 넣으면 다음을 얻게 된다.

$$\frac{1}{N} \sum_{n=1}^{N} \phi(\mathbf{x}_n) \phi(\mathbf{x}_n)^{\mathrm{T}} \sum_{m=1}^{N} a_{im} \phi(\mathbf{x}_m) = \lambda_i \sum_{n=1}^{N} a_{in} \phi(\mathbf{x}_n) \tag{식 12.77}$$

양변에 $\phi(\mathbf{x}_l)^{\mathrm{T}}$를 곱해서 이를 커널 함수 $k(\mathbf{x}_n, \mathbf{x}_m) = \phi(\mathbf{x}_n)^{\mathrm{T}} \phi(\mathbf{x}_m)$에 대한 식으로 표현할 수 있다.

$$\frac{1}{N} \sum_{n=1}^{N} k(\mathbf{x}_l, \mathbf{x}_n) \sum_{m=1}^{N} a_{im} k(\mathbf{x}_n, \mathbf{x}_m) = \lambda_i \sum_{n=1}^{N} a_{in} k(\mathbf{x}_l, \mathbf{x}_n) \tag{식 12.78}$$

이를 행렬 표현으로 적으면 다음과 같다.

$$\mathbf{K}^2 \mathbf{a}_i = \lambda_i N \mathbf{K} \mathbf{a}_i \tag{식 12.79}$$

여기서 $\mathbf{a}_i$는 N차원의 열 벡터로서 그 원소는 a_{in}이다. 이때 $n = 1, \ldots, N$이다. 다음의 고윳값 문제를 풀어서 $\mathbf{a}_i$에 대한 해를 찾을 수 있다.

$$\mathbf{K} \mathbf{a}_i = \lambda_i N \mathbf{a}_i \tag{식 12.80}$$

여기서는 식 12.79의 양변에서 인자 $\mathbf{K}$를 없앴다. 식 12.79와 식 12.80은 $\mathbf{K}$에서 고윳값 0을 가지는 고유 벡터만큼만 차이가 나며, 이는 주성분 투영에 영향을 미치지 않는다.

연습문제 12.26

계수 $\mathbf{a}_i$의 정규화 조건은 특징 공간의 고유 벡터가 정규화되어야 한다는 것을 바탕으로 구할 수 있다. 식 12.76과 식 12.80을 통해 다음을 얻을 수 있다.

$$1 = \mathbf{v}_i^{\mathrm{T}} \mathbf{v}_i = \sum_{n=1}^{N} \sum_{m=1}^{N} a_{in} a_{im} \phi(\mathbf{x}_n)^{\mathrm{T}} \phi(\mathbf{x}_m) = \mathbf{a}_i^{\mathrm{T}} \mathbf{K} \mathbf{a}_i = \lambda_i N \mathbf{a}_i^{\mathrm{T}} \mathbf{a}_i \tag{식 12.81}$$

고유 벡터 문제를 풀고 나면 주성분 투영 역시 커널 함수에 대해서 표현할 수 있다. 식 12.76을 이용하면 포인트 $\mathbf{x}$를 고유 벡터 i에 투영하는 것을 다음과 같이 표현할 수 있다.

$$y_i(\mathbf{x}) = \phi(\mathbf{x})^\mathrm{T} \mathbf{v}_i = \sum_{n=1}^{N} a_{in} \phi(\mathbf{x})^\mathrm{T} \phi(\mathbf{x}_n) = \sum_{n=1}^{N} a_{in} k(\mathbf{x}, \mathbf{x}_n) \qquad \text{(식 12.82)}$$

다시 한 번 이는 커널 함수의 식으로 표현되었다.

원래의 D차원 $\mathbf{x}$ 공간에는 D개의 직교 고유 벡터들이 있었다. 따라서 최대 D개의 선형 주성분을 찾을 수 있었다. 하지만 특징 공간의 차원 M은 D보다 훨씬 더 클 수 있으며(무한대가 될 수도 있다), 따라서 D보다 더 많은 수의 비선형 주성분을 찾을 수도 있다. 하지만 0이 아닌 고윳값의 수는 데이터 포인트의 숫자 N을 넘을 수가 없다. 왜냐하면 (심지어 $M > N$인 경우에도) 특징 공간의 공분산 행렬은 최대 N의 계수를 가지게 될 것이기 때문이다. 이는 커널 PCA가 $N \times N$ 행렬 $\mathbf{K}$의 고유 벡터 전개식을 기반으로 하고 있다는 사실에 반영되어 있다.

지금까지의 논의에서는 $\phi(\mathbf{x}_n)$으로 주어지는 투영된 데이터 집합이 0 평균을 가지고 있다고 가정했다. 물론 이는 일반적으로 참이 아니다. 단순히 계산한 후에 평균만큼을 뺄 수는 없다. 왜냐하면 여기서는 특징 공간을 직접 다루는 것을 피하려 하고 있기 때문이다. 따라서, 여기서도 다시 한 번 알고리즘을 커널 함수에 대해 표현하도록 할 것이다. $\widetilde{\phi}(\mathbf{x}_n)$으로 표현되는 중앙화를 한 후의 데이터 포인트는 다음과 같이 주어지게 된다.

$$\widetilde{\phi}(\mathbf{x}_n) = \phi(\mathbf{x}_n) - \frac{1}{N} \sum_{l=1}^{N} \phi(\mathbf{x}_l) \qquad \text{(식 12.83)}$$

그리고 이에 해당하는 그램 행렬의 원소는 다음과 같이 주어진다.

$$\begin{aligned}
\widetilde{K}_{nm} &= \widetilde{\phi}(\mathbf{x}_n)^\mathrm{T} \widetilde{\phi}(\mathbf{x}_m) \\
&= \phi(\mathbf{x}_n)^\mathrm{T} \phi(\mathbf{x}_m) - \frac{1}{N} \sum_{l=1}^{N} \phi(\mathbf{x}_n)^\mathrm{T} \phi(\mathbf{x}_l) \\
&\quad - \frac{1}{N} \sum_{l=1}^{N} \phi(\mathbf{x}_l)^\mathrm{T} \phi(\mathbf{x}_m) + \frac{1}{N^2} \sum_{j=1}^{N} \sum_{l=1}^{N} \phi(\mathbf{x}_j)^\mathrm{T} \phi(\mathbf{x}_l) \\
&= k(\mathbf{x}_n, \mathbf{x}_m) - \frac{1}{N} \sum_{l=1}^{N} k(\mathbf{x}_l, \mathbf{x}_m) \\
&\quad - \frac{1}{N} \sum_{l=1}^{N} k(\mathbf{x}_n, \mathbf{x}_l) + \frac{1}{N^2} \sum_{j=1}^{N} \sum_{l=1}^{N} k(\mathbf{x}_j, \mathbf{x}_l) \qquad \text{(식 12.84)}
\end{aligned}$$

행렬 표현식으로는 다음과 같이 적을 수 있다.

$$\widetilde{\mathbf{K}} = \mathbf{K} - \mathbf{1}_N \mathbf{K} - \mathbf{K} \mathbf{1}_N + \mathbf{1}_N \mathbf{K} \mathbf{1}_N \qquad \text{(식 12.85)}$$

여기서 $\mathbf{1}_N$은 모든 원소가 $1/N$ 값을 가지는 $N \times N$ 행렬을 지칭한다. 따라서 $\widetilde{\mathbf{K}}$를 오직 커널 함수를 이용해서만 계산할 수 있으며, 그 다음 $\widetilde{\mathbf{K}}$를 이용해서 고윳값과 고유 벡터를 결정할 수 있다. 선형 커널 $k(\mathbf{x}, \mathbf{x}') = \mathbf{x}^{\mathrm{T}} \mathbf{x}'$을 사용하면 원래의 표준 PCA 알고리즘을 다시 얻게 된다.

연습문제 12.27 그림 12.17은 커널 PCA를 합성 데이터 집합에 적용한 예시를 보여 준다(Scholkopf *et al.*, 1998). 여기서는 다음의 형태를 가지는 '가우시안' 커널이 합성 데이터 집합에 적용되었다.

$$k(\mathbf{x}, \mathbf{x}') = \exp(-\|\mathbf{x} - \mathbf{x}'\|^2 / 0.1) \qquad \text{(식 12.86)}$$

여기서의 선들은 해당 주 성분에 투영을 한 경로에 해당한다. 이는 다음과 같이 정의된다.

$$\phi(\mathbf{x})^{\mathrm{T}} \mathbf{v}_i = \sum_{n=1}^{N} a_{in} k(\mathbf{x}, \mathbf{x}_n) \qquad \text{(식 12.87)}$$

커널 PCA의 명백한 단점 하나는 $N \times N$ 행렬 $\widetilde{\mathbf{K}}$의 고유 벡터를 찾아야 한다는 것이다. 이는

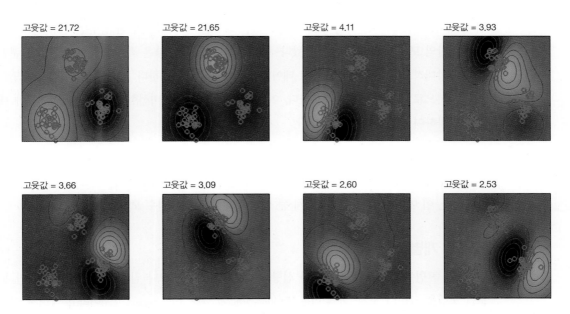

그림 12.17 가우시안 커널을 바탕으로 한 커널 PCA를 이차원 합성 데이터에 적용한 예시. 첫 여덟 개의 고유 함수들과 그에 해당하는 고윳값들을 나타내고 있다. 그려져 있는 선들은 해당 주 성분에 대한 투영값이 상수인 윤곽선에 해당한다. 첫 두 개의 고유 벡터들은 데이터들을 세 개의 집단으로 나누고 있으며, 다음 세 개의 고유 벡터들은 각각의 집단을 절반으로 나누고 있다. 그리고 그 다음의 세 고유 벡터들은 앞에서 나눈 것과 직교하는 방향으로 각 집단을 절반으로 나누고 있다.

표준 PCA에서 $D \times D$ 행렬 $\mathbf{S}$의 고유 벡터를 찾아야 했던 것에 비해 훨씬 더 계산적 비용이 많이 든다. 따라서 실제 사례에서는 큰 데이터 집합에 대해서는 근사치를 이용하는 경우가 많다.

표준 선형 PCA에서는 종종 더 적은 수 $L < D$개의 고유 벡터들만을 유지하고 L차원의 주 부분 공간에의 투영값 $\hat{\mathbf{x}}_n$으로 데이터 벡터 $\mathbf{x}_n$을 근사하는 경우가 있다.

$$\hat{\mathbf{x}}_n = \sum_{i=1}^{L} \left(\mathbf{x}_n^{\mathrm{T}} \mathbf{u}_i \right) \mathbf{u}_i \qquad \text{(식 12.88)}$$

일반적으로 커널 PCA에서는 이렇게 하는 것이 불가능하다. 그 이유는 다음과 같다. 사상 $\phi(\mathbf{x})$는 D차원의 $\mathbf{x}$ 공간을 M차원 특징 공간 φ에 존재하는 D차원 **매니폴드**(*manifold*)로 사상한다. 벡터 $\mathbf{x}$를 해당 포인트 $\phi(\mathbf{x})$의 **원상**(*pre-image*)이라고 한다. 하지만 특징 공간상의 포인트들을 선형 PCA 부분 공간에 투영한 결과는 일반적으로 비선형 D차원 매니폴드에 속해 있지 않을 것이며, 따라서 데이터 공간상에 원상을 가지고 있지 않게 된다. 이러한 이유로 원상의 근사치를 찾기 위한 테크닉이 따로 제안되었다(Bakir *et al.*, 2004).

12.4 비선형 잠재 변수 모델

이 장에서는 지금까지 연속 변수를 가지고 있는 모델들 중 가장 간단한 종류인 선형 가우시안 분포 기반의 모델들에 대해 논의해 왔다. 이 모델들은 실제로 좋은 적용성을 가지고 있을 뿐만 아니라 상대적으로 분석하기도 쉽고 데이터를 피팅하기도 용이하다. 따라서 더 복잡한 모델의 구성 성분으로 사용하기에도 적합하다. 여기서는 이 방법론을 비선형/비가우시안 모델들에 대해 일반화하여 간단히 살펴볼 것이다.

사실 비선형성이나 비가우시안성의 문제는 서로 연관되어 있다. 그 이유는 (가우시안과 같은) 단순한 형태의 고정된 참조 밀도에 비선형 변수 변환을 시행하면 일반 확률 밀도를 구할 수 있기 때문이다. 이 아이디어는 곧 살펴보게 될 몇몇 실제적인 잠재 변수 모델의 기반이 된다.

연습문제 12.28

12.4.1 개별 성분 분석

먼저, 관측 변수들이 잠재 변수들과 선형적으로 연관되어 있으나 잠재 분포가 비가우시안 분포인 모델을 고려해 보자. **개별 성분 분석**(*independent component analysis, ICA*)이라고 알려져 있는 이러한 모델들은 인수분해가 되는 잠재 변수들에 대한 분포를 고려할 경우에 도출된다.

$$p(\mathbf{z}) = \prod_{j=1}^{M} p(z_j) \qquad\qquad \text{(식 12.89)}$$

이러한 모델의 역할을 이해하기 위해서 두 명의 사람이 동시에 말을 하고 두 개의 마이크를 이용해서 그들의 목소리를 녹음하는 예시를 생각해 보자. 시간의 지연이나 소리의 울림등의 효과를 무시한다면 마이크에 도착하는 신호들은 모든 시간대에 대해서 두 목소리의 진폭의 선형 결합으로 주어지게 될 것이다. 이 선형 결합의 계수는 상수일 것이며, 표본 데이터로부터 그 값을 유추할 수 있다면 혼합 과정을 뒤집어서 두 개의 원 시그널을 얻을 수 있을 것이다. 이는 **블라인드 원천 분리**(*blind source separation*)라 불리는 문제의 예시다. 여기서 '블라인드'는 우리가 혼합된 데이터만을 얻게 되며, 원 데이터나 혼합 계수는 관측되지 않는다는 것을 의미한다 (Cardoso, 1998).

이런 종류의 문제는 종종 다음의 접근법을 통해 다뤄지게 된다(MacKay, 2003). 이 접근법에서는 신호의 시계열적 특성을 무시하고 연속적인 표본들을 독립적이고 동일하게 분포되어 있는 것으로 다룬다. 여기서는 관측되지 않은 목소리 신호의 진폭에 해당하는 두 개의 잠재 변수와 마이크에서의 신호값에 해당하는 두 개의 관측 변수들이 존재하는 생성적 모델을 고려하게 된다. 잠재 변수들은 위와 같이 인수분해되는 결합 분포를 가지게 되며, 관측된 변수들은 잠재 변수들의 선형 결합으로 주어진다. 노이즈 분포를 포함할 필요는 없다. 왜냐하면 관측된 변수들의 수가 잠재 변수들의 수와 같기 때문에 일반적으로 관측 변수들이 비정칙이 아닐 것이며, 따라서 관측 변수들은 단순히 잠재 변수들의 결정적 선형 결합일 것이기 때문이다. 관측값의 데이터 집합이 주어졌을 때 이 모델의 가능도 함수는 선형 결합의 계수에 대한 함수가 된다. 기울기 기반의 최적화 알고리즘을 사용해서 로그 가능도 함수를 최대화할 수 있다. 이 결과로 얻게 되는 것이 개별 성분 분석의 한 특정한 버전이다.

이 접근법이 성공하기 위해서는 잠재 변수들이 비가우시안 분포를 가져야 한다. 확률적 PCA와 인자 분석 모델에서 잠재 공간 분포는 0 평균의 등방 가우시안으로 주어졌다. 따라서 이러한 모델들은 두 가지 다른 잠재 변수의 선택을 구별할 수가 없다. 왜냐하면 이 두 잠재 변수들은 잠재 공간상에서의 회전 변환만큼만 다르기 때문이다. $\mathbf{W} \to \mathbf{WR}$인 변환을 해도 식 12.35의 주변 밀도가 변하지 않으며, 따라서 가능도 함수도 변하지 않는다는 것을 바탕으로 이를 확인할 수 있다. 이렇게 되는 이유는 식 12.36에서 주어진 행렬 $\mathbf{C}$가 불변성을 가지고 있기 때문이다. 여기서 $\mathbf{R}$은 $\mathbf{RR}^\mathrm{T}$를 만족하는 직교 행렬이다.

선형 모델에서의 가우시안 잠재 변수가 독립적인 성분들을 찾는 데 충분하지 않은 이유는 또 있다. 주성분들은 데이터 공간의 좌표축의 회전 변환을 표현한다. 이는 공분산 행렬을 대각화하는 방식으로 표현되며, 따라서 새 좌표계에서의 데이터 분포들은 서로 비상관이게 될 것이다. 상관도가 0인 것은 독립성을 위한 필요 조건이긴 하지만 충분 조건은 아니다. 실제 적용에서는 잠재 변수 분포로서 다음을 종종 사용한다.

$$p(z_j) = \frac{1}{\pi \cosh(z_j)} = \frac{2}{\pi(e^{z_j} + e^{-z_j})} \qquad \text{(식 12.90)}$$

이는 가우시안과 비교했을 때 더 두꺼운 꼬리를 가지고 있는 분포다. 이는 많은 실제 세계의 분포들이 이러한 성질을 보인다는 것을 반영한 것이다.

원 ICA 모델(Bell and Sejnowski, 1995)은 정보 최대화를 바탕으로 정의된 목표 함수를 최적화하는 데 그 기반을 두고 있다. 확률적 잠재 변수 공식화의 한 가지 장점은 바로 기본 ICA의 일반화를 공식화하는 데 도움을 준다는 것이다. 예를 들어, **개별 인자 분석**(*independent factor analysis*) (Attias, 1999a) 모델에서는 잠재 변수들과 관측 변수들의 수가 다를 수 있고, 관측 변수들에 노이즈가 포함되어 있으며, 개별 잠재 변수들이 가우시안 혼합 분포를 바탕으로 모델된 유연한 분포를 가지고 있다. EM을 이용해서 이 모델의 로그 가능도 함수를 최대화할 수 있으며, 변분적 방법론을 이용해서 잠재 변수 재구성의 근삿값을 구할 수 있다. 많은 다른 종류들의 모델이 고려되어 왔다. 그리고 이제는 ICA와 그 적용에 관해 매우 많은 수의 문헌들이 존재한다(Jutten and Herault, 1991; Comon *et al.*, 1991; Amari *et al.*, 1996; Pearlmutter and Parra, 1997; Hyvärinen and Oja, 1997; Hinton *et al.*, 2001; Miskin and MacKay, 2001; Hojen-Sorensen *et al.*, 2002; Choudrey and Roberts, 2003; Chan *et al.*, 2003; Stone, 2004).

12.4.2 자동 연상 뉴럴 네트워크

5장에서는 지도 학습의 맥락에서 뉴럴 네트워크를 살펴보았다. 이 경우 네트워크의 역할은 입력 변수들이 주어졌을 때 출력 변수를 예측하는 것이다. 하지만 뉴럴 네트워크는 비지도 학습의 맥락에서 차원수 감소에도 활용되어 왔다. 이는 같은 수의 출력값과 입력값을 가지는 네트워크를 사용하고, 입력값과 출력값 사이의 재구성 오류에 대한 어떤 척도를 훈련 데이터에 대해 최소화하는 방식으로 가중치들을 최적화함으로써 시행할 수 있다.

먼저 그림 12.18의 형태를 가진 다층 퍼셉트론을 고려해 보자. 이 퍼셉트론은 D개의 입력값과 D개의 출력값 유닛을 가지고 있으며, M개의 은닉 유닛을 가지고 있다. 이때 $M < D$이다. 네트워크를 훈련시키기 위해 사용한 표적값들은 단순히 입력 벡터 그 자체다. 즉, 이 네트워크는 각각의 입력 벡터를 스스로에게 사상하려 시도하는 것이다. 이러한 네트워크는 **자동 연상** (*autoassociative*) 사상을 구성한다고 한다. 은닉 유닛의 수가 입력 유닛의 수보다 작기 때문에 입

그림 12.18 두 층의 가중치들을 가지고 있는 자동 연상 다층 퍼셉트론. 이러한 네트워크는 입력 벡터들을 그 자신에게 사상하도록 하고 제곱합 오류를 최소화하도록 훈련된다. 이러한 네트워크는 은닉 계층에 비선형 유닛들이 있더라도 선형 PCA와 동일한 효과를 낸다. 명확한 표기를 위해서 편향 매개변수를 표현하는 링크는 생략하였다.

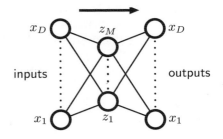

력 벡터들에 대한 완벽한 재구성은 일반적으로 불가능하다. 따라서 입력 벡터와 그 재구성된 값 사이의 불일치 정도를 측정하는 오류 함수를 최소화하는 방식으로 네트워크 매개변수 $\mathbf{w}$을 구할 것이다. 더 구체적으로, 다음 형태의 제곱합 오류 함수를 사용할 것이다.

$$E(\mathbf{w}) = \frac{1}{2} \sum_{n=1}^{N} \|\mathbf{y}(\mathbf{x}_n, \mathbf{w}) - \mathbf{x}_n\|^2 \qquad \text{(식 12.91)}$$

만약 은닉 유닛들이 선형 활성화 함수를 가지고 있다면 이 경우 오류 함수는 단일 전역 최솟값을 가지고 있으며, 이 최솟값에서 네트워크는 데이터의 첫 M개의 주성분으로 구성된 M차원 부분 공간에 대한 투영을 시행한다는 것을 증명할 수 있다(Bourlard and Kamp, 1988; Baldi and Hornik, 1989). 따라서 그림 12.18의 은닉 유닛들에 해당하는 가중치들이 주 부분 공간을 구성하는 기반이 된다(하지만 이러한 벡터들은 직교하거나 정규화되어 있지 않을 수도 있다). 이 결과는 그리 놀라운 것이 아니다. 왜냐하면 PCA와 뉴럴 네트워크는 둘 다 선형 차원수 감소를 사용하고 있으며, 같은 제곱합 오류 함수를 최소화하기 때문이다.

비선형(시그모이드) 활성화 함수를 그림 12.18의 네트워크의 은닉 유닛에 사용해서 선형 차원수 감소의 한계점을 극복하고자 하는 생각을 할 수도 있다. 하지만 은닉 유닛이 비선형인 경우에도 최소 오류 해는 다시금 주 성분 부분 공간에 대한 투영으로 나타나게 된다(Bourlard and Kamp, 1988). 따라서 차원수 감소를 위해서 2계층 뉴럴 네트워크를 사용하는 장점이 없어지게 된다. 비정칙 값 분해를 기반으로 한 표준 PCA 테크닉은 유한한 시간 내에 올바른 해를 주는 것이 보장되어 있다. 또한, 이 테크닉은 정렬된 고윳값들과 이에 해당하는 직교 고유 벡터도 그 결과로 내놓게 된다.

하지만 만약 네트워크에 추가적인 은닉 계층들을 포함시킨다면 약간 상황이 달라진다. 그림 12.19의 4계층 자동 연상 네트워크를 고려해 보자.

다시금 출력 유닛들은 선형이며, 두 번째 은닉 계층의 M 유닛들도 선형일 수 있다. 하지만 첫 번째와 세 번째 은닉 계층들은 시그모이드 비선형 활성화 함수를 가진다. 이 네트워크는 다시금

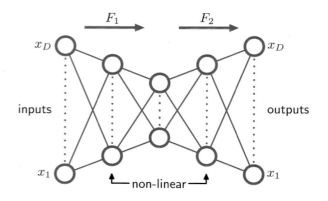

그림 12.19   비선형 유닛들로 이루어진 은닉 계층들을 추가함으로써 자동 연상 네트워크는 비선형 차원수 감소도 시행할 수 있게 된다.

식 12.91의 오류 함수를 최소화하는 식으로 훈련된다. 이 네트워크를 연속적인 두 함수 사상 $\mathbf{F}_1$과 $\mathbf{F}_2$으로 볼 수 있다. 이에 대해 그림 12.19에 그려져 있다. 첫 번째 사상 $\mathbf{F}_1$은 원래의 D차원 데이터를 두 번째 은닉 계층의 유닛들의 활성도에 의해 정의되는 M차원 부분 공간 S에 투영한다. 비선형 유닛들로 이루어진 첫 번째 은닉 계층이 있기 때문에 이 사상은 매우 일반적이며, 선형으로 제한되어 있지 않다. 이와 비슷하게 네트워크의 두 번째 절반 부분은 M차원 공간에서 원래의 D차원 입력 공간으로의 임의의 함수적 사상을 정의한다. 이를 단순하게 기하학적으로도 설명할 수 있다. $D = 3$이고 $M = 2$인 경우에 대해서는 그림 12.20에 그려져 있다.

이러한 네트워크는 비선형 PCA를 효과적으로 시행하게 된다. 이 네트워크는 선형 변환들로 제한될 필요가 없다는 장점을 가지고 있다(하지만 표준 PCA가 이 네트워크의 특별 케이스로서 포함되어 있기는 하다). 그렇지만 이제 네트워크의 훈련에는 비선형 최적화 문제가 포함되어 있게 된다. 왜냐하면 식 12.91의 오류 함수가 더 이상 네트워크 매개변수들에 대한 이차 함수의 형태가 아

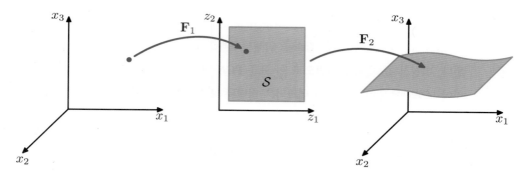

그림 12.20   그림 12.19의 네트워크를 통해 일어나는 사상의 기하학적 해석. $D = 3$과 $M = 2$인 경우에 대해 그렸다. 함수 $\mathbf{F}_2$는 M차원 공간 S로부터 D차원 공간으로의 사상을 시행한다. 따라서 공간 S가 원래의 $\mathbf{x}$ 공간에 포함되는 방식을 정의하게 된다. 사상 $\mathbf{F}_2$는 비선형일 수도 있다. 따라서 그림에 나와 있는 것처럼 S가 포함되는 방식 역시 비선형일 수 있다. 사상 $\mathbf{F}_1$은 원래의 D차원 공간에서 M차원 부분 공간 S로의 투영을 정의하는 것이다.

니기 때문이다. 계산적으로 집약적인 비선형 최적화 테크닉이 사용되어야만 하며, 오류 함수의 차선의 지역적 최솟값을 찾게 될 위험도 있다. 또한, 네트워크를 훈련하기 전에 부분 공간의 차원수도 미리 지정되어야 한다.

12.4.3 비선형 매니폴드 모델링

이미 살펴본 것처럼 자연적으로 얻게 되는 많은 데이터들은 고차원 관측 데이터 공간상에 포함되어 있는 비선형적 매니폴드에 해당한다. 이러한 성질을 잘 잡아낼 수 있다면 더 성능이 좋은 밀도 모델링을 시행할 수 있을 것이다. 여기서는 이를 시도하는 몇몇 테크닉들에 대해 간단히 살펴보도록 하자.

비선형 구조를 모델하기 위한 방법들 중 하나는 선형 모델의 조합을 이용하여 매니폴드를 구분적으로 선형 근사하는 것이다. 예를 들자면 유클리드 거리를 기반으로 한 K 평균과 같은 집단화 테크닉을 적용해서 데이터 집합을 지역적인 집단들로 나누고 각 집단에 대해 따로 표준 PCA 알고리즘을 적용하는 식의 방법을 사용할 수 있다. 더 나은 접근법으로는 집단화 과정에서 재구성 오류를 사용하는 것이 있다(Kambhatla and Leen, 1997; Hinton et al., 1997). 하지만 이러한 방법들은 여전히 전체 밀도 모델이 없다는 단점을 가지고 있다. 확률적 PCA를 사용하면 각 성분이 확률적 PCA 모델인 혼합 분포를 고려함으로써 완전히 확률적인 모델을 정의할 수 있다(Tipping and Bishop, 1999a). 이러한 모델은 이산 혼합에 해당하는 이산 잠재 변수들과 연속 잠재 변수들을 둘 다 가졌으며, EM 알고리즘을 사용해서 가능도 함수를 최대화할 수 있다. 변분 추론을 기반으로 한 완전 베이지안 방법(Bishop and Winn, 2000)은 혼합 성분의 숫자와 각 개별 모델의 유효 차원수 둘 모두를 데이터로부터 유추할 수 있도록 해준다. 이 모델에는 다양한 변형이 있는데, 행렬 $\mathbf{W}$나 노이즈 분산 등의 매개변수가 혼합의 전체 성분들에 대해 동일하도록 하는 것이 그중 하나다. 또 다른 변형으로는 등방 노이즈 분포를 대각 분포로 대체하는 것이 있다. 이 경우에는 인자 분석의 혼합 모델을 얻게 된다(Ghahramani and Hinton, 1996a; Ghahramani and Beal, 2000). 확률적 PCA의 혼합 모델을 계층적으로 확장해서 상호 작용을 할 수 있는 데이터 시각화 알고리즘을 만들 수도 있다(Bishop and Tipping, 1998).

선형 모델들의 혼합을 고려하는 것에 대한 대안으로는 단일 비선형 모델을 고려하는 것이 있다. 기존 PCA 모델은 데이터를 최소 제곱적으로 가깝게 통과하는 선형 부분 공간을 찾는다. 이 콘셉트는 **주 곡선**(*principal curve*)(Hastie and Stuetzle, 1989)의 형태로 일차원 비선형 공간에 대해 확장할 수 있다. D차원 데이터 공간의 곡선을 $\mathbf{f}(\lambda)$를 이용해서 표현할 수 있는데, 이는 각 원소가 스칼라 λ에 대한 함수인 벡터다. 이 곡선을 매개변수화할 수 있는 방법이 여러 가지가 있는데, 그중 하나는 곡선의 호 길이를 매개변수로 사용하는 것이다. 데이터 공간의 모든 포인트들에 대해서 그 포인트와 유클리드 거리 내에서 가장 가까운 곡선상의 포인트를 찾을 수가 있다. 이 포인트를 $\lambda = g_{\mathbf{f}}(\mathbf{x})$라고 지칭할 것이다. 왜냐하면 이는 특정 곡선 $\mathbf{f}(\lambda)$에 대해 종속적이기 때문이다. 연속적인 데이터 밀도 $p(\mathbf{x})$의 경우, 주 곡선은 곡선상의 각 포인트들에 대해서 그 포인트로 투영되는 데이터 공간상 모든 포인트의 평균으로서 정의된다.

$$\mathbb{E}\left[\mathbf{x}|g_{\mathbf{f}}(\mathbf{x}) = \lambda\right] = \mathbf{f}(\lambda) \qquad \text{(식 12.92)}$$

주어진 연속 밀도에 대해서 이 정의는 여러 주 곡선을 내어놓을 수 있다. 실제 적용에서는 우리는 유한한 데이터 집합에 관심이 있으며, 따라서 매끄러운 곡선만을 사용하고 싶다. Hastie and Stuetzle(1989)는 PCA에 대한 EM 알고리즘을 연상시키는 이러한 주 곡선을 찾기 위한 두 단계의 반복적 알고리즘을 제안했다. 첫 번째 주성분을 이용해서 곡선을 초기화하며, 그 다음 알고리즘은 데이터 투영 단계와 곡선 재추정 단계를 번갈아 반복한다. 투영 단계에서는 각 데이터 포인트들이 곡선에서 가장 가까운 포인트에 해당하는 λ 값에 부여된다. 그 다음 재추정 단계에서는 곡선상의 각 포인트들이 곡선상에서 주변의 점들로 투영되는 포인트들의 가중 평균으로 주어지게 된다. 이때 곡선상에서 가장 가까운 포인트들이 가장 큰 가중치를 부여받는다. 부분 공간이 선형이도록 제약된 경우에 이 과정은 첫 번째 주 성분으로 수렴한다. 즉, 이 경우에 해당 과정은 공분산 행렬에서 가장 큰 고유 벡터를 찾는 멱방법과 동일해진다. 주 곡선들은 **주 표면**(*principal surface*)이라 불리는 다차원 매니폴드로 일반화할 수 있다. 하지만 이는 고차원에서의 데이터 평활화가 어렵기 때문에 매우 제한적이다. 심지어 이차원 매니폴드에서도 데이터 평활화는 쉽지 않다.

PCA는 종종 데이터 집합을 더 낮은 차원의 공간(예를 들면 이차원)으로 투영해서 시각화하는 데 사용된다. 이와 비슷한 목적으로 사용되는 선형 테크닉으로 **다차원 척도법**(*multidimensional scaling, MDS*)이 있다(Cox and Cox, 2000). 이 테크닉은 데이터 포인트 쌍들 사이의 거리를 가능한 가깝게 보존하는 식의 저차원 투영을 찾는 방식으로, 거리 행렬의 고유 벡터를 찾는 과정을 포함하고 있다. 이 테크닉은 거리가 유클리드인 경우에는 PCA와 동일한 결과를 내놓게 된다. MDS 콘셉트는 유사도 행렬로 정의되는 다양한 데이터 종류들에 대해서 확장할 수 있다. 이 경우에는 **비계량형**(*nonmetric*) MDS가 된다.

차원 감소와 데이터 시각화를 위한 두 가지의 다른 비확률적 방법을 살펴보도록 하자. **지역적 선형 임베딩**(*locally linear embedding*, 이하 *LLE*)(Roweis and Saul, 2000)에서는 먼저 각 데이터 포인트들을 그 이웃들로부터 가장 잘 재구성할 수 있는 계수들을 계산한다. 이 계수들은 회전, 이동, 척도화 변환에 대해 불변하도록 구성된다. 따라서 이 계수들은 이웃 간의 지역적, 기하학적 성질을 보여 준다. 그 후 LLE 과정은 이 이웃 계수들을 보존한 채로 고차원 데이터 포인트를 저차원 공간으로 사상한다. 만약 특정 데이터 포인트에 대한 지역적 이웃이 선형이라고 고려할 수 있다면, 데이터 포인트들과 그 이웃들 간의 각도를 보존하는 식으로 이동, 회전, 척도화의 조합을 통해 변환을 시행할 수 있다. 가중치들은 이러한 변환에 대해서 불변이기 때문에 저차원 공간에서도 고차원 공간에서와 같은 가중칫값들이 재구성될 것임을 기대할 수 있다. 비선형성에도 불구하고 LLE의 최적화는 지역적 최솟값 성질을 보이지 않는다.

등거리 특징 사상(*isometric feature mapping* 또는 *isomap*)(Tenebaum *et al.*, 2000)에서의 목표는 MDS를 이용해서 데이터를 저차원으로 투영하는 것이다. 하지만 여기서 비유사성은 매니폴드상에서 측정한 **측지 거리**(*geodesic distance*)로 정의된다. 예를 들어 만약 두 포인트들이 원 위에 놓여 있다고 해보자. 이 경우 측지 거리는 그 둘을 연결하는 직선의 거리가 아니라 원을 따라서 측정된 호 거리다. 이 알고리즘에서는 먼저 각 데이터 포인트의 이웃을 정의한다. 이는 K 근접 이웃법을 사용하거나 아니면 반경 ϵ의 구 안에 있는 모든 포인트들을 찾는 식으로 시행된다. 그 다음에는 모든 이웃 포인트들을 연결하고 이 링크에 그들의 유클리드 거리를 붙이는 식으로 그래프를 구성한다. 모든 포인트 쌍 간의 측지 거리는 이들을 연결하는 최단 경로의 호 길이를 합한 것으로 근사된다. 마지막으로, 계량형 MDS를 거리 행렬에 적용해서 저차원 투영을 찾는다.

이 장에서 우리는 관측 변수가 연속적인 경우의 모델에 집중해 왔다. 이 뿐만 아니라 잠재 변수가 연속적이고 관측 변수가 이산인 모델도 고려할 수 있다. 이 경우의 모델이 바로 **잠재 특성**(*latent trait*) 모델이다(Bartholomew, 1987). 이 경우에는 연속 잠재 변수에 대한 주변화를 해석적으로 시행하는 것이 (심지어 잠재 변수와 관측 변수 간의 관계가 선형인 경우에도) 불가능하다. 따라서 더 복잡한 테크닉이 필요하다. Tipping(1999)은 이차원 잠재 공간의 모델에 대해 변분적 추론을 사용하였고, 이를 통해서 이진 데이터 집합을 시각화하였다. 이는 연속 데이터에 PCA를 사용하는 것과 비슷하다. 이 모델은 4.5절에서 논의했던 베이지안 로지스틱 회귀 문제의 듀얼 문제에 해당한다. 로지스틱 회귀의 경우에는 특징 벡터 φ_n의 관측값 N개가 있었고, 단일 매개변수 벡터 **w**를 이용해서 이들을 매개변수화했었다. 잠재 공간 시각화 모델의 경우에는 φ에 비유할 수 있는 단일 잠재 공간 변수 **x**가 있고 잠재 변수 $\mathbf{w}_n$이 N개 있다. 확률적 잠재 변수 모델을 일반적인 지수족 분포에 대해 일반화한 논의를 Collins *et al.*(2002)에서 찾아볼 수 있다.

가우시안 확률 변수를 적절한 비선형성으로 변환해서 임의의 분포를 구성할 수 있음을 이미 살펴보았었다. **밀도 네트워크**(*density network*)(MacKay, 1995; MacKay and Gibbs, 1999)라 불리는 일반 잠재 변수 모델에서 이를 활용한다. 이 모델에서는 비선형 함수가 다계층 뉴럴 네트워크에 의해 조절된다. 만약 네트워크가 충분한 잠재 유닛들을 가지고 있으면, 그 네트워크는 주어진 비선형 함수를 원하는 정확도로 근사하는 것이 가능하다. 이러한 유연한 모델을 가지는 것의 단점은 가능도 함수를 구하기 위해 필요한 잠재 변수들에 대한 주변화가 더 이상 해석적으로 다루기 쉽지 않다는 것이다. 대신에 가우시안 사전 분포로부터 표본을 추출하는 몬테 카를로 테크닉을 바탕으로 가능도를 근사하게 된다. 이 경우 잠재 변수들에 대한 주변화는 각 표본당 하나의 항을 바탕으로 하는 단순한 합산이 된다. 하지만 주변 분포에 대한 정확한 표현을 위해서는 많은 수의 표본 포인트들이 필요할 수 있으므로 이 과정은 계산적으로 많은 비용이 들 수 있다.

더 제한된 형태의 비선형 함수를 고려하고 적절한 잠재 변수 분포를 선택한다면 비선형이면서도 훈련하기에 효율적인 잠재 변수 모델을 구성할 수 있다. **GTM**(*generative topographic mapping*, 생성적 지형 사상)(Bishop *et al.*, 1996; Bishop *et al.*, 1997a; Bishop *et al.*, 1998b)에서는 잠재 변수를 잠재 공간에 대한 델타 함수의 유한한 정칙 격자망으로 정의해서 사용한다. 이 경우 단순히 각각의 격자 위치로부터의 공헌도들에 대한 합산을 통해서 잠재 공간에 대한 주변화를 시행할 수 있다. 비선형 사상은 일반적 비선형성을 허용하는 반면 적응적 매개변수에 대해서는 선형 함수인 선형 회귀 모델로 주어진다. 선형 회귀 모델을 사용할 때 발생하는 차원의 저주 문제가 GTM의 맥락에서는 발생하지 않는다. 왜냐하면 데이터 공간의 차원수와 상관없이 매니폴드는 일반적으로 이차원을 가지기 때문이다. 이 두 가지 선택의 결과로 가능도 함수를 해석적인 닫힌 형태로 쉽게 표현할 수 있으며, EM 알고리즘을 이용해서 효율적으로 최적화할 수 있다. 결과로 얻게 되는 GTM 모델은 이차원 비선형 매니폴드를 데이터 집합에 대해 피팅한다. 데이터 포인트에 대한 잠재 공간의 사후 분포를 계산해서 이들을 다시 잠재 공간에 투영할 수도 있으며, 이를 시각화에 사용할 수도 있다. 12.21은 선형 PCA와 비선형 GTM을 이용해서 오일 데이터 집합을 시각화한 것이다.

3장

GTM은 더 이전의 모델인 **SOM**(*self organizing map*, 자기 조직화 지도)(Kohonen, 1982; Kohonen, 1995)의 확률적 버전이라고 볼 수도 있다. SOM 역시 이차원 비선형성 매니폴드를 이산 포인트들의 정칙 배열로 표현한다. SOM은 데이터 포인트들이 가까운 원형 벡터들에 할당되고, 그 후 이 원형 벡터들이 업데이트된다는 점에서 K 평균 알고리즘과 유사하다. 최초에 원형 벡터들은 랜덤하게 분포되며, 훈련 과정 중에 이 벡터들은 매끄러운 매니폴드를 근사하기 위해 '자기 조직화'된다. 하지만 K 평균과는 다르게 SOM은 그 어떤 비용 함수도 최적화하지 않는다(Erwin *et al.*, 1992). 이때문에 SOM 모델의 매개변수를 설정하고 수렴 여부를 측정하는 것이 어려워진다. 또한, '자기 조직화'가 제대로 이루어질 것이라는 보장이 없다. 왜냐하면 이는 모든 특정한 데이터 집합에 대해서 적절한 매개변숫값을 선택하는 것에 대해 종속적이기 때문이다.

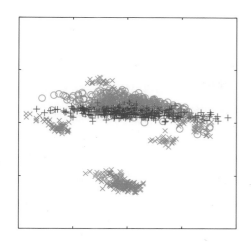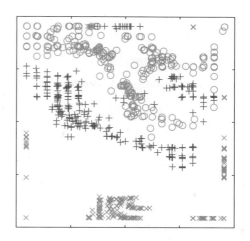

그림 12.21 오일 데이터 집합을 시각화한 도식. 왼쪽은 PCA를, 오른쪽은 GTM을 이용한 것이다. GTM 모델의 경우 각 데이터 포인트는 포인트의 잠재 공간상에서의 사후 분포의 평균 지점에 그려졌다. GTM 모델의 비선형성 덕분에 데이터 포인트들의 군집들이 더 선명하게 분리되어 보이는 것을 확인할 수 있다.

이와는 대조적으로 GTM은 로그 가능도 함수를 최적화한다. 따라서 그 결과 모델은 데이터 공간에서의 확률 밀도를 정의하게 된다. 사실 이는 각 성분들이 공동의 분산을 공유하며, 평균들이 매끄러운 이차원 매니폴드상에 존재하도록 제약한 가우시안 혼합 모델에 해당한다. 확률적인 기반 덕분에 GTM을 일반화하는 것은 매우 용이하다(Bishop *et al.*, 1998a). 이러한 일반화에는 베이지안 접근법, 분실 데이터를 다루는 것, 이산 변수에 대한 원론적 확장, 가우시안 과정을 이용한 매니폴드의 정의, 계층적 GTM 모델(Tino and Nabney, 2002) 등이 있다.

6.4절

GTM의 매니폴드는 SOM에서의 원형 벡터들과는 달리 연속적인 평면으로 정의된다. 따라서 데이터 집합에 피팅하기 위해 필요한 매니폴드의 지역적 확장과 압축에 해당하는 **확대 인자**(*maginifaction factor*)(Bishop *et al.*, 1997b)와 매니폴드의 **방향성 곡률**(*directional curvature*)(Tino *et al.*, 2001)을 계산하는 것이 가능하다. 투영된 데이터와 함께 이들도 시각화하면 모델에 대한 추가적인 통찰을 제공할 수 있다.

연습문제

12.1 ★★ www 이 연습문제에서는 수학적 귀납법을 이용해서 투영된 데이터의 분산을 최대화하는 M차원 부분 공간으로의 투영이, 식 12.3의 공분산 행렬 $\mathbf{S}$의 M개의 가장 큰 고윳값들에 해당하는 M개의 고유 벡터에 의해 정의된다는 것을 증명하도록 하자. 12.1절에서는 $M = 1$의 경우에 이 결과를 증명했었다. 이제 이 결과가 어떤 일반적인 M 값에 대해 보인다고 가정했을 때, 이를 바탕으로 $M + 1$차원에서도 이것이 성립함을 증명하자. 이를 위해서는 먼저 투영된 데이터의 분산의 $\mathbf{u}_{M+1}$에 대한 미분을 0으로 설정하자. 여기서 $\mathbf{u}_{M+1}$은 데이터 공간에서의 새 방향을 정의하는 벡터다. 이 과정은 $\mathbf{u}_{M+1}$이 기존의 벡터 $\mathbf{u}_1, \ldots, \mathbf{u}_M$과 직교해야 하며, 단위 길이를 가져야 한다는 제약 조건하에서 이뤄져야 한다. 라그랑주 승수를 이용해서 이 제약 조건들을 강제할 수 있다. 그 다음으로는 벡터 $\mathbf{u}_1, \ldots, \mathbf{u}_M$들의 정규직교성을 이용해서 새 벡터 $\mathbf{u}_{M+1}$이 $\mathbf{S}$의 고유 벡터라는 것을 증명하라. 마지막으로, 고윳값들이 크기의 역순으로 정렬되었다고 할 때 고윳값 λ_{M+1}에 해당하는 고유 벡터를 선택할 경우에 분산이 최대화된다는 것을 증명하라.

부록E

12.2 ★★ 식 12.15의 PCA 왜곡도 J의 $\mathbf{u}_i$에 대한 최솟값(식 12.7의 정규직교 제약 조건하에서)은 $\mathbf{u}_i$들이 데이터 공분산 행렬 $\mathbf{S}$의 고유 벡터들인 경우에 달성된다는 것을 증명하라. 이를 위해서는 각 제약 조건마다 하나씩의 라그랑주 승수를 도입하고 이 승수들의 행렬 $\mathbf{H}$를 사용해야 한다. 이 경우 수정된 왜곡도는 행렬 표현식으로 다음과 같이 주어지게 될 것이다.

$$\widetilde{J} = \mathrm{Tr}\left\{\widehat{\mathbf{U}}^{\mathrm{T}}\mathbf{S}\widehat{\mathbf{U}}\right\} + \mathrm{Tr}\left\{\mathbf{H}(\mathbf{I} - \widehat{\mathbf{U}}^{\mathrm{T}}\widehat{\mathbf{U}})\right\} \tag{식 12.93}$$

여기서 $\widehat{\mathbf{U}}$은 $D \times (D - M)$차원의 행렬로써 그 열은 $\mathbf{u}_i$에 해당한다. $\widetilde{J}$를 $\widehat{\mathbf{U}}$에 대해 최소화하고 그 해가 $\mathbf{S}\widehat{\mathbf{U}} = \widehat{\mathbf{U}}\mathbf{H}$를 만족함을 증명하라. 이때 하나의 가능한 해는 $\widehat{\mathbf{U}}$의 열들이 $\mathbf{S}$의 고유 벡터들인 경우다. 이 경우에는 $\mathbf{H}$는 대각 행렬로써 해당 고윳값들을 포함하고 있게 될 것이다. 일반적인 해를 구하기 위해서 $\mathbf{H}$가 대칭 행렬이라고 가정될 수 있음을 증명하고, $\mathbf{H}$의 고윳값 확장을 이용해서 $\mathbf{S}\widehat{\mathbf{U}} = \widehat{\mathbf{U}}\mathbf{H}$에 대한 일반 해가 $\widehat{\mathbf{U}}$의 열들이 $\mathbf{S}$의 고유 벡터인 특정 해와 같은 $\widetilde{J}$ 값을 가짐을 증명하라. 이 해들은 전부 동등하기 때문에 고유 벡터 해를 택하는 것이 편리할 것이다.

12.3 ★ 고유 벡터 $\mathbf{v}_i$들이 단위 길이를 가진다는 가정하에 식 12.30으로 정의된 고유 벡터들이 단위 길이를 가지도록 정규화되어 있다는 것을 증명하라.

CHAPTER 12 연속 잠재 변수

12.4 ★ `www` 확률적 PCA 모델에서 사용하였던 0 평균 단위 공분산의 잠재 공간 분포식 12.31을 일반적인 가우시안 분포 $\mathcal{N}(\mathbf{z}|\mathbf{m}, \mathbf{\Sigma})$로 교체한다고 하자. 모델의 매개변수들을 다시 정의해서 어떤 $\mathbf{m}$과 $\mathbf{\Sigma}$를 선택하더라도 관측 변수들에 대한 주변 분포 $p(\mathbf{x})$가 동일할 것임을 증명하라.

12.5 ★★ D차원의 확률 변수 $\mathbf{x}$를 고려하자. 이때 $\mathbf{x}$는 가우시안 분포 $\mathcal{N}(\mathbf{x}|\boldsymbol{\mu}, \mathbf{\Sigma})$를 가진다고 하자. 그리고 M차원의 확률 변수 $\mathbf{y}$를 고려해 보자. $\mathbf{y}$는 $\mathbf{y} = \mathbf{A}\mathbf{x} + \mathbf{b}$로 주어지며, 이때 $\mathbf{A}$는 $M \times D$ 행렬이다. $\mathbf{y}$도 가우시안 분포라는 것을 증명하고 그 평균과 공분산에 대한 식을 구해 보라. 또한 $M < D$, $M = D$, $M > D$인 각각의 경우에 대해서 이 가우시안 분포의 형태에 대해 논해 보라.

12.6 ★ `www` 12.2절에서 설명했던 확률적 PCA 모델의 방향성 확률적 그래프를 그려라. 이때 관측 변수 $\mathbf{x}$의 성분들을 별개의 노드로서 명시적으로 증명하라. 이를 통해서 확률적 PCA 모델이 8.2.2절에서 논의했던 나이브 베이즈 모델과 같은 독립성 구조를 가진다는 것을 증명하라.

12.7 ★★ 일반 분포의 평균과 공분산에 대한 식 2.270과 식 2.271을 이용해서 확률적 PCA 모델의 주변 분포 $p(\mathbf{x})$에 대한 식 12.35의 결과를 유도하라.

12.8 ★★ `www` 식 2.116의 결과를 이용해서 확률적 PCA 모델의 사후 분포 $p(\mathbf{z}|\mathbf{x})$가 식 12.42로 주어짐을 증명하라.

12.9 ★ 확률적 PCA 모델의 로그 가능도 함수 식 12.43을 매개변수 $\boldsymbol{\mu}$에 대해 최대화하면 $\boldsymbol{\mu}_{\mathrm{ML}} = \overline{\mathbf{x}}$를 결과로 얻게 된다는 것을 증명하라. 이때 $\overline{\mathbf{x}}$는 데이터 벡터의 평균이다.

12.10 ★★ 확률적 PCA 모델의 로그 가능도 함수 식 12.43의 매개변수 $\boldsymbol{\mu}$에 대한 이차 미분을 계산해서 임계점 $\boldsymbol{\mu}_{\mathrm{ML}} = \overline{\mathbf{x}}$가 유일한 최댓값임을 증명하라.

12.11 ★★ `www` $\lim \sigma^2 \to 0$의 경우에 확률적 PCA 모델의 사후 평균이 주 부분 공간에 대한 직교 투영이 된다는 것을 증명하라. 즉, 기존 PCA와 동일해지는 것이다.

12.12 ★★ $\sigma^2 > 0$인 경우 확률적 PCA 모델의 사후 평균이 직교 투영에 대해 원점 쪽으로 이동하게 된다는 것을 증명하라.

12.13 ★★ 확률적 PCA 모델에서 데이터 포인트를 기존 PCA의 최소 제곱 투영 비용을 바탕으로 하여 최적 재구성할 경우 다음과 같음을 증명하라.

$$\widetilde{\mathbf{x}} = \mathbf{W}_{\mathrm{ML}}(\mathbf{W}_{\mathrm{ML}}^{\mathrm{T}}\mathbf{W}_{\mathrm{ML}})^{-1}\mathbf{M}\mathbb{E}[\mathbf{z}|\mathbf{x}] \qquad \text{(식 12.94)}$$

12.14 ★ M차원 잠재 공간과 D차원 데이터 공간을 가지는 확률적 PCA 모델을 고려해 보자. 이때 공분산 행렬의 독립 매개변수의 숫자는 식 12.51로 주어진다. $M = D - 1$인 경우의 독립 매개변수의 숫자가 일반 공분산 가우시안의 경우와 같으며, $M = 0$인 경우에는 등방 공분산 가우시안의 경우와 같다는 것을 증명하라.

12.15 ★★ www 식 12.53의 완전 데이터 로그 가능도 함수를 최대화해서 확률적 PCA 모델의 M 단계 공식 식 12.56과 식 12.57을 유도하라.

12.16 ★★★ 그림 12.11에서는 몇몇 데이터값들이 랜덤하게 누락된 데이터 집합에 확률적 PCA를 적용하는 예시를 들었다. 이 상황에서 확률적 PCA 모델의 최대 가능도 함수를 최대화하기 위한 EM 알고리즘을 유도해 보라. $\{z_n\}$뿐만 아니라 $\{x_n\}$의 성분에 해당하는 누락된 데이터값들도 잠재 변수다. 모든 데이터가 관측된 특별 케이스의 경우, 여기서의 알고리즘은 12.2.2절에서 다루었던 확률적 PCA의 EM 알고리즘으로 축약된다는 것을 증명하라.

12.17 ★★ www $D \times M$차원의 행렬 $\mathbf{W}$를 고려해 보자. 이때 $\mathbf{W}$의 열들은 M차원의 선형 부분 공간을 정의한다. 그리고 이 부분 공간은 D차원의 데이터 공간에 포함되어 있다. 그리고 D차원의 벡터 μ도 고려하자. 데이터 집합 $\{x_n\}(n = 1, \ldots, N)$이 주어졌을 때, M차원의 벡터의 집합 $\{z_n\}$으로부터의 선형 사상을 이용해서 데이터 포인트들을 근사할 수 있다. 이 경우 x_n은 $\mathbf{W}z_n + \mu$로 근사될 것이다. 이에 연관되는 제곱합 재구성 비용은 다음과 같다.

$$J = \sum_{n=1}^{N} \|x_n - \mu - \mathbf{W}z_n\|^2 \qquad \text{(식 12.95)}$$

먼저 J를 μ에 대해 최소화하는 과정은 x_n과 z_n을 0 평균 변수 $x_n - \bar{x}$와 $z_n - \bar{z}$로 교체한 비슷한 공식으로 이끌게 됨을 증명하라. 여기서 $\bar{x}$와 $\bar{z}$는 표본 평균이다. 그 다음으로는 $\mathbf{W}$를 고정한 채로 J를 z_n에 대해 최소화하면 식 12.58의 PCA E단계를 얻게 되며, $\{z_n\}$을 고정한 채로 $\mathbf{W}$에 대해 J를 최소화하면 식 12.59의 PCA M단계를 얻게 됨을 증명하라.

12.18 ★ 12.2.4절에서 설명한 인자 분석 모델의 독립 매개변수의 개수에 대한 공식을 유도하라.

12.19 ★★ www 12.2.4절에서 설명한 인자 분석 모델이 잠재 공간 좌표축의 회전에 대해 불변임을 증명하라.

12.20 ★★ 이차 미분을 고려해서 12.2.4절에서 설명한 인자 분석 모델의 로그 가능도 함수의 매개변수 μ에 대한 유일한 임계점은 식 12.1로 정의된 표본 평균임을 증명하라. 아울러 이 임계점이 최댓값임도 증명하라.

12.21 ★★ 인자 분석 모델의 EM 알고리즘의 E단계에 해당하는 식 12.66과 식 12.67을 유도하라. 연습문제 12.20의 결과에 따라 매개변수 $\boldsymbol{\mu}$를 표본 평균 $\bar{\mathbf{x}}$로 교체할 수 있다.

12.22 ★★ 인자 분석 모델의 완전 데이터 로그 가능도 함수의 기댓값 식을 적어 보라. 이를 통해서 해당 M단계 공식 식 12.69와 식 12.70을 유도해 보라.

12.23 ★ www 확률적 PCA 모델의 이산 혼합을 표현하는 방향성 확률적 그래프 모델을 그려 보라. 이때 각각의 PCA 모델들은 별개의 $\mathbf{W}$, $\boldsymbol{\mu}$, σ^2 값들을 가진다. 그 다음으로는 혼합의 성분들 간에 이 매개변숫값들이 공유되는 경우의 수정된 그래프를 그려 보아라.

12.24 ★★★ 2.3.7절에서 스튜던트 t 분포는 무한한 숫자의 가우시안 분포가 혼합된 것으로 볼 수 있다고 했다. 이 표현법을 바탕으로 관측 데이터 포인트들이 주어졌을 때 다변량 스튜던트 t 분포의 로그 가능도 함수를 최대화하기 위한 EM 알고리즘을 공식화하라. 그리고 E단계와 M단계 공식을 유도하라.

12.25 ★★ www 선형 가우시안 잠재 변수 모델을 고려해 보자. 이 모델은 잠재 공간 분포로 $p(\mathbf{z}) = \mathcal{N}(\mathbf{x}|\mathbf{0}, \mathbf{I})$를 가지며, 관측 변수에 대한 조건부 분포로서 $p(\mathbf{x}|\mathbf{z}) = \mathcal{N}(\mathbf{x}|\mathbf{W}\mathbf{z} + \boldsymbol{\mu}, \boldsymbol{\Phi})$를 가진다. 여기서 $\boldsymbol{\Phi}$는 임의의 노이즈 공분산 행렬로써 양의 정부호 대칭 행렬이다. 여기서 데이터 변수들에 대해 정칙 선형 변환 $\mathbf{x} \rightarrow \mathbf{A}\mathbf{x}$를 시행한다고 하자. $\mathbf{A}$는 $D \times D$ 행렬이다. $\boldsymbol{\mu}_{\text{ML}}$, $\mathbf{W}_{\text{ML}}$, $\boldsymbol{\Phi}_{\text{ML}}$이 원래의 변환되지 않은 데이터에 대한 최대 가능도 해라고 하자. 이때 $\mathbf{A}\boldsymbol{\mu}_{\text{ML}}$, $\mathbf{A}\mathbf{W}_{\text{ML}}$, $\mathbf{A}\boldsymbol{\Phi}_{\text{ML}}\mathbf{A}^{\text{T}}$이 변환된 데이터에서의 최대 가능도 해가 될 것임을 증명하라. 마지막으로, 다음의 두 경우에 모델의 형태가 보존된다는 것을 증명하라. (i) $\mathbf{A}$가 대각 행렬이고 $\boldsymbol{\Phi}$도 대각 행렬인 경우. 이는 인자 분석 모델의 경우에 해당한다. 변환된 $\boldsymbol{\Phi}$ 행렬은 대각 행렬로 남아 있을 것이며, 따라서 인자 분석은 데이터 변수를 성분 단위로 재척도화하는 데 대해 **공변**(*covariant*)이다. (ii) $\mathbf{A}$는 직교 행렬이며, $\boldsymbol{\Phi}$는 단위 행렬에 비례($\boldsymbol{\Phi} = \sigma^2\mathbf{I}$)하는 경우. 이는 확률적 PCA 모델에 해당하는 경우다. 변환된 $\boldsymbol{\Phi}$ 행렬은 단위 행렬에 비례하는 행렬로 남아 있을 것이며, 따라서 확률적 PCA는 데이터 공간의 좌표축의 회전 변환에 대해 공변이다. 이는 기존 PCA와 같은 성질이다.

12.26 ★★ 식 12.80을 만족하는 모든 벡터 $\mathbf{a}_i$는 식 12.79도 만족할 것임을 증명하라. 또한, 고윳값 λ를 가지는 12.80의 모든 해에 대해 고윳값 0을 가지는 $\mathbf{K}$의 고유 벡터를 몇 개든 더해서 식 12.79의 해를 구할 수 있음을 증명하라. 이때 식 12.79의 해도 고윳값 λ를 가질 것이다. 마지막으로, 이러한 수정은 식 12.82로 주어지는 주 성분 투영에 영향을 미치지 않을 것임을 증명하라.

12.27 $\star\star$ 커널 PCA에서 선형 커널 함수 $k(\mathbf{x}, \mathbf{x}') = \mathbf{x}^T\mathbf{x}'$을 사용하면 원래의 선형 PCA 알고리즘을 얻게 된다는 것을 증명하라.

12.28 $\star\star$ `www` 변수 변환을 시행할 때의 확률 밀도에 대한 변환 성질 식 1.27을 이용해서, 모든 구간에서 0이 아닌 고정된 밀도 $q(x)$에 변수 변환 $y = f(x)$를 적용하는 식으로 어떤 밀도 $p(y)$든 구할 수 있다는 것을 증명하라. 이때 $f(x)$는 단조 함수로써 $0 \leq f'(x) < \infty$다. $f(x)$에 의해 만족되는 미분 방정식을 적고 이 밀도 변환을 표현하는 도표를 그려 보아라.

12.29 $\star\star$ `www` 두 개의 변수 z_1과 z_2가 독립적이라 $p(z_1, z_2) = p(z_1)p(z_2)$라고 가정하자. 이 두 변수들 간의 공분산 행렬이 대각 행렬임을 증명하라. 이는 독립성은 두 변수들이 무상관이기 위한 충분 조건이라는 것을 보여 준다. 이제 두 개의 변수 y_1과 y_2를 고려해 보자. y_1은 0 주변에 대칭적으로 분포되어 있으며 $y_2 = y_1^2$이다. 조건부 분포 $p(y_2|y_1)$을 적고 이것이 y_1에 대해 종속적이라는 것을 관찰해 보라. 이로부터 두 변수들이 독립적이지 않다는 것을 알 수 있다. 이제 이 두 변수 간의 공분산 행렬이 대각 행렬임을 증명하라. 이를 위해서는 $p(y_1, y_2) = p(y_1)p(y_2|y_1)$이라는 관계를 이용해서 비대각 항들이 0임을 증명하면 된다. 이 반례는 무상관은 독립성에 대한 충분 조건이 아니라는 것을 보여 준다.

13

순차 데이터

지금까지 이 책에서는 **독립적이고 동일하게 분포**(*independent and identically distributed*, 이하 *i.i.d.*)된 것으로 가정된 데이터 포인트 집합에 초점을 맞춰 왔다. 이 가정 덕분에 가능도 함수를 각 데이터 포인트에서 계산된 확률 분포들을 곱한 것으로 표현할 수 있었다. 하지만 많은 실제 사례의 경우 i.i.d. 가정은 올바르지 않다. 여기서는 i.i.d. 가정이 올바르지 않은 데이터 집합들 중 특히 중요한 순차 데이터 집합에 대해 살펴볼 것이다. 이러한 데이터 집합은 시계열 데이터를 측정할 때 종종 발생한다. 특정 지역에서의 며칠간의 강우량, 매일 매일의 환율, 음성 인식을 위해 사용되는 데이터 등이 시계열 데이터의 예에 해당한다. 음성 데이터에 대한 예시가 그림 13.1에 그려져 있다. 순차 데이터는 시계열 데이터의 맥락 외에서도 발생할 수 있다. 예를 들어, DNA의 뉴클레오티드 서열이나 영어 문장에서의 문자의 배열 등이 그 예다. 편의를 위해서 여기서는 순차 데이터에서의 '과거'나 '미래' 관측이라는 식의 지칭을 할 것이다. 하지만 이 장에서 논의하는 모델들은 시계열 데이터뿐 아니라 모든 순차 데이터에 대해서 동일하게 적용할 수 있다.

정류적 순차 분포와 비정류적 순차 분포를 구별해 보도록 하자. 정류적인 경우에는 데이터가 시간이 지남에 따라 변화하지만, 그 데이터가 생성되는 원 분포는 동일하게 유지된다. 비정류적인 경우에는 생성 분포 자체가 시간이 지남에 따라서 변화한다. 여기서는 정류적인 경우에 대해서만 집중할 것이다.

금융 예측과 같은 많은 적용 사례에서 우리는 이전의 관측값들이 주어진 상황하에서 시계열의

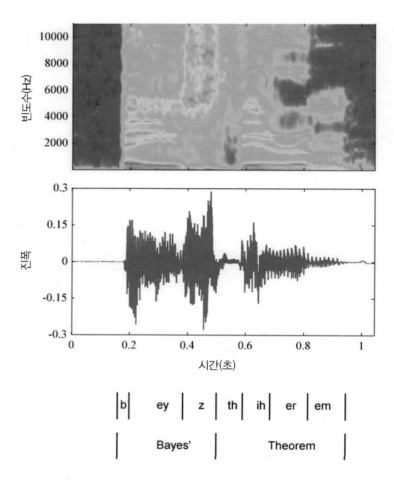

그림 13.1 "Bayes' theorem"이라고 말한 음성 데이터의 스펙트럼. 시간 인덱스에 대한 스펙트럼 계수 강도의 그래프다.

다음 값을 예측하고자 한다. 직관적으로 미랫값을 예측하는 데 있어서 더 최근의 관측값이 더 예전의 관측값에 비해 더 많은 정보를 포함하고 있을 것이라고 추측할 수 있다. 그림 13.1의 예시는 음성 스펙트럼 데이터들에 대한 연속된 관측값들이 실제로 높은 상관관계를 가지는 것을 나타내고 있다. 또한, 모든 이전 관측값에 대한 미래 관측값들의 종속성을 고려하는 것은 비현실적일 것이다. 왜냐하면 관측값의 숫자가 증가함에 따라서 이러한 모델의 복잡도는 제한 없이 증가하게 될 것이기 때문이다. 이러한 직관을 바탕으로 **마르코프 모델**(*Markov model*)을 고려할 수 있다. 마르코프 모델에서는 미래에 대한 예측값들이 가장 최근의 관측값을 제외한 나머지 관측값들에 대해서는 독립적이라고 가정한다.

이러한 모델은 다루기 쉽기는 하지만, 심각한 한계점을 가지고 있다. 잠재 변수를 도입함으로써 이 모델의 다루기 쉬운 점을 유지하면서도 더 일반적인 모델을 얻을 수 있다. 이것이 바로 **상태 공간 모델**(*state space model*)이다. 9장, 12장에서와 마찬가지로 더 단순한 성분들(지수족에 속한 분포들)로부터 복잡한 모델을 구성할 수 있으며, 확률적 그래프 모델을 이용해서 그 성질을 쉽게 확인할 수 있다는 것을 보게 된다. 여기서 우리는 상태 공간 모델의 가장 중요한 두 예시에 집중할 것이다. 바로 잠재 변수들이 이산인 **은닉 마르코프 모델**(*hidden Markov model*)과 잠재 변수들이 가우시안인 **선형 동적 시스템**(*linear dynamical system, LDS*)이다. 두 모델 다 트리 구조의 방향성 그래프로 표현 가능하며, 따라서 합/곱 알고리즘을 이용해서 추론을 효과적으로 시행할 수 있다.

13.1 마르코프 모델

순차 데이터를 다루는 가장 쉬운 방법은 바로 순차성을 무시하고 관측값들을 i.i.d.라고 취급하는 것이다. 그림 13.2의 그래프가 이에 해당한다. 하지만 이러한 접근법을 사용하게 되면 배열 상에서 더 가까이 위치한 관측값들 간의 상관관계가 더 크다거나 하는 등의 데이터의 순차적 패턴을 활용하지 못하게 될 것이다. 어떤 특정한 날에 비가 왔는지 아닌지를 지칭하는 이산 확률 변수를 관측한 예시를 고려해 보자. 이 변수에 대한 최근 관측값의 시계열이 주어진 상황에서 다음날 비가 올지 아닐지를 예측하고 싶다고 하자. 만약 이 데이터를 i.i.d.로 취급한다면, 데이터로부터 우리가 얻을 수 있는 유일한 정보는 비가 온 날의 상대적인 빈도수다. 하지만 사실 날씨는 보통 며칠간 지속되는 경향성을 보이곤 한다. 즉, 오늘 비가 왔는지 아닌지를 관측하는 것은 내일 비가 올지 안올지를 예측하는 데 매우 도움이 된다.

이러한 효과를 확률적 모델에 표현하기 위해서는 i.i.d. 가정을 없애야 한다. 이를 위한 가장 간단한 방법은 바로 **마르코프 모델**(*Markov model*)을 사용하는 것이다. 먼저, 일반성을 잃지 않은 채로 확률의 곱의 법칙을 이용해서 순차적인 관측값들의 결합 분포를 다음의 형태로 적을 수 있다.

$$p(\mathbf{x}_1, \ldots, \mathbf{x}_N) = p(\mathbf{x}_1) \prod_{n=2}^{N} p(\mathbf{x}_n | \mathbf{x}_1, \ldots, \mathbf{x}_{n-1}) \qquad \text{(식 13.1)}$$

여기서 오른쪽 변의 각각의 조건부 분포가 가장 최근의 관측값을 제외한 모든 이전 관측값들로부터 독립적이라고 가정하면 **일차 마르코프 연쇄**(*first-order Markov chain*)를 얻게 된다. 이를 그래프 모델로 그린 것이 그림 13.3이다.

그림 13.2 순차적 관측값들을 모델하는 가장 단순한 방법은 각각의 데이터를 독립적이라고 가정하는 것이다. 이는 링크가 없는 그래프에 해당한다.

그림 13.3 관측값 $\{\mathbf{x}_n\}$의 일차 마르코프 연쇄. 특정 관측값 $\mathbf{x}_n$에 대한 분포 $p(\mathbf{x}_n|\mathbf{x}_{n-1})$은 그 이전 관측값 $\mathbf{x}_{n-1}$에 대한 조건부 분포다.

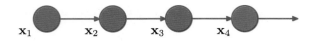

이 모델에서의 N개의 관측값의 배열에 대한 결합 분포는 다음과 같다.

$$p(\mathbf{x}_1, \ldots, \mathbf{x}_N) = p(\mathbf{x}_1) \prod_{n=2}^{N} p(\mathbf{x}_n|\mathbf{x}_{n-1})$$ (식 13.2)

8.2절

d 분리 성질로부터 시간 n까지의 모든 관측값들이 주어졌을 때의 관측값 $\mathbf{x}_n$에 대한 조건부 분포가 다음과 같이 주어지게 된다는 것을 알 수 있다.

$$p(\mathbf{x}_n|\mathbf{x}_1, \ldots, \mathbf{x}_{n-1}) = p(\mathbf{x}_n|\mathbf{x}_{n-1})$$ (식 13.3)

연습문제 13.1

이는 식 13.2에서 시작해서 확률의 곱의 법칙을 적용하면 쉽게 증명할 수 있다. 이러한 모델을 사용해서 배열의 다음 관측값을 예측한다면 예측들의 분포는 바로 이전의 관측값에 대해서만 종속적이고 나머지 더 이전 관측값들에 대해서는 독립적일 것이다.

이러한 모델을 적용하는 대부분의 사례에서 모델을 정의하는 조건부 분포 $p(\mathbf{x}_n|\mathbf{x}_{n-1})$들은 동일하도록 제약된다. 이는 정류적인 시계열 가정에 해당한다. 이러한 모델을 **동질적** (*homogeneous*) 마르코프 연쇄라 한다. 예를 들어, 만약 조건부 분포가 조절 가능한 매개변수(그 값을 데이터로부터 유추할 수도 있는)에 대해 종속적이라면 연쇄상의 모든 조건부 분포들은 이 매개변숫값을 공유하게 될 것이다.

이는 독립적인 모델보다는 더 일반적이기는 하지만 여전히 상당히 제한적이다. 많은 순차 관측값들의 경우에 몇 번의 연속적인 관측값들의 트렌드가 다음 값을 예측하는 데 있어서 중요한 정보를 줄 것이라고 생각할 수 있다. 더 앞의 관측값들이 영향을 미치도록 하기 위한 방법 중 하나는 더 높은 차수의 마르코프 연쇄를 사용하는 것이다. 만약 예측이 두 단계 앞의 관측값에 대해서도 종속적이도록 만들면, 이차 마르코프 연쇄를 얻게 된다. 이에 대해서는 그림 13.4의 그래프에 그려져 있다. 이 경우 결합 분포는 다음과 같이 표현된다.

$$p(\mathbf{x}_1, \ldots, \mathbf{x}_N) = p(\mathbf{x}_1)p(\mathbf{x}_2|\mathbf{x}_1) \prod_{n=3}^{N} p(\mathbf{x}_n|\mathbf{x}_{n-1}, \mathbf{x}_{n-2})$$ (식 13.4)

그림 13.4 이차 마르코프 연쇄. 이 모델에서 특정 관측값 $\mathbf{x}_n$의 조건부 분포는 그 이전의 두 관측값 $\mathbf{x}_{n-1}$과 $\mathbf{x}_{n-2}$에 종속적이다.

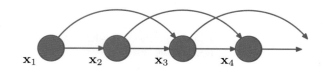

다시 한 번, d 분리를 사용하거나 직접 계산을 시행하면 $\mathbf{x}_{n-1}$과 $\mathbf{x}_{n-2}$가 주어졌을 때의 $\mathbf{x}_n$의 조건부 분포가 모든 나머지 관측값 $\mathbf{x}_1, \ldots, \mathbf{x}_{n-3}$에 대해 독립적임을 알 수 있다.

각 관측값은 이제 두 개의 이전 관측값들에 의해 영향을 받게 된다. 이와 비슷하게 M차 마르코프 연쇄로의 확장을 고려할 수도 있다. 이 경우 특정 변수의 조건부 분포는 그 앞의 M개의 변수들에 대해 종속적이게 된다. 하지만 이 경우 이러한 유연성을 얻기 위해서는 대가를 치러야 한다. 왜냐하면 이제 모델의 매개변수의 수가 훨씬 커질 것이기 때문이다. 관측값들이 K개의 상태를 가지는 이산 변수라고 가정해 보자. 일차 마르코프 연쇄에서의 조건부 분포 $p(\mathbf{x}_n|\mathbf{x}_{n-1})$은 각각의 $\mathbf{x}_{n-1}$의 K개의 상태에 대해서 $K-1$개의 매개변수로 명시될 수 있으며, 그 결과 총 $K(K-1)$개의 매개변수를 가지게 될 것이다. 이 모델을 M차 마르코프 연쇄로 확장해서 결합 분포가 조건 분포 $p(\mathbf{x}_n|\mathbf{x}_{n-M}, \ldots, \mathbf{x}_{n-1})$로부터 만들어지는 경우를 생각해 보자. 만약 변수들이 이산이고 조건 분포들이 일반적인 조건부 확률표에 의해 표현된다면 이러한 모델에서의 매개변수의 수는 $K^M(K-1)$일 것이다. 이 수는 M에 대해서 기하급수적으로 증가한다. 따라서 큰 M 값에 대해서 이 방법을 사용하는 것은 비현실적일 것이다.

연속 변수들의 경우에는 선형 가우시안 조건부 분포를 사용할 수 있다. 이때 각 노드는 그 부모 노드들의 선형 함수를 평균으로 가지는 가우시안 분포가 될 것이다. 이를 **자기회귀**(autoregressive 또는 AR) 모델이라 한다(Box et al., 1994; Thiesson et al., 2004). 또 다른 방법으로는 $p(\mathbf{x}_n|\mathbf{x}_{n-M}, \ldots, \mathbf{x}_{n-1})$에 대해 뉴럴 네트워크 등의 매개변수적 모델을 사용하는 것이 있다. 이 테크닉은 종종 **지연선**(tapped delay line)이라고 불린다. 왜냐하면 다음 값을 예측하기 위해서 이전의 M개의 관측 변수들을 저장(지연)하기 때문이다. 이 경우 매개변수의 숫자는 완전히 일반적인 모델보다 훨씬 작을 수 있다(예를 들면 M에 대해 선형적으로 증가할 수 있다). 하지만 이를 위해서는 더 제약된 종류의 조건부 분포를 사용해야 한다.

어떤 차수로든 마르코프 가정에 의해 제약되지 않는 순차 데이터 모델을 만들고 싶다고 가정해 보자. 그러면서도 제한된 수의 자유 매개변수를 통해서 그 모델을 지정할 수 있도록 하고 싶다고도 하자. 9장에서 혼합 모델에 대해 했던 것이나 12장에서 연속 잠재 변수 모델들에 대해 했던 것과 마찬가지로 추가적인 잠재 변수들을 도입하면 단순한 성분들로부터 더 풍부한 종류의 모델들을 구성할 수 있다. 각 관측 변수 $\mathbf{x}_n$에 대해서 이에 해당하는 잠재 변수 $\mathbf{z}_n$을 도입하도록 하자(이는 관측 변수와 다른 종류이거나 다른 차원수를 가질 수도 있다). 이제 이 잠재 변수들이 마르코프 연쇄를 구성한다고 가정해 보자. 그 결과로 **상태 공간 모델**(state space model)이라 불리는 그래프 구조를 얻을 수 있다. 이에 대해 그림 13.5에 그려져 있다. 이 모델은 $\mathbf{z}_n$이 주어졌을 때 $\mathbf{z}_{n-1}$과 $\mathbf{z}_{n+1}$이 독립적이라는 핵심 조건부 독립성을 만족한다.

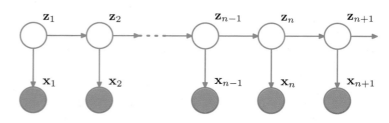

그림 13.5 잠재 변수들의 마르코프 연쇄를 이용해서 순차 데이터를 표현할 수 있다. 이때 각각의 관측값들은 해당 잠재 변수에 대해 조건부다. 이 중요한 그래프 구조는 은닉 마르코프 모델과 선형 동적 시스템 모델의 기반이 된다.

$$\mathbf{z}_{n+1} \perp\!\!\!\perp \mathbf{z}_{n-1} \mid \mathbf{z}_n \qquad \text{(식 13.5)}$$

이 모델의 결합 분포는 다음 형태를 가지게 된다.

$$p(\mathbf{x}_1, \ldots, \mathbf{x}_N, \mathbf{z}_1, \ldots, \mathbf{z}_N) = p(\mathbf{z}_1) \left[\prod_{n=2}^{N} p(\mathbf{z}_n | \mathbf{z}_{n-1}) \right] \prod_{n=1}^{N} p(\mathbf{x}_n | \mathbf{z}_n) \qquad \text{(식 13.6)}$$

d 분리 기준을 사용해서 모든 두 관측 변수 $\mathbf{x}_n$과 $\mathbf{x}_m$을 연결하는 잠재 변수들을 통한 경로가 항상 존재하며, 이 경로는 절대 막히지 않는다는 것을 나타낼 수 있다. 따라서 모든 이전 관측 값들이 주어졌을 때의 관측 $\mathbf{x}_{n+1}$에 대한 예측 분포 $p(\mathbf{x}_{n+1} | \mathbf{x}_1, \ldots, \mathbf{x}_n)$은 아무런 조건부 독립성도 보이지 않으며, 따라서 우리의 $\mathbf{x}_{n+1}$에 대한 예측은 모든 이전 관측값들에 대해 종속적 이게 된다. 하지만 관측된 변수들은 어떤 차수로든 마르코프 성질을 만족하지 않는다. 이 장의 나중 절들에서 예측 분포를 어떻게 계산할지에 대해 논의할 것이다.

이 그래프를 이용해서 설명할 수 있는 두 가지 중요한 모델들이 있다. 만약 잠재 변수들이 이

13.2절

산이면 **은닉 마르코프 모델**(*hidden Markov model, HMM*)(Elliott *et al.*, 1995)를 얻게 된다. HMM에서 의 관측값들은 이산일 수도 있고 연속일 수도 있으며, 다양한 종류의 서로 다른 조건부 분포 를 사용해서 이 관측값들을 모델할 수 있다. 만약 잠재 변수와 관측 변수가 둘 다 가우시안 분 포고 각 노드들의 조건부 분포가 그 부모들에 대해 선형 가우시안 종속성을 가진다면, **선형 동**

13.3절

적 시스템(*linear dynamical system*)을 얻게 된다.

13.2 은닉 마르코프 모델

그림 13.5의 상태 공간 모델의 특별 케이스로서 은닉 마르코프 모델은 잠재 변수들이 이산인 경우에 해당한다. 하지만 우리가 이 모델의 단일 시간 조각을 살펴보면 이 모델은 각 성분들 이 $p(\mathbf{x} | \mathbf{z})$로 주어지는 혼합 모델에 해당한다는 것을 알 수 있다. 따라서 은닉 마르코프 모델

을 혼합 모델의 확장으로 생각할 수도 있다. 이 경우에는 각 관측에 대한 혼합 성분이 독립적이 아니라 이전 관측값에서의 성분에 대해 종속적일 것이다. HMM은 음성 인식(Jelinek, 1997; Rabiner and Juang, 1993), 자연어 모델링(Manning and Schutze, 1999), 손글씨 인식(Nag *et al.*, 1986), 단백질과 DNA 등의 서열 분석(Krogh *et al.*, 1994; Durbin *et al.*, 1998; Baldi and Brunak, 2001) 등등에 널리 활용되고 있다.

표준 혼합 모델의 경우와 마찬가지로 HMM의 잠재 변수들은 혼합의 어떤 성분들이 해당 관측값 $\mathbf{x}_n$을 생성하는 데 책임이 있는지를 설명하는 이산 다항 변수 $\mathbf{z}_n$이다. 9장에서 혼합 모델에 대해 사용했던 원 핫 인코딩을 여기서도 사용할 것이다. 조건부 분포 $p(\mathbf{z}_n|\mathbf{z}_{n-1})$을 이용해서 $\mathbf{z}_n$의 확률 분포가 이전의 잠재 변수 $\mathbf{z}_{n-1}$에 대해 종속적이도록 할 것이다. 잠재 변수들은 K차원의 이산 확률 변수들이기 때문에 이 조건부 분포는 숫자들의 표에 해당한다. 이 표를 $\mathbf{A}$로 지칭할 것이다. $\mathbf{A}$의 각 원소를 **전이 확률**(*transition probabilities*)이라 한다. 전이 확률들은 $A_{jk} \equiv p(z_{nk} = 1|z_{n-1,j} = 1)$로 주어지며, 확률이기 때문에 $0 \leqslant A_{jk} \leqslant 1$과 $\sum_k A_{jk} = 1$을 만족한다. 따라서 행렬 $\mathbf{A}$는 $K(K-1)$개의 독립 매개변수들을 가지게 된다. 이제 조건부 분포를 다음의 형태로 명시적으로 적을 수 있다.

$$p(\mathbf{z}_n|\mathbf{z}_{n-1}, \mathbf{A}) = \prod_{k=1}^{K}\prod_{j=1}^{K} A_{jk}^{z_{n-1,j}\, z_{nk}} \qquad \text{(식 13.7)}$$

최초의 잠재 노드 $\mathbf{z}_1$은 부모 노드가 없다는 점에서 특징적이다. $\mathbf{z}_1$의 주변 분포 $p(\mathbf{z}_1)$은 각각의 원소가 $\pi_k \equiv p(z_{1k} = 1)$인 확률들의 벡터 $\boldsymbol{\pi}$로 표현된다.

$$p(\mathbf{z}_1|\boldsymbol{\pi}) = \prod_{k=1}^{K} \pi_k^{z_{1k}} \qquad \text{(식 13.8)}$$

이때 $\sum_k \pi_k = 1$이다.

전이 행렬을 각각의 상태를 노드로 표현한 상태 전이 도식으로 표현하기도 한다. 그림 13.6에 $K = 3$인 경우의 전이 도식이 그려져 있다. 이는 확률적 그래프 모델을 표현하는 것은 아니다. 왜냐하면 각 노드들이 개별적인 변수가 아니라 단일 변수의 상태들에 해당하기 때문이다. 따라서 이 그림에서는 원 대신에 사각형으로 상태들을 표현했다.

그림 13.6에서 보여진 것과 같은 상태 전이 도식을 취해서 시간의 흐름에 따라 펼치면 유용한 경우가 있다. 잠재 상태들 간의 전이에 대한 다른 표현법인 이 도식은 **격자**(*lattis, trellis*) **도식**이라 불린다. 그림 13.7에 은닉 마르코프 모델의 격자 도식이 그려져 있다.

8.4.5절

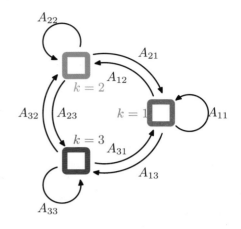

그림 13.6 잠재 변수가 세 가지의 가능한 상태를 가지는 모델에 대한 전이 도식. 각 상태들이 세 개의 사각형으로 그려져 있다. 검은색 선은 전이 행렬 A_{jk}의 원소에 해당한다.

관측 변수의 분포 $p(\mathbf{x}_n|\mathbf{z}_n, \boldsymbol{\phi})$를 정의함으로써 확률적 모델의 명세를 완성할 수 있다. 이때 φ는 분포를 조정하는 매개변수의 집합을 나타내는 것이다. 이를 **방사 확률**(emission probabilities)이라고 한다. $\mathbf{x}$가 연속 변수일 경우에는 식 9.11의 가우시안 분포가, $\mathbf{x}$가 이산일 경우에는 조건부 확률 표가 방사 확률의 예시가 될 수 있다. $\mathbf{x}_n$은 관측된 변수다. 따라서 분포 $p(\mathbf{x}_n|\mathbf{z}_n, \boldsymbol{\phi})$는 φ가 주어졌을 때 이산 벡터 $\mathbf{z}_n$의 K개의 상태에 해당하는 K개의 숫자로 구성된 벡터로 이루어지게 된다. 방사 확률을 다음의 형태로 표현할 수 있다.

$$p(\mathbf{x}_n|\mathbf{z}_n, \boldsymbol{\phi}) = \prod_{k=1}^{K} p(\mathbf{x}_n|\boldsymbol{\phi}_k)^{z_{nk}} \tag{식 13.9}$$

여기서는 잠재 변수들을 조절하는 모든 조건부 분포들이 같은 매개변수 $\mathbf{A}$를 공유하는 **동질적**(homogeneous) 모델에 초점을 맞출 것이다. 그리고 이와 비슷하게 모든 방사 분포들은 같은 매개변수 φ를 공유한다. 독립적이고 동일하게 분포된 데이터 집합의 혼합 모델은 모든 매개변

그림 13.7 그림 13.6의 전이 도식을 시간순으로 펼치면 잠재 상태에 대한 격자 표현을 얻게 된다. 이 도식의 각 열은 잠재 변수 $\mathbf{z}_n$ 중 하나에 해당한다.

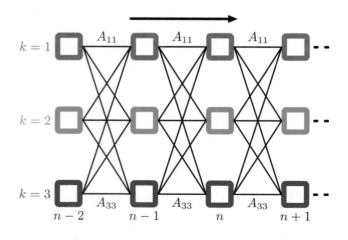

수 A_{jk}들이 모든 j 값에 대해 동일한 특수 사례에 해당한다. 이때 조건부 분포 $p(\mathbf{z}_n|\mathbf{z}_{n-1})$은 $\mathbf{z}_{n-1}$에 대해 독립적이다. 이는 그림 13.5의 그래프 모델에서 가로 방향 링크를 삭제한 것에 해당한다.

상태 변수와 관측 변수의 결합 분포는 다음과 같이 주어진다.

$$p(\mathbf{X}, \mathbf{Z}|\boldsymbol{\theta}) = p(\mathbf{z}_1|\boldsymbol{\pi}) \left[\prod_{n=2}^{N} p(\mathbf{z}_n|\mathbf{z}_{n-1}, \mathbf{A}) \right] \prod_{m=1}^{N} p(\mathbf{x}_m|\mathbf{z}_m, \boldsymbol{\phi}) \qquad \text{(식 13.10)}$$

여기서 $\mathbf{X} = \{\mathbf{x}_1, \ldots, \mathbf{x}_N\}$과 $\mathbf{Z} = \{\mathbf{z}_1, \ldots, \mathbf{z}_N\}$, $\boldsymbol{\theta} = \{\boldsymbol{\pi}, \mathbf{A}, \boldsymbol{\phi}\}$는 모델을 조정하는 매개변수 집합을 지칭하는 것이다. 은닉 마르코프 모델에 대한 우리의 논의의 대부분은 방사 확률로 어떤 것을 선택하는지에 대해서 독립적일 것이다. 실제로 은닉 마르코프 모델은 이산 표, 가우시안, 가우시안 혼합 분포 등 다양한 종류의 방사 분포에 적용할 수 있다. 뉴럴 네트워크

연습문제 13.4
와 같은 판별 모델을 활용하는 것도 가능하다. 방사 밀도 $p(\mathbf{x}|\mathbf{z})$를 직접 모델하는 데 이를 사용할 수도 있고, 또는 $p(\mathbf{z}|\mathbf{x})$를 표현할 수도 있다. $p(\mathbf{z}|\mathbf{x})$를 표현했을 경우에는 베이지안 정리를 이용해서 필요 방사 밀도 $p(\mathbf{x}|\mathbf{z})$를 도출할 수 있다(Bishop et al., 2004).

생성적인 관점에서 살펴보면 은닉 마르코프 모델에 대해 더 잘 이해할 수 있다. 가우시안 혼합 분포에서 표본을 생성하는 경우를 다시 떠올려 보자. 이 경우에는 먼저 혼합 계수 π_k를 통해 주어지는 확률로 성분을 랜덤하게 선택하고, 그 다음 해당 가우시안 성분으로부터 표본 벡터 $\mathbf{x}$를 생성했다. 그리고 이 과정을 N번 반복해서 N개의 독립 표본의 데이터 집합을 생성할 수 있었다. 은닉 마르코프 모델의 경우에는 이 과정이 다음처럼 수정된다. 먼저 매개변수 π_k에 의해 조정되는 확률로 초기 잠재 변수 $\mathbf{z}_1$를 선택하고, 이에 해당하는 관측값 $\mathbf{x}_1$의 표본을 추출한다. 그 다음 이미 예시된 변수 $\mathbf{z}_1$의 값을 바탕으로 전이 확률 $p(\mathbf{z}_2|\mathbf{z}_1)$에 따라서 $\mathbf{z}_2$의 상태를 선택한다. 예를 들어, $\mathbf{z}_1$의 표본이 상태 j였다고 해보자. 이 경우 확률 $A_{jk}(k = 1, \ldots, K)$들을 바탕으로 $\mathbf{z}_2$의 상태 k를 선택하게 될 것이다. $\mathbf{z}_2$를 알고 나면 $\mathbf{x}_2$의 표본을 추출할 수 있고, 다음 상태 변수 $\mathbf{z}_3$의 표본도 추출할 수 있다. 이런 과정을 반복하게 된다. 이는 방향성 그래프

8.1.2절
모델에서의 조상 추출법의 예시에 해당한다. 예를 들어 대각 전이 원소 A_{kk}가 비대각 원소들보다 훨씬 더 큰 모델을 사용한다면, 전형적인 데이터 배열들은 단일 성분으로부터 생성된 포인트들이 길게 늘어진 형태의 결과를 가지게 될 것이다. 이 경우 한 성분에서 다른 성분으로의 전이는 드물게 일어난다. 은닉 마르코프 모델로부터 표본을 생성하는 것에 대해서는 그림 13.8에 그려져 있다.

표준 HMM 모델의 다양한 변형 형태들이 존재한다. 전이 행렬 $\mathbf{A}$의 형태에 제약 조건을 가한

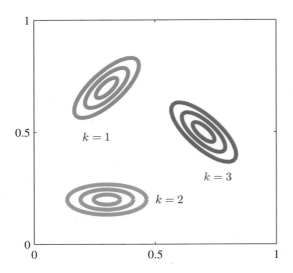 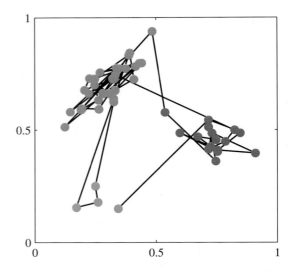

그림 13.8 　잠재 변수 z가 세 개의 상태를 가지며, 방사 모델 $p(\mathbf{x}|\mathbf{z})$가 가우시안 분포인 은닉 마르코프 모델로부터 표집을 하는 예시. 이때 x는 이차원이다. (a) 잠재 변수의 각 세 상태에 해당하는 방사 분포의 상수 확률 밀도의 윤곽선. (b) 해당 은닉 마르코프 모델로부터 추출한 50개의 표본 포인트. 각 포인트가 어떤 성분으로부터 생성되었는지에 따라서 색을 칠했으며, 곡선은 연속된 관측값들을 연결하고 있다. 여기서는 각 상태가 다른 상태들로 전이될 확률이 각각 5%이고 현재 상태를 유지할 확률이 90%인 고정된 전이 행렬을 사용하였다.

것이 그중 하나다(Rabiner, 1989). 여기서는 실용성 측면에서 특히 중요한 **좌우 은닉 마르코프 모델**
(*left-to-right HMM*)을 언급하고 넘어가도록 하겠다. 좌우 HMM은 **A** 원소 A_{jk}를 $k < j$인 경우 0
으로 설정하는 식으로 도출할 수 있다.

이에 대한 예시가 그림 13.9에 그려져 있다. 여기서는 3 상태 HMM에 대해 상태 전이 도표가
그려져 있다. 일반적으로 이런 모델에서 $p(\mathbf{z}_1)$에 대한 최초의 상태 확률은 $p(z_{11}) = 1$, 그리
고 $j \neq 1$인 경우에는 $p(z_{1j}) = 0$이 되도록 수정된다. 다시 말하면 모든 배열은 상태 $j = 1$에
서 시작하도록 제약된다는 것이다. 상태 인덱스에 큰 변화가 일어나지 않도록 전이 행렬에 더
제약을 가할 수도 있다. 즉, $k > j + \Delta$인 경우 $A_{jk} = 0$이 되도록 하는 것이다. 이런 종류의
모델이 그림 13.10에 격자 도식으로 그려져 있다.

음성 인식이나 손글씨 인식과 같은 은닉 마르코프 모델의 여러 적용 사례에서 좌우 구조를 사
용한다. 좌우 은닉 마르코프 모델을 더 자세히 살펴보기 위해서 손글씨 숫자 예시를 살펴보도

그림 13.9 　3상태 좌우 은닉 마르코프 모델의 상태 전이 도식의 예시. 한 번
특정 상태로부터 떠나고 나면 그 상태로 다시 돌아갈 수 없다.

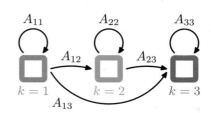

그림 13.10 3상태 좌우 HMM의 격자 도식. 상태 인덱스 k는 각 전이에서 최대 1만큼 증가할 수 있다.

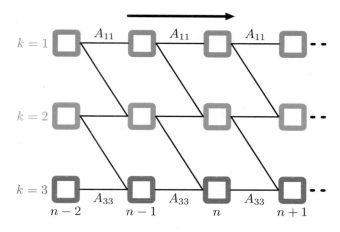

록 하자. 이 예시에서는 온라인 데이터를 사용할 것이다. 각 숫자 글씨는 시간에 대한 함수로 표현된 펜의 궤적으로 표현된다. 이때 그 형태는 펜 좌표의 배열이 될 것이다. 이는 픽셀화된 정적 이차원 이미지로 이루어졌던 부록 A의 손글씨 숫자 데이터와는 대조적이다. 그림 13.11에 온라인 숫자의 예시가 그려져 있다. 여기서 우리는 숫자 '2'에 해당하는 45개의 예시로 구성된 데이터 부분 집합을 이용해서 은닉 마르코프 모델을 훈련시킬 것이다. 이 모델에는 $K = 16$개의 상태가 있다. 각각의 상태는 16개의 가능한 각도 중 하나에 해당하는 고정된 길이의 곡선을 생성할 수 있다. 따라서 방사 분포는 각 상태 인덱스값에 대해 허용된 각도값과 연관된 확률들의 16×16 표가 된다. 전이 확률들은 인덱스 k를 같도록 유지하거나 1 증가시키는 경우를 제외하고는 모두 0으로 설정되었다. 그리고 모델의 매개변수들은 EM 알고리즘을 25회 반복해서 최적화했다. 이 모델을 생성적으로 실행하면 결과 모델에 대한 통찰을 얻을 수 있다. 이에 대해서 그림 13.11에 그려져 있다.

은닉 마르코프 모델의 가장 강력한 성질 중 하나는 바로 시간축의 지역적 뒤틀림(압축과 늘림)에 대해 어느 정도의 불변성을 보인다는 점이다. 이를 이해하기 위해 온라인 손글씨 숫자 예시에서 숫자 '2'를 적는 방식을 고려해 보자. 일반적인 숫자 '2'는 별개의 두 부분이 끝에서 만나

그림 13.11 위쪽 행: 온라인 손글씨 숫자의 예시. 아래쪽 행: 45 개의 손글씨 숫자들로부터 훈련시킨 좌우 은닉 마르코프 모델에서 생성적으로 표집한 합성 숫자들

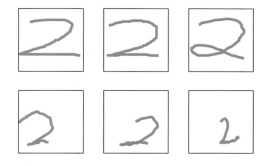

는 식으로 이루어져 있다. 왼쪽 위에서 시작하는 첫 번째 부분은 왼쪽 아래 끝으로 향하는 호의 형태를 가졌다. 그 다음 이어지는 두 번째 부분은 오른쪽 아래에서 끝나는 어느 정도 똑바른 선 형태를 취한다. 필기 스타일의 자연적인 차이로 인해서 두 부분의 상대적인 크기는 다양하다. 따라서 시계열상에서 끝부분이나 루프의 위치는 다양하게 변화할 수 있다. 생성적인 관점에서 이러한 변화는 같은 상태로의 전이 숫자와 다음 상태로의 전이 숫자를 변화시키는 방식으로 은닉 마르코프 모델에 수용시킬 수 있다. 하지만 만약 숫자 '2'가 오른쪽 아래에서 시작해서 왼쪽 위에서 끝나는 식으로 역방향으로 적힌다면(설령 펜 촉의 좌표가 예시 훈련 집합상의 것과 동일하다 하더라도) 모델상에서 이러한 관측값의 확률은 매우 낮을 것이다. 음성 인식의 맥락에서 시간축의 뒤틀림은 음성의 속도의 자연적인 변화에 해당한다. 이 경우에도 은닉 마르코프 모델은 이러한 뒤틀림에 대해 너무 큰 벌칙을 부여하지 않고 잘 수용할 수 있다.

13.2.1 HMM에서의 최대 가능도 방법

만약 데이터 집합 $\mathbf{X} = \{\mathbf{x}_1, \ldots, \mathbf{x}_N\}$을 관측했다면 최대 가능도 방법을 이용해서 HMM의 매개변수를 결정할 수 있다. 식 13.10의 결합 분포를 잠재 변수들에 대해 주변화하면 가능도 함수를 구할 수 있다.

$$p(\mathbf{X}|\boldsymbol{\theta}) = \sum_{\mathbf{Z}} p(\mathbf{X}, \mathbf{Z}|\boldsymbol{\theta}) \qquad \text{(식 13.11)}$$

(9장에서 고려했던 혼합 분포의 경우와는 대조적으로) 결합 분포 $p(\mathbf{X}, \mathbf{Z}|\boldsymbol{\theta})$는 n에 대해 인수분해되지 않기 때문에 $\mathbf{z}_n$에 대한 각각의 합산을 독립적으로 다룰 수는 없다. 합산들을 직접 계산할 수도 없다. 이 경우 합산되어야 할 변수가 N개 있으며 각각의 변수가 K개의 상태값을 가지기 때문에 그 결과로 총 K^N의 항들이 존재한다. 따라서 합산항의 숫자는 연쇄의 길이에 대해 기하급수적으로 증가하게 된다. 사실 식 13.11의 합산은 그림 13.7의 격자 도식상의 기하급수적으로 많은 경로에 대한 합산에 해당한다.

그림 8.32의 단순한 변수 변환에 대해서 추론 문제를 고려할 때 비슷한 어려움을 겪었다. 그 경우에는 그래프의 조건부 독립성을 바탕으로 계산 비용이 연쇄의 길이에 대해서 기하급수적 대신 선형적으로 증가하도록 합산의 순서를 재배열했었다. 은닉 마르코프 모델에도 비슷한 테크닉을 적용할 것이다.

식 13.11의 가능도 함수 전개식의 또 다른 문제점은 이 식이 혼합 분포의 일반화 형태에 해당하며, 따라서 상태 변수들의 서로 다른 설정들을 바탕으로 한 방사 모델들에 대한 합산을 표현한다는 점이다. 그러므로 이 가능도 함수에 대한 직접적인 최대화를 시행하려 하면 닫힌 형태의 해가 없는 복잡한 표현식을 얻게 될 것이다. 이는 단순한 혼합 모델의 경우와 마찬가지다.

9.2절

다시 한 번 언급하자면 i.i.d. 데이터에 대한 혼합 모델은 HMM의 특별 케이스에 해당한다.

은닉 마르코프 모델의 가능도 함수를 효율적으로 최대화하기 위해서 EM 알고리즘을 사용해 보도록 하자. EM 알고리즘은 우리가 $\boldsymbol{\theta}^{\text{old}}$라 지칭할 모델 매개변수들의 초깃값들로부터 시작될 것이다. E단계에서는 이 매개변숫값들을 취해서 잠재 변수들의 사후 분포 $p(\mathbf{Z}|\mathbf{X}, \boldsymbol{\theta}^{\text{old}})$를 구할 것이다. 그 다음 이 사후 분포를 이용해서 완전 데이터 가능도 함수의 로그의 기댓값을 계산할 것이다. 이때 이 기댓값은 매개변수들 $\boldsymbol{\theta}$의 함수가 될 것이며, 그 결과 다음으로 정의되는 함수 $Q(\boldsymbol{\theta}, \boldsymbol{\theta}^{\text{old}})$를 얻게 된다.

$$Q(\boldsymbol{\theta}, \boldsymbol{\theta}^{\text{old}}) = \sum_{\mathbf{Z}} p(\mathbf{Z}|\mathbf{X}, \boldsymbol{\theta}^{\text{old}}) \ln p(\mathbf{X}, \mathbf{Z}|\boldsymbol{\theta}) \tag{식 13.12}$$

편의를 위해 몇 가지 새 표현법을 도입하도록 하자. 잠재 변수 $\mathbf{z}_n$의 주변 사후 분포를 $\gamma(\mathbf{z}_n)$로 지칭하고, 두 연속 잠재 변수들의 결합 사후 분포를 $\xi(\mathbf{z}_{n-1}, \mathbf{z}_n)$을 이용해서 지칭할 것이다. 즉, 다음과 같다.

$$\gamma(\mathbf{z}_n) = p(\mathbf{z}_n|\mathbf{X}, \boldsymbol{\theta}^{\text{old}}) \tag{식 13.13}$$
$$\xi(\mathbf{z}_{n-1}, \mathbf{z}_n) = p(\mathbf{z}_{n-1}, \mathbf{z}_n|\mathbf{X}, \boldsymbol{\theta}^{\text{old}}) \tag{식 13.14}$$

합하면 1이 되는 K개의 음이 아닌 숫자들을 이용해서 각각의 n 값에 대한 $\gamma(\mathbf{z}_n)$를 저장할 수 있다. 그리고 이와 비슷하게 합하면 1이 되는 $K \times K$ 행렬의 음이 아닌 숫자들을 이용해서 $\xi(\mathbf{z}_{n-1}, \mathbf{z}_n)$을 저장할 수 있다. 또한, $z_{nk} = 1$의 조건부 확률을 $\gamma(\mathbf{z}_n)$으로 지칭할 것이다. $\xi(z_{n-1,j}, z_{nk})$와 앞으로 도입할 다른 확률적 변수들에 대해서도 마찬가지 표현법을 사용할 것이다. 이진 확률 변수의 기댓값은 변수가 1 값을 가질 확률에 해당한다. 따라서 다음을 얻게 된다.

$$\gamma(z_{nk}) = \mathbb{E}[z_{nk}] = \sum_{\mathbf{z}_n} \gamma(\mathbf{z}) z_{nk} \tag{식 13.15}$$
$$\xi(z_{n-1,j}, z_{nk}) = \mathbb{E}[z_{n-1,j} z_{nk}] = \sum_{\mathbf{z}_{n-1}, \mathbf{z}_n} \xi(\mathbf{z}_{n-1}, \mathbf{z}_n) z_{n-1,j} z_{nk} \tag{식 13.16}$$

식 13.10의 결합 분포 $p(\mathbf{X}, \mathbf{Z}|\boldsymbol{\theta})$를 식 13.12에 대입해 넣고 γ와 ξ에 대한 정의를 사용하면 다음을 얻게 된다.

$$\begin{aligned} Q(\boldsymbol{\theta}, \boldsymbol{\theta}^{\text{old}}) = {} & \sum_{k=1}^{K} \gamma(z_{1k}) \ln \pi_k + \sum_{n=2}^{N} \sum_{j=1}^{K} \sum_{k=1}^{K} \xi(z_{n-1,j}, z_{nk}) \ln A_{jk} \\ & + \sum_{n=1}^{N} \sum_{k=1}^{K} \gamma(z_{nk}) \ln p(\mathbf{x}_n|\boldsymbol{\phi}_k) \end{aligned} \tag{식 13.17}$$

E단계의 목표는 $\gamma(\mathbf{z}_n)$과 $\xi(\mathbf{z}_{n-1}, \mathbf{z}_n)$ 값들을 효율적으로 계산하는 것이다. 잠시 후에 이에 대해서 자세히 논의할 것이다.

M단계에서는 $Q(\boldsymbol{\theta}, \boldsymbol{\theta}^{\mathrm{old}})$를 $\boldsymbol{\theta} = \{\boldsymbol{\pi}, \mathbf{A}, \boldsymbol{\phi}\}$에 대해 최대화한다. 이 과정에서 $\gamma(\mathbf{z}_n)$과 $\xi(\mathbf{z}_{n-1}, \mathbf{z}_n)$는 상수로 취급한다. $\boldsymbol{\pi}$와 $\mathbf{A}$에 대한 최대화는 적절한 라그랑주 승수를 이용해서 쉽게 달성할 수 있다. 그 결과는 다음과 같다.

연습문제 13.5

$$\pi_k = \frac{\gamma(z_{1k})}{\displaystyle\sum_{j=1}^{K} \gamma(z_{1j})} \tag{식 13.18}$$

$$A_{jk} = \frac{\displaystyle\sum_{n=2}^{N} \xi(z_{n-1,j}, z_{nk})}{\displaystyle\sum_{l=1}^{K}\sum_{n=2}^{N} \xi(z_{n-1,j}, z_{nl})} \tag{식 13.19}$$

EM 알고리즘을 초기화할 때 $\boldsymbol{\pi}$와 $\mathbf{A}$의 시작값을 선택해야 한다. 물론, 이때 선택되는 값들은 확률적 해석과 연관된 합산 제약 조건을 만족해야 한다. 시작할 때 0으로 설정되는 $\boldsymbol{\pi}$나 $\mathbf{A}$의

연습문제 13.6

원소들은 그 후의 EM 업데이트 과정에서도 0으로 유지된다. 보통의 초기화 과정에서는 이 매개변수들에 대해 합산 제약 조건 또는 0보다 크거나 같아야 하는 제약 조건을 만족하는 랜덤한 시작값을 사용하게 된다. 좌우 모델의 경우 원소 A_{jk}의 값들을 필요에 따라 적절히 0으로 설정하는 것 외에는 EM 알고리즘에 다른 특별한 수정을 가할 필요가 없다. 왜냐하면 처음에 0으로 설정된 값들은 그 후에도 계속 0으로 유지될 것이기 때문이다.

$Q(\boldsymbol{\theta}, \boldsymbol{\theta}^{\mathrm{old}})$를 $\boldsymbol{\varphi}_k$에 대해 최대화해 보도록 하자. 식 13.17에서 마지막 항만이 $\boldsymbol{\varphi}_k$에 대해 종속적임을 알 수 있다. 또한, 이 항은 i.i.d. 데이터에 대한 표준 혼합 모델의 해당 함수의 데이터에 종속적인 항과 같은 형태를 가지고 있다. 가우시안 혼합의 경우 식 9.40과 비교함으로써 이를 확인할 수 있다. 여기서 값 $\gamma(z_{nk})$들은 책임도 역할을 한다. 만약 매개변수 $\boldsymbol{\varphi}_k$가 다른 성분들에 대해서 독립적이라면, 이 항을 각 k 값에 대한 항들의 합산으로 따로 분리할 수 있다. 또한, 이 경우에 각각의 항을 독립적으로 최대화할 수 있다. 그 다음에는 단순히 가중치 $\gamma(z_{nk})$를 바탕으로 한 방사 밀도 $p(\mathbf{x}|\boldsymbol{\phi}_k)$에 대한 가중 로그 가능도 함수를 최대화하면 된다. 여기서는 이 최대화를 효율적으로 달성할 수 있다고 가정할 것이다. 예를 들어 가우시안 방사 밀도의 경우에는 $p(\mathbf{x}|\boldsymbol{\phi}_k) = \mathcal{N}(\mathbf{x}|\boldsymbol{\mu}_k, \boldsymbol{\Sigma}_k)$를 가지게 되며, $Q(\boldsymbol{\theta}, \boldsymbol{\theta}^{\mathrm{old}})$의 최대화를 시행하면 다음을 얻게 된다.

$$\boldsymbol{\mu}_k = \frac{\displaystyle\sum_{n=1}^{N} \gamma(z_{nk})\mathbf{x}_n}{\displaystyle\sum_{n=1}^{N} \gamma(z_{nk})} \qquad \text{(식 13.20)}$$

$$\boldsymbol{\Sigma}_k = \frac{\displaystyle\sum_{n=1}^{N} \gamma(z_{nk})(\mathbf{x}_n - \boldsymbol{\mu}_k)(\mathbf{x}_n - \boldsymbol{\mu}_k)^{\mathrm{T}}}{\displaystyle\sum_{n=1}^{N} \gamma(z_{nk})} \qquad \text{(식 13.21)}$$

이산 다항 관측 변수의 경우 관측값들의 조건부 분포는 다음 형태를 띤다.

$$p(\mathbf{x}|\mathbf{z}) = \prod_{i=1}^{D} \prod_{k=1}^{K} \mu_{ik}^{x_i z_k} \qquad \text{(식 13.22)}$$

연습문제 13.8 그리고 이에 따른 M단계 공식은 다음으로 주어진다.

$$\mu_{ik} = \frac{\displaystyle\sum_{n=1}^{N} \gamma(z_{nk})x_{ni}}{\displaystyle\sum_{n=1}^{N} \gamma(z_{nk})} \qquad \text{(식 13.23)}$$

베르누이 관측 변수에 대해서도 이와 흡사한 결과가 성립한다.

EM 알고리즘은 방사 분포 매개변수들의 초깃값을 필요로 한다. 이를 설정하는 한 가지 방법은 우선 데이터를 i.i.d.로 취급한 채로 최대 가능도 방법을 이용해서 방사 밀도를 피팅한 후, 그 결괏값들을 이용해서 EM의 매개변숫값을 초기화하는 것이다.

13.2.2 순전파-역전파 문제

그 다음으로는 EM 알고리즘의 E단계에 해당하는 $\gamma(z_{nk})$와 $\xi(z_{n-1,j}, z_{nk})$을 계산하기 위한 효율적인 과정을 찾아보도록 하자. 그림 13.5에서 볼 수 있는 은닉 마르코프 모델의 그래프는 트리다. 따라서 2단계 메시지 전달 알고리즘을 이용해서 효율적으로 잠재 변수들의 사후 분포를 계산할 수 있다. 은닉 마르코프 모델의 맥락에서 이 방식은 **순전파-역전파**(*forward-backward*) 8.4절 알고리즘(Rabiner, 1989), 또는 **바움-웰치**(*Baum-Welch*) 알고리즘(Baum, 1972)이라고 알려져 있다. 기본 알고리즘에는 여러 가지 변형이 존재한다. 이 변형 알고리즘들은 연쇄를 따라 전파되는 메시지의 정확한 형태를 기반으로 하며, 정확한 주변 분포를 계산해 낸다(Jordan, 2007). 여기서는 가장 널리 사용되는 알고리즘인 **알파 베타**(*alpha-beta*) 알고리즘에 대해 살펴보도록 하자.

순전파-역전파 알고리즘은 그 자체의 실용성에 있어도 중요할 뿐만 아니라 앞에서 살펴본 많은 콘셉트들에 대한 좋은 실제 예시가 되기도 한다. 먼저 순전파-역전파 알고리즘에 대한 '기존의' 미분 방법을 살펴볼 것이다. 확률의 합과 곱의 법칙을 적용한 후 그래프 모델에 d 분리를 적용해서 얻을 수 있는 조건부 독립 성질을 사용할 것이다. 그 다음 13.2.3절에서는 8.4.4절에서 도입한 합/곱 알고리즘의 특정 예시로서 매우 간단하게 순전파-역전파 알고리즘을 구하는 것을 나타낼 것이다.

잠재 변수의 사후 분포를 계산하는 것은 방사 밀도 $p(\mathbf{x}|\mathbf{z})$의 형태나 관측 변수가 연속인지 이산인지 등에 대해 독립적이다. 계산에 있어서 필요한 것은 모든 n에 대한 $\mathbf{z}_n$ 값의 $p(\mathbf{x}_n|\mathbf{z}_n)$ 값뿐이다. 또한, 이 절과 그 다음 절에서는 모델 매개변수 $\boldsymbol{\theta}^{\text{old}}$에 대한 명시적인 종속성을 표현에서 생략할 것이다. 왜냐하면 이는 계속 고정되어 있기 때문이다.

다음의 조건부 독립성들을 적는 것으로 시작해 보자(Jordan, 2007).

$$
\begin{aligned}
p(\mathbf{X}|\mathbf{z}_n) &= p(\mathbf{x}_1, \ldots, \mathbf{x}_n|\mathbf{z}_n) \\
&\quad p(\mathbf{x}_{n+1}, \ldots, \mathbf{x}_N|\mathbf{z}_n) & \text{(식 13.24)} \\
p(\mathbf{x}_1, \ldots, \mathbf{x}_{n-1}|\mathbf{x}_n, \mathbf{z}_n) &= p(\mathbf{x}_1, \ldots, \mathbf{x}_{n-1}|\mathbf{z}_n) & \text{(식 13.25)} \\
p(\mathbf{x}_1, \ldots, \mathbf{x}_{n-1}|\mathbf{z}_{n-1}, \mathbf{z}_n) &= p(\mathbf{x}_1, \ldots, \mathbf{x}_{n-1}|\mathbf{z}_{n-1}) & \text{(식 13.26)} \\
p(\mathbf{x}_{n+1}, \ldots, \mathbf{x}_N|\mathbf{z}_n, \mathbf{z}_{n+1}) &= p(\mathbf{x}_{n+1}, \ldots, \mathbf{x}_N|\mathbf{z}_{n+1}) & \text{(식 13.27)} \\
p(\mathbf{x}_{n+2}, \ldots, \mathbf{x}_N|\mathbf{z}_{n+1}, \mathbf{x}_{n+1}) &= p(\mathbf{x}_{n+2}, \ldots, \mathbf{x}_N|\mathbf{z}_{n+1}) & \text{(식 13.28)} \\
p(\mathbf{X}|\mathbf{z}_{n-1}, \mathbf{z}_n) &= p(\mathbf{x}_1, \ldots, \mathbf{x}_{n-1}|\mathbf{z}_{n-1}) \\
&\quad p(\mathbf{x}_n|\mathbf{z}_n)p(\mathbf{x}_{n+1}, \ldots, \mathbf{x}_N|\mathbf{z}_n) & \text{(식 13.29)} \\
p(\mathbf{x}_{N+1}|\mathbf{X}, \mathbf{z}_{N+1}) &= p(\mathbf{x}_{N+1}|\mathbf{z}_{N+1}) & \text{(식 13.30)} \\
p(\mathbf{z}_{N+1}|\mathbf{z}_N, \mathbf{X}) &= p(\mathbf{z}_{N+1}|\mathbf{z}_N) & \text{(식 13.31)}
\end{aligned}
$$

여기서 $\mathbf{X} = \{\mathbf{x}_1, \ldots, \mathbf{x}_N\}$이다. 이 관계들 중 대부분은 d 분리를 이용해서 쉽게 증명할 수 있다. 그 예로 이 결과들 중 두 번째를 살펴보자. $\mathbf{x}_1, \ldots, \mathbf{x}_{n-1}$들로부터 노드 $\mathbf{x}_n$으로의 경로는 관측된 노드 $\mathbf{z}_n$을 통해야 한다. 이러한 모든 경로들은 머리 대 꼬리이기 때문에 조건부 독립성이 성립해야 함을 알 수 있다. d 분리의 적용을 연습하는 셈 치고 잠시 시간을 들여서 각 성질들을 차례로 확인해 보기 바란다. 비록 훨씬 더 많은 노력이 들기는 하지만 은닉 마르코프 모델의 결합 분포에 확률의 합과 곱의 법칙을 적용해서 이러한 관계들을 직접 증명할 수도 있다.

연습문제 13.10

먼저 $\gamma(z_{nk})$를 계산하여 보자. 이산 다항 확률 변수의 경우 변수의 성분들 중 하나의 기댓값은 해당 성분이 1 값을 가질 확률에 해당한다. 따라서 우리는 관측 데이터 집합 $\mathbf{x}_1, \ldots, \mathbf{x}_N$이 주어졌을 때의 $\mathbf{z}_n$의 사후 분포 $p(\mathbf{z}_n|\mathbf{x}_1, \ldots, \mathbf{x}_N)$를 구하는 데 관심이 있다. 이는 각 원소가 z_{nk}의 기댓값에 해당하는 길이 K의 벡터로 표현된다. 베이지안 정리를 사용하면 다음을 얻게 된다.

$$\gamma(\mathbf{z}_n) = p(\mathbf{z}_n|\mathbf{X}) = \frac{p(\mathbf{X}|\mathbf{z}_n)p(\mathbf{z}_n)}{p(\mathbf{X})} \tag{식 13.32}$$

여기서 분포 $p(\mathbf{X})$는 함축적으로 HMM의 매개변수 $\boldsymbol{\theta}^{\text{old}}$에 대해 조건부다. 따라서 이는 가능도 함수에 해당한다. 식 13.24의 조건부 독립성과 확률의 곱의 법칙을 사용하면 다음을 얻게 된다.

$$\gamma(\mathbf{z}_n) = \frac{p(\mathbf{x}_1, \ldots, \mathbf{x}_n, \mathbf{z}_n)p(\mathbf{x}_{n+1}, \ldots, \mathbf{x}_N|\mathbf{z}_n)}{p(\mathbf{X})} = \frac{\alpha(\mathbf{z}_n)\beta(\mathbf{z}_n)}{p(\mathbf{X})} \tag{식 13.33}$$

여기서 다음을 정의하였다.

$$\alpha(\mathbf{z}_n) \equiv p(\mathbf{x}_1, \ldots, \mathbf{x}_n, \mathbf{z}_n) \tag{식 13.34}$$
$$\beta(\mathbf{z}_n) \equiv p(\mathbf{x}_{n+1}, \ldots, \mathbf{x}_N|\mathbf{z}_n) \tag{식 13.35}$$

$\alpha(\mathbf{z}_n)$ 값은 시간 n까지의 모든 주어진 데이터들과 $\mathbf{z}_n$ 값을 관측하게 될 결합 확률에 해당한다. 반면, $\beta(\mathbf{z}_n)$은 $\mathbf{z}_n$이 주어졌을 때 시간 $n+1$부터 N까지의 모든 미래 데이터에 대한 조건부 분포를 나타낸다. $\alpha(\mathbf{z}_n)$과 $\beta(\mathbf{z}_n)$은 각각 K개의 숫자를 표현한다. 이때 각 숫자는 원핫 인코딩으로 표현된 이진 벡터 $\mathbf{z}_n$의 가능한 각각의 설정값들에 해당한다. $z_{nk} = 1$일 때의 $\alpha(\mathbf{z}_n)$ 값을 $\alpha(z_{nk})$로 표현하도록 하자. 이는 $\beta(z_{nk})$와 비슷한 것이다.

이제 $\alpha(\mathbf{z}_n)$와 $\beta(\mathbf{z}_n)$을 효율적으로 계산하기 위한 재귀 관계식을 유도해 보자. 다시 한 번 조건부 독립성을 이용해야 한다. 여기서는 식 13.25와 식 13.26을 사용할 것이다. 이와 함께 합과 곱의 법칙을 사용하면 $\alpha(\mathbf{z}_{n-1})$을 이용해서 $\alpha(\mathbf{z}_n)$을 표현할 수 있다.

$$\begin{aligned}
\alpha(\mathbf{z}_n) &= p(\mathbf{x}_1, \ldots, \mathbf{x}_n, \mathbf{z}_n) \\
&= p(\mathbf{x}_1, \ldots, \mathbf{x}_n | \mathbf{z}_n) p(\mathbf{z}_n) \\
&= p(\mathbf{x}_n | \mathbf{z}_n) p(\mathbf{x}_1, \ldots, \mathbf{x}_{n-1} | \mathbf{z}_n) p(\mathbf{z}_n) \\
&= p(\mathbf{x}_n | \mathbf{z}_n) p(\mathbf{x}_1, \ldots, \mathbf{x}_{n-1}, \mathbf{z}_n) \\
&= p(\mathbf{x}_n | \mathbf{z}_n) \sum_{\mathbf{z}_{n-1}} p(\mathbf{x}_1, \ldots, \mathbf{x}_{n-1}, \mathbf{z}_{n-1}, \mathbf{z}_n) \\
&= p(\mathbf{x}_n | \mathbf{z}_n) \sum_{\mathbf{z}_{n-1}} p(\mathbf{x}_1, \ldots, \mathbf{x}_{n-1}, \mathbf{z}_n | \mathbf{z}_{n-1}) p(\mathbf{z}_{n-1}) \\
&= p(\mathbf{x}_n | \mathbf{z}_n) \sum_{\mathbf{z}_{n-1}} p(\mathbf{x}_1, \ldots, \mathbf{x}_{n-1} | \mathbf{z}_{n-1}) p(\mathbf{z}_n | \mathbf{z}_{n-1}) p(\mathbf{z}_{n-1}) \\
&= p(\mathbf{x}_n | \mathbf{z}_n) \sum_{\mathbf{z}_{n-1}} p(\mathbf{x}_1, \ldots, \mathbf{x}_{n-1}, \mathbf{z}_{n-1}) p(\mathbf{z}_n | \mathbf{z}_{n-1})
\end{aligned}$$

식 13.34의 $\alpha(\mathbf{z}_n)$에 대한 정의를 이용하면 다음을 얻을 수 있다.

$$\alpha(\mathbf{z}_n) = p(\mathbf{x}_n | \mathbf{z}_n) \sum_{\mathbf{z}_{n-1}} \alpha(\mathbf{z}_{n-1}) p(\mathbf{z}_n | \mathbf{z}_{n-1}) \tag{식 13.36}$$

잠시 시간을 들여서 이 재귀 관계를 자세히 살펴보도록 하자. 합산 내부에는 K개의 항이 있으며, 오른쪽 변은 $\mathbf{z}_n$에 대한 K개의 값에 대해 계산되어야 한다. 따라서 α 재귀의 각 단계는 $O(K^2)$의 계산 비용을 가지게 된다. $\alpha(\mathbf{z}_n)$에 대한 전진 재귀 공식이 그림 13.12에 격자 도식으로 그려져 있다.

이 재귀식을 시작하기 위해서는 다음으로 주어지는 초기 조건이 필요하다.

$$\alpha(\mathbf{z}_1) = p(\mathbf{x}_1, \mathbf{z}_1) = p(\mathbf{z}_1) p(\mathbf{x}_1 | \mathbf{z}_1) = \prod_{k=1}^{K} \{\pi_k p(\mathbf{x}_1 | \boldsymbol{\phi}_k)\}^{z_{1k}} \tag{식 13.37}$$

그림 13.12　α를 계산하기 위한 식 13.36의 전진 재귀식의 도식. $\alpha(z_{n,1})$ 값은 단계 $n-1$에서의 $\alpha(\mathbf{z}_{n-1})$의 원소 $\alpha(z_{n-1,j})$를 취하고 이들을 A_{j1}으로 주어지는 ($p(\mathbf{z}_n | \mathbf{z}_{n-1})$의 값에 따른) 가중치를 바탕으로 합산한 후, 데이터 기여도 $p(\mathbf{x}_n | z_{n1})$을 곱해서 구할 수 있다.

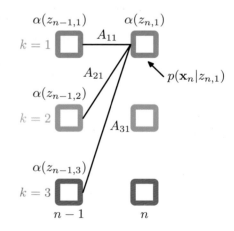

$\alpha(z_{1k})$가 $k = 1, \ldots, K$에 대해 $\pi_k p(\mathbf{x}_1|\boldsymbol{\phi}_k)$ 값을 가진다는 것을 알 수 있다. 연쇄의 첫 노드에서 시작해서 연쇄를 따라가며, 각각의 잠재 노드에 대해서 $\alpha(\mathbf{z}_n)$를 계산할 수 있다. 재귀의 각 단계에서는 $K \times K$ 행렬을 곱하는 연산이 필요하다. 따라서 이 값들을 전체 연쇄에 대해 계산하는 데 드는 비용은 $O(K^2 N)$이 된다.

이와 비슷하게 $\beta(\mathbf{z}_n)$에 대한 재귀 관계식도 구할 수 있다. 조건부 독립성 식 13.27과 식 13.28을 바탕으로 다음을 구할 수 있다.

$$
\begin{aligned}
\beta(\mathbf{z}_n) &= p(\mathbf{x}_{n+1}, \ldots, \mathbf{x}_N|\mathbf{z}_n) \\
&= \sum_{\mathbf{z}_{n+1}} p(\mathbf{x}_{n+1}, \ldots, \mathbf{x}_N, \mathbf{z}_{n+1}|\mathbf{z}_n) \\
&= \sum_{\mathbf{z}_{n+1}} p(\mathbf{x}_{n+1}, \ldots, \mathbf{x}_N|\mathbf{z}_n, \mathbf{z}_{n+1}) p(\mathbf{z}_{n+1}|\mathbf{z}_n) \\
&= \sum_{\mathbf{z}_{n+1}} p(\mathbf{x}_{n+1}, \ldots, \mathbf{x}_N|\mathbf{z}_{n+1}) p(\mathbf{z}_{n+1}|\mathbf{z}_n) \\
&= \sum_{\mathbf{z}_{n+1}} p(\mathbf{x}_{n+2}, \ldots, \mathbf{x}_N|\mathbf{z}_{n+1}) p(\mathbf{x}_{n+1}|\mathbf{z}_{n+1}) p(\mathbf{z}_{n+1}|\mathbf{z}_n)
\end{aligned}
$$

식 13.35의 $\beta(\mathbf{z}_n)$에 대한 정의를 이용하면 다음을 얻게 된다.

$$
\beta(\mathbf{z}_n) = \sum_{\mathbf{z}_{n+1}} \beta(\mathbf{z}_{n+1}) p(\mathbf{x}_{n+1}|\mathbf{z}_{n+1}) p(\mathbf{z}_{n+1}|\mathbf{z}_n) \tag{식 13.38}
$$

이 경우에는 $\beta(\mathbf{z}_{n+1})$을 바탕으로 $\beta(\mathbf{z}_n)$을 계산하는 후진 메시지 전파 알고리즘을 얻게 되었다. 각 단계에서는 관측값 $\mathbf{x}_{n+1}$의 효과를 방사 확률 $p(\mathbf{x}_{n+1}|\mathbf{z}_{n+1})$을 통해 흡수하고, 전이 행렬 $p(\mathbf{z}_{n+1}|\mathbf{z}_n)$을 곱한 후 $\mathbf{z}_{n+1}$을 주변화해서 없앤다. 이 과정이 그림 13.13에 그려져 있다.

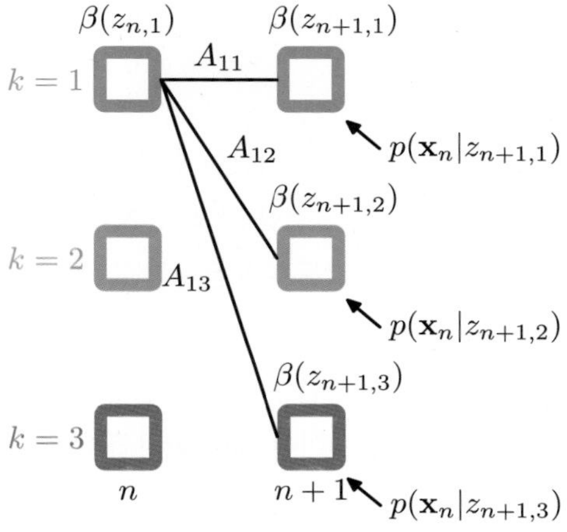

그림 13.13 β를 계산하기 위한 후진 재귀식 13.38의 도식. $\beta(z_{n,1})$ 값은 단계 $n+1$에서의 $\beta(\mathbf{z}_{n+1})$ 값의 원소 $\beta(z_{n+1,k})$를 취한 후, 이들을 ($p(\mathbf{z}_{n+1}|\mathbf{z}_n)$ 값과 방사 밀도 $p(\mathbf{x}_n|z_{n+1,k})$의 값에 해당하는) A_{1k}의 곱으로 주어지는 가중치를 통해 합산함으로써 구할 수 있다.

다시 한 번, 이 재귀 관계를 위한 시작 조건이 필요하다. 이 경우에는 $\beta(\mathbf{z}_N)$의 값이 필요하다. 이는 식 13.33의 $n = N$으로 설정하고 $\alpha(\mathbf{z}_N)$을 식 13.34의 정의로 바꿔 넣어서 구할 수 있다.

$$p(\mathbf{z}_N|\mathbf{X}) = \frac{p(\mathbf{X}, \mathbf{z}_N)\beta(\mathbf{z}_N)}{p(\mathbf{X})} \qquad \text{(식 13.39)}$$

모든 $\mathbf{z}_N$의 설정들에 대해서 $\beta(\mathbf{z}_N) = 1$을 취한다면 이 식이 올바르다는 것을 알 수 있다.

M단계 식에서는 $p(\mathbf{X})$ 값이 취소되어 없어질 것이다. 이는 예를 들면 식 13.20으로 주어지는 $\boldsymbol{\mu}_k$에 대한 M단계 식으로부터 확인할 수 있다. 이는 다음의 형태를 띠게 된다.

$$\boldsymbol{\mu}_k = \frac{\displaystyle\sum_{n=1}^{n} \gamma(z_{nk})\mathbf{x}_n}{\displaystyle\sum_{n=1}^{n} \gamma(z_{nk})} = \frac{\displaystyle\sum_{n=1}^{n} \alpha(z_{nk})\beta(z_{nk})\mathbf{x}_n}{\displaystyle\sum_{n=1}^{n} \alpha(z_{nk})\beta(z_{nk})} \qquad \text{(식 13.40)}$$

하지만 값 $p(\mathbf{X})$는 가능도 함수를 표현하는 것이며, 우리는 보통 이 값을 EM 최적화 중에 계속해서 관찰하고 싶을 것이다. 따라서 이를 계산할 수 있도록 한다면 유용하다. 식 13.33의 양변을 $\mathbf{z}_n$에 대해 합산한 후 왼쪽 변이 정규화된 분포라는 점을 이용하면 다음을 얻을 수 있다.

$$p(\mathbf{X}) = \sum_{\mathbf{z}_n} \alpha(\mathbf{z}_n)\beta(\mathbf{z}_n) \qquad \text{(식 13.41)}$$

아무 편한 n 값을 선택하고 그에 대해서 이 합산을 계산하면 가능도 함수를 구할 수 있다. 예를 들어, 만약 우리가 오직 가능도 함수를 계산하기만을 원한다면 α 재귀를 연쇄의 시작부터 끝까지 실행한 후 이 결과를 $n = N$에 대해 사용할 수 있다. 이 경우에 $\beta(\mathbf{z}_N)$은 1 값으로 구성된 벡터라는 사실을 사용할 수 있다. 이때 β에 대한 재귀 계산이 필요하지 않으므로 단순히 다음을 얻게 된다.

$$p(\mathbf{X}) = \sum_{\mathbf{z}_N} \alpha(\mathbf{z}_N) \qquad \text{(식 13.42)}$$

잠시 시간을 들여서 $p(\mathbf{X})$에 대한 이 결과를 해석해 보도록 하자. 가능도를 계산하기 위해서는 결합 분포 $p(\mathbf{X}, \mathbf{Z})$를 취한 후 모든 가능한 $\mathbf{Z}$ 값에 대해서 합산해야 한다. 이러한 각각의 값들은 모든 시간 단계에 대한 특정 은닉 상태들을 표현하게 될 것이다. 다시 말하자면 합산의 모든 항들은 격자 도식에서의 경로에 해당한다. 앞에서 살펴보았듯 이러한 경로의 숫자는 기하급수적으로 많다. 식 13.42의 형태로 가능도 함수를 표현함으로써 계산에 드는 비용을 연쇄 길이에 대해 기하급수로 비례하는 정도에서, 선형으로 비례하는 정도로 줄일 수 있었다. 이는 합산과 곱셈의 순서를 바꿈으로써 가능했다. 각각의 시간 단계 n에서 각각의 상태 z_{nk}를 통과하는 모든 경로들로부터의 기여도를 합산해서 중간값 $\alpha(\mathbf{z}_n)$을 계산한 것이다.

다음으로는 $\xi(\mathbf{z}_{n-1}, \mathbf{z}_n)$ 값의 계산에 대해 살펴보도록 하자. 이는 각각의 $K \times K$개의 $(\mathbf{z}_{n-1}, \mathbf{z}_n)$에 대한 조건부 분포 $p(\mathbf{z}_{n-1}, \mathbf{z}_n|\mathbf{X})$의 값에 해당한다. $\xi(\mathbf{z}_{n-1}, \mathbf{z}_n)$의 정의에 대해서 베이지안 정리를 적용하면 다음을 얻게 된다.

$$
\begin{aligned}
\xi(\mathbf{z}_{n-1}, \mathbf{z}_n) &= p(\mathbf{z}_{n-1}, \mathbf{z}_n|\mathbf{X}) \\
&= \frac{p(\mathbf{X}|\mathbf{z}_{n-1}, \mathbf{z}_n)p(\mathbf{z}_{n-1}, \mathbf{z}_n)}{p(\mathbf{X})} \\
&= \frac{p(\mathbf{x}_1, \ldots, \mathbf{x}_{n-1}|\mathbf{z}_{n-1})p(\mathbf{x}_n|\mathbf{z}_n)p(\mathbf{x}_{n+1}, \ldots, \mathbf{x}_N|\mathbf{z}_n)p(\mathbf{z}_n|\mathbf{z}_{n-1})p(\mathbf{z}_{n-1})}{p(\mathbf{X})} \\
&= \frac{\alpha(\mathbf{z}_{n-1})p(\mathbf{x}_n|\mathbf{z}_n)p(\mathbf{z}_n|\mathbf{z}_{n-1})\beta(\mathbf{z}_n)}{p(\mathbf{X})}
\end{aligned}
$$

(식 13.43)

여기서 식 13.29의 조건부 독립성, 식 13.34의 $\alpha(\mathbf{z}_n)$에 대한 정의, 식 13.35의 $\beta(\mathbf{z}_n)$에 대한 정의를 사용하였다. α와 β에 대한 재귀 결과를 이용해서 $\xi(\mathbf{z}_{n-1}, \mathbf{z}_n)$을 직접 계산할 수 있다.

EM 알고리즘을 이용해서 은닉 마르코프 모델을 훈련시키는 과정을 요약해 보도록 하자. 먼저 매개변수 $\boldsymbol{\theta} \equiv (\boldsymbol{\pi}, \mathbf{A}, \boldsymbol{\phi})$에 대한 초기 선택값 $\boldsymbol{\theta}^{\text{old}}$를 결정한다. $\mathbf{A}$와 $\boldsymbol{\pi}$는 보통 균일하게 초기화되거나 또는 균일 분포로부터 랜덤하게 초기화된다(이 과정에서 음의 값이 아니어야 한다는 제약 조건과 합산 제약 조건을 만족시켜야 한다). $\boldsymbol{\varphi}$에 대한 초기화는 분포의 종류에 종속적이다. 예를 들어, 가우시안 분포의 경우에는 K 평균 알고리즘을 적용하여 매개변수 $\boldsymbol{\mu}_k$를 초기화하고 해당 K 평균 군집의 공분산 행렬로 $\boldsymbol{\Sigma}_k$를 초기화할 수 있다. 초기화가 끝난 후에는 전진 α 재귀와 후진 β 재귀를 실행해서 $\gamma(\mathbf{z}_n)$ 값과 $\xi(\mathbf{z}_{n-1}, \mathbf{z}_n)$ 값을 계산한다. 또한, 이 단계에서 가능도 함수도 계산할 수 있다. 이로써 E단계가 완결된다. 이 결과들을 이용해서 수정된 매개변수들의 집합 $\boldsymbol{\theta}^{\text{new}}$를 구할 수 있다. 이 새 매개변수들을 13.2.1절의 M단계 공식에 사용 가능하다. 이러한 E단계와 M단계를 적절한 수렴 기준이 만족될 때까지 반복하게 된다. 가능도 함수의 변화가 어떤 역치 미만인 것 등이 수렴 기준의 예시에 해당한다.

이러한 재귀 관계식에서 관측값들은 $p(\mathbf{x}_n|\mathbf{z}_n)$ 형태의 조건부 분포로 입력된다. 이 경우 재귀식들은 그 값을 $\mathbf{z}_n$의 가능한 K개의 상태에 대해 계산할 수만 있다면 관측 변수의 종류나 차원수, 또는 해당 조건부 분포에 대해 독립적이다.

앞의 몇몇 장에서 최대 가능도 접근법은 데이터의 수가 매개변수의 수에 비해 비교적 클 때 효과적이라는 것을 살펴보았다. 훈련 배열이 충분히 길다는 가정하에 최대 가능도 방법을 이용해서 효율적으로 은닉 마르코프 모델을 훈련시킬 수 있다. 또 다른 방법으로는 여러 개의 더 짧은 배열을 사용하는 방법이 있다. 이 방법을 위해서는 은닉 마르코프 모델 EM 알고리즘에 대해 약간의 변형이 필요하다. 이는 좌우 모델의 경우에 특히 더 중요하다. 왜냐하면 주어진 관측 배열에 대해서 $\mathbf{A}$의 비대각 원소에 해당하는 주어진 상태 변환은 최대 한 번만 보여질 것이기 때문이다.

실제적으로 필요할 수 있는 또 다른 값은 바로 예측 분포다. 예측 분포는 관측 데이터 $\mathbf{X} = \{\mathbf{x}_1, \ldots, \mathbf{x}_N\}$이 주어졌을 때 $\mathbf{x}_{N+1}$을 예측하기 위한 분포다. 이는 금융 전망과 같은 실시간 적용 사례에서 특히 중요하다. 식 13.30, 식 13.31의 조건부 독립성과 확률의 합과 곱의 법칙을 함께 사용하면 다음을 구할 수 있다.

$$
\begin{aligned}
p(\mathbf{x}_{N+1}|\mathbf{X}) &= \sum_{\mathbf{z}_{N+1}} p(\mathbf{x}_{N+1}, \mathbf{z}_{N+1}|\mathbf{X}) \\
&= \sum_{\mathbf{z}_{N+1}} p(\mathbf{x}_{N+1}|\mathbf{z}_{N+1}) p(\mathbf{z}_{N+1}|\mathbf{X}) \\
&= \sum_{\mathbf{z}_{N+1}} p(\mathbf{x}_{N+1}|\mathbf{z}_{N+1}) \sum_{\mathbf{z}_N} p(\mathbf{z}_{N+1}, \mathbf{z}_N|\mathbf{X}) \\
&= \sum_{\mathbf{z}_{N+1}} p(\mathbf{x}_{N+1}|\mathbf{z}_{N+1}) \sum_{\mathbf{z}_N} p(\mathbf{z}_{N+1}|\mathbf{z}_N) p(\mathbf{z}_N|\mathbf{X}) \\
&= \sum_{\mathbf{z}_{N+1}} p(\mathbf{x}_{N+1}|\mathbf{z}_{N+1}) \sum_{\mathbf{z}_N} p(\mathbf{z}_{N+1}|\mathbf{z}_N) \frac{p(\mathbf{z}_N, \mathbf{X})}{p(\mathbf{X})} \\
&= \frac{1}{p(\mathbf{X})} \sum_{\mathbf{z}_{N+1}} p(\mathbf{x}_{N+1}|\mathbf{z}_{N+1}) \sum_{\mathbf{z}_N} p(\mathbf{z}_{N+1}|\mathbf{z}_N) \alpha(\mathbf{z}_N) \quad \text{(식 13.44)}
\end{aligned}
$$

먼저 전진 α 재귀식을 실행한 후에 $\mathbf{z}_N$과 $\mathbf{z}_{N+1}$에 대한 합산을 시행함으로써 위 식을 계산할 수 있다. $\mathbf{z}_N$에 대한 첫 번째 합산을 저장해 두고 $\mathbf{x}_{N+1}$이 관측된 후 다음 값 $\mathbf{x}_{N+2}$를 예측하기 위해서 전진 α 재귀식을 실행할 때 저장된 값을 사용할 수 있다. 식 13.44에서 $\mathbf{x}_1$부터 $\mathbf{x}_N$까지의 모든 데이터의 영향은 K개의 $\alpha(\mathbf{z}_n)$ 값에 요약되어 있다. 따라서 고정된 양의 저장 공간을 이용해서 영원히 전진해 나가며 예측 분포를 생성할 수 있다. 실제로 실시간 적용 사례에서는 이러한 성질이 매우 유용할 것이다.

여기서는 최대 가능도 방법을 이용해서 HMM의 매개변수를 추정하는 방법에 대해 논의했다. 매개변수 $\boldsymbol{\pi}$, $\mathbf{A}$, $\boldsymbol{\varphi}$에 대한 사전 분포를 도입하고 그 사후 분포를 최대화하는 방식으로 추정을 진행해서 정규화된 최대 가능도 방법으로 확장하는 것도 가능하다. 이는 다시금 EM 알고리즘을 이용해서 시행 가능하다. 이때 E단계는 앞에서 논의했던 E단계와 동일하고, M단계에서는 최대화 이전에 $Q(\boldsymbol{\theta}, \boldsymbol{\theta}^{\text{old}})$에 사전 분포의 로그를 추가해야 한다(이 과정을 실제로 적용하

10.1절

는 것에 대해서는 책의 다른 부분에서 여러 번 다루었다). 변분적 방법론을 이용해서 완전 베이지안 HMM을 도입하는 것도 가능하다. 이 경우에는 매개변수 분포들에 대한 주변화를 시행하게 된다(MacKay, 1997). 이때 최대 가능도 방법의 경우와 마찬가지로 2패스 순전파-역전파 재귀 계산을 이용해서 사후 확률을 계산한다.

13.2.3 HMM에서의 합/곱 알고리즘

은닉 마르코프 모델을 표현하고 있는 그림 13.5의 방향성 그래프는 트리 구조를 가지고 있다. 따라서, 합/곱 알고리즘을 이용해서 은닉 변수들의 지역적 주변값을 구하는 것이 가능하다.

8.4.4절

이 알고리즘은 앞 절에서 논의한 순전파-역전파 알고리즘과 동일한 결과를 내놓게 된다. 즉, 합/곱 알고리즘을 사용하면 알파-베타식을 더 단순하게 유도할 수 있다.

그림 13.5의 방향성 그래프를 인자 그래프로 변환하는 것으로부터 시작하자. 그 결과에 해당하는 인자 그래프의 일부가 그림 13.14에 그려져 있다. 이 형태의 인자 그래프는 잠재 변수와 관측 변수 전부를 명시적으로 표현하고 있다. 하지만 추론 문제를 풀기 위한 목적하에서는 언제나 변수 $\mathbf{x}_1, \ldots, \mathbf{x}_N$들이 주어진 조건이 되어야 할 것이다. 따라서 방사 확률들을 전이 확률 인자들에 흡수시켜서 인자 그래프를 간단하게 만들 수 있다. 이 결과가 그림 13.15의 단순화된 인자 그래프다. 이때 인자들은 다음과 같이 주어진다.

$$h(\mathbf{z}_1) = p(\mathbf{z}_1)p(\mathbf{x}_1|\mathbf{z}_1) \qquad \text{(식 13.45)}$$
$$f_n(\mathbf{z}_{n-1}, \mathbf{z}_n) = p(\mathbf{z}_n|\mathbf{z}_{n-1})p(\mathbf{x}_n|\mathbf{z}_n) \qquad \text{(식 13.46)}$$

알파 베타 알고리즘을 유도하기 위해서 마지막 은닉 변수 $\mathbf{z}_N$을 루트 노드로 설정한 다음, 먼저 잎 노드 h로부터 루트 노드로 메시지를 전달하자. 식 8.66과 식 8.69의 메시지 전파에 대한 일반 결과로부터 은닉 마르코프 모델에서 전파되는 메시지들이 다음의 형태를 가지게 된다는 것을 알 수 있다.

그림 13.14 은닉 마르코프 모델의 인자 그래프 표현의 일부

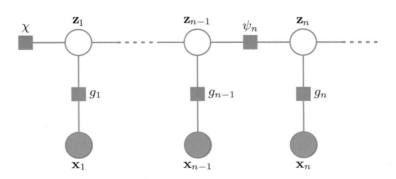

그림 13.15 은닉 마르코프 모델을
설명하는 단순화된 형태
의 인자 그래프

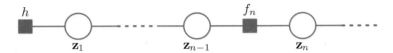

$$\mu_{\mathbf{z}_{n-1} \to f_n}(\mathbf{z}_{n-1}) = \mu_{f_{n-1} \to \mathbf{z}_{n-1}}(\mathbf{z}_{n-1}) \qquad \text{(식 13.47)}$$

$$\mu_{f_n \to \mathbf{z}_n}(\mathbf{z}_n) = \sum_{\mathbf{z}_{n-1}} f_n(\mathbf{z}_{n-1}, \mathbf{z}_n) \mu_{\mathbf{z}_{n-1} \to f_n}(\mathbf{z}_{n-1}) \qquad \text{(식 13.48)}$$

이 식들은 연쇄를 따라 메시지를 전진 전파시키는 것을 표현한다. 이는 앞 절에서 유도한 알파 재귀식과 동일하다. 변수 노드 $\mathbf{z}_n$은 두 개의 이웃만을 가지기 때문에 아무 계산도 시행하지 않는다.

식 13.47을 이용해서 식 13.48로부터 $\mu_{\mathbf{z}_{n-1} \to f_n}(\mathbf{z}_{n-1})$을 제거할 수 있다. 그 결과로 다음의 형태를 가지는 $f \to \mathbf{z}$ 메시지에 대한 재귀식을 얻을 수 있다.

$$\mu_{f_n \to \mathbf{z}_n}(\mathbf{z}_n) = \sum_{\mathbf{z}_{n-1}} f_n(\mathbf{z}_{n-1}, \mathbf{z}_n) \mu_{f_{n-1} \to \mathbf{z}_{n-1}}(\mathbf{z}_{n-1}) \qquad \text{(식 13.49)}$$

여기서 다음을 정의하자.

$$\alpha(\mathbf{z}_n) = \mu_{f_n \to \mathbf{z}_n}(\mathbf{z}_n) \qquad \text{(식 13.50)}$$

그리고 식 13.46의 정의를 사용하면 식 13.36의 알파 재귀식을 구할 수 있다. $\alpha(\mathbf{z}_n)$ 값이 앞에서 정의한 것과 동일하다는 것도 증명해야 한다. 식 8.71의 초기 조건을 살펴보면 $\alpha(\mathbf{z}_1)$이 $h(\mathbf{z}_1) = p(\mathbf{z}_1)p(\mathbf{x}_1|\mathbf{z}_1)$으로 주어진다는 것을 알 수 있다. 이는 식 13.37과 동일하다. 초기 α 값이 같고, 같은 식을 이용해서 반복적으로 계산하기 때문에 모든 차후의 α 값들도 동일할 것이다.

다음으로는 루트 노드에서 잎 노드로 전파되는 메시지를 고려해 보자. 이는 다음의 형태를 가지게 된다.

$$\mu_{f_{n+1} \to \mathbf{z}_n}(\mathbf{z}_n) = \sum_{\mathbf{z}_{n+1}} f_{n+1}(\mathbf{z}_n, \mathbf{z}_{n+1}) \mu_{f_{n+2} \to \mathbf{z}_{n+1}}(\mathbf{z}_{n+1}) \qquad \text{(식 13.51)}$$

여기서 $\mathbf{z} \to f$ 형태의 메시지는 제거했다. 왜냐하면 변수 노드들은 아무 계산도 하지 않기 때문이다. 식 13.46의 정의를 이용해서 $f_{n+1}(\mathbf{z}_n, \mathbf{z}_{n+1})$을 대입하고 다음을 정의하자.

$$\beta(\mathbf{z}_n) = \mu_{f_{n+1} \to \mathbf{z}_n}(\mathbf{z}_n) \qquad \text{(식 13.52)}$$

식 13.38로 주어지는 재귀식을 얻게 되었다. 식 8.70에 따라 루트 노드에서 보내지는 초기 메시지가 $\mu_{\mathbf{z}_N \to f_N}(\mathbf{z}_N) = 1$이라는 것을 알 수 있으며, 이는 13.2.2절에서 주어진 $\beta(\mathbf{z}_N)$의 초깃값과 동일하다.

합/곱 알고리즘은 모든 메시지들을 계산한 후에 주변값들을 계산하는 방법도 명시하고 있다. 식 8.63은 노드 $\mathbf{z}_n$에서의 지역 주변값이 모든 수신 메시지들의 곱에 해당한다는 것을 나타내고 있다. 변수 $\mathbf{X} = \{\mathbf{x}_1, \ldots, \mathbf{x}_N\}$에 대해 조건부이기 때문에 다음의 결합 분포를 계산하게 된다.

$$p(\mathbf{z}_n, \mathbf{X}) = \mu_{f_n \to \mathbf{z}_n}(\mathbf{z}_n)\mu_{f_{n+1} \to \mathbf{z}_n}(\mathbf{z}_n) = \alpha(\mathbf{z}_n)\beta(\mathbf{z}_n) \qquad \text{(식 13.53)}$$

양변을 $p(\mathbf{X})$로 나누면 다음을 얻을 수 있다.

$$\gamma(\mathbf{z}_n) = \frac{p(\mathbf{z}_n, \mathbf{X})}{p(\mathbf{X})} = \frac{\alpha(\mathbf{z}_n)\beta(\mathbf{z}_n)}{p(\mathbf{X})} \qquad \text{(식 13.54)}$$

이는 식 13.33과 동일하다. 비슷한 과정을 통해서 식 8.72로부터 식 13.43의 결과를 유도할 수 있다.

연습문제 13.11

13.2.4 척도화 인자

실제 적용에서는 순전파-역전파 알고리즘을 사용하기 전에 해결해야 할 문제가 하나 있다. 식 13.36의 재귀 관계를 살펴보자. 각각의 단계에서 새 값 $\alpha(\mathbf{z}_n)$은 $p(\mathbf{z}_n|\mathbf{z}_{n-1})$과 $p(\mathbf{x}_n|\mathbf{z}_n)$을 곱하는 식으로 이전 값 $\alpha(\mathbf{z}_{n-1})$으로부터 구할 수 있다. 이 확률들은 보통 1보다 매우 작다. 이때 연쇄를 전진해 나가기 때문에 $\alpha(\mathbf{z}_n)$의 값은 기하급수적으로 빠르게 0이 될 수 있다. 100정도 되는 적당한 길이의 연쇄에 대해서 $\alpha(\mathbf{z}_n)$의 계산을 하는 경우 **배정밀도 부동 소수점**(*double precision floating point*)을 사용한다 하더라도 금방 컴퓨터의 표현 가능 범위를 벗어나게 될 것이다.

i.i.d. 데이터의 경우에는 가능도 함수에 대해 로그를 취함으로써 이 문제를 피할 수 있었다. 불행히도 여기서는 이 방법을 적용할 수 없다. 왜냐하면 이 경우에는 작은 숫자들의 곱의 합산을 시행하는 것이기 때문이다(사실 암묵적으로 그림 13.7의 격자 도표의 모든 가능한 경로들에 대해서 합산을 진행하는 것에 해당한다). 따라서 그 값이 1의 배수에 해당하는 재척도화된 $\alpha(\mathbf{z}_n)$과 $\beta(\mathbf{z}_n)$ 값을 이용해야 한다. 이에 해당하는 척도화 인자들은 재척도화된 값들을 EM 알고리즘에서 사용하게 되면 상쇄되어 사라진다.

식 13.34에서 $\mathbf{x}_n$까지의 관측값과 잠재 변수 $\mathbf{z}_n$의 결합 분포를 나타내는 $\alpha(\mathbf{z}_n) = p(\mathbf{x}_1, \ldots, \mathbf{x}_n, \mathbf{z}_n)$을 정의하였다. 이제 다음으로 주어지는 정규화된 α를 정의해 보자.

$$\widehat{\alpha}(\mathbf{z}_n) = p(\mathbf{z}_n | \mathbf{x}_1, \ldots, \mathbf{x}_n) = \frac{\alpha(\mathbf{z}_n)}{p(\mathbf{x}_1, \ldots, \mathbf{x}_n)} \qquad \text{(식 13.55)}$$

이 값은 n값에 대한 K개의 변수들의 확률 분포이기 때문에 수치적으로 다루기에 적당하다. 척도화된 알파 변수와 원 알파 변수를 연관짓기 위해서 다음의 척도화 인자를 사용할 것이다. 이는 관측 변수들에 대한 조건부 분포로 정의된다.

$$c_n = p(\mathbf{x}_n | \mathbf{x}_1, \ldots, \mathbf{x}_{n-1}). \qquad \text{(식 13.56)}$$

곱의 법칙으로부터 다음을 얻게 된다.

$$p(\mathbf{x}_1, \ldots, \mathbf{x}_n) = \prod_{m=1}^{n} c_m \qquad \text{(식 13.57)}$$

따라서 다음과 같다.

$$\alpha(\mathbf{z}_n) = p(\mathbf{z}_n | \mathbf{x}_1, \ldots, \mathbf{x}_n) p(\mathbf{x}_1, \ldots, \mathbf{x}_n) = \left(\prod_{m=1}^{n} c_m \right) \widehat{\alpha}(\mathbf{z}_n) \qquad \text{(식 13.58)}$$

이를 바탕으로 식 13.36의 α에 대한 재귀식을 $\widehat{\alpha}$에 대한 재귀식으로 다음과 같이 바꿔 쓸 수 있다.

$$c_n \widehat{\alpha}(\mathbf{z}_n) = p(\mathbf{x}_n | \mathbf{z}_n) \sum_{\mathbf{z}_{n-1}} \widehat{\alpha}(\mathbf{z}_{n-1}) p(\mathbf{z}_n | \mathbf{z}_{n-1}) \qquad \text{(식 13.59)}$$

$\widehat{\alpha}(\mathbf{z}_n)$을 계산하기 위한 전진 메시지 전달의 각 단계에서 c_n을 계산하고 저장해야 한다. 이는 쉽게 시행 가능하다. 왜냐하면 c_n은 식 13.59의 오른쪽 변을 정규화하여 $\widehat{\alpha}(\mathbf{z}_n)$을 내어놓는 계수에 해당하기 때문이다.

비슷한 방식으로 재척도화된 변수 $\widehat{\beta}(\mathbf{z}_n)$도 정의할 수 있다.

$$\beta(\mathbf{z}_n) = \left(\prod_{m=n+1}^{N} c_m \right) \widehat{\beta}(\mathbf{z}_n) \qquad \text{(식 13.60)}$$

이는 컴퓨터의 정밀도로 표현 가능한 범위에 속할 것이다. 왜냐하면 식 13.35로부터 $\widehat{\beta}(\mathbf{z}_n)$은 단순히 다음과 같은 두 조건부 확률들의 비율이라는 것을 알 수 있기 때문이다.

$$\widehat{\beta}(\mathbf{z}_n) = \frac{p(\mathbf{x}_{n+1}, \ldots, \mathbf{x}_N | \mathbf{z}_n)}{p(\mathbf{x}_{n+1}, \ldots, \mathbf{x}_N | \mathbf{x}_1, \ldots, \mathbf{x}_n)} \qquad \text{(식 13.61)}$$

식 13.38의 β에 대한 재귀 결과를 재척도화된 변수에 대해 다시 적으면 다음과 같다.

$$c_{n+1}\widehat{\beta}(\mathbf{z}_n) = \sum_{\mathbf{z}_{n+1}} \widehat{\beta}(\mathbf{z}_{n+1})p(\mathbf{x}_{n+1}|\mathbf{z}_{n+1})p(\mathbf{z}_{n+1}|\mathbf{z}_n) \qquad \text{(식 13.62)}$$

재귀 관계를 적용하는 과정에서 α를 구할 때 계산했던 척도화 인자 c_n을 사용하게 된다.

식 13.57로부터 다음을 통해서 가능도 함수를 찾을 수 있다는 것을 알 수 있다.

$$p(\mathbf{X}) = \prod_{n=1}^{N} c_n. \qquad \text{(식 13.63)}$$

이와 비슷하게 식 13.33, 식 13.43, 식 13.63을 이용하면 다음과 같이 필요 주변값들을 구할 수 있다.

연습문제 13.15

$$\begin{aligned} \gamma(\mathbf{z}_n) &= \widehat{\alpha}(\mathbf{z}_n)\widehat{\beta}(\mathbf{z}_n) && \text{(식 13.64)} \\ \xi(\mathbf{z}_{n-1}, \mathbf{z}_n) &= c_n^{-1}\widehat{\alpha}(\mathbf{z}_{n-1})p(\mathbf{x}_n|\mathbf{z}_n)p(\mathbf{z}_n|\mathbf{z}_{n-1})\widehat{\beta}(\mathbf{z}_n) && \text{(식 13.65)} \end{aligned}$$

마지막으로 순전파-역전파 알고리즘의 또 다른 공식화(Jordan, 2007)에 대해 언급하고 넘어가도록 하겠다. 이 공식화에서는 $\widehat{\beta}(\mathbf{z}_n)$을 사용하는 대신에 $\gamma(\mathbf{z}_n) = \widehat{\alpha}(\mathbf{z}_n)\widehat{\beta}(\mathbf{z}_n)$을 바탕으로 해서 후진 단계를 정의한다. 이 α–γ 재귀법에서는 후진 과정을 시행하기 전에 전진 과정이 먼저 종료되어야만 한다. 왜냐하면 전진 단계에서 계산한 $\widehat{\alpha}(\mathbf{z}_n)$ 값을 후진 단계에서 사용하기 때문이다. 이와는 대조적으로 α–β 알고리즘에서는 전진 단계와 후진 단계를 독립적으로 시행할 수 있었다. 이 두 알고리즘은 비슷한 계산적 비용을 필요로 한다. 은닉 마르코프 모델의 경우에는 주로 α–β 버전을 사용하고 선형 역학 시스템에서는 α–γ와 비슷한 재귀 알고리즘을 더 자주 사용한다.

13.3절

13.2.5 비터비 알고리즘

은닉 마르코프의 여러 적용 사례에서 잠재 변수들은 어떤 유의미한 해석을 가지고 있다. 따라서 주어진 관측 배열에 대해서 가장 그럴법한 잠재 변수들의 배열을 구하고자 할 수 있다. 예를 들어, 음성 인식의 경우에는 주어진 음향 관측값의 배열에 대해서 가장 가능성이 높은 음소의 배열을 찾고자 할 수 있다. 은닉 마르코프 모델의 그래프가 방향성 트리이므로 최대 합 (max-sum) 알고리즘을 이용해서 이 문제를 풀 수 있다. 8.4.5절에서 가장 확률이 높은 잠재 상태의 배열을 구하는 것은 개별적으로 가장 확률이 높은 상태들의 집합을 구하는 것과는 다르다는 것을 살펴봤다. 후자의 문제는 먼저 순전파-역전파(합/곱) 알고리즘을 시행해서 잠재 변수 주변값 $\gamma(\mathbf{z}_n)$을 구하고 그 후에 이들 각각을 개별적으로 최대화함으로써 풀 수 있다(Duda et al., 2001). 하지만 이러한 상태들의 집합은 보통 가장 확률이 높은 상태 배열에 해당하지 않는다. 사실, 이렇게 구한 상태 집합은 확률이 0인 배열을 나타낼 수도 있다. 예를 들어, 각각으로는 가장 높은 확률을 나타내는 연속된 상태들이 전이 행렬상에서 이들을 연결하는 원소로는 0 값을 가질 수도 있는 것이다.

실제 적용에서는 가장 확률이 높은 상태 배열(sequence)을 찾는 데 관심이 있다. 최대 합 알고리즘을 이용해서 이 문제를 효과적으로 풀 수 있다. 은닉 마르코프 모델의 맥락에서 이 알고리즘은 **비터비 알고리즘**(*Viterbi algorithm*)이라고 한다(Viterbi, 1967). 최대 합 알고리즘은 로그 확률값을 다루며, 따라서 전/후 알고리즘에서처럼 재척도화된 변수를 사용할 필요가 없다. 그림 13.16에는 은닉 마르코프 모델을 전개한 격자 도식의 일부가 그려져 있다. 이미 살펴본 것처럼 격자를 따라가는 가능한 경로의 수는 사슬의 길이에 대해 기하급수적으로 증가할 수 있다. 비터비 알고리즘은 이 경로들의 공간을 효율적으로 탐색한다. 그 결과 가장 확률이 높은 경로를 찾는 데 드는 비용은 사슬의 길이에 대해 선형적으로만 증가하게 된다.

합/곱 알고리즘의 경우와 마찬가지로 먼저 은닉 마르코프 모델을 인자 그래프로 표현하도록 하자. 이에 대해 그림 13.15에 그려져 있다. 다시 한 번, 변수 노드 $\mathbf{z}_N$을 루트 노드로 여기고 루트에서 잎 노드로 메시지를 전달할 것이다. 식 8.93과 식 8.94의 결과를 이용하면 최대 합 알고리즘에서 전달되는 메시지를 다음과 같이 구할 수 있다.

$$
\begin{aligned}
\mu_{\mathbf{z}_n \to f_{n+1}}(\mathbf{z}_n) &= \mu_{f_n \to \mathbf{z}_n}(\mathbf{z}_n) \qquad\qquad\qquad (\text{식 } 13.66)\\
\mu_{f_{n+1} \to \mathbf{z}_{n+1}}(\mathbf{z}_{n+1}) &= \max_{\mathbf{z}_n} \left\{ \ln f_{n+1}(\mathbf{z}_n, \mathbf{z}_{n+1}) + \mu_{\mathbf{z}_n \to f_{n+1}}(\mathbf{z}_n) \right\} \quad (\text{식 } 13.67)
\end{aligned}
$$

두 식 사이에서 $\mu_{\mathbf{z}_n \to f_{n+1}}(\mathbf{z}_n)$을 제거하고 식 13.46을 이용하면 $f \to \mathbf{z}$ 메시지에 대한 재귀식을 다음의 형태로 얻을 수 있다.

그림 13.16 두 개의 가능한 경로를 보이는 HMM 격자 도식의 일부. 비터비 알고리즘은 기하급수적으로 많은 경로들 중에서 가장 가능성이 높은 경로를 효율적으로 찾아낸다. 특정 경로의 확률은 각 부분의 확률 $p(\mathbf{z}_{n+1}|\mathbf{z}_n)$에 해당하는 전이 행렬의 원소 A_{jk}와 경로상의 각 노드에 연관된 방사 밀도 $p(\mathbf{x}_n|k)$의 곱으로 주어지게 된다.

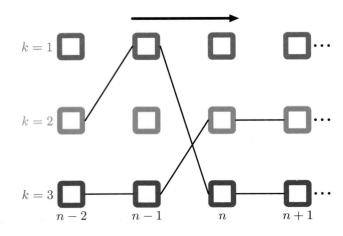

$$\omega(\mathbf{z}_{n+1}) = \ln p(\mathbf{x}_{n+1}|\mathbf{z}_{n+1}) + \max_{\mathbf{z}_n}\{\ln p(\mathbf{z}_{n+1}|\mathbf{z}_n) + \omega(\mathbf{z}_n)\} \qquad \text{(식 13.68)}$$

여기서 $\omega(\mathbf{z}_n) \equiv \mu_{f_n \to \mathbf{z}_n}(\mathbf{z}_n)$이라는 표현을 도입하였다.

식 8.95와 식 8.96에 따라서 이 메시지는 다음과 같이 초기화된다.

$$\omega(\mathbf{z}_1) = \ln p(\mathbf{z}_1) + \ln p(\mathbf{x}_1|\mathbf{z}_1) \qquad \text{(식 13.69)}$$

여기서 식 13.45를 사용했다. 표기를 간략히 하기 위해서 모델 매개변수 $\boldsymbol{\theta}$에 대한 종속성을 생략했다.

연습문제 13.16

식 13.6의 결합 분포에 대한 정의로부터 비터비 알고리즘을 직접 유도할 수도 있다. 이를 위해서는 로그를 취하고 최대화와 합산을 교환해야 한다. $\omega(\mathbf{z}_n)$이 다음과 같은 확률적 해석을 가진다는 것을 쉽게 증명할 수 있다.

$$\omega(\mathbf{z}_n) = \max_{\mathbf{z}_1,\ldots,\mathbf{z}_{n-1}} \ln p(\mathbf{x}_1,\ldots,\mathbf{x}_n,\mathbf{z}_1,\ldots,\mathbf{z}_n) \qquad \text{(식 13.70)}$$

$\mathbf{z}_N$에 대한 최종 최대화를 완료하고 나면 가장 확률이 높은 경로에 해당하는 결합 분포 $p(\mathbf{X}, \mathbf{Z})$를 얻게 될 것이다. 이 경로에 해당하는 잠재 변수들의 배열도 찾고 싶을 것이다. 이를 위해서는 8.4.5절에서 논의했던 역추적 방법을 사용할 수 있다. $\mathbf{z}_n$에 대한 최대화는 K개의 가능한 $\mathbf{z}_{n+1}$ 값들에 대해 시행되어야 한다. K개의 가능한 $\mathbf{z}_{n+1}$ 값들에 대한 $\mathbf{z}_n$ 값을 저장해 둔다고 해보자. 이를 함수 $\psi(k_n)$으로 정의하자($k \in \{1,\ldots,K\}$). 한 번 메시지를 연쇄의 끝까지 전달하고 가장 가장 가능성이 높은 $\mathbf{z}_N$의 상태를 찾고 나면 $\psi(k_n)$을 이용해서 연쇄를 역추적할 수 있다. 다음을 재귀적으로 적용하면 된다.

$$k_{n-1}^{\max} = \psi(k_n^{\max}) \qquad \text{(식 13.71)}$$

직관적으로 다음과 같이 비터비 알고리즘을 이해할 수 있다. 격자상에서 기하급수적으로 많은 모든 경로들을 직접 다 고려한다고 해보자. 각각의 확률을 모두 계산하고 그중에서 가장 확률이 높은 경로를 선택하는 것이다. 이 경우 다음의 방법을 이용해서 계산 비용을 매우 많이 절약할 수 있다. 각각의 경로를 전진해 나가면서 전이 확률과 방사 확률의 곱을 합산하여 그 경로의 확률을 계산한다고 해보자. 이때 특정한 시간 단계 n과 그 시간 단계에서의 특정 상태 k를 고려해 보자. 격자 도식에서 해당 노드로 수렴하는 경로가 많을 것이다. 하지만 우리는 현재까지 가장 높은 확률을 가진 특정 경로 하나만을 남겨 두면 된다. 단계 n에서는 K개의 상태가 있기 때문에 이러한 확률이 높은 경로들을 K개 남겨 두어야 한다. 단계 $n + 1$에서는 현재의 K개의 경로 각각에서 뻗어 나오는 K개의 가능한 경로들로 이루어진 K^2개의 경로를 고려해야 한다. 하지만 다시 한 번 이들 중에 시간 $n + 1$에서 각 상태의 경우 가장 확률이 높은 경로 하나씩만을 남기면 된다. 그 결과 다시 K개의 경로만을 남기게 될 것이다. 마지막 시간 단계 N에 도달하게 되면 어떤 상태가 전체적으로 가장 확률이 높은 경로에 해당하였는지 찾아 내게 될 것이다. 해당 상태로 오게 되는 유일한 경로가 존재하기 때문에 단계 $N - 1$로 경로를 역추적해서 그 시간에 어떤 상태를 점유했었는지 볼 수 있다. 이를 격자를 타고 역으로 돌아가면서 $n = 1$까지 시행하면 된다.

13.2.6 은닉 마르코프 모델의 확장

기본 은닉 마르코프 모델과 최대 가능도를 기반으로 한 표준 훈련 알고리즘은 각 적용 사례들의 요구 조건을 맞추기 위해 다양한 방법으로 확장되어 왔다. 여기서는 그들 중 중요한 몇몇을 살펴보도록 하자.

그림 13.11의 숫자 예시에서는 은닉 마르코프 모델을 데이터에 대한 생성 모델로 활용하면 성능이 별로 안 좋을 수도 있다는 것을 확인하였다. 이 예시에서는 합성 숫자들이 원 훈련 데이터의 숫자들과 상당히 다른 모습을 보였다. 만약 우리의 목표가 배열을 분류하는 것이라면, 최대 가능도 테크닉 대신에 판별적 테크닉을 사용해서 은닉 마르코프 모델의 매개변수를 결정하게 되면 상당한 이점을 가지게 될 것이다. R개의 관측된 배열 $\mathbf{X}_r$(이때 $r = 1, \ldots, R$)로 구성된 훈련 집합을 고려해 보자. 각각의 배열은 해당 클래스 m으로 라벨되어 있다. 이때 $m = 1, \ldots, M$이다. 각 클래스별로 개별적인 매개변수 $\boldsymbol{\theta}_m$을 가지는 은닉 마르코프 모델을 따로 사용해 보도록 하자. 그리고 매개변숫값을 구하는 문제를 교차 엔트로피를 최적화하는 표준 분류 문제로 다뤄보자.

$$\sum_{r=1}^{R} \ln p(m_r | \mathbf{X}_r) \qquad \text{(식 13.72)}$$

베이지안 정리를 이용해서 이 식을 은닉 마르코프 모델과 연관된 배열 확률로 표현할 수 있다.

$$\sum_{r=1}^{R} \ln \left\{ \frac{p(\mathbf{X}_r | \boldsymbol{\theta}_r) p(m_r)}{\sum_{l=1}^{M} p(\mathbf{X}_r | \boldsymbol{\theta}_l) p(l_r)} \right\} \qquad \text{(식 13.73)}$$

여기서 $p(m)$은 클래스 m의 사전 확률이다. 이 비용 함수를 최적화하는 것은 최대 가능도 방법보다 더 복잡하다(Kapadia, 1998). 특히, 식 13.73의 분모를 계산하기 위해서는 각 훈련 배열을 각 모델에 대해서 계산해야 한다. 은닉 마르코프 모델을 판별 훈련 방법과 함께 활용하는 테크닉은 음성 인식 분야에서 널리 사용된다(Kapadia, 1998).

은닉 마르코프 모델은 주어진 상태를 시스템이 얼마 동안이나 유지하는지의 시간의 분포를 표현하는 방식에 있어서 심각한 취약점을 가진다. 이 문제를 확인하기 위해서 다음을 살펴보자. 어떤 주어진 은닉 마르코프 모델로부터 표본 추출된 배열이 k 상태에 T단계만큼 머물러 있은 후, 그 다음에 다른 상태로 전이할 확률은 다음으로 주어지게 된다.

$$p(T) = (A_{kk})^T (1 - A_{kk}) \propto \exp\left(T \ln A_{kk}\right) \qquad \text{(식 13.74)}$$

이는 T에 대해 기하급수적으로 감쇠하는 함수다. 많은 적용 사례에서 이는 상태 유지를 표현하기에는 매우 비현실적이다. 상태가 유지되는 시간을 직접 모델해서 이 문제를 해결할 수 있다. 이때 대각 계수 A_{kk}들은 모두 0으로 설정할 것이며, 각각의 상태 k는 가능한 유지 시간들의 확률 분포 $p(T|k)$와 명시적으로 연관될 것이다. 생성적 관점에서는 상태 k가 되고 난 후 해당 시스템이 상태 k에 머물 시간의 단계 수를 표현하는 T 값을 $p(T|k)$로부터 추출할 수 있다. 그 다음 모델은 관측 변수 $\mathbf{x}_t$에 대한 T 값들을 내어놓게 될 것이다. 이 값들은 일반적으로 독립적이라고 가정되며, 따라서 해당 방사 밀도는 $\prod_{t=1}^{T} p(\mathbf{x}_t|k)$가 된다. 이 방법을 적용하기 위해서는 EM 최적화 과정에 약간의 수정이 필요하다(Rabiner, 1989).

HMM 모델의 또 다른 한계점은 거리가 먼 관측 변수들(여러 시간 단계로 나눠져 있는 변수들) 간의 상관관계를 잘 잡지 못한다는 것이다. 왜냐하면 이러한 변수들 간의 관계를 은닉 변수들의 일차 마르코프 연쇄로 가능하게 해야 하기 때문이다. 원칙적으로는 그림 13.5의 그래프 모델에 링크를 추가해서 이 문제를 해결할 수 있다. 이러한 방법들 중 하나가 HMM 모델을 일반화한 **자기회귀적 은닉 마르코프 모델**(autoregressive hidden Markov model)(Ephraim et al., 1989)이다. 이 모델의 예시가 그림 13.17에 그려져 있다. 이산 관측값의 경우 이 모델은 방사 분포의 조건부 확률들의 테이블을 확장한 것에 해당한다. 가우시안 방사 밀도의 경우에는 선형 가우시안 방법론을 활용할 수 있다. 이때 이 선형 가우시안 방법론상에서는 이전 관측값들과 $\mathbf{z}_n$이 주어졌을 때의 $\mathbf{x}_n$의 조건부 분포가 가우시안 분포로 표현되며, 그 평균은 조건 변수들 값의 선형 결합에 해당한다. 자유 매개변수의 수가 너무 많아지는 것을 막기 위해서 그래프에 추가하는 링크의 수에는 제약을 가해야 한다.

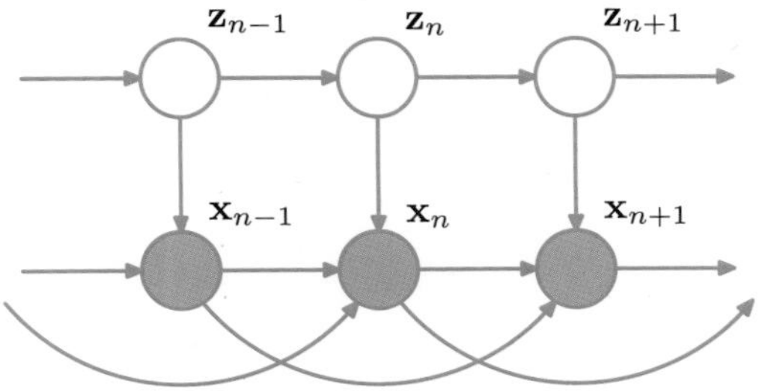

그림 13.17 자기회귀적 은닉 마르코프 모델의 일부. 관측값의 분포 $\mathbf{x}_n$이 잠재 변수 $\mathbf{z}_n$과 이전 관측값들의 부분 집합에 대해 종속적이다. 이 예시에서는 $\mathbf{x}_n$의 분포가 앞의 두 관측값 $\mathbf{x}_{n-1}$과 $\mathbf{x}_{n-2}$에 대해 종속적이다.

그림 13.17의 예시에서는 각 관측값이 은닉 상태와 선행하는 두 관측값들에 대해 종속적이다. 이 그래프는 좀 복잡해 보인다. 하지만 여전히 여기에 d 분리를 적용해 보면 이 그래프가 여전히 간단한 확률적 구조를 가진다는 것을 알 수 있다. 만약 $\mathbf{z}_n$에 대해 조건부인 경우를 고려해 본다면 표준 HMM과 마찬가지로 $\mathbf{z}_{n-1}$과 $\mathbf{z}_{n+1}$ 값들이 독립적이라는 것을 알 수 있다. 이는 식 13.5의 조건부 독립성에 해당한다. 이 독립성이 성립한다는 것은 $\mathbf{z}_{n-1}$로부터 $\mathbf{z}_{n+1}$로의 모든 경로들이 이 경로에 대해 머리 대 꼬리인 관측 노드를 최소 하나는 지난다는 것을 통해 쉽게 증명할 수 있다. 그러므로 다시금 EM 알고리즘의 E단계에서 순전파-역전파 재귀를 사용해서 잠재 변수들의 사후 분포를 구할 수 있다. 이때 드는 계산 시간은 연쇄의 길이에 대해 선형으로 증가한다. M단계는 표준 M단계에 대해서 약간의 수정만을 필요로 한다. 방사 밀도가 가우시안인 경우에는 이 과정에서 3장에서 논의했던 표준 선형 회귀식을 통해서 매개변수를 추정할 수 있다.

그래프 모델의 관점에서 자기회귀적 HMM 모델을 표준 HMM 모델의 자연스런 확장으로써 볼 수 있다는 것을 확인했다. 사실 확률적 그래프 모델의 관점에서 HMM을 기반으로 한 모델이 엄청나게 많다. 그중 또 다른 예시는 바로 **입출력**(*input-output*) 은닉 마르코프 모델이다(Bengio and Frasconi, 1995). 이 모델에는 출력 변수 $\mathbf{x}_1, \ldots, \mathbf{x}_N$이 있을 뿐만 아니라 추가적으로 관측 변수 $\mathbf{u}_1, \ldots, \mathbf{u}_N$도 있다. 관측 변수들의 값은 잠재 변수나 출력 변숫값에 영향을 준다(또는 둘 다에 영향을 준다). 이 예시가 그림 13.18에 그려져 있다. 이 모델은 HMM 방법론을 순차 데이터에 대한 지도 학습의 영역으로 확장시킨다. 잠재 변수들의 연쇄에 대한 마르코프 성질 식 13.5가 여전히 성립한다는 것을 d 분리를 이용해서 나타낼 수 있다. 이 독립성이 성립한다는 것은 이 모델의 경우 $\mathbf{z}_{n-1}$에서 $\mathbf{z}_{n+1}$로 가는 경로는 하나뿐이고 이 경로는 $\mathbf{z}_n$에 대해서 머리 대 꼬리라는 것을 보면 알 수 있다. 이 조건부 독립성을 바탕으로 계산적으로 효율적인 학습 알고리즘을 구성할 수 있다. 가능도 함수 $L(\boldsymbol{\theta}) = p(\mathbf{X}|\mathbf{U}, \boldsymbol{\theta})$를 최대화해서 모델의 매개변수 $\boldsymbol{\theta}$를 구할 수 있는 것이다. 여기서 $\mathbf{U}$는 각 행이 $\mathbf{u}_n^{\mathrm{T}}$로 주어지는 행렬이다. 식 13.5의 조건부 독립성

그림 13.18　입출력 은닉 마르코프 모델의 예시. 이 경우에는 방사 확률과 전이 확률이 관측값의 배열 $\mathbf{u}_1, \ldots, \mathbf{u}_N$에 종속적이다.

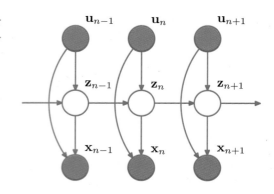

연습문제 13.18

의 결과로 이 가능도 함수는 EM 알고리즘을 이용해서 효율적으로 최대화할 수 있다. 이때 E 단계는 전진과 후진 재귀 과정을 포함한다.

여기서 언급할 또 다른 HMM의 변형은 바로 **요인 은닉 마르코프 모델**(*factorial hidden Markov model*)(Ghahramani and Jordan, 1997)이다. 이 모델에는 잠재 변수들에 대한 다수의 독립 마르코프 연쇄가 존재하며, 주어진 시간 단계에서의 관측 변수의 분포는 그 시간 단계에서의 모든 해당 잠재 변수들의 상태에 대해 조건부다. 그림 13.19에 이에 해당하는 그래프 모델이 그려져 있다.

요인 은닉 마르코프 모델의 장점을 다음과 같이 살펴볼 수 있다. 예를 들어, 주어진 시간 단계에 10비트의 정보를 표현해야 한다고 해보자. 이 경우 표준 은닉 마르코프 모델은 $K = 2^{10} = 1024$개의 잠재 변수를 필요로 한다. 하지만 요인 은닉 마르코프 모델을 이용하면 10개의 이진 잠재 연쇄만을 사용하면 된다. 그러나 요인 은닉 마르코프 모델은 훈련 과정에서 추가적인 복잡도가 발생한다는 단점을 가지고 있다. 요인 은닉 마르코프 모델의 M단계는 그리 어렵지 않다. 하지만 $\mathbf{x}$ 변수에 대한 관측이 잠재 연쇄 간에 종속성을 도입하므로 E단계는 어려울 수 있다. 그림 13.19에서 변수 $\mathbf{z}_n^{(1)}$과 $\mathbf{z}_n^{(2)}$은 노드 $\mathbf{x}_n$에서 머리 대 머리 경로를 통해 연결되어 있으며, 따라서 d 분리가 될 수 없다. 이 모델의 정확한 E단계는 M개의 마르코프 연쇄에 대해 개별적으로 순전파-역전파 재귀 알고리즘을 시행하는 것으로는 달성할 수 없다. 식 13.5의 조건부 독립성이 요인 HMM 모델의 개별 마르코프 연쇄에 대해서는 만족되지 않는다는 것을 통해서 이를 확인할 수 있다. 그림 13.20에서 d 분리를 이용하여 이에 대해 나타냈다. 은닉 노드에 대한 M개의 연쇄가 있고 모든 잠재 변수들은 K개의 상태를 가진다고 가정해 보자. 이때 가능한 한 가지 접근법은 주어진 시간 단계에 K^M가지의 잠재 변수 조합이 존재한다는 것을 바탕으로 하는 것이다. 이 사실을 바탕으로 요인 HMM을 K^M의 잠재 상태를 가지는 단일 연쇄의 표준 HMM으로 치환할 수 있다. 그 다음 E단계에 대해 표준 순전파-역전파 재귀를 시행하면 된다. 이 경우 계산 복잡도는 $O(NK^{2M})$이다. 이는 잠재 연쇄의 숫자 M에 대해 기하급수적이며,

그림 13.19 두 개의 잠재 변수 마르코프 연쇄로 이루어진 요인 은닉 마르코프 모델. 연속 관측 변수 x에 대해서 방사 모델로 사용할 수 있는 한 가지 선택지는 선형 가우시안 밀도다. 이 경우 가우시안 분포의 평균은 해당 잠재 변수 상태들의 선형 결합이 된다.

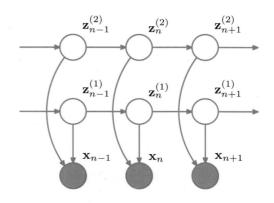

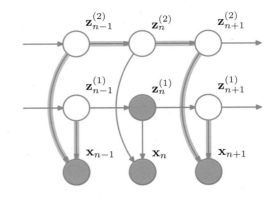

그림 13.20 녹색으로 칠해진 경로들은 관측 변수 $\mathbf{x}_{n-1}$과 $\mathbf{x}_{n+1}$에서는 머리 대 머리고, 비관측 변수 $\mathbf{z}_{n-1}^{(2)}$, $\mathbf{z}_n^{(2)}$, $\mathbf{z}_{n+1}^{(2)}$에서는 머리 대 꼬리다. 따라서 이 경로는 막혀 있지 않다. 그 결과 식 13.5의 조건부 독립성은 요인 은닉 마르코프 모델의 개별 잠재 연쇄에서는 성립하지 않는다. 따라서 이 모델에는 효율적인 정확한 E단계가 존재할 수 없다.

따라서 M의 수가 작은 경우를 제외하면 아주 다루기가 힘들 것이다. 한 가지 해결책은 11장에서 논의했던 표집법을 활용하는 것이다. Ghahramani and Jordan(1997)은 명쾌한 판별적 대안책을 내놓았다. 이 방법에서는 변분 추론 테크닉을 이용해서 다루기 쉬운 근사 추론 알고리즘을 구한다. 잠재 변수에 대해서 완전히 인수분해된 단순한 변분 사후 분포를 사용해서 이를 달성할 수 있다. 또는 그 대신에 사용하는 더 강력한 접근법으로 원 모델의 잠재 변수들의 연쇄에 해당하는 독립된 마르코프 연쇄들로 변분 분포를 표현하는 방법이 있다. 후자의 경우에 변분 추론 알고리즘은 각각의 연쇄에 대해서 개별적으로 순전파-역전파 재귀를 시행하는 것을 필요로 한다. 이는 계산적으로 효율적이면서도 같은 연쇄 안 변수들의 상관관계를 찾아낼 수 있다.

각 적용 사례의 필요성에 따라서 서로 다른 많은 종류의 확률적 구조를 구성할 수 있다. 그래프 모델은 이러한 구조를 만들고, 설명하고, 분석하기 위한 일반적인 테크닉을 제공해 준다. 또한, 변분적 방법론은 정확한 해를 구하는 것이 아주 까다로운 경우에 사용할 수 있는 강력한 추론 방법을 제공해 준다.

13.3 선형 동적 시스템

선형 동적 시스템의 필요성을 이해하기 위해서 실전에서 자주 발생하는 다음의 간단한 문제를 생각해 보자. 알려지지 않은 수량 $\mathbf{z}$의 값을 노이즈가 포함되는 센서를 이용해서 측정해야 한다고 해보자. 이때 센서로부터 주어지는 관측값 $\mathbf{x}$는 $\mathbf{z}$의 값에 0 평균 가우시안 노이즈를 더한 것이다. 단일 관측값이 주어졌을 때 $\mathbf{z}$에 대한 최선의 예상치는 $\mathbf{z} = \mathbf{x}$이다. 하지만 여러 번 측정하고 그 결과들의 평균값을 구함으로써 $\mathbf{z}$에 대한 예측치의 정확도를 향상시킬 수 있다. 왜냐하면 랜덤한 노이즈항들은 서로 상쇄될 가능성이 높기 때문이다. 이제 문제를 한 층 더 복잡하게 만들어 보자. 우리가 측정하고자 하는 수량 $\mathbf{z}$의 값이 시간이 지남에 따라 변화한다고 가정할 것이다. $\mathbf{x}$에 대해 주기적으로 측정을 시행해서 $\mathbf{x}_1, \ldots, \mathbf{x}_N$을 얻을 수 있다. 그리고 이 측정값들로부터 해당 원 값인 $\mathbf{z}_1, \ldots, \mathbf{z}_N$을 구하고자 한다. 단순히 측정값의 평균을 구한다면 랜덤한 노이즈로 인한 오류는 감소할 것이다. 하지만 이 경우 불행히도 단일 평균 추정값만을 얻게된다. 또한, 변화하는 $\mathbf{z}$ 값에 대해서 평균을 냈기 때문에 새로운 오류가 추가된다.

더 나은 방식을 직관적으로 다음과 같이 생각해 볼 수 있다. 바로 가장 최근의 몇몇 관측값 $\mathbf{x}_{N-L}, \ldots, \mathbf{x}_N$만을 평균 내어 $\mathbf{z}_N$의 값을 추정하는 것이다. 만약 $\mathbf{z}$의 값이 천천히 변하고 센서의 랜덤한 노이즈 수준이 높다면, 상대적으로 넓은 관측 윈도우를 사용해서 평균을 낼 수 있을 것이다. 반대로 만약 신호가 빠르게 변화하고 노이즈 수준이 작은 편이라면, $\mathbf{z}_N$에 대한 추정치로 $\mathbf{x}_N$을 직접 사용하는 것이 나을 수도 있다. 어쩌면 더 최근의 측정값이 더 큰 기여도를 가지는 가중 평균을 내는 것이 나을 수도 있다.

이런 종류의 직관적인 주장들은 얼핏 말이 되는 것 같아 보이지만, 가중 평균을 내는 데 어떤 가중치를 이용해야 하는지는 여전히 풀어야 할 문제다. 가중치를 직접 손으로 써서 적절히 만드는 식으로 최적의 값을 구하는 것은 불가능에 가까울 것이다. 다행히도 확률적 모델을 정의해서 이 문제를 더 체계적으로 풀 수가 있다. 이 모델은 시간의 변화와 측정 과정들을 담아낼것이며, 여기에 앞의 몇몇 장에서 도출한 추론과 학습 방법들을 적용할 수 있다. 여기서는 널리 쓰이고 있는 **선형 동적 시스템**(*linear dynamical system*) 모델에 대해 살펴보도록 하자.

HMM은 그림 13.5의 상태 공간 모델에 해당했었다. 이때 잠재 변수들은 이산이지만 방사 확률 분포는 임의의 값을 가질 수 있었다. 이 그래프는 사실 더 넓은 종류의 확률 분포들을 표현할 수 있다. 그리고 이렇게 표현되는 분포들은 모두 식 13.6에 따라 인수분해될 것이다. 여기서는 잠재 변수에 대해 다른 분포를 사용하는 경우를 고려해 보자. 합/곱 알고리즘의 합산이 적분이 되는 연속 잠재 변수들의 경우를 고려할 것이다. 이 경우에 추론 알고리즘의 일반 형태는 은닉 마르코프 모델과 다르지 않다. 흥미롭게도, 역사적으로 은닉 마르코프 모델과 선형 동적 시스템은 각각 따로 개발되었다. 하지만 그래프 모델을 이용해서 표현한 후에 이 두 모델의 깊은 연관성이 매우 자명해졌다.

이 모델에 대한 한 가지 핵심 요건은 바로 연쇄의 길이에 대해 선형의 복잡도를 가지는 효율적인 추론 알고리즘을 유지해야 한다는 것이다. 이를 위해서는 각 단계에서 분포의 복잡도는 증가하지 말고 매개변숫값만 바뀌어야 한다. 예를 들어, 관측값 $\mathbf{x}_1, \ldots, \mathbf{x}_N$이 주어졌을 때의 $\mathbf{z}_n$ 사후 확률을 나타내는 값 $\widehat{\alpha}(\mathbf{z}_{n-1})$을 취하고 여기에 전이 확률 $p(\mathbf{z}_n|\mathbf{z}_{n-1})$과 방사 확률 $p(\mathbf{x}_n|\mathbf{z}_n)$을 곱한 후 $\mathbf{z}_{n-1}$에 대해 주변화를 시행해서 $\mathbf{z}_n$에 대한 사후 분포를 얻게 되는 경우를 생각해 보자. 이때 이 사후 분포는 $\widehat{\alpha}(\mathbf{z}_{n-1})$과 동일한 함수적 형태를 가져야 한다. 이렇게 곱셈 연산에 대해서 닫혀 있는 성질을 가지는 분포는 물론 지수족 분포뿐이다.

여기서는 실제적 측면에서 가장 중요한 예시인 가우시안 분포를 바탕으로 논의를 진행할 것이다. 특히, 선형 가우시안 상태 공간 모델을 고려할 것이다. 이 경우 상태 변수 $\{\mathbf{z}_n\}$과 관측 변수 $\{\mathbf{x}_n\}$들은 다변량 가우시안 분포를 가지게 된다. 그리고 이 경우 각 분포의 평균은 그래프 상 부모들의 상태의 선형 함수다. 선형 가우시안 단위를 가지는 방향성 그래프는 모든 변수에 대한 결합 가우시안 분포와 동일하다는 것을 앞에서 살펴보았다. 그리고 $\widehat{\alpha}(\mathbf{z}_n)$ 등의 주변값들 역시 가우시안 분포다. 따라서 메시지의 함수적 형태가 유지되며, 효율적인 추론 알고리즘을 얻을 수 있게 된다. 이와는 대조적인 경우로 $\mathbf{z}_n$의 선형 함수를 밀도로 가지는 가우시안 K개의 혼합 분포로 방사 밀도 $p(\mathbf{x}_n|\mathbf{z}_n)$이 주어지는 경우를 생각해 보자. 이 경우에는 $\widehat{\alpha}(\mathbf{z}_1)$이 가우시안 분포면 $\widehat{\alpha}(\mathbf{z}_2)$는 K개의 가우시안 분포의 혼합일 것이며, $\widehat{\alpha}(\mathbf{z}_3)$는 K^2개의 가우시안 분포의 혼합일 것이다. 이런 식으로 계속 진행되기 때문에 정확한 추론을 시행하는 것이 실질적으로 불가능하다.

9장에서 살펴본 혼합 모델을 데이터의 선형 상관성을 표현할 수 있도록 확장한 것으로 은닉 마르코프 모델을 이해할 수 있다고 언급했었다. 이와 비슷하게 선형 동적 시스템은 12장에서 살펴본 연속 잠재 변수 모델(PCA와 인자 분석 등)을 일반화한 것으로 이해할 수 있다. 각각의 노드 쌍인 $\{\mathbf{z}_n, \mathbf{x}_n\}$은 그 해당 특정 관측값의 선형 가우시안 잠재 변수 모델을 표현한다. 하지만 이제 잠재 변수 $\{\mathbf{z}_n\}$들은 독립적으로 취급되는 대신 마르코프 연쇄를 구성한다.

트리 구조의 방향성 그래프로 이 모델을 표현할 수 있으며, 따라서 합/곱 알고리즘을 이용해서 추론 문제를 효율적으로 풀어낼 수 있다. 은닉 마르코프 모델의 α 메시지와 유사한 전진 회귀는 **칼만 필터**(*Kalman filter*) 공식(Kalmsn, 1960; Zarchan and Musoff, 2005)이라고 한다. 그리고 β 메시지와 유사한 후진 회귀는 **칼만 평활기**(*Kalman smoother*) 공식, 또는 **라우치 통 스트리벨**(*Rauch Tung Striebel, RTS*) 공식(Rauch *et al.*, 1965)이라고 한다. 칼만 필터는 다양한 실시간 관측 문제에서 널리 사용된다.

선형 동적 시스템은 선형 가우시안 모델이다. 따라서 모든 변수에 대한 결합 분포는 가우시안 분포이며, 모든 주변 분포와 조건부 분포도 마찬가지로 가우시안이다. 이 경우 개별적으로 가장 확률이 높은 잠재 변수들 각각의 배열은 전체적으로 가장 가능성이 높은 잠재 변수 배열과 연습문제 13.19 동일하게 된다. 따라서 선형 동적 시스템에서는 비터비 알고리즘에 해당하는 알고리즘을 고려할 필요가 없다.

선형 동적 시스템 모델은 선형 가우시안 조건부 분포를 가지고 있다. 따라서 전이 분포와 방사 분포를 다음의 일반 형태로 적을 수 있다.

$$p(\mathbf{z}_n|\mathbf{z}_{n-1}) \quad = \quad \mathcal{N}(\mathbf{z}_n|\mathbf{A}\mathbf{z}_{n-1}, \boldsymbol{\Gamma}) \tag{식 13.75}$$

$$p(\mathbf{x}_n|\mathbf{z}_n) \quad = \quad \mathcal{N}(\mathbf{x}_n|\mathbf{C}\mathbf{z}_n, \boldsymbol{\Sigma}) \tag{식 13.76}$$

초기 잠재 변수 역시 가우시안 분포를 가진다. 다음과 같이 적을 수 있다.

$$p(\mathbf{z}_1) = \mathcal{N}(\mathbf{z}_1|\boldsymbol{\mu}_0, \mathbf{P}_0) \tag{식 13.77}$$

표현식을 단순하게 하기 위해서 가우시안의 평균에서 합산 상수를 생략했다. 만약 필요하다면 상수를 다시 추가하는 일은 그리 어렵지 않다. 전통적으로 이러한 분포들을 다음 형태의 노이즈를 포함한 선형 방정식으로 적어왔다.

연습문제 13.24

$$\mathbf{z}_n \quad = \quad \mathbf{A}\mathbf{z}_{n-1} + \mathbf{w}_n \tag{식 13.78}$$

$$\mathbf{x}_n \quad = \quad \mathbf{C}\mathbf{z}_n + \mathbf{v}_n \tag{식 13.79}$$

$$\mathbf{z}_1 \quad = \quad \boldsymbol{\mu}_0 + \mathbf{u} \tag{식 13.80}$$

이때 노이즈항들은 다음과 같은 분포를 가진다.

$$\mathbf{w} \quad \sim \quad \mathcal{N}(\mathbf{w}|\mathbf{0}, \boldsymbol{\Gamma}) \tag{식 13.81}$$

$$\mathbf{v} \quad \sim \quad \mathcal{N}(\mathbf{v}|\mathbf{0}, \boldsymbol{\Sigma}) \tag{식 13.82}$$

$$\mathbf{u} \quad \sim \quad \mathcal{N}(\mathbf{u}|\mathbf{0}, \mathbf{P}_0) \tag{식 13.83}$$

$\boldsymbol{\theta} = \{\mathbf{A}, \boldsymbol{\Gamma}, \mathbf{C}, \boldsymbol{\Sigma}, \boldsymbol{\mu}_0, \mathbf{P}_0\}$로 지칭하는 이 모델의 매개변수들은 EM 알고리즘을 통한 최대 가능도 방법을 이용해서 구할 수 있다. E단계에서는 잠재 변수들에 대한 지역적 사후 주변값을 구하는 추론 문제를 풀어야 한다. 합/곱 알고리즘을 통해서 이를 효율적으로 풀 수 있다.

13.3.1 선형 동적 시스템에서의 추론

이제 관측 배열이 조건으로 주어졌을 때 잠재 변수들의 주변 분포를 찾는 문제를 살펴보도록 하자. 주어진 매개변수 설정값에 대해서 다음 잠재 상태 $\mathbf{z}_n$에 대한 예측을 시행하는 문제도 풀 것이다. 또한, 실시간 적용의 경우 $\mathbf{x}_1, \ldots, \mathbf{x}_{n-1}$이 조건으로 주어졌을 때 다음 관측값 $\mathbf{x}_n$을 예측하는 것도 다루어 보자. 합/곱 알고리즘을 이용해서 이러한 추론 문제를 효율적으로 풀 수 있다. 선형 동적 시스템의 맥락에서 이 알고리즘은 칼만 필터와 칼만 평활기 공식으로 표현된다.

선형 동적 시스템은 선형 가우시안 모델이기 때문에 모든 관측 변수에 대한 결합 분포는 단순히 가우시안 분포다. 따라서 원칙적으로는 앞에서 다뤘던 다변량 가우시안의 주변 분포와 조건부 분포에 대한 표준 결과를 이용해서 추론 문제를 풀 수 있다. 합/곱 알고리즘의 역할은 이러한 계산을 시행하는 더 효율적인 방법을 제공하는 것이다.

선형 동적 시스템 모델은 은닉 마르코프 모델의 인수분해인 식 13.6과 동일하게 인수분해할 수 있다. 그리고 그림 13.14와 그림 13.15의 인자 그래프를 통해 설명할 수 있다. 따라서 추론 알고리즘은 잠재 변수들에 대한 합산이 적분으로 바뀐다는 것 외에는 은닉 마르코프 모델의 경우와 정확하게 같은 형태를 가지게 된다. 먼저 $\mathbf{z}_n$을 루트 노드로 하고, 잎 노드 $h(\mathbf{z}_1)$으로부터 루트로 메시지를 전달하는 전진 공식을 살펴보자. 식 13.77로부터 초기 메시지가 가우시안이라는 것을 알 수 있다. 또한, 각 인자가 가우시안이기 때문에 모든 추후 메시지들도 가우시안일 것이다. 관례에 따라서 $p(\mathbf{z}_n|\mathbf{x}_1, \ldots, \mathbf{x}_n)$에 해당하는 정규화된 주변 분포를 메시지로 전달할 것이다. 다음과 같이 적을 수 있다.

$$\widehat{\alpha}(\mathbf{z}_n) = \mathcal{N}(\mathbf{z}_n|\boldsymbol{\mu}_n, \mathbf{V}_n) \tag{식 13.84}$$

이는 이산 케이스인 은닉 마르코프 모델에서 식 13.59로 주어졌던 척도화된 변수 $\widehat{\alpha}(\mathbf{z}_n)$의 전달과 유사하다. 따라서 재귀 공식은 이제 다음의 형태를 띠게 된다.

$$c_n\widehat{\alpha}(\mathbf{z}_n) = p(\mathbf{x}_n|\mathbf{z}_n) \int \widehat{\alpha}(\mathbf{z}_{n-1})p(\mathbf{z}_n|\mathbf{z}_{n-1}) \, \mathrm{d}\mathbf{z}_{n-1} \tag{식 13.85}$$

식 13.75와 식 13.76을 이용해서 $p(\mathbf{z}_n|\mathbf{z}_{n-1})$과 $p(\mathbf{x}_n|\mathbf{z}_n)$을 대입해 넣고 식 13.84를 사용하면 식 13.85를 다음처럼 쓸 수 있다.

$$c_n\mathcal{N}(\mathbf{z}_n|\boldsymbol{\mu}_n, \mathbf{V}_n) = \mathcal{N}(\mathbf{x}_n|\mathbf{C}\mathbf{z}_n, \boldsymbol{\Sigma})$$
$$\int \mathcal{N}(\mathbf{z}_n|\mathbf{A}\mathbf{z}_{n-1}, \boldsymbol{\Gamma})\mathcal{N}(\mathbf{z}_{n-1}|\boldsymbol{\mu}_{n-1}, \mathbf{V}_{n-1}) \, \mathrm{d}\mathbf{z}_{n-1} \tag{식 13.86}$$

$\boldsymbol{\mu}_{n-1}$과 $\mathbf{V}_{n-1}$을 안다는 가정하에서 식 13.86의 적분을 풀어서 $\boldsymbol{\mu}_n$과 $\mathbf{V}_n$을 구해 보자. 이 적분은 식 2.115의 결과를 사용해서 쉽게 계산할 수 있다. 이로부터 다음을 얻게 된다.

$$\int \mathcal{N}(\mathbf{z}_n|\mathbf{A}\mathbf{z}_{n-1}, \boldsymbol{\Gamma})\mathcal{N}(\mathbf{z}_{n-1}|\boldsymbol{\mu}_{n-1}, \mathbf{V}_{n-1}) \, \mathrm{d}\mathbf{z}_{n-1}$$
$$= \mathcal{N}(\mathbf{z}_n|\mathbf{A}\boldsymbol{\mu}_{n-1}, \mathbf{P}_{n-1}) \tag{식 13.87}$$

여기서 다음을 정의하였다.

$$\mathbf{P}_{n-1} = \mathbf{A}\mathbf{V}_{n-1}\mathbf{A}^{\mathrm{T}} + \boldsymbol{\Gamma} \tag{식 13.88}$$

식 2.115와 식 2.116을 이용해서 위의 결과를 식 13.86 오른쪽 변의 첫 번째 인자와 결합해 보자.

$$\boldsymbol{\mu}_n = \mathbf{A}\boldsymbol{\mu}_{n-1} + \mathbf{K}_n(\mathbf{x}_n - \mathbf{CA}\boldsymbol{\mu}_{n-1}) \tag{식 13.89}$$

$$\mathbf{V}_n = (\mathbf{I} - \mathbf{K}_n\mathbf{C})\mathbf{P}_{n-1} \tag{식 13.90}$$

$$c_n = \mathcal{N}(\mathbf{x}_n|\mathbf{CA}\boldsymbol{\mu}_{n-1}, \mathbf{CP}_{n-1}\mathbf{C}^{\mathrm{T}} + \boldsymbol{\Sigma}) \tag{식 13.91}$$

여기서 식 C.5와 식 C.7의 행렬의 역에 대한 성질을 이용했다. 그리고 다음의 **칼만 이득 행렬**(*Kalman gain matrix*)을 정의하였다.

$$\mathbf{K}_n = \mathbf{P}_{n-1}\mathbf{C}^{\mathrm{T}}\left(\mathbf{CP}_{n-1}\mathbf{C}^{\mathrm{T}} + \boldsymbol{\Sigma}\right)^{-1} \tag{식 13.92}$$

따라서 $\boldsymbol{\mu}_{n-1}$과 $\mathbf{V}_{n-1}$의 값과 새 관측값 $\mathbf{x}_n$이 주어졌을 때 평균 $\boldsymbol{\mu}_n$과 공분산 $\mathbf{V}_n$을 가지는 $\mathbf{z}_n$에 대한 가우시안 주변값과 정규화 계수 c_n을 구할 수 있다.

이 재귀 식의 초기 조건은 다음으로부터 얻을 수 있다.

$$c_1\widehat{\alpha}(\mathbf{z}_1) = p(\mathbf{z}_1)p(\mathbf{x}_1|\mathbf{z}_1) \tag{식 13.93}$$

$p(\mathbf{z}_1)$은 식 13.77에 따라 주어지며, $p(\mathbf{x}_1|\mathbf{z}_1)$은 식 13.76에 따라 주어진다. 따라서 식 2.115를 이용해서 c_1을 계산하고 식 2.116을 이용해서 $\boldsymbol{\mu}_1$과 $\mathbf{V}_1$을 계산할 수 있다.

$$\boldsymbol{\mu}_1 = \boldsymbol{\mu}_0 + \mathbf{K}_1(\mathbf{x}_1 - \mathbf{C}\boldsymbol{\mu}_0) \tag{식 13.94}$$

$$\mathbf{V}_1 = (\mathbf{I} - \mathbf{K}_1\mathbf{C})\mathbf{P}_0 \tag{식 13.95}$$

$$c_1 = \mathcal{N}(\mathbf{x}_1|\mathbf{C}\boldsymbol{\mu}_0, \mathbf{CP}_0\mathbf{C}^{\mathrm{T}} + \boldsymbol{\Sigma}) \tag{식 13.96}$$

여기서 다음을 정의했다.

$$\mathbf{K}_1 = \mathbf{P}_0\mathbf{C}^{\mathrm{T}}\left(\mathbf{CP}_0\mathbf{C}^{\mathrm{T}} + \boldsymbol{\Sigma}\right)^{-1} \tag{식 13.97}$$

선형 동적 시스템의 가능도 함수는 식 13.63으로 주어진다. 이때 인자 c_n들은 칼만 필터 공식을 이용해서 구할 수 있다.

$\mathbf{z}_{n-1}$에 대한 사후 주변 분포로부터 $\mathbf{z}_n$에 대한 사후 분포로 가는 과정을 다음과 같이 해석할 수 있다. 식 13.89에서의 $\mathbf{A}\boldsymbol{\mu}_{n-1}$을 $\mathbf{z}_n$에 대한 평균의 예측치로 생각할 수 있는데, 이 값은 $\mathbf{z}_{n-1}$에 대한 평균값을 구하고 전이 확률 행렬 $\mathbf{A}$를 이용해서 앞쪽으로 한 단계만큼 투영함으로써 얻을 수 있다. 이 예측 평균을 이용해서 관측값 $\mathbf{x}_n$에 대한 예측치를 구할 수 있다. 이 예측치는 $\mathbf{CA}\boldsymbol{\mu}_{n-1}$으로 주어지며, 이는 방사 확률 행렬 $\mathbf{C}$를 예측 은닉 상태 평균에 곱한 것에 해당한다. 은닉 변수 분포의 평균에 대한 업데이트 식인 식 13.89는 예측 평균 $\mathbf{A}\boldsymbol{\mu}_{n-1}$을 취한 후 예측된 관측값에 실제 관측값 사이의 오차 $\mathbf{x}_n - \mathbf{CA}\boldsymbol{\mu}_{n-1}$에 비례하는 수정치를 합한 것으로 볼 수 있다. 이 수정치의 계수는 칼만 이득 행렬을 통해서 주어진다. 따라서, 연속적인 예

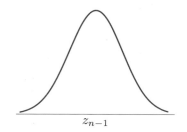 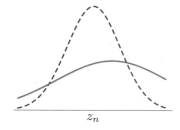 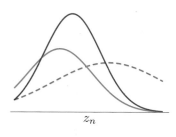

$$z_{n-1} \qquad z_n \qquad z_n$$

그림 13.21   상태 변수에 대한 불확실성은 확산으로 인해서 점차 증가하게 된다. 이때 계속해서 얻어지는 새로운 데이터를 이용해서 이 불확실성을 보상하는 단계를 연속적으로 시행하는 것으로 선형 동적 시스템을 이해할 수 있다. 왼쪽의 도식에서 파란색 곡선은 단계 $n-1$까지의 분포 $p(\mathbf{z}_{n-1}|\mathbf{x}_1, \ldots, \mathbf{x}_{n-1})$을 보이고 있다. 전이 확률 $p(\mathbf{z}_n|\mathbf{z}_{n-1})$의 0이 아닌 분산값으로부터 기인하는 확산도로부터 분포 $p(\mathbf{z}_n|\mathbf{x}_1, \ldots, \mathbf{x}_{n-1})$을 얻게 된다. 이는 가운데 도식에 빨간색 곡선으로 그려져 있다. 이 빨간색 곡선은 파란색 곡선(비교를 위해 가운데 도식에 점선으로 그려져 있다)과 비교해서 더 넓으며, 밀려 있는 모습을 보인다. 다음 데이터 관측값 $\mathbf{x}_n$은 방사 밀도 $p(\mathbf{x}_n|\mathbf{z}_n)$을 통해 기여하게 된다. 이는 $\mathbf{z}_n$에 대한 함수로서 오른쪽 도식에 녹색 곡선으로 그려져 있다. 이는 $\mathbf{z}_n$에 대한 밀도가 아니므로 1로 정규화되어 있지 않다. 새로운 데이터 포인트를 추가함으로써 분포 $p(\mathbf{z}_n|\mathbf{x}_1, \ldots, \mathbf{x}_n)$이 변화되었다. 변화된 분포가 오른쪽 도식에 파란색 곡선으로 그려져 있다. 새 데이터의 관측으로 인해서 분포가 $p(\mathbf{z}_n|\mathbf{x}_1, \ldots, \mathbf{x}_{n-1})$(비교를 위해 빨간색 점선으로 오른쪽에 그려져 있다)에 비해 좁아지고 옆으로도 밀렸음을 확인할 수 있다.

측을 시행하고 새로운 관측값을 바탕으로 이 예측을 수정하는 과정으로 칼만 필터를 이해할 수 있다. 이 과정에 대해 그림 13.21에 그려져 있다.

연습문제 13.27

잠재 변수가 변화하는 정도보다 측정 노이즈가 상대적으로 작은 경우를 고려해 보자. 이 경우에 $\mathbf{z}_n$의 사후 분포는 오직 현재의 측정값 $\mathbf{x}_n$에 대해서만 종속적이게 된다. 이는 이 절의 시작에서 살펴봤던 단순한 예시로부터의 직관과 일치한다. 만약 잠재 변수의 변화 정도가 측정 노이즈에 비해 상대적으로 작다면, $\mathbf{z}_n$에 대한 사후 분포는 현재까지의 모든 측정값들을 평균 내어 구할 수 있다.

연습문제 13.28

칼만 필터의 가장 중요한 적용 중 하나는 바로 관측이다. 그림 13.22에 이차원에서 움직이는 물체에 대한 단순한 예시가 그려져 있다.

지금까지 $\mathbf{x}_1$부터 $\mathbf{x}_n$까지의 관측값들이 주어졌을 때 노드 $\mathbf{z}_n$에 대한 사후 주변값을 찾는 추론 문제를 풀어 보았다. 다음으로는 $\mathbf{x}_1$부터 $\mathbf{x}_N$까지의 모든 관측값들이 주어졌을 때 노드 $\mathbf{z}_n$에 대한 주변값을 찾는 문제를 살펴보도록 하자. 시계열 데이터의 경우 이는 과거 관측값뿐 아니라 미래의 관측값들도 포함하는 것에 해당한다. 따라서 실시간 예측 시스템에서는 이러한 방식을 활용할 수 없다. 하지만 이 방법은 모델의 매개변수를 학습하는 데는 중요한 역할을 한다. 이 문제는 은닉 마르코프 모델의 경우와 비슷한 방식으로 풀어낼 수 있다. 노드 $\mathbf{x}_N$으로부터 노드 $\mathbf{x}_1$까지 메시지를 전파하고 이 정보를 $\hat{\alpha}(\mathbf{z}_n)$을 구하기 위해 전진 메시지 전달을 시행했을 때 얻은 정보들과 결합하는 것이다.

그림 13.22   움직이는 물체를 추적하는 데 선형 동적 시스템을 사용한 예시. 파란색 점은 이차원에서의 물체의 실제 위치를 연속적인 시간 단계에 대해 그린 것이고, 녹색 점은 해당 위치에 대한 노이즈가 포함된 관측값을 지칭하는 것이다. 그리고 빨간색 × 표시는 칼만 필터를 실행해서 얻게 된 위치에 대한 추론 사후 분포의 평균을 표현한 것이다. 추론 위치들의 공분산이 1 표준 편차의 경로에 해당하는 빨간색 타원으로 그려져 있다.

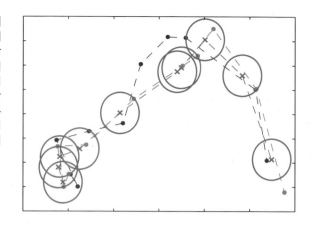

LDS 문헌에서는 보통 이 후진 재귀식을 $\widehat{\beta}(\mathbf{z}_n)$이 아니라 $\gamma(\mathbf{z}_n) = \widehat{\alpha}(\mathbf{z}_n)\widehat{\beta}(\mathbf{z}_n)$에 대해서 표현한다. $\gamma(\mathbf{z}_n)$ 또한 가우시안이어야 하기 때문에 이를 다음의 형태로 적을 수 있다.

$$\gamma(\mathbf{z}_n) = \widehat{\alpha}(\mathbf{z}_n)\widehat{\beta}(\mathbf{z}_n) = \mathcal{N}(\mathbf{z}_n|\widehat{\boldsymbol{\mu}}_n, \widehat{\mathbf{V}}_n) \qquad \text{(식 13.98)}$$

$\widehat{\beta}(\mathbf{z}_n)$에 대한 후진 재귀식 식 13.62로부터 이 필요 재귀식을 유도할 수 있다. 연속 잠재 변수의 경우 $\widehat{\beta}(\mathbf{z}_n)$에 대한 후진 재귀식을 다음의 형태로 적을 수 있다.

$$c_{n+1}\widehat{\beta}(\mathbf{z}_n) = \int \widehat{\beta}(\mathbf{z}_{n+1})p(\mathbf{x}_{n+1}|\mathbf{z}_{n+1})p(\mathbf{z}_{n+1}|\mathbf{z}_n)\,\mathrm{d}\mathbf{z}_{n+1} \qquad \text{(식 13.99)}$$

식 13.99의 양변에 $\widehat{\alpha}(\mathbf{z}_n)$을 곱하고 식 13.75와 식 13.76을 이용해서 $p(\mathbf{x}_{n+1}|\mathbf{z}_{n+1})$과 $p(\mathbf{z}_{n+1}|\mathbf{z}_n)$을 대입해 보자. 여기에 식 13.89, 식 13.90, 식 13.91, 식 13.98을 사용하고 약간의 정리 과정을 거치면 다음을 얻을 수 있다.

연습문제 13.29

$$\widehat{\boldsymbol{\mu}}_n = \boldsymbol{\mu}_n + \mathbf{J}_n\left(\widehat{\boldsymbol{\mu}}_{n+1} - \mathbf{A}\boldsymbol{\mu}_n\right) \qquad \text{(식 13.100)}$$

$$\widehat{\mathbf{V}}_n = \mathbf{V}_n + \mathbf{J}_n\left(\widehat{\mathbf{V}}_{n+1} - \mathbf{P}_n\right)\mathbf{J}_n^{\mathrm{T}} \qquad \text{(식 13.101)}$$

여기서 다음을 정의하였다.

$$\mathbf{J}_n = \mathbf{V}_n\mathbf{A}^{\mathrm{T}}\left(\mathbf{P}_n\right)^{-1} \qquad \text{(식 13.102)}$$

그리고 $\mathbf{A}\mathbf{V}_n = \mathbf{P}_n\mathbf{J}_n^{\mathrm{T}}$을 이용했다. 전진 단계가 먼저 끝나서 $\boldsymbol{\mu}_n$과 $\mathbf{V}_n$ 값들이 후진 단계에서 쓸 수 있도록 준비된 후에야 이 재귀식의 계산을 시행할 수 있다.

EM 알고리즘의 경우에는 각 짝에 대한 사후 주변 분포도 필요하다. 이는 식 13.65로부터 다음의 형태로 얻을 수 있다.

$$\xi(\mathbf{z}_{n-1}, \mathbf{z}_n) = (c_n)^{-1} \widehat{\alpha}(\mathbf{z}_{n-1}) p(\mathbf{x}_n | \mathbf{z}_n) p(\mathbf{z}_n | \mathbf{z}_{n-1}) \widehat{\beta}(\mathbf{z}_n)$$

$$= \frac{\mathcal{N}(\mathbf{z}_{n-1} | \boldsymbol{\mu}_{n-1}, \mathbf{V}_{n-1}) \mathcal{N}(\mathbf{z}_n | \mathbf{A}\mathbf{z}_{n-1}, \boldsymbol{\Gamma}) \mathcal{N}(\mathbf{x}_n | \mathbf{C}\mathbf{z}_n, \boldsymbol{\Sigma}) \mathcal{N}(\mathbf{z}_n | \widehat{\boldsymbol{\mu}}_n, \widehat{\mathbf{V}}_n)}{c_n \widehat{\alpha}(\mathbf{z}_n)}$$

(식 13.103)

식 13.84를 이용해서 $\widehat{\alpha}(\mathbf{z}_n)$을 대입해 넣고 정리하면 $\xi(\mathbf{z}_{n-1}, \mathbf{z}_n)$은 가우시안 분포로써 평균으로는 $[\widehat{\boldsymbol{\mu}}_{n-1}, \widehat{\boldsymbol{\mu}}_n]^{\mathrm{T}}$을 가지고 $\mathbf{z}_n$과 $\mathbf{z}_{n-1}$ 사이의 공분산으로는 다음 값을 가진다는 것을 알 수 있다.

연습문제 13.31

$$\mathrm{cov}[\mathbf{z}_{n-1}, \mathbf{z}_n] = \mathbf{J}_{n-1} \widehat{\mathbf{V}}_n$$

(식 13.104)

13.3.2 LDS에서의 학습

지금까지 모델 매개변수 $\boldsymbol{\theta} = \{\mathbf{A}, \boldsymbol{\Gamma}, \mathbf{C}, \boldsymbol{\Sigma}, \boldsymbol{\mu}_0, \mathbf{P}_0\}$를 알고 있다는 가정하에 선형 동적 시스템에서의 추론 문제를 고려해 보았다. 다음으로는 최대 가능도 방법을 이용해서 이 매개변수들을 정하는 것을 고려해 보자(Ghahramani and Hinton, 1996b). LDS 모델은 잠재 변수들을 가지고 있기 때문에 9장에서 살펴본 EM 알고리즘을 이용해서 이 문제를 다룰 수 있다.

선형 동적 시스템의 EM 알고리즘을 다음과 같이 유도할 수 있다. 알고리즘의 어떤 특정 단계에서의 추정된 매개변숫값들을 $\boldsymbol{\theta}^{\mathrm{old}}$라 하자. 이 매개변숫값들을 바탕으로 추론 알고리즘을 시행해서 잠재 변수들의 사후 분포 $p(\mathbf{Z} | \mathbf{X}, \boldsymbol{\theta}^{\mathrm{old}})$를 구할 수 있다. 이 구해진 값은 M단계에서 필요한 지역적 사후 주변 분포에 해당한다. 이어서 더 자세히 살펴보도록 하자. 다음의 기댓값들을 구해야 한다.

$$\mathbb{E}[\mathbf{z}_n] = \widehat{\boldsymbol{\mu}}_n$$

(식 13.105)

$$\mathbb{E}[\mathbf{z}_n \mathbf{z}_{n-1}^{\mathrm{T}}] = \widehat{\mathbf{V}}_n \mathbf{J}_{n-1}^{\mathrm{T}} + \widehat{\boldsymbol{\mu}}_n \widehat{\boldsymbol{\mu}}_{n-1}^{\mathrm{T}}$$

(식 13.106)

$$\mathbb{E}[\mathbf{z}_n \mathbf{z}_n^{\mathrm{T}}] = \widehat{\mathbf{V}}_n + \widehat{\boldsymbol{\mu}}_n \widehat{\boldsymbol{\mu}}_n^{\mathrm{T}}$$

(식 13.107)

여기서 식 13.104를 사용하였다.

이제 완전 데이터 로그 가능도 함수를 고려해 보자. 이 함수는 식 13.6에 로그를 취해서 구할 수 있다.

$$\ln p(\mathbf{X}, \mathbf{Z} | \boldsymbol{\theta}) = \ln p(\mathbf{z}_1 | \boldsymbol{\mu}_0, \mathbf{P}_0) + \sum_{n=2}^{N} \ln p(\mathbf{z}_n | \mathbf{z}_{n-1}, \mathbf{A}, \boldsymbol{\Gamma})$$

$$+ \sum_{n=1}^{N} \ln p(\mathbf{x}_n | \mathbf{z}_n, \mathbf{C}, \boldsymbol{\Sigma})$$

(식 13.108)

매개변수에 대한 종속성을 명시적으로 적었다. 이제 이 완전 데이터 로그 가능도의 사후 분포 $p(\mathbf{Z}|\mathbf{X}, \boldsymbol{\theta}^{\text{old}})$에 대한 기댓값을 취해 보자. 다음 함수를 얻을 수 있다.

$$Q(\boldsymbol{\theta}, \boldsymbol{\theta}^{\text{old}}) = \mathbb{E}_{\mathbf{Z}|\boldsymbol{\theta}^{\text{old}}}\left[\ln p(\mathbf{X}, \mathbf{Z}|\boldsymbol{\theta})\right] \tag{식 13.109}$$

M단계에서는 이 함수를 $\boldsymbol{\theta}$의 성분들에 대해 최대화한다.

최초 매개변수 $\boldsymbol{\mu}_0$와 $\mathbf{P}_0$를 고려해 보자. 식 13.77을 이용해서 식 13.108의 $p(\mathbf{z}_1|\boldsymbol{\mu}_0, \mathbf{P}_0)$를 치환하고 $\mathbf{Z}$에 대해 기댓값을 구하면 다음을 얻게 된다.

$$Q(\boldsymbol{\theta}, \boldsymbol{\theta}^{\text{old}}) = -\frac{1}{2}\ln|\mathbf{P}_0| - \mathbb{E}_{\mathbf{Z}|\boldsymbol{\theta}^{\text{old}}}\left[\frac{1}{2}(\mathbf{z}_1 - \boldsymbol{\mu}_0)^{\text{T}}\mathbf{P}_0^{-1}(\mathbf{z}_1 - \boldsymbol{\mu}_0)\right] + \text{const}$$

여기서 $\boldsymbol{\mu}_0$나 $\mathbf{P}_0$에 대해 종속적이지 않은 모든 항은 합산 상수로 흡수되었다. 2.3.4절에서 살펴봤던 가우시안 분포에 대한 최대 가능도 방법을 이용해서 $\boldsymbol{\mu}_0$나 $\mathbf{P}_0$에 대한 최대화를 시행할 수 있다.

연습문제 13.32

$$\boldsymbol{\mu}_0^{\text{new}} = \mathbb{E}[\mathbf{z}_1] \tag{식 13.110}$$
$$\mathbf{P}_0^{\text{new}} = \mathbb{E}[\mathbf{z}_1\mathbf{z}_1^{\text{T}}] - \mathbb{E}[\mathbf{z}_1]\mathbb{E}[\mathbf{z}_1^{\text{T}}] \tag{식 13.111}$$

다음으로는 $\mathbf{A}$와 $\boldsymbol{\Gamma}$에 대해 최적화를 시행해 보자. 식 13.75를 이용해서 식 13.108의 $p(\mathbf{z}_n|\mathbf{z}_{n-1}, \mathbf{A}, \boldsymbol{\Gamma})$를 치환하면 다음을 얻게 된다.

$$Q(\boldsymbol{\theta}, \boldsymbol{\theta}^{\text{old}}) = -\frac{N-1}{2}\ln|\boldsymbol{\Gamma}|$$
$$-\mathbb{E}_{\mathbf{Z}|\boldsymbol{\theta}^{\text{old}}}\left[\frac{1}{2}\sum_{n=2}^{N}(\mathbf{z}_n - \mathbf{A}\mathbf{z}_{n-1})^{\text{T}}\boldsymbol{\Gamma}^{-1}(\mathbf{z}_n - \mathbf{A}\mathbf{z}_{n-1})\right] + \text{const} \tag{식 13.112}$$

여기서 상수는 $\mathbf{A}$와 $\boldsymbol{\Gamma}$에 대해 독립적인 항들을 포함한다. 이 매개변수들에 대해 최대화를 진행하면 다음을 얻게 된다.

연습문제 13.33

$$\mathbf{A}^{\text{new}} = \left(\sum_{n=2}^{N}\mathbb{E}\left[\mathbf{z}_n\mathbf{z}_{n-1}^{\text{T}}\right]\right)\left(\sum_{n=2}^{N}\mathbb{E}\left[\mathbf{z}_{n-1}\mathbf{z}_{n-1}^{\text{T}}\right]\right)^{-1} \tag{식 13.113}$$

$$\boldsymbol{\Gamma}^{\text{new}} = \frac{1}{N-1}\sum_{n=2}^{N}\left\{\mathbb{E}\left[\mathbf{z}_n\mathbf{z}_n^{\text{T}}\right] - (\mathbf{A}^{\text{new}})^{\text{T}}\mathbb{E}\left[\mathbf{z}_{n-1}\mathbf{z}_n^{\text{T}}\right]\right.$$
$$\left. -\mathbb{E}\left[\mathbf{z}_n\mathbf{z}_{n-1}^{\text{T}}\right]\mathbf{A}^{\text{new}} + \mathbf{A}^{\text{new}}\mathbb{E}\left[\mathbf{z}_{n-1}\mathbf{z}_{n-1}^{\text{T}}\right](\mathbf{A}^{\text{new}})^{\text{T}}\right\} \tag{식 13.114}$$

$\mathbf{A}^{\mathrm{new}}$를 먼저 계산하고 그 결과를 이용해서 $\mathbf{\Gamma}^{\mathrm{new}}$를 계산해야 한다.

마지막으로 $\mathbf{C}$와 $\mathbf{\Sigma}$의 값을 구해 보자. 식 13.76을 이용해서 식 13.108의 $p(\mathbf{x}_n|\mathbf{z}_n, \mathbf{C}, \mathbf{\Sigma})$를 치환하면 다음을 얻게 된다.

$$
\begin{aligned}
Q(\boldsymbol{\theta}, \boldsymbol{\theta}^{\mathrm{old}}) = {} & -\frac{N}{2}\ln|\mathbf{\Sigma}| \\
& -\mathbb{E}_{\mathbf{Z}|\boldsymbol{\theta}^{\mathrm{old}}}\left[\frac{1}{2}\sum_{n=1}^{N}(\mathbf{x}_n - \mathbf{C}\mathbf{z}_n)^{\mathrm{T}}\mathbf{\Sigma}^{-1}(\mathbf{x}_n - \mathbf{C}\mathbf{z}_n)\right] + \mathrm{const}
\end{aligned}
$$

이를 $\mathbf{C}$와 $\mathbf{\Sigma}$에 대해 최대화하면 다음을 얻을 수 있다.

$$
\mathbf{C}^{\mathrm{new}} = \left(\sum_{n=1}^{N}\mathbf{x}_n\mathbb{E}\left[\mathbf{z}_n^{\mathrm{T}}\right]\right)\left(\sum_{n=1}^{N}\mathbb{E}\left[\mathbf{z}_n\mathbf{z}_n^{\mathrm{T}}\right]\right)^{-1} \qquad \text{(식 13.115)}
$$

$$
\begin{aligned}
\mathbf{\Sigma}^{\mathrm{new}} = {} & \frac{1}{N}\sum_{n=1}^{N}\Big\{\mathbf{x}_n\mathbf{x}_n^{\mathrm{T}} - \mathbf{C}^{\mathrm{new}}\mathbb{E}\left[\mathbf{z}_n\right]\mathbf{x}_n^{\mathrm{T}} \\
& -\mathbf{x}_n\mathbb{E}\left[\mathbf{z}_n^{\mathrm{T}}\right](\mathbf{C}^{\mathrm{new}})^{\mathrm{T}} + \mathbf{C}^{\mathrm{new}}\mathbb{E}\left[\mathbf{z}_n\mathbf{z}_n^{\mathrm{T}}\right](\mathbf{C}^{\mathrm{new}})^{\mathrm{T}}\Big\} \qquad \text{(식 13.116)}
\end{aligned}
$$

지금까지 최대 가능도 방법을 이용해서 선형 동적 시스템에서의 매개변수 학습을 시행하는 방법에 대해 살펴보았다. 사전 분포를 포함시켜서 MAP 추정을 시행하는 것은 그리 어렵지 않다. 또한, 10장에서 논의했던 해석적 근사 테크닉을 이용해서 완전 베이지안적 방법을 유도할 수도 있다. 이런 방법들에 대한 자세한 논의는 여기서 생략하겠다.

13.3.3 LDS의 확장

은닉 마르코프 모델의 경우와 마찬가지로 기본 선형 동적 시스템을 다양한 형태로 확장해서 사용할 필요가 있다. 기본 선형 동적 시스템은 선형 가우시안 모델 가정 덕분에 추론과 학습을 효율적으로 시행할 수 있었다. 하지만 이 가정은 관측 변수들의 주변 분포가 단순히 가우시안 분포라고 여기며, 이로 인해서 심각한 한계점을 가지게 된다. 선형 동적 시스템의 한 가지 간단한 확장 모델은 바로 $\mathbf{z}_1$에 대한 초기 분포로 가우시안 혼합 분포를 사용하는 것이다. 만약 이 혼합 모델이 K개의 성분을 가진다면 식 13.85의 전진 재귀 공식은 은닉 변수 $\mathbf{z}_n$에 대한 K 혼합 가우시안 분포를 도출할 것이다. 따라서 이 모델은 다시금 다룰 수 있는 복잡도를 가지게 된다.

많은 적용 사례에서 방사 밀도가 가우시안 분포라고 가정하는 것은 그리 좋지 못한 근사다. 이 대신에 방사 밀도로 K 가우시안 혼합 분포를 사용한다면 사후 분포 $\widehat{\alpha}(\mathbf{z}_1)$도 K 가우시안 혼합 분포가 될 것이다. 하지만 식 13.85로부터 사후 분포 $\widehat{\alpha}(\mathbf{z}_2)$는 K^2개의 가우시안 분포의 혼합 분포가 될 것이며, 이런 식으로 $\hat{\alpha}(\mathbf{z}_n)$은 K^N개의 가우시안의 혼합 분포가 될 것이다. 결과적으로 성분의 숫자는 연쇄의 길이에 대해 기하급수적으로 증가하게 된다. 따라서 이 모델은 실용적이지 않다.

10장

더 일반적으로 말하자면 전이 모델이나 방사 모델에 선형 가우시안 분포 (또는 다른 지수족 분포) 이외의 모델을 사용하면 아주 다루기 힘든 추론 문제를 얻게 된다. 이 경우에는 ADF나 EP와 같은 결정적 근사법을 사용하거나, 13.3.4절에서 살펴본 표집법을 사용할 수 있다. 널리 사용되는 접근법 중 하나는 예측 분포의 평균에 대해 선형화를 해서 가우시안 근사를 하는 것이다. 그 결과로 얻게 되는 모델이 **확장 칼만 필터**(*extended Kalman filter*) (Zarchan and Musoff, 2005)다.

은닉 마르코프 모델의 경우에서처럼 그래프 표현을 확장해서 흥미로운 확장 기본 선형 동적 시스템 모델을 얻을 수도 있다. 그 예시 중 하나가 **스위칭 상태 공간 모델**(*switching state space model*) (Ghahramani and Hinton, 1998)이다. 이 모델은 은닉 마르코프 모델과 몇몇 선형 동적 시스템의 조합에 해당한다. 스위칭 상태 공간 모델은 여러 개의 연속 선형 가우시안 잠재 변수 마르코프 연쇄를 가지고 있다. 이 연쇄 각각은 선형 동적 시스템의 잠재 연쇄와 유사하다. 또한, 이 모델은 은닉 마르코프 모델에서 사용했던 형태의 이산 변수에 대한 마르코프 연쇄도 포함한다. 각 시간 단계에서는 이산 잠재 변수의 상태를 스위치로 써서 연속 잠재 연쇄들 중 하나를 확률적으로 선택하고 해당 조건부 출력 분포로부터 관측값을 내놓게 된다. 이 모델에서 정확한 추론을 하는 것은 계산적으로 다루기가 매우 어려운 문제다. 하지만 변분적 방법을 사용하면 각각의 연속과 이산 마르코프 연쇄에 대해 개별적으로 순전파-역전파 재귀를 시행하는 것을 바탕으로 하는 효율적인 추론 방법을 얻을 수 있다. 만약 이산 잠재 변수 연쇄 여러 개를 사용하고 또 다른 이산 잠재 변수 연쇄를 스위치로 사용하면, 스위칭 상태 공간 모델과 비슷하지만, 연쇄 잠재 변수만을 가지는 **스위칭 은닉 마르코프 모델**(*switching hidden Markov model*)을 얻게 된다.

13.3.4 입자 필터

선형 가우시안 분포를 가지지 않는 동적 시스템을 생각해 보자. 예를 들어, 비가우시안 방사 밀도를 가지는 동적 시스템 모델을 생각해 볼 수 있다. 이 경우에는 해석적으로 다룰 수 있는 추론 알고리즘을 얻기 위해서는 표집법을 이용해야 한다. 특히, 11.1.5절의 표집 중요도 재표집법을 사용하면 **입자 필터**(*particle filter*)라고 알려져 있는 순차 몬테 카를로 알고리즘을 얻을 수 있다.

11장

그림 13.5의 그래프 모델로 표현되는 분포들을 고려해 보자. 그리고 관측값 $\mathbf{X}_n = (\mathbf{x}_1, \dots, \mathbf{x}_n)$이 주어졌을 때 사후 분포 $p(\mathbf{z}_n | \mathbf{X}_n)$으로부터 L개의 표본을 추출하고 싶다고 가정하자. 베이지안 정리를 사용하면 다음을 얻을 수 있다.

$$
\begin{aligned}
\mathbb{E}[f(\mathbf{z}_n)] &= \int f(\mathbf{z}_n)p(\mathbf{z}_n|\mathbf{X}_n)\,\mathrm{d}\mathbf{z}_n \\
&= \int f(\mathbf{z}_n)p(\mathbf{z}_n|\mathbf{x}_n, \mathbf{X}_{n-1})\,\mathrm{d}\mathbf{z}_n \\
&= \frac{\int f(\mathbf{z}_n)p(\mathbf{x}_n|\mathbf{z}_n)p(\mathbf{z}_n|\mathbf{X}_{n-1})\,\mathrm{d}\mathbf{z}_n}{\int p(\mathbf{x}_n|\mathbf{z}_n)p(\mathbf{z}_n|\mathbf{X}_{n-1})\,\mathrm{d}\mathbf{z}_n} \\
&\simeq \sum_{l=1}^{L} w_n^{(l)} f(\mathbf{z}_n^{(l)}) \qquad\qquad\qquad \text{(식 13.117)}
\end{aligned}
$$

여기서 $\{\mathbf{z}_n^{(l)}\}$은 $p(\mathbf{z}_n|\mathbf{X}_{n-1})$으로부터 추출한 표본 집합이다. 그리고 그림 13.5에 따른 조건부 독립성 $p(\mathbf{x}_n|\mathbf{z}_n, \mathbf{X}_{n-1}) = p(\mathbf{x}_n|\mathbf{z}_n)$을 사용하였다. 표집 가중치 $\{w_n^{(l)}\}$은 다음과 같이 정의한다.

$$
w_n^{(l)} = \frac{p(\mathbf{x}_n|\mathbf{z}_n^{(l)})}{\sum_{m=1}^{L} p(\mathbf{x}_n|\mathbf{z}_n^{(m)})} \qquad\qquad\qquad \text{(식 13.118)}
$$

여기서 분모와 분자에 같은 표본들이 사용되었다. 따라서 사후 분포 $p(\mathbf{z}_n|\mathbf{X}_n)$을 표본 집합 $\{\mathbf{z}_n^{(l)}\}$과 해당 가중치 $\{w_n^{(l)}\}$을 통해 표현할 수 있다. 이 가중치들은 $0 \leqslant w_n^{(l)} \leqslant 1$과 $\sum_l w_n^{(l)} = 1$을 만족한다.

순차적인 표집 방법을 찾으려 하고 있으므로 표본과 가중치 집합이 시간 단계 n에서 주어졌다고 가정할 것이다. 그리고 그 다음에 $\mathbf{x}_{n+1}$의 값을 관측한 상태에서 시간 단계 $n + 1$에서의 가중치들과 샘플들을 찾고자 한다. 먼저 분포 $p(\mathbf{z}_{n+1}|\mathbf{X}_n)$으로부터 표집을 시행한다. 베이지안 정리를 이용해서 이를 쉽게 달성할 수 있다.

$$
\begin{aligned}
p(\mathbf{z}_{n+1}|\mathbf{X}_n) &= \int p(\mathbf{z}_{n+1}|\mathbf{z}_n, \mathbf{X}_n)p(\mathbf{z}_n|\mathbf{X}_n)\,\mathrm{d}\mathbf{z}_n \\
&= \int p(\mathbf{z}_{n+1}|\mathbf{z}_n)p(\mathbf{z}_n|\mathbf{X}_n)\,\mathrm{d}\mathbf{z}_n \\
&= \int p(\mathbf{z}_{n+1}|\mathbf{z}_n)p(\mathbf{z}_n|\mathbf{x}_n, \mathbf{X}_{n-1})\,\mathrm{d}\mathbf{z}_n \\
&= \frac{\int p(\mathbf{z}_{n+1}|\mathbf{z}_n)p(\mathbf{x}_n|\mathbf{z}_n)p(\mathbf{z}_n|\mathbf{X}_{n-1})\,\mathrm{d}\mathbf{z}_n}{\int p(\mathbf{x}_n|\mathbf{z}_n)p(\mathbf{z}_n|\mathbf{X}_{n-1})\,\mathrm{d}\mathbf{z}_n} \\
&\simeq \sum_l w_n^{(l)} p(\mathbf{z}_{n+1}|\mathbf{z}_n^{(l)}) \qquad\qquad\qquad \text{(식 13.119)}
\end{aligned}
$$

여기서 다음의 조건부 독립성들을 사용하였다.

$$p(\mathbf{z}_{n+1}|\mathbf{z}_n, \mathbf{X}_n) = p(\mathbf{z}_{n+1}|\mathbf{z}_n) \qquad \text{(식 13.120)}$$

$$p(\mathbf{x}_n|\mathbf{z}_n, \mathbf{X}_{n-1}) = p(\mathbf{x}_n|\mathbf{z}_n) \qquad \text{(식 13.121)}$$

그림 13.5의 그래프에 d 분리를 적용해서 이들을 얻을 수 있다. 식 13.119의 분포는 혼합 분포다. 이 분포의 표본들은 혼합 계수 $w^{(l)}$을 확률로 하여 성분 l을 선택한 후 선택된 성분으로부터 표본을 추출하는 방식으로 추출할 수 있다.

요약하자면, 입자 필터 알고리즘의 각 단계를 둘로 나눌 수 있다. 시간 단계 n에서 사후 분포 $p(\mathbf{z}_n|\mathbf{X}_n)$에 대한 표본 표현을 얻게 된다. 이 표현은 표본 $\{\mathbf{z}_n^{(l)}\}$과 그에 해당하는 가중치 $\{w_n^{(l)}\}$으로 이루어지는데, 이는 식 13.119의 형태를 가지는 혼합 표현으로 볼 수 있다. 다음 시간 단계의 해당 표현을 얻기 위해서는 먼저 식 13.119의 혼합 분포에서 L개의 표본을 추출하고 그 다음 각 표본에 대해 새로운 관측값 $\mathbf{x}_{n+1}$을 이용해서 해당 가중치 $w_{n+1}^{(l)} \propto p(\mathbf{x}_{n+1}|\mathbf{z}_{n+1}^{(l)})$을 계산한다. 단일 변수 z에 대한 이 과정의 예시가 그림 13.23에 그려져 있다.

입자 필터(순차 몬테 카를로)법은 관련 문헌에 다양한 다른 이름으로 등장했다. 그 예로는 **부트스트랩 필터**(*bootstrap filter*)(Gordon et al., 1993), **적자 생존**(*survival of the fittest*)(Kanazawa et al., 1995), **응축**(*condensation*) 알고리즘(Isard and Blake, 1998) 등이 있다.

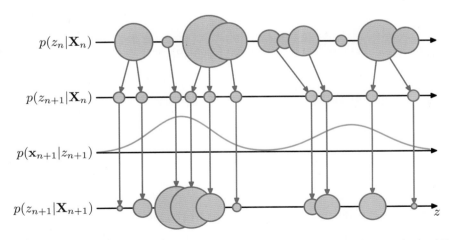

그림 13.23 일차원 잠재 공간상에서의 입자 필터 과정을 도식화한 그림. 시간 단계 n에서의 사후 분포 $p(z_n|\mathbf{x}_n)$은 혼합 분포로 표현된다. 이 분포들이 가중치 $w_n^{(l)}$에 비례하는 크기의 원으로 그려져 있다. 그 다음으로는 이 분포에서 L개의 표본을 추출하고 $p(\mathbf{x}_{n+1}|\mathbf{z}_{n+1}^{(l)})$을 이용해서 새로운 가중치 $w_{n+1}^{(l)}$을 구한다.

연습문제

13.1 ★ www 8.2절에서 논의한 d 분리 테크닉을 이용해서 N개의 노드를 가지는 그림 13.3의 마르코프 모델이 $n = 2, \ldots, N$에 대해 식 13.3의 조건부 독립성을 만족한다는 것을 증명하라. 이와 비슷하게 총 N개의 노드를 가지는 그림 13.4의 그래프 모델은 $n = 3, \ldots, N$에 대해 다음의 조건부 독립성들을 만족함을 증명하라.

$$p(\mathbf{x}_n | \mathbf{x}_1, \ldots, \mathbf{x}_{n-1}) = p(\mathbf{x}_n | \mathbf{x}_{n-1}, \mathbf{x}_{n-2}) \qquad \text{(식 13.122)}$$

13.2 ★★ 그림 13.3의 방향성 그래프에 해당하는 결합 확률 분포식 13.2를 고려해 보자. 확률의 합과 곱의 법칙을 이용해서 이 결합 분포가 $n = 2, \ldots, N$에 대해 식 13.3의 조건부 독립성을 만족한다는 것을 증명하라. 이와 비슷하게 식 13.4의 결합 분포를 따르는 이차 마르코프 모델은 $n = 3, \ldots, N$에 대해 다음 조건부 독립성을 만족한다는 것을 증명하라.

$$p(\mathbf{x}_n | \mathbf{x}_1, \ldots, \mathbf{x}_{n-1}) = p(\mathbf{x}_n | \mathbf{x}_{n-1}, \mathbf{x}_{n-2}) \qquad \text{(식 13.123)}$$

13.3 ★ d 분리를 이용해서 그림 13.5의 방향성 그래프에 의해 표현된 상태 공간 모델의 관측된 데이터의 분포 $p(\mathbf{x}_1, \ldots, \mathbf{x}_N)$은 아무 조건부 독립성도 만족하지 않는다는 것을 증명하라. 이를 통해서 이 분포는 어떤 유한 차수의 마르코프 성질도 보이지 않는다는 것을 증명하라.

13.4 ★★ www 은닉 마르코프 모델을 고려해 보자. 이때 이 모델의 방사 밀도로 선형 회귀 모델이나 뉴럴 네트워크와 같은 매개변수적 모델 $p(\mathbf{x} | \mathbf{z}, \mathbf{w})$를 사용한다고 하자. 여기서 $\mathbf{w}$는 조절 가능한 매개변수들의 벡터다. 최대 가능도 방법을 이용해서 어떻게 w를 데이터로부터 학습할 수 있을지 설명해 보아라.

13.5 ★★ 은닉 마르코프 모델의 M단계에서의 초기 상태 확률과 전이 확률 매개변수들에 대한 13.18과 식 13.19를 증명하라. 식 13.17의 완전 데이터 로그 가능도 함수를 최대화해서 구할 수 있다. 이 과정에서 $\boldsymbol{\pi}$와 $\mathbf{A}$의 성분에 대한 합산 제약 조건을 강제하기 위해 적절한 라그랑주 승수를 사용해야 한다.

13.6 ★ 은닉 마르코프 모델의 매개변수 $\boldsymbol{\pi}$와 $\mathbf{A}$의 어떤 원소가 0으로 초기화되었다면 추후의 EM 알고리즘 업데이트에서도 이 원소들은 0 값을 유지할 것임을 증명하라.

13.7 ★ 가우시안 방사 밀도를 가지는 은닉 마르코프 모델을 고려해 보자. 함수 $Q(\boldsymbol{\theta}, \boldsymbol{\theta}^{\text{old}})$를 가우시안 분포의 평균과 공분산 매개변수에 대해 최대화하면 M단계 공식 식 13.20과 식 13.21을 얻게 된다는 것을 증명하라.

13.8 ★★ www 이산 관측값이 다항 분포에 의해 조절되는 은닉 마르코프 모델에서 잠재 변수들이 주어졌을 때의 관측값들의 조건부 분포는 식 13.22로 주어지게 된다는 것을 증명하라. 그리고 해당 M단계 공식은 식 13.23으로 주어진다는 것도 증명하라. 그리고 다중 이진 출력 변수를 가지며, 각각의 변수들이 베르누이 조건부 분포에 의해 조절되는 은닉 마르코프 모델의 경우에 대해서 비슷한 조건부 분포 공식과 M단계 공식을 적어 보아라. 만약 필요하다면 데이터가 i.i.d.인 경우의 해당 최대 가능도 해에 대한 2.1절과 2.2절의 논의를 참조하라.

13.9 ★★ www 식 13.24 ~ 식 13.31의 조건부 독립성들이 식 13.6에 의해 정의되는 은닉 마르코프 모델의 결합 분포에 대해 성립한다는 것을 d 분리 기준을 이용해서 증명하라.

13.10 ★★★ 식 13.24 ~ 식 13.31의 조건부 독립성들이 식 13.6에 의해 정의되는 은닉 마르코프 모델의 결합 분포에 대해 성립한다는 것을 확률의 합과 곱의 법칙을 이용해서 증명하라.

13.11 ★★ 인자 그래프의 인자에 대한 주변 분포식 8.72와 13.2.3절에서 구한 합/곱 알고리즘의 메시지에 대한 결과를 함께 이용해서 은닉 마르코프 모델의 두 연속 잠재 변수들의 결합 분포에 대한 결과 식 13.43을 유도하라.

13.12 ★★ R개의 독립적인 관측값 배열들로 구성된 데이터를 바탕으로 은닉 마르코프 모델을 최대 가능도 방법으로 훈련시키려 한다고 해보자. 이때 이 관측값들은 $\mathbf{X}^{(r)}$이라 지칭할 것이다($r = 1,\ldots, R$). EM 알고리즘의 E단계에서는 각 배열에 대해 독립적으로 α와 β 재귀를 실행해서 사후 확률을 구할 수 있다는 것을 증명하라. 또한, M단계에서는 초기 상태 확률과 전이 확률 매개변수들을 식 13.18과 식 13.19을 변형한 다음의 식을 통해서 재추정할 수 있음을 증명하라.

$$\pi_k = \frac{\sum_{r=1}^{R} \gamma(z_{1k}^{(r)})}{\sum_{r=1}^{R}\sum_{j=1}^{K} \gamma(z_{1j}^{(r)})} \qquad \text{(식 13.124)}$$

$$A_{jk} = \frac{\sum_{r=1}^{R}\sum_{n=2}^{N} \xi(z_{n-1,j}^{(r)}, z_{n,k}^{(r)})}{\sum_{r=1}^{R}\sum_{l=1}^{K}\sum_{n=2}^{N} \xi(z_{n-1,j}^{(r)}, z_{n,l}^{(r)})} \qquad \text{(식 13.125)}$$

여기서는 표현의 편리를 위해서 모든 배열들이 같은 길이를 가진다고 가정했다(서로 다른 길이를 가지는 배열로 확장하는 것은 그리 어렵지 않다). 이와 비슷하게 가우시안 방사 모델의 평균을 재추정하는 M단계 공식이 다음처럼 주어진다는 것을 증명하라.

$$\boldsymbol{\mu}_k = \frac{\displaystyle\sum_{r=1}^{R}\sum_{n=1}^{N}\gamma(z_{nk}^{(r)})\mathbf{x}_n^{(r)}}{\displaystyle\sum_{r=1}^{R}\sum_{n=1}^{N}\gamma(z_{nk}^{(r)})} \qquad \text{(식 13.126)}$$

다른 방사 모델 매개변수와 분포들의 M단계 공식도 비슷한 형태를 취하게 될 것이다.

13.13 ★★ `www` 인자 그래프에서 인자 노드로부터 변수 노드로 전달되는 메시지에 대한 정의인 식 8.64와 은닉 마르코프 모델에 대한 결합 분포식 13.6을 이용해서 식 13.50의 알파 메시지에 대한 정의가 식 13.34의 정의와 동일하다는 것을 증명하라.

13.14 ★★ 인자 그래프에서 변수 노드로부터 인자 노드로 전달되는 메시지에 대한 정의인 식 8.67과 은닉 마르코프 모델에 대한 결합 분포인 식 13.6을 이용해서 식 13.52의 베타 메시지에 대한 정의가 식 13.35의 정의와 동일하다는 것을 증명하라.

13.15 ★★ 은닉 마르코프 모델의 주변값에 대한 식 13.33과 식 13.34를 이용해서 재척도화된 변수로 표현한 해당 결과인 식 13.64와 식 13.65를 유도하라.

13.16 ★★★ 이 연습문제에서는 비터비 알고리듬의 전진 메시지 전달 공식을 식 13.6의 결합 분포로부터 직접적으로 유도해 보도록 하자. 이를 위해서는 모든 은닉 변수 $\mathbf{z}_1,\ldots,\mathbf{z}_N$에 대한 최대화를 시행해야 한다. 로그를 취한 후 최대화화 합산을 교환해서 식 13.68의 재귀식을 유도하라. 이때 $\omega(\mathbf{z}_n)$은 식 13.70에 정의되어 있다. 이 재귀식의 초기 조건은 식 13.69로 주어진다는 것을 증명하라.

13.17 ★ `www` 입출력 은닉 마르코프 모델에 대한 그림 13.18의 방향성 그래프를 고려해 보자. 이 그래프가 그림 13.15의 인자 그래프로 표현될 수 있음을 증명하고 초기 인자 $h(\mathbf{z}_1)$과 일반 인자 $f_n(\mathbf{z}_{n-1},\mathbf{z}_n)(2 \leqslant n \leqslant N$의 경우)의 표현식을 적어 보아라.

13.18 ★★★ 연습문제 13.17의 결과를 이용해서 그림 13.18의 입출력 은닉 마르코프 모델에 대한 전진/후진 알고리듬의 재귀식과 그 초기 조건을 유도해 보아라.

13.19 ★ `www` 칼만 필터와 평활기 공식은 선형 동적 시스템 모델에서 모든 관측된 변수들에 대한 개별 잠재 변수들의 조건부 사후 분포를 효율적으로 찾을 수 있도록 해준다. 각각의 사후 분포를 개별적으로 최대화해서 얻은 잠재 변수값의 배열과 전체적으로 가장 가능성이 높은 잠재 변숫값의 배열이 같음을 보여라. 선형 동적 시스템하에서 모든 잠재 변수와 관측 변수의 결합 분포는 가우시안 분포이며, 따라서 모든 조건부 분포들과 주변 분포들도 가우시안 분포다. 이

사실을 바탕으로 식 2.98의 결과를 활용해서 이 문제를 풀 수 있다.

13.20 ★★ www 식 2.115의 결과를 이용해서 식 13.87을 증명하라.

13.21 ★★ 식 2.115, 식 2.116의 결과와 식 C.5, 식 C.7의 행렬 성질을 이용해서 식 13.89, 식 13.90, 식 13.91의 결과들을 유도하라. 여기서 칼만 이득 행렬 $\mathbf{K}_n$은 식 13.92에 의해 정의된다.

13.22 ★★ www 식 13.93, 식 13.76과 식 13.77의 정의, 식 2.115의 결과를 함께 이용해서 식 13.96을 유도하라.

13.23 ★★ 식 13.93, 식 13.76의 정의, 식 13.77의 정의, 식 2.116의 결과를 함께 이용해서 식 13.94, 식 13.95, 식 13.97을 유도하라.

13.24 ★★ www 식 13.75와 식 13.76의 일반화를 고려해 보자. 가우시안 분포의 평균에 상수항 $\mathbf{a}$와 $\mathbf{c}$를 포함시킬 것이다.

$$p(\mathbf{z}_n|\mathbf{z}_{n-1}) = \mathcal{N}(\mathbf{z}_n|\mathbf{A}\mathbf{z}_{n-1} + \mathbf{a}, \boldsymbol{\Gamma}) \qquad \text{(식 13.127)}$$
$$p(\mathbf{x}_n|\mathbf{z}_n) = \mathcal{N}(\mathbf{x}_n|\mathbf{C}\mathbf{z}_n + \mathbf{c}, \boldsymbol{\Sigma}) \qquad \text{(식 13.128)}$$

1로 고정되어 있는 추가 성분을 포함한 상태 벡터 z를 정의하고, 매개변수 $\mathbf{a}$와 $\mathbf{c}$에 해당하는 추가 열을 이용해서 행렬 $\mathbf{A}$와 $\mathbf{C}$를 확대함으로써 다시금 이 장에서의 방법론을 해당 확장을 이용해서 다룰 수 있음을 증명하라.

13.25 ★★ 이 연습문제에서는 칼만 필터 공식을 독립적인 관측값들에 적용하면 그 결과가 2.3절의 단일 가우시안 분포에 대한 최대 가능도 해로 축약된다는 것을 증명할 것이다. 독립적인 관측값들 $\{x_1, \ldots, x_N\}$이 주어졌을 때 단일 가우시안 확률 변수 x의 평균값 μ를 찾는 문제를 고려해 보자. 이를 모델링하기 위해서 식 13.75와 식 13.76에 의해 조절되는 선형 동적 시스템 모델을 사용할 수 있다. 이때 잠재 변수들은 $\{z_1, \ldots, z_N\}$으로 주어지며, $\mathbf{C} = 1$, $\mathbf{A} = 1$, $\boldsymbol{\Gamma} = 0$이다. 초기 상태의 매개변수들 $\boldsymbol{\mu}_0$와 $\mathbf{P}_0$를 μ_0와 σ_0^2로 지칭한다고 하자. 그리고 $\boldsymbol{\Sigma}$는 σ^2이 된다고 하자. 이때 해당 칼만 필터 공식을 적어 보아라. 식 13.89와 식 13.90의 일반 결과에서 시작해서 식 13.94와 식 13.95를 함께 사용하라. 이 결과들이 독립적인 데이터를 직접 고려해서 구한 결과인 식 2.141, 식 2.142와 동일함을 보여라.

13.26 ★★★ 13.3절의 선형 동적 시스템의 특수 케이스로 확률적 PCA와 동일한 경우를 고려해 보자. 즉 행렬 $\mathbf{A} = \mathbf{0}$이며, 공분산 $\boldsymbol{\Gamma} = \mathbf{I}$, 노이즈 공분산 $\boldsymbol{\Sigma} = \sigma^2\mathbf{I}$다. 식 C.7의 역행렬 성질을 이용해서 만약 방사 밀도 행렬 $\mathbf{C}$를 $\mathbf{W}$라고 지칭하고, 식 12.42의 $\boldsymbol{\mu} = \mathbf{0}$이라고 가정한다면, 식 13.89와 식 13.90에 정의된 잠재 상태의 사후 분포가 확률적 PCA에 대한 식 12.42로

축약된다는 것을 증명하라.

13.27 ★ $\boxed{\text{www}}$ 13.3절에서 고려한 선형 동적 시스템의 특수 케이스로 관측 노이즈의 진폭이 0이 되어서 $\mathbf{\Sigma} = \mathbf{0}$인 형태를 고려해 보자. 이 경우 $\mathbf{C} = \mathbf{I}$라면 $\mathbf{z}_n$의 사후 분포가 평균으로는 $\mathbf{x}_n$을, 분산으로는 0을 가진다는 것을 증명하라. 이 결과는 만약 노이즈가 없을 경우에는 모든 예전 관측값들을 무시하고 현재의 관측값 $\mathbf{x}_n$을 이용해서 상태 변수 $\mathbf{z}_n$을 추정해야 한다는 직관과 맞아 떨어진다.

13.28 ★★★ 13.3절에서 고려한 선형 동적 시스템의 특수 케이스로 상태 변수 $\mathbf{z}_n$이 이전의 상태 변수와 동일한 경우를 고려해 보자. 즉, $\mathbf{A} = \mathbf{I}$이며 $\mathbf{\Gamma} = \mathbf{0}$이다. 문제의 단순성을 위해서 $\mathbf{C} = \mathbf{I}$, $\mathbf{P}_0 \to \infty$로 가정하도록 하자. 즉 $\mathbf{z}$의 초기 조건은 별로 중요하지 않게 되며, 예측은 순수하게 데이터에 의해 시행될 것이다. 수학적 귀납법을 이용해서 상태 $\mathbf{z}_n$의 사후 평균이 $\mathbf{x}_1, \ldots, \mathbf{x}_n$의 평균으로 주어진다는 것을 증명하라. 이는 만약 상태 변수가 상수이면 최선의 추정치는 관측값들을 평균낸 값이라는 직관과 맞아 떨어진다.

13.29 ★★★ 식 13.99의 후진 재귀 공식에서 시작해서 가우시안 선형 동적 시스템하에서의 라우치 퉁 스트리벨(RTS) 평활기 공식인 식 13.100과 식 13.101을 유도하라.

13.30 ★★ 상태 공간 모델에서의 짝 사후 주변 분포 결과인 식 13.65에서 시작해서 가우시안 선형 동적 시스템에서의 특정 형태 식 13.103을 유도하라.

13.31 ★★ 식 13.103의 결과에 식 13.84를 이용해서 $\widehat{\alpha}(\mathbf{z}_n)$을 대입해 보라. 이를 통해서 $\mathbf{z}_n$과 $\mathbf{z}_{n-1}$ 간의 공분산에 대한 결과인 식 13.104를 증명하라.

13.32 ★★ $\boxed{\text{www}}$ 선형 동적 시스템의 $\boldsymbol{\mu}_0$와 $\mathbf{P}_0$에 대한 M단계 결과인 식 13.110과 식 13.111을 증명하라.

13.33 ★★ 선형 동적 시스템의 $\mathbf{A}$와 $\mathbf{\Gamma}$에 대한 M단계 결과인 식 13.113과 식 13.114를 증명하라.

13.34 ★★ 선형 동적 시스템의 $\mathbf{C}$와 $\mathbf{\Sigma}$에 대한 M단계 결과인 식 13.115와 식 13.116을 증명하라.

14

모델 조합

이 책의 초반부에서는 분류와 회귀 문제를 풀기 위한 다양한 종류의 모델들을 살펴보았다. 단일 모델을 사용하는 대신에 여러 모델을 특정 방식으로 조합하면 성능이 더 나아지는 경우가 종종 있다. 예를 들면, L개의 서로 다른 모델들을 훈련해서 각 모델이 내는 예측값의 평균을 통해서 예측을 시행할 수 있다. 이런 모델 조합 방식을 **위원회**(committees) 방식이라고 한다. 14.2절에서는 실제 사례에서 위원회 알고리즘을 적용하는 방식에 대해 살펴보고 왜 이 방식이 때로 효율적일 수 있는지에 대해 논의할 것이다.

위원회 방식을 변형한 것들 중 중요한 것으로 **부스팅**(boosting) 방식이 있다. 부스팅 방식에서는 여러 모델을 순차적으로 훈련하게 된다. 이때 각 모델을 훈련하기 위한 오류 함수는 그 이전 모델의 결과에 의해 조절된다. 부스팅 방식을 적용한 모델은 단일 모델에 비해 상당히 더 향상된 성능을 보일 수 있다. 이에 대해서 14.3절에서 논의해 보도록 하자.

모델들의 예측값을 평균 내는 대신에 사용할 수 있는 다른 조합 방식으로 여러 모델들 중 하나의 모델을 선택해서 예측을 시행하는 방법이 있다. 이 경우 모델 선택은 입력 변수에 대한 함수로서 결정된다. 이 방식을 사용하면 입력 공간상의 서로 다른 구역들에 대해서 각기 다른 모델이 예측을 시행하게 된다. 이런 종류의 방법들 중 널리 사용되는 것으로 **의사 결정 트리**(decision tree)가 있다. 의사 결정 트리 모델에서는 순차적인 이진 선택에 해당하는 트리 구조의 순회를 통해서 모델 선택 과정을 표현한다. 이에 대해 14.4절에서 살펴보게 될 것이다. 보통 각각의 개별 모델로는 매우 단순한 것을 사용하게 되며, 전체 모델의 유연성은 입력에 종속적인 선택 과정으로부터 기인하게 된다. 의사 결정 트리는 분류와 회귀 두 종류의 문제에 다 적용할 수 있다.

의사 결정 트리 모델은 입력 공간에 대한 분할이 엄격한 분할이라는 단점을 가지고 있다. 즉, 모든 주어진 변수들 각각에 대해서 예측을 시행하는 데 오직 하나의 모델만이 사용된다는 것이다. 14.5절에서 살펴보게 될 확률적 모델 조합을 사용하면 의사 결정 과정을 덜 엄격하게 만들 수 있다. 예를 들어, 만약 $\mathbf{x}$가 입력 변수, t가 타깃 변수, $k = 1, \ldots, K$가 모델의 인덱스인 경우에 조건부 분포 $p(t|\mathbf{x}, k)$에 대해 K개의 모델을 사용한다고 가정해 보자. 이때 다음 형태의 확률적 혼합을 구성할 수 있다.

$$p(t|\mathbf{x}) = \sum_{k=1}^{K} \pi_k(\mathbf{x}) p(t|\mathbf{x}, k) \tag{식 14.1}$$

여기서 $\pi_k(\mathbf{x}) = p(k|\mathbf{x})$는 입력에 종속적인 혼합 계수를 표현하는 것이다. 이러한 모델은 성분 밀도들과 혼합 계수들이 입력 변수들에 대해 조건부인 혼합 분포로 여길 수 있다. 이를 **전문 학습기 혼합**(*mixtures of expert*) 구조라 한다. 이 모델은 5.6절에서 살펴봤던 혼합 밀도 네트워크 모델과 밀접하게 연관되어 있다.

14.1 베이지안 모델 평균

9.2절

모델 조합 방법과 베이지안 모델 평균의 개념은 때로 혼동될 수 있다. 두 방법의 차이점을 이해하기 위해서 가우시안 혼합 분포를 이용해서 밀도 추정을 하는 예시를 고려해 보도록 하자. 이 경우 여러 가우시안 성분들이 확률적으로 조합된다. 가우시안 혼합 분포 모델은 혼합에서 어떤 성분이 해당 데이터 포인트를 생성하는 것에 책임이 있는지를 지칭하는 이산 잠재 변수 $\mathbf{z}$를 가지고 있다. 따라서 이 모델을 다음의 결합 분포를 이용해서 명시할 수 있다.

$$p(\mathbf{x}, \mathbf{z}) \tag{식 14.2}$$

그리고 관측 변수 $\mathbf{x}$에 대한 해당 밀도는 잠재 변수들에 대한 주변화를 통해서 구할 수 있다.

$$p(\mathbf{x}) = \sum_{\mathbf{z}} p(\mathbf{x}, \mathbf{z}) \tag{식 14.3}$$

가우시안 혼합 예시에서는 분포가 다음 형태를 띠게 된다.

$$p(\mathbf{x}) = \sum_{k=1}^{K} \pi_k \mathcal{N}(\mathbf{x}|\boldsymbol{\mu}_k, \boldsymbol{\Sigma}_k) \tag{식 14.4}$$

각 기호들은 앞에서와 같은 의미를 가진다. 이것이 바로 모델 조합 방법의 한 예시다. 독립적이고 동일하게 분포된 데이터의 경우, 식 14.3을 이용해서 데이터 집합 $\mathbf{X} = \{\mathbf{x}_1, \ldots, \mathbf{x}_N\}$의 주변 확률을 다음처럼 적을 수 있다.

$$p(\mathbf{X}) = \prod_{n=1}^{N} p(\mathbf{x}_n) = \prod_{n=1}^{N} \left[\sum_{\mathbf{z}_n} p(\mathbf{x}_n, \mathbf{z}_n) \right] \tag{식 14.5}$$

각각의 관측 데이터 포인트 $\mathbf{x}_n$은 해당 잠재 변수 $\mathbf{z}_n$을 가진다.

이제 다른 예시를 살펴보도록 하자. $h = 1, \ldots, H$를 인덱스로 가지며, 사전 확률 $p(h)$를 가지는 몇몇 다른 모델들을 가정할 것이다. 예를 들어, 모델 중 하나는 가우시안 혼합 분포일 수 있고 또 다른 모델은 코시 혼합 분포일 수 있다. 이 경우 데이터 집합에 대한 주변 분포는 다음과 같다.

$$p(\mathbf{X}) = \sum_{h=1}^{H} p(\mathbf{X}|h)p(h) \tag{식 14.6}$$

이것이 바로 베이지안 모델 평균의 예시다. 이 h에 대한 합산 식을 해석하자면 다음과 같다. 바로 전체 데이터 집합을 생성하는 데 하나의 모델만이 사용되며, 이 생성 과정에서 사용되는 모델이 어떤 것인지에 대한 불확실성이 h에 대한 확률 분포로 표현된다는 것이다. 데이터 집합의 크기가 증가함에 따라서 이 불확실성은 감소하게 되며, 그 결과 사후 확률 $p(h|\mathbf{X})$는 점점 더 하나의 모델에 집중된다.

이로부터 베이지안 모델 평균법과 모델 조합법의 가장 큰 차이점을 알 수 있다. 베이지안 모델 평균법에서는 전체 데이터 집합이 단일 모델에 의해 생성된다. 이와는 대조적으로 식 14.5와 같은 방식으로 여러 모델들을 조합하게 되면 데이터 집합의 각 데이터 포인트들이 서로 다른 잠재 변수 $\mathbf{z}$ 값을 통해서 생성될 수 있다. 그 결과 각 데이터 포인트들은 서로 다른 성분들에서 생성될 수 있다.

여기서는 주변 확률 $p(\mathbf{X})$만 고려하였다. 하지만 예측 밀도 $p(\mathbf{x}|\mathbf{X})$나 $p(\mathbf{t}|\mathbf{x}, \mathbf{X}, \mathbf{T})$와 같은 조건부 분포에 대해서도 같은 방식으로 논의를 진행할 수 있다.

연습문제 14.1

14.2 위원회 방식

3.2절

위원회 방식을 구성하는 가장 간단한 방법은 개별 모델들의 예측값들을 평균 내는 것이다. 빈도적 관점에서의 편향과 분산 간의 트레이드 오프를 바탕으로 이러한 과정을 살펴볼 수 있다. 편향 분산 트레이드 오프에서는 모델로 인해 발생하는 오류를 편향 성분과 분산 성분으로 나눠서 생각한다. 이때 편향 성분은 모델과 실제로 예측해야 할 함수 간의 차이에서 발생하는 것이며, 분산 성분은 개별 데이터 포인트들에 대한 모델의 민감도를 표현하는 것이다. 그림 3.5를 다시 떠올려 보자. 여기서는 사인 곡선 데이터를 이용해서 여러 다항식 모델을 훈련시켰으며, 모델의 결과 함수들을 평균을 내서 분산항으로부터 발생하는 기여도를 상쇄시켰었다. 그 결과로 더 나은 예측 성능을 얻을 수 있었다. 편향이 작은 모델(여기서는 고차 다항식)들을 평균 내서 데이터가 생성된 원 사인 곡선 함수에 대한 정확한 예측값을 얻을 수 있었던 것이다.

물론 실전에서는 데이터 집합이 하나밖에 없으므로 위원회 내의 여러 모델 간의 변이성을 도입할 방법을 찾아야 한다. 이를 위한 한 가지 방법으로는 1.2.3절에서 살펴봤던 **부트스트랩**(*bootstrap*) 방법이 있다. 단일 연속 변숫값을 예측하는 것이 목표인 회귀 문제를 고려해 보자. 이때 M개의 부트스트랩 데이터를 생성해서 각각을 통해 별개의 예측 모델 $y_m(\mathbf{x})$를 훈련시킨다고 하자(이때 $m = 1, \ldots, M$). 이 경우 위원회 예측 알고리즘은 다음과 같이 주어진다.

$$y_{\mathrm{COM}}(\mathbf{x}) = \frac{1}{M} \sum_{m=1}^{M} y_m(\mathbf{x}) \tag{식 14.7}$$

이러한 방식을 **부트스트랩 종합**(*bootstrap aggregation*) 방법 또는 **배깅**(*bagging*) 방법이라고 한다 (Breiman, 1996).

우리가 예측하고자 하는 실제 회귀 함수가 $h(\mathbf{x})$라고 하자. 이 경우 실제 값과 오류를 합한 형태로 각 출력값을 적을 수 있다.

$$y_m(\mathbf{x}) = h(\mathbf{x}) + \epsilon_m(\mathbf{x}) \tag{식 14.8}$$

이 경우 제곱합 오류는 다음의 형태를 가진다.

$$\mathbb{E}_{\mathbf{x}} \left[\{y_m(\mathbf{x}) - h(\mathbf{x})\}^2 \right] = \mathbb{E}_{\mathbf{x}} \left[\epsilon_m(\mathbf{x})^2 \right] \tag{식 14.9}$$

여기서 $\mathbb{E}_{\mathbf{x}}[\cdot]$는 입력 벡터 $\mathbf{x}$의 분포에 대한 빈도적 기댓값을 일컫는 것이다. 따라서 개별적으로 작동하는 모델의 평균 오류는 다음과 같다.

$$E_{\mathrm{AV}} = \frac{1}{M} \sum_{m=1}^{M} \mathbb{E}_{\mathbf{x}} \left[\epsilon_m(\mathbf{x})^2 \right] \tag{식 14.10}$$

이와 비슷하게 식 14.7의 위원회 알고리즘의 오류는 다음처럼 주어진다.

$$E_{\mathrm{COM}} = \mathbb{E}_{\mathbf{x}} \left[\left\{ \frac{1}{M} \sum_{m=1}^{M} y_m(\mathbf{x}) - h(\mathbf{x}) \right\}^2 \right]$$

$$= \mathbb{E}_{\mathbf{x}} \left[\left\{ \frac{1}{M} \sum_{m=1}^{M} \epsilon_m(\mathbf{x}) \right\}^2 \right] \qquad \text{(식 14.11)}$$

각각의 오류들이 0 평균을 가지며, 서로가 무상관이라고 가정해 보자.

$$\mathbb{E}_{\mathbf{x}} \left[\epsilon_m(\mathbf{x}) \right] = 0 \qquad\qquad \text{(식 14.12)}$$
$$\mathbb{E}_{\mathbf{x}} \left[\epsilon_m(\mathbf{x})\epsilon_l(\mathbf{x}) \right] = 0, \qquad m \neq l \qquad \text{(식 14.13)}$$

연습문제 14.2 이 경우 다음을 얻게 된다.

$$E_{\mathrm{COM}} = \frac{1}{M} E_{\mathrm{AV}} \qquad\qquad \text{(식 14.14)}$$

즉, M개의 서로 다른 버전의 모델의 결과를 평균냄으로써 평균 오류를 $1/M$만큼으로 줄일 수 있다는 것이다. 이 대단한 결과는 안타깝게도 각 개별 모델의 오류들이 서로 무상관하다는 가정에 기반하고 있다. 실제 적용에서 오류들은 보통 높은 상관관계를 가진다. 따라서 전체 오류의 감소치는 일반적으로 그리 크지 않을 것이다. 하지만 위원회 방식의 기대 오룻값이 각 구성

연습문제 14.3 모델의 기대 오류보다 크지 않을 것이라는 것은 증명할 수 있다. $E_{\mathrm{COM}} \leqslant E_{\mathrm{AV}}$라는 것이다. 다음 절에서는 더 좋은 성능을 보이는 복잡한 위원회 구성 테크닉인 부스팅 기법에 대해 살펴보도록 하자.

14.3 부스팅

부스팅(*boosting*)은 여러 '기저' 분류기들을 조합해서 단일 기저 분류기에 비해 훨씬 더 나은 성능을 보이는 위원회를 구성하는 테크닉이다. 여기서는 가장 널리 사용되는 부스팅 알고리즘으로서 Freund and Schapire(1996)에 의해 개발된 **에이다부스트**(*AdaBoost*)를 살펴볼 것이다. 이 이름은 **적응적 부스팅**(*adaptive boosting*)의 약자다. 기저 분류기들이 랜덤보다 아주 약간만 나은 성능을 보이더라도 부스팅을 적용하면 좋은 결과를 얻을 수 있다. 그렇기 때문에 이 경우의 기저 분류기들을 종종 **약학습기**(*weak learner*)라 지칭한다. 부스팅은 원래 분류 문제를 푸는 목적으로 만들어졌지만 회귀 문제를 푸는 데도 활용할 수 있다(Friedman, 2001).

위에서 살펴본 배깅 등의 위원회 방법과 부스팅 방법 사이의 주된 차이점은 부스팅 방법에서는 기저 분류기들이 순차적으로 훈련된다는 것이다. 이때 각 기저 분류기들은 가중된 형태의 데이터 집합을 이용해서 훈련되며, 가중 계수들은 이전 분류기의 결과에 의해 결정된다. 기저 분류기 중 하나에 의해 오분류된 포인트들은 배열상에서의 다음 기저 분류기의 훈련에 사용될 때 더 큰 가중치를 부여받는다. 모든 분류기들을 훈련하고 나면 각 분류기들의 예측치를 가중된 다수결 방식으로 조합한다. 이에 대해 그림 14.1에 그려져 있다.

2클래스 분류 문제를 고려해 보자. 훈련 데이터는 입력 벡터 $\mathbf{x}_1, \ldots, \mathbf{x}_N$와 해당 이진 타깃 변수 $t_1, \ldots, t_N$으로 구성되어 있으며, 이때 $t_n \in \{-1, 1\}$이다. 각 데이터 포인트들은 가중 매개변수 w_n을 부여받으며, 매개변수들은 $1/N$으로 초기화된다. 가중된 데이터를 바탕으로 기저 분류기를 훈련시켜서 $y(\mathbf{x}) \in \{-1, 1\}$을 내놓을 수 있는 방법은 이미 존재한다고 가정할 것이다. 에이다부스트의 각 단계에서는 수정된 가중치를 바탕으로 분류기를 훈련시킨다. 이때 이전에 훈련된 분류기의 결과에서 오분류된 데이터 포인트들에 더 높은 가중치를 부여하는 방식으로 가중치를 수정하게 된다. 원하는 수만큼의 기저 분류기를 훈련시키고 나면 이들을 조합해서 위원회를 구성한다. 위원회 구성 가정에서 각 기저 분류기들에 대해 서로 다른 가중치를 사용하게 된다. 에이다부스트 알고리즘의 정확한 형태를 다음에 적어 두었다.

에이다부스트

1. 데이터 가중치 $\{w_n\}$을 $w_n^{(1)} = 1/N$으로 초기화한다. 이때 $n = 1, \ldots, N$이다.

2. $m = 1, \ldots, M$에 대해 다음을 시행한다.

    (a) 다음의 가중 오류 함수를 최소화하는 방식으로 분류기 $y_m(\mathbf{x})$를 훈련 데이터에 피팅한다.

그림 14.1 부스팅 방법론을 표현한 도식. 각각의 기저 분류기 $y_m(\mathbf{x})$들은 가중된 형태의 훈련 집합(파란색 화살표)을 이용해서 훈련된다. 이때 가중치 $w_n^{(m)}$은 앞 순서의 기저 분류기 $y_{m-1}(\mathbf{x})$의 결과에 대해 종속적이다(녹색 화살표). 모든 기저 분류기가 훈련되고 나면 이들을 조합해서 최종 분류기 $Y_M(\mathbf{x})$(빨간색 화살표)를 얻게 된다.

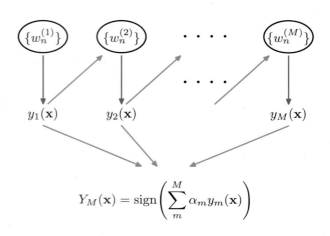

$$J_m = \sum_{n=1}^{N} w_n^{(m)} I(y_m(\mathbf{x}_n) \neq t_n) \qquad \text{(식 14.15)}$$

여기서 $I(y_m(\mathbf{x}_n) \neq t_n)$은 표시 함수로서 $y_m(\mathbf{x}_n) \neq t_n$이면 1, 아니면 0 값을 가진다.

(b) 다음의 값을 계산한다.

$$\epsilon_m = \frac{\displaystyle\sum_{n=1}^{N} w_n^{(m)} I(y_m(\mathbf{x}_n) \neq t_n)}{\displaystyle\sum_{n=1}^{N} w_n^{(m)}} \qquad \text{(식 14.16)}$$

그리고 이를 이용해서 다음을 계산한다.

$$\alpha_m = \ln\left\{ \frac{1 - \epsilon_m}{\epsilon_m} \right\} \qquad \text{(식 14.17)}$$

(c) 데이터 가중 계수를 업데이트한다.

$$w_n^{(m+1)} = w_n^{(m)} \exp\left\{ \alpha_m I(y_m(\mathbf{x}_n) \neq t_n) \right\} \qquad \text{(식 14.18)}$$

3. 최종 모델을 이용해서 다음과 같이 예측을 시행한다.

$$Y_M(\mathbf{x}) = \text{sign}\left(\sum_{m=1}^{M} \alpha_m y_m(\mathbf{x}) \right) \qquad \text{(식 14.19)}$$

첫 번째 기저 분류기 $y_1(\mathbf{x})$는 모든 가중치 $w_n^{(1)}$ 값이 같은 상태에서 훈련된다. 따라서 단일 분류기를 훈련시키기 위한 보통의 과정을 그대로 따르게 된다. 식 14.18을 보면 다음 반복에서부터는 가중 계수 $w_n^{(m)}$의 값이 오분류된 데이터 포인트들에 대해서는 증가하고, 올바르게 분류된 데이터 포인트들에 대해서는 변하지 않는 것을 볼 수 있다. 따라서 다음에 연속되는 분류기들은 이전 분류기들에 의해 오분류된 데이터 포인트들을 더 강조해서 훈련을 시행하게 될 것이다. 그리고 계속해서 오분류되는 데이터 포인트들은 더 큰 가중치를 얻게 될 것이다. ϵ_m은 각 분류기의 데이터 집합에 대한 가중된 오류율을 나타낸다. 식 14.17에 정의된 가중 계수 α_m은 더 정확한 분류기에 대해 더 큰 값을 가지게 될 것이다. 이 값을 바탕으로 식 14.19에서 전체 출력값이 계산된다.

에이다부스트 알고리즘의 예시가 그림 14.2에 그려져 있다. 그림 A.7의 분류 데이터 집합에서 30개의 데이터 포인트를 표본 추출해서 사용하였다. 여기서 각각의 기저 학습기는 각각의 입력 변수에 대한 임계값으로 이루어져 있다. 이 단순한 분류기는 단일 노드를 가진 의사 결정 트리에 해당한다. 이를 '의사 결정 그루터기(decision stump)'라 하기도 한다. 각각의 기저 학습기는 입력 특징들 중 하나가 어떤 임계값을 넘었는지 아닌지를 바탕으로 입력값을 분류한다. 그 결과 축들 중 하나에 직교하는 선형 결정 경계를 이용해서 공간을 단순하게 두 구역으로 나누게 된다.

14.3.1 지수 오류의 최소화

부스팅 방법은 원래 통계적 학습 이론에서 기인했으며, 그로 인해서 일반화 오류에 대해 상한 한곗값을 사용한다. 하지만 이 한곗값들은 실제로 사용하기에는 너무 느슨하다. 즉, 부스팅의 실제적인 성능은 한곗값이 시사하는 것보다 훨씬 좋다는 것이다. Friedman *et al.*(2000)에서는 다른 방식으로 매우 간단하게 부스팅을 해석하는 것에 대해 설명했다. 이 해석은 지수 오류 함수의 연속적인 최소화를 바탕으로 한 것이다.

다음과 같이 정의되는 지수 오류 함수를 생각해 보자.

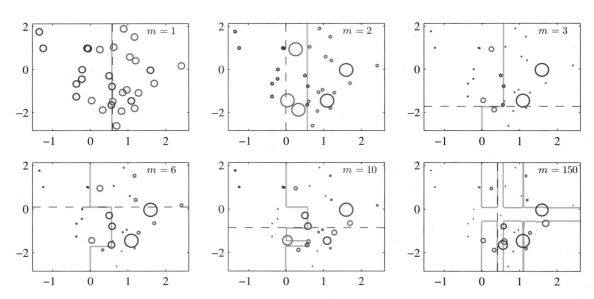

그림 14.2 부스팅의 예시. 이 예시에서의 기저 학습기들은 하나의 축에 대해 적용되는 단순한 임계값으로 구성되어 있다. 각 그림에는 지금까지 훈련된 기저 학습기의 숫자 m, 가장 최근 기저 학습기의 결정 경계(검은색 점선), 앙상블된 조합 결정 경계(녹색 실선)가 표현되어 있다. 각 포인트들은 원으로 그려져 있으며, 원의 반지름은 가장 최근의 기저 학습기가 훈련될 때 사용했던 가중치를 의미한다. 예를 들면, $m = 1$의 기저 학습기에서 잘못 분류된 포인트들이 $m = 2$ 기저 학습기를 학습시킬 때 더 큰 가중치를 부여받았다는 것을 확인할 수 있다.

736   CHAPTER 14 모델 조합

$$E = \sum_{n=1}^{N} \exp\left\{-t_n f_m(\mathbf{x}_n)\right\} \qquad \text{(식 14.20)}$$

여기서 $f_m(\mathbf{x})$는 기저 분류기 $y_l(\mathbf{x})$들의 선형 결합을 통해 정의되는 분류기다.

$$f_m(\mathbf{x}) = \frac{1}{2}\sum_{l=1}^{m} \alpha_l y_l(\mathbf{x}) \qquad \text{(식 14.21)}$$

훈련 집합 타깃 변수들은 $t_n \in \{-1, 1\}$이다. 우리의 목표는 가중 계수 α_l과 기저 분류기 $y_l(\mathbf{x})$의 매개변수에 대해서 E를 최소화하는 것이다.

전역적인 오류 함수 최소화를 시행하는 대신에 각각의 기저 분류기 $y_1(\mathbf{x}), \ldots, y_{m-1}(\mathbf{x})$와 해당 계수 $\alpha_1, \ldots, \alpha_{m-1}$들이 고정되어 있다고 가정하고 α_m과 $y_m(\mathbf{x})$에 대해서만 최소화를 할 것이다. 기저 분류기 $y_m(\mathbf{x})$를 포함하는 항들을 제외하면 오류 함수를 다음의 형태로 적을 수 있다.

$$
\begin{aligned}
E &= \sum_{n=1}^{N} \exp\left\{-t_n f_{m-1}(\mathbf{x}_n) - \frac{1}{2}t_n \alpha_m y_m(\mathbf{x}_n)\right\} \\
&= \sum_{n=1}^{N} w_n^{(m)} \exp\left\{-\frac{1}{2}t_n \alpha_m y_m(\mathbf{x}_n)\right\} \qquad \text{(식 14.22)}
\end{aligned}
$$

여기서 계수 $w_n^{(m)} = \exp\{-t_n f_{m-1}(\mathbf{x}_n)\}$은 상수로 볼 수 있다. 왜냐하면 α_m과 $y_m(\mathbf{x})$에 대해서만 최적화를 시행할 것이기 때문이다. $y_m(\mathbf{x})$에 의해 올바르게 분류된 데이터 포인트 집합을 T_m으로 지칭하고, 나머지 오분류된 포인트들을 M_m으로 지칭하면 오류 함수를 다음의 형태로 다시 적을 수 있다.

$$
\begin{aligned}
E &= e^{-\alpha_m/2}\sum_{n \in \mathcal{T}_m} w_n^{(m)} + e^{\alpha_m/2}\sum_{n \in \mathcal{M}_m} w_n^{(m)} \\
&= (e^{\alpha_m/2} - e^{-\alpha_m/2})\sum_{n=1}^{N} w_n^{(m)} I(y_m(\mathbf{x}_n) \neq t_n) + e^{-\alpha_m/2}\sum_{n=1}^{N} w_n^{(m)} \quad \text{(식 14.23)}
\end{aligned}
$$

이를 $y_m(\mathbf{x})$에 대해서 최소화한다고 해보자. 이 경우 두 번째 항은 상수이기 때문에 결국 식 14.15를 최소화하는 것과 동일해진다. 왜냐하면 합산의 앞에 있는 곱셈 인자는 최솟값의 지점에 영향을 주지 않기 때문이다. 이와 비슷하게 α_m에 대해서 최소화를 하면 식 14.17을 얻게 된다. 이때 ϵ_m은 식 14.16에 의해 정의된다.

연습문제 14.6

식 14.22로부터 α_m과 $y_m(\mathbf{x})$를 찾고 나면 다음과 같이 데이터의 가중치를 업데이트할 수 있음을 알 수 있다.

$$w_n^{(m+1)} = w_n^{(m)} \exp\left\{-\frac{1}{2} t_n \alpha_m y_m(\mathbf{x}_n)\right\} \qquad \text{(식 14.24)}$$

식 14.25를 대입해 넣으면 식 14.26을 얻을 수 있다.

$$t_n y_m(\mathbf{x}_n) = 1 - 2I(y_m(\mathbf{x}_n) \neq t_n) \qquad \text{(식 14.25)}$$

$$w_n^{(m+1)} = w_n^{(m)} \exp(-\alpha_m/2) \exp\left\{\alpha_m I(y_m(\mathbf{x}_n) \neq t_n)\right\} \qquad \text{(식 14.26)}$$

식 14.26을 이용해서 가중치 $w_n^{(m)}$을 다음 반복 단계에서 업데이트할 수 있다.

항 $\exp(-\alpha_m/2)$는 n에 대해 독립적이다. 그러므로 이 항은 모든 데이터 포인트들을 같은 인자만큼 가중하게 되며, 따라서 식에서 제거할 수 있다. 그 결과 식 14.18을 얻게 된다.

마지막으로, 모든 기저 분류기가 훈련되고 나면 식 14.21의 조합 함수를 통해 계산한 값의 부호에 따라서 새 데이터 포인트들을 분류한다. 인자 1/2은 부호에 영향을 미치지 않기 때문에 제거할 수 있다. 그 결과 식 14.19를 얻을 수 있다.

14.3.2 부스팅의 오류 함수

에이다부스트 알고리즘에 의해 최소화되는 지수 오류 함수는 이전 장들에서 고려했던 오류 함수들과는 다른 형태를 가진다. 지수 오류 함수의 성질에 대해 통찰을 얻기 위해 먼저 다음의 기대 오룻값을 고려해 보자.

$$\mathbb{E}_{\mathbf{x},t}\left[\exp\{-ty(\mathbf{x})\}\right] = \sum_t \int \exp\{-ty(\mathbf{x})\} p(t|\mathbf{x}) p(\mathbf{x}) \, \mathrm{d}\mathbf{x} \qquad \text{(식 14.27)}$$

연습문제 14.7 여기에 모든 가능한 함수 $y(\mathbf{x})$에 대한 변분적 최소화를 시행하면 다음을 얻게 된다.

$$y(\mathbf{x}) = \frac{1}{2} \ln\left\{\frac{p(t=1|\mathbf{x})}{p(t=-1|\mathbf{x})}\right\} \qquad \text{(식 14.28)}$$

이는 로그 오즈(log odds)의 절반이다. 즉, 에이다부스트 알고리즘은 기저 분류기들의 선형 결합으로 이루어진 함수들의 공간상에서 로그 오즈 비율의 최선의 근사치를 찾는 것이다. 에이다부스트는 순차적 최적화를 통해 시행되므로 이 경우 로그 오즈 비율의 근사치를 찾는 과정은 제약 조건이 있는 최소화에 해당한다. 이 결과는 식 14.19에서 부호 함수를 사용해서 최종 분류 결정에 도달하게 되는 이유가 된다.

2클래스 분류 문제의 경우에 식 4.90의 교차 엔트로피 오류를 최소화하는 $y(\mathbf{x})$는 사후 클래스 확률로 주어진다는 것을 앞에서 살펴보았다. 또한, 타깃 변수 $t \in \{-1, 1\}$의 경우에는 그 오류 함수가 $\ln(1 + \exp(-yt))$로 주어진다는 것도 살펴봤었다. 그림 14.3에 지수 오류 함수, 교차 엔트로피 오류 함수, 그리고 다른 오류 함수들을 비교해 두었다. 쉬운 비교를 위해서 교차 엔트로피 오류는 상수 인자 $\ln(2)$로 나눠서 포인트 $(0, 1)$을 지나도록 했다. 지수 오류 함수와 교차 엔트로피 오류 함수 둘 다가 이상적인 오분류 오류 함수에 대한 연속적 근사치라는 것을 볼 수 있다. 지수 오류 함수는 이를 순차적으로 최소화하면 단순한 에이다부스트 알고리즘을 얻을 수 있다는 장점을 가졌다. 반면에 지수 오류 함수는 교차 엔트로피 오류 함수에 비해서 $ty(\mathbf{x})$의 큰 음의 값에 대해 훨씬 강하게 불이익을 적용한다는 단점을 가지고 있기도 하다. ty의 큰 음의 값에 대해서 교차 엔트로피 함수의 값은 $|ty|$에 대해 선형적으로 증가하는 반면, 지수 오류 함수의 값은 $|ty|$에 대해 기하급수적으로 증가한다. 따라서 지수 오류 함수는 이상점이나 잘못 라벨된 데이터 포인트에 대한 강건성이 훨씬 떨어진다. 교차 엔트로피 오류 함수와 지수 오류 함수의 또 다른 중요한 차이점은 지수 오류 함수는 잘 정의된 확률 모델의 로그 가능도 함수로 해석할 수가 없다는 것이다. 또한, 지수 오류 함수는 $K > 2$개의 클래스를 가지는 분류 문제에 대해 일반화할 수 없다. 반면에 교차 엔트로피 오류 함수는 잘 정의된 확률적 모델을 가지고 있으며, 쉽게 일반화해서 식 4.108과 같은 결과를 얻을 수 있다.

부스팅을 지수 오류 함수하에서의 합산 모델의 순차적 최적화로 보는 해석(Friedman *et al.*, 2000)은 많은 종류의 다양한 부스팅 형식 알고리즘의 가능성을 열어 준다. 그중 하나는 오류 함수를 변경해서 다중 클래스에 대해 확장하는 것이다. 그리고 또 다른 하나는 회귀 문제로의 확장이다(Friedman, 2001). 회귀에 대해 제곱합 오류 함수를 고려하게 되면 식 14.21의 합산 모델의 순차적 최소화 과정은 각각의 새 기저 분류기를 이전 모델의 잔차 오류 $t_n - f_{m-1}(\mathbf{x}_n)$에 대해 피팅하는 과정이 된다. 하지만 이미 살펴봤던 것처럼 제곱합 오류 함수는 이상값들에 대해

7.1.2절

연습문제 14.8

4.3.4절

연습문제 14.9

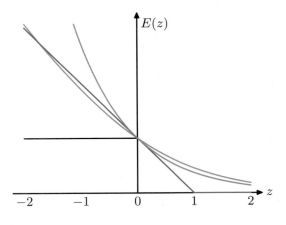

그림 14.3 오류 함수들을 비교해 놓은 그림. 지수 오류 함수가 녹색으로, 재척도화된 교차 엔트로피 오류 함수가 빨간색으로, 서포트 벡터 머신에서 사용하는 힌지 오류 함수가 파란색으로, 오분류 오류가 검은색으로 그려져 있다. $z = ty(\mathbf{x})$가 큰 음의 값을 가질 경우 교차 엔트로피는 선형적으로 증가하는 불이익 값을 주는 반면, 지수 오류 함수는 기하급수적으로 증가하는 불이익 값을 준다.

그림 14.4   제곱 오류(녹색 선)와 절댓값 오류(빨간색 선)의
비교. 오룻값이 큰 경우에 절댓값 오류 함수의 값
이 제곱 오류에 비해 덜 증가하는 것을 확인할 수
있다. 그 결과 이상값과 잘못 라벨이 붙은 데이터
포인트들에 대한 강건성이 높아지게 된다.

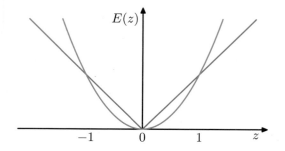

강건하지 못하다. 부스팅 알고리즘을 편차의 절댓값 $|y - t|$를 기반으로 하도록 하면 이 문제를
해결할 수 있다. 두 오류 함수들이 그림 14.4에 비교되어 있다.

14.4 트리 기반 모델

간단하지만 널리 사용되는 모델의 종류로 입력 공간을 각 변이 축과 평행한 입방형들로 나누
고 각 구역별로 단순한 모델(예를 들면 상수 모델)을 사용하는 것이 있다. 이러한 모델은 모델 조
합 방법의 하나로 볼 수 있다. 이 경우 입력 공간의 각 포인트들에 대해 예측을 하는 데 있어서
오직 하나의 모델만이 책임을 지게 된다. 새로운 입력값 **x**가 주어졌을 경우에 특정 모델을 선
택하는 과정은 연속적으로 결정을 내리는 과정으로 볼 수 있는데, 이는 이진 트리(각 노드에서
두 개의 가지로 쪼개지는 트리)를 순회하는 것에 해당한다. 여기서는 **분류와 회귀 트리**(*classification
and regression trees*, 이하 *CART*)(Breiman *et al.*, 1984)라 불리는 트리에 초점을 맞출 것이다. 여기서는
다루지 않을 것이지만, ID3와 C4.5(Quilan, 1986; Quinlan, 1993)와 같은 변형 모델도 존재한다.

그림 14.5와 14.6은 입력 공간을 해당 트리 구조에 따라 재귀적으로 이진 분할한 것을 나타내고
있다.

그림 14.5   축을 따라 배열된 경계를 통해 이차원 공간을
다섯 개의 구역으로 분할했다.

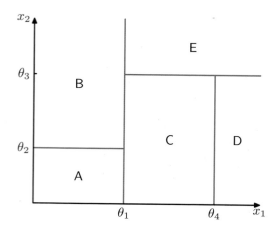

이 예시의 첫 번째 단계에서는 전체 입력 공간을 $x_1 \leqslant \theta_1$인지 $x_1 > \theta_1$인지에 따라서 두 개의 구역으로 나눈다. 이때 θ_1은 모델의 매개변수다. 이 분할에 따라 두 개의 부분 구역이 생긴다. 이 각각의 부분 구역들을 개별적으로 더 분할할 수 있다. 예를 들어, $x_1 \leqslant \theta_1$에 해당하는 구역은 $x_2 \leqslant \theta_2$인지 $x_2 > \theta_2$인지에 따라 분할된다. 그 결과로 A와 B 구역이 생기게 된다. 재귀적인 분할 과정은 그림 14.6의 이진 트리를 따라 순회하는 것으로 설명할 수 있다. 새로운 입력값 x에 대해 트리의 루트 노드에서 시작해서 각 노드의 결정 기준에 맞춰서 경로를 따라가면 특정 잎 노드에 도착하게 된다. 이러한 의사 결정 트리는 확률적 그래프 모델이 아니다.

각 구역 내에는 타깃 변수를 예측하기 위한 개별적인 모델이 존재한다. 예를 들면, 회귀 문제의 경우에는 단순히 각 구역별로 어떤 상수를 예측값으로 내놓을 수도 있다. 또는 분류 문제의 경우에는 각 구역을 특정 클래스에 할당할 수 있다. 트리 기반의 모델의 핵심적인 성질 중하나는 바로 인간이 알아보기 쉬운 형태로 해석할 수가 있다는 것이다. 각 모델의 의사 결정과정은 개별 변수에 대한 이진 결정의 순차로 표현할 수 있다. 이러한 장점 덕분에 트리 기반모델은 의학적 진단 등의 분야에서 널리 사용되고 있다. 예를 들어, 환자의 질병에 대해 예측하려 한다면 첫 번째로 '체온이 어떤 임계값보다 높습니까?'라고 물어볼 수 있을 것이다. 만약그렇다고 대답한다면 다음으로 '혈압이 어떤 임계값보다 낮습니까?'라고 물을 수 있을 것이다. 이 경우 트리의 각 잎 노드는 특정 진단 결과에 해당하게 된다.

이러한 모델을 훈련 집합으로부터 학습하기 위해서는 트리의 구조를 결정해야 한다. 각 노드에서 어떤 입력 변수를 선택해서 분할 기준으로 사용하는지, 어떤 임계값 매개변수 θ_i를 분할에사용하는지 등을 결정해야 한다는 것이다. 또한, 각 구역에서 사용할 예측 변숫값도 결정해야한다.

먼저 회귀 문제를 생각해 보자. 이 문제의 목표는 입력 변수인 D차원 벡터 $\mathbf{x} = (x_1, \ldots, x_D)^{\mathrm{T}}$으로부터 단일 타깃 변수 t를 예측하는 것이다. 훈련 데이터는 입력 벡터 $\{\mathbf{x}_1, \ldots, \mathbf{x}_N\}$과 해

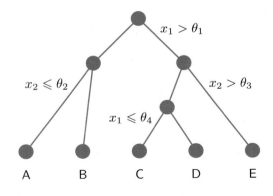

그림 14.6 그림 14.5의 분할된 입력 공간에 해당하는 이진 트리다.

당 연속 라벨 $\{t_1, \ldots, t_N\}$으로 구성되어 있다. 입력 공간을 어떻게 분할할지가 주어져 있고 제곱합 오류 함수에 대한 최소화를 시행했다고 하자. 이 경우 주어진 구역 내에서의 예측 변수에 대한 최적값은 해당 구역 내의 데이터 포인트들의 t_n을 평균 내서 구할 수 있다.

연습문제 14.10

이제 의사 결정 트리의 구조를 결정하는 법에 대해 살펴보도록 하자. 트리에 고정된 숫자의 노드가 있는 경우를 고려한다 하더라도 제곱합 오류 함수를 최소화하는 최적 구조를 결정하는 문제(각 분할 단계에서 사용할 입력 변수를 결정하고 해당 임계값을 결정하는 문제)는 보통 계산적으로 실행이 불가능하다. 왜냐하면 조합적으로 아주 많은 수의 가능한 해가 존재하기 때문이다. 대신에 **탐욕**(greedy) 알고리즘을 주로 사용하게 된다. 이 경우에는 전체 입력 공간을 대표하는 단일 루트 노드에서 시작해서 한 번에 노드를 하나씩 추가하는 식으로 트리를 키워 나간다. 각 단계에서는 분할 가능한 후보 구역이 몇 개 있을 것이다. 이 분할은 현재의 트리에 잎 노드의 쌍을 추가하는 것에 해당한다. 이때 분할을 시행할 D개의 입력 변수들 중 하나를 선택해야 하며, 임계값의 값도 선택해야 한다. 분할할 공간을 선택하고 입력 변수와 임계값을 선택하는 결합 최적화 문제는 분할 변수와 임계값이 주어졌을 경우, 예측 변수에 대한 최적 선택값이 데이터의 지역적인 평균으로 주어지기 때문에 전체적인 검색을 거치지 않고 효율적으로 시행할 수 있다. 모든 가능한 분할 변수에 대해 이 과정을 반복하게 되면 가장 작은 잔차 제곱합 오류를 주는 것이 남겨진다.

탐욕 알고리즘을 통해 트리를 키워나가는 데 있어서 한 가지 남은 문제는 언제 노드의 추가를 그만둬야 하냐는 것이다. 단순하게 생각해 볼 수 있는 하나의 방법은 잔차 오류의 감소치가 특정 기준치 아래로 내려갔을 경우에 멈추는 것이다. 그러나 몇몇 단계 후에는 상당한 오류 감소를 찾아낼 수 있지만, 지금 당장의 단계에서는 오류를 많이 감소시킬 수 있는 분할이 존재하지 않는 경우가 종종 존재한다. 이러한 이유 때문에 보통 실제 적용에서는 먼저 각각의 잎 노드와 연관된 데이터 포인트의 숫자를 정지 기준으로 삼는 방식으로 큰 트리를 만들고, 그 후에 이 트리를 역으로 가지를 쳐 나가는 방법을 사용하기도 한다. 가지치기는 잔차 오류와 모델 복잡도 측정값 사이에 균형을 맞추는 것을 기반으로 시행된다. 가지치기를 시행하기 전의 시작 트리를 T_0라 하자. 그리고 $T \subset T_0$를 T_0에서 노드들을 가지 쳐서 얻을 수 있는 부분 트리라고 정의해 보자. 다시 말하면 지역들을 합침으로써 내부 노드들을 줄여서 얻을 수 있는 트리를 이렇게 정의하는 것이다. 잎 노드들이 $\tau = 1, \ldots, |T|$의 인덱스를 가지고 있다고 하자. 이때 잎 노드 τ는 N_τ개의 데이터 포인트들을 가지는 입력 공간의 영역 $\mathcal{R}_\tau$를 대표하게 된다. 그리고 $|T|$는 전체 잎 노드의 숫자다. 영역 $\mathcal{R}_\tau$에 대한 최적의 예측은 다음과 같이 주어진다.

$$y_\tau = \frac{1}{N_\tau} \sum_{\mathbf{x}_n \in \mathcal{R}_\tau} t_n \tag{식 14.29}$$

그리고 잔차 제곱합 오류에 대한 해당 기여도는 다음과 같다.

$$Q_\tau(T) = \sum_{\mathbf{x}_n \in \mathcal{R}_\tau} \{t_n - y_\tau\}^2 \tag{식 14.30}$$

이 경우 가지치기의 기준값은 다음으로 주어진다.

$$C(T) = \sum_{\tau=1}^{|T|} Q_\tau(T) + \lambda|T| \tag{식 14.31}$$

정규화 매개변수 λ가 전체 잔차 제곱합 오류와 (잎 노드의 수 $|T|$로 측정되는) 모델의 복잡도 사이의 트레이드 오프를 결정한다. λ의 값은 교차 검증법을 통해서 결정할 수 있다.

분류 문제의 경우에도 트리를 키우고 줄이는 과정은 비슷하다. 한 가지 차이점은 제곱합 오류를 성능에 대한 적절한 다른 척도로 바꿔야 한다는 것이다. 구역 $\mathcal{R}_\tau$에서 클래스 k에 할당된 데이터 포인트들의 비율로 $p_{\tau k}$를 정의하자(이때 $k = 1, \dots, K$다). 이 경우 가장 많이 사용되는 성능 척도는 다음의 두 가지다. 첫 번째는 다음의 교차 엔트로피다.

$$Q_\tau(T) = -\sum_{k=1}^{K} p_{\tau k} \ln p_{\tau k} \tag{식 14.32}$$

그리고 두 번째는 다음의 **지니 인덱스**(*Gini index*)다.

$$Q_\tau(T) = \sum_{k=1}^{K} p_{\tau k} (1 - p_{\tau k}) \tag{식 14.33}$$

연습문제 14.11

만약 $k = 1, \dots, K$ 중 하나 이상의 값에 대해 $p_{\tau k} = 1$이고(이 경우 $j \neq k$인 모든 j에 대해 $p_{\tau j} = 0$), 모든 $k = 1, \dots, K$에 대해 $p_{\tau k} = 1/K$에서 최댓값을 가진다면 둘 다 그 값이 0으로 가게 된다. 이 척도들은 각 영역에 속해 있는 데이터 포인트들이 높은 비율로 하나의 클래스에 속하도록 장려한다. 트리를 키우는 데 있어서 교차 엔트로피와 지니 인덱스는 오분류율보다 더 좋은 척도다. 왜냐하면 이들은 노드의 확률에 대해 더 민감하기 때문이다. 또한, 이들은 오분류율과는 달리 미분이 가능하기 때문에 기울기 기반의 최적화 방법에 더 적합하다. 이후에 트리를 가지치기 하는 과정에서는 주로 오분류율을 사용한다.

인간이 해석할 수 있다는 점은 **CART**와 같은 트리 기반 모델의 주된 강점으로 여겨져 왔다. 하지만 실전에서 학습된 특정 트리 구조는 데이터 집합의 디테일에 대해 매우 민감하다. 따라서 훈련 데이터에 작은 변화만 가해져도 매우 다른 분할을 가지게 될 수 있다(Hastie *et al.*, 2001).

트리 기반 모델은 다른 문제점들도 가졌다. 그중 하나는 분할들이 특징 공간의 축에 대해 평행하게 정렬되어 있는데, 이 구조가 최적에서 거리가 멀 수 있다는 것이다. 예를 들어, 최적 결정 경계가 축으로부터 45도의 각도를 가지는 경우 이들을 분할하기 위해서는 축에 평행한 분할들이 아주 많이 필요하게 된다. 반면에 축에 평행하지 않은 분할을 사용할 수 있다면 하나의 경계만으로도 이들을 분리할 수 있다. 게다가 의사 결정 트리의 분할은 강한 분할이다. 즉, 입력 공간의 각 구역은 단 하나의 잎 노드 모델에만 연관될 수 있으며, 그 역도 성립한다. 하나의 잎 노드 모델은 어디까지나 하나의 구역에만 연관될 수 있는 것이다. 마지막으로, 회귀 문제에서 트리 기반 모델을 사용할 경우에 발생하는 문제가 있다. 회귀 문제에서는 보통 매끄러운 함수를 모델하고자 한다. 하지만 트리 기반의 모델은 조각별로 상수인 예측값을 내놓게 되며, 그 결과 분할 경계에서 불연속적이게 될 것이다.

14.5 조건부 혼합 모델

표준 의사 결정 트리는 입력 공간을 강하게 분할하며, 축에 평행한 경계로 나누기 때문에 제약적이라는 것을 살펴보았다. 한 번에 하나 대신 모든 입력 변수들에 대한 함수인 확률적이고 약한 분할을 사용하면 이러한 한계점들을 다소 감소시킬 수 있다(이 경우 모델을 인간이 해석할 수 있는 정도는 조금 떨어지게 될 것이다). 또한, 만약 잎 노드 모델에도 확률적 해석을 부여하면 완전히 확률적인 트리 기반 모델을 얻을 수 있다. 이 경우의 모델을 **계층적 전문 학습기 혼합**(*hierarchical mixture of expert*)이라 한다. 이에 대해 14.5.3절에서 살펴볼 것이다.

9장

계층적 전문 학습기 혼합 모델에 도달할 수 있는 또 다른 방식은 가우시안과 같은 비조건적 밀도 모델의 표준 확률적 혼합에서 시작해서 성분 밀도들을 조건부 분포로 바꾸는 것이다. 여기서는 선형 회귀 모델들의 혼합(14.5.1절)과 로지스틱 회귀 모델들의 혼합(14.5.2절)을 고려할 것이다. 가장 단순한 경우에는 혼합 계수들이 입력 변수에 대해 독립적이다. 이를 더 일반화시켜서 혼합 계수들 역시 입력값에 대해 종속적이게 하면 전문 학습기 혼합 모델을 얻을 수 있다. 여기에 혼합 모델의 성분들 그 자체에 전문 학습기 혼합 모델을 허용하면 계층적 전문 학습기 혼합 모델을 얻게 된다.

14.5.1 선형 회귀 모델의 혼합

선형 회귀 모델에 확률적인 해석을 부여했을 때의 여러 가지 장점들 중 하나는 바로 해당 모델을 더 복잡한 확률적 모델의 성분으로 사용할 수 있다는 것이다. 예를 들면, 선형 회귀를 표현하는 조건부 분포를 방향성 확률적 그래프의 노드로 사용할 수 있다. 여기서는 선형 회귀 모델의 혼합에 대한 간단한 예시를 살펴볼 것이다. 이는 9.2절에서 살펴보았던 가우시안 혼합 모델을 조건부 가우시안 분포에 대해 확장한 것에 해당한다.

K개의 선형 회귀 모델을 고려해 보자. 각 모델은 가중 매개변수 $\mathbf{w}_k$에 의해 조절된다. 많은 적용 사례에서는 모든 K개의 성분들에 대한 공통적인 노이즈 분산을 고려해도 괜찮을 것이다. 이 노이즈 분산은 정밀도 매개변수 β에 의해 조절된다고 하자. 여기서는 단일 타깃 변수 t의 경우에 대해서만 고려할 것이다. 하지만 다중 출력에 대해 확장하는 것은 그리 어렵지 않다. 혼합 계수를 π_k로 지칭하면 혼합 분포를 다음과 같이 적을 수 있다.

$$p(t|\boldsymbol{\theta}) = \sum_{k=1}^{K} \pi_k \mathcal{N}(t|\mathbf{w}_k^{\mathrm{T}}\boldsymbol{\phi}, \beta^{-1}) \tag{식 14.34}$$

여기서 $\boldsymbol{\theta}$는 모델의 모든 적응적 매개변수를 지칭하는 것이다. 이 적응적 매개변수에 속하는 것으로는 $\mathbf{W} = \{\mathbf{w}_k\}$, $\boldsymbol{\pi} = \{\pi_k\}$, β가 있다. 관측 데이터 집합 $\{\boldsymbol{\phi}_n, t_n\}$이 주어졌을 때 이 모델의 로그 가능도 함수는 다음의 형태를 취하게 된다.

$$\ln p(\mathbf{t}|\boldsymbol{\theta}) = \sum_{n=1}^{N} \ln \left(\sum_{k=1}^{K} \pi_k \mathcal{N}(t_n|\mathbf{w}_k^{\mathrm{T}}\boldsymbol{\phi}_n, \beta^{-1}) \right) \tag{식 14.35}$$

여기서 $\mathbf{t} = (t_1, \ldots, t_N)^{\mathrm{T}}$는 타깃 변수들의 벡터다.

이 가능도 함수를 최대화하기 위해 EM 알고리즘을 사용하도록 하자. 여기서 사용할 EM 알고리즘은 9.2절에서 비조건적 가우시안 혼합에 사용했던 EM 알고리즘을 간단히 확장한 것에 해당한다. 비조건적 혼합에서의 논의를 바탕으로 이진 잠재 변수의 집합 $\mathbf{Z} = \{\mathbf{z}_n\}$을 도입하자. 여기서 $z_{nk} \in \{0,1\}$이다. 그리고 각 데이터 포인트 n에 대한 원소 $k = 1, \ldots, K$들은 혼합의 어떤 성분이 데이터 포인트를 생성하였는지를 지칭하는 단일 1 값을 가지며, 나머지 원소들은 0 값을 가진다. 잠재 변수와 관측 변수에 대한 결합 분포를 그림 14.7의 그래프 모델을 통해 표현할 수 있다.

이 경우 완전 데이터 로그 가능도 함수는 다음의 형태를 가지게 된다.

그림 14.7 식 14.35에서 정의된 혼합 선형 회귀 모델을 표현하는 확률적 방향성 그래프

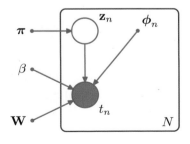

$$\ln p(\mathbf{t}, \mathbf{Z}|\boldsymbol{\theta}) = \sum_{n=1}^{N} \sum_{k=1}^{K} z_{nk} \ln \left\{ \pi_k \mathcal{N}(t_n|\mathbf{w}_k^{\mathrm{T}} \boldsymbol{\phi}_n, \beta^{-1}) \right\} \qquad \text{(식 14.36)}$$

EM 알고리즘은 모델 매개변수에 대한 초깃값 $\boldsymbol{\theta}^{\mathrm{old}}$를 선택하는 것으로 시작된다. E단계에서는 이 매개변숫값들을 사용해서 모든 데이터 포인트 n에 대한 각 성분 k의 사후 확률(책임값)을 다음과 같이 계산하게 된다.

$$\gamma_{nk} = \mathbb{E}[z_{nk}] = p(k|\boldsymbol{\phi}_n, \boldsymbol{\theta}^{\mathrm{old}}) = \frac{\pi_k \mathcal{N}(t_n|\mathbf{w}_k^{\mathrm{T}} \boldsymbol{\phi}_n, \beta^{-1})}{\sum_j \pi_j \mathcal{N}(t_n|\mathbf{w}_j^{\mathrm{T}} \boldsymbol{\phi}_n, \beta^{-1})} \qquad \text{(식 14.37)}$$

이 책임값들을 이용해서 완전 데이터 로그 가능도의 사후 분포 $p(\mathbf{Z}|\mathbf{t}, \boldsymbol{\theta}^{\mathrm{old}})$에 대한 기댓값을 결정한다.

$$Q(\boldsymbol{\theta}, \boldsymbol{\theta}^{\mathrm{old}}) = \mathbb{E}_{\mathbf{Z}}\left[\ln p(\mathbf{t}, \mathbf{Z}|\boldsymbol{\theta})\right] = \sum_{n=1}^{N} \sum_{k=1}^{K} \gamma_{nk} \left\{ \ln \pi_k + \ln \mathcal{N}(t_n|\mathbf{w}_k^{\mathrm{T}} \boldsymbol{\phi}_n, \beta^{-1}) \right\}$$

M단계에서는 γ_{nk}를 고정시킨 상태로 함수 $Q(\boldsymbol{\theta}, \boldsymbol{\theta}^{\mathrm{old}})$를 최대화한다. 혼합 계수 π_k에 대해 최적화를 시행하기 위해서는 $\sum_k \pi_k = 1$이라는 제약 조건을 염두에 둬야 한다. 라그랑주 승수법을 이용해서 이 제약 조건을 포함한 최적화를 시행할 수 있다. 그 결과로 π_k에 대한 M단계의 재추정식을 다음과 같이 구할 수 있다.

$$\pi_k = \frac{1}{N} \sum_{n=1}^{N} \gamma_{nk} \qquad \text{(식 14.38)}$$

이는 비조건적 가우시안의 혼합 분포의 해당 결과인 식 9.22와 정확하게 동일하다.

다음으로는 k번째 선형 회귀 모델의 매개변수 벡터 $\mathbf{w}_k$에 대한 최대화를 고려해 보자. 가우시안 분포에 대해 대입해 넣으면 매개변수 벡터 $\mathbf{w}_k$에 대한 함수로서의 $Q(\boldsymbol{\theta}, \boldsymbol{\theta}^{\mathrm{old}})$가 다음 형태를 가지게 된다는 것을 알 수 있다.

$$Q(\boldsymbol{\theta}, \boldsymbol{\theta}^{\mathrm{old}}) = \sum_{n=1}^{N} \gamma_{nk} \left\{ -\frac{\beta}{2} \left(t_n - \mathbf{w}_k^{\mathrm{T}} \boldsymbol{\phi}_n \right)^2 \right\} + \text{const} \qquad \text{(식 14.39)}$$

여기서 상수항은 $j \neq k$인 나머지 가중 벡터 $\mathbf{w}_j$들의 기여도를 포함하고 있다. 우리가 최대화하고자 하는 값은 선형 회귀 모델의 표준 제곱합 오류인 식 3.12의 음의 값과 비슷하다. 차이점은 책임값 γ_{nk}가 포함되었다는 것이다. 이는 **가중 최소 제곱**(*weighted least square*) 문제에 해당한다. 이 경우 n번째 데이터 포인트에 해당하는 항은 $\beta\gamma_{nk}$로 주어지는 가중 계수를 가진다. 이를 각 데이터 포인트의 유효 정밀도로 해석할 수 있다. 혼합상의 각 선형 회귀 모델 성분은 M단계에서 각자가 따로 전체 데이터 집합에 피팅된다. 하지만 이때 해당 모델 k가 가지고 있는 책임도 γ_{nk}를 통해서 각 데이터 포인트 n을 가중하여 사용한다. 식 14.39를 $\mathbf{w}_k$에 대해 미분하고 그 값을 0으로 설정하면 다음을 구할 수 있다.

$$0 = \sum_{n=1}^{N} \gamma_{nk} \left(t_n - \mathbf{w}_k^{\mathrm{T}} \boldsymbol{\phi}_n \right) \boldsymbol{\phi}_n \qquad \text{(식 14.40)}$$

이를 다음과 같이 행렬 표현식을 이용해 적을 수 있다.

$$0 = \boldsymbol{\Phi}^{\mathrm{T}} \mathbf{R}_k (\mathbf{t} - \boldsymbol{\Phi} \mathbf{w}_k) \qquad \text{(식 14.41)}$$

여기서 $\mathbf{R}_k = \mathrm{diag}(\gamma_{nk})$는 $N \times N$ 크기를 가지는 대각 행렬이다. $\mathbf{w}_k$에 대해 이를 풀면 다음을 얻게 된다.

$$\mathbf{w}_k = \left(\boldsymbol{\Phi}^{\mathrm{T}} \mathbf{R}_k \boldsymbol{\Phi} \right)^{-1} \boldsymbol{\Phi}^{\mathrm{T}} \mathbf{R}_k \mathbf{t} \qquad \text{(식 14.42)}$$

이는 가중 최소 제곱 문제의 수정된 정규 방정식으로써 로지스틱 회귀 모델의 맥락에서 찾았던 식 4.99와 같은 형태를 가진다. 각각의 E단계 후에는 행렬 $\mathbf{R}_k$가 바뀌게 될 것이므로 매 다음 M단계에서 정규 방정식을 다시 풀어야 한다.

마지막으로 $Q(\boldsymbol{\theta}, \boldsymbol{\theta}^{\mathrm{old}})$를 β에 대해 최대화해 보자. β에 대한 항만 남기면 함수 $Q(\boldsymbol{\theta}, \boldsymbol{\theta}^{\mathrm{old}})$를 다음과 같이 적을 수 있다.

$$Q(\boldsymbol{\theta}, \boldsymbol{\theta}^{\mathrm{old}}) = \sum_{n=1}^{N} \sum_{k=1}^{K} \gamma_{nk} \left\{ \frac{1}{2} \ln \beta - \frac{\beta}{2} \left(t_n - \mathbf{w}_k^{\mathrm{T}} \boldsymbol{\phi}_n \right)^2 \right\} \qquad \text{(식 14.43)}$$

β에 대한 미분을 0으로 놓고 정리하면, M단계에서의 β에 대한 식을 다음과 같이 얻을 수 있다.

$$\frac{1}{\beta} = \frac{1}{N} \sum_{n=1}^{N} \sum_{k=1}^{K} \gamma_{nk} \left(t_n - \mathbf{w}_k^{\mathrm{T}} \boldsymbol{\phi}_n \right)^2 \qquad \text{(식 14.44)}$$

단일 입력 변수 x와 단일 타깃 변수 t를 가지는 데이터 집합에 두 직선의 혼합을 피팅한 EM 알고리즘의 간단한 예시가 그림 14.8에 그려져 있다. 여기서 EM 알고리즘을 통해 구한 수렴된 매개변수들은 그림 14.8의 오른쪽 도식에 그려져 있다. 이 매개변수들을 바탕으로 한 식 14.34의 예측 밀도를 그림 14.9에 그려 두었다. 또한, 그림 14.9에는 단일 선형 회귀 모델을 피팅한 결과도 그려져 있다. 이 경우에는 단봉형의 예측 밀도를 얻게 된다. 더 높은 가능도에서 알 수 있듯 혼합 모델이 데이터 분포에 대한 더 나은 표현을 보여 준다. 하지만 혼합 모델은 상당한 확률 질량을 데이터가 전혀 없는 구역에 할당하게 된다. 왜냐하면 예측 밀도가 모든 x 값에 대

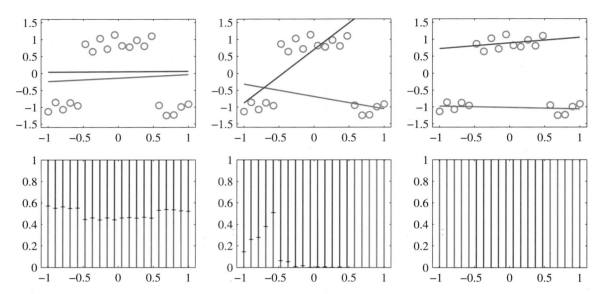

그림 14.8 단일 입력 변수 x와 단일 타깃 변수 t를 가지는 합성 데이터 집합이 녹색 포인트로, 평균 함수가 $y(x, \mathbf{w}_k)$(이때 $k \in \{1, 2\}$)로 주어지는 두 선형 회귀의 혼합 모델이 파란색 선과 빨간색 선으로 그려져 있다. 위의 세 도식은 각각 초기 설정(왼쪽), EM 과정을 30번 반복한 후의 결과(가운데), EM 과정을 50번 반복한 후의 결과(오른쪽)를 보여 주고 있다. 여기서 β는 타깃 변수 집합의 실제 분산의 역으로 정해서 사용했다. 아래줄의 세 도식에서는 각각의 데이터 포인트에 대해 해당 책임값을 수직선으로 그렸다. 이때 파란색 선의 길이는 해당 데이터 포인트의 파란색 선에 대한 사후 분포에 의해 정해진 것이다. 빨간색 선의 길이도 마찬가지다.

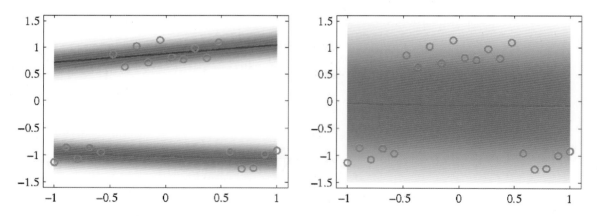

그림 14.9 왼쪽의 도식에는 그림 14.8의 수렴 결과를 이용해서 예측 조건부 밀도를 그려 두었다. 이는 로그 가능도로 -3.0을 가진다. 이 도식을 특정 x 값에 대해서 수직으로 자르면, 해당 조건부 밀도 분포 $p(t \mid x)$를 얻게 된다. 이 분포는 쌍 봉형이다. 오른쪽의 도식은 같은 데이터 집합에 최대 가능도 방법을 이용해서 단일 선형 회귀 모델을 피팅한 결과 예측 밀도다. 이 모델은 더 작은 로그 가능도인 -27.6을 가진다.

해서 쌍봉형이기 때문이다. 혼합 계수 자체를 x에 대한 함수가 되도록 모델을 확장해서 이러한 문제를 해결할 수 있다. 이러한 확장의 결과로 5.6절의 혼합 밀도 네트워크나 14.5.3의 계층적 전문 학습기 혼합 모델을 얻을 수 있게 된다.

14.5.2 로지스틱 모델의 혼합

로지스틱 회귀 모델은 입력 변수가 주어졌을 때의 타깃 변수의 조건부 분포를 정의한다. 따라서 로지스틱 회귀 모델을 혼합 모델의 성분 분포로 사용하는 것은 그리 어렵지 않다. 그 결과로 단일 로지스틱 회귀 모델보다 더 풍부한 조건부 분포를 얻을 수 있다. 이 절에서의 예시는 이 책의 앞 장들에서 살펴봤던 몇몇 아이디어를 조합한 것이다.

로지스틱 회귀 모델 K개의 확률적 혼합에서 타깃 변수에 대한 조건부 분포는 다음과 같이 주어진다.

$$p(t|\boldsymbol{\phi}, \boldsymbol{\theta}) = \sum_{k=1}^{K} \pi_k y_k^t \left[1 - y_k\right]^{1-t} \qquad \text{(식 14.45)}$$

여기서 $\boldsymbol{\varphi}$는 특징 벡터, $y_k = \sigma\left(\mathbf{w}_k^{\mathrm{T}}\boldsymbol{\phi}\right)$는 성분 k의 출력값, $\boldsymbol{\theta}$는 수정 가능한 매개변수 $\{\pi_k\}$와 $\{\mathbf{w}_k\}$를 지칭한다.

이어서 데이터 집합 $\{\boldsymbol{\phi}_n, t_n\}$이 주어졌다고 가정하자. 이때 해당 가능도 함수는 다음과 같이 주어진다.

$$p(\mathbf{t}|\boldsymbol{\theta}) = \prod_{n=1}^{N} \left(\sum_{k=1}^{K} \pi_k y_{nk}^{t_n} \left[1 - y_{nk}\right]^{1-t_n} \right) \qquad \text{(식 14.46)}$$

여기서 $y_{nk} = \sigma(\mathbf{w}_k^{\mathrm{T}}\boldsymbol{\phi}_n)$이고 $\mathbf{t} = (t_1, \ldots, t_N)^{\mathrm{T}}$다. EM 알고리즘을 이용해서 이 가능도 함수를 반복적으로 최대화할 수 있다. 이를 위해서는 각각의 데이터 포인트 n에 대한 원 핫 인코딩 지시 변수인 z_{nk}를 도입해야 한다. 이 경우 완전 데이터 가능도 함수는 다음과 같이 주어진다.

$$p(\mathbf{t}, \mathbf{Z}|\boldsymbol{\theta}) = \prod_{n=1}^{N} \prod_{k=1}^{K} \left\{ \pi_k y_{nk}^{t_n} \left[1 - y_{nk}\right]^{1-t_n} \right\}^{z_{nk}} \qquad \text{(식 14.47)}$$

여기서 $\mathbf{Z}$는 z_{nk}를 원소로 가지는 잠재 변수들의 행렬이다. 모델 매개변수의 초깃값 $\boldsymbol{\theta}^{\mathrm{old}}$를 선택하는 것으로 EM 알고리즘을 초기화하게 된다. E단계에서는 이 매개변숫값들을 이용해서 각데이터 포인트 n에 대한 성분 k의 사후 확률을 계산한다.

$$\gamma_{nk} = \mathbb{E}[z_{nk}] = p(k|\boldsymbol{\phi}_n, \boldsymbol{\theta}^{\mathrm{old}}) = \frac{\pi_k y_{nk}^{t_n} \left[1 - y_{nk}\right]^{1-t_n}}{\sum_j \pi_j y_{nj}^{t_n} \left[1 - y_{nj}\right]^{1-t_n}} \qquad \text{(식 14.48)}$$

이 책임값들을 이용해서 완전 데이터 로그 가능도 함수의 기댓값을 $\boldsymbol{\theta}$의 함수로 구할 수 있다.

$$Q(\boldsymbol{\theta}, \boldsymbol{\theta}^{\text{old}}) = \mathbb{E}_{\mathbf{Z}} \left[\ln p(\mathbf{t}, \mathbf{Z}|\boldsymbol{\theta}) \right]$$

$$= \sum_{n=1}^{N} \sum_{k=1}^{K} \gamma_{nk} \left\{ \ln \pi_k + t_n \ln y_{nk} + (1 - t_n) \ln (1 - y_{nk}) \right\} \qquad \text{(식 14.49)}$$

M단계에서는 $\boldsymbol{\theta}^{\text{old}}$와 γ_{nk}를 고정시킨 채로 이 함수를 $\boldsymbol{\theta}$에 대해서 최대화한다. π_k에 대한 최대화는 평소의 방법으로 시행할 수 있다. 이때 $\sum_k \pi_k = 1$ 제약 조건을 만족시키기 위해서 라그랑주 승수법을 사용해야 한다. 그 결과 다음의 익숙한 식을 얻게 된다.

$$\pi_k = \frac{1}{N} \sum_{n=1}^{N} \gamma_{nk} \qquad \text{(식 14.50)}$$

$\{\mathbf{w}_k\}$를 계산해 보도록 하자. $Q(\boldsymbol{\theta}, \boldsymbol{\theta}^{\text{old}})$는 k로 인덱스된 항들에 대한 합산으로 이루어져 있으며, 각각의 항들은 단일 $\mathbf{w}_k$ 벡터에 대해서만 종속적이다. 따라서 EM 알고리즘의 M단계에서는 서로 다른 벡터들을 분리해서 고려할 수 있다. 다시 말하자면 서로 다른 성분들은 오직 책임값만을 통해서 상호 작용하게 되는데, 이 책임값들은 M단계에서는 고정되어 있다는 것이다. M단계는 닫힌 형태의 해를 가지고 있지 않다. 따라서 **반복 재가중 최소 제곱법**(*iterative reweighted least squares*, 이하 *IRLS*)과 같은 알고리즘을 사용해서 반복적으로 풀어야 한다. $\mathbf{w}_k$ 벡터의 기울기와 헤시안은 다음과 같이 주어지게 된다.

4.3.3절

$$\nabla_k Q = \sum_{n=1}^{N} \gamma_{nk}(t_n - y_{nk})\boldsymbol{\phi}_n \qquad \text{(식 14.51)}$$

$$\mathbf{H}_k = -\nabla_k \nabla_k Q = \sum_{n=1}^{N} \gamma_{nk} y_{nk}(1 - y_{nk})\boldsymbol{\phi}_n \boldsymbol{\phi}_n^{\text{T}} \qquad \text{(식 14.52)}$$

여기서 ∇_k는 $\mathbf{w}_k$에 대한 기울기를 의미한다. 고정된 γ_{nk}에 대해서 이 값들은 $j \neq k$인 $\{\mathbf{w}_j\}$에 대해 독립적이다. 따라서 각각의 $\mathbf{w}_k$를 IRLS 알고리즘을 써서 따로 풀어낼 수 있다. 결과적으로 성분 k에 대한 M단계 식은 각각의 데이터 포인트 n이 가중치 γ_{nk}를 가지는 가중 데이터 집합에 단일 로지스틱 회귀 모델을 근사하는 것에 해당한다. 그림 14.10에는 단순한 분류 문제에 혼합 로지스틱 회귀 모델을 적용한 예시가 그려져 있다. 이 모델을 두 개 이상의 클래스를 다루는 소프트맥스 혼합 모델로 확장하는 것은 그리 어렵지 않다.

4.3.3절

연습문제 14.16

14.5.3 전문 학습기 혼합

14.5.1절에서는 선형 회귀 모델의 혼합을, 14.5.2절에서는 선형 분류기(로지스틱 회귀)의 혼합을 살펴보았다. 이러한 단순한 혼합 모델은 선형 모델들로 하여금 더 복잡한(다봉형 등) 예측 분포

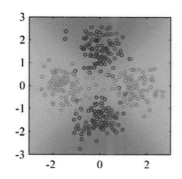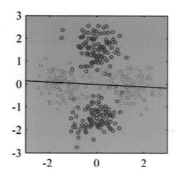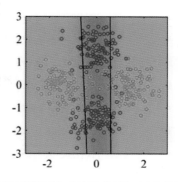

그림 14.10 혼합 로지스틱 회귀 모델에 대한 도식. 왼쪽의 도식은 빨간색과 파란색으로 표현된 두 개의 클래스들로부터 추출한 데이터 포인트들을 나타내고 있다. 또한, (빨간색에서 파란색까지 변화하는) 배경색은 클래스 라벨의 실제 확률을 보여 주는 것이다. 가운데 도식에는 최대 가능도 방법을 이용해서 단일 로지스틱 회귀 모델을 피팅한 결과가 그려져 있다. 이 경우의 해당 클래스 라벨 확률이 배경색으로 표현되어 있다. 배경색이 거의 균일한 보라색이라는 사실로부터 이 모델이 대부분의 입력 공간에서 각 클래스에 확률 0.5 정도를 부여한다는 것을 알 수 있다. 오른쪽 도식은 두 개의 로지스틱 회귀 모델의 혼합을 피팅한 결과를 보여 주고 있다. 이 경우 많은 파란색 클래스의 포인트들이 올바른 라벨에 대해 훨씬 더 높은 확률을 부여받은 것을 확인할 수 있다.

를 포함할 수 있도록 해주지만 여전히 매우 제한적이다. 혼합 계수를 입력 변수의 함수가 되도록 설정함으로써 이러한 모델들의 능력을 더 증가시킬 수 있다.

$$p(\mathbf{t}|\mathbf{x}) = \sum_{k=1}^{K} \pi_k(\mathbf{x}) p_k(\mathbf{t}|\mathbf{x}) \qquad \text{(식 14.53)}$$

이를 **전문 학습기 혼합**(*mixtures of expert*) 모델(Jacobs *et al.*, 1991)이라고 한다. 여기서 혼합 계수 $\pi_k(\mathbf{x})$는 게이팅(*gating*) 함수라 하며, 각각의 개별 성분 밀도 $p_k(\mathbf{t}|\mathbf{x})$는 **전문가**(*expert*)라 한다. 서로 다른 성분들이 입력 공간상의 서로 다른 영역을 모델할 수 있으며, (그들은 그들의 영역상에서 예측을 하는 데 있어서 '전문가들이다) 게이팅 함수는 어떤 지역에서 어떤 성분들이 우세한지를 결정한다.

게이팅 함수 $\pi_k(\mathbf{x})$는 혼합 계수의 제약 조건 $0 \leqslant \pi_k(\mathbf{x}) \leqslant 1$과 $\sum_k \pi_k(\mathbf{x}) = 1$을 만족해야 한다. 따라서 이들은 예를 들면 식 4.104와 식 4.105의 선형 소프트맥스 모델로 표현될 수 있다. 만약 전문가들 역시 선형 (회귀 또는 분류) 모델이면, EM 알고리즘을 이용해서 효율적으로 전체 모델을 피팅할 수 있다. 이 경우 M단계에서는 반복 재가중 최소 제곱법을 사용하게 된다(Jordan and Jacobs, 1994).

이러한 모델은 전문가 함수와 게이트 함수에 선형 모델을 사용한다는 것 때문에 여전히 심각한 한계점을 가지고 있다. 다계층 게이팅 함수를 사용하면 훨씬 더 유연한 모델을 얻을 수 있다. 이것이 바로 **계층적 전문 학습기 혼합**(*hierarchical mixture of expert, HME*) 모델(Jordan and Jacobs,

1994)이다. 이 모델의 구조를 이해하기 위해서는 혼합의 각 성분 그 자체가 혼합 분포인 혼합 모델을 상상해 보면 된다. 간단한 비조건적 혼합의 경우, 이 계층적 혼합 모델은 단일 비계층 혼합 모델과 동일해진다. 하지만 이 계층적 모델은 혼합 계수가 입력에 대해 종속적이게 될 경우에 유의미해진다. HME 모델은 확률적 버전의 의사 결정 트리라고 볼 수도 있다. EM 알고리즘을 통한 최대 가능도 방법을 통해서 이 모델을 효율적으로 훈련할 수 있다. 이때 M단계에서는 IRLS를 사용하게 된다. Bishop and Svensén(2003)에서는 변분 추론을 바탕으로 한 베이지안 HME를 소개했다.

연습문제 14.17

4.3.3절

여기서는 HME에 대해서 더 자세히 다루지는 않을 것이다. 하지만 5.6절에서 살펴봤던 **혼합 밀도 네트워크**와의 밀접한 연관성에 대해서는 언급하고 넘어가겠다. 전문 학습기 혼합 모델의 주된 장점은 EM 알고리즘을 이용해서 최적화할 수 있다는 것이다. 이때 각 혼합 성분과 게이팅 모델에 대한 M단계는 볼록 최적화를 필요로 한다(전체 최적화는 비볼록이지만). 이와는 대조적으로 혼합 밀도 네트워크 방법의 장점은 성분 밀도와 혼합 계수들이 뉴럴 네트워크의 은닉 유닛들을 공유한다는 것이다. 추가로 혼합 밀도 네트워크에서는 입력 공간에 대한 분할이 계층적 전문 학습기 혼합 모델에 비해 더 느슨해진다. 이 경우 분할은 단지 약한 분할이거나 축에 대해 평행해야 한다는 제약 조건이 없을 뿐만 아니라 비선형일 수도 있다.

연습문제

14.1 ★★ www $p(\mathbf{t}|\mathbf{x}, \mathbf{z}_h, \boldsymbol{\theta}_h, h)$의 형태를 가지는 모델들의 집합을 고려해 보자. 이때 $\mathbf{x}$는 입력 벡터, $\mathbf{t}$는 표적 벡터, h는 서로 다른 모델에 대한 인덱스, $\mathbf{z}_h$는 모델 h의 잠재 변수, $\boldsymbol{\theta}_h$는 모델 h의 매개변수 집합이다. 이 모델들이 사전 확률 $p(h)$를 가진다고 하자. 그리고 훈련 집합 $\mathbf{X} = \{\mathbf{x}_1, \dots, \mathbf{x}_N\}$과 $\mathbf{T} = \{\mathbf{t}_1, \dots, \mathbf{t}_N\}$이 주어졌다고 하자. 이때 예측 분포 $p(\mathbf{t}|\mathbf{x}, \mathbf{X}, \mathbf{T})$를 계산하기 위해 필요한 공식을 적어 보라. 이 예측 분포에서 잠재 변수들과 모델 인덱스들은 주변화되어 없어져야 한다. 이 공식을 이용해서 서로 다른 모델들의 베이지안 평균과 단일 모델에서 잠재 변수들을 사용하는 것 사이의 차이점을 설명해 보아라.

14.2 ★ 단순한 위원회 모델에서 제곱합 오류의 기댓값 E_{AV}는 식 14.10으로 정의할 수 있다. 그리고 위원회 그 자체의 기대 오류는 식 14.11로 주어진다. 그리고 각각의 오류들이 식 14.12와 식 14.13을 만족한다고 가정했을 때, 식 14.14를 유도해 보아라.

14.3 ★ www 식 1.115의 옌센 부등식을 이용해서 특정 볼록 함수 $f(x) = x^2$의 경우 단순한 위원회 모델 멤버들의 제곱합 오류의 기댓값 E_{AV}(식 14.10)와 위원회 그 자체의 기대 오류

E_{COM}(식 14.11)이 다음을 만족한다는 것을 증명하라.

$$E_{\text{COM}} \leqslant E_{\text{AV}} \qquad\qquad (식\ 14.54)$$

14.4 ★★ 식 1.115의 옌센 부등식을 이용해서 y가 볼록 함수일 경우, 연습문제 14.3의 결과인 식 14.54가 제곱합뿐만 아니라 모든 오류 함수 $E(y)$에 대해 성립한다는 것을 증명하라.

14.5 ★★ ⬤www 각 구성 모델들에 대해 서로 다른 가중치를 부여하는 위원회 모델을 생각해 보자.

$$y_{\text{COM}}(\mathbf{x}) = \sum_{m=1}^{M} \alpha_m y_m(\mathbf{x}) \qquad\qquad (식\ 14.55)$$

$y_{\text{COM}}(\mathbf{x})$의 예측값들이 합리적인 한계치 내에 존재하도록 하기 위해서, 각 $\mathbf{x}$ 값에서 위원회 멤버들이 내놓은 값들 중 최솟값과 최댓값 사이에 $y_{\text{COM}}(\mathbf{x})$의 예측값들이 존재하도록 한계치를 설정한다고 해보자.

$$y_{\text{min}}(\mathbf{x}) \leqslant y_{\text{COM}}(\mathbf{x}) \leqslant y_{\text{max}}(\mathbf{x}) \qquad\qquad (식\ 14.56)$$

계수 α_m이 다음 조건을 만족하는 것이 위의 식 14.56이 성립하기 위한 필요 충분 조건임을 증명하라.

$$\alpha_m \geqslant 0, \qquad\qquad \sum_{m=1}^{M} \alpha_m = 1 \qquad\qquad (식\ 14.57)$$

14.6 ★ ⬤www 식 14.23의 오류 함수를 α_m에 대해 미분해서 에이다부스트 알고리즘에서의 매개변수 α_m들이 식 14.17에 의해 업데이트된다는 것을 증명하라. 이때 ϵ_m은 식 14.16에 정의되어 있다.

14.7 ★ 지수 오류 함수의 기댓값인 식 14.27을 모든 가능한 함수 $y(\mathbf{x})$에 대해 변분적 최소화를 실행해 보아라. 이를 통해서 최솟값을 주는 함수가 식 14.28로 주어진다는 것을 증명하라.

14.8 ★ 에이다부스트 알고리즘에 의해 최소화되는 식 14.20의 지수 오류 함수가 로그 가능도 함수나 다른 어떤 적절한 확률적 모델에도 해당하지 않는다는 것을 증명하라. 해당 조건부 분포 $p(t|\mathbf{x})$가 올바르게 정규화될 수 없다는 것을 보이면 된다.

14.9 ★ ⬤www 식 14.21의 형태를 가지는 합산 모델의 제곱합 오류 함수를 부스팅 스타일로 순차적으로 최소화한다고 해보자. 이 과정이 단순히 각각의 새로운 기저 분류기를 이전 모델의 잔차 오류 $t_n - f_{m-1}(\mathbf{x}_n)$에 피팅하는 것에 해당한다는 것을 증명하라.

14.10 ★ 훈련 집합의 값 $\{t_n\}$과 단일 예측값 t 사이의 제곱합 오류를 최소화한다면 t에 대한 최적의 해는 $\{t_n\}$의 평균으로 주어지게 된다는 것을 증명하라.

14.11 ★★ 클래스 $\mathcal{C}_1$으로부터의 400개의 데이터 포인트와 클래스 $\mathcal{C}_2$로부터의 400개의 데이터 포인트로 이루어진 데이터 집합을 고려해 보자. 트리 모델 A는 첫번째 잎 노드($\mathcal{C}_1$으로 예측)에는 이 데이터 포인트들을 $(300, 100)$으로, 두번째 잎 노드($\mathcal{C}_2$로 예측)에는 이 데이터 포인트들을 $(100, 300)$으로 할당했다고 하자. 여기서 (n, m)은 n개의 포인트들은 $\mathcal{C}_1$에서, m개의 포인트들은 $\mathcal{C}_2$에서 왔다는 것을 의미한다. 이와 비슷하게 트리 모델 B는 데이터 포인트들을 $(200, 400)$, $(200, 0)$으로 나누었다고 하자. 두 트리의 오분류율을 계산하고 두 값이 동일하다는 것을 증명하라. 이와 비슷하게 식 14.31의 가지치기 기준을 식 14.32의 교차 엔트로피의 경우와 식 14.33의 지니 인덱스에 대해 계산해 보고 두 경우 모두에 트리 B의 값이 트리 A보다 낮음을 증명하라.

14.12 ★★ 14.5.1절의 선형 회귀 모델의 혼합에 대한 결과를 벡터 $\mathbf{t}$로 표현되는 다중 표적값에 대해 확장해 보아라. 이를 위해서는 3.1.5절의 결과를 활용해야 할 것이다.

14.13 ★ WWW 선형 회귀 모델의 혼합에 대한 완전 데이터 로그 가능도 함수가 식 14.36에 해당한다는 것을 증명하라.

14.14 ★ 라그랑주 승수법(부록 E)을 이용해서 선형 회귀 혼합 모델을 최대 가능도 EM으로 훈련시킨다고 할 때 혼합 계수에 대한 M단계 재추정식이 식 14.38로 주어진다는 것을 증명하라.

14.15 ★ WWW 회귀 문제에서 제곱 손실 함수를 사용하면 새로운 입력 벡터가 주어졌을 때의 타깃 변수에 대한 최적 예측값이 예측 분포의 조건부 평균으로 주어지게 된다는 것을 이미 살펴보았다. 14.5.1절에서 살펴본 선형 회귀 모델 혼합의 조건부 평균은 각 성분 분포의 평균들의 선형 결합으로 주어지게 된다는 것을 증명하라. 만약 표적 데이터의 조건부 분포가 다봉형이라면 조건부 평균의 예측 성능은 그리 좋지 않게 될 것이다.

14.16 ★★★ 14.5.2절의 로지스틱 회귀 혼합 모델을 $C \geqslant 2$개의 클래스에 해당하는 소프트맥스 분류기 혼합 모델로 확장해 보아라. 최대 가능도 방법을 이용해서 매개변수를 구하기 위한 EM 알고리즘을 적어라.

14.17 ★★ WWW 다음의 형태를 가지는 조건부 분포 $p(t|\mathbf{x})$에 대한 혼합 모델을 고려해 보자.

$$p(t|\mathbf{x}) = \sum_{k=1}^{K} \pi_k \psi_k(t|\mathbf{x}) \qquad \text{(식 14.58)}$$

여기서 각각의 혼합 성분 $\psi_k(t|\mathbf{x})$ 그 자체도 혼합 모델이다. 이러한 2-레벨 계층적 혼합 모델은 기존의 단일 레벨 혼합 모델과 동일하다는 것을 증명하라. 이제 이러한 계층적 모델에서의 각 레벨의 혼합 계수가 $\mathbf{x}$에 대한 임의의 함수라고 가정해 보자. 이 경우에도 이 모델은 $\mathbf{x}$에 종속적인 혼합 계수를 가지는 단일 레벨 모델과 동일함을 증명하라. 마지막으로, 계층적 혼합 모델의 각 레벨에서의 혼합 계수가 선형 분류기(로지스틱 또는 소프트맥스) 모델로 제약된다고 해보자. 이 경우에는 해당 계층 혼합 모델을 선형 분류 모델의 혼합 계수를 가지는 단일 레벨 혼합 모델로 표현할 수 없음을 증명하라(힌트: 이를 위해서는 하나의 반례만 구성해 보면 될 것이다. 두 개의 성분으로 이루어진 혼합 모델이 있으며, 각 성분들이 다시금 두 개 성분의 혼합에 해당한다고 해보자. 그리고 혼합 계수는 선형 로지스틱 모델로 주어진다고 하자. 이러한 모델을 세 개의 성분을 가지며, 혼합 계수가 선형 소프트맥스 모델로 결정되는 단일 레벨 혼합 모델로 표현할 수 없다는 것을 증명하라).

부록 A. 데이터 집합

이 부록에서는 이 책에서 알고리즘들을 설명하기 위해 사용했던 데이터 집합들에 대해 소개할 것이다. 파일 포맷에 대한 정보나 데이터 파일 자체에 대한 정보는 이 책의 웹 사이트에서 구할 수 있다.

https://www.microsoft.com/en-us/research/people/cmbishop/

손글씨 숫자

이 책에서 사용하는 숫자 데이터는 MNIST 데이터 집합(LeCun *et al.*, 1998)으로부터 가져왔다. MNIST 데이터 집합은 NIST(national institute of standards and technology)에서 만든 훨씬 더 큰 데이터 집합을 수정하여 만들어진 것이다. 이 데이터는 60,000개의 예시로 구성된 훈련 집합과 10,000개의 예시로 구성된 시험 집합으로 이루어져 있다. 데이터 중 일부는 미국 인구 조사국 직원들로부터, 나머지는 고등학교 학생들로부터 구했다. 이 과정에서 시험 데이터 집합의 예시를 쓴 사람과 훈련 데이터 집합의 예시를 쓴 사람들이 겹치지 않도록 주의했다.

원래의 NIST 데이터 집합은 이진(검은색 아니면 흰색) 픽셀을 가지고 있었다. MNIST 데이터 집합을 만들기 위해서 이미지들을 20 × 20픽셀 박스에 맞도록 정규화했으며, 그 과정에서 상대적인 비율은 유지했다. 이미지의 해상도를 바꾸기 위해 엘리어싱 제거를 시행한 결과 MNIST 숫자들은 그레이 스케일을 가지게 되었고, 이 이미지들을 28 × 28 박스의 중심에 놓았다. 그림 A.1에 MNIST 숫자의 예시가 그려져 있다.

그림 A.1 MNIST 숫자 데이터 집합의 훈련 집합으로부터 랜덤하게 선택한 100개의 예시

숫자들을 분류하였을 때의 오류율은 단순한 선형 분류 모델의 경우에 12%, 잘 디자인한 서포트 벡터 머신의 경우에 0.56%, 콘볼루션 뉴럴 네트워크의 경우에 0.4%였다(LeCun *et al.*, 1998).

오일 흐름

이 데이터는 합성 데이터 집합으로써 비침습적으로 북해 오일 전송관의 오일, 물, 가스의 비율을 측정하고자 하는 프로젝트에서 발생하였다(Bishop and James, 1993). 이는 **듀얼 에너지 감마 농도계**(*dual enenrgy gamma densitometry*)를 바탕으로 시행되었다. 좁은 감마선 빛줄기를 파이프를 통해 통과시키면 빛줄기 강도의 감쇠 정도를 통해서 경로상의 성분 밀도 정보를 얻을 수 있으리라는 것이 기본적인 아이디어다. 예를 들면, 빛줄기는 가스보다 오일에 의해 더 많이 감쇠될 것이다.

단일 감쇠 측정만으로는 정보가 충분치 않다. 왜냐하면 오일의 비율과 물의 비율이라는 두 개의 자유도가 존재하기 때문이다. 세 개의 비율을 합하면 1이 되어야 하기 때문에 가스의 비율은 자유도에 포함되지 않는다. 이를 다루기 위해서 다른 에너지를 가진(다른 진동수나 다른 주파수를 가진) 두 개의 감마 빛줄기를 파이프의 같은 경로를 따라 통과시키고 각자의 감쇠치를 측정하였다. 서로 다른 성분의 흡수 성질은 에너지의 함수로써 각자가 매우 다르다. 따라서 두 서로 다른 에너지들의 흡수치를 측정하면 두 개의 독립적인 정보를 얻을 수 있다. 오일, 물, 가스의 두 에너지에 대한 흡수 성질을 안다면 이제 단순히 감마 빛줄기의 경로를 따라 측정된 평균

오일과 물(그리고 가스)의 평균치를 계산하기만 하면 된다.

하지만 여기에는 성분들이 파이프를 따라 흐르는 움직임과 연관된 또 다른 문제가 있다. 만약 유속이 느리다면 오일이 물 위에, 가스가 오일 위에 뜨게 된다. 이를 **층상**(*laminar* 또는 *stratified*) 흐름이라고 하며, 그림 A.2에 그려져 있다. 유속이 증가함에 따라서 오일, 물, 가스 간에 더 복잡한 기하학적 상태가 발생할 수 있다. 이 데이터 집합에서는 두 개의 특정 상태들을 고려하였다. **환형**(*annular*) 상태에서는 오일, 물, 가스가 동심원을 형성하며 물이 가장 바깥에, 가스가 중심부에 위치한다. 매우 격변하는 빠른 유속 상황에서 발생할 수 있는 **균일**(*homogeneous*) 상태에서는 오일, 물, 가스가 서로 잘 섞인 채로 흐르게 된다. 이러한 상태들 역시 그림 A.2에 그려져 있다.

단일 듀얼 에너지 빛줄기는 경로를 따라서 오일과 물의 비율을 알려 준다. 하지만 사실 우리가 실제로 알고자 하는 것은 오일의 부피와 물 부피의 비율이다. 듀얼 에너지 감마 농도계를 여러 개 사용해서 이 문제를 해결할 수 있다. 이때 각각의 빛줄기가 파이프의 서로 다른 영역을 통과하게 된다. 여기서 데이터 집합의 경우에는 이러한 빛줄기가 여섯 개 있으며, 이들은 그림 A.3에 보여지는 것과 같이 놓여져 있다. 따라서 단일 관측값은 각각의 빛줄기의 경로를 따라 측정된 오일과 물의 비율로 구성된 12차원 벡터로 이루어져 있다. 하지만 우리가 관심을 가지는 것은 파이프의 세 가지 상태의 전반적 부피 비율이다. 이는 의료 영상 분야에서 많이 사용하는 단층 촬영기 재구성 문제와 비슷하다. 이 경우에는 여러 개의 일차원 평균값들로부터 이차원 분포를 재구성해야 한다. 지금 우리가 다루고 있는 오일 흐름 문제에서는 보통의 단층 촬영기 문제에 비해 훨씬 더 적은 선 측정값만이 주어진다. 반면에 기하학적 상태의 범위는 훨씬 더 제한되어 있다. 따라서 농도계 데이터로부터 기하학적 상태와 각 성분의 비율을 어느 정도

그림 A.2 오일 흐름 데이터 집합에서 오일, 물, 가스가 구성되는 세 가지 다른 기하학적 상태. 각각의 상태에 대해서 각 성분의 비율은 다를 수 있다.

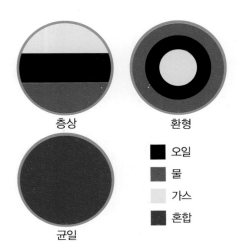

그림 A.3　파이프의 단면. 빛줄기 여섯 개의 배치를 보여 주고 있다. 각각의 선은 단일 듀얼 에너지 감마 농도계에 해당한다. 수직 빛줄기들은 점선으로 그려진 중심축에 대해 비대칭적으로 배치되어 있다.

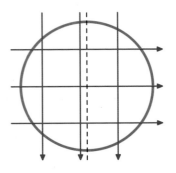

괜찮은 정확도로 예측해 낼 수 있다.

안전을 위해 감마 빛줄기의 강도는 상대적으로 낮게 설정되었다. 따라서 감쇠를 정확하게 측정해 내기 위해서 측정된 빛줄기 강도를 특정한 시간 구간에 대해서 적분하였다. 유한한 적분 시간 동안에 측정된 강도에는 랜덤한 변동이 있을 수 있다. 이 변동은 감마 빛줄기가 광자라 불리는 이산 에너지 패킷으로 이루어져 있기 때문에 발생하는 것이다. 실제 사례에서는 노이즈 레벨을 줄이는 것(이 경우 적분 시간이 길어야 한다)과 흐름에서의 시간적 변화를 탐지하는 것(이를 위해서는 적분 시간이 짧아야 한다) 사이의 트레이드 오프를 고려해서 적당한 적분 시간을 정하게 된다. 오일 흐름 데이터 집합은 두 감마 에너지 레벨에서 오일, 물, 가스의 실제적으로 알려진 흡수 성질을 바탕으로 생성되었다. 그리고 보통의 실제 구성에 따라서 적분 시간은 10초로 정했다.

데이터 집합에서의 각 포인트들은 다음의 네 단계를 이용해서 개별적으로 생성되었다.

1. 세 가지 성분 구성 상태들 중 하나를 같은 확률로 랜덤하게 선택한다.

2. f_1, f_2, f_3의 랜덤한 세 숫자를 $(0, 1)$에 대한 균등 분포에서 선택한다. 그리고 다음을 정의한다.

$$f_{\text{oil}} = \frac{f_1}{f_1 + f_2 + f_3}, \qquad f_{\text{water}} = \frac{f_2}{f_1 + f_2 + f_3} \qquad (\text{식 A.1})$$

이는 세 가지 성분들을 같은 입장에서 다룰 수 있도록 해주며, 부피 비율을 합하면 1이 되도록 한다.

3. 여섯 개의 빛줄기에 대해서 해당 구성 상태에 대해 오일과 물의 유효 경로 길이를 계산한다.

4. 알려진 빛줄기 강도와 적분 시간을 기반으로 한 포아송 분포를 통해 경로의 길이들을 섭동한다. 이는 광자 통계의 효과를 포함시키기 위함이다.

데이터 집합의 각각의 포인트는 12개의 경로 길이 측정값, 오일과 물의 비율, 성분 상태를 설명하는 라벨로 구성되어 있다. 데이터 집합은 훈련 집합, 검증 집합, 시험 집합으로 나누어져 있으며, 각각은 1,000개의 데이터 포인트로 이루어져 있다. 데이터 포맷에 대한 자세한 사항은 책의 웹 사이트에서 확인할 수 있다.

Bishop and James(1993)에서는 통계적 머신 러닝 테크닉을 이용해서 12차원의 측정 벡터로부터 부피 비율과 성분 상태를 예측했다. 12차원 관측 벡터는 데이터 시각화 알고리즘을 시험하는 데도 사용할 수 있다.

이 데이터 집합은 풍부하고 흥미로운 구조를 가지고 있다. 각각의 성분 상태들은 두 개의 자유도(오일의 비율과 물의 비율)를 가지고 있으며, 따라서 무한한 적분 시간에 대해서 데이터는 지역적으로 이차원 매니폴드상에 존재하게 될 것이다. 유한한 적분 시간의 경우에는 광자 노이즈로 인한 섭동으로 인해서 개별적인 데이터 포인트들이 매니폴드로부터 멀어지게 될 것이다. 균일 상태의 경우 오일과 물에서의 경로 길이는 선형적으로 오일과 물의 비율에 연관되어 있으며, 따라서 데이터 포인트들은 선형 매니폴드에 가깝게 자리할 것이다. 환형 상태의 경우에는 성분 비율과 성분 길이의 관계는 비선형이며, 따라서 매니폴드 역시 비선형일 것이다. 층상 상태의 경우 상태는 더 복잡해진다. 왜냐하면 성분 비율에 작은 변화만 있어도 가로의 성분 경계가 가로의 빛줄기 중 하나를 따라 움직일 수 있으며, 따라서 12차원 관측 공간상에 비연속적인 도약이 일어날 수 있기 때문이다. 이에 따라서 층상 상태의 경우에는 이차원 비선형 매니폴드가 열 개의 조각으로 나뉘어졌다. 특정 포인트에서의 다른 성분 상태(예를 들어, 파이프가 완전히 오일로 가득 찬 경우 등)에 대한 매니폴드 역시 층상, 환형, 균일 상태 중 하나의 특별 예시에 해당한다.

오래된 믿음

그림 A.4의 '오래된 믿음(Old Faithful)'은 미국 와이오밍주에 있는 옐로스톤 국립공원의 간헐천이다. 유명한 관광지이도 한 이 간헐천의 이름인 '오래된 믿음'은 그 분출의 정기성으로부터 기인했다.

이 데이터 집합은 272개의 관측값으로 구성되어 있다. 각 관측값은 단일 분출을 표현하며, 분출의 지속 시간이 몇 분이었는지에 해당하는 변수와 다음 분출까지 몇 분이 걸렸는지의 두 가지 변수로 구성되어 있다. 그림 A.5는 다음 분출까지의 시간과 분출의 지속 시간 사이의 그래프다. 다음 분출까지의 시간 변수는 변동성이 상당히 심하다. 하지만 현재 분출에 대한 지식을 바탕으로 이 시간을 더 정확하게 추측해 낼 수 있다. 오래된 믿음의 분출과 관련된 몇몇 다른 데이터 집합도 존재한다.

그림 A.4   옐로스톤 국립 공원의 오래된 믿음
          간헐천. ©Bruce T. Gourley www.
          brucegourley.com.

그림 A.5   오래된 믿음 데이터 집합의 그래프. 가로축은
          다음 분출까지 몇 분이 걸렸는지에 대한 변수
          이며, 세로축은 분출이 몇 분이나 지속되었는
          지에 대한 변수다.

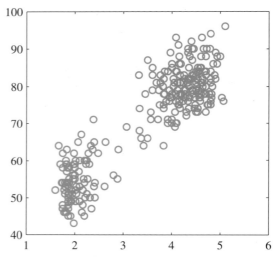

합성 데이터

이 책 전반에 걸쳐서 다음의 단순한 합성 데이터 집합 두 가지를 바탕으로 많은 알고리즘들을 설명했다. 첫 번째 합성 데이터 집합은 회귀 문제 데이터 집합으로서 사인 함수를 기반으로 한다. 이에 대해서는 그림 A.6에 그려져 있다. 입력 변수 $\{x_n\}$은 $(0, 1)$ 구간에서 균일하게 생성했고, 해당 타깃 변수 $\{t_n\}$은 먼저 $\sin(2\pi x)$를 통해 계산한 후 표준 편차 0.3을 가지는 가우시안 분포 기반의 랜덤한 노이즈를 더해서 생성했다. 이 데이터 집합은 책의 다양한 부분에서 사용되었으며, 그때 그때마다 다른 수의 데이터 포인트를 사용하였다.

두 번째 데이터 집합은 같은 사전 확률을 가지는 두 클래스에 대한 분류 문제 데이터 집합이다. 이에 대한 내용이 그림 A.7에 그려져 있다. 파란색 클래스는 단일 가우시안 분포로부터, 빨간색 클래스는 두 가우시안 분포의 혼합 분포로부터 생성되었다. 클래스 사전 분포와 클래스 조건부 밀도를 알기 때문에 쉽게 실제 사후 확률과 최소 오분류율 결정 경계를 구할 수 있다. 이들 역시 그림 A.7에 그려져 있다.

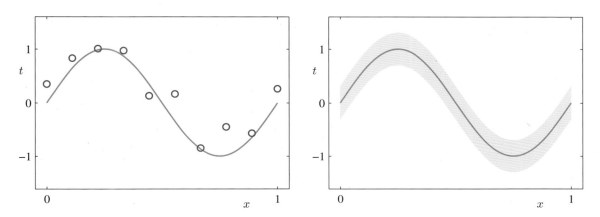

그림 A.6 왼쪽의 도식은 원 사인 곡선 함수와 이로부터 생성된 합성 데이터 집합을 나타내고 있으며, 오른쪽의 도식은 라벨들이 생성된 실제 조건부 분포 $p(t|x)$를 나타내고 있다. 여기서 녹색 곡선은 평균을, 빨간색 음영 구역은 평균으로부터 1 표준 편차만큼의 구역을 표현한 것이다.

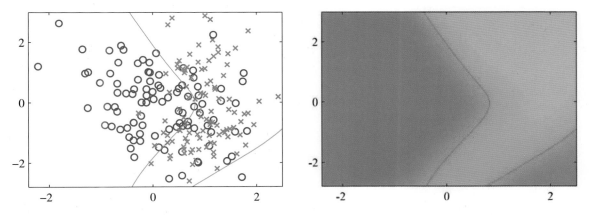

그림 A.7 왼쪽의 도식은 합성 분류 데이터 집합을 나타내며, 각 클래스로부터 기인한 데이터들이 빨간색과 파란색으로 그려져 있다. 오른쪽에는 실제 사후 확률을 그려 두었다. 여기서 빨간색은 빨간색 클래스의 확률이 1인 경우를, 파란색은 빨간색 클래스의 확률이 0인 경우를 지칭한다. 이러한 확률들이 이미 알려져 있기 때문에 오분류율을 최소화하는 최적의 결정 경계(각 클래스에 대한 사후 확률이 0.5인 윤곽선에 해당)를 계산할 수 있다. 해당 결정 경계는 녹색 곡선으로 그려져 있다. 이 결정 경계는 왼쪽 도식에도 존재한다.

부록 B. 확률 분포

이 부록에는 가장 널리 사용되는 몇몇 확률 분포의 주요 성질들을 요약해 두었다. 또한, 각각의 분포에 대해서 기댓값 $\mathbb{E}[\mathbf{x}]$, 분산(공분산), 최빈값, 엔트로피 $\mathrm{H}[\mathbf{x}]$ 등의 핵심 통계량도 적어 두었다. 여기서 다룬 모든 분포들은 지수족에 포함되어 있으며, 더 복잡한 확률적 모델을 만드는 데 구성 원소로 활용된다.

베르누이 분포

베르누이 분포는 단일 이산 변수 $x \in \{0, 1\}$에 대한 분포다. 예를 들면, 베르누이 분포로 동전 던지기의 결과를 표현할 수 있다. 이 분포는 단일 연속 매개변수 $\mu \in [0, 1]$에 의해 결정된다. μ는 $x = 1$일 확률에 해당한다.

$$
\begin{aligned}
\mathrm{Bern}(x|\mu) &= \mu^x (1-\mu)^{1-x} & \text{(식 B.1)} \\
\mathbb{E}[x] &= \mu & \text{(식 B.2)} \\
\mathrm{var}[x] &= \mu(1-\mu) & \text{(식 B.3)} \\
\mathrm{mode}[x] &= \begin{cases} 1 & \text{if } \mu \geqslant 0.5, \\ 0 & \text{아닌 경우} \end{cases} & \text{(식 B.4)} \\
\mathrm{H}[x] &= -\mu \ln \mu - (1-\mu) \ln(1-\mu) & \text{(식 B.5)}
\end{aligned}
$$

베르누이 분포는 이항 분포의 특별 케이스로서 관측값이 단일인 경우에 해당한다. 베르누이 분포의 μ에 대한 켤레 사전 분포는 베타 분포다.

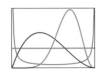

베타 분포

베타 분포는 연속 변수 $\mu \in [0, 1]$에 대한 분포로써 어떤 이진 이벤트의 확률을 표현하기 위해 자주 사용된다. 이 분포는 두 개의 매개변수 a와 b에 의해 결정된다. 분포가 정규화될 수 있도록 하기 위해서 $a > 0$과 $b > 0$이라는 제약 조건이 존재한다.

$$\text{Beta}(\mu|a, b) = \frac{\Gamma(a+b)}{\Gamma(a)\Gamma(b)}\mu^{a-1}(1-\mu)^{b-1} \qquad \text{(식 B.6)}$$

$$\mathbb{E}[\mu] = \frac{a}{a+b} \qquad \text{(식 B.7)}$$

$$\text{var}[\mu] = \frac{ab}{(a+b)^2(a+b+1)} \qquad \text{(식 B.8)}$$

$$\text{mode}[\mu] = \frac{a-1}{a+b-2} \qquad \text{(식 B.9)}$$

베타 분포는 베르누이 분포의 켤레 사전 분포다. 이 경우 a와 b를 각각 $x = 1$과 $x = 0$인 유효 사전 관측값의 수로 해석할 수 있다. $a \geqslant 1$과 $b \geqslant 1$일 경우에는 밀도가 유한하며, 아닐 경우에는 $\mu = 0$이나 $\mu = 1$에서, 또는 둘 다에서 특이점이 존재한다. $a = b = 1$인 경우 베타 분포는 균일 분포로 축약된다. 베타 분포는 K상태 디리클레 분포의 특별 케이스로써 $K = 2$인 경우에 해당한다.

이항 분포

이항 분포는 베르누이 분포로부터의 N개 표본에서 $x = 1$을 m번 관측하게 될 확률에 대한 분포다. 이때 $x = 1$을 관측할 확률은 $\mu \in [0, 1]$이다.

$$\text{Bin}(m|N, \mu) = \binom{N}{m}\mu^m(1-\mu)^{N-m} \qquad \text{(식 B.10)}$$

$$\mathbb{E}[m] = N\mu \qquad \text{(식 B.11)}$$

$$\text{var}[m] = N\mu(1-\mu) \qquad \text{(식 B.12)}$$

$$\text{mode}[m] = \lfloor(N+1)\mu\rfloor \qquad \text{(식 B.13)}$$

$\lfloor(N+1)\mu\rfloor$는 $(N+1)\mu$보다 작거나 같은 가장 큰 정수를 지칭하는 것이다.

$$\binom{N}{m} = \frac{N!}{m!(N-m)!} \qquad \text{(식 B.14)}$$

식 B.14는 총 N개의 물체 중에서 m개의 물체를 선택할 수 있는 가짓수를 지칭하는 것이다. 여기서 $m!$은 '팩토리얼 m'이라고 읽는데, $m \times (m-1) \times, \ldots, \times 2 \times 1$을 지칭하는 것이다. $N = 1$인 이항 분포는 베르누이 분포에 해당하며, N이 큰 경우 이항 분포는 근사적으로 가우시안 분포가 된다. μ에 대한 켤레 사전 분포는 베타 분포다.

디리클레 분포

디리클레 분포는 K개의 확률 변수 $0 \leqslant \mu_k \leqslant 1$에 대한 다변량 분포다. 이때 $k = 1, \ldots, K$다. 그리고 다음의 제약 조건을 만족해야 한다.

$$0 \leqslant \mu_k \leqslant 1, \qquad \sum_{k=1}^{K} \mu_k = 1 \qquad \text{(식 B.15)}$$

$\boldsymbol{\mu} = (\mu_1, \ldots, \mu_K)^{\mathrm{T}}$와 $\boldsymbol{\alpha} = (\alpha_1, \ldots, \alpha_K)^{\mathrm{T}}$로 지칭하면 다음을 얻게 된다.

$$\mathrm{Dir}(\boldsymbol{\mu}|\boldsymbol{\alpha}) = C(\boldsymbol{\alpha}) \prod_{k=1}^{K} \mu_k^{\alpha_k - 1} \qquad \text{(식 B.16)}$$

$$\mathbb{E}[\mu_k] = \frac{\alpha_k}{\widehat{\alpha}} \qquad \text{(식 B.17)}$$

$$\mathrm{var}[\mu_k] = \frac{\alpha_k(\widehat{\alpha} - \alpha_k)}{\widehat{\alpha}^2(\widehat{\alpha} + 1)} \qquad \text{(식 B.18)}$$

$$\mathrm{cov}[\mu_j \mu_k] = -\frac{\alpha_j \alpha_k}{\widehat{\alpha}^2(\widehat{\alpha} + 1)} \qquad \text{(식 B.19)}$$

$$\mathrm{mode}[\mu_k] = \frac{\alpha_k - 1}{\widehat{\alpha} - K} \qquad \text{(식 B.20)}$$

$$\mathbb{E}[\ln \mu_k] = \psi(\alpha_k) - \psi(\widehat{\alpha}) \qquad \text{(식 B.21)}$$

$$\mathrm{H}[\boldsymbol{\mu}] = -\sum_{k=1}^{K} (\alpha_k - 1)\{\psi(\alpha_k) - \psi(\widehat{\alpha})\} - \ln C(\boldsymbol{\alpha}) \qquad \text{(식 B.22)}$$

여기서 다음과 같다.

$$C(\boldsymbol{\alpha}) = \frac{\Gamma(\widehat{\alpha})}{\Gamma(\alpha_1) \cdots \Gamma(\alpha_K)} \qquad \text{(식 B.23)}$$

$$\widehat{\alpha} = \sum_{k=1}^{K} \alpha_k \qquad \text{(식 B.24)}$$

다음은 **디감마**(*digamma*) 함수라고 알려져 있다(Abramowitz and Stegun, 1965).

$$\psi(a) \equiv \frac{d}{da} \ln \Gamma(a) \qquad \text{(식 B.25)}$$

매개변수 α_k들에는 분포가 정규화될 수 있도록 하기 위한 제약 조건 $\alpha_k > 0$이 존재한다.

디리클레 분포는 다항 분포의 켤레 사전 분포에 해당하며, 베타 분포의 일반화에 해당한다. 이 경우 매개변수 α_k는 해당 K차원 이진 관측 벡터 $\mathbf{x}$ 값의 유효 관측수로 해석할 수 있다. 베타 분포에서처럼 디리클레 분포는 모든 k 값에 대해 $\alpha_k \geqslant 1$인 경우 모든 범위에서 유한한 밀도를 가지게 된다.

감마 분포

감마 분포는 양의 확률 변수 $\tau > 0$에 대한 확률 분포로써 매개변수 a와 b에 의해 결정된다. 분포가 정규화될 수 있도록 하기 위해 $a > 0$과 $b > 0$이라는 제약 조건이 있다.

$$\begin{aligned}
\mathrm{Gam}(\tau|a,b) &= \frac{1}{\Gamma(a)} b^a \tau^{a-1} e^{-b\tau} & \text{(식 B.26)} \\
\mathbb{E}[\tau] &= \frac{a}{b} & \text{(식 B.27)} \\
\mathrm{var}[\tau] &= \frac{a}{b^2} & \text{(식 B.28)} \\
\mathrm{mode}[\tau] &= \frac{a-1}{b} \quad \text{for } a \geqslant 1 & \text{(식 B.29)} \\
\mathbb{E}[\ln \tau] &= \psi(a) - \ln b & \text{(식 B.30)} \\
\mathrm{H}[\tau] &= \ln \Gamma(a) - (a-1)\psi(a) - \ln b + a & \text{(식 B.31)}
\end{aligned}$$

여기서 $\psi(\cdot)$는 식 B.25의 디감마 함수다. 감마 분포는 단변량 가우시안 분포의 정밀도(분산의 역)의 켤레 사전 분포다. $a \geqslant 1$인 경우 밀도는 모든 곳에서 유한하다. $a = 1$인 특별 케이스를 **지수 분포**(exponential distribution)라고 한다.

가우시안 분포

가우시안 분포는 가장 널리 사용되는 연속 변수 분포다. 가우시안 분포를 **정규**(normal) 분포라고 부르기도 한다. 단일 변수 $x \in (-\infty, \infty)$의 경우에 가우시안 분포는 두 개의 매개변수 평균 $\mu \in (-\infty, \infty)$와 분산 $\sigma^2 > 0$에 의해 결정된다.

$$\mathcal{N}(x|\mu, \sigma^2) \quad = \quad \frac{1}{(2\pi\sigma^2)^{1/2}} \exp\left\{-\frac{1}{2\sigma^2}(x-\mu)^2\right\} \qquad \text{(식 B.32)}$$

$$\mathbb{E}[x] \quad = \quad \mu \qquad \text{(식 B.33)}$$

$$\text{var}[x] \quad = \quad \sigma^2 \qquad \text{(식 B.34)}$$

$$\text{mode}[x] \quad = \quad \mu \qquad \text{(식 B.35)}$$

$$\text{H}[x] \quad = \quad \frac{1}{2}\ln\sigma^2 + \frac{1}{2}(1+\ln(2\pi)) \qquad \text{(식 B.36)}$$

분산의 역 $\tau = 1/\sigma^2$은 정밀도라고 하며, 분산의 제곱근 σ는 표준 편차라고 한다. μ의 켤레 사전 분포는 가우시안 분포이며, τ의 켤레 사전 분포는 감마 분포다. μ와 τ가 둘 다 알려져 있지 않은 경우 결합 켤레 사전 분포는 가우시안 감마 분포다.

D차원 벡터 $\mathbf{x}$의 경우 가우시안 분포는 D차원 평균 벡터 $\boldsymbol{\mu}$와 $D \times D$ 공분산 행렬 $\boldsymbol{\Sigma}$에 의해 결정된다. 이때 $\boldsymbol{\Sigma}$는 대칭이어야 하며, 양의 정부호 행렬이어야 한다.

$$\mathcal{N}(\mathbf{x}|\boldsymbol{\mu}, \boldsymbol{\Sigma}) \quad = \quad \frac{1}{(2\pi)^{D/2}}\frac{1}{|\boldsymbol{\Sigma}|^{1/2}} \exp\left\{-\frac{1}{2}(\mathbf{x}-\boldsymbol{\mu})^{\mathrm{T}}\boldsymbol{\Sigma}^{-1}(\mathbf{x}-\boldsymbol{\mu})\right\} \qquad \text{(식 B.37)}$$

$$\mathbb{E}[\mathbf{x}] \quad = \quad \boldsymbol{\mu} \qquad \text{(식 B.38)}$$

$$\text{cov}[\mathbf{x}] \quad = \quad \boldsymbol{\Sigma} \qquad \text{(식 B.39)}$$

$$\text{mode}[\mathbf{x}] \quad = \quad \boldsymbol{\mu} \qquad \text{(식 B.40)}$$

$$\text{H}[\mathbf{x}] \quad = \quad \frac{1}{2}\ln|\boldsymbol{\Sigma}| + \frac{D}{2}(1+\ln(2\pi)) \qquad \text{(식 B.41)}$$

공분산 행렬의 역 $\boldsymbol{\Lambda} = \boldsymbol{\Sigma}^{-1}$은 정밀도 행렬이다. 정밀도 행렬 역시 양의 정부호 대칭 행렬이어야 한다. 중심 극한 정리에 따라서 확률 변수들의 평균은 가우시안 분포를 띄는 성향이 있다. 그리고 두 가우시안 변수의 합은 또 다시 가우시안 분포다. 가우시안은 주어진 분산(또는 공분산)에 대해서 엔트로피를 최대화하는 분포다. 가우시안 확률 변수에 대해 어떤 선형 변환을 가하더라도 그 결과는 다시 가우시안이다. 다변량 가우시안 분포에서 변수들의 부분 집합에 대해 주변 분포를 구하면 이 역시 가우시안 분포다. 이와 비슷하게 조건부 분포 역시 가우시안 분포다. $\boldsymbol{\mu}$에 대한 켤레 사전 분포는 가우시안 분포이고, $\boldsymbol{\Lambda}$에 대한 켤레 사전 분포는 위샤트 분포다. 그리고 $(\boldsymbol{\mu}, \boldsymbol{\Lambda})$에 대한 켤레 사전 분포는 가우시안 위샤트 분포다.

$\mathbf{x}$에 대한 주변 가우시안 분포가 다음 식 B.42처럼 주어진다고 하자. 그리고 $\mathbf{x}$가 주어졌을 때의 $\mathbf{y}$에 대한 조건부 가우시안 분포가 다음 식 B.43처럼 주어진다고 하자.

$$p(\mathbf{x}) \quad = \quad \mathcal{N}(\mathbf{x}|\boldsymbol{\mu}, \boldsymbol{\Lambda}^{-1}) \qquad \text{(식 B.42)}$$

$$p(\mathbf{y}|\mathbf{x}) \quad = \quad \mathcal{N}(\mathbf{y}|\mathbf{A}\mathbf{x}+\mathbf{b}, \mathbf{L}^{-1}) \qquad \text{(식 B.43)}$$

이 경우 $\mathbf{y}$에 대한 주변 분포와 $\mathbf{y}$가 주어졌을 때의 $\mathbf{x}$에 대한 조건부 분포는 다음과 같다.

$$p(\mathbf{y}) = \mathcal{N}(\mathbf{y}|\mathbf{A}\boldsymbol{\mu} + \mathbf{b}, \mathbf{L}^{-1} + \mathbf{A}\boldsymbol{\Lambda}^{-1}\mathbf{A}^{\mathrm{T}}) \tag{식 B.44}$$

$$p(\mathbf{x}|\mathbf{y}) = \mathcal{N}(\mathbf{x}|\boldsymbol{\Sigma}\{\mathbf{A}^{\mathrm{T}}\mathbf{L}(\mathbf{y} - \mathbf{b}) + \boldsymbol{\Lambda}\boldsymbol{\mu}\}, \boldsymbol{\Sigma}) \tag{식 B.45}$$

여기서 다음과 같다.

$$\boldsymbol{\Sigma} = (\boldsymbol{\Lambda} + \mathbf{A}^{\mathrm{T}}\mathbf{L}\mathbf{A})^{-1} \tag{식 B.46}$$

결합 가우시안 분포 $\mathcal{N}(\mathbf{x}|\boldsymbol{\mu}, \boldsymbol{\Sigma})$가 주어졌다고 하자. $\boldsymbol{\Lambda} \equiv \boldsymbol{\Sigma}^{-1}$이며, 이에 대해 다음의 분할들을 정의한다고 하자.

$$\mathbf{x} = \begin{pmatrix} \mathbf{x}_a \\ \mathbf{x}_b \end{pmatrix}, \quad \boldsymbol{\mu} = \begin{pmatrix} \boldsymbol{\mu}_a \\ \boldsymbol{\mu}_b \end{pmatrix} \tag{식 B.47}$$

$$\boldsymbol{\Sigma} = \begin{pmatrix} \boldsymbol{\Sigma}_{aa} & \boldsymbol{\Sigma}_{ab} \\ \boldsymbol{\Sigma}_{ba} & \boldsymbol{\Sigma}_{bb} \end{pmatrix}, \quad \boldsymbol{\Lambda} = \begin{pmatrix} \boldsymbol{\Lambda}_{aa} & \boldsymbol{\Lambda}_{ab} \\ \boldsymbol{\Lambda}_{ba} & \boldsymbol{\Lambda}_{bb} \end{pmatrix} \tag{식 B.48}$$

이 경우 조건부 분포 $p(\mathbf{x}_a|\mathbf{x}_b)$는 다음과 같이 주어진다.

$$p(\mathbf{x}_a|\mathbf{x}_b) = \mathcal{N}(\mathbf{x}|\boldsymbol{\mu}_{a|b}, \boldsymbol{\Lambda}_{aa}^{-1}) \tag{식 B.49}$$

$$\boldsymbol{\mu}_{a|b} = \boldsymbol{\mu}_a - \boldsymbol{\Lambda}_{aa}^{-1}\boldsymbol{\Lambda}_{ab}(\mathbf{x}_b - \boldsymbol{\mu}_b) \tag{식 B.50}$$

그리고 주변 분포 $p(\mathbf{x}_a)$는 다음과 같다.

$$p(\mathbf{x}_a) = \mathcal{N}(\mathbf{x}_a|\boldsymbol{\mu}_a, \boldsymbol{\Sigma}_{aa}) \tag{식 B.51}$$

가우시안 감마 분포

가우시안 감마 분포는 평균 μ와 정밀도 λ가 둘 다 알려지지 않은 단변량 가우시안 분포 $\mathcal{N}(x|\mu, \lambda^{-1})$의 켤레 사전 분포다. 가우시안 감마 분포는 **정규 감마**(*normal gamma*) 분포라 불리기도 한다. 이 분포는 λ에 비례하는 정밀도를 가지는 μ에 대한 가우시안 분포와 λ에 대한 가우시안 분포의 곱으로 구성되어 있다.

$$p(\mu, \lambda|\mu_0, \beta, a, b) = \mathcal{N}\left(\mu|\mu_o, (\beta\lambda)^{-1}\right) \mathrm{Gam}(\lambda|a, b) \tag{식 B.52}$$

가우시안 위샤트 분포

가우시안 위샤트 분포는 평균 $\boldsymbol{\mu}$와 정밀도 $\boldsymbol{\Lambda}$가 둘 다 알려지지 않은 다변량 가우시안 분포 $\mathcal{N}(\mathbf{x}|\boldsymbol{\mu}, \boldsymbol{\Lambda})$의 켤레 사전 분포다. 가우시안 위샤트 분포는 **정규 위샤트**(*normal Wishart*) 분포라

불리기도 한다. 이 분포는 정밀도가 $\mathbf{\Lambda}$에 비례하는 $\boldsymbol{\mu}$에 대한 가우시안 분포와 $\mathbf{\Lambda}$에 대한 위샤트 분포의 곱으로 이루어져 있다.

$$p(\boldsymbol{\mu}, \mathbf{\Lambda} | \boldsymbol{\mu}_0, \beta, \mathbf{W}, \nu) = \mathcal{N}\left(\boldsymbol{\mu} | \boldsymbol{\mu}_0, (\beta \mathbf{\Lambda})^{-1}\right) \mathcal{W}(\mathbf{\Lambda} | \mathbf{W}, \nu) \tag{식 B.53}$$

변수 x가 스칼라인 경우에 이 분포는 가우시안 감마 분포와 동일해진다.

다항 분포

베르누이 분포를 K차원 이산 확률 변수 $\mathbf{x}$에 대해 일반화한다고 하자. 이때 변수 $\mathbf{x}$의 성분들은 $x_k \in \{0, 1\}$이고, $\sum_k x_k = 1$이다. 이 경우 다음의 이진 분포를 얻게 된다.

$$\begin{aligned}
p(\mathbf{x}) &= \prod_{k=1}^{K} \mu_k^{x_k} & \text{(식 B.54)} \\
\mathbb{E}[x_k] &= \mu_k & \text{(식 B.55)} \\
\text{var}[x_k] &= \mu_k(1 - \mu_k) & \text{(식 B.56)} \\
\text{cov}[x_j x_k] &= -\mu_j \mu_k, j \neq k & \text{(식 B.57)} \\
\text{H}[\mathbf{x}] &= -\sum_{k=1}^{K} \mu_k \ln \mu_k & \text{(식 B.58)}
\end{aligned}$$

$p(x_k = 1) = \mu_k$이기 때문에 매개변수들은 $0 \leqslant \mu_k \leqslant 1$과 $\sum_k \mu_k = 1$을 만족해야 한다.

다항 분포는 이항 분포의 다변량 일반화에 해당한다. 이 분포는 N개의 관측값이 주어졌을 때 k 상태에 있는 K 상태 이산 변수의 개수 m_k에 대한 분포에 해당한다.

$$\text{Mult}(m_1, m_2, \ldots, m_K | \boldsymbol{\mu}, N) = \binom{N}{m_1 m_2 \ldots m_K} \prod_{k=1}^{K} \mu_k^{m_k} \tag{식 B.59}$$

$$\begin{aligned}
\mathbb{E}[m_k] &= N\mu_k & \text{(식 B.60)} \\
\text{var}[m_k] &= N\mu_k(1 - \mu_k) & \text{(식 B.61)} \\
\text{cov}[m_j m_k] &= -N\mu_j \mu_k, j \neq k & \text{(식 B.62)}
\end{aligned}$$

여기서 $\boldsymbol{\mu} = (\mu_1, \ldots, \mu_K)^{\text{T}}$다. 그리고 다음의 정의를 사용했다.

$$\binom{N}{m_1 m_2 \ldots m_K} = \frac{N!}{m_1! \ldots m_K!} \tag{식 B.63}$$

식 B.63은 N개의 물체를 취해서 그들 중 m_k개를 구간 k에 부여하는 가짓수다. 이때 $k =$

$1, \ldots, K$다. μ_k의 값은 확률 변수가 상태 k를 가질 확률에 해당한다. 따라서 이 매개변수들은 $0 \leqslant \mu_k \leqslant 1$과 $\sum_k \mu_k = 1$을 만족해야 한다. 매개변수 $\{\mu_k\}$의 사전 켤레 분포는 디리클레 분포다.

정규 분포

정규 분포는 가우시안 분포의 또 다른 이름이다. 이 책에서는 가우시안 분포라는 용어를 사용했다. 하지만 관습에 따라서 기호 N(정규 Normal의 N)을 이용해서 이 분포를 지칭했다. 일관성을 위해서 정규 감마 분포는 가우시안 감마 분포로, 정규-위샤트 분포는 가우시안 위샤트 분포로 지칭했다.

스튜던트 t 분포

이 분포는 윌리엄 고셋(William Gosset)이 1908년에 공개했다. 하지만 그의 고용주였던 기네스 양조장에서 필명을 사용할 것을 요구했기 때문에 '스튜던트(Student)'라는 이름을 사용하였다. 단변량 스튜던트 t 분포는 단변량 가우시안 분포의 정밀도에 대한 켤레 감마 사전 분포를 취하고, 정밀도 변수를 적분해서 없앰으로써 구할 수 있다. 따라서 스튜던트 t 분포는 같은 평균을 가지지만, 다른 분산을 가지는 가우시안 분포들의 무한 혼합으로 볼 수 있다.

$$\mathrm{St}(x|\mu, \lambda, \nu) = \frac{\Gamma(\nu/2 + 1/2)}{\Gamma(\nu/2)} \left(\frac{\lambda}{\pi\nu}\right)^{1/2} \left[1 + \frac{\lambda(x-\mu)^2}{\nu}\right]^{-\nu/2 - 1/2} \tag{식 B.64}$$

$$\mathbb{E}[x] = \mu \quad \text{for } \nu > 1 \tag{식 B.65}$$

$$\mathrm{var}[x] = \frac{1}{\lambda}\frac{\nu}{\nu - 2} \quad \text{for } \nu > 2 \tag{식 B.66}$$

$$\mathrm{mode}[x] = \mu \tag{식 B.67}$$

여기서 $\nu > 0$는 이 분포의 자유도다. 이 분포는 $\nu = 1$인 경우에 **코시 분포**(*cauchy distribution*)가 된다.

D차원 변수 $\mathbf{x}$의 경우의 스튜던트 t 분포는 다변량 가우시안 분포의 정밀도 행렬을 켤레 위샤트 사전 분포에 대해 주변화한 것에 해당하게 된다. 이 경우 다음의 형태를 가지게 된다.

$$\mathrm{St}(\mathbf{x}|\boldsymbol{\mu}, \boldsymbol{\Lambda}, \nu) = \frac{\Gamma(\nu/2 + D/2)}{\Gamma(\nu/2)} \frac{|\boldsymbol{\Lambda}|^{1/2}}{(\nu\pi)^{D/2}} \left[1 + \frac{\Delta^2}{\nu}\right]^{-\nu/2 - D/2} \tag{식 B.68}$$

$$\mathbb{E}[\mathbf{x}] = \boldsymbol{\mu} \quad \text{for } \nu > 1 \tag{식 B.69}$$

$$\text{cov}[\mathbf{x}] = \frac{\nu}{\nu - 2}\mathbf{\Lambda}^{-1} \quad \text{for } \nu > 2 \qquad \text{(식 B.70)}$$

$$\text{mode}[\mathbf{x}] = \boldsymbol{\mu} \qquad \text{(식 B.71)}$$

여기서 Δ^2은 다음과 같이 정의되는 마할라노비스 거리(Mahalanobis distance)다.

$$\Delta^2 = (\mathbf{x} - \boldsymbol{\mu})^{\mathrm{T}}\mathbf{\Lambda}(\mathbf{x} - \boldsymbol{\mu}) \qquad \text{(식 B.72)}$$

$\lim \nu \to \infty$를 취하면 t 분포는 평균 μ와 정밀도 $\mathbf{\Lambda}$를 가지는 가우시안 분포가 된다. 스튜던트 t 분포는 최대 가능도 매개변숫값이 이상값에 대해 더 강건하고 일반화된 가우시안 분포로 볼 수 있다.

균등 분포

균등 분포는 연속 변수 x에 대한 단순한 분포로서 유한한 구간 $x \in [a, b]$에 대해 정의된 분포다. 이때 $b > a$다.

$$\text{U}(x|a, b) = \frac{1}{b - a} \qquad \text{(식 B.73)}$$

$$\mathbb{E}[x] = \frac{(b + a)}{2} \qquad \text{(식 B.74)}$$

$$\text{var}[x] = \frac{(b - a)^2}{12} \qquad \text{(식 B.75)}$$

$$\text{H}[x] = \ln(b - a) \qquad \text{(식 B.76)}$$

만약 x가 $\text{U}(x|0, 1)$ 분포를 가진다면, $a + (b - a)x$는 분포 $\text{U}(x|a, b)$를 가지게 된다.

폰 미제스 분포

원형 정규 분포나 원형 가우시안 분포라는 이름으로도 불리는 폰 미제스 분포는 변수 $\theta \in [0, 2\pi]$에 대한 단변량 가우시안 같은 주기적 분포다.

$$p(\theta|\theta_0, m) = \frac{1}{2\pi I_0(m)} \exp\{m\cos(\theta - \theta_0)\} \qquad \text{(식 B.77)}$$

여기서 $I_0(m)$은 제1종 0차 **베젤 함수**(*Bessel function*)다. 이 분포는 주기 2π를 가지고 있으며, 따라서 모든 θ에 대해 $p(\theta + 2\pi) = p(\theta)$다. 이 분포를 해석할 때는 주의를 기울여야 한다. 왜냐하면 이 분포의 단순한 기댓값은 변수 θ의 (임의로) 선택한 원점에 대해 종속적이기 때문이다. 매개변수 θ_0는 단변량 가우시안 분포의 평균에 해당하며, **집중 매개변수**(*concentration parameter*)

$m > 0$은 정밀도(분산의 역)에 해당한다. m 값이 큰 경우 폰 미제스 분포는 근사적으로 θ_0을 중심으로 한 가우시안 분포가 된다.

위샤트 분포

위샤트 분포는 다변량 가우시안 분포의 정밀도 행렬의 사전 켤레 분포다.

$$\mathcal{W}(\mathbf{\Lambda}|\mathbf{W}, \nu) = B(\mathbf{W}, \nu)|\mathbf{\Lambda}|^{(\nu-D-1)/2} \exp\left(-\frac{1}{2}\mathrm{Tr}(\mathbf{W}^{-1}\mathbf{\Lambda})\right) \qquad \text{(식 B.78)}$$

여기서 다음과 같다.

$$B(\mathbf{W}, \nu) \equiv |\mathbf{W}|^{-\nu/2}\left(2^{\nu D/2}\pi^{D(D-1)/4}\prod_{i=1}^{D}\Gamma\left(\frac{\nu+1-i}{2}\right)\right)^{-1} \qquad \text{(식 B.79)}$$

$$\mathbb{E}[\mathbf{\Lambda}] = \nu\mathbf{W} \qquad \text{(식 B.80)}$$

$$\mathbb{E}\left[\ln|\mathbf{\Lambda}|\right] = \sum_{i=1}^{D}\psi\left(\frac{\nu+1-i}{2}\right) + D\ln 2 + \ln|\mathbf{W}| \qquad \text{(식 B.81)}$$

$$\mathrm{H}[\mathbf{\Lambda}] = -\ln B(\mathbf{W}, \nu) - \frac{(\nu-D-1)}{2}\mathbb{E}\left[\ln|\mathbf{\Lambda}|\right] + \frac{\nu D}{2} \qquad \text{(식 B.82)}$$

$\mathbf{W}$는 $D \times D$ 대칭 양의 정부호 행렬이고 $\psi(\cdot)$는 식 B.25에서 정의한 디감마 함수다. 매개변수 ν는 **자유도의 숫자**(*number of degrees of freedom*)이며, 정규화 인자에서의 감마 함수가 잘 정의되도록 하기 위해서 $\nu > D - 1$로 제약된다. 일차원의 경우 위샤트 분포는 식 B.26의 감마 분포 $\mathrm{Gam}(\lambda|a, b)$가 된다. 이 경우 매개변수들은 $a = \nu/2$와 $b = 1/2W$다.

부록 C. 행렬의 성질

이 부록에서는 행렬과 행렬식의 몇몇 유용한 성질들에 대해 살펴볼 것이다. 이 절은 기초 튜토리얼이 아니다. 여기서는 이 절을 읽는 독자들은 이미 기본 선형 대수에 대해 익숙하다고 가정할 것이다. 몇몇 결과의 경우에는 어떻게 증명하는지를 적어 두었다. 하지만 몇몇 더 복잡한 결과의 경우에는 증명을 생략하였다. 이 경우 관심이 있는 독자는 표준 교과서를 참고하기 바란다. 모든 경우에 행렬에 대해 역행렬이 존재한다고 가정했고, 각 행렬들이 공식이 올바르게 정의될 수 있는 차원수를 가진다고도 가정했다. 선형 대수에 대한 포괄적인 논의는 Golub and Van Loan(1996)에서 찾아볼 수 있으며, 광범위한 행렬 성질의 모음은 Lütkepohl(1996)에서 찾아볼 수 있다. 행렬 미분은 Magnus and Neudecker(1999)에서 논의되어 있다.

기본 행렬 성질

행렬 $\mathbf{A}$를 가정하자. 이 행렬은 원소 A_{ij}를 가지는데, 이때 i는 행을, j는 열을 지칭한다. $\mathbf{I}_N$은 $N \times N$ 항등 행렬(단위 행렬)을 지칭한다. 차원수에 대한 모호함이 없을 경우에는 기호 $\mathbf{I}$를 사용할 것이다. 전치 행렬 $\mathbf{A}^{\mathrm{T}}$는 $(\mathbf{A}^{\mathrm{T}})_{ij} = A_{ji}$를 원소로 가지는 행렬이다. 전치의 정의에 따라서 다음을 얻을 수 있다.

$$(\mathbf{AB})^{\mathrm{T}} = \mathbf{B}^{\mathrm{T}}\mathbf{A}^{\mathrm{T}} \tag{식 C.1}$$

인덱스들을 적어 보면 이를 확인할 수 있다. $\mathbf{A}$의 역행렬 $\mathbf{A}^{-1}$은 다음을 만족한다.

$$\mathbf{AA}^{-1} = \mathbf{A}^{-1}\mathbf{A} = \mathbf{I} \tag{식 C.2}$$

$\mathbf{ABB}^{-1}\mathbf{A}^{-1} = \mathbf{I}$이기 때문에 다음을 얻게 된다.

$$(\mathbf{AB})^{-1} = \mathbf{B}^{-1}\mathbf{A}^{-1} \tag{식 C.3}$$

또한, 다음도 얻을 수 있다.

$$\left(\mathbf{A}^{\mathrm{T}}\right)^{-1} = \left(\mathbf{A}^{-1}\right)^{\mathrm{T}} \tag{식 C.4}$$

이는 식 C.2에 대해 전치를 취하고 식 C.1을 적용함으로써 쉽게 증명할 수 있다.

행렬의 역에 대한 유용한 성질 중 하나로 다음이 있다.

$$(\mathbf{P}^{-1} + \mathbf{B}^{\mathrm{T}}\mathbf{R}^{-1}\mathbf{B})^{-1}\mathbf{B}^{\mathrm{T}}\mathbf{R}^{-1} = \mathbf{PB}^{\mathrm{T}}(\mathbf{BPB}^{\mathrm{T}} + \mathbf{R})^{-1} \tag{식 C.5}$$

양변의 우측에 $(\mathbf{BPB}^{\mathrm{T}} + \mathbf{R})$을 곱해 보면 이를 쉽게 확인할 수 있다. $\mathbf{P}$가 $N \times N$ 행렬, $\mathbf{R}$이 $M \times M$ 행렬, $\mathbf{B}$가 $M \times N$ 행렬이라고 해보자. 이 경우 $M \ll N$이면 식 C.5의 오른쪽 변을 계산하는 것이 왼쪽 변을 계산하는 것에 비해 계산적으로 훨씬 더 효율적이다. 때때로 발생하는 특별 케이스로는 다음이 있다.

$$(\mathbf{I} + \mathbf{AB})^{-1}\mathbf{A} = \mathbf{A}(\mathbf{I} + \mathbf{BA})^{-1} \tag{식 C.6}$$

행렬의 역과 관련된 또 다른 유용한 성질로는 다음이 있다.

$$(\mathbf{A} + \mathbf{BD}^{-1}\mathbf{C})^{-1} = \mathbf{A}^{-1} - \mathbf{A}^{-1}\mathbf{B}(\mathbf{D} + \mathbf{CA}^{-1}\mathbf{B})^{-1}\mathbf{CA}^{-1} \tag{식 C.7}$$

이를 **우드베리 성질**(*Woodbury identity*)이라고 한다. 이 식은 양변에 $(\mathbf{A} + \mathbf{BD}^{-1}\mathbf{C})$를 곱함으로써 증명할 수 있다. 예를 들어 $\mathbf{A}$가 크기가 큰 대각 행렬이라 역행렬을 구하기 쉽고 $\mathbf{B}$는 많은 수의 행을 가지고 있지만 적은 수의 열을, $\mathbf{C}$는 반대로 많은 수의 열과 적은 수의 행을 가지고 있어서 이 식의 오른쪽 변이 왼쪽 변보다 계산하기가 훨씬 더 효율적인 경우에 유용하게 사용할 수 있다.

벡터들의 집합 $\{\mathbf{a}_1, \ldots, \mathbf{a}_N\}$은 $\sum_n \alpha_n \mathbf{a}_n = 0$이라는 관계가 모든 $\alpha_n = 0$일 때만 성립하고 그 역도 성립할 경우는 **선형적으로 독립적**(*linearly independent*)이라고 한다. 이는 집합 내의 어떤 벡터도 다른 벡터들의 선형 결합으로 표현될 수 없음을 의미한다. 행렬의 계수는 선형적으로 독립적인 행의 최대 수에 해당한다(또는 이와 동일하게 선형적으로 독립적인 열의 최대 수에 해당한다).

대각합과 행렬식

대각합과 행렬식은 정방 행렬에 적용할 수 있다. 행렬 $\mathbf{A}$의 대각합 $\mathrm{Tr}(\mathbf{A})$는 주 대각 원소들의 합으로 정의된다. 인덱스들을 적어 보면 다음을 확인할 수 있다.

$$\mathrm{Tr}(\mathbf{AB}) = \mathrm{Tr}(\mathbf{BA}) \tag{식 C.8}$$

세 행렬의 곱에 대해 이 공식을 몇 번 적용해 보면 다음을 확인할 수 있다.

$$\mathrm{Tr}(\mathbf{ABC}) = \mathrm{Tr}(\mathbf{CAB}) = \mathrm{Tr}(\mathbf{BCA}) \tag{식 C. 9}$$

이를 대각합 연산의 순환적 성질이라고 한다. 이 성질은 몇 개의 행렬의 곱에 대해서든지 적용이 가능하다. $N \times N$ 행렬 $\mathbf{A}$에 대한 행렬식 $|\mathbf{A}|$는 다음으로 정의된다.

$$|\mathbf{A}| = \sum (\pm 1) A_{1i_1} A_{2i_2} \cdots A_{Ni_N} \tag{식 C.10}$$

각 행으로부터 하나의 원소, 각 열로부터 하나의 원소를 취해서 곱하고 여기에 순열 $i_1 i_2 \ldots i_N$ 이 짝수인지 홀수인지에 따라 정해지는 계수 $+1$이나 -1을 곱한 다음 합산을 시행하는 것이다. 이 경우 $|\mathbf{I}| = 1$이다. 따라서 2×2 행렬의 경우에 행렬식은 다음의 형태를 취하게 된다.

$$|\mathbf{A}| = \begin{vmatrix} a_{11} & a_{12} \\ a_{21} & a_{22} \end{vmatrix} = a_{11}a_{22} - a_{12}a_{21} \tag{식 C.11}$$

두 행렬의 곱에 대한 행렬식은 다음의 형태를 가진다.

$$|\mathbf{AB}| = |\mathbf{A}||\mathbf{B}| \tag{식 C.12}$$

이는 식 C.10을 통해 보일 수 있다. 또한, 역행렬의 행렬식은 다음과 같이 주어진다.

$$|\mathbf{A}^{-1}| = \frac{1}{|\mathbf{A}|} \tag{식 C.13}$$

이는 식 C.2의 행렬식을 취하고 식 C.12를 적용해서 나타낼 수 있다.

만약 $\mathbf{A}$와 $\mathbf{B}$가 $N \times M$ 행렬이면 다음을 만족한다.

$$|\mathbf{I}_N + \mathbf{AB}^{\mathrm{T}}| = |\mathbf{I}_M + \mathbf{A}^{\mathrm{T}}\mathbf{B}| \tag{식 C.14}$$

유용한 특별 케이스로 다음이 있다.

$$|\mathbf{I}_N + \mathbf{ab}^{\mathrm{T}}| = 1 + \mathbf{a}^{\mathrm{T}}\mathbf{b} \tag{식 C.15}$$

여기서 **a**와 **b**는 N차원 열 벡터다.

행렬 미분

때로 스칼라값에 대한 벡터와 행렬의 미분을 고려해야 할 경우가 있다. 스칼라값 x에 대한 벡터 **a**의 미분값은 벡터이며, 그 성분은 다음과 같다.

$$\left(\frac{\partial \mathbf{a}}{\partial x}\right)_i = \frac{\partial a_i}{\partial x} \tag{식 C.16}$$

행렬의 미분에 대해서도 비슷한 정의를 내릴 수 있다. 행렬에 대한 미분이나 벡터에 대한 미분도 정의할 수 있다.

$$\left(\frac{\partial x}{\partial \mathbf{a}}\right)_i = \frac{\partial x}{\partial a_i} \tag{식 C.17}$$

$$\left(\frac{\partial \mathbf{a}}{\partial \mathbf{b}}\right)_{ij} = \frac{\partial a_i}{\partial b_j} \tag{식 C.18}$$

각 성분들을 적어 보면 다음을 쉽게 증명할 수 있다.

$$\frac{\partial}{\partial \mathbf{x}}\left(\mathbf{x}^{\mathrm{T}}\mathbf{a}\right) = \frac{\partial}{\partial \mathbf{x}}\left(\mathbf{a}^{\mathrm{T}}\mathbf{x}\right) = \mathbf{a} \tag{식 C.19}$$

이와 비슷하게 다음도 성립한다.

$$\frac{\partial}{\partial x}\left(\mathbf{AB}\right) = \frac{\partial \mathbf{A}}{\partial x}\mathbf{B} + \mathbf{A}\frac{\partial \mathbf{B}}{\partial x} \tag{식 C.20}$$

역행렬의 미분은 다음과 같이 표현할 수 있다.

$$\frac{\partial}{\partial x}\left(\mathbf{A}^{-1}\right) = -\mathbf{A}^{-1}\frac{\partial \mathbf{A}}{\partial x}\mathbf{A}^{-1} \tag{식 C.21}$$

이는 식 $\mathbf{A}^{-1}\mathbf{A} = \mathbf{I}$를 식 C.20을 통해 미분하고 오른쪽에 $\mathbf{A}^{-1}$을 곱해서 얻을 수 있다. 또한, 다음도 성립한다.

$$\frac{\partial}{\partial x}\ln|\mathbf{A}| = \mathrm{Tr}\left(\mathbf{A}^{-1}\frac{\partial \mathbf{A}}{\partial x}\right) \tag{식 C.22}$$

이는 나중에 증명할 것이다. 만약 **A**의 원소 중 하나로 x를 선택하면 다음을 얻게 된다.

$$\frac{\partial}{\partial A_{ij}} \mathrm{Tr}\left(\mathbf{AB}\right) = B_{ji} \tag{식 C.23}$$

행렬들을 인덱스 표현법에 따라 적으면 이를 보일 수 있다. 이 결과를 다음의 형태로 더 간단하게 적을 수 있다.

$$\frac{\partial}{\partial \mathbf{A}} \mathrm{Tr}\left(\mathbf{AB}\right) = \mathbf{B}^{\mathrm{T}} \tag{식 C.24}$$

이 표현법을 바탕으로 다음의 성질들을 얻을 수 있다.

$$\frac{\partial}{\partial \mathbf{A}} \mathrm{Tr}\left(\mathbf{A}^{\mathrm{T}}\mathbf{B}\right) = \mathbf{B} \tag{식 C.25}$$

$$\frac{\partial}{\partial \mathbf{A}} \mathrm{Tr}(\mathbf{A}) = \mathbf{I} \tag{식 C.26}$$

$$\frac{\partial}{\partial \mathbf{A}} \mathrm{Tr}(\mathbf{ABA}^{\mathrm{T}}) = \mathbf{A}(\mathbf{B} + \mathbf{B}^{\mathrm{T}}) \tag{식 C.27}$$

이는 다시금 행렬의 인덱스들을 적음으로써 증명할 수 있다. 또한, 다음도 얻을 수 있다.

$$\frac{\partial}{\partial \mathbf{A}} \ln |\mathbf{A}| = \left(\mathbf{A}^{-1}\right)^{\mathrm{T}} \tag{식 C.28}$$

이는 식 C.22와 C.24로부터 구할 수 있다.

고윳값 공식

$M \times M$의 정방 행렬 $\mathbf{A}$에 대해 고유 벡터 공식은 다음처럼 정의된다.

$$\mathbf{A}\mathbf{u}_i = \lambda_i \mathbf{u}_i \tag{식 C.29}$$

이때 $i = 1, \dots, M$이다. 여기서 $\mathbf{u}_i$는 **고유 벡터**(*eigenvector*)이며, λ_i는 이에 해당하는 **고윳값**(*eigenvalue*)이다. 이는 M개의 동시 균일 선형 방정식에 해당한다. 이 경우 이 방정식의 해 조건은 다음과 같다.

$$|\mathbf{A} - \lambda_i \mathbf{I}| = 0 \tag{식 C.30}$$

이를 **특성 방정식**(*characteristic equation*)이라 한다. 이는 λ_i에 대해서 M차 방정식이기 때문에 M개의 해를 가지게 된다(모든 해가 별개일 필요는 없다). $\mathbf{A}$의 계수는 0이 아닌 고윳값의 수와 같다.

특히, 대칭 행렬의 경우에 대해 살펴보자. 공분산 행렬, 커널 행렬, 헤시안 행렬 등이 대칭 행렬이다. 대칭 행렬들은 $A_{ij} = A_{ji}$, 즉 $\mathbf{A}^{\mathrm{T}} = \mathbf{A}$라는 성질을 가진다. 이는 $\mathbf{A}^{-1}\mathbf{A} = \mathbf{I}$의 전치

를 취하고 $\mathbf{AA}^{-1} = \mathbf{I}$와 $\mathbf{I}$의 대칭성을 사용해서 나타낼 수 있다.

일반적으로 행렬의 고윳값은 복소수다. 하지만 대칭 행렬의 경우 고윳값 λ_i는 실수다. 이는 식 C.29에 $(\mathbf{u}_i^\star)^\mathrm{T}$를 왼쪽으로부터 곱해서 나타낼 수 있다. 여기서 $\star$는 켤레 복소수를 지칭한다.

$$(\mathbf{u}_i^\star)^\mathrm{T} \mathbf{A} \mathbf{u}_i = \lambda_i (\mathbf{u}_i^\star)^\mathrm{T} \mathbf{u}_i \qquad \text{(식 C.31)}$$

다음으로는 식 C.29의 켤레 복소수를 취하고 왼쪽으로부터 $\mathbf{u}_i^\mathrm{T}$를 곱해 보자. 그 결과 다음을 얻게 된다.

$$\mathbf{u}_i^\mathrm{T} \mathbf{A} \mathbf{u}_i^\star = \lambda_i^\star \mathbf{u}_i^\mathrm{T} \mathbf{u}_i^\star \qquad \text{(식 C.32)}$$

여기서 $\mathbf{A}^\star = \mathbf{A}$라는 성질을 이용했다. 이 성질은 우리가 실수 행렬 $\mathbf{A}$를 다루기 때문에 성립한다. 두 번째 공식의 전치를 취하고 $\mathbf{A}^\mathrm{T} = \mathbf{A}$라는 성질을 적용하면, 두 공식의 왼쪽 변이 동일하다는 것을 알 수 있다. 따라서 $\lambda_i^\star = \lambda_i$이며, λ_i는 실수여야만 한다.

실수 대칭 행렬의 고유 벡터 $\mathbf{u}_i$는 정규직교(직교하며 단위 길이를 가지는)하도록 선택할 수 있다. 이 경우 다음과 같다.

$$\mathbf{u}_i^\mathrm{T} \mathbf{u}_j = I_{ij} \qquad \text{(식 C.33)}$$

여기서 I_{ij}는 항등 행렬 $\mathbf{I}$의 원소다. 이를 나타내기 위해서는 먼저 식 C.29에 $\mathbf{u}_j^\mathrm{T}$를 왼쪽으로부터 곱하자. 그럼 다음을 얻게 된다.

$$\mathbf{u}_j^\mathrm{T} \mathbf{A} \mathbf{u}_i = \lambda_i \mathbf{u}_j^\mathrm{T} \mathbf{u}_i \qquad \text{(식 C.34)}$$

인덱스를 교환하면 다음을 얻게 된다.

$$\mathbf{u}_i^\mathrm{T} \mathbf{A} \mathbf{u}_j = \lambda_j \mathbf{u}_i^\mathrm{T} \mathbf{u}_j \qquad \text{(식 C.35)}$$

두 번째 공식의 전치를 취하고 대칭성 $\mathbf{A}^\mathrm{T} = \mathbf{A}$를 사용하자. 그리고 두 공식의 차를 구하면 다음을 얻게 된다.

$$(\lambda_i - \lambda_j) \mathbf{u}_i^\mathrm{T} \mathbf{u}_j = 0 \qquad \text{(식 C.36)}$$

따라서 $\lambda_i \neq \lambda_j$에 대해 $\mathbf{u}_i^\mathrm{T} \mathbf{u}_j = 0$이며, 따라서 $\mathbf{u}_i$와 $\mathbf{u}_j$는 직교한다. 만약 두 고윳값들이 동일하면, 모든 선형 결합 $\alpha \mathbf{u}_i + \beta \mathbf{u}_j$는 같은 고윳값을 가지는 고유 벡터일 것이다. 따라서 하나의 선형 결합을 임의로 선택하고 두 번째 선형 결합을 첫 번째에 대해 직교하도록 선택할 수 있다(저하된 고유 벡터들은 서로 선형 종속적이지 않다는 것을 나타낼 수 있다). 따라서 고유 벡터들은 직교하도록 선택할 수 있으며, 이를 정규화하면 단위 길이를 가지도록 할 수 있다. M개의 고윳값들이 존재하기 때문에 이에 해당하는 M개의 직교 고유 벡터들은 완전한 집합을 이루게 될 것이다. 따라서 모든 M차원 벡터는 고유 벡터들의 선형 결합으로 표현할 수 있다.

고유 벡터 $\mathbf{u}_i$를 $M \times M$ 행렬 $\mathbf{U}$의 열이 되도록 해보자. 이 경우 정규직교성에 따라서 다음이 만족된다.

$$\mathbf{U}^\mathrm{T}\mathbf{U} = \mathbf{I} \tag{식 C.37}$$

이러한 행렬을 **직교**(*orthogonal*)한다고 표현한다. 흥미롭게도 이러한 행렬의 행들 역시 직교한다. 따라서 $\mathbf{U}\mathbf{U}^\mathrm{T} = \mathbf{I}$가 만족된다. 식 C.37은 $\mathbf{U}^\mathrm{T}\mathbf{U}\mathbf{U}^{-1} = \mathbf{U}^{-1} = \mathbf{U}^\mathrm{T}$라는 것을 내포하고 있으며, 그 결과로 $\mathbf{U}\mathbf{U}^{-1} = \mathbf{U}\mathbf{U}^\mathrm{T} = \mathbf{I}$임을 나타낼 수 있다. 식 C.12를 사용하면 $|\mathbf{U}| = 1$라는 것도 나타낼 수 있다.

식 C.29의 고유 벡터 공식은 다음과 같이 $\mathbf{U}$에 대한 식으로 표현할 수 있다.

$$\mathbf{A}\mathbf{U} = \mathbf{U}\boldsymbol{\Lambda} \tag{식 C.38}$$

여기서 $\boldsymbol{\Lambda}$는 대각 원소로 고윳값 λ_i를 가지는 $M \times M$ 대각 행렬이다.

직교 행렬 $\mathbf{U}$를 통해서 열 벡터 $\mathbf{x}$를 변환하는 것을 생각해 보자.

$$\widetilde{\mathbf{x}} = \mathbf{U}\mathbf{x} \tag{식 C.39}$$

이 경우 벡터의 길이는 보존된다. 그 이유는 다음 때문이다.

$$\widetilde{\mathbf{x}}^\mathrm{T}\widetilde{\mathbf{x}} = \mathbf{x}^\mathrm{T}\mathbf{U}^\mathrm{T}\mathbf{U}\mathbf{x} = \mathbf{x}^\mathrm{T}\mathbf{x} \tag{식 C.40}$$

이와 비슷하게 이러한 두 벡터 간의 각도 역시 보존된다.

$$\widetilde{\mathbf{x}}^\mathrm{T}\widetilde{\mathbf{y}} = \mathbf{x}^\mathrm{T}\mathbf{U}^\mathrm{T}\mathbf{U}\mathbf{y} = \mathbf{x}^\mathrm{T}\mathbf{y} \tag{식 C.41}$$

따라서 $\mathbf{U}$를 곱하는 것은 좌표계의 **강체**(*rigid*) 회전으로 해석할 수 있다.

식 C.38로부터 다음을 얻을 수 있다.

$$\mathbf{U}^\mathrm{T}\mathbf{A}\mathbf{U} = \boldsymbol{\Lambda} \tag{식 C.42}$$

여기서 $\boldsymbol{\Lambda}$는 대각 행렬이다. 이 경우 행렬 $\mathbf{A}$가 행렬 $\mathbf{U}$에 의해 **대각화**(*diagonalized*)되었다고 표현한다. 왼쪽에 $\mathbf{U}$를 곱하고 오른쪽에 $\mathbf{U}^\mathrm{T}$를 곱하면 다음을 얻게 된다.

$$\mathbf{A} = \mathbf{U}\boldsymbol{\Lambda}\mathbf{U}^\mathrm{T} \tag{식 C.43}$$

이 식의 역을 취하고 식 C.3과 $\mathbf{U}^{-1} = \mathbf{U}^\mathrm{T}$를 이용하면 다음을 얻게 된다.

$$\mathbf{A}^{-1} = \mathbf{U}\boldsymbol{\Lambda}^{-1}\mathbf{U}^{\mathrm{T}} \tag{식 C.44}$$

마지막 두 공식은 다음 형태로 적을 수도 있다.

$$\mathbf{A} = \sum_{i=1}^{M} \lambda_i \mathbf{u}_i \mathbf{u}_i^{\mathrm{T}} \tag{식 C.45}$$

$$\mathbf{A}^{-1} = \sum_{i=1}^{M} \frac{1}{\lambda_i} \mathbf{u}_i \mathbf{u}_i^{\mathrm{T}} \tag{식 C.46}$$

식 C.43의 행렬식을 취하고 식 C.12를 사용하면 다음을 얻게 된다.

$$|\mathbf{A}| = \prod_{i=1}^{M} \lambda_i \tag{식 C.47}$$

이와 비슷하게 식 C.43의 대각합을 취하고 식 C.8의 대각합 연산의 순환 성질과 $\mathbf{U}^{\mathrm{T}}\mathbf{U} = \mathbf{I}$를 이용하면 다음을 얻게 된다.

$$\mathrm{Tr}(\mathbf{A}) = \sum_{i=1}^{M} \lambda_i \tag{식 C.48}$$

식 C.33, 식 C.45, 식 C.46, 식 C.47을 이용해서 식 C.22를 증명하는 것은 독자를 위한 연습문제로 남겨 두겠다.

모든 0이 아닌 벡터 $\mathbf{w}$에 대해 $\mathbf{w}^{\mathrm{T}}\mathbf{A}\mathbf{w} > 0$이 성립할 경우에는 행렬 $\mathbf{A}$를 **양의 정부호**(*positive definite*) 행렬이라고 한다. 이는 $\mathbf{A} \succ 0$으로 지칭한다. 양의 정부호 행렬은 모든 고윳값이 $\lambda_i > 0$이라는 성질을 가지며, 그 역도 성립한다(이는 $\mathbf{w}$를 순서대로 각각의 고유 벡터로 설정한 후 임의의 벡터가 고유 벡터의 선형 결합으로 확장될 수 있다는 점을 바탕으로 나타낼 수 있다). 양의 정부호 행렬은 모든 원소가 양수인 것과는 다르다. 예를 들어, 다음의 행렬을 고려해 보자.

$$\begin{pmatrix} 1 & 2 \\ 3 & 4 \end{pmatrix} \tag{식 C. 49}$$

이 행렬은 고윳값 $\lambda_1 \simeq 5.37$과 $\lambda_2 \simeq -0.37$을 가진다. 모든 $\mathbf{w}$에 대해서 $\mathbf{w}^{\mathrm{T}}\mathbf{A}\mathbf{w} \geqslant 0$이 성립하는 경우 행렬 $\mathbf{A}$를 **양의 준정부호**(*positive semidefinite*)라고 한다. 이는 $\mathbf{A} \succeq 0$으로 지칭한다. 양의 준정부호 성질은 모든 고윳값이 $\lambda_i \geqslant 0$이라는 성질을 가지며, 그 역도 성립한다.

부록 D. 변분법

함수 $y(x)$를 모든 입력값 x에 대해서 출력값 y를 돌려주는 연산자라고 생각할 수 있다. 이와 비슷하게 **범함수**(*functional*)를 정의할 수 있다. 범함수 $F[y]$는 함수 $y(x)$을 입력받아서 출력 값 F를 돌려주는 연산자다. 범함수의 예시로서 이차원 평면에 그려진 곡선의 길이가 있다. 이 때 곡선의 경로는 함수로 정의된다. 머신 러닝의 맥락에서 널리 사용되는 범함수로는 연속 변수 x에 대한 엔트로피 H$[x]$가 있다. 엔트로피 범함수는 모든 확률 밀도 함수 $p(x)$에 대해서 해당 밀도하에서의 x의 엔트로피값을 돌려준다. 따라서 $p(x)$의 엔트로피는 H$[p]$로 적을 수도 있다.

기존 미분에서 주로 다루는 문제 중 하나로 함수 $y(x)$를 최대화하거나 최소화하는 x 값을 찾는 것이 있다. 이와 비슷하게 변분법에서는 범함수 $F[y]$를 최대화하거나 최소화하는 함수 $y(x)$를 찾는 문제를 다룬다. 모든 가능한 함수 $y(x)$들 중에서 $F[y]$를 최대화하거나 최소화하는 특정 함수를 찾는 것이다. 예를 들어, 변분법은 두 포인트 사이의 가장 짧은 경로가 직선이라거나 최대 엔트로피 분포가 가우시안 분포라는 것 등을 나타낼 수 있다.

일반 미분법의 법칙들을 사용하지 않고 미분 dy/dx를 계산한다고 해보자. 이 경우 변수 x에 대해 작은 변화 ϵ을 만들고 ϵ에 대한 거듭제곱으로 전개함으로써 미분을 계산할 수 있다.

$$y(x + \epsilon) = y(x) + \frac{dy}{dx}\epsilon + O(\epsilon^2) \qquad \text{(식 D.1)}$$

그리고 마지막으로 $\lim \epsilon \to 0$을 취한다. 이와 비슷하게 여러 변수들에 대한 $y(x_1, \ldots, x_D)$ 함수의 편미분 함수는 다음과 같이 정의할 수 있다.

$$y(x_1 + \epsilon_1, \ldots, x_D + \epsilon_D) = y(x_1, \ldots, x_D) + \sum_{i=1}^{D} \frac{\partial y}{\partial x_i} \epsilon_i + O(\epsilon^2) \qquad \text{(식 D.2)}$$

비슷한 방식으로 범함수의 미분에 대해 정의할 수 있다. 함수 $y(x)$에 대해 작은 변화 $\epsilon\eta(x)$를 가했을 때 범함수 $F[y]$가 얼마나 변화하는지를 고려하는 것이다.

여기서 $\eta(x)$는 x에 대한 임의의 함수다. 이에 대해서는 그림 D.1에 그려져 있다. 범함수 $F[y]$의 $y(x)$에 대한 미분은 $\delta F/\delta y(x)$로 표현할 수 있다. 그리고 이는 다음의 관계식으로 표현할 수 있다.

$$F[y(x) + \epsilon\eta(x)] = F[y(x)] + \epsilon \int \frac{\delta F}{\delta y(x)} \eta(x)\, \mathrm{d}x + O(\epsilon^2) \qquad \text{(식 D.3)}$$

이는 식 D.2의 자연스런 확장에 해당한다. 이 경우 $F[y]$는 연속 변수들의 집합에 종속적이게 된다. 여기서의 연속 변수들은 모든 포인트 x에 대한 y 값들이다. 범함수는 함수 $y(x)$의 작은 변화에 대해서는 정류적이어야 한다. 이로부터 다음과 같이 적을 수 있다.

$$\int \frac{\delta F}{\delta y(x)} \eta(x)\, \mathrm{d}x = 0 \qquad \text{(식 D.4)}$$

이는 임의로 선택한 $\eta(x)$에 대해 만족되어야 한다. 따라서 범함수의 미분값은 0이어야 한다. 포인트 $\hat{x}$의 이웃 지역을 제외한 다른 모든 곳에서 0 값을 가지는 섭동 $\eta(x)$를 생각해 보자. 이 경우 범함수 미분값은 $x = \hat{x}$에서 0이어야 한다. 하지만 이는 모든 $\hat{x}$ 값의 선택에 대해서 성립되어야 한다. 따라서 범함수의 미분은 모든 x 값에 대해서 0이어야 한다.

$y(x)$의 미분 함수 $y'(x)$, x에 대해 종속적인 함수 $G(y, y', x)$의 적분으로 정의되는 범함수를 고려해 보자.

$$F[y] = \int G\left(y(x), y'(x), x\right)\, \mathrm{d}x \qquad \text{(식 D.5)}$$

그림 D.1   범함수의 미분은 함수 $y(x)$가 $y(x) + \epsilon\eta(x)$로 변화한 경우에 범함수 $F[y]$의 값이 어떻게 변하는지를 고려함으로써 정의할 수 있다. 이때 $\eta(x)$는 x에 대한 임의의 함수다.

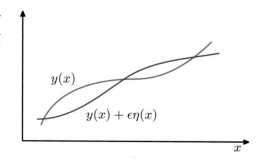

여기서 적분 영역(이는 무한대일 수도 있다)의 경계에서 $y(x)$의 값은 고정된 것으로 가정한다. 이제 $y(x)$의 변화를 고려해 보자. 그러면 다음을 얻게 된다.

$$F[y(x) + \epsilon\eta(x)] = F[y(x)] + \epsilon \int \left\{ \frac{\partial G}{\partial y}\eta(x) + \frac{\partial G}{\partial y'}\eta'(x) \right\} \mathrm{d}x + O(\epsilon^2) \quad \text{(식 D.6)}$$

이제 이를 식 D.3의 형태로 변화시켜 보자. 이를 위해서는 두 번째 항을 부분 적분하고 $\eta(x)$가 적분의 경계에서 0이어야 한다($y(x)$가 경계에서 고정되어 있기 때문이다)는 사실을 사용하면 된다.

$$F[y(x) + \epsilon\eta(x)] = F[y(x)] + \epsilon \int \left\{ \frac{\partial G}{\partial y} - \frac{\mathrm{d}}{\mathrm{d}x}\left(\frac{\partial G}{\partial y'} \right) \right\} \eta(x)\,\mathrm{d}x + O(\epsilon^2) \quad \text{(식 D.7)}$$

이를 식 D.3과 비교하면 범함수 미분을 읽어낼 수 있다. 범함수 미분값이 0이라는 사실로부터 다음을 구할 수 있다.

$$\frac{\partial G}{\partial y} - \frac{\mathrm{d}}{\mathrm{d}x}\left(\frac{\partial G}{\partial y'} \right) = 0 \quad \text{(식 D.8)}$$

이를 **오일러 라그랑주**(*Euler-Langrange*) 공식이라 한다. 예를 들어, 다음을 생각해 보자.

$$G = y(x)^2 + (y'(x))^2 \quad \text{(식 D.9)}$$

이 경우 오일러 라그랑주 공식은 다음의 형태를 가지게 된다.

$$y(x) - \frac{\mathrm{d}^2 y}{\mathrm{d}x^2} = 0 \quad \text{(식 D.10)}$$

$y(x)$의 이차 미분은 $y(x)$의 경계 조건을 이용해서 풀 수 있다.

보통 우리는 $G(y, x)$의 형태를 띠고 $y(x)$의 미분에 대해서는 종속적이지 않은 피적분 함수에 대한 적분으로 범함수를 정의한다. 이 경우 정류성이 만족되기 위해서는 모든 x 값에 대해 $\partial G/\partial y(x) = 0$이기만 하면 된다.

범함수를 확률 분포에 대해 최적화하려면 확률에 대한 정규화 제약 조건을 유지해야 한다. 이는 보통 라그랑주 승수법을 이용해서 쉽게 시행할 수 있다. 그 후에 제약 조건이 없는 최적화를 시행할 수 있다.

위의 결과를 다차원 변수 x에 대해 확장하는 것은 그리 어렵지 않다. 변분법에 대한 더 포괄적인 논의를 찾아보고 싶다면 Sagan(1969)을 참조하기 바란다.

부록 E. 라그랑주 승수법

미정 승수법(*undetermined multiplier*)이라고도 불리는 **라그랑주 승수법**(*Lagrange multiplier*)은 하나 또는 그 이상의 제약 조건하에서 여러 변수에 대한 함수의 임계점을 찾는 데 사용된다.

함수 $f(x_1, x_2)$의 최댓값을 찾는 문제를 생각해 보자. 이때 x_1, x_2에는 제약 조건이 있다. 이 제약 조건을 다음의 형태로 적을 것이다.

$$g(x_1, x_2) = 0 \qquad\qquad (\text{식 E.1})$$

이를 시행하기 위한 한 가지 방법은 식 E.1의 제약 조건식을 풀고 x_2를 $x_2 = h(x_1)$처럼 x_1의 함수로 표현하는 것이다. 그 다음 이를 $f(x_1, x_2)$에 대입해 넣으면 $f(x_1, h(x_1))$ 형태의 x_1에 대한 함수를 얻을 수 있다. 또한, 보통의 미분을 이용해서 이 함수를 x_1에 대해 최대화할 수 있다. 그 결과로 임계점 $x_1^\star$을 얻을 수 있고, $x_2^\star = h(x_1^\star)$을 통해 해당 x_2 값을 구할 수 있다.

이 방법의 한 가지 문제는 x_2를 x_1의 함수로 표현하는 제약 조건에 대한 해를 구하는 것이 해석적으로 어려울 수 있다는 점이다. 또한, 이 방법에서는 x_1와 x_2를 다르게 취급하므로 이 변수들 간의 자연적인 대칭성을 망칠 수 있다.

라그랑주 승수라고 부르는 매개변수 λ를 도입하면 이 문제를 더 명쾌하게(그리고 보통 더 단순하게) 해결할 수 있다. 이 테크닉에 대해 기하학적 관점에서 살펴보도록 하자. 성분 $x_1, \ldots, x_D$를 가지는 D차원 변수 $\mathbf{x}$를 고려해 보자. 이때 제약 조건 공식 $g(\mathbf{x}) = 0$은 $\mathbf{x}$ 공간상의 $(D-1)$차원 표면에 해당하게 된다. 이에 대해서는 그림 E.1에 그려져 있다.

제약 조건 표면상의 모든 포인트들에 대해서 제약 조건 함수에 대한 기울기 $\nabla g(\mathbf{x})$들은 표면에 대해 직교할 것이다. 이를 확인하기 위해서는 제약 조건 표면상의 포인트 $\mathbf{x}$를 고려해 보자. 그리고 마찬가지로 그 표면상에 있는 그 주변의 포인트 $\mathbf{x} + \boldsymbol{\epsilon}$을 고려해 보자. $\mathbf{x}$ 주변에 대해 테일러 전개를 시행하면 다음을 얻게 된다.

$$g(\mathbf{x} + \boldsymbol{\epsilon}) \simeq g(\mathbf{x}) + \boldsymbol{\epsilon}^{\mathrm{T}} \nabla g(\mathbf{x}) \tag{식 E.2}$$

$\mathbf{x}$와 $\mathbf{x} + \boldsymbol{\epsilon}$은 둘 다 제약 조건 평면상에 놓여 있기 때문에 $g(\mathbf{x}) = g(\mathbf{x} + \boldsymbol{\epsilon})$이며 $\boldsymbol{\epsilon}^{\mathrm{T}} \nabla g(\mathbf{x}) \simeq 0$이다. $\lim \|\boldsymbol{\epsilon}\| \to 0$에서 $\boldsymbol{\epsilon}^{\mathrm{T}} \nabla g(\mathbf{x}) = 0$이 된다. 이 경우 $\boldsymbol{\epsilon}$는 제약 조건 평면 $g(\mathbf{x}) = 0$에 대해 평행하기 때문에 벡터 ∇g는 표면에 대해 수직임을 알 수 있다.

다음으로는 $f(\mathbf{x})$가 최대화되는 결정 표면상의 포인트 $\mathbf{x}^\star$를 찾아보자. 이러한 포인트는 $\nabla f(\mathbf{x})$가 제약 조건 평면에 대해 직교하는 성질을 가져야 한다. 그 이유는 그렇지 않다면 제약 조건 표면을 따라 짧은 거리를 이동시킴으로써 $f(\mathbf{x})$의 값을 더 증가시킬 수 있기 때문이다. 그림 E.1에 이에 대해서 그려져 있다. 따라서 ∇f와 ∇g는 평행(또는 역평행)한 벡터들이어야 한다. 따라서 다음을 만족하는 매개변수 λ가 존재할 것이다.

$$\nabla f + \lambda \nabla g = 0 \tag{식 E.3}$$

이때 0이 아닌 λ를 **라그랑주 승수**(*Lagrange multiplier*)라 한다. λ는 양의 값을 가질 수도, 음의 값을 가질 수도 있다.

여기서 다음으로 정의되는 **라그랑주 함수**(*Lagrangian function*)를 도입해 보자.

$$L(\mathbf{x}, \lambda) \equiv f(\mathbf{x}) + \lambda g(\mathbf{x}) \tag{식 E.4}$$

식 E.3의 제약된 정류 조건은 $\nabla_{\mathbf{x}} L = 0$으로 설정함으로써 구할 수 있다. 또한, 조건 $\partial L / \partial \lambda = 0$에 따라 제약 조건식 $g(\mathbf{x}) = 0$을 얻게 된다.

그림 E.1 라그랑주 승수법에 대한 기하학적 도식. 이 경우 $g(\mathbf{x}) = 0$이라는 제약 조건하에서 $f(\mathbf{x})$의 값을 최대화하고자 한다. 만약 x가 D차원인 경우, 제약 조건 $g(\mathbf{x}) = 0$은 $D - 1$차원의 부분 공간에 해당한다. 이 부분 공간이 빨간색 곡선으로 그려져 있다. 이 문제는 라그랑주 함수 $L(\mathbf{x}, \lambda) = f(x) + \lambda g(\mathbf{x})$를 최적화함으로써 풀 수 있다.

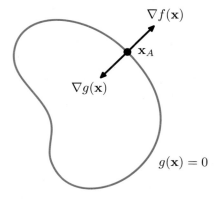

따라서 제약 조건 $g(\mathbf{x}) = 0$하에서 함수 $f(\mathbf{x})$의 최댓값을 구하기 위해서는 식 E.4의 라그랑주 함수를 정의하고 $\mathbf{x}$와 λ에 대한 $L(\mathbf{x}, \lambda)$의 임계점을 찾아야 한다. D차원 벡터 $\mathbf{x}$의 경우 이는 임계점 $\mathbf{x}^\star$와 λ 값을 정하는 $D + 1$개의 공식을 내놓게 된다. 만약 오직 $\mathbf{x}^\star$에 대해서만 관심이 있다면, λ 값을 굳이 찾을 필요 없이 정류 공식에서 제거해 버릴 수 있다(이러한 이유로 '미정 승수법'이라는 용어를 쓰는 것이다).

예를 들어서, 함수 $f(x_1, x_2) = 1 - x_1^2 - x_2^2$의 임계점을 찾고자 하는데, 이때 $g(x_1, x_2) = x_1 + x_2 - 1 = 0$이라는 제약 조건이 있다고 하자. 그림 E.2에 이에 대해서 그려져 있다. 해당 라그랑주 함수는 다음과 같이 주어진다.

$$L(\mathbf{x}, \lambda) = 1 - x_1^2 - x_2^2 + \lambda(x_1 + x_2 - 1) \tag{식 E.5}$$

이 라그랑주 함수가 x_1, x_2, λ에 대해 정류하기 위한 조건을 바탕으로 다음의 연결된 방정식을 얻을 수 있다.

$$-2x_1 + \lambda = 0 \tag{식 E.6}$$
$$-2x_2 + \lambda = 0 \tag{식 E.7}$$
$$x_1 + x_2 - 1 = 0 \tag{식 E.8}$$

이 방정식들에 대한 해는 임계점 $(x_1^\star, x_2^\star) = (\frac{1}{2}, \frac{1}{2})$이며, 이에 해당하는 라그랑주 승수는 $\lambda = 1$이다.

지금까지 $g(\mathbf{x}) = 0$ 형태의 **등식 제약 조건**(*equality constraint*)하에서 함수를 최대화하는 문제에 대해 살펴보았다. 이제 $g(\mathbf{x}) \geqslant 0$ 형태의 **부등식 제약 조건**(*inequality constraing*)하에서 함수 $f(\mathbf{x})$를 최대화하는 문제에 대해 살펴보자. 이에 대해서는 그림 E.3에 그려져 있다.

이제 두 가지 종류의 가능한 해가 있다. 하나는 제약 조건하의 임계점이 $g(\mathbf{x}) > 0$인 지역상에 존재하는 경우다. 이 경우 제약 조건이 **비활성**(*inactive*)이라고 한다. 또 다른 하나는 임계점이

그림 E.2 라그랑주 승수법을 사용하는 단순한 예시. 여기서는 함수 $f(x_1, x_2) = 1 - x_1^2 - x_2^2$를 제약 조건 $g(x_1, x_2) = 0$하에서 최대화하고자 한다. 이때 $g(x_1, x_2) = x_1 + x_2 - 1$이다. 이 그림에서 원은 함수 $f(x_1, x_2)$의 윤곽선이며, 대각선은 제약 조건 평면 $g(x_1, x_2) = 0$에 해당한다.

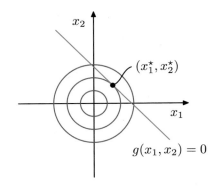

$g(\mathbf{x}) = 0$ 경계상에 존재하는 경우다. 이 경우에는 제약 조건이 **활성**(*active*)이라고 한다. 첫 번째의 경우 함수 $g(\mathbf{x})$는 아무런 역할을 하지 않으며, 따라서 정류 조건은 단순히 $\nabla f(\mathbf{x}) = 0$이다. 이는 $\lambda = 0$인 경우의 식 E.4의 라그랑주 함수의 임계점에 해당한다. 해가 경계상에 존재하는 두 번째 경우는 앞에서 살펴본 등식 제약 조건과 비슷하며, $\lambda \neq 0$인 경우의 식 E.4의 라그랑주 함수의 임계점에 해당한다. 이제는 라그랑주 승수의 부호가 매우 중요하다. 왜냐하면 함수 $f(\mathbf{x})$는 그 기울기가 지역 $g(\mathbf{x}) > 0$으로부터 지향되는 방향으로 향해 있을 때만 최댓값을 가질 것이기 때문이다. 이에 대해서는 그림 E.3에 그려져 있다. 따라서 어떤 $\lambda > 0$에 대해서는 $\nabla f(\mathbf{x}) = -\lambda \nabla g(\mathbf{x})$를 가지게 된다.

두 경우 모두에 대해서 $\lambda g(\mathbf{x}) = 0$이다. 따라서 $f(\mathbf{x})$를 $g(\mathbf{x}) \geqslant 0$하에서 최대화하는 문제는 식 E.4의 라그랑주 함수를 다음 조건들하에서 $\mathbf{x}$와 λ에 대해 최적화함으로써 풀 수 있다.

$$g(\mathbf{x}) \quad \geqslant \quad 0 \qquad\qquad\qquad \text{(식 E.9)}$$
$$\lambda \quad \geqslant \quad 0 \qquad\qquad\qquad \text{(식 E.10)}$$
$$\lambda g(\mathbf{x}) \quad = \quad 0 \qquad\qquad\qquad \text{(식 E.11)}$$

이 조건들을 **KKT**(*Karush-Kuhn-Tucker*, **카르슈 쿤 터커**) 조건이라고 한다(Karush, 1939; Kuhn and Tucker, 1951).

만약 우리가 제약 조건 $g(\mathbf{x}) \geqslant 0$하에서 함수 $f(\mathbf{x})$에 대해 최대화가 아니라 최소화를 진행하고 싶다고 가정해 보자. 이 경우에는 $\lambda \geqslant 0$하에서 라그랑주 함수 $L(\mathbf{x}, \lambda) = f(\mathbf{x}) - \lambda g(\mathbf{x})$를 $\mathbf{x}$에 대해 최소화하게 된다.

마지막으로, 라그랑주 승수법을 여러 개의 등식 조건과 부등식 조건들에 대해 확장하는 것은 그리 어렵지 않다. 함수 $f(\mathbf{x})$를 $g_j(\mathbf{x}) = 0$과 $h_k(\mathbf{x}) \geqslant 0$에 대해 최대화하고 싶다고 해보자. 이때 $j = 1, \ldots, J$이고 $k = 1, \ldots, K$다. 이 경우 라그랑주 승수 $\{\lambda_j\}$와 $\{\mu_k\}$를 도입하고

그림 E.3 $f(\mathbf{x})$를 부등식 제약 조건 $g(\mathbf{x}) \geqslant 0$하에서 최대화하는 문제에 대한 도식

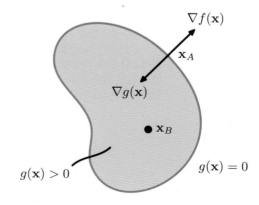

다음과 같이 주어지는 라그랑주 함수를 최적화하면 된다.

$$L(\mathbf{x}, \{\lambda_j\}, \{\mu_k\}) = f(\mathbf{x}) + \sum_{j=1}^{J} \lambda_j g_j(\mathbf{x}) + \sum_{k=1}^{K} \mu_k h_k(\mathbf{x}) \qquad \text{(식 E.12)}$$

이때 $\mu_k \geq 0$과 $\mu_k h_k(\mathbf{x}) = 0$을 만족해야 한다($k = 1, \ldots, K$). 제약된 범함수 미분에 대한 확장 역시 그리 어렵지 않다. 라그랑주 승수법에 대한 더 자세한 논의를 살펴보고 싶다면 Nocedal and Wright(1999)를 참고하기 바란다.

참고 문헌

Abramowitz, M. and I. A. Stegun (1965). *Handbook of Mathematical Functions*. Dover.

Adler, S. L. (1981). Over-relaxation method for the Monte Carlo evaluation of the partition function for multiquadratic actions. *Physical Review D* **23**, 2901–2904.

Ahn, J. H. and J. H. Oh (2003). A constrained EM algorithm for principal component analysis. *Neural Computation* **15**(1), 57–65.

Aizerman, M. A., E. M. Braverman, and L. I. Rozonoer (1964). The probability problem of pattern recognition learning and the method of potential functions. *Automation and Remote Control* **25**, 1175–1190.

Akaike, H. (1974). A new look at statistical model identification. *IEEE Transactions on Automatic Control* **19**, 716–723.

Ali, S. M. and S. D. Silvey (1966). A general class of coefficients of divergence of one distribution from another. *Journal of the Royal Statistical Society, B* **28**(1), 131–142.

Allwein, E. L., R. E. Schapire, and Y. Singer (2000). Reducing multiclass to binary: a unifying approach for margin classifiers. *Journal of Machine Learning Research* **1**, 113–141.

Amari, S. (1985). *Differential-Geometrical Methods in Statistics*. Springer.

Amari, S., A. Cichocki, and H. H. Yang (1996). A new learning algorithm for blind signal separation. In D. S. Touretzky, M. C. Mozer, and M. E. Hasselmo (Eds.), *Advances in Neural Information Processing Systems, Volume* 8, pp. 757–763. MIT Press.

Amari, S. (1998). Natural gradient works efficiently in learning. *Neural Computation* **10**, 251–276.

Anderson, J. A. and E. Rosenfeld (Eds.) (1988). *Neurocomputing: Foundations of Research*. MIT Press.

Anderson, T.W. (1963). Asymptotic theory for principal component analysis. *Annals of Mathematical Statistics* **34**, 122–148.

Andrieu, C., N. de Freitas, A. Doucet, and M. I. Jordan (2003). An introduction to MCMC for machine learning. *Machine Learning* **50**, 5–43.

Anthony, M. and N. Biggs (1992). *An Introduction to Computational Learning Theory*. Cambridge University Press.

Attias, H. (1999a). Independent factor analysis. *Neural Computation* **11**(4), 803–851.

Attias, H. (1999b). Inferring parameters and structure of latent variable models by variational Bayes. In K. B. Laskey and H. Prade (Eds.), *Uncertainty in Artificial Intelligence: Proceedings of the Fifth Conference*, pp. 21–30. Morgan Kaufmann.

Bach, F. R. and M. I. Jordan (2002). Kernel independent component analysis. *Journal of Machine Learning Research* **3**, 1–48.

Bakir, G. H., J. Weston, and B. Sch ̈olkopf (2004). Learning to find pre-images. In S. Thrun, L. K. Saul, and B. Schölkopf (Eds.), *Advances in Neural*

Information Processing Systems, Volume 16, pp. 449–456. MIT Press.

Baldi, P. and S. Brunak (2001). *Bioinformatics: The Machine Learning Approach* (Second ed.). MIT Press.

Baldi, P. and K. Hornik (1989). Neural networks and principal component analysis: learning from examples without local minima. *Neural Networks* **2**(1), 53–58.

Barber, D. and C. M. Bishop (1997). Bayesian model comparison by Monte Carlo chaining. In M. Mozer, M. Jordan, and T. Petsche (Eds.), *Advances in Neural Information Processing Systems*, Volume 9, pp. 333–339. MIT Press.

Barber, D. and C. M. Bishop (1998a). Ensemble learning for multi-layer networks. In M. I. Jordan, K. J. Kearns, and S. A. Solla (Eds.), *Advances in Neural Information Processing Systems*, Volume 10, pp. 395–401.

Barber, D. and C. M. Bishop (1998b). Ensemble learning in Bayesian neural networks. In C. M. Bishop (Ed.), *Generalization in Neural Networks and Machine Learning*, pp. 215–237. Springer.

Bartholomew, D. J. (1987). *Latent Variable Models and Factor Analysis*. Charles Griffin.

Basilevsky, A. (1994). *Statistical Factor Analysis and Related Methods: Theory and Applications*. Wiley.

Bather, J. (2000). *Decision Theory: An Introduction to Dynamic Programming and Sequential Decisions*. Wiley.

Baudat, G. and F. Anouar (2000). Generalized discriminant analysis using a kernel approach. *Neural Computation* **12**(10), 2385–2404.

Baum, L. E. (1972). An inequality and associated maximization technique in statistical estimation of probabilistic functions of Markov processes. *Inequalities* **3**, 1–8.

Becker, S. and Y. Le Cun (1989). Improving the convergence of back-propagation learning with second order methods. In D. Touretzky, G. E. Hinton, and T. J. Sejnowski (Eds.), *Proceedings of the 1988 Connectionist Models Summer School*, pp. 29–37. Morgan Kaufmann.

Bell, A. J. and T. J. Sejnowski (1995). An information maximization approach to blind separation and blind deconvolution. *Neural Computation* **7**(6), 1129–1159.

Bellman, R. (1961). *Adaptive Control Processes: A Guided Tour*. Princeton University Press.

Bengio, Y. and P. Frasconi (1995). An input output HMM

architecture. In G. Tesauro, D. S. Touretzky, and T. K. Leen (Eds.), *Advances in Neural Information Processing Systems*, Volume 7, pp. 427–434. MIT Press.

Bennett, K. P. (1992). Robust linear programming discrimination of two linearly separable sets. *Optimization Methods and Software* **1**, 23–34.

Berger, J. O. (1985). *Statistical Decision Theory and Bayesian Analysis* (Second ed.). Springer.

Bernardo, J. M. and A. F. M. Smith (1994). Bayesian Theory. Wiley.

Berrou, C., A. Glavieux, and P. Thitimajshima (1993). Near Shannon limit error-correcting coding and decoding: Turbo-codes (1). In *Proceedings ICC'93*, pp. 1064–1070.

Besag, J. (1974). On spatio-temporal models and Markov fields. In *Transactions of the 7th Prague Conference on Information Theory, Statistical Decision Functions and Random Processes*, pp. 47–75. Academia.

Besag, J. (1986). On the statistical analysis of dirty pictures. *Journal of the Royal Statistical Society* **B-48**, 259–302.

Besag, J., P. J. Green, D. Higdon, and K. Megersen (1995). Bayesian computation and stochastic systems. *Statistical Science* **10**(1), 3–66.

Bishop, C. M. (1991). A fast procedure for retraining the multilayer perceptron. *International Journal of Neural Systems* 2(3), 229–236.

Bishop, C. M. (1992). Exact calculation of the Hessian matrix for the multilayer perceptron. *Neural Computation* **4**(4), 494–501.

Bishop, C. M. (1993). Curvature-driven smoothing: a learning algorithm for feedforward networks. IEEE *Transactions on Neural Networks* **4**(5), 882–884.

Bishop, C. M. (1994). Novelty detection and neural network validation. *IEE Proceedings: Vision, Image and Signal Processing* **141**(4), 217–222. Special issue on applications of neural networks.

Bishop, C. M. (1995a). *Neural Networks for Pattern Recognition*. Oxford University Press.

Bishop, C. M. (1995b). Training with noise is equivalent to Tikhonov regularization. *Neural Computation* **7**(1), 108–116.

Bishop, C. M. (1999a). Bayesian PCA. In M. S. Kearns, S. A. Solla, and D. A. Cohn (Eds.), *Advances in Neural Information Processing Systems*, Volume 11, pp. 382–388. MIT Press.

Bishop, C. M. (1999b). Variational principal components. In *Proceedings Ninth International Conference on Artificial Neural Networks, ICANN'99*, Volume 1, pp. 509–514. IEE.

Bishop, C. M. and G. D. James (1993). Analysis of multiphase flows using dual-energy gamma densitometry and neural networks. *Nuclear Instruments and Methods in Physics Research* **A327**, 580–593.

Bishop, C. M. and I. T. Nabney (1996). Modelling conditional probability distributions for periodic variables. *Neural Computation* **8**(5), 1123–1133.

Bishop, C. M. and I. T. Nabney (2008). *Pattern Recognition and Machine Learning: A Matlab Companion*. Springer. In preparation.

Bishop, C. M., D. Spiegelhalter, and J. Winn (2003). VIBES: A variational inference engine for Bayesian networks. In S. Becker, S. Thrun, and K. Obermeyer (Eds.), *Advances in Neural Information Processing Systems*, Volume 15, pp. 793–800. MIT Press.

Bishop, C. M. and M. Svensén (2003). Bayesian hierarchical mixtures of experts. In U. Kjaerulff and C. Meek (Eds.), *Proceedings Nineteenth Conference on Uncertainty in Artificial Intelligence*, pp. 57–64. Morgan Kaufmann.

Bishop, C. M., M. Svensén, and G. E. Hinton (2004). Distinguishing text from graphics in online handwritten ink. In F. Kimura and H. Fujisawa (Eds.), *Proceedings Ninth International Workshop on Frontiers in Handwriting Recognition, IWFHR-9*, Tokyo, Japan, pp. 142–147.

Bishop, C. M., M. Svensén, and C. K. I. Williams (1996). EM optimization of latent variable density models. In D. S. Touretzky, M. C. Mozer, and M. E. Hasselmo (Eds.), *Advances in Neural Information Processing Systems*, Volume 8, pp. 465–471. MIT Press.

Bishop, C. M., M. Svensén, and C. K. I. Williams (1997a). GTM: a principled alternative to the Self-Organizing Map. In M. C. Mozer, M. I. Jordan, and T. Petche (Eds.), *Advances in Neural Information Processing Systems*, Volume 9, pp. 354–360. MIT Press.

Bishop, C. M., M. Svensén, and C. K. I. Williams (1997b). Magnification factors for the GTM algorithm. In *Proceedings IEE Fifth International Conference on Artificial Neural Networks, Cambridge, U.K.*, pp.

64–69. Institute of Electrical Engineers.

Bishop, C. M., M. Svensén, and C. K. I. Williams (1998a). Developments of the Generative Topographic Mapping. *Neurocomputing* **21**, 203–224.

Bishop, C. M., M. Svensén, and C. K. I. Williams (1998b). GTM: the Generative Topographic Mapping. *Neural Computation* **10**(1), 215–234.

Bishop, C. M. and M. E. Tipping (1998). A hierarchical latent variable model for data visualization. *IEEE Transactions on Pattern Analysis and Machine Intelligence* **20**(3), 281–293.

Bishop, C. M. and J. Winn (2000). Non-linear Bayesian image modelling. In *Proceedings Sixth European Conference on Computer Vision, Dublin*, Volume 1, pp. 3–17. Springer.

Blei, D. M., M. I. Jordan, and A. Y. Ng (2003). Hierarchical Bayesian models for applications in information retrieval. In J. M. Bernardo *et al.* (Ed.), *Bayesian Statistics*, 7, pp. 25–43. Oxford University Press.

Block, H. D. (1962). The perceptron: a model for brain functioning. *Reviews of Modern Physics* **34**(1), 123–135. Reprinted in Anderson and Rosenfeld (1988).

Blum, J. A. (1965). Multidimensional stochastic approximation methods. *Annals of Mathematical Statistics* **25**, 737–744.

Bodlaender, H. (1993). A tourist guide through treewidth. *Acta Cybernetica* 11, 1–21.

Boser, B. E., I. M. Guyon, and V. N. Vapnik (1992). A training algorithm for optimal margin classifiers. In D. Haussler (Ed.), *Proceedings Fifth Annual Workshop on Computational Learning Theory* (COLT), pp. 144–152. ACM.

Bourlard, H. and Y. Kamp (1988). Auto-association by multilayer perceptrons and singular value decomposition. *Biological Cybernetics* **59**, 291–294.

Box, G. E. P., G. M. Jenkins, and G. C. Reinsel (1994). *Time Series Analysis*. Prentice Hall.

Box, G. E. P. and G. C. Tiao (1973). Bayesian Inference in Statistical Analysis. Wiley.

Boyd, S. and L. Vandenberghe (2004). *Convex Optimization*. Cambridge University Press.

Boyen, X. and D. Koller (1998). Tractable inference for complex stochastic processes. In G. F. Cooper and S. Moral (Eds.), *Proceedings 14th Annual Conference on Uncertainty in Artificial Intelligence(UAI)*, pp. 33–42. Morgan Kaufmann.

Boykov, Y., O. Veksler, and R. Zabih (2001). Fast

approximate energy minimization via graph cuts. *IEEE Transactions on Pattern Analysis and Machine Intelligence* **23**(11), 1222–1239.

Breiman, L. (1996). Bagging predictors. *Machine Learning* **26**, 123–140.

Breiman, L., J. H. Friedman, R. A. Olshen, and P. J. Stone (1984). *Classification and Regression Trees.* Wadsworth.

Brooks, S. P. (1998). Markov chain Monte Carlo method and its application. *The Statistician* **47**(1), 69–100.

Broomhead, D. S. and D. Lowe (1988). Multivariable functional interpolation and adaptive networks. *Complex Systems* **2**, 321–355.

Buntine,W. and A.Weigend (1991). Bayesian backpropagation. *Complex Systems* **5**, 603–643.

Buntine, W. L. and A. S. Weigend (1993). Computing second derivatives in feed-forward networks: a review. *IEEE Transactions on Neural Networks* **5**(3), 480–488.

Burges, C. J. C. (1998). A tutorial on support vector machines for pattern recognition. *Knowledge Discovery and Data Mining* **2**(2), 121–167.

Cardoso, J.-F. (1998). Blind signal separation: statistical principles. *Proceedings of the IEEE* **9**(10), 2009–2025.

Casella, G. and R. L. Berger (2002). *Statistical Inference* (Second ed.). Duxbury.

Castillo, E., J. M. Gutiérrez, and A. S. Hadi (1997). *Expert Systems and Probabilistic Network Models.* Springer.

Chan, K., T. Lee, and T. J. Sejnowski (2003). Variational Bayesian learning of ICA with missing data. *Neural Computation* **15**(8), 1991–2011.

Chen, A. M., H. Lu, and R. Hecht-Nielsen (1993). On the geometry of feedforward neural network error surfaces. *Neural Computation* **5**(6), 910–927.

Chen, M. H., Q. M. Shao, and J. G. Ibrahim (Eds.) (2001). *Monte Carlo Methods for Bayesian Computation.* Springer.

Chen, S., C. F. N. Cowan, and P. M. Grant (1991). Orthogonal least squares learning algorithm for radial basis function networks. *IEEE Transactions on Neural Networks* **2**(2), 302–309.

Choudrey, R. A. and S. J. Roberts (2003). Variational mixture of Bayesian independent component analyzers. *Neural Computation* **15**(1), 213–252.

Clifford, P. (1990). Markov random fields in statistics. In G. R. Grimmett and D. J. A.Welsh (Eds.), *Disorder in Physical Systems. A Volume in Honour of John M. Hammersley,* pp. 19–32. Oxford University Press.

Collins, M., S. Dasgupta, and R. E. Schapire (2002). A generalization of principal component analysis to the exponential family. In T. G. Dietterich, S. Becker, and Z. Ghahramani (Eds.), *Advances in Neural Information Processing Systems,* Volume 14, pp. 617–624. MIT Press.

Comon, P., C. Jutten, and J. Herault (1991). Blind source separation, 2: problems statement. *Signal Processing* **24**(1), 11–20.

Corduneanu, A. and C. M. Bishop (2001). Variational Bayesian model selection for mixture distributions. In T. Richardson and T. Jaakkola (Eds.), *Proceedings Eighth International Conference on Artificial Intelligence and Statistics,* pp. 27–34. Morgan Kaufmann.

Cormen, T. H., C. E. Leiserson, R. L. Rivest, and C. Stein (2001). *Introduction to Algorithms* (Second ed.). MIT Press.

Cortes, C. and V. N. Vapnik (1995). Support vector networks. *Machine Learning* **20**, 273–297.

Cotter, N. E. (1990). The Stone-Weierstrass theorem and its application to neural networks. *IEEE Transactions on Neural Networks* **1**(4), 290–295.

Cover, T. and P. Hart (1967). Nearest neighbor pattern classification. *IEEE Transactions on Information Theory* **IT-11**, 21–27.

Cover, T. M. and J. A. Thomas (1991). *Elements of Information Theory.* Wiley.

Cowell, R. G., A. P. Dawid, S. L. Lauritzen, and D. J. Spiegelhalter (1999). *Probabilistic Networks and Expert Systems.* Springer.

Cox, R. T. (1946). Probability, frequency and reasonable expectation. *American Journal of Physics* **14**(1), 1–13.

Cox, T. F. and M. A. A. Cox (2000). *Multidimensional Scaling* (Second ed.). Chapman and Hall.

Cressie, N. (1993). *Statistics for Spatial Data.*Wiley.

Cristianini, N. and J. Shawe-Taylor (2000). *Support vector machines and other kernel-based learning methods.* Cambridge University Press.

Csató, L. and M. Opper (2002). Sparse on-line Gaussian processes. *Neural Computation* **14**(3), 641–668.

Csiszàr, I. and G. Tusn`ady (1984). Information geometry and alternating minimization procedures. *Statistics and Decisions* **1**(1), 205–237.

Cybenko, G. (1989). Approximation by superpositions

of a sigmoidal function. *Mathematics of Control, Signals and Systems* 2, 304–314.

Dawid, A. P. (1979). Conditional independence in statistical theory (with discussion). *Journal of the Royal Statistical Society, Series B* **4**, 1–31.

Dawid, A. P. (1980). Conditional independence for statistical operations. *Annals of Statistics* **8**, 598–617.

deFinetti, B. (1970). *Theory of Probability*. Wiley and Sons.

Dempster, A. P., N. M. Laird, and D. B. Rubin (1977). Maximum likelihood from incomplete data via the EM algorithm. *Journal of the Royal Statistical Society, B* **39**(1), 1–38.

Denison, D. G. T., C. C. Holmes, B. K. Mallick, and A. F. M. Smith (2002). *Bayesian Methods for Nonlinear Classification and Regression*. Wiley.

Diaconis, P. and L. Saloff-Coste (1998). What do we know about the Metropolis algorithm? *Journal of Computer and System Sciences* **57**, 20–36.

Dietterich, T. G. and G. Bakiri (1995). Solving multiclass learning problems via error-correcting output codes. *Journal of Artificial Intelligence Research* **2**, 263–286.

Duane, S., A. D. Kennedy, B. J. Pendleton, and D. Roweth (1987). Hybrid Monte Carlo. *Physics Letters B* **195**(2), 216–222.

Duda, R. O. and P. E. Hart (1973). *Pattern Classification and Scene Analysis*. Wiley.

Duda, R. O., P. E. Hart, and D. G. Stork (2001). *Pattern Classification* (Second ed.). Wiley.

Durbin, R., S. Eddy, A. Krogh, and G. Mitchison (1998). *Biological Sequence Analysis*. Cambridge University Press.

Dybowski, R. and S. Roberts (2005). An anthology of probabilistic models for medical informatics. In D. Husmeier, R. Dybowski, and S. Roberts (Eds.), *Probabilistic Modeling in Bioinformatics and Medical Informatics*, pp. 297–349. Springer.

Efron, B. (1979). Bootstrap methods: another look at the jackknife. *Annals of Statistics* **7**, 1–26.

Elkan, C. (2003). Using the triangle inequality to accelerate k-means. In *Proceedings of the Twelfth International Conference on Machine Learning*, pp. 147–153. AAAI.

Elliott, R. J., L. Aggoun, and J. B. Moore (1995). *Hidden Markov Models: Estimation and Control*. Springer.

Ephraim, Y., D. Malah, and B. H. Juang (1989). On the application of hidden Markov models for enhancing noisy speech. *IEEE Transactions on Acoustics, Speech and Signal Processing* **37**(12), 1846–1856.

Erwin, E., K. Obermayer, and K. Schulten (1992). Self-organizing maps: ordering, convergence properties and energy functions. *Biological Cybernetics* **67**, 47–55.

Everitt, B. S. (1984). An Introduction to Latent Variable Models. Chapman and Hall. Faul, A. C. and M. E. Tipping (2002). Analysis of sparse Bayesian learning. In T. G. Dietterich, S. Becker, and Z. Ghahramani (Eds.), *Advances in Neural Information Processing Systems*, Volume 14, pp. 383–389. MIT Press.

Feller, W. (1966). *An Introduction to Probability Theory and its Applications* (Second ed.), Volume 2. Wiley.

Feynman, R. P., R. B. Leighton, and M. Sands (1964). *The Feynman Lectures of Physics*, Volume Two. Addison-Wesley. Chapter 19.

Fletcher, R. (1987). *Practical Methods of Optimization* (Second ed.). Wiley.

Forsyth, D. A. and J. Ponce (2003). *Computer Vision: A Modern Approach*. Prentice Hall.

Freund, Y. and R. E. Schapire (1996). Experiments with a new boosting algorithm. In L. Saitta (Ed.), *Thirteenth International Conference on Machine Learning*, pp. 148–156. Morgan Kaufmann.

Frey, B. J. (1998). *Graphical Models for Machine Learning and Digital Communication*. MIT Press.

Frey, B. J. and D. J. C. MacKay (1998). A revolution: Belief propagation in graphs with cycles. In M. I. Jordan, M. J. Kearns, and S. A. Solla (Eds.), *Advances in Neural Information Processing Systems*, Volume 10. MIT Press.

Friedman, J. H. (2001). Greedy function approximation: a gradient boosting machine. *Annals of Statistics* **29**(5), 1189–1232.

Friedman, J. H., T. Hastie, and R. Tibshirani (2000). Additive logistic regression: a statistical view of boosting. *Annals of Statistics* **28**, 337–407.

Friedman, N. and D. Koller (2003). Being Bayesian about network structure: A Bayesian approach to structure discovery in Bayesian networks. *Machine Learning* **50**, 95–126.

Frydenberg, M. (1990). The chain graph Markov property. *Scandinavian Journal of Statistics* **17**, 333–353.

Fukunaga, K. (1990). *Introduction to Statistical Pattern*

Recognition (Second ed.). Academic Press.

Funahashi, K. (1989). On the approximate realization of continuous mappings by neural networks. *Neural Networks* **2**(3), 183–192.

Fung, R. and K. C. Chang (1990). Weighting and integrating evidence for stochastic simulation in Bayesian networks. In P. P. Bonissone, M. Henrion, L. N. Kanal, and J. F. Lemmer (Eds.), *Uncertainty in Artificial Intelligence*, Volume 5, pp. 208–219. Elsevier.

Gallager, R. G. (1963). *Low-Density Parity-Check Codes*. MIT Press.

Gamerman, D. (1997). *Markov Chain Monte Carlo: Stochastic Simulation for Bayesian Inference*. Chapman and Hall.

Gelman, A., J. B. Carlin, H. S. Stern, and D. B. Rubin (2004). *Bayesian Data Analysis* (Second ed.). Chapman and Hall.

Geman, S. and D. Geman (1984). Stochastic relaxation, Gibbs distributions, and the Bayesian restoration of images. *IEEE Transactions on Pattern Analysis and Machine Intelligence* **6**(1), 721–741.

Ghahramani, Z. and M. J. Beal (2000). Variational inference for Bayesian mixtures of factor analyzers. In S. A. Solla, T. K. Leen, and K. R. M ̈uller (Eds.), *Advances in Neural Information Processing Systems*, Volume 12, pp. 449–455. MIT Press.

Ghahramani, Z. and G. E. Hinton (1996a). The EM algorithm for mixtures of factor analyzers. Technical Report CRG-TR-96-1, University of Toronto.

Ghahramani, Z. and G. E. Hinton (1996b). Parameter estimation for linear dynamical systems. Technical Report CRG-TR-96-2, University of Toronto.

Ghahramani, Z. and G. E. Hinton (1998). Variational learning for switching state-space models. *Neural Computation* **12**(4), 963–996.

Ghahramani, Z. and M. I. Jordan (1994). Supervised learning from incomplete data via an EM appproach. In J. D. Cowan, G. T. Tesauro, and J. Alspector (Eds.), *Advances in Neural Information Processing Systems*, Volume 6, pp. 120–127. Morgan Kaufmann.

Ghahramani, Z. and M. I. Jordan (1997). Factorial hidden Markov models. *Machine Learning* **29**, 245–275.

Gibbs, M. N. (1997). *Bayesian Gaussian processes for regression and classification*. Phd thesis, University of Cambridge.

Gibbs, M. N. and D. J. C. MacKay (2000). Variational

Gaussian process classifiers. *IEEE Transactions on Neural Networks* **11**, 1458–1464.

Gilks, W. R. (1992). Derivative-free adaptive rejection sampling for Gibbs sampling. In J. Bernardo, J. Berger, A. P. Dawid, and A. F. M. Smith (Eds.), *Bayesian Statistics*, Volume 4. Oxford University Press.

Gilks, W. R., N. G. Best, and K. K. C. Tan (1995). Adaptive rejection Metropolis sampling. *Applied Statistics* 44, 455–472.

Gilks, W. R., S. Richardson, and D. J. Spiegelhalter (Eds.) (1996). *Markov Chain Monte Carlo in Practice*. Chapman and Hall.

Gilks, W. R. and P. Wild (1992). Adaptive rejection sampling for Gibbs sampling. *Applied Statistics* 41, 337–348.

Gill, P. E., W. Murray, and M. H. Wright (1981). *Practical Optimization*. Academic Press.

Goldberg, P. W., C. K. I. Williams, and C. M. Bishop (1998). Regression with input-dependent noise: A Gaussian process treatment. In *Advances in Neural Information Processing Systems*, Volume 10, pp. 493–499. MIT Press.

Golub, G. H. and C. F. Van Loan (1996). *Matrix Computations* (Third ed.). John Hopkins University Press.

Good, I. (1950). *Probability and the Weighing of Evidence*. Hafners.

Gordon, N. J., D. J. Salmond, and A. F. M. Smith (1993). Novel approach to nonlinear/non-Gaussian Bayesian state estimation. *IEE Proceedings-F* **140**(2), 107–113.

Graepel, T. (2003). Solving noisy linear operator equations by Gaussian processes: Application to ordinary and partial differential equations. In *Proceedings of the Twentieth International Conference on Machine Learning*, pp. 234–241.

Greig, D., B. Porteous, and A. Seheult (1989). Exact maximum a-posteriori estimation for binary images. *Journal of the Royal Statistical Society*, Series B **51**(2), 271–279.

Gull, S. F. (1989). Developments in maximum entropy data analysis. In J. Skilling (Ed.), *Maximum Entropy and Bayesian Methods*, pp. 53–71. Kluwer.

Hassibi, B. and D. G. Stork (1993). Second order derivatives for network pruning: optimal brain surgeon. In S. J. Hanson, J. D. Cowan, and C. L. Giles (Eds.), *Advances in Neural Information Processing Systems*, Volume 5, pp. 164–171. Morgan Kaufmann.

Hastie, T. and W. Stuetzle (1989). Principal curves. *Journal of the American Statistical Association* **84**(106), 502–516.

Hastie, T., R. Tibshirani, and J. Friedman (2001). *The Elements of Statistical Learning.* Springer.

Hastings, W. K. (1970). Monte Carlo sampling methods using Markov chains and their applications. *Biometrika* **57**, 97–109.

Hathaway, R. J. (1986). Another interpretation of the EM algorithm for mixture distributions. *Statistics and Probability Letters* **4**, 53–56.

Haussler, D. (1999). Convolution kernels on discrete structures. Technical Report UCSC-CRL-99-10, University of California, Santa Cruz, Computer Science Department.

Henrion, M. (1988). Propagation of uncertainty by logic sampling in Bayes' networks. In J. F. Lemmer and L. N. Kanal (Eds.), *Uncertainty in Artificial Intelligence,* Volume 2, pp. 149–164. North Holland.

Herbrich, R. (2002). *Learning Kernel Classifiers.* MIT Press.

Hertz, J., A. Krogh, and R. G. Palmer (1991). *Introduction to the Theory of Neural Computation.* Addison Wesley.

Hinton, G. E., P. Dayan, and M. Revow (1997). Modelling the manifolds of images of handwritten digits. *IEEE Transactions on Neural Networks* **8**(1), 65–74.

Hinton, G. E. and D. van Camp (1993). Keeping neural networks simple by minimizing the description length of the weights. In *Proceedings of the Sixth Annual Conference on Computational Learning Theory,* pp. 5–13. ACM.

Hinton, G. E., M. Welling, Y. W. Teh, and S. Osindero (2001). A new view of ICA. In *Proceedings of the International Conference on Independent Component Analysis and Blind Signal Separation,* Volume 3.

Hodgson, M. E. (1998). Reducing computational requirements of the minimum-distance classifier. *Remote Sensing of Environments* **25**, 117–128.

Hoerl, A. E. and R. Kennard (1970). Ridge regression: biased estimation for nonorthogonal problems. *Technometrics* **12**, 55–67.

Hofmann, T. (2000). Learning the similarity of documents: an information-geometric approach to document retrieval and classification. In S. A. Solla, T. K. Leen, and K. R. Müller (Eds.), *Advances in*

Neural Information Processing Systems, Volume 12, pp. 914–920. MIT Press.

Hojen-Sorensen, P. A., O.Winther, and L. K. Hansen (2002). Mean field approaches to independent component analysis. *Neural Computation* **14**(4), 889–918.

Hornik, K. (1991). Approximation capabilities of multilayer feedforward networks. *Neural Networks* **4**(2), 251–257.

Hornik, K., M. Stinchcombe, and H. White (1989). Multilayer feedforward networks are universal approximators. *Neural Networks* **2**(5), 359–366.

Hotelling, H. (1933). Analysis of a complex of statistical variables into principal components. *Journal of Educational Psychology* **24**, 417–441.

Hotelling, H. (1936). Relations between two sets of variables. *Biometrika* **28**, 321–377.

Hyvärinen, A. and E. Oja (1997). A fast fixed-point algorithm for independent component analysis. *Neural Computation* **9**(7), 1483–1492.

Isard, M. and A. Blake (1998). CONDENSATION– conditional density propagation for visual tracking. *International Journal of Computer Vision* **29**(1), 5–18.

Ito, Y. (1991). Representation of functions by superpositions of a step or sigmoid function and their applications to neural network theory. *Neural Networks* **4**(3), 385–394.

Jaakkola, T. and M. I. Jordan (2000). Bayesian parameter estimation via variational methods. *Statistics and Computing* **10**, 25–37.

Jaakkola, T. S. (2001). Tutorial on variational approximation methods. In M. Opper and D. Saad (Eds.), *Advances in Mean Field Methods,* pp. 129–159. MIT Press.

Jaakkola, T. S. and D. Haussler (1999). Exploiting generative models in discriminative classifiers. In M. S. Kearns, S. A. Solla, and D. A. Cohn (Eds.), *Advances in Neural Information Processing Systems,* Volume 11. MIT Press.

Jacobs, R. A., M. I. Jordan, S. J. Nowlan, and G. E. Hinton (1991). Adaptive mixtures of local experts. *Neural Computation* **3**(1), 79–87.

Jaynes, E. T. (2003). *Probability Theory: The Logic of Science.* Cambridge University Press.

Jebara, T. (2004). *Machine Learning: Discriminative and Generative.* Kluwer.

Jeffreys, H. (1946). An invariant form for the prior probability in estimation problems. *Pro. Roy. Soc.*

AA **186**, 453–461.

Jelinek, F. (1997). *Statistical Methods for Speech Recognition*. MIT Press.

Jensen, C., A. Kong, and U. Kjaerulff (1995). Blocking gibbs sampling in very large probabilistic expert systems. *International Journal of Human Computer Studies. Special Issue on Real-World Applications of Uncertain Reasoning.* **42**, 647–666.

Jensen, F. V. (1996). *An Introduction to Bayesian Networks*. UCL Press.

Jerrum, M. and A. Sinclair (1996). The Markov chain Monte Carlo method: an approach to approximate counting and integration. In D. S. Hochbaum (Ed.), *Approximation Algorithms for NP-Hard Problems*. PWS Publishing.

Jolliffe, I. T. (2002). *Principal Component Analysis* (Second ed.). Springer.

Jordan, M. I. (1999). *Learning in Graphical Models*. MIT Press.

Jordan, M. I. (2007). *An Introduction to Probabilistic Graphical Models*. In preparation.

Jordan, M. I., Z. Ghahramani, T. S. Jaakkola, and L. K. Saul (1999). An introduction to variational methods for graphical models. In M. I. Jordan (Ed.), *Learning in Graphical Models*, pp. 105–162. MIT Press.

Jordan, M. I. and R. A. Jacobs (1994). Hierarchical mixtures of experts and the EM algorithm. *Neural Computation* 6(2), 181–214.

Jutten, C. and J. Herault (1991). Blind separation of sources, 1: An adaptive algorithm based on neuromimetic architecture. *Signal Processing* **24**(1), 1–10.

Kalman, R. E. (1960). A new approach to linear filtering and prediction problems. *Transactions of the American Society for Mechanical Engineering, Series D, Journal of Basic Engineering* **82**, 35–45.

Kambhatla, N. and T. K. Leen (1997). Dimension reduction by local principal component analysis. *Neural Computation* 9(7), 1493–1516.

Kanazawa, K., D. Koller, and S. Russel (1995). Stochastic simulation algorithms for dynamic probabilistic networks. In *Uncertainty in Artificial Intelligence*, Volume 11. Morgan Kaufmann.

Kapadia, S. (1998). *Discriminative Training of Hidden Markov Models*. Phd thesis, University of Cambridge, U.K.

Kapur, J. (1989). *Maximum entropy methods in science and engineering*. Wiley.

Karush, W. (1939). Minima of functions of several variables with inequalities as side constraints. Master's thesis, Department of Mathematics, University of Chicago.

Kass, R. E. and A. E. Raftery (1995). Bayes factors. *Journal of the American Statistical Association* **90**, 377–395.

Kearns, M. J. and U. V. Vazirani (1994). *An Introduction to Computational Learning Theory*. MIT Press.

Kindermann, R. and J. L. Snell (1980). *Markov Random Fields and Their Applications*. American Mathematical Society.

Kittler, J. and J. Föglein (1984). Contextual classification of multispectral pixel data. *Image and Vision Computing* **2**, 13–29.

Kohonen, T. (1982). Self-organized formation of topologically correct feature maps. *Biological Cybernetics* **43**, 59–69.

Kohonen, T. (1995). *Self-Organizing Maps*. Springer.

Kolmogorov, V. and R. Zabih (2004). What energy functions can be minimized via graph cuts? *IEEE Transactions on Pattern Analysis and Machine Intelligence* **26**(2), 147–159.

Kreinovich, V. Y. (1991). Arbitrary nonlinearity is sufficient to represent all functions by neural networks: a theorem. *Neural Networks* **4**(3), 381–383.

Krogh, A., M. Brown, I. S. Mian, K. Sjölander, and D. Haussler (1994). Hidden Markov models in computational biology: Applications to protein modelling. *Journal of Molecular Biology* **235**, 1501–1531.

Kschischnang, F. R., B. J. Frey, and H. A. Loeliger (2001). Factor graphs and the sum-product algorithm. *IEEE Transactions on Information Theory* **47**(2), 498–519.

Kuhn, H. W. and A. W. Tucker (1951). Nonlinear programming. In *Proceedings of the 2nd Berkeley Symposium on Mathematical Statistics and Probabilities*, pp. 481–492. University of California Press.

Kullback, S. and R. A. Leibler (1951). On information and sufficiency. *Annals of Mathematical Statistics* **22**(1), 79–86.

Kůrkovà, V. and P. C. Kainen (1994). Functionally equivalent feed-forward neural networks. *Neural Computation* 6(3), 543–558.

Kuss, M. and C. Rasmussen (2006). Assessing

approximations for Gaussian process classification. In *Advances in Neural Information Processing Systems*, Number 18. MIT Press. in press.

Lasserre, J., C. M. Bishop, and T. Minka (2006). Principled hybrids of generative and discriminative models. In *Proceedings 2006 IEEE Conference on Computer Vision and Pattern Recognition, New York*.

Lauritzen, S. and N. Wermuth (1989). Graphical models for association between variables, some of which are qualitative some quantitative. *Annals of Statistics* **17**, 31–57.

Lauritzen, S. L. (1992). Propagation of probabilities, means and variances in mixed graphical association models. *Journal of the American Statistical Association* **87**, 1098–1108.

Lauritzen, S. L. (1996). *Graphical Models*. Oxford University Press.

Lauritzen, S. L. and D. J. Spiegelhalter (1988). Local computations with probabailities on graphical structures and their application to expert systems. *Journal of the Royal Statistical Society* **50**, 157–224.

Lawley, D. N. (1953). A modified method of estimation in factor analysis and some large sample results. In *Uppsala Symposium on Psychological Factor Analysis*, Number 3 in Nordisk Psykologi Monograph Series, pp. 35–42. Uppsala: Almqvist and Wiksell.

Lawrence, N. D., A. I. T. Rowstron, C. M. Bishop, and M. J. Taylor (2002). Optimising synchronisation times for mobile devices. In T. G. Dietterich, S. Becker, and Z. Ghahramani (Eds.), *Advances in Neural Information Processing Systems*, Volume 14, pp. 1401–1408. MIT Press.

Lazarsfeld, P. F. and N. W. Henry (1968). *Latent Structure Analysis*. Houghton Mifflin.

Le Cun, Y., B. Boser, J. S. Denker, D. Henderson, R. E. Howard, W. Hubbard, and L. D. Jackel (1989). Backpropagation applied to handwritten zip code recognition. *Neural Computation* **1**(4), 541–551.

Le Cun, Y., J. S. Denker, and S. A. Solla (1990). Optimal brain damage. In D. S. Touretzky (Ed.), *Advances in Neural Information Processing Systems*, Volume 2, pp. 598–605. Morgan Kaufmann.

LeCun, Y., L. Bottou, Y. Bengio, and P. Haffner (1998). Gradient-based learning applied to document recognition. Proceedings of the *IEEE* **86**, 2278–2324.

Lee, Y., Y. Lin, and G.Wahba (2001). Multicategory support vector machines. Technical Report 1040, Department of Statistics, University of Madison, Wisconsin.

Leen, T. K. (1995). From data distributions to regularization in invariant learning. *Neural Computation* **7**, 974–981.

Lindley, D. V. (1982). Scoring rules and the inevitability of probability. *International Statistical Review* **50**, 1–26.

Liu, J. S. (Ed.) (2001). *Monte Carlo Strategies in Scientific Computing*. Springer.

Lloyd, S. P. (1982). Least squares quantization in PCM. *IEEE Transactions on Information Theory* **28**(2), 129–137.

Lütkepohl, H. (1996). *Handbook of Matrices*. Wiley.

MacKay, D. J. C. (1992a). Bayesian interpolation. *Neural Computation* **4**(3), 415–447.

MacKay, D. J. C. (1992b). The evidence framework applied to classification networks. *Neural Computation* **4**(5), 720–736.

MacKay, D. J. C. (1992c). A practical Bayesian framework for back-propagation networks. *Neural Computation* **4**(3), 448–472.

MacKay, D. J. C. (1994). Bayesian methods for backprop networks. In E. Domany, J. L. van Hemmen, and K. Schulten (Eds.), *Models of Neural Networks, III*, Chapter 6, pp. 211–254. Springer.

MacKay, D. J. C. (1995). Bayesian neural networks and density networks. *Nuclear Instruments and Methods in Physics Research*, A 354(1), 73–80.

MacKay, D. J. C. (1997). Ensemble learning for hidden Markov models. Unpublished manuscript, Department of Physics, University of Cambridge.

MacKay, D. J. C. (1998). Introduction to Gaussian processes. In C. M. Bishop (Ed.), *Neural Networks and Machine Learning*, pp. 133–166. Springer.

MacKay, D. J. C. (1999). Comparison of approximate methods for handling hyperparameters. *Neural Computation* **11**(5), 1035–1068.

MacKay, D. J. C. (2003). *Information Theory, Inference and Learning Algorithms*. Cambridge University Press.

MacKay, D. J. C. and M. N. Gibbs (1999). Density networks. In J. W. Kay and D. M. Titterington (Eds.), *Statistics and Neural Networks: Advances at the Interface*, Chapter 5, pp. 129–145. Oxford University Press.

MacKay, D. J. C. and R. M. Neal (1999). Good errorcorrecting codes based on very sparse matrices.

IEEE Transactions on Information Theory **45**, 399–431.

MacQueen, J. (1967). Some methods for classification and analysis of multivariate observations. In L. M. LeCam and J. Neyman (Eds.), *Proceedings of the Fifth Berkeley Symposium on Mathematical Statistics and Probability*, Volume I, pp. 281–297. University of California Press.

Magnus, J. R. and H. Neudecker (1999). *Matrix Differential Calculus with Applications in Statistics and Econometrics*. Wiley.

Mallat, S. (1999). *A Wavelet Tour of Signal Processing* (Second ed.). Academic Press.

Manning, C. D. and H. Schütze (1999). *Foundations of Statistical Natural Language Processing*. MIT Press.

Mardia, K. V. and P. E. Jupp (2000). *Directional Statistics*. Wiley.

Maybeck, P. S. (1982). *Stochastic models, estimation and control*. Academic Press.

McAllester, D. A. (2003). PAC-Bayesian stochastic model selection. *Machine Learning* **51**(1), 5–21.

McCullagh, P. and J. A. Nelder (1989). *Generalized Linear Models* (Second ed.). Chapman and Hall.

McCulloch, W. S. and W. Pitts (1943). A logical calculus of the ideas immanent in nervous activity. *Bulletin of Mathematical Biophysics* **5**, 115–133. Reprinted in Anderson and Rosenfeld (1988).

McEliece, R. J., D. J. C. MacKay, and J. F. Cheng (1998). Turbo decoding as an instance of Pearl's 'Belief Ppropagation' algorithm. *IEEE Journal on Selected Areas in Communications* **16**, 140–152.

McLachlan, G. J. and K. E. Basford (1988). *Mixture Models: Inference and Applications to Clustering*. Marcel Dekker.

McLachlan, G. J. and T. Krishnan (1997). *The EM Algorithm and its Extensions*. Wiley.

McLachlan, G. J. and D. Peel (2000). *Finite Mixture Models*. Wiley.

Meng, X. L. and D. B. Rubin (1993). Maximum likelihood estimation via the ECM algorithm: a general framework. *Biometrika* **80**, 267–278.

Metropolis, N., A. W. Rosenbluth, M. N. Rosenbluth, A. H. Teller, and E. Teller (1953). Equation of state calculations by fast computing machines. *Journal of Chemical Physics* **21**(6), 1087–1092.

Metropolis, N. and S. Ulam (1949). The Monte Carlo method. *Journal of the American Statistical Association* **44**(247), 335–341.

Mika, S., G. Rätsch, J. Weston, and B. Schölkopf (1999). Fisher discriminant analysis with kernels. In Y. H. Hu, J. Larsen, E. Wilson, and S. Douglas (Eds.), Neural Networks for Signal Processing IX, pp. 41–48. IEEE.

Minka, T. (2001a). Expectation propagation for approximate Bayesian inference. In J. Breese and D. Koller (Eds.), *Proceedings of the Seventeenth Conference on Uncertainty in Artificial Intelligence*, pp. 362–369. Morgan Kaufmann.

Minka, T. (2001b). *A family of approximate algorithms for Bayesian inference*. Ph. D. thesis, MIT.

Minka, T. (2004). Power EP. Technical Report MSR-TR-2004-149, Microsoft Research Cambridge.

Minka, T. (2005). Divergence measures and message passing. Technical Report MSR-TR-2005-173, Microsoft Research Cambridge.

Minka, T. P. (2001c). Automatic choice of dimensionality for PCA. In T. K. Leen, T. G. Dietterich, and V. Tresp (Eds.), *Advances in Neural Information Processing Systems*, Volume 13, pp. 598–604. MIT Press.

Minsky, M. L. and S. A. Papert (1969). *Perceptrons*. MIT Press. Expanded edition 1990.

Miskin, J. W. and D. J. C. MacKay (2001). Ensemble learning for blind source separation. In S. J. Roberts and R. M. Everson (Eds.), *Independent Component Analysis: Principles and Practice*. Cambridge University Press.

Møller, M. (1993). Efficient Training of Feed-Forward Neural Networks. Ph. D. thesis, Aarhus University, Denmark.

Moody, J. and C. J. Darken (1989). Fast learning in networks of locally-tuned processing units. *Neural Computation* **1**(2), 281–294.

Moore, A. W. (2000). The anchors hierarch: using the triangle inequality to survive high dimensional data. In *Proceedings of the Twelfth Conference on Uncertainty in Artificial Intelligence*, pp. 397–405.

Müller, K. R., S. Mika, G. Rätsch, K. Tsuda, and B. Schölkopf (2001). An introduction to kernelbased learning algorithms. *IEEE Transactions on Neural Networks* **12**(2), 181–202.

Müller, P. and F. A. Quintana (2004). Nonparametric Bayesian data analysis. *Statistical Science* **19**(1), 95–110.

Nabney, I. T. (2002). Netlab: Algorithms for Pattern

Recognition. Springer.

Nadaraya, É. A. (1964). On estimating regression. *Theory of Probability and its Applications* **9**(1), 141–142.

Nag, R., K. Wong, and F. Fallside (1986). Script recognition using hidden markov models. In *ICASSP86*, pp. 2071–2074. IEEE.

Neal, R. M. (1993). Probabilistic inference using Markov chain Monte Carlo methods. Technical Report CRG-TR-93-1, Department of Computer Science, University of Toronto, Canada.

Neal, R. M. (1996). *Bayesian Learning for Neural Networks*. Springer. Lecture Notes in Statistics 118.

Neal, R. M. (1997). Monte Carlo implementation of Gaussian process models for Bayesian regression and classification. Technical Report 9702, Department of Computer Statistics, University of Toronto.

Neal, R. M. (1999). Suppressing random walks in Markov chain Monte Carlo using ordered overrelaxation. In M. I. Jordan (Ed.), *Learning in Graphical Models*, pp. 205–228. MIT Press.

Neal, R. M. (2000). Markov chain sampling for Dirichlet process mixture models. *Journal of Computational and Graphical Statistics* **9**, 249–265.

Neal, R. M. (2003). Slice sampling. *Annals of Statistics* **31**, 705–767.

Neal, R. M. and G. E. Hinton (1999). A new view of the EM algorithm that justifies incremental and other variants. In M. I. Jordan (Ed.), *Learning in Graphical Models*, pp. 355–368. MIT Press.

Nelder, J. A. and R.W. M.Wedderburn (1972). Generalized linear models. *Journal of the Royal Statistical Society, A* **135**, 370–384.

Nilsson, N. J. (1965). Learning Machines. McGraw-Hill. Reprinted as The Mathematical Foundations of Learning Machines, Morgan Kaufmann, (1990).

Nocedal, J. and S. J. Wright (1999). *Numerical Optimization*. Springer.

Nowlan, S. J. and G. E. Hinton (1992). Simplifying neural networks by soft weight sharing. *Neural Computation* **4**(4), 473–493.

Ogden, R. T. (1997). *Essential Wavelets for Statistical Applications and Data Analysis*. Birkhäuser.

Opper, M. and O. Winther (1999). A Bayesian approach to on-line learning. In D. Saad (Ed.), *On-Line Learning in Neural Networks*, pp. 363–378. Cambridge University Press.

Opper, M. and O. Winther (2000a). Gaussian processes and SVM: mean field theory and leave-one-out. In A. J. Smola, P. L. Bartlett, B. Schölkopf, and D. Shuurmans (Eds.), *Advances in Large Margin Classifiers*, pp. 311–326. MIT Press.

Opper, M. and O. Winther (2000b). Gaussian processes for classification. *Neural Computation* **12**(11), 2655–2684.

Osuna, E., R. Freund, and F. Girosi (1996). Support vector machines: training and applications. A.I. Memo AIM-1602, MIT.

Papoulis, A. (1984). *Probability, Random Variables, and Stochastic Processes* (Second ed.). McGraw-Hill.

Parisi, G. (1988). *Statistical Field Theory*. Addison-Wesley.

Pearl, J. (1988). *Probabilistic Reasoning in Intelligent Systems*. Morgan Kaufmann.

Pearlmutter, B. A. (1994). Fast exact multiplication by the Hessian. *Neural Computation* **6**(1), 147–160.

Pearlmutter, B. A. and L. C. Parra (1997). Maximum likelihood source separation: a context-sensitive generalization of ICA. In M. C. Mozer, M. I. Jordan, and T. Petsche (Eds.), *Advances in Neural Information Processing Systems*, Volume 9, pp. 613–619. MIT Press.

Pearson, K. (1901). On lines and planes of closest fit to systems of points in space. *The London, Edinburgh and Dublin Philosophical Magazine and Journal of Science, Sixth Series* **2**, 559–572.

Platt, J. C. (1999). Fast training of support vector machines using sequential minimal optimization. In B. Schölkopf, C. J. C. Burges, and A. J. Smola (Eds.), *Advances in Kernel Methods – Support Vector Learning*, pp. 185–208. MIT Press.

Platt, J. C. (2000). Probabilities for SV machines. In A. J. Smola, P. L. Bartlett, B. Schölkopf, and D. Shuurmans (Eds.), *Advances in Large Margin Classifiers*, pp. 61–73. MIT Press.

Platt, J. C., N. Cristianini, and J. Shawe-Taylor (2000). Large margin DAGs for multiclass classification. In S. A. Solla, T. K. Leen, and K. R. Müller (Eds.), *Advances in Neural Information Processing Systems*, Volume 12, pp. 547–553. MIT Press.

Poggio, T. and F. Girosi (1990). Networks for approximation and learning. *Proceedings of the IEEE* **78**(9), 1481–1497.

Powell, M. J. D. (1987). Radial basis functions for multivariable interpolation: a review. In J. C. Mason and M. G. Cox (Eds.), *Algorithms for Approximation*, pp. 143–167. Oxford University Press.

Press, W. H., S. A. Teukolsky, W. T. Vetterling, and B. P. Flannery (1992). *Numerical Recipes in C: The Art of Scientific Computing* (Second ed.). Cambridge University Press.

Qazaz, C. S., C. K. I. Williams, and C. M. Bishop (1997). An upper bound on the Bayesian error bars for generalized linear regression. In S. W. Ellacott, J. C. Mason, and I. J. Anderson (Eds.), *Mathematics of Neural Networks: Models, Algorithms and Applications*, pp. 295–299. Kluwer.

Quinlan, J. R. (1986). Induction of decision trees. *Machine Learning* **1**(1), 81–106.

Quinlan, J. R. (1993). *C4.5: Programs for Machine Learning*. Morgan Kaufmann.

Rabiner, L. and B. H. Juang (1993). *Fundamentals of Speech Recognition*. Prentice Hall.

Rabiner, L. R. (1989). A tutorial on hidden Markov models and selected applications in speech recognition. *Proceedings of the IEEE* **77**(2), 257–285.

Ramasubramanian, V. and K. K. Paliwal (1990). A generalized optimization of the k-d tree for fast nearest-neighbour search. In *Proceedings Fourth IEEE Region 10 International Conference (TENCON' 89)*, pp. 565–568.

Ramsey, F. (1931). Truth and probability. In R. Braithwaite (Ed.), *The Foundations of Mathematics and other Logical Essays*. Humanities Press.

Rao, C. R. and S. K. Mitra (1971). *Generalized Inverse of Matrices and Its Applications*. Wiley.

Rasmussen, C. E. (1996). *Evaluation of Gaussian Processes and Other Methods for Non-Linear Regression*. Ph. D. thesis, University of Toronto.

Rasmussen, C. E. and J. Quiñonero-Candela (2005). Healing the relevance vector machine by augmentation. In L. D. Raedt and S. Wrobel (Eds.), *Proceedings of the 22nd International Conference on Machine Learning*, pp. 689–696.

Rasmussen, C. E. and C. K. I. Williams (2006). *Gaussian Processes for Machine Learning*. MIT Press.

Rauch, H. E., F. Tung, and C. T. Striebel (1965). Maximum likelihood estimates of linear dynamical systems. *AIAA Journal* **3**, 1445–1450.

Ricotti, L. P., S. Ragazzini, and G. Martinelli (1988). Learning of word stress in a sub-optimal second order backpropagation neural network. In Proceedings of the *IEEE International Conference*

on Neural Networks, Volume 1, pp. 355–361. IEEE.

Ripley, B. D. (1996). *Pattern Recognition and Neural Networks*. Cambridge University Press.

Robbins, H. and S. Monro (1951). A stochastic approximation method. *Annals of Mathematical Statistics* **22**, 400–407.

Robert, C. P. and G. Casella (1999). *Monte Carlo Statistical Methods*. Springer.

Rockafellar, R. (1972). *Convex Analysis*. Princeton University Press.

Rosenblatt, F. (1962). *Principles of Neurodynamics: Perceptrons and the Theory of Brain Mechanisms*. Spartan.

Roth, V. and V. Steinhage (2000). Nonlinear discriminant analysis using kernel functions. In S. A. Solla, T. K. Leen, and K. R. Müller (Eds.), *Advances in Neural Information Processing Systems*, Volume 12. MIT Press.

Roweis, S. (1998). EM algorithms for PCA and SPCA. In M. I. Jordan, M. J. Kearns, and S. A. Solla (Eds.), *Advances in Neural Information Processing Systems*, Volume 10, pp. 626–632. MIT Press.

Roweis, S. and Z. Ghahramani (1999). A unifying review of linear Gaussian models. *Neural Computation* **11**(2), 305–345.

Roweis, S. and L. Saul (2000, December). Nonlinear dimensionality reduction by locally linear embedding. *Science* **290**, 2323–2326.

Rubin, D. B. (1983). Iteratively reweighted least squares. In *Encyclopedia of Statistical Sciences*, Volume 4, pp. 272–275. Wiley.

Rubin, D. B. and D. T. Thayer (1982). EM algorithms for ML factor analysis. *Psychometrika* **47**(1), 69–76.

Rumelhart, D. E., G. E. Hinton, and R. J. Williams (1986). Learning internal representations by error propagation. In D. E. Rumelhart, J. L. Mc-Clelland, and the PDP Research Group (Eds.), *Parallel Distributed Processing: Explorations in the Microstructure of Cognition*, Volume 1: Foundations, pp. 318–362. MIT Press. Reprinted in Anderson and Rosenfeld (1988).

Rumelhart, D. E., J. L. McClelland, and the PDP Research Group (Eds.) (1986). *Parallel Distributed Processing: Explorations in the Microstructure of Cognition*, Volume 1: Foundations. MIT Press.

Sagan, H. (1969). *Introduction to the Calculus of Variations*. Dover.

Savage, L. J. (1961). The subjective basis of statistical

practice. Technical report, Department of Statistics, University of Michigan, Ann Arbor.

Schuölkopf, B., J. Platt, J. Shawe-Taylor, A. Smola, and R. C.Williamson (2001). Estimating the support of a high-dimensional distribution. *Neural Computation* **13**(7), 1433–1471.

Schuölkopf, B., A. Smola, and K.-R. Müller (1998). Nonlinear component analysis as a kernel eigenvalue problem. *Neural Computation* **10**(5), 1299–1319.

Schuölkopf, B., A. Smola, R. C.Williamson, and P. L. Bartlett (2000). New support vector algorithms. *Neural Computation* **12**(5), 1207–1245.

Schuölkopf, B. and A. J. Smola (2002). *Learning with Kernels.* MIT Press.

Schwarz, G. (1978). Estimating the dimension of a model. *Annals of Statistics* **6**, 461–464.

Schwarz, H. R. (1988). *Finite element methods.* Academic Press.

Seeger,M. (2003). *Bayesian Gaussian Process Models: PAC-Bayesian Generalization Error Bounds and Sparse Approximations.* Ph. D. thesis, University of Edinburg.

Seeger, M., C. K. I. Williams, and N. Lawrence (2003). Fast forward selection to speed up sparse Gaussian processes. In C. M. Bishop and B. Frey (Eds.), *Proceedings Ninth International Workshop on Artificial Intelligence and Statistics,* Key West, Florida.

Shachter, R. D. and M. Peot (1990). Simulation approaches to general probabilistic inference on belief networks. In P. P. Bonissone, M. Henrion, L. N. Kanal, and J. F. Lemmer (Eds.), *Uncertainty in Artificial Intelligence,* Volume 5. Elsevier.

Shannon, C. E. (1948). A mathematical theory of communication. *The Bell System Technical Journal* **27**(3), 379–423 and 623–656.

Shawe-Taylor, J. and N. Cristianini (2004). *Kernel Methods for Pattern Analysis.* Cambridge University Press.

Sietsma, J. and R. J. F. Dow (1991). Creating artificial neural networks that generalize. *Neural Networks* **4**(1), 67–79.

Simard, P., Y. Le Cun, and J. Denker (1993). Efficient pattern recognition using a new transformation distance. In S. J. Hanson, J. D. Cowan, and C. L. Giles (Eds.), *Advances in Neural Information Processing Systems,* Volume 5, pp. 50–58. Morgan Kaufmann.

Simard, P., B. Victorri, Y. Le Cun, and J. Denker (1992). Tangent prop – a formalism for specifying selected invariances in an adaptive network. In J. E. Moody, S. J. Hanson, and R. P. Lippmann (Eds.), *Advances in Neural Information Processing Systems,* Volume 4, pp. 895–903. Morgan Kaufmann.

Simard, P. Y., D. Steinkraus, and J. Platt (2003). Best practice for convolutional neural networks applied to visual document analysis. In *Proceedings International Conference on Document Analysis and Recognition (ICDAR),* pp. 958–962. IEEE Computer Society.

Sirovich, L. (1987). Turbulence and the dynamics of coherent structures. *Quarterly Applied Mathematics* **45**(3), 561–590.

Smola, A. J. and P. Bartlett (2001). Sparse greedy Gaussian process regression. In T. K. Leen, T. G. Dietterich, and V. Tresp (Eds.), *Advances in Neural Information Processing Systems,* Volume 13, pp. 619–625. MIT Press.

Spiegelhalter, D. and S. Lauritzen (1990). Sequential updating of conditional probabilities on directed graphical structures. *Networks* **20**, 579–605.

Stinchecombe, M. and H. White (1989). Universal approximation using feed-forward networks with non-sigmoid hidden layer activation functions. In *International Joint Conference on Neural Networks,* Volume 1, pp. 613–618. IEEE.

Stone, J. V. (2004). *Independent Component Analysis: A Tutorial Introduction.* MIT Press.

Sung, K. K. and T. Poggio (1994). Example-based learning for view-based human face detection. A.I. Memo 1521, MIT.

Sutton, R. S. and A. G. Barto (1998). *Reinforcement Learning: An Introduction.* MIT Press.

Svensén, M. and C. M. Bishop (2004). Robust Bayesian mixture modelling. *Neurocomputing* **64**, 235–252.

Tarassenko, L. (1995). Novelty detection for the identification of masses in mamograms. In *Proceedings Fourth IEE International Conference on Artificial Neural Networks,* Volume 4, pp. 442–447. IEE.

Tax, D. and R. Duin (1999). Data domain description by support vectors. In M. Verleysen (Ed.), *Proceedings European Symposium on Artificial Neural Networks, ESANN,* pp. 251–256. D. Facto Press.

Teh, Y. W., M. I. Jordan, M. J. Beal, and D. M. Blei

(2006). Hierarchical Dirichlet processes. *Journal of the Americal Statistical Association*. to appear.

Tenenbaum, J. B., V. de Silva, and J. C. Langford (2000, December). A global framework for nonlinear dimensionality reduction. *Science* **290**, 2319–2323.

Tesauro, G. (1994). TD-Gammon, a self-teaching backgammon program, achieves master-level play. *Neural Computation* **6**(2), 215–219.

Thiesson, B., D. M. Chickering, D. Heckerman, and C. Meek (2004). ARMA time-series modelling with graphical models. In M. Chickering and J. Halpern (Eds.), *Proceedings of the Twentieth Conference on Uncertainty in Artificial Intelligence, Banff, Canada*, pp. 552–560. AUAI Press.

Tibshirani, R. (1996). Regression shrinkage and selection via the lasso. *Journal of the Royal Statistical Society, B* **58**, 267–288.

Tierney, L. (1994). Markov chains for exploring posterior distributions. *Annals of Statistics* **22**(4), 1701–1762.

Tikhonov, A. N. and V. Y. Arsenin (1977). *Solutions of Ill-Posed Problems*. V. H. Winston.

Tino, P. and I. T. Nabney (2002). Hierarchical GTM: constructing localized non-linear projection manifolds in a principled way. *IEEE Transactions on Pattern Analysis and Machine Intelligence* **24**(5), 639–656.

Tino, P., I. T. Nabney, and Y. Sun (2001). Using directional curvatures to visualize folding patterns of the GTM projection manifolds. In G. Dorffner, H. Bischof, and K. Hornik (Eds.), *Artificial Neural Networks – ICANN 2001*, pp. 421–428. Springer.

Tipping, M. E. (1999). Probabilistic visualisation of high-dimensional binary data. In M. S. Kearns, S. A. Solla, and D. A. Cohn (Eds.), *Advances in Neural Information Processing Systems*, Volume 11, pp. 592–598. MIT Press.

Tipping, M. E. (2001). Sparse Bayesian learning and the relevance vector machine. *Journal of Machine Learning Research* **1**, 211–244.

Tipping, M. E. and C. M. Bishop (1997). Probabilistic principal component analysis. Technical Report NCRG/97/010, Neural Computing Research Group, Aston University.

Tipping, M. E. and C. M. Bishop (1999a). Mixtures of probabilistic principal component analyzers. *Neural Computation* **11**(2), 443–482.

Tipping, M. E. and C. M. Bishop (1999b). Probabilistic principal component analysis. *Journal of the Royal Statistical Society, Series B* **21**(3), 611–622.

Tipping, M. E. and A. Faul (2003). Fast marginal likelihood maximization for sparse Bayesian models. In C. M. Bishop and B. Frey (Eds.), *Proceedings Ninth International Workshop on Artificial Intelligence and Statistics, Key West, Florida*.

Tong, S. and D. Koller (2000). Restricted Bayes optimal classifiers. In *Proceedings 17th National Conference on Artificial Intelligence*, pp. 658–664. AAAI.

Tresp, V. (2001). Scaling kernel-based systems to large data sets. *Data Mining and Knowledge Discovery* **5**(3), 197–211.

Uhlenbeck, G. E. and L. S. Ornstein (1930). On the theory of Brownian motion. *Phys. Rev.* **36**, 823–841.

Valiant, L. G. (1984). A theory of the learnable. *Communications of the Association for Computing Machinery* **27**, 1134–1142.

Vapnik, V. N. (1982). *Estimation of dependences based on empirical data*. Springer.

Vapnik, V. N. (1995). *The nature of statistical learning theory*. Springer.

Vapnik, V. N. (1998). *Statistical learning theory*. Wiley.

Veropoulos, K., C. Campbell, and N. Cristianini (1999). Controlling the sensitivity of support vector machines. In *Proceedings of the International Joint Conference on Artificial Intelligence (IJCAI99), Workshop ML3*, pp. 55–60.

Vidakovic, B. (1999). *Statistical Modelling by Wavelets*. Wiley.

Viola, P. and M. Jones (2004). Robust real-time face detection. *International Journal of Computer Vision* **57**(2), 137–154.

Viterbi, A. J. (1967). Error bounds for convolutional codes and an asymptotically optimum decoding algorithm. *IEEE Transactions on Information Theory* **IT-13**, 260–267.

Viterbi, A. J. and J. K. Omura (1979). *Principles of Digital Communication and Coding*. McGraw-Hill.

Wahba, G. (1975). A comparison of GCV and GML for choosing the smoothing parameter in the generalized spline smoothing problem. *Numerical Mathematics* **24**, 383–393.

Wainwright, M. J., T. S. Jaakkola, and A. S. Willsky

(2005). A new class of upper bounds on the log partition function. *IEEE Transactions on Information Theory* **51**, 2313–2335.

Walker, A. M. (1969). On the asymptotic behaviour of posterior distributions. *Journal of the Royal Statistical Society, B* **31**(1), 80–88.

Walker, S. G., P. Damien, P. W. Laud, and A. F. M. Smith (1999). Bayesian nonparametric inference for random distributions and related functions (with discussion). *Journal of the Royal Statistical Society, B* **61**(3), 485–527.

Watson, G. S. (1964). Smooth regression analysis. Sankhya: *The Indian Journal of Statistics. Series A* **26**, 359–372.

Webb, A. R. (1994). Functional approximation by feed-forward networks: a least-squares approach to generalisation. *IEEE Transactions on Neural Networks* **5**(3), 363–371.

Weisstein, E.W. (1999). *CRC Concise Encyclopedia of Mathematics*. Chapman and Hall, and CRC.

Weston, J. and C. Watkins (1999). Multi-class support vector machines. In M. Verlysen (Ed.), *Proceedings ESANN'99, Brussels*. D-Facto Publications.

Whittaker, J. (1990). *Graphical Models in Applied Multivariate Statistics*. Wiley.

Widrow, B. and M. E. Hoff (1960). Adaptive switching circuits. In *IRE WESCON Convention Record*, Volume 4, pp. 96–104. Reprinted in Anderson and Rosenfeld (1988).

Widrow, B. and M. A. Lehr (1990). 30 years of adaptive neural networks: perceptron, madeline, and backpropagation. *Proceedings of the IEEE* **78**(9), 1415–1442.

Wiegerinck, W. and T. Heskes (2003). Fractional belief propagation. In S. Becker, S. Thrun, and K. Obermayer (Eds.), *Advances in Neural Information Processing Systems*, Volume 15, pp. 455–462. MIT Press.

Williams, C. K. I. (1998). Computation with infinite neural networks. Neural Computation 10(5), 1203–1216.

Williams, C. K. I. (1999). Prediction with Gaussian processes: from linear regression to linear prediction and beyond. In M. I. Jordan (Ed.), *Learning in Graphical Models*, pp. 599–621. MIT Press.

Williams, C. K. I. and D. Barber (1998). Bayesian classification with Gaussian processes. *IEEE Transactions on Pattern Analysis and Machine Intelligence* **20**, 1342–1351.

Williams, C. K. I. and M. Seeger (2001). Using the Nystrom method to speed up kernel machines. In T. K. Leen, T. G. Dietterich, and V. Tresp (Eds.), *Advances in Neural Information Processing Systems*, Volume 13, pp. 682–688. MIT Press.

Williams, O., A. Blake, and R. Cipolla (2005). Sparse Bayesian learning for efficient visual tracking. *IEEE Transactions on Pattern Analysis and Machine Intelligence* **27**(8), 1292–1304.

Williams, P. M. (1996). Using neural networks to model conditional multivariate densities. *Neural Computation* **8**(4), 843–854.

Winn, J. and C. M. Bishop (2005). Variational message passing. *Journal of Machine Learning Research* **6**, 661–694.

Zarchan, P. and H. Musoff (2005). *Fundamentals of Kalman Filtering: A Practical Approach* (Second ed.). AIAA.

찾아보기